클라우제비츠(1780~1831)

▲예나 전투 1806년 예나 전투에서 패배한 클라우제비츠는 친왕 아우구스트와 함께 프랑스군 포로가 되었다.

◀프로이센 흉갑기병 프랑스와 프로이센은 엄청난 비용을 들여 흉갑기병을 부려 썼다.

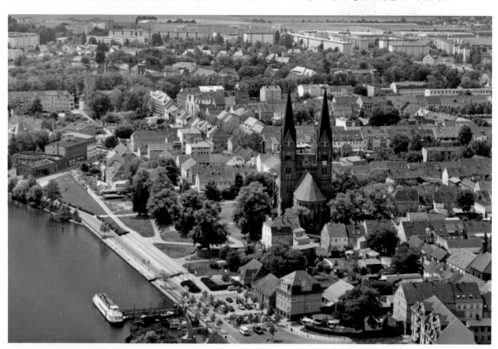

독일의 노이루핀(Neuruppin) 1795년 보병 소위로 임관한 클라우제비츠가 1801년까지 근무하며, 사상과 문학 영역의 교양이 모자람을 깨닫고 군 생활의 여가를 독서에 바쳤던 곳이다.

샤른호르스트(1755~1813) 프로이센 출신 군사 전략가. 클라우제비츠의 사람됨과 재능을 사랑하여, 그에게 깊은 정신적 영향을 주었다.

스몰렌스크 전투 클라우제비츠는 러시아의 제1서군(西軍)에 배속되어 버클리군의 참모부장 톨 대령의 보좌관이 되었다.

보로디노 전투 이 전투에서 클라우제비츠는 우바로프 기병단의 참모장으로 활약했다.

Karl von Clausewitz
VOM KRIEGE
전쟁론
클라우제비츠/허문순 옮김

동서문화사

머리글
펴내는 이

여자의 몸으로 '전쟁'에 대한 이 저작의 머리말을 쓴다는 것이 여자답지 못한 행동이라고 의아스럽게 생각하는 분들도 있을 것입니다. 나를 아는 지인들에게는 새삼 설명할 필요가 없으나, 나의 처지를 잘 모르는 분들 중에는 분수에 넘치는 행동이라 여기는 분들이 있을 것으로 생각되어 이 미리말을 쓰게 된 이유를 간단히 말씀드려 양해를 구하고자 하는 바입니다.

이 저작은 내가 한없이 사랑한 남편이 만년의 12년 동안[1] 거의 전념하다시피 집필한 노작입니다. 남편이 작년에 너무나도 빨리 이 세상을 떠난 것은, 조국이나 내게 더없이 애석한 일이었습니다. 이 저작을 완성한다는 것은 남편의 오랜 숙원이었지만, 그는 이 저작이 자신의 살아생전에 간행하는 것을 원하지 않았습니다. 그는 농담 삼아 그러나 죽음을 예감했는지 "이 책은 반드시 당신이 출판해야 해"라고 말하곤 했습니다.

그가 집에 들어앉아 집필에 몰두하고 있을 당시 나는 행복한 나날을 보내고 있었습니다. 그 때문에 이 말을 진지하게 받아들이려고 하지 않았지만, 그 말이 진담이 되고 말았으니 때로는 눈물이 나기도 합니다. 그리고 친구의 의견에 따라, 남편의 유저(遺著)[2]에 간단한 머리말을 붙이는 것이 나의 의무로 생각되었습니다. 그러나 한편 저작자의 아내로서, 또 여자로서 주제넘은 행동일 수도 있어서 썩 내키지 않는 면도 있으나, 그것을 감히 물리치고 이렇게 해야만 하는 나의 충정을 이해하여 주시기 바랍니다.

본디 나는 나에게 어울리지도 않는 저서 《전쟁론》의 간행자임을 자청한 것은 아닙니다. 다만 이 저서의 간행에 협력자의 한 사람으로서 역할을 할 수 있

---

1) 1818~1830년까지.
2) 이 머리말은 주로 '전쟁론'에 대한 것이지만, 군데군데 유작집 모두에 대해서도 언급하고 있다.

기를 바라는 것뿐입니다. 이 정도의 일이라면 내가 그것을 요구한다 해도 괜찮을 것으로 생각합니다. 이 저작의 탄생이나 완성에서 이 정도의 지위가 나에게 주어져 있기 때문입니다. 우리의 행복한 결혼이 어떠한 것이었는가를 잘 알고 있는 분들, 또 우리 부부가 모든 것—기쁨이나 슬픔뿐 아니라 일상 생활의 그 어떤 일 또 그 어떠한 관심사에 대해서도 서로 나누어 왔다는 것을 아는 분들이라면, 남편이 이 일에 전심전력을 기울이고 있는데 아내인 내가 그것을 모른 척한다는 것은 도리가 아니라는 것을 이해해 주시리라 믿습니다.

남편이 이 일에 바친 정열과 사랑, 이 저작에 품은 희망 또 이 책이 탄생하게 된 과정이나 배경에 대해서 유력한 증언을 해줄 수 있는 사람은 오직 나뿐이라고 감히 단언할 수 있습니다.

타고난 그의 재능은 젊었을 때부터 마음속에 광명과 진실을 구하는 욕구로 가득했고 또 다방면에 걸친 교양을 갖추게 되었지만, 그의 사색은 오직 군사에 관한 여러 과학 쪽으로 향하고 있었습니다. 군사 과학은 그의 직분이기도 했지만 독일연방의 안녕을 위해 매우 중요했기 때문입니다.

남편에게 처음으로 군인으로서의 올바른 길을 제시하여 준 사람은 샤른호르스트[3] 중장 각했습니다. 얼마 뒤 남편은 베를린 일반사관학교[4] 교관으로 갔다가, 이어 황태자[5] 전하에게 최초로 군사학을 진강(進講)하는 영예를 안았습니다. 교관으로서의 책무와 진강 담당자로서의 명예는 군사 과학에 관한 그의 전공과 연구에 새로운 방향을 제시하고 또 그가 이렇게 해서 습득한 견해를 정리하고 저술하는 새로운 계기가 되기도 했습니다.

남편은 황태자 전하에 대한 진강을 1812년에 완료했습니다. 이때의 진강록[6]이

---

3) 샤른호르스트(Scharnhorst, Gerhard Johann David von, 1755~1813). 프로이센의 장군. 프로이센의 군비 개혁에 큰 공을 세웠다. 블뤼허의 참모장으로서 그로스 괴르셴의 회전(1813. 5. 2)에서 중상을 입고 프라하에서 전사했다(6. 28). 클라우제비츠는 그를 '나의 정신적인 아버지'라고 불렀다.

4) 프로이센의 사관학교는 1810년에 베를린, 쾨니히스베르크 및 브레슬라우에 설치되었는데, 1816년에 일반사관학교로 개편되어 베를린에 설치되었고, 그 뒤 1860년에 육군대학교로 승격했다. 이 서문에 일반사관학교라고 되어 있는 것은 1810년 당시 베를린 사관학교를 가리킨다.

5) 뒷날의 프로이센 왕 프리드리히 빌헬름 4세 (Friedrich Wihelm Ⅳ, 1795~1861), 프로이센 국왕(재임 1840~1861).

6) 황태자 전하 군사 진강록(Übersicht des Sr. Königlichen Hoheit dem Kronprinzen in den Jahren 1810,

뒷날 그의 저작에 훌륭한 자료가 되었음은 물론입니다. 그러나 그가 처음으로 이러한 학문적인 일에 전념한 후 4년간[7]에 걸쳐 그가 겪은 풍부한 경험은 뭐니 뭐니해도 1816년에 코블렌츠[8]로 부임한 뒤부터의 일이었습니다. 거기에서 그는 전쟁에 관한 자신의 견해를 짧은 몇 편의 논문들로 정리했습니다. 하지만 이들 논문 사이의 연관은 긴밀하다고는 할 수 없는 느슨한 것이었습니다. 나는 그의 유고에서 다음과 같은 한쪽 분량의 글을 찾아냈습니다. 날짜는 없으나 역시 그 무렵의 것으로 생각됩니다.

'내가 쓴 이들 몇 편의 논문은 소위 전략의 주요 사항에 관한 것이다. 이것은 아직 단순한 자료에 지나지 않지만 그러나 나로서는 상당한 정도까지 나름대로 내적 연관을 주어 하나의 책으로 정리할 수 있으리라 생각한다.

요컨대 이들 문장은 어느 것이나 자료일 뿐이지 전체적인 기획하에 쓴 것은 아니다. 나의 처음 의도는, 우선 체계와 여러 사항 사이의 엄밀한 연관성을 고려하지 않고, 먼저 전략이라고 하는 가장 중요한 일에 대해서 내가 항상 고찰하고 또 해결할 수 있었던 문제를 정확 간명하게 적어 두고자 하는 것이었다. 이때 몽테스키외가 자신의 문제를 해결한 방법이 나의 머리에 떠올랐다. 그래서 나는 경구(警句)와 같은 표현이 풍부한 짧은 글을 여러 장(章) 쓴 것인데, 그것들은 어느 것이나 거기에서 줄기나 잎이 나게 할 수 있는 씨앗과 같은 것이었다. 따라서 이들 장 그 자체에 서술되어 있는 내용보다도 오히려 그것을 바탕으로 해서 거기에서 다시 발전하는 것이 어쩌면 독자들의 마음을 끌지도 모른다고 생각한 것이다. 즉, 나는 이런 문제에 이미 정통하고 있는 독자를 전제로 한 셈이다. 그런데 문제를 발전시켜서 모든 주요 사항을 하나의 체계로 완성하고자 하는 나의 버릇이 여기에서도 또 고개를 들었다. 분명히 처

1811 und 1812 vom Verfasser ertheilten militärischen Unterrichts). 클라우제비츠 유작집 제3권에 처음으로 수록되어 뒤에 《전쟁론》의 여러 판에도 부록으로 수록되어 있다.

7) 1812년(나폴레옹의 러시아 원정), 1813년(라이프치히 회전), 1814년(동맹군의 프랑스 침공) 및 1815년(벨 아리안스[워털루] 회전)의 4년을 가리킨다.

8) 코블렌츠(Koblenz). 라인강 중류의 도시로 모젤강과의 합류점에 위치하여 당시의 요충지였다. 클라우제비츠는 1816년 그곳에 신설된 군단사령부의 참모장에 임명되었다. 사령관은 프로이센의 원수 그나이제나우(August Wihelm Anton, Graf Neidhardt von Gneisenau, 1760~1831)였다.

음 얼마 동안은 몇몇 문제에 대해서 쓴 몇 가지 논문으로부터 저마다 중요한 결론만을 이끌어 내어 그 정수(精髓)를 비교적 작은 한 권의 책으로 마무리할 작정이었다. 또 나는 이들 논문을 씀으로써 처음으로 나의 사상을 명철하고 확실한 것으로 만들 수가 있었다. 그러나 타고난 성질은 어찌할 수 없는 것으로, 결국 나는 이들 논문을 더욱 발전시켰다. 그렇게 되자 아직 전쟁 문제에 정통하지 못한 독자들까지 고려에 넣지 않을 수 없게 되었다.

계속 이 일에 매달리고 또 연구적 정신으로 몰입함에 따라, 나는 더욱더 체계를 세우지 않을 수 없게 되었다. 그래서 몇 가지 장을 차례로 끼워 넣게 된 것이다.

그래서 나는 전쟁에 관한 모든 사항을 다시 한 번 검토하여, 처음에 쓴 논문 중에서 몇 가지 것을 근본적으로 재검토하고 또 그 뒤의 논문에서 시도한 약간의 분석을 하나의 결론으로 집약해서 전체를 작은 옥타브판[9] 한 권 정도로 마무리하려고 했다. 그러나 이 경우에도 이제까지 여러 차례 반복되어 언급되고 굳이 설명을 하지 않아도 자명한, 따라서 통설이 되어 있는 것들은 가급적 배제하기로 했다. 2, 3년이 지나면 곧 잊히는 책은 쓰고 싶지 않았고, 군사학에 관심 있는 사람이라면 누구나 오래도록 읽고 간직할 수 있는 책을 쓰고 싶었다.'

그러나 남편은 코블렌츠에서 여러 가지 임무를 맡고 있었기 때문에 개인적인 일에는 약간의 시간밖에 할애할 수가 없었습니다. 그가 이 저작에 대한 내용을 부연하고 또 근대의 전쟁을 다룬 전사(戰史)로부터 풍부하게 인용하여 보충할 수 있는 여가를 얻은 것은, 그가 1818년 베를린 일반사관학교 교장으로 임명된 뒤의 일이었습니다. 이 신기한 임무는 다시없는 여가를 그에게 주었습니다. 그 무렵 사관학교 학제에 따르면, 수업의 학문적인 면은 학교장 권한 밖에 있는 별도의 학무위원회가 운영하고 있었기 때문입니다. 남편은 천한 허영심이나 오직 자기 이익만 챙기는 명예심은 가지고 있지 않았습니다. 진정으로 세상에 쓸모 있는 일을 하고 싶어 했고 또 신이 준 재능을 사용하지 않고 헛되이 낭비해서

---

9) 전지를 8절로 접은 판. 전지의 크기에 따라 보통 옥타브판·대·소옥타브판의 구별이 있다. 독일에서 작은 옥타브판은 세로 185mm 내의 판을 가리킨다.

는 안 된다는 그 어떤 책임감과도 같은 욕구를 깊이 느끼고 있었습니다. 하지만 본디 군 생활로 말하자면, 학교장이란 직무는 그의 이러한 욕구를 채우기에 충분한 지위가 아니었고 또 장래 그러한 지위에 오를 소망도 품고 있지 않았습니다. 그래서 그는 모든 노력을, 학문과 그의 저작에 대한 효용의 영역으로 돌릴 수 있었습니다. 그럼에도 그가 이 책을 '자신의 사후에 출간하겠다'고 결심한 일이야말로, 이 저작이 영원히 읽혀서 전쟁에 관심을 갖는 분들에게 이바지하는 것만을 염두에 두었으며, 세상의 찬사나 찬동을 얻으려는 헛된 욕구나 그 어떤 이기적 관심은 티끌만치도 섞여 있지 않았다는 것을 뜻하는 가장 유력한 증거라고 말할 수 있습니다.

　그러나 이 신기한 직무는 1830년 봄, 포병으로 전출됨으로써[10] 이제까지와는 전혀 다른 양상의 활동을 필요로 했습니다. 그는 갑자기 바빠져 적어도 당분간 문필적인 일에서 손을 놓아야 했습니다. 그는 원고를 정리하여 몇 개의 꾸러미로 나누어 각 꾸러미에 내용을 적어놓고, 이제 많은 애착을 느끼게 된 일에 아쉬운 작별을 고해야 했습니다. 그는 같은 해 8월 브레슬라우[11]의 제2포병감부 포병감으로 전보되었습니다. 그러나 12월에는 다시 베를린으로 소환되어 이번에는 백작 그나이제나우 원수의 참모장에 임명되었으며, 1831년 봄에는 백작을 수행해 포젠[12]에 부임했습니다. 이윽고 남편은 그곳에서 심한 타격을 받아, 11월에 포젠에서 브레슬라우로 돌아오게 되었습니다. 그러자 다시 저술을 계속하여 어쩌면 그해 겨울 안에 완성할 수 있을 것이라는 밝은 전망에 고무되었습니다. 그러나 신의 뜻은 그의 희망과는 반대로 되어 갔습니다. 그가 11월 7일에 브레슬라우로 돌아온 지 불과 열흘 만인 16일에는 이미 이 세상 사람이 아니었습니다. 이렇게 해서 그가 자신의 손으로 묶어 둔 원고 꾸러미는 그가 죽은 뒤 비로소 개봉된 것입니다.

---

10) 클라우제비츠의 본디 병과는 보병이었다.

11) 브레슬라우(Breslau). 슐레이젠의 수도. 현재 폴란드의 브로츠와프.

12) 포젠(Posen)은 폴란드의 주요 도시로 당시 프로이센에 속해 있었다. 1830년 11월, 러시아령 폴란드에서 주민의 계획적 반란이 일어나 한때 최고조에 달했다. 프로이센은 이 반란이 프로이센 영토에도 파급되는 것을 두려워하여 이듬해인 1831년 3월 그나이제나우를 제4동방사령관으로서 포젠에 파견했으나, 그는 당시 독일에 만연한 콜레라에 걸려 그곳에서 병사했다 (8. 24). 그나이제나우와 친교가 두터웠던 클라우제비츠에게 그의 죽음은 큰 타격이었다.

이번에 몇 권[13]으로 나누어서 간행하는 것이 바로 이 유고입니다. 그리고 어느 저작도 모두 원문 그대로이며 일언일구도 더하거나 빼지 않았습니다. 막상 간행할 단계가 되자, 정리하고 상의할 일들이 많이 있었습니다. 그때 나에게 많은 원조를 아끼지 않은 몇몇 친한 친구분들에 대해, 특히 교정지나 유저 안의 전사(戰史)에 관한 부분[14]에 필요한 지도의 검토를 맡아 준 에첼 소령[15]에게 감사를 드리지 않을 수 없습니다. 말이 난 김에, 나의 불행에 임하여 좋은 버팀목이 되었을 뿐만 아니라, 이 유고를 출간하기까지 많은 협력을 해 준 동생[16]도 빠뜨릴 수 없습니다. 그는 유고를 꼼꼼하게 통독하여 정리하고 있는 동안 남편이 개정에 대비해서 적은 메모를 발견하기도 했습니다. 이것은 1827년에 쓰인 것으로, 이 머리말 다음에 실은 '방침'이 그것입니다. 남편은 그 속에서 본서의 구성에 대해 말했으므로 동생은 충실히 고인의 의도에 따라 '전쟁론'의 원고를 저마다 지정된 곳에—방침서에는 그 이상의 것은 쓰여 있지 않습니다—배당했습니다.

그 밖에 많은 친구들이 나에게 보내 준 조언이나 동정과 우정에 대해서도 감사의 말씀을 드립니다. 이분들의 이름을 하나하나 들 수는 없으나 여러분께서는 나의 감사의 마음을 알아 주리라 믿습니다. 또 나에게 보여 준 따뜻한 호의는 비단 나뿐만 아니라, 너무나 일찍 세상을 떠난 고인에 대한 것이라고도 믿어 나의 감사의 마음은 더욱더 간절해지는 것입니다.

나는 21년이란 세월을 사랑하는 남편의 손에 이끌려 더없이 행복하게 살아왔습니다. 이와 같은 남편을 잃는다고 하는, 그 무엇과도 바꿀 수 없는 손실에도 불구하고 나의 마음속에 쌓인 많은 추억과 희망이라고 하는, 값으로 칠 수 없는 보물, 또 고인의 여덕으로 나에게 주어진 동정과 우정의 풍요로운 유산 그리고 남편의, 드물게 보는 높은 가치가 이토록 명예를 가지고 널리 인정된다고 하는, 마음이 뜨거워지는 감정에 사로잡힌 나 자신에 대하여 지금도 다시없는 행복으로 여기고 있습니다.

---

13) 유작집은 모두 10권으로 처음 3권은 '전쟁론'에 할애되어 있다.
14) 유작집의 제4권에서 제8권까지가 전사 부분이다.
15) 에첼(O'Etzel, Franz August, 1783~1850). 프로이센의 군인. 나중에 육군 소장이 된다.
16) 프리드리히(Friedrich Wilhelm von Brühl, 1791~1859)를 말한다. 나중에 육군 중장이 되었다.

빌헬름[17]친왕 전하 및 비 전하께서는 저를 친히 초청해 주셨습니다. 전하의 신뢰는 황송하옵게도 저에게 베풀어 주신 새로운 인자(仁慈)이십니다. 저는 이것을 하느님에게 감사해야 합니다. 저는 두 전하의 신뢰에 보답해 드리기 위해 최선을 다하여 이 명예로운 사명을 수행할 생각입니다. 바라건대 이 새로운 사명에 행운이 있기를, 또 바라건대 양육을 저에게 위탁하신 나이 어린 친왕 전하[18]께서 뒷날 이 책을 읽으시고 이 책으로 조상님들의 영광스러운 위업에 필적할 만한 공적을 세우시기를!

1832년 6월 30일 포츠담의 마르모르궁[19]에서
빌헬름 친왕비 전하 여관장
마리[20] 폰 클라우제비츠
브륄 백작의 딸

---

17) 뒷날 빌헬름 1세(1797~1888). 프로이센 국왕(재위 1861~1888), 독일 황제(재위 1871~1888). 비(妃)는 아우구스타(Augusta, 1811~1890), 작센 바이마르 대공 카를 프리드리히의 딸. 당시의 황태자, 후에 프로이센의 국왕 프리드리히 빌헬름 4세에는 아들이 없었기 때문에 그의 동생 빌헬름은 프리드리히가 즉위한 해(1840)에 황태자가 되었다. 한편 당시의 프로이센 국왕 프리드리히 빌헬름 3세의 장남, 또 빌헬름은 차남이었다.
18) 뒷날 프리드리히 3세(1831~1888). 프로이센 국왕, 독일 황제(재위 1888. 3~6).
19) 마르모르궁은 베를린 서남방의 도시 포츠담의 성호(聖湖, der Heiliger See) 서안(西岸)에 프리드리히 2세가 만들게 한 신원(新苑, der Neuer Garten) 안에 있으며 18세기 말에 건축되었다. 마르모루는 대리석이란 뜻.
20) 마리(Marie Sophie von Clausewitz, 1779~1836). 브륄 백작 카를 아돌프(Karl Adolf von Brühl, 1742~1802)의 장녀.

방침
지은이

   처음 6편은 이미 정서되어 있기는 해도 내가 보기에는 아직 상당히 불비한 원고여서 다시 한 차례 전체적으로 개정할 필요가 있다. 개정할 때에는 저마다 목적을 달리하는 두 유형의 전쟁의 구별을 좀 더 선명하게 부각시키고 싶다. 그렇게 하면 전쟁에 관한 모든 사상이 보다 분명한 의의와 명확한 방향을 얻을 수 있고 또 정확한 적용이 가능해질 것이다. 지금 두 유형의 전쟁이라고 말했는데, 그 첫째는 적의 완전한 타도를 목적으로 하는 전쟁이다. 이 경우 국가로서의 적국을 정치적으로 말살하든가 그렇지 않으면 단순히 저항하지 못하게 하는 것으로 따라서 우리가 이쪽이 원하는 대로 강화에 응하지 않을 수 없게 할 것인가는 문제의 본질이 아니다. 둘째는 적국의 국경 부근에서 적의 국토 일부를 빼앗으려고 하는 전쟁이다. 이 경우 빼앗은 지역을 그대로 영원히 영유하는가 그렇지 않으면 강화 때의 유리한 교환 조건으로 하는가는 문제가 되지 않는다. 물론 이 두 전쟁 사이에는 여러 중간 단계가 있다. 그러나 두 전쟁이 추구하는 목적이 전혀 다르다는 것은 어느 경우에나 철저하게 인식해야 하고 또 두 전쟁이 양립할 수 없는 성질을 확연하게 구별해야 한다.

   그런데 이 두 전쟁에 실제로 존재하는 이 차이도 차이이지만 그 밖에도 전쟁의 고찰에서 실제로 필요한 관점이 명백하고 정확하게 확립되어야 한다. 그것은—전쟁은 정치적 수단과는 다른 수단을 가지고 계속되는 정치라는 것이다. 항상 이 관점에 선다면 전쟁에 대한 고찰은 이제까지보다도 훨씬 정연한 통일을 얻을 수가 있고 또 모든 복잡한 문제는 쉽게 해결될 것이다. 이와 같은 관점은 오직 제8편에 적용되지만, 그러나 이미 제1편에서 충분히 전개되어야 하고 또 처음 6편을 수정할 때에도 도움이 될 것이다. 이러한 개정에 의해 처음 6편에서 필요치 않은 잡다한 부분이 제거될 것이고 또 여러 가지 빠진 부분이 보완될 것이다. 그러나 그뿐만 아니라 여러 일반적인 고찰이 더욱 명확한 형태의 사상을 갖추게 될 것이다.

제7편은 '공격에 대해서'인데 본편의 여러 장에 대한 초안은 이미 되어 있다. 또 이 편은 제6편의 '방어'를 말하자면 뒤집은 것이므로, 지금 말한 바와 같은 명백한 관점에 따른다면 당장에라도 완성할 수가 있을 것이다. 따라서 이 제7편은 새로운 개정을 필요로 하지 않을 뿐만 아니라 오히려 처음 6편의 개정에 규범으로서 쓸모가 있을 것이다.

전쟁 계획, 즉 전쟁 전체의 계획을 일반적으로 논하는 제8편에 대해서는 이미 몇몇 장의 초안이 되어 있다. 그러나 이들 장은 현재로는 소재라고도 볼 수 있을 정도의 것은 아니지만 이 소재 덩어리에 대체적이지만 전반적으로 손을 가한다면 그때 비로소 문제의 소재가 확실해질 것이라는 정도밖에 되지 않는다. 그러나 그 정도라면 이미 되어 있는 장에서도 충분히 목적을 달성하고 있다. 그래서 제7편의 개정이 끝나면 곧 제8편의 마무리에 착수하고 싶다. 그럴 경우 위에서 말한 두 가지 관점이 부각되어 전쟁의 모든 현상을 단순화하게 되지만, 그와 동시에 또 모든 것에 내적인 연관을 주어 전체를 생생하게 만들어 낼 수가 있을 것이다. 또 나는 이 제8편에서 전략가나 정치가의 머릿속에 잘못 주입된 주름을 다리미로 펴서 이를 정상으로 되돌리기를 바라고 있다. 적어도 나는 전쟁에 있어서 무엇이 중요한 문제인가 또 전쟁에 임해서 본디 고찰되어야 하는 것이 무엇인가를 이 편에서 명시하고 싶은 것이다.

그런데 제8편을 마무리해서 전쟁에 대한 나의 생각을 분명히 하고 이에 따라 전쟁 요강을 확정하게 되면, 이 정신을 처음 6편에도 도입하여 이러한 요강을 이들 6편을 통해서 제시한다는 것은 나에게 보다 쉬운 일이 될 것이다. 따라서 우선 제8편을 완성한 다음 처음 6편의 개정에 착수할 작정이다.

만일 내가 일찍 죽어서 이 일이 거기에서 중단되어 현재의 상태로 남겨진다면 틀림없이 그것은 형태를 이루지 못한 사고(思考)의 덩어리에 지나지 않으므로, 끊임없이 부당한 오해를 초래하여 미숙한 비판의 정면에 서게 될 것이다. 실제로 전쟁에 관한 고찰에 관련될 때, 대부분의 군사비평가들은 펜을 잡으면서 언뜻 생각난 것도 그것을 말하거나 인쇄하거나 할 만한 가치가 있다고 생각하며, 또 자기 의견을 '2×2=4'라고 하는 수학의 명제와 마찬가지로 확실하다고 생각한다. 만일 이러한 비평가가 나처럼 여러 해에 걸쳐서 전쟁을 고찰하고 그것을 전사(戰史)와 비교하는 일에 노력한다면 아마도 그는 비판에 신중해질 것이다.

그래서 나의 원고는 아직은 불완전한 형태임에도 불구하고, 선입견에 현혹되지 않고 진리를 탐구하여 확신을 갈망하여 마지않는 독자라면 처음 여섯 편으로부터도 전쟁에 관한 다년간의 고찰과 진지한 연구의 성과를 올바르게 읽어내 줄 것이고, 또 어쩌면 그 가운데서 전쟁의 근본 사상, 즉 전쟁 이론에서 혁신적인 출발점이 될 수 있을 만한 사상을 찾아내 줄 것이라고 믿는다.

(베를린 1827년 7월 10일)

이와는 별도로 유고 더미 속 안에서 다음과 같은 미완성의 서류가 발견되었다. 이것은 위의 방침서보다도 훨씬 나중에 쓰인 것 같다.

'대규모 전쟁에서의 전쟁 지도를 논한 원고[1]'는 아마도 내가 죽은 뒤에 발견될 것이다. 이 원고는 현재 그대로의 형태로는 말하자면 건축 용재로서의 잘라낸 돌—바꿔 말하면 대규모 전쟁에 관한 이론을 구축하는 재료가 될 만한 돌무더기에 지나지 않는다. 또 그 밖의 원고도 그대로는 나의 뜻에 차지 않고 특히 제6편은 단순한 시안에 지나지 않는다. 만약에 이것을 모두 개정할 수 있다고 한다면, 나는 이 편에서 논한 문제에 대해서 따로 타개하는 길을 모색했을 것이다.

그러나 나는 이들 소재에 질서를 부여하고 있는 요강은 모두 올바른 전쟁관으로 간주되어도 좋다. 이들 요강은 실제의 전쟁에 끊임없이 눈을 돌리고, 또 경험이나 탁월한 군인과의 교제에서 배운 것을 끊임없이 상기하며 다방면에 걸친 고찰로 얻은 성과이기 때문이다.

제7편에서는 '공격'을 논했지만 이 영역에서의 여러 문제를 대충 훑어 본 데에 지나지 않는다. 제8편에서는 '전쟁 계획'을 논했다. 이 편에서는 특히 전쟁의 정치적·인간적 방면을 다루었다.

---

1) 제8편을 가리킨다.

요컨대 완전하다고 여겨지는 것은 제1편 제1장뿐이다. 적어도 이 장은 내가 이 저서 전체에 부여하려고 한 방향을 지시하는 데에 쓸모가 있을 것이라고 생각한다.

대규모 전쟁에 관한 이론, 즉 일반적으로 전략이라고 일컬어지고 있는 것은 많은 난점을 포함하고 있다. 그러므로 이 영역에서의 제반 문제를 분명하고 명확하게 분석함으로써 수많은 현상 중 필연적인 것들만 뽑아, 이들 사이의 내적 연관을 간파할 수 있는 사람은, 전무하다 싶을 만큼 아주 극소수에 불과하다고 해도 과언이 아니다. 그래서 대부분의 장수는 익숙한 판단에만 의거해서 행동하는데, 이 판단은 이런 장수들에게 본디 주어져 있는 천부적인 재능의 많고 적음에 따라 적중하기도 하고 빗나가기도 한다.

이제까지도 훌륭한 장수나 위대한 장군은 모두 이와 같이 행동해 왔는데 그들의 숙달된 판단이 항상 정곡(正鵠)을 잃지 않았다고 한다면 이러한 판단에는 부분적일망정 그들의 위대함이나 천부적인 재능이 드러나게 되었다고 해도 과언은 아니다. 앞으로도 행동할 뿐이라면 그것으로도 좋을 것이고 또 이를 위해서는 숙달된 판단만으로도 충분할 것이다. 그러나 직접 행동하지 않고 회의 자리에서 동료나 부하를 설득하려면 아무래도 분명한 생각이 필요하고 또 여러 요건 사이의 내적 관련을 제시하는 일이 중요해질 것이다. 그런데 이와 같은 이론적인 면에서의 진보 발달은 아직은 더디며, 따라서 대부분의 회의는 아무런 확고한 기초를 가지지 않는 공론(空論)을 주고받는 장이 되어, 거기에서는 자기 생각을 고집하거나 그렇지 않으면 서로 대립하는 견해를 적당히 버무려 이른바 중도에서 타협하거나 둘 중의 하나이다. 그러나 이런 옳음도 그름도 없는 중도라는 것은 결국 아무런 가치도 없다.

따라서 전쟁에 관한 중요한 사항에 대해서 명쾌한 개념을 갖는다는 것은 결코 쓸데없는 일이 아니다. 게다가 또 인간 정신은 그 본성으로 보아 매사에 명석함을 구하고 또 사물 사이의 필연적인 연관을 알려고 하는 욕구를 가지게 마련이다.

이와 같이 전쟁술을 이론적으로 구축하는 것이 매우 곤란하고 또 많은 시도가 실패로 돌아간 점에서 많은 사람들이 다음과 같이 말하게 되었다. '전쟁 이론과 같은 것은 결국 불가능하다. 전쟁에서의 여러 현상들은 정해진 법칙 아래에 포섭될 수 없는 것이기 때문이다.' 그러나 우리는 이러한 견해에 동의하여 이론을 건설하려는 시도를 포기해서는 안 될 것이다. 실제로도 이 영역에서의 다수의 명제는 손쉽게 실증될 수 있는 것이다.

이를테면—방어는 소극적 목적을 갖지만 그러나 공격보다도 강력한 전쟁 형식이다—어떤 전장에서 거둔 대대한 성과는 동시에 다른 전장에서의 작은 성과도 결정한다. 따라서 이들 회전의 전략적 효과는 어떤 약간의 중심으로 돌릴 수가 있다—양동(陽動 : 적의 주의를 딴 곳으로 돌리기 위해 일부러 본래의 목적과는 다른 행동을 함)을 위해 사용되는 병력은 실제의 공격에서보다도 약세이다. 또 양동을 실시하기 위해서는 특별한 조건이 있어야 한다—전승이란 단지 전장의 공략에만 한정되는 것이 아니라, 적의 물리적, 정신적 전투력을 파쇄하는 데에 있다, 그리고 이 파쇄는 회전에서 승리를 거둔 뒤 다시 적을 추격함으로써만 달성된다—일반적으로 전쟁에서의 성과는 승리가 회전에 의해 획득되었을 경우에 최대가 된다. 그러므로 회전을 피해서 어떤 전선 및 방향으로부터 다른 전선 및 방향으로 바꾼다는 것은 어쩔 수 없는 해악으로서만 허용이 되는 데에 지나지 않는다—우회 운동이 시인되는 것은 아군이 일반적으로 우세하거나 또는 아군 부대의 연락선과 후퇴선이 적의 그것보다 우세한 경우에만 한정된다—따라서 측면 진지도 또한 이것과 마찬가지 사정에서만 인정될 수 있다—대체로 공격은 군이 전진함에 따라 약화된다. 등등.'

머리글
지은이

학문적이라고 하는 개념은 구태여 체계나 체계화가 완성된 학문에만 한정된 것이 아니다. 또 주로 그러한 것만을 가리키는 것도 아니다. 이것은 매우 명백한 일로 오늘날에는 전혀 논의가 필요치 않을 정도이다—이 책의 서술에도 체계다운 것은 어디에서도 찾아볼 수가 없다. 거기에 있는 것은 완성된 학실이 아니라 앞으로 체계를 건설하기 위한 건재용 돌밖에 되지 않는다.

그렇다면 이 책의 학문적인 형식이라고 하는 것은 도대체 어떠한 점에 있는 가? 그것은—전쟁에서의 여러 현상의 본질을 구명하고 또 이들 현상과 그것을 구성하는 여러 가지 요건의 성질과의 연관을 제시하려고 하는 데에 있다. 저자는 어떤 경우에도 사고의 일관성을 추구했다. 그러나 이러한 사고의 실이 점점 가늘어져서 이윽고 소멸될 염려가 있을 경우에는 거기에서 일단 이 실을 끊고, 이번에는 그것에 상응하는 경험적 현상으로 연계하기로 했다. 식물의 경우를 보아도 가지와 잎이 너무 무성하면 오히려 열매를 맺지 않는 법이다. 마찬가지로 실제 생활에서의 여러 기술을 봐도 이론적인 잎이나 꽃을 너무 무성하게 해서는 안 된다. 이론은 항상 이들 기술의 본디 토양인 경험 근처에 놓여야 하는 것이다.

밀알을 분석해서 얻은 화학적 성분에 입각해서 이 밀알에서 발육하는 이삭의 형태를 구명하려는 시도가 잘못이라는 것은 두말할 필요가 없다. 완전한 모양의 이삭을 보고 싶으면 밀밭으로 가기만 하면 된다. 연구와 관찰, 이론적 사색과 경험은 결코 서로 멸시해서는 안 되고 하물며 서로 배제해서도 안 된다. 이론은 경험을 보증하고, 경험은 이론을 보증하는 것이다. 따라서 이 책에서의 모든 명제는 서로 맞물려 하나의 둥근 천장을 구성한다. 그리고 이들 명제는 어느 것이나 내적 필연성을 갖는 구성요소로서 또는 경험이나 전쟁 그 자체의 이론적 개념을 외적인 받침으로서 떠받치고 있는 것이다. 바꿔 말하면 외부에 이러한 받침이 없으면 성립할 수 없는 것이다.[1]

정신과 실질을 겸한 체계적인 전쟁 이론을 쓴다는 것은 아마도 불가능한 일은 아닐 것이다. 그러나 이제까지 나타난 수많은 이론과 우리가 바라는 것 사이에는 거리가 멀다. 이들 이론은 쓸데없이 체계로서의 연관과 완벽에 너무 신경을 쓰고, 또 이를 위해 일상적인 다반사나 말할 필요도 없는 쓸데없는 말에 시종일관하고 있다. 만약에 이런 종류의 이론을 보고 싶으면 리히텐베르크[2]의 풍자 작품 〈소방 조례〉의 한 구절을 읽어 보기 바란다.

'집에 화재가 나면, 무엇보다도 먼저 그 왼쪽에 있는 가옥의 오른쪽 벽과 오른쪽에 있는 가옥의 왼쪽 벽의 방화에 힘써야 한다. 이 경우 왼쪽 가옥의 오른쪽 벽은 오른쪽에 있어서 (우리의 생각으로는 이 가옥은 화재를 일으킨 가옥의 왼쪽에 있다) 왼쪽 벽보다도 화재에 접근해 있으므로, 비록 왼쪽 벽이 보호되어도 문제의 오른쪽 벽이 보호되지 않으면 왼쪽 벽에 물이 묻기 전에 오른쪽 벽이 불타서 무너질지도 모른다. 또 이 집의 왼쪽 벽이 보호되지 않는 경우에도, 이 벽이 타서 무너지기 전에 오른쪽 벽이 먼저 불타서 무너질 염려가 있다. 그러므로 이 가옥에 대해서 말하자면 왼쪽 벽을 내버려 두고 우선 오른쪽 벽을 보호해야만 하는 것이다. 이것을 명기(銘記)하기 위해서는 다음과 같이 말하면 된다.—화재가 일어난 가옥의 오른쪽 집은 그 왼쪽 벽을, 또 왼쪽에 있는 가옥은 그 오른쪽 벽을 보호해야 한다고.'

이와 같은 말할 필요도 없는 말을 가지고 현명한 독자를 어리둥절하게 하거나 약간 단맛에 물을 더 타서 맛이 없게 하는 것 같은 일은 저자가 삼가는 일이다. 그래서 저자는 전쟁에 대한 여러 해에 걸친 사색, 전쟁 경험이 있는 총명한 군인들과의 교제 그리고 저자 자신이 겪은 많은 경험 등에 의해서 저자의 내부에 형성되어 승화된 것을 가짜가 섞이지 않은 순수한 금속 낟알로 제공하

---

1) 이제까지 많은 군사평론가, 특히 전쟁 그 자체를 학문적으로 연구하려고 하는 평론가가 이와 같은 고찰 방법에 관심을 두려고 하지 않았다는 것은 많은 사례가 이것을 증명하고 있다. 그들이 쓸데없이 논쟁으로 하여 자기주장에 대한 찬부를 다투고 서로 헐뜯는 모양은 마치 두 마리의 사자가 서로 물어뜯어 결국 양쪽 다 꼬리밖에 남기지 않는 것과 마찬가지이다.
2) 리히텐베르크(Lichtenberg, Georg Christoph, 1742~1799) 독일의 물리학자. 인간과 세상의 약점을 찌른 풍자 작가로서도 유명했다.

는 쪽을 택했다. 비록 이 책의 각 장이 서로 긴밀하게 연결이 되지 않은 것처럼 보이더라도 지금 말한 취지에 따라서 성립된 것이라고 한다면 이들의 여러 장이 내적인 연관이 결여되지는 않을 것이라고 여겨진다. 뒷날 저자보다도 우수한 이론가가 나타나서 저자가 제공한 약간의 금속 낟알 대신에 잡물이 섞이지 않은 순수한 금속으로 이루어진 큰 덩어리로 만들어 주리라 믿는다.

전쟁론
차례

제5편 전투력

제7편 공격(초안)

제8편 전쟁 계획

제1편
전쟁의 본질

제1장
전쟁이란 무엇인가

1 머리말

우리는 앞으로 전쟁이라는 문제를 고찰하게 되는데, 지금 여기에서 고찰의 대상이 되는 것은, 우선 전쟁을 구성하고 있는 개별 요소이며, 다음으로 이들 요소의 집합으로 이루어지는 개별적인 부분 그리고 마지막으로 내직 관계를 가진 전체로서의 전쟁이다. 즉, 단순한 것으로부터 복잡한 것으로 나아가게 되는 것이다. 그러나 전쟁 문제를 논하는 경우에는 전체로서의 전쟁의 본질을 우선 명백하게 해둘 필요가 있다. 부분에 관한 고찰도 고찰이지만 항상 전체가 고려되어야 하기 때문이다. 부분의 고찰과 동시에 끊임없이 전체를 돌아보는 방법은 전쟁 이론에서는 다른 이론의 경우보다도 더 중요하기 때문이다.

2 전쟁의 정의

우리는 공법학자(公法學者)들 사이에서 흔히 논의되는 것 같은 번거로운 정의를 지금 여기에서 왈가왈부할 생각은 없다. 우리로서는 전쟁을 구성하고 있는 궁극적인 요소, 즉 두 사람 사이에 이루어지는 결투에 착안해 보고자 한다. 전쟁이란 확대된 결투 바로 그것이기 때문이다. 그런데 이러한 무수한 결투의 집합을 한 덩어리로서 생각하기 위해서는 두 결투자의 행동을 생각해 보는 것보다 더 좋은 일은 없다. 요컨대 결투자는 어느 쪽이나 물리적인 힘으로 상대에게 이쪽의 의지를 강요하려고 하는 것이다. 그가 명백히 목적으로 삼는 것은 상대를 완전히 제압하여 앞으로의 저항을 완전히 불가능하게 하는 일이다.

이렇게 보면 전쟁은 하나의 강력 행위이며, 그 뜻은 상대에게 이쪽의 의지를 강요하는 데에 있다.

이와 같은 강력 행사는, 여러 기술과 과학의 모든 발명을 끌어다 쓰기 위해서 장비를 갖추고 상대의 강력 행사에 대항하려고 하는 것이다. 이 강력 행사는 국제법적 관습이라고 일컬어지는 여러 제한을 받지만, 그러나 이들 제한은 어느 것이나 약한 것으로, 거의 언급할 가치도 없기 때문에 강력 행위가 갖는 본래의 강제력을 본질적으로 약화시키지 못한다. 그러기 때문에 전쟁에서는 이러한 강력 행위, 즉 물리적 강력 행위는—정신적인 강력 행위라는 것도 있기는 하지만, 이것은 국가 및 법률이라고 하는 개념에만 포함되는 것이기 때문에—수단이며, 상대에게 이쪽의 의지를 강요하는 것이 곧 목적이다. 그런데 이 목적을 달성하기 위해서는 우선 적의 방어를 완전히 무력한 것으로 만들어야 한다. 그리고 강력 행위라고 하는 체면으로 말하자면 이것이야 말로 모든 군사적 행동의 목표인 것이다. 요컨대 군사 행동 그 자체에서는 이러한 목표가 우선 전쟁의 목적을 대신하고, 이 목적을 말하자면 전쟁 행위에 속하지 않는 것이라고 해서 일단은 무시하는 것이다.

3 극도의 강력 행사

그런데 인도주의자들은 자칫 이런 말을 하고 싶어 한다—전쟁의 본뜻은 저편과 이편의 협정에 의해서 상대의 무장을 해제하거나 상대를 항복하게 만드는 것만으로 족하다, 구태여 적에게 지나친 손상을 줄 필요는 없다, 그리고 이것이 전쟁술의 본디 의도인 것이다라고. 이와 같은 주장은 그 자체로서는 듣기 좋은 말이지만, 우리는 이와 같은 잘못된 생각을 버려야 한다. 전쟁과 같은 위험한 사업에서는 선량한 마음에서 생기는 잘못된 생각이야말로 최악이기 때문이다. 물리적 강력의 전면적 행사라고 해도 그것은 결코 지성의 협력을 배제하는 것이 아니다.

따라서 이러한 강력을 가차 없이 행사하여, 유혈을 마다하지 않고 사용하는 자는 상대가 같은 행동을 하지 않는 한 우세를 차지할 것임에 틀림없다. 이렇게 해서 그는 자기 의지를, 말하자면 율법으로서 상대에게 강요하는 것이다. 그러나 서로가 상대에 대해서 같은 행동을 한다고 하면 저편과 이편의 강력 행사는 차차 고조되어 극도에 달하게 된다. 만약에 이것을 제한하는 것이 있다고 하면, 그것은 전쟁에 내재하여, 강력의 절대적인 발휘를 저지할 수 있는 여러 가지 대항물일 것이다.

로마인과 야만족 사이의 전투 4~5세기 고트족이나 반달족과 같은 가난한 야만족들의 목표는 새로운 땅과 풍요를 얻는 것이었다. 476년 서로마제국은 야만족에 의해 멸망했다.

우리는 전쟁을 이와 같은 것으로 여겨야 한다. 전쟁에 포함되어 있는 조잡한 요소를 혐오한 나머지, 전쟁 그 자체의 본성을 무시하려는 것은 무익한, 아니 일의 앞뒤를 그르친 생각이다.

문명 국가 사이의 전쟁이, 미개 민족의 전쟁에 비해서 잔학과 파괴면에서 그 정도가 훨씬 미약하다고 한다면, 그 원인은 여러 문명 국가의 국내 및 이들 여러 국가 간의 사회 상태에 있다. 본디 전쟁은 이러한 사회 상태와 여러 가지 사정에서 발생하는 것이지만, 다른 한편으로는 이와 같은 사회 상태에 의해서 제약·한정되고 완화되기도 한다. 하지만 이와 같은 것들은 전쟁 그 자체에 속하는 것은 아니고, 전쟁의 입장에서 보자면, 다른 데에서 주어진 이질적인 것에 지나지 않는다. 그러기 때문에 전쟁 철학 속에 무언가 완화 원리를 도입한다는 것은 불합리한 상태에 빠지지 않을 수가 없는 것이다.

인간 사이의 투쟁은 본디 서로 다른 두 요소로 이루어져 있다. 적대적 감정과 의도가 그것이다. 우리는 이 두 요소 중 후자, 즉 적대적 의도를 우리 정의의 특징으로 채택했다. 이쪽이 전자보다 훨씬 일반적이기 때문이다. 우리는 본능적이라고까지 말할 수 있을 정도로 가장 거친 격정적 증오에, 적대적 의도가 수반되지 않은 것을 생각할 수가 없다. 이에 반해서 적대적 감정을 전혀 수반하지 않은 또는 적어도 유력한 적대 감정을 수반하지 않은 적대적 의도는 얼마든지 있다. 미개 민족에서는 감정과 결부된 의도가 유력하고, 이에 반해 문명 국민에게서는 냉정한 타산과 결부된 의도가 지배적이다. 그러나 이와 같은 차이는 야만과 문명 자체의 본질에 있는 것은 아니고, 이들 사회 상태에 각기 수반하는 여러 가지 사정이나 그 밖의 것에 따른 것이다. 요컨대 이러한 차이는 반드시 개개의 경우에 명백하게 나타나는 것이 아니라 다수의 경우를 지배하고 있을 뿐이라는 것이다. 극히 문명적인 국민이라도 때로는 격렬한 격정에 사로잡혀 서로 적대하는 경우도 생길 수가 있다.

그렇기 때문에 문명 국민 사이의 전쟁을, 단지 각 정부가 타산적인 행위에서 나온 것으로 돌리고, 격정과는 전혀 무관한 것이라고 생각한다면, 따라서 또 전쟁은 결국 전투력의 물리적인 양을 실제로 사용해서 결전을 구하는 것이 아니라, 저편과 이편 서로가 갖는 물리적 양의 비율을 감안하여 승패를 결정하는 데에 지나지 않는, 다시 말하면 하나의 대수학에 지나지 않는다고 생각한다면, 이러한 견해가 잘못되었다는 것은 위에서 말한 점으로 보아 분명하다.

최근 이루어진 여러 전쟁이, 이제까지의 사고방식의 잘못을 바꿨을 때부터, 전쟁 이론은 이미 위에서 말한 방향을 따라가기 시작하고 있는 것이다. 전쟁이 하나의 강력 행위라고 한다면, 전쟁은 또한 필요에 따라 감정과 결부되지 않을 수 없다. 하기야 전쟁은 감정에서 발생하는 것은 아니라고 하지만, 전쟁은 많건 적건 간에 감정에 입각한다. 그리고 이 '많고'와 '적음'은 문명의 정도에 따라 정해지는 것이 아니라 교전 국가 간의 적대적 이해관계의 중요성과 그 지속의 장단에 의존한다.

현대의 문명 국민은 함부로 포로를 처형하지 않고 또 적의 도시나 국토를 파괴하지 않는 것이 통례이다. 그 이유는, 지성이 문명 국민이 하는 전쟁에 개입하여, 본능의 이러한 조잡한 발현보다도 오히려 지성 쪽이 강력을 행사하는 데에 보다 효과적인 수단이라는 것을 가르쳤기 때문이다.

화약의 발명과 더불어 더욱더 발달하는 화기는, 전쟁의 본디 의도, 즉 적을 격멸하려고 하는 의도가, 실제로 문명의 진보에 의해 저지되거나 또는 다른 방향으로 전환되거나 하지 않았던 사실은 증명하고도 남음이 있다.

그래서 우리는 앞서 든 명제를 여기에서 되풀이해서 말하고자 한다. '전쟁은 일종의 강력 행위인데 이런 강력 행사에는 한계가 존재하지 않는다. 그러므로 교전자 중 어느 한쪽이 자신의 의지를, 이른바 정해진 규범으로서 상대에게 강요하게 된다. 따라서 저편과 이편 사이에 상호작용이 발생하고, 이론적으로 말하자면 이 상호작용은 극도로 달성되지 않을 수 없다.' 이것이 전쟁의 첫 번째 상호작용이며, 또한 우리가 경험하는 제1의 극도이다. (제1의 상호작용)

4 전쟁 목표는 적의 방어를 완전히 무력화하는 데에 있다

우리는 지금 군사 행동의 목표는 적의 방어를 무력하게 만드는 데에 있다고 말했다. 여기에서는 이것이 적어도 이론적인 사고방식으로서는 필연적이라고 하는 것을 증명하고자 한다.

저에게 우리의 의지를 강요히려고 한다면, 우리가 직에게 요구하는 것만큼의 희생[1]을 적에게 지불하게 하는 것만으로는 모자란다. 우리는 적을 되돌릴 수 없는 상태로 몰아넣어야 한다. 말할 필요도 없이, 이러한 불리함은 일시적이라고 여겨져서는 안 된다. 만일 일시적이라는 것을 알면, 적은 나중에 도래할지도 모르는 좋은 기회를 기다리게 될 것이므로, 결국 굴복하지 않을 것이다. 따라서 이쪽이 군사적 행동을 계속함으로써 생기게 하는 어떠한 변화도, 적을 현재보다 더 불리한 상태에 몰아넣는 것이어야 한다. 혹은 적어도 적으로 하여금 그렇게 생각하도록 여기게 하는 것이어야 한다. 전쟁 지도에 임하는 장수가 빠지는 최악의 상태는 실로 이와 같은 완전한 무방어 상태가 아닐 수 없다. 따라서 군사 행동에 의해서 이쪽의 의지를 적에게 강요하려고 한다면, 실제로 적의 방어를 완전히 무력한 것으로 만들든가, 그렇지 않으면 확실하게 무방어 상태가 되었다고 여겨질 때까지 몰아넣어야 한다. 따라서 적의 무장 해제 또는 항복이 군사 행동의 목표일 경우, 이러한 무장 해제나 항복이 실제로 어떠한 것이어야 하는가는 위에서 말한 것으로부터 명백해졌으리라고 생각한다.

그런데 전쟁이란 살아 있는 힘을 죽은 물질에 가하는 일이 아니다. 아마도 절대 수동적인 것은 전쟁이라고 할 수가 없을 것이다. 요컨대 전쟁은 항상 두 개의 살아 있는 힘의 충돌이다. 따라서 앞서 말한 것과 같은 군사적 행동의 목표

---

1) 병사들의 사상(死傷), 포로와 포획된 화기나 자재 운반용 고리짝을 가리킨다.

라는 것은 저편과 이편 서로에 대해서 생각해야 한다. 그래서 여기에 또한 상호 작용이 생긴다. 즉, 우리 쪽이 적을 타도하지 않는 한, 적이 우리 쪽을 완전히 타도할 것이라는 것을 두려워해야 할 것이다. 그렇게 되면 우리 쪽은 이미 자주적으로 행동할 수가 없게 되어, 적은 그들의 의지를, 말하자면 규범으로서 우리에게 강요하게 되는 것이다. 이것이 바로 두 번째 상호작용이며, 이 작용은 마침내 제2의 극도에 이르는 것이다. (제2의 상호작용)

5 저편과 이편 서로의 힘의 극한적 사용

우리가 적을 완전히 타도하려고 한다면, 우리의 힘의 사용을 적의 저항력과 견주어야 한다. 그런데 적의 저항력은 서로 분리되지 않는 두 가지 요인에 의해 나타난다. 그 요인이라고 하는 것은 바로 현존하는 자재(資材)[2]의 양과 의지력의 강도(强度)이다.

현존하는 자재의 양은 비교적 쉽게 결정될 것이다. 이러한 양은 (비록 전체라고까지는 할 수 없어도) 숫자로 표시할 수 있기 때문이다. 그러나 의지력의 강도는 결정하기가 훨씬 힘들다. 이것은 전쟁의 동기의 강약에 의해서 평가할 수밖에 없을 것이다. 이렇게 해서 적의 저항력을 상당히 확실한 정도까지 알 수 있다면, 이쪽의 힘의 사용을 이것과 견주어 볼 수 있게 된다. 즉, 이쪽의 힘을 증대해서 적보다도 우세하게 만들 수 있고, 이쪽의 능력이 불충분한 경우에는 될 수 있는 대로 이를 증대시킬 수도 있다. 그러나 적도 나와 같은 일을 한다면 다시 저편과 이편은 경합을 하게 되므로 서로의 힘의 사용은 생각에 의해서 만이라도 다시 극단에 이르게 된다. 이것이 바로 세 번째 상호작용이며 우리가 경험하는 제3의 극도이다. (제3의 상호작용)

6 현실적 수정

이와 같이, 오직 개념만을 다루는 추상적인 영역에서는, 순수한 사변(思辨)을 일삼는 오성(悟性)은 극도에 이를 때까지 멈출 줄을 모르는 법이다. 여기에서 오성이 문제 삼는 것은, 저편과 이편 서로의 힘의 극단적인 사용이며, 따라서 또

---

2) 전투원과 전투 기재를 포함한다.

이러한 힘의 충돌이기 때문이다. 실제로 이 경우에 서로의 힘은 그 무엇에도 억제됨 없이 마음껏 발휘되어 그 자신의 내적인 법칙 이외의 그 어떤 법칙에도 따르려고 하지 않는다. 따라서 우리가 실제로 설정해야 하는 목표나 또 실제로 사용해야 하는 수단을 규정하는 절대적인 요소를, 전쟁의 순수한 개념으로부터 도출하려고 한다면, 위에서 말한 세 가지 상호작용 때문에 우리는 극도에 이르게 될 것이다. 게다가 또, 이러한 끊임없는 상호작용 그 자체도 논리적인 사고가 빼내는, 보이지 않는 실에 조종당하는 관념의 놀이에 지나지 않는 것이다. 그러기 때문에 이러한 절대적인 것을 핑계 삼아 현실 세계의 모든 곤란을 펜 끝만으로 회피하거나 또 논리적 엄밀성을 고집해서 항상 극한적인 경우를 규준으로 하여, 여기에 힘의 극한적인 사용을 적합시켜야 한다면, 이러한 펜 끝만의 지징은 결국 종이 위의 법직에만 그질 뿐 현실 세계에 석합한 법칙일 수는 없는 것이다.

가령 힘의 극도의 사용, 즉 절대적인 것을 생각하기란 쉬운 일이라 해도, 인간의 정신은 이와 같은 논리적인 몽상에는 좀처럼 따르려 하지 않을 것이다. 또 전쟁에서는 힘의 낭비가 자주 생기는 법이다. 그러나 이러한 낭비를 억제하는 것은 전쟁의 원칙과는 다른 정치의 원칙에서 찾아야 한다. 또 전쟁은 의지의 극한적인 긴장이 필요하다고 말하지 모르지만, 의지의 긴장만으로는 전쟁의 목적을 달성할 수 있는 것이 아니므로, 이러한 긴장이 실제로 환기되는 일은 없을 것이다. 요컨대 인간의 의지는 논리적 사변에 의해 힘을 얻는 것이 아닌 것이다.

그런데 우리가 추상적 세계에서 나와 현실 세계로 들어가면 사정은 모조리 돌변한다. 추상 세계에서는 모든 것이 낙관론으로 지배되지 않을 수 없었다, 그리고 저편과 이편는 어느 쪽이나 완전을 추구할 뿐만 아니라 또 실제로도 이 완전을 달성할 수 있다고 생각하지 않을 수 없다. 그렇다면 현실 세계에서도 역시 그대로 될까. 가령 다음과 같은 세 가지 조건이 성립된다고 하면 분명히 그대로 될 것이다.

1. 만약에 전쟁이 완전히 고립된 행위라고 한다면, 즉 전쟁은 돌발 행동으로, 그 이전의 국가 생활과 아무런 관계가 없다고 한다면,
2. 만약에 전쟁이 단순히 한 번의 결전 또는 동시에 이루어지는 몇 개의 결

전으로 이루어진다고 한다면,

3. 만약에 전쟁이 그 자체로 완결된 한 번의 결전을 포함한 것뿐이며, 이에 이어 일어날 정치적 상태에 대한 고려가 현재 수행되고 있는 전쟁에 영향을 미치지 않는 것이라면.

7 전쟁은 고립된 행동이 아니다

우선 첫째 조건에 대해서 말하자면, 저편과 이편 어느 쪽이나 상대에게 추상적인 존재가 아니다. 또 상대가 저항력을 형성하는 두 가지 인자 중, 외적인 사물인 자재(資材)에 입각하지 않는 것, 즉 의지에 대해서도 추상적인 존재는 아닌 것이다. 또 이 경우에 의지는 반드시 전혀 알 수 없는 것은 아니다. 의지는 오늘 있는 곳에서 내일 있어야 할 것을 이미 나타내고 있는 것이다. 또 전쟁은 그 이전의 사태와는 전혀 관계없이 갑자기 일어나는 것이 아니다. 전쟁의 확대는 결코 한 순간의 사건이 아닌 것이다. 그러기 때문에 저편과 이편은 제각기 상대의 현재 상태와 행동으로 이미 상대 동정의 거의 전부를 판단할 수 있는 것으로, 엄밀하게 말한다면 상대는 이렇게 있을 것이 틀림없다거나 또는 이렇게 행동할 것임에 틀림없다고 하는 추정에 따라 판단하는 것이 아니다. 그런데 인간의 심신(心身) 기구는 본디 불완전하므로, 절대적 최선의 영역에 도저히 다다를 수는 없다. 그래서 서로에게 같은 결함이 생기기 때문에 이들 결함이 절대적인 것을 완화하는 원리가 되는 것이다.

8 전쟁은 연속성이 없는, 단 한 번의 결전으로 이루어지는 것이 아니다

둘째 조건에 대해서는 다음과 같은 고찰이 필요하다.

만약에 전쟁에서의 결전이 단 한 번의 결전 또는 동시에 이루어지는 일련의 결전으로 이루어진다고 하면, 이러한 결전에 대한 모든 준비를 극도로까지 추진하려고 하는 경향이 생기는 것은 당연한 추세이다. 오직 한 번밖에 주어져 있지 않는 기회를 놓치면, 이 실책은 끝내 회복할 수가 없기 때문이다. 그렇게 되면 현실의 세계로부터는 상대의 준비—그것도 우리에게 알려져 있는 한의 준비가 우리 쪽에서 취해야 할 대책으로서 주어질 뿐이고, 그 밖의 모든 것은 추상 세계로 몰입되는 것이다. 이에 반해서 결전이 몇 차례의 계속적 행동으로 이루어진다면 선행하는 행동은 그 행동 모든 것이 후속하는 행동을 규정하는 척도가 될 수 있다. 그렇게 되면 이 경우에도 현실의 세계가 추상적인 것으로 바뀌고 따라서 또 극도를 향해 치닫는 노력을 완화하게 되는 것이다.

그런데 모든 전투 자재가 동시에 사용되든가 또는 사용할 수 있다고 하면, 아마도 전쟁은 단 한 번의 결전 또는 동시에 이루어지는 몇 차례의 결전으로 결정될 수밖에 없을 것이다. 저편과 이편 어느 쪽에게 불리한 결전은 패자 쪽의 자재를 현저하게 소모하게 되는 것이므로, 만약에 첫 번째 결전에서 모두 소비된다고 하면, 두 번째 결전 같은 것은 논할 필요가 없을 것이다. 또 이 경우에 패자가 첫 번째의 결전에 이어 그 어떤 군사 행동을 일으킬 수 있다고 해도, 이러한 행동은 본디 첫 번째 결전의 여파이자 이 결전의 계속에 지나지 않을 것이다.

그러나 앞서 말한 바와 같이, 이미 선생을 순비하는 경우까지도, 현실의 세계가 단순한 개념으로 바뀌고, 현실의 척도가 극단적인 가정으로 바뀌는 것이다. 그렇다면 저편과 이편은 제아무리 그 상호작용을 거듭했다고 해도, 힘의 극단적인 사용에 이를 염려는 없을 것이다. 따라서 또 모든 힘을 동시에 사용하는 일도 없을 것이다.

그러나 전쟁에 사용할 수 있는 힘이 모두 동시에 작용하기 시작하는 것이 아니라는 것은, 이미 이들 힘과 그 사용과의 본성에 입각한다. 전쟁에 사용되는 모든 힘이라고 하는 것은 ⑴본래의 전투력, ⑵면적과 인구를 갖는 국토, ⑶동맹 제국이다.

면적과 인구를 갖는 국토는 본래의 전투력을 마련하는 자원일 뿐만 아니라 그 자체가 전쟁에서 효력을 발휘하는 양(量)의 유력한 부분을 이룬다. 물론 그것은 온 국토 중에서 전장에 속하거나 또는 전장에 현저한 영향을 주는 부분에 한한다.

그런데 가동적인 전투력[3]이라면 그 모두를 동시에 작용하게 할 수가 있지만 모든 요새·하천·산악·주민 및 그 밖의 것—간단히 말하자면 온 국토를 동시에 움직이게 할 수는 없다. 그러나 국토가 매우 좁고 최초의 군사적 행동에 의해서 국토 전체가 포괄되는 경우라면 이야기는 다르다. 다음에 동맹 제국의 협력은

---

3) 병력뿐 아니라 전장, 지형, 요새 등도 전투력에 들어간다. 가동적 전투력이란 전투력 중 병력 및 전투 자재를 가리킨다.

전쟁 지도자의 의지에 좌우되는 것이 아니다. 동맹국이 종종 뒤늦게 참전하거나 또는 교전국 간의 전투로 일단 잃어버린 균형을 회복하기 위해 동맹관계가 강화되거나 하는 것은 당해 국가 간의 관계의 성격에 입각한다.

한 나라의 저항력은 반드시 그 모든 부분이 동시에 작용을 하기 시작하는 것이 아니다. 그러나 이러한 부분은 대개의 경우, 저항력 전체에 대해 상당한 비율을 차지하는 것이고, 적어도 보통 생각할 수 있는 것보다는 훨씬 크다는 것, 또 비록 첫 번째의 결전이 강력하게 이루어져, 그 때문에 저편과 이편의 균형이 현저하게 손상되었을 경우에조차도, 이 상실된 균형은 얼마 뒤 회복될 수 있는 것이라는 점에 대해서는 나중에 자세히 설명하겠다. 여기에서는 다만 전쟁에서 여러 힘이 완전히 결집하기 위해서는 시간이 필요하다는 사실이 전쟁의 본성에 위배된다는 것을 지적하는 데에 그치려고 한다. 하지만 이 일 자체는 저편과 이편이 첫 번째의 결전을 위해 각자의 힘을 극도로 행사하려고 하는 경향을 완화하는 진정한 이유는 되지 않을 것이다. 불리한 결전은 패자에게 아무래도 불리하므로, 새삼스럽게 이러한 불리는 자청해서는 안 되고, 또 비록 처음의 결전이 단 한 번뿐만이 아니라도, 그 결전이 대규모적인 것이라면 후속되는 결전에 미치는 영향도 더욱더 크기 때문이다. 그러나 결전이 단 한 번뿐만이 아니고 두 번째의 결전도 가능하다면 인간의 정신은 처음의 결전에 전력을 기울이는 위험을 고려해서 다음 번의 결전에 기대를 거는 것이다. 그러기 때문에 첫 번째의 결전에서는, 한 번만의 결전에서보다도 병력을 집결하고 또 사용하지 않는 것이 통례이다. 그런데 저편과 이편 어느 쪽이, 병력의 열약(劣弱)을 고려하여 결전을 포기한다면, 이것은 상대 쪽에는 힘의 극도의 사용을 완화하는 참다운 객관적 이유가 되고, 또 이 경우에 생기는 상호작용도 극도로 달하려고 하는 노력을 억제하여, 힘의 사용을 일정한 한도에 머물게 하는 것이다.

9 전쟁과 거기에서 생기는 결과는 어느 것이나 절대적인 것이 아니다

마지막으로 제3의 조건에 대해서 말하자면, 어떤 전쟁을 통해서 이루어진 몇 차례의 결전의 총괄조차도 반드시 절대적 결전이라고 여길 수 있는 것이 아니다. 패전국 쪽에서는 이러한 불리한 결전을 종종 일시적인 재난에 지나지 않는 것으로 여겨서 그 구제책을 전후의 정치적 관계에서 이 재난을 극복할 수 있기 때문이다. 이와 같이 전쟁에서 생기는 결과를 고려하는 것도 저편과 이편의 극도의 긴장과 힘의 극도의 사용을 현저하게 완화시키게 됨은 두말할 것도 없다.

10 그래서 실제의 전쟁에서 확실하다고 인정되는 것이 개념에서의 극단적인 것, 절대적인 것과 교체된다

이렇게 해서 군사적 행동은 저편과 이편의 힘을 극한으로 몰아세우려고 하는 철칙을 벗어난다. 그리하여 이미 극도에 달할 염려도, 또 극도를 추구할 필요도 없어지면 이번에는 힘의 극단적인 사용 대신에 힘의 사용에 대한 한도를 인식하는 것이 저편과 이편의 판단 대상이 된다. 그렇게 되면 이 판단은 현실 세계에 여러 현상이 우리에게 제시하는 이미 아는 것에만 입각하여, 개연성의 법칙에 따라 이루어지게 되는 것이다. 교전 상대가 단순한 개념적인 존재가 아니라 어느 쪽이나 국가이자 정부가 되면 전쟁은 이미 개념적인 행동이 아니라 각기 독자적인 형태를 갖춘 구체적 행동이 된다. 그렇게 되면 현재 존재하고 있는 것이 이미 아는 사실로서, 앞으로 발견하게 될 알지 못하는 것, 기대되는 것을 분명히 아는 발판이 되는 것이다.

이렇게 해서 저편과 이편이 상대의 성격·시설·현황 및 여러 관계에 입각하여 '개연성의 법칙'에 따라 상대의 행동을 추정하고 이것을 기준으로 이쪽의 행동을 결정하는 것이다.

11 거기에서 다시 정치적 목적이 나타난다

그러면 앞서 우리가 고찰로부터 제쳐놓았던 (제2절) 문제가 여기에서 새삼 고찰의 대상이 된다. 즉, 그것은—전쟁의 정치적 목적이다. 이제까지의 고찰에서는, 전쟁에서는 힘을 극도로 사용해야 한다는 법칙, 다시 말하면 상대의 방어를 완전히 무력화시켜 그를 완전히 타도하려고 하는 의도가, 전쟁의 정치적 목적을 제쳐놓고 있었던 것이다. 그러나 이 법칙의 힘이 약해져서 이 의도가 본디 목표에서 후퇴하면 정치적 목적이 다시 나타나게 된다. 그런데 이 경우, 고찰이 어떤 전쟁에서 한 번 교전을 치른 두 교전 국가와 이들 사이에 존재하는 관계로만 향해져, 이에 입각해서 개연성을 계산하게 된다면, 정치적 목적은 전쟁의 본디 동인(動因)으로서 이러한 계산의 결과에 매우 중요한 영향을 주는 요인이 되어야 한다. 그러면 이렇게 된다—우리가 적에게 희생을 요구할 경우, 이 희생이 작으면, 그에 따라서 상대가 이러한 희생을 거부하기 위해 사용하는 힘 또한 작다고 생각해도 좋다. 그러나 이 경우에 상대가 사용하는 힘이 작으면 이쪽에서 사용하는 힘 또한 작아도 되는 것이다. 그런데 이쪽의 정치적 목적이 작아짐에 따라서 이러한 목적에 부여하는 가치도 더욱더 작아지므로 때로는 이 목적을 손쉽게 파기하는 일이 생길 수도 있는 것이다. 요컨대 이와 같은 이유로 해서도 이쪽이 사용하는 힘은 더욱더 작아지게 될 것이다.

따라서 전쟁의 본디 동인으로서의 정치적 목적은, 군사 행동으로 이루어야 할 목표를 설정하기 위한 척도가 될 뿐만 아니라, 또 전쟁에서 힘의 사용을 규정하기 위한 척도이기도 하다. 그러나 이 척도는 그 자체로서, 또는 그 자체만으로 이러한 뜻의 척도가 될 수 있는 것이 아니다. 도대체 우리가 여기에서 논하는 것은 단순한 개념이 아니라 모든 현실의 사태인 것이다. 그러기 때문에 정치적 목적이 저편과 이편의 교전 국가에 대해서 척도가 될 수 있는 것이다. 그런데 동일한 목적이라도 서로 다른 국민에 있어서 또는 때를 달리하면 같은 국민에서까지도 각기 매우 다른 결과를 나타내는 일이 있다. 대개 전쟁 때 민중의 마음을 움직이는 것은 이 정치적 목적이다. 그러기 때문에 정치적 목적을 척도로 인정하는 것은, 정치적 목적이 오직 대중에게 미치는 영향에 관련되는 경우이다. 그래서 민중의 성격이 고찰의 대상이 되는 것이다. 군사 행동을 강화 또는 약화시키는 원리가 민중 가운데에서 발견될 수 있느냐 없느냐에 따라서, 정치적 목적에 의한 결과 또한 현저하게 달라진다는 것은 두말할 나위가 없다. 두 국민 또는 두 국가 사이에 위험한 긴장이 성립하고 또 많은 적대적 요소가 집결하면 전쟁 동인이 그 자체로서는 매우 작은 경우에도 이러한 동인의 본성을 훨씬 넘을 정도의 결과, 즉 폭발에 못지않은 사태를 초래하는 경우가 있다.

앞에서 말한 것은, 두 교전 국가의 정치 목적이 각기 규정하는 바의 힘의 사용에 대해서 말할 수 있고 또 이 정치 목적이 각기 군사 행동에 대해서 설정하는 목표에 대해서도 말할 수가 있다. 때로는 정치 목적이 그대로 이러한 목표가 될 수 있는 경우도 있을 것이다. 예를 들어 적국의 어떤 주나 군을 공략하는 경우가 그것이다. 또 때로는 정치적 목적이 군사 행동에 대해서 적절한 목표를 설정하지 못하는 일도 있을 수 있다. 그러면 그런 경우의 목표는, 정치적 목적과 동등한 가치를 갖는, 따라서 또 강화(講和) 때에 이 목적을 대신할 수 있는 것이 되어야 한다. 그러나 이 경우에도 또한 두 교전국의 특이성을 미리 고려를 할 필요가 있다. 더 나아가 이 정치적 목적을, 이와 동등한 가치를 갖는 전쟁 목표에 의해 달성하기 위해서는 이것이 당해 정치적 목적보다도 훨씬 커야 할 것이다. 그런데 만약에 두 교전 국가 국민이 어느 쪽이나 전쟁에 대해서 냉담하고 또 두 나라 사이의 긴장이 미약할 뿐만 아니라 국내 사정의 긴장도 더욱더 이완됨에 따라, 군사적 행동을 규정하는 척도로서의 정치적 목적이 더욱 더 지배적, 결정적인 것이 되어 실제로는 이 목적이 거의 단독으로 결정되는 것과 같은 경우도 생기는 것이다.

그런데 군사 행동의 목표가 정치적 목적과 동등한 가치를 가질 경우에는 대개 정치 목적은 군사 행동의 목표와 함께 낮아진다. 더욱이 징지 목적이 지배적인 것이 되어 감에 따라 이러한 사정은 더욱 심해진다. 그리고 본디의 격멸전(擊滅戰)에서 단순한 무장 감시에 이르기까지, 저마다 중요성과 수행력을 달리하는 다종다양한 전쟁이 아무런 내적인 모순 없이 존립할 수 있는 이유가 이것으로 명백해진다. 그런데 이러한 사정은 다른 문제를 일으키기 때문에 이 문제를 더욱 발전시킴과 동시에 이에 대답해야 하는 것이다.

12 군사 행동에 정지 상태가 생기는 이유는 위에서 말한 설명만으로는 아직 분명치 않다

저편과 이편이 주장하는 정치 요구가 아무리 미미해도, 또 이들이 사용하는 수단이 아무리 허술해도, 더 나아가 군사 행동에 저마다 설정하는 목표가 아무리 작아도—도대체 이 군사 행동 자체는 한 순간이라도 쉴 수 있을까? 이것은 전쟁의 본질에 관련되는 심각한 문제가 아닐 수 없다.

모든 행동은 실행하는 데에 얼마쯤 시간이 필요하다. 우리는 이 시간을 지속이라고 부르기로 하자. 그리고 행동하는 자[4]가 일을 진행시킬 때 완급(緩急) 어느 쪽을 고르는가에 따라서 지속에 장단의 차이가 생긴다.

그러나 우리는 이와 같은 뜻의 완급을 여기에서 문제 삼으려는 것은 아니

---

4) 행동하는 자라 함은 장수를 가리킨다.

다. 장수라고 하는 사람은 저마다 자기 방식에 따라 일을 진행시킨다. 그런데 본디 행동이 완만한 사람이 일을 처리하는 데 있어 다른 사람보다도 완만한 것은, 그가 새삼 시간이 소요되게 하려고 하기 때문이 아니다. 그가 많은 시간을 필요로 하는 것은 그 자신의 성격에 따른 것이고, 만약에 그가 그에게 어울리지 않게 서두른다면 틀림없이 일을 그르칠 것이다. 따라서 어떤 장수가 일을 진행시키는 데에 소요되는 시간은 그의 심적인 이유에 의한 것으로, 말하자면 그의 행동이 본디 가지고 있는 지속이라 해도 좋다.

그런데 전쟁에서 장수의 행동에 이와 같은 뜻의 지속은 허용된다 하더라도, 이러한 지속과는 별도로 소비되는 시간, 다시 말하면 군사 행동에서의 정지 상태는 모두 전쟁의 본성에 위배되는 것처럼 여겨진다―우리는 적어도 언뜻 보기에 이렇게 생각하지 않을 수가 없는 것이다. 또 우리가 여기에서 문제 삼고 있는 것은 저편과 이편 어느 한쪽의 군사적 행동의 정지가 아니라, 서로의 군사적 행동의 전면적 정지에 관한 것임을 잊어서는 안 된다.

13 군사적 행동을 정지시킬 수 있는 이유는 단 하나 있다. 그리고 그 이유는 항상 한쪽에만 있는 것처럼 여겨진다

저편과 이편이 모두 전투 준비를 갖추고 있다면, 무엇인가 적대적인 원리가 있어서 그들을 여기까지 이르게 했을 것이다. 그리고 서로가 전쟁 준비를 갖춘 채로 있는 한, 다시 말하면 아직 강화를 체결하지 않는 한, 이 원리는 여전히 존속하고 있음에 틀림없다. 만약에 이 원리가 중단된다고 하면 그것은 어느 한쪽이 단 하나의 조건에 따르는 경우뿐이다. 즉 어느 한쪽이 군사 행동을 일으키기에 보다 유리한 시기를 기다린다는 것이다. 그런데 언뜻 보기에 이 조건은 항상 한쪽에만 있을 수 있는 것처럼 여겨진다. 한쪽에 이와 같은 조건이 있으면 상대쪽은 당연히 그 반대가 되기 때문이다. 즉, 한쪽이 행동에 관심을 가지면 다른 한쪽은 저절로 기다리는 것에 관심을 가지지 않을 수 없게 되는 셈이다.

비록 저편과 이편 사이에 완전한 균형이 유지되어 있다 해도 군사적 행동의 정지는 생길 수 없다. 이러한 균형 상태에서도 적극적 목적을 갖는 쪽(공격자)이 항상 적에 대해 행동을 일으킬 것임에 틀림없기 때문이다.

그러나 또 다음과 같은 균형 상태를 생각할 수도 있다. 즉, 저편과 이편 중 어느 한쪽이 적극적인 목적을 품고 있고, 따라서 다른 쪽보다도 강력한 동인을 갖지만 사용할 수 있는 힘은 상대보다 약할 경우가 있다. 이렇게 되면 다른 한쪽은 저절로 반대가 되니까 이들 저마다의 동인과 힘을 곱한 값은 결국 서로 같게 된다. 그런데 이와 같은 균형 상태에 변화가 생길 가망성이 없다고 하면 역시 서로가 화의(和議)를 강구하지 않을 수 없을 것이다. 그러나 변화가 일어날 전망이 서면 그 변화는 한쪽에만 유리하므로 이에 대항해서 다른 한쪽은 아무래도 행동을 일으키게 된다. 우리는 균형이라고 하는 개념이, 군사적 행동에 정지 상태가 생기는 이유를 설명할 수 없다는 것, 또 저편과 이편의 균형 상태는, 결국 그 한쪽이 보다 유리한 시기를 기다린다고 하는 결과를 초래하는 데에 지나지 않는다는 것을 알고 있다. 따라서 두 교전 국가 어느 한쪽이 적극적 목적—예를 들면, 다른 국가의 주나 군을 공격해서 강화 내 이를 유리한 교환 소선으로 삼으려는 의도를 가질 경우, 이러한 전략이 성공하면 이에 대한 정치적 목적은 일단 달성되므로 행동의 필요성은 끝나고 여기에 정지 상태가 생긴다. 그리고 다른 한쪽도 이 성과를 감수할 작정이라면 그는 강화를 체결하지 않을 수가 없다. 그러나 그가 이것을 원하지 않는다면 역시 행동을 일으켜야 한다. 그런데 1개월이 더 지나면 그가 행동을 위한 조직을 완료한다는 경우도 생각할 수 있다. 그러면 이제까지 행동을 연기하는 것은 충분한 이유가 있는 처사이다.

그런데 이 순간부터 전승자는 패자에게 재기의 시간을 주지 않기 위해 행동의 준비를 갖추어야 한다는 책무를 지게 된다. 그리고 이것은 전승자 쪽 행동의 논리적 책무로 여겨진다. 더욱이 이 경우에는 서로가 현재 사태를 완전히 잘 알고 있어야 한다는 것은 두말할 필요가 없다.

14 이와 같은 사정은 군사적 행동에 어떤 연속성을 주고, 이 연속성은 다시 저편과 이편의 행동을 극도에 이르게 하는 것처럼 여겨진다

군사 행동의 연속성이라고 하는 것이 실제로 존재한다면, 이 연속성에 의해서 저편과 이편의 행동은 또다시 극도에 이르게 될 것이다. 끊임없는 군사적 행동에 의해서 저편과 이편의 감정은 더욱 부채질되고 전쟁 전체는 점차 고조되어, 전쟁에 본디 따르게 되는 격렬한 힘은 더욱 조장될 것이다. 그러나 이와 같은 일은 별도로 하고라도, 행동의 연속성은 이유와 귀결을 더욱 엄격하게 결부시켜 인과 관계를 보다 긴밀한 것으로 만든다. 그리하여 이러한 엄밀한 조건 아래에서는 그 어떤 행동도 더욱 중대한 의의를 갖고 따라서 더욱 위험을 안게 될 것이다.

그러나 군사 행동이 이와 같은 연속성을 갖는 것은 매우 드물거나 또는 전혀 없다고까지 말할 수 있을 것이다. 전쟁을 통해서 군사적 행동 그 자체가 차지하는 시간은 매우 적고, 나머지 시간은 모두 정지 상태에 있는 전쟁도 많다. 그럼에도 이런 종류의 전쟁을 일괄적으로 변칙이라고 말할 수는 없다. 실제로 우리는 군사적 행동에 정지 상태가 생길 수 있다는 것을 인정하지 않을 수 없다. 그리고 이러한 정지 상태는 결코 전쟁의 본성에 모순되는 것은 아니다. 그래서 전쟁의 실정이 이와 같으며 또 그것이 어째서 그러한가를 다음에서 언급해 보고자 한다.

15 따라서 양극성이라는 원리를 세울 필요가 있다

이제까지 우리는 저편과 이편 가운데 한쪽 장수의 이해와 다른 쪽 장수의 이해는 항상 상반되는 식으로 생각해 왔다. 즉, 여기에 양극성을 상정한 것이다. 이 양극성 원리의 설명에는 따로 하나의 장[5]을 설정할 작정이므로 거기에서 자세하게 살펴보기로 하고 여기에서는 다만 다음과 같은 것만을 말해 두기로 한다.

양극성의 원리는, 이 양극성이 동일한 대상에 대해서 고려되고 또 그때 정량(正量)이 그 반대물, 즉 부량(負量)을 정확하게 소멸시킬 수 있는 경우에만 타당하다. 교전에서 저편과 이편 모두가 승리를 원하고 있다. 이것이 바로 본디의 양극성이다. 한쪽의 승리는 다른 쪽 승리의 소멸을 의미하기 때문이다. 그러나 서로 다른 두 사물, 이를테면 공격이나 방어가 그것과는 별도로 하나의 공통 관계, 예를 들면 저편과 이편 간의 결전이라는 관계를 갖는다면, 이 경우 양극성은 공격 및 방어 그 자체에 있는 것이 아니라, 이들의 공통된 관계에 있다.

---

5) 여기에 해당하는 장은 존재하지 않는다.

16 공격과 방어는 종류와 강약을 달리하는 두 개의 서로 다른 것이므로 여기에 양극성의 원리를 적용할 수 없다

만일 저편과 이편 모두가 상대를 공격할 뿐, 어느 쪽에도 방어가 없다고 한다면, 다시 말해서 공격과 방어는 적극적 동인의 유무에 의해서만 구별되고, 이 동인이 공격에만 있고 방어에는 존재하지 않는다면, 그리고 또 투쟁이 서로에 공통된다고 하면, 이러한 투쟁에서 한쪽의 유리는 그대로 다른 쪽의 불리이므로 여기에 양극성이 성립하게 될 것이다.

그러나 실제로는 군사 행동 그 자체가 나뉘어서 공격과 방어라는 두 형식을 취하는 것이다. 여기에 대해서는 기회를 보아 실례를 들어 설명하겠지만 요컨대 공격과 방어는 현저하게 종류가 다르고 또 강약이 같지 않다. 그러기 때문에 이 경우 양극성은 공격과 방어 그 자체에 있는 것이 아니라 둘이 함께 관계하는 것, 즉 저편과 이편 간의 결전에 있다. 만약에 한쪽 장수가 결전의 연기를 바란다면, 다른 편 장수는 결전의 조급한 실시를 바랄 것임에 틀림 없다. 그러나 이것은 두말할 필요도 없이 서로가 공격이라고 하는 동일한 전쟁 형식을 채용하는 경우에 한한다. 그런데 만약에 A가 적 B를 즉시가 아닌 4주 뒤에 공격하는 것이 유리하다고 생각하면, 반대로 B는 A로부터 4주 뒤가 아닌 지금 바로 A로부터 공격을 당하는 것이 유리하다고 생각하게 된다. 즉, A와 B의 생각은 정반대이다. 그러나 그렇다고 해서 A를 지금 바로 공격하는 것이 B에게 유리하다고는 말할 수 없다. B가 A를 즉시 공격하는 것과 A가 B를 1개월 뒤에 공격하는 것은 전혀 별개의 사항이다.

17 일반적으로 방어는 공격보다도 강력하며, 이러한 사정이 양극성의 작용을 때때로 소멸시킨다. 또 군사적 행동에 정지 상태가 생기는 이유도 이것으로 잘 설명된다

나중에 자세히 설명하겠지만 방어라고 하는 전쟁 형식이 공격이라고 하는 전쟁 형식보다도 강력하다면 여기에 문제가 생긴다. 즉 저편과 이편 가운데 한쪽은 결전의 연기를 유리하다 보고, 다른 쪽은 방어가 유리하다고 보는데, 도대체 전자의 유리는 후자의 유리만큼 큰가 하는 것이다. 만약에 한쪽의 유리, 즉 결전을 연기하는 유리가, 다른 쪽 방어의 유리에 미치지 못한다면 결전을 연

기하는 유리는 방어의 유리를 소멸시킬 수가 없으므로 따라서 군사적 행동을
정지할 수 없게 되는 것이다. 그러기 때문에 비록 저편과 이편의 이해관계에서
의 양극성이 결전을 촉진하는 힘을 갖는다 해도, 이 힘은 방어가 공격보다도
강력한 전쟁 형식이라고 하는 차이 앞에서는 잠시도 지탱하지 못하고, 따라서
그 작용 또한 소멸되는 것이다.

 따라서 저편과 이편의 한쪽이 현황을 유리하다고 여기면서도 감히 방어의
유리함을 버리고 공세로 옮길 수 있을 정도로 우세하지 않다고 하면, 그는 적
어도 현재보다는 불리한 장래를 맞이해야 한다는 것을 알고 있는 셈이다. 그에
게는 지금 곧 공격으로 옮기거나 강화를 체결하는 것보다는 비록 불리한 장래
라 할지라도 방어라고 하는 전쟁 형식을 가지고 싸우는 쪽이 낫기 때문이다. 그
런데 우리가 확신하는 바로는, (올바른 의미의) 방어는 공격보다도 현저하게 강
력하며, 더욱이 그것은 우리가 겉으로만 상상하는 것보다도 훨씬 강력하다. 따
라서 전쟁에서 정지 시기가 가끔 나타나고 그것이 시간적으로 매우 큰 부분을
차지하는 이유는 이러한 사정으로 잘 설명된다. 더욱이 이 경우, 이러한 정지
상태가 전쟁의 본성에 모순되는 것이 아니라고 하는 것은 새삼 밝힐 필요도 없
다. 또 군사적 행동의 동인이 박약해짐에 따라 이 동인은 방어가 공격보다도 강
력하다고 하는 한계 앞에 더욱 그 작용력을 잃고, 군사적 행동은 더욱 빈번하
게 중단되게 된다. 그리고 경험 또한 이것을 증명하고 있는 것이다.

18 군사적 행동을 정지시키는 두 번째 이유는 불완전한 상황 판단에 있다
 그러나 그 밖에도 군사 행동을 정지시키는 또 하나의 이유가 있다. 그것은—
불완전한 상황 판단이다. 장수가 정확하게 전체를 훑어 볼 수 있는 것은 그 자
신 쪽의 상황이고, 적의 상황은 불확실한 정보에 의해서 알 수밖에 없다. 그 결
과 그는 적정 판단을 잘못하여, 행동을 일으키는 것은 본디 이쪽임에도 불구하
고, 오히려 이것을 적에게 있다고 잘못 아는 일이 있다. 그리고 이와 같은 인식
부족은 확실히 때이른 행동의 원인임과 동시에 또 때이른 정지의 원인이기도 하
다. 따라서 그 자체로서는 군사적 행동을 지연시키는 일도 되고 또 이것을 촉진
하는 일도 될 것이다. 그러나 이런 종류의 인식 부족은 전쟁의 본질에 모순되는
것이 아니라 군사적 행동을 정지시키는 자연적 원인의 하나로 여겨야 할 것이다.

또 장수라 해도 인정의 상례로 보아 적의 역량을 과소평가하는 것보다는 과대평가하는 경향이 있고, 실제로 그렇게 하기 쉽다는 것을 생각하면, 불완전한 상황 인식은 일반적으로 군사 행동을 억지하고 극단을 그 뜻으로 하는 행동 원리를 완화하는 데에 현저하게 기여할 것임에 틀림없을 것이라 해도 좋을 것이다.

그런데 이와 같은 정지 상태가 생길 수 있다고 하는 것은 신기한 완화의 원리를 군사적 행동으로 도입한다. 즉 이 완화의 원리는 군사적 행동을 시간을 가지고 희석하고 위험의 진행을 저지하여, 저편과 이편 간에 상실된 균형을 회복하기 위한 수단을 증대시키는 것이다. 본디 전쟁은 저편과 이편 간의 긴장에서 발생하는 것이지만, 이 긴장이 심해짐에 따라, 또 전쟁을 수행하는 힘 또한 증대함에 따라 이러한 정지 기간은 더욱 단축되고 이에 반해 전쟁의 본디 원리가 약화됨에 따라서 이 징지 기간은 더욱 길어지는 것이다. 징쟁의 동인이 강력하면 이러한 동인은 교전자의 의지력도 강화하기 때문이다. 또한 이 의지력은 전쟁에서 여러 힘을 작용하게 하는 요인임과 동시에 또 여러 힘에서 생긴 결과이기도 하다.

19 군사적 행동이 빈번하게 정지되면 전쟁은 그 절대적 형태로부터 더욱 멀어져서 개연성의 계산이 된다

그런데 군사적 행동이 완만한 경과를 거침에 따라, 또 그것이 빈번하게 정지되어 이 정지 기간이 길어짐에 따라, 그 사이에 장수는 적정 판단의 잘못을 더욱더 신속하게 수정할 수가 있다. 그래서 그는 이 인식에 입각해서 이쪽에 형편이 좋은 가설을 세우는 데에 급급하여, 극단을 취지로 하는 전쟁의 본성으로부터 더욱 멀어져, 개연성과 추측을 기초로 하여 모든 것을 구상할 것이다. 그러기 때문에 구체적인 경우라고 하는 것만으로도 이미 현존하는 사정에 입각한 개연성의 계산을 필요로 하는데, 거기에 군사적 행동의 경과가 길어지면 이 계산에는 그만큼 시간적 여유가 더 주어지게 되는 것이다.

20 그러기 때문에 전쟁을 도박으로 만들기 위해서는 우연성이 부가되면 된다. 전쟁에 우연은 따라다니기 마련이다

전쟁은 그 객관적 성질로 보아 개연성의 계산이라고 하는 것은 위에서 말한

점으로 보아 분명하다. 그런데 전쟁이 도박이기 위해서는 여기에 단지 하나의 요소가 첨가되기만 하면 된다. 더욱이 이 요소는 본디 전쟁에 따라다니는 것이다. 그것은 '우연'이라는 요소이다. 인간이 영위하는 일들 중에서 우연과의 끊임없는 접촉이 일상의 다반사와 같은 영역은 전쟁 이상 가는 것이 없다. 그러나 또 이 우연에 따르는 것은 불확실성이고 또 이 불확실성에 따르는 것은 요행이다. 그리고 전쟁에서는 이들 요소가 넓은 범위를 차지하는 것이다.

21 전쟁은 그 객관적 성질로 말해서 도박이지만 또 그 주관적 성질로 말해도 역시 도박이 된다

전쟁의 주관적 성질, 즉 전쟁 지도를 담당하는 장수에 필요한 심적 여러 능력을 고찰하면 전쟁은 더욱 도박처럼 보이지 않을 수 없다. 본디 군사 행동이 이루어지는 전장은 위험하다. 그런데 장수의 심적인 여러 능력 중에서, 위험에 처해도 가장 탁월한 작용을 나타내는 힘은 무엇일까. 그것은 용기이다. 하기야 용기도 분명히 빈틈없는 계산과 일치하는 경우가 있을 수 있다. 그러나 이 둘은 종류를 달리하는 것으로 각기 마음의 서로 다른 면에 속하는 것이다. 이에 반해 감행, 요행의 배격, 용감, 저돌, 맹진 등은 어느 것이나 바로 용기의 발현이다. 그리고 용기의 발로로서 이들 심적 방향은 모두가 불확실성과 연관되어 있다. 불확실성이야말로 이들 심적 방향이 작용하는 본디의 장이기 때문이다.

그러기 때문에 전쟁에서 절대적인 것, 말하자면 엄밀하게 수학적인 것은 본디 실제의 전쟁을 기준 삼아 계산하는 전쟁술에 확실한 근거를 찾아내는 것이 아니라는 것, 또 전쟁술에는 가능한 일이나 확실하다고 여겨지는 것, 행운과 불운이 여러 가지 실로 짜내는 도박이 애당초부터 포함되어 있다고 하는 것은 이것으로도 분명하다. 그리고 이러한 도박이 인간이 영위하는 모든 부문 중에서 전쟁을 카드놀이에 아주 닮게 만들고 있는 것이다.

22 이것은 일반적으로 인간 정신에 잘 합치된다

매사에 정확(精確)함을 밝히는 인간 오성은 항상 명석함과 확실성을 추구하지만, 다른 한편으로 우리의 정신은 때때로 불확실한 것에 이끌린다. 오성과 함께 철학적 연구와 논리적 추론의 오솔길을 따라가는 사람이 자기도 모르게 도달하는 종착역은 낯선 장소이고, 거기에서는 이제까지 잘 알고 있었던 사물이 모두 시계에서 사라지는 것처럼 여겨진다. 그러나 그것과의 교환으로 그가 상상력을 가지고 우연과 요행의 나라에 머문다면 그는 빈약한 논리적 필연성 대신에 풍요로운 가능성을 마음껏 누릴 수 있다. 그러면 이 무한한 가능성에 신이 나서 용기는 어쩔 수 없이 고양된다. 그리하여 그는 마치 용감한 수영 선수처럼 과감히 실행함과 위험 속으로 몸을 던지는 것이다. 이 감행과 위험이야말로 용기 있는 사람이 앞으로 나아가는 본질이기 때문이다.

이런 경우 전쟁 이론은 이 행위자를 버리고 여전히 절대적 추리와 추상적 규칙을 가지고 놀면서 신이 날 수 있을까? 만약에 그렇다고 한다면 이론은 실제의 전쟁에 대하여 무용지물이다. 이론은 인간적인 것도 고려해야 한다. 따라서 용기, 대남, 때로는 저돌, 맹진에까지 저마다의 지위를 지니게 해야 하는 것이다. 전쟁술은 발랄한, 살아 있는 힘과 정신적인 힘을 핵심으로 삼아야 한다. 전쟁술이 그 어느 경우에도 절대적인 것, 확실한 것에 도달할 수 없다는 것은 이것으로도 분명하다. 그러기 때문에 불확실한 것이 발호할 여지가 곳곳에 남아 있는 것이다. 더욱이 이와 같은 여지가 존재하는 것은 일의 크고 작음을 가리지 않는다. 그런데 한쪽에 이러한 불확실한 것이 있으면, 다른 한쪽에는 용기와 자신이 나타나서 이 사이의 틈이 메워져야 할 것이다. 그리하여 이런 경우에 용기와 자신이 크면 이 불확실한 것이 발호할 여지가 아무리 커도 지장이 없는 것이다. 따라서 용기와 자신은 어느 것이나 전쟁에서 본질적인 원리이며 또 군인이 지켜야 할 여러 덕목 중에서 가장 고귀한 덕목이다. 따라서 전쟁 이론의 본뜻은 이 두 덕목이 갖는 정도와 변화에 따라 각기 자유롭게 발현할 수 있는 법칙을 정립하는 데에 있다. 감행이라 할지라도 현명을 겸할 수 있고 또 깊은 생각을 배제하는 것이 아니다. 다만 이들은 과감히 실행함은 별개의 기준에 따라서 평가되는 것들인 것이다.

23 하지만 전쟁은 역시 엄숙한 목적을 달성하기 위한 엄숙한 수단이다. 전쟁의 보다 자상한 규정

이상 말한 것과 같은 것들이 바로 전쟁이며 또 전쟁 지도에 임하는 장수이며, 또 전쟁을 학문적으로 정돈하는 이론인 것이다. 그렇지만 전쟁은 결코 단순하며 한가한 놀이도 아니고, 쓸데없이 과감히 실행함과 성공을 즐기는 것도 아니고, 또 분방한 감격을 가지고 영위되는 사업도 아니다. 요컨대 전쟁은 엄숙한 목적을 달성하기 위한 엄숙한 수단이다. 전쟁에 수반되는 것에는 요행의 눈부신 변화가 있고, 또 전쟁에 도입되고 있는 것으로는 격정·용기·상상·감격 등 예사롭지 않은 고양(高揚)이 있다. 그러나 이와 같은 것들은 결국 전쟁이라고 하는 수단의 여러 특성에 지나지 않는다.

공동체의 전쟁—다시 말하면 저편과 이편 그 어느 쪽이나 온 국민이 참가하고, 특히 문명 국민 사이에서 일어나는 전쟁은 항상 정치적 상태에서 발생하며, 정치적 동인에 의해 비롯된다. 그러기 때문에 전쟁은 정치적 행위이다. 그런데 만약에 전쟁이 외부로부터의 영향에 의해서 조금도 방해를 받지 않는 완벽한 전쟁이자, 앞서 전쟁의 순수한 개념에 입각해서 설명한 바와 같이 강력의 절대적 발현이라고 한다면, 전쟁은 정치에 의해 비롯된 순간부터 정치를 대신하여 정치와는 아무런 관련이 없는 것으로서 정치를 밀어내고, 자기 자신의 법칙 이외에는 따르려고 하지 않을 것이다. 그것은 마치 파열하는 지뢰가 매몰 때 주어진 방향과 지휘관 지휘에 따르지 않을 수 없는 것과 마찬가지이다. 이제까지 정치와 전쟁 지도 사이에 조화가 결여되어, 이들의 성질을 이론적으로 구별하려고 하는 시도가 이루어질 때마다, 이 문제는 실제에도 이렇게 여겨져 왔던 것이다. 그러나 실은 그렇지 않은 것으로, 이러한 사고방식은 근본적으로 잘못되어 있다. 현실 세계의 전쟁은, 앞서 말한 바와 같이, 저편과 이편 사이의 긴장이 단 한 번의 폭발로 해소되는 것과 같은 극도의 강력 행사가 아니라, 저편과 이편의 여러 힘이 작용하는 바로 그것이다. 그리고 이들 여러 힘은 완전히 과부족 없이 항상 한결 같이 발전하는 것이 아니라, 어떤 때는 하늘을 찌를 듯한 위세로 타성과 마찰에 의한 저항을 극복하는 일도 있는가 하면, 어떤 때는 열약하여 아무런 효과를 발휘하지 못하는 경우도 있다. 따라서 전쟁은 말하자면 강력 행사의 맥박이 뛰는 그 자체이다. 즉, 격렬함에는 강약이 있고, 시간에는 빠르고 느림이 있다고 하지만, 결국 저편과 이편 사이의 긴장을 해소하고 서로의 힘을 소모하는 것이다. 다시 말하면, 전쟁은 교전자로 하여금 목표에 도달하게 만들기는 하지만, 항상 어떤 기간 동안 지속하게 되므로 전쟁이 이루어지고 있는 사이에도 전쟁 지도 그 자체에 영향을 미쳐 여기에 이러저러한 방향을 주는 일이 있다. 즉, 전쟁은 이것을 지도하는 날카로운 지혜가 있는 장수의 의지에 줄 곧 따르는 것이다. 그런데 전쟁은 반드시 정치적 목적에서 발생하는 것이라고 생각한다면, 전쟁을 야기시키는 첫 번째 동인에는 전쟁 지도에서도 우선 최고 의 배려가 있어야 함은 당연하다. 그러나 정치적 목적은, 그렇다고 해서 결코 전 제적인 입법자가 아니다. 정치적 목적은 그 수단(전쟁)의 성질에 적합해야 하고 또 때로는 이것에 의해 전적으로 변경되는 일까지도 있다. 하지만 정치적 목적 은 역시 가장 먼저 고려되어야 한다. 따라서 정치는 군사적 행동의 전반에 걸치 고 또 전쟁에서 사용되는 여러 힘의 성질이 허용하는 한 전쟁에는 끊임없는 영 향을 미치는 것이다.

24 전쟁은 정책과는 다른 수단을 가지고 하는 정치의 계속이나

그래서 전쟁은 정치적 행위일 뿐만 아니라 정치[6]의 도구이며 저편과 이편 두 나라 사이의 정치적 교섭의 계속이며, 정치에서와는 다른 수단을 사용해서 이 정치적 교섭을 수행하는 행위이다. 그렇게 볼 때 전쟁에 아직도 독자적인 것이 있다고 하면, 그것은 전쟁에서 사용되는 수단의 독자적인 성질에 관한 것뿐이 다. 그런데 이런 경우 전쟁술이 일반에게 요구할 수 있는 일, 그리고 또 개별적 인 경우에는 장수가 요구해도 지장이 없는 것이 있다. 그것은 정치의 방향과 의 도가 이들 수단과 모순되지 않아야 한다는 것이다. 하지만 이 요구는 결코 사소 하지 않다. 그러나 이러한 요구가 정치적인 의도에 제아무리 강하게 반영된다고 해도 그와 같은 것이 일일이 정치적 의도를 변경할 수 있다고 생각해서는 안 된 다. 정치적 의도가 항상 목적이며, 전쟁은 그 수단에 지나지 않기 때문이다. 그 리고 수단이 목적 없이는 도저히 생각할 수 없다는 것은 두말할 나위가 없다.

25 전쟁에는 두 가지가 있다

전쟁의 동인이 대규모가 되고 강력해짐에 따라, 이 동인이 국민의 전반적 존 재에 관계됨에 따라, 또 전쟁에 앞선 저편과 이편 두 나라 사이의 긴장이 높아 짐에 따라 전쟁은 더욱더 그 추상적, 절대적 형태에 접근하여 적의 완전한 타도

---

6) 여기에서 말하는 정치는 내정(內政)이 아니라 오직 외교를 뜻한다.

는 더욱 중요한 요건이 된다. 또 전쟁의 목표는 정치적 목적과 일치하여, 전쟁은 더욱더 순수한 것이 되고 더욱더 그 정치성을 잃는 것처럼 여겨진다. 이에 반해 전쟁의 동인이 미약해지고 저편과 이편 사이의 긴장이 이완됨에 따라 전쟁이 그 본질로 하는, 즉 강력 행사가 취하는 자연적 방향은 정치가 지시하는 선과 보다 긴밀하게 합하여, 전쟁은 그 본디 방향으로부터 더욱더 벗어나지 않을 수 없게 된다. 또 정치적 목적은 이상적 전쟁이 뜻하는 목표로부터 점점 멀어져서 전쟁은 더욱 그 정치성을 농후하게 하는 것처럼 보인다.

그런데 미리 독자의 오해를 막기 위해 다음과 같은 일에 주의해 두고자 한다. 여기에서 전쟁의 자연적 경향이라고 하는 것은, 전쟁의 철학적 경향, 즉 본디 전쟁에 갖추어져 있는 논리적 경향을 가리키는 것으로, 현재 교전하고 있는 저편과 이편의 여러 힘이 실제로 띠게 되는 경향을 뜻하지는 않는다. 다시 말하면 교전 국민의 감정과 의지, 격정 등을 가리키는 것이 아니라는 것이다. 확실히 국민의 감정과 의지, 격정이 현저하게 자극되어 정치적인 방법으로는 도저히 억제할 수 없는 경우도 있을 것이다. 그러나 대개의 경우는 정치와 국민의 의지나 감정 사이에 이러한 모순이 생기는 일은 없다. 만약에 국민 안에 전쟁에 대한 열의가 실제로 존재한다면, 이에 관련해서 정치 계획 또한 대규모로 될 것은 필연적인 일이기 때문이다. 이에 반해 정치적 계획이 노리는 것이 미미하다면 국민의 감정적 발동 또한 미미할 것이다. 그러기 때문에 이런 경우 국민은 억제보다 오히려 자극이 필요할 것이다.

26 이들 두 종류의 전쟁은 어느 것이나 정치적 행동으로 여겨도 좋다

제1종 전쟁에서는 정치가 아주 소멸된 것처럼 보이고, 이에 반해서 제2종 전쟁에서는 정치가 분명히 표면으로 등장하고 있다. 그럼에도 이들 두 전쟁은 어느 것이나 정치적 행동이라고 해도 좋을 것이다. 정치를 인격화된 국가에서의 지성이라고 해석한다면, 이러한 정치는 내외의 모든 정세를 계산에 의해서 파악해야 한다. 그렇게 되면 그중에는, 모든 사정의 성질로 미루어 제1종 전쟁, 즉 정치가 아주 소멸된 것처럼 보이는 전쟁을 발생시키는 정세도 포함되었을 것이다. 요컨대 정치는 내외의 전반적 정세에 대한 통찰(洞察)이다. 그러나 정치에 관한 전통적 개념에 사로잡혀, 정치는 오직 강력 행사를 피하고 신중을 기하는 것으로 여기고 교활한—아니, 파렴치한 수단의 사용까지도 서슴지 않는 일이 영리한 일이라고 이해하는 한, 제2종의 전쟁 쪽이 제1종 전쟁보다도 정치적인 것으로 보일지도 모른다.

27 위에서 말한 견해로부터 도출된 결론은 전사(戰史)의 이해에 유용하고 또 전쟁 이론의 기초를 이룬다

그래서 우선 첫째, 전쟁이란 결코 독립적으로 존재하는 것이 아니라, 정치의 도구로 여겨야 한다는 것을 알 수가 있다. 실제로 이와 같이 생각하지 않으면 아무래도 전사의 서술과 모순되지 않을 수가 없는 것이다. 또 이러한 사고방식이 방대한 전쟁사의 서적들을 펼쳐 투철한 통찰에 도달할 수가 있는 것이다. 둘째로는, 위에서 말한 견해는 전쟁의 동인과 전쟁을 발생시킨 사성의 성실에 따라서 두 가지 전쟁이 있어야 한다는 이유를 해명하는 것이다.

그래서 탁월한 정치적 통찰력을 갖춘 장수의 뛰어난 판단, 즉 가장 넓은 시야에 선 가장 결정적인 판단은, 그가 앞으로 수행하려고 하는 전쟁을 이런 관점에서 올바르게 이해한다고 하는 것이다. 이 경우, 장수는 전쟁을 발생시킨 사정의 성질로 미루어 이러한 전쟁은 있을 것 같지 않다고 판정하거나 새삼 있을 수 없다고 생각하는 일이 있어서는 안 된다. 그러기 때문에 큰 일에 임해서 장수가 올바른 판단을 내려야 한다는 것이 바로 모든 전략적 문제 중에서 가장 전반적인, 또 가장 중요한 과제가 되어야 한다. 우리는 나중에 전쟁 계획을 논할 때[7] 이 문제를 더 자세히 고찰해 보고자 한다.

28 전쟁 이론에 대한 성과

참으로 전쟁은 카멜레온과 같다고 하지 않을 수 없다. 전쟁은 그 구체적인 경우마다 그 성질을 약간씩 바꾸기 때문이다. 그러나 그뿐만 아니라, 전쟁이라는 현상을 전반적으로 고찰하면, 전쟁에 포함되어 있는 세 가지 주요한 경향에 따라서 기이한 삼중성을 띠고 있다.

첫째, 전쟁의 본질은 원시적인 강력 행위에 있고, 이 강력 행위는 거의 맹목

---

7) 제8편 '전쟁 계획' 참조.

적인 자연적 본능이라고까지 말할 수 있을 정도의 증오와 적의를 동반하고 있다는 것이다.

둘째, 전쟁은 개연성과 우연이 엉킨 도박이며, 이러한 성질이 전쟁에 대하여 장수의 자유로운 심적 활동을 하게 할 수 있다고 하는 것이다.

셋째, 전쟁은 정치의 도구라고 하는 종속적 성질을 띠는데, 이러한 성질로 해서 전쟁은 오직 타산을 일삼은 지적인 작업이 된다는 것이다.

이 셋 가운데 첫째의 측면은 주로 국민과 관련되고, 둘째는 주로 장수와 그 군대와 관련되며, 셋째는 오직 정부와 관련된다. 전쟁에서 불타오르는 격정은, 전쟁에 앞서서 이미 국민의 마음속에 내재해 있어야 한다. 또 우연을 동반하는 개연성의 영역에서 용기와 천재에 의한 자유로운 심적 활동이 차지하는 범위의 대소는 장수와 그의 군대의 특성에 달려 있다. 그러나 정치적 목적을 정립한다는 것은 오직 정부의 본분이어야 한다.

이 세 경향은 서로 다른 세 법칙을 부여한다. 또 어느 것이나 전쟁의 본성에 깊이 뿌리박고 있지만, 하나하나의 경우에 삼자가 관여하는 비율에는 변동이 있어서 항상 일정한 것은 아니다. 그러기 때문에 이들 경향의 어느 한 가지를 무시하거나 이 세 경향 사이에 무엇인가 임의의 관계를 원하는 대로 설정하려고 하는 이론은, 이내 현실과 모순되어 이미 그것만으로도 가치가 없다고 여겨질 것이다.

요컨대 우리에게 주어진 과제는, 이론이 이들 영역의 그 어느 경우에도 치우치지 않고, 마치 세 개의 인력점(引力點) 사이에 균형을 유지하고 있는 물체처럼 세 경향 사이에 치우침 없이 올바른 위치를 차지한다는 것이다.

어떤 방법으로 이 곤란한 과제를 우선 해결할 수 있을 것인가 하는 것은, 전쟁 이론을 논하는 제2편에서 연구하기로 한다. 여하간 전쟁의 개념을 이 장에서 정의할 수 있었다는 것은, 전쟁 이론의 기초 구조를 해명하는 최초의 광명이며, 우리는 이 빛에 의지하여 전쟁을 성립시키고 있는 수많은 요소를 각기 분리하여 다음에서 이를 유별할 수가 있다.

제2장
전쟁의 목적과 수단

앞 장에서 우리는 전쟁이 복잡하고 변화하기 쉬운 성질을 지녔다는 것을 알게 되었다. 그래서 다음으로는 이 성질이 전쟁의 목적과 수단에 어떤 영향을 주는지 고찰하고자 한다.

전쟁이 정치적 목적이 달성을 위한 적절한 수단이 되기 위해서는 도내체 어떤 목적을 설정해야 하는지 우선 문제로 삼아 보자. 그러면 이 목표 또한 변하기 쉽다는 것은, 정치적 목적이나 전쟁에 특유한 상황과 아주 동일하다는 것을 곧 알게 된다.

우선 전쟁의 순수한 개념을 여기에서 다시 들추어 보자. 그러면 전쟁의 정치적 목적은, 본디 전쟁 그 자체의 영역 밖에 있었다고 말해야 한다. 전쟁이 하나의 강력 행위이고 그것이 뜻하는 바는 적을 강요해서 이쪽의 의지에 따르게 하는 데에 있다고 한다면, 전쟁의 본분은 적을 완전히 타도하는 일, 다시 말하면 적의 방어를 완전히 무력하게 만드는 일이어야 할 것이다. 그래서 우리는 먼저 이와 같은 목적, 즉 전쟁의 순수한 개념에서 발전된 목적을 현실에 적용해서 고찰해 보려고 한다. 현실 세계에서도 이러한 목적에 매우 닮은 경우가 많이 생기기 때문이다.

우리는 나중에 전쟁 계획[1]을 논할 때 적국의 방어를 완전히 무력하게 만든다는 것이 어떤 뜻인가 하는 것을 좀 더 자세히 연구해 볼 작정이지만, 그래도 우선 당장은 세 가지 요인을 구별해야 한다. 이들은 전쟁에서의 일반적 요인으로서, 각 요인이 모든 요소를 포괄하고 있기 때문이다. 그것은 첫째는 전투력, 둘째는 국토, 셋째는 적의 의지이다.

---

1) 제8편 '전쟁 계획' 참조.

적의 전투력은 격멸되어야 한다. 다시 말하면 우리는 적의 전투력을 계속 지탱할 수 없을 정도의 상태로 몰아넣어야 한다. 우리는 나중에 '적 전투력의 격멸'이라는 말을 사용하게 되는데 그 경우 이 말은 바로 이 뜻이라는 것을 분명 다짐해 둔다.

적의 국토는 공략되어야 한다. 국토는 새로운 적 전투력의 공급원이 될 수 있기 때문이다.

그러나 위에서 말한 두 가지 일이 우리의 뜻대로 이루어졌다고 해도 적의 의지를 굴복시키지 않는 한, 즉 적의 정부 및 그 동맹국이 강화 조약에 조인하든가 그렇지 않으면 적 국민을 완전히 굴복시키지 않는 한, 적측의 여러 힘의 긴장과 작용은 여전히 존속하기 때문에 전쟁은 종결되었다고 간주할 수 없다. 비록 아군이 적의 국토를 완전히 점령했다 하더라도 투쟁은 적국의 오지에서 또는 동맹 여러 나라의 원조에 의해서 새로 발발하는 일이 가능하기 때문이다. 물론 이와 같은 일은 강화 조약 체결 뒤에도 일어날 수 있다. 그러나 그것은, 그 어떤 전쟁도 그 자체만으로 완전히 결정되고 해결되지 않는다는 증거이다. 그러나 그와 같은 경우에도, 반항하기 위하여 남몰래 불태우던 잔불은 강화가 체결되면 차차 소멸되고 긴장도 누그러진다. 그 어떤 국민 중에나 또 그 어떤 사정하에서도 강화에 희망을 걸고 있는 많은 사람들이 있는 법이다. 이들의 마음은 저항을 계속한다는 방침에서 이미 이탈하고 있는 것이다. 이리하여 강화와 함께 전쟁에 이긴 쪽의 정치적 목적은 달성되어 전쟁이 한 일은 끝난 것으로 보아야 한다.

위에서 말한 세 건 중 전투력은 본디 국토의 방위를 본분으로 하는 것이므로, 우선 첫째로 적의 전투력이 격멸되고, 이어서 적의 국토가 공략된다. 그리고 이 두 가지 일이 성취되고, 또 그때의 아군 상태가 유리하면 적으로 하여금 강화를 하게 하는 것이 자연스러운 순서이다. 그러나 적 전투력의 격멸은 일시적이 아니라 차차 이루어지는 것이 보통이므로 이에 수반하여 적의 국토도 차차 공략되게 되는 것이다. 그런데 적 전투력의 격멸과 적 국토의 공략은 대개 상호작용한다. 적측의 지역 상실은 적 전투력의 약화로 되돌아오기 때문이다. 그러나 이 순서는 결코 필연적인 것은 아니며, 따라서 언제나 이 순서대로 일이 진행되지는 않는다. 적의 전투력(군대)은 두드러지게 약화되기 이전에 자국 안을 빠져 나가 반대쪽 국경을 향해 퇴각하거나 혹은 그대로 이웃 나라 안으로 퇴각하는 경우까지도 있다. 따라서 이러한 경우에는 적 국토의 태반은 물론 때로는 국토 전체가 공략되는 것이다.

그런데 적의 방어를 되돌릴 수 없을 정도로 무력하게 만든다는 것이 추상적 전쟁의 목적이고 또 그 밖의 모든 특수적 목적을 아울러 갖는 정치적 목적을 위한 궁극적 수단이기는 하지만, 현실 세계에서는 전혀 있을 수 없는 일이고 또 강화를 체결하는 데에 필수적인 조건도 아니다. 따라서 이것을 전쟁 이론의 법칙으로서 정립시킬 수도 없다. 저편과 이편 중 한쪽의 방어가 완전히 무력 상태로 몰렸다고 여겨지기 전에, 아니 저편과 이편의 균형이 그다지 손상된 것도 아닌데 강화가 체결된 실례는 무수히 많다. 그뿐만 아니다. 구체적인 경우를 보면, 적의 완전한 다도 등은 생각할 수 없는 경우가 얼마든지 있다. 그것은 적이 아군보다도 현저하게 강대한 경우이다.

전쟁의 순수한 개념에서 발전된 목적이 일반적으로 전쟁에 적합하지 않는 이유는, 앞 장에서 말한 것처럼 실제 전쟁이 전쟁의 개념으로부터 동떨어져 있기 때문이다. 만일 전쟁이, 순수한 개념이 나타내는 것과 같은 것이라면, 저편과 이편의 힘에 현저한 격차가 있는 두 국가 사이에 전쟁이 발생한다는 것은 불합리하고 또 실제로도 일어날 수가 없을 것이다. 그러기 때문에 만약에 전쟁이 일어난다고 하면 저편과 이편 사이에 물리적 힘의 차이가 있다 해도, 그 차이는 기껏해야 정신적인 힘에 의해서 상쇄되는 정도의 것이어야 한다. 그러나 그와 같은 국가 관계는 현재 유럽의 사회 상태에서는 도저히 있을 수 없다. 그렇다면 국력이 같지 않은 국가 사이에 전쟁이 발생하는 것은 실제 전쟁이 전쟁의 본디 개념으로부터 현저하게 멀어져 있기 때문이다.

그런데 적에게 그 이상의 저항을 아주 불가능하게 하는 대신에 실제의 전쟁에서 적으로 하여금 강화를 맺게 하는 동인이 될 수 있는 것이 두 건 있다. 첫째는 승산이 없는 것이고, 둘째는 승리에 따르는 대가를 지나치게 지불해야 한다는 것이다.

앞 장에서 말했듯이, 실제 전쟁은 대개 내적인 필연성을 갖는 엄격한 법칙의 지배를 벗어나 개연성의 계산에 따르지 않을 수가 없다. 그리고 전쟁을 발생시킨 사정으로 미루어, 그 전쟁에 이러한 개연성의 계산을 손쉽게 적용할 수 있으면, 또 전쟁의 동인이 빈약하고 두 국가 사이의 긴장이 느슨해져 있으면, 이와 같은 사태는 더욱더 생기기가 쉽다. 거기에서 강화에의 동인이 개연성의 계산에서 생길 수 있는 이유도 이것으로 명백해진다. 그리고 보면 반드시 저편과 이편의 어느 한쪽을 완전히 타도할 때까지 전쟁을 계속할 필요는 없는 것이다. 따라서 전쟁의 동인과 저편과 이편 사이의 긴장이 매우 미약할 경우에는 확실하다고 여겨지는 일을 약간 시사하는 것만으로도 상대의 마음을 움직이게 해서 항복을 결의하게 만들 수가 있다. 이와 같은 경우에는, 이러한 효과를 확신하고 있는 쪽에서 그 어떤 개연성을 상대에게 시사하기만 해도 좋다. 그렇게 되면 구태여 적을 완전히 타도하는 것 같은 복잡한 방법을 강구하거나, 실제로도 그렇게 먼 길을 돌지 않아도 될 것이다.

그런데 강화에의 결의를 촉진하는 보다 일반적인 요인은, 이제까지 소비한 전력과 앞으로 소비해야 할 전력에 대한 고려이다. 전쟁은 맹목적인 격정에 입각한 행위가 아니다. 전쟁을 지배하는 것은 정치적 목적이다. 따라서 정치적 목적이 지니고 있는 가치가 이 목적을 달성하기 위해 필요한 희생의 양을 결정해야 한다. 그리고 이 양은 희생의 대소에만 관한 것이 아니라, 희생을 지불하는 시간의 장단에도 관계한다. 따라서 전력의 소모가 증대하고, 정치적 목적의 가치가 이미 이것과 균형이 맞지 않게 되면 이 목적은 파기되어 결국 강화가 체결되게 된다.

그러기 때문에 저편과 이편의 어느 한쪽이 상대측 방어를 완전히 무력하게 만들 수 없는 전쟁에서는, 서로의 강화에 대한 동인은 장래의 성과와 거기에 필요한 전력 소비에 관한 개연성의 대소에 따라서 강해지기도 하고 약해지기도 한다. 그리고 서로의 동인 강도가 같으면 이번에는 정치적 의도의 강도를 서로 뺀 나머지 중간에서 강화가 타결될 것이다. 또 강화를 구하려고 하는 동인이 한쪽에 강해지면 다른 한쪽에서 약해지는 것은 당연하다. 여하간 이렇게 해서 동인의 합이 강화를 초래하는 데 충분한 단계에 이르기만 하면 강화는 성립될 것이다. 그러나 그 경우 강화에의 동인이 약한 쪽이 유리하게 되는 것은 두말할 필요가 없다.

여기에서는 정치적 목적이 적극적 성질을 갖느냐 그렇지 않으면 소극적 성질을 갖느냐의 차이에서, 행동상 필연적으로 나타나지 않을 수 없는 차이를 의도적으로 무시했다. 이러한 차이는 나중에 말하게 되는 것처럼 매우 중요하다고 해도 여기에서는 좀 더 일반적인 입장을 취해야 하기 때문이다. 사실, 최초의 정치적 의도는 전쟁 중에 현저하게 변화하여, 마침내는 전혀 다른 것이 되어 버리기도 한다. 이와 같은 경우에 정치적 의도는, 이미 획득된 성과에 의해서 규정될 뿐만 아니라, 앞으로 확실하게 일어날 수 있다고 여겨지는 일에 의해서도 규정되기 때문이다.

그러면 장차 확실하다고 여겨지는 성과를 낳게 하기 위해서는 어떻게 하면 좋은가—하는 문제가 생긴다. 그것은 먼저, 적을 완전히 타도한다고 하는 목적을 달성하기 위한 두 가지 수단, 즉 적 전투력의 격멸과 적국 지역의 공격에 의해 달성된다. 그러나 이 두 가지는, 그 목적의 달성을 위해 전적으로 같다고는 할 수가 없다. 적의 전투력을 공격하는 경우에도 최초의 일격에 이어서 수차례 공격을 가하여 모든 것을 완전히 격멸하려고 하는 방침과, 일차 승리에서 멈추어, 이로써 적의 안전감을 상실시키고, 아군의 우세를 적에게 철저하게 느끼게 하여 장래에 대한 불안을 품게 하는 방침과는, 전혀 그 뜻이 다르다. 만약에 이 방침에 따르려고 한다면, 이쪽이 이 방침을 실시하기에 필요한 만큼의 적 전투력을 격멸하면 좋다.

또 이 경우, 적의 완전 타도가 본디 의도가 아니라고 한다면, 적의 지역 공략 또한 본디 수단이라고 말할 수는 없다. 만약에 적을 완전히 타도하려고 한다면, 적 전투력의 격멸이야말로 가장 효과적인 행동이고, 적국의 지역 공략은 그 결과에 지나지 않기 때문이다. 따라서 적 전투력을 격멸하지 않고 우선 적의 지역을 약취한다는 것은 그 어떤 사정 때문에 할 수 없이 실시해야 하는 필요악으로 여길 것이다. 그런데 이쪽은 본디 적 전투력의 완전한 타도를 생각하지 않고 있고, 또 적측도 유혈에 의한 결전을 추구하기는커녕 오히려 이것을 두려워하고 있음이 확실하면, 방어가 약한 또는 전혀 방어하고 있지 않은 지방을 약취한다는 것은 이미 그것만으로도 이쪽에 유리하다. 그리고 이 유리함이 매우 커서, 적으로서는 장래의 전반적 성과에 대해서 두려운 마음을 갖는다면, 이러한 유리함은 강화로의 지름길로 여겨도 좋다.

그러나 적의 전투력을 완전히 타도하지 않아도 장차 확실하다고 여겨지는 성과를 낳게 하는 독특한 수단이 있다. 그것은 저편과 이편의 정치적 관계에 직접 이어지는 것과 같은 기도(企圖)이다. 즉, 한쪽에서는 적측의 동맹 제국을 이간시키거나 이들 제국의 원조를 중지시키고, 다른 한편으로는 우리 쪽에 새로운 동맹국을 얻거나 내외의 정치적 기능을 활발하게 작용시켜서 우리에게 유리한 결과를 가져오도록 하는 등의 기획은 이 목적에 특히 효과적인 행동이다. 이러한 행동이 장차의 확실한 성과를 현저하게 증대시키고 또 적 전투력의 완전한 타도보다도 훨씬 신속하게 목표에 도달하는 방책이라는 것은 매우 명백하다.

두 번째는 적으로 하여금 전투력을 소비시키기 위한, 다시 말하면 적의 희생을 증대시키기 위한 수단은 어떠한 것인가 하는 문제이다.

적의 전투력 소비는 첫째, 적 전투력의 소모에 있다. 따라서 아군에 의한 적 전투력의 파괴에 있다. 둘째로는 적국의 지역 상실에 있다. 즉 아군에 의한 적 지역의 공략에 있다.

그런데 다 같이 전투력의 소비를 야기시키는 수단이라고는 하지만, 적측의 전투력 소모와 적 지역의 상실이라고 하는 두 사항은 각기 뜻이 다르기 때문에, 이들 낱말이, 전투력 소모라고 하는 것과는 다른 목적으로 사용될 경우에는, 비록 명칭은 같아도 각기 다른 뜻을 가지게 된다. 이것은 뒤에 더 자세히 고찰할 때 저절로 명백해질 것이다. 그런데 이들 의미의 차이가 대개의 경우 매우 사소하다고 해서 이를 무시해서는 안 된다. 현실 세계에서는, 전쟁의 동인이 특히 미약할 경우에는 매우 미묘한 차이라도 전력을 사용하는 방법의 결정에 영향을 주는 것이기 때문이다. 그러나 여기에서는 어떤 조건을 전제로 하면, 소정의 목표에 이르기 위해서는 다른 길도 가능하다는 것, 또 이것은 결코 전쟁의 본성에 모순되지도 않으며 논리에 위배되지도 않고, 하물며 오류가 아니라는 것만은 지적해 두고자 한다.

이상 말한 두 가지 방법 외에도 적측의 전투력 소비를 증대시키는 것을 직접 노릴 수 있는 세 가지 독특한 방법이 있다. 그 첫 번째는 침략이다. 다시 말해서 적의 한 지방의 약취를 말하는 것이지만, 점령한 지역을 그대로 영유하려는 의도가 있는 것은 아니고, 이들 지방에서 군세(軍稅)를 거두거나 약탈하기 위해서이다. 이 경우의 직접 목적은 적측 국토의 공략도 아니고, 적 전투력의 완전한 타도도 아니고, 무엇보다도 적에게 손해를 입히는 데에 있다. 두 번째 방법은 이쪽의 의도를 오직 적의 손해를 증대시킬 수 있는 물건에 집중시키는 방법이다. 이 경우, 이러한 의도의 적용 방법을 구별하기 위해서는 아군의 전투력 사용에 두 방향이 있다는 것을 생각해 보는 것처럼 좋은 일은 없다. 그 가운데 첫째는, 적의 완전한 타도를 목적으로 하는 경우라면 다른 방법보다도 훨씬 뛰어난 방향이고, 두 번째는 적의 완전한 타도가 문제가 아니고 또 문제가 될 수 없는 경우라면 다른 방법보다도 유리하다고 여겨지는 방향이다. 일반적으로 전자는, 어느 편이냐 하면 군사적 방향에 속하고, 후자는 오히려 정치적 방향이라고 일컬어진다. 그러나 보다 높은 입장에서 말하자면, 이들 방향은 모두 군사적인 것이다. 그리고 각기 주어진 조건에 적합한 경우에는 어느 것이나 목적 달성에 효과가 있다. 마지막으로 세 번째 방법은 그 미치는 방법이 광대하기 때문에 앞의 두 가지에 비하면 훨씬 중요하고, 따라서 또 세 가지 중에서 가장 중요하다. 그것은 적을 피로하게 만드는 일이다. 여기서 새삼 피로라는 말을 고른 까닭은, 어떤 사항을 지시하기 위해 어떤 말을 배치했다는 것뿐만이 아니라 이 표현이 그 내용을 잘 표현하기 때문이다. 즉, 이 말은 단순히 비유적인 표현은 아니다. 투쟁에 의해서 적을 피로하게 만든다는 개념에는, 적은 행동을 지속함으로써 물리적 힘과 의지를 점차 피폐시킨다는 뜻이 포함되어 있는 것이다.

그러나 이쪽이 전쟁을 장기전으로 끌고 가서 적을 피로하게 할 작정이라면, 될 수 있는 대로 작은 목적으로 참아야 한다. 큰 목적이 작은 목적보다도 더 큰 전투력을 필요로 한다는 것은 당연하기 때문이다. 그런데 아군에게 최소의 목적이라고 한다면 순전한 저항, 즉 적극적인 의도를 갖지 않은 투쟁이다. 따라서 이와 같은 투쟁에서 우리가 사용할 수 있는 수단은 적측에 비해서 매우 많고, 더욱이 그 성과는 아주 확실하다. 그러나 이와 같은 소극성은 어느 정도까지 허용될 수 있을까? 말할 필요도 없이 절대적 수동에까지 이르지는 않는다. 순전한 수동은 이미 투쟁이라고는 말할 수 없기 때문이다. 하지만 저항도 하나의 행동이다. 아군의 저항에 의해서 적의 전투력이 현저하게 파괴되면 적은 그 의도를 파기하지 않을 수 없다. 그리고 이것이야말로 아군이 저항에 의해서 성취하려고 하는 것이다. 아군의 의도가 소극성을 갖는다고 하는 참뜻은 바로 여기에 있다.

물론, 이와 같은 소극적인 의도가 개개의 행동으로 거두는 효과는, 투쟁이라고 하는 동일 방향으로 작용하는 적극적 의도가 성공한 경우만큼 크지 않다. 그러나 전자는 후자에 비해서 성공하기 쉽고, 따라서 그 성과는 더 확실하다. 이와 같이 소극적인 의도에 의한 효과는, 적극적 의도에 의한 효과보다 못하므로 그 몫을 시간으로, 즉 전쟁을 지연시킴으로써 메워야 한다. 요컨대 이러한 소극적인 의도는 순수한 저항의 원리이며, 투쟁을 지연시켜서 적을 피로하게 만드는 자연적 수단이기도 하다. 그리고 이것은 다름 아닌 적을 피로하게 만드는 것을 뜻한다.

전쟁의 모든 영역을 지배하는 두 형식, 즉 공격과 방어의 근원적인 차이의 뿌리는 바로 여기에 있다. 그러나 여기에서는 이들 전쟁 형식을 이 이상 구명할 수는 없다. 우리는 이러한 소극적 의도에서 유래하는 갖가지 유리함과 또 다른 전쟁 형식보다도 강력한 모든 전쟁 형식을, 이 소극적 의도 그 자체로부터 설명할 수 있다고 하는 것, 따라서 이 의도에서 생기는 성과의 양과 확실성의 관계를 규정하는 철학적=역학적 법칙은 바로 이 소극적 의도에서 실현됨을 지적하는 것으로 그치려고 한다. 이런 일들은 모두 나중에 고찰하겠다.

그러기 때문에 이와 같은 소극적 의도, 다시 말하면 모든 수단을 다해서 순전한 저항을 시도해 보는 것이 전쟁 형식으로서 우리 쪽에 유리하고, 또 가령 적이 강력하다고 해도 우리 쪽의 이러한 유리함이 적의 우세와 상쇄할 정도로 크면, 투쟁을 지속하는 것만으로 적측의 전투력 소비는 차차 증대하여, 결국 이 소비와 적의 정치적 목적은 균형이 맞지 않게 되어, 적은 전쟁을 포기하지 않을 수 없게 된다. 이와 같이 적을 피로하게 만드는 취지의 방법이 강국에 저항하려고 하는 약소국에 의해서 자주 사용된 이유는 바로 여기에 있다.

프리드리히 대왕²⁾은 7년 전쟁³⁾에서 오스트리아를 완전히 타도할 만한 전력을 보유하고 있지 않았다. 그럼에도 그가 카를 12세⁴⁾를 본받아 적극적으로 행동하려고 했다면 그의 몰락은 틀림없었을 것이다. 그러나 그는 전력의 절약을

---

2) 프리드리히 대왕. 프리드리히 2세(Friedlich II, 1712~1786)를 말한다. 프로이센 왕(재위 1740~1786), 장수로서도 뛰어났다.

3) 7년 전쟁(1756~1763). 주로 프로이센과 오스트리아 사이에서 이루어졌으며 프로이센의 승리로 끝났다.

4) 카를 12세(Karl XII, 1682~1718). 스웨덴 왕(재위 1697~1718), 과감한 장수로 알려졌다. 북방 전쟁 (1700~1721)에서 전사했다.

잘 알고 있었기 때문에 그를 반대하는 동맹 제국[5]에 7년간에 걸쳐서 대항할 수가 있었다. 그래서 이들 동맹 제국은 처음 생각보다도 전력의 소비가 훨씬 웃돌았기 때문에 마침내 프로이센과 강화를 체결한 것이다.

이렇게 보면, 전쟁에서 목표에 이르는 길은 수없이 많고, 모든 경우가 반드시 적의 완전한 타도를 목적으로 하는 것이 아니라는 것, 적 전투력의 격멸, 적의 지방 약취, 적 영토의 일시적인 점유나 침략, 저편과 이편의 정치적 관계에 직접적인 영향을 주려고 하는 여러 가지 기도, 적의 공격을 수동적으로 기다리는 것 등은 모두 적의 의지를 굴복시키기 위해 사용할 수 있는 수단임을 알 수가 있다. 요컨대 각 경우의 특성에 따라서 이들 수단의 어느 하나가 선택되는 것이다. 또 그 밖에도 목표에 도달하는 독특한 첩경으로서 약간의 목적을 덧붙일 수기 있다. 일반적으로 인격은 힝싱 목적이지 수단은 될 수가 없다. 어기에서 말하는 목적은 이러한 인격적 요소이며, 이것을 인간적 원리라고 부를 수 있다. 인간 사이의 교제의 어느 영역에나 인격적인 것이 있어서, 마치 양극 사이를 잇는 불꽃처럼 모든 물적 요소의 간극을 연락하지 않을 수가 없다. 하물며 장수의 인격이 내각에서나 전장에서 매우 중대한 역할을 다하는 전쟁에서 이러한 인간적 관계가 존립하지 않을 리가 없다. 그러나 여기에서는 이러한 사정을 지적만 해두기로 하자. 이러한 인격적 요소를 유별하려고 하면 결국 획일적인 분류가 되기 때문이다. 아무튼 이들 인격적 요소를 덧붙이면 목표에 이르는 가능한 길이 무한히 증가하게 될 것이다.

목표에 이르는 지름길을 과소평가하거나 혹은 드물게밖에 발생하지 않는 예외에 지나지 않는다고 무시하거나 혹은 이들 방법이 전쟁 지도에서 생기게 하는 차이를 본질적인 것이 아니라고 여겨서는 안 된다. 그러한 일이 없게 하기 위해서는 전쟁을 일으키는 정치적 목적이 다종다양함을 알아야 한다. 즉, 한쪽에는 국가의 정치적 존망에 관계되는 격멸 전쟁이 있고, 다른 한편에는 강요된 또는 해소 단계에 처한 동맹 관계가 참전을 불쾌한 의무로서 부과하는 것 같은 전쟁이 있다. 그리고 우리는 이 둘 사이에 존재하는 거리를 한눈에 측정할 수

---

5) 7년 전쟁의 초기에는 러시아·스웨덴·프랑스 및 작센이었고, 말기에는 러시아가 프로이센과 동맹(1761)했기 때문에 프랑스와 작센이었다. 영국·스웨덴·터키는 중립 입장을 취했다. 참고로 초기에 영국은 프로이센 편을 들었다.

있어야 한다. 요컨대 이 둘 사이에는 수많은 단계가 있고, 이들 단계는 그 어느 것이나 실제로 발생한다. 만일 이 단계의 어느 하나라도 이론적으로 부정하려고 한다면, 바로 그와 동일한 권리를 가지고 다른 모든 단계를 부정할 수 있다. 그러나 그것은 바로 현실 세계를 통틀어 무시하는 것이 될 것이다.

이상이 전쟁에서 추구되어야 할 목표의 일반 성질이다. 이번에는 이 목표에 도달하기 위한 여러 가지 수단을 살펴보겠다.

그러나 이들 모든 수단이 귀결되는 곳은 결국 유일한 수단, 즉 투쟁이다. 비록 투쟁이 어떤 방법으로 다종다양한 형태를 취하거나, 또 개인 간의 격투에서 볼 수 있는 바와 같은 증오나 적의의 조잡한 발현과는 현저하게 그 취향이 다르다고 해도 또 그 자체는 이미 투쟁이 아닌 것 같은 많은 요소가 개입된다고 해도, 그럼에도 전쟁의 개념에는 전쟁에서의 모든 현상을 낳게 하는 근본은 투쟁이어야 한다는 사상이 포함된다.

실제 전쟁이 매우 다종다양하고 또 매우 복잡하다는 것은 지극히 간단하게 증명할 수 있다. 일반적으로 전쟁에서의 현상은 모두 전투력에 의해 생긴다. 그리고 전투력, 즉 무장된 인원이 사용될 경우에는, 필연적으로 투쟁의 개념이 그 바닥에 존재해야 한다.

따라서 전투력에 관계되는 모든 것, 따라서 또 전투력의 조성과 유지 및 사용에 관계되는 것은 모두 군사적 행동에 속한다.

이 경우, 전투력의 조성과 유지는 수단에 지나지 않는다. 이에 반해서 전투력의 사용은 목적이다.

전쟁에서의 투쟁은, 개인 대 개인의 단순한 격투와는 달리, 많은 부분이 여러 겹으로 쌓여서 하나의 전체를 이루고 있는 것이다. 그런데 이 거대한 전체는 두 단위로 구별된다. 즉, 전투 주체로서의 단위와 객체로서의 단위이다. 군에 있어서는 우선 일정한 수의 병사가 기초적인 단위를 구성하고, 다음에 이들 단위가 모여서 새로운 단위를 형성하고, 다시 또 이 단계의 단위가 모여 보다 고차적인 단위로서의 군대를 편성하는 식이다. 이와 같은 군대가 행하는 투쟁은 많건 적건 간에 하나의 단위를 형성한다. 그렇게 되면 투쟁의 목적, 즉 투쟁의 객체가 다시 다른 종류를 형성하게 되는 셈이다.

그런데 투쟁에서 구별되는 이들 두 단위는 어느 것이나 전투라고 불린다.

일반적으로 전투력이 사용되는 한 그 밑바탕에는 반드시 전투의 개념이 있다고 한다면, 전투력의 사용이란 바로 어떤 장소에서 어떤 수의 전투 배치, 안배를 말한다.

따라서 모든 군사 행동은, 직접적이거나 간접적이거나를 불문하고 필연적으로 전투에 관계된다. 병사는 징집되어 피복과 무기가 지급되고 훈련을 받는다. 또 병사는 자고, 먹고, 마시고, 또 행군을 한다. 이와 같은 일은 모두 알맞은 시기와 장소에서 전투를 하기 위한 것이다.

군사 행동을 하나하나 조작하는 실(糸)이 모두 전투로 귀결된다면, 이들 실을 모조리 장악하기 위해서는 어떤 수의 전투를 안배하면 된다. 전투에서의 모든 효과는, 전투의 이러한 배치와 이들 전투의 수행 그 자체에서 생기는 것이지 전투에 선행하는 여러 조건에서 직접 생기지는 않는다. 전투에서 모든 행동은 적의 격멸, 즉 적의 전투력의 격멸을 목적으로 한다. 이것이야말로 전투 개념의 본질을 이루는 것이기 때문이다. 요컨대 적의 전투 능력 격멸이 곧 전투의 목적을 달성하기 위한 수단인 것이다.

그런데 전투의 목적이 다름 아닌 적 전투력의 격멸을 말할 때도 있다. 그러나 반드시 그렇지만은 않은 것으로, 이와는 전혀 다를 경우도 있다. 앞서 말한 것처럼 적의 완전한 타도는 정치적 목적을 달성하기 위한 유일한 수단이 아니라, 이와는 다른 대상을 전쟁의 목표로 하는 경우도 있다. 그래서 이들 대상 또한 군사적 행동의 목적이 될 수도 있고, 따라서 또 전투의 목적도 될 수 있음을 알 수 있다.

그러나 전투가 전쟁을 형성하는 부분으로서 적 전투력의 완전한 타도를 본디 임무로 하는 경우에도, 이러한 전투는 반드시 적 전투력의 격멸을 직접적인 목표로 할 필요는 없다.

거대한 전투력의 다종다양한 편성이나 이 전투력을 실제로 사용할 때 생기는 여러 가지 복잡한 사정을 고려한다면, 이러한 전투력에 의해서 수행되는 투쟁 또한 다종다양한 편성이나 종속 관계를 갖는다는 것은 명백하다. 이와 같은 경우에는 당연한 일이지만 각 부대는 저마다 서로 다른 목적을 가지게 된다. 따라서 이들 목적은 반드시 모든 적 전투력의 격멸 그 자체를 뜻하는 것은 아니다. 어떤 보병 대대가 적을 어떤 산지 또는 교량 등에서 몰아 내라는 임무를 받앗다고 하자. 그 경우 이들 대상의 점령이 본디 목적이며, 해당 지역에서의 적 전투력의 격멸은 단순한 수단이거나 부대적인 임무에 지나지 않는다. 만약에 적이 아군의 양동 작전만으로 몰아 낸다고 하면 그것으로도 당면 목표는 달성된다. 하지만 아군이 이 산지, 이 교량을 점령하는 것은, 결국은 이에 의해 적 전투력의 격멸을 촉진하기 위한 것이다. 그런데 이미 전장이 이와 같은 상태라고 한다면 저편과 이편의 군뿐만이 아니라 실로 국가와 국가, 국민과 국민, 국토와 국토가 서로 대치하는 전장에서는 사태가 이보다 훨씬 심할 것이다. 이 경우에는 가능한 관계와 따라서 또 여러 요소의 조합 수는 현저하게 증가하여 전투력 배치도 더욱 다종다양하게 된다. 또 이들 목적간의 종속 관계는 수많은 단계로 나뉘므로 최초의 수단은 궁극적인 목적으로부터 동떨어진 것이 된다.

따라서 여러 가지 이유로 적 전투력, 즉 아군의 전투력에 대치하는 전투력을 격멸한다는 것은 전투의 목적이 아니라 수단에 지나지 않는 경우도 있다. 그러나 그렇게 되면 적 전투력의 격멸은 이미 문제가 되지 않는다. 이 경우의 전투는 장수로 하여금 저편과 이편의 전력을 비교하여 헤아리게 하는, 말하자면 측량자의 역할을 할 뿐이고, 따라서 그 자체로서는 전혀 가치를 가지지 않는다. 전투의 가치는 결과에 있고, 다시 말하면 그 전투에 의한 승패의 결정인 것이다.

그러나 저편과 이편의 전력에 심한 격차가 있을 경우에는 이들 전력의 측정은 어림으로 얻을 수밖에 없다. 이와 같은 경우에는 전투를 하지 않아도 열세쪽이 바로 굴복할 것이다.

만약에 전투의 목적이 반드시 적 전투력의 격멸이 아니고, 그 목적이 전투를 실제로 하지 않아도 전투에서 생긴다고 여겨지는 결과와 그 경우에 발생하는 사태를 추정하는 것만으로 달성된다고 하면, 전역(戰役)[6]에서 실제의 전투가 언급할 정도로 역할을 다하지 않아도 몇 차례의 전투가 대규모로 수행되는 이유가 이로써 분명해진다.

---

6) 전역은 넓은 뜻으로는 군대의 출정에서 귀환까지의 모든 군사적 행동을 말한다. 그러나 좁은 뜻으로는 강화 체결에 이르는 전쟁에서 장소적, 시간적으로 한정된 한 단계의 군사적 행동을 가리킨다. 따라서 이 경우, 전쟁은 단 한 번의 전역으로 끝나는 경우도 있고 몇 차례의 전역을 포함하는 경우도 있다.

실제로도 이런 종류의 전쟁이 있다고 하는 것은 전사(戰史)에서 많은 실례로 이를 증명하고 있다. 그리고 이와 같은 경우의 대부분이 유혈을 수반하는 결전에 의하지 않고 강화를 체결했다는 것은 당연하다. 즉, 이런 종류의 전쟁도 전쟁의 본성과 모순되지 않았던 셈이다. 하기야 이러한 해결에 의해서 명성을 얻은 전쟁이 모든 엄밀한 비판을 견딜 수 있을 것인가는 문제가 된다. 그러나 이에 관해서는 이 정도로 해 두고자 한다. 우리는 이와 같은 경과를 겪는 전쟁도 있음을 지적하는 데에 족하겠다.

전쟁을 수행하는 유일한 수단은 바로 전투이다. 그런데 전투를 적용하는 방법은 다종다양하기 때문에, 전쟁은 그 목적에 따라서 갖가지 양상을 띠게 된다. 그렇다면 우리로서는 전투에 대한 이상과 같은 고찰에 의해 아무런 소득을 거두지 못한 것처럼 여겨진다. 그러나 실제로는 그렇지가 않다. 전쟁의 수단은 유일하다는 근본적인 견해로부터 한 가닥의 실이 나와, 이 실은 우리가 전쟁을 고찰할 경우, 군사적 행동이라고 하는 말하자면 직물 전체를 종횡으로 관통하여 그 짜임새를 정연하게 유지하는 것이다.

그런데 우리는 적 전투력의 격멸을 우리가 전쟁에서 추구하는 많은 목적 중의 하나로 여겨왔다. 그러기 때문에 다른 여러 목적과 비교해서 이 목적의 중요성이 어떠한 것인가에 대해서는 묻지 않았다. 이것은 구체적인 경우 그때그때의 사정에 의해서 결정된다. 그래서 이 목적의 가치를 일반적으로 결정하지 않았던 것이다. 그러나 우리는 다시 한 번 이 문제로 돌아가서, 어떠한 가치가 이 목적에 필연적으로 주어져야 하는가를 구명해 보려고 한다.

전투는 전쟁에서 유일하고 효과적인 수단이다. 그리고 전투에서는 아군의 전투력에 대치하는 적 전투력의 격멸이야말로 목적을 이루는 수단이다. 비록 전투가 실제로 발생하지 않는 경우에도 이것에는 변동이 없다. 결전의 바닥에는 적 전투력의 격멸을 필수 조건으로 한다는 전제가 있기 때문이다. 따라서 적 전투력의 격멸은 모든 군사적 행동의 바탕이며, 군사적 행동의 모든 조합의 궁극적인 지점이다. 즉, 이들 조합이 이러한 지점에 의해서 유지되어 있는 것은 아치가 아치석에 의해 지지되어 있는 것과 마찬가지이다. 그러기 때문에 모든 군사적 행동의 바탕에는 무력에 의한 결정이라는 사상이 있다. 따라서 모든 군사 행동은, 만약에 무력에 의한 결정이 실제로 이루어지게 될 경우, 이 결정은 아군에 유리하다는 전제 아래 실시되는 것이다. 무력에 의한 결정과 전쟁에서의 크고 작은 모든 작전과의 관계는 현금 지불과 대체 거래와의 관계와 비슷하다. 이 두 관계가 아무리 다른 것처럼 보여도 또 값으로의 환가(換價 : 집이나 토지를 바꿀 때 치르는 값)가 드물게밖에 이루어지지 않아도 이 환가는 어느 날엔가 결제되어야 한다.

무력에 의한 결전이 군사적 행동의 모든 조합의 기초라고 한다면, 적 또한 아군 쪽의 모든 조합을 유리한 결전에 의해 무효로 만드는 일도 있을 수 있다. 그러나 이 경우의 결전은 동시에 아군 전투의 조합을 직접 지지하는 것이 되기도 한다. 따라서 저편과 이편 어느 쪽에 유리한 결전이라도, 그것이 가장 중요한 것이기만 하다면 어느 결전에 의해서나 이러한 결과가 발생한다. 그런데 가장 중요한 결전이란 다름 아닌 적 전투력의 격멸인데, 이와 같은 격멸은 동시에 이루어지는 여타 모든 전투에 유리한 영향을 미친다. 그것은 마치 높은 곳에 있는 액체가 낮은 곳에 있는 액체의 수위를 일반적으로 높이는 것과 같다.

이와 같은 이유로 적 전투력의 격멸이야말로 다른 모든 수단에 비해서 항상 우위를 차지하는 효과적인 수단인 것처럼 여겨진다.

그러나 적 전투력의 격멸이라는 수단이 다른 모든 수단에 비해서 높은 유효성을 지닌다고 하는 것은 저편과 이편이 가진 그 밖의 수단이 모두 동일하다는 것을 전제로 하고 나서의 이야기이다. 따라서 여기에서 맹목적인 저돌, 맹진은 신중한 숙달보다도 승리를 획득하는 데에 적절하다는 결론을 도출하려고 한다면 그것은 예사롭지 않은 오해이다. 졸렬한 저돌, 맹진은 적 전투력의 격멸은커녕 오히려 아군 전투력의 격멸을 초래한다. 이와 같은 일이 우리의 참뜻일 리는 없다. 여기에서 보다 높은 유효성이라고 하는 것은 방법에 관해서가 아니라 목표에 관한 것이다. 즉, 달성된 어떤 목표의 효과를 동일하게 달성된 다른 목표의 효과와 비교하게 되는 것이다.

그런데 적 전투력의 격멸이라고 말할 때, 독자들의 주의를 환기시켜 둘 일이 꼭 한 가지 있다. 즉 우리는 전투력이라고 하는 개념을 구태여 물리적 전투력에만 국한할 일이 아니고, 그와 함께 정신적 전투력도 당연히 고려해야 한다. 이 둘은 매우 상세한 부분에 이르기까지 서로 얽혀 있어서 도저히 분리할 수 없기 때문이다. 그러나 가장 주요한 격멸 행위(중요한 승전)가, 동시에 이루어지고 있는 그 밖의 모든 전투에 미치는 유리한 영향에 언급하게 된다면 아무래도 정신적 요소를 다루지 않을 수가 없다. 이 정신적 요소는 말하자면 매우 유동적인 성질이어서 순식간에 승자 쪽의 모든 부대에 침투하게 된다. 그런데 적 전투력 격멸은 그 밖의 모든 수단보다 나은 탁월할 가치를 가지고 있다고는 하지만, 이 수단은 값비싼 데다가 위험하기도 하다. 그래서 이들의 불리함을 피하고자 다른 수단이 채용된다.

이 수단이 값비싼 것은 그 성질로 보아 당연하다. 아군의 전투력 사용은, 저편과 이편의 사정이 동일하다면 이쪽 의도가 어디까지나 적 전투력의 격멸을 노리는 한 더욱 커지기 때문이다.

또 이 수단이 위험한 까닭은, 이쪽에서 구하고 있는 보다 뛰어난 유효성이, 이쪽의 의도가 실패로 돌아갔을 때, 오히려 반대로 이쪽으로 돌아와 나른 여느 수단보다도 불리한 결과를 초래하기 때문이다.

따라서 그 밖의 수단은 성공한다 해도 그다지 값비싼 것이 아니고 또 실패한다 해도 그다지 위험하지 않다. 그러나 그렇게 되기 위해서는 조건이 있어야 한다. 그것은 저편과 이편이 하는 일이 동일한 수단, 즉 적도 아군과 마찬가지로 결전과는 다른 수단을 사용한다는 것이다. 따라서 만약에 적이 무력에 의한 결전이라는 수단을 고른다고 하면, 이쪽 또한 할 수 없이 적과 동일한 수단을 취하게 된다. 그러면 이 경우의 승패는 격멸 행위의 결과에 달려 있게 된다. 그래서 그 밖의 다른 모든 사정이 여기에서도 동일하다고 하면, 이와 같은 격멸 행위에서는 이쪽이 모든 점에서 불리해지는 것은 명백하다. 이것 또한 이쪽의 의도와 수단이, 부분적이지만 적이 의도하고 있는 일, 즉 결전과는 다른 일로 돌려져 왔기 때문이다. 일반적으로 서로 다른 두 가지 목적을 가질 경우, 그중의 한쪽이 다른 목적의 일부를 이루지 않는다면 이들 목적은 서로 배제하게 된다. 그 경우 한쪽 목적을 위해 사용되는 힘은, 동시에 다른 쪽의 목적을 위해 쓸모가 있는 것이어야 한다. 그런데 저편과 이편 어느 한쪽이 무력에 의한 결정을 결의하고 있을 경우, 다른 편에서 이와 동일한 수단을 취하지 않고 다른 목표를 추구하고 있다면, 이미 그것만으로도 승산이 전자에 있다는 것은 명백하다. 요컨대 아군이 결전과는 다른 목표를 설정하는 것을 상책으로 인정할 수 있는 것은, 적도 또한 결전을 바라지 않고 있음이 전제될 수 있는 경우에 한정된다.

그런데 지금 아군의 의도와 힘의 사용을 결전과는 다른 방향으로 돌린다고 말했는데, 그것은 적 전투력의 격멸 이외의 적극적 목적이란 뜻이지, 적의 전력 소모를 뜻하는 순수한 저항을 말하는 것이 아니다. 순수한 저항은 적극적 의도를 갖는 것이 아니다. 이런 저항에서 아군의 전력은 오직 적의 의도를 분쇄하는 것을 목적으로 하지, 적극적 의도에 입각해서 행동하지는 않는다.

여기에서 우리는 적 전투력의 격멸이라고 하는 행위의 소극적인 면, 즉 아군의 전투력 유지에 대해서 고찰할 필요가 있다. 이 두 가지 노력은 항상 동반하여 상호작용하기 때문이다. 아무튼 이 둘은 저마다 동일한 의도의 주요 부분을 이루고 있다. 그래서 우리는 둘 가운데 어느 한쪽이 우세를 차지한 경우에 어떤 결과가 생기는가를 연구하면 된다. 그런데 적 전투력의 격멸을 위한 노력은 적극적인 목적을 가지며 적극적인 성과에 도달한다. 그리고 이러한 성과가 목표로 하는 것은 곧 적의 완전한 타도이다. 다음에 아군의 전투력 유지는 소극적인 목적을 지니고 그것이 뜻하는 바는 적의 의도의 좌절에 있으며, 따라서 아군의 순수한 저항에 있다. 그리고 이러한 종류의 저항의 궁극적 목표는 군사적 행동을 될 수 있는 대로 오래 끌어 적을 차차 피로하게 만드는 데에 있다.

적극적 목적을 위한 노력은 상대에게 격멸 행위를 가하고, 소극적 목적을 지닌 노력은 적이 행하는 격멸 행위를 기다리는 것이 된다.

여기에서 우리는 또다시 공격과 방어의 원천에 이르는데, 이와 같이 적의 행동을 기다리는 것을 어느 정도까지 행하면 좋은가 또 어느 정도까지 행하는 것이 허용되는가에 대해서는 나중에 공격과 방어의 원칙을 고찰할 때 상세하게 다루겠다. 여기에서는 기다리는 행동이 결코 절대적인 수동이어서는 안 된다는 것 또 기다리는 아군의 행동도, 이 행동에 의해서 투쟁으로 말려드는 적 전투력의 격멸을 목표로 삼을 경우, 그것은 적극적 노력과 전적으로 같다는 것만을 지적하겠다. 따라서 소극적인 노력은 본디 적 전투력의 격멸을 목적으로 하는 것이 아니고, 오히려 유혈을 수반하지 않은 해결을 위한다는 견해는 근본적인 사고방식의 중대한 오류이다. 만약에 소극적 노력이 적극적 노력보다도 우세하면 확실히 유혈을 수반하지 않는 해결을 가져올 수 있다. 그러나 그 경우 이 방법이 적절성이 결여된 데에서 생기는 위험이 있다. 이와 같은 방법의 시비는, 전혀 다른 조건, 즉 우리 쪽에 있는 것이 아니라 적 쪽에 있는 것 같은 조건에 의해서 정해지기 때문이다. 따라서 유혈이 수반되지 않는 해결 방법을 이쪽의 전투력을 유지하는 데에 알맞은 수단으로 여길 수는 없다. 이러한 방법이 정황에 적응되지 않을 경우에는 오히려 이쪽의 전투력 궤멸을 초래하게 된다. 실제로도 종래에 매우 많은 장수가 이러한 오류를 범했기 때문에 몰락했다.

소극적인 노력이 우세한 경우에 필연적으로 생기는 유일한 결과는 결전의 일시적 저지밖에 되지 않는다. 이렇게 해서 장수는 우선 결전을 피하고 결정적 순간이 오기를 기다린다. 그러면 이 결정적인 순간이 올 때까지 적의 행동을 시간적으로 지연시키게 되고 또 공간이 여기에 결부되어 있는 경우에는 정황이 허락하는 한 적의 행동을 광대한 공간으로 끌어들이게 된다. 그리고 기다리는 것을 그 이상 계속하여 현저한 분리를 초래하지 않을 수 없는 순간이 마침내 오면, 그때야말로 소극적 노력의 유리힘이 소멸된 것으로 여겨야 한다. 그래서 이번에는 적 전투력의 격멸을 위한 노력이 본디 모습으로 나타나게 되는 것이다. 이 노력은 소극적 노력이라고 하는 대항물에 의해서 그때까지 저지되고 있었을 뿐, 전혀 배제된 것은 아니다.

이상의 고찰에서 우리는 다음과 같은 여러 조건을 알 수 있다. 첫째, 전쟁에서는 목표에 이르는 길, 따라서 또한 정치적인 목적을 달성하는 길은 많다는 것이다. 둘째는 그럼에도 전투야말로 목적을 달성하기 위한 유일한 수단이라는 것이다. 세 번째는 그러기 위해 모두 최고의 법칙, 즉 무력에 의한 결전이라는 법칙에 따라야 한다는 것이다. 네 번째로는 실제로 적이 무력에 의한 결전에 호소할 경우에는 우리로서도 이것을 거부할 수 없다는 점이다. 다섯째, 우리가 결전과는 다른 방법을 취하는 것은, 적 또한 결전을 구하지 않거나 또는 적이 결전에 호소해도 결국 이 최고 법정에서 패배할 것임에 틀림없다고 확신하는 경우에 한한다는 것이다. 요약하면 적 전투력의 격멸이야말로 전쟁에서 추구되는 모든 목적 중에서 가장 탁월한 목적으로 여겨진다는 바로 그 점이다.

또 군사적 행동에 대해서는 이와 다른 조합이 가능하다. 그리고 이들 조합이 전쟁에서 무엇을 성취할 수 있는가라는 것에 대해서는 뒤에 언급하기로 하고 또 그것이 어떠한 것인지는 차차 알게 될 것이다. 그러기 때문에 여기에서는 일반적으로 이런 종류의 조합은 현실이 전쟁의 순수한 개념으로부터 괴리된 경우나 혹은 특수한 정황에서만 생길 수 있다는 것만 지적해 둔다. 하지만 이미 여기에서 유혈이 수반되는 결전으로 위험을 해결한다는 것, 다시 말하면 적 전투력의 격멸을 위한 노력을 전쟁의 정실 소생의 아이로 인정할 수는 없는 것이다. 정치적 목적이 시시하고, 따라서 또 전쟁의 동기가 희박해서 아군의 힘의 긴장이 미미하면, 신중을 기해야 할 장수가 큰 위험을 저지르는 일 없이 또 유혈을 수반하는 해결 방법을 사용하지 않고, 오직 적의 본디 약점을 이용해서 강화에 이르는 우여곡절된 방법을 전장 및 내각에서 교묘하게 조종하는 것도 좋다. 만약에 그의 생각에 충분한 이유가 있고 또 행동의 성과가 시인되는 한, 우리는 그를 비난할 권리가 없는 셈이다. 그럼에도 그는 빠져 나가는 길을 걷고 있는 데에 지나지 않고, 거기에서는 전쟁의 신이 언제 그를 붙잡을지 알 수 없다는 것을 그 스스로 충분히 자각하고 있어야 한다. 또 그는 적이 날카로운 검으로 덤벼들었을 경우 의식용 칼로 대응하지 않도록 언제나 적의 상황을 주시하고 있어야 한다.

이상이 전쟁이란 무엇인가, 전쟁에서 목적이나 수단은 어떠한 작용을 하는가, 실제 전쟁은 본디의 엄밀한 개념에서 다소 멀어져 여러 가지 변태를 나타냄에도 불구하고, 이러한 엄밀한 개념이 항상 전쟁을 지배하는 최고의 법칙인 것은 왜인가와 같은 문제에 대한 결론이다. 우리는 이 모든 것을 받아들여 앞으로 여러 문제를 고찰함에 있어서 그때그때 상기해야 한다. 그렇지 않으면 이들 사항 사이의 참된 관계나 이들 사항이 갖는 본디 의의를 올바르게 이해할 수 없고, 따라서 또 현실과의 심한 모순에 빠져 결국은 우리의 취지와도 모순되게 될 것이다.

제3장
군사적 천재

무엇인가 독특한 행동이 하나의 독특한 수련으로 수행되면, 거기에는 지성과 감정의 독특한 소질이 있어야 한다. 그리고 이러한 지성과 감정이 남보다 뛰어나고 또 비범한 성과에 의해서 드러내 보여진다면 이 두 가지 것을 아울러서 갖는 정신은 천재로 불러도 될 것이다.

우리는 천재라는 말이 그 범위나 그 방향에 대해서도 매우 다양한 뜻으로 쓰이고 있으며 또 이들 대부분의 말뜻을 검토해 보아도 천재의 본질을 규정한다는 것은 매우 곤란한 일임을 알고 있다. 그러나 우리는 본디 철학자도 아니고 문법학자도 아니지만, 우선 흔히 쓰는 뜻에 따라서 천재를 '어떤 종류의 행동을 수행하는 데 가장 알맞은 매우 고도의 정신력'이라고 해석해도 좋을 것이다.

그래서 우리는 정신이 지니는 이와 같은 능력과 가치를 고찰해서, 이와 같은 정신에 천재라고 하는 명칭을 부여하는 이유가 쓸데없는 일이 아님을 증명하고 또 이 개념의 내용을 한층 명백하게 생각해 보고자 한다. 그러나 우리는 이와 같은 넓은 뜻의 천재를 논하고 있을 수는 없다. 이 경우의 천재라고 하는 개념은 명확하게 규정된 한계를 갖지 않기 때문이다. 그래서 우리는 심력(心力)이 모두 군사적 활동이라고 하는 공통된 방향을 취하는 경우만을 고려해야 한다. 그렇게 되면 우리는 이와 같은 방향을 군사적 천재의 본질로 여길 수가 있다. 그런데 지금 '공통'이라고 말한 까닭은, 군사적 천재는 예를 들어 용기와 같이 군사 행동을 본분으로 하는 단 하나의 심력에 한정되는 것이 아니기 때문이다. 만약 이 경우에, 지성이나 감정과 같은 다른 심력이 결여된다고 하면 또는 뛰어난 지성이나 감정을 갖추고 있다 해도 그것이 전쟁에 알맞지 않다면 그와 같은 정신은 군사적 천재라고 할 수 없을 것이다. 요컨대 군사적 천재는 심적인 여러 힘의 조화로운 합일(合一) 바로 그것이기 때문이다. 따라서 이 경우 무엇인가

한 가지 심력이 돋보이는 것은 상관없으나 그 어떤 심력도 다른 심력의 작용을 방해해서는 안 된다.

만약에 교전국의 한 사람 한 사람이 몇 가지 군사적 천재를 각기 간직하고 있다면 그 군대는 매우 약해질 것이다. 군사적 천재는 심적인 여러 힘의 독특한 방향을 의미한다. 그런데 한 국민 속에서 심적인 여러 힘이 저마다 다른 방향으로 작용되면, 이와 같은 독특한 방향은 좀처럼 생길 수 있는 것이 아니다. 이에 반해서 한 국민의 활동이 그다지 많이 분화되지 않고 군사적 활동만이 특히 현저하다면 군사적 천재도 널리 고르게 미칠 것이다. 그러나 이것은 군사적 천재가 미치는 범위가 크다는 것뿐이지 천재의 정도가 높다는 것은 아니다. 군사적 천재의 높이는 국민 일반의 정신적 발전의 대소에 따라 정해지기 때문이다. 미개한 호전적 국민을 관찰하면 호전적 정신이 국민 각자의 마음속에 깃들어 있는 점은 도저히 문명 국민과 비할 바가 아니다. 전자에서는 전투원 각자가 이 정신을 몸에 지니고 있다. 그런데 문명 국민은 필요에 따라 할 수 없이 전쟁에 종사하지 각자의 내적인 충동으로 투쟁에 참가하는 것이 아니다. 그럼에도 미개한 국민에게는 진정으로 위대한 장수가 나타난 적이 없고 또 군사적 천재라고 일컬을만한 사람도 매우 드물다. 군사적 천재는 지성이 발달해야 하는데 미개한 국민은 그것을 갖추고 있지 않기 때문이다. 문명 국민이라야 비로소 많건 적건 간에 군사적인 방향과 발전을 지닐 수 있다는 것도 이로써 명백해진다. 또 그렇게 되면 군사적 정신은 군이나 개개의 군인 안에서 더욱더 현저해지는 것이다. 따라서 이와 같은 사정은 고도의 군사적 정신과 일치한다. 그래서 이러한 문명 국민 사이에서 빛나는 군사적 업적이 생긴다고 하는 것은 고대 로마인과 근대 프랑스인이 이를 증명하고 있다. 또 이들 국민뿐만 아니라 전쟁에서 무명 (武名)을 날린 위대한 국민의 이름은 항상 높은 교양을 가진 시대와 합치한다.

이것은 고도의 군사적 천재에게 얼마나 지성이 큰 부분을 차지하고 있는가를 말해 주고 있다.

그런데 전쟁은 위험을 그 본질로 한다. 따라서 그 무엇에 못지않게 군인의 제1의 특성은 용기이다. 용기에는 두 종류가 있다. 첫째는 전투자가 개인적인 위험을 무시하는 용기이다. 둘째는 자기 자신의 행동에 대한 책임을 지는 용기이다. 이 경우에는 무엇인가 외적인 위력에 의해서 내려진 심판에 대한 책무이거나 또는 내적인 위력, 즉 양심에 의해 내려진 심판에 책무이거나를 묻지 않는다. 그러나 여기에서는 전자의 용기의 경우에 대해서 살펴보기로 한다.

개인적인 위험을 아랑곳하지 않는 용기에도 두 가지가 있다.

첫째는 위험에 태연하다는 것이다. 그리고 이와 같은 무관심은 생물로서의 개인적 기질에서 생기는 일도 있는가 하면, 또 생명을 깃털에 비교하는 생각에서 나오는 일도 있고 또 습관에 입각하는 경우도 있다. 그러나 어느 경우이건 이런 종류의 용기는 항상적인 심적 상태로 여겨도 좋다.

둘째의 용기는 여러 가지 적극적인 동기에서 생기는 용기이다. 예를 들어, 명예심, 조국애 또는 그 밖의 고상한 감격을 동기로 하는 용기가 이것이다. 이 경우에 용기는 일정한 심적 상태라고 하느니보다는 오히려 감정의 발동이라고 볼 수가 있다.

따라서 이들 두 종류의 용기는 각기 그 작용을 달리한다. 제1종의 용기는 제2종보다도 확실하다. 만약 이 용기가 제2의 천성이 되면 그 사람과 일체가 되어 분리되는 일이 없기 때문이다. 또 제2종 쪽은 때로는 정세에 편승하여 지나치는 경우가 있다. 제1종 용기는 강직하고 씩씩한 점에서 또 제2종의 용기는 용감하다는 점에서 각기 다른 것보다 우세하다. 전자에서 지성은 항상 냉정하다. 후자는 확실히 지성의 작용을 활발하게 하지만 때로는 지성을 혼미하게 만들기도 한다. 요컨대 이 둘이 하나로 합할 때 가장 완벽한 용기가 생기게 된다.

전쟁은 육체적인 노고와 고통을 본질로 삼는다. 이와 같은 노고에 견디어 다행히 파멸을 면하기 위해서는 어느 정도의 체력과 심력을 필요로 한다. 이 경우 이러한 심신의 힘이 본래 타고난 것인지 또는 단련에 의해서 얻어진 것인지는 문제가 되지 않는다. 이들 특성을 갖추고 또 건전한 지성의 지도에 따르기만 하면, 인간은 그것만으로도 이미 전쟁의 유능한 도구이다. 그러나 이러한 특성이라면 미개 또는 개화가 다 되지 못한 민족에서는 흔히 찾아볼 수가 있다. 그런데 전쟁은 전투자에게 그 이상의 요구를 부과한다. 그렇게 되면 이번에는 탁월한 지성의 힘이 필요하게 된다. 전쟁은 불확실성을 본질로 한다. 군사적 행동의 바탕을 이루는 것의 3/4은 많건 적건 불확실이라는 안개에 싸여 있다. 그래서 장수가 수련을 쌓은 숙달된 판단에 의해서 정확하게 진실을 파악하기 위해 먼저 요구되는 것은 투철하고 날카로운 지성이다.

하기야 평범한 지성이라도 우연히 이러한 진실이 적중될 때도 있고 또 비범한 용기가 지성의 부족을 보완하는 일도 있을 것이다. 그러나 대개의 경우, 즉 그다지 성공했다고는 말할 수 없는 경우에 대해서 보면 거기에는 반드시 지성의 부족이 눈에 띈다.

전쟁은 우연을 본질로 삼는다. 인간의 행동에 대해서 전쟁에 있어서만큼 우연이란 외적인 것에 활동의 자유를 허용하는 것은 없다. 인간의 그 어떤 행동도 전쟁만큼 모든 면에서 우연과 끊임없이 접촉하는 것은 없기 때문이다. 우연은 전쟁에서 모든 정황을 어쩔 수 없이 불확실한 것으로 만들고 또한 사건의 순조로운 진행을 방해한다.

전쟁에서는, 한편으로는 예측이 모두 불확실하고 또 다른 한편으로는 우연이 끊임없이 개입한다. 그래서 장수는 그가 그때까지 기대하고 있었던 것과는 다른 사태에 끊임없이 접해야 한다. 그리고 이것은 그의 계획에, 혹은 적어도 그 계획의 실시에 관한 생각에 영향을 주지 않을 수가 없다. 이러한 영향이 매우 커서 소정의 계획을 결정적으로 파기하지 않을 수 없게 되면 그 대신에 새로운 계획을 생각해야 한다. 그런데 이러한 긴급한 경우에는 대부분 새로운 계획에 필요한 자료가 결여되어 있다. 행동의 한 가운데서 눈앞의 정황은 장수에게 신속한 결의를 강요하고 또 새로 기획을 고쳐 세우는 시간의 여유는커녕 때로는 충분히 생각할 틈도 주지 않기 때문이다.

하지만 실제로는, 우리의 생각을 시정하는 여러 가지 우연을 검토해 보면 그 정황이라는 것이 우리의 기획을 뒤엎을 정도의 것은 아니고 단지 이것을 뒤흔드는 데에 지나지 않는 경우가 훨씬 많다. 그러나 정황에 관한 지식이 늘어나도 정황의 불확실성이 감소하기는커녕 오히려 증대할 뿐이다. 그 이유는 이와 같은 경험은 일시에 이루어지는 것이 아니라 차차로 얻어진다는 데에 있다. 즉, 우리의 결의는 새로운 경험에 의해서 끊임없이 수정이 요구되므로 정신은 말하자면 항상 무장하고 있어야 한다.

그런데 정신이 예기치 못한 것과의 부단한 싸움에 잘 견디어 나가기 위해서는 무엇보다도 먼저 두 가지 특성이 꼭 필요하다. 첫째는 그와 같은 심히 불분명한 사태 안에 있어도 진실을 꿰뚫어 볼 만한 빛을 항상 간직하고 있는 지성이다. 둘째는 이 빛을 따라 행동하는 용기이다. 전자는 프랑스식 표현으로 쿠 되유(coup d'œil : 통찰력)라는 말로 표현되어 있고, 후자는 결단력을 뜻한다.

그러면 쿠 되유란 무슨 뜻인가? 전쟁에서 먼저 사람의 눈을 가장 끄는 것은 전투이다. 또 전투에서의 중요한 요소는 시간과 공간이다. 그리고 이것은 신속한 결정을 위해 기병이 주요한 존재였던 시대에는 더욱 그러했다. 여기에서 신속하고 적절한 결의라는 개념이 우선 시간과 공간의 측정에서 생기고 여기에서 또 올바른 눈대중을 뜻하는 말이 되었다. 따라서 이제까지 많은 병법학자들은 쿠 되유라는 말을 이와 같은 국한된 뜻으로 사용해 왔다. 그러나 이윽고 이 말은 실행이 강요된 순간에서의 적절한 결의의 뜻으로 이해되게 되었다. 예를 들어 정확한 공격점을 바로 파악해야 하는 경우이다. 그렇다면 쿠 되유란 말이 뜻하는 바는 육안뿐 아니라 오히려 정신의 눈이 주라고 해도 좋다. 또 이 말도, 이 말이 의미하는 사항도 본디 전술 영역에 속했던 것은 물론이지만, 이러한 뜻으로의 쿠 되유는 전략에서도 없어서는 안 되는 것이다. 전략의 영역에서도 신속한 결단을 필요로 하기 때문이다. 그런데 이 쿠 되유란 개념에서 비유적이고 국한된 의미 내용을 제거하면 이 개념은 보통의 정신적 안광(眼光)을 가지고는 도저히 볼 수 없는 진실, 또는 장시간의 고찰과 숙고 끝에 처음으로 볼 수 있는 것과 같은 진실을 신속 정확하게 파악하는 것을 뜻한다.

다음에 과단성은 개별적인 구체적인 경우에서의 용기의 작용이다. 이 과단성이 행위자의 성격적 특징을 이루면 그것은 마음의 습관적인 작용이 된다. 그러나 여기에서 말하는 용기는, 신체의 위험에 대항하는 용기가 아니라 책임에 대한 용기—즉 마음의 위험에 대항하는 용기이다. 이와 같은 용기를 프랑스 어로는 '쿠라주 데스프리(courage d'espri : 정신적 용기)'라고 부른다. 이러한 용기는 본디 지성에서 나오기 때문이다. 하지만 용기는 지성의 작용이 아니고 감정과 의지의 작용이다. 실제로 매우 영리하면서도 결단력이 없는 사람이 있다는 것은 우리가 자주 보는 대로이다. 따라서 지성은 우선 용기의 감정을 불러일으켜 그 지지를 받아야 한다. 위험에 처했을 때 인간을 강하게 지배하는 것은 사려보다도 오히려 감정 쪽이기 때문이다.

그런데 여기에서 말하는 과단이라는 것은, 동인(動因)이 충분치 않은 경우에, 의혹에서 생기는 고뇌나 주저에 수반하는 위험을 제거하는 것을 본래의 임무로 하는 심적 특성을 말한다. 그다지 엄밀하지 않은 용어법에서는 과감·만용·

용감·저돌과 같은 심적 경향에도 과단성이라고 하는 명칭을 주고 있다. 그러나 과단성이 문제가 되는 것은 동인이 불충분한 경우뿐이다. 따라서 만약에 동인이 충분하다면 그것이 주관적이든 객관적이든 상관없이 또 실정에 대한 알맞음과 알맞지 아니함과는 상관없이, 그 사람이 과단성이 있는 사람인가 아닌가를 왈가왈부하는 것은 무의미한 일일 것이다. 만약에 이러한 경우에도 과단이라는 말을 사용한다면, 그것은 쓸데없이 그의 마음을 억측해서 그가 조금도 품고 있지 않은 의심을 그에게 강요하는 것이 된다.

이와 같은 경우에는 동기의 강약도 논할 수 있을 뿐이다. 그러나 우리는 통속적인 용어법을 상대로 이러한 사소한 오용(誤用)을 논할 생각은 없다. 다만 잘못된 비난을 받고 싶지가 않아서 한마디 주의한 데에 지나지 않는다.

과단성은 정황에 대한 의심을 제거하는 일이지만, 이와 같은 과단성은 지성에 의해서만 그리고 지성의 아주 독특한 방향에 의해서만 생길 수 있는 일이다. 고도의 식견과 필요한 감정이 있다는 것만으로는 아직 결단은 생기지 않는다. 가장 어려운 과제를 훌륭하게 풀 수 있을 만큼 뛰어난 정신적 시야를 갖추고 있으면서도 또 많은 곤란한 일을 견디어 낼 만한 용기가 있는데도 불구하고, 난처한 경우에 처하여 결단에 이르지 못한 사람이 있다. 즉 이 사람의 용기와 식견은 제각기여서 서로 손을 내밀지 않는다. 그래서 제3의 요인인 결단이 생기지 않는 것이다.

요컨대 결단은 과감한 행위가 필요하다는 것을 자각하고 이 필요에 비추어 의지를 규정하는 지성의 작용에 의해서 비로소 생기는 것이다. 지성의 이와 같은 매우 독특한 방향은 우선 마음의 동요와 주저를 극복하고, 이렇게 해서 마음에 잠재하는 공포를 모두 억누른다. 사실, 지성의 이와 같은 방향이야말로 강한 의지와 감정에 과단이 생기게 하는 것이다. 따라서 우리가 말하는 이와 같은 지성을 가지고 있지 않은 사람들은 끝내 과단으로 내디딜 수가 없는 것이다. 그러나 분명히 이러한 사람들이라 해도 곤란한 경우에 때로는 주저하지 않고 행동하는 경우가 있다. 그러나 그들은 그런 경우 숙고하고 행동하는 것이 아니다. 그러고 보면 생각 없이 행동하는 사람이 새삼 의심하는 마음으로 모순을 느낄 리가 없다. 하기야 이러한 행동도 때로는 성공하는 수가 있다. 그러나 그것은 위에서 말한 바와 같이 일반적인 성공에 지나지 않는다. 그리고 한편에 이러한 평범한 성공이 있기 때문에 위대한 성공은 군사적 천재를 가질 때 비로소 가능하다는 것을 알 수 있는 것이다. 그런데 깊이 생각하는 일이 없는 경기병(輕騎兵)[1] 장교가 상당히 결단력이 강하다는 사실에 비추어 우리의 주장을 기이하게 생각하는 사람이 있을지도 모른다. 그런데 이러한 사람들에 대해서 하고 싶은 말은, 우리가 여기에서 문제 삼고 있는 것은 뛰어난 사색 능력이 아니라 지성의 이러한 독특한 방향에 따른 것임을 말해 두는 바이다.

이와 같은 과단은 지성의 독특한 방향에 의해 생긴다. 더욱이 이 방향은 단지 지성이 뛰어난 사람보다도 오히려 씩씩한 지성을 가진 사람에게서 찾아볼 수가 있다. 우리는 결단의 이러한 계보를 다음과 같은 사실에 의해서도 증명할 수가 있다. 즉 하급 지위에 있었을 때에는 매우 과단했던 사람도 지위가 올라가면 이 특성을 잃어버린 예가 많다는 사실이다. 이와 같은 사람들도 결단의 필요성을 인정하고는 있다. 그러나 그 결단이 잘못되었을 경우에는 위험하다는 것도 알고 있고, 더 나아가 직면하게 될 사태를 잘 알지 못하고 있다는 두려움도 있어서 그들의 지성은 본디 가진 힘을 잃고 만다. 그래서 그들은 자기의 우유부단이 위험하다는 것을 알게 됨에 따라 또 이전에는 즉각적으로 행동하는 일에 익숙했다는 것을 생각할 때마다 더욱더 겁을 먹게 된다.

위에서 말한 통찰력과 과단성과 관련되어 이것과 밀접한 관계에 있는 침착, 즉 정신이 항상 각성되어 있는 심적 상태를 논해야 한다. 본디 전쟁은 예기치 않은 사건이 일어나는 영역이지만, 침착은 바로 이와 같은 영역에서 큰 역할을 하게 된다. 예기치 않은 사건을 적절하게 처리해서 실수를 하지 않는 고도의 심력이 곧 침착이기 때문이다. 갑자기 누군가가 말을 걸어왔을 때 이에 대하여 적절한 대답을 하는 것도 침착이고, 또 돌발적인 위험을 순간적인 기지로 벗어나는 수단을 강구하는 것도 침착이고, 이 모두는 감탄할 만한 마음의 작용이다. 그러나 이러한 응답이나 수단 등이 적절하기만 하다면 반드시 비범해야 할 이유는 없다. 조용한 숙고를 거친 뒤라면 각별히 비범이라고 할 만한 행위가 아니

---

1) 경기병은 본디 헝가리에서 편성되어(1458), 헝가리 독특한 민족적 옷차림을 군복으로 하며 날렵하고 사나운 것으로 널리 알려졌다. 17세기 말에서 점차 오스트리아, 프로이센, 러시아, 루마니아 등 거의 모든 유럽 여러 나라(이탈리아 제외)는 이 병과를 두게 되었다. 독일에서는 제1차 세계대전 초기에까지 존속했다.

라도, 따라서 우리가 받는 인상으로서는 특히 이렇다 하고 말할 수 있는 정도는 아니라도, 그것이 지성의 순간적인 작용이면 역시 우리를 기쁘게 만든다. 침착, 즉 '정신이 항상 눈뜨고 있다'는 이 표현은 지성에 의해 취해진 처리가 소리의 울림에 응하듯이 신속하다는 것을 나타내고 있는 것으로 매우 적절한 말이다.

인간 정신의 이러한 훌륭한 특성이, 지성의 특질에 입각하는가, 그렇지 않으면 의지와 감정의 균형에서 생기는가 하는 것은 그때의 경우가 어떠한 성질의 것인가에 따라 다를 것이다. 그러나 어느 경우이건 침착에는 이 가운데 하나도 결여되어서는 안 된다. 따라서 즉각적인 적절한 응답은 어느 쪽이냐 하면 재치가 있는 두뇌가 하는 일이고, 돌발적인 위험에 처해서 순간적으로 수단을 강구하기 위해서는 무엇보다도 먼저 감정과 의지의 균형이 있어야 한다.

전쟁을 둘러싼 분위기를 구성하는 것에 네 가지 요소가 있다. 즉 위험, 육체적 노고, 불확실성과 우연이다. 이들 구성 요소를 훑어보면, 전쟁이라고 하는 무거운 분위기에서 확실한 행동으로 성과를 거두기 위해서는 정의(情意)와 지성의 예사롭지 않은 큰 힘이 필요하다는 것을 알 수 있다. 이 힘은 여러 정황에 따라서 각기 다른 양상을 나타낸다. 그것은 전사(戰史)를 쓰는 사람들이 수행력·완강·불굴·정의(情意) 및 성격의 강도(强度)라고 일컫는 것들이다. 영웅적 성질의 이 네 가지 발현을, 동일한 의지력이 정황에 따라서 변용된 것으로 보는 사람이 있을지도 모른다. 그러나 이들 특성은 매우 유사하기는 하지만 결코 동일하다고는 말할 수 없다. 그래서 각각의 경우에서 심적인 힘의 자유로운 작용을 좀 더 엄밀하게 구별해 보고 싶은 것이다.

우리 생각의 명확성을 기하기 위해 첫째로 다음과 같은 일을 주의해 둘 필요가 있다. 즉 장수로 하여금 위에서 말한 심력을 불러일으키게 하는 것으로는 전쟁에서의 중압·책임 또 여러 저항, 그것들의 명칭이 무엇이 되었든 간에 이와 비슷한 것들이 많을 것이다. 그러나 적의 행동이나 저항 그 자체가 직접 장수의 마음을 움직이는 것같은 일은 우선 있을 수 없다는 것이다. 즉, 적의 행동이 장수의 마음에 영향을 끼치는 것은 그에게 신체적 위험이 있는 경우뿐으로, 지휘관으로서의 그의 활동에는 아무런 연관이 없다. 만약에 적이 2시간의 저항을 4시간으로 연장한다면, 지휘관은 2시간 대신에 4시간만큼 위험한 상태에 놓이게 된다. 이것은 분명히 대단한 일에는 틀림없으나 그 의의는 지휘관의 지위가 높아짐에 따라 감소해 간다. 하물며 장수쯤 되면 이 정도의 일을 중대하다고 생각할 리가 없다. 그에게 그것은 무(無)와 같다.

둘째로 적의 저항이 지휘관의 마음에 직접적인 영향을 끼친다고 하면, 그것은 저항이 길어짐에 따라 아군에 전투 자재의 손실이 생기기 때문이다. 더 나아가 이에 관련해서 일어나는 지휘관의 책임 문제가 있다. 이러한 경우 지휘관의 의지력은 우선 중대한 사태를 우려하는 생각에 의해 시험되고 또 환기된다. 그러나 이것은 지휘관이 부담해야 할 가장 중대한 책임이라고는 말할 수 없다. 그는 자기 자신의 심력에 부과된 문제로서 해결하면 그것으로 끝나는 일이기 때문이다. 그런데 적의 저항에서 생기는 영향은 모두 지휘관이 이끄는 전투원에게 향해 있고, 이들의 영항은 그의 시휘 아래 있는 선투원을 통해서 지휘관 자신에게 되돌아오는 것이다.

군의 사기가 좋아서 병사들이 잘 싸우고 있는 동안에는 지휘관이 전투 목적을 달성하기 위해 큰 의지력을 발휘할 기회는 좀처럼 없다. 그러나 상황이 곤란해짐에 따라—이것은 위업을 달성하려고 하는 경우에는 반드시 생기는 법이다—이미 일이 순조롭게 진행되지 않아, 윤활유가 떨어진 기계처럼 기계 그 자체가 저항을 하기 시작한다. 그러면 이 저항을 제거하기 위해 지휘관의 큰 의지가 필요하게 된다. 여기에서 저항이라고 하는 것은 반드시 상관에 대한 항명이나 항변을 뜻하는 것이 아니다. 확실히 이와 같은 반항도 개인과 개인 사이에서는 자주 생긴다. 그러나 우리가 말하는 저항이란 아군의 물리적, 정신적 여러 힘이 차차 쇠퇴하고 있다는 전반적인 인상을 말하며 또 피비린내 나는 전투에 쓰러지는 아군 희생자의 비참한 광경을 말한다.

지휘관은 이러한 인상, 이러한 광경을 우선 자기 자신의 마음속에서 견디고 또 모든 부하로 하여금 이를 견디게 해야 한다. 실제로 부하가 받는 인상, 그들의 마음을 불안하게 하는 마음 또는 이들 심로(心勞)를 극복하려고 하는 노력은 직접적이든, 간접적이든 반드시 지휘관의 마음에 반영된다. 개개 전투원의 심신의 힘이 차차 쇠약해지고, 이미 자신의 의지로는 고무되거나 지지를 받지 못하면, 군 전체의 무기력은 그대로 장수의 의지에 무겁게 걸려온다. 이때야말로 장수의 가슴에 타오르는 불길, 그의 정신의 광명은, 일단 꺼지는 것처럼 보이는 결의의 불꽃과 장병의 마음에 깃드는 희망의 광명을 또다시 붉게 타오르게 해야 한다. 장수가 이것을 할 수 있는 한, 그는 장병에게 명령을 내리고 군을 지휘할 수가 있다.

그러나 이런 일이 이미 이루어지지 않게 되면, 즉 장수 자신의 용기가 이미 장병의 용기를 다시 충분히 고무하지 못하면, 군은 장수와 함께, 동물성이라고 하는 저열한 신세—다시 말하면 위험에 처해서 뒤로 물러나는, 수치를 잊은 무인(武人)의 상태로 떨어지게 된다. 따라서 지휘관이 뛰어난 공적을 지향하는 한, 그의 용기와 심적 능력이 투쟁에서 극복해야 하는 것은 바로 이와 같은 중압(重壓)이다. 이러한 중압은 군이 커짐에 따라 더욱 증대한다. 그러기 때문에 지휘관이 항상 이들 책임의 부담을 견디려고 한다면, 그의 심적 여러 힘은 지휘관으로서의 지위가 높아짐에 따라 더욱 증대하는 것이다.

행동의 수행력은 행동을 낳게 한 동인의 강도를 나타낸다. 이 동인은 지성에 의한 확신에서 생기는 일도 있고, 감정과 의지의 활동에 바탕을 두는 경우도 있다. 특히 후자에 입각한 수행력은 큰 힘이 발휘될 경우에는 없어서는 안 된다.

격렬한 전투의 와중에 인간의 마음을 차지하는 고상한 감정 중에서 명예와 공명을 동경하는 마음처럼 강력하고도 지속적인 것은 없다. 그런데 독일어에서는 이와 같은 동경을 '명예심'이나 '공명심'이라고 해서 여기에 혐오스러운 부수적인 뜻을 덧붙이고 있다. 이것은 이러한 고상한 감정에 대한 부당한 취급이라고 하지 않을 수 없다. 확실히 이 고매한 동경의 마음이 특히 전쟁에서 남용되었기 때문에, 꺼림칙한 여러 부정한 일이 인류에게 초래되었다는 것은 부정할 수 없다. 그러나 이 감정의 근원을 따져보면, 이 감정은 확실히 인간성의 가장 고상한 감정에 속하고, 또 전쟁에서는 거대한 집단에 혼을 불어넣는 바로 생명의 본디 숨결이다. 그 밖에도 이와 비슷한 감정, 예를 들면 조국애, 이념에 대한 열정, 복수심 또는 여러 감격 등이 있다. 이들 감정은 어느 것이나 공명이나 명예를 갈망하는 감정보다도 훨씬 일반적이고 또 그중의 몇 가지는 훨씬 고상한 것처럼 여겨지기는 하지만, 그러나 이들 감정도 공명심이나 명예심을 필요 없게 만드는 것은 아니다. 확실히 이러한 감정도 널리 병사들을 고무해서 그 사기를 높일 수가 있다. 그러나 지휘관에게 부하 병사들이 바라는 것 이상의 무훈을 세우려는 의욕을 생기게 하는 것은 아니다. 더욱이 이것이야말로 뛰어난 공적

이소스 전투(B.C. 333) 알렉산더 대왕과 다리우스 3세가 참전한 전투 장면을 그린 모자이크 벽화 (부분).

을 지향하는 지휘관이 그 지위에 비추어 꼭 필요로 하는 것이다.

요컨대 그 밖의 모든 감정은 지휘관에게 개개의 군사적 행동 보기를 마치 자기 자신의 토지를 보는 것과 같은 심정을 환기시키는 것은 아니다. 공명심이 있기 때문에 그는 애써서 땅을 갈고 씨를 뿌리고 풍요로운 수확을 거두기 위해 이 토지를 최대한으로 이용하려는 것이다. 최고 지휘관에서 최하급 지휘관에 이르기까지 지휘관 쪽에 이 정도의 노력, 이와 같은 근면, 이와 같은 경쟁, 이와 같은 격려가 있기 때문에 군의 작용을 활발하게 하고 또 효과가 있게 만든다. 특히 최고 지휘관에 대해서는 우리는 감히 이렇게 묻고 싶다. 위대한 장수치고 공명심을 품지 않을 사람이 이제까지 있었을까? 이러한 장수를 생각해 보는 것조차 불가능한 일은 아닐까 하고.

완강(頑强)함은 투쟁의 강도에 굴복하지 않는 의지의 저항력을 나타내고, 견인(堅忍)은 투쟁의 지속을 견디는 의지의 저항력을 나타내는 것이다. 이 두 말은 매우 유사한 뜻을 가지며, 실제로도 서로 잘못 사용되는 일이 있다. 그러나 이 둘 사이에는 본질적인 차이가 있음을 소홀히 해서는 안 된다. 투쟁에서의 격렬한 인상에 대해서 동하지 않는 완강함은 강력한 감정만으로도 생기지만, 이에 반해 견인 쪽은 오히려 지성에 의해서 지지된다. 행동이 길어짐에 따라 행동의 계획성 또한 증대한다. 그래서 견인은 지성을 뜻하는 이와 같은 계획성으로부터 부분적으로도 힘을 얻게 된다.

다음에는 정의(情意)의 강도, 즉 마음 또는 성격의 강도를 논해 보고자 한다. 이때 맨 먼저 문제가 되는 것은 이 이야기를 어떻게 이해하면 좋은가 하는 것이다.

정의(情意)의 강도란 정의를 표출하는 격렬함, 즉 격정(激情)을 가리키는 것은 아니다. 이 둘을 혼동한다는 것은 언어의 관용에 위배된다. 정의의 강도란 제아무리 격렬하고 흥분된 경우에도 또 분방한 격정의 폭풍우 속에서도 지성에 순종하는 능력을 말한다. 그러면 이와 같은 능력은 오직 지성에서 유래되는 것일까? 그렇지는 않을 것이다. 그러나 세상에는 뛰어난 지성을 갖추고 있으면서도 자기의 감정을 억제할 수 없는 사람들이 있다고 하면서 정의의 강도가 지성에만 바탕을 둔다는 견해를 반박할 수는 없을 것이다. 이와 같은 사람들이라 해도 사물을 개괄하는 지성의 특질이 결여되어 있는 것은 아니지만, 그러나 지성의 어떤 특수한 성질, 즉 지성의 씩씩함이 결여되어 있다고도 말할 수 있기 때문이다. 그러나 이에 대해서는 다음과 같이 생각하는 편이 보다 진실에 가까운 것이 아닐까? 정의가 격동하는 순간에도 지성을 따르는 힘, 즉 우리가 자제(自制)라고 일컫는 것이 정의 그 자체 안에 흔들림 없이 존재하고 있다고. 요컨대 강한 정의를 갖추고 있는 사람들의 마음에는 흥분한 격정을 없애는 것이 아니라 이것과 균형을 유지하는 별개의 감정이 존재하는 것이다. 그리고 지성은 이와 같은 균형에 의해서 비로소 지배권이 보증되는 것이다. 이와 같은 보증은 인간성의 존중에 대한 감정 바로 그것이다. 이것은 인간에게 구비된 고귀한 긍지이다. 또 인간이 그 어디에 있던 식견과 지성을 갖춘 존재자에 어울리도록 행동하려고 하는 가장 깊은 마음속의 욕구이기도 하다. 그러기 때문에 우리는 이렇게 말해도 좋다—강한 의지란, 아무리 격렬한 흥분 속에서도 결코 균형을 잃지 않는 정의를 말한다고.

다음에는 인간의 여러 기질을 정의(情意)에 관련해 고찰해 보고자 한다.

첫째로 대단히 비활동적인 기질이 있는데 이것은 점액질 또는 불활성 기질이라고 불리고 있다.

둘째는 매우 활동적임에도 감정이 어떤 일정한 강도를 넘지 않는 사람이다. 감정은 풍부하지만 조용한 사람이다.

셋째는 매우 자극을 받기 쉬운 기질이다. 이와 같은 사람의 감정은 마치 화약처럼 신속하고 격렬하게 폭발하지만 오래 가지는 않는다.

마지막으로 넷째는 사소한 동기에는 움직이지도 않고 또 움직이는 경우에도 결코 신속하지 않고 서서히 움직이는 사람이다. 그러나 이런 사람들의 감정은 매우 힘차서 다른 기질에 비해 오래 지속된다. 이러한 사람을 씩씩한 감정을 안에 깊이 간직한 격정의 사람이라고 한다.

정의(情意)의 구조에 이와 같은 차이가 있다는 것은, 인간이라고 하는 유기체 안에 작용하는 신체적 힘과 밀접하게 관계하고 있을 뿐만 아니라, 또 신경 계통이라고 불리는 말하자면 양서적(兩棲的) 성질, 즉 한 면은 물질에 속하고 다른 한 면은 정신에 속한다고 여겨지는 성질과도 긴밀하게 결부되어 있다.

그러나 우리의 빈약한 철학적 사색으로는 이 이상 이 미지의 분야를 더욱 깊이 탐색하는 것은 무리이다. 그러나 이러한 서로 다른 기질이 군사적 행동에 각기 어떠한 영향을 끼치는가를 약간이나마 고찰하고, 이 기질로부터 각기 어느 정도의 마음 또는 성격의 강도를 기대할 수 있는가 하는 것을 살펴보는 일은 중요하다.

정의의 움직임이 활발하지 못한 사람은 쉽사리 마음의 균형을 잃는 일은 없다. 그러나 총체적으로 심적인 힘의 발현이 둔하기 때문에 이와 같은 정의를 마음의 강도라고 부를 수는 없다. 그러나 이러한 사람은 전쟁에서도 평상심을 잃지 않으므로 일면적이기는 하지만 일종의 능력을 갖추고 있는 셈이다. 이런 기질을 가진 사람은 가끔 행동의 적극적 동인, 즉 충동이 결여되고 활동적이 아니라는 결점은 있지만 격정에 몰려 사태를 파멸로 빠뜨릴 염려도 없다.

두 번째 기질의 특징은 사소한 사건의 자극을 받아도 이내 행동을 개시하게 되지만 큰 사건에 직면하면 곧 굴복하고 마는 데에 있다. 이런 사람은 불행한

한 사람을 구하기 위해서는 활발한 행동을 마다하지 않지만 이에 반해 국민 전체의 불행과 맞서면 쓸데없이 비탄한 감정만 가질 뿐, 행동으로 이에 맞서려고 하는 강한 감정을 나타내지 않는다.

이런 사람들이라 해도 전쟁에서 행동과 마음의 균형에 결여되는 점이 없을지도 모른다. 그러나 이러한 사람들은 도저히 큰일을 성취할 수 있는 사람이 아니다. 만약에 이와 같은 사람이 큰일을 성취할 수 있다고 한다면 그는 매우 힘찬 지성을 갖고, 더욱이 행동의 동인을 자각하고 있어야 한다. 그러나 이와 같은 사람들의 정의에 독립독행하는 힘찬 의지가 결부되는 일은 매우 드물다.

들끓는 듯한 또는 불타오르는 듯한 격렬한 감정은 그 자체로서는 실생활 자체에서나 또한 전쟁에서나 결코 적합하다고 말할 수 없다. 이런 종류의 감정은 확실히 강한 충동을 불러일으키는 것이기는 하지만, 이 충동을 오래 지탱할 수가 없다. 하지만 이러한 사람들의 격렬한 기질도 용기와 공명심이라는 방향을 지향하는 한, 전쟁에서도 하급 지위에서라면 매우 쓸모가 있다. 하급 지휘관의 명령 아래에 있는 군사적 행동은 상급 지위관이 명령하는 행동보다도 시간적으로 훨씬 짧기 때문이다. 하급 지휘관의 경우에는 용감한 결의나 심적인 여러 힘의 흥분은 대개 한 번으로 끝나는 것들이다. 실제로 대담한 습격이나 전력(全力)을 동원하는 돌격은 불과 몇 분 동안의 일이다. 그런데 시종 용기를 필요로 하는 전투는 만 하루가 걸리는 일이고, 또 전역(戰役)에 이르러서는 1년에 걸치는 사업이다.

이런 사람들은 그들의 감정이 급격하게 들끓으면 감정과 의지의 균형을 유지하는 것이 두 배 이상으로 어려워진다. 그래서 가끔 당황하게 되는데, 이것은 전쟁 지도에 있어 가장 나쁜 면이다. 자극을 받기 쉬운 사람들은 도저히 강한 정의(情意)를 가질 수가 없다고 잘라 말하는 것, 즉 몹시 흥분하면 마음의 균형을 유지하는 일이 더욱 불가능해진다고 단언하는 것은, 경험에 위배되는 조급한 단정이다. 이러한 사람들이라 해도 평소에는 고상한 성격을 갖추고 있으므로, 자기 자신의 품위를 지키려고 하는 감정이 그들 뒤에 존재하지 않을 리가 없다. 요컨대 이 감정이 그들에게 결여된 것이 아니라 다만 그것이 작용하기 시작하는 시간적 여유가 없을 뿐이다. 따라서 대개의 경우, 나중에 자책감으로 고통받게 된다. 그래서 만약에 그들이 교육, 자기 관찰, 혹은 생활의 경험 등에 의해서 자신의 격하기 쉬운 기질을 자계(自戒)하는 방법을 몸에 지니고, 그렇게 함으로써 자신의 마음 바닥에 잠들고 있는 균형을, 격렬한 흥분의 순간에도 재빨리 자각하도록 노력한다면 그들도 강력한 마음의 힘을 잘 발휘하게 된다.

마지막으로, 가볍게 마음은 움직이지 않지만 그렇기 때문에 깊이 감동하는 사람들과, 위에서 말한 세 번째 기질을 가진 사람들의 차이는 마치 빨갛게 붙은 강한 불과 활활 타오르는 불꽃과의 차이이다. 따라서 네 번째 기질에 속하는 사람들은 월등히 큰 힘을 가지고 거대한 양을 움직이는 데에 가장 적합하다. 여기에서 거대한 양이라고 말한 것은, 군사적 행동에서의 수많은 곤란을 비유적으로 표현한 것이다. 이러한 사람들의 감정 작용은, 이 거대한 양에 가해진 힘에 의해서 생긴 운동 바로 그것이다. 비록 운동은 완만하지만 무엇이든 압도하지 않으면 시원치 않다.

이런 사람들은 세 번째 기질의 사람들만큼 격렬한 감정에 압도되는 일도 없고, 따라서 또 나중에 자책의 마음에 고통받는 일도 없다. 그러나 그렇다고 해서 마음의 균형을 잃거나 맹목적인 감정의 포로가 되는 일이 전혀 없으리라고 생각하는 것은, 이 또한 경험에 위배되는 견해일 것이다. 그들도 자제심을 잃지 않으려고 하는 긍지가 없거나, 이러한 긍지의 마음이 충분히 강하지 않은 경우에는 이와 같은 일이 끊임없이 일어나는 것이다. 그래서 우리는 이러한 현상을 특히 미개 민족의 큰인물에 대해서 매우 자주 경험한다. 미개 민족은 지성이 아직 충분히 발달하지 않아서 자칫 격정이 우위를 차지하기 때문이다. 그러나 무명 민족이나 문명 국민 중 가장 교양 있는 계급에 속하는 사람들이라 할지라도 강력한 격정에 몰리면 역시 이러한 현상이 그들의 생활을 지배하게 된다. 그것은 중세의 밀렵꾼[2]이 형벌로서 노루 등에 묶인 채 숲속을 무턱대고 달려야하는 양상 그대로이다.

그래서 다시 한 번 이렇게 말하고 싶다—강한 정의란 쓸데없이 격렬하게 흥분하는 정의가 아니라, 제아무리 격렬하게 흥분해도 마음의 균형을 잃지 않는 정의를 말한다고. 따라서 비록 마음을 소란스럽게 만드는 폭풍우가 불어댄다고해도, 이러한 사람들의 식견과 확신에 한 치의 차이도 생기지 않는다는 것은,

---

2) 노루를 몰래 잡는 밀렵꾼에게 가해지는 형벌을 가리키는 것 같다.

폭풍우에 휩싸인 배의 나침반과 같다고.

강한 성격, 혹은 일반적으로 성격이라고 불리는 것은, 바로 자기의 확신을 견지하는 것을 말한다. 이때 그 확신이, 다른 사람 또는 자기의 식견에 의한 것인가, 그렇지 않으면 원칙이나 견해 또는 순간적인 시사에 의한 것인가 또는 그 어떤 것이 되었든 간에 그것이 지성에서 생긴 결과인가는 물을 필요가 없다. 그러나 자신의 식견 그 자체가 빈번하게 변동하면 거기에서는 부동의 확신을 인정할 수가 없게 된다. 식견의 이러한 변동은 반드시 다른 사람으로부터의 영향의 결과라고는 할 수가 없다. 그것은 자기의 지력(知力)이 진보했기 때문에 생길 수도 있다. 하지만 견해의 변동을 낳게 하는 원인이 지성 그 자체의 불확실성에 있다는 것은 의심할 여지가 없다. 자기의 견해를 항상 바꾸는 사람은, 비록 그 변경이 자발적인 것이라 해도 성격이 있는 사람이라고는 할 수 없다. 요컨대 성격이 있는 사람이란 그의 확신이 항상 불변인 사람을 말한다. 그 경우, 성격이 깊은 근거를 가지고 있어서 변화하기 힘든 경우도 있고 또 정의의 작용이 활발치 못한 사람의 경우에는 지성의 활동도 둔하기 때문에 변화하려고 해도 변화할 수 없는 경우도 있고, 지성이 나타내는 규준에 따라 작용하는 명확한 의지가 의견의 변동을 어느 정도 배척하는 경우도 있다.

그런데 전쟁에서 정의는 끊임없이 무수한 강력한 인상의 영향을 받고 또 지식과 이에 바탕을 두는 식견은 모두 불확실하다. 따라서 지휘관을 당초의 궤도로부터 이탈시키고 또 때로는 지휘관 자신뿐만 아니라 더 나아가서는 다른 여러 사람들도 난처하게 만드는 기회가, 인간이 영위하는 다른 활동영역에서보다도 훨씬 많이 생기는 것이다.

위험과 심로(心勞)로 가득 찬 광경을 바라보면 감정은 자칫 지성의 확신을 압도한다. 또 여러 가지 모습이 박명(薄明) 속에 몽롱하게 나타나는 것과 같은 경우 투철한 식견을 갖기란 매우 어려운 일이다. 그렇다면 식견의 변경도 당연한 일이고, 따라서 용서되어야 할 것이다. 전쟁에서 행동의 기준이 되는 것은, 사태의 신상을 막연하게 예감하거나 감지하는 것일 수밖에 없다. 따라서 전쟁의 경우만큼 의견의 차이가 심한 경우는 없고, 이렇게 지휘관 자신의 확신을 뒤흔드는 인상의 흐름은 그칠 사이 없이 이어진다. 그렇게 되면 지성의 작용이 아무리 둔한 사람이라도 이 흐름에 거스를 수 없다. 여러 가지 인상은 어느 것이나 강렬하고 선명하게 지나가며 이들 인상은 일제히 지휘관의 감정이나 의지로 향하고 있기 때문이다.

좀 더 높은 입장에서 행동을 지도하는 일반적인 원칙이나 견해는 명확하고도 깊은 식견에서 생긴 결과의 산물이다. 그리고 개별적인 구체적인 경우에 관한 의견은 항상 이러한 원칙 내지는 견해를, 말하자면 정박지 삼아 여기에 닻을 내리는 것이다. 그러나 처음에 성찰과 숙고에 의해서 얻은 이러한 결과를 견지하여, 실제로 유동하는 의견이나 현상에 거스른다는 것은 매우 어려운 일이다. 구체적인 경우와 원칙 사이에는 때때로 큰 틈이 있다. 더욱이 이것은 반드시 명석한 추론을 거듭하여 연결이 닿게 할 수 있는 그러한 틈은 아닌 것이다. 그러나 그러기 때문에 거기에는 어느 정도의 자신이 필요하게 되고, 또 어느 정도의 회의(懷疑)도 유익한 것으로 여겨질 수가 있다. 그런데 거기에는 기준이 되는 원칙이 있어야 한다. 그것은 사유 밖에서 사유를 지배하는 원칙이다. 그것은 또 의심스러운 경우에는 처음 의견을 고수하되, 적어도 명확한 확신에 의하지 않는 한 그것을 바꾸지 않는다는 원칙이다. 우리는 충분히 검증된 원칙이야말로 뛰어난 진실이라는 것을 굳게 믿고, 시시각각으로 오가는 인상이 아무리 강렬해도, 그러한 진실은 원칙의 진실에 비하면 아무것도 아니라는 것을 잊어서는 안 된다. 의심스러운 경우에는 항상 최초의 확신을 우선시킨다는 이 원칙에 의해서, 다시 말하면, 당초의 확신을 견지함으로써, 우리의 행동은 시종일관된 것이 된다. 그리고 이와 같은 특성이 바로 성격이라고 불리는 것이다.

정의의 균형이 강한 성격을 육성하는 데에 얼마나 큰 역할을 하는가는 매우 명백한 일이다. 그러기 때문에 마음이 강한 사람은 대체적으로 강한 성격을 갖추고 있다.

강한 성격을 논하게 되면 그 변종이라고도 할 수 있는 고집에 대해서도 언급하지 않을 수 없게 된다.

구체적인 경우를 들어 어디까지가 강한 성격이고 어디부터가 고집인가를 가늠하는 것은 매우 곤란하다. 그러나 개념상으로라면 이 둘을 구별하는 일은 그다지 곤란하지는 않을 것이다.

고집은 지성이 범하는 잘못이 아니다. 고집은 자기보다 뛰어난 식견에 대한 반항이라고 할 수 있다. 그런데 지성은 식견의 능력이므로 식견이 식견에 반항하다는 것은 있을 수가 없다. 따라서 고집은 정의(情意)가 저지르는 잘못인 것이다. 이 완고한 의지, 타인의 반론에 대한 이런 반발의 근거는 특수한 아집에 있다. 즉 자기 자신뿐만 아니라 타인도 자신의 정신 활동을 가지고 지배하는 일에 다시없는 기쁨을 느끼는 것과 같은 아집이다. 그러나 고집은 허영심보다도 뛰어난 데가 있다. 그러므로 이것을 하나의 허영심으로 여긴다는 것은 당치 않는 일이다. 허영심을 만족시키는 것은 겉치레지만 고집을 만족시키는 것은 사실에 대한 기쁨이다.

따라서 우리는 다음과 같이 말하고자 한다―남보다 낫다는 확신에 의한 것이 아니고 또 한층 높은 원칙에 대한 신뢰에 의한 것도 아니고, 쓸데없이 반항적인 감정에 움직여 남의 식견에 반항하게 되면 강한 성격은 이내 고집으로 타락한다고. 이와 같은 정의는, 구체적인 경우에 이 둘을 구별하는 데 거의 쓸모가 없지만, 고집을 단순히 강한 성격의 보다 강화된 것이라고 보는 오해를 막는 데에는 쓸모가 있을 것으로 여겨진다. 고집과 강한 성격은 본질적으로 다르다. 고집은 강한 성격과 어깨를 나란히 하고 또 이것과 매우 비슷하지만 강화된 성격은 아니다. 지성에 결함이 있어서 강한 성격을 갖추고 있지 않음에도 불구하고 고집이 매우 센 사람도 있다.

이상에서 우리는 전쟁에서의 탁월한 지휘관의 기량을 고찰하여, 정의와 지성의 조합에서 생기는 여러 가지 특성을 알았다. 그래서 이번에는 군사적 행동에 본질적인 하나의 특성을 조금 이야기해 보고자 한다. 이것은 확실히 가장 중요하지는 않지만 무엇보다 유력한 것으로 생각할 수 있으며, 정의와는 상관이 없이 오직 정신적 능력만을 필요로 하는 특성이다. 그 특성은―전쟁과 토지 및 지형의 관계이다.

첫째로 이 관계는 항상 존재하므로 현대의 문명 제국의 군대는 그 군사적 행동을 반드시 일정한 공간에서 일으킨다고 생각해야 한다. 둘째로 이 관계는 군사적 행동에 결정적으로 중요하다. 전쟁과 토지 및 지형과의 관계는 교전 당사자 서로의 전력 작용에 많건 적건 영향을 끼쳐, 때로는 이것을 전적으로 변경하기 때문이다. 셋째로 이 관계는 종종 지형의 세부에까지 미치지만 동시에 다른 한편으로는 매우 광대한 지역을 포괄한다.

이와 같이 전쟁과 토지 및 지형의 관계는 군사 행동을 매우 특이한 것으로 만든다. 토지를 이용하는 인간의 영위에는 원예나 농업, 건축이나 하천공사, 채광(採鑛)이나 임업 또는 수렵 등이 있다. 그러나 이들 영위는 어느 것이나 그다지 광대한 토지를 필요로 하지 않으므로 소요되는 토지를 단시간으로 정확하게 답사할 수가 있다. 그런데 전쟁이 일어나면 지휘관은 그의 활동 범위를 매우 광대한 토지와 상대해야 한다. 그의 눈은 이 광대한 지역을 통관(通觀)할 수가 없다. 또 제아무리 부지런해도 이토록 광대한 토지를 정확하게 답사할 수 있지는 않다. 게다가 지상에 있는 사물은 끊임없이 변경되므로 이 토지를 모두 잘 알 수가 없다. 이것은 적이나 아군이나 마찬가지이다. 그러나 첫째로 이런 어려움이 서로 같다고 하면 재능과 훈련에 의해서 이 곤란을 극복한 쪽이 현저히 유리하게 될 것이다. 둘째로 서로의 곤란이 같다고 하는 것은 일반적인 말에 지나지 않고 실제로는 그렇지가 않다. 구체적인 경우, 교전자의 어느 한쪽, 즉 방어자 쪽이 공격자보다도 지형에 대해서 훨씬 많은 지식을 갖는 것이 통례이다.

이러한 아주 특이한 곤란을 극복하기 위해서는 역시 특이한 정신적 소질을 필요로 한다. 그것은—아주 국한된 뜻밖에 표현할 수 없는 말이지만—지형 감각이라고 불리는 것이다. 이 감각은 그 어떤 지형에 대해서도 즉각 올바른 기하학적 표현을 구상하고, 이에 입각해서 손쉽게 그 토지의 사정에 통하는 능력이다. 두말할 필요도 없이 이것은 상상력의 작용이다. 확실히 이와 같은 파악은, 한편으로는 육안에 의해서, 다른 한편으로는 지성에 의해서 이루어진다. 이때 지성은 학문과 경험에서 얻어진 식견으로 육안이 미치지 못하는 부분을 보완하고, 육안으로 얻은 단편적인 소견을 종합해서 전체를 만들어 내기는 한다. 그러나 이 전체를 선명하게 마음에 떠올려 하나의 심상(心象)으로, 말하자면 마음속에 그려진 지도로 구성하고 이 심상에 불변한 모양을 주어 그 정확한 상을 휴지하고 이를 잃지 않는 것은 상상력이라고 하는 정신력만이 할 수 있는 일이다. 천재적인 시인이나 화가들은 그들의 여신(女神)으로 숭상하는 상상력에 이와 같은 세속적인 효력을 부여하는 것을 중대한 모욕이라 느끼고, 만약에 이 것을 허용한다면 수렵을 일삼은 영리한 젊은이조차도 탁월한 상상력을 갖추고 있게 되는 것이 아니냐고 비웃음 삼아 어깨를 움츠릴지도 모른다. 좋다. 그렇다면 우리는 여기에서 상상력이 극히 국한된 적용, 상상력의 이른바 천한 역할이라는 것을 논하고 있다는 것을 인정하기로 한다. 그러나 지형 판단에 있어서 상상력의 작용이 아무리 시시하다고 해도 그것은 결국 타고난 심력에서 얻어야 하는 것이다. 만약에 상상력이 전혀 결여되어 있다면 지형을 구성하고 있는 지상의 사물을 서로 관련시켜서 그것을 직관적으로 생생하게 나타내기란 곤란할 것이다. 그리고 이 경우 뛰어난 기억력이 크게 기여하게 된다는 것을 우리는 인정하는 데에 인색하지 않으려고 한다. 그래도 기억력이 하나의 특수한 심력으로 여길 수 있는가, 오히려 상상력이라는 표상 능력이야말로 이들 사물에 기억력을 정착시키는 작용을 갖추고 있는 것이 아닌가 하는 문제는 지금 여기서 갑자기 결정할 수는 없다. 이 두 가지 심력은 몇 가지 관계에서 긴밀하게 결부되고 있으므로 이것을 서로 분리해서 생각할 수가 없기 때문이다.

그러나 이 경우에도 훈련과 식견이 크게 쓸모가 있는 것은 물론이다. 명장 뤽상부르[3]의 명참모장 퓌세귀르[4]는, 그도 초기 무렵에는 이 점에 대해서 거의 자신이 없었다고 말하고 있다. 그리고 실제로 암호[5]를 수령하기 위해 멀리 가야 할 때에는 언제나 길을 잘못 들었다고 고백한다.

말할 필요도 없이 이 재능의 사용 범위는 지휘관의 지위가 높아짐에 따라 차차 확대된다. 정찰대를 거느리는 표기병이나 저격병[6]은 돌투성이의 도로에서도 곧 자기 위치를 알아야 하는데 이를 위해서는 사소한 표지만 있어도 되고, 지형을 파악하고 이를 표시하는 능력도 그다지 뛰어날 필요는 없다. 그러나 장수가 되면 한 지방 또는 한 나라의 일반적인 지리적 상황까지 알고 있어야 하고 또 도로, 하천 및 산악 등의 특징을 눈앞에 생생하게 떠올릴 수 있어야 한다. 그러나 그렇다고 해서 일정한 토지에 대한 지형 감각을 빠뜨릴 수는 없는 일이다. 확실히 일반적인 지리적 상황에 관해서는 여러 종류의 정보·지도·서적·

---

3) 뤽상부르(Luxembourg, François Henri de Montmorency-Bouteville, 1628~1695), 루이 14세를 섬긴 프랑스의 원수, 명장 콩데의 가르침을 받았고 그 후계자.

4) 퓌세귀르(Puységur, Jacques-François de Chastenet, 1656~1743), 프랑스의 원수. 그의 저서 《용병론 L'Art de la guerre》은 유명하다.

5) 왕년의 야전 부대에 매일 부여된 암호를 말한다.

6) 저격병은 17세기 말에 프랑스에서 설치된 보병 부대로 사격에 능하고 대체로 사격전에 동원되었다. 1800년 무렵에는 유럽 여러 나라의 군대가 거의 이 병종을 갖추었다. 프랑스에서는 저격병 부대가 1779년에 편제되었는데 독일에서는 그 훨씬 뒤인 1905년이었다. 그러나 전투에서의 가치를 점차 상실하여 제1차 세계대전 뒤에 독일에서는 저격병이 없어졌다. 그래도 명칭만은 제2차 세계대전까지도 남아 있었다.

회상록 등이 또 개개의 사물에 대해서는 보좌관들의 진언이 쓸모가 있기는 하다. 그러나 그럼에도 불구하고 장수 자신이 지형을 신속, 명확하게 포착하는 뛰어난 재능을 갖추고 있으면 그의 행동은 전체에 걸쳐 보다 용의하고 정확하게 이루어질 것이다. 그렇게 되면 장수는 마음속의 초조함을 느낄 필요도 없고 또 남에게 의존하는 일도 적게 될 것이다.

이와 같은 능력은 역시 상상력에 의해 주어진다. 그렇다면 이것은 군사적 행동이 여신에게서 구할 수 있는 유일한 은혜라고 해도 좋을 것이다. 그 밖의 경우에 상상력은 군사적 행동에 유익하기보다는 오히려 유해하기 때문이다.

이상에서 인간의 성질이 갖춘 정신적, 심적 여러 힘이 특히 군사 행동에서 나타나는 여러 가지 방식을 모두 고찰한 것이 된다. 그리고 그 모두를 통해서 지성의 힘이 빈드시 함께 직용하고 있있음을 알았다. 따라서 군사적 활동을 난지 지성의 발현이라고 보는 한, 그 행동이 매우 단순하고 각별히 복잡한 사고를 필요로 하지 않는 평범한 일처럼 여겨지더라도, 지휘관이 탁월한 지성을 갖추고 있지 않으면 도저히 빛나는 성과를 거둘 수 없다는 것을 알 수 있다.

이렇게 해서 우리는 군사적 행동에는 항상 지성이 따르고 있다고 하는 견해에 도달했다. 이렇게 보면 적진지의 우회[7] 같은 것은 그 자체가 당연한, 이제까지 몇 번이고 되풀이된 행동이며, 이와 비슷한 다른 여러 수단과 마찬가지로 이미 정신을 쓸 필요가 많은 행동이라고 여길 필요가 없는 셈이다.

세상 사람들은, 한편에 단순하고 유능한 군인을 두고 다른 한편에 사색적인 혹은 사상과 착상이 풍부한 재사 또는 제반 교양을 갖춘 준재(俊才)를 앉혀놓고, 이들이 서로 대립하기 쉬운 것으로 생각했다. 확실히 이와 같은 대립이라고 해서 사실에 어긋나지는 않는다. 그러나 그것은, 군인이 유능하다는 것은 바로 용기가 있음을 말한다거나 또 뛰어난 군인이라는 말을 듣기 위해서는 두뇌의 특별한 능력을 필요로 한 것이 아니라는 사실을 증명하지는 않는다. 우리는 앞서 말한 것을 여기에서 다시 되풀이해서 지적하지 않을 수 없다. 즉 군인이 상급 지위에 오르자마자 하급 지위에 있을 때 보인 유능한 활동이 불가능한 사례가 결코 보기 드문 일이 아니라는 것이다. 즉, 그의 식견은 이제 상급 지위에

---

7) 우회는 적진지의 측면 또는 배후로 향하는 운동이다.

는 견딜 수 없는 것이다. 그러나 또 우리는 다음과 같은 사실도 되풀이해서 지적하지 않을 수 없다. 그것은 지휘관의 지위에 따라 각기 활동하는 방식이 있고, 그 방식에 따라 뛰어난 업적을 성취하면, 유능한 군인으로서의 명성이 주어진다고 하는 것이다. 따라서 전쟁에서의 명령권의 각 단계에는, 그에 필요한 독특한 정신적 힘이 대응하고, 따라서 또 각 단계에 어울리는 단계에 알맞은 명예와 공명이 대응하게 되는 것이다.

장수라고 하면, 전쟁에서 모든 군사적 행동을 통제하는 최고의 지위에 있는 장군이거나, 그렇지 않으면 전장에서 야전군의 최고 지휘관으로서의 장군——둘 중의 하나이다. 이러한 장수와 그의 바로 아래에 있는 지휘관 사이에는 커다란 간극이 있다. 그것은 후자가 직접 전자의 지휘 및 감독 아래에 있기 때문에 자기 자신의 정신적 활동을 현저하게 제한하지 않을 수 없기 때문이다. 이와 같은 사정이 있기 때문에 탁월한 지성적 행동은 장수라고 하는 최고의 지위에 한정되고, 그 아래의 지위에서는 보통의 지성으로 충분하다는 속론(俗論)이 생긴 것이다. 또 실제로 세상 사람들은, 늙을 때까지 군무에 복무하여 다년간의 외골수적인 활동 때문에 정신의 빈곤을 가져온 하급 지휘관을 어리석은 자로 간주하고, 그의 용기에는 존경하는 마음을 품으면서도 그의 단순함을 냉소하는 경향이 있다. 물론 우리는 이러한 씩씩한 군인을 승진시키기 위해 힘을 다할 생각은 없다. 그들에게 현재보다도 좋은 운명을 부여해도 그들의 활동력에는 아무 기여하는 바가 없을 것이고, 또 그들의 행복 증진에도 공헌하는 일이 아닐 것이다. 우리로서는 단지 있는 그대로의 사실을 보여 주고 전쟁에서는 지성이 없어도 용기만 있으면 뛰어난 업적을 성취할 수 있다는 잘못된 생각을 바로잡고 싶을 뿐인 것이다.

최하급 지휘관의 지위라도 탁월한 지휘관을 지망하는 사람에게는 역시 탁월한 정신적인 힘이 필요하고, 또 이와 같은 정신적인 힘은 지휘관의 지위가 올라감에 따라 더욱 강화된다. 그렇다면 우리가 군에서 최고 지휘관 다음의 명예 있는 지위를 차지하는 군인에 관해서 세상의 평가와는 전혀 다른 견해를 갖는 것은 당연하다 할 것이다. 이러한 장관(將官)은 겉보기에 단순하지만, 그들을 학문에 조예가 깊은 학자나 글에 능숙한 사무가 또는 절충에 능한 정치가와 같은 반열에 놓아도 탁월한 지성적 활동에 대해서 아무런 손색이 없다는 것을 알게 될 것이다. 두말할 필요도 없이 하급 지위에서 얻은 이와 같은 명예를 짊어지고 승진하면서 상급 지위에서는 유감스럽게도 이 명예에 어울리는 능력을 효과적으로 발휘하지 못하는 군인이 가끔 있는 것도 사실이다. 그러나 이와 같은 사람들은 상급 지위에서 중용(重用)되지 않으면 수치를 겪지 않아도 될 것이다. 그러나 세상 사람들은 이런 군인에는 어느 정도의 명성에 상당하는가를 정확히 판단할 수가 없기 때문에 어떤 지위에 앉힐 경우 빛나는 명성을 올릴만한 인물까지도 가끔 실제보다도 낮게 평가하는 것이다.

요컨대 하급에서 상급 지위에 이르기까지 정쟁에서 뛰어난 업적을 성취하기 위해서는 독특한 천재가 필요하다. 그런데 대부분은 역사나 후세의 비평, 제1위, 즉 장수의 지위에서 빛나는 무공을 세운 사람에게만 군사적 천재의 이름을 부여한다. 그 이유는 이와 같은 지위야말로 지성과 정신의 작용이 가장 많이 요구되기 때문이다.

일단 시작된 전쟁을 완수하고 또 전쟁에서 최대의 활동, 즉 출정이라 불리는 사업을 수행해서 소기의 목적에 도달함으로써 유종의 미를 거두기 위해서는 내정과 외교의 고등 정책에 대한 뛰어난 식견을 필요로 한다. 전쟁 지도와 정치는 여기에서 일치되어 장수[8]는 동시에 정치가가 되는 것이다.

카를 12세는 위대한 천재의 이름을 들을 만한 왕이 아니다. 그는 군대의 활동을, 보다 높은 견식과 지혜에 따르게 하지 못했고, 또 이렇게 해서 보다 고차적인 목표에 도달하는 방법도 몰랐기 때문이다. 앙리 4세[9] 또한 위대한 천재라는 말을 들을 만한 처지가 못 된다. 그는 군사적 활동으로 열국 간의 정치적 정세에 영향을 주는 일도, 또 보다 고차적인 영역에서 자기 힘을 시험하지도 못하

---

8) 장수는 전쟁에 임해서 전쟁 계획을 세우고 또 전군을 통솔하여 운용하는 군사적 천재임과 동시에 내정 및 외교에 대한 정치적 통찰을 갖춘 군인이어야 한다. 그러나 어떤 장관(將官)이 참모총장과 수상을 겸임했다고 해서 그것만으로 그를 장수로 볼 수는 없다. 군사적 재능이 없고 또 정치적 식견을 가지지 않는 우매한 장관이 이러한 지위를 차지하는 경우가 있는 것은 낮은 곳의 물을 산 위로 올라가게 하는 것과 같은 일이다.

9) 앙리 4세(Henri IV, 1553~1610). 프랑스의 왕(재위 1589~1610). 낭트칙령을 발표하여(1598) 가톨릭과 프로테스탄트 사이에 있었던 종교전쟁(위그노 전쟁)을 수습해서 국내 통일을 꾀했다. 또 재정, 행정 및 법률을 개혁해서 왕권을 강화였다. 뒤에 합스부르크가(家)(오스트리아)의 강력한 지위를 뒤집기 위하여 프로테스탄트 동맹과 손을 잡고 에스파냐 및 독일 황제를 상대로 전쟁을 시도했으나 전쟁 개시와 더불어 암살되었다.

고 죽었기 때문이다. 고상한 감정이나 기사(騎士) 기질과 같은 것으로는 국내의 저항을 극복하는 것이라면 몰라도, 대외 정책 영역에서는 상대를 마음대로 할 수 있는 것이 아니다.

이상 말한 것을 모두 한눈에 포괄하고 또 올바르게 이해하고 있는지 알고 싶다면 제1장의 '전쟁이란 무엇인가'를 참조하기 바란다. 우리는 장수가 동시에 정치가가 된다고 말했는데, 그러한 경우에도 장수는 장수임을 그만둘 필요는 없는 것이다. 그는 한편으로 내외의 정치적 정세를 모두 통관하고 또 다른 한편으로는 그가 장수로서 장악하고 있는 모든 군사적 수단을 가지고 무엇을 할 수 있는가를 올바르게 의식하고 있는 것이다.

그러나 이와 같은 경우에 장수가 당면하는 관계는 다종다양하고 게다가 이들 관계 사이의 경계는 항상 일정하지가 않다. 장수는 막대한 양의 중대 사항을 고려해야 하고 또 이들의 대부분은 개연성의 법칙에 따르는 것 외에는 추정할 방법이 없는 것이다. 따라서 장수는 도처에 진실을 예감하고 감지할 수 있는 정신적 안광(眼光)을 가지고 이들 모든 것을 관파(觀破)하는 것이 아니라면, 현상에 좌우되는 고찰과 고려는 복잡하게 뒤얽혀 거기에 말려든 그의 판단은 마침내 거기에서 탈출할 수가 없게 될 것이다. 이런 뜻에서 나폴레옹[10]이 '장수가 내려야 하는 많은 결단은 수학의 계산 문제와 같다. 이 문제를 해결하기 위해 뉴턴[11]이나 오일러[12]와 같은 수학자의 힘을 빌린다 해도 부당하다고는 말할 수 없을 정도의 난문이다'라고 말한 것은 매우 지당한 말이다.

이 경우, 고도의 정신력에 요구되는 것은 탁월한 통일력과 판단력을 갖춘 정신적 안광이다. 이와 같은 정신적 안광은 장수의 마음을 고루 비춰서 수많은 애매한 표상(表象)을 만나면 이를 순식간에 판별하게 된다. 이에 반해 평범한 지성은 이들 애매한 표상을 고심참담해서 간신히 해명했다 해도 그 때문에 지성은 지쳐버리고 말 것이다. 하지만 이와 같은 고도의 정신 활동, 천재의 이러한 정신적 안광도 앞서 말한 정의(情意)와 성격의 여러 특성에 의해 지지되는 것이

10) 나폴레옹 1세(Napoleon Ⅰ, 1769~1815). 나폴레옹은 황제로서의 칭호이다. 이 책에서 이 칭호를 사용한 곳은 매우 드물고, 대부분 호명인 보나파르트(Bonaparte)를 사용하고 있다.
11) 뉴턴(Newton, Isaac, 1643~1727). 영국의 물리학자, 수학자, 천문학자.
12) 오일러(Euler, Leonhard, 1707~1783). 스위스의 수학자, 물리학자, 천문학자.

아니라면 역사적 사실로서 후대에 전해지지 않을 것이다.

인간이 단순히 진실만을 행동의 동인(動因)으로 삼는다면 이러한 동인의 힘은 매우 약하다. 따라서 어떤 것을 단순히 안다는 것(인식)과 그것을 원한다고 하는 것(의욕), 어떤 일을 단순이 알고 있다는 것(지식)과 그것을 할 수 있다는 것(능력) 사이에는 언제나 커다란 간극이 생기게 된다. 인간의 마음을 움직여서 행동을 일으키게 하는 가장 강한 동기는 힘찬 감정과 이러한 감정의 지속에서 생기는, 또는 정의와 지성의 합금에서—이러한 표현의 사용이 허용된다면—생긴다고 해도 좋다. 그리고 이와 같은 합금이 어떠한 것인가는 위에 적은 과단·고집·견인·성격의 강도(強度) 등으로 이미 우리가 알고 있는 것들이다.

어쨌든 장수의 정신 및 정의(情意)의 뛰어난 활동은 그의 행동에서 생긴 모든 구체적인 성과로 구체적으로 나타나야 한다. 그렇지 않고 어떤 장수의 정신적, 정의적 활동이 단지 훌륭했다고 하는 막연한 전달만으로는 그와 같은 일은 역사적 사실로서 인정받지 못한다.

전쟁에서의 여러 가지 일들의 경과에 대해서 우리가 알 수 있는 것은 어느 것이나 단순하고 서로 비슷하다. 그러기 때문에 전쟁의 기술(記述)에만 의존한다면, 전쟁의 경과 중에 극복된 여러 가지 어려운 일에 대해서는 거의 알 수가 없을 것이다. 때때로 장수 또는 그의 측근들이 쓴 회상록이나, 때로는 특히 전쟁에서의 한 사건만을 다룬 전사(戰史) 연구에서 전쟁이나 전역 전체를 구성하고 있는 많은 요소들의 일부를 찾아볼 수가 있다. 그러나 중대한 행동의 실시에 앞서 이루어진 여러 가지 고려나 정신적 고뇌의 대부분은 고의로 감추어지거나 우연히 망각되고 만다. 그것이 차단되는 것은 정치적 이해관계에 저촉되기 때문이고, 또 잊히는 것은 건축이 완성되면 걷어내야 할 발판에 지나지 않는다고 여기기 때문이다.

마지막으로, 고도의 심적 능력을 이 이상 자상하게 규정하는 것은 그만두고, 보통 쓰이고 있는 지성의 힘이라고 하는 말 그 자체를 분석해 보고자 한다. 지성의 힘에도 여러 가지가 있지만 도대체 어떠한 지성이 군사적 천재와 가장 밀접하게 결부되는가? 지성의 힘 그 자체와 경험에 비추어 다음과 같은 대답이 나올 수 있을 것이다. 일단 전쟁이 일어났을 경우, 우리 자손의 행복과 조국의 명예 및 안녕을 맡길만한 인물은, 창조적이기보다는 오히려 정밀하고 사려가 풍부한 사람, 오로지 목적을 추구하는 것보다는 오히려 대세를 개괄적으로 통관할 수 있는 사람, 뜨거워지기 쉬운 인물보다는 오히려 냉정한 인물이라고.

제4장
전쟁에서의 위험

　세상 사람들은 대개 전쟁에서의 위험이 실제로 어느 정도인가를 알기 전에 이에 대해 미리 선입견을 갖는다. 이러한 종류의 위험이 사람을 겁먹게 하는 것보다는 오히려 사람의 마음을 끄는 것으로 여기고 있다. 감격에 도취되어 적진을 향해 쇄도할 때(그때 그 누기 총알이나 전사자의 수를 세고 있을 수 있을까?), 순간적으로 눈을 감고 냉혹한 죽음 앞에 몸을 던질 때(그때 죽음을 면하는 자가 자기인지 전우인지는 분명치가 않다)—이들 동작은 모두 금빛으로 빛나는 승리의 목표 직전에서 이루어진다. 갈증을 풀어 줄 과실은 전사들의 눈앞에 있다. 이 감미로운 과실이야말로 명예심이 갈망하는 것이다. 그때 이들 행동은 과연 곤란한 일일까. 그것은 사실 곤란한 일은 아닐 것이다. 오히려 매우 쉬운 일인 것처럼 보일지도 모른다. 그러나 이와 같은 순간은 드물다. 일반적으로는 지금 말한 것 같은 행동이 한참 동안에 거쳐 일어나는 일처럼 여겨지고 있으나 실은 맥박이 한 번 뛸 정도의 짧은 순간에 일어나는 일이 아니다. 이 순간은 마치 약을 조제할 때처럼 시간으로 희석되고 순도를 떨어뜨려 복용해야 한다.

　시험 삼아 신병을 이끌고 전장으로 간다고 하자. 우리가 전장에 가까이 감에 따라 대포를 발사하는 굉음이 더욱더 뚜렷하게 들리고, 포탄의 포효(咆哮)가 뒤섞여 미경험자의 주의를 억지로 끌어당긴다. 적탄은 우리 전후좌우에 떨어지기 시작한다. 우리는 군사령관이 많은 군 간부들과 함께 서 있는 언덕 위로 서둘러 간다. 이곳에서도 포탄은 가까이에 떨어지고 유탄(榴彈)[1]이 쉴 새 없이 작렬하여, 엄숙한 삶의 현실은 신병이 머릿속에서 상상으로 그린 전쟁의 모습을

---

1) 유탄은 살상과 파괴를 목적으로 하는 긴 포탄으로 강철제 탄체에 다량의 작약(炸藥)을 쟁이고 탄두에 신관(信管)을 단 것. 발사된 탄환이 도착 지점에서 터진다. 주로 중소 구경의 야전포에 사용된다.

무참하게도 찢어 버리고 만다. 갑자기 가까운 전우가 쓰러진다. 한 방의 유탄이 부대 안에 떨어지면 자기도 모르는 움직임이 여기저기에서 일어난다. 병사들은 마음의 안정을 모두 잃었음을 느끼기 시작한다. 이렇게 되면 제아무리 용기 있는 자도 멍청한 상태가 되지 않을 수 없다. 우리 눈앞에서 격렬하게 전개되고 있는 전장 안으로 한 발 들어간다. 전쟁은 아직은 연극 같은 점이 없는 것도 아니다. 사단장이 있는 가까운 사령소로 간다. 포탄은 연이어 떨어지고 아군이 쏘아대는 요란스러운 포성은 우리의 정신을 더욱 멍하게 만든다. 사단장 곁을 떠나 여단장 지휘소로 간다. 용맹으로 유명한 여단장도 지금은 신중하게 행동하여 언덕이나 가옥 뒤쪽 또는 나무숲 뒤에 머물고 있다. 이것은 위험의 정도가 더 심해졌다는 것을 확실하게 나타내는, 말하자면 지수(指數)라고 말할 수 있는 사태이다. 산탄(霰彈)[2]이 지붕이나 들판에서 소리 내며 비처럼 쏟아진다. 근처의 공기를 뒤흔드는 포탄은 우리의 곁 또는 머리 위를 날아간다. 소총탄은 "핑핑!" 소리를 내며 날아온다. 다시 전투 부대로 발걸음을 옮긴다. 그것은 여러 시간에 걸친 사격전을 이루 말할 수 없는 인내를 가지고 버티고 있는 보병 부대이다.— 대기는 총탄 소리로 가득 차고 짧고 날카로운 소리는 총탄이 가까워지고 있다는 것을 알리고 있다. 실제로 총알은 우리의 귀, 머리, 마음의 1인치도 채 안 되는 곳을 지나가고 있다. 또 사지를 다친 부상병이나 땅 위를 뒹구는 병사들의 처참한 모습을 보면, 동정심은 비통한 빛을 띠고 두근거리는 우리의 심장을 압박한다.

전장에서는 여러 가지 위험이 제각기 밀도를 달리하는 층을 이루고 있다. 신병들은 이들 중 어느 층에 닿아도, 거기에서는 사고(思考)의 빛이 머릿속에서 마음먹은 대로 생각하는 것과는 다른 매체를 투과하여, 서로 다른 굴절이 생기는 것을 느끼지 않을 수 없을 것이다. 실제로, 위에서 말한 위험하기 짝이 없는 인상을 처음 접하고, 즉각적인 결단을 내리는 능력을 상실하지 않는 군인이 있다면 그는 특이한 사람이라고 하지 않을 수가 없다. 확실히 환경에 익숙해지면 생생한 인상은 빛을 잃을 것이다. 그리고 반시간 정도 지나면 주위의 모든 것에 대해서, 사람에 따라 정도의 차이는 있지만, 차차 무관심하게 되기 시작할 것

2) 산탄은 탄체 안에 많은 탄자(납이나 철로 된 작은 구슬 형태의 총알)를 쟁인 것. 현재에는 사용되지 않는다.

이다. 그러나 마음이 이러한 인상에 의해 조금도 동요되지 않는 상태에 이르고, 마음에 본디의 탄력성을 회복한다는 것은, 일반인이 도저히 감당할 수 있는 일이 아니다. 이것조차도 일반인에 미치지 못하는 처지라면, 지휘관의 지위가 높아짐에 따라 수행해야 하는 활동 범위가 더욱더 확대된다고 하면, 마음의 균형을 유지한다는 것은 더욱더 어려워질 것임은 두말할 필요가 없다. 전쟁의 위험이라고 하는 무거운 매체 안에서의 거동이, 실내에서 평소와 다름없는 것으로 여겨지는 동작에 손색이 없는 정도가 되어야 한다면, 정열적인 혹은 스토아적인 또는 타고난 용감성이나 지휘관으로서의 명예심, 오랫동안 위험에 익숙해져 거기에 그다지 집착하지 않는 심적 요인이 다분히 존재해야 한다.

전쟁에서의 위험은 다름 아닌 전쟁에서 나타나는 마찰 가운데 하나여서 이에 대해 올바른 견해를 갖는다는 것은 진실의 인식에 필요하다. 본 장에서 이 문제를 논하는 것은 바로 이 때문이다.

제5장
전쟁에서의 육체적 고통

전쟁에서 일어난 사건에 대하여 판단하는 경우, 판단하는 당사자 자신이 혹한 때문에 몸이 얼고, 혹서와 갈증 때문에 쇠약해지고, 물자의 결핍과 피로 때문에 의기소침해 있다고 한다면, 이와 같은 사정 아래에서 내려진 판단을 객관적으로는 옳다고 할 수 없으나 적어도 주관적으로는 옳을 것이다. 이러한 판단에는 판단하는 당사자와 판단의 대상과의 관계가 그대로 반영되고 있기 때문이다. 불리한 싸움의 결과에 대한 판단은, 당사자가 그 전장의 목격자였거나 또는 그 와중에 오래 있었던 사람이라면, 당연히 그 정도가 낮고 시시해서 고려할 가치가 없어진다는 것은 우리가 잘 알고 있는 바이다. 육체적 고통도 판단에 현저한 영향을 끼치므로, 이것을 판단할 때 충분히 참작되어야 한다는 것이 우리의 견해이다.

전쟁에서 사용되는 사물 중에는 비록 경찰의 엄격한 사정(査定)이 있다 할지라도 그 사용의 정도를 확정할 수 없는 것들이 많다. 그중에서도 가장 어려운 것이 육체적 고통이다. 체력이 낭비되지 않는 한, 육체적 고통은 전쟁에서의 모든 힘의 말하자면 상수(常數 : 정해진 수)이므로. 구체적인 경우에 어느 정도까지 이러한 고통을 부과할 수 있는가 하는 것은 그 누구도 정확하게 말할 수는 없다.

그러나 이에 대해서는 다음과 같은 사고방식이 있다는 것에 주의하기를 바란다. 즉 활시위를 강하게 당기는 것은 사수의 솜씨에 달려 있는 것과 마찬가지로, 전쟁에서 군의 긴장된 힘을 높이 유지하는 것은 장수의 씩씩한 정신에 의존해야 한다는 것이다. 이를 뒷받침하기 위해 군대의 두 가지 경우를 생각해 보자. 한쪽 군은 전투에서 몇 차례 큰 실패를 하고 여러 위험에 처하여 붕괴 직전까지 이르렀을 때, 이 위기에서 탈출하기 위해서는 병사들은 체력을 극도로 소비할 수밖에 없다. 이에 반해 다른 한쪽 군은 싸움에 이김으로써 오직 승리의 감정에 젖어 전진하며 장수는 이들을 마음대로 지휘할 수가 있다. 같은 육체적 고통이면서도 먼저의 경우는 기껏해야 동정심을 자아내는 데에 지나지 않지만, 두 번째의 경우는 우리에게 감탄을 자아내게 한다. 전승자가 육체적 고통을 마다하지 않게 하는 것은, 패배자가 할 수 없이 육체적 고통의 위기 탈출에 희망을 거는 것보다도 훨씬 곤란하기 때문이다. 따라서 육체적 고통이 장수의 정신 작용을 암암리에 구속하고 그의 심적 능력을 남몰래 좀먹는 것의 하나라고 하는 깊은 통찰에 익숙하지 않은 사람의 눈에도 명백할 것이다.

여기에서는 장수가 군에 요구하고 또 지휘관이 부하에게 요구하는 육체적 고통만을 문제 삼았다. 따라서 이러한 고통을 부과하는 용기와 이러한 고통에 견디게 히는 기량만을 문제 삼은 것이다. 그렇게 되면 시휘관이나 상수 자신의 육체적 고통 또한 소홀히 할 수는 없다. 전쟁 분석을 여기까지 끌고 온 우리로서는 이러한, 말하자면 남은 문제에 대해서도 언급해 두어야 한다.

여기에서 특히 육체적 고통을 논한 것은 그것이—전장에서 고찰한 전쟁에서의 위험과 마찬가지로—전쟁에서 마찰의 가장 깊은 원인 가운데 하나이기 때문이며, 또 그 정도를 확정하기가 어렵다는 것은 탄성체의 성질과 비슷한 점이 있기 때문이다. 탄성체의 마찰을 계측하는 것이 매우 곤란한 일이라는 것은 널리 알려진 사실이다.

위에서 말한 고찰—즉 전쟁에서의 여러 가지 조건 중에는 그 정도를 계측하기 어려운 것이 있다고 하는 견해는 남용되어서는 안 된다. 이에 대해서 자연은 우리의 판단에 감정이라고 하는 좋은 안내자를 딸려주고 있다. 예를 들어, 어떤 사람이 모욕을 받고 학대받은 경우, 자신은 모자라서 그렇게 되었다고 변명해도 그의 입장은 결코 유리해지지 않는다. 그러나 그가 모욕을 잘 피하고 또는 훌륭하게 보복을 한 뒤라면 모자랐다는 것을 강조해도 이상한 일이 아니다. 마찬가지로 그 어떤 장수도 또 그 어떤 군대도, 자기가 경험한 위험, 곤란 또는 육체적 고통을 아무리 들먹여도 치욕스러운 패배의 인상을 지울 수는 없다. 그러나 혁혁한 전과를 세운 뒤라면 이러한 고백은 오히려 승리의 영예를 더욱 높이는 일이 될 것이다. 우리의 판단은 자칫 겉보기의 공정을 구하려고 하지만, 우리의 감정은 보다 높은 판단력으로서 이러한 공정을 물리치는 것이다.

제6장
전쟁에서의 정보

'정보'란 말은 적과 적국에 관한 모든 지식을 의미하며, 따라서 전쟁에서 아군의 계획과 행동의 기초를 이룬다. 그런데 이 기초의 본디 성질, 즉 끊임없이 변화해서 결국 믿을 수가 없다는 성질을 생각해 보지 않을 수가 없다. 그렇게 되면 전쟁이란 흔들리고 있는 건물과 같아서 언제 붕괴해서 우리가 그 밑에 깔려 매몰될지 모른다는 것을 느낄 것이다. 우리는 확실한 정보만을 신용하면 좋다거나, 정보를 함부로 신용해서는 안 된다는 충언은, 분명히 어느 군사학에나 실려 있지만 이것은 말뿐인 시시한 위로로서 체계나 요강을 만들려고 하는 사람들의 얄팍한 꾀에 지나지 않는다. 즉, 그들은 그 이상의 것을 모르기 때문에 이러한 지혜에 의존할 수밖에 없게 된다.

우리가 전쟁에서 입수하는 많은 정보는 그 대부분이 서로 모순된다. 그보다도 더 많은 부분은 잘못되어 있다. 그리고 가장 많은 부분은 상당히 불확실하다. 이러한 경우, 지휘관은 어느 정도의 식별력을 가져야 한다. 이러한 식별력을 주는 것은 사실과 인간에 관한 지식과 판단력이다. 또 이때 그가 따라야 하는 것은 개연성의 법칙이다. 작전실 안에서, 아니 밖의 무거운 전쟁 분위기 속에서 첫 작전 계획을 짜는 경우에도 이러한 곤란이 생기지 않는 것은 아니다. 그러나 전쟁의 심한 혼란 속에서 피차의 정보가 서로 부정되는 경우에 곤란은 매우 심해진다. 서로 모순된 정보 사이에 균형이 생겨서 각 정보의 옳고 그름을 비판할 수 있는 경우라면 아직은 다행이다.

그런데 이러한 혜택을 받지 못하고 피차의 정보가 서로를 지지하고 보증하고 또 그 신뢰도가 증대되어 마음속에 그려진 정보의 그림이 더욱더 선명하게 채색되어 가면 정보의 올바른 판단에 아직 익숙하지 않은 지휘관에게 사태는 더욱 중대해진다. 그가 이러한 정보를 바탕으로 그 자리에서 결정해야 하는 처지

알프스를 넘는 나폴레옹(1797) 전쟁에서 입수되는 정보는 상당 부분 불확실하다. 이때 지휘관의 명철한 식별력이 필요하다. 1797년 4월 나폴레옹은, 기원전 219년 한니발이 지났던 같은 경로로 알프스를 넘었다. 다비드 작(1801).

에 놓였을 때 이제까지의 정보가 모두 거짓이고 과장이고 잘못이었다는 것이 판명되면 그의 판단은 전적으로 무의미한 것이 되고 말 것이다. 요컨대 정보의 대부분은 잘못되었고, 여기에 인간의 공포심이 정보의 거짓이나 허위 조장에 힘을 더하게 된다.

인간은 누구나 사물의 좋은 면보다도 나쁜 면을 믿기 쉬운 경향이 있다. 또 누구나 나쁜 면을 상당히 과대시하기가 쉽다. 위험에 관한 정보는 말하자면 바다의 파도와 같은 것으로, 한번 높아진 파도는 끊임없이 무너지면서 특별히 눈에 보이는 동인이 없는 데도 다시 파도가 되어 밀어닥친다. 정보의 본디 성질을 알고 있으면 이런 종류의 정보를 시정할 수 있다. 따라서 지휘관은 자기의 신념에 철저하여 그 의연한 자세가 바다에 우뚝 서서 파도가 부딪쳐 부서지도록 내버려 두는 거대한 바위 같아야 한다. 그가 다할 역할은 쉬운 일이 아니다. 이러한 경우, 타고 나면서 냉정하고 침착하여 경솔하게 마음을 움직이지 않는 지휘관이나, 전쟁의 경험에 의해 훈련되어 정확한 판단을 내릴 수 있는 지휘관이라면, 비록 그 자신의 확신이 정보의 판단에 대해서 일단의 규준을 제시하게 되더라도, 공포를 주는 정보는 이를 물리치고 희망을 주는 정보를 채택하는 것이 통례이다. 또 그렇게 함으로써만이 그는 마음의 참다운 균형을 유지할 수 있다.

위에서 말한 곤란성은 전쟁에서의 큰 마찰 가운데 하나이지만, 이 곤란을 똑바로 바라본다는 것은 바로 사태가 이제까지 생각했던 것과는 다른 면을 나타내고 있음을 말한다. 감각이 받는 인상은 처음에 계획을 세울 때 신중한 계산에 의해 만들어진 생각보다도 강력하다. 따라서 지난날, 지휘관들은 계획을 실행하는 처음 순간에 잇달아 생기는 의혹을 하나하나 극복해야 했다. 그렇지 않았으면 중대하다는 말을 들을 정도의 계획은 아마도 실행되지 않았을 것이다. 따라서 남의 말에 현혹되기 쉬운 평범한 지휘관은 막상 결정적인 순간에 결심을 할 수가 없다. 그는 남의 말을 들으면 정황(情況)이 처음에 생각했던 것과는 달라졌다고 여긴다. 게다가 이 단계에 이르러서도 여전히 남의 말에 의존한다면 또다시 잘못을 저지르게 된다. 스스로 계획하고 또 그 계획의 실행을 눈앞에 두고 있는 지휘관이라 해도 자신의 맨 처음 계획이 잘못되지는 않았는가 하는 의문을 문득 품는 일이 있다. 따라서 지휘관은 자기 자신에 대한 확고한 신뢰에 입각해서 그때그때 마음을 위협하는 위험에 현혹되지 않도록 해야 한다. 운명이, 전쟁이라는 무대에 장치한 전경(前景)이, 그 위에 요란스럽게 그려진 위험의 모습과 함께 무대 뒤로 사라지면 시계는 단숨에 열려, 지휘관이 가진 종전의 확신은 전황 발전에 따라 실증된다. 이러한 전경이 곧 계획과 실행 사이에 가로놓인 장애물의 하나인 것이다.

제7장
전쟁에서의 마찰

이제까지 전쟁에서의 여러 어려움을 논해 왔는데, 전쟁을 직접 체험한 사람이 아니면 이들 곤란의 참다운 원인이 어디에 있는지 또 장수에 요구되는 천재와 남다른 정신적 힘의 본질은 무엇인가를 이해할 수 없다. 전쟁에 관한 사항은 모든 것이 단순하게 보이고, 전쟁에 필요한 지식은 모두 천박하게 보이며, 군사 행동의 여러 조합은 그다지 중요하다고는 여겨지지 않게 한다. 이에 비하면 고등수학의 아주 쉬운 문제조차도 학문적인 존엄을 갖추고 있어 우리에게 외경(畏敬)의 마음을 가지게 한다. 그러나 전쟁을 실제로 경험해 보면 이 모든 것을 이내 이해할 수가 있다. 그러나 이러한 변화, 즉 전쟁에 대한 몰이해를 이해로 전환시키는 점을 논술하고, 또 눈에는 보이지 않으나 곳곳에서 작용하고 있는 요인을 정의한다는 것은 매우 곤란한 일이다.

전쟁에서는 모두가 지극히 단순하다. 그러나 이 가장 단순한 것이 실은 많은 어려움을 안고 있다. 이들 어려움이 쌓이고 쌓이면 마찰이 생긴다. 이 마찰은 전쟁을 몸소 경험하고 있지 않은 사람에는 그것이 어떠한 것인가를 도저히 생각할 수가 없다. 여기에 한 여행자가 있다고 하자. 그는 해가 지기 전에 목적지에 이르러야 하는데 그러기 위해서는 아직도 두 역참이 남아 있다. 이 목적지에 이르기 위해서는 역마로 4~5시간 타고 가면 된다. 이것뿐이라면 매우 간단한 일이다. 그런데 그가 목적지 직전의 역참에 도착해 보니 역마가 한 마리도 없거나, 있어도 쓸모가 없다. 게다가 산지여서 길이 험하다. 이윽고 밤이 된다. 그는 갖은 고생 끝에 간신히 목적지에 이르러, 초라한 숙소를 발견한 것을 더 없는 기쁨으로 안다.

전쟁에서는 탁상 계획으로는 도저히 생각할 수 없는 무수한 작은 사정 때문에 모든 것이 처음 계획을 밑돌아 소정된 목표에 훨씬 못 미치는 것이 통례이다.

그래서 강철 같은 강한 의지가 이 마찰을 제거하고, 여러 장애를 제거하는 것이다. 그러나 물론 그 경우, 기계 그 자체도 분쇄될 염려가 있다. 이러한 결과는 더욱 자주 언급할 생각이다. 요컨대 여러 가닥의 길이 서로 합하는 광장에 서 있는 오벨리스크처럼 전쟁 기술의 중앙에 우뚝 솟은 것이 불굴의 정신을 갖춘 장수의 견고한 의지인 것이다.

마찰은 실제의 전쟁과 계획상의 전쟁을 일반적으로 구별하는 유일한 개념이다. 군사적 기계, 즉 군대와 거기에 배속된 모든 것은 근본적으로는 매우 단순한 것이다. 그래서 무엇이든지 쉽게 조작할 수 있다고 여겨진다. 그러나 이 기계의 어느 부분을 보아도 단 하나의 부품으로 되어 있는 것이 아니라는 것, 모든 것은 저마다 많은 개인으로 구성되어 있고, 이들 각자는 모든 방향에서 저마다 특수한 마찰을 받고 있다는 것을 생각해 보기 바란다. 대대장은 주어진 명령을 완수할 책임이 있다. 또 대대는 군기에 의해서 굳게 결속된, 말하자면 한 덩어리가 되어 있다. 그런데 대대장은 헌신적인 것으로 알려진 인물임에 틀림없으므로 축(軸)은 아무런 마찰도 없이 축받이 안에서 회전하고 있다.—이것은 이론적으로 고찰한 대대이며, 매우 좋은 일이다. 그런데 실제로는 그렇지가 않다. 과장된 것, 진실이 아니라고 여겨지는 사건이 실제 전쟁에서는 곳곳에서 발생한다. 물론 대대는 많은 사람의 집단으로 이루어져 있다. 그런데 무엇인가 우연한 일이 돌발하면, 그 안의 최하급 병사라도 대대라고 하는 기계의 운동을 정지시키거나 순조롭지 못한 운동을 낳게 할 수 있다. 전쟁에 으레 따라다니는 여러 가지 위험이나 전쟁이 요구하는 육체적 고통은 이러한 해악을 현저하게 조장한다. 이렇게 되면 이들 위험이나 육체적 고통 그 자체가 해악의 가장 뚜렷한 원인으로 여기게 된다.

이와 같은 가공할 마찰은, 기계의 마찰과는 달리 몇몇 장소에 한정되는 것이 아니다. 전쟁에서 마찰은 곳곳에서 우연과 접촉하여 미리 추측할 수 없는 현상을 낳게 한다. 이들 대부분의 현상은 우연과 긴밀하게 결부되어 있기 때문이다. 여기에서 우연이란, 예를 들면 날씨이다. 안개가 짙게 끼어 있으면 적을 빨리 발견할 수가 없다. 또 알맞은 때 포화를 퍼부을 수가 없다. 또 보고는 지휘관에 도달할 수 없게 된다. 비가 오면 대대는 정해진 시각에 도착할 수가 없다. 또 다른 대대는 본디 3시간의 행군이면 될 행정을 8시간이나 소비해야 하고, 이 때문에 전투에 참가할 수 없게 된다. 또 기병은 심한 습지대에서 움직일 수 없게 되어, 그 때문에 효과적인 돌격을 실시할 수 없게 된다—는 식이다.

이와 같이 몇 가지 자상한 점에 언급한 것은 오로지 논하는 바를 명확하게 하기 위함이고, 또 이것으로 저자와 독자가 '마찰'이라는 본제(本題)만을 고찰하기 위해서였다. 그렇지 않고 전쟁에서의 곤란을 전반에 걸쳐 자세히 말하게 되면, 여러 권의 책이 필요할 것이다. 그와 같은 일을 피하기 위해서라도 또 전쟁에서 극복해야 할 수많은 곤란이 어떠한 것인가를 명확하게 이해하기 위해서도, 여러 가지 비유를—만약에 독자를 싫증나게 할 염려가 없다면—들어 보고 싶다. 그러나 우리의 의론을 이미 이해하고 있는 분들도 몇 가지 비유라면 이해해 줄 것으로 믿는다.

전쟁에서의 행동은 말하자면 무거운 매체 안에서의 운동과 같다. 매우 자연적인 단순한 운동, 즉 단순히 전진하는 운동도 물속에서는 신속하고 정확하게 할 수가 없다. 동시에 전쟁에서는 보통의 힘을 가지고서는 중위선(中位線)을 지킬 수도 없다. 그러기 때문에 진지한 전쟁 이론가의 의견은 수영 교사가 수중에서 꼭 필요한 운동을 육상에서 해 보이는 것과 같다. 이러한 운동은 물의 성질을 모르는 사람들에게는 과장되고 기괴한 모습으로밖에 보이지 않을 것이다. 또 몸소 전쟁을 경험한 일이 없는 이론가 또는 경험을 했어도 그 경험으로부터 무엇인가 보편적인 것을 이끌어 낼 수 없는 이론가의 의론은 실제에 맞지 않고 무미건조하기까지 하다. 이러한 이론가는 아무나 할 수 있는 일, 즉 걷는 법을 가르치고 있을 뿐이기 때문이다.

또 이런 경우도 있다.—전쟁은 수많은 특수한 현상을 안고 있는 마치 암초투성이여서 배가 항해하기 곤란한 바다와 같다. 장수의 정신은 이러한 암초를 예상할 수는 있지만 그의 눈이 실제로 이것을 본 것은 아니다. 요컨대 그는 어두운 밤에 이러한 암초를 피해서 항행해야 한다. 게다가 역풍이라도 일어난다면, 즉 예기치 않은 우연이 그의 앞길을 가로막는다면 최고의 기술, 침착, 육체적 고통이 요구된다. 그럼에도 불구하고 장수의 일거일동은 먼 곳에 있는 사람의 눈에는 지극히 당연한 일로 비치는 것이다.

이제까지 자주 극구 강조된 전쟁 경험이라고 하는 것은 뛰어난 장군에게 필수 조건으로 간주되고 있다. 그리고 전쟁에서의 마찰이 어떠한 것인가를 안다는 것은 바로 이러한 전쟁 경험의 주요한 부분을 이루고 있다. 그런데 마찰의 성질을 경험에 의해서 충분히 알고 있어도 막상 실전에 임하면 마찰에 위압되어 꼼짝도 하지 못하는 장군이 있다. 이와 같은 장군은 물론 좋은 장군이라고 할 수 없다(전쟁 경험이 많은 군인 중에도 이런 소심한 장군은 얼마든지 있다). 장군이 마찰의 성질을 아는 것은 될 수 있는 한 이러한 마찰을 제거하기 위한 것이지 마찰에 정확(精確)을 기대하기 위한 것이 아니다. 도대체가 정확한 마찰이라고 하는 것은 마찰의 본성으로 말하면 있을 수 없는 일이다. 뿐만 아니라 우리는 이론적으로도 이러한 마찰을 도저히 완전하게 알 수는 없을 것이다. 그와 같은 일을 할 수 있다 해도, 판단의 숙련, 즉 훈련에 의한 판단의 숙련이라고 하는 것을 여기에 적용할 수는 없을 것이다. 그리고 판단의 숙련은 중대하고 결정적인 경우에서보다도 사소하고 다종다양한 일이 빈번하게 일어나는 영역에서 필요하다. 중요한 경우라면 자신도 숙고할 수 있고 또 보좌관과도 상의할 수 있기 때문이다.

세상 사람들이 항상 때와 장소를 구별해 이야기하고 행동하는 것은, 거의 습관이 된 판단의 숙련에 의한 것이다. 마찬가지로 크고 작은 불의의 사건에 직면해서, 아니 전쟁의 한 박동(搏動)마다 항상 적절하게 결단하고 지시하는 것은 전쟁 경험이 풍부한, 말하자면 백전연마(百戰鍊磨)의 지휘관만이 할 수 있는 일이다. 그는 전쟁에서의 경험과 판단의 숙련에 의해서 사태의 경중 구별을 적절하게 할 수 있게 된다. 그러기 때문에 이러한 지휘관은 좀처럼 틈을 보이는 일을 하지 않는다. 실제로 전쟁에서 지휘관이 자주 틈을 보이면 부하의 신뢰감을 잃게 되므로 매우 위험하다.

따라서 마찰—또는 이 장에서 마찰이라고 하는 것은, 겉으로 보기엔 쉽다고 여겨지는 일을 현실에서 곤란하게 만드는 것들이다. 우리는 이 문제에 대해서 나중에 더 이야기할 것이다. 그렇게 되면 탁월한 장수이기 위해서는, 경험과 굳은 의지 외에도 몇 가지 정신적 특성이 더 필요하게 됨이 분명해지리라고 생각한다.

제8장
제1편의 결론

위에서 말한 바와 같이, 전쟁에서의 위험, 육체적 고통, 정보 및 마찰은 어느 것이나 전쟁을 둘러싼 분위기에서 발견되는 방해적 요소이다. 그리고 모든 군사적 행동은 이러한 무거운 매체와 같은 분위기 속에 이루어진다. 그러므로 이러한 모든 것은 그 방해적 작용에 비추어 이깃을 일반적으로 마찰이라고 하는 총괄적 개념에 포괄시켜도 좋다. 그런데 이러한 마찰을 완화하는, 말하자면 윤활유 같은 것을 없을까? 단 한 가지가 있다. 그러나 그것은 장수나 군대의 뜻대로 되는 것이 아니다. 즉 군이 전쟁에 익숙해지는 것이다.

이러한 익숙함이야말로 심한 육체적 고통에도 신체를 잘 견디게 하고 큰 위험에 직면해도 마음의 침착을 유지하게 하고 또 전투 초기의 강렬한 충격에도 올바른 판단을 할 수 있게 된다. 최하급 경기병이나 저격병에서 사단장에 이르기까지, 그 어느 계급에도 필요하며 장수에게는 그의 군사적 행동을 손쉽게 하는 귀중한 심적 특성은, '침착한 용기'인데 이것은 오직 익숙함에서 얻어진다.

인간의 눈은 어두운 방에서는 동공을 확대해서 희미한 빛을 흡수하여 차츰 물체를 희미하게나마 구분하고 마침내 이를 완전히 식별할 수 있게 된다. 전쟁에 익숙해진 군인도 이와 같다. 이에 비해 아직 익숙해지지 않은 신병은 여기에서 어둠만을 볼 뿐이다.

장군이라고 해도 그의 군대를 전쟁에 숙달하게 할 수는 없다. 평시의 훈련은 빈약한 대용품에 지나지 않는다. 그러나 평시의 연습 효과가 빈약하다는 것은 실제의 전쟁 경험과 비교해서 한 말이고, 연습의 목적을 기계적인 기교의 숙련에만 두는 군대와 비교하면 빈약하다고는 말할 수가 없다. 연습에서도 위에서 말한 여러 마찰의 일부를 실현해 보이고 이에 의해서 지휘관의 판단, 사려 혹은 과단성까지도 훈련하도록 배려한다면 이와 같은 연습 방법의 가치는 아직은 실전에서 이와 같은 마찰을 경험한 일이 없는 사람이 생각하는 것보다도 훨씬 크다. 전쟁에서의 여러 현상을 처음으로 접하면 누구나 놀라고 어찌할 줄을 모른다. 그러나 이와 같은 현상을 전쟁에서 처음 보는 것이 아니라는 생각은 그 어떤 지위에 있는 군인에게도 매우 중요하다. 전쟁 전에 단 한 번만이라도 이와 같은 현상에 접하고 나면 그는 이미 실전 현상에 반은 통하게 되었다고 해도 좋다. 또 이것은 육체적 고통 그 자체에 대해서도 말할 수 있다. 군인은 육체적 고통에서도 훈련이 되어야 한다. 그러나 그것은 신체라기보다는 오히려 지성이 육체적 고통에 익숙해지기 위한 것이다. 아직 전쟁에 익숙하지 못한 병사들이 전쟁에서 이상한 고통을 처음으로 체험하면, 그는 자칫 이것을 군 지휘 그 자체에서의 결함, 오류, 혼란 등에서 생긴 결과로 생각하고 이중으로 의기소침해지는 것이 통례이다. 만일 그가 평시의 훈련에서 그것을 위한 준비가 되어 있다면 이와 같은 일은 일어나지 않았을 것이다.

전쟁에 익숙해진다는 조건을 평시에 충족시키기 위해서는, 연습보다 범위는 좁지만 매우 중요한 수단이 있다. 그것은 전쟁 경험이 풍부한 외국 장교를 초빙하는 일이다. 온 유럽이 평화로울 때는 드물었고 또 그 밖에 세계 어디에서나 전쟁은 끊임없이 일어나고 있다. 따라서 오랫동안 평화를 유지하는 나라는 이러한 전장으로부터 몇몇 장교를 고용할 계획을 세우는 것이 좋다. 물론 이들 장교는 자국 군에서 우수한 성적을 올린 사람이어야 한다. 또 다른 방법으로는 실제의 전쟁이 어떠한 것인가를 알기 위해 국군 중에서 몇몇 장교를 골라 외국의 싸움터로 파견하는 수도 있다.

이들 장교의 수는 군 전체에 비하면 극히 미미한 것일지라도 그들이 미치는 영향은 매우 크다. 그들의 경험, 그들의 정신 자세, 성격의 단련은 그들의 부하나 동료들에게 많은 영향을 주게 된다. 그들이 비록 중요한 지위에 임명되지 않았다 하더라도 그 부문에 정통한 사람이라고 여기므로, 일이 생기면 그들에게 자문을 받을 수 있다.

제2편
전쟁의 이론

제1장
전쟁술의 구분

전쟁은 그 본디 의의로 말하자면 투쟁이다. 투쟁이야말로 넓은 뜻에서 전쟁이라고 불리는 여러 활동의 유일한 원리이기 때문이다. 그런데 투쟁은 또한 정신적, 신체적 여러 힘의 조화로운 활동이며, 이 활동은 오직 신체적 힘에 의해 수행된다. 그러나 이 경우 정신적인 힘을 제외한다는 것은 허락되지 않는다. 마음의 상태는 전쟁에 사용되는 여러 힘에 결정적인 영향을 미치기 때문이다.

투쟁의 필요에 쫓겨 인류는 일찍부터 특수한 발명을 서둘렀다. 투쟁에서 상대보다 유리한 지위를 차지하기 위해서였다. 이에 의해서 투쟁의 겉모습은 현저히 변화했다. 그러나 비록 투쟁이 그 어떤 성질의 것이라 해도 투쟁의 개념은 변하지 않는다. 그리고 이 개념이 전쟁의 본질을 이루는 것이다.

발명은 개별적인 전투자의 무기와 장비로부터 시작되었다. 이들 무기와 장비는 전쟁이 시작되기 전에 만들어져서 전투하는 자는 그 사용법을 알고 있어야 한다. 또 이것들은 전투의 성질에 적합해야 한다. 즉, 투쟁에 의해 규정을 받는 셈이다. 그러나 무기나 장비의 제작은 투쟁 그 자체와는 별개의 활동이다. 이것은 투쟁을 위한 준비에 지나지 않는 것으로 투쟁의 수행 그 자체는 아닌 것이다. 따라서 무장과 장비가 투쟁의 개념에 본질적인 것이 아닌 것은 분명하다. 맨손 격투도 역시 투쟁이기 때문이다.

투쟁은 무기와 장비를 투쟁의 성질에 알맞도록 규정했다. 그렇게 되면 이와 같이 규정된 무기와 장비는 반대로 투쟁 방식에 변화를 주게 된다. 이렇게 해서 이들 사이에는 상호 작용이 성립된다.

그럼에도 투쟁 그 자체는 여전히 독특한 행동이다. 하물며 투쟁의 본질이 매우 독특한 영역, 즉 위험이라는 영역에 있다는 것을 아울러 생각한다면, 이러한 본질에서 이루어지는 투쟁은 더욱더 독특한 활동이어야 한다.

따라서 전쟁에서는 종류를 달리하는 두 가지 활동, 즉 투쟁에 대비하기 위한 활동과 투쟁 그 자체를 구별할 필요가 있다. 여기에서 구별이라고 하는 생각이 중요하다는 것은 다음 한 가지 일을 지적하는 것으로 족하다. 즉 제1의 영역에서는 상당히 유능했던 인물이 제2의 영역으로 들어오면 별로 쓸모가 없는 자질구레한 지식을 자랑하는 사람밖에 되지 않는다는 것이다.

무장되고 정비된 전투력을 투쟁 그 자체를 위한 수단이라고 이해한다면 이들 두 활동을 사고(思考) 안에서 구별한다는 것은 결코 곤란한 일이 아니다. 이미 전투력이 주어져 있으면 이것을 효과적으로 사용하기 위해서는 투쟁에 임하여 이 전투력에서 생기는 중요한 결과를 생각해 보는 것만으로도 좋기 때문이다.

따라서 본디 뜻에서의 전쟁술은 주어진 수단, 즉 무장되고 장비된 전투력을 투쟁에서 사용하는 기술이다. 그리고 이런 뜻의 전쟁술에는 전쟁 지도라고 하는 명칭이 가장 적합하다. 이에 반해 넓은 뜻의 전쟁술에는 전쟁을 위한 모든 활동이 속하게 된다. 따라서 또 전투력을 창설하는 데에 필요한 전반적 활동, 즉 징병·무장·장비 및 훈련이 이에 속하게 된다.

이 두 가지 활동을 구별하는 일은, 이론을 실제적인 것으로 만들기 위해서도 매우 중요하다. 만약에 전쟁이 전투력을 조직하는 일부터 시작해서, 이 전투력을 전쟁 지도에 적합하게 할 생각이라면, 이와 같은 전쟁술은, 현존하는 전투력이 가장 잘 합치되는 소수의 경우에밖에 적용할 수 없다는 것은 명백하기 때문이다. 이에 반해서 이론이 대부분의 경우에 적용되어야 하고, 그 어떤 경우에도 전혀 무용지물이 되어서는 안 된다고 하면, 그와 같은 이론은, 이미 주어져 있는 보통의 전투력을 기준으로 하고, 또 이와 같은 전투력에서 생기는 중요한 결과만을 고려해서 구성되어야 한다.

그렇다면 전쟁 지도는 투쟁의 안배와 지도가 된다. 그런데 이 투쟁이 1회에 그치는 행동이라고 한다면 전쟁술을 그 이상 구분할 필요가 없게 된다. 그러나 실제의 투쟁이 많건 적건 간에 어떤 수의 군사적 행동으로, 다시 말하면 각기 유기적인 단위의 전투로 이루어져 있다는 것은 제1편 제1장에서 말한 대로이다. 이들 전투가 서로 모여서 다시 몇 개의 단위를 이룬다. 따라서 여기에서 전혀 종류를 달리하는 두 가지 활동이 생긴다. 하나는 개개의 전투를 각기 안배하고 지도하는 활동이고 또 하나는 전쟁 목적을 달성하기 위해 이들 전투를 서로 결부시키는(조합하는) 활동이다. 전자는 전술, 후자는 전략이라고 불린다.

전술과 전략의 구분은 현대에서는 거의 일반적으로 사용되고 있다. 이러한 구분을 분명히 의식하지 않고 있는 사람도 개별적인 사실을 둘 가운데 어느 쪽에 귀속시키면 좋은가 하는 것을 상당히 명확하게 알고 있다. 그러나 이와 같은 구분의 근거가 분명하지 않음에도 이 구분이 널리 사용되고 있다면 거기에는 무엇인가 뜻깊은 근거가 있을 것이다. 그래서 우리는 이 근거를 살펴보았다. 그 결과 이와 같은 구분을 사용하게 된 것은 많은 사람이 사용하고 있기 때문임을 알았다. 이에 반해서 소수의 군사 평론가에 의해서 시도된 임의의 정의는, 사실에 입각하지 않고 있기 때문에 일반적으로 사용되지 않게 되었다—이렇게 말하지 않을 수가 없다.

따라서 위에서 말한 구분에 따르면—전술은 전투에서 전투력을 사용하는 방법을 지정하고, 전략은 전쟁 목적을 달성하기 위해 전투를 사용하는 방법을 지정한다.

한 전투 또는 한 단위로서의 독립된 전투라고 하는 개념을 더 자상하게 규정한다면 어떻게 되는가? 또 그와 같은 전투 단위가 성립되기 위해서는 어떠한 조건을 필요로 하는가 하는 것은, 나중에 전투를 좀 더 상세하게 고찰할 때 비로소 완전히 설명할 것이다. 여기에서는 우선 다음과 같은 한 가지 일을 지적하지 않을 수가 없다. 즉 공간적으로, 다시 말하면 동시에 몇 개의 지점에서 이루어지는 전투의 경우 이 단위가 차지하는 범위는 지휘관 개인의 명령이 도달하는 범위와 합치하지만, 그러나 시간적으로는, 즉 연이어 이루어지는 몇몇 전투의 경우에는 이 단위가 미치는 범위는 각 전투에 수반되는 위기가 모두 지나가는 시점에까지 이른다고 하는 점이다.

그런데 이와 같은 구분에서 어느 경우에 속하는지 구별하기가 어려운 애매한 경우가 생기는 일이 있다. 예를 들어, 몇 개의 전투가 서로 합친 것이 하나의 전투로 여겨지는 경우이다. 그러나 그렇다고 해서 위에서 말한 구분의 근거를 애매하다고 비난하는 것은 옳지 않다. 실제의 세계에서는 사물과 사물의 구별은 항상 많은 중간적 단계에 의해서 차차 추이(推移)되기 때문이다. 따라서 억지로 관점을 변경하지 않아도, 동일한 군사적 행동이 전술 또는 전략으로 간주될 수 있는 경우가 생기는 것이다. 예를 들어, 다수의 진지가 매우 넓은 지역에 걸쳐 설치되어 있는 상태는 장대한 전초선과 비슷하고, 또 많은 지점에서 도하전(渡河戰)을 전개하는 경우도 이에 속한다.

위에서 말한 구분은 어디까지나 전투력의 사용에만 관한 것이고 그 이상은 아니다. 그런데 전쟁에는 전투력의 사용에 도움이 되고 또 많건 적건 간에 이와 비슷하지만 그러나 이와는 전혀 그 종류를 달리하는 많은 활동이 있다. 이러한 활동은 모든 전투력의 유지와 관련이 있는 것들이다. 전투력의 창설과 육성은 전투력의 사용에 앞서지만 전투력의 유지는 전투력의 사용과 병행하고 또 여기에 필요한 조건이기도 하다. 그러나 더 상세하게 살펴보면, 전투력 유지에 관련이 있는 모든 활동은 모두 투쟁을 위한 준비로 보아도 좋다. 다만 이러한 준비는 군의 행동과 매우 비슷하기 때문에 군사 활동 그 자체와 뒤섞여 때때로 전투력의 사용과 교대로 나타나는 데에 지나지 않는다. 따라서 전투를 위한 준비 및 기타 준비를 위한 활동을 모두 본디 뜻에서의 전쟁술, 즉 전투력의 사용에서 제외해도 좋다. 실제로나 이론상 가장 중요한 과제를 해결하려고 한다면, 즉 유(類)를 달리하는 것을 분리한다는 원칙을 관철하려면 결국 그렇게 하지 않을 수 없는 것이다. 급양(給養 : 병참)이나 후방 근무[1]에 관한 단조로운 일까지도 전쟁술 안으로 편입하려고 하는 사람이 있을까? 하기야 이 둘은 군대의 사용과 끊임없이 상호 작용을 하지만 본질적으로는 이와 전혀 다르다.

우리는 앞서 제1편 제3장에서 이렇게 말해 두었다. '우리는 투쟁 또는 전투를 전쟁에서 직접적인 효과를 거두기 위한 유일한 군사적 행동이다. 그리고 그 밖의 활동은 모두 전투에 귀착되는 것이므로 전투를 거론하기만 하면 모든 실을 이곳으로 따라오게 할 수가 있다'고. 여기에서 우리가 말하려고 한 것은—이렇게 해서 그 밖의 활동에 공통된 목적이 주어지게 되므로 이들 활동은 어느 것이나 그 활동에 독특한 법칙에 따라서 이 목적을 달성하려고 한다는 것이었다. 그래서 다음에 이 문제를 더 자세히 살펴야 한다.

전투 이외의 여러 활동은 저마다 그 성질이 현저하게 다르다.

이들 활동의 어떤 것은 그 관계로 보아 여전히 전투 그 자체에 속하고 또 이

---

[1] 전투 이외의 근무로 부상병 간호, 무기 및 장비 보충, 물자 보급, 수송들을 포함한다.

와 동일시되지만, 다른 관계에서는 전투력의 유지에 도움이 된다. 또 이들 활동의 그 어떤 것은 전투력의 유지에만 관계되지만, 전투의 결과와 상호 작용을 한다는 그것만의 이유로 전투에 대해서 조건부적인 영향을 하게 된다.

그 관계로 보아 전투 그 자체에 속하는 것은 행진(행군), 야영[2] 및 사영(舍營)[3]이다. 이들은 어느 것이나 군대의 어떤 상태이지만, 군대가 고려될 경우, 거기에는 반드시 전투의 관념이 있어야 하기 때문이다.

전투력의 유지에만 관계되는 활동은 식량 보급, 부상병 간호, 무기 및 장비의 보충이다.

행진과 군대 사용은 사실상 똑같은 것이다. 보통 전개(展開)[4]라고 불리는 전투 중의 행진은, 분명히 아직은 본디 뜻에서의 군대 사용은 아니지만, 이와는 긴밀하게 또 필연적으로 결부되어 있어시, 우리가 전두라고 부르는 것의 중요한 부분을 이루고 있다. 그러나 전투 외의 행진은 전략적 지정(指定)을 실시할 뿐이다. 이 전략적 지정은 언제, 어디에서, 어느 정도의 전투력을 가지고 전투를 실시하면 되는가를 규정한다. 그리고 이러한 지정을 실행에 옮기는 유일한 수단이 곧 전투 외의 행진이다.

따라서 전투 외의 행진은 말하자면 전략상의 도구이다. 그러나 그렇다고 해서 전략에만 속하는 것은 아니다. 이 행진을 실시하고 있는 전투력(군대)은 언제라도 전투를 수행할 수 있기 때문에, 이러한 행군의 실시도 전술적, 전략적 법칙에 지배되어 있는 셈이다. 그러나 어떤 종대(縱隊)에 하천 또는 산맥의 이쪽 도로를 행진하라는 명령을 내린다고 하면 이것은 전략적 지정이다. 이 지정에는 행진 중에 만약 전투를 필요로 하는 경우가 생기면 하천 또는 산맥 저쪽보다도 오히려 이쪽에서 적에게 전투를 도전하려고 하는 의도가 포함되어 있기 때문이다.

이에 반해서 어떤 종대가 계곡 안의 도로를 행진하지 않고, 이 도로와 맞먹는 산등성의 길을 행진한다거나 혹은 행군의 편의상 몇 개의 작은 종대로 분할되게 되면 이것은 어느 것이나 전술적 지정이다. 이와 같은 지정은 이윽고 실시

---

2) 야영은 천막 등을 이용하는 숙영이다. 이에 대해서는 제5편 제9장 참조.
3) 사영은 민가 또는 병영에서의 숙영을 말한다. 사영에 대해서는 제5편 제13장 참조.
4) 집결하고 있는 대세(隊勢)에서 전투 대세로 옮기기 위한 운동을 전개라고 한다.

될 전투에서 아군의 전투력을 사용하는 방법에 관계되기 때문이다.

부대 내에서의 행군 서열[5]은 전투 준비와 끊임없는 관계를 유지하며, 따라서 항상 전술적이다. 이 서열은 이윽고 시작될지도 모르는 전투에 우선 대처하기 위한 최초의 진형(陣形)이기 때문이다.

행진은, 전략이 그 효과적인 원리라고 여기는 전투를 전장에서 적절히 배분하기 위한 도구이다. 그런데 전투는 행진의 경과에 의해서 시작되는 것이 아니라, 행진의 결과를 가지고 시작된다. 그래서 고찰에서 도구(행진)가 효과적인 원리(전투)로 바뀐 것은 불가피한 일이었다. 따라서 결정적 행진이라든가 모범적 행진이란 것은, 행진이 결과로써 전장에 배분된 전투의 조합을 말한다. 개념의 이러한 변경은 고찰 과정을 생각해 보면 매우 자연스러운 일이며, 또 표현을 간결하게 하는 것은 바람직하므로, 위와 같은 바꿔치기를 무조건 배제할 필요는 없다. 그래도 이것은 개념의 계열을 압축한 것에 지나지 않으므로, 역시 본래의 경로를 생각해 보는 것을 소홀히 해서는 안 된다. 그렇지 않으면 논지가 오해될 위험이 있다.

전투에 의한 전술적 성과와는 다른 힘이 여러 활동의 전략적 조합에서 생긴다는 생각도 이러한 오류의 하나이다. 행진과 기동(機動)[6]을 조합해서 소기의 목적을 달성하는 경우, 전투는 전적으로 문제 밖이다. 그래서 전투에 의하지 않아도 적을 패배시키는 수단은 얼마든지 있다고 하는 잘못된 이론이 생기는 것이다. 우리는 뒤에 이런 오류가 매우 심각한 결과를 초래한다는 것을 지적할 생각이다.

그런데 행진이 그대로 전투의 중요한 한 부분으로 여겨진다 해도, 행진에는 전술적으로도 전략적으로도 행진 그 자체에 속하지 않는 어떤 종류의 관계가 이미 포함되어 있다. 이들 관계에 속하는 것으로는, 군대의 행동에 편의를 제공하는 각종 시설이 있다. 예를 들자면 도로나 다리를 놓는 활동이 그것이다. 그러나 이러한 것은 행진의 조건을 이루는 데에 지나지 않는다. 하기야 군대의 사용과 밀접하게 결부되어 때로는 거의 이것과 동일시되는 활동도 있다. 예를 들

---

5) 행군에 대해서 규정된 각 부대의 순서를 말한다.

6) 기동은 교전 전후, 혹은 교정 중에 군대가 행하는 운동으로, 전장에서 병력의 이동이나 부서의 변경을 목적으로 한다. 기동에 대해서는 제7편 제13장 참조.

어 적을 앞에 두고 다리를 놓는 경우이다. 그러나 이들 활동은 그 자체로서는 행군 그 자체와 별개의 행동이며, 이러한 활동에 관한 이론은 전쟁 지도의 이론에 속하지 않는다.

야영은 전투 준비를 완료하고 집결한 여러 부대의 배치를 의미한다. 따라서 야영은 사영과는 달리, 전투 개시 전의 휴식 상태이다. 이것은 심신의 휴양을 위한 상태이기도 하지만 그러나 그뿐만이 아니라 설영(設營) 장소를 동시에 전투 지역으로 지정한 전략적 배치이기도 하다. 따라서 설영 방법에는 예정된 전투 실시의 요령이 이미 포함된 셈이다. 또 전투가 방어를 목적으로 하는 경우에는, 항상 이 요령이 전투 실시의 조건을 이루는 것이다. 따라서 야영은 전략 및 전술의 본질적 부분이다.

시영은 야영에 비해서 징병의 피로를 완전히 회복하기 위한 것이다. 따라서 사영은 숙영지의 위치 및 지역에 관해서는 전략적 사항이지만 이윽고 개시될 전투에 대비하는 시설로서는 전술적 사항이다.

야영 및 사영이 군대의 휴양을 목적으로 하는 것은 물론이지만, 통례를 살펴보면 그 밖의 다른 목적이 있다. 예를 들어, 어떤 지역의 엄호나 진지의 고수가 그것이다. 그러나 설령 다른 목적이 있다 해도, 야영 및 사영의 진짜 목적은 어디까지나 군대의 휴양에 있다고 해도 좋을 것이다. 앞서 말했듯이, 전략이 추구하는 목적은 매우 다양하다. 아군에게 유리하다고 여겨지는 것은 모두 전투의 목적이 될 수 있기 때문이다. 따라서 전투를 수행하기 위한 이른바 도구(전투력)를 유지하는 일이 필연적으로, 또 매우 자주 전략상 여러 조합의 목적이 된다.

이 경우, 전략은 군대의 유지만을 목적으로 하고 있지만 그렇다고 해서 전투력의 사용을 무시하고 있는 것은 아니다. 오히려 우리는 늘 전투력의 사용을 원칙으로 삼는 것이다. 전장의 어떤 지점에 전투 부대를 배치한다는 것은 바로 전투력 사용이기 때문이다.

그런데 야영 및 사영에 의한 군대 유지에는 전투와 상관없는 활동이 수반되는 법이다. 창사(廠舍)[7]나 막사의 구축, 야영 및 사영에 있어서의 급양과 청소 작업 등이 이것이다. 이런 작업은 전략에도 전술에도 속하지 않는 것은 물론

---

7) 창사는 병사보다도 더 조촐하고 막사보다는 나은 가설 오두막. 창사나 막사는 모두 야영용이다.

이다.

축성 위치 및 설비는 분명히 전투 명령의 일부를 이루는 것으로, 따라서 또 전술적 사항에 속한다. 그러나 축성 공사의 실시라는 점에서만 말하면, 축성도 사실은 전쟁 지도의 이론에 속하지 않는다. 요컨대 축성에 필요한 지식과 기능은 훈련된 전투 부대에 이미 갖추고 있어야 한다. 그리고 전술 이론은 미리 이들 필요 사항을 전제로 하고 있다.

전투력의 유지만을 목적으로 삼는 활동은 전투와 동일한 것은 아니다. 하지만 그런 활동 중에서 전투와 긴밀한 연관성을 가진 것이 있다. 그것은 바로 군대의 급양[8]이다. 식량은 거의 매일 모든 장병에게 급여되어야 하기 때문이다. 즉, 급양은 군사적 행동의 전략적 구성 요소로서 군사 행동 전체에 골고루 침투해 있다. 그런데 지금 '군사적 행동의 전략적 구성 요소'라고 말했는데, 개개의 전투에 대해서 군대의 급양이 계획을 수정할 정도의 영향을 준다는 것은 극히 드물기 때문이다. 그러나 극히 드물다고는 하지만 이러한 경우가 전혀 없다는 것은 아니다. 이렇게 해서 전략과 전투력의 유지에 대한 배려 사이에는 보통 상호 작용이 생긴다. 그리고 전투력의 유지에 대한 이런 고려가, 전역(戰役)이나 전쟁에 있어서의 전략의 요강을 규정하는 경우도 결코 드물지가 않다. 그러나 이와 같은 고려가 아무리 빈번하게 이루어지더라도 또 제아무리 결정적인 것이라 해도, 군대를 유지하는 활동은 여전히 군대의 사용과는 다른 것이다. 그리고 전자는 그 활동 결과의 좋고 나쁨에 따라 후자에게 영향을 주는 데에 지나지 않는다.

급양에 비하면 후방 근무에서의 위에 든 활동과 군대 사용 간의 관계는 훨씬 소원(疏遠)하다. 부상병 간호는 확실히 군의 보건에 매우 중요하지만 그것도 각 장병의 근소한 부분에 관계할 뿐이고, 그 밖의 전투력 사용에는 극히 미미한 간접적 영향을 미치는 데에 지나지 않는다. 또 장비 보충은, 군 자체가 유기체로서 그 내부에서 끊임없이 장비의 부족을 보충하는 구조를 가진 경우는 별도로 하고, 대개는 정기적으로 이루어지기 때문에 전략적 계획을 입안할 때에 문제가 되는 일은 좀처럼 없다.

---

8) 싸움터에서의 사람과 말에 대한 급양은 휴대 식량, 짐짝, 병참부에 의해 이루어진다. 급양에 대해서는 제5편 제14장 참조.

그러나 오해를 피하기 위해 여기에서 주의해 두어야 할 일이 있다. 개개의 구체적인 경우, 분명히 후방 근무에 관한 활동이 실제로 결정적인 중요성을 갖는 일이 있다. 예를 들어, 야전 병원이나 탄약 저장고가 전선에서 멀리 떨어진 곳에 위치한다는 사정은, 매우 중요한 전략적 결정의 유일한 근거로 여기는 경우가 있을 수 있다. 그리고 이것은 매우 지당한 이야기이다. 우리는 이것을 부정할 생각도 없고 또 경시하는 것도 아니다. 그러나 여기에서는 구체적인 경우의 실정을 문제 삼는 것이 아니라 이론상의 추상적 문제를 논하는 것이다. 즉, 우리의 주장은 이러하다. 이들 활동이 전투력 사용에 미치는 영향은 극히 드물기 때문에 간호 이론이나 탄약 및 무기의 보충에 관한 이론에, 전쟁 지도의 이론 정도의 중요성을 부여할 필요는 없다. 따라서 전투 외의 제반 활동에 관한 이론이 제시하는 여러 가지 방법이나 체계뿐만 아니라, 이들 방법과 체계에서 생기는 결과까지도 전쟁 지도의 이론에 도입할 필요는 없다. 요컨대 여기에서도 사정은 지금 군대 급양에 대해서 말한 것과 전혀 다를 것이 없다고.

그래서 위에서 고찰한 결과를 다시 한 번 분명히 하면 전쟁에 속하는 활동은 두 부문으로 구별된다. 즉—오로지 전쟁을 준비하기 위한 활동과 전쟁 그 자체이다. 그러면 이 구분은 또한 이론에도 관계하게 된다.

전쟁 준비에 필요한 지식과 기능은, 전투력의 창설, 훈련 및 유지를 원칙으로 한다. 이론가가 이들 지식 및 기능에 그 어떤 일반적 명칭을 부여하든 우리는 관여할 바가 아니다. 여하간 포술, 축성술, 이른바 기본 전술,[9] 전투력의 편성과 관리 및 이에 준하는 사항이 모두 이러한 지식과 기능에 속한다는 것은 분명하다. 이에 반해 전쟁 이론은 이러한 훈련된 수단(전투력)을 전쟁의 목적 달성을 위해 사용하는 방법을 논하는 것이다. 따라서 전쟁 이론은 전쟁의 준비에 필요한 지식과 기능에서 생긴 결과만을 필요로 한다. 다시 말하면 이러한 지식과 기능으로부터 인계된 여러 특성을 알기만 하면 되는 것이다. 우리는 이와 같은 전쟁 이론을 좁은 뜻의 전쟁술 또는 전쟁 지도의 이론 또는 전투력 사용의 이론으로 부른다. 그러나 우리에게 이들 명칭은 말은 다르지만 모두 같은 뜻에

---

9) 기본 전술(초등 전술이라고도 한다)은 개개의 병사를 교육해서 기본 대형에 입각한 전술 단위(한 지휘관의 명령 아래 직접 전투에 참가하는 단위, 즉 보병 또는 포병 대대, 혹은 기병 연대 등이다)를 형성하여 아울러 소총 사격의 훈련을 시키는 것을 주안으로 삼는다.

지나지 않는다.

따라서 전쟁 이론은 본디 뜻인 투쟁으로서의 전투를 논함과 동시에 행진, 야영 및 사영도 전투와 같은 상태로 보고, 이들 활동도 연구하는 것이다. 그러나 군대의 급양은 전쟁 이론의 본디 대상이 아니다. 따라서 전쟁 이론은 이것을 이미 주어져 있는 다른 상태와 마찬가지로 그 결과를 고려하는 것만으로도 좋다.

그런데 좁은 뜻의 전쟁술은 다시 전술과 전략으로 구분된다. 전술의 임무는 개개의 전투에 각기 형태를 부여하고, 전략의 임무는 이들 전투를 사용하는 일이다. 또 전술이나 전략도 전투를 매개로 해서만 행진이나 야영, 그리고 사영의 상태와 같은 전투 외의 상태와 관계를 갖는다. 즉 이들의 상태가 그것이 전투의 형성에 관계하는가, 그렇지 않으면 전투의 의의에 관여하는가에 따라서 전술적인 사항도 되고 전략적인 사항도 된다.

그런데 전술과 전략은 매우 밀접한 관계를 가지고 있기 때문에 이 둘을 구별한다는 것은 무의미한 일이다. 이러한 번거로운 구별이 전투 지도에 직접적인 영향을 줄 리가 없다고 생각하는 독자도 많을 것이다. 실제로 이론적으로 구분했다고 해서 거기에서 전쟁 지도에 대해서 직접적인 영향이 생길 리가 없다. 만약에 그렇게 생각하는 사람이 있다고 하면 그것은 이론에 구애되어 현실을 무시하는 편협한 시골 학자임에 틀림없다.

그럼에도 이론이 먼저 착수해야 할 일은 서로 얽혀 있는 난잡한 개념이나 설명을 정리하는 일이다. 그리고 이름이나 개념을 충분히 이해한 다음 비로소 이론적 고찰을 명료하고도 용이하게 진행할 수가 있고, 또 독자와 항상 동일한 관점에 서 있다는 것을 확인할 수가 있는 것이다. 전략과 전술은 공간적으로나 시간적으로나 서로 교섭을 하는 두 가지 활동이지만 본질적으로는 완전히 다른 것이다. 따라서 우리는 전략과 전술의 개념을 특별히 확정하지 않는 한 이 두 가지 활동을 각기 지배하는 내적 법칙과 서로의 관계를 도저히 명백하게 생각할 수가 없는 것이다.

이와 같은 일을 모두 무시하고 돌보지 않는 사람은 그 어떤 이론적 고찰에도 인연이 없거나, 그렇지 않으면 그의 지성은 쓸모없는 상상에 아무런 관심도 갖지 않았음에 틀림없다. 쓸모없는 사상이라고 하는 것은 그 자체가 혼란할 뿐만 아니라 남들도 혼란에 빠지게 하고, 확고한 입장에 의해 지지를 받지 못하고, 또 이론적으로 만족할 만한 결론에 이르기는커녕 밋밋하고 공상적인 또는 공허한 일반 개념 속에 부평초처럼 떠도는 사상을 말한다. 실제로 우리는 전쟁 지도에 관해서 이러한 사상을 자주 듣기도 하고 읽기도 했다. 학구적 영구에 철저한 정신의 소유주로서 이 문제의 해결에 전념하는 사람이 매우 드물었기 때문이다.

제2장
전쟁 이론

1 '전쟁술'은 처음에 전투력의 준비와 같은 것으로 여겨졌다

이전에는 '전쟁술' 또는 '전쟁학'이라고 하는 말은 물질적인 사물에 관한 지식이나 기능의 총체라고 하는 정도의 의미밖에 가지지 못했다. 따라서 무기의 제조와 준비 및 그 사용, 요새[1]나 보루[2]의 축조, 군의 조직과 그 운동 대형(隊形) 등이 군사적 지식 및 기능의 대상이었고, 또 이들 모든 것이 전쟁에서 사용되는 전투력으로 여겼다. 그래서 논술의 대상은 오직 물질적인 재료였고, 따라서 일면적인 활동에 한정되어 있었다. 이러한 활동은 수공업에서 차차 정교한 기계적 기술로 향상해 가는 과정밖에 되지 않았다. 즉, 이들과 투쟁 자체와의 관계는 칼 만드는 대장간 기술과 검술의 관계와 그다지 다를 바가 없었다. 위험에 처하여, 또 저편과 이편 힘의 상호 작용이 한창인 상황에서 전투력을 사용하는 방법이나 또는 정신과 용기가 전투력으로 지정된 방향을 따라서 나아가는 본디 활동은 아직 문제가 되지 않았다.

2 전쟁 그 자체는 공성술로서 처음으로 나타났다

투쟁의 지도 그 자체가, 따라서 또한 위에 적은 군용 자재를 사용하는 정신의 움직임이 우선 나타난 것은 공성술(攻城術 : 성이나 요새를 공격하는 전술)에서였다. 그러나 그것도 대개는 정신이 신기한 군사적 시설—예를 들어 성을 공격하

---

1) 요새는 평시에 축조되어 독립된 방어 전투를 할 수 있는 비교적 대규모의 영구적인 축성으로 대개 소수의 부대에 의해 수호되며, 그 지방의 옹호 및 적의 공격에 대한 방어를 목적으로 한다. 요새에 대해서는 제6편 제10 및 11장 참조.
2) 야전 축성의 방식에 따라서 보루 진지 내에 축조된 견고한 요점 또는 거점을 말한다.

기 위한 근접호(近接壕),[3] 참호, 방어용의 대항도(對抗道),[4] 포대 등에서 구현되어, 정신 작용이 이러한 소산으로 표현된 경우에 한정되어 있었다. 즉 정신은 이러한 물질적 창조물 하나하나를 꿰어서 엮어가는 실밖에 되지 않았다. 요컨대 이러한 종류의 전쟁에서는 정신은 이러한 군사적 시설에서 발휘된 데에 지나지 않았으나, 당시로서는 전쟁이라고 하는 현상을 상당한 정도까지 설명할 수가 있었다.

3 그리고 나서 전술이 나타나 전쟁다운 모습을 갖추게 되었다

그 뒤 전술은, 여러 전술적 요건에 의해서 조립된 기구에 대하여, 도구(전투력)의 여러 가지 특성에 입각해서 세워진 일반적 작전 계획이라고 하는 성격을 부여하려고 했다. 물론 이 성격은 전장에 도입되었으나 성신의 자유로운 활동을 전개시킬 정도까지에는 이르지 못했다. 당시의 군대는 대형(隊形)과 전투 서열[5]에 의해 만들어진 자동 기계에 지나지 않았다. 따라서 명령을 받으면 시계 장치의 태엽이 돌아가는 것처럼 그대로 움직이는 구조로 되어 있었다.

4 전쟁 지도는 어떤 기회에 익명으로 출현한 데에 지나지 않았다

본디의 전쟁 지도, 즉 준비된 수단(전투력)의 자유로운 사용, 다시 말하면 천차만별의 필요에 적합한 사용은 도저히 이론의 대상이 될 수 있는 것이 아니다. 이러한 사용은 각 장수의 천부적인 재능에 맡겨야 한다는 것이 당시의 통론이었다. 그래도 전쟁이, 중세의 단순한 격투에서 복잡한 정규 전투로 옮아감에 따라, 인간 정신은 차차 전쟁에 대한 고찰을 하지 않을 수 없게 되었다. 그러나 이 고찰은 대부분이 회고록이나 역사의 서술 안에서 우연히, 말이 난 김에 익명으로 나타난 데에 지나지 않았다.

---

3) 공격군이 요새에 접근하기 위해 판 지그재그형 참호를 말한다.
4) 요새 내의 방어 부대가 주요 방어 진지로부터 공격군에 대항하기 위해 설치한 참호.
5) 전투 서열은 전투 이전 또는 전투 중의 부대 배치를 말한다. 전투 서열에 대해서는 제5편 제5장 참조.

5 전쟁의 여러 가지 일을 고찰하는 동안에 이론이 필요하게 되었다

이와 같은 관찰이 더욱더 활발해지고 역사가 더욱더 비판적 성격을 띠게 되자, 전사(戰史)에 따르기 마련인 논쟁, 즉 여러 의견을 무엇인가 하나의 목표로 귀착시키기 위한 근거가 될 만한 원칙이나 규칙이 강하게 요망되었다. 실제로, 논란을 일삼는 의견의 소용돌이는 가장 중요한 점을 둘러싸고 돌아가는 것도 아니고, 또 명확한 법칙을 구하여 움직이는 것도 아니었다. 그러기 때문에 이 소용돌이는 인간 정신에게 불쾌한 현상이었을 것이다.

6 적극적(단정적)인 학설을 조직하려는 노력

그래서 전쟁 지도에 관한 원칙 또는 규칙이라는 것을 제시하여 체계까지도 세우려는 노력이 생겼다. 이렇게 해서 적극적인 목표를 세우기는 했지만, 전쟁 지도가 이 방면에서 부딪치지 않을 수 없는 무수한 곤란을 올바르게 이해할 수가 없었다. 앞서 말한 대로 전쟁 지도는 거의 모든 부문에 걸쳐 있고 더욱이 이들 부문 사이의 경계는 심히 모호한 것이다. 그런데 체계나 학설을 세우려면 복잡한 것을 단순화하는 조작, 즉 종합이라고 하는 제한을 받을 수밖에 없게 된다. 그래서 이와 같은 이론과 실천 사이에는 도저히 제거할 수 없는 모순이 생기는 것이다.

7 물질적 일에만 국한된 이론

당시의 이론가들은 재빨리 이 곤란을 알고, 그들의 원칙이나 체계를 또다시 물적인 것으로, 즉 일면적인 활동에 국한함으로써 이러한 곤란을 회피할 수 있다고 생각했다. 그들은 전쟁 준비를 연구하는 군사학에서와 마찬가지로 전쟁 이론에서도 오직 확실한 적극적 결론에 도달하기 위하여 계산의 대상이 될 수 있는 것만을 고찰하려고 했다.

8 수의 우세

당시의 이론가에게 수적 우세는 물적인 것이었다. 그들은 승리를 가져온 모든 요인들 중에서 수라고 하는 요인만을 골라냈다. 수라면 시공간의 여러 가지 조합을 사용해서 수학적 법칙으로 만들어 낼 수가 있었기 때문이다. 그들은 그 밖의 사정은 모두 도외시해도 좋다고 생각했다. 즉, 이들 사정은 저편과 이편에 있어서 동일하기 때문에 서로 상쇄된다고 생각한 것이다. 그런데 만약에 이 수라고 하는 요인을, 여러 가지 관계를 알기 위해서 우선 수에 대한 설(說)을 세웠다고 한다면, 그것은 일단은 수긍이 가는 일이다. 그러나 하나를 알고 둘을 모르는 것처럼 수의 우세를 유일한 법칙으로 보고, 모시(某時)에 모지점(某地點)으로 적보다 우세한 병사 수를 투입한다는 방식이야말로 전쟁술의 전반적인 비결이라고 생각한 것은 실제 전쟁의 위력을 무시한 편견이다.

9 군대의 유지

이론적 체계에 도입된 물적 요소가 또 하나 있다. 즉 이론가들은, 이미 군이 소식되었다고 하는 전제에 입각해서, 군대의 유지에 필요한 물자를, 대규모적인 전쟁 지도의 절대적 주요 조건으로 만들어 낸 것이다.

그래서 그들은 군대의 유지에 관해서 또다시 일정한 수를 꺼냈다. 그러나 이들 수는 다수의 극히 임의의 전제에 입각한 것으로, 도저히 실제의 경험을 견딜 수가 없었던 것이다.

10 기지

재치가 넘치는 어떤 전쟁 이론가[6]는 전쟁에 관한 매우 많은 사항을 일괄해서 기지(基地)[7]라고 하는 개념을 만들어 내려고 했다. 그런데 이들 사항에는 정신에 관한 것까지도 몇 가지가 섞여 있다. 그가 기지 속에 첨가하고 있는 사항에는, 예를 들어 군의 급양, 군 및 군 장비의 보충, 군과 본국을 잇는 연락선 확보, 퇴각선 확보가 있다. 그는 우선 기지라는 개념을 지금 든 것과 같은 약간의 사항으로 대체하고, 이어 기지의 크기(지역)를 기지 그 자체로 대체하고, 마지막

---

6) 뷜로(Bülow, Dietrich Heinrich von, 1759~1808)로 추정된다. 그는 F. W. 뷜로(뒤에 나옴)의 동생으로 처음에 프로이센 장교로 복무(1772~1790), 뒤에 전쟁 이론가로 알려졌다. 그의 이론은 당시에 큰 영향을 주었으나 또한 많은 논란도 자아냈다. 주요 저서는 《근대 전쟁 체계의 정신 Geist des neueren Kriegssystems》(1805)이 있다.

7) 기지는 작전 기지의 뜻으로 모든 작전이 발생하는 곳 또는 모든 작전을 지지하는 지역을 말한다. 따라서 작전군에 필요 물자를 공급하는 자원지(資源地)이기도 하다.

으로 전투력(작전군)이 이러한 기지와 이루는 각(角)[8]을 기지의 크기로 대체한 것이다. 이와 같은 모든 조작은 순수하게 기하학적인 결론에 이르기 위한 것에 지나지 않았지만, 그러나 이와 같은 결론은 전혀 가치가 없는 것이다. 개념의 이와 같은 대체는 진실에 위배될 뿐만 아니라 대체 이전의 개념에 포함되어 있던 요소의 일부분을 탈락시키지 않는 한 불가능하기 때문이다.

기지라는 개념은 전략에는 필수 요건이다. 따라서 이러한 개념에 생각이 미쳤다는 것은 확실히 공적으로 삼을 만하다. 그러나 이 개념을 지금 말한 바와 같은 방식으로 사용한다는 것은 도저히 허용될 일이 아니고, 또 실제로도 매우 일면적인 결론에 도달하지 않을 수 없었다. 그런데 이 설에 가담하는 이론가들은 이 결론을 더욱 불합리한 방향으로 추진했다. 즉, 작전군과 기지가 이루는 각을 둘러싼 형태(각도)[9]에서 생기는 뛰어난 효과를 강조한 것이다.

11 내선

이론의 이와 같은 방향에 대한 반동으로서 이번에는 다른 기하학적 원리—이른바 내선(內線)[10]의 원리라고 하는 것이 왕좌에 오르게 된다.[11] 이 원리는 훌륭한 근거를 가지고 있었다. 즉, 전투는 전쟁에서의 유일한 효과적 수단이라는 진리에 입각한 것이었다. 그런데 이 원리도 기하학적 의미밖에 지니지 않았기 때문에 결국 다른 일면성(一面性, 한 방향으로 치우치는 성질)을 드러낸 것에 지나지 않았는데, 이와 같은 일면성으로는 실제의 전쟁을 도저히 설명할 수가 없다.

---

8) 당시 기지로서의 지역은 선으로 표현되는 것으로 여겨지고 있었다. 그래서 작전군의 선단과 군 후방에 있는 이 선의 양쪽 끝을 연결하면 어떤 크기의 각이 생기고 이 각의 대소가 문제가 되었다.
9) 이 각도는 60도를 넘지 않는 것이 좋은 것으로 여겨졌다.
10) 외선은 우세한 작전군이 적군을 포위하거나 협공하는 진형을 취할 때의 작전선이고, 내선은 우세한 적군이 작전군을 포위하거나 협공할 때의 작전선에 대한 것이므로 본디 수세적이지만 외선에 비해서 짧은 내선을 이용하여 군의 기동력을 발휘해서 적군 돌파를 시도하거나 집결한 병력으로 각개 격파 효과를 거둘 수가 있다.
11) 논자는 조미니(Jomini, Henri, 1779~1869)로 추정된다. 그는 처음에 프랑스군에 들어갔다가 (1804), 나중에 러시아군으로 옮겼다(1813). 전쟁 이론가로서 당시에는 매우 유명했다. 주요 저서로 《대규모 군사작전론 *Traité des grandes opérations militaires*》(1805)이 있다.

12 이러한 시도는 모두 좋지 않다

전쟁 이론에서의 이러한 시도는, 어느 것이나 그 분석적 부분에서는, 진리 영역에서의 진보로 여길 수 있다고는 하지만, 종합적인 부분에서는, 즉 군사적 행동을 다스리는 지정이나 규칙으로서는 전혀 사용할 수가 없다.

이들 이론은 어느 것이나 일정한 양을 구하는 일에 구애되고 있다. 그러나 실제 전쟁에서는 모든 것이 부정(不定)하여 계산은 오직 변수를 가지고 이루어져야 한다.

이런 종류의 이론은, 물적인 양을 논하고 있을 뿐이지만, 군사적 행동은 정신적인 힘과 그 작용에 의해서 골고루 침투되고 있다.

이들 이론은, 일방적인 활동만을 고찰하고 있는데, 전쟁은 저편과 이편 활동이 끊임없는 상호 작용인 것이다.

13 이들 이론은 규칙에 구애되어 천재를 인정하지 않는다

이러한 이론가의 빈약한 지력(知力)은 일면적인 고찰에 시종하여, 자신이 이해하지 못하는 것은 모두 학문 밖에 있다고 했다. 그래서 규칙을 초월하는 천재의 영역은 이들 이론으로부터 배제된 것이다.

규칙은 천재에게 너무 밋밋하다. 긍지를 갖는 천재는 규칙을 무시해도 좋다. 어떻든 천재는 규칙을 자유자재로 다룰 수가 있다. 이에 반해서 사소한 규칙들 사이를 기어 다녀야 하는 군인이야말로 가엾지 않은가. 천재의 행동이 곧 가장 뛰어난 규칙이어야 한다. 그리고 이론은 천재가 어떻게, 왜 그러한 것인가를 해명할 수 있으면 그것으로 좋다고 해야 한다.

정신과 모순된 이론처럼 가엾은 것은 없다. 이러한 이론은 아무리 자기를 낮춘다 해도 이 모순을 제거할 수는 없다. 그러기는커녕 결국은 조소와 멸시를 받아 현실 세계로부터 매장되고 만다.

14 정신적인 요소가 고찰 대상이 되면 곧 이론의 곤란이 증대한다

이론이라는 것은 정신적인 요소의 영역에 접하자마자 현저하게 곤란해진다. 건축술이나 회화에서도 물질적인 것만을 다루고 있는 한에는 문제의 소재는 분명하다. 인체의 기구나 시각적 구조는 누구나 같고, 이에 대해서는 이론의 여지가 없기 때문이다. 그러나 일단 작품의 정신이 작용하기 시작하면, 따라서 또 보는 사람의 마음에 정신적 인상이나 감정이 생기면, 예술 작품에 구현되어 있어야 할 법칙은 곧 모호한 관념으로 떨어지고 만다.

의술이 문제 삼는 것은 대개 신체적 현상이다. 또 치료 대상으로 삼는 것은 동물적 유기체이다. 그런데 이 유기체는 끊임없이 변화하기 때문에, 엄밀하게 말하면 2개월 뒤에는 이제 이전과 동일한 유기체가 아니다. 이와 같은 사정이 의술의 임무를 매우 곤란하게 하기 때문에, 의사의 진단은 그의 지식보다도 더 높게 평가된다. 그러나 신체적 현상에 정신 작용이 가미되면 진찰은 더욱 곤란해진다. 그래서 사람들은 정신질환을 치료하는 의사를 일반 의사보다도 존중한다.

15 전쟁에서 정신적인 요소를 무시할 수가 없다

그런데 군사적 행동은 항상 물질만을 상대하고 있는 것이 아니다. 그와 동시에 물질을 운용하는 정신적인 힘으로도 향한다. 따라서 이 둘을 분리한다는 것은 전적으로 불가능하다.

그런데 이 정신적인 요소는 정신의 눈으로밖에 파악할 수가 없다. 더욱이 이 눈은 사람마다 다르고 또 같은 사람일지라도 시점(時點)이 달라짐에 따라 다른 경우가 있다.

위험은 전쟁의 본령이다. 따라서 전쟁에서는 모든 것이 언제, 어디서나 위험이라고 하는 일반적인 상태 안에서 움직이는 것이다. 이 경우 지휘관의 판단을 좌우하는 것은 특히 용기, 즉 자기 자신의 힘을 믿는 감정이다. 용기는 말하자면 안구의 수정체이다. 눈이 받은 영상은 지성에 이르기 전에 우선 용기라고 하는 수정체를 통과하는 것이다.

용기 및 기타의 정신적 특성이 어떤 종류의 객관적 가치를 갖는다고 하는 것은 이미 경험에 의해서도 명백하다.

누구나 기습이나 측면 공격 또는 배면 공격의 정신적 효과가 어떠한 것이라는 것을 알고 있다. 예를 들어, 적이 아군에게 등을 돌리면 적의 용기를 낮게 평가하고, 또 추격하는 경우에는 추격당하는 경우와는 달리 과감하게 대담한 행동을 한다. 누구나 적장(敵將)의 재능에 대한 명성이나, 연공 및 경험 등에 비추어 그를 판단하고, 또 이것을 아군의 행동의 가늠으로 삼는다. 또 그 누구도 저편과 이편 부대의 정신이나 기풍을 정신적 별견(瞥見, 흘끗 봄)으로 음미하는 것이다. 정신적인 영역에서의 이러한, 또 이에 준하는 효과는 이미 경험이 입증하는 바이다. 그리고 이들 정신적 효과는 끊임없이 되풀이해서 나타나기 때문에 각기 취향을 달리한다 해도 어느 것이나 실제적인 정신적인 요소로서 인정되어야 한다. 만일 이러한 정신적인 요소를 무시하려고 한다면 그와 같은 이론은 도대체 어디에 쓸모가 있단 말인가.

따라서 경험이야말로 이러한 정신적 요소의 계보가 진실하다는 것을 증명하는 말하자면 혈통서이다. 전쟁의 이론은 심리학이나 철학의 약은 체하는 논의에 관여할 일이 아니다. 장수도 또한 이런 속론(俗論)을 상대해서는 안 된다.

16 전쟁 지도 이론의 주된 곤란성

전쟁 지도의 이론에는 정신적 요소에 관한 곤란한 문제가 포함되어 있다. 그래서 이 곤란을 구명한 뒤 이러한 이론이 지녀야 할 성격을 설명하기 위해서는 군사 행동의 본성을 이루고 있는 약간의 주요 특성을 더 자세하게 고찰할 필요가 있다.

17 제1의 특성-정신력과 그 효과
(적대 감정)

이들 특성의 첫째는 정신력과 그 효과이다.

투쟁은 본디 적대 감정의 표출이다. 우리가 전쟁이라고 부르는 대규모 투쟁에서 적대 감정은 종종 적대적인 의도에 지나지 않을 때가 있고, 또 대부분은 개인으로서는 적에 대해서 적어도 개인적인 적대 감정은 갖지 않는다. 하지만 이때 감정이 적대적으로 작용하지 않고 있다는 것은 아니다. 현대에도 국민적 증오가 수반되지 않는 전쟁은 좀처럼 없으나, 개인에게 개인에 대한 적대 감정이 결여되어 있는 것처럼 보이는 경우에는 이 국민적 증오가 개인적 적의(敵意)를 대신하고 있다. 비록 이러한 국민적 증오가 결여되고, 또 당초에는 격분의 감정이 전혀 생기지 않아도, 막상 투쟁 단계가 되면 적대 감정이 불타오르는 법이다. 적병이 상관의 명령에 따라서 우리에게 폭력을 행사한다고 해도, 우리가 단연코 보복과 복수를 가하는 것은 그에게 명령을 한 지휘관이 아니라 우리에게 폭력을 가한 당사자이기 때문이다. 이것이 인간적인 심정인 것이다. 혹은 동물적이라고 해도 좋다. 그러나 어느 경우든 이것은 움직일 수 없는 사실인 것이다. 종래의 이론은, 투쟁을 저편과 이편의 힘의 추상적인 다툼으로 보고, 감정의 관여를 무시하는 것이 통례였다. 이것은 많은 이론이 고의로 저지르고 있는 수많은 오류의 하나이다. 이들 이론은 이러한 오류의 결과가 얼마나 중대한 것인가를 알려고 하지 않기 때문이다.

감정의 강력한 활동 중에서 투쟁 그 자체의 본성에 유래되는 것은 지금 말한 적대 감정이다. 또 이런 종류의 감정 활동에 본질적으로 속하는 것은 아니지만 성질이 비슷하기 때문에 이것과 손쉽게 결부되는 것이 이밖에도 있다. 그것은 공명심, 지배욕, 다양한 종류의 열광 등이다.

18 위험이 주는 인상
(용기)

투쟁은 위험을 그 본질로 삼는다. 모든 군사 행동은 그 속에서 일어나게 되고 또 움직이지 않으면 안 되는 것은, 마치 하늘에 있는 새, 물속의 고기와 같은 것이다. 전쟁에서 위험이 주는 효과는 직접적으로, 따라서 또 본능적으로, 그렇지 않으면 지성을 통해서 간접적으로 감정에 영향을 미친다. 그중에서 본능적 효과는 위험을 피하려는 노력으로 나타나게 된다. 위험을 피할 수가 없다는 것이 판명되면 공포와 고민이 생길 것이다. 이러한 효과가 저지된다고 하면 그것은 용기가 위험을 피하려고 하는 본능과 균형을 유지하기 위해서이다. 그러나 용기는 지성의 작용이 아니라, 공포와 마찬가지로 하나의 감정이다. 다만, 공포는 신체적인 자기 보존을 주안점으로 하지만, 용기는 도덕적인 자기 보존을 위한 것이다. 이와 같은 뜻에서의 용기는 공포보다도 고상한 본능이다. 그러나 용기도 또한 본능이라는 점에 비추어 생명이 없는 도구, 즉 이미 규정된 대로 동작하는 도구처럼 사용할 수 있는 것이 아니다. 용기는 단순히 위험과 균형을 유지하여 위험이 주는 효과를 상쇄할 뿐만이 아니고 그 자체가 하나의 독특한 정신적 요소이다.

19 위험이 미치는 영향의 범위

전쟁에서 위험이 지휘관에 미치는 영향을 올바르게 평가하기 위해서는 위험의 범위를 눈앞에 닥친 신체적 위험에만 한정해서는 안 된다. 장수가 위험을 통감하는 것은 위험이 단순히 그를 위협하기 때문이 아니라, 그에게 생명을 맡기고 있는 부하를 위협하기 때문이다. 그리고 위험이 눈앞에 닥치고 있는 순간뿐 아니라, 비록 그 위험이 이미 사라졌다고 해도 이 순간과 관계되는 한, 역시 위험감에 의해서 위협을 받기 때문이다. 또 장수는 직접적인 위험감에 의해 위협을 받을 뿐만 아니라, 다시 책임감에 의해 간접적으로도 위협을 받는다. 그리고 이 책임감은 실제 위험감의 10배의 무게로 지휘관의 정신에 부담을 지우게한다. 실제로 장수가 대규모 전투를 제창하고 이의 실시를 결의할 경우에, 그의 정신은 위험과 책임감의 중대함을 통감하여 많고 석션 간에 당혹감을 느끼지 않을 수 없을 것이다. 이러한 중대한 결단에는 위험과 책임감이 반드시 따르는 법이다. 전쟁에서의 행동은 그것이 단순히 일방적인 존재가 아니고, 적의 힘과 실제로 상호 작용을 하는 행동인 한, 위험 영역에서 완전히 벗어날 수는 있는 것이 아니다.

20 다른 감정들

적의(敵意)와 위험에 의해서 격발된 감정의 힘은 확실히 전쟁에서 독특한 것으로 여기고 있지만, 우리는 인간 생활에 있어서의 그 밖의 온갖 감정의 힘을 모두 전쟁에서 제외할 생각은 없다. 이들 여러 힘은 전쟁에서 매우 자주 나타나게 된다. 군무에 복무하는 엄숙한 생활에서는 사소한 격정 등은 이윽고 흔적도없이 사라져 버릴 것이다라고 말하는 사람이 있을지도 모른다. 그러나 그것은하급 지휘관에게 해당되는 견해에 지나지 않는다. 그들은 위험과 앞으로 탈출할 온갖 고생을 되풀이하는 바쁜 생활에 쫓겨 인생의 다른 일을 돌볼 틈이 없고 따라서 세상의 추한 허위를 벗어난다. 죽음은 허위의 존재를 허용하지 않기때문이다. 이렇게 해서 그들은 이른바 군인다운 단순한 성격을 형성하게 된다. 그리고 실제로 이러한 단순성이 군인이라는 신분을 가장 잘 나타내는 성격으로 여겨 왔다. 그러나 상급 지휘관의 경우에는 이와 사정이 전혀 다르다. 그들은 지위가 높아짐에 따라 더욱더 자기 주위에 신경을 써야 하기 때문이다. 그래서 그들의 관심은 모든 방면으로 향해서 좋고 나쁜 여러 가지 격정이 다종다양한 움직임을 나타내는 것이다. 질투와 고결한 심정, 거만과 겸손, 격분과 감동—이들 모두는 현실적인 힘으로서 전쟁이라고 하는 일대 희곡 안에 등장하는 것이다.

21 지성의 특성

장수의 여러 가지 정신 특성도 감정의 여러 특성과 함께 역시 현저한 영향력을 발휘한다. 공상적이고 엉뚱한 생각에 빠진 미숙한 인물의 소행은 냉정하고 씩씩한 지성을 갖춘 인물의 소행과는 다를 것이다.

22 다종다양한 개성은 목표에 도달하기 위한 다종다양한 방법을 낳게 한다

정신적 개성의 영향력은 특히 상급 지휘관의 지위에서 현저하다고 생각하지 않을 수 없다. 이러한 영향력은 지위가 올라감에 따라 증대하기 때문이다. 그런데 이들 다종다양한 정신적 개성은 앞서 제1편에서 말한 것처럼 목표에 도달하기 위한 다종다양한 방법을 낳게 하고 또 개연성과 요행을 전쟁에서의 여러 사건에 다양한 정도로 관여시키는 것이다.

23 제2의 특성-활발한 반작용

군사적 행동에서 제2의 특성은 저편과 이편에 있어서의 활발한 반작용과 이러한 반작용에서 생기는 상호 작용이다. 여기에서는 이러한 반작용을 계측하는 곤란성에 대해서 말할 생각은 없다. 이와 같은 곤란은 앞서 말한 대로 정신적 힘을 요소로 해서 다루는 어려움 가운데 포함되기 때문이다. 여기에서 우리가 말하고 싶은 것은 저편과 이편 간의 상호 작용은 그 본성으로 말해서 계획을 저해하는 경향을 지니고 있다는 것이다. 그런데 아군의 방책이 적에게 주는 영향은 행동에서 생기는 모든 효과 중에서 장수의 개성에 의해 좌우되는 일이 가장 심하다. 그러나 이론상 아무래도 현상을 분류해야 하기 때문에 개별적인 경우를 하나하나 거론할 수는 없다. 따라서 이와 같은 경우는 전적으로 장수 개인의 판단과 재능에 위임되어 있다. 실제로 군사적 행동에서는 일반적 정황에 입각해서 세워진 계획의 실시가 장수의 정신적 개성에 유래하는 예측되지 않은 현상에 의해서 자주 방해된다. 그렇다고 한다면 이런 종류의 행동에서는 모든 것이 장수의 개인적 재능에 위임되어야 하는 것은 당연하다. 따라서 군사 행동에서는 그 밖의 행동에서와는 달리 이론은 지시 등이 그다지 쓸모가 없다.

24 제3의 특성-여건은 모두 불확실하다

마지막으로, 전쟁에서는 여건이 매우 불확실하다는 것 또한 전쟁의 독특한 곤란에 속한다. 즉 모든 행동은 희미한 빛 속에서 이루어진다. 따라서 안개나 달빛 속의 몽롱한 상(像)과 같이 실제보다도 크게 보여 기괴한 외관을 띠는 일도 드물지 않다.

이와 같이 희미한 빛 속에서 완선한 인식이 얻어질 수 없는 경우에는 개인의 재능이 그 모자란 부분을 추측에 의해서 보충해야 하든가 또는 그 부분의 보충을 요행에 맡겨야 한다. 따라서 객관적인 지식이 부족한 경우에 의존해야 하는 것은 여기에서도 장수의 재능이자 우연의 은혜이기도 하다.

25 적극적인 학설은 불가능하다

우리의 고찰 대상이 이와 같은 것이라고 한다면 전쟁술을 적극적인 학설로 만들어 장수에게 외부로부터 원칙이나 규칙을 주려고 한다는 것은 결국 불가능할 것이다. 장수가 자기 자신의 재능을 믿어야 할 경우 그는 이러한 학술적 체계가 자기에는 관계가 없으며 매사가 이와 같은 이론적 체계와 모순된다는 것을 알게 될 것임에 틀림없다. 또 비록 이러한 체계가 아무리 다방면에 걸치더라도 이미 말한 것처럼 장수의 재능과 천재는 법칙을 무시하고 행동하여, 이론은 현실과 모순되게 된다.

26 진정한 이론은 두 가지 방법에 의해서 가능하다
(곤란은 어디에서나 똑같이 큰 것은 아니다)

이론을 구성하는 곤란을 타개하는 데에는 두 가지 방법이 있다.

첫째로 이제까지 우리가 군사 행동의 본질에 대해서 일반적으로 말한 것은, 지위의 상하에 상관없이 그 어떤 지휘관에도 똑같은 것은 아니다. 지위가 내려

감에 따라 개인적 희생을 마다하지 않는 용기가 더욱 요구되지만, 이에 반하여 지성과 판단의 곤란은 현저하게 감소한다. 이러한 하급 지위에서는 관계하는 현상의 범위는 크게 한정이 되어 있고, 또 목적과 수단의 수도 한정되어 있다. 데이터는 명확하고 게다가 대부분의 경우 실제로 이를 보고 듣고 한 것이다. 그런데 지위가 올라가면 올라갈수록 곤란은 증대하고 최고사령관 위치에서는 이 곤란도 최고에 달한다. 따라서 이러한 경우에는 거의 모두를 그의 천재성에 맡겨야 한다.

그러나 또 대상에 따른 구분을 고찰해 보아도 곤란은 어디에서나 똑같이 크다고는 할 수 없다. 즉, 곤란은 군사적 행동의 장이 물질계라면 감소하고, 이에 반해서 그 장이 정신계로 옮아가서 지휘관의 의지를 결정하는 동인이 되면 증대하는 것이다. 따라서 전투 서열, 전투 계획, 전투 지도 등을 법칙에 의해서 이론적으로 규정한다는 것은 전투의 사용을 규정하는 것보다도 용이하다. 전자에 있어서는 물적인 무기를 사용하는 저편과 이편의 전투가 이루어질 뿐이고 설사 정신적인 작용이 전적으로 나타나지 않는 것은 아니라도 물질이 주요한 지위를 차지하기 때문이다. 그런데 이러한 전투의 물적인 성과가 동인이 되어 이들 전투의 조합을 전쟁 목적에 활용할 단계가 되면 우리는 오직 거기에서 작용하는 정신을 문제 삼지 않을 수 없다. 요약하자면 전술에서는 이론을 조립하는 곤란이 전략의 경우보다도 훨씬 적어도 된다.

27 이론의 근본 취지는 고찰이지 학설이 아니다

이론을 가능케 하는 제2의 방법은, 이론이 반드시 적극적인 학설, 즉 행동에 대한 지정(指定)일 필요가 없다는 관점이다. 어떤 활동이 매우 자주 동일한 사물, 동일한 목적 및 수단과 관계하게 되면 그때마다 다소의 변화가 있다고 해도 또 조합이 다종다양해도, 이러한 사물은 이성적인 고찰의 대상이 될 수가 있다. 그리고 이와 같은 고찰이야말로 이론의 가장 본질적인 부분을 이루고 또 실제로도 이론이란 말에 어울린다. 이와 같은 이론은 대상을 분석으로 연구해서 대상에 관한 정확한 지식을 얻는 것이다. 또 경험에 적용되면—우리의 경우라면 전사(戰史)에 적용되면 대상의 완전한 이해에 이르게 된다. 그리고 이론이 이와 같은 궁극의 목적을 달성하면 이론은 더욱더 지식(알고 있다)이라는 객관적 형태를 벗어나 능력(할 수 있다)이라고 하는 주관적 형태를 취하게 되고, 또 사태가 장수의 재능을 기다리지 않으면 해결되지 않을 것 같은 경우에도 여전히 효력을 발휘할 것이다.

전쟁을 구성하는 대상은 모두 겉보기에 착잡하고 판별하기가 어려움에도 불구하고 만약에 이론이 이들 대상을 하나하나 명확하게 구분하여 제반 수단의 특성을 남김없이 거론하고 또 이들 수단에서 생기는 효과를 지적하여 목적의 성질을 명확히 규정하고, 투철한 비판적 고찰의 빛으로 전쟁이라는 영역을 샅샅이 비춘다면 이론은 그 주요 임무를 다한 것이 된다. 그렇게 되면 이론은 전쟁이 어떠한 것인가를 책으로 알려고 하는 사람들에게 좋은 안내자가 되고, 곳곳에서 그가 가는 길이 밝은 빛을 던져 그의 걸음을 용이하게 하고 또 그의 판단력을 육성하여 그가 미로에서 헤매는 것을 막을 수가 있다.

만약에 어떤 사람이 전문 영역에서 아직 밝혀지지 않은 문제를 철저하게 해결하는 데에 반생을 보냈다면 단시일 내에 이 문제를 해명하려고 하는 사람보다도 훨씬 조예가 깊은 것은 당연하다. 따라서 다른 사람이 이 문제를 새삼 정리하여 해결할 필요도 없이 대상은 이미 쓸데없는 것들을 없애고 질서 바르게 배열되어 있다. 즉 이론이 이미 완성되어 있는 것이다. 전쟁 이론의 본 임무는 전쟁에서의 장차의 지휘관 정신을 훈육하는 데에 있거나 혹은 오히려 그의 자기 교육을 지도하는 데에 있지만, 그를 따라 전장으로 가는 것이 아니다. 그것은 현명한 교육자가 소년의 정신 발달을 지도해서 그 진보를 촉진하기는 하지만, 그렇다고 해서 평생 동안 이 소년의 손을 잡고 이 소년을 가르치는 일을 하지 않는 것과 같다.

이론이 시도하는 여러 고찰에서 원칙이나 규칙이 저절로 형성되고 진리가 저절로 이와 같은 결정체로 형성한다면, 이론은 정신의 이러한 자연법칙에 거스르는 일 없이 마치 아치가 토대가 되는 요석(要石 : 중요 구실을 하는 돌)으로 삼는 것처럼, 전쟁 이론의 요석이라 할 수 있는 정신을 뚜렷이 나타낼 것이다. 그러나 이론이 이와 같이 하는 것은 오직 사고의 철학적 법칙을 나타내고 모든 선이 향하는 점을 명확히 하기 위해서이지 이론의 고찰에서 말하자면 대수학적 공식을 안출해서 그것을 전자에서 사용하기 위한 것이 아니다. 요컨대 전쟁 이론에서의 원칙이나 규칙을 중요시하는 것은 장수가 생각하는 정신 안에 갖추게 될 운동의 요강을 규정하는 데에 있는 것으로, 전투에서까지 이 정신을 말하자면 도정을 측정하기 위한 측량 막대처럼 사용하기 위한 것이 아니다.

28 이 같은 관점에서 고찰하면 이론은 가능하게 되고 이론과 실천의 모순은 해소된다

이러한 관점에서 고찰하면 여러 사람을 납득시킬 수 있는 전쟁 이론, 다시 말하면 현실과 끊임없이 모순되는 일이 없는 유익한 이론이 가능해진다. 그래서 만약에 이와 같은 이론을 사용해서 적절하다면 이론과 행동과의 관계를 현저하게 긴밀하게 만들어, 사리에 입각하지 않은 이론에 의해서 이론과 실천 사이에 생긴 모순을 완전히 해소할 수가 있을 것이다. 실제로, 이론은 이러한 모순의 피해를 받아 '건전한 지성(상식)'과 관계를 끊기에 이른 것이다. 그런데 또 투철한 식견과 박식한 지식이 결여된 상급 지휘관은 무위와 안일을 일삼은 구실로서 자주 이 상식을 이용한다.

29 그래서 전쟁 이론은 목적과 수단의 성질을 고찰한다.-전술에서의 목적과 수단

따라서 이론은 목적과 수단의 성질을 고찰해야 한다.

전술에서의 수단은 투쟁을 수행하기 위해 훈련된 전투력이다. 그리고 전술의 목적은 승리이다. 승리란 무엇인가를 좀 더 정밀하게 규정하는 문제는 나중에 전투를 고찰할 때 자세히 살펴보고자 한다. 여기에서는 적이 전장에서 퇴각하는 것을 아군의 승리의 증거라고 말해 두는 것으로 그치고자 한다. 아무튼 이와 같은 승리에 의해서 전략은 당초에 이 전투에 부여한 목적이자, 또 이러한 전투의 본디 뜻을 이루는 목적을 달성하게 된다. 그런데 전투의 이와 같은 의의가 승리의 성질에 몇 가지 영향을 준다는 것은 물론이다. 따라서 적 전투력의 약화를 주안점으로 하는 승리는 단지 적의 한 진지를 점령하기 위한 승리와는 그 뜻이 다른 것이다. 이와 같이 어떤 전투가 갖는 의의는 부대의 전투 계획과 전투 지휘에 현저한 영향을 주는 일이 있고, 따라서 또 전술에서는 고찰의 대상이 된다.

30 전술에서 수단을 사용할 때 반드시 수반되는 세 가지 사정

전투 개시에서 종결까지 끊임없이 전투에 수반하여 많고 적건 간에 전투에 영향을 주는 어떤 사정이 있다. 그래서 전투력을 사용할 경우에는 이들 사정도 고려해야 한다.

그 사정이라고 하는 것은 전투 지역, 전투 개시의 시간과 날씨이다.

31 장소

전투 지역은 다시 이것을 토지와 지형이라고 하는 두 개의 개념으로 분해하는 것이 좋다. 전투 지역은 전투가 개간되지 않은 광활한 평원에서 이루어지는 경우라면, 엄밀한 뜻에서는 전투에 전혀 영향을 끼치지 않는다고 해도 좋다.

확실히 초원(스텝) 지방이라면 실제로 그대로이다. 그러나 유럽의 문명국에서 평원은 이미 개간이 다 되어 있으므로 전투가 지형에 관계없이 이루어지는 경우는 오늘날 꿈에 지나지 않는다. 따라서 문명국 사이에서는 토지 및 지형의 영향을 받지 않는 전투는 전혀 생각할 수 없다.

32 전투 개시의 시각

전투가 이루어지는 시각이 낮이냐 밤이냐 하는 것도 전투에 영향을 미치게 된다. 그러나 또 전투가 밤낮의 구별 없이 이루어질 때가 있다. 큰 전투가 되면 장시간에 걸치기 때문이다. 또 전투 개시가 아침인가 오후인가에 따라서도 대규모 전투 계획이 중대한 차이가 생긴다. 하지만 아침 저녁, 밤과 낮 등에 전혀 상관이 없는 전투도 많을 것이다. 그리고 또 일반적인 경우에는 이러한 시간적인 사정의 영향은 매우 가볍다.

33 날씨

날씨가 이미 개시된 전투에 결정적인 영향을 미치는 것은 시각에 비해서 덜하다. 날씨가 다소라도 영향을 준다고 하면 안개 정도이다.

34 전략에서의 목적과 수단

전략에 있어 승리, 즉 전술적 효과는 본디 단순한 수단에 지나지 않는다. 그러면 전략의 목적은 결국 강화에 직접 연결되는 사항이 된다. 그런데 전략적 목적을 달성하기 위해서 이와 같은 수단을 사용하는 경우에도 전술에서와 마찬가지로 수단의 사용에 많건 적건 영향을 주는 약간의 사정을 포함한다.

35 전략 수단을 사용할 때 반드시 포함되는 세 가지 사정

이런 종류의 사정은 첫째 토지와 지형이다. 그러나 토지라고 해도 전략의 경우에는 현저하게 확대되어 싸움터 전체의 국토와 국민을 포함하게 된다. 둘째는 전투 개시의 시간인데 그와 동시에 1년 중 계절의 차도 고려해야 한다. 마지막으로 세 번째는 날씨로, 무더위나 그 이상의 현상, 예를 들면 혹한 등의 현상이 고찰 대상이 된다.

36 이들 사정은 어느 것이나 전략에서의 신기한 수단이 된다

전략이 이들 사정을 전투의 성과에 결부시키면 전략은 이러한 성과와 그 전투에 새로운 의의와 특수한 목적을 부여하게 된다. 그러나 이러한 목적이 강화에 직접 연결되지 않는 한, 즉 종속적인 목적에 지나지 않는다면 역시 수단으로 여기지 않을 수가 없다. 전략에서는 전투의 성과, 즉 승리가 각기 다른 의의를 갖는다 해도 이것을 모두 전략의 수단으로 보아도 된다. 따라서 예를 들어 한 진지의 공격은 지형에 적용되는 전투의 성과로, 전략적으로는 기껏해야 하나의 수단에 지나지 않는다. 그러나 각기 특수한 목적을 갖는 개개의 전투만이 수단으로 여기는 것은 아니다. 몇몇 전투의 조합이 공통된 목적에 의해서 통일된 경우 또한 하나의 수단이라고 여기는 것이다. 겨울 진영을 낀 겨울철 전쟁은 계절에 적용된 이러한 조합의 하나이다.

그러면 전략에서의 목적으로서는 결국 강화에 직접 연결되는 사항만이 남게 된다. 그래서 전쟁 이론은 전략에서의 이들 목적과 수단을 연구하여 목적과 수단의 각 효과와 이들 상호 관계의 성질을 분명히 하는 것이다.

37 전략은 연구 대상으로 하는 수단 및 목적을 모든 경험에서 구한다

여기서 문제는 첫째, 전략은 어떻게 해서 이들 연구 사항을 남김없이 열거할 수 있는가 하는 것이다. 만약 실정에 어두운 철학적 연구에 의해서 소정의 성과를 구하려고 한다면 이러한 연구는 전쟁 지도 및 그 이론의 논리적 필연성을 불가능하게 만드는 많은 곤란에 휩싸일 것이다. 그래서 전략은, 전사(戰史)가 이미 지적한 여러 가지 조합을 고찰 대상으로 한다. 물론 이 경우에 전략은 전사에 기재되어 있는 사태에만 적합한 제한된 이론이 될 것이다. 그러나 이러한 제한은 결국 피할 수 없는 것들이다. 아무튼 이와 같은 이론이 논술하는 것은 전사에 추출된 것이거나 그렇지 않으면 적어도 전사와 비교되어야 하기 때문이다.

이와 같은 방법은 다음과 같은 점에서 매우 유리하다. 즉—이론은 번거롭게 따지거나 제멋대로의 몽상에 잠길 수가 없게 되어 항상 실제적이 되지 않을 수 없다는 것이다.

38 수단의 분석은 어느 정도까지 이루어져야 하는가

문제의 두 번째는 이 경우에 이론은 수단의 분석을 어느 정도까지 하면 좋은가 하는 점이다. 말할 필요도 없이 여러 가지 수단을 사용할 때 각 수단의 특성을 고려하는 것까지는 좋다. 각종 화기의 사거리와 사격 효과는 전술에는 매우 중요한 일이지만 그러나 화기의 구조는—비록 화기의 효과는 오직 그 구조에서 생긴다고는 하지만—전술에는 거의 관계가 없다고 해도 좋다. 숯, 유황, 초석 구리, 주석 등이 우선 전쟁 지도에 주어지고, 전쟁 지도가 그로부터 화약이나 화포를 제조하는 것이 아니다. 각기 특유한 효과를 지니는 이들 무기는 이미 완성된 것으로서 전쟁 지도에 주어져 그 사용을 위해 제공된 것이다. 또 전략은 지도를 사용하지만 그 경우 삼각측량술 등에 신경을 쓸 필요는 없다. 또 전략은 가장 좋은 군사적 성과를 거두기 위해 국토는 어떻게 정비되어야 하는가, 국민은 어떻게 교육되고 통치되어야 하는가를 연구하는 것이 아니다. 요컨대 전략은 유럽 여러 나라에 있어서의 이 사태를 있는 대로 받아들여 다종다양한 정황이 전쟁에 현저한 영향을 준다는 사실에 주의를 기울이면 된다.

39 지식이 현저하게 간략해진다

이와 같은 방식에 따르면, 이론에서 연구 사항의 수는 현저하게 감소되고, 또 전쟁 지도에 필요한 지식이 두드러지게 간소화되는 것은 명백하다. 많은 양의 지식과 기능은 군사적 행동에 일반적으로는 쓸모가 있고 또 출정군이 전장에 갈 때까지는 필요하지만, 실제 전쟁에서는 군사적 행동의 궁극 목적을 달성하기 전에 이미 극히 소수의 중요 부분으로 요약된다. 그것은 마치, 한 나라의 모든 하천이 바다에 들어가기 전에 합류해서, 몇 가닥의 큰 강을 이루는 것과 마찬가지이다. 군사적 행동의 지도를 맡은 장수는, 전쟁이라고 하는 바다에 직접 흘러들어가는 군사적 행동이 어떠한 것인가를 충분히 알고 있어야 한다.

40 전략은, 뛰어난 장수를 바로 배출하는 까닭을 해명하고, 장수는 학자일 필요가 없다는 이유를 명백히 한다

이와 같은 고찰에서 필연적으로 생긴 이 결론은 매우 확실해서, 의심을 제기할 여지가 없다. 만약에 이 이외의 결론이 있다면 우리는 그 진실성에 의심을 품지 않을 수가 없을 것이다. 이전에는 전혀 다른 방면의 활동에 종사했던 사람이, 전쟁에서 그보다 높은 지위에 오르거나 때로는 장수에 임명되어 뛰어난 무공을 세운 사례는 위의 관점에서 보자면 잘 설명될 수가 있다. 탁월한 장수가 학식이 많은 장교 출신이 아니라, 대개 많은 지식을 섭취할 수 없는 처지에 놓여 있었던 군인이라는 사실도 역시 지금 말한 이유에 의한 것이다. 따라서 장래의 장수를 육성하기 위해서는, 세부에 걸친 지식으로부터 시작할 필요가 있다거나 적어도 그렇게 하는 것이 유익하다고 하는 견해는 큰 국면을 겪어 보지 못한 시골 학자의 벽론(僻論 : 한편으로 치우친 언론)으로 비웃음을 받았다. 이와 같은 지식이 앞으로의 장군에게 해롭다는 것은 손쉽게 증명할 수 있다. 인간 정신은 그에게 주어진 지식과 사상적 방향의 여하에 따라서 어떠한 방향으로든 교육되기 때문이다. 그 경우, 그가 주어진 지식을 자신에게 관계가 없는 것이라고 해서 처음부터 거부하는 것이 아닌 한, 주어진 것이 크면 정신을 크게 만들고 작으면 이것을 왜소하게 만드는 것이다.

41 이제까지 이론의 모순

전쟁에서 꼭 필요한 지식은 이처럼 간략한 것임에도, 이 지식에는 이제까지 온갖 잡다한 일반적 지식과 기능이 뒤섞여 있었다. 그래서 현실 세계에서 일어난 현상에서 명백한 모순이 생겼던 것이다. 그렇게 되면 만사가 천재가 하는 일로 돌려 모순의 해결을 꾀하는 수밖에 없었다. 천재라면 이론이 필요하지 않고 또 이론은 천재를 위해 쓰인 것이 아니기 때문이다.

42 그러자 이번에는 지식의 효용을 부정하고, 모두 천부적인 소질로 돌리려는 경향이 생겼다

그러자 매사를 상식적으로밖에 생각할 수 없는 사람들은, 높이 나는 천재와 융통이 통하지 않는 학자 사이에는 아주 큰 차이가 있다고 생각하여 회의론을 품게 되었다. 그들은 이론의 효용을 머리부터 부정하고, 전쟁 지도를 인간 정신의 천부적인 작용으로 보고, 장수는 타고난 소질의 많고 적음에 따라서 그가 하는 일에도 우열이 생긴다고 생각했다. 이 사람들의 견해도, 잘못된 지식을 지나치게 중요시했던 사람들에 비하면, 진실에 가깝다는 것은 부정할 수가 없다. 그러나 그들의 이와 같은 견해는 분명히 지나치다. 인간 지성이 작용하기 위해서는, 많건 적건 간에 풍부한 개념을 이미 소유하고 있어야 한다. 그러나 이들 개념의 대부분은 타고난 것이 아니라 후천적으로 얻어진 것으로, 우리의 지식은 이러한 개념의 집합에 의해 형성된다. 그렇게 되면 당면하는 문제로서는 이들 개념이 어떠한 것이어야 하는 것뿐이다. 앞서 우리는 전쟁 이론에 필요한 개념은 전쟁에 직접 관계가 있는 사항에 관한 것에 한정된다고 규정했다. 따라서 지금 우리가 구하는 개념이 어떠한 것이어야 하는 문제는 이미 해결되었다고 생각한다.

43 지식은 지휘관의 지위에 따라 다르다

군사 활동에서 필요한 지식은 지휘관이 차지하는 지위에 따라서 각기 다르다. 지위가 낮으면 취급하는 대상은 소수로 끝나고 또한 한정되어 있다. 이에 반해 지위가 향상됨에 따라 대상도 늘어나고 광범위해진다. 기병 연대장으로서는 아무런 빛을 보지 못한 장수도 있고 또 그 반대의 경우도 있다.

44 전쟁에 필요한 지식은 매우 간략하지만 이 지식을 실행에 옮기는 일은 쉽지 않다

전쟁에 필요한 지식은 극히 단순하고 그 대상도 매우 소수이다. 그리고 지식은 이들 대상의 궁극적인 대강을 파악하는 것만으로 좋다. 그러나 이 지식을 단순히 알고 있다는 것뿐만이 아니라, 이것을 행동으로 실현하는 능력은 결코 쉬운 일이 아니다. 전쟁에서의 행동이 어느 정도의 곤란에 직면하지 않으면 안 되는가는 이미 제1편에서 언급한 바가 있다. 여기에서는 용기만으로 극복할 수 있는 곤란은 잠시 제쳐두고, 본래의 지성적 활동에 대해서 말해 보기로 한다. 지성의 활동도 하급 지위에서는 단순하고 따라서 용이하지만, 지위가 올라감에 따라서 곤란이 증대하고 최고의 지위, 즉 장수가 되면 인간 정신이 해결해야 하는 가장 곤란한 일에 속한다고 하지 않을 수 없다.

45 전쟁에서 필요한 지식은 어떠한 것이어야 하는가?

장수는 박식한 전사(戰史) 연구가가 될 필요도 없고 또 정치학자가 될 필요도 없다. 그러나 그는 고차의 정치 정세에 정통하고, 내정 및 외교의 근본 방침, 격동하는 국제적 이해관계, 국가의 당면 문제, 여러 방면의 책임 있는 지위에서 활약하고 있는 인물 등을 자세히 알고 또 올바르게 판단해야 한다. 장수는 정밀한 인간 관찰자일 필요도 없고 또 인간의 성격을 날카롭게 파헤치는 분석가일 필요도 없다. 그러나 그는 직속 부하들의 성격, 지조(志操)와 사람됨, 그들이 가진 각기 특유한 결점과 장점에 통달해야 한다. 장수는 차량의 조립이나 말을 포가(砲架)에 매는 방법이 어떠한 것인가를 알 필요도 없다. 그러나 그는 여러 상황에서 이루어지는 한 종대(縱隊)의 행진에 각각 필요한 시간을 정확히 판정해야 한다. 그러나 이들 지식은 자연과학의 공식이나 기계를 이용해서 습득되는 것은 아니다. 이런 종류의 지식은 사물의 고찰과 실생활에서 항상 정확한 판단의 습득에 노력하고, 그렇게 해서 얻어진 올바른 견해에 따라 재능을 활용함으로써만 획득할 수가 있다.

따라서 상급 지휘관의 군사적 활동에 필요한 지식이 각별하게 뛰어난 것은, 그의 독특한 재능이 고찰에 의해서, 또 연구와 성찰에 의해서 획득한 것이기 때문이다. 그의 독특한 재능은 마치 벌이 꽃에서 꿀을 빨듯이, 말하자면 정신적인 본능으로서 실생활의 여러 가지 현상에서 가장 뛰어난 것만을 추출할 수가 있다. 즉 그의 지식은 고찰과 연구 외에 실생활에서도 획득되는 것이다. 풍부한 실천적 지식을 포함하는 생활은 뉴튼이나 오일러를 낳지는 않겠지만, 그러나 콩데[12]나 프리드리히 대왕과 같은 장수의, 말하자면 고차적인 군사적 계산에 알맞은 재능을 함양하게 된다.

그러기 때문에 군사적 행동의 정신적 수준을 유지하기 위해서 현실에 맞지 않은 박식(博識)이나 사소하고 쓸모없는 지식에 의존할 필요는 없다. 걸출한 장군으로서 편협한 정신을 가진 사람은 이제까지 있어 본 일이 없다. 그러나 하급 지위에서는 매우 우수한 능력을 발휘한 지휘관이 일단 최고 자리에 앉으면 중간 정도에도 미치지 못했던 예는 수없이 많다. 즉, 그들의 정신 작용으로는 감당을 하지 못했던 것이다. 또 장수들 사이에서도 각기 명령권이 미치는 범위의 좁고 넓음에 따라 정신 작용에 차이가 있음은 물론이다.

46 지식은 디 나아가 행동 능력이 되어아 한다

전쟁에서 필요한 지식에 대해서 더 말해 두어야 할 하나의 조건이 있다. 이 조건은 전쟁 지도에 필요한 지식으로서는 다른 지식보다도 훨씬 절실하다. 즉, 이런 종류의 지식은 언제까지나 객관적인 지식이어서는 안 되고, 그것은 장수의 정신에 녹아들어야 하는 것이다. 인간 생활에서의 다른 기술이나 활동에 종사하고 있는 사람이라면, 그가 이전에 배운 적이 있는 진리라는 것만으로, 지금은 그 진리를 터득해서 생활하고 있지 않아도, 이것을 다시 먼지투성이의 책 속에서 꺼내 사용해도 상관없다. 아니, 그가 매일 가까이 두고 사용하고 있는 진실일지라도, 항상 그의 마음 밖에 있어서 그의 것이 되지 않아도 아무 지장이 없는 것이다. 건축가가 기초의 강도를 복잡한 계산에 의해서 확정하기 위해 펜을 잡았을 경우, 계산의 결과로써 발견된 진리는 그 자신의 정신에서 생긴 것은 아니다. 그는 계산에 필요한 자료를 찾아내어 이것을 지성의 작업에 위임하면 되었다. 그는 이 작업의 법칙을 스스로 발견한 것이 아니다. 또 작업 중에도 이 법칙의 필연성을 약간 알고 있을 뿐, 대부분은 기계적인 조작에 의해서 그 법칙을 적용한 데에 지나지 않는 것이다. 그러나 전쟁에서는 이러한 일이 단연코 있을 수 없다. 지휘관은 부하의 정신적 반응이나 시시각각으로 변화하는 사태에 대응하기 위해 그의 지식을 행동으로 바꾸는 정신적 장치를 그의 마음속에 구

---

12) 콩데(Louis II., Prince de Condé, 1621~1686). 루이 14세 치하의 뛰어난 장수로 전술가. 콩데 대공 (Le Grande Condé)이라고 일컬어졌다.

비하고 있어야 하며, 또 그 어떤 장소, 그 어떤 순간에도 필요한 결단을 자기 자신의 힘으로 내릴 수가 있어야 한다. 그러기 때문에 이 지식은 지휘관 자신의 정신 및 생활과 완전히 동화함으로써 참다운 행동 능력으로 전환되어야 한다. 전쟁에서 걸출한 군인의 행동은 대단히 쉬운 것처럼 보이고 모두가 천부적인 재능으로 돌리게 되는 이유가 여기에 있다. 여기에서 천부적인 재능이라고 말한 것은, 고찰과 연구에 의해서 교육되고 훈련된 재능과 구별하기 위해서이다.

이상의 고찰에 의해서 전쟁 지도에 관한 이론의 과제를 명확히 하고 또 그 해결 방법을 시사했다고 우리는 생각한다.

앞서 전쟁 지도를 전술과 전략으로 구분했는데 그중에서도 전략의 이론이 앞서 말한 대로 전술의 이론에 비해서 보다 많은 곤란을 포함하고 있는 것은 물론이다. 전술에서는 대상의 범위가 한정되어 있으나, 이에 반해서 전략에서는 강화에 직접 이어지는 여러 목적을 달성하기 위한 가능한 방법에는 제한이 없기 때문이다. 그리고 이들 목적을 끊임없이 염두에 두고 행동해야 하는 것은 주로 장수이므로, 그의 본질인 전략적 부분에 특히 이러한 곤란이 고슴도치 털처럼 모여든다.

따라서 전쟁 이론은 전략에서, 또 특히 전략의 최고 업적을 논하는 곳에서, 사태를 단순히 고찰하는 데에 머물고, 나머지는 장수 자신이 이 사태를 스스로 통찰하도록 하는 방법에 따르는 경우가 전술의 이론에서보다도 훨씬 자주 있다. 장수가 이렇게 해서 얻은 통찰은 그의 전반적 사고와 융합해서 행동을 보다 쉽게 하고 확실하게 만든다. 요컨대 그의 이와 같은 통찰은 그 자신과 뗄 수 없는 하나가 되고, 이에 의해서 그는 소위 객관적 진리에 복종하는 것을 거부해 마다하지 않는다.

1 용어는 아직 정해지지 않았다
(능력과 지식—학(學)이면 지식이, 술(術)이면 실행 능력이 목적)

문제는 매우 단순함에도 전쟁술과 전쟁학 어느 것을 채용하는가에 대해서는 아직 결정하지 않은 듯하고, 또 어떤 근거에 입각해서 결정하면 좋을지 아직 잘 모르고 있는 것 같다. 앞서 우리는 지식(아는 것)과 능력(할 수 있는 것)은 다른 것이라고 말했다. 실제로 이 둘의 차이는 명백하므로 쉽게 혼동되는 일은 없을 것이다. 능력은 본디 책으로 쓸 수 있는 성질의 것이 아니고, 또 술(術)도 책의 표제가 될 수는 없을 것이다. 그러나 일반적으로는, 어떤 술의 운용에 필요한 지식을 술의 이론 또는 그대로 술이라고 하는 명칭으로 총괄하는 습관이 있다. 따라서 이런 구분의 근거를 철저히 해서, 일반적으로 사물을 만들어 내는 능력을 모두 술이라고 부른다면 말은 통하는 셈이다. 예를 들어, 건축술 등은 이에 속한다. 그러나 순수한 지식을 목적으로 할 경우에는 학(學)이 성립된다. 예를 들어 수학, 천문학이 그것이다. 이렇게 보면 술의 이론에 독립된 학이 포함되는 일이 있어도 그것은 당연한 일로 특별히 당혹해할 필요는 없다. 그러나 또 하나 말해 두어야 할 것은 그 어떤 지식도 술과 관계되지 않는 것이 없다는 것이다. 예를 들어 수학에서는 연산이나 대수 기호의 사용은 술이다. 하지만 이 경우에도 학과 술 사이에 엄밀한 경계는 존재하지 않는다. 그 이유는—인간의 지식을 집성한 소산(所産)에서는 지식과 능력은 대체적으로나마 판연하게 구별되는데, 인간 그 자체에서는 이 둘을 완전히 분리하는 것은 곤란하다는 데에 있다.

2 인식과 판단을 분리하는 것은 어렵다
(전쟁술)

대개 사유라고 하는 것은 모두 술이라고 해도 좋다. 논리학자는 인식과 판단 사이에 선을 긋는다. 그렇게 되면 인식 작용은 이 선까지로 끝나게 되는데, 인식 작용의 결과는 그대로 추론의 전제로 사용되어, 판단 작용은 이 선에서 시작되는 것이다. 이것은 바로 거기에서 술이 시작된다는 것을 뜻한다. 그러나 그뿐만이 아니다. 정신에 의한 인식 작용도 판단이며 따라서 또 술이다. 감각에 의한 인식 작용도 또한 술이라고 할 수 있을 것이다. 간단히 말하자면 인식 능력만을 갖추고 판단력이 없는 인간은 판단력만이 있고 인식 능력이 결여된 인간과 마찬가지로 도저히 생각할 수 없는 일이다. 이것으로 보더라도 술과 지식이 완전히 분리할 수 없다는 것을 알 수가 있다. 그러나 본디는 서로 판연하게 분리하기가 곤란한 정신적 요소도 현실계의 일에 정착되어 각기 구체적인 형태를 취함에 따라 술과 학의 영역은 더욱 벌어지게 되었다. 그래서 이를 다시 한 번 되풀이하면 이렇다.—사물을 창조하고 산출하는 것을 목적으로 하는 것은 술의 영역이다. 이에 대해서 연구와 지식을 목표로 하는 것은 학이 지배하는 영역이다. 그렇다면 전쟁학보다도 전쟁술이라고 부르는 것이 보다 적절하다는 것이 된다.

이 문제에 대해서 특히 많이 언급하게 된 것은, 이들 개념이 우리에게 없어서는 안 되기 때문이다. 그런데 우리는 새삼 이렇게 주장하고 싶다.—첫째로 전쟁은 본디 뜻에 있어서 술도 아니고 학도 아니다. 또 둘째로는 이들 개념 그 자체의 출발점이 그릇된 방향을 취한 나머지 전쟁은 함부로 술이나 학과 같은 선위에 놓여 수많은 부정확한 유추가 시도되기에 이르렀다는 것이다. 전쟁 이론이 부정확한 유추에 의해서 왜곡되지나 않을까 하는 염려는 전부터 잠재하고 있었다. 실제로도 전쟁은 하나의 수공업이라고까지 일컬어지는 일도 있었다. 그러나 이러한 설은 얻는 것보다 잃는 것이 많다. 수공업은 낮은 단계의 술이고, 따라서 그 나름대로 적용 범위가 좁은 특정한 법칙에 따라야 하기 때문이다. 하기야 전쟁술은 얼마 동안 수공업적 정신으로 운용되기는 했다. 그것은 콘도티에리[1] 시대의 일이었다. 그러나 전쟁술이 이러한 방향을 취한 것은 외적인 이

---

1) 콘도티에리(Kondottieri). 14~15세기 이탈리아 용병대장을 일컬음. 초기에는 외인—특히 독일인이 많았으나 차차 이탈리아 인으로 바뀌어 갔다.

유에서였지 내적인 이유에 의한 것이 아니었다. 실제로 이러한 전쟁이 당시에도 부자연스러웠고 시대의 요구에 부응할 수 없었다는 것은 전사가 이를 잘 말해 주고 있다.

3 전쟁은 사회생활에서 인간 상호 간 교통의 한 형식이다

그래서 우리는 이렇게 말하고 싶다.—전쟁은 술이나 학의 영역에 속하는 것이 아니라, 사회생활 영역에 속하는 것이라고. 전쟁은 국가 간의 중대한 이해관계의 충돌이고, 이 충돌은 유혈에 의해서 해결되어야 한다. 전쟁이 다른 이해관계와 다른 점은 바로 여기에 있다. 그런데 전쟁은 무엇인가. 다른 술과 비교해야 한다면 그것은 무역이 적당할 것이다. 무역도 인간끼리의 이해관계 및 활동의 충돌이기 때문이다. 그러나 그것보다도 전쟁에 훨씬 가까운 것은 정치이다. 정치 또한 하나의 대규모적인 무역으로 여겨도 좋다. 뿐만 아니라 정치는 전쟁을 그 안에서 잉태하고, 전쟁은 그 모태 안에서 남몰래 발전하고 있다. 생물의 여러 가지 특성이 태아 안에 잠재하고 있는 것처럼 전쟁의 희미한 흔적도 정치 안에 이미 시사되고 있는 것이다.

4 전쟁과 기타 여러 술과의 차이

이 차이의 본질적인 점은 의지 작용이 향하는 대상이 각기 다르다는 점에 있다. 전쟁에서의 의지의 작용이 향하는 것은, 기계적 기술의 경우와는 달리, 생명이 없는 재료가 아니다. 어디까지나 수동적이며, 대상에 의해 규정되는 정신이나 감정, 다시 말하면 관념적 기술이라고도 할 수 있는 예술에 있어서의 인간 정신이나 감정이 아니다. 따라서 전쟁에서의 의지 작용이, 여러 가지 술이나 학에서처럼 틀에 박힌 사고방식에 적합한 것이 아니라는 것은 명백하다. 또 전쟁에서, 생명이 없는 물체계의 법칙에 유사한 법칙을 찾으려고 하는 노력이 끊임없이 오류를 범하지 않을 수 없었던 까닭도 분명하다. 그럼에도 이제까지 전쟁술이 모방하려고 한 것은 다름 아닌 이 기계적 기술이었다. 예술에서 모방은 엄격하게 금지되어 있다. 법칙이나 규칙은 예술에서는 거의 필요가 없기 때문이다. 이제까지도 예술에 법칙이나 규칙을 부여하려고 한 시도는 끊임없이 되풀이되었지만, 이러한 법칙이나 규칙은 그때마다 불충분하고 편협하다고 해서 배척되고, 이에 반대하는 견해, 감정 또는 관습의 흐름으로 토대가 씻겨 내려가 마침내 복멸(覆滅)되고 만 것이다.

전쟁에서는 살아 있는 것끼리의 충돌이 일어났다가는 소멸하고, 이와 같은 일이 끊임없이 되풀이된다. 그러나 이러한 충돌은 보편적 법칙에 따르고 있는가 어떤가, 또 이러한 법칙은 행동에 대해서도 유익한 규준이 될 수 있는가 어떤가의 문제가 부분적으로나마 여기에서 구명될 것이다. 하지만 전쟁은 우리의 이해력 범위 안에 있는 사물과 마찬가지로 연구적 정신에 따라서 해명할 수 있고, 또 전쟁의 내적 연관도 많건 적건 간에 명확하게 제시될 수 있다는 것만은 분명하다. 그리고 이것을 성취하는 것만으로도 전쟁 이론의 개념을 확립할 수 있다.

제4장
방법주의

방법과 방법주의란 전쟁에서 매우 큰 역할을 하고 있다. 그런데 이 방법과 방법주의라는 개념을 명확히 정의하기 위해서는, 가톨릭교회의 성청(省廳)에서처럼, 행동의 세계를 지배하는 논리적 '위계제도'를 살펴볼 필요가 있다.

인식과 행동에 똑같이 적합한 가장 보편직인 개념은 법칙이다. 법직은 그 말뜻으로 말하자면 분명히 주관적,[1] 임의적이지만, 실제로는 우리와 우리 밖에 있는 사물을 지배하고 있다. 인식 대상으로서의 법칙은, 사물과 사물의 상호 관계 및 사물과 사물 작용의 상호 관계를 규정한다. 또 의지 대상으로서의 법칙은 행동을 규정하며 명령이나 금지와 같은 뜻이다.

원칙 역시 행동을 규정하는 하나의 법칙이지만, 본디 법칙만큼 까다롭고 확정적인 것이 아니다. 요컨대 원칙이 뜻하는 것은 법칙의 정신과 의미이다. 따라서 원칙을 세우는 것은, 현실 세계의 다종다양한 것이 법칙의 확정적 형식 아래 포섭할 수 없을 경우, 보다 더 자유로운 적용의 여지를 판단에 맡기기 위한 것이다. 그러면 법칙을 적용할 수 없는 경우에는, 판단에 적용의 자유가 주어져야 한다. 그래서 이번에는 원칙이 법칙 정신을 띠어 행위자에게 행동의 근거가 되고 지침이 되는 것이다.

원칙이 객관적 진리에서 유래하고, 따라서 또 모든 인간에 예외 없이 타당할 경우에는 이러한 원칙은 객관적이다. 또 원칙이 행위자의 주관적 규준을 포함하고, 이러한 규준을 원칙으로 삼는 사람에만 어떤 종류의 가치를 갖는 경우, 그 원칙은 주관적이며 일반적으로 준칙(準則)이라고 불린다.

규칙은 종종 법칙의 의미로 이해되는데, 또 주관적인 의미에서의 원칙과 같

---

1) 'Gesetz(법칙)'은 동사 'setzen(놓다)'에서 유래한 것으로 몇 사람인가에 의해서 확정적으로 놓였다는 뜻이며, 우리말의 규칙과 비슷한 말이다.

은 뜻으로 쓰이는 일이 있다. '예외가 없는 규칙은 없다' 말하지만 '예외가 없는 법칙은 없다'라고는 말하지 않기 때문이다. 이것은 법칙보다도 자유로운 적용의 여지를 규칙에 남기고 있는 증거이다.

또 다른 의미에서 규칙은 어떤 사물이 나타내는 한 개의 알기 쉬운 표징(表徵)을 근거로 하여, 그 사물이 깊숙이 간직하고 있는 진리를 인식하기 위한 수단으로서 사용된다. 즉 이러한 표징을 단서로 해서 그 사물에 존재하는 진리 전체를 추측해서 알고 행동 법칙을 정립하려는 것이다. 유희의 규칙이나 또 수학에서 간편한 연산법과 같은 것은 모두 이런 규칙에 속한다.

지정 및 지시도 행동을 규정한다. 즉 행동을 필요로 하는 사정이 사소한 것임에도, 복잡하고 보편적 법칙을 여기에 적용하기에는 번거롭고, 그다지 중요하지 않는 경우에 행동 방식을 자세히 규정하는 것이 곧 지정이나 지시이다.

마지막으로, 방법 또는 방식이란 약간의 가능한 절차 안에서 항상 되풀이되는 것으로서 골라낸 절차를 말한다. 또 방법주의란, 행동을 보편적인 법칙이나 개별적인 지정에 의해서 규정하는 것이 아니라 항상 방법에 의해서 규정하는 방식이다. 이 경우에는, 동일한 방법이 적용되는 많은 사례가, 그 본질적인 부분에 있어 동일하다고 하는 것이 꼭 전제되어 있어야 한다. 그러나 이들 사례가 이 점에서 모두 동일해야 한다는 것은 우선 있을 수 없으므로, 적어도 이러한 사례가 될 수 있는 대로 많아야 한다. 즉 방법은 가장 확실하다고 여겨지는 많은 사례를 예상하고 있는 것이다. 따라서 방법주의는 추론(推論)에서의 일정한 전제를 근거로 하는 것이 아니라, 서로 겹치는 많은 사례의 평균적인 확률에 입각하고 있는 것이다. 따라서 방법주의가 노리는 것은 평균적인 진실을 확립하는 데에 있다. 그러나 이러한 평균적 진실이라도 끊임없이 같은 방식으로 적용되면 이윽고 기계적인 숙련과 비슷한 것이 되고 마침내는 이 숙련이 거의 무의식적으로 적용되어도 항상 정곡(正鵠)을 찌를 수 있을 정도가 된다.

인식에 관한 법칙 개념은 전쟁 지도에 있어서는 결국 소용이 없다. 전쟁에서는 복잡한 현상이라면 규칙 바르지 않고, 또 규칙 바른 현상이라면 복잡하지 않다. 따라서 전쟁 지도에서 이러한 단순한 진리만으로 충분하며, 반드시 법칙이라는 개념을 사용할 필요는 없다. 단순한 생각이나 간단한 이야기로 끝날 수 있는 데도 일부러 복잡하고 거창한 이야기를 꺼내는 것은 부자연스럽고, 또 필요 없이 학자인양하는 태도이다. 그런데 전쟁 지도의 이론은 행동에 관한 법칙 개념을 사용할 수가 없다. 전쟁 지도에서, 현상은 끊임없이 변화하고 다종다양하기 때문에 법칙이라고 부를만한 보편적 규정은 있을 수 없기 때문이다.

그러나 원칙·규칙·지정 및 방법 등은 전쟁 지도의 이론이 적극적, 단정적 학설을 지향하는 한, 어느 것이나 이 이론에 없어서는 안 될 개념이다. 적극적인 학설에서 진리는 오직 이러한 결정형으로 결정되기 때문이다.

전술은 전략과 함께 전쟁 지도의 영역을 둘로 나누는 것이지만, 이론은 특히 전술에서 적극적인 학설로 전화하기 쉬운 것이다. 그래서 위에서 말한 여러 개념도 전술에서 가장 자주 나타나게 된다.

기병은 어쩔 수 없는 경우가 아닌 한, 아직 대형을 정연하게 유지하고 있는 부병의 습격에 사용해서는 안 된다.　회기는 그 사격 효과가 확인되지 않은 농안에 사용해서는 안 된다. ―전투에서 병력은 결전에 대비해서 될 수 있는 대로 절약되어야 한다와 같은 명제는 어느 것이나 전술의 원칙이다. 이와 같은 규정은 그 어떤 경우에도 절대로 적용할 수 있는 것이 아니지만, 지휘관은 이것을 항상 염두에 두고 이들 원칙이 포함하는 진리가 적용되는 경우에 그 진리의 효용을 무시해서는 안 된다.

적 부대의 때 아닌 소란을 보고 적의 퇴각을 알아차리고, 적의 여러 부대가 새삼스럽게 분리해서 각기 고립된 진지를 꾸미는 것을 보고, 적의 양공(陽攻)을 알아차리는 것과 같은 경우에 그 진상을 아는 방식은 규칙이라 불린다. 이러한 경우에는 눈앞의 사태에 나타난 하나의 표징으로부터 이러한 사태를 낳게 한 의도를 추측하기 때문이다.

적이 전투 중에 포병 부대를 포차(砲車)와 함께 퇴각하기 시작하자마자 아군이 종전의 배나 되는 전력으로 적을 추격하는 것 또한 하나의 규칙이다. 눈앞에 나타난 하나의 현상에서 적의 전반적 상태를 추측하고, 이에 입각해서 아군의 행동을 규정하기 때문이다. 요컨대 이러한 하나의 현상이 행동의 규정과 결부되는 셈이다. 그런데 적의 전반적 상태라고 하는 것은, 적이 전투 포기를 결의함과 아울러 퇴각을 개시하고, 더욱이 이 퇴각 중에 만족한 저항을 시도할 힘도 없고, 또 퇴각 도중에 아군의 추격을 회피할 충분한 가망성도 없는 상태를 말한다.

지정(指定)과 방법이, 이미 훈련된 전투력에 행동의 원리로써 뿌리내리게 되면, 이러한 지정이나 방법은, 전쟁 준비에 관한 제반 이론을 그대로 전쟁 지도에 도입할 수가 있다. 편제 조령, 훈련 요령, 진중 근무령은 모두 지정이며 방법이다. 훈련 요령에서는 지정이 주가 되고, 진중 근무령에서는 방법이 주가 된다. 그래서 본디 뜻에서의 전쟁 지도가 이와 같은 것들과 결부되는 것이다. 이 경우 전쟁 지도는, 이러한 것을 이미 주어져 있는 방식으로서 받아들이고, 또 이런 종류의 지정이나 방법도 전쟁 이론에서는 단순히 그러한 것으로만 취급되어야 한다.

　그러나 병력을 사용할 경우에 행동은 항상 자유이어야 한다. 그렇게 되면 이러한 자유로운 행동에는 지정, 즉 일정한 지시를 적용할 수가 없다. 왜냐하면 지정은 전투력의 자유로운 사용과는 서로 받아들여지는 것이 아니기 때문이다. 이에 반해서 방법은 당면한 임무를 수행하는 일반적인 방식이며, 또 이 방식이 노리는 것은 앞서 말한 대로 평균적 확률이다. 그래서 방법은 원칙이나 규칙의 적용을 용이하게 하는 것으로서 전쟁 지도의 이론에 도입되어야 한다. 그러나 방법은 어디까지나 그 분수를 지켜야 하고, 결코 군사적 행동을 절대적, 필연적으로 조직하는 것(체계)으로 자처해서는 안 된다. 요컨대 방법은 임무를 수행하기 위한 지름길로서 개별적인 결정에 대신하는 것이고, 또 몇 가지 가능한 절차 중에서 선택할 수 있는 일반적인 방식 중에서 가장 좋은 형식에 지나지 않는다.

　그러나 전쟁에서의 많은 행동이 단순한 가정에 의존하거나 불확실한 정보에 입각해서 이루어진다고 하는 사실을 감안하면, 방법의 빈번한 적용은 전쟁 지도에 꼭 필요하며 또 실제로도 피할 수 없는 일처럼 여겨진다. 또 전쟁에서 행동이 이와 같은 걷잡을 수 없는 방식으로 일어나게 되는 것은, 아군 전투 부대의 배치에 영향을 미칠 것 같은 정보를 모두 완전하게 아는 일이 적에 의해서 방해되고 있기 때문이다. 또는 이것을 알만한 시간적 여유가 없기 때문이다. 그러기 때문에 비록 이러한 정세를 실제로 알았다 해도 그 경우에 취해야 할 조치는 매우 광범위하고 또 너무 복잡해서 아군의 부대 배치를 모두 여기에 적응시킬 수는 없을 것이다. 따라서 아군으로서는 항상 약간의 가능한 경우를 생각하여, 이것을 가늠으로 하여 대책을 강구하지 않을 수 없다. 이럴 때 장수는 다음과 같은 갖가지 사정을 생각하지 않을 수 없을 것이다. 즉, 특수한 경우로 여겨 그때마다 일일이 고려해야 하는 사소한 상황이 무수히 있다는 것, 따라서 또 한쪽 상황과 다른 쪽 상황을 아울러 생각해서, 일반적인 것, 개연성이 있는 것을 알고, 이에 입각해서 부대 배치를 결정하는 수 외에는 방법이 없다는 것, 또 지휘관에 대해서 말하자면, 지위가 내려옴에 따라 그 수는 크게 늘어나므로 하급 지휘관의 행동 범위가 축소함에 따라 그들 각자에게 올바른 통찰과 훈련된 판단을 구할 수가 없다는 것, 또 그들에게 복무규정과 경험이 주는 이외의 통찰을 기대할 수 없을 경우에는 효과면에서 이것과 거의 맞먹는 방법주의를 가지고 그들을 다루어야 한다는 것이다. 그렇게 되면 방법주의는 하급 지휘관에게 판단의 단서를 줄뿐만 아니라 그들의 두서없는 착오를 방지할 수가 있을 것이다. 실제로 그들이 때때로 저지를지 모르는 이와 같은 잘못은 경험의 대가가 매우 비싼 영역에서는 특히 조심해야 한다.

이와 같이 방법주의는 전쟁에서 없어서는 안 되는 것이지만, 그러나 그 밖에도 방법주의에서 생기는 적극적인 이익을 인정하지 않을 수 없다. 그것은 동일 형식을 되풀이해서 훈련함으로써 부대 지휘에서의 숙련도, 정확성이나 확실성이 터득된다는 것이다. 이들 특질은, 전쟁에 따라다니기 마련인 마찰을 감소시키고 기계의 원활한 운전을 가능하게 하기 때문이다.

따라서 방법은 군사적 행동이 차차 하급 지휘관의 손에 위임됨에 따라 더욱 자주 사용되고 또 없어서는 안 되는 것이다. 이에 반해서 지휘관의 지위가 올라감에 따라 방법 사용은 차차 감소되고, 최고 지위에 이르면 전혀 사용하지 않게 된다. 그러므로 방법은 전략에서보다도 전술에서 많이 사용된다.

전쟁을 그 최고의 입장에서 규정해 보자. 전쟁은 각기 특수한 방식으로 처리되어야 할 결정적인 대규모 사건으로 이루어져 있는 것으로, 무수한 작은 사건의 잡다한 집합이 아니라는 것을 알게 된다. 이와 같은 작은 사건이라면 저마다 조금씩 다르다고 해도, 결국은 비슷비슷한 것이므로 방법의 좋고 나쁨에 따라 좋게도 나쁘게도 일괄해서 처리할 수가 있을 것이다. 본디 전쟁은, 논에 난벼의 모양에 상관없이 큰 낫의 성능 여하에 따라 좋게도 나쁘게도 베어지는 논밭과 같은 것은 아니다. 전쟁은 말하자면 몇 그루의 큰 나무이다. 이것을 벌채할 때에는 각기 나무줄기의 성질과 방향에 따라 충분히 생각해서 도끼를 대야 하는 것이다.

군사 행동에서 방법주의가 어느 정도까지 적용될 수 있는지는 본디 지휘관의 지위에 따라서 정해지는 문제가 아니고 방법을 적용해야 할 대상에 의해 정해질 사항이다. 다만 최고의 지위에 있어서는 장수의 활동 대상이 광범위하게 걸치기 때문에, 방법주의는 이러한 지위에는 거의 관계가 없다. 일정불변의 전투 서열, 전위나 전초의 일정불변한 배치는 어느 것이나 방법이지만 이에 구애되면 장수는 부하뿐만 아니라 자기 자신까지도 속박하게 된다. 확실히 장수가 스스로 방법을 안출하여 이것을 정세에 적합하게 만드는 경우도 있다. 이와 같은 방법으로도 군대와 무기의 일반적 특성에 입각하고 있기만 하면 역시 이론의 대상이 될 수가 있다. 이에 반해서 전쟁 계획이나 전역(戰役) 계획까지가 방법에 의해 규정되고, 마치 기계에서 이미 다 된 제품이 나오는 것처럼, 이들 계획이 방법에 의해서 기계적으로 작성되게 된다면 이러한 방법은 절대로 배척되어야 한다.

전쟁 지도에 관해서 볼만한 이론이 나타나지 않는 한, 다시 말하면 이치가 닿는 고찰이 시도되지 않는 한 방법주의는 비교적 고급 지위에서의 행동에서도 상당히 만연되지 않을 수가 없다. 왜냐하면 이러한 행동을 임무로 하는 고급 지휘관 중에는, 연구와 그들의 높은 지위에 어울리는 생활 사정에 의해서, 자기 정신을 연마할 수 없는 사람들이 있기 때문이다. 실정에 어둡고 모순투성이의 논의를 능사로 삼는 이론이나 비판에 성이 차지 않는 사람들은, 자기 상식에만 의존하고 일괄적으로 이론이나 비판을 배척하려고 한다. 따라서 그들은 경험에서 얻은 통찰력밖에 가지고 있지 않은 것이다. 그렇게 되면 그들은 자유로운 취급이 가능하고 또 이것을 필요로 하는 경우에도 경험이 주는 수단을 사용하고 싶어 하는 것이다. 그러나 그 수단이라고 하는 것은 최고 장수의 독특한 방법을 모방하는 데 지나지 않는다. 이렇게 해서 방법주의가 발생한다. 프리드리히 대왕은 이른바 '사선형(斜線形) 전투 대형'[2]이라는 것을 상용했다. 또 프

---

2) 사선형 전투 대형은 18세기 후반에 특히 우세한 적을 공격할 경우 자주 사용되던 전술상의 형식이다. 공격 부대는 적 정면에 대해 비스듬한 대형으로 전진하여, 처음으로 적과 접촉하는 강력한 쪽 날개는 대치하는 적의 보병 부대를 압도하여 측방 또는 배후에서 적군을 공격한다. 한편 약세 쪽 날개는 아직 공격당하지 않고 있는 적 부대가 전투에 투입되는 것을 방해

랑스혁명 시대의 여러 장성들은 연장된 전투선을 가지고 하는 포위를 도처에서 적용했다. 또 나폴레옹 휘하의 하급 장군들은 집중된 대부대의 거창한 힘으로 적진에 대해 맹렬히 돌진을 시도하는 식이다. 이렇게 보면 같은 방식의 반복은 분명히 모방된 방법이라는 것을 알 수가 있다. 그리고 또 방법주의가 최고 지위까지 이른다는 것을 알 수가 있다. 그러나 앞으로 이론이 진보해서 전투 지도의 연구를 용이하게 하여, 상급 지위로 올라가는 장수들의 정신과 판단력을 훈육하게 되면 방법주의도 거기까지는 미치지 않게 될 것이다. 또 그렇게 되면 방법주의도 거기에서 없어서는 안 되는 것이라면 적어도 이론 그 자체에 의해서 직접 채택되어 단순한 모방으로 생기는 일은 없을 것이다. 비록 뛰어난 장수가 제아무리 훌륭한 공적을 세워도 그가 그것을 성취한 방식에는 주관적인 것이 섞여 있다. 또 그가 일정한 수법을 싱용한다 해도 그 속에는 그의 개성이 충분히 나타나 있는 것이다. 그리고 이 개성은 그의 수법을 모방하는 사람의 개성과 반드시 일치하는 것은 아니다.

아무튼 이 주관적 방법주의나 수법을 전쟁 지도에서 추방하는 일은 가능하지도 않고 또 올바른 처사가 아니다. 우리는 오히려 이 방법주의를 생각하기를, 어떤 전쟁의 특이성이 그 전쟁의 개개 현상에 미친 영향의 발현이라고 보아야 한다. 그리고 이론이, 이러한 방법주의의 발생을 미리 알고 이것을 고찰 중에 도입하지 않는 한, 방법주의를 감수하는 수밖에 없다. 프랑스혁명이 전쟁 지도에서 독특한 성격을 띠고 있었다는 것은 당연한 일이다. 그러나 당시에 이 혁명전쟁에서 독특한 전쟁 지도를 알아차린 이론이 있었을까? 이와 같은 경우, 폐해는 개개의 구체적인 사례에서 발생한 수법이 이윽고 시대에 뒤떨어진 것이 되었다는 데에 있다. 정세는 모르는 사이에 변화하는데 수법만은 여전히 구태의연했기 때문이다. 이것이야말로 이론이 이치가 닿는 명쾌한 비판으로 저지해야 할 일이다. 1806년 예나 회전[3]에서 프로이센 여러 장성의 동정을 보면, 루이 친왕[4]

한다.

3) 예나 회전(1806. 10. 7~14)에서 프로이센군은 나폴레옹 때문에 격멸적인 패배를 겪었다.

4) 루이 친왕(Prinz Louis Ferdinad)은 통칭이고, 본명은 루드비히(Ludwig Friedrich Christian, 1772~1806). 프리드리히 대왕의 맨 아래 동생 페르디난트의 아들. 예나 회전에서는 전위부대로서 활약했으나 잘펠트에서 전사했다.

은 잘펠트[5]에 있고, 타우엔치엔[6]은 예나 부근의 도른베르크산에 진을 쳤다. 또 카펠렌도르프 마을[7]의 전방에는 그라베르트[8]가, 또 같은 마을 후방에는 뤼헬[9]이 포진하고 있었다. 그리고 이들 여러 장수는 누구나 프리드리히 대왕의 '사선형 전투 대열'과 함께, 거기에 크게 입을 벌리고 있던 파멸의 심연으로 떨어져 버린 것이다. 사태가 이렇게 된 것은, 이미 시대에 뒤떨어진 수법 때문이 아니라 방법주의의 피해를 입은 여러 장성의 되돌릴 수 없는 정신적 빈곤에도 책임이 있다. 그들은 이러한 빈곤 정신을 가지고 회전(會戰)에 임하여 마침내 호헨로헤[10]군으로 하여금, 이제까지 전투에 참가한 그 어떤 군도 경험한 적이 없는 참패[11]를 맛보게 한 것이다.

---

5) 잘펠트(Saalfeld). 잘강 왼쪽에 있는 도시.

6) 타우엔치엔(Tauentzien, Friedrich Bogislav von, 1760~1824). 프로이센 장군으로 군사 평론가.

7) 카펠렌도르프(Kapellendorf). 예나 부근의 마을.

8) 그라베르트(Grawert, Julius August, 1746~1821). 프로이센 장군. 사단장으로서 예나 회전에 참가했다.

9) 뤼헬(Rüchel, Ernst Wilhelm Friedrich von, 1754~1823). 프로이센 장군.

10) 호헨로헤(Hohenlohe, Friedrich Ludwig, 1746~1818). 프로이센 장군.

11) 프로이센군의 손해는 사상 12,000명, 프랑스군은 포로 15,000명, 사상은 4000명 이하.

제5장
비판

이론적 진리가 실천적 생활에 미치는 영향은, 학설에 의하는 것보다도 오히려 비판에 의하는 쪽이 크다. 비판은 이론적인 진리를 실제로 일어난 일에 적용하는 것이므로, 진리를 실제 생활에 가깝게 할 뿐만 아니라, 진리의 적용을 끊임없이 되풀이함으로써 지성을 신리에 익숙해지도록 하기 때문이다. 우리는 앞장에서 이론을 고찰하는 관점을 확정했다. 그래서 이 장에서는 비판을 고찰하는 관점을 확립하고자 하는 것이다.

역사적 사건을 있는 그대로 서술하는 것과, 이것을 비판적으로 서술하는 것은 전혀 별개의 사항이다. 전자는 단순히 사건을 나열할 뿐으로 기껏해야 가장 가까운 인과관계에 대해서 언급하는 것이 고작이다.

그런데 이 비판적인 서술 쪽에는 각기 다른 세 가지 지적 활동이 포함된다.

첫째는 의심스러운 사실을 역사적인 관점에서 탐구하고 확정하는 일이다. 이 것은 본래의 역사적 연구로 이론과는 전혀 관계가 없다.

둘째는 원인으로 결과를 설명하는 일이다. 이것이 곧 본래의 비판적 연구로서 이론에서 빼놓을 수 없다. 이론에서 탐구되는 대상 중, 경험에 의해서 확인되고 지지되어 적어도 설명되지 않을 수 없는 것은 모두 이 방법으로밖에 해결될 수 없기 때문이다.

셋째는 군사적 행동에서 사용된 수단을 검토하는 일이다. 이것이 본래의 비판이고, 이 비판에는 칭찬과 비난이 포함된다. 그리고 이 경우에 전사(戰史)에 쓸모가 있는 것, 또는 오히려 전사에서 도출되는 교훈에 쓸모가 있는 것이 곧 전쟁 지도의 이론이다.

둘째와 셋째는 역사적 고찰에서 본래의 비판적 부분을 이루는 것인데, 이들 부분이 노리는 것은 모든 것을 궁극적인 요소까지 철저하게 추궁하여, 의심할 여지가 없는 진실에 도달하는 데에 있다. 따라서, 이러한 경우에 흔히 있는 것처럼, 자의적인 가정이나 상정(想定)을 설정하여 도중에서 추구(追究)의 손을 늦춰서는 안 된다.

원인으로 결과를 설명하는 방식에 대해서 말하자면, 이러한 설명은, 외적인, 더욱이 제거하기 어려운 곤란을 자주 만나게 된다. 그것은 사건의 참다운 원인을 전혀 알 수 없다는 것이다. 인생의 여러 가지 영위 가운데서 전쟁만큼 이러한 곤란한 사정이 빈번하게 일어나는 영역은 없다. 전쟁에서는 모든 일을 남김없이 안다고 하는 것은 매우 드문 일이다. 하물며 그 동인(動因)에 대해서는 더더욱 그렇다. 이러한 동인은 장수에 의해서 고의로 은폐되거나 또는 동기가 그때뿐인 우연적인 것이라면 역사에 자취를 남기지 않기 때문이다. 그렇기 때문에 비판적 서술은 되도록 역사적 연구와 손잡고 나아가야 한다. 그러나 그래도 때로는 원인과 결과 사이가 서로 어긋나서, 비판은 제시된 결과를, 이미 알려진 원인에서 필연적으로 생긴 것이라고 볼 수가 없는 경우가 있다. 그렇게 되면 비판적 서술과 역사적 연구 사이에는 아무래도 틈이 생기지 않을 수가 없다. 다시 말하면 역사적 연구에 의한 결과는 지휘관에게 교훈으로서의 쓸모가 없는 것이다. 그래서 이론으로서 요구할 수 있는 것은, 비판적 연구는 이러한 틈까지는 확실하게 이루어질 수 있지만, 모든 추론은 거기에서 매듭지어야 한다. 이전의 요건이 결과를 설명하는 데에 충분하다고 해서 이 요건에 그릇된 중요성이 주어지면, 중대한 폐해가 생기게 되기 때문이다.

비판적 연구에는 이러한 외적인 곤란 외에도 또 매우 큰 내적인 곤란이 있다. 그 첫째는 전쟁에서는 결과가 하나의 원인에서 생기는 일은 오히려 드물고, 대개는 약간의 공통된 원인에서 생긴다고 하는 것이다. 두 번째는 편견이 없는 성실한 의지를 가지고 사건의 계열을 그 시초까지 거슬러 올라가는 것만으로는 충분치 않고, 공통된 원인 하나하나에 대해서, 결과에 관여하고 있는 몫을 저마다 결정해야 한다는 것이다. 그렇게 되면 개개의 원인의 성질을 보다 자세히 연구하는 것이 되어 비판적 연구는 이론의 본디 영역으로 들어가게 된다.

비판적 고찰, 즉 전쟁에서 사용된 수단을 검토하는 일은, 이들 수단에 특유한 효과는 어떠한 것인가, 또 이들 효과는 장수가 본디 의도한 것인가 어떤가 하는 문제를 유발한다.

그런데 사용된 수단에 특유한 효과가 문제가 되면 우선 이들 수단의 성질이 연구되어야 한다. 그렇게 되면 또 이 연구가 이론의 영역으로 들어가게 된다.

앞서 말한 바와 같이, 비판의 본 임무는 의심이 파고들 여지가 없는 진실을 얻는 데에 있다. 따라서 자기에게밖에 적용되지 않는 제멋대로의 설을 꺼내서는 안 된다. 이러한 설에는 또한 제멋대로의 주장이 이에 대항하게 되어 결국 논의는 서로가 자기에게 유리한 이론만 내세워 한없이 계속되고, 서로가 납득할 만한 결론에 도달할 리가 없으므로 교훈을 얻는 일은 허사로 돌아갈 것이다.

위에서 말한 바와 같이, 원인의 연구든 수단의 검토든, 어느 것이나 이론의 영역, 즉 보편적 진리의 영역으로 편입되는 것이다. 그러나 보편적 진리는 단순히 눈앞의 개별적인 경우에서 생기는 것이 아니다. 그런데 만약에 사용할 만한 이론이 이미 존재한다면, 비판적 고찰은 이러한 이론에서 결정되어 있는 것을 그대로 사용할 수가 있으므로, 연구는 여기에서 매듭지어도 좋다. 그러나 이러한 이론적 진리가 아직 확립되어 있지 않았으면, 궁극의 요소에 이를 때까지 연구를 계속해야 한다. 그래서 이러한 연구의 필요성이 자주 생기면, 연구자는 말하자면 나무를 보고 숲을 보지 않는다는 결과에 이르지 않을 수가 없다. 그렇게 되면 그는 일에 쫓겨 마음껏 연구할 수가 없게 된다. 그래서 그는 자기의 고찰에 한계를 지우기 위해 멋대로의 설을 주장하는 것이다. 그의 설은 그에게는 멋대로 주장한 것이 아닐지도 모르지만 다른 사람의 입장에서 보자면 역시 제멋대로의 주장밖에 되지 않는다. 이러한 독단적인 생각이 증명을 기다리지 않는 자명한 이치일 리가 없기 때문이다.

결국 모순을 포함하지 않는 이론이 비판의 본디 바탕인 것이다. 따라서 비판은 이성을 만족시킬 만한 이론의 원조가 없으면, 교훈의 목적을 달성할 수가 없는 것이다. 다시 말하면 식자를 납득시킬 만한 논증도 아니고 또한 반발을 허락하지 않는 지견(知見)도 아닌 것이다.

이론의 본분은 추상적 진리의 탐구에 있고, 이에 반해서 구체적인 사례를 알맞은 법칙 아래 포섭하는 것은 오직 비판이 할 일이라고 해서, 이러한 진리가 가능하다고 생각하는 것은 헛된 기대에 지나지 않는다. 그렇다고 해서, 비판은 신성한 이론의 영역을 한정하는 경계에 이르면, 곧 발길을 돌려야 한다고 생각하는 것은, 이것 또한 융통성 없는 가소로운 벽론(僻論 : 도리에 맞지 않는 한편으로 치우친 언론)이다. 이론을 창출하는 것은 분석적 연구의 정신이지만, 이 같은 정신이 또한 비판의 일을 지도하게 되는 것이다. 이 정신은, 때로는 이론의 영역에 발을 들여놓아 자신에게 특히 중요하다고 여겨지는 점을 명백히 할 수가 있고, 또 그렇게 해도 지장이 없다. 따라서 만약에 비판이, 이론을 기계적으로 적용하는 것을 능사로 한다면, 오히려 비판의 목적을 벗어나게 될 것이다. 이론적 연구의 적극적 성과인 이 원칙, 규칙 및 방법 등은, 이론이 적극적 학설을 지향함에 따라, 더욱더 보편성과 절대적 진리성을 잃게 되는 것이다.

이와 같은 것들은 본디 사용하기 위해 있고, 이것들이 적절한가의 여부에 대한 판단은 지휘관의 판단에 위임되어야 한다. 그런데 비판은, 이론의 이러한 성과를 법칙이나 규범으로서 비판의 척도에 상용해서는 안 된다. 이와 같은 것들은 지휘관에게 판단의 단서로서 도움이 되는데 지나지 않는다. 일반적인 통상의 전투 대열에서, 기병은 보병과 같은 줄이 아니고 항상 보병의 후방에 배치된다고 하는 것은 전술에서 상식적인 일이다. 그러나 그렇다고 해서 이 방식에서 벗어난 배치를 일괄적으로 비난하는 것은 어리석은 일이다. 비판은 이와 같은 일탈이 이루어진 근거를 연구해야 하고, 만약에 그 이유가 불충분하다면 이론에 그 확정을 요구하는 권리를 갖는다. 공격을 나누어서 행하면 성공 확률은 감소된다는 주장 또한 이론에서 확정되어 있다. 그러나 분할된 공격과 불리한 결과가 우연히 결부되었다고 해서, 이들의 관계를 자세히 연구하지도 않고, 불리한 결과를 분할된 공격에서 생긴 것이라고 여기거나, 그와는 반대로 분할된 공격에서 유리한 결과가 생겼다고 해서 그 이론적인 주장은 맞지 않다고 추론하는 것은 모두 조리에 맞지 않다. 따라서 비판에서의 연구적 정신은 둘 가운데 그 어느 것도 인정할 수가 없다. 요컨대 비판을 지탱하는 것은 주로 이론에서의 분석적인 연구의 성과이다. 비판은 이론에서 이미 해결된 것을 비판 자체가 새삼 새롭게 확정할 필요는 없다. 이론에서 확정된다고 하는 것은 다름 아닌 비판이 그것을 확정된 것으로서 사용해도 좋다는 것을 뜻한다.

비판의 이러한 임무는 원인에서 어떤 결과가 생겼는지, 또 사용된 수단이 그 목적에 적합했는지의 여부를 연구하는 데에 있다. 그러나 이러한 일이라면 원인과 결과, 목적과 수단이 접근해 있으면 그다지 어려운 일은 아니다.

어느 군이 기습을 당하여, 그로 인해 그 부대의 능력을 정상적인 방식으로 상용할 수가 없다고 한다면, 이 기습에 의한 결과는 분명하다. 또 회전에서, 포위 공격은 성과가 큼에도 불구하고 성과의 확실성이 적다고 하는 것은 이론에서 확인되어 있다. 그러면 문제는, 포위 공격이라고 하는 수단을 적용하는 지휘관이, 애초부터 큰 성과를 의도했는지 어떤지 하는 일이다. 만약에 그가 큰 성과를 계획하고 실제로도 큰 성과를 거두었다면, 그가 사용한 수단은 올바르게 선택되었다고 해도 좋다. 더욱이 그 동기가 단지 특수한 사정에 의한 것이 아니라 포위 공격의 일반적 성질에 입각해 있다고 한다면 그는 수단의 성질을 오인한 것이 된다.

그러나 이러한 경우라면, 군사적 연구 및 검토는 그다지 곤란하지 않다. 또 고찰을 원인이나 수난에 관해서 가상 가까운 결과나 복적에 한정한다면 보다 쉬울 것이다. 전체와의 연관성을 도외시하고, 사태의 한정된 관계에서만 고찰한다면, 이러한 일을 마음대로 할 수 있기 때문이다.

그러나 전쟁에서는—대체로 세상의 모든 일도 마찬가지지만—모두가 관련되어 하나의 전체를 이룬다. 따라서 그 어떤 사소한 원인이라도 그 결과는 군사적 행동의 종국에까지 영향이 미쳐, 아무리 사소하다 해도 궁극적인 성과에 변화를 준다. 이와 마찬가지로 그 어떤 수단으로도 그 효과는 궁극적인 목적에까지 이르는 것이다.

그렇다면, 하나의 원인에서 생기는 여러 가지 결과를 추구해서, 관찰할 만한 가치가 있는 사소한 현상에까지 갈 수가 있는 셈이다. 수단과 목적의 관계도 이와 같다. 즉, 가장 가까운 목적을 위한 수단으로 검토할 뿐만 아니라, 이러한 목적 그 자체를, 한층 높은 목적을 위한 수단으로써 검토할 수 있다. 이렇게 해서 서로 종속 관계를 이룬 목적의 계열을 거슬러 올라가 이제는 검토를 필요로 하지 않는 목적에까지 이를 수가 있다. 또 검토를 필요로 하지 않는 것은, 이러한 목적은 그 필연성에 관해서 의심할 여지가 없기 때문이다. 그런데 대부분의 경우—특히 결정적인 대규모 방책이 문제가 되는 경우에는, 고찰은 궁극적 목적까지, 즉 강화를 직접 준비할 수 있는 수단에까지 이르러야 한다.

이와 같이 목적의 계열을 거슬러 올라감에 따라 신기한 단계에 이르고, 그와 동시에 판단 또한 신기한 입장을 취하는 것이다. 따라서 어떤 입장에서는 유리하다고 여겨지는 수단도, 다음의 더 높은 입장에서는 부정되어야 할 경우가 있다.

군사 행동을 비판적으로 고찰할 경우에는, 현상의 원인을 구명하는 일과, 목적을 달성하기 위해 사용되는 수단을 검토하는 일과는 항상 병행해서 이루어져야 한다. 검토 대상이 될 만한 가치가 있는 것이 무엇인가는 원인을 구명함으로써 비로소 판명되기 때문이다.

그런데 인과의 계열을, 혹은 위로(원인을 구해서), 혹은 아래로(결과를 구해서) 추구하는 일에는 커다란 곤란이 뒤따른다. 어떤 일의 원인을 탐구할 경우, 그 원인이 결과로써 나타난 일에서 멀어짐에 따라, 그 밖의 원인도 아울러 생각해야 하고, 또 이들 원인이 이 현상에 관여하고 있는 경우의 각 지분을 판별해야 한다. 현상이, 원인으로서 인과적 계열의 상위를 차지함에 따라서 더욱 많은 힘이나 사정이 여기에 가해져서 결과에 영향을 미치기 때문이다. 회전에 패배했을 때 패전의 여러 원인을 구명할 수 있었다고 하자. 그러면 이들 원인은, 이 패전이 전쟁 전체에 미치는 결과에 대한 원인의 일부분이라는 것은 틀림없으나, 그것은 결국 일부분에 지나지 않으며, 전쟁 전체의 궁극적인 결과에는 그 밖에도 다른 원인에서 생기는 결과가 많건 적건 간에 유입하게 된다.

수단을 검토할 경우에도, 비판하는 입장이 높아짐에 따라 그 대상도 다양해진다. 목적과 수단의 종속적 계열에서 목적이 차차 상위를 차지함에 따라 이 목적을 이루기 위한 수단의 수도 많아지기 때문이다. 전쟁의 궁극 목적은 전쟁에 참가하는 전군에 의해서 동시 추구된다. 따라서 이 궁극적 목적을 달성하기 위해서 생긴, 또는 실제로 생기지 않았어도 발생할 수 있다고 여겨지는 모든 일을 고찰할 필요가 있다.

이러한 고찰은 때로 대단히 넓은 범위에 걸치므로 쉽게 혼란에 빠질 수가 있어서 곤란은 매우 커진다. 그래서 실제로는 생기지 않았지만 생길 가능성이 있는 사태, 그래서 고찰에서 절대로 제외시킬 수 없는 사태에 대해서 많은 가정을 설정해야 하는 것도 분명하다.

1797년 3월에 나폴레옹은 이탈리아 원정군을 이끌고 타글리아멘토강[1]으로

---

1) 타글리아멘토강(Tagliamento). 상부 이탈리아의 강, 아드리아해로 흘러들어간다.

부터 진출한 카를 대공[2]의 군을 공격했다.[3] 당시 나폴레옹의 의도는 라인강으로부터 도착하도록 되어 있는 원군이 대공의 군대와 합류하기 전에 대공과 결전을 벌이는 일이었다. 만약에 이 결전에만 착안한다면 나폴레옹이 사용한 수단은 적절하게 선택된 셈이고 또 실제의 성과도 이를 증명하고 있다. 대공의 병력은 열세여서 그는 타글리아멘토 강변에서 한 번의 저항을 시도했을 뿐이었다. 그는 나폴레옹군이 강력하고 결전의 결의가 확고함을 깨닫자 바로 전장을 포기하고 또 노릭 알프스[4]의 몇몇 입구도 포기했다. 한편 나폴레옹은 이 행운의 성과로 무엇을 목표로 삼을 수 있었을까. 나폴레옹은 이 승리로 무엇을 바랐을까? 그의 의도는 오스트리아의 수도 빈으로 진격하고, 또 모로[5]와 오슈[6]가 이끄는 두 라인군의 진격도 용이하게 해서 두 장군과 긴밀하게 연계하는 데에 있었다. 나폴레옹은 전세를 이외 같이 관찰했다. 이 관점에서 볼 때 그의 의도는 확실히 정확했다.

그러나 비판이 보다 높은 입장을 취하게 되자, 다시 말하면 라인강변의 전역이 6주 뒤에 개시되는 것으로 전망되고 이러한 전망을 하지 않을 수 없었던 프랑스 총재 정부[7]의 입장에서 말하자면 나폴레옹이 노릭 알프스를 넘어 진출한 것은 대단한 모험이었다. 만약에 슈타이어마르크[8]에 있는 오스트리아군이 라인강에서 강력한 예비군을 소집하여, 태공이 이 예비군으로 이탈리아 원정군을 공격했다면 나폴레옹군은 괴멸했을 뿐만 아니라 모든 전쟁도 실패로 끝났을 것이다. 나폴레옹은 필라흐[9]에서 처음으로 이러한 생각에 이르러 사태가 중요하다는 것을 깨달았다. 그래서 그는 레오벤[10]에서의 휴전 제의에 선뜻 응한

---

2) 카를 대공(Karl Ludwig Johann, 1771~1847). 오스트리아 대공, 원수. 또 군사 평론가로서도 알려져 있다.
3) 타글리아멘토 강변의 전투는 3월 15일 있었고 나폴레옹이 승리를 거두었다.
4) 노릭 알프스(Norische Alpen). 동부 알프스.
5) 모로(Moreau, Jean Victor, 1763~1813). 프랑스 장군.
6) 오슈(Hoche, Lazare, 1768~1797). 프랑스 장군.
7) 당시 총재 정부는 5인 총재에 의해 구성되어 있었다(1795~1799).
8) 슈타이어마르크(Steiermark). 오스트리아의 주. 빈 서남쪽에 있는 산지.
9) 필라흐(Villach). 오스트리아 남부 도시.
10) 레오벤(Leoben). 오스트리아 동부 슈타이어마르크 주의 도시. 이 땅에서 오스트리아와 프랑스 사이에 예비 강화가 성립되었다(1797. 4. 18).

것이다.

그런데 비판이 한층 그 관점을 높여서 당시 오스트리아군이, 카를 대공과 빈 사이에 전혀 예비군을 가지고 있지 않았다는 사실을 안다면, 나폴레옹의 이탈리아 원정군의 진출에 의해 빈이 실제로 위협받을 수 있었다는 것을 알 수가 있다.

만약 나폴레옹이 당시의 실정, 즉 오스트리아의 수도가 이탈리아 원정군에 대해서 무방비임을 알고 있고, 또 그의 군이 슈타이어마르크에서조차 카를 대공의 군에 대해서 결정적인 우세를 유지하고 있음을 알고 있었다고 한다면, 그가 오스트리아 제국의 심장부 빈을 향해 진격한다는 것은 결코 목적에 위배되는 일이 아니다. 이 진격의 가치는, 오스트리아군이 빈의 유지에 두고 있는 가치와 맞먹기 때문이다. 만약에 오스트리아군이 인정하고 있는 이 가치가 크고, 빈을 잃기보다는 오히려 나폴레옹이 제출한 강화조약을 수락하는 편이 낫다면 빈을 위협한다는 것은 다름 아닌 궁극적인 목표로 여겨도 좋다. 나폴레옹이 이와 같은 사정을 그 어떤 이유에 입각해서 알고 있다고 한다면, 비판을 여기에서 그쳐도 상관이 없다. 그러나 그것이 아직도 의심스럽다면 비판은 보다 높은 관점에 서서, 만일 오스트리아군이 빈을 포기하고 국내의 광대한 오지로 후퇴한다면 도대체 어떻게 되었을까 하는 문제가 제기되지 않을 수가 없다. 그리고 이 문제는, 오스트리아 측의 라인군과 프랑스 측의 라인군과의 사이의 회전이 이루어진다고 하는 가정 아래, 거기에서 생길 것으로 여겨지는 결과를 고려에 넣지 않는 한 해결될 수 있는 것이 아니다. 그러나 프랑스군은 오스트리아군에 대해서 결정적으로 우세하므로 (13만 명에 대한 8만) 프랑스군에게 승리가 돌아가리라는 것은 의심할 여지가 없다. 그렇게 되면 여기에서 또 문제가 생긴다. 즉 프랑스의 총재 정부는 이 승리를 어떠한 목적으로 이용할까? 오지에 깊숙이 퇴각하는 오스트리아군을 승리의 여세를 더욱 몰아세워 그 전투력을 분쇄하거나 완전히 타도할 것인가 말 것인가? 그렇지 않으면 오스트리아 국토의 주요 부분을 공략해서 강화 때 교환 물건으로 삼을 것인가 하는 문제이다.

이 두 경우에 대해, 거기에서 생길 수 있는 결과를 하나하나 생각한 다음 총재 정부는 비로소 그 어떤 길을 택할 것인가 결정할 수 있다. 가령 이 고찰이 다음과 같은 결론에 도달했다고 하자. 즉 오스트리아 제국을 완전히 타도하기 위해서는 프랑스의 전투력은 프랑스군이 지나치게 약소하므로 이러한 기도는 이윽고 사태의 급변을 가져올 것이다. 또 프랑스군이 오스트리아 국토의 중요 부분의 공략과 영유를 전략적 관계로 끌어들인다 해도 프랑스군의 병력으로는 아마도 이러한 점령 상태를 유지할 수가 없었을 것이라고. 이와 같은 결과에 도달했다고 하면, 이것은 나폴레옹의 이탈리아 원정군의 정황판단에 영향을 미쳤음에 틀림없고, 또 이탈리아 원정군은 고대한 희망을 가질 수 없음을 깨닫지 않을 수 없었을 것이다. 실제로 이와 같은 사정이 있었기 때문에 나폴레옹은 카를 대공이 고립무원의 상태에 있다는 것을 알면서도 관대한 조건으로 캄포포르미오의 강화조약[11]을 체결한 것이다. 확실히 이 강화조약이 오스트리아에 부과한 희생은 불과 몇 개 주의 상실에 지나지 않았다. 더욱이 이들 주는 비록 오스트리아가 전역에 승리를 얻었나 해도 다시 발환할 수 있는 가망이 없었다. 그러나 경우에 따라서 프랑스군은 캄포포르미오의 소극적인 강화조차 기대할 수 없었을 것이다. 따라서 또 이 강화를 대담한 진격의 목적으로 할 수가 없었을지도 모르는 일이다.

따라서 다음에 오스트리아 측의 두 가지 고찰은 프랑스군에게는 뜻하지 않은 행운이었다. 제1의 고찰은 다음 문제에 귀착된다. 즉 오스트리아군은 두 가지 결과(나폴레옹에 의한 오스트리아군의 격멸과 영토의 공략)에 각기 어떠한 가치를 인정하고 있었을까? 오스트리아군은 그 어느 경우에도 궁극의 승리를 얻는 것이 확실할지 모른다. 그러나 이러한 승리는 전쟁을 계속했기 때문에 필연적으로 생기지 않을 수 없는 많은 희생을 치를만한 것일까? 이러한 희생은 그다지 불리하지 않은 조건의 강화에 의해서 피할 수 있는 것이 아닐까? 이런 문제이다. 제2의 고찰은 다음과 같은 문제에 귀착된다. 즉 오스트리아 정부는, 저항을 계속하면 어쩌면 거둘지도 모르는 궁극적인 성과라는 것을 적절하게 고려하고 있는지의 여부, 또 눈앞의 불리한 전황에서 받는 인상에 압도되어 무기력에 빠질 염려가 없는가 하는 문제이다.

---

11) 캄포포르미오(Campoformio). 상부 이탈리아의 마을. 앞서 레오벤에서 프랑스와 오스트리아 사이에 맺어진 예비 조약에 입각하여 이 땅에서 본조약이 체결되었다(1797. 10. 1). 오스트리아는 이 강화조약에 의해서 오스트리아령 네덜란드의 몇 개 주, 즉 미라노 및 마투아 등을 프랑스에 양도했다.

첫 번째 문제에 관한 고찰은 결코 쓸데없는 탐색이 아니라 실제로 결정적인 힘을 가지고 있다. 따라서 매우 중대한 계획이 세워질 경우에는 이 고찰이 반드시 나타나게 되고, 또 이 계획을 자주 저지하는 것도 바로 이 고찰이다.

두 번째 고찰 역시 중요하다. 전쟁 상대는, 추상적인 적이 아니라 현실적인 적이므로, 교전자는 항상 이와 같은 적을 염두에 두고 대책을 강구해야 하기 때문이다. 과감한 나폴레옹은 이 관점을 소홀히 하지 않았다. 다시 말하면 그는 무력을 행사하기에 앞서 적을 공포에 빠뜨릴 자신에 넘쳐 있었다. 이 자신감이 있었기 때문에 그는 1812년[12]에 모스크바를 향하여 진격한 것이다. 그런데 이 자신도 모스크바에서는 소용이 없었다. 나폴레옹에 대한 공포감은 프랑스군과 몇 차례의 대투쟁을 경험한 가운데 이미 얼마간 둔화되고 있었다. 그러나 1797년에는 이 공포가 아직은 생생했고 게다가 또 철저한 저항이라고 하는 비결도 아직 발명되지 않았었다. 그럼에도 만약에 그가—흔히 말하듯이—불리한 결과를 예감해서 캄포포르미오의 강화에 타개책을 찾지 않았다면, 1797년에도 그는 자기의 예감을 믿고 실패를 초래했을 것이다.

우리는 이 고찰을 여기에서 매듭지어야 한다. 요컨대 비판적 고찰이 궁극적인 목적까지 거슬러 올라갈 경우에, 다시 말하면 필연적으로 고찰의 대상이 되지 않을 수 없는 대규모적인 결정적 수단을 논할 경우에, 이러한 고찰이 해결해야 할 문제는 광대한 범위에 걸치고, 다종다양한 데다가 많은 어려움에 부딪히게 된다. 그러나 위에서의 고찰은 이와 같은 사정을 설명하기 위한 실례로서는 충분하다고 생각한다. 또 비판적 고찰의 가치를 현저하게 높이기 위해서는 대상을 이론적으로 통찰하는 것 외에 타고난 재능이 필요하다는 것이 위의 고찰에서 분명해졌다. 실제로 사태의 연관성에 빛을 대고 복잡하게 뒤얽힌 무수한 현상에서 본질적인 것을 분리하는 일은 주로 이 천부적인 재능에 따라야 하기 때문이다.

그런데 이 재능에는 또 다른 용도가 있다. 비판적 고찰은 실제로 사용된 수단을 검토할 뿐만 아니라 실제로는 사용되지 않았지만 상용이 가능했던 수단도 고찰해야 한다. 따라서 이들 가능적 수단은 비판적 고찰에서 비로소 다루어

---

12) 나폴레옹의 러시아 원정(1812. 6. 12).

지고 제시되어야 한다. 말하자면 발명되어야만 하는 것이다. 실제로 사용된 수단이 안 된다고 한다면, 그보다 뛰어난 다른 수단을 제시하지 않으면 무의미한 것이다. 비록 대부분의 경우 이와 같은 가능적 수단이 아무리 사소하고 또 그 수가 아무리 적더라도 실제로 사용되지 않았던 수단을 열거한다는 것은 주어진 사태를 분석하는 것만으로는 불가능하다. 이것은 그야말로 자발적인 창조이고 이 창조는 전적으로 정신의 산출력(産出力)이 할 수 있는 일인 것이다.

모두가, 극히 소수의, 실제로도 가능한, 또 극히 단순한 수단에 귀착될 경우에는, 위대한 천재의 출현을 기다릴 필요도 없다. 적진지의 우회와 같은 수단이 가끔 천재의 위대한 발명으로 여기는데, 이것은 웃기는 견해이다. 그럼에도 창조적 자발성에 의한 행동은 필요하며 비판적 고찰의 가치는 이와 같은 행위를 고찰의 대상으로 할 것인지의 여부에 따라서 현서하게 좌우된다.

1796년 7월 30일, 나폴레옹은 만투아 요새[13]의 포위를 풀고 전군의 힘을 집결하여, 구원을 위해 오고 있는 적 수개 종대(縱隊)를 맞아 이를 개별적으로 격파할 방법을 결의했다. 그리고 이것은 빛나는 승리를 거두기 위한 가장 확실한 방법으로 여겨졌다. 실제로도 나폴레옹은 승리를 거두었고, 또 그 뒤에도 적의 구원군이 도찰할 때마다 같은 방법을 사용해서 더욱 빛나는 승리를 거둔 것이다. 그가 사용한 이러한 수단에 대해서는 세상 사람들이 칭찬을 아끼지 않았다.

당시 나폴레옹은 만투아를 공격할 의도를 전적으로 포기하지 않는 한 위에 적은 방법을 취할 수가 없었다. 왜냐하면 공성을 위한 병참부대를 유지할 수 없었고 이 전투 상황에서는 제2의 병참부대를 편성할 수도 없었기 때문이다. 그래서 실제로 공격은 봉쇄로 변하고 만일 공성을 그대로 계속했다면 곧 함락했을 요새는, 평지에서 나폴레옹이 수차례 전승을 했음에도 6개월이나 항전을 한 것이다.

당시의 비판은 나폴레옹이 사용한 방법을 어쩔 수 없는 해악으로 여겼다. 이 비판은, 나폴레옹이 적의 구원군을 맞아 물리친다고 한다면 이 이상 뛰어난 저항 방법은 있을 수 없다고 생각했기 때문이다. 실제로 봉쇄 보루선 내부에서 구

---

13) 만투아(Mantua). 상부 이탈리아의 요새. 오스트리아군은 이 요새에서 나폴레옹의 이탈리아 원정군에 포위되었다(1796. 7. 4). 로나토 전투(8. 3~4)를 시작으로 리볼리 전투(1797. 1. 14~15)까지 아홉 번의 큰 전투 끝에 궤멸적인 타격을 입은 오스트리아군이 항복했다(1797. 2. 2).

원군에 저항한다는 생각은 매우 평이 나쁘고 무시되고 있었기 때문에 이와 같은 수단은 전혀 고려되지 않았다. 그러나 루이 14세[14] 시대에는 이 수단이 매우 자주 사용되었고, 또 그 목적을 달성했던 것이다. 따라서 100년 뒤에는 적어도 일단은 고려되었어야 했는데 아무도 그 생각을 하지 않은 것은 이러한 수단을 무시하고 돌보지 않은 것이 당시의 유행 사상이 되어 있었기 때문이다. 만약에 이와 같은 수단의 가능성을 인정한다면 당시의 정황에 관한 보다 자상한 연구는 다음과 같은 사태가 생길 수 있었다는 것을 증명할 것이다.

즉 나폴레옹이 만투아 요새 전방의 봉쇄보루선에 배치한 4만의 군대는 세계에 자랑하는 정예 부대였다. 만약에 이 군이 견고한 보루에 의존한다면 뷔름세르(D.S. von Wurmser)가 이끄는 5만 명 구원군 같은 것은 두려워할 필요가 없었다. 따라서 이 오스트리아군은 이 보루선을 공격하는 것조차 곤란했을 거라는 것이다. 우리는 여기에서 이 주장을 더 이상 상세하게 증명할 생각은 없다. 그러나 이와 같은 가능성이 있는 수단도 실제로 사용된 수단과 함께 고찰되었어야 했던 것은 위에서 말한 설명에 의해서도 분명히 드러난다고 생각한다. 나폴레옹이 행동에 임해서 이 수단도 염두에 두었는지의 여부에 대해서 우리는 이를 결정할 생각은 없다. 그의 회상록이나 또 공개된 그 밖의 사료에는 이에 대해서 아무것도 기록이 되어 있지 않고, 그 뒤의 비판도 이에 대해서 전혀 언급을 하지 않고 있다. 요컨대 당시의 비판은 이러한 수단이 있었다는 것을 전혀 잊고 있었던 것이다. 그러나 이와 같은 수단이 있었던 것을 지적해도 그다지 큰 공적은 되지 않았을 것이다. 이 수단을 버리고 관심을 두지 않았던 당시의 유행 사상을 벗어나면 그것으로 끝났기 때문이다. 그러나 이 수단을 고려에 넣어, 이것을 나폴레옹이 사용한 수단과 비교하는 것은 확실히 필요하다. 이와 같은 비교의 결과가 어떻든 비판은 이와 같은 비교를 소홀히 해서는 안 된다.

1814년 2월에 나폴레옹이 블뤼허[15]군을 에토쥬,[16] 샹포베르,[17] 몽미라이[18] 등

---

14) 루이 14세(Louis XIV, 1638~1715). 프랑스의 왕, '태양왕'이라고 일컬어졌다.

15) 블뤼허(Bluchre, Gebhard Leberecht von, 1742~1819). 프로이센의 원수로 뛰어난 장수. '전진 원수'라고 일컬어졌다.

16) 에토쥬(Etoges). 동프랑스의 마을. 이곳 전투에서 나폴레옹은 프로이센 및 러시아 동맹국을 격파했다(1814. 2. 13~14).

17) 샹포베르(Champaubert). 동프랑스의 도시. 여기에서 동맹군은 나폴레옹에게 패배했다(1814. 2. 10).

의 전투에서 격파한 뒤, 블뤼허군에서 이탈하고 이번에는 슈바르첸베르크[19]군을 공격하여 그의 군단을 몽트로[20]와 모르망[21]에서 격파했을 때 모든 사람이 이 전과를 절찬했다. 왜냐하면 나폴레옹은 그의 주력을 이끌고 여러 곳으로 전전(轉戰)하여 동맹군이 분진(分進)에 의해서 범한 과오를 교묘하게 이용했기 때문이다. 그리고 나폴레옹이 이와 같이 도처에서 빛나는 승리를 거두었음에도 마침내 그를 구할 수 없었던 것은[22] 적어도 그에게 책임이 있는 것이 아니라는 것이 통설이다. 만일 나폴레옹이 블뤼허군에서 슈바르첸베르크군으로 방향을 돌리지 않고 계속해서 블뤼허를 공격해 라인강까지 추격했다면, 그 결과가 어떻게 되었을까—에 대해서는 오늘날까지 아무도 문제 삼지 않았다. 가령 나폴레옹이 그렇게 했더라면 아마도 1814년의 전투는 완전히 역전되어 동맹군은 파리로 향하지 않고 라인강을 넘어 퇴각했을 것이다—하는 것은 우리가 확신하고 있는 바이다. 우리는 사람들이 이 확신에 동의해 주기를 요구하는 것은 아니다. 그러나 이 양자택일이 지적된 이상, 이것을 문제 삼아야 한다는 것은 비판적 고찰을 하는 한, 아무도 이를 의심하지 않을 것이다.

여기에서 비교를 위해 든 가능한 수단은 앞의 예보다도 훨씬 알기 쉬운 것이다. 그럼에도 비판이 이것을 대수롭지 않게 생각한 것은 사람들이 일방적인 견해에 맹종해 공정한 판단이 결여되었기 때문이다.

우리가 어떤 수단을 부인할 때, 그와 대치되는 뛰어난 수단을 강구해야 한다. 그래서 하나의 독특한 비판 방법이 나타나 한결같이 쓰이는 것이다. 그것은 —말하고자 하는 한층 뛰어난 수단이라고 하는 것을 단지 열거하는 데에 그치고 필요한 끝까지 하지 않는다는 방식이다. 그 결과, 누구나가 비판을 믿지 않게 되어, 또 다른 논자도 똑같은 비판 형식을 사용하기 때문에, 결국 논리의 본 줄거리와는 상관 없는 논쟁이 생긴다. 전쟁에 관한 문헌은 모두가 이와 같은 논의

---

18) 몽미라이(Montmirail). 동프랑스의 소도시. 이 전투에서도 동맹군이 패배했다(1814. 2. 11).

19) 슈바르첸베르크(Schwarzenberg, Karl Philipp, 1771~1820). 오스트리아의 원수. 당시 동맹군의 최고사령관이었다(1813~1814).

20) 몽트로(Montereau). 동프랑스의 도시. 이곳 전투에서 동맹군은 나폴레옹에게 패배했다(1814. 2. 18).

21) 모르망(Mormant). 동프랑스의 마을.

22) 나폴레옹은 얼마 뒤 제위(帝位)에서 물러나(1814. 4. 13) 엘바섬으로 유배되었다.

투성이이다.

만약에 논자가 제시하는 수단이 탁월하다는 것이 의심의 여지가 없을 정도로 명백하면 문제는 없으나, 그렇지 않으면 우리가 요구하는 증명이 꼭 필요하다. 이 증명의 목적은 두 수단의 특성을 각기 연구해서 이들 수단을 목적과 비교하는 데에 있다. 이렇게 해서 모두가 단순한 진리로 환원되면 논쟁을 종결되지 않을 수 없거나, 적어도 새로운 결론에 도달한다. 이에 반해서 위에서 말한 것과 같은 비판 방식으로는 찬반양론이 서로 소모전을 펼칠 뿐 아무것도 얻지 못할 것이다. 이를테면 우리가 이 공허한 논의에 만족하지 않고 앞에서 든 전쟁의 예에 관련해서, 나폴레옹은 공격 목표를 슈바르첸베르크로 돌리기보다는 블뤼허의 추격을 철저하게 속행하는 편이 유리했었다는 것을 증명하려고 한다면, 우리는 다음과 같은 간단한 진리를 증명의 근거로 삼으면 된다.

1. 공격을 한 방향으로 한정해서 속행하는 것은 주력을 이끌고 전전(轉戰 : 자리를 옮겨가며 싸움)하는 것보다는 일반적으로 유리하다. 첫째, 이러한 전전은 반드시 시간 낭비를 동반하기 때문이다. 또 둘째로, 중대한 손실 때문에 적군의 사기가 떨어졌을 경우에는 새로 전과를 올리기 비교적 쉽기 때문이다. 즉, 전전이라고 하는 방법에 따르면 아군이 유지하고 있는 우세를 부분적이지만 잠재워 두는 것이 된다.

2. 블뤼허군은 슈바르첸베르크군보다도 열세였음에도 블뤼허의 진취적인 정신은 슈바르첸베르크에 비해서 각별히 뛰어났다. 따라서 동맹군의 중점은 블뤼허군에 있고 모든 것은 그가 가는 방향으로 끌려 가고 있었다.

3. 블뤼허군은 거의 패배나 다름없는 손해를 입었고, 이로 인해서 나폴레옹의 우위가 확립되었기 때문에, 블뤼허가 라인강까지 퇴각한다는 것은 틀림없었다. 게다가 라인강에 이르는 선에는, 이렇다 할 증원군이 배치되어 있지 않았다.

4. 만약에 나폴레옹이 블뤼허에 대해서 궁극적인 승리를 거두었다면, 그 어떤 성과도 이것만큼 무섭게 보이는 것은 없었을 테고, 또 이토록 거대한 모습으로 동맹군 장수들의 상상력 앞에 가로막고 선 것은 없었을 것이다.

특히 이것은, 슈바르첸베르크가 지휘하는 우유부단한 군사령부에게는 매우 중대한 사건임에 틀림없었다. 슈바르첸베르크는, 뷔르템베르크 황태자[23]가 몬트로에서, 또 비트겐슈타인 백작[24]이 모르망에서 무엇을 잃었는지 상당히 정확히 알고 있었을 것이다. 또 블뤼허가 마른강에서 라인강에 이르는 고립무원의 퇴각선에서 행한 불리한 전투가 어떤 것이었는지는, 눈덩이와 같은 소문이 되어 슈바르첸베르크에 전해졌을 것이다. 그런데 나폴레옹은 3월 말에 비트리[25]로 향했으나, 이 절망적인 방향은 전략적 우회를 시도함으로써 동맹군을 위협하기 위함이었고, 이 방침은 분명히 위협의 원리에 따른 것이었다. 그러나 나폴레옹이 랑[26]과 아르시[27]에서 패한 뒤로 상황은 완전히 돌변하여, 블뤼허는 10만 대군과 함께 슈바르첸베르크군과 합세했다.

물론 여기에 든 네 가지 이유에 불복하는 사람도 있을 것이다. 그러한 사람들도 우리가 제시한 이유를 무시하고 다음과 같은 반론을 꺼낼 수 있을 것이다. 그것은 '나폴레옹이 블뤼허를 라인강 방면으로 추격하여 슈바르첸베르크의 근거지에 위협을 가한다면, 슈바르첸베르크는 나폴레옹의 근거지인 파리에 위협을 가했을 것이다'라는 반박이다. 우리가 위에 든 이유로 증명하려고 한 것은, 슈바르첸베르크가 파리로 행진하는 일 같은 것은 도저히 불가능한 일이었기 때문이다.

1796년 이탈리아 전역의 예는 앞서도 언급했지만, 이에 대해서는 다음과 같이 말할 수 있다.—나폴레옹은, 그가 취한 방법이 오스트리아군을 격파하는 가장 확실한 수단이라고 생각했다. 그러나 비록 그랬다 하더라도, 그가 사용한 이러한 수단에 의해 실제로 달성된 목적이란, 전적으로 헛수고에 지나지 않은 무명(武名)일 뿐이었다. 더욱이 이 무명은 만투아 포위전에 이렇다 할 영향을 미치지 못했다고. 이에 반해서 우리가 제시한 방법은—적어도 우리가 보는 바로는—적의 구원군을 저지할 훨씬 확실한 수단이다. 또 비록 우리가 나폴레옹의 생

---

23) 뷔르템베르크 황태자(Wilhelm, Kronprinz von Wurtemberg, 1781~1864). 뒷날의 빌헬름 1세.
24) 비트겐슈타인(Wittgenstrein, Ludwig Adolf Peter, 1796~1864). 러시아의 원수. 러시아—프로시아 동맹군 총사령관(1813).
25) 비트리 르 프랑수아(Vitry-le-Francois). 동프랑스의 도시.
26) 랑(Laon). 동프랑스의 도시. 이곳 전투에서 블뤼허는 나폴레옹을 무찔렀다(1814. 3. 9~10).
27) 아르시 쉬르 오브(Arcis-sur-Aube). 동프랑스의 도시. 이곳에서 프랑스군과 동맹군 사이에 회전이 있었으나(1814. 3. 20~21), 승패가 나지 않았다.

각과 달라서, 그가 사용한 가장 확실 방법이기는커녕 오히려 성과 확실성이 적은 수단으로 여긴다 해도, 이 문제는 결국 다음과 같은 점에 귀착할 것이다.

즉 첫째의 겨우, 성과는 확실한 것 같지만 거의 이것을 이용할 수 없기 때문에 성과 그 자체도 작다. 이에 반해서 두 번째 경우는, 성과는 반드시 확실하다고 할 수 없으나 성과 그 자체는 훨씬 크다. 그렇다면 이 두 방법 중에서 어떤 것을 고르면 좋을까? 문제를 이렇게 따져 보았을 때, 과감한 장수라면 단연코 제2의 방법에 찬동할 것이다. 그러나 이것은 사태를 피상적으로 고찰했을 때와는 전혀 반대되는 견해이다. 말할 필요도 없이 나폴레옹의 의도가, 과감이라는 점에서 모자란 데가 있었던 것은 아니다. 그럼에도 그가 지금 말한 제2의 방법을 취하지 않은 이유는 무엇이었을까? 그것은 틀림없이 그가 사태의 성질을 철저하게 구명할 수 없어 자신의 행동 결과를 확인할 수가 없었기 때문이다. 하지만 바로 지금이기 때문에 우리는 경험에 의해서 그러한 결과가 어떠했는지를 알고 있는 것이다.

비판이, 전쟁에서 사용된 수단을 고찰할 경우에, 자주 전사(戰史)를 이용하는 것은 당연하다. 전쟁술에서 경험은 철학적 진리보다도 중요하기 때문이다. 그런데 이러한 역사적 증명이, 그 자신의 조건을 갖추고 있다는 것은 물론이다. 이에 대해서는 따로 장을 설정해서 살펴볼 작정이다.[28] 그러나 유감스럽게도 이와 같은 조건이 충실하게 지켜지는 일은 매우 드물고, 오히려 역사적 인증(引證, 인용하여 증거삼음)은 개념의 혼란을 더욱 심화시킬 뿐이라는 것이 실상이다.

그런데 우리는 또 하나의 중요한 문제를 고찰해야 한다. 그것은—전사에 기록된 개별적인 사례를 판단할 경우, 비판에 의해 밝혀진 사태의 전망과, 따라서 또 장수의 행동의 성과가 보여 주고 있는 것을 어느 정도까지 이용하는 일이 비판에 허용되어 있는가 또는 비판의 의무로까지 여기고 있는가 하는 문제이다. 혹은 또 이렇게 말해도 좋다. 비판은 언제 어디에서, 비판적 고찰이 밝힌 사태를 도외시하여, 엄밀하게 장수의 입장에 몸을 두어야 하는가라고.

만약에 비판이 장수의 행동을 상찬 또는 비난하려고 한다면, 비판은 엄밀하게 장수의 입장에 서야 한다. 즉 한편으로는 당시에 장수가 알고 있었던 것, 또

---

28) 제6장 '전쟁 사례에 대하여' 참조.

그의 행동의 동기가 된 것을 모두 열거함과 동시에, 다른 한편으로는 장수가 알 수 없었던 것 또는 실제로 몰랐던 것은 제외해야 한다. 특히 장수가 행동한 뒤에 처음으로 명백해진 성과는 도외시할 필요가 있다. 그러나 이것은 비판이 도달하기 위해 노력해야 하는 목표에 지나지 않는 것으로, 실제로는 반드시 여기까지 도달할 수 있는 것이 아니다. 어떤 군사적 행동을 낳게 한 사태가 비판의 눈에 비친 모습과 장수의 눈에 비친 모습과는 엄밀하게 말하면 결코 같지 않기 때문이다. 장수의 결의에 영향을 끼쳤다고 여겨지는 수많은 사정들은 이미 소멸해서 알 길이 없다. 또 행동의 주관적 동기의 대부분은 전해지지 않는 것이 일반적이다. 하기야 이와 같은 주관적 동기도 장수나 그와 매우 친한 사람들의 회고록에서 약간이나마 알 수는 있지만, 그러나 이러한 회고록은 당시의 사정을 막연하게 말하고 있는 데에 지나지 않고, 오히려 이를 왜곡해서 말하고 있는 경우도 드물지 않다. 따라서 장수가 실제로 직면했던 사건의 대부분은 결국 비판할 수가 없다.

또 다른 한편으로는, 비판적 고찰에 의해 많은 일이 알려져 있는데 이를 도외시한다는 것은 더욱 곤란하다. 우연적인 사정, 다시 말하면 당시의 정황 그 자체에 입각하지 않고 우연히 개입한 것과 같은 사정이면, 이를 도외시하기 쉽지만, 그러나 당시의 정황에 본질적인 사태에 대해서는 매우 곤란하고, 완전하게는 이루어지지 않을 것이다.

그래서 우선, 장수가 행동을 한 뒤에 처음으로 우리에게 알려진 성과에 대해서 생각해 보자. 이러한 성과가 우연적인 사태에서 생긴 것이 아닌 한, 성과에 대해서 안다는 것은, 그 성과를 낳게 한 사태에 관한 판단에 영향을 주지 않을 수가 없다. 우리는 이러한 사태와 성과를 견주어 보고, 또 부분적으로나마 성과를 가늠 삼아 그 사태가 어떠한 것이었는가를 알고, 이렇게 해서 그 사태를 평가하기 때문이다. 전사(戰史)와 그 안에서 다루어지고 있는 모든 현상과는, 비판에게 있어 그야말로 교훈의 원천이다. 그렇다면 비판이 당시의 정황 전체를 고찰함으로써 얻은 빛을 가지고, 이러한 성과를 낳게 한 사태를 조명하는 것은 당연한 일이 아닐까? 그러기 때문에 비판은, 성과를 모두 도외시하려고 하는 의도를 가져야 한다고는 하지만, 실제로는 이와 같은 의도는 도저히 실현될 수 없다.

그러나 이와 같은 일은 성과, 즉 장수가 행동한 뒤에 생긴 것에 대해서만은 아니다. 이미 존재하는 것, 즉 행동을 규정하는 기지(既知, 이미 앎)의 요건에 대해서도 사정은 마찬가지이다. 그리고 대개의 경우, 비판은 이들 요건을 장수보다도 많이 알고 있을 것이다. 그런데 비판에 임해서 이와 같은 것을 도외시하는 것은 쉬운 일로 여겨질지 모르지만, 실은 그렇지가 않다. 어떤 행동을 낳게 한 사태에 선행하는 정황이나 동시적인 정황에 관한 지식은, 확정한 정보에 바탕을 둘뿐 아니라, 매우 많은 추측이나 가정에 의한 것도 있다. 뿐만 아니라 꼭 우연이라고는 할 수 없는 사태에 관한 정보조차, 가정과 추측을 이미 포함하지 않은 것은 하나도 없으며, 그리고 확실한 정보가 얻어지지 않을 경우에는 그것을 대신한다. 그래도 비판은, 그때의 장수 입장에 서서, 행동의 순간에 아직 알려지지 않았던 정황에 대해서, 무엇을 개연성이 있다고 보았을까 자문해 보는 좋다. 그렇게 되면 실제로 알고 있다는 것을 얼씨구나 잘 됐다고 해서 마음대로 판단을 내릴 수는 없을 것이다. 하지만 이 경우에도, 비판만이 알고 있는 것을 완전히 도외시하기란 불가능하다는 것은, 뒤에 처음으로 알려진 성과의 경우와 전적으로 동일하다. 더욱이 그 불가능의 이유 또한 이전의 경우와 마찬가지이다.

따라서 비판이 장수의 개개의 행동을 상찬 또는 비난하려고 할 경우, 적어도 어느 점까지는 장수의 입장에 설 수 있어야 한다. 하기야 대개의 경우 비판은 실제의 필요를 만족시킬 정도까지는 할 수 있다. 그러나 때로는 그것이 전혀 불가능할 경우도 있다. 우리는 이것을 잊어서는 안 된다.

그러나 비판이 완전히 장수의 입장이 된다는 것은, 필요하지 않을뿐더러 바람직하지도 않다. 전쟁에서는, 일반적으로 훈련이 필요한 행동과 마찬가지로, 갈고닦고 기른 천부의 소질, 즉 숙련이 요구된다. 그런데 이러한 숙련에는 크고 작은 차이가 있다. 숙련도가 큰 경우에는, 장수의 숙련은 비평가의 숙련을 손쉽게 능가한다. 어떤 비평가치고 프리드리히 대왕이나 나폴레옹과 같은 장수와 맞먹는 숙련을 갖춘 사람이 있을까? 그러나 비판은, 장수의 탁월한 재능에 관한 비평을 일체 삼가야 한다면 몰라도, 그렇지 않다면 비판에 독특한 넓은 시야라고 하는 유리한 입장을 이용하는 것이 허락되어야 한다. 따라서 비판은, 뛰어난 장군이 그의 과제를 해결한 방법을, 마치 연산의 모범 사례이기라도 한 것처럼, 비판만이 알고 있는 요건에 입각해서 검산할 수는 없다고는 하지만, 장수의 남보다 뛰어난 행동의 밑바탕에 존재하는 것을, 성과에 의해서, 다시 말하면 많은 현상이 확실히 서로 일치해서 생긴 결과로써 비로소 인식되고 찬탄할 수 있을 뿐만 아니라, 천재가 순간적으로 예감한 본질적인 연관이 어떠한 것이었는가를 비로소 실제로 알 수가 있다.

그러나 비판은 장수의 숙련 그 크고 작음도 불구하고, 항상 보다 높은 입장을 취해야 한다. 그렇게 되면 비판은, 장수의 행동을 규정한 객관적인 결정 근거를 이미 잘 알고 있으므로, 주관적인 경향을 될 수 있는 대로 배제할 수 있고, 또 편협한 정신을 판단 기준으로 내세울 필요도 없다.

비판이 보다 높은 견지에 서서 또 사물의 진상을 충분히 알고 난 뒤 장수를 상찬하거나 비난한다는 것은, 그 자체로서는 우리의 감정을 해칠만한 까닭이 없다. 그러나 비평가가, 일어난 일을 하나에서 열까지 아는 것으로 얻은 식견을, 마치 자기 자신의 재능인 듯이 의기양양하게 이야기한다면, 듣는 사람은 결코 이것을 긍정적으로 여기지 않을 것이다. 이와 같은 속임수는, 기만으로서는 매우 조잡한 것임에도, 비평가의 허영심은 자칫 이러한 기만을 감히 저지르게 된다. 그가 다른 사람의 불쾌감을 사게 되는 것은, 지극히 당연한 일이라 할 수 있다. 그러나 이러한 우쭐대는 심정이 본디 비평가가 의도한 일은 아니었음에도, 그가 미리 오해를 피할 계산을 하지 않았기 때문에, 독자로부터 불손하다고 여겨지는 경우가 자주 생긴다. 그렇게 되면 곧 비평가의 판단력 부족을 나무라는 비난의 소리가 일어난다.

따라서 비평가가, 프리드리히 대왕이나 나폴레옹과 같은 뛰어난 장수가 저지른 오류를 지적했다고 해서, 비판 당사자라면 이러한 과실을 저지르지 않았을 것이라는 말이 아니다. 그러기는커녕 비평가는, 만약에 그가 이들 장수의 지위에 있었다면, 훨씬 중대한 오류를 범했을지도 모른다는 것을 인정하지 않을 수 없을 것이다. 요컨대 비평가는, 당시 사태의 연관을 판단의 기초로 하여, 장수가 범한 오류가 어떤 것임을 알고, 총명한 장수로서 이러한 오류를 알아차리지 못했던 까닭을 지적할 수 있는 데에 지나지 않는다.

이와 같이 사태의 연관 그 자체에 입각한 판단은 또한 그 사태에서 생긴 성과에 바탕을 둔 판단이기도 하다. 그런데 성과의 좋고 나쁨이 판단에 미치는 영향에는, 이와는 전적으로 다른 방식이 있다. 그것은 성과가 매우 대수롭지 않게, 수단의 시비를 증명하는 근거로 쓰이는 경우이다. 이것은 성과의 좋고 나쁨에 따른 판단이라고 부를 수 있다. 그런데 이러한 판단은 언뜻 보기에 완벽하게 배척되어야 하는 것처럼 여겨지지만 실제로는 그렇지 않다.

1812년에 나폴레옹이 모스크바를 향해 진격했을 때, 이 전쟁의 주안점은 알렉산드르 황제[29]로 하여금 강화를 요청하게 만드는 데에 있었다. 이는 나폴레옹이 1807년에 프리틀란트[30]의 회전 뒤에 알렉산드르로 하여금 강화를 요청하게 했고, 또 1805년과 1809년에, 각기 아우스테를리츠[31]와 바그람[32] 회전 뒤에 오스트리아의 프란츠 황제[33]로 하여금 강화를 요구하게 한 것과 같은 방식이었다. 그런데 만일 나폴레옹이 모스크바에서 강화에 성공하지 못하면, 원정군을 되돌릴 수밖에 다른 길이 없었다. 그러나 군을 되돌린다는 것은, 전략적 패배를 의미하는 것밖에 되지 않았다.

우리는 먼저, 나폴레옹이 모스크바에 진격하기 위해 미리 무엇을 했는가 또 그 경우에 알렉산드르 황제로 하여금 강화를 결의하게 하기 위해서 강구한 여러 가지 방책은 어느 것이나 실패가 아니었는가 하는 의문은, 잠시 제쳐두고자 한다. 또 그다음으로, 모스크바로부터의 퇴각이 파멸적 정황 아래에서 이루어졌다는 것과 이러한 정황을 낳게 한 원인은, 아마도 이 모든 전역의 전쟁 지도 그 자체 안에 이미 잉태되어 있었을 것이라는 의문 또한 잠시 제쳐두고자 한다. 그래도 여전히 문제가 남는다. 비록 모스크바에 이르기까지 나폴레옹이 얻은 전과가 아무리 화려했다고 해도, 그러나 이에 위협을 받아 알렉산드르 황제가 강화로 몰렸는가는 여전히 확실하지 않기 때문이다. 또 가령 나폴레옹의 퇴각이, 그와 같은 파멸의 원리를 조금도 포함하지 않았다 해도, 이 퇴각은 역시

---

29) 알렉산드르 1세(Aleksandr I., 1777~1825). 러시아 황제(재임 1801~1825)

30) 프리틀란트(Friedland). 동프로이센의 도시(지금의 러시아 프라브딘스크). 이곳에서의 회전(1807. 6. 14)에서 프로이센과 러시아 동맹군은 나폴레옹에게 패배했다.

31) 아우스테를리츠(Austerlitz). 지금의 체코 슬라브코프우브르나. 이 회전(1805. 12. 2)에서 나폴레옹은 러시아군과 오스트리아군에게 대승을 거두었다.

32) 바그람(Wagram). 하부 오스트리아의 마을. 이 회전(1809. 7. 5~7)에서 나폴레옹은 오스트리아군을 무찔렀다.

33) 프란츠 2세(Franz II., 1768~1835). 오스트리아 황제(1804~1835).

전략상의 큰 패배가 아닐 수 없었다. 만약에 알렉산드르가 모스크바에서 불리한 강화를 수락했다면, 1812년의 전쟁은 결국 아우스테를리츠, 프리틀란트 및 바그람과 같은 여러 전쟁의 전철을 밟았을 것이다. 그러나 또 이들 세 전쟁에서 알렉산드르나 프란츠가 나폴레옹에게 강화를 요구하지 않았다면, 모스크바 원정에서와 마찬가지로 나폴레옹에게 파국을 가져왔을 것이다. 따라서 이 세계 정복자가, 얼마만큼의 힘과 숙련과 지식을 발휘했다고 해도, 운명을 향해 한 궁극적인 질문에 대한 답은 어느 경우이든 같았을 것이다. 그러나 그렇다고 해서 1805년, 1807년, 1809년의 전쟁을 비난하고, 또 1812년의 전쟁을 그 예로 들어 이들 세 전쟁을 모두 보잘것없는 작품이라 하고, 그 성공은 사리에 반해서 우연히 얻은 것이라 말하고, 1812년에는 근거 없는 종래의 요행이 전복되어, 마침내 공정한 전략이 소생했다고 주장하는 사람이 있을까? 이는 매우 억지스러운 견해이며, 난폭하기 짝이 없는 일방적인 판단이다. 그러나 이러한 판단의 부당함은 반은 증명에 책임이 있다고 해야 한다. 사태의 필연적인 연관을 엮는 실로, 패배한 군주들의 강화에 대한 결의까지 더듬는다는 인간의 눈으로는 불가능하기 때문이다.

그러나 또 1812년의 전쟁은 다른 여러 전쟁과 마찬가지로, 본디 성공할 만한 가치가 있었다. 그런데 그것이 실패로 끝난 까닭은 공교롭게도 시기가 맞지 않았기 때문이었다고 말할 수는 없다. 알렉산드르의 의연한 태도는, 결코 시기가 맞지 않았다고 볼 수 있는 것이 아니기 때문이다.

그래서 다음과 같이 보는 게 가장 온당할 것이다. —1805년, 1807년, 그리고 1809년의 전쟁에서는, 나폴레옹은 그의 적을 올바르게 판단했으나, 1812년에는 사태를 착각했다. 즉 그의 생각은 이전에는 옳았으나 이번에는 옳지 않았다. 그리고 이전이나 지금이나 각 전쟁의 성과가 이것을 가르쳐 주고 있다고.

우리가 전쟁의 모든 행동에서 기대할 수 있는 것은, 앞서도 말한 바와 같이, 분명한 성과가 아니라 그렇게 보이는 성과에 지나지 않는다. 따라서 확실성이 부족한 부분은 이른바 운명이나 행운에 맡길 수밖에 없다. 말할 필요도 없이, 이처럼 운에 맡기는 일은 되도록 적을수록 좋다. 그러나 그것도 개별적인 경우에 관해서만 그렇다. 개개의 경우에도, 되도록 적은 것이 바람직하지만, 항상 불확실성이 가장 적은 수단을 골라야 하는 것은 아니다. 그와 같은 주장은, 대체로 우리의 이론적인 견해와는 절대로 양립할 수 없다. 최고의 감행이 최고의 지혜일 때도 있다.

그런데 장수가, 군사적 행동에서의 불확실한 부분을 운명에 맡기지 않을 수 없다고 하면, 이러한 경우에는 장수 자신의 공적도, 따라서 책임도 모두 소멸되는 것처럼 여겨진다. 그럼에도 우리는, 장수에 의해서 일이 기대한 대로 진행되었을 경우 마음속의 갈채를 금치 못하고, 이와 달리 기대에 어긋났을 때에는 그 까닭을 알면서도 언짢은 감정을 느낀다. 요컨대 성과에만 입각해서 내리는 판단—이라고 하느니보다는, 오히려 성과의 좋고 나쁨에 따른 판단을 옳다, 그르다 말하는 것은, 결국 우리의 기대 대로인가 아닌가를 의미하는 데에 지나지 않는다.

이같이 우리의 지성은, 기대가 적중하면 유쾌하고 이에 반해서 기대가 어긋나면 언짢게 느끼는데, 이것은 소위 요행의 성과라고 하는 것과 장수의 천재 사이에, 우리 정신의 눈으로는 볼 수 없는 매우 미묘한 연관성이 존재한다는 막연한 감정에 바탕을 두고 있다는 것을 놓쳐서는 안 된다. 즉, 이러한 미묘한 연관이, 이것을 전제로 하고 있는 우리에게 기쁨을 주는 것이다. 기대의 적중과 어긋남이, 같은 장수에게서 자주 되풀이되면, 우리의 관심은 차츰 고조되어 더욱더 명확한 감정이 된다는 사실은, 위에서 말한 견해가 옳다는 것을 증명한다고 생각한다. 그렇다면 전쟁에서의 요행은, 도박에서의 요행보다도 훨씬 고상한 성질임을 알 수 있다. 갖가지 전승을 거둔 장수가, 다른 점에서 우리의 흥미를 식히는 일이 없는 한, 우리는 기꺼이 그가 걸은 길을 더듬어, 그가 남긴 발자국을 따라 어디나 그를 따라가기를 마다하지 않을 것이다.

요컨대 비판은, 인간의 계측(計測)을 허용하고 인간이 확신할 수 있는 한의 모든 것을 고찰한 뒤에, 사태의 깊은 안쪽에 존재하는 미세한 연관이, 눈에 보이는 현상으로서 구현되지 않는 부분에 대해서는, 성과가 이를 말하게 한다. 비판은, 한편으로는 이러한 인력(人力) 이상의 재판관이 내리는 조용한 판결을 거칠고 세련되지 못한 소란스러운 의견으로부터 지킴과 동시에, 다른 한편으로는 최고 재판소가 마음에 없는 논자에 의해서 남용되기를 거부하는 것이다.

성과가 언도하는 이와 같은 판결은, 인간의 지성으로는 구명할 수 없는 것을 곳곳에서 밝혀 준다. 그런데 이 판결을 가장 필요로 하는 것은, 오직 정신력과 정신 작용이다. 그 이유의 첫째는, 정신력이든 정신 작용이든, 도저히 정확하게는 판정할 수 없기 때문이다. 그리고 두 번째 이유는, 이것들은 의지에 매우 가까워 의지를 쉽사리 규정하기 때문이다. 예를 들어 공포나 용기는 각기 일종의 정신 작용이다. 이 공포 또는 용기가 순간적으로 결의에 이르는 경우, 공포와 용기 사이에는 결의에 영향을 주는 것으로써 미리 제거해야 하는 그 어떤 객관적인 것이 들어올 틈이 없다. 이와 같은 경우에는 인간의 지력과 계측이 다시 일어서서 확실하다고 여겨지는 성과를 구할 궁리를 한다고 해도 이미 이것을 실현할 단서는 없다.

여기에서 우리는, 비판이 사용하는 도구, 즉 말에 대해서 약간의 고찰을 시도해야 한다. 이 경우에 언어는, 전쟁에서의 행동과 따라다니는 것이기 때문이다. 따라서 비판의 말이, 진쟁에서의 성찰(省察)이 띠어야 하는 성격과 같은 성격을 갖는다는 것은 매우 중요한 요건이 된다. 그렇지 않으면 비판의 말은 실제로 도움이 되지 않고, 비판을 현실의 생활에 도입하는 보람이 없을 것이다.

앞서 우리는 전쟁 지도의 이론에 관한 고찰에서 다음과 같이 말했다. ―전쟁 지도 이론의 목표는 전쟁에서 지휘관의 정신을 훈육하는 데에 있다. 지휘관의 이러한 훈육에서 그의 정신을 지도하는 데에 있다. 따라서 이 이론의 본디 직무는, 지휘관이 정신의 도구로써 상용할 수 있는 적극적인 학설이나 체계를 그에게 제공하는 데에 있는 것이 아니라고. 실제로 전쟁에서 당면한 개별적인 구체적인 경우를 판정하기 위해서는, 말하자면 학문적 보조선을 원용해서 조립한 체계는 필요하지도 않고 또 허용되는 것도 아니다. 진리는 체계로써 나타나는 것이 아니기 때문이다. 요컨대 진리는, 무엇인가를 매개로 해서 간접적으로 발견되기보다는, 정신에 저절로 갖추어진 안광에 의해서 직접 꿰뚫어 본다. 그리고 이와 같은 사정은 비판적 고찰에서도 동일해야 한다.

우리는 사물의 사태 성질이 어떠한 것인가를 확정하는 방식이 매우 우회적일 경우에는, 이론에서 확립된 진리에 의존하는 것이 가까운 지름길이라고 말한 바 있다. 그러나 전쟁에서 지휘관이 이러한 이론적인 진리에 따르는 것은, 그가 진리를 그 자신의 것으로서 받아들였기 때문이지, 그가 그 진리를 확고부동한 법칙으로 여기기 때문이 아니다. 따라서 비판도, 이론적인 진리를 외부에 주어진 법칙으로서 또는 대수학의 공식과 같은 것처럼 사용해서는 안 된다. 대수학의 공식을 적용했다고 해서 새로운 진리가 나타나는 것이 아니다. 비판이 뜻하는 것은 이와 같은 진리의 빛을 구석구석까지 비치는 데에 있다. 그리고 정확을 기하는 번잡한 증명은, 이것을 이론에 맡긴다. 따라서 비판은, 단순하고 알기 쉬운 화법을 고르고, 따라서 또 명쾌한, 즉 일목요연한 개념을 사용하는 것이다.

물론 이것은 반드시 완전하게 달성할 수 있다고는 말할 수 없다. 그러나 항상 이의 달성을 위해 노력한다는 것은 비판에서 서술하는 요건이 되어야 한다. 비판의 서술은 지식을 복잡한 형식으로 표현하는 것을 되도록 피하고 또 학문적인 보조선을 활용해서 조립한 체계를 진리의 공급 장치로서 사용해서는 안 된다. 요컨대 비판은 우리의 정신에 본디 갖추어진 자유로운 안광으로 처리, 정돈해야 한다.

그러나 비판적 고찰에서, 이와 같은 경건한 노력이 중요시된 경우는 유감스럽게도 매우 드물다. 대개의 비판적 고찰은 허영심에 쫓겨 쓸데없이 착상의 기발함을 노릴 뿐이었다.

우리가 자주 보고 듣는 폐해의 근본은 일방적인 견해에 입각해서 세워진 체계를 일정불변한 규준으로 삼아 때를 가리지 않고 적용하는 일인데, 그러한 체계의 적용은 허용될 일이 아니다. 이런 종류의 체계가 일반적인 주장에 지나지 않음을 증명하기란 매우 간단하다. 즉 이러한 체계가 내리는 한쪽으로 치우친 판결을 단번에 포기하면, 뒷말이 없이 해결된다. 이 경우에는 어떤 일정한 대상을 문제 삼을 뿐이고, 이런 종류의 것으로 가능한 체계의 수도 매우 적으므로, 이들 체계는 어느 것이나 그 자체로서는 비교적 작은 폐해에 지나지 않는다.

그러나 이보다 훨씬 큰 폐해는, 이들 체계에 귀찮게 따라붙어 있는 전문어, 술어 또는 은어 등이다. 이와 같은 것들은 멋대로 내버려둔 무뢰한이나, 전쟁터에서 지휘관을 배반한 탈주병처럼 여기저기 떠도는 것이다. 비판가 중에는 어느 체계나 자기 마음에 들지 않아서인지, 그렇지 않으면 한 개의 체계에조차도 통달하지 않았기 때문에, 결국 일정한 체계를 가지지 않는 사람이 있다. 이와 같은 비판가가, 무엇인가 어떤 체계의 짧은 단편을 들추어 이를 비판의 척도로 삼아 다수가 취한 조치를 잘못이라고 떠들어 댄다. 또 대부분의 비평가는, 학문적인 전쟁론에서 발췌한 이러한 단편을 여기저기에서 자기 이론의 근거로 하지 않으면 스스로 사색을 할 수 없는 실정이다. 이와 같은 단편 중 가장 작은 것은 술어나 은어에 지나지 않지만 결국은 그들의 비판적 언사를 수식하는 장식 문자에 지나지 않는다. 그런데 하나의 체계에 사용되는 전문용어나 술어는, 그 체계에 속하는 한에서는 옳지만, 이것을 애초의 체계에서 무리하게 분리하여, 일반적인 공리로 사용하거나, 알기 쉬운 화법보다도 큰 증명력을 가진 진리의 작은 결정(結晶)으로서 사용하면 바로 이전의 적절한 뜻을 잃게 된다.

솔직하고 알기 쉬운 고찰이면, 적어도 저자는 자기가 말하고 있는 것을 알 수 있고 또 독자 쪽에서도 무엇을 읽고 있는가를 알 수 있다. 그런데 현대의 이론 비판서는 이러한 알기 쉬운 고찰에 중점을 두지 않고 수많은 전문어를 사용하여 곳곳에 가는 길이 분명치 않은 십자로를 만들기 때문에, 저자와 독자는 각각 떨어져 버리게 된다. 그런 전문어에는 그보다도 훨씬 불합리한 점이 있다. 즉, 전문어는 가끔 알맹이가 없는 껍데기만일 때가 있다. 그렇게 되면 저자 자신도 이 말에 의해서 무엇을 생각하는지 알지 못하게 되어, 무턱대고 애매한 개념을 사용해서 으스대는 실정이다. 게다가 이러한 개념의 상용에 익숙해지면 그는 이미 솔직한 화법으로는 만족하지 않게 된다.

비판에서 제3의 폐해는, 역사적 실례의 남용과 박식함을 과시하는 데에 있다. 전쟁술의 역사에 대해서는, 이미 우리의 견해를 말해 두었다. 또 전례(戰例)와 전사 일반에 관한 견해는 장을 바꾸어서 상술할 생각이다. 여기에서는 인용에 대해서 잠깐 독자의 주의를 촉구하고자 한다. 어떤 사실이 갑자기 언급되면, 이 인용은 반대 견해에도 유용할 때가 있다. 또 옛 시대나 먼 나라들로부터 또는 현저하게 그 종류를 달리하는 사정에서 이용되어 쌓인 약간의 사실은, 대개 판단을 옆길로 빗나가게 하거나 혼란을 야기할 뿐, 그 대부분은 보잘것없는 쓰레기로, 저자가 쓸데없이 자기의 박식을 과시하려고 하는 의도에서 비롯된 것들이 많다.

그러나 이와 같이 애매하고, 진위가 상반되고 혼란스러운, 제멋대로의 설(說)이 실생활에 무슨 이득이 되는가? 아무런 이득이 없다고 해도 과언은 아닐 것이다. 이러한 이론은 결국은 실천과 모순될 뿐만 아니라 전장에서 뛰어난 재능을 실증한 장수들의 조소감이 된 것도 드물지 않을 것이다.

전쟁 지도의 이론은 알기 쉬운 화법으로 이야기하고, 전쟁 지도의 여러 요건을 있는 그대로 고찰하고, 확정될 대상이 있으면 이것을 확정하는 데에 애써야 했다. 또 이 이론은, 잘못된 요구를 꺼내거나, 학문적 형식이라 역사적 비교에 허송세월을 하지 말고 어디까지나 사항 자체에 입각해서, 또 전장에서 타고난 정신적 안광으로 군사적 행동을 지도하는 장수들과 손잡고 걸었어야 했다. 그리했으면 위에서 말한 폐해는 결코 일어나지 않았을 것이다.

제6장
전쟁 사례

역사적 실례는, 일반적으로 많은 사항을 설명하는 것이지만, 그뿐만이 아니라 경험과학적으로도 최대의 증명력을 갖추고 있다 하겠다. 그리고 이것은 전쟁술에서 특히 현저하다. 샤른호르스트 장군은 그의 저서 《군사요강》[1]에서 전쟁의 가장 중요한 부분에 대해서 남김없이 논하고 있다. 장군은 또 저작 안에서, 역사적 실례를 전쟁술에서 가장 중요하다고 언명하여, 그도 많은 전쟁 사례를 자유롭게 인용하는데 그 솜씨는 경탄할 만하다. 만약에 샤른호르스트 장군이 전쟁에서 부상을 입고 이 세상을 떠나지 않았으면 같은 책에 수록한 '포병론' 제4부는 장군 자신의 수정을 거쳐 더 뛰어난 증명을 우리에게 해 주었으리라고 생각한다. 실제로 장군은 관찰과 교훈 정신으로 풍부한 전쟁 사례를 많이 다루었다.

그러나 역사적 실례가 전쟁 이론가들에 의해서 이와 같이 사용되는 일은 매우 드물다. 그들이 전사를 인용하는 방법을 보면 대개는 지성을 만족시키기는커녕, 오히려 지성에 모순되는 일까지도 있다. 따라서 전사의 올바른 사용과 남용에 대해서 특별히 주의해야 한다.

전쟁술의 바탕에 있는 여러 지식이 경험과학에 속하는 것은 두말할 필요도 없다. 비록 이들 지식의 대부분이 사물의 불변한 성질에서 얻었다 해도 이 성질이 실제 어떠한 것인가는, 경험에 의해 비로소 인식되기 때문이다. 그러나 이들 지식을 적용할 단계가 되면 그때그때의 여러 구체적인 정황에 따라 여러 가지로, 이러한 적용에서 어떠한 효과가 생기는가는, 수단의 성질만으로는 충분히 설명을 할 수가 없다.

---

1) 《야전용 군사요강 *Militärisches Taschenbuch zum Gebrauch im Felde*》(1793)을 말한다. 이것은 그가 포병 대위 때의 저술이다.

화약은 현대 군사적 행동의 원동력을 이루는 것이지만 이 화약의 효력을 우리에게 가르쳐 준 것은 경험이었다. 그래서 오늘날에도 화약의 효력을 실험을 통해 더 정확하게 구명하기 위하여 끊임없이 연구가 진행되고 있다. 화약은 포탄을 초속 1,000피트로 날아가게 해준다. 그러면 이 포탄은 빠르게 날아가다가 진로에 있는 생물에 부딪쳐서 가루로 부서진다. ─이는 물론 자명한 사실로서 이 정도의 사실을 아는 데에는 특별한 경험이 필요 없다. 그러나 화약의 효력을 실제로 상세히 파악하는 것은 많은 부대적 정황이다. 그리고 이들 정황의 어떤 것은 경험으로밖에 인식할 수 없다. 이 경우에는 물리적인 효과만이 고찰의 유일한 대상이 아니다. 우리는 정신적 효과도 알아야 하는 것이다. 그러나 이러한 정신적 효과가 어떠한 것인가를 알고, 또 이것을 올바르게 평가하기 위해서는 경험에 의할 수밖에 없다. 화기가 처음으로 발명된 중세에는 아직 화기의 메커니즘이 불완전했기 때문에 그 물리적 효과는 오늘날보다도 훨씬 적었으나 정신적 효과는 훨씬 컸다.

　여러 차례 전장의 위험을 무릅쓰고 단련된 군대가 어느 정도의 무공을 세울 수 있는가 또 이러한 군대가 얼마나 혁혁한 무공을 세우고 높은 승률을 올리는지 알고 싶다면, 나폴레옹이 침략에 사용하기 위해 훈육하고 또 스스로 지휘한 군대가, 적의 맹렬한 포화 속에서도 의연하게 싸움에 임한 모습을 우선 알고 있어야 한다. 우리는 단순히 상상하는 것만으로는 도저히 이것을 믿을 수가 없을 것이다. 그런데 다른 한편으로는, 오늘날에도 유럽 여러 나라의 군대 중에는 불과 몇 차례의 포격을 받은 것만으로 이내 무리 지어 혼란에 빠지는 부대가 있다는 것 또한 사실이다.

　그러나 어떠한 경험과학도, 따라서 또 어떠한 전쟁 이론도, 그 과학이나 이론으로 확립된 진리에 반드시 역사적 증명을 첨부할 수는 없다. 또 그 수단이 매우 효과적이라는 것을 알면, 이 수단은 그 수단을 되풀이해서 사용되는 것이 통례이다. 그러면 그 수단은 차례로 모방되어 마침내는 어엿한 유행이 된다. 이렇게 해서 어떤 수단이 경험의 지지를 받아 자주 사용되면, 이윽고 그 수단은 이론 안에 그 뿌리를 내리게 된다. 그러나 이론이 기회 있을 때마다 경험을 예로 들뿐 이 이상의 진보를 제시하지 않으면, 경험을 예로 든다고 해도 수단의 기원을 지적하는 데에 그치고 수단의 시비를 증명하는 것은 되지 않는다.

이에 반해서 구태의연한 수단을 없애고 또는 애매모호한 수단의 시비를 확인하며 더 신기한 수단을 채용하기 위해 경험을 원용(援用)하는 경우에는 위에서 적은 것과는 그 취향을 달리한다. 이러한 경우에는 수단의 시비를 증명하기 위하여 역사상의 사례가 인용되어야 한다.

역사적 실례의 사용에 대해서 상세하게 고찰하면 이에 대해서 다음의 4가지 관점이 있다는 것을 쉽게 알 수 있다.

첫째로, 역사적 실례는 추상적인 생각을 설명하기 위해 사용된다. 추상적인 고찰은 자칫하면 오해를 받거나 전혀 이해되지 않는 경우가 있다. 이런 경우에 역사적 실례를 사용해서 추상적인 생각에 구상성(具象性)을 부여하면, 같은 대상을 고찰하고 있는 저자와 독자의 생각에 차질이 생기는 것을 방지할 수 있다.

둘째로, 역사적 실례는 추상적인 생각의 적용이라고 여길 수 있다. 추상적인 생각은 일반적인 형식으로 표현되므로, 하나하나 구체적인 정황을 남김없이 그 안에 담을 수가 없다. 그래서 이 경우에 실례를 사용하면, 개개의 자세한 정황도 추상적인 생각을 구현하는 것으로 여길 수 있다. 그런데 또 여기에 이론과 경험의 차이가 생긴다. 또 위에서 말한 첫째와 둘째는 본디 뜻에서의 실례 사용법인데, 다음에 드는 셋째와 넷째는 역사에 의한 증명을 주안점으로 삼는다.

셋째로, 역사적인 사실은 논자의 말을 뒷받침하기 위해 인용된다. 어떤 현상 또는 어떤 결과가 가능하다는 것만을 증명하려고 한다면 어떤 경우에도 이것으로 충분하다.

넷째로, 어느 하나의 역사적 사건을 상술한 것 또는 몇 가지 사건을 비교 대조한 것으로부터 그 어떤 교훈을 도출할 수 있다. 그러면 이러한 교훈은 이와 같은 역사적 증언 그 자체 안에 실제의 증명을 발견할 수 있다.

첫 번째 사용법에서는, 일반적으로 인용한 사례를 언급하는 것만으로 충분하다. 이 경우에 이용되는 것은, 그 사례의 일면에 지나기 않기 때문이다. 또 사례가 역사적 진실인가의 여부는 뒤로 돌려도 된다. 만들어 낸 이야기라도 나름대로 쓸모가 있다. 단 사례가 역사적 진실이라면, 그에 의해서 설명되는 추상적인 생각이 보다 실제 생활에 접근한다고 하는 장점이 있다.

두 번째 사용법에서는, 인용된 사례를 자세히 설명할 필요가 있다. 그러나 이 경우에도 사례가 역사적 사실로서 옳은가의 여부는 그다지 중요하지가 않다. 첫 번째 사용법에 대해서 말한 것과 마찬가지의 말을 할 수 있다.

세 번째 사용법에서는, 대개의 경우 의심할 여지가 없는 역사적 사실을 드는 것만으로 충분하다. 예를 들면, 보루를 쌓은 진지(陣地)는 어느 조건에서 그 목적을 잘 달성한다는 것을 주장할 경우, 이 명제를 뒷받침하는 전쟁 사례로서 특정 상황에서 그 목적을 달성할 수 있다는 것을 주장하려 한다면 이를 증명하기 위해 분첼비츠의 진지[2]를 예로 드는 것만으로 족하다.

그러나 어느 역사적인 사례를 인용해서 그 어떤 보편적인 진리를 증명하려고 할 경우에는, 그 주장에 관계가 있는 모든 사실과 견주어 주고, 이 사례를 정확하고 상세하게 서술해야 한다. 즉, 인용한 사례를 독자의 눈앞에 말하자면 꼼꼼하게 조립해서 보여야 한다. 이러한 절차가 불완전하면 사례의 증명력이 그만큼 약해지기 때문에 그 증명력의 부족을 사례의 수로 보충할 필요가 있게 된다. 이와 같은 경우에, 거론한 사례만으로 상세한 정황을 설명할 수 없으면 별도로 사례 수를 증가해서 효과의 부족을 보충하려고 시도하는 것은 당연한 조치이기 때문이다.

지금 경험에 입각해서 다음 두 건을 증명하려고 한다. 첫 번째는, 기병은 보병과 나란히 배치하기보다 보병 뒤에 배치하는 것이 낫다는 주장이다. 두 번째는, 아군의 병력이 압도적으로 우세하지 않은 이상, 전진하는 모든 부대로 폭넓게 적을 포위한다는 것은, 회전에서나 전장에서, 따라서 전술적으로나 전략적으로 매우 위험하다는 주장이다. 그래서 처음의 경우에 대해서는, 기병을 두 날개에 배치해서 패배한 2~3회의 회전과, 기병을 보병 뒤에 배치해서 승리한 2~3회 회전을 예로 드는 것만으로는 충분하지 않다. 또 두 번째의 경우에는, 리볼리[3] 혹은 바그람 회전, 1796년에 오스트리아군이 이탈리아 전장에서 펼쳤던 몇 차례의 공격 또는 같은 해 프랑스군이 독일 전장에서 펼친 수차에 걸

---

2) 분첼비츠(Bunzelwitz). 슐레지엔의 마을. 프리드리히 대왕은 여기에 견고한 보루 진지를 구축하여 (1761. 8. 16~9. 26), 슐레지엔에 주둔하던 오스트리아군과 러시아군의 합류를 저지했다.
3) 리볼리(Rivoli). 상부(上部) 이탈리아의 도시. 이곳 회전(1797. 1. 14~15)에서 오스트리아군은 6종대를 가지고 프랑스군 진지의 포위를 꾀했으나 나폴레옹군에 의해 격파되었다.

친 공격을 지적하는 것만으로는 충분하지가 않다. 중요한 것은 모든 정황과 개별적인 전투 경과를 정확히 추구해서, 진지 및 공격에 관한 위의 방식이 어째서 불리함을 초래했는가의 까닭을 설명해야 한다. 그러면 이들 방식이 어느 정도까지 좋지 않은가 또 그 정도는 어떻게 해서 규정되어야 하는가도 명백해질 것이다. 이러한 방식을 다만 일반적으로 비난하는 것만으로는 진실은 밝혀지지 않기 때문이다.

인용한 사례를 자상하게 서술할 수 없을 경우에는, 사례의 수를 늘려서 증명력의 부족을 보충해도 좋다고 하는 것은, 앞서 우리가 승인한 바가 있다. 하지만 이러한 방식이 구실로서 자주 남용되면 위험한 방편이 된다는 것은 부정할 수가 없다. 하나의 사례를 자세히 말하지도 않고 쓸데없이 3, 4가지 사례에 언급하는 것으로 그치고, 이것으로 유력한 증명을 꾸미는 일이 있다. 그러나 경우에 따라서는, 자주 되풀이되는 진부한 사례를 아무리 많이 인용해도 그것으로 아무것도 증명이 되지 않는 사건도 있다. 이러한 경우에는, 이와 반대의 결과를 나타내는 사례를 많이 들어서 반론한다는 것 또한 쉽다. 만약에 예를 들어 분진(分進)하는 여러 종대를 가지고 공격을 가했기 때문에 패배한 회전을 많이 거론하는 사람이 있다면, 우리는 이것과 마찬가지 전투 서열을 가지고 승리를 거둔 같은 수의 회전을 들 수가 있다. 따라서 이와 같은 방식으로는 도저히 확실한 결론에 이를 수 없음은 명백하다.

여러 사정을 감안하면 실례의 남용이 이루어지기 쉬운 이유를 잘 알 수 있을 것이다. 어느 사건을 자세히 서술하는 것이 아니라 단지 이것에 대하여 언급한다면 이 사건은, 마치 사물을 먼 곳에서 바라보는 것과 같은 것으로, 각 부분의 위치를 명확하게 판별할 수가 없기 때문에 결국 어느 방향으로부터도 같아 보이는 법이다. 그러기 때문에 이러한 조잡한 방식으로 인용된 사례는, 아주 모순된 견해에도 그 논거를 제공하지 않을 수 없었던 것이다. 예를 들어 다운[4]이 행한 전역은, 한쪽의 논자에게는 현명한 심려(深慮)의 모범으로 보이고, 또 다른 논자에게는 주저와 우유부단의 좋은 예라고 여겨지는 것이다.

또 나폴레옹이 1797년에 알프스를 넘어 결행한 진군은 한편으로 매우 훌륭

---

4) 다운(Daun, Leopold Joseph von, 1705~1766). 오스트리아의 장수. 슐레지엔 전역과 7년 전쟁에서 자주 프리드리히 대왕의 프로이센군을 무찔러 그의 호적수로 여겨졌다.

한 결단으로 여겨지지만, 다른 한편에서는 완전히 무모한 행동으로 여기는 식이다. 1812년에 나폴레옹이 러시아에서 전략적으로 패배한 것도, 원인을 말하자면 넘치는 정력의 돌파구를 구한 결과라고도 볼 수 있고, 혹은 또 정력의 부족에 기인되는 것으로도 여겨지고 있다. 그리고 실제로도 이러한 모순된 의견은 서로가 내세우는 것이다. 이러한 정반대 의견이 생긴 것은 사태의 연관을 생각하는 방식이 각기 다르기 때문이다. 하지만 이러한 모순된 의견은 도저히 양립할 수 없는 것이므로 그 어느 한쪽이 잘못된 것이어야 할 것이다.

뛰어난 장군 푀키에르[5]가 회상록에 남겨 놓은 수많은 전례를 기술하고 있다는 것은 우리에게 매우 고마운 일이다. 그 이유는 첫째, 이에 의해서 많은 역사적 보고가 우리에게 전해졌기 때문이다. 그렇지 않았다면 이들 보고를 끝내 알 수 없었을 것이다. 또 둘째로, 그는 이것을 처음으로 이론적인, 즉 추상적인 생각을 실제 생활에 접근시켜 우리를 계발했기 때문이다. 하지만 그 책에 인용되고 있는 사례는 그의 이론적 주장을 설명하고, 또 보다 정확하게 규정할 수 있는 것에만 한정되었다. 요컨대 그가 목적으로 삼은 것은, 그의 이론에서 확정된 진리를 역사적 사례로 증명하는 데에 있었다. 그러나 이러한 방식으로는, 공정한 판단을 요구하는 현대의 독자를 납득시키기는 어려울 것이다. 그의 회고록에는 여러 가지 사건을 자세히 서술하고 있는 대목도 있으나, 이들 사건의 내적 연관에서 필연적으로 도출했다고는 볼 수 없는 결론을 간간히 볼 수 있기 때문이다.

역사적인 실례를 단지 열거할 뿐, 이에 대해서 아무런 설명을 가하지 않는다는 인용 방식에는 또 다른 불합리한 점이 있다. 독자 중에는, 이들 사건이 어떠한 것인가를 충분히 알고 있지 않다거나 또는 잘 기억하고 있지 않기 때문에 저자가 이 사건의 인용으로 무엇을 생각하고 있는가를 생각해 볼 수도 없는 사람들이 있다. 그렇게 되면 이들 독자는 저자의 박식에 감탄하는 것으로 머물든가, 결국 이해를 하지 못한 채 그 저서를 다 읽는 결과가 된다.

왕년의 역사적 사례를 독자의 눈앞에 재현하거나, 필요한 부분을 예시하여 이들 사례를 입증하는 근거로 삼는 일은 확실히 곤란한 일이다. 저자는, 그 사

---

5) 푀키에르(Feuquières, Antoine Manassès de, 1648~1711). 루이 14세 때의 프랑스 장성. 그의 저서 《전쟁회고록 *Mémoires sur la guerre*》은 유명하다.

례를 낳게 한 수단 및 또 그 사례가 발생한 시간 및 공간에 대해서도 충분히 아는 것이 없는 것이 통례이기 때문이다. 그러나 새로운 또는 의심스러운 의견의 옳고 그름을 확인할 필요가 있는 경우에는, 충분히 논의된 하나의 사례 쪽이, 단순히 언급된 데에 지나지 않은 10개의 사례보다도 가르쳐 주는 바가 크다고 말하고 싶다. 조잡한 인용 방식에서 생기는 주된 폐해는, 저자가 이러한 인용으로 무엇인가를 증명하려고 하는 부당한 요구에 있는 것이 아니라, 오히려 그가 그 사건이 무엇인가를 명확하게 알고 있지 못한 데에 있다. 또 역사를 이와 같이 경솔하게 다루었기 때문에, 여러 가지 잘못된 견해나, 쓸데없이 이론에 치우쳐, 결국 실현될 가망이 없는 계획을 유발하는 데에 있다. 만약에 저자가 새로운 설을 제시하여, 이것을 역사적 사례에 의해서 증명하려고 할 경우, 사태의 연관을 성확히 알고 나서 이론을 세우는 것을 책무로 느꼈다면, 아마도 이러한 불편은 생기지 않았을 것이다.

위에서 말한 대로 역사적 실례를 사용할 필요와 또 이것을 사용할 때 생기는 여러 어려움을 아울러 생각한다면, 전쟁 사례를 선택하는 범위를 전사(戰史)에 한정하는 것은 당연한 일이라 할 수 있다. 물론 최근의 전쟁 사례라고 해도 충분히 정돈된 것이어야 한다.

옛날에는 오늘날과는 사정이 다르고 전쟁 지도도 달랐다. 따라서 당시의 사건은, 현대의 우리에게 그다지 가르쳐 주는 바가 없고 또 실용적이지도 않다. 뿐만 아니라 전사도 다른 부문의 역사와 마찬가지로 사소한 특징들이나 정황들을 당초에는 판연하게 지적할 수는 있었지만, 이윽고 시간과 함께 소멸하여 마침내 빛이 바래서 거무스름하게 변한 유화처럼 색조나 색채를 더욱더 잃게 되는 것은 당연하다. 이렇게 해서 마침내는 종잡을 수 없는 큰 덩어리와 그 속의 몇 가지 특징이 우연히 남게 될 뿐이다. 그런데 그렇게 되면 이 우연적인 것이 부당하게 중요시된다. 근대의 전쟁 지도가 어떠한 상태에 있었는가를 고찰하기 위해서는, 오스트리아 계승전쟁[6]까지 거슬러 올라가 다루어야 한다. 이 시대의 전쟁은 적어도 무장(武裝)면에서는 오늘의 전쟁과 매우 비슷하고 또 그 밖의 점에서도 비록 크고 작은 사정이 현저하게 변화했다고는 하지만, 현대의 전쟁과

---

6) 오스트리아 계승전쟁(1740~1748). 마리아 테레지아의 즉위에 반대하여 바이에른, 작센 및 에스파냐가 오스트리아에 도전했고 프랑스와 프로이센이 여기에 개입했다.

비슷한 데가 있기 때문에 우리는 많은 교훈을 이 전쟁에서 얻을 수가 있다. 그러나 에스파냐 계승전쟁[7]까지 거슬러 올라가면 사정은 매우 달라진다. 그 무렵 화기는 아직 그다지 발달하지 않았고,[8] 또 보병보다도 기병이 여전히 주요 병종이었다. 또 시대를 거슬러 올라감에 따라 전사(戰史)의 기술은(記述) 더 빈곤해져서 더욱더 현대에는 도움이 될 만한 게 없다. 고대 민족의 전사에 이르러서는 내용이 너무 빈약해서 거의 쓸모가 없다고 해도 좋다.

그러나 전사가 쓸모 없다고 해도 물론 절대로 다 그렇다는 것은 아니다. 당시의 자상한 정황이나 전쟁술에 변화를 가져온 사태에 관한 지식이 전혀 없는 사항에 대해서는 쓸모가 없다고 말했을 뿐이다. 지난날 스위스군[9]과 오스트리아, 부르고뉴[10] 프랑스 등의 군대 사이에 있었던 회전 경과는 우리에게 거의 알려져 있지 않으나, 이들 회전에서 스위스의 우수한 보병이, 가장 정예부대인 기병에 대해서조차도 우위를 차지하고 있었다는 사실은, 전사에 의해서 매우 분명하게 전해지고 있다. 또, 중세 이탈리아의 용병대장 시대를 개관해 보면, 전쟁술 전체가 전쟁에서 사용되는 도구에 의해 좌우되고 있었다는 사정이 분명해진다. 여기에서 도구라고 하는 것은 군대를 말한다. 당시 군대는, 전쟁의 본디 도구로서의 성격을 띠었고, 따라서 또 군대가 국가 생활이나 국민 생활로부터 분리되었다고 하는 것은, 고금을 통해 이 시대만큼 심한 적이 없었기 때문이다. 제2차 포에니 전쟁[11]에서 한니발[12]은, 이탈리아에서 우세했음에도 로마군이 에스파냐 및 아프리카에서 카르타고군을 격파한 특이한 전법은, 우리에게 시사하는 바가 많다. 이러한 간접적 저항을 유효하게 한 것은, 당시의 여러 국가 및 그 군

---

7) 에스파냐 계승전쟁(1701~1714). 에스파냐 왕 카를로스 2세에게 아들이 없었기 때문에 그가 죽은 뒤 왕위를 다투어 상속전쟁이 일어났다.

8) 에스파냐 계승전쟁 당시의 소총은 여전히 화승총이었다.

9) 스위스는 14세기 후반부터 17세기 전반에 이르기까지, 국가적 독립을 획득하기 위해 오스트리아, 프랑스군과 싸웠다. 또 당시의 스위스군은 보병을 주력 부대로 삼았고 기병은 보조 병종으로 여겼다.

10) 부르고뉴(Bourgogne). 현재 프랑스 남쪽의 한 지방.

11) 포에니 전쟁은 로마와 카르타고 사이에 전후 세 차례 치렀다. 한니발은 제2차 포에니 전쟁(BC 218~201)을 지휘했다.

12) 한니발(Hannibal, BC 246~183). 아프리카 북쪽 해안에 있었던 페니키아의 식민지인 카르타고의 명장.

에 공통된 일반적 사정에 입각하고 있었다는 것이 오늘날의 우리에게 잘 전해져 있기 때문이다.

그러나 왕년의 사태를 자상하게 구명함에 따라, 또 이들 사태가 오늘날의 일반적 사정과 소원해짐에 따라, 당시의 사례나 경험을 탐구하는 일이 더욱더 곤란해진다. 오늘날에는, 이들 사례에 상응하는 사건들도 이미 충분히 확인할 수 없고 또 전적으로 변화된 현대의 수단에 이러한 사례를 적용할 수도 없기 때문이다. 그러나 유감스럽게도, 어느 시대에나 고대의 사적(事蹟)을 즐겨 운운하는 경향이 저자를 지배하고 있었다. 이와 같은 경향에 허영심과 속임수가 얼마만큼 관여하고 있는가에 대해서는 감히 묻지 않겠다. 그러나 거기에는 독자에게 무엇인가를 가르치고 무엇인가를 설득하려고 하는 성실한 기분과 열의가 결여되어 있음은 분명하다. 그러기 때문에 이와 같은 증거는 자기 논설의 결점과 결함을 틀어막는, 말하자면 장식품에 지나지 않는다고 해도 과언은 아니다.

푀키에르가 의도한 바와 같이, 전쟁이 어떠한 것인가를 역사적 실례만으로 가르칠 수가 있다면, 그 공적은 매우 클 것이다. 그러나 이러한 일을 하려고 하는 사람은, 우선 이 일에 필수 조건을 자기 자신의 오랜 전쟁 경험으로 갖추어야 한다는 것을 생각하면, 이것은 그야말로 인간의 일생을 건 작업이라고 말할 수 있을 것이다.

안으로부터의 열의에 의해 이러한 일을 결의하는 사람은, 긴 여정의 성지 순례와도 같은 이 경건한 기획에 대해 충분히 준비하는 것이 좋다. 이러한 사람은 많은 시간을 들이는 것을 피해서는 안 된다. 그 어떤 노고도 마다해서는 안 된다. 시대의 권력이나 권위를 두려워해서는 안 되고, 자신의 허영심이나 잘못된 수치심에 신경을 써도 안 된다. 그래야만 프랑스 법전의 표어처럼 '진실을 말하라, 진실만을 말하라, 전적으로 진실을 말하라'라고 말할 수가 있다.

제3편

전략 일반

제1장
전략

전략의 개념은 제2편 제2장에서 이미 확립했다. 전략이 뜻하는 바는, 전쟁 목적을 이루기 위해 전투를 사용하는 데에 있다. 이와 같이 전략이 본래 관계하는 것은 전투뿐이지만, 그러나 전략 이론이 문제가 되면 전투, 즉 본래의 군사적 행동을 담당하는 바로 그 전투력 자체를 고찰함과 동시에 또 전투력에 관계되는 여러 주요 사항도 아울러 고찰해야 한다. 전투를 수행하는 것은 전투력이고 또 전투에서 생긴 결과는 바로 전투에 반영되기 때문이다. 전투에서 어떠한 성과가 생길 수 있는지, 전략이 전투를 사용할 경우에 가장 중요한 요인을 이루는 정신적, 감정적 여러 힘이 어떠한 상태인가를 전략에 알리는 것 역시 전투 그 자체에 바탕을 두어야 한다.

전략이 뜻하는 바가 전쟁의 목적을 달성하기 위해 전투를 사용하는 데에 있다면, 전략은 모든 군사적 활동에 대해서, 전쟁의 목적에 상응하는 목표를 설정해야 한다. 다시 말해 전략은 전쟁 계획을 세우고, 소정의 목적에 도달하기 위한 행동의 계열을 이 목표에 결부시키는 것이다. 즉 전략은 개개의 전역(戰役) 계획을 세우고 또 이들 전역에 전투를 안배하는 것이다. 그런데 당초의 계획은 대체적인 가정에 입각해서 결정되는 것에 지나지 않는다. 그러나 이들 가정은 반드시 그 모두가 적절하다고 할 수 없고, 게다가 또 대부분의 상세한 규정은 미리 지시할 수 있는 것이 아니다. 그래서 전략은 일단 작성된 전쟁 계획을 전장으로 가지고 가서, 개개의 사항을 현장에서 적절하게 처리함과 동시에 전체의 계획에 수정을 가해야 한다. 실제로 전장에서는 이러한 수정의 필요가 끊임없이 생긴다. 따라서 전략은 한시도 자신의 일에서 떠날 수가 없다.

그러나 적어도 전쟁 전체에 대해서 말하자면, 위에서 말한 것과 같은 절차가 항상 그대로 행해지지는 않는다. 전략은 군에 있는 것이 아니라 정부에 있음을 지난날의 관례가 잘 말해주고 있다. 그래도 이러한 사태가 승인되는 것은, 정부가 군에 매우 가까워서 정부 그 자체가 군의 총사령부로 여길 수 있을 정도로 군대와 긴밀한 경우에만 한정된다.

그러기 때문에 전쟁 계획에서는 이론은 전략의 뒤를 따라간다. 더 정확히 말하면, 이론은 당면한 사태 그 자체를 해명함과 동시에 그 사태에 포함되어 있는 여러 요인 상호 간의 관계를 명백히 하고, 또 거기에서 생기는 소수의 원칙 혹은 규칙을 끄집어내는 것이다.

우리는 앞서 제2편 제1장에서, 전쟁이 얼마나 많은 요건과 관계를 가지고 있는가 하는 것을 알았다. 따라서 이들 모든 것에 충분한 고려를 하기 위해서는, 비범한 정신적 안광을 필요로 하는 것은 물론이다.

군주나 장수가 전쟁을 그의 전쟁 목적과, 이를 이루기 위한 수단에 적합하게 하는 방법을 알고 있을 뿐만 아니라 그의 행동에 과불급(過不及)이 없으면 이는 바로 그의 천재성의 가장 유력한 증좌(證左)가 되어야 한다. 그러나 이러한 천재적인 능력은, 세인의 이목을 깜짝 놀라게 하는 새로운 발명의 행동 양식에 있는 것이 아니라, 오히려 전쟁이 전체로서 좋은 결과로 종결되는 데에 있다. 즉 그가 속으로 생각하고 있던 것이 모두 그대로 실현된다는 것이다. 또 그의 행동 전체가 안정된 조화를 유지하고 있는 것을 말한다. 전쟁의 전체적 성과에서 비로소 뚜렷하게 나타나는 이러한 조화에 우리는 감탄해 마지않는 것이다.

그런데 이러한 궁극적 성과가 이와 같이 뛰어난 조화에서만 생긴다는 것을 알지 못하는 연구자는 천재가 존재하지 않는 곳에서 또 존재할 리가 없는 곳에서 천재를 구하려고 한다.

그런데 전략이 사용하는 여러 가지 수단이나 형식은 어느 것이나 지극히 단순하고 또 끊임없이 되풀이되기 때문에, 오늘날에는 잘 알려진 사실이 되었다. 따라서 비판(批判)이 이들 수단이나 형식을 새삼 들추어 무리하게 강조하는 것을 들으면, 상식 있는 사람들은 우스운 일이라고 생각할 것임에 틀림없다. 예를 들어, 전략적 우회는 이제까지 수없이 되풀이되고 있는 데도 불구하고, 이러한 우회가 빛나는 천재의 발명이라고 또는 심원한 통찰에서 유래하는 행동이라고, 더 나아가 막대한 지식의 소산이라고까지 상찬되고 있는 실정이다. 비판 치고 이보다도 더 진부하고 무의미한 것이 있을 수 있을까?

그러나 더 자세히 생각해 볼 때 더욱 우스운 일은, 이러한 비판이 저속하기 짝이 없는 견해에 따라 전쟁에서의 정신적 양(量)을 이론에서 모조리 배제하고 물질적인 것만을 논하려고 하는 시도이다. 그렇게 되면 모든 군사적 행동은 피아의 전투력 균형과 우열, 시간 및 공간이라고 하는 몇 개의 수학적 관계나 혹은 몇 개의 각과 직선으로 환원되게 될 것이다. 그래서 만약에 군사적 행동이 이것 외에 다른 아무것도 아니라고 한다면, 이러한 빈곤한 사상에서 생기는 것은, 그야말로 어린아이를 상대로 하는 학습적 과제뿐이라고 해도 좋을 것이다.

그러나 솔직하게 말하면, 구태여 여기에서 학문적인 과제니 형식이니 하고 떠들어 댈 필요는 없다. 물질적인 것의 상호 관계는 어느 것이나 매우 단순하기 때문이다. 그보다도 훨씬 곤란한 것은 군사적 행동에서 정신력의 작용을 밝히는 일이다. 그러나 정신력이라고 해도, 그 다종다양한 양과 관계가 복잡하게 얽혀 있는 것은 전략의 최고 영역에서만 볼 수 있다. 이 영역에서 전략은 정치와 정략(政略)과 경계를 접하고 있다고 하느니보다는, 오히려 전략이 정치 및 정략 그 자체가 된다. 또 이러한 영역에서는, 앞서 말한 대로 정신력은 군사적 행동을 실시하는 형식에는 그다지 관계가 없고, 오히려 군사적 행동 규모의 대소에 따라 그 영향력의 대소가 결정된다. 전쟁의 크고 작은 사건에서처럼 군사적 행동의 실시 형식이 주가 되는 경우에는 정신적 요소가 크게 줄어든다.

전략에서는, 분명히 모든 것이 지극히 단순하다. 그러나 그렇다고 해서 모두가 매우 쉽다는 이야기는 아니다. 국가의 정치적 상황에 따라 전쟁의 목적은 무엇인가 무엇을 달성할 수 있는지 일단 결정되면, 이것을 실행할 방법을 찾아낸다는 것은 그리 어려운 일이 아니다. 그러나 이 방법을 견지하여, 당초의 계획을 성취하고 또 무수한 동인에 말려들면서도 소정의 방침을 관철하기 위해서, 장수는 강한 성격 외에 명석한 정신을 필요로 한다.

고금의 명장들을 살펴볼 때 어떤 사람은 지혜가 뛰어나고, 어떤 사람은 뛰어난 혜안을 갖고 있으며 또 어떤 사람은 용감성과 강한 의지에서 뛰어났다. 그러나 이들 특성을 모두 겸비한 사람은 찾아보기 어렵다. 그럼에도 이러한 인물이기 때문에 비로소 탁월한 상수로서 평범한 지휘관의 수준을 훨씬 뛰어넘을 수가 있었던 것이다.

그런데 전략적 중대 결의에는 전술에서보다 훨씬 굳센 의지가 필요하다고 말하면 이상하게 들릴지 모른다. 그러나 전쟁이 어떠한 것인가를 전략과 전술 관계에서 잘 알고 있는 사람에게는, 이것은 의심할 여지가 없는 사실이다. 전술에서는 사태가 시시각각으로 변화하기 때문에 지휘관은 마치 소용돌이 속으로 빨려들어가는 것처럼 긴박하게 느끼게 된다. 만약 그가 이 소용돌이를 헤쳐 나가려 한다면, 매우 위험한 결과를 초래하게 된다는 것은 분명하다. 그럼에도 불구하고 그는 여러 걱정스러운 생각이 솟아오르는 것을 애써 억제하고, 용기를 내어 투쟁을 수행하는 게 좋다. 이에 반해서 전략에서는 모든 것이 완만하게 경과되므로 그 사이 장수와 그 부하의 마음에 생기는 걱정, 외부로부터의 이의나 비난, 또 어찌할 수 없는 후회 등이 전술에서보다도 훨씬 심하게 마음을 괴롭힌다. 또 전략에서는 전술과 달리 자기 눈으로 직접 볼 수 있는 것은 기껏해야 사태의 절반에 지나지 않는다. 따라서 장수는 모든 것을 추측하고 추정하는 수밖에 없고 따라서 확신도 흔들리지 않을 수 없는 것이다. 이렇게 해서 대개의 장군은 바로 행동에 임할 때 이유 없는 걱정으로 고민하여 그만 좋은 기회를 놓치고 만다.

여기에서 역사를 훑어보고 1760년에 프리드리히 대왕이 수행한 전역[1]을 검토해 보기로 하자. 이 전역은 프로이센군의 훌륭한 행군과 기동으로 유명하며, 전략상의 걸작으로서 비평가들이 칭찬을 아끼지 않는 전역이다. 그러나 우리는 프리드리히가, 처음에 다운 군단의 우측면의 우회를 생각하고, 이어 좌측면의 우회를 꾸미고, 다시 우측면의 우회로 전환하려고 한 운동과 그 밖의 일을 감탄하면 좋은가, 혹은 이 점에 대왕의 명석한 지혜를 인정하면 좋은가. 아니, 그렇지가 않다. 우리가 있는 그대로의 진실을 허심탄회하게 판단하려고 한다면 그와 같은 일은 허용되지 않는다. 오히려 우리는 무엇보다도 먼저 대왕이 한정된 힘을 가지고 원대한 목표를 추구하려고 할 때, 분에 넘치는 계획을 시도하지 않고 그의 목적을 달성하기 위해 알맞은 행동을 과불급 없이 실시한 그의 지혜에 감탄하지 않을 수 없는 것이다. 뛰어난 장수로서 대왕의 이러한 지혜는, 이 전역에서뿐만 아니라 대왕이 치른 전후(戰後) 세 번의 전쟁[2] 모두에서 볼 수

---

1) 7년 전쟁에서 프리드리히 대왕은, 이해에 리그니츠 전투와 토르가우 전투를 감행했다. 본문 서술은 토르가우 전투에 관한 것이다.

2) 제1차(1740~1742) 및 제2차 슐레지엔 전쟁(1744~1745)과 7년 전쟁(1756~1763)의 세 전쟁을 가리

가 있다.

7년 전쟁에서 프리드리히 대왕의 전쟁 목적은, 충분히 보증된 강화조약에 의해서 슐레지엔을 확보하는 데 있었다.

프리드리히 대왕은 한 작은 국가의 원수에 지나지 않았다. 당시의 프로이센은, 대체적인 사정으로 말하자면 다른 약소국가와 다를 바가 없었고, 다만 얼마간의 행정 부문에서 이들 국가보다 약간 좋았을 뿐이다. 따라서 프리드리히는 알렉산더 대왕[3]과 같은 군주가 될 수는 없었고, 또 카를 12세의 흉내라도 냈더라면 아마도 카를과 마찬가지로 비참한 최후를 맞았을 것이다. 그래서 프리드리히의 전쟁 지도에서는 견제된 힘이 그 어떤 경우에도 균형을 유지하고 또

프리드리히 대왕(재위 1740~1786)
프로이센의 왕. 프로이센 영토를 확장하고 유럽 최강의 군사대국으로 만든 특출한 군사 전략가.

자유롭게 작용하고 있었다. 물론 이 힘은 견제된 채로 있었던 것은 아니고, 일단 사태가 급해지면 곧 발동해서 놀라운 위력을 나타냈다가 긴급 사태가 지나가면 서서히 애초의 평온한 상태로 돌아가 세밀하게 배려된 정치적 활동을 영위하는 식이었다. 그는 이제까지 허영심이나 명예심 또는 복수심에 쫓겨 이 길

킨다. 프리드리히 대왕이 전략적으로 훌륭한 것은 여러 번 우회했기 때문이 아니라, 목적 달성을 위해 필요한 만큼 행동하고 투입된 병력을 적절히 사용했기 때문이다.
3) 알렉산드로스 3세(Alexandros III., BC 356~323). 마케도니아 왕. 대왕이라 불렸다.

에서 벗어난 적은 한 번도 없었다. 그리고 이것이야말로 그가 투쟁에서 유종의 미를 거두게 한 유일한 길이었다.

이러한 몇 마디 말로, 이 뛰어난 장수의 지혜를 올바르게 평가한다는 것은 불가능하다. 그러나 이 전쟁[4]의 경탄할 만한 성과를 면밀히 관찰하고 승리를 가져온 원인을 추구하면, 프리드리히 대왕의 혜안으로 항상 위험한 순간을 타개한 전말을 충분히 납득할 수 있으리라고 믿는다.

앞에서 말한 것은 1760년의 전쟁뿐 아니라 그 밖의 모든 전쟁을 통해서 볼 수 있는 이 뛰어난 장수의 놀라운 일면이지만, 특히 1760년의 대전투에 감탄하게 된다. 왜냐하면 적의 우세한 병력에 잘 대항해서 아주 적은 희생밖에 치르지 않았던 전쟁 사례는 다시 없었기 때문이다.

프리드리히 대왕에 대해서 감탄할 만한 또 하나의 면은, 회전(會戰) 계획을 실행에 옮길 때의 어려움에 관한 것이다. 적군의 오른쪽 또는 왼쪽으로 우회하기 위한 행동을 계획하기란 어려운 일이 아니다. 소수의 군대를 긴밀하게 집결시켜 여러 곳에 산재하는 적군에 대항시키거나, 신속한 운동에 의하여 몇 배에 이르는 효과를 거두려고 하는 착상도 쉽게 생각해 낼 수 있고, 또 이미 여러 저서에도 언급되어 있다. 따라서 이러한 종류의 발명은 우리의 감탄을 자아내기에는 부족하다. 그리고 또 이러한 단순한 사항에 대해서는, 다만 그것이 단순하다는 것을 인정하는 외에 달리 할 말도 없다.

그러나 뜻있는 장수는 프리드리히 대왕을 따라서 이러한 일들을 실행해 볼 일이다. 프리드리히의 대전투를 목격한 경험이 있는 군사평론가들은, 시간이 지난 훗날에도 대왕이 진지를 편 방법을 위험하다고 할 뿐 아니라 오히려 무모에 가깝다고 말하고 있을 정도이다. 하물며 대왕이 포진했던 당시에는 이 위험은 훗날의 기록보다도 세 배나 더했다고 여겨졌을 것이다.

프리드리히 대왕이 적군의 눈앞에서, 또 때로는 적의 포화를 무릅쓰고 실시한 행군에 대해서도 같은 말을 했다. 그러나 프리드리히가 이러한 진지를 구축하고 이러한 행진을 한 것은 적장 다운이 하는 행동 방식, 진지 배치 방식, 책임감 및 성격을 통찰해서 이러한 포진, 행진을 안전하다고 보았기 때문이지 결코

---

4) 7년 전쟁을 가리킨다.

무모한 행동은 아니었다. 하지만 사태의 진상을 즉시 꿰뚫어 보고 30년 뒤에도 여전히 화제에 오를 정도의 위험에 당황하거나 겁먹지 않기 위해서는, 바로 대왕과 같은 대담성과 결단력 그리고 강한 의지가 필요했다. 어수선한 전쟁터에서 이들 행동이 확실하게 실시할 수 있는 단순한 전략적 수단이라는 것을 즉시 판단하고 조금도 의심치 않았던 장수는 대왕 이외에는 없을 것이다.

그러나 그 밖에도 행동 실시에 따른 어려움은 있었다. 프리드리히 군대는 이 전역에서 끊임없이 움직였다. 그의 군은 두 번이나 다운 군단의 배후로 나아갔고 또 라시[5]의 추격을 받으면서 엘베강에서 슐레지엔으로 향하는 험로를 행진했다(7월 초와 8월 초). 이때 그의 군대는 언제나 전투태세를 갖추어야 했고, 따라서 행군도 교묘하게 은밀히 실시해야 했다. 더욱이 행군의 임기응변의 진퇴는 행군 그 자체와 마찬가지로 군에 극심한 긴장감을 안겨 주었다. 수천 대의 보급 수레를 동반하고 있었기 때문에 그로 말미암아 군의 행진은 심하게 둔화되었고 보급은 매우 부족했다. 대왕의 군대는 슐레지엔에서 리그니츠[6] 전투에 이르기까지 8일 동안이나 내내 야간행군을 해야 했고, 또 적의 정면 전선을 따라 끊임없이 이동해야 했다. ─이로써 군은 막대한 어려움을 겪어야 했고, 심한 궁핍을 강요당했음은 두말할 필요가 없다.

도대체 이와 같은 모든 행동이 군대라고 하는 말하자면 하나의 기계에서, 별다른 큰 마찰 없이 이루어졌다고 생각할 수 있을까? 장군의 정신은 마치 측량 기사의 손이 천체 관측의(觀測儀)를 마음대로 움직이듯 군의 운동을 손쉽게 실시할 수 있을까? 굶주림에 시달리고 갈증에 허덕이는 가련한 장병들의 모습이, 지휘관이나 최고사령관의 마음을 갈기갈기 찢지 않을까? 고생을 한탄하는 불평이나 일의 진행을 염려하는 불안의 소리가 지휘관의 귀에 들리지 않았을까? 정상적인 지휘관으로서 부하에게 이러한 고통을 요구할 용기가 있을까? 만약에 우리 장수가 위대하고 과오를 저지를 염려가 없다고 하는 병사들의 확고한 신뢰가, 이런 모든 고난을 보상하고 남음이 없다면, 이와 같은 극도의 고난은 불

---

5) 라시(Lacy, Franz von, 1725~1801). 오스트리아군의 장군. 7년 전쟁에서 오스트리아군의 지휘관
   으로 활약했다.
6) 리그니츠(Liegnitz). 슐레지엔의 도시. 이 전투(1760. 8. 15)에서 오스트리아군은 프리드리히에 의
   해 패배했다.

가피하게 군대의 사기를 저하시키고 군의 질서를 교란하며—한마디로 군의 무덕(武德)을 파괴하지 않을까? 그렇기 때문에 이러한 고난을 정확하게 해결할 수 있는 장수에 대해서야 말로 경의를 표해야 한다. 회전 계획을 실시하는 경우에 생기는 이와 같은 기적이야말로 우리가 감탄해 마지않는 것이다. 그러나 이와 같은 모든 일은 우리가 전장의 경험을 통해 그것이 어떤 것인가를 어렴풋이나마 알게 되었을 때 비로소 뼈저리게 느껴진다. 전쟁을 책이나 연병장의 교련으로밖에 알지 못하는 사람은, 전장에서 군의 행동을 저해하는 이들 대항물이 어떠한 것인가를 상상할 수 없을 것이다. 따라서 전쟁을 아직 직접 경험한 적이 없는 사람은, 자기가 모르는 일에 대해서는 우리가 하는 말을 그대로 믿어 주기를 바란다.

그런데 특히 이와 같은 실례를 든 것은 이로써 우리의 전체 구상을 분명히 하기 위해서였다. 그래서 지금 이 장을 끝내면서 앞으로의 서술에 대해서 말해 두고자 한다. 우리는 전략에 관한 다음 장 이하의 서술에서 물질적, 정신적인 것 가리지 않고, 가장 중요하다고 여겨지는 몇 가지 사항의 특성을 우리 나름대로 규정하여, 개개의 것으로부터 복잡한 것으로 나아가, 마지막으로 군사적 행동의 전체적인 연관을 말함으로써, 다시 말하면 전쟁 계획 및 전역 계획을 다루는 것으로 본편을 끝내고자 한다.

(간행자 주 : 제2편의 본래 원고 중에 따로 저자 자필로 된 글이 있었는데 거기에는 '제3편 제1장 개정용'이라는 말이 붙어 있다. 그러나 이 문장은 결국 정정에 사용되지 않았다. 그래서 다음에 그 전문을 여기에 싣는다.)

어떤 지점에 전투력을 배치하는 것만으로는, 그 지점에서 전투가 가능하다는 것일 뿐 전투가 실제로 벌어지지는 않는다. 그런데 이러한 가능적 전투를 이미 실재성을 지닌 것, 현실적인 전투로 생각해도 지장이 없을까? 물론 없다. 비록 가능적 전투라도 거기에서 생기는 결과는 현실적 전투의 결과와 같은 경우가 있다. 또 가능적 전투라도 그것으로부터는 그 어떤 결과가 —그것이 어떤 것이 되었든 간에—반드시 생긴다.

1 가능적 전투라도 결과로 보아 현실적 전투로 여길 수 있다

지금 패주하는 적군의 퇴로를 차단하기 위해 아군이 부대를 파견했더니 적은 싸우지 않고 항복했다고 가정하자. 이 경우에 적이 항복을 결의한 것은 우리 부대가 적에게 도전한 만큼의 전투 즉 가능적 전투의 결과 때문이다.

이번에는 아군의 일부가 적국의 무방비를 틈타 한 지역을 점령하고 많은 적의 보급물자를 빼앗았다고 하자. 그럼에도 적이 감히 그 지역의 탈환을 계획하지 못하고, 따라서 아군이 여전히 이 지역을 계속 점령할 수 있다는 것은, 이미 파견된 아군이 적과 벌이려고 한 전투 때문이다. 이 또한 가능적 전투에서 생긴 현실적 결과이다.

이들 두 경우를 생각해 보면, 단순히 전투가 일어날 수 있다는 가능성이 어떤 결과를 가져오며, 이를 계기로 해서 가능성은 현실적인 문제가 된다는 사실도 알 수 있다. 또 이 두 경우에서 적의 우세한 병력에 대항하는 아군이 마침내 힘이 미치지 못한다는 것을 깨닫고, 싸우지 않고 그 목적을 포기했다고 가정하자. 그러면 확실히 이쪽의 목적은 달성되지 않았다고는 하지만, 아군이 그 지점에서 적에게 도전한 전투가 전혀 효과 없이 끝난 것은 아니다. 왜냐하면 이 가능적 전투는 적어도 적 병력을 이 지점으로 끌어들였기 때문이다. 또 이 모든 기도(企圖)가 전적으로 실패로 끝난 경우라 할지라도, 아군이 어느 지점에서 행한 병력 배치나 또 미리 준비한 전투의 효과가 흔적도 없이 소멸했다고는 말할 수도 없다. 또 이러한 경우 효과는 전투에 패배한 경우와 비슷한 점이 있다.

적의 전투력 격멸과 적의 위력에 대한 완전한 타도는, 오직 전투의 효과에 의해서 달성될 수 있음은 물론이다. 그러나 그 경우에 전투가 실제로 이루어졌든 혹은 아군이 이에 도전했을 뿐 적이 이에 응하지 않았든, 다시 말하면 실제의 전투이든 혹은 가능적 전투이든 그것은 문제가 아니다.

2 전투의 두 가지 목적

그런데 전투가 주는 효과에는 두 가지가 있으니, 직접 효과와 간접 효과이다. 그중 직접적 효과가 적 전투력의 격멸에 있는 것은 물론이다. 이에 반해 그 자체로서는 적 전투력의 격멸을 직접적인 목적으로 하지 않는 전투가 있다. 이러한 전투가 목적으로 삼는 것은 분명히 간접적이지만, 그러기 때문에 전투는 보다 광범위하게 이루어진다. 요컨대 이렇게 먼 길을 돌아서 비로소 적 전투력의 격멸에 기여하는 것이다. 따라서 적국의 주(州)나 군(郡)·도시·요새·도로·교량·창고 등의 점령은 전투의 당장의 목적은 될 수 있지만 그러나 결코 궁극적인 목적은 될 수 없다. 이들 행동은 우리가 보다 우세한 위치를 차지하기 위한 수단에 지나지 않는다. 다시 말하면 적으로 하여금 더 이상 전투에 응할 힘을 가지지 못하는 상태로 몰아넣고 나서, 적에게 전투를 거는 것이다. 따라서 이러한 요건은 어느 것이나 궁극 목적에 이르는 중간 단계에 지나지 않는다. 즉, 적 전투력의 격멸이라는 목적에 이르기 위한 말하자면 사다리이지 목적 그 자체는 아니다.

3 그 실례

1814년에 동맹군이 나폴레옹의 수도 파리를 점령했을 때[7] 동맹군 측의 전쟁 목적은 이미 달성되고 있었다. 이전부터 파리에 뿌리내리고 있던 정치적 내분이 구체화되고, 이렇게 해서 생긴 거대한 틈이 황제 나폴레옹의 권력을 붕괴시킨 것이다. 그럼에도 모든 경위를 올바르게 고찰하기 위해서는 다음과 같은 관점에서 보아야 한다. 즉, 이와 같은 사정으로 나폴레옹의 전투력과 저항력은 급속히 격감하고, 이에 따라 동맹군의 우세가 현저하게 증가했기 때문에 프랑스군의 저항은 이미 불가능하게 되었다는 관점이다. 프랑스를 강화로 몰아넣은 것은 앞으로의 저항이 불가능하게 되었다는 바로 그 일 때문이었다. 만약에 이때 동맹군의 전투력이 외적인 정세 때문에 프랑스 측과 같은 정도로 감소했다고 한다면, 동맹군 측의 우세는 소멸하고 따라서 파리 점령의 효과와 그 중요성도 소멸했을 것이다.

지금 우리가 살펴본 일련의 사례에 대해서 상세하게 점검한 까닭은, 이와 같은 사고방식이야말로 전쟁의 본질에 관한 유일하고도 진실된 견해라는 것을 분명히 하기 위함이었다. 실제로 이 사고방식의 중요성은 이러한 견해에서 생기는 것이다. 그런데 이 견해는 구체적으로 다음과 같은 문제로 환원된다. 즉 전쟁이나 전역(戰役)의 그 어떤 순간에도, 피아가 상대에 도전하는 크고 작은 개연성

---

7) 동맹군의 파리 입성은 1814년 3월 31일이었다.

의 성과는 어떻게 해서 생기는가 하는 문제이다. 전쟁 계획 혹은 전역 계획을 짤 때, 우리가 미리 고찰해야 하는 수단을 결정하는 것은 바로 이 문제이다.

4 전투를 이와 같이 이해하지 않으면, 전쟁에서의 개별적인 행동 평가를 그르치게 된다

우리는 전쟁이나 전쟁을 포함하는 몇 차례 전역을, 연이어 이루어지는 많은 전투의 계열로 보는 데에 익숙해져 있지 않다. 그렇지 않고 적국에서 어떤 지리적 지점을 약취하거나 방비가 없는 지방을 점령하는 따위를 뛰어난 무공이라고 인정하는 생각에 집착하게 되면, 이러한 대상의 점령을 무엇인가 예기치 않은 습득물처럼 보고 싶어진다. 그리고 전투란 원래 이와 같은 것이라 지레짐작하고, 본래의 전투는 전쟁 또는 전여에서 오는 사건 진체 계열 중 한 항복에 지나지 않는다는 것을 잊음으로써, 이러한 점령 행위가 나중에 더 큰 불리함을 초래할 수도 있다. 이것은 전쟁사에서 자주 나타나는 오류이다. 상인이, 개별 사업으로부터 생기는 이득을 각기 따로 계산하고 있다면, 사업 전체의 안전을 도모할 수 없을 것이다. 이와 마찬가지로 전쟁에서도 개개의 유리한 행동을 전체의 결과로부터 분리할 수 없다. 또 상인이 항상 그의 재산을 가지고 장사해야 하듯이, 전쟁에서도 개개의 사건이 유리했는가 또는 불리했는가 결정하는 것은 최종적인 결과뿐이다.

그런데 장수의 정신적 안광이 항상 전투 계열(系列)로 향하고 있다면, 내다볼 수 있는 한의 계열에 관해서는 그는 목표를 향해 길을 매진하는 셈이다. 이에 따라 군의 운동은 신속의 도를 더하고, 장병의 의욕과 행동은 왕성해진다. 그리고 이러한 신속한 운동과 활발한 행동은 항상 사태에 밀착되어 외부로부터의 영향에 의해서 교란되는 일이 없는 것이다.

제2장

전략의 여러 요소

전략에서 전투를 사용할 때 사용 조건을 이루는 것을 적당하게 안배하면 각각 종류를 달리하는 5가지 요소로 분류할 수가 있다. 즉 정신적·물리적·수학적·지리적 그리고 통계적 요소들이다.

제1의 정신적 요소에는, 정신적 특성 및 정신적 효과에 의해서 생기는 모든 것이 이에 속한다. 제2의 물리적 요소에는 전투력의 양(量)과 그 편성, 여러 병과 사이의 비교가 이에 속한다. 제3의 수학적 요소에는 작전선(作戰線)의 각도, 밖에서 중심으로 향하는 구심적 운동, 그리고 중심에서 밖으로 향하는 이심적(離心的) 운동이 이에 속한다. 그러나 이들 운동은, 그 운동 형식의 기하학적 성질이 그 어떤 가치를 가지고 있는 것으로 산정(算定)되는 경우에 한한다. 제4의 지리적 요소에 속하는 것은 지형의 영향, 즉 우세한 지점·산지·하천·숲·도로 등이다. 마지막으로 제5의 통계적 요소에는, 군대의 유지에 필요한 자재가 이에 속한다. 이들 요소들을 각각 분리해서 생각한다는 것은 우리의 생각을 명백히 하고 또 이러한 다섯 종류의 요소가 각각 갖추고 있는 가치의 대소(大小)를 한눈으로 판정하기에 편리하다. 실제로 이들 요소를 따로따로 고찰하면, 그 몇 가지는 다른 데에서 착용했던 가치를 자연히 잃게 된다. 예를 들어, 기지에 관해서는 작전선의 위치만 고려에 넣는 것이 통례이다. 그러나 기지와 작전선의 관계를 이러한 단순한 형태로 논한다면, 기지의 가치를 결정하는 것은 어떤 일정한 기하학적 요소, 즉 작전선과 기지가 구성하는 각도의 대소라고 생각하는 데까지 갈 필요 없이 오히려 작전선이 통과하는 도로나 지형이라고 말하는 것이 훨씬 간단명료하다.

그러나 전략을 이러한 다섯 종류의 요소로 분해해서 논하려고 한다면, 이것은 더할 나위 없이 불합리한 사고방식이라고 하지 않을 수 없다. 이들 요소는,

개개의 군사적 행동에서
는 서로 여러 겹으로 긴밀
하게 결부되어 있는 것이
통례이기 때문이다. 만약
에 전략을 각 요소에 배당
해서 논한다면, 전혀 생명
이 없는 분석의 폐단에 빠
질 것이다. 이는 추상적 기
초적 요소로부터 현실 세
계로 다리를 놓으려 해도,
그것은 악봉 속의 발버둥
과 같아서 아무런 득이 없
는 기도(企圖)에 불과할 것
이다. 우리는 세상의 이론
가들이 결코 이러한 어리
석은 행위를 감히 저지르
지 않도록 자중해 주기를

크레시 전투(1346) 전략 요소로서 지리적 요소도 중요하다. 1340년 프랑스 함대를 격파한 영국군은 노르망디 상륙으로 프랑스 파리로 진격한다. 크레시에서 영국의 장궁병과 프랑스 석궁병과의 싸움으로 영국군이 승리하여 백년 전쟁이 시작된다.

바라 마지않는다. 따라서 우리는, 어디까지나 현상의 전체로서의 현실에 입각해서, 우리의 분석을 전쟁에 관한 사상의 이해에 필요한 정도로 해 두고 그 이상 나아갈 생각은 없다. 또 이 사상은, 단순한 사변적 연구 등에서 얻을 수 있는 것이 아니라, 전쟁이라고 하는 거대한 현상이 주는 인상을 매개로 해서 생긴 것이다.

제3장
정신적 요소

우리는 앞서 제2편 제3장[1]에서 언급한 이 문제에, 다시 한번 되돌아가야 한다. 여러 가지 정신적 요소는, 전쟁의 가장 중요한 사항에 속하기 때문이다. 정신은 전쟁의 모든 영역에 스며들어 있고, 또 정신은 대군(大軍)을 움직이고 지도하는 의지와 밀접한 연관을 가지고 있다. 혹은 의지와 합체되어 있다고도 볼 수 있다. 의지 그 자체도 또한 하나의 정신적 요소이기 때문이다. 그러나 유감스럽게도 정신적 요소는 숫자로도, 등급으로도 나타낼 수 없으며 보거나 느껴야 하는 것이기 때문에, 유감스럽게도 책을 통해서만 얻는 지식으로는 파악하기가 힘들다.

군(軍), 장수(將帥), 정부의 정신과 여러 정신적 특성, 전쟁터가 되는 지방의 인심, 승전 또는 패전이 가져오는 정신적 영향 등은 각각 현저하게 그 종류를 달리하는 정신적 요소이며 또 우리 쪽의 목적과 정황에 따라 다른 영향을 주는 것이다.

비록 책에는 정신에 관한 기술이 매우 적거나 거의 없다고 해도, 이들 정신적 요소가 전쟁술의 이론에 속한다고 하는 것은, 전쟁에 필요한 다른 여러 요건과 전혀 다를 바가 없다. 그러기 때문에 나는 다시 한번 여기에서 이렇게 되풀이하지 않을 수 없다. 이론에서 과거의 방식은, 전쟁의 규칙이나 원칙의 체계를 안출해 낼 때에 정신적 요소를 모두 배제했다. 어쩌다가 정신적 요소가 나타나고, 이것을 예외로 다루어 이러한 예외만을 말하자면 학문적으로 조직하여 예외를 가지고 규칙을 삼든가, 그렇지 않으면 모든 규칙에 관계없는 천재를 예로 인용하여 자기 설(說)의 조력자로 삼으려 했다. 이와 같은 이론은 문자 그대로 빈곤

---

1) 제2편 제2장일 것이다.

한 철학이라고 하지 않을 수 없다. 또 이러한 경우에 천재라고 하는 개념을 원용(援用)한다는 것은, 마치 규칙은 어리석은 자를 위해 만들어진 것이고 또 실제로도 그 자체가 어리석은 것이라는 것을 암암리에 암시하는 것과 같다.

만일 전쟁술의 이론이 정신적 요소의 중요성을 지적하여, 그 가치를 충분히 인정해서 정신적 힘도 이론에 도입해야 할 필요를 증명한다면, 그것만으로도 이론은 자신의 좁은 한계를 넘어 정신 영역으로 발을 들여놓은 것이 된다. 또 이렇게 해서 확대된 이론은 이러한 관점을 확립함으로써, 전쟁에서 전투력의 물리적 관계만을 내세우는 사람들을 마치 법정에서 패소를 언도하는 것과 같은 것이 될 것이다.

그런데 물리적인 힘에 관한 규칙의 원칙으로 보아서도, 전쟁 지도의 이론이 정신적 요소를 이론의 한계 밖으로 몰아낸다는 것은 허용되지 않는다. 물리적 힘의 효과는 정신적 힘의 효과와 완전히 융합되어 있으므로, 화학적 절차에 의해서 합금을 분석하는 것과는 달라서 이 둘을 분리할 수가 없기 때문이다. 물리적 힘에 관한 그 어떤 규칙을 들추어 보아도, 거기에는 정신적 요소가 관여하고 있다는 사실을 인정하지 않을 수 없을 것이다.

만약에 이론이, 자신의 생각을 일방적으로 주장하는 단정적 명제의 정립을 능사로 해서는 안 된다고 한다면, 이론이 갖는 정신적 요소의 지분을 무시해서는 안 된다. 이러한 명제는, 소심해서 다른 주장을 꺼리는 편협한 것이거나, 그렇지 않으면 무엇이든지 자기주장 안으로 끌어들이려고 하는 분수에 맞지 않거나 하는 둘 중의 하나일 것이다. 실제, 정신적 측면을 전혀 도외시한 이론이라고 해도, 모르는 사이에 한도를 넘어 이러한 정신적 영역으로 들어가지 않을 수가 없었던 것이다.

예를 들어 그 어떤 승리도, 거기에서 생기는 정신적 효과를 고려에 넣지 않는 한 도저히 설명할 수 없는 것이기 때문이다. 따라서 본편에서 논하는 대개의 문제는, 물리적 원인 및 결과와 정신적 원인 및 결과를 반반씩 섞은 것이다. 혹은 이렇게 말해도 좋다. 도검에 비유하면 물리적 원인 및 결과는 나무로 만든 칼자루이고, 정신적인 것은 강철로 된 칼의 몸체이며 잘 갈아 놓은 칼날이라고 할 수 있다.

일반적으로 정신적 힘의 가치를 가장 잘 제시하고, 또 이러한 정신적 힘이 미치는 영향, 그것도 때로는 믿을 수 없을 정도로 강대한 영향을 가장 현저하게 나타내는 것은 역사 이상 가는 것이 없다. 그리고 이것이야말로 장수의 정신이 역사로부터 이끌어 내는 가장 고귀하고 가장 자양이 풍부한 영양분이다. 여기에 다시 한마디 해 두어야 할 말은 지혜의 씨앗을 마음 밭에 심어 정신을 풍요롭게 하는 것은, 논리적 증명이나 비판적 연구 또는 학술적 논문이 아니라, 오히려 사태의 성질을 직접 받아들이는 감각이며, 전체적 인상이며, 때로는 불꽃처럼 번쩍이는 정신 작용 바로 그것이다.

전쟁에서의 정신적인 현상 중에서 가장 중요한 것을 하나하나 점검하고, 마치 근면한 대학 강사처럼 면밀하게 조사하여, 각기 좋고 나쁨을 주도면밀하게 평가하는 일도 안 되는 것은 아니다. 그러나 이와 같은 방법에 따르게 되면 틀림없이 무미건조한 속설로 타락할 것이며, 본디 정신은 이러한 분석에 의해서 일찍이 사라지게 될 것임에 분명하다. 그렇게 되면 결국 속세 수준의 지식을 지껄이는 데에 지나지 않을 것이다. 그래서 우리는, 정신적 현상을 논할 때에는 다른 그 어떤 경우보다도, 불완전하고 단편적인 상태에 머무르더라도 정신적 요소의 중요성에 대한 주의를 일깨우고, 여기에서 말하는 정신이 무엇을 뜻하는지 언급하는 것으로 만족하고자 한다.

제4장
중요한 정신력

그것은—장수의 재능, 군의 무덕(武德), 군의 국민정신 세 가지이다. 그중에서 어느 것이 다른 것보다 뛰어난 가치를 갖는가 하는 것은 일반적으로 결정할 수 있는 문제가 아니다. 도대체 정신력의 양이 많다 적다고 규정하는 일은 이미 곤란한 일이다. 셋 중 어느 하나의 정신력을 다른 정신력의 양과 비교한다는 것은 더더욱 곤란하기 때문이다. 그렇다면 가장 좋은 방책은 세 가지 요건 그 어느 하나도 무시하지 않는다는 것이 된다. 그런데 인간의 판단에는 자의적인 데가 있어서, 어떤 때는 한쪽으로 기울어지는가 하면 이내 다른 곳으로 기울어지는 식으로 우왕좌왕하기가 쉽다. 따라서 이 세 가지 정신력에서 생기는 효과가 각각 어떤 것인가를 밝히기 위해서는 역사에서 충분한 증거를 구하는 길밖에 없다.

오늘날 유럽 여러 나라의 군대가 숙달과 훈련이라는 점에서는 모두 동일한 수준에 이르고 있다는 것, 또 전쟁 지도도 (철학자의 용어를 빌리자면) 자연적 본성에 따라서 발달하여 지금에 와서는 하나의 방법이 되어 있다는 것은 명백한 사실이다. 그리고 거의 모든 국가의 군이 이 방법을 몸에 지니고 있기 때문에, 장수로서는 이제 좁은 뜻에서의 특수한 수단(프리드리히 대왕이 사용한 '사선형(斜線型) 전투대형'과 같은 것)을 사용할 가망이 없다고 해도 좋다. 이렇게 볼 때 현재와 같은 상태에서는 군의 국민정신과 군이 전쟁에 숙달했다는 이 두 가지에, 앞으로의 폭넓은 활동의 여지가 남겨져 있다는 것을 부정할 수가 없다. 하기야 앞으로 평화가 오래 계속되면 사정은 또 달라질지도 모르지만.

군의 국민정신(열정, 열광적 흥분, 확신, 온 국민을 지배하는 생각)은 산악전에서 유감없이 발휘된다. 산악전에서 어떠한 행동을 취하는가는 각자에게 맡겨져 있고 또 이것은 개개의 병사에게까지 미치고 있기 때문이다. 이러한 뜻에서 산지는 침략자에 대한 국민의 무장 봉기에 아주 알맞은 싸움터이다.

그러나 군의 고도의 기술적 숙련과, 전군을 마치 혼연일체가 된 하나의 큰 쇳덩어리처럼 굳게 결속하는 단련된 용기는, 드넓은 평야라야만 그 진가를 충분히 발휘하는 것이다.

또, 장수의 재능은 구릉이 많고 시야가 나쁜 지역에서 가장 두드러지게 발휘된다. 산악 지대에서 장수가 개개의 부대를 파악한다는 것은, 기복이 심한 지형을 고려할 때 매우 곤란하고 따라서 전군을 지휘한다는 것은 이미 그의 능력을 넘어선 일이기 때문이다. 그러나 광활한 평야에서는 지휘하기 쉬우므로 장수가 정신적인 온 힘을 경주할 필요가 없기 때문이다.

이들 정신적인 힘들은 각각 어떤 지형에서 활동하는 것과 가장 잘 결합되는가는, 위에서 논한 것으로 명백해졌을 것이다. 따라서 전쟁 계획은 이러한 정신적 힘과 지형과의 친화적 관계를 고려해서 세워야 한다.

제5장
군대의 무덕

군대의 무덕(武德)은 단순한 용감성과는 다르다. 하물며 전쟁 때문에 목숨을 걸려고 하는 열광과는 더더욱 다르다. 말할 필요도 없이 용감성은 군대의 무덕에 필요한 구성 요소이다. 그러나 비록 용감성이 인간의 자연적 소질이라고는 하지만, 군대를 구성하는 군인의 경우는 습관과 훈련에 의해서도 생기는 것이므로, 군인의 용감성은 일반 사람의 용감성과는 다른 방향을 취하지 않을 수가 없다. 마음대로 행동하고 또 힘을 발휘하려고 하는 충동은 개인이 갖는 용감성의 특성이지만, 군인의 용감성은 이러한 충동을 억제해서 보다 고차적인 요구, 즉 복종·질서·규칙 및 방법 등에 따라야 한다.

전쟁은 인간 생활에 부수되는 활동과는 전혀 그 성격을 달리할 뿐만 아니라, 이들 활동으로부터 완전히 분리된 하나의 독특한 활동이다(비록 전쟁이 관여하는 범위가 온 국민에 미치든, 또 국민 중에서 적어도 무기를 들 수 있을 정도의 남자가 모두 전쟁에 종사하든, 전쟁이 이러한 활동이라고 하는 데에는 조금도 변함이 없다). 군인은 이 활동 정신과 본질에 철저해야 하고, 이 활동에 필수적인 정신적 힘을 스스로의 내부에 불러일으켜 섭취해야 한다. 또 스스로 훈련하여 지성의 빛으로 이 사업을 두루 비치고, 온갖 몸과 마음을 이 사업에 쏟아 부으며, 또 이 활동에서 자기에게 지정된 임무를 수행하기 위해 몸과 목숨을 아껴서는 안 된다. 이것이 바로 개개의 군인에 깃들어야 하는 군대의 무덕인 것이다.

따라서 군인을 평가하되, 군인인 동시에 국민의 일원으로서 교육받은 개인이라고 보든, 또는 전쟁을 범국민적 활동이라고 이해하든, 아니면 현대 전쟁은 중세의 용병대장 시대의 전쟁과는 전혀 다르다고 단정하든 간에, 전쟁이라는 활동의 특이성을 없애는 것은 불가능할 것이다. 그리고 만약 이 일을 할 수 없다고 하면, 전쟁을 수행하는 군인도 전쟁을 수행하는 한에서는 하나의 독특한 공동체라고 여겨도 좋다. 그렇게 되면 전쟁에서의 군인 정신은, 특히 이러한 공동체의 질서와 규칙 및 습관과 밀접한 관련을 가지게 될 것이다. 또 실제로 그대로인 것이다. 전쟁을 매우 높은 위치에서 고찰하려고 하는 것이 이론의 결정적 경향이라고 하지만, 그런 경우에도 이 공동체 정신을 경시하는 것은 매우 부당한 일일 것이다. 이 정신은 그 어떤 군대에도 많고 적음을 가리지 않고 존재할 수 있고 또 존재할 것임에 틀림없다. 우리가 군대의 무덕이라고 일컫는 것은, 이러한 공동체 정신에 의해서 군대의 물리적 여러 힘을 결합하는 접착제가 된다. 요컨대 군대의 무덕은 이 공동체 정신과 접촉하게 되면 쉽사리 결정해서 훌륭한 결정체를 형성한다.

모든 것을 분쇄하는 포화를 뒤집어쓰면서도 평소와 다름없는 질서를 유지하고, 터무니없는 공포에도 놀라지 않고, 현실 공포를 착실하게 극복하는 군대, 승전에서는 의기양양하게 승리를 자랑하지만, 그렇다고 또 패전의 혼란 속에서도 복종심이나 지휘관에 대한 존경과 신뢰의 마음을 잃지 않는 군대, 고난과 궁핍에 의해 단련된 체력이 마치 경기자의 근력과 같은 군대, 이러한 고난을 군기(軍旗)에 지워진 저주라고 보지 않고 오히려 승리의 영광을 획득하기 위한 수단이라고 보는 군대, 이들 모든 의무와 여러 덕을 군인의 명예라고 하는 단 하나의 관념으로 드러내 보이기 위해 간명한 교리문답서로 군인의 뇌리에 불러일으키는 군대, 이와 같은 군대야말로 군인 정신에 철저한 국군이라고 말할 수 있다.

그러나 이런 무덕을 억지로 개발하지 않아도 방데 지방[1]의 주민들처럼 눈부시게 싸울 수 있고, 스위스인·미국인·에스파냐인처럼 큰 일을 성취할 수도 있다. 또, 상비군이 각별한 무덕을 갖추고 있지 않아도, 오이겐[2]이나 말보로[3]와 같이, 이러한 군을 이끌고 전쟁에서 승리를 거둘 수가 있다. 따라서 무덕이 결여되면 전승은 어림도 없는 일이라고 말해서는 안 된다. 여기에서 특히 이것을 언급하는 것은, 무덕의 개념을 보다 명확하게 해서 우리 마음속에 있는 것을 올바르게 전하고 싶기 때문이다. 이렇게 하면 무덕 사상을 보편화하여 무덕만이

---

1) 방데(Vendee). 서프랑스 지방. 프랑스혁명 때, 이곳 주민들은 왕당파에 가담, 혁명에 반대하여 무장 봉기했다(1793~1796).

2) 오이겐(Eugen, Franz, 1663~1736). 오스트리아의 원수. 뛰어난 장수로서 알려졌다.

3) 말보로(Marlborough, John Churchill, 1650~1722). 영국의 정치가이며 뛰어난 장수였다.

전쟁의 전부라고 생각하는 오류를 사전에 막을 수 있으리라 믿는다. 군의 무덕은 항상 어느 일정한 정신력으로서 발현된다. 따라서 우리는 이 정신력을 다른 정신적 힘으로부터 따로 분리해서 생각할 수 있고 따라서 또 그 영향을 명확히 판정할 수 있다. 요컨대 무덕은 우리가 그 힘을 계측할 수 있는 하나의 도구인 것이다.

이상으로 군의 무덕의 성격을 분명히 밝혔다. 그래서 다음에는 무덕이 미치는 영향과 이러한 영향력을 생기게 하는 수단에 대해서 살펴보기로 한다.

무덕이 각 부대에 대해 가지는 관계는, 장수의 천재적 정신이 전군에 대하여 가지는 관계와도 같다. 장수가 본디 지휘하는 것은 전군(全軍)이지 개별적인 부대가 아니다. 따라서 장수가 개개의 부대 지휘에 임하지 않는 것이라고 하면, 그 대신에 군인 정신이 이들 부대를 지휘하는 것이 되어야 한다. 장수라고 하는 사람은, 그의 걸출한 특성을 칭송하는 명성에 의해서 최고 사령관으로 선출되고 또 대부대를 지휘하는 상급 지휘관은 면밀한 검토에 의해 선출된다. 그러나 이 검토는, 지휘관의 지위가 내려옴에 따라 점차 느슨해진다. 그러면 그에 따라 지휘관의 개인적인 소질에 대한 기대도 감소되는 셈이다. 그 경우 이 개인적인 소질이 모자라는 곳을 보충하는 것이 바로 군의 무덕이어야 한다. 또 국민이 침략자에 대해서 무장 봉기를 했을 경우에 무덕과 같은 역할을 다하는 것은, 본디 국민에게 갖추어져 있는 자연적 특성, 즉 용감성·기민·정확 그리고 열정이다. 이들 특성은 군인 정신에 대신할 수가 있고 또 반대로 말할 수도 있는 것이다. 그래서 다음과 같은 결론을 얻을 수 있다.

1. 무덕은 상비군 특유의 것이다. 또 상비군은 이를 가장 필요로 한다. 무장 봉기를 한 국민이 전쟁에 참가할 경우에, 무덕을 대신하는 것은 인간의 자연적 소질로서의 약간의 특성이다. 이러한 경우 이들 특성은 급속히 발달한다.

2. 저편과 이편의 상비군이 서로 싸울 경우에 무덕이 꼭 필요하지는 않다. 그러나 상비군이 무장 봉기한 적국의 국민과 싸울 때는 반드시 무덕이 필요하다. 이 상황에서는 상비군의 병력은 분산할 수밖에 없고 따라서 또 행농의 자유가 각 부대에 위임되기 때문이다. 이에 반해서 군이 집결되어 있으면 장수의 천재적 정신이 오직 지휘를 하게 되어, 군의 정신 결함을 보충할 수가 있다. 따라서

무덕은 전장의 지형이나 또 그 밖의 상황이 전쟁 형태를 복잡하게 하고 상비군의 병력을 분산시킴에 따라 더욱더 커진다.

지금까지의 이야기를 정리해 보면 다음과 같은 교훈을 얻을 수 있다. 즉—군이 무덕이라는 정신력이 결여되었을 경우에는, 전쟁을 될 수 있는 대로 단순한 모양으로 계획하든지, 아니면 전쟁이라는 기구의 다른 측면에 대한 배려를 배가하든지, 또 상비군이라는 이름에 지나친 기대를 걸지 말라는 것 등이다. 이것이 곧 전쟁이라는 큰일을 제대로 성취하기 위해 가장 중요한 점의 하나이다.

이와 같이 군의 무덕은 전쟁에서 가장 중요한 정신적인 힘의 하나이다. 따라서 이러한 무덕이 부족할 경우에는, 장수의 뛰어난 재능이 국민의 열정을 대신하는 것처럼, 다른 정신력이 이를 대신해서 결여된 부분을 보충해야 한다. 그렇지 않으면 군이 제아무리 고생을 하더라도 결국 그 효과는 고생과 상응한 것이 되지 않는다. 군의 이와 같은 굳은 정신은 마치 광석을 잘 단련해서 얻은 강철과 같다.

군의 이러한 정신과 정신적 특성이 어느 정도의 큰 일을 성취했는가는 알렉산더 대왕 휘하의 마케도니아군, 카이사르[4]의 로마 군단, 알렉산더 파르네스[5] 휘하의 에스파냐 보병, 구스타프 아돌프[6] 및 카를 12세가 지휘한 스웨덴군, 프리드리히 대왕의 프로이센군, 나폴레옹이 지휘한 프랑스군 등에서 생생하게 볼 수가 있다. 그러나 이들 장수의 놀라운 성공과 지극히 어려운 상황에서 발휘된 뛰어난 재능은, 정신력이 충만한 군이었기 때문에 비로소 가능했다. 이와 같은 명백한 사실을 인정하려고 하지 않는 사람은, 역사에 의한 증명에 고의로 눈을 감고 있는 사람들이라고 말하지 않을 수 없다.

군의 이와 같은 정신을 배양하는 데에는 두 가지 원천이 있다. 그리고 이들 원천이 서로 협력할 때에만 군의 뛰어난 정신을 낳을 수가 있다. 첫째는 일련의

---

4) 카이사르(Caesar, Gaius Julius, BC 100~44). 로마의 장수이자 정치가.

5) 파르네스(Farnese, Alessandro, 1545~1592). 이탈리아 사람. 네덜란드의 에스파냐 대관(代官)이 되어 여러 곳에서 수많은 승리를 거두었다.

6) 구스타프 아돌프(Gustav Adolf, 1594~1632). 스웨덴 왕으로 뛰어난 장수이기도 했다. 30년 전쟁에 참가하여 전사했다.

프로이센의 프리드리히 대왕(재위 1740~1786)
아르젠 후작과 함께 포츠담의 궁전 건축 현장을 방문했을 때의 모습.

전쟁에서 승리를 거듭하는 일이고, 둘째는 군이 전쟁에서 몇 차례의 고난을 경험하는 일이다. 장병은 이 둘째의 원천에서만 자기 심신의 힘을 어느 정도 발휘할 수 있는가를 알 수가 있다. 장수는 휘하 병사들에게 힘든 임무를 여러 차례 요구하는 동안에, 그 어떤 경우에도 병사들은 그 임무를 반드시 다할 것이라는 확신을 얻게 되고, 또 병사들은 자기들이 극도의 어려움을 이겨내고 또 심각한 위기 상황을 극복했다는 사실에 자부심을 느낀다. 그러므로 굳건한 군인 정신의 싹은 끊임없는 활동과 고난이라는 토양에서만 건강하게 자란다. 그러나 거기에는 또한 승리라는 햇볕이 있어야 한다. 이러한 정신의 싹이 이윽고 무럭무럭 자라서 튼튼한 나무로 성장하면, 정신은 비운이나 패전이라고 하는 거친 폭풍우에도 쓰러지지 않을 뿐만 아니라, 평화로운 시대의 안일함까지도 얼마 동안은 견딜 수 있다. 이와 같이 군의 정신은 전쟁에서 또 훌륭한 장수 아래에서 성장하고 발달한다. 그리고 또 이 정신은, 평범한 장수 아래에서도 또 긴 평화 시대에도 적어도 몇 세대는 견딜 수가 있다.

한편으로 역전의 상처를 온몸에 안고 강철과 다름없는 단련된 군대를 결속하는 이러한 고귀한 연대 정신이 있고, 다른 한편으로는 복무규정이나 훈련규정이라고 하는 말하자면 아교에 의해 접착된 것과 같은 상비군의 헛된 자신감이나 허영심이 있다고 한다면, 이들의 우열은 뚜렷하여 도저히 비교가 되지 않을 것이다. 어느 정도의 엄정한 군기와 엄격한 복무규정은 군의 무덕을 상당히 장기에 걸쳐 유지할 수 있다고는 하지만 무덕 그 자체를 낳지는 않는다. 그러기 때문에 이러한 근무령(勤務令)과 같은 것은, 그 어떤 가치를 가지고 있다고 해도 지나치게 중요시할 필요는 없다.

질서, 단련, 순량(順良)한 의지, 어떤 종류의 긍지나 훌륭한 기풍은, 평시에 교육된 군의 특성이며 우리는 이것을 존중해야 한다. 그러나 이들 특성은 어느 것이나 그것만으로 독립된 의의를 갖는 것이 아니다. 군이 무엇 하나 모자란 데가 없고 원만하게 유지되어 있는 동안에는 평온무사하지만, 한번 파탄이 생기면 마치 갑자기 냉각된 유리그릇처럼 전체가 산산이 부서진다. 세상에도 뛰어난 기풍을 갖춘 군대가, 여러 전쟁에 패하면 갑자기 겁쟁이가 되고 공포증에 걸려서 프랑스인의 이른바 〈sauve qui peut〉(자, 도망가자)가 되지 않는다고 장담할 수 없다. 이러한 군은 뛰어난 장수를 가짐으로써 비로소 제대로 된 공적을 세울 수 있는 것으로, 군 그 자체만으로는 아무것도 이룰 수가 없다. 이러한 군대를 승리와 고난으로 차차 단련시켜 무거운 갑옷을 입을 정도로 심신의 힘을 양성하기 위해서는, 대단한 노력과 배려를 가지고 지도해야 한다. 요컨대 군의 정신은 군의 기풍과는 별도의 것이므로 이 둘을 혼동하는 것은 엄격히 삼가야 한다.

제6장
용감성

정신적 여러 힘의 역학적 체계에서 용감성은 신중함과 경계심과 대립한다. 용감성이 이 체계에서 어떠한 지위를 차지하고 어떠한 역할을 하는가는, 앞서 성과의 확실성을 논한 장에서 이미 말한 바 있고, 그 요지는 이론이 스스로 법칙을 준다는 구실 아래, 함부로 용감성의 개념에 제한을 가할 권리를 갖은 것이 아니라는 것이었다.

인심을 고무해서 절박한 위험에도 흔들리게 하지 않는 이 고귀한 기백은, 전쟁에서는 하나의 독특한, 매우 효과적인 원리로 간주되어도 좋다. 실제로 용감성이 시민권을 확보하는 땅은, 인간이 활동을 영위하는 모든 영역 중에서 전쟁을 제쳐두고 어디서 구할 수 있단 말인가.

보급병이나 고적수(鼓笛手)에서 사령관에 이르기까지 계급의 상하를 불문하고 용감성이야말로 가장 고귀한 덕이다. 그것은 예리한 칼 끝에 눈부신 광채를 더해 주는 단단한 강철과 같다.

용감성은 전쟁에서 독자적인 특권을 누리고 있다고 해도 과언은 아니다. 실제로 용감성에는 공간, 시간 및 양 등에 의한 수학적인 계산만으로는 설명할 수 없는 성공의 확률이 인정되어야 한다. 즉 용감성이 자기보다 못한 상대를 만났을 경우에는 마치 무에서 유를 끌어내듯이 상대방의 약점을 이용해서 성공의 확률을 내 것으로 삼는다. 따라서 용감성은 하나의 창조적인 힘이다. 이것은 철학적으로도 증명할 수 있다고 생각한다. 예를 들어 용감성이 겁과 만나면 성공의 확률은 반드시 전자에 있다. 겁은 이미 마음의 평형을 잃은 상태이기 때문이다. 그러나 용감성이 충분한 생각을 거친 연후의 조심성과 만난 경우만은 용감 쪽이 불리하다. 면밀한 신중성은 단지 조심이 깊을 뿐 아니라 역시 그 본마음은 용기이기 때문이다. 따라서 용감성과 마찬가지로 강한 힘을 안에 간직하고 있는 것이다. 그러나 이러한 일은 좀처럼 있을 수 있는 일이 아니다. 조심성이 많은 사람의 대부분은 겁이 많기 때문에 조심성이 있다.

대군(大軍)의 경우 용감성을 아무리 강조해도 그 자체에는 한도가 있으므로, 그 때문에 다른 정신적인 힘을 잃을 염려는 없다. 대군쯤 되면 전투 서열이나 근무 규정 등이 틀이나 조직 안에 딱 박혀 있어서, 전체가 상급 지휘관의 의지에 좌우되고, 군을 통솔하는 지휘관의 지견(知見)에 의해 지도되기 때문이다. 이와 같은 경우의 용감성은, 멈춤쇠를 떼어내기만 하면 언제라도 작동하는 장치의 용수철과 비슷한 데가 있다.

그런데 지휘관의 지위가 높아짐에 따라서, 이번에는 탁월한 정신이 용감함의 시녀로 전락해 용감함이 단순한 격정의 망동으로서 무익한 행동을 일으키는 일이 없도록 배려해야 한다. 상급 지휘관에게는 한 몸을 희생시킬 기회가 좀처럼 나타나지 않는 대신에, 그는 부하를 보호하고 전군의 안전을 꾀해야 하기 때문이다. 따라서 대군을 규제하는 것은 제2의 천성이 된 복무규정이지만, 지휘관을 규제하는 것은 사려(思慮)가 되어야 한다. 실제로 개개의 행동에서의 용감성은, 상급 지휘관의 결점이 될 수 있다. 하지만 이러한 결점은, 결점 나름대로 역시 훌륭하며 다른 결점과는 비교할 수 없다. 때아닌 용감성을 때때로 발휘하는 군은 오히려 다행이라고 할 만하다. 이러한 용감성은 확실히 해서는 안 될 일들이지만, 그것은 그 군대가 씩씩한 저력을 갖추고 있다는 증거이기도 하다. 아니, 혈기에서 우러나온 용기, 즉 아무런 명확한 목적을 갖지 않는 용감성조차도 가볍게 볼 일이 아니다. 이러한 용감성도 근본적으로는 참다운 용기와 같은 감정의 힘이다. 다만 정신의 도움이 없었기 때문에 격정으로서 발휘된 데에 지나지 않는다. 그러나 용기가 복종을 거부하는 경우만은, 다시 말하면 지휘관의 명백한 의지를 무시하고 제멋대로 행동하는 경우만은 위험한 해악이라고 여기지 않을 수가 없다. 하기야 이 경우에도 용감 그 자체가 나쁜 것이 아니라, 복종을 거부하는 것이 옳지 않다. 전쟁에서 복종은 절대적이기 때문이다.

원래 이성적 목적이 가해지면 용감성의 중요성이 감소되고, 따라서 또 그 가치가 저하될 것이다. 그런데 실제로는 그 반대의 경우도 있다.

사려분별이 가해지거나 정신의 지배가 주가 되면 감정의 힘, 따라서 용감성도 그 위력을 현저하게 잃고 만다. 지휘관의 계급이 올라감에 따라 용감성이 희소하게 되는 것은 이러한 이유에서이다. 지휘관의 통찰력과 지성은 지위의 높이에 비례해서 증대하는 것이 아니다. 하물며 평범한 지휘관이라면, 외부로부터 그들에게 다가오는 수많은 대상, 제반 사정, 혹은 번거로움에 압도되지 않을 수가 없을 것이다. 그리고 그들에게 통찰력이 결여되어 있으면, 번로(煩勞) 또한 큰 것은 물론이다. 이렇게 해서 용감성은 더욱더 희소해지는 것이다. 프랑스 잠언 중에 "2인자로 있을 때 빛을 발하던 사람도 1인자가 되면 그 빛을 잃는다"[1]라는 말이 있다. 이 잠언에 담겨 있는 인생 경험을 성립시키고 있는 가장 중요한 근거는 실로 여기에 있다. 역사에서 평범했거나 혹은 우유부단한 장수로 알려진 장수들의 대부분은 하급 지휘관 때는 용감성과 과단성으로 걸출한 군인이었다.

용감한 행동으로 나아가게 하는 동기는, 대개 필요가 강요되어 생기는 것이다. 그러나 그 경우 필요의 정도는 여러 가지이다. 필요가 긴박할 경우에는, 예를 들어 장수가 큰 위험을 피하기 위해 할 수 없이 그것과 같은 정도의 큰 위험을 무릅쓰고 그의 목표를 추구한다고 하면, 그의 과단성은 칭찬을 받아 마땅하다. 이러한 과단성도 그 나름대로 가치를 지니는 것이다. 젊은 군인이, 기병으로서의 기량을 뽐내려고 말을 몰아 깊은 연못을 뛰어간다면 그는 용감하다고 말할 수 있을 것이다. 또 이 군인이 그의 목을 노리는 터키병들에게 쫓겨, 할 수 없이 전과 같은 도약을 한다면, 그의 행동은 단순한 과단성에 지나지 않는다. 그러나 필요성과 행동의 거리가 커지고, 지성이 하나하나 검토해서 밝혀야 할 상황의 수가 많아짐에 따라, 이와 같은 번잡을 한 번에 해결하기 위해 용감성이 더욱 필요해지는 것이다. 프리드리히 대왕이 1756년[2]에 오스트리아와의 전쟁을 필할 수 없는 것임을 통찰하고, 적에게 선수를 치지 않으면 그 자신의 몰락은 틀림없다고 깨달았을 때, 그는 전쟁을 개시하지 않을 수 없었다. 그때 그의 행동은 과단성이 있는 동시에 용감했다. 실제로 그만한 위치에서 전쟁을 결의한 장수는 역사상 그렇게 흔한 것이 아니었다.

전략은 장군이나 최고 지위에 있는 지휘관이 전담해야 할 영역이다. 그러나 그들 외에 군을 구성하는 모든 성원의 용감성도, 다른 무덕(武德)과 마찬가지

---

1) 볼테르의 말 (Tel brille au second rang qui s'éclipse au premier. Voltaire : La Henriade).
2) 프리드리히는 이해에 오스트리아에 대해서 개전(7년 전쟁)으로 나아갔다.

로 전략에서 무관심할 수 있는 사항이 아니다. 용감한 국민으로 편성되고 용감한 정신으로 양성된 군대는, 용감성이라는 무덕이 결여된 군대를 가지고 싸우는 것보다는 훨씬 혁혁한 무공을 세울 수 있을 것이다. 우리가 일반적으로 군에 관해서도 이 무덕을 고찰한 것은 이것을 지적하기 위해서였다. 우리가 시도한 논술의 본디 대상은 장수의 용감성이었다. 그러나 이 무덕의 성격을 일반적으로 또 우리가 아는 대로 상술(詳述)한 지금, 특히 장수의 용감성을 논할 필요는 그다지 없을 것 같다.

지휘관의 지위가 높아질수록 정신과 지성 및 통찰력은 점차로 행동을 지배하고, 이에 따라 감정의 한 특성인 용감성은 더욱 후퇴하여 최고 지위에 오른 지휘관의 용감성은 함께 약화된다. 그러나 사정이 이러고 보면, 이러한 지위에서 오는 용감성은 더욱더 감탄할 만한 특성으로 간주되게 된다. 따라서 정신에 의해 지배되고 지도되는 용감성은, 말하자면 영웅의 진가를 보증하는 도장이라 해도 좋을 것이다. 이러한 용감성은 자연의 도리에 어긋나는 모험을 시도하거나 개연성의 법칙을 거스르는 데에 있는 것이 아니라, 수단을 선택할 경우 지휘관의 천재가 숙달된 판단에 의해서 반 무의식적으로 전광석화도 미치지 못할 정도로 신속하게 수준 높은 계산을 해내는 데에 있다. 용감성이 정신과 통찰력에 양 날개를 달면, 이 둘은 더욱 높이 날고 식견은 더욱 광대해져서 결론은 더욱 정확해진다. 그러나 목적이 크면 이에 따라 위험도 크다는 것을 알아두어야 한다. 무기력하고 우유부단한 지휘자는 잠시 제쳐놓고, 평범한 지휘자는 위험과 책임으로부터 멀리 떨어져서 실내에서 작전 효과를 상상하고 있을 때 간신히 올바른 결론에 도달할 수 있지만, 이러한 결론이라면 구태여 활발한 직관력을 원용할 필요는 없다. 이와 같은 지휘관은, 일단 위험과 책임이 긴박한 문제가 되면 대국을 볼 수 없게 된다. 또 다행히 측근 보좌관의 도움으로 이러한 전망을 놓치지 않았다 해도 결국 결단을 내릴 수가 없을 것이다. 그 누구도 결단을 도울 수가 없기 때문이다.

생각건대 탁월한 장수치고 용감성의 덕을 갖추지 않는 사람은 없다. 다시 말해서, 이와 같은 정신적인 힘을 선천적으로 갖추고 있지 않은 사람은 뛰어난 장수가 될 수 없는 것이다. 우리는 용감성을, 장수로서의 행로를 매진하기 위한 제1 조건으로 보아도 좋다. 그렇다면 지휘관이 높은 지위에 이르렀을 때, 교육과 자신의 인생 경험에 의해서 자기 자신을 더욱 발달시키고, 또 도야된 이 타고난 힘이 아직도 얼마만큼 그에게 남아 있는가 하는 것이 제2의 문제가 된다. 이 경우 이 힘이 더욱 크면 천재의 날갯짓은 더욱 굳세고, 비상(飛翔)은 더욱더 높아진다. 장수로서 아직도 이 힘을 지니고 있다면 감행을 위한 그의 뜻은 더욱 원대해지지만, 그와 함께 목표는 더욱 멀리 놓이게 된다. 이 머나먼 목표에 이르는 과정은, 장수의 심모원려(深謀遠慮)에서 시작하여 필연적으로 이 방향을 취하게 되는지, 그렇지 않으면 그의 공명심이 설계한 장대한 건축물의 가장 주요한 초석으로서 이 목표를 향해 한결같이 나아가는지, 다시 말하면 프리드리히가 되든지 그렇지 않으면 알렉산드로스로 자처하든 간에 비판적인 고찰에서는 어느 쪽이든 상관없는 일이다. 알렉산드로스 대왕의 행동은 예사롭지 않게 용감하기 때문에 상상력을 자극하고, 또 프리드리히 대왕의 행동은 내적 필연성을 가지기 때문에 지성을 만족시킨다.

그런데 우리는 또 하나 중요한 사정을 지적해야 한다.

용감한 정신이 군대에 깃드는 데에는 두 가지 방식이 있다. 이 정신이 본디 국민 안에 갖추어져 있는가, 그렇지 않으면 용감한 장수의 지도 아래에서 승전을 경험함으로써 생긴 것인가 둘 중 하나이다. 그러나 이 제2의 경우는, 처음에는 이 정신이 결여되어 있었다고 볼 수 있다.

이런 뜻에서 국민의 정신을 훈육하기 위해서는, 전쟁보다 더 좋은 수단은 없다고 해도 과언이 아니다. 더욱이 그것은 용감성으로 지도된 전쟁이어야 한다. 용감한 전쟁은 싸우는 것에 의해서만, 인심의 나약함과 안일을 탐하는 경향을 저지할 수가 있다. 이러한 나약함과 안일을 좋아하는 풍조는, 국내에서는 점차로 증대하는 안일에 익숙해지고, 또 외국과의 활발한 교류를 즐기는 국민을 더욱더 타락하게 만든다.

국민의 굳센 성격과 전쟁에 익숙하게 하는 일이 끊임없이 서로 조화를 이룰 때, 국민은 국제 정치 세계에서 굳건한 지위를 유지할 수가 있다.

제7장
불굴

독자들은 각도나 선(線)과 관련된 복잡한 논술[1]을 기대했는데, 이 책에서 말하고 있는 것은 학문적인 개념이 아니라 독자가 매일 거리에서 만나는 아주 평범한 이야기에 지나지 않을지도 모른다. 그러나 저자인 나는 대상을 있는 그대로 고찰하면 되므로, 그 이상 수학적 고찰을 시도할 생각은 없다. 독자들은 나의 이러한 방식을 못마땅하게 생각할지 모르지만, 나는 그러한 것에는 개의치 않고 나름대로 설명해 나갈 생각이다.

전쟁에서는 모든 것이 우리가 평소에 생각하던 것과 다르게 나타나고, 또 가까이에서 보는 것과 멀리서 본 것에는 큰 차이가 난다. 이와 같은 현상은, 전쟁을 제외하고는 세계 어느 곳에서도 찾아볼 수가 없다. 건축가라면, 그가 설계한 건축물이 도면대로 세워지는 것을 평안한 마음으로 바라볼 수가 있다. 또 의사는 아직 연구되어 있지 않은 효과나 우연한 일을 만나는 기회가 건축가보다도 많다고 하지만, 그래도 그가 사용하는 약제의 효과나 처방을 정확히 알고 있다.

그런데 전쟁의 경우, 군의 지휘관에게는 갖가지 진짜와 가짜 정보, 공포나 방심 또는 경솔에 입각한 과실, 갖가지 반항 행위, 이전에는 생각지도 못했던 우연한 일 등이, 마치 큰 파도처럼 끊임없이 밀어닥친다. 또 부하의 반항적 행위는, 올바른 견해에 입각하는 경우도 있지만 잘못된 견해에 입각한 경우도 있고 악의로 나오는 것이 있는가 하면, 때로는 진정한 의무 감정에서나 잘못된 의무 감정에서 생기기도 한다. 혹은 또 태만이나 피로에서 오는 경우도 있어서, 그 원인은 여러 가지라 할 수 있다. 요컨대 상급 지휘관의 마음은, 외부로부터의 수많

---

1) 18세기 후반에는 각도나 선을 써서 전쟁술을 수학적으로 설명하는 방법이 유행했다.

나폴레옹의 이집트 원정(1798~1802) 이로 인해 이집트의 셀림 3세는 나폴레옹에게 전쟁을 선포하였다. 이 전쟁은 1802년 평화조약이 체결되면서 끝이 났다.

은 인상으로 갈기갈기 흩어지는 것이다. 다만 오랜 경쟁 경험만이 쇄도하는 이러한 인상의 가치를 바로 그 자리에서 판정하는 숙달을 터득하는 것이다.

이와 같은 경우에 절대적인 용기와 굳건함이, 이와 같은 인상을 접하면서도 흔들리지 않는 것은, 마치 바다 속에 자리 잡고 파도에 씩씩하게 견디는 거대한 바위와 같다. 이러한 인상들에 굴복하는 지휘관은 그가 의도하는 것을 아무 것도 성취하지 못할 것이다. 따라서 불굴은 한 번 세운 결의를 굳게 지키고, 번의(翻意)를 촉진하는 결정적인 이유가 나타나지 않는 한, 이들 인상에 대항하기 위해 필요한 미덕이다. 또, 전쟁에서는 명예를 걸 정도의 사업치고 무한한 고난과 노력 및 곤란이 따르지 않는 것이 없다. 이러한 경우에 신체적으로나 정신적으로 허약한 지휘관은 이내 굴복하지 않을 수 없을 것이다. 여기에서도 강한 의지만이 당대 및 후대 사람들로부터 칭송받고, 오래 전해질 수 있는 목표에 도달할 수가 있다.

제8장
수의 우세

　수가 적보다도 우세하다는 것은 전술에서나 전략에서 승리의 가장 일반적인 원리이다. 그래서 이 문제를 우선 일반적으로 고찰할 필요가 있다.

　전략은, 전투를 사용해야 할 지점과 시간, 그리고 그 전투에 필요로 하는 전투력을 규정한다. 즉 전략은 이러한 세 가지 규정에 의해서, 전투에서 생기는 결과에 매우 본질적인 영향을 준다. 전투가 전술을 행하면 거기에는 반드시 성과가 생긴다. 이 성과는 승리일 수도 있고 패배일 수도 있다. 그러나 어느 쪽이든, 전략은 이 성과를 전쟁의 목적으로서 달성하기 위해 사용하는 것이다. 말할 필요도 없이 전쟁의 목적은 때때로 요원하며 가까이 있는 경우는 매우 드물다. 이 전쟁 목적 이외에도 여러 가지 부수적인 목적이 있고, 이러한 목적은 어느 것이나 더욱 고차적인 목적에 대한 수단으로 간주된다. 요컨대 이들 부목적(副目的)은 일련의 계열을 이루어 궁극 목적인 전쟁 목적에 종속되는 것이다. 고차적인 목적에 대한 수단으로써의 이들 목적을 사용하는 방법은 여러 가지이다. 또 전쟁의 궁극 목적, 즉 전쟁 전체의 목표조차도 전쟁마다 다르다고 해도 과언이 아니다. 여하간 이들 부수적인 목적이 관계하는 대상이 무엇인가를 알게 됨에 따라, 수단으로써의 이들 목적과 전쟁의 궁극적 목적과의 관계도 분명해지리라고 생각한다. 그런데 이러한 부수적인 목적을 남김없이 열거할 수 있다 하더라도, 우리는 여기에서 수의 우세에 관한 문제를 이러한 열거로 모두 논하려는 것은 아니다. 따라서 이러한 목적을 위해서 전투를 사용하는 문제는 우선 언급하지 않기로 한다.

　전략은 전투를 규정(말하자면 지령)함으로써 그 전투에서 생기는 결과에 영향을 준다. 그런데 이 경우 전략이 이러한 영향을 주기 위해 필요로 하는 요소는 여러 가지이므로, 이것을 단 한 번의 고찰로 다 논할 수는 없다. 전략은 전투에 대해서 시간, 장소 및 병력을 규정하지만, 이들 조건을 사용하는 방식은 여러 가지이다. 또 이들 방식이 각기 다름에 따라, 전투에서 생기는 결과나 결과의 양부(良否)도 다르지 않을 수가 없다. 따라서 전투의 사용을 보다 자세히 규정하는 여러 사항이 어떠한 것인가는, 이 논술을 진행해 감에 따라 차차 밝혀질 것이다.

전투의 성질이나 전투를 발생시키는 정황은 전투마다 다르다. 따라서 개개의 전투를 구체적으로 규정하는 모든 요건을, 전투 그 자체로부터 분리하기로 한다. 또 군대의 가치는 군대마다 다르므로 이 또한 도외시하기로 한다. 그러면 뒤에 남는 것은, 전투라고 하는 말하자면 벌거벗은 개념, 다시 말하면 추상적인 투쟁뿐이다. 그리고 이러한 개념에 관해서는 병력의 다과(多寡) 이외에 구별할 수가 없는 것이다.

이와 같이 생각하는 전투에서라면, 병력의 수가 승리를 결정하는 것이 된다. 그러나 여기에 도달하기까지 수없이 추상해온 것으로도 알 수 있는 바와 같이, 전투에서 수의 우세는 승리를 가져오는 많은 요인 중의 하나에 지나지 않는다. 따라서 병력의 수가 우세했기 때문에 만사를 유리하게 해결했다거나, 혹은 중요한 사항만이라도 해결할 수 있었다는 식으로 말할 수 있는 것이 아니다. 아마도 우세한 병력을 가지고 달성할 수 있다는 것은, 그때의 정황 여하에 따라서 매우 적을 것이다.

그러나 병력의 우세라고 해도, 거기에는 여러 정도가 있다. 예를 들어 2배, 3배, 4배인 경우도 있고, 또 그 이상일 때도 있다. 그리고 이 우세가 점차 증대되면, 마침내는 다른 모든 요건을 압도할 것임에 틀림없다.

이런 점에서, 병력 수의 우세가 전투 결과를 규정하는 가장 중요한 요인이라는 것을 인정하지 않을 수가 없다. 그러나 그 경우 병력의 수는, 동시에 작용하고 있는 다른 요건에 필적할 정도로 우세해야 한다. 여하간 병력의 우세라고 하는 데에서 직접 생기는 결론은—결정적인 지점에서는—될 수 있는 대로 많은 군대를 전투에 참가시켜야 한다는 것이다.

이 경우에 그 군대로 충분한가의 여부는 문제가 아니다. 여하간 결정적인 지점에서, 될 수 있는 대로 많은 군대를 사용한다는 점에서는, 수단이 허락하는 한 최선을 다해야 한다. 이것이 전략의 제1 원칙이다. 이 원칙은 여기에서 매우 일반적인 뜻으로밖에 이해되지 않고 있으나 그리스인에게도, 페르시아인에게도, 영국인에게도, 마라타인[1]에게도, 또 프랑스인에게도, 독일인에게도 모두 해당될 것이다. 그런데 이 문제를 보다 명확하게 고찰하기 위해서, 현대 유럽 여러 나라의 군비 상태를 훑어보고자 한다.

현대 유럽 각국의 군대는 무장, 편제, 숙련도 면에서 과거와 비교하면 서로 현저하게 비슷하다. 서로 다른 한두 가지 차이점을 꼽자면, 군의 무덕(武德)과 지휘관의 재능 정도이다. 근대 유럽의 전쟁 역사를 훑어보아도 이제는 마라톤 전투[2]와 같은 예는 찾아보기 어렵다.

프리드리히 대왕은 로이텐 회전[3]에서 약 3만 명의 병사들을 이끌고 8만 명의 오스트리아군을 격파했고, 또 로스바흐[4] 회전에서는 2만 5000명의 병력을 이끌고 5만이 넘는 동맹군을 물리쳤다. 그러나 2배 혹은 그 이상의 적군과 맞서서 싸워 이긴 전례는 대충 이 정도밖에 없다. 나르바[5]에서의 카를 12세를 여기에서 예로 드는 것은 부당하다. 당시 러시아인은 아직 유럽인으로 간주되지 않았고, 또 이 회전의 중요 정황도 거의 알려지지 않고 있었기 때문이다. 나폴레옹은 드레스덴[6] 회전에서 12만의 병력으로 22만의 동맹군과 맞섰다. 따라서 피아의 병력수의 비례는 아직 2배에 이르지 않았다. 프리드리히 대왕은 콜린[7] 회전에서, 3만 명으로 5만 명의 오스트리아군에게 맞섰으나 승리할 수는 없었다. 또 나폴레옹은 라이프치히[8]에서의 필사적인 싸움에서, 16만 명으로 28만의 동맹

---

1) 마라타인(Maratha人). 인도 중부의 데칸고원 지방에 거주하는 호전적 민족. 마라타 전쟁(1779~81, 1803~04, 1817~18)에서 영국과 싸웠기 때문에 클라우제비츠는 특히 이 민족의 이름을 든 것이리라.

2) 고대 그리스의 아티카 지방 동해의 땅. 마라톤 회전(490 B.C.)에서 페르시아군은 그리스군에게 대패했다. 페르시아군의 사상자는 6000명이 넘는 데 비해 그리스군의 사상자는 200명도 안 되었다고 한다.

3) 로이텐(Leuthen). 슐레지엔의 마을. 7년 전쟁에서의 회전(1757. 12. 5).

4) 로스바흐(Rossbach). 작센의 도시 메르제부르크 부근의 마을. 로스바흐 회전(1757. 11. 5).

5) 나르바(Narva). 현재 상트 페테르부르크 서남쪽의 도시. 북방전쟁(1700~21)에서 스웨덴군은 당시 스웨덴이 영유하고 있던 요새에서, 표트르 대제가 이끄는 러시아군에 포위되었으나 구원으로 달려온 카를 12세의 열한한 군에 대패했다(1700. 11. 30).

6) 드레스덴(Dresden). 이곳 회전에서 나폴레옹은 동맹군을 무찔렀다. 그러나 나폴레옹이 병들어 사령관에게 맡기고 물러나자, 프로이센 동맹군에게 패하고 말았다.

7) 콜린(Kolin). 중부 보헤미아 지방(체코)의 작은 도시. 7년 전쟁의 콜린 회전(1757. 6. 18).

드레스덴 전투 초기에는 프로이센군이 불리했으나 마지막에 나폴레옹군을 격파했다(1813. 8. 26).

군과 싸워 또한 패전으로 끝났다. 이와 같이 프리드리히와 나폴레옹의 경우, 상대 병력수의 우세가 2배에 훨씬 밑돌았다.

위에서 말한 것으로 명백한 바와 같이, 현대 유럽에서는 제아무리 뛰어난 장수라도 거의 2배의 병력을 가진 적과 대항해서 승리를 얻기란 매우 어려운 일이었다. 그런데 2배의 전투력이, 가장 뛰어난 장수보다 낫다고 한다면, 보통의 경우라면 크고 작은 회전에서, 2배까지는 가지 않아도 여하간 병력수가 현저하게 우세하기만 하면, 비록 다른 정황은 불리하다고 해도, 틀림없이 승리한다고 말할 수 있다. 물론 10배의 병력수를 가지고서도 공략하기 어려운 험로(險路)[9]가 있다는 것도 생각할 수 있다. 그러나 이러한 경우의 전투는 이미 전투라고 부를 만한 것이 되지 못한다.

생각건대, 현대 유럽의 군사적 또는 이와 비슷한 사정에서는, 결정적 지점에서의 우세한 병력은 하나의 중요한 요건이다. 또 이것은 일반적인 경우에서 말

---

8) 라이프치히(Leipzig). 이곳 회전에서 동맹군은 나폴레옹에게 결정적 승리를 거두었다.
9) 좁은 통로, 산간의 도로, 둑, 교량 등 장애 때문에 군대가 충분한 전투 전개의 대형으로 통과할 수 없는 지역을 말한다.

하자면, 모든 요건 중에서 가장 중요하다고 말해도 된다. 그리고 이 결정적인 지점에서의 우세한 병력이라고 하는 요건은, 군의 절대적 우세 및 이 우세한 병력을 전투에 사용하는 장수의 숙달과 서로 어울려서 비로소 실현된다.

그렇다면 제1의 규칙은, 가능한 한 우세한 군으로 회전에 임하는 것이 될 것이다. 이것은 새삼 강조할 필요가 없는 통설처럼 여겨지지만, 실제로는 그렇지가 않다.

전투력의 우세가 오랫동안 전쟁에서의 주요한 조건으로 간주되지 않았던 사실을 증명하기 위해서는, 18세기 대부분의 전사(戰史)—그것도 비교적 세밀한 전사에서까지도 군의 병력을 전혀 기재하지 않았거나, 그렇지 않으면 쓴 김에 참고로 첨부한 데에 지나지 않았다는 것, 따라서 병력의 다과(多寡)에 그다지 중점을 두지 않았다는 것을 지적하면 족할 것이다. 전사에 이것을 정식으로 기재한 첫 저술가는, 7년 전쟁을 쓴 템펠호프[10]이지만 그 역시 대체적으로 다룬 데에 지나지 않았다.

1793년 및 1794년에 보주[11] 산지에서 있었던 프로이센 대 프랑스 전쟁에 관해서 몇 차례 비판적 고찰을 시도하고 있는 마센바흐[12]까지도 산지나 골짜기, 도로나 오솔길에 대해서는 말을 많이 하고 있으나 피아의 병력에 대해서는 한마디도 하지 않았다.

병력의 수를 가볍게 보는 또 하나의 증거가 있다. 적지 않은 비판적 저술가들의 뇌리에 박혀 있는 기묘한 사고방식이 그것이다. 즉, 군의 병력 수에 관해서는 가장 알맞은 양(量), 혹은 표준적인 양이 있어서 그 이상의 과도한 전투력은 유익하기는커녕 오히려 거추장스럽다는 것이다.*

　　*이 건에 대해서 우선 머리에 떠오르는 이름은, 템펠호프와 몽탈랑베르[13]

---

10) 템펠호프(Tempelhoff, Georg Friedrich von, 1737~1807). 프로이센의 장수, 전사가(戰史家). 저서에 6부로 구성된 《7년 전쟁사(Geschichte des Siebenjährigen Krieges, 1783~1801)》가 있다.

11) 보주(Vosges). 프랑스 동북부의 산맥. 상부(上部) 라인 산계(山系)에 속한다.

12) 마센바흐(Massenbach, Christian von, 1758~1827). 프로이센의 군인, 전사가(戰史家). 프랑스혁명군에 맞선 수 차례 전쟁에 참가했고, 이들 전쟁에 관한 몇 가지 저서가 있다.

13) 몽탈랑베르(Montalembert, Marc Rene de, 1714~1800). 프랑스 공병 겸 저술가. 전사에 관한 기술을 포함하고 있는 '몽탈랑베르 서간집(Correspondance de M. le marquis de Montalembert, 1777)'이

이다. 전자는 그의 저서 제1부[14] 148쪽에서, 또 후자는 1759년 러시아의 작전 계획에 관한 서간에서 이와 같은 견해를 말하고 있다.

사용할 수 있는 전투력을 회전(會戰)이나 전쟁에서 실제로 사용하지 않았던 실례는 많다. 왜냐하면 이론적으로는 병력의 우세가 중요시되는 것이 당연함에도 불구하고, 이것을 중요하다고 생각하지 않은 점에 있었다.

현저하게 우세한 병력으로 강행하면 무슨 일이든 성취되지 않는 것이 없다고 하는 부동의 확신으로 뒷받침되고 있는 군에서는, 이것이 전쟁 준비에 반영되지 않을 리가 없기 때문에 가능한 한 많은 병력을 가지고 전쟁에 임하고, 아군이 우세를 차지하든가 그렇지 않으면 적어도 적의 우세에 대항할 수 있는 태세를 갖출 것이다. 전쟁에서의 절대적 병력에 대해서 할 말은 이것뿐이다.

이 절대적인 전력의 양을 결정하는 것은 정부이다. 본디 군사적 행동은 병력을 결정하는 일에서 시작하고, 또 그 결정은 군사적 행동의 가장 중요한 전략적 부분을 차지하지만, 이 전투력을 전쟁에서 지휘하는 당해 장수는, 대개의 경우 이 절대적 병력을 이미 주어진 것이라고 간주해야 한다. 장수가 병력의 결정에 전혀 관여하지 않았던 경우도 있을 테고, 또는 여러 가지 사정의 방해를 받아, 병력 결정에 관한 장수의 권한을 확정할 수 없었던 경우도 있을 것이다. 그러나 여하간 한번 결정된 병력은, 장수에게는 변경을 허락하지 않는 기정 조건이 된다.

병력의 절대적 우세를 얻지 못했을 경우에도, 병력을 잘 운용하면 결정적인 지점에 상대적 우세를 배치한다는 수단이 남겨져 있고, 또 실제로도 그렇게 할 수밖에 없다.

그런데 이 경우에는, 공간 및 시간을 산정하는 일이 가장 중요한 요건으로 여겨졌다. 그래서 전략을 짤 때에도 이 점이 전투력의 전면적 사용에 필수적인 조건으로 여겨지게 되었다. 여기에서 더 나아가, 전략과 전술에 능한 장수는, 특히 이러한 선정에 알맞은 내적 감각을 갖추고 있음에 틀림없다고 하는 지나친 생각까지도 하게 된다.

있다.
14) 템펠호프에 관한 앞에 든 주석 참고.

그러나 공간과 시간의 조화라는 것이 도처에서 행동의 밑바탕에 있고, 이른바 전략에서의 일용할 양식처럼 여겨지고 있다고 해도, 이와 같은 것은 어려운 일도 아니고 결정적인 것도 아니다.

공평한 눈으로 전사(戰史)를 점검해 보면, 공간 및 시간을 잘못 산정해서 실제로 중대한 손실이 발생했던 사례는, 적어도 전략의 면에서는 매우 드문 일임을 알게 될 것이다. 과감하고 행동이 민첩한 장수가 신속한 행진을 이용하여, 같은 군대를 이끌고 전전(轉戰)하면서 적의 군대를 차례로 격파한 경우에(프리드리히 대왕, 나폴레옹), 공간과 시간의 교묘한 조합이라고 하는 개념을 가지고 이들 경우를 설명하려고 한다면, 결국 흔한 말을 사용하지 않을 수가 없게 되어 쓸데없는 혼란을 부른다. 사고방식을 명석하게 하고, 거기에서 풍부한 사상을 끌어내기 위해서는 어느 경우나 우선 판단을 잘 하는 것이 중요하다.

적(다운, 슈베르첸베르크)의 정세에 관한 올바른 판정, 열세한 전투력을 잠시나마 적에 대치시키는 대담한 행동, 몇 차례의 강행군을 감행하는 기력, 급습을 가하는 용기, 위험에 처하여 더욱더 강해지는 행동력—이것이야말로 빛나는 승리의 원인이다. 이러한 승리의 요인들이 공간이나 시간과 같은 단순한 요소를 조화시키는 능력과 무슨 상관이 있는 것일까?

소위 병력의 반도작용(反跳作用)[15]이라고 일컫는 것, 예를 들어 로스바흐[16] 또는 몽미라이유[17]의 승리를 각각 로이텐과 몽트로의 승리로 도약시킨 사례는, 일반적으로 뛰어난 장수가 방어에 임해서 자주 사용한 수단이지만, 이러한 반도작용조차도 우리가 사고할 때 명석함과 정확성을 기한다면, 역사에서 드물게밖에 볼 수 없는 사건일 것이다.

이에 비하면 병력의 상대적 우세, 즉 결정적인 지점에 우세한 전투력을 교묘하게 투입한다는 것은 더욱 자주 쓰인 수단이다. 그리고 병력의 이러한 상대적 우세를 가능하게 하는 근거는, 장수가 이러한 결정적인 지점을 올바르게 판단

---

15) 일단 목표물에 맞거나 지면에 떨어진 탄환이 떨어진 각(角), 명중한 물체의 성질이나 탄환의 모양새나 낙하 각도 때문에 튀어서 다시 한번 도약하는 작용을 반도(反跳, 되팀)라고 한다.

16) 프리드리히 대왕은 로스바흐 회전(1757. 11. 5)에서 프랑스군과 오스트리아군을, 이어서 로이텐 회전(12. 5)에서 동맹군을 무찔렀다.

17) 나폴레옹은 몽미라이유 회전(1814. 2. 11)에서 동맹군에 이기고, 이어 몽트로 회전(2. 18)에서도 승리를 거두었다.

하는 일, 또 이에 의해서 군에게 최초로 주어진 적절한 방향을 선택하는 일, 또 중요한 것과 중요하지 않는 것을 취사선택하기 위해, 다시 말하면 그가 지휘하는 병력을 결집해서 항상 우세를 유지하기 위해서 하는 필요한 결단 등이다. 특히 프리드리히 대왕과 나폴레옹은 이 점에서 매우 걸출한 장수였다.

이와 같은 설명으로 우리는 병력 우세라는 생각의 중요성을 다시 회복했으리라고 생각한다. 수적인 우세는 전략에서의 근본 사상이라고 여겨야 하고, 우리는 그 어떤 경우에도 우선 이 사상에 되도록 따라야 한다.

그러나 그렇다고 해서, 수에서의 우세를 항상 승리의 필연적 조건이라고 본다는 것은 우리의 뜻을 심히 오해하는 것이 된다. 단지 전투에서는 병력의 우세야말로 가장 중요시되어야 한다는 것이 우리의 결론이다. 따라서 전쟁에서의 병력을 될 수 있는 대로 우세하게 만든다면, 그것으로 우리의 원칙은 충분히 성립한다. 전투력의 부족을 이유로 해서 전투를 피할 수가 있느냐의 여부에 대한 문제는, 그때의 전체적 정세를 통찰한 다음 결정하게 될 것이다.

제9장
기습

    앞장에서는, 결정적 지점에 상대적 우세를 투입하는 방침에 대해서 논했다. 이것은 전투 일반에 통하는 방침이었다. 그런데 여기에서 또 하나의 방침이 생긴다. 따라서 이것 또한 일반적인 방침이어야 한다. 즉, 적에게 기습을 가한다는 것이다. 전투에서 기습은, 많건 적건 간에 모든 기도(企圖)의 밑바탕에 존재한다. 사실 이것이 없으면 결정적 지점에서의 상대적 우세라고 하는 것까지도 생각할 수가 없다.

    기습은, 결정적 지점에 상대적 우세를 얻기 위한 수단이다. 뿐만 아니라, 기습은 그 정신적 효과에 의해서, 하나의 독특한 원리로서도 간주할 수가 있다. 기습이 가져오는 효과가 크면, 적을 혼란에 빠뜨려서 적 장병들의 용기를 좌절시킨다. 이렇게 해서 전투 효과가 현저하게 증대된다고 하는 것은, 전사(戰史)가 보여주는 크고 작은 사례가 이를 증명한다. 그런데 지금 여기에서 문제로 삼는 것은, 본디 공격 방법으로서의 기습[1]이 아니다. 여기서 말하는 기습이란 갖가지 방책을 강구하고, 특히 병력을 교묘하게 분할해서 행하는 공격 수단을 말한다. 이러한 뜻의 기습은 방어에서도 충분히 생각할 수 있고, 전술적 방어에서는 특히 주요한 요건이 된다.

    따라서 기습은 예외 없이 전투의 모든 기도(企圖)의 바탕에 존재하지만 기도의 성질이나 그 밖의 정황 성질에 따라 여러 가지 차이가 생기는 데에 지나지 않는다고 말할 수 있다.

    그러나 또한 이 차이는 이미 군, 장수, 정부의 특성에 뿌리를 박고 있다.

---

1) 일반적으로 기습은, 곧바로 응전할 수 있는 상태에 있지 않은 적을 공격하여, 적이 전투 수단을 충분히 이용할 수 없게 만드는 방법을 말한다. 그러나 요새전에서 공격군이 하는 기습은, 방어자가 아직 충분한 방어 체제를 갖추기 전에 요새에 근접하는 행동을 말한다.

은닉(隱匿)과 신속은, 기습을 지탱하는 두 가지 요건이다. 그리고 이 둘은 정부 및 장수의 왕성한 수행력과 군의 엄정한 군기에 의해 비로소 가능해진다. 겁내는 것과 느슨한 군기로는 기습의 성공은 전적으로 논의 밖의 일이 된다. 그런데 기습이 전투에서의 일반적 방침이고 없어서는 안 될 수단이며, 다소를 막론하고 효과를 거둘 수 있다는 것은 의심할 여지가 없다. 그러나 또한 실제로 기습이 훌륭한 성공을 거둔 사례가 드물다는 것, 그리고 그 이유가, 기습이라고 하는 행동의 본질에 있다는 것 또한 의심할 여지가 없는 진실이다. 따라서 기습이야말로, 전쟁에서 빛나는 효과를 거두는 수단이라고 생각하는 것은 큰 오산이다.

기습은 그 아이디어로서는 우리의 마음을 끌지만, 막상 실시 단계가 되면 전쟁이라고 하는 거대한 기계의 내부에 생기는 마찰 때문에, 좀처럼 마음대로 맡길 수 없다.

기습의 본령은 전략보다도 오히려 전술에 있다. 전술에서는 행동에 필요한 공간과 시간이 전략에서보다도 국한되어 있기 때문이다. 따라서 전략에서도, 그 방책이 전술의 영역에 접근함에 따라 기습은 더욱더 쉬워지고, 이에 반해서 정치의 영역에 접근할수록 더 곤란해지는 것이다.

전쟁 준비를 제대로 하려면 보통 수개월은 걸려야 한다. 군대를 각기 주요한 배치 지점에 집결시키기 위해서는, 창고나 보급 시설의 설비가 필요하고, 또 소정의 지점에 이르기 위해서는 긴 행군도 필요하다. 그렇게 하다 보면 이들 행동의 방향을 일찍부터 적이 눈치채게 되는 것이다.

그러므로 한 나라가 다른 나라에 갑자기 전쟁을 시도하거나 또는 대군을 보내거나 하는 일은 거의 전무(全無)라 해도 좋다. 전쟁이 오직 요새의 공격을 목표로 했던 17세기 혹은 18세기에는, 적국의 요새를 불시에 포위하는 것이 자주 이루어졌고 또 전쟁술에서는 이것이 따로 중요한 행동으로 간주되었으나, 이 작전이 성공하는 경우는 매우 드물었다.

이에 반해서 전투가 당일에서 이튿날에 걸쳐 이루어지면 기습은 훨씬 쉽다. 이럴 경우에는 적에 앞서서 행진하고, 이로써 적진지를 공략하거나 혹은 적지의 요점이나 도로 등을 빼앗는 것은 그리 어렵지 않다. 실제로 이와 같은 기습이라면 손쉽지만, 손쉬운 만큼 그에 따라서 기습의 효과도 감소되지 않을 수가 없다. 그런데 이러한 소규모의 기습으로, 예를 들어 회전에 승리를 얻는다든가 혹은 적의 중요한 창고를 약취하는 등, 훌륭한 성과를 올릴 수 있다고 생각하는 사람이 있다. 확실히 그와 같은 일도 생각으로는 가능하지만, 그러나 전사(戰史)는 이 가능성을 실증하지 않는다. 실제로 이와 같은 기습으로 큰 성과를 거둔 전쟁 사례는 매우 드물다. 이것으로 보더라도 실제로 기습을 행하는 것이 얼마나 어려운지를 알 수 있다.

이와 같은 일을 역사에서 밝히려고 하는 사람은, 여러 학자의 역사적 비판에서 어떤 종류의 허식이나 문식(文飾) 혹은 독단적 술어 등에 구애되지 않고, 어디까지나 사실 그 자체를 구명해야 한다. 예를 들면 슐레지엔에서의 1761년의 전역[2]에서, 이런 종류의 유명한 사건이 일어난 일이 있었다. 그것은 7월 22일의 일이었다. 이날, 프리드리히 대왕은 라우든[3] 장군에 선수를 쳐서 나이세[4] 부근의 노센[5]까지 행진했다. 이로써 상부(上部) 슐레지엔에서 오스트리아군과 러시아군의 합류가 불가능해져서, 대왕은 1개월의 여유를 얻었다고 한다. 그러나 이 사건에 관한 기사를, 뛰어난 사가(史家)[6]의 전사를 정독하고 공평하게 고찰한다면, 7월 22일의 행진은 결코 이러한 중대한 뜻을 가지고 있지 않았었다는 것을 알 수가 있다. 이 점에 관해서 유행되었던 논의는 전혀 사실에 위배된 억측이었으며, 당시는 이른바 기동시대로서 유명한 시기였던 만큼, 라우든이 동기가 아리송한 운동을 한 데에 지나지 않았던 것이다.

전쟁을 하는 동안 기습으로 큰 효과를 얻고 싶다면 기습에 필요한 수단부터 갖춰야 한다. 이런 수단으로는 과감한 행동, 신속한 결의, 오랜 행군 등이 있다. 그러나 이런 요건이 완전히 갖추어진다 해도, 원하던 효과를 꼭 얻으리란 보장은 없다. 기습 전법의 달인이라 할 수 있는 두 명의 장수, 즉 프리드리히 대왕과 나폴레옹의 전쟁 사례를 살펴보아도 이 점은 분명히 알 수 있다. 프리드리히는 1760년 7월 바우첸[7]에서 갑자기 라시 장군을 급습하고, 다시 드레

---

2) 7년 전쟁의 1761년 전역.

3) 라우든(Laudon(Loudon), Gideon Ernst von, 1717~90). 오스트리아의 원수.

4) 나이세(Neisse). 상부 슐레지엔의 도시.

5) 노센(Nossen). 작센의 도시.

6) 템펠호프 지음 《노련한 장수 프리드리히 대왕(Der Veteran, Friedrich der Grosse)》 참조

7) 바우첸(Bautzen). 작센의 도시.

스덴[8]으로 향했다. 그러나 프리드리히가 전쟁 중간에 삽입한 이 간주곡은 특별한 성과를 가져다 주기는커녕 나쁜 결과를 낳았다. 그가 기습하는 동안 적군이 글라츠[9]를 탈환했던 것이다. 즉 기습 작전으로 인해 사태는 매우 악화되어있다.

나폴레옹은 1813년에, 드레스덴에서 2번에 걸쳐 블뤼허를 급습했으나, 상부(上部) 라우지츠[10]에서 뵈멘으로 침입한 행동을 제외한다면 어느 경우나 소기의 효과를 거둘 수가 없었다. 이 기습은 두

예나 전투(1806) 프랑스군 병사가 프로이센군 깃발을 빼앗아 개가를 올리고 있다.

차례 모두 시간과 병력의 낭비로 끝났으며, 그 때문에 드레스덴 부근에서 매우 위험한 상태에 빠질 뻔했을 정도였다.

그러므로 큰 성과를 거둘 만한 기습이란 지휘관의 활동, 역량 및 결단만으로는 이루어지는 것이 아니다. 기습에 성공하려면 따로 유리한 정황의 혜택을 가져야 한다. 물론 우리도 기습이 가져오는 큰 성과를 결코 부정하려고 하는 것은 아니다. 다만 이 성과에는 꼭 유리한 조건이 결부되어 있어야 한다고 주장할

---

8) 드레스덴(Dresden). 작센의 주요 도시. 1760년 프로이센군에 의해 포위되었다(7.13~28).

9) 글라츠(Glatz). 프로이센의 도시. 1760년 6월에 라우든에 의해 탈환되었다.

10) 북프로이센 지방. 라우지츠(Lausitz)는 상부 라우지츠와 하부 라우지츠로 나뉘어 있다.

뿐이다. 따라서 이러한 유리한 조건은 그렇게 자주 나타나는 것도 아니고, 또 지휘관이 임의로 만들어 낼 수 있는 것도 아니다.

그런데 앞서 언급한 두 명의 장수, 즉 나폴레옹과 프리드리히는 이런 기습의 현저한 실례를 보여준다. 나폴레옹은 1814년[11]에, 블뤼허군이 본진을 떠나서 마른 강변을 따라 하류로 행진하는 동안 블뤼허군을 기습했다. 이틀 동안의 강행군으로, 이토록 큰 성과를 거두기란 쉬운 일이 아니다. 블뤼허군의 연장(延長)은 3일 행정에 이르고 있었기 때문에, 부대는 개별적으로 격파되어 본 전투의 패배와 맞먹을 정도로 손해를 입었다. 이것은 오직 기습에서 얻는 효과였다. 만약에 당시에 블뤼허가 나폴레옹의 신속한 습격을 미리 알아차렸더라면, 이것과는 전혀 다른 행군 계획을 세웠을 것이다. 나폴레옹의 성공은 다름 아닌 블뤼허의 과실에서 생긴 어부지리였다. 물론 나폴레옹은 적의 사정을 잘 모르고 있었던 것이다. 그러기 때문에 이 기습의 성공은, 그에게는 행복한 우연이었다. 다시 말하면 우연이 그의 기습을 도운 것이다.

1760년에 벌어진 리그니츠 전투도 이와 마찬가지였다. 프리드리히 대왕이 이 전투에서 눈부신 승리를 거둔 까닭은, 그가 애써 설치한 진지를 한밤중에 변경했기 때문이다. 그로 인해 라우든은 완전히 기습을 당했으며, 70문의 대포와 1만 명의 병력을 순식간에 잃고 말았다.

당시 프리드리히는, 적이 도전하는 회전을 불가능하게 하기 위해, 혹은 적어도 적의 계획을 어긋나게 하기 위해서, 자주 군을 여러 곳으로 이동시키는 원칙을 채용하고 있었다. 그러나 8월 14일에서 15일에 걸친 한밤중에 진지를 변경한 것은, 그와 같은 의도에 따랐다기보다는 대왕 자신도 말했듯이 14일에 설치한 진지가 마음에 들지 않았기 때문이었다. 요컨대 여기에서도 우연의 힘이 강하게 작용했던 것이다. 만약에 대왕의 공격이, 밤중의 진지 변경과 적군이 근접하기 어려운 지형과 잘 합치하지 않았더라면 성과는 그 정도로 크지는 않았을 것이다.

그보다 더 고차적인, 혹은 가장 고차적인 전략에서도 중대한 영향을 끼친 기습 몇 가지를 찾아볼 수 있다. 그러나 여기에서는 브란덴부르크 대선제후(大選

---

11) 1814년 2월의 일.

帝侯)[12]가 스웨덴군을 추격해 프랑켄[13]에서 포메른[14]까지, 또 마르크[15]에서 프레겔[16] 강변까지 갔던 훌륭한 행진, 1757년의 전역,[17] 나폴레옹이 1800년에 알프스산맥을 넘은[18] 사례까지 지적하는 것으로 그치기로 한다. 나폴레옹의 경우에는 오스트리아군이 항복해서 모든 싸움터를 포기했고, 또 1757년에는 오스트리아군은 전장과 군 전체를 프리드리히 대왕에 인도하기 직전의 단계에까지 몰렸다. 또 상대의 전혀 예기치 않은 전쟁을 일으킨 예로서는 프리드리히 대왕의 슐레지엔 침입을 그 예로 들 수 있다. 확실히 이들 기습이 가져온 성과는 어느 경우나 막대하다. 그러나 이와 같은 사례는 전쟁 역사상 매우 소수에 지나지 않는다. 또 어떤 국가가 전쟁에 필요한 행동력과 수행력이 없는 탓으로 (1757년의 작센 및 1812년의 러시아처럼) 전쟁 계획이 완료하지 않은 상태에서 적의 습격을 당한 사레는, 어기서 말하는 기습과 혼동해서는 안 된다.

다음에 기습의 본질에 대해서 새삼 한마디 해 두고자 한다. 그것은—적에게 아군의 의지를 강요할 수 있는 지휘관만이 적을 기습할 수가 있다는 것이다. 또 올바른 방식으로 기습하는 지휘관만이 적에게 아군의 의지를 강요할 수 있다는 것이다. 만일 잘못된 수단을 가지고 기습을 실시한다면 좋은 결과를 얻기는커녕 아마도 적의 따끔한 반격을 입지 않을 수가 없다. 이와 같은 경우, 적은 이러한 기습을 겁내지 않고 있으므로 이쪽의 잘못을 틈타서 말하자면 전화위복으로 삼는 것이다. 그런데 공격은 방어보다도 훨씬 많은 적극적 행동을 포함하고 있다. 그래서 기습은 공격자 쪽에서 많이 사용되지만, 그렇다고 해서 결코 공격자의 독점이 아니라는 것은 뒤에 살펴보는 바와 같다. 따라서 공격자와 방어자가 서로 기습을 하는 경우도 있다. 그럴 경우에는 정확한 수단을 선택한 쪽

---

12) 브란덴부르크 선제후는 1365년에 시작된다. 그중 대선제후는 프리드리히 빌헬름(Friedrich Wilhelm von Brandenburg, 1620~88)을 가리킨다. 그는 국내로 침입한 스웨덴군을 마르크, 포메른 및 프로이센에서 몰아냈다(1675 ; 1679).

13) 프랑켄(Franken). 마인강 상류 및 하류를 포함한 지방.

14) 포메른(Pomern). 독일 북부에서 폴란드 북부에 이르는 발트해 남안 지방.

15) 옛날의 백작령. 당시는 브란덴부르크에 속해 있었다.

16) 프레겔(Pregel)강. 동프로이센의 강.

17) 프리드리히는 뵈멘에 침입하여 프라하를 급습했다(1757.4~6).

18) 1800년 5월에 나폴레옹은 알프스를 넘어 이탈리아에 침입, 멜라스가 이끄는 오스트리아군을 급습했다.

이 좋은 성과를 거둔다는 것은 두말할 필요가 없다.

확실히 이것은 일단은 그럴듯한 이야기이다. 그러나 이 방침은 실제로는 그다지 엄밀하게 지켜지고 있는 것이 아니다. 더욱이 그 이유는 지극히 간단하다. 기습이 가져오는 정신적 효과는, 기습을 실시하기에 좋은 조건을 갖춘 쪽으로, 때때로 최악의 사태도 이를 호전시키고 또 이로써 적의 결의를 둔화시키는 이점을 주기 때문이다. 또 여기에서 우리가 염두에 두고 있는 것은 상급 지휘관뿐만 아니라 모든 지휘관이다. 기습의 효과는 독특한 성질, 즉 적군을 결속시키는 단결의 끈을 현저하게 이완시키는 성질을 띠게 되므로, 피아의 지휘관이 각기 갖추고 있는 독자적 특성이 기습 때에 가장 잘 나타나기 때문이다.

그런데 기습의 성패는 피아 사이의 전반적 관계에 의해서 현저하게 좌우된다. 만약에 한쪽이 전반적으로 정신적 우월을 유지하고 이에 의해서 재빨리 다른 한쪽의 사기를 저하시킨다면, 전자는 기습으로 많은 효과를 거둘 수 있고 또 본디 같으면 파멸할 것 같은 경우에도 훌륭한 성과를 거둘 수가 있다.

제10장
궤책

　궤책(詭策)에는 감추어진 의도가 있다. 궤책이 숨김이 없는 명백한, 즉 직접적인 행동 방식과 대립되는 것은, 사물 사이의 은밀한 연관을 꿰뚫어 보는 지력으로서의 기지(機智)가, 직접적 증명과 대립하는 경우와 같다. 궤책은 이치를 내세운 설득이나 이해관계를 주안섬으로 하는 절충 또는 위력(威力)의 행사 등과 같은 수단과는 조금도 공통점이 없다. 이와 달리 기만과는 두드러진 공통점이 있다. 기만의 의도 또한 숨겨져 있기 때문이다. 오히려 궤책은 일이 성취된 뒤에 보면 기만이라고 해도 좋다. 하지만 기만 그 자체와는 다른 점이 있다. 궤책은 말을 사용해서 직접 사람을 속이는 것이 아니기 때문이다. 궤책을 쓰는 사람은, 상대의 지력(知力)을 현혹시켜 여러 가지 잘못을 저지르게 한다. 그러면 이들 오류가 서로 모여서 하나의 작용을 낳아, 이제까지 사물의 진상이라고 여겨졌던 것을 상대의 눈앞에서 한번에 뒤집고 마는 것이다. 따라서 기지를 관념과 표상의 마술이라고 한다면 궤책은 행동의 마술이라고 해도 좋다.

　전략이라는 말이 본디 그리스어의 궤책에서 나왔다는 것, 또 많은 요인의 상호 관계를 포함하는 대규모적인 행동으로서의 전쟁이, 그리스인 이래 오늘날까지 겉치레의 변화를 입었음에도 불구하고, 오늘날에도 전략 그 자체의 본질이 여전히 궤책을 시사하고 있다는 것은 당연한 일로 여겨진다.

　강력 행위의 실시, 즉 전투 그 자체는 전투에 맡기고, 전략은 전투를 교묘하게 사용하는 기술이라고 이해한다면, 행동을 낳게 하는 용수철로서의 강렬한 명예심이나 불요불굴의 굳센 의지와 같은 정신적인 힘 외에, 전략적인 행동을 지도하고 또 활발하게 하는 데에 가장 적합한 주관적, 다시 말하면 인간이 원래 가지고 있는 심적 소질이라고 하면 궤책을 사용하는 능력뿐이다. 이것은 앞장에서 말한 바와 같이, 군사 행동이 일반적으로 기습을 필요로 하는 사정으로부터도 명백하다. 기습의 바닥에는 아무리 적더라고 궤책의 관념이 존재하기 때문이다.

전쟁에서 피아의 지휘관들이 교묘한 활동, 기민성과 궤책에 의해서 서로 겨룬다는 것은 우리가 알고 있는 바와 같다. 그럼에도 이와 같은 특성이 역사에는 거의 나타나지 않고 또 실제로도 여러 사정이나 정황의 방해를 받아 아주 드물게 밖에는 실시되지 않는 것이다.

그 이유는 명백하고 앞장에서 말한 것과 거의 같다.

전략에 따른 독자적인 행동은 전투와 이에 관계되는 여러 수단을 안배하는 데에 있다. 따라서 전략은 전쟁 이외의 그 어떤 생활과도 달라서 단순히 언어를 가지고 하는 활동—예를 들면 의견이나 성명을 발표하는 것과 같은 활동과는 관계가 없다. 이러한 활동은 특별히 많은 노력을 필요로 하지 않기 때문에, 책략가는 즐겨 이를 사용해서 사람을 속인다.

또 전쟁에서 이런 종류의 활동으로서는 가짜 계획을 발표하는 일, 가짜 명령을 내는 일, 또는 거짓 정보를 흘려서 적을 속이는 것 등이 있다. 그러나 이들 수단은 일반적으로 효과가 적기 때문에, 우발적인 기회에만 쓰일 뿐 지휘관의 발의(發意)에 의한 활동으로 볼 수 있는 것이 아니다.

그런데 전투를 준비하는 것처럼 보이게 하기 위해서 많은 부대를 여러 곳에 배치해서 적을 동요시키게 되면, 그것만으로도 시간과 병력을 동원해야 한다. 하물며 이러한 활동이 대규모적으로 이루어지면 시간과 병력도 증대한다. 이와 같은 일이 바람직하지 않기 때문에, 전략에서의 이른바 양동(陽動)이라고 하는 것이 소기의 효과를 올린 예는 매우 적은 것이다. 실제로 상당한 병력을 상당히 오랜 시간에 걸쳐서 단순한 양동을 위해 사용하는 것은 위험하다. 이러한 행동이 헛된 수고로 끝나는 위험뿐 아니라 이들 병력을 중요한 결정적 지점에서 사용할 수 없다는 사태가 생기기 때문이다.

장수는 전쟁에서의 이러한 냉엄한 진리를 충분히 알고 있다. 그러기 때문에 그는 적에 대해서 쓸데없이 기만적으로 움직이는 것을 좋아하지 않는다. 전쟁에서는 필연성을 갖는 엄숙한 마음이 직접적 행동을 지배하기 때문에, 책략을 부릴 여지가 없다. 요컨대 전략이라고 하는 장기판 위에는 책략이나 교활(狡猾)이라는 말은 존재하지 않는 것이다.

가우가멜라 전투 전략가 알렉산더가 페르시아군(다리우스 3세)과 치른 가장 유명한 작전으로 평가받고 있다.

그래서 결론은—장수의 특성으로서는 정확한 정신적 안광(眼光) 쪽이 궤책보다 더욱 필요하고 유용하기도 하다는 이야기가 된다. 하기야 궤책도, 전쟁에 필요한 그 밖의 정신적 요소를 손상하지 않는 한 유해한 것은 아니지만 실제로는 위에서 말한 위험을 초래한다.

그런데 전략적 행동은 필요한 병력이 열세인 경우에는, 궤책을 사용할 여지 또한 대부분 커진다. 따라서 약소한 병력을 인솔하는 지휘관에게 이제는 더 이상 사려 분별을 할 여유가 없고, 또 더 이상 손을 쓸 수 없게 되면 궤책은 자진해서 지휘관의 대담한 행동에 힘을 보태는 것이다. 이렇게 해서 앞날의 전망에 일체 구애되지 않고 적에 대한 보복의 마음도 모조리 소멸되면, 이번에는 용감성과 궤책이 서로 도와 희미한 불빛을 한 점에 집중해서 한 가닥 광명의 불을 켜는 수가 있다.

제11장
공간에서의 병력 집중

가장 좋은 전략은 항상 강대한 병력을 보유하는 일이다. 다시 말하면 우선 일반적으로 강대한 병력을, 다음에는 결정적인 지점에서 강대한 병력을 보유한다는 것이다. 그런데 병력을 창출하는 일은 반드시 장수의 임무는 아니므로, 이것을 별도로 삼는다면 전략에 가장 단순한 최고의 법칙은 장수가 그의 병력을 집결해 둔다는 것이다.

따라서 긴급 목적을 위해 파견되는 부대 외는 그 누구도 주력으로부터 분리되어서는 안 된다. 우리는 이 기준을 견지하며, 이것을 군사 행동에서의 확실한 지침으로 보는 것이다. 만약에 병력을 분할하는 정당한 이유가 있다고 한다면, 그것은 어떠한 것인가라는 데 대해서는 기회를 보아 논술할 생각이다. 그렇다면 이 원칙이 그 어떤 전쟁에서도 항상 같은 결과를 낳는 것이 아니라는 것, 따라서 또 결과는 목적과 수단에 따라 여러 가지임을 알았으리라 생각한다.

그런데 이제까지는 특별히 명백한 이유가 없음에도 다만 종래의 방식이 이러했기 때문이라는 막연한 감정에 따라, 병력의 분할이나 분리가 이루어져 왔던 것이다. 이와 같은 어리석은 일은 도저히 있을 수 없는 것처럼 여겨지지만 실제로는 매우 자주 일어나고 있다.

전체 전투력의 집중을 전략의 규범으로 하고 병력의 분리와 분할을 어찌할 수 없는 동기에 입각한 변칙으로 간주한다면, 쓸데없이 병력을 분할하는 우(愚)를 피할 수가 있을 뿐만 아니라, 또 잘못된 이유에 의한 분할을 저지할 수도 있을 것이다.

제12장
시간상 병력 집합

앞으로 이 장에서 논하려고 하는 개념은 전쟁에서 실제로 사용되면, 자칫 지휘관을 속일지도 모르는 성질의 것이다. 그래서 이들 개념을 하나하나 구명해서 명확하게 하고 싶다. 이를 위해 여기에서도 약간의 분석을 시도해 보는 것을 허용해 주기 바란다.

전쟁은 대립하는 피아의 병력 충돌이다. 그러면 이 경우에 우세한 병력을 가지는 쪽의 군대가 적 병력을 격멸할 뿐만 아니라, 종횡무진한 운동에 의해서 적의 잔군(殘軍)을 소탕하리라는 것은 분명하다. 이와 같은 관점에 따르면, 병력을 조금씩 사용하여 소기의 효과를 얻으려는 계획은 용납될 수 없다. 다시 말해 한 번의 전투에 필요한 모든 전력을 한꺼번에 쏟아붓는 것이야말로 전쟁의 기본 원칙이어야 한다.

확실히 실제로도 그대로이다. ─투쟁을 병력의 기계적 충돌로 해석한다면, 서로 상대를 격멸하기 위한 피아 병력의 상호 작용이라고 이해한다면, 병력을 조금씩 사용하는 것이 유리한 경우도 생각할 수가 있다. 이런 현상은 전술에서 볼 수가 있다. 그 주된 이유는 화전(火戰)[1]이 오늘날 전쟁의 주된 기초를 이루고 있기 때문이지만 그 밖에 다른 이유도 있다. 화전에서, 예를 들어 1000명의 부대가 500명의 부대와 교전을 했을 경우 서로가 입는 손해 수량은 각 병력 수량과 비례할 것이다.

그런데 1000명은, 500명에 비해 2배의 총알을 발사하지만, 명중률은 500명 쪽의 사격이 크다. 1000명 부대는 500명 부대보다도 간격[2]이 조밀하다는 것이 전

---

1) 화기(총, 포 등 화약을 사용하여 탄환을 발사하는 병기)로 하는 원전(遠戰, 서로 멀리 떨어져 싸움)을 말한다.
2) 앞뒤로 떨어진 것을 거리, 좌우로 떨어진 것을 간격이라고 한다.

제되어 있기 때문이다. 만약에 500명이 발사한 명중탄이 1000명이 발사한 것의 2배로 생각할 수 있다면, 피아의 손해는 같아진다. 따라서 만약에 500명 중 200명이 전투 불능이 되면, 1000명의 부대도 마찬가지로 200명이 전투 불능이 되는 셈이다. 그래서 500명의 부대가, 그때까지 사격권 밖에 놓아두었던 500명의 후속 부대를 참가시킨다면, 양쪽에 각기 800명이 교전을 하게 된다. 그러나 새로 전투에 참가한 500명은 충분한 탄약과 기력을 가진 신예 부대지만, 상대 800명은 모두가 전투에 의해서 피로하고, 탄약은 모자라며 기력도 쇠약해져 있다. 하지만 반드시 이러한 결과만이 생기지는 않는다.

1000명은, 단지 그 수가 500명의 두 배이므로, 그 손해 또한 두 배에 이를 것이라고 하는 전제가 도대체 잘못된 것이다. 최초의 전투 서열에서 반수의 병력을 따로 두었던 500명 부대의 손실이 200명보다 크고, 또 이 부대 쪽이 더욱 불리하게 되는 경우도 틀림없이 생길 것이다. 또 더 나아가 1000명 부대 쪽이, 전투 개시와 동시에 적을 그 진지로부터 구축(驅逐)해서 퇴각 운동으로 몰아넣는 유리한 점을 획득하는 경우가 있다는 것도, 다수의 사례를 감안하여 인정되어야 한다.

그러면 1000명 부대는 이러한 두 가지 유리한 점을 가지게 되는데, 그렇다고 해도 이미 전투에 의해 기력이 쇠약해진 장병을 가지고, 적어도 현저하게 열세라고는 말할 수 없는 적 부대, 더욱이 새로 500명을 추가한 병력에 대항한다는 불리함을 상쇄할 수 있는지의 여부는 그 이상 분석을 해보았자 결정할 수 있는 일이 아니다. 그렇다면 우리는 여기에서 경험에 의존해야 한다. 그리고 이 경우, 실전을 어느 정도 경험한 장교라면 신예 병력을 참가시킨 쪽이 우세하다는 것을 인정할 수밖에 없다.

그렇다면 전투에서 대병력 사용이, 때로는 불리를 초래하는 것은 분명하다. 병력의 우세는, 확실히 처음에는 여러 가지로 유리한 점이 있지만, 이윽고 그로 인해 불리한 처지에 놓일 수도 있다.

그런데 이와 같은 위험은 전투에서 군이 혼란에 빠지고 장병의 전의가 시들며, 전력이 위축될 때 생기는 현상이다. 따라서 이러한 상태는 패자의 예뿐만 아니라 승자 쪽에서도 필연적으로 생기는 위기이다. 그리고 이와 같이 전력이 쇠퇴한 상태에서는, 비교적 많은 신예 부대의 출현이 승패를 결정한다.

승리를 획득한 경우에도 일단은 전력의 쇠퇴를 경험하지만, 이윽고 그와 같은 영향도 그치고 승자 쪽의 정신적 우월감만이 남으면, 적은 신예 부대를 참가시켜도 이미 패전을 만회할 수는 없다. 그리고 이 신예 부대 또한 곧 궤란(潰亂) 상태에 휩싸일 것이다. 격파된 군은 이튿날 강력한 예비에 의해 증강되었다 해도 이미 승리를 탈회(奪回)할 수는 없는 것이다. 여기에 전술과 전략의 본질적인 차이의 근원이 있다.

전술적 성과 즉 전투 중이나 전투가 끝나기 직전에 얻는 성과의 대부분은, 전의의 쇠퇴와 전력의 고갈이 지배하는 영역 내에 있다. 그러나 전략적 성과 즉 전체적인 전투의 성과인 결정적 승리는, 그 대소를 막론하고 이미 이러한 영역 밖에 있다. 국부전(부분적인 전투)의 각 성과가 서로 모여 전체적 성과를 이룰 때 비로소 전략적 성과가 성립하는 것이다. 그러면 앞서 말한 것과 같은 위기 상태는 멎고 병력은 애초의 상태를 되찾음으로써 전투에 의해 상실된 부분만이 실제의 손실이 된다.

전술과 전략의 차이점에 관한 결론은—전술은 병력을 조금씩 지속적으로 사용해도 별 문제가 없으나, 전략은 병력을 반드시 동시적으로 사용해야 한다는 것이다.

전술에서는 서전(緖戰)의 성과에 의해서 전국(戰局)을 매듭지을 수가 없으면 이에 이어지는 전투를 생각해야 한다. 그래서 우선 서전(緖戰)의 성과를 거두는 데에 필요하다고 여겨지는 것만큼의 병력을 사용하고, 나머지 병력은 추가로 사용하기 위해 미리 사격이나 백병전에 의한 투쟁 권외(圈外)에 두는 것이다. 그렇게 하면 아군의 이러한 신예 병력을 적의 신예 병력에 대항하게 해서, 또는 이 신예 부대를 사용해서 열세 상태에 있는 적 부대를 격멸할 수 있다. 그러나 전략에서는 그렇게 되지 않는다.

앞서 말한 대로 한번 전략적 성과가 확립되면, 이것으로 위기가 사라졌으므로 이제는 적의 반격을 그다지 두려워할 필요는 없고, 또 이 경우에 전략적 병력은 반드시 전체적으로 약화된 것은 아니다. 즉, 적의 병력과 전술적으로 투쟁한 부대—다시 말하면 부분적 전투에 종사한 부대만이, 전투에 의해 많건 적건 병력을 잃은 데 지나지 않은 것이다. 요컨대 전술이 병력을 낭비하지 않으면, 손실은 불가피하게 상실된 병력에만 한정되고, 전략적으로 적 병력과 대치하는 병력에는 관계가 없는 것이다.

아군의 병력이 우세했기 때문에, 그다지 싸우지 않고 혹은 전혀 싸우지 않고, 다만 싸움터에 모습을 나타낸 것만으로 승리에 결정적으로 기여한 부대는, 전승 뒤에도 여전히 애초의 힘을 간직하고 있으며, 마치 그때까지 쉬고 있었던 것처럼 새로운 목적을 위해 사용할 수가 있다. 이러한 부대가 전체적 성과에 얼마나 크게 공헌하는가는 여기서 새삼 말할 필요도 없을 것이다. 그리고 이와 같은 부대가 전술적 투쟁에 참가한 병력의 손실도 현저하게 감소시킬 수 있다는 것은 쉽게 짐작할 수 있다.

따라서 전략에서는 손실된 병력의 수가 사용한 병력의 수에 비례해서 증대하는 것이 아니다. 그러기는커녕 병력이 크면 오히려 손실이 감소하는 것이다. 또 병력의 우세에 의해서 아군의 승리가 보증된다고 하면, 다음과 같은 결론에 이르는 것은 분명하다. 즉 전략에서는, 사용할 수 있는 한의 병력을 동시적으로 사용해야 한다는 것이다.

그러나 이 명제는 다른 방면에서도 충분히 검토되어야 할 것이다. 지금까지는 전투 그 자체만을 고찰했다. 전투란 물론 본디 군사 행동이다. 하지만 이 경우 이 활동을 맡은 병력, 시간, 공간도 당연히 고려해야 한다. 게다가 이런 요소들이 미치는 영향도 아울러 생각해야만 하는 것이다.

고난, 육체적 고생 및 결핍은 전쟁에서 전력이 소모되게 만드는 원리이다. 이 원리는 전투의 본질적인 요소는 아니지만, 크든 적든 전투와 밀접한 관계를 가지고 있으며, 특히 전략과 긴밀한 관계가 있다. 확실히 이러한 세 가지 고통은 전술에서도 생기고, 아니 전술에서 최고조에 이를 것이지만, 전술적 행동은 지속되는 시간이 짧으므로 고난이나 결핍이 행동에 미치는 영향도 비교적 적고, 거의 고려에 넣지 않아도 좋을 정도이다. 그런데 전략은 시간적으로나 공간적으로 광대한 범위에 이르기 때문에, 이러한 소모적인 원리의 영향은 상주적일 뿐만 아니라 특히 결정적인 것이 된다. 승리를 얻은 군에서, 질병으로 쓰러지는 병사의 수가 전투에서의 사상자 수를 훨씬 웃도는 것은 결코 이상한 현상은 아닌 것이다.

앞에서는 전술에서의 사격 및 백병전에 따른 병력 손실을 고찰했는데 다음에는 전략에서 혹은 고난과 고생, 결핍에 따른 전력 소모를 살펴보고자 한다.

그렇게 되면 이러한 소모를 입은 군은, 전역 혹은 그 밖의 전략적 단락이 끝날 무렵에는 전력이 심하게 쇠퇴하므로, 신예 병력의 참가가 필요하게 된다고 생각해도 좋을 것 같다. 그래서 전략에서도 전술에서와 마찬가지로 초반 전투에서 승리를 얻기 위하여 처음에는 될 수 있는 대로 적은 병력을 사용하고, 신예 부대는 마무리 전투를 위해 유보해야 한다고 생각할지도 모른다.

이와 같은 생각은 수많은 실제 상황에 비추어 볼 때 매우 그럴듯해 보인다. 그러나 이런 의견을 정확히 평가하려면 이 사상에 포함되어 있는 요건 하나하나를 자세히 검토해 볼 필요가 있다. 무엇보다도 우선 병력의 단순한 증강이라는 개념과, 아직 소모하지 않고 있는 신예 병력을 혼동해서는 안 된다. 전역이 종결되었을 때에는 승자로서든 패자로서든 새로운 병력의 증가는 매우 바람직한 일이고, 오히려 결정적인 일이리고 해도 과인은 아니다. 하지만 여기서 문제삼고 있는 것은 이런 식의 증강이 아니다. 본디 병력이 증강 병력에 비해 훨씬 강대하다면 병력의 증강은 전혀 필요 없기 때문이다. 그러나 전투에 새로 참가한 군대는 이미 전투를 겪은 군대보다 정신적으로 뛰어나다든가, 전술적 예비 전력은 전쟁터에서 손실을 입은 군대보다 무조건 훌륭하다고 주장하는 사람들도 있을지 모른다. 하지만 그런 주장은 실제 경험과 어긋난다.

전쟁에서 패한 군대는 용기와 정신력을 크게 잃어버리지만, 이에 반해 승리한 군대는 반대로 더욱 큰 용기와 정신력을 얻는다. 그런데 승패에서 비롯되는 이 두 가지 결과는 대개 그 전쟁터에서만 적용되고 끝나지만, 여기서 군대가 얻은 전쟁 경험은 순수한 이득으로서 그 이후에도 계속 남는다. 또 미리 병력의 일부를 보류하는 문제에 관해서는, 패전보다는 오히려 전승한 경우를 관찰할 필요가 있다. 만약에 패전의 확률이 크다고 한다면 그렇지 않아도 병력이 부족한데 그 일부를 보류해서 앞으로의 상용에 대비한다는 것은 도저히 생각할 수 없기 때문이다.

이 문제가 해결되면 다음에는—전투력이 고난과 결핍으로 입는 소모는, 전투에서의 손실과 마찬가지로 병력의 수에 비례해서 증가하느냐 하는 문제가 있다. 그러나 이에 대해서는 '아니다!'라고 대답하지 않을 수가 없다.

전투 부대가 경험하는 고생의 대부분은, 모든 순간의 군사적 행동에 다소를 불문하고 따라다니는 위험에서 생긴다. 따라서 이런 위험을 도처에서 제거하고 군사 행동의 안전과 확실성을 추구하는 것이야말로 군이 펼치는 전술적 전략적 활동의 주된 목표이다. 또 이런 활동은 군의 병력이 열세일수록 더욱더 곤란해지고 적군보다도 우세하면 더욱더 쉬워진다. 여기에는 아무 의문의 여지가 없다. 그러므로 우리 측보다도 훨씬 열세인 적을 상대할 때에는, 우리와 비슷하거나 그보다 더 강한 적을 상대할 때에 비해 고생이 덜한 것이다.

이상이 군의 고생 문제에 대한 서술이다. 그러나 결핍 문제가 되면 이와는 약간 이야기가 달라진다. 결핍은 주로 두 가지의 부족에서 비롯된다. 첫째는 식량 부족이다. 둘째는 군대가 숙영할 때나 사영(舍營)할 때, 즉 군대를 야영시키는 경우에 생기는 부족이다. 동일 지역에 주둔하는 병력이 많으면, 이 두 가지 결핍도 또한 커지는 것은 물론이다. 그러나 병력의 수가 현저하게 클 경우에는, 이에 상응하는 적절한 수단이 발견되지 않을까. 즉, 군대를 넓은 지역에 두루 배치한다면 식량이나 숙영의 확보도 훨씬 편리해질 것이다.

나폴레옹은 1812년 러시아에 침입했을 때, 역사상 유례없는 대군을 한 도로 위에 집결시켰다. 이것은 그가 이제까지 해보지 않았던 방식이었다. 그런데 이 때문에 식량 및 숙영에서 유례없는 부족이 생겼다. 나폴레옹은 결정적인 지점에서의 병력은 아무리 강대해도 부족하다는 그의 원칙에 따라 이 방법을 취했을 것이다. 이 경우 그의 원칙이 지나쳤는가의 여부는 여기서 논할 일이 아니다. 하지만 만약에 그가, 이러한 집결 방법에 의해서 생기는 부족을 피하려고 했다면, 행군의 정면폭(正面幅)을 확대해서 전진하기만 했으면 좋았을 것임은 확실하다.

러시아에는 그만한 광대한 땅이 없었던 것이 아니었고, 또 일반적으로도 장소에 부자유하지는 않았을 것이다. 따라서 지나치게 우세한 병력의 동시적 사용은, 오히려 전력을 약화시킨다고 하는 것에 대한 증명에 필요한 근거를 여기에서 구할 수는 없다. 비록 군의 일부를 과잉 병력으로서 차후의 사용에 충당하기 위해서 보존하여, 전군의 부담을 그만큼 경감시킬 수가 있다고는 하지만, 비바람이나 날씨 또는 전쟁에 으레 따라다니는 고난은 이 예비에도 틀림없이 손상을 줄 것이다. 그래서 이들 모든 사정을 종합적으로 살펴보면 새삼 다음과 같은 문제가 생긴다. 즉 한편으로는 전략 예비의 손상이 있고 다른 한편으로는 매우 우세한 군을 몇 가닥의 도로로 행진시킴으로써 보전할 수 있는 병력이 있다고 하면 이 둘의 득실은 일목요연하지 않느냐 하는 것이다.

여기에서 또 언급해 두어야 할 매우 중요한 사항이 있다. 국지전(부분적 전투)이라면 소기의 성과를 거두기 위해 필요한 병력을 대충 규정하고, 당장의 과잉 병력의 수를 규정하는 일은 그다지 어렵지 않다. 그런데 전략에서 이것은 거의 불가능에 가깝다. 전략적 성과라 해도 그것이 무엇을 가리키는지 명확하지 않고, 또 그 한계도 뚜렷하지 않기 때문이다. 따라서 전술에서는 잉여 병력이라고 간주되는 것도, 전략에서는 기회만 있으면 더 많은 전과를 확대하기 위한 수단이라고 여겨져야 하기 때문이다. 그러나 성과의 양에 따라서 강화(講和) 때의 이득 또한 증대한다. 그래서 우세한 병력은 이렇게 해서 신속하게 소기의 목적을 달성하지만, 이러한 성과는 병력의 절약에 급급하는 장수로서는 도저히 달성할 수 없다.

1812년에 나폴레옹은 유례없는 대군을 이끌고 모스크바까지 전진하여 수도를 점령하는 데 성공했다. 만약 이 우세한 병력으로 러시아를 더 완벽하게 궤멸시켰다면, 나폴레옹은 아마 모스크바에서 강화 조약을 체결할 수 있었을 것이다. 또 실제로도 그와 러시아 사이의 강화 조약은 이런 식 이외의 방식으로는 불가능했을 것이다. 이 실례를 여기에서 인용한 까닭은, 위와 같은 생각을 설명하기 위해서이지 이를 증명하기 위함은 아니다. 만약에 증명 문제가 되면 복잡한 논증을 필요로 하겠지만, 여기에서는 그와 같은 논의에 들어갈 일이 아니다.

위에서의 고찰은 병력을 조금씩 지속적으로 사용하는 것에 대한 생각을 분명하게 밝히는 것을 주안점으로 삼았을 뿐, 본디 의미에서의 예비[3]라는 개념을 대상으로 한 것이 아니었다. 물론 이와 같은 고찰도 예비의 개념에 끊임없이 언급을 하기는 했지만, 이 개념은 다른 여러 생각과 관련되어 있으므로 다음 장에서 다시 논하기로 한다.

우리가 이 장에서 명확하게 하고 싶은 것은 다음과 같다. 즉, 전술에서 전투력은 지속적으로 사용하기만 해도 이미 약화된다. 따라서 시간이 이러한 결과를 생기게 하는 요인으로 여겨도 좋다. 이와 달리 전략에서는, 시간 그 자체는 본질적으로 전략과 관련이 없다고 하는 것이다. 확실히 전략에서도 시간은 전

---

3) 예비에는 전술적 예비와 전략 예비가 있다. 여기서 말하는 예비는 현역을 마치고 다시 군에 편입되는 예비역을 가리키는 것은 아니다.

투력에 파괴적 영향을 미치지만, 이러한 파괴 작용은 전략에서 사용되는 대량의 전투력에 의해서 경감되기도 하고, 그 소모가 다른 방식으로 보상되기도 한다. 따라서 병력을 계속적으로 사용한다고 해서 시간 그 자체에 가치를 인정한다고 하는 것은, 전략에서는 무의미하다.

지금 '시간 그 자체'라고 말했는데, 확실히 시간은 여러 가지 정황을 낳게 한다. 그러나 이들 정황은 시간 자체와는 다르다. 시간 안에서 생긴 이러한 정황은 피아 어느 쪽에서도 가치를 가질 수 있는 것으로, 시간 그 자체와는 전혀 다르다. 하지만 이러한 가치도 전혀 무시할 수 있는 것이 아니므로 기회를 보아 따로 고찰하겠다.

요컨대 우리가 이 장에서 살펴본 법칙은 다음과 같다. 즉 전략적인 목적을 달성하기 위해 존재하는 모든 병력은, 이 목적을 위해 한꺼번에 사용해야 한다. 그리고 모든 것이 일회의 행동 및 하나의 결정적 시기에 집중되어 압축될 때 이 사용은 극치에 달한다.

그러기 때문에 전략에서는 말하자면 하나의 중심(重心)과, 거기에서 생겨 앞으로의 사태에 중대한 영향을 미치는 효과가 있다. 그리고 이 효과는 종국적 성과를 거두기 위한 주요 수단, 즉 필요에 따라 새로운 병력을 지속적으로 공급할 수단을 사용하게 하는 동기를 이루므로, 우리로서는 이러한 효과를 간과할 수 없다. 그러나 이것도 다른 장에서 논할 성질의 것이다. 그럼에도 지금 여기에서 언급한 까닭은 우리가 본디 문제로 삼지 않고 있는 사항에 독자의 주의가 쏠리면 안 된다고 생각했기 때문이다.

다음에 우리는 위에서의 고찰과 매우 긴밀한 관계가 있는 사항을 논하고자 한다. 그것은 바로 전략적 예비 병력으로 이것을 명확하게 논함으로써 전략 전체를 충분히 밝힐 수가 있다.

제13장
전략적 예비 병력

예비에는 두 가지 임무가 있다. 그런데 이 두 가지 임무는 충분히 구별되어야 한다. 첫째는, 전투 중에 새로운 병력을 투입하여 투쟁을 연장시키거나 이를 갱신하는 일이다. 두 번째는 예측할 수 없는 경우에 대비한 병력의 사용이다. 첫 번째 임무는 병력의 순차적 사용의 효용을 전제로 하는 것이므로 전략과는 관계가 없다. 그러나 전투에서 우세한 적의 공격을 받고 있는 지점에 부대를 파견한다고 하는 것은, 분명히 두 번째 임무에 속한다. 이 지점에서 저항을 해야 한다는 것은 충분히 예측되어 있지 않았기 때문이다. 그런데 전투를 단순히 오래 끌기 위해 남겨진 부대는 단지 사격권 밖에 있다는 것뿐, 전투에 참가하는 부대와 마찬가지로 전투 지휘관에 직속된다. 따라서 이러한 부대는 전략 예비가 아니라 전술적 예비이다.

그러나 예상할 수 없는 사태에 대비해 전력을 예비로 둘 필요성은 전략에서도 생긴다. 따라서 전략 예비라는 것도 있을 수가 있다. 그런데 그것은 뜻하지 않은 사건이 일어날 것이라고 여겨지는 경우에 한한다. 전술에서 적이 사용하는 수단은 대개 실제로 보아야 비로소 그것이 어떠한 것인가를 알 수가 있다. 또 삼림이나 기복이 심한 지형 등이 이런 수단을 은폐하는 경우도 있다. 그러므로 우리는 예측할 수 없는 상황에 대비해서, 이를테면 우리 측 전력이 약한 지점에는 후방에서 증원하거나, 또는 일반적으로 아군의 병력 배치를 적 병력의 움직임에 따라 적절하게 변경할 수 있도록 대비해 둘 필요가 있다. 그러나 물론 이 경우에도 눈앞의 전황에 따라 준비의 정도에 차이가 생긴다.

그런데 전략에서도 이런 경우가 발생하지 않을 수 없다. 전략적 행동은 전술적 행동과 직접 연관되어 있기 때문이다. 전략에서도 우리 측의 전력 배치는 처음에 눈으로 직접 봄으로써, 다음에는 매일 시시각각으로 입수하는 불확실한 정보에 입각해서, 또 마지막에는 전투에서 발생한 실제 성과를 기준으로 결정되는 것이 통례이다. 그러므로 적의 정세에 대한 판단의 불확실성에 따라, 나중에 사용할 전투력을 적절히 보존해 두는 것은 전략을 수행하는 데 중요한 조건이 된다.

이와 같은 필요성이 일반적으로 방어에서, 특히 어떤 종류의 단절된 지형, 예를 들어 하천이나 산지 등의 방어에서 끊임없이 발생한다는 것은 널리 알려진 사실이다.

그런데 위에서 말한 불확실성은 전략적 행동이 전술적 행동으로부터 멀어질수록 감소되며, 정치의 영역과 접속되는 영역에서는 아주 소멸되어 버린다.

회전을 감행하려고 하는 적이 그 종대를 내보내는 방향은, 실제로 보는 것으로밖에 확실히 알 수가 없다. 그러나 적이 어느 지점에서 강을 건널지는 그 직전의 준비로 추측할 수 있다. 또한 적이 어느 방향에서 우리나라를 공격해 들어올지는, 한 발의 총탄이 발사되기도 전에 신문을 통해서 보도되는 것이 보통이다. 그러므로 군사 행동의 규모가 크면 클수록 적국이 갑작스럽게 전쟁을 일으키려는 기도는 더욱더 불가능해진다. 이렇게 해서 군사적 행동이 오랜 시간과 넓은 공간을 차지하고 행동을 낳게 하는 사정은 널리 알려지며, 한번 개시된 행동이 도중에서 변경되는 일은 우선 없다고 해도 좋으므로, 여기에서 생기는 결과는 재빨리 알 수 있고 또 확실하게 탐사할 수 있다.

또 다른 면에서 고찰해 보면 비록 예비가 실제로 존재한다고 해도, 전쟁 전체를 준비하는 여러 수단이 진보함에 따라 전략에서 예비 사용은 더욱더 효과를 잃는 것이다.

그런데 앞서 말했듯이 한 지점에서 펼쳐진 국지전을 승리로 끝맺었다 해도, 그것만으로는 아직 승리가 되지는 못한다. 이 모든 부분적 전투의 성과가 한데 모여야만 비로소 총괄적인 전투의 승리가 결정되는 것이다.

그러나 이러한 총괄적 전투의 승리라고 해도 결국 상대적인 의미만을 지니는 데 지나지 않는다. 게다가 이 상대적인 의의도 패전한 부대의 전투력이 전체 전투력에서 차지하는 부분이 어느 정도인가에 따라 여러 가지로 달라진다. 따라서 한 군단이 전투에서 패배해도, 군이 승리를 거둔다면 이 패배를 만회할 수 있고, 또한 한 군이 회전에서 져도 더욱 강한 군이 다음 회전에서 이긴다면 그 패전을 만회할 수 있으며, 더 나아가 승리까지 얻을 수 있을 것이다(1813년 쿨름에서 벌어진 이틀 동안의 회전[1]). 이것은 확실하므로 의심할 여지가 없다. 그러나 또 어떤 회전에서의 승리(즉 총괄적 전투의 승리)는, 그 회전에서 진 부대의 병력이 크면 클수록 독립된 의의를 갖는다는 것, 따라서 그 패자가 당해 회전에서의 손실을 그다음 전투에 의해서 메울 가능성은 더욱더 감소한다는 것도 명백하다. 그러나 이들 관계를 보다 자상하게 규정한다는 것은 별도의 고찰에 맡겨야 할 것이다. 여기에서는 부분적 전투와 총괄적 전투, 전투와 회전 사이에서 승패를 둘러싸고 이와 같은 관계가 실제로 존재하고 있다는 데 대해서, 독자들의 주의를 환기하는 데 그치고자 한다.

이상이 예비에 관한 두 가지 고찰이다. 이번에는 여기에 제3의 고찰을 덧붙여 보기로 한다. 전술에서 전투력의 지속적인 사용은, 승리를 결정할 주결전(主決戰)을 모든 군사 행동의 마지막 단계로 옮기지만, 이에 반해 전략에서 병력의 동시적 사용 법칙은, 주결전을 (이것은 꼭 궁극적 결전일 필요는 없다) 거의 항상 대규모적인 군사적 행동의 처음에 두는 것이다. 그러면 우리는 이 세 가지 고찰의 결과로부터, 다음과 같이 단정해도 좋다. 즉, 전략 예비는 그 임무가 만연한 것이라면 불필요하고 쓸모없는 것일 뿐 아니라 또 위험하기도 하다.

전략 예비라고 하는 사상이 불합리한 것이 되기 시작하는 점을 결정한다는 것은 그다지 어려운 일이 아니다. 그 점이라는 것은 곧 주결전이다. 모든 병력의 동시 사용은 주결전에서 단행되어야 한다. 따라서 주결전 뒤의 사용을 위한 예비(전투 준비를 완료한 병력)는 불합리하기 짝이 없다.

적측의 병력 배치는 예측할 수 없고 또 전투에서 피아의 승패도 예측할 수 없다. 그래서 전술적 예비는 적의 이러한 배치에 대처하기 위한 수단이 되고, 또 패전의 경우에는 이것을 보충하기 위한 수단이 된다. 그러나 전략은, 적어도 대규모의 결전에서는 이러한 수단을 쓰지 말아야 한다. 전략은, 어느 지점에서 생긴 불리(不利)를 다른 지점에서 얻는 유리(有利)로만 메울 수가 있다. 또 드물게는 병력을 어느 지점에서 다른 지점으로 이동함으로써 이 불리를 메울 수도 있다. 하지만 전략은 처음부터 예비로서 보존해 둔 병력을 가지고 이 불리를 제

---

1) 쿨름(Kulm)은 북부 뵈멘의 마을. 쿨름 회전(1813. 8. 29~30)에서 동맹군은 프랑스군을 무찔러 드레스덴 회전(8. 26~27)에서의 패배를 설욕했다.

거하려고 생각해서는 안 되고 또 그와 같은 생각은 허용되지도 않는다.

처음부터 주결전에 참가할 의도가 없는 전략 예비라고 하는 생각이 불합리하다는 것은 위에서 말한 대로이다. 그리고 이에 대해서는 조금도 의심을 끼워 넣을 여지가 없다. 그럼에도 이 장과 앞 장에서 예비에 관한 자세한 분석을 시도한 것은, 이 사상이 다른 여러 생각 속에 숨어 있어서 무엇인가 그럴듯한 것처럼 여겨지고 또 실제로도 표(表)에 나타나서 화를 일으키기 때문이다. 어떤 사람은 전략 예비라고 하는 사상을, 전략에 뛰어난 장수의 현명과 신중을 증명하는 것이라고 칭찬하는가 하면, 다른 사람은 이것을 비난하는 나머지 모든 예비를, 즉 전술적 예비를 배척하려고 한다. 실제로도 이와 같은 사상적 혼란은 실제의 전쟁에도 도입되고 있다. 이에 대한 가장 현저한 사례를 구한다면, 다음 두 건을 상기하면 좋을 것이다. 1806년[2]에 프로이센은 뷔르템베르크 오이겐공[3]의 지휘 아래 있는 2만의 예비를 마르크 지방에 체류시켰기 때문에, 이 예비는 제때에 잘레강에 도달할 수가 없었다. 이것이 제1의 예이다. 또 이와는 달리 프로이센군은 2만 5000의 병력을 쪼개어 나중에 출발시키려고 했으나, 이 병력은 마침내 동부 및 서부 프로이센에 잔류한 채로 있었다. 이것이 제2의 예이다.

이와 같은 예를 보면, 여기에서 쓸데없이 공론(空論)했다는 비난을 논자가 받을 일은 없으리라 생각한다.

---

2) 프랑스(나폴레옹) 대 프로이센—러시아 동맹군과의 전쟁을 가리킨다.

3) 오이겐(Eugen, Friedrich Karl Paul Ludwig, Herzog von Württemberg, 1788~1857). 프로이센의 장관(將官). 그는 1806년 8월, 제4 예비군단과 함께 프로이센의 요새 퀴스트린(Küstrin)에서 대기하고 있었다.

제14장
병력의 경제적 사용

앞서 말한 바와 같이 사고(思考)가 걷는 오솔길은 굴곡이 심하고, 이것을 원칙이나 일정한 견해에 의해서 한 가닥의 직선으로 정리하는 것은 쉬운 일이 아니다. 거기에는 정신의 미묘한 작용 때문에, 항상 자유로운 여지가 남아 있기 때문이다. 또 이것은 인간 생활에서의 모든 기술에 대해서도 말할 수가 있다.

미(美)를 나타내는 곡선은, 가로 좌표와 세로 좌표에서 생기지 않는다. 또 원이나 타원은 이것을 나타내는 대수적(代數的) 공식으로 그려지는 것은 아니다. 따라서 장수는 어떤 때에는 그의 숙달된 판단에만 의지해야 한다. 판단을 할 때의 그의 숙달은 타고난 정신적 형안(炯眼)에서 생겨 성찰에 의해 훈련되고, 거의 무의식적으로 정곡(正鵠)을 찌른다. 또 어떤 때에는 예외를 허용하지 않는 엄격한 법칙을 평이하게 다시 고쳐, 각각 현저한 특징을 나타내는 규칙으로서 적용의 편의를 도모해야 한다. 또 어떤 때는 적절한 방법을 채용해서 이에 의존해야 하는 것이다.

모든 병력의 동시적 사용이야말로 군사 행동의 주안(主眼)임을 결코 잊지 마라, 다시 말하면 병력의 그 어떤 부분도 사용에서 제외하지 않도록 두고두고 주의하라는 관점은, 지금 말한 바와 같이 전략의 법칙을 알기 쉽게 해서 병력 사용의 특징을 나타내는 규칙이자, 또 병력을 구사하는 장수의 숙달된 정신의 표현이다. 적측이 얕잡아 보고 방치하는 병력을 거느린 장수, 적군은 이미 전투를 개시하고 있는데 아직도 휘하의 병력을 무의미하게 행진시키고 있는, 다시 말하면 이 병력을 죽게 내버려 두는 장수는, 그의 병력을 효과적으로 사용하지 못하고 있다고 말하지 않을 수 없다. 병력을 이렇게 비효율적으로 사용한다는 것은 적절하게 사용하지 못하는 것보다 더한 병력의 낭비이다.

막상 전투가 시작되면 무엇보다도 중요한 것은 병력의 모든 부분을 남김없이

십자군 전쟁 예루살렘 성전탈환(1099).

행동하게 하는 데에 있다. 적절하지 못한 행동이라 해도 적 병력의 일부와 전투를 벌여 이를 격파할 수가 있다. 이에 반해서 전투에 참가하지 않는, 하는 일이 없는 병력은 그동안 전혀 없는 것과 같은 존재인 것이다. 이와 같은 견해는 앞의 제3장에서 말한 원칙과 제각기 관련되어 있음은 분명하다. 요컨대 어느 것이나 동일한 진리를 표명하고 있지만 이 장에서는 이 진리를 더 광범위한 입장에서 관찰해 이것을 병력의 경제(經濟)라는 한 개념으로 요약한 데에 지나지 않는다.

제15장
기하학적 요소

전쟁에서의 기하학적 요소, 즉 전투력 배치의 기하학적 형식이 얼마나 지배적인 원리인가 하는 것은 축성술(築城術)을 보면 충분히 알 수 있다. 축성술에서는 기하학이 거의 모든 것을 지배하고 있는 것이다. 또 기하학은 전술에서도 큰 역할을 담당한다. 좁은 의미의 전술, 다시 말해 군대의 운동을 논하는 부문의 기초를 이루는 것은 기하학이다. 그러므로 야전 축성, 진지 구축, 진지 공격의 경우, 각도나 선이야말로 전투의 승패를 결정하는 주된 요소라 할 수 있다. 이러한 기하학적 형식 중에는 잘못 적용된 것도 있는가 하면 또 애들 장난 수준인 것도 있었다. 그럼에도 현대의 전술에서도 전투로 적을 포위하려고 할 경우에는, 기하학적 요소가 현저한 효과를 발휘한다. 이것을 적용하는 방식은 매우 간단하다고 하지만 여전히 되풀이해서 적용되고 있는 것이다. 그러나 모든 일이 요새전보다는 운동성이 풍부하고 정신적인 힘이나 개인적 특성 또는 우연 등의 영향 쪽이 현저한 전술에서는 기하학적 요소는 그다지 유력하지도 않고, 전략에서 그 영향은 미미하다. 확실히 전투력의 배치 형식, 국토의 지세 또는 여러 국가의 위치 등이 많은 영향을 준다는 것은 의심할 여지가 없다. 그러나 기하학적 원리는, 축성술에서만큼 결정적인 의의를 갖지 못하고 또 전술에서만큼 중요하지도 않다. 그런데 기하학적 요소의 영향이 어떠한 방식으로 나타나는가 하는 데 대해서는, 이 영향이 실제로 나타나서 그때마다 많건 적건 간에 고려할 필요가 있는 대목에서 순차적으로 말하기로 하고, 여기에서는 기하학적 요소의 영향에 관해서 전술과 전략 사이에 어떠한 차이가 있는가를 검토해 보고자 하는 것이다.

전술에서는 시간도 공간도 순간적으로 극도로 단축되는 경우가 있다. 만약에 적 부대가 아군 부대의 측면과 배후를 찌른다면, 아군은 바로 퇴로가 차단되는 궁지에 빠지게 된다. 이와 같은 상태에서 전투를 계속한다는 것은 절대로 불가능에 가깝다. 따라서 우리 측은 이 상황으로부터 탈출하든지, 아니면 처음부터 이런 상태에 빠지지 않도록 방법을 미리 강구해 둬야 한다. 이와 같은 목적으로 하는 조합, 즉 여러 기하학적 형식은 처음부터 많은 효과를 발휘한다. 이 효과의 대부분은 이러한 기하학적 형식에서 생길지도 모르는 결과에 대해서, 적으로 하여금 두려움을 품게 하는 데 있다. 따라서 전투력의 기하학적 배치는, 적에게 미치는 영향을 이용하여 우리 측에 유리한 결과를 가져오는 본질적인 요인이 되는 것이다.

그런데 전략에서는 그것이 관계되는 시간 및 공간의 규모가 크기 때문에 기하학적 요소의 영향력은 미약하다. 사격은 어떤 싸움터에서 다른 싸움터까지 이르지 못하고, 또 계획된 전략적 우회가 실현되기 위해서는 수주일 또는 수개월이 소요되는 경우도 드물지가 않다. 또 공간이 매우 넓으므로 최선의 방책을 강구해도 소기의 목적을 달성하는 확률은 매우 적다. 그러므로 전략에서는 이들 조합, 즉 기하학적 요소가 가져오는 효과는 전술의 경우보다 현저히 낮다. 그 대신 어떤 지점에서 실제로 거둔 승리의 효과는 전술에서보다도 훨씬 높다. 그리고 전략에서의 유리한 점은, 일단 얻은 승리를 위협하거나 혹은 이것을 절멸하는 것 같은 불안이 사실로서 나타나기 전에 그 효과를 충분히 발휘하는 것이다. 그래서 우리는 다음과 같은 결론을 명백한 진리로 보는 데 주저하지 않는다. 즉 전략에서는, 약간의 전투를 서로 연계시키는 기하학적 형식보다도 오히려 승리를 얻은 전투의 수효와 그 규모의 대소 쪽이 중요하다고.

그런데 오늘날 전쟁 이론에서 즐겨 주장하는 취지는 이와 정반대의 견해이다. 요컨대 논자들은 이것으로 전략에 보다 더 큰 중요성을 부여할 수 있다고 생각한 것이다. 이리하여 전략은 또다시 고상한 정신적 작용으로 간주되었다. 또 이에 의해서 전쟁을 고상한 사업으로 만들 수 있다고도 생각한 것이다. 뿐만 아니라 그들은, 전쟁과 관련된 개념을 다른 개념으로 바꿔 놓고는 이렇게 해서 전쟁을 더욱 학문적인 것으로 만들었다며 우쭐대는 것이다. 우리는 이렇게 억지로 주장하는 말을 꺾어 버리는 일이야말로 전쟁이론의 건전한 발달을 돕는 일이라고 생각한다. 그런데 이러한 사고방식의 출발점을 이룬 것은, 바로 기하학적 요소라는 개념이었다. 그래서 이 점을 특히 명확하게 논한 것이다.

제16장
군사적 행동 정지

　서로가 상대를 격멸하는 행위를 곧 전쟁이라고 본다면, 일반적으로는 양측 모두 상대를 향해 전진할 거라고 생각하지 않을 수가 없다. 그러나 또 이와 동시에, 그때그때의 실제 상황을 살펴보면, 한쪽만 전진하고 한쪽은 상대가 오길 기다리고 있다고도 생각하지 않을 수가 없다. 그리고 이 두 가지 사고방식은 어느 것이나 마찬가지로 필연적이다. 피아의 정황이 완전히 동일한 경우는 있을 수 없고, 또 한때는 같아도 그와 같은 상태가 언제까지나 계속될 리가 없기 때문이다. 피아의 사정은 시간과 함께 각기 변해간다. 그래서 현재의 시간이 한쪽에 유리하면, 다른 한편에는 필연적으로 불리하게 되는 셈이다. 만약에 피아의 장수가 자타의 이러한 정황을 잘 알고 있다고 가정한다면, 거기에서 한쪽 장수에게는 행동을 개시하는 이유가 생기고, 또 그 이유는 동시에 다른 쪽 장수에게는 대기의 이유가 되는 것이다. 따라서 두 군의 장수가 동시에 전진을 유리하다고 인정하는 일은 있을 수 없고, 그렇다고 해서 그들이 동시에 대기를 유리하다고 보는 일도 있을 수 없다. 이 경우에 서로가 상대를 격멸한다는 동일한 목적을 가지면서도 이를 달성하는 수단이 서로 맞지 않는다는 것은, 전쟁에서의 일반적 원리인 양극성으로는 설명할 수가 없다. 따라서 제2편 제5장의 견해와 모순되는 것이 아니다. 여기에서는 동일한 사태가 실제로 두 군 장수의 태도를 각기 결정하는 근거가 되는 것이다. 그리고 그 규정 근거라고 하는 것은 서로에게 장래의 정황이 유리하게 되는가, 그렇지 않으면 불리하게 되는가 하는 개연성이다.

　이 점에서 서로의 정황이 완전히 동일해지는 것을 허용하든, 또는 피아의 장수가 서로 상대를 불완전하게밖에 모르기 때문에 이것을 완전히 동등하다고 간주하는 경우를 인정하든, 서로의 정치적 목적은 본디 다르기 때문에 피아간에 군사적 행동의 정지 상태가 생기는 것은 있을 수 없을 것이다. 전쟁에서 한 쪽은 정치적 견지로 보아 반드시 공격자여야 한다. 만약에 서로가 방위의 의도를 갖는다고 하면 전쟁은 일어날 수가 없기 때문이다. 그런데 공격자는 적극적 목적을 가지며 방어자는 소극적 목적밖에 갖지 않는다. 따라서 전자가 적극적 행동으로 나오는 것은 당연하다. 적극적 목적은 적극적 행동에 의해서만 달성되기 때문이다. 따라서 서로가 같은 정황에 있다고 해도 공격자는 그의 적극적 목적에 재촉되어 행동을 개시하는 것이다.

이렇게 따져 보면 군사적 행동의 정지라고 하는 것은, 엄밀히 말하자면 전쟁의 본질과 모순되는 셈이다. 피아 양군은 마치 두 개의 서로 융합할 수 없는 원소와 같이 서로를 절멸시키는 것을 그칠 줄 모르기 때문이다. 불과 물은 서로 융합될 수 없다. 어느 한쪽이 완전히 소멸할 때까지는 상대와 싸움을 그치지 않는 것이다. 만약에 두 씨름꾼이 몇 시간이고 서로 맞붙은 채 움직이지 않는다고 하면 관중은 뭐라고 말할까? 군사 행동은 태엽을 감은 시계처럼 한시도 쉬지 않고 운동을 계속하도록 정해져 있는 것이다. 전쟁의 본질은 이처럼 격렬한 것임에도 전쟁은 또 그 성질상 약간의 인간적인 약한 성질과도 결부되어 있다. 그래서 인간은 위험을 추구하며 또 스스로 이를 만들어 내면서도 한편으로 그 위험을 두려워하는 모순된 행동을 하게 되는데, 이것은 아무것도 이상하게 생각할 필요가 없다.

전쟁의 역사를 널리 섭렵하면, 목표를 향해 한결같이 전진하는 행동과는 반대되는 사태가 많음을 알게 된다. 그래서 군사적 행동의 정지와 무위(無爲)가 전쟁이 한창인 와중에서의 피아 양군의 근본 상태이며, 행동은 오히려 예외에 속한다는 인상을 받지 않을 수 없을 정도이다. 이것은 우리의 생각이 옳다는 것을 의심스럽게 만들지도 모른다. 그러나 전사에 자주 기재되는 이런 사건이 우리를 당혹하게 만든다고 해도 최근의 전사가 보이는 일련의 전쟁 사례는, 저절로 우리의 견해에 귀착되고 있는 것이다. 프랑스혁명전쟁[1]은 우리의 견해가 옳다는 것을 실증함과 동시에, 이 견해의 필연성 또한 증명하고도 남음이 있다. 혁명전쟁에서, 특히 나폴레옹이 수행한 여러 전역에서 전쟁 지도는 강력 행위

---

1) 프랑스혁명전쟁(1792~1802).

의 절대적 극한에 이르렀다. 그리고 이 극한이야말로 우리가 전쟁의 본디 법칙이라고 생각했던 것이다. 따라서 이러한 극한은 실제로 가능한 것이다. 따라서 만약에 이 극한이 가능하다면 그것은 또한 필연적이다.

실제로 행동이 목적과 직접 결부되지 않다고 하면, 전쟁에서 막대한 힘을 소진하는 이유를 어떻게 설명하면 좋을까? 제빵 기술자가 화덕에 불을 지피는 까닭은 빵을 만들기 위해서이고, 마부가 말을 마차에 매는 것은 마차를 움직이기 위해서이다. 만일 전쟁에서 겪는 절대적인 고생이 적으로 하여금 우리와 같은 고생을 하게 만들 뿐이라면, 이러한 고생은 무엇 때문에 하고 있단 말인가?

이것이 전쟁에서의 일반적 원리의 설명이다. 다음에 이 일반적 원리가 구체적인 경우에 여러 가지로 변경되는 데에 대해서 살펴보고자 한다. 그러나 그것은 개개의 특수한 경우에서의 변경이 아니라, 전쟁의 본성에 관한 것에만 한정하려고 한다.

본디는 끊임없이 이루어져야 할 군사적 행동을 방해하는 세 가지 원인이 있다. 그리고 이 원인들이 전쟁에서 내부적인 대항력으로 나타나, 태엽 감은 시계처럼 부지런히 움직여야 할 매우 신속하고 끊임없는 행동을 저지한다. 끊임없이 행동을 지체시키려고 하는 경향을 낳고, 이렇게 해서 저지의 원리가 되는 제1의 원인은 인간 정신에 으레 따라다니는 두려움과 우유부단이다. 이것은 정신 세계의 하나의 중력(重力)이다. 그러나 이 중력은 인력에 의해서가 아니라 척력(斥力)에 의해서, 다시 말하면 위험과 책임에 대한 두려운 마음에서 생긴다.

전쟁은 끝없이 타오르는 불길과도 같다. 그 불길 속에서 평범한 지휘관이 행동하기란 당연히 힘들어질 수밖에 없다. 그러므로 전쟁터에서의 행동이 길어지면 길어질수록, 그에 따른 장해는 더욱 커지고 빈번해진다. 이 정도의 중압감을 이겨 내려면 전쟁의 목적을 새기는 일만으로는 부족하다. 진취적 정신을 지닌 장수가 마치 물속의 고기처럼 전쟁을 자신의 본령으로 생각하고 군을 통솔하는 것이 아니면, 혹은 중대한 책임이 자신에게 맡겨졌다는 것을 자각하지 못한다면, 군사행동의 정지가 다반사가 되어 전진이 오히려 예외가 된다는 것은 틀림없다.

제2의 원인은 인간의 통찰과 판단이 불완전하다는 데 있다. 이 점은 전쟁이라는 사업에서 가장 두드러지게 나타난다. 전쟁에 종사하고 있는 지휘관은, 현재 자기 자신의 상태가 어떠한 것인지를 정확히 알 수 없다. 또 적의 정보는 대개 감추어져 있기 때문에 매우 부족한 자료들을 바탕으로 추측할 수밖에 없다. 그래서 실제로는 어떤 사태가 한쪽에 매우 유리함에도 서로 동일한 사태를 각기 자기에게만 유리하다고 여기는 경우가 자주 생긴다. 따라서 제2편 제5장에서 말했듯이, 양쪽 모두 공격을 멈추고 다른 기회를 노리는 게 상책이라고 생각하는 경우도 있을 수 있다.

시계 장치의 운동을 제어하는 제동륜(制動輪)처럼 때로는 군사적 행동을 완전히 정지시키는 제3의 원인은, 방어는 공격보다 강력하다고 하는 원리이다. A가 B를 공격하기에는 너무 열세하다고 생각해도, 그렇다면 B가 A를 공격하기에 충분할 정도로 강력하다는 결론은 나오지 않는다. 방어가 공격보다도 강력하다고 하면, 방어 입장을 취하는 것만으로도 방어자에게는 본디 힘(a)에 얼마만큼의 힘(b)이 증가하는 셈이다(a+b). 그런데 공격자 쪽은 공격 때문에 본디 힘(a)에서 얼마만큼의 힘(b)을 잃을 뿐만 아니라(a-b), 방어자가 방어 태세를 취하는 한 얼마만큼의 힘이 더해진 이치이므로(a+b), 피아의 힘의 차이는 《(a+b)−(a-b)=2b》가 되어 유리함은 방어자 쪽으로 기울어진다. 그래서 이와 같은 경우에는 서로가 상대를 공격하기에 열세라고 느낄 뿐만 아니라, 실제로도 공격이 이루어지지 않는 것이다.

그러면 신중한 행동을 현명하다고 보는 생각이나, 중대한 위기를 염려하는 공포의 마음이 전쟁술 한 가운데에서 자리를 차지하여 전쟁에 본래 따라다니는 격렬한 성질을 구속하게 된다.

하지만 위의 3가지 원인만으로는, 아무런 중대한 이해관계도 없이 발발한 전쟁에서 군사 행동이 때때로 정지되었던 사실을 설명한다는 것은 곤란하다. 실제로 당시에는 군사 행동의 정지 상태가 전쟁에 소요된 시간 가운데 10분의 9를 차지했을 정도였다. 이 현상이 주로 한쪽 요구와 다른 쪽 상태 및 군의 기풍이 전쟁 지도에 미치는 영향에서 비롯된다는 것은 전쟁의 본질과 목적을 논한 장에서 이미 설명한 대로이다.

피아의 이러한 사정은, 모두 예사롭지 않은 영향력을 발휘하여 전쟁을 어중간한 상태로 만들어 버린다. 이렇게 해서 전쟁은 무장 중립이 되기도 하고, 피아 사이에서 벌어지고 있는 담판을 지원하기 위한 위협적 자세가 되거나, 남보다 유리한 입장에서 앞으로 다가올 좋은 기회를 붙잡으려는 은근한 시도가 되는 것이다. 또한 동맹조약 때문에 의무적으로 출병하는 경우, 어쩔 수 없이 전쟁에는 참가한다 해도 되도록 힘을 아끼는 경우도 있다.

이러한 모든 경우에 상호 이해관계의 충돌은 완화되며 상대에 대한 적의(敵意)도 미약해진다. 따라서 상대에게 뼈아픈 타격을 줘야겠다는 의지도 약해지고, 서로 상대를 두려워할 필요도 없게 된다. 요컨대 중대한 이해관계 때문에 전쟁을 일으킨 것이 아니기에, 양측의 정부도 굳이 모험을 감행하려 하지 않는 것이다. 그 결과 전쟁 지도는 미지근해져서 본디 전쟁에서 볼 수 있는 적대적 정신을 발휘할 기회가 없다.

이렇게 해서 전쟁이 어중간한 것이 되면, 전쟁 이론은 논지(論旨)의 전개에 필요한 확고한 지점(支點)과 튼튼한 받침대가 결여된다. 그래서 이론에서의 필연적 요건은 점점 상실되고, 이에 반해 우연적 요소가 더욱더 날뛰게 되는 것이다.

그러나 이처럼 어중간한 전쟁 지도에서도, 지휘관의 재지(才智)를 발휘할 여지가 아예 없는 것은 아니다. 아니, 오히려 이런 상황에서 지혜를 한껏 발휘하면 일반적인 전쟁 지도에서보다 더 큰 효과를 얻을 수 있다. 말하자면 큰돈을 거는 커다란 도박 대신에 푼돈을 걸고 사기도박을 하는 것과 같다. 그래서 이러한 전쟁 지도는 마치 전쟁을 장식이라도 하는 것처럼 갖가지 작은 행동을 일으켜서 시간을 때운다. 이를테면 진지한 것인지 장난을 치는 것인지 알 수 없는 전초전, 아무런 얻는 것이 없는 장기간에 걸친 병력 배치, 무의미한 포진이나 행진 등이 이에 속한다. 그런데 시간이 지나면 이러한 설영(設營)이나 행진을 해야 할 시시한 원인이 잊히고, 또 상식도 이에 대해서 어떻게 생각해야 좋을지 모르게 되어, 이러한 방책이 무엇인가 교훈을 포함하는 것처럼 전해 온 것이다. 그런데 이론가들 중에는 이런 시시한 행동에 진정한 전쟁술이 구현되어 있는 것처럼 주장하는 경향이 있다. 그들은 한쪽으로는 옛 전쟁에서의 공격,[2] 방어, 반 찌름, 반에 반 찌름 등에서, 전쟁 이론에서 달성해야 할 목표나 물질에 대한 정신의 우위를 인정하고, 또 다른 한편으로는 최근의 전쟁을 전혀 배울 것이 없

---

2) 이하의 몇 마디는 펜싱 용어. 또 몇 줄 뒤의 플뢰레는 펜싱용 검.

는, 조잡하게 치고 패는 싸움이며 이것을 야만에의 퇴보로 보아야 한다고 주장하는 것이다. 하지만 이런 견해가 일고의 가치가 없다는 것은, 그들이 연구 대상으로 하고 있는 구시대의 전쟁과 마찬가지이다. 확실히 강대한 힘이나 강렬한 격정이 결여된 전쟁에서는, 재빠른 재치를 종횡으로 발휘할 수가 있을 것이다. 그러나 큰 병력을 지휘하여, 전쟁이라고 하는, 말하자면 광란노도 속에서 조타(操舵)를 그르치지 않는다는 것은, 그것만으로도 정신의 보다 고차적인 작용이 아닐까? 플뢰레를 들고 규칙에 따라 싸우는 펜싱과 같은 종래의 전쟁 지도는, 진정한 전쟁 지도에 포괄되어 있는 것이 아닐까? 전자의 후자에 대한 관계는, 배 위에서의 운동과 배 자체의 운동과의 관계와 같은 것은 아닐까? 종래의 전쟁 지도는, 적(敵) 또한 우리 이상으로 나오지 않는다는 암묵적인 조건에서만 성립할 수가 있다. 그러나 적이 앞으로도 이러한 조건을 지켜줄 것인가의 여부를 그 누구도 보증할 수 없다. 과연 프랑스의 혁명군은, 재래의 전쟁술에 안주하던 우리의 오랜 잠을 일깨워 샬롱[3]에서 모스크바까지 오랜 행군을 하지 않았는가? 또 이보다 앞서 프리드리히 대왕은, 구태의연했던 오스트리아군을 급습해서[4] 오스트리아라고 하는 국가를 뒤흔들지 않았는가? 어정쩡한 정치와 유통이 안 되는 전쟁술을 가지고 적에 부딪치려고 한 정부야말로 불쌍하다. 그 적은, 마치 강폭한 자연력처럼 자기 자신 속에 쌓인 힘을 지배하는 법칙 외의 그 어떤 법칙도 알지 못한다. 전자의 행동과 고난의 부족은 그대로 후자를 유리하게 만든다. 경쾌한 펜싱 경기자의 자세를 호쾌한 역기자(力技者)의 자세로 전환시킨다는 것은 쉬운 일이 아니다. 이러한 역기자의 사소한 일격으로라도 때로는 상대를 완전히 타도하기에 충분하다.

위에 든 세 가지 원인에 비추어 보아 다음과 같은 결론을 얻을 수 있다. 전역(戰役)에서의 군사적 행동은 연속하는 운동이 아니라 단속적(斷續的)인 움직임이다. 따라서 개개의 전투 사이에는 서로 적을 감시하는 시간이 개입된다. 이 시기에는 서로가 방어 태세를 취한다. 그러나 피아의 한쪽이 상대보다 높은 목적을 갖자마자 공격의 원리가 유력해져서 전진적 자세로 변한 공격자는 이 자세

---

3) 샬롱(Chalons-Marne)은 파리 동쪽에 있는 도시.

4) 프리드리히는 오스트리아 계승 문제를 계기로, 프로이센의 모든 병력을 끌고 갑자기 국경을 넘어 슐레지엔을 침입했다(1740. 12. 16).

를 계속 유지한다. 즉 이러한 적극적인 목적에 의해서 그의 전쟁 방법에 변화가
생기는 것이다.

제17장

근대전 성격

우리는 여기에서 근대전의 성격을 고찰해야 한다. 이 성격이 무엇인지를 명확히 밝히는 일은 전쟁의 모든 기도(企圖), 특히 전략적 기도에 커다란 영향을 미치기 때문이다.

과거 전쟁에서 자주 사용되던 상투 수단은 나폴레옹의 행운과 용감한 행동 앞에서 빛을 잃고 사라져 갔다. 유럽에서 제일가는 국가들이 나폴레옹의 일격에 파괴된 것이다. 또 에스파냐 국민들은 어땠는가? 그들은 각 군사행동에서 수많은 약점과 허점을 보였지만, 그들은 온 국민이 무장하고 침략자에 대해 반란이라는 수단을 사용하면, 전체적으로 볼 때 절대적인 능력을 발휘한다는 사실을 입증했다.[1]

또, 러시아는 1812년에 벌어진 전쟁에서 다음과 같은 교훈을 가르쳐 주었다. 즉 첫 번째 교훈은 국토가 넓은 나라는 공략하기 어렵다는 점이다(침입자는 전쟁을 일으키기 전에 이 사실을 알고 있었을 것이다). 두 번째 교훈은, 침략당한 나라는 설령 회전(會戰)에서 패배하여 주요 도시나 지방 등을 많이 잃었다고 해도, 그와 동시에 승산까지 잃지는 않았다(과거에는 이것들을 잃으면 만사 끝이라는 원칙이 외교관에게는 부정할 수 없는 원칙이었다. 따라서 이런 경우에는 우선 불리한 강화 조약에도 즉각 응했던 것이다). 만약 적의 공격력이 이미 고갈되었다면, 그때까지 자국 내에서 압박을 받고 있던 군은 갑자기 기세를 올려, 절대적인 힘을 발휘하여 수세에서 공세로 전환할 수도 있기 때문이다.

1813년에 프로이센은 위급에 처하여 나라의 총력을 결집하면 민병으로 군의 상시 병력을 6배로 증가할 수 있었다.[2] 게다가 이들 민병은 국내뿐 아니라 국외

---

[1] 나폴레옹에 대한 에스파냐 국민의 저항은 장기간에 걸쳐 계속되었다(1808~13).

[2] 라이프치히 회전(1813. 16~19)을 포함한, 같은 해 가을 전역에서의 프로이센 활동을 가리킨다.

의 전투에도 투입될 수 있다는 것을 증명했다.[3] 이러한 사례들은 국가의 힘, 전쟁에 필요한 국가의 모든 힘과 전투력을 담당하는 것은 곧 국민의 용기와 지조(志操)임을 여실히 보여 주는 것이다. 그리고 각국 정부가 이 방책이 얼마나 대단한 것인가를 잘 알고 있다면, 국가의 안위가 위협받거나 또는 정부가 강렬한 명예심에 사로잡히거나 할 때 전쟁에서 이 방법을 쓰지 않을 까닭이 없다.

국민이 총력을 기울여 수행되는 근대전이, 피아의 상비군 사이의 관계만을 기준으로 해서 모든 계획을 세우는 왕년의 전쟁과는 다른 원칙에 따라서 준비되는 것은 당연하다. 그렇지 않아도 기왕의 상비군은 함대와 비슷했다. 따라서 또 육군과 국가와의 관계는, 해군과 국가와의 관계와도 비슷했다. 따라서 그 무렵 육군의 전쟁술은 다분히 해전술(海戰術)과 비슷한 데가 있었다. 그러나 오늘날 육군의 전쟁술은 그와 같은 것을 하나도 남김없이 배제하고 있는 것이다.

---

3) 동맹군은 1814년 봄, 싸움터를 프랑스 국내로 옮겼다.

제18장
긴장과 휴식
전쟁 역학적 법칙

우리는 앞의 제16장에서, 많은 전쟁에서 군사 행동의 휴식 상태나 피아의 정지 상태를 포함한 시간 쪽이, 행동하는 시간보다도 길다는 것을 알았다. 또 앞장에서 말한 바와 같이, 근대전이 왕년의 전쟁과는 다른 성격을 띤다고는 하지만, 근대전에서도 본래의 군사적 행동이 많건 적건 간에 장기간에 걸치는 정지에 의해 중단되는 것이다. 그래서 정지와 행동이라고 하는 서로 상반되는 두 가지 상태를 보다 자세히 고찰할 필요가 있다.

피아에서 군사적 행동이 정지되면, 다시 말하여 피아가 적극적 행동을 원하지 않으면 거기에는 저절로 휴식 상태가 생겨 서로의 힘은 균형을 유지하게 된다. 물론 이것은 가장 넓은 뜻의 균형으로, 단순히 피아 사이의 물리적 정신적 전투력의 균형뿐 아니라, 두 나라의 모든 상태와 이해관계도 균형을 유지하는 것이다. 그런데 어느 한쪽이 새로 적극적인 목적을 설정해서, 이 목적을 달성하기 위해 비록 준비적으로나마 활동을 시작하자마자, 또 적이 이에 대해서 대항을 개시하자마자, 두 나라 사이에는 이내 힘의 긴장이 생긴다. 그리고 이 긴장은 승패가 결정될 때까지, 다시 말하면 한쪽이 그 목적을 포기하든가, 그렇지 않으면 다른 한쪽이 상대의 목적을 승인하지 않을 수 없을 때까지 계속되는 것이다.

그런데 승패를 결정하는 것은 서로의 전투 조합에서 생기는 효과지만, 여하간 이러한 결정에 이어 피아가 어느 쪽 방향으로 향한 운동이 생긴다.

이러한 운동이 그 경우에 극복되어야 할 곤란, 예를 들어 군 내부에서의 마찰에 의해서나, 그렇지 않으면 새로 생긴 그 어떤 대항물에 의해서 소멸하면 다시 휴식 상태가 생기든가, 그렇지 않으면 다시 새로운 긴장이 발생해서 승패의 결정에 직면하게 된다. 그러면 또 새로운 운동이 대개 전과는 반대 방향으로 개시되는 것이다.

피아 간의 이와 같은 균형과 긴장 및 운동은 이론적 구분에 지나지 않지만, 그러나 실제로도 이것이 군사 행동에 중요하다는 것은 물론이다.

휴식과 균형 상태에서도 여러 가지 군사적 행동이 이루어진다. 그러나 그것은 우발적 원인에서 일어난 것에 지나지 않으며, 서로의 관계에 현저한 변화를 생기게 하는 것을 목적으로 하지는 않았다. 하기야 이런 행동이 중요한 전투, 경우에 따라서는 주전(主戰)이라고 할 수 있는 전투까지도 포함하는 일도 있다. 그러나 그렇다고 해서 이러한 행동은 본디의 군사적 행동과는 전혀 성질이 다르고 또 대개의 경우 그 효과도 다르다.

피아 간에 긴장이 생길 경우, 결전의 효과는 더욱 커신다. 이러한 긴장 상태에서는 의지력과 사태의 긴박이 더욱더 현저하게 나타나고, 또 모든 것이 대규모 운동을 위해 준비되고 정비되기 때문이다. 이 경우에 결전은, 말하자면 화약을 장전(裝塡)해서 땅 속에 묻은 지뢰의 폭발 효과와 비슷하다. 이와 달리 그 자체로서는 아마도 이에 못지않게 중요한 사건이라도, 휴식 상태에서는 공중에서 헛되이 파열한 화약 덩어리와 같은 것이다.

또 긴장 상태도 여러 정도가 있다고 생각해야 한다. 따라서 긴장 상태가 많은 단계를 거쳐서 휴식 상태로 접근하여, 마침내는 휴식과 거의 다르지 않은 상태가 되는 일도 있다.

이상의 고찰에서 매우 중요한 두 건의 이익을 도출해 낼 수가 있다. 즉 첫째는, 긴장 상태에서 사용되는 수단은 균형 상태에서의 동일한 수단보다도 효과가 크다는 것이고, 두 번째는, 이러한 수단의 중요성은 긴장의 정도가 최고에 이르렀을 때 가장 커진다는 것이다.

호호키르히[1]의 회전보다도, 예를 들어 발미[2]에서의 포격 쪽이 많은 것을 결정했던 것이다.

---

1) 호호키르히(Hochkirch). 작센의 상부 라우쟈츠 지방의 마을. 7년 전쟁에서 오스트리아군은 이 회전(1758. 10. 14)에서 프로이센군을 급습해서 승리를 거두었다.

2) 발미(Valmy). 동 프랑스의 고지 마을. 프랑스혁명군은 발미의 고지에서 프로이센의 침입군을 포격해서 이것을 격퇴했다.(1792. 9. 20).

적이 방어할 수 없게 되었기 때문에 아군의 수중으로 들어온 지역의 경우와, 적이 현재보다도 유리한 상태에서 결전을 하려고 하는 의도 아래 퇴각하는 경우와는 아군의 병력 배치가 전혀 달라져야 한다. 전략적 공격이 한창 진행되고 있을 때, 아군이 결함이 있는 진지를 설치하거나 단 한 번의 잘못된 행군을 하거나 하면, 불리한 결과를 초래한다는 것은 결정적이다. 그런데 피아 사이에 균형 상태가 유지되면, 그것이 유별난 행동이 아닌 한 이러한 과실을 저질러도 특별히 적의 행동을 유발할 염려는 없다.

앞서 말한 대로 옛날 대부분의 전쟁은, 시간의 대부분을 이와 같은 균형 상태에서 지냈다. 또는 적어도 적과의 관계가 소원한, 따라서 상호 작용이 매우 약한 긴장 상태에서 지냈다고도 할 수 있다. 회전이든, 전투이든, 큰 성과를 올리는 일이 드물었다는 이유는 바로 여기에 있다. 예를 들어 여제(女帝)의 생일을 축하하기 위해서[3](호흐키르히), 혹은 싸움터에서 잃은 명예를 회복하기 위해[4](쿠네르스도르프), 혹은 또 장수의 허영심을 만족시키기 위해[5](프라이베르크) 거행된 회전이 바로 이것이다.

이 두 가지 상태를 잘 식별해서, 또 각 상태의 진상을 간파해서 임기응변으로 행동하는 재간을 가지고 있다는 것은 장수에게 매우 중대한 요건이다. 우리는 1806년의 전역[6]에서, 우리 쪽 장수에게 이 요건이 매우 결여되어 있었다는 것을 경험했다. 모든 것이 주요 결전에 집중되었고, 또 이 결전은 결과에 비추어 보아 장수의 전심전령(全心全靈)이 경주되어야 할 긴장 상태 속에서, 이러한 결전에 대한 방책이 제의되어 또 그 일부가 실시되기도 했지만(프랑켄 지방에 대한

---

3) 오스트리아의 여제 마리아 테레지아(1717. 5. 13~80. 11. 29)의 생일을 축하기 위하여 오스트리아군이 저지른 호흐키르히의 회전.

4) 쿠네르스도르프(Kunersdorf)는, 오데르 강변의 프랑크푸르트 동쪽 마을. 7년 전쟁에서 러시아—오스트리아 동맹군은 이 회전(1759. 8. 12)에서 프로이센군을 무찔렀다. 이보다 앞서 프로이센군은 러시아군에 패하여, 프리드리히 대왕은 이 불명예를 벗기 위해 도전한 것인데 참패하여 도망갔다.

5) 프라이베르크(Freiberg). 작센의 도시. 이곳의 회전(1762. 10. 29)에서 프로이센군은 오스트리아군에 대승했다.

6) 예나 및 아우에르슈테트의 회전(1806. 10. 14)을 포함한 전역. 예나의 회전에서 프로이센군은 나폴레옹 때문에 크게 패배했고, 또 같은 날 아우에르슈테트의 회전에서도 참패했다.

정찰),[7] 그러나 이러한 방책은 균형 상태에 안주하던 프로이센군에 기껏해야 가벼운 진동을 일으키는 데 지나지 않았다. 쓸데없이 혼란을 초래하여 행동력을 소모시키는 방책과 고찰에 허송세월을 했기 때문에, 유일한 구제를 가져오는 데 필요한 방책을 놓치고 만 것이다.

이것으로 우리는 피아 사이의 균형과 긴장 및 서로에게 생기는 운동에 관해서 이론적인 구별을 시도해 보았다. 이 구별은, 우리가 앞으로 전쟁 이론을 더욱 전개하기 위한 요건이다. 우리가 공격과 방어의 관계에 대해서, 또 이 두 가지 행동의 실시에 관해서 말해야 했던 모든 것은, 모두 위험 상태—다시 말하면 긴장과 운동에 시종하는 여러 힘의 상태에 관계하기 때문이다. 또 우리는 균형 상태에서 이루어지는 모든 활동을, 본디 긴장 상태에서 일어난 부수적인 것으로 보고, 또 그와 같은 것으로서 다룰 작정이다. 실세로 이와 같은 위기 상태야말로 본디의 전쟁이며, 균형 상태는 이 긴장 상태의 단순한 반영에 지나지 않는 것이다.

---

7) 프랑켄(Franken). 마른강 중류에서 상류에 이르는 지방. 프랑코니아(Franconia)라고도 불린다.

제4편
전투

제1장
개관

전편에서는 전쟁에서의 효과적인 여러 요소를 고찰했으므로, 본편에서는 전투 그 자체를 살펴보려고 한다. 전투는 본디 군사적 행동이다. 그리고 전쟁의 모든 목적은 이 군사적 행동에서 생기는 물리적, 정신적 효과 안에 단순한 혹은 복잡한 방식으로 포함되어 있다. 따라서 전편에서 고찰한 여러 요소는 모두가 이 군사적 행동과 거기에서 생기는 효과 안에 다시 나타나게 된다.

전투의 구조는 본디 전략적인 성질을 가졌다. 그런데 전체적 현상으로서의 전투가 어떠한 것인가를 알기 위해서는, 전투 구조를 일반적으로 고찰하는 것만으로도 족하다. 그러나 구체적인 전투가 각기 특수한 형태를 취하게 된다는 것은 물론이다. 그리고 개개의 전투에 이와 같은 특수적 형태를 부여하는 것은, 각 전투에 대해서 설정된 직접 목적 때문이다. 이러한 직접 목적이 어떠한 것인가에 대해서는 나중에 살펴보기로 한다. 그러나 개개 전투의 특수성은, 전투의 일반적 특성에 비하면 그리 중요하지가 않다. 이들 특수성은 어느 것이나 서로 비슷하므로, 특수한 경우에 대해서 말하기 전에 우선 일반적인 것을 고찰해 둘 필요가 있다. 그렇게 되면 이러한 일반적인 것이 나타날 때마다, 되풀이해서 여기에 언급하지 않아도 되기 때문이다.

그래서 우선 다음 장에서는, 근대 회전(會戰)의 전술적 경과가 어떠한 성격의 것인가에 대해서 잠깐 살펴보고자 한다. 전투에 관한 우리 생각의 밑바탕에는, 항상 근대의 회전이라는 개념이 존재하기 때문이다.

제2장
근대 회전의 성격

앞서 우리는 전술 및 전략의 개념을 규정했다. 이들 개념에 따르면 전술의 성질이 변화하면 그 영향이 전략에도 미친다는 것은 자명한 일이다. 따라서 어느 시대의 전술적 현상이 다른 시대의 그것과 전혀 다른 성질을 지닌다면, 전략적 현상의 성격도 이에 따라 변화할 수밖에 없다. 그렇지 않으면 그 전략적 현상은 합리성과 적합성을 잃어버릴 것이다. 그래서 전략에서의 주력 전투의 사용이 어떤 것인지를 논하기 전에 주력 전투 그 자체의 근대적 성격을 명백히 할 필요가 있다.

도대체 근대의 대회전에서 일반적으로 어떠한 일들이 생기는가? 먼저 피아두 군은 각 부대를 좌우 혹은 전후로 질서정연하게 배열한다. 다음에는 군대중에서 비교적 소수 부대를 전개하여 두어 시간에 걸친 화력전을 펼치는데, 그동안에도 가끔 보병의 총검 돌격이나 기병의 습격 등을 이용하여 화력전을 중단한다. 이렇게 해서 전황은 일진일퇴를 거듭한다. 그리고 최초의 전투 부대가 전투적 정열을 모두 불살라서 더 이상 싸울 기력이 없어지면, 그 부대는 후퇴하고 다른 부대가 교대해서 싸운다.

따라서 근대의 회전은, 마치 물에 젖은 화약이 천천히 타들어 가는 것처럼 완만하게 진행된다. 그러다가 밤의 장막이 내리면 전투는 중단된다. 더 이상 육안으로는 사물을 볼 수 없고, 또 맹목적인 우연에 몸을 맡기기를 원하지 않기 때문이다. 그러면 피아는 각기 자기와 적군에 대해서 이미 사화산처럼 의기소침한 부대를 제외하고 아직은 충분히 사용할 수 있는 장병의 수를 센다. 또, 전투에서 획득했거나 상실한 땅의 다과(多寡)를 계측하고, 그와 동시에 배후가 안전한가의 여부를 확인한다. 더 나아가서 또 피아의 군의 용기와 겁, 현명과 우둔에 대해서 알 수 있었다고 여겨지는 개개의 인상을 정리해서 하나의 종합적

인상으로 집약한다. 그러면 이 집약적 인상에 입각해서 싸움터에서 철퇴할 것인가, 그렇지 않으면 이튿날 아침 다시 전투를 개시할 것인가의 결단이 생기는 것이다.

이상의 묘사는 근대 회전의 완성도가 아니라, 말하자면 회전의 색조(色調)를 나타내 보려고 시도한 데 지나지 않는다. 그러나 이 묘사는 공격자와 방어자 모두에 해당되는 것이다. 또 이러한 묘사 속에 회전의 목적, 회전지(會戰地)가 된 토지 등에 의해서 구체적으로 규정된 개개의 특징을 그려 넣어도 그 색조가 근본적으로 바뀌는 일은 없다.

그러나 근대의 회전이 우연히 이런 모습을 띠게 된 것은 아니다. 회전이 이런 형태로 변한 까닭은 다음의 2가지 이유가 있었기 때문이다. 첫 번째 이유는, 교전국 양측의 군사시설 및 전쟁술이 동등한 수준까지 도달해 있나는 사실이다. 두 번째 이유는, 전쟁이 국민의 중대한 이해관계의 독촉을 받아 그 격렬성을 노출하여 전쟁의 고유한 길을 매진하게 되었다는 것이다. 이 두 가지 조건이 존속하는 한 회전은 위와 같은 성격을 유지할 것이다.

근대의 회전에 관한 이와 같은 일반적 개념은, 나중에 회전의 조건으로서 병력, 지형 등의 가치를 규정하려고 할 경우 한두 번 아니게 쓸모가 있을 것으로 생각한다. 그런데 위에서 한 묘사는, 일반적으로 대규모의 결정적 전투와 이에 가까운 전투에만 해당된다. 근대의 소규모 전투도 역시 그 성격을 바꾸고 있다는 것은 큰 전투의 경우와 마찬가지이지만 그 변모는 큰 전투만 못하다. 이에 대한 증명은 전술에 속하는 것이나, 언젠가 이 문제를 좀 더 명확히 밝힐 기회가 있을 것이다.

제3장
전투 일반

전투야말로 본디 군사적 행동이고, 그 밖의 모든 것은 이러한 군사 행동의 단순한 수단에 지나지 않는다. 따라서 우리는 전투의 본성을 상세하게 고찰해 보고자 한다.

전투는 투쟁이며, 이 투쟁의 목적은 적의 격멸 또는 정복이다. 개개의 전투에서 적이라고 하는 것은 아군에 대항하는 상대 전투력을 말한다.

이것이 전투의 가장 단순한 개념으로, 나중에 다시 이곳으로 돌아오게 될 것이다. 그러나 이에 앞서 전투에 관한 다른 개념을 몇 가지 고찰해 둘 필요가 있다.

국가와 그 군사력을 합쳐서 하나의 단위로 보아도 된다면, 이번에는 전쟁 전체를 하나의 대규모적인 전투로 간주하는 것은 매우 자연스러운 생각이고, 또 실제로도 미개 민족에서의 단순한 사정에서 생기는 전쟁은, 이것과 그다지 다른 데가 없다. 그러나 현대의 전쟁은, 동시적, 계시적(繼時的)으로 이루어지는 크고 작은 전투로 이루어져 있다. 이와 같이 군사적 행동이 다수의 전투로 분해되는 이유는 전쟁을 발생시키는 사정이 현저하게 다종다양한 데 있다.

현대 전쟁의 궁극적 목적, 즉 정치 목적부터가 반드시 단순하다고 말하기가 곤란하다. 또 비록 단순하다고 해도, 군사적 행동은 많은 조건이나 고려와 결부되어 있기 때문에, 정치적 목적은 이미 단 하나의 대규모적인 군사적 행동에 의해서 달성되는 것이 아니라, 크고 작은 많은 군사적 행동이 서로 조합해서 이루는 전체적 행동에 의해서만 성취된다. 요컨대 개개의 군사적 행동(전투)은 어느 것이나 이 전체의 일부를 이루는 것으로, 또 이들 행동에는 각각 특수 목적이 설정되어, 이 특수 목적에 의해 이러한 전체와 결부되는 것이다.

앞서 말한 바와 같이 그 어떤 전략적 행동도 결국은 전투라고 하는 개념에 귀착한다. 전략적 행동은 전투력의 사용 바로 그 자체이고, 또 전투력 사용의 바닥에는 반드시 전투의 개념이 존재하기 때문이다. 이와 같이 전략의 영역에서는 모든 군사적 행동을 단위로서 개개의 전투로 환원할 수가 있다. 따라서 우리는, 이러한 개개의 전투에 대해서 설정된 특수 목적을 고찰하는 것만으로 족하다. 또 이러한 특수 목적이 어떠한 것인가는, 이들 목적을 생기게 한 사정을 논함에 따라 차차 명백해질 것이다. 우선 여기에서는 전투란 그 대소를 불문하고 제각기 그 특수 목적, 즉 전체에 종속되는 특정한 목적을 지니고 있는 것만을 말해 두면 충분할 것이다. 그러면 적의 격멸 또는 정복은, 이 특수 목적을 달성하기 위한 수단으로 간주해도 좋고 또 실제로도 그러하다.

그러나 이 결론은 형식적으로만 옳으며 전투에 관한 각종 개념들 사이의 관계를 고찰할 때 중요하다는 것에 지나지 않는다. 그런데도 여기서 이 결론을 든 것은 나중에 이에 대해서 다시 설명하는 번거로움을 피하기 위해서이다.

도대체 적을 정복한다는 것은 무엇을 의미하는가. 그것은 언제나 적의 전투력을 격멸하는 일일 것이다. 이 경우에, 적에게 직접 상처를 입히거나 죽이는 방법을 쓰든, 그 밖의 다른 방법을 쓰든 상관없다. 또 완전한 격멸인가, 그렇지 않으면 적이 전투를 계속할 의지를 포기할 정도로 해 두는가도 문제가 되지 않는다. 그렇다면 전투의 특수한 목적을 도외시한다면, 적의 전투력의 전부 혹은 일부분을 격멸하는 것이 곧 전투의 유일한 목적이라고 할 수 있다.

그래서 우리가 말하고 싶은 것은, 대개의 경우 특히 대규모 전투의 경우에는 특수한 목적, 즉 그 전투에 특수성을 부여하여 이를 전쟁 전체와 결부시키는 목적은, 모든 전투에 통하는 일반적 목적을 약간 손질한 것이거나, 그렇지 않으면 이 일반적 목적과 결부되어 있는 부목적에 지나지 않는다. 전투에 특수성을 부여한다는 것은 확실히 중요하지만, 일반적 목적에 비하면 미미하다. 따라서 이러한 부목적만이 달성되었다 해도, 그것은 일반적 목적의 일부분, 그것도 그다지 중요하지 않은 부분이 달성된 데 지나지 않는다는 것이다. 이 주장이 옳다면 적 전투력의 격멸은 단순한 수단이며, 또 본디 목적은 전투의 특수한 목적과는 다른 것이라는 우리의 생각은, 적어도 형식적으로는 참이라고 하는 것을 알 수 있을 것이다. 또 적 전투력의 격멸은, 전체적 목적 안에 이미 포함되어 있다는 것, 그리고 특수한 목적은 이 일반적 목적을 약간 손질한 것에 지나지 않는다는 것에 유의하지 않으면 잘못된 결론에 도달할지도 모른다는 것도 분명할 것이다.

전쟁에 한 획을 그은 프랑스혁명 이전에는 이것이 전적으로 망각되어 있었다. 그래서 전쟁 이론에 그릇된 견해가 도입되었을 뿐만 아니라, 전쟁의 원래 도구인 전투, 즉 적 전투력의 격멸은 필요하지 않을 뿐만 아니라, 전쟁 이론은 전투라고 하는 천한 수작업의 영역을 벗어나 전쟁을 더욱더 고상한 것으로 만들 수가 있다고 생각했다. 그래서 이 잘못된 생각을 조장하는 것 같은 여러 경향이나 체계의 단편 등이 안출된 것이다.

전쟁 이론에 관하여 이런 체계가 만들어진 것은, 따로 몇 가지 잘못된 전제가 사용되었기 때문이며, 또 적 전투력의 격멸을 다른 것으로 대체하여 이것에 무엇인가 훌륭한 효과가 있다고 잘못 생각했기 때문이다. 우리는 앞으로 이러한 대체물이 불가하다는 것을 기회 있을 때마다 논박할 생각이다. 하지만 여기에서 전투 그 자체의 중요성과 참다운 효과를 검토한 연후가 아니면, 다시 말하면 형식적 진리에 따르는 것만으로는 본론에서 벗어날 염려가 있기 때문에 이것을 우선 경계한 연후가 아니면, 전투에 관한 논의를 진행시킬 수가 없다.

대부분의 중요한 전투에서 적 전투력의 격멸이 주요 수단이라고 하는 주장을 어떻게 증명할 것인가? 실제로 다른 한편에는 매우 치밀한 사상이 있다. 그것은, 적 전투력의 작은 부분을 직접 격멸한다는 상당히 교묘한 방법을 사용하여 보다 큰 규모의 간접적 격멸이 가능하다 여기고, 혹은 소규모이기는 하지만 상당히 교묘하게 실시된 공격으로 적 병력의 운동을 봉쇄하며, 또 적의 의지를 이쪽이 생각한 대로 조종하는 방식을 승리의 첩경이라고 보는 생각이다. 어떻게 하면 우리는 이러한 치밀한 사상에 대항할 수 있을까? 확실히 어떤 지점에서 벌어지는 전투의 가치는, 다른 지점에서 벌어지는 전투의 가치보다 크다. 또 전략상 전투를 어떻게 조합하고 배합하느냐에 따라서도 결과가 달라진다. 심지어 전략이란, 전투를 교묘하게 조합하는 기술에 지나지 않다고까지도 말할 수 있다. 우리로서도 이런 사실들을 부정할 생각은 없다. 하지만 우리는, 적의 전투력을 직접 격멸하는 것이야말로, 그 어떤 상황에서든 가장 중요한 요건이라고 주장하고 싶다. 요컨대 우리가 최고의 중요성을 부여하고자 하는 것은 바로 이 격멸 원리이지 다른 것은 아니다.

그런데 우리는 지금 전략을 논하고 있지 전술을 논하고 있는 것이 아니다. 따라서 전술적 수단, 즉 될 수 있는 대로 적은 힘을 소비해서 될 수 있는 대로 많은 적 전투력을 격멸하는 수단을 강구하고 있는 것이 아니다. 우리가 여기에서 말하는 적 전투력의 직접적 격멸이란, 거기에서 생기는 전술적 성과를 의미한다. 따라서 우리의 주장은, 전략적 성과가 크기 위해서는 전술적 성과가 커야 한다는 것을 말하고 있는 것이다. 앞서 보다 명확하게 말한 바와 같이, 전쟁 지도에서 가장 중요한 것은 전술적 성과라야 한다는 것을 주장하고 싶은 것이다.

이 주장을 증명하는 일은 상당히 쉬워 보인다. 증명의 요점은, 공격 준비에 소요되는 시간의 장단에 있다. 전투의 복잡한(치밀한) 조합이 시간을 필요로 하는 것은 물론이다. 그런데 단순한 공격과 복잡하고 치밀한 공격 중 어느 쪽이 더 큰 효과를 거두는가 하면, 적을 수동적인 대상으로 간주하는 한에는 당연히 후자일 것이다. 그러나 방금 설명했듯이 복잡한 공격은 단순한 공격보다 준비하는 데 시간이 많이 걸린다. 또 이 시간을 확보하기 위해서는, 아군의 일부에 가해진 적의 반격이 아군의 공격 준비를 방해하는 일이 되어서는 안 된다. 만약 적이, 단시간 내에 실시되는 단순한 공격을 결의한다면, 그들은 선제 공격으로 기선을 제압하여 우리 측의 대규모 계획을 방해할 수가 있다. 그러므로 복잡한 공격의 가치를 결정하기 위해서는, 우리 측이 공격 준비 도중에 겪어야 할 모든 위험을 아울러 고려해야 한다. 그렇게 되면 복잡한 공격을 실시할 수 있는 것은, 아군의 공격 준비가 적이 감행하는 단시간의 공격에 의해서 방해될 염려가 없는 경우에만 한정된다. 그리고 만약 적으로부터 단시간 내에 공격받을 위험이 있는 경우에는, 우리 측도 역시 단시간 내의 공격을 선택해야 하며, 또 적의 성격과 사정 및 정황에 따라 필요한 만큼, 본의는 아니지만 이 방침에 따라야 한다. 실제로 추상적 개념이 구성하는 믿을 수 없는 환상을 버리고 구체적인 현실 생활에 몸을 던진다면, 용맹 과감한 적은 신속한 행동으로 우리 쪽을 공격하여 원대하고 치밀한 계획을 사용할 틈을 우리에게 주지 않을 것이다. 그런데 이러한 적에 대해서 바로 교묘한 술책이 무엇보다 필요한 것이다. 이것으로 보면 단순한 직접적 공격에 의한 효과가, 복잡한 공격에 의한 성과보다 훨씬 낫다는 것은 이미 명백한 것으로 여겨진다.

하지만 그렇다고 해서 단순한 공격이 가장 좋다고 말하는 것은 아니다. 우리가 말하고자 하는 것은 복잡한 공격 준비는 시간 여유가 있는 범위 내에서만 해야 한다는 것, 또 적이 전투적이라면 우리도 더욱더 직접적인 투쟁으로 맞서야 한다는 것이다. 따라서 복잡한 계획을 짜서 적을 능가할 필요는 없으며, 그보다는 오히려 그 반대 방향, 즉 단순한 공격 계획으로 적에게 선제공격을 하도록 노력해야 한다는 것이다.

복잡한가 그렇지 않으면 단순한가 하는 양쪽의 핵심을 살펴보면, 한쪽에는 지혜가 있고 다른 한쪽에는 용기가 있다는 것을 알 수가 있다. 그런데 중간 정도의 용기와 뛰어난 지혜를 겸비하면, 중간 정도의 지혜와 뛰어난 용기를 겸비하는 것보다도 현저한 효과를 나타낼 수 있을 것이 아니냐고 생각하고 싶어 한다. 그러나 이 두 요소의 관계를 무리하게 불균형하게 생각하지 않는 한, 전투라고 하는 위험한 영역에서 지혜를 용기보다 더 가치가 있다고 인정하는 것은 결코 정론이라고 할 수는 없다. 이 영역은 바로 용기의 본령이라고 보아야 하기 때문이다.

이상이 우리가 시도한 추상적 고찰이다. 경험이라고 해서 이와는 다른 결론을 주는 것이 아니라 오히려 경험이야말로 우리를 이 방향으로 끌어넣어, 이러한 고찰을 시도하게 한 유일한 원인이라는 것을 우리는 덧붙여두고자 한다.

공평한 시각으로 전쟁의 역사를 살펴보는 사람은, 모든 무덕 중에서도 전쟁 지도에 임하는 지휘관의 뛰어난 수행력이야말로 늘 군인의 명예와 군사상의 성공에 가장 큰 공헌을 하고 있다는 확신을 품지 않을 수가 없을 것이다.

우리가 주장하는 원칙, 즉 적 전투력의 격멸이야말로 전쟁을 통해서 뿐만 아니라 개개의 전투에서도 가장 중요하다고 여기는 원칙을 어떻게 적용하는가, 또 전쟁을 일으키게 한 사정이 투쟁에서 필연적으로 요구하는 모든 형식과 조건에 이 원칙을 적용하기 위해서는 어떻게 하면 좋은가에 대해서는, 나중에 이야기하기로 한다. 이 장의 목적은, 전투에 그 일반적 중요성을 부여하는 데에 있었다. 그래서 이 결론을 가지고 다시 전투 문제로 되돌아가고자 한다.

제4장
전투 일반(이어서)

제3장에서 다룬 내용은 적 전투력의 격멸이 곧 전투의 목적이라는 것을 줄곧 주장하여, 이것이 대다수의 전투, 특히 대규모의 전투에서 참이라는 것을 새삼 추상적인 고찰로 증명하려고 시도했다. 적 전투력의 격멸은 항상 전쟁에서의 가장 중요한 일이기 때문이다. 그래서 적 전투력의 격멸이라고 하는 이 일반적 목적과 함께, 많건 적건 간에 전투에 영향을 주는 구체적인 특수 목적에 대해서는, 다음 장에서 그 특성을 일반적으로 말하고 이어 그것이 어떠한 것인가를 차차 자세하게 구명해 보려고 한다. 이 장에서는 우선 개개전투의 특수 목적을 전적으로 도외시하고 적 전투력의 격멸을 전투의 완전무결한 목적으로서 고찰해 보고자 한다.

적의 전투력을 격멸한다는 것은 도대체 무엇을 의미하는가. 그것은 전투에 의한 적의 전투력 감소가, 아군의 전투력 감소보다도 비교적 크다는 것을 가리킨다. 아군이 수적으로 적보다 우세할 때, 피아 손실의 절대량이 같을 때에는, 아군의 손실은 적의 손실보다도 비교적 적으므로 이미 그것만으로도 아군에 유리하다고 할 수가 있다. 그러나 이 장에서는 전투를 고찰함에 있어 그 일반적 목적 이외의 목적을 모두 도외시하고 있으므로, 적 전투력을 보다 대규모로 격멸하기 위해 전투를 간접으로 사용하는 경우의 목적 또한 배제해야 한다. 그러면 피아 상호 간에 이루어지는 파괴적 활동에 의해서 직접 회득한 이익만이 전투의 목적으로 간주되어도 좋다. 즉 이 목적만이 전체 전역의 득실을 통산한 경우에 플러스로서 남고, 또 전역 마지막에서 항상 순익이 되는 절대적 이익인 것이다. 이 이외의 방법으로 얻은 승리는, 우리가 여기에서 도외시하려고 하는 특수 목적에 의한 것으로 그때만의 상대적 이익을 주는 데 지나지 않을 것이다. 다음에 드는 실례는 이것을 잘 말해주고 있다.

예를 들어 우리가 교묘한 병력 배치로 적을 불리한 상황에 몰아넣었기 때문에, 적은 자진해서 위험을 저지르지 않는 한 이미 전투를 계속할 수 없게 되고 몇 차례의 저항을 시도한 뒤 퇴각했다고 하면, 아군은 이 지점에서 어떻든 승리를 얻었다고 해도 좋다. 그런데 우리가 이 승리를 거두기 위해 적과 같은 비율로 전투력을 잃었다고 한다면, 전역을 결산했을 때 이러한 승리로부터는—이와 같은 성과로도 승리라고 할 수 있다면—아무것도 남지 않을 것이다. 따라서 이런 승리, 다시 말하면 전투를 계속하려고 하는 의지를 포기하지 않을 수 없는 상태로 적을 몰아넣는 것만으로는, 그 자체로서는 전혀 문제가 되지 않고, 따라서 또 이것을 우리가 정의한 전투의 목적으로 볼 수는 없다. 그러면 이 경우에 참다운 이익으로서 남는 것은, 위에서 말한 대로, 우리 쪽이 피아 상호 간의 파괴적 활동에 의해 획득한 직접 이익밖에 없는 것이 된다. 그런데 이 이익에는 전투의 경과 중에 생긴 적의 손실뿐 아니라, 적이 패퇴한 뒤에 퇴각의 직접 결과로써 생긴 손실 또한 들어 있는 것이다.

전투 중 물리적 전투력의 손실에 관해서는, 패자와 승자 사이에 큰 차이가 생기는 예는 오히려 드물다. 때로는 그 차이가 없을 수도 있고 오히려 승자 쪽의 손실이 큰 경우까지도 있다. 그럼에도 패자가 입는 가장 결정적인 손실은 퇴각과 동시에 시작된다. 이 경우에 승자 쪽에는 이러한 손실이 생기지 않는 것은 물론이다. 이것은 경험에 의해 널리 알려진 사실이다. 이미 타격을 받은 보병 대대의 패잔병들은 적의 기병대에 의해 산산이 부서진 화포나 화약 수레는 길가에 버려질 테고, 그나마 멀쩡하던 차량도 험한 퇴로를 지나다가 적의 기병대에게 공격받을 것이다. 그러다가 밤이 되면 도주하던 병사들은 길을 잃고 헤매다가 적의 손아귀에 떨어질 것이다. 이와 같은 대대적인 승리는 전투에서 이미 승패가 결정된 뒤에 비로소 구체적인 모양을 취하게 된다. 이것은 불가능한 것처럼 보이지만 그와 같은 의문은 다음과 같이 생각하면 곧 해결될 것이다.

물리적 전투력의 손실은 전투 과정에서 피아 양측이 입는 유일한 손실은 아니다. 이럴 경우 정신적 전투력도 또한 타격을 받아, 이윽고 좌절해 마침내 괴멸되어 사라지는 것이다. 전투를 계속할 수 있느냐 없느냐를 결정할 때에는 병사, 마필, 화포 등의 손실뿐만 아니라 군의 질서, 장병의 용기와 신뢰, 부대 간의 연계 및 작전 계획 등의 결함도 손실로서 고려된다. 특히 정신적인 힘은 이러한 경우 결정적인 것이 된다. 피아가 같은 정도의 손실을 입고 있는 경우, 승패를 가름하는 것은 바로 정신력이기 때문이다.

양측의 물리적 손실 비율을 전투 도중에 계측한다는 것은 어려운 일이다. 그러나 정신적 손실 비율을 계산하는 것은 별로 어렵지 않다. 정신적 손실을 나타내는 것으로는 주로 두 가지 사항이 있다. 즉, 하나는 전투 지역의 상실이며 다른 하나는 상대 측 예비의 우세이다. 우리 측의 예비가 적의 예비에 비해 훨씬 많이 소모되어 있다면, 그것은 전투에서 적과 대항하기 위해 그만큼 아군의 병력을 소비했다는 것을 말한다. 이미 여기에 적측의 정신적 우세의 명백한 증거가 있다. 이와 같이 일목요연한 증거는 아군 측 장수의 마음에 어떤 종류의 초조와, 그가 이끄는 군대를 하찮게 보는 마음마저 무의식적으로 품게 된다. 하지만 무엇보다도 심각한 일은 따로 있다. 즉 지금까지 끊임없이 싸워 온 모든 전투 부대가 피로로 인해 마치 타다 남은 재처럼 지친다는 점이다. 실제로 이 부대들은 이미 탄약을 다 쓰고 심신 모두 소모되었으며 용기도 잃어버린 상태이다. 이러한 군대를—수의 감소를 별도로 하고—하나의 유기체로 본다면, 그것은 이미 전투 전의 발랄한 생기를 간직하고 있지 않은 것이다. 요컨대 정신적 힘의 손실은, 소비된 예비라는 눈금에 의해서 마치 자로 재듯이 정확하게 측정된다.

그러므로 보통 전투 지역의 상실과 새로운 예비의 부족이 퇴각을 결정하는 2가지 주요 원인이 된다. 하지만 우리는 부대 간의 연계나 작전 계획 등 다른 원인들을 완전히 배제하거나 경시할 생각은 없다.

요컨대 전투란 피아의 물리적 및 정신적 힘을 유혈에 의한 파괴적인 방식으로 청산하는 투쟁이 아닐 수 없다. 그리고 전투의 마지막에 이 두 가지 힘의 잔고를 보다 많이 보유하는 쪽이 바로 승자인 것이다.

이와 같이 전투에서는 정신적 힘의 손실이 패전의 주요 원인이 된다. 그리고 한번 패전이 되면 이 손실은 더욱더 증대하여 모든 군사적 행동의 마지막에는 그 정점에 이른다. 따라서 정신적 힘의 손실은, 전투의 본디 목적인 물리적 힘의 파괴를 촉진하는 수단이 되기도 한다. 군의 질서와 통일이 상실되면, 개개 부대의 저항까지도 오히려 해로운 것이 된다. 전군(全軍)의 용기는 타격을 입고, 이해득실을 초월해서 위험을 돌보지 않았던 당초의 긴장은 소실되며, 대부분의 장병에게는 위험은 이미 용기를 불러일으키는 박차가 아니라 가혹한 징벌의 매가 된다. 이렇게 해서 적측이 승리를 얻은 순간, 아군의 장병은 급격히 약화되어 이미 위험에 위험으로 대항하려는 기백을 잃고 마는 것이다.

승자는 이 시기를 이용해서 물리적 힘을 파괴하여 본디의 이익을 획득해야 한다. 이렇게 얻은 이익만이 확실히 승자 몫으로 돌아가는 것이다. 그러나 패자 측에서는 상실된 정신적 힘이 차차 회복되어 군의 질서를 다시 확보하고 용기가 다시 진작된다. 이에 반해 승자 쪽에서는 일단 정신적 우세를 획득해도 뒤에까지 남는 것은 그중의 매우 작은 부분에 지나지 않고, 때로는 전혀 남지 않는 경우까지도 있다. 또 드물기는 하지만 적이 복수를 노려 전보다 더 강한 적의를 불태우는 경우는, 정신적 우세가 반대로 적측으로 옮아가는 일이 있다. 그럼에도 적의 사상자, 포로, 그리고 포획된 화포 등에 의해서 생긴 아군의 이익은 결코 계산에서 제외되는 일이 없다.

회전 중에 발생하는 손실은 어느 쪽이냐 하면 사상자가 주가 되고, 회전 뒤의 손실은 오히려 포획된 화포나 포로가 주가 된다. 회전 중의 손실은 많건 적건 간에 승자와 패자에게 공통된다. 그러나 회전 뒤의 손실은 그렇지가 않다. 이 손실은 보통 패자 측에만 있고 또 적어도 패자 쪽이 막대하다.

그러므로 승자가 포획한 적의 화포나 포로는 어느 시대에나 승리를 나타내는 전리품인 동시에 승리의 대소를 재는 척도로 여겨져 왔다. 승리의 대소는 이러한 전리품에 잘 나타나 있기 때문이다. 뿐만 아니라 정신적인 우세조차도 다른 그 어떤 표준에 의한 것보다도 오히려 전리품의 다과에 의한 편이 알기 쉽고, 전리품이나 패자 쪽의 사상자 수와 견주어 보면 더욱 그러하다. 그리고 여기에서 또 정신적 효과를 높이는 새로운 힘이 생기는 것이다.

위에서 말한 대로 전투 도중이나 전투 직후에 사라진 패자 측의 정신적 능력은 점차 회복되어, 때로는 그 흔적을 남기지 않는 일까지도 있다. 그러나 이런 현상은 흔히 소부대에서 일어나며 대부대에서는 드물다. 하기야 군의 대부대에서도 때로는 이러한 일이 있을 수 있으나, 그 군이 속하는 국가나 정부에서는 드물거나 아예 전무하다. 국가의 최고 수뇌부는 보다 거시적인 입장에서 냉정하게 적과 자신의 손실을 계산하고 적의 수중에 들어간 전리품의 양을 감안하여, 또 이들 전리품과 아군의 사상자 수를 견주어, 내 쪽의 열세와 부족이 어느 정도인가를 매우 손쉽게 그리고 정확하게 알아내는 것이다.

　피아의 정신적 균형이 깨져도, 이것은 절대적 가치를 가지는 것이 아니고, 또 반드시 성과의 총결산에 불리를 가져오는 것은 아니다. 그러나 그렇다고 해서 이것을 가볍게 보아서는 안 된다. 정신적 균형이 깨졌다는 것은 매우 중요한 뜻을 가지고, 불가항력적인 힘을 가지고 모두를 지배하는 수도 있을 수 있는 것이다. 그래서 적을 정신적 열세로 빠뜨리는 것이 때로는 행동의 커다란 목표가 된다. 그러나 이에 대해서는 기회를 보아 다른 곳에서 언급하려 한다. 여기에서는 피아의 정신적 균형이 깨졌을 경우에 발생하는 두서너 가지 사태를 고찰하는 것으로 그치고자 한다.

　승리에서 생기는 정신적 효과는 전투력의 양에 따라 양적으로 증가할 뿐만이 아니라 또 그 정도가 강화된다. 즉 양에 대해서 뿐만이 아니라 강도도 증대한다. 격파된 1개 사단에서 상실된 질서는 쉽사리 회복된다. 마치 얼어붙은 지체를 신체의 다른 부분에 대면 쉽사리 따뜻해지는 것처럼, 전투에 패한 1개 사단 장병의 용기는, 이 사단이 본군(本軍)과 접촉하면 본군의 용기에 감응해서 이내 회복되는 것이다. 그런데 이와 같이 패자의 정신적 손실이 쉽사리 회복된다면, 승자가 작은 승리에 의해서 얻은 효과 등은 전혀 소멸하지 않더라도 그 일부가 상실되는 것이다. 그러나 본군 자체가 회전에 패한 경우에는 그렇게 되지 않는다. 모든 것이 무너지게 된다. 그것은 마치 큰 불이 약간의 작은 불에서 생기는 것과는 그 정도가 전혀 다른 고열에 이르는 것과 마찬가지이다.

　그런데 승리의 정신적 효과를 규정하는 또 하나의 요소는, 전투를 치른 양측 전투력의 비율이다. 소수의 병력으로 다수의 병력을 격파한 군은 물리적 및 정신적 이익이라는 이중의 이득을 얻을 뿐만 아니라 또 패자에 대해서 전반적 우세를 유지하므로, 패자는 그 뒤에도 이러한 우세에 대항하는 것을 끊임없이 두려워해야 한다. 그러나 이런 정신적 영향은 실제로는 거의 없다고 해도 좋다. 전투가 시작되는 순간, 지휘관은 대개 적 병력의 수량에 대해 심히 애매모호한 확신밖에 갖지 못하는 것이 보통이고, 오히려 아군 병력의 추정조차도 일반적으로 매우 불확실하다. 따라서 수에 있어서 실제로 우세한 쪽도 피아의 이러한 불균형을 전혀 깨닫지 못하거나 혹은 오랫동안 진상을 알지 못하기 때문에, 그 당장에는 이러한 불균형이 이윽고 주게 되는 정신적 타격의 절반을 면하게 되는 것이다. 이와 같은 정신적인 힘은 뒷날 전사에서, 그때까지 지휘관의 무지나 허영심, 또는 심모원려(深謀遠慮) 때문에 오랫동안 파묻혀 있던 사실(史實) 속에서 처음으로 부각된다. 그러면 전사는 군과 그 지휘관을 칭찬하게 되지만 워낙 먼 과거의 사건이었기 때문에, 당시의 정신적 효과나 그 의의를 이제 와서 확인할 수가 없는 것이다.

포로 및 빼앗은 화포가 오직 승리를 상징하는 물건이고 말하자면 승리의 결정이라고 한다면, 전투 또한 이것을 고려에 넣어 계획해야 한다. 그리고 이 경우 살상에 의한 적의 격멸은 단순한 수단이라는 느낌이 있다.

이것이 전투에서 병력 배치에 어떠한 영향을 미치는가 하는 문제는 전략에는 전혀 관계가 없다. 그러나 전투 계획 그 자체는 전략과 결부되어 있다. 즉 아군의 배면(背面)을 안전하게 하는 것과, 적의 배면을 위협한다는 두 가지에 의해서 전략과 결부되는 것이다. 그중에서도 특히 포로 및 빼앗은 화포의 수는 적의 배면을 위협하는 이 제2의 요건에 의해 크게 좌우된다. 그러나 전술만으로는 이 요건을 만족시킬 수 없는 경우가 있다. 따라서 이것을 만족시키기 위해서는 전략적 사정이 전술에 어느 정도 조화를 이루고 있어야 한다.

앞뒤 양쪽으로 싸워야 하는 위험, 특히 퇴로를 완전히 차단당했다는 가공할 위험은, 전투 부대의 운동과 저항력을 제대로 움직이지 못하게 하여 승패의 분기점에 결정적 영향을 줄 뿐만 아니라, 패전의 경우에는 손실이 늘어나 때때로 이것을 최대한으로까지, 즉 격멸에까지 이르게 하는 것이다. 따라서 군의 배면이 위협을 받는다는 것은, 패배를 확실하게 함과 동시에 이것을 결정적인 것으로 만들게 된다.

이러한 까닭에 아군의 배면을 확보하고 적의 배면을 위협한다고 하는, 말하자면 본능과 맞먹는 노력이 생겨서 전쟁 지도 전반뿐 아니라, 특히 대소의 전투를 지배하게 되었다. 이 본능은 승리의 개념에서 생긴 당연한 귀결이다. 승리는 앞서 말한 대로 단순한 살육과는 약간 그 취향을 달리한다.

이와 같은 노력은 투쟁의 가장 중요한 특성을 보다 상세하게 규정하고 있다. 더욱이 이 규정은 투쟁의 전반에 통하는 것이다. 전투가 피아의 힘의 충돌이라는 것은 두말할 나위가 없다. 그러나 전투의 특성은 그뿐만이 아니라 위에서 말한 두 가지 노력, 다시 말하면 아군의 배면의 확보와 적의 배면에 주는 위협이라고 하는 두 가지 노력, 또는 그중의 어느 한 가지를 수반하지 않은 전투는 생각할 수가 없다. 최소 부대라 해도 퇴각을 고려하지 않고 적을 공격하는 사람은 없다. 대부분의 경우, 그와 동시에 적의 퇴로 차단도 노릴 것이다.

이 본능이 복잡한 사정의 방해를 받아 똑바른 길을 갈 수 없는 경우도 있고, 또 곤란한 정황 때문에 보다 고차적인 다른 관점에 따라야 할 경우도 있다. 그러나 그와 같은 일을 여기에서 하나하나 논한다고 하는 것은 지나친 처사일 것이다. 그래서 이 본능을, 전투의 말하자면 보편적 자연법칙으로서 드는 것만으로 그치고자 한다.

요컨대 이 본능은, 마치 자연법칙과도 같이 도처에서 효과적인 작용을 하고 도처에서 그 본래의 힘을 발휘한다. 그리고 거의 모든 전술적 및 전략적 기동(機動)은 이 본능을 중심으로 회진하는 것이나.

그래서 다음에 승리의 총괄적인 개념을 생각해 보고자 한다. 그러면 먼저 이 개념은 3가지 요소를 포함하고 있음을 알 수가 있다.

1. 적이 모든 물리적 힘에서 아군보다 큰 손실을 입었다.
2. 정신적 힘도 위와 같다.
3. 적이 전투를 계속하려는 의지를 포기함으로써 위의 2가지를 승인한다.

사상자의 수에 관한 피아의 보고는 어느 경우나 정확하지가 않다. 정직한 발표는 매우 드물고 대개의 경우 고의적으로 사실이 왜곡되어 있다. 전리품의 수에 대한 발표도 충분히 믿기 어렵다. 따라서 발표된 수가 그다지 크지 않은 경우에는, 승리가 어느 쪽으로 돌아갈 것인가는 분명치가 않다. 또 정신적 힘의 손실에 대해서는 전리품 외에 정확하게 측정할 척도가 없는 것이다. 그러면 대개의 경우, 적측에서 투쟁을 포기하는 것만이 아군의 승리를 나타내는 유일한 증거가 될 것이다. 따라서 패배를 승인한다고 하는 것은 다름 아닌 군기(軍旗)를 내리고 전투를 포기하는 일이고, 이에 의해서 상대에게 이 전투에서의 권리와 우월을 인정하는 셈이다. 피아의 균형이 깨짐으로써 생기는 그 밖의 모든 정신적 손실과는 별도로, 싸움터에서의 이러한 굴욕과 불명예야말로 아군 승리의 본질적인 부분을 이루는 것이다. 그리고 바로 이 부분이 군 이외의 여론에, 다시 말하면 두 교전국과 관계되는 여러 나라의 국민과 정부에 영향을 끼치는 것이다.

그러나 전투를 계속할 의도를 포기한다는 것은 반드시 전쟁터에서의 철퇴를 의미하지는 않는다. 전쟁이 끊임없이 집요하게 이루어지는 경우에조차도 이들을 동일시할 수는 없는 것이다. 완강한 저항을 시도한 뒤에 퇴각한 전초 부대를 보고 전투 의도를 포기했다고 볼 수는 없는 것이다. 실제로 적 전투력의 격멸을 노리는 전투에서까지도 싸움터로부터의 철퇴를 바로 의도의 포기라고 볼 수는 없다. 예를 들어, 전초 부대가 미리 퇴각을 계획하고 있을 경우에는 이 퇴각 부대는 전투를 계속하면서 퇴로를 한 발 한 발 열고 있는 것이다. 이러한 모든 것은 나중에 전투의 특수 목적을 논할 때 살펴보기로 한다. 여기에서는 전투를 계속하는 의도를 포기하는 것, 또 전투의 의도를 포기했다고 하는 인상을 군의 내외에 준다는 것은 중대한 일이라는 것을 주의해 두는 것으로 그치고자 한다.

그런데 명성이 아직 확립되지 않은 장수나 군은, 다른 점에서는 실정에 적합한 처치를 강구하고 있음에도 지금 든 두 가지 건에 대해서는 특수한 곤란에 부딪치게 된다. 그것은 퇴각으로 끝나는 일련의 전투가 결코 완전한 패배를 의미하는 것이 아닌 데도 패배의 모양새를 띠기 때문에, 내외에 매우 불리한 영향을 준다는 것이다. 이러한 경우에 퇴각을 명령하는 장수는 그의 참뜻을 밝혀서 불리한 정신적 인상을 줄 수는 없는 것이다. 여기에 성공하기 위해서 그는 자기 계획을 모두 발표해야 할 것이다. 그러나 그와 같은 일이 그의 참뜻에 어긋나는 언동이라는 것은 두말 할 필요가 없을 것이다.

이와 같은 정신적 영향을 고려하는 승리가 특히 중요하다는 것에 대한 주의를 환기하기 위해 조르[1]의 회전만을 지적해 두고자 한다. 이 회전의 전리품은 그다지 크지 않았다(포로 2천 명과 화포 20문). 그러나 프리드리히 대왕은 이미 슐레지엔에의 퇴각을 결의하고, 또 군의 정황으로 미루어 이 퇴각은 충분한 근거를 가지고 있었음에도 그는 5일 동안 싸움터에 머물다가 처음으로 전승을 포고했다. 프리드리히 본인이 직접 말하고 있는 바와 같이, 그는 이 전승에 의한 정신적 압력을 가지고 강화를 가져올 수 있다고 생각한 것이다. 사실 강화조약이 실

---

1) 조르(Soor), 뵈멘의 마을. 이곳의 회전(1745. 9. 30)에서 프리드리히는 오스트리아군을 격파했다.

제로 맺어지기까지는 두 차례의 전승이 필요했다. 즉 카톨리쉬―헨너스도르프[2] 전투와 케셀스도르프[3] 전투에서의 승리가 그것이다. 하지만 아무도 조르 전투가 적에게 준 정신적 타격의 효과는 제로였다고 단언할 수는 없을 것이다.

전투에서의 승리에 의해서 패자가 심한 정신적 타격을 입고 그 때문에 전리품의 수가 막대한 양에 이르면 패전은 완전한 패배가 된다. 이러한 패배를 당하면 패자의 정신력은 일반적인 패자에서보다도 훨씬 심하게 붕괴되기 때문에, 때로는 전적으로 저항력을 잃고 전군의 행동은 완전한 도피 즉 패주가 된다.

예나와 벨 알리앙스[4]는 이러한 종류의 완전한 패배이다. 그러나 보로디노[5]는 그렇지가 않다.

같은 패전이라고는 해도 단순한 패배와 완전한 패배 사이에는 여러 가지로 정도의 차이가 있기 때문에, 양사의 한계를 무엇인가 표지로 확연하게 나타내려고 하면 획일적이 되지 않을 수가 없다. 하지만 승패에 관한 개념을 확정해서, 이론적 고찰의 명확한 근거로 삼는다는 것 역시 중요하다. 우리는 완전한 패배의 경우에도 이에 대응하는 것을 전승(戰勝)이라 하고, 또 단순한 전승의 경우에도 이에 대응하는 것을 전패(戰敗)라고 하여, 각 경우의 패전의 성질을 무시하고 양자 모두를 전승 또는 승리라는 말 한마디로밖에 표현하지 못하는 것은, 우리가 사용하는 술어의 부족에서 생긴 불편이다.

---

2) 카톨리쉬–헨너스도르프(Katholisch-Hennersdorf). 그냥 헨너스도르프라고도 한다. 슐레지엔의 마을. 이곳 회전(1745. 11. 24)에서 프리드리히는 오스트리아군을 무찔렀다.

3) 케셀스도르프(Kesselsdorf). 작센의 마을. 드레스덴의 서쪽에 해당된다. 이곳 회전(1745. 12. 15)에서 프리드리히는 작센군을 무찔렀다. 이상의 세 회전은 어느 것이나 제2차 슐레지엔 전쟁(1744~45)에 속한다.

4) 벨 알리앙스(Bell-Alliance). 벨기에의 브뤼셀 동남쪽의 마을 워털루(Waterloo) 소재의 여관 이름. 이곳의 회전(1815. 6. 18)에서 동맹군은 나폴레옹군을 결정적으로 무찔렀다. 한편, 벨 알리앙스 회전은 워털루의 회전이라고도 한다.

5) 보로디노(Borodino). 스몰렌스크―모스크바 가도 연변의 마을. 이곳 회전(1812. 9. 7)에서 러시아군과 프랑스군이 격돌했으나 승패는 나지 않았다. 그러나 러시아군이 퇴각했기 때문에 프랑스군은 모스크바로 행진할 수 있었다.

제5장
전투 의의

제4장에서는 전투의 절대적인 형태를 고찰해 보았다. 이것은 소위 모든 전쟁의 축소판과 같은 것이다. 그래서 이번에는 좀 더 큰 전체에 속하는 한 부분으로서의 전투가, 다른 부분들과 어떤 관계를 가지고 있는지 살펴보고자 한다. 그러자면 우선 먼저 문제가 되는 것은 전투의 보다 상세한 의의이다.

전쟁이란 바로 적과 아군의 상호적 격멸 행위이다. 그러므로 양측이 전력을 한곳에 대량으로 모아서, 단 한 번의 대격돌로 모든 성과를 얻으려 하는 것은 매우 자연스럽고도 현실적인 생각처럼 보인다. 이런 생각에는 확실히 많은 진실이 포함되어 있다. 따라서 이를 철저한 원칙으로 삼고, 전쟁 초기의 소규모 전투들을 어쩔 수 없이 생기는 부산물로 볼 수도 있다. 하지만 이 견해는 전체적으로 그럴싸하게 보이긴 해도 정답은 아니다. 이 문제는 그렇게 간단히 해결될 만한 것이 아니기 때문이다.

전투의 형태는 가지각색이다. 이는 물론 전투력의 갖가지 구분 방법에서 비롯된다. 그래서 우리는 전투력을 구분할 때 각 전투가 지니는 목적을 고려하는 것이다. 그런데 이런 직접적 목적 및 그에 따른 각양각색의 전투는 몇 가지 항목으로 분류할 수 있다. 이제부터 이 항목들이 무엇인지 살펴보기로 하자. 그러면 앞으로의 고찰이 더욱 명료해질 것이다.

당연한 이야기지만 적의 전투력을 격멸하는 일이 모든 전투의 기본 목적이다. 그러나 이 목적은 다른 목적과도 결부될 수 있고, 또 때로는 후자 쪽이 중요한 지위를 차지하는 경우까지도 있다. 따라서 적의 전투력을 격멸하는 것이 주요 임무일 때와, 그것이 오히려 수단에 지나지 않는 경우를 구별할 필요가 있다. 전투는 적 전투력의 격멸을 목적으로 하는 것이지만, 또 한 지점의 점유나 한 물건의 점령을 목적으로 하는 경우도 있고, 때로는 이들 목적 쪽이 전투의 일반적 목적으로 간주되는 경우가 있다. 전투는 이들 목적 중에서 하나만을 가지는 경우도 있고 또 둘 이상을 아울러서 갖는 경우도 있다. 그러나 이 제2의 경우에는 그중 어느 하나가 주요 목적이 되는 것이 일반적이다. 전쟁의 두 주요 형식, 즉 공격과 방어에 대해서는 기회를 보아 앞으로 이야기하겠지만, 이상의 세 목적 중에서 제1의 것(적 전투력의 격멸)은 공격이나 방어 어느 경우에나 변함 없다. 하지만 다른 두 목적에 대해서는 공격이냐 방어이냐에 따라서 각기 변화가 생긴다. 이들 세 가지 목적을 공격과 방어에 배분하면 다음과 같은 표가 생긴다.

그러나 정찰이나 양동(陽動)작전[1]을 고려에 넣으면 위의 목적만으로는 전투의 전체 영역을 정확하게 포괄할 수가 없다. 정찰이나 양동을 행할 경우, 이들 세 가지 목적은 어느 것이나 전투의 목적이 될 수 없다는 것이 분명하기 때문이다. 그렇다면 실제 문제로서 다시 제4의 목적을 인정하지 않을 수가 없다. 즉, 적이 아군의 면전에 나타나서 하는 정찰, 적 부대의 바쁘게 보이게 하는 듯한 긴급 집합, 적이 어떤 지점을 어디까지나 고수하겠다는 기색을 나타내거나, 다른 지점으로 전진(轉進)하려는 것처럼 보이게 하는 양동 등에서는 앞에 적은 여러 목적은 간접적으로만 달성된다. 즉 위에서 말한 세 가지 목적 중의 하나, 그것도 일반적으로는 제2의 목적을 가장함으로써만이 성취된다. 정찰을 하려고 하는 적은 마치 우리를 실제로 공격, 격파하여 쫓아내려고 하는 것처럼 가장해야 하기 때문이다. 그러나 이 가장은 결국 참다운 목적은 아니다. 그래서 우선 본디 목적으로서는 위에 적은 세 가지만을 문제로 삼은 것이다. 여하간 공격적 전투에 관한 위에 든 세 가지 목적에는 다시 제4의 목적, 즉 적에게 잘못된 방

---

1) 적으로 하여금 아군의 기도(企圖)에 관한 판단을 잘못하게 하기 위해 취하는 작전을 양동(陽動)작전이라고 한다.

책을 강구하게 하는—다시 말하면 적에게 적극적인 싸움을 도발하고 공격을 실시한다는 목적을 첨가할 필요가 있다. 이 제4의 목적이 공격의 경우에만 고려될 수 있다는 것은 이러한 목적의 성질로 보아 당연하다.

그런데 방어에 대해서 말하자면, 어떤 지점의 방어에는 두 가지 방식이 있다는 것에 주의할 필요가 있다. 즉 첫째는 절대적 방어로 이것은 어떤 지점을 어떠한 일이 있어도 포기해서는 안 된다고 하는 것이다. 두 번째는 상대적 방어로, 이것은 어떤 지점을 일시적으로만 필요로 하는 경우이다. 이 제2의 경우는 전초전이나 후위전(後衛戰)에서 항상 나타나는 현상이다.

전투에서 추구되는 이들 목적이, 각기 다른 방식으로 전투 계획에 본질적인 영향을 주게 되는 것은 분명한 사실이다. 예를 들어, 적의 초병을 초소에서 몰아내려 할 때의 처치는, 이 초병을 한 사람도 남김없이 격멸하려고 하는 경우의 처치와는 다를 것이다. 또 어떤 지점을 고수하는 경우의 처치와, 그 지점에서 적을 잠시 저지하는 경우의 처치와는 각기 다를 것이다. 전자의 경우에는 퇴각을 염두에 두지 않고 있지만 후자의 경우에는 퇴각이 주이기 때문이다.

이상과 같은 고찰은 모두 전술에 속하는 것이므로 여기에서는 단지 전투의 의의를 명백히 하기 위한 실례로 인용한 데에 지나지 않는다. 전략이 전투의 여러 목적에 관해서 해야 할 말은 이들 목적에 대해서 언급하는 장에서 새삼 논할 생각이다. 그래서 여기에서는 두서너 가지 일반적인 사항을 말하는 것으로 그치고자 한다. 첫째, 전투의 여러 목적이 지니는 중요성은 위에 든 표의 순서에 따라 감소한다. 둘째, 본 전투에서는 항상 제1의 목적, 즉, 적 전투력의 격멸이 가장 중요한 일이다. 셋째로, 이들 목적 중 제2 및 제3은 방어적 전투에서는 전혀 얻는 바가 없다. 즉 방어적 전투에서의 이들 목적은 어느 것이나 소극적인 것으로, 무엇인가 다른 적극적인 행동을 용이하게 함으로써만 간접적으로 효과가 있을 뿐이다. 따라서 이런 종류의 전투가 빈번하게 이루어지면 그것은 전략적 정황이 악화된 증거이다.

제6장
전투의 지속 시간

우리는 이미 전투 자체에 대한 고찰을 마치고, 전투와 다른 전투력 사이의 관계를 고찰하고 있다. 그렇다면 전투의 지속 시간이 독자적인 의의를 가지게 된다.

전투 지속 시간의 길고 짧음은 가장 중요하다고까지는 할 수 없어도 하나의 종속적 성과를 가져오는 것으로 보아도 좋다. 승자에게는 전투의 승패가 신속히 결정되면 그보다 더 좋은 일은 없고, 이에 반해서 패자에게는 전투의 지속 시간은 아무리 길어도 짧게 느껴질 것이다. 신속한 승전은 승리를 증대하는 요건이고, 이에 반해서 패전에서 결전이 오래 소요된다는 것은 손실을 보충하는 효과가 있다.

이것은 일반적으로 말해서 진실이다. 그런데 전투가 상대적 방어를 목적으로 하는 경우에는, 전투의 지속 시간이 실제로도 특히 중요한 요건이 된다.

이 경우 전투의 모든 성과는 저항을 정해진 시간만큼 계속했다는 것, 즉 전투의 지속 시간 바로 그것이다. 우리가 전투의 지속 시간이라는 것을 일련의 전략적 요소로 도입한 이유는 바로 여기에 있다.

전투의 지속 시간은 전투에 본질적인 제반 사정과 필연적으로 관련되어 있다. 그 사정이란 양측 병력의 절대량, 양측의 병력 및 병기 수량의 비율, 전쟁터의 지형 등이다. 따라서 3만 명의 병력이 소모하는 것은 2000명의 병력이 소모하는 것보다도 완만하다. 병력이 아군보다 2~3배나 많은 적에 대한 저항은, 병력이 대등한 적에 대한 저항만큼 길게 끌지 않는다. 기병전은 보병전보다 신속하게 승패를 결정한다. 보병만 가지고 하는 전투는 포병이 참가한 전투보다도 신속하게 승패를 결정한다. 산지나 삼림 지대에서는 평원에서만큼 신속하게 전진할 수가 없다는 등등. 이러한 일들은 그 자체가 명백하여 설명을 할 필요도 없다.

여기에서 다음과 같은 결론이 생긴다. 전투가 그 지속 시간 중에 어떤 의도를 실현하고자 한다면 피아의 병력, 병기수의 비(比), 그리고 병력 배치를 고려해야 한다. 이 규칙은 위에서 말한 바와 같이 전투의 지속 시간이라고 하는 문제만을 고찰할 때에는 그다지 중요하지 않고 따라서 이것을 특히 고찰할 필요는 없다. 그러나 경험이 전투의 지속 시간에 관해서 우리에게 제시하는 주된 결과를 아울러 생각하면, 이 규칙이 중요한 의의를 지니게 된다.

8000 내지 1만의 병력을 가지고 있고 그 속에 모든 병종을 포함하는 1개 사단은, 현저하게 우세한 적에 대해서조차도, 또 반드시 유리하지 않은 지형에서도 몇 시간 정도는 저항을 계속할 수 있다. 하물며 적이 우세하지 않고 혹은 아군과 전적으로 동일하면, 너끈히 반나절은 지속할 수가 있다. 또 3개 내지 4개 사단으로 이루어진 1군단의 저항 시간은 1개 사단 경우의 2배에 달하고, 8만 내지 10만의 군이라면 그 저항 시간은 1개 사단 경우의 3배에서 4배에 이르는 것이다. 또 이러한 경우 전군(全軍)은 결집해서 전투에 종사하기 때문에 국부전, 즉 부분적 전투는 생기지 않는다. 또 이 시간 안에 별개의 병력을 원용한다면, 그 효과는 이미 이루어진 전투의 성과와 신속하게 합체(合體)되는 것이다.

위에서 든 숫자들은 경험에서 얻어진 것들이다. 하지만 우리로서는 전투의 지속 시간에 관한 고찰과 동시에 결전의 순간과, 따라서 또 전투가 종결되는 순간과의 특징을 보다 자세히 논하는 것이 중요한 과제가 된다.

제7장
전투에서의 승패 결정

그 어떤 전투에도 승패를 결정짓는 매우 중요한 순간이 있다고는 하지만, 그 어떤 전투의 승패도 한순간에 결정되지는 않는다. 다시 말해 패전은 단계적으로 형성되는 것으로, 마치 접시저울의 접시에 분동(分銅)을 하나씩 얹을 때마다 접시가 차차 기울어지는 것과 같다. 그러나 노 그 어떤 전투에도 승패의 수가 이미 정해진 것으로 볼 수 있는 시점이 있다. 그렇게 되면 이 전투는 그것으로 매듭 지어진 것으로, 그 뒤의 전투 재개는 새로운 전투이지 앞선 전투의 계속이 아니다. 이 시점에 대해서 명확한 생각을 갖는다는 것은, 원군(援軍)의 급파를 얻어 전투를 유리하게 재개할 수 있는가 없는가를 결정하는 데 매우 중요하다.

패전을 도저히 만회할 수 없는 전투에서는, 신예 병력을 투입해도 쓸데없이 희생을 늘리는 데 지나지 않는 예도 있다. 그러나 또 적시에 새 병력을 투입하면 승패를 역전할 수가 있었는데, 그것을 게을리했기 때문에 마침내 패전을 하고 만 예도 있다. 그래서 여기에 가장 현저한 두 건의 전쟁 사례를 들어보고자 한다.

1806년에 3만 5000명의 병력을 보유한 호엔로에공은 예나 부근에서, 6~7만 명의 병력을 이끄는 나폴레옹의 도전에 응했다가 패배했다.[1] 더욱이 이 패전은 3만 5000명이나 되던 그의 군대가 모조리 분쇄되었다고 보아도 좋을 정도였다. 그때 뤼헬 장군은 약 1만 2000명의 병력을 가지고 회전을 재개했다. 그 결과 그의 군대도 순간적으로 분쇄된 것이다.

같은 날 2만 5000명의 병력을 보유한 프로이센군은 아우에르슈테트[2] 부근

---

1) 예나의 회전(1806. 10. 14)
2) 아우에르슈테트(Auerstedt). 프로이센의 마을. 이곳 회전(1806. 10. 14)에서 프로이센의 주군(主

에서 2만 8000의 군을 이끄는 다부[3]와 교전하여, 전투는 정오 무렵까지 지속되었으나 아직은 궤란(潰亂) 상태에는 빠지지 않았고 그 손실도 적에 비해 크지는 않았다. 더욱이 적에게는 기병이 하나도 없었다. 그럼에도 프로이센군은, 장군 칼크로이트가 지휘하는 1만 8000명의 예비를 사용해서 국면의 타개를 도모할 것을 게을리했다. 실제로 이러한 정황에서는 회전에 패배할 리가 없었다.

하나의 전투는, 그 자체가 매듭이 지워진 하나의 전체로, 이 전체 안에서 몇몇 국부전(부분적 전투)이 서로 모여 총괄적인 성과를 이룬다. 그리고 전투의 승패를 결정하는 것은 바로 이 총괄적 성과이다. 이러한 성과는 반드시 제6장[4]에서 말한 것과 같은 승리일 필요는 없다. 실제로 싸움터에서 적의 철퇴가 너무 빠를 경우, 승리의 조건이 아직 갖추어지지 않았을 경우도 있고 또 승리의 기회가 생기지 않는 경우도 있다. 완강한 저항이 이루어지고 있는 경우까지도, 대개는 승리의 개념을 완비할 수 있는 성과가 생기지 않는 동안에 승패가 결정된다.

그래서 이러한 문제가 생긴다. 즉, 승패를 결정짓는 순간이란 일반적으로 어떠한 것인가? 다시 말해 적의 병력에 충분히 대항할 수 있을 정도의 병력을 새로 전투에 참가시켜도, 불리한 전국(戰局)을 만회할 수 없는 시점이란 어떠한 것인가 하는 문제이다.

양동(陽動)은 그 성질상 결전을 필요로 하지 않는 것이므로 이것은 도외시하기로 한다. 따라서 승패를 결정짓는 시점은 다음과 같다.

1. 움직일 수 있는 물건이 전투 목적이라면 그 물건을 상실한 시점에서 승패가 결정된다.

2. 한 지역의 점령이 전투 목적이라면 대개 그 지역을 상실한 시점에 승패가 결정된다. 단, 그 지역이 요충지(要衝地)라야 한다. 이에 반해서 손쉽게 공략할 수 있는 지역이라면, 그 밖의 점에서 아무리 중요하다 하더라도 별 위험 없이 탈환할 수 있기 때문이다.

3. 위 두 정황으로 전투의 승패가 결정되지 않을 경우, 특히 적 전투력 격멸을 주목적으로 할 경우 승패의 결정은 승자가 궤란 상태와 행동 불능 상태에

軍)이 패배했다.

3) 다부(Davout, Louis Nicolas, 1700~1823). 프랑스의 원수.

4) 제4장의 잘못인 것 같다.

서 벗어난 시점에 있다. 그렇게 되면 이것은 앞서 제3편 제12장에서 말한 바와 같이 연속적으로 병력을 사용할 필요성이 없어지는 순간에 승패가 결정된다. 이와 같은 이유로 해서 우리는 전투의 전략 단위[5]를 이 시점에 배치했던 것이다.

따라서 전진하는 적군은 질서 있는 상태와, 따라서 전투 가능 상태를 조금도 잃지 않고 있고, 또 비록 잃었다 해도 그것은 군의 극히 일부분에 지나지 않는데도, 아군은 많건 적건 궤란 상태에 있는 회전에서는 더 이상 패배를 만회할 수가 없다. 또 적이 잃어버렸던 전투력을 이미 회복하고 있는 경우도 마찬가지이다.

그렇다면 실제로 교전한 전투력이 전체의 작은 부분이고, 전투에는 참가하지 않았지만 승패의 결정에 영향을 미친 예비 병력이 많다고 하면, 비록 적이 뒤늦게 새로운 병력을 전투에 투입한다 해도 한번 결정된 우리 측의 승리를 뒤집을 수는 없다. 그러므로 병력을 가능한 한 경제적으로 사용해서 전투를 수행하고, 강력한 예비가 가져다주는 정신적 효과를 남김없이 이용하는 장수와 군이 승리에의 길을 확실하게 걸어갈 수가 있는 것이다. 근대의 프랑스군—특히 나폴레옹이 지휘하는 프랑스군은 이 점에서 매우 뛰어났음을 인정하지 않을 수 없다.

승자 쪽이, 전투의 위기 상태가 사라지고 전투 가능한 상태로 되돌아오는 시점은 부대가 작으면 작을수록 더 빨리 찾아온다. 적을 전속력으로 추격하는 기병 소초(小哨)[6]라면 몇 분 뒤에는 이전의 질서를 회복하고 위기도 그 이상 계속되는 일이 없다. 그러나 기병 1개 연대의 경우에는 질서 회복에 더 시간이 걸린다. 또 산병선(散兵線)에 산개[7]해 있는 보병들의 경우라면 시간이 더욱 오래 걸린다. 여러 병종으로 이루어진 군으로 각 부대가 제각기 다른 방향으로 행동하고, 따라서 또 전투에 의해 질서가 문란해지면 그 회복에는 오랜 시간이 걸리

---

5) 여러 병종으로 이루어지고 독립적으로 작전할 수 있는 편제, 무장, 장비를 갖추고 전술적 과제를 해결할 수 있는 부대로, 보통은 1개 사단 이상의 병력이다.

6) 소초는 전초 배치에서 보초를 지원하고 보초를 뒷받침하는 초병으로, 보통은 소대 이하의 병력이다.

7) 산병(散兵)의 간격과 거리를 적당히 벌리는 것을 산개(散開)라고 한다. 보통은 간격 6보, 거리 3보 정도로 산병선(散兵線)에 위치를 잡는다.

고, 게다가 부대끼리 상대 소재를 모를 경우 대개 사태는 더욱더 나빠진다. 따라서 승자가, 전투에 사용되어 혼란에 빠진 부대나 질서가 무너진 일부 부대를 다시 수습해서 이를 정돈하여, 각기 적당한 위치에 배치해서 전투 지역에 질서를 회복하는 시점은, 군의 규모가 커질수록 더욱더 늦어진다.

이와 같은 시점은, 승자가 아직 위기를 벗어나지 못한 채 밤을 맞이하는 경우에도 늦게 나타나고, 또 은폐된 단절지(斷絶地)에서도 뒤늦게 찾아온다. 그러나 이 두 가지 경우에 대해서는, 또 다음과 같은 일을 지적해야 한다. 첫째, 밤은 승자에게는 절호의 엄호(掩護) 수단이기도 하다는 것이다. 적도 야간 공격으로 성공을 거둘 가망이 우선 없기 때문이다. 1814년 3월 10일 라옹 회전에서 요크[8] 장군이 마르몽[9]에 대해서 감행한 야간 공격은 그 좋은 예이다. 둘째도 이와 마찬가지로, 은폐된 단절지는 좀처럼 위기를 벗어날 수 없는 승자를 적의 반격으로부터 보호한다. 요컨대 이 둘—즉, 야음과 은폐된 단절지는 전투의 재개를 용이하게 하는 것보다도 오히려 이를 곤란하게 하는 것이다.

이제까지 우리는 전국(戰局)이 불리한 군에 대한 원군을 단순히 전투력을 증가시키는 것으로서, 다시 말하면 후방으로부터의 증원으로서만 고찰했다. 또 실제로도 이것은 보통의 원군이다. 그러나 원군이 적의 측면 또는 배면을 습격할 경우 이와는 상황이 전혀 달라진다.

측면공격이나 배면공격의 효과는, 이들 공격이 전략에 속하는 한 다른 곳에서 논하고자 한다. 그러나 지금 여기에서 문제로 삼고 있는 것은 전투를 바로잡기 위한 공격이므로 이러한 공격은 오직 전술에 속하는 셈이다. 그럼에도 이런 종류의 공격을 문제로 삼는 것은 여기에서는 이러한 공격의 전술적인 결과를 논하는 것이 되므로, 우리의 고찰도 그에 따라 전술의 영역으로 들어가지 않을 수가 없기 때문이다.

아군의 전투력을 적의 측면 또는 배면으로 돌린다는 것은, 이 방면의 효과를 현저하게 높이지만 항상 그렇다고는 할 수 없고, 이러한 효과를 오히려 현저하게 약화시키는 경우도 있다. 이런 종류의 이해득실을 결정하는 것은, 전투에서의 다른 모든 것을 결정하는 경우와 마찬가지로 전투를 가능하게 하는 정황과

---

8) 요크(Yorck von Wartenburg, Hans David Ludwig von, 1759~1830). 프로이센의 원수.

9) 마르몽(Marmont, Auguste Frederic Louis Viesse de, 1774~1852). 프랑스의 원수.

이에 대응하는 병력 배치이다. 그러나 여기에서는 이들 정황을 이 이상 깊이 논의할 수는 없다. 하지만 당면 문제에 관해서는 다음에 말하는 두 가지가 중요하다. 첫째, 측면 공격 및 배면 공격은 보통 승패의 결정 그 자체보다도 오히려 결정 뒤의 성과에 유리하다. 전투를 바로잡는 것을 목적으로 하는 것은, 무엇보다도 전투를 아군에게 유리하게 결정하는 것이지 성과의 대소가 아니다. 이 점을 고려에 넣으면, 우리의 열세를 만회하기 위해 급파된 원군을 적의 측면 또는 배면으로 돌리는 것보다도, 다시 말하면 이것을 본군(本軍)에서 분리하는 것보다도, 오히려 본군과 합치는 것이 유리하다고 생각해도 좋다. 또 실제로도 분명히 그러한 경우가 있다. 그럼에도 대개의 경우를 보면, 측면 공격과 배면 공격은 역시 유리하다고 하지 않을 수가 없다. 그 이유는 다음에 말하는 두 번째 점이 이 경우에 중요하기 때문이다.

이 두 번째 점이라고 하는 것은, 전투를 바로 세우기 위해 증파된 원군이 적의 측면 또는 배면을 습격함으로써 생기는 정신적 효과이며, 더욱이 이 정신력은 보통 원군만이 갖추고 있다는 것이다. 이러한 습격의 효과는 증대하는 한편 다른 한 편으로는 전투의 위기 상태에 있는 적이, 그 확대되고 분산된 대형을 가지고 이러한 효과에 대항한다는 것은 거의 불가능하다고 해도 좋다. 전투가 개시된 당초에는 적의 병력이 집결해 있고 또 적도 이러한 습격에 대비하고 있으므로, 측면 공격이나 배면 공격은 별다른 효과를 올리지 않는다고는 하지만, 전투가 종국에 이르려 하는 순간에는 매우 중대한 의의를 갖는다.

따라서 우리는 대개의 경우, 아군의 원군이 적의 측면 또는 배면을 공격함으로써 많은 효과를 얻는다는 것을 인정하는 데 인색하지 않다. 그것은 마치 같은 중량을 지렛대로 올리는 경우, 지렛대가 짧을 때보다도 긴 편이 효과적인 것과 마찬가지이다. 따라서 정상적인 방법으로는 도저히 충분한 효과를 거둘 수 없을 정도의 작은 힘으로라도, 이러한 정황에서는 손쉽게 전투를 바로 세울 수가 있는 것이다. 이와 같은 경우에는 정신적 힘이 특히 우위를 차지하는 것이므로, 원군의 효과가 얼마나 큰가는 이루 헤아릴 수가 없다. 따라서 바로 그렇기 때문에 대담하게 모험을 해볼 필요가 있는 것이다.

전투에서 승패의 수가 의심스러울 경우에, 불리한 전투를 바로 세울 수 있는가의 여부를 결정하려 한다면 위에서 말한 모든 사항에 주의를 기울이고, 또 이들 모든 요인을 서로 협력적 동작으로 작용하는 힘으로서 고찰해야 한다.

전투가 아직 종결되었다고 보기 힘든 상황에서는, 원군에 의해 개시된 새로운 전투는 그때까지의 전투와 합쳐서 공동 결과를 낼 것이다. 그리고 이 결과가 유리하다면 처음 전투에서 생겨났던 불리함도 계산에서 완전히 사라지게 된다. 그러나 최초의 전투에서 승패가 이미 결정되었다면, 이 전투와 원군에 의한 새로운 전투에서 각기 두 가지 결과가 생기게 된다. 이 경우 원군의 병력이 별로 강대하지 않아서 그 병력만으로는 독립해서 적 병력에게 대항할 수 없으면 새로운 전투로부터 유리한 결과를 기대하기는 힘들 것이다. 이에 반해 원군의 병력이 강대하여, 첫 전투 결과에 상관없이 독립적으로 새 전투를 벌일 수 있다면 유리한 성과에 의해서 최초의 불리를 상쇄하고 적에 대해서 우위를 차지할 수가 있다. 그러나 최초의 불리를 계산해서 완전히 소멸시키기란 결국 불가능하다.

쿠너스도르프의 회전[10]에서 프리드리히 대왕은, 첫 공격으로 러시아군 진지의 좌익을 무너뜨리고 화포 70문을 빼앗았다. 그러나 이날 회전이 끝날 무렵에는 그 모든 전리품을 도로 빼앗겼다. 제1차 전투의 성과는 계산상 모두 사라져 버린 것이다. 만약 대왕이 이 전투만으로 일단 투쟁을 중지하고 회전의 제2부 즉 제2차 전투를 다음 날로 미룰 수 있었다고 하면, 비록 그가 제2차 전투에서 졌다고 해도 제1차 전투에서 얻은 이점은 제2차 전투에서 발생한 불리함을 상쇄할 수 있었을 것이다.

그런데 전투가 종결되기 전에 아군이 전투의 불리함을 깨닫고, 원군을 투입해서 전투를 유리하게 이끌려 한다면 불리한 결과는 계산에서 소멸되었을 뿐만 아니라, 보다 큰 승리의 초석이 될 수도 있었던 것이다. 이러한 전투의 전술적 경과를 정확하게 살펴보면 다음과 같은 사실이 분명해진다. 즉, 전투가 종결될 때까지는 여러 국부전들의 성과는 아직 결정되지 않은 판결에 지나지 않는다. 따라서 이 판결은 맨 마지막의 총괄적 성과를 통해 취소될 때도 있고, 심지어는 정반대의 판결로 바뀔 때도 있다는 것이다. 아군의 전투력이 이미 바닥을 쳤다면 적의 전투력도 매우 소모되었을 것이므로 적측의 위기도 점점 심각해

---

10) 쿠너스도르프의 회전(1759. 8. 12)은 프리드리히 대왕의 참패로 끝났다.

지고, 아군의 원군이 가져온 새로운 병력의 우세는 더욱더 커지는 것이다. 그리하여 마지막 총괄적 성과는 아군에 유리해지고 전쟁터와 전리품을 적으로부터 탈환하면, 앞서 적이 전리품을 획득하기 위해 소비한 모든 힘은 그대로 아군의 유리로 전환되어, 아군이 겪었던 최초의 패배는 오히려 더 큰 승리의 발판이 된다. 처음에 적은 승전에 의한 빛나는 전공(戰功)을 위해 병력을 잃는 것을 개의치 않았지만, 이러한 전공도 지금에 와서는 헛되이 희생된 병력을 애도하는 후회의 마음밖에 남지 않게 되는 것이다. 아군이 거둔 전승의 비법은 적에게 패전의 저주를 안겨주어, 이렇게 해서 원소(元素)의 비중을 일거에 뒤바꾸는 것이다.

따라서 아군이 결정적으로 우세하고 최초에 적이 얻은 승리보다도 한층 큰 승리로 적에게 보복을 기할 가망성이 있는 경우에도, 그 전두가 몇 가시 의의를 갖는 한 불리한 전투를 일단 끝냈다가 새로 제2차 전투를 벌이는 것보다는, 그 전투가 종결되기 전에 원군을 투입해서 지금까지의 불리함을 유리한 쪽으로 바꾸는 게 상책이다.

다운 장군은 1760년 리그니츠[11] 전투에서 라우돈 장군을 응원하러 갈 예정이었으나, 이 전투가 이튿날 프리드리히 대왕을 공격하는 데에 실패하자 충분한 병력을 보유하고 있었으면서도 구원을 시도하려고 하지 않았다.

회전에 앞서 행하여지는 격렬한 전위[12]전을 필요악으로 보고, 필요가 없는 한 이를 피하는 것은 위에서 말한 이유에 의한 것이다.

다음에 우리는 위에서 말한 것으로부터 생기는 또 하나의 귀결을 고찰해야 한다.

전투의 종결이 움직일 수 없는 기정사실이라 해도, 이 종결된 전투는 제2차 전투를 결의하는 이유가 되지 않는다. 패전한 뒤 새로운 전투 재개 결의는 다른 모든 사정을 고려한 결과 이루어지는 것이라야 한다. 그러나 이러한 귀결에

---

11) 리그니츠의 회전(1760. 8. 15).

12) 전위는 본대의 행군을 경계하고 진로상의 장해를 제거하며, 적이 작은 부대라면 그 격파를 시도하면서 적에게 접근하여 본대의 행군과 전개를 옹호하는 임무를 갖는다. 전위의 병력과 편성은 그 부대의 정황에 따라 다르지만, 특히 보병의 병력은 전 보병의 3분의 1에 이르는 경우가 있으므로, 전초전에 의한 병력의 현저한 소모는 피해야 한다. 또 전위에 대해서는 제5편 제7장 참조.

는 정신력이 반발하게 되므로 우리는 이 정신력을 고려해야 한다. 그것은 패자 측의 복수 및 보복의 감정이다. 패군의 경우 최고위 장수부터 최하위 병졸에 이르기까지 너나 할 것 없이 이 감정에 사로잡힌다. 따라서 군대는 적에게 복수하려는 일념을 불태울 때 가장 기세등등한 것이다. 하지만 그러기 위해서는 격파된 부대가 전군에서 차지하는 비중이 지나치게 높지 않아야만 한다. 그렇지 않으면 이 감정은 결국 무력감에 흡수되고 말 것이다.

그러므로 전투에서 잃어버린 것을 그 자리에서 만회하기 위해 이런 정신력을 이용하는 것은 매우 자연스러운 일이다. 특히 다른 사정들이 새로운 전투를 벌일 만하다면 더욱 그렇다. 또 이 새로운 전투가 대개 공격이 되지 않을 수 없다는 것은 사리에 비추어보아 당연한 일이다.

주력 전투가 아닌 종속적인 국부전 가운데에서는 이러한 보복적 의미가 담긴 전쟁 사례를 많이 찾아볼 수 있다. 그러나 대규모 회전이 되면 그 회전을 규정하는 근거도 많고, 따라서 보복이라고 하는 비교적 약한 힘에 의해 결정되지 않는 것이 통례이다.

고매하신 블뤼허의 예를 보아도 그가 이끄는 3개 군단 중 2개 군단이 1814년 2월 11일 몽미라이에서의 조우전(遭遇戰)에서 패배했는데도 불구하고, 3일 뒤인 2월 14일에 세 번째 군단을 이끌고 또다시 같은 전쟁터에 나타난 것은, 틀림없이 이러한 감정에 움직여진 결과였음에 틀림없다. 만약 그가 이 새로운 전투에서 나폴레옹과 맞닥뜨릴 줄 미리 알았더라면, 바로 이 유력한 이유에 의해서 이러한 복수전은 연기했을 것이다. 하지만 그는 복수할 상대를 마르몽뿐이라고 생각했던 것이다. 그래서 블뤼허는 복수전을 벌였던 것인데, 그 결과 블뤼허는 긍지 높은 복수전의 성과를 거두기는커녕 오산으로 인한 패배의 쓴 잔을 마셔야 했던 것이다.

공동으로 싸우라고 지정된 몇몇 부대는 서로 어느 정도 간격을 두고 배치되어야 하는데, 이 간격의 대소를 규정하는 것은 전투의 지속 시간과 전투의 승패를 결정하는 시점이다. 이와 같은 배치는 전술이 이들 부대를 동일한 전투에 사용할 의도를 갖는 한 전술적 배치라고 해도 좋다. 그러나 이 배치가 전술적이라고 불리는 것은 이들 부대의 병력 배치가 매우 접근해 있기 때문에, 각 부대가 각기 행하는 전투가 분리된 두 개 또는 그 이상의 전투라고 생각할 수 없는 경우, 다시 말하면 전체 부대가 차지하는 공간이 전략적으로는 하나의 점으로 밖에 볼 수 없는 경우에만 한정된다. 하지만 전쟁에서는 공동해서 싸울 것을 지정한 병력을, 서로 멀리 떨어지게 하지 않을 수 없는 경우가 자주 일어난다. 이러한 경우에는 이들 병력을 공동의 전투로 종속시키는 것이 분명한 의도임에도 불구하고, 분리된 전투가 생기는 경우도 가능한 것이다.

이와 같은 경우의 병력 배치가 바로 전략적 배치라고 불리는 것이다.

이 같은 전략적 배치에 필요한 지정(指定)은, 부대와 종대(縱隊)의 분진(分進), 2개 이상의 전략 요지를 지원하기 위한 전위 및 측위, 예비 등의 조직 편성, 여러 사영지에 나누어 주둔한 각 군단의 병력을 집합시키는 일 등이다. 이와 같은 지정은 전략적 배치에서 줄곧 이루어지는 일로서, 말하자면 전략적 경제기구에서의 보조화폐인 셈이다. 이에 반해서 주력 전투 및 이에 준하는 대전투는 금이나 은 같은 본위화폐라고 할 수 있다.

제8장
전투에 대한 양군의 합의

전투란 대개 적과 아군 모두가 전투에 동의해야만 성립한다. 그리고 이것은 또한 결투의 밑바닥을 이루는 생각이다. 그런데 전쟁사를 연구하는 사람들 사이에서는 이 관념으로부터 상투적 표현이 생겨나, 이것이 많은 잘못된 생각을 초래한 것이다.

즉 전쟁 사가들은, 한쪽 장수가 다른 쪽 장수에게 회전을 도전했지만 후자는 이에 응하지 않았다 말하고 이 점을 중심으로 여러 가지 고찰을 하고 있는 것이다.

전투는 분명히 일종의 결투처럼 볼 수 있지만 그것은 매우 특이한 결투이며, 전투의 바닥을 이루는 것은 피아의 투쟁욕, 즉 투쟁에 대한 서로의 동의뿐 아니라 투쟁과 결부되는 여러 목적이다. 이들 목적은 항상 보다 큰 목적에 속하고, 또 전체의 전쟁까지도 하나의 투쟁 단위로 간주되어 정치적인 목적이나 조건을 가지면, 이러한 목적이나 조건은 또다시 보다 큰 전체에 속하게 된다. 따라서 서로 상대를 정복하려고 하는 욕망 따위는 아주 종속적인 관계 안으로 편입되든가, 아니면 그 자체가 이미 독립성을 잃고 이른바 고급 의지를 불러일으키는 신경(神經)과 같은 것에 지나지 않는 것이다.

고대 민족에서, 또 그 뒤 상비군이 성립된 초기 시대에는, 적에게 회전을 걸어도 적은 이에 응하지 않는다고 하는 표현은, 오늘날보다도 많은 뜻을 포함하고 있었다. 고대 민족의 경우에는, 모든 것은 아무런 장애물이 없는 광활한 평야에서 서로 힘을 겨루는 투쟁을 목적으로 했다. 그러기 때문에 전쟁술의 주안점은 군의 정비와 편성, 즉 전투 서열에 있었다.

당시의 군은 일반적으로 진영 안에 보루를 만드는 관습이 있었기 때문에 이러한 진영 내의 진지는 난공불락으로 여겨졌다. 그리고 회전은 적이 먼저 그 진영으로부터 나와서 피아의 군이 서로 접촉할 수 있는 지역—다시 말하면 이러한 싸움터에 들어왔을 때 비로소 개시되었던 것이다.

한니발이 파비우스 막시무스[1]에게 싸움을 걸었으나 파비우스가 이에 응하지 않은 것은, 파비우스 입장에서 보자면 이 회전은 그의 계획 안에 들어 있지 않았었다는 것뿐이지, 한니발군의 물리적 우세나 정신적 우세를 증명하지는 않는다. 그러나 한니발에 대해서 말하자면 이 말은 옳은 말이다. 그것은 한니발이 실제로 회전을 원했기 때문이다.

근대적인 군대가 만들어졌던 초기에는, 대규모 전투나 회전에서도 이와 마찬가지 사정이 생겼다. 당시 대군은 전투 서열에 따라 전투에 참가하고 지휘를 받았다. 이런 대군은 방대하고 부자유스러운 하나의 전체이므로, 어느 정도 넓은 평원을 필요로 했다. 심하게 고립되거나 은폐된 지역 혹은 산지 등에서는 공격도 방어도 여의치가 않았다. 따라서 이런 지역에서는 방어측이 회전을 피하는 것이 보통이었다. 그 뒤 이와 같은 사정은 점점 줄어들었지만, 그래도 제1차 슐레지엔 전쟁[2] 때까지는 존재했다. 하지만 7년 전쟁[3] 시대가 되자 비로소 접근성이 나쁜 지형에서도 적을 공격할 수 있게 되었고, 이러한 공격은 점차 관습으로 정착되었다. 확실히 오늘날에도 이 같은 지형이, 이것을 원용하려고 하는 쪽에서 방어의 원리가 될 수 있다는 것은 부정할 수 없지만, 그것은 이제 전쟁이 본래 지닌 격렬한 힘을 묶어두는 마법의 영역은 아니게 되었다.

지난 30년 동안, 전쟁은 위와 같은 의미에서 장족의 발전을 이루었다. 전투로써 승패를 결정지으려는 장수를 방해하는 것은 이제 아무것도 없다. 그는 얼마든지 적을 찾아내어 공격할 수 있는 것이다. 그가 이렇게 행동하지 않는다면 전투를 아예 원치 않았던 것으로 봐도 좋다. 그러므로 오늘날 '그는 회전을 벌이려고 했지만 적이 응해 주지 않았다'고 하는 이런 말은 다음을 뜻한다. '그는 전투 개시에 필요한 제반 사정이 충분히 유리하다는 점을 인정하지 못했다.' 그렇다면 회전을 도전하는…… 운운의 표현은 이와 같은 고백에는 적합하지 않으

---

1) 파비우스 막시무스(Quintus Fabius Maximus Verrucosus, 280~203 B.C.). 로마의 군사령관이며 정치가.

2) 제1차 슐레지엔 전쟁(1740~42).

3) 7년 전쟁(1756~63).

며, 결국 이러한 연약한 고백을 분식(粉飾)하는 데에 지나지 않는다.

물론 오늘날 방어하는 측은 적이 도전해 온 전투를 더 이상 거부할 수 없다고는 하지만 이를 회피할 수는 있다. 즉 진지를 버리고 방어의 임무를 포기하기만 하면 되는 셈이다. 그러나 그렇게 되면 그 성과는 공격자에게는 반의 승리를 의미하여 공격자의 일시적 우세가 승인된 것이 된다.

그러므로 도전에 관한 이런 생각은 요즘 세상에는 더 이상 통하지 않는다. 이 같은 생각은 전진을 일삼는 자, 즉 공격자가 정지해서 하는 일 없이 세월만 보내는 일을 전승이라는 말로 장식하려는 궤변에 지나지 않는다. 또 방어측도 그가 전쟁터에서 퇴각하지 않는 한 회전을 원하는 것으로 보아야 한다. 이러한 방어자는 적으로부터 공격받지 않았을 때에는, 자기들이야말로 회전을 원하는 쪽이라고 주장해도 상관없다. 물론 이러한 말은 그대로 받아들일 수 있는 말은 아니지만 말이다.

그러나 퇴각을 원하고 또 퇴각할 수 있는 자에게 전투를 강요할 수는 없다. 그런데 공격자는 적의 퇴각에 의해 얻을 수 있는 이익만으로 만족하지 않는 경우가 있다. 그렇게 되면 전투에 의해서 실제의 승리를 거두려고 하는 욕구가 절실해져서, 적을 강요해서 도전에 응하게 하는 수단을 조금이라도 발견하기만 하면 교묘하게 이를 추구하여 이용하게 된다.

이를 위해서 가장 흔히 사용되는 주된 방법의 첫째는, 적을 포위하여 퇴각을 불가능하게 만들든가, 혹은 이를 곤란하게 만들어 도전에 응하지 않을 수 없게 하는 일이다. 둘째는 적을 기습하는 일이다. 이 둘째 방법 즉 기습은, 이전에는 이에 응하는 군의 민첩성이 결여되었기 때문에 자주 사용되었으나 요즈음에는 현저하게 그 효력을 잃어버렸다. 현대의 군은 운동이 유연하고 자유로워졌기 때문에 적의 면전에서조차도 퇴각을 서슴없이 개시한다. 특히 공격자에게 불리한 지형은 이 경우 심한 곤란을 자아낸다.

이런 종류의 전쟁 사례로서는, 카를 대공이 1796년 8월 11일에 험준한 고지 목장에서 모로에 도전한 네레스하임[4]의 회전을 들고 싶다. 이 회전에서 카를이

---

4) 네레스하임(Neresheim). 바덴뷔르템베르크의 산지에 있는 도시. 이 회전은 오스트리아군과 프랑스군 사이에 벌어졌는데, 승패는 결정되지 않았다. 대공은 이튿날인 12일에 퇴각을 지장 없이 수행할 수가 있었다.

의도한 것은 오직 자군의 퇴각을 용이하게 하는 데 있었다. 하지만 우리는 이 고명한 장수이자 군사 평론가의 이러한 판정을 완전히 이해했던 것이 아니었다는 것을 덧붙여 두는 바이다.

또 하나의 전쟁 사례로는 로스바흐 회전[5]이 있다. 이 회전에서 동맹군의 장수는 실제로 프리드리히 대왕을 공격할 의도를 품지 않았다[6]고 한다.

조르의 회전[7]에 대해서 프리드리히 대왕 자신이 한 말에 의하면, 그가 도전에 응한 것은 적의 면전에서 하는 퇴각이 위험하다고 생각했기 때문이다. 그는 이 회전에 대해서 다른 이유도 몇 가지 들고 있다.

그러나 전체적으로 볼 때 본래 뜻대로의 야습을 제외하면 이러한 사례는 드물다고 해도 좋다. 또 적이 포위되었기 때문에 전투를 할 수 없게 된 사례는 주로 고립한 군단에 대해서 생긴다. 예를 들어 막센[8]에서의 핑크[9] 군단과 같은 것이다.

---

5) 로스바흐 회전(1757. 11. 5).

6) 프랑스의 원수 수비즈(Soubise, Charles de Rohan, 1715~87)가 인솔한 프랑스—오스트리아 동맹군은, 프리드리히 대왕이 지휘하는 프로이센군에 의해서 격파되어 프랑스군은 하노버로 퇴각했다.

7) 조르의 회전(1745. 9. 30).

8) 막센(Maxen). 작센의 마을. 프리드리히의 명을 받아 작센으로 향한 핑크는 오스트리아군의 포위를 받아 항복했다(1759. 11. 21).

9) 핑크(Fink(Finck), Friedrich August von, 1718~66). 프로이센의 장수.

제9장
주력 전투
주력 전투에서 승패 결정

주력 전투란 무엇인가? 주력을 가지고 벌이는 전투(회전)이다. 이것은 말할 필요도 없이 부수적인 목적을 달성하기 위한 일반 투쟁이 아니다. 또 목적 달성이어렵다고 깨닫자마자, 버리고 돌보지 않을 시시한 시도도 아니다. 주력 전투는 전투에 의해서 실제 승리를 얻기 위하여 피아 두 군이 전력을 기울여 싸우는 싸움이다.

주력 전투에도 많은 부수적인 목적들이 섞여 있다. 그래서 주력 전투는, 이싸움을 낳게 한 여러 사정에 따라서 저마다 특수한 색채를 띠게 된다. 주력 전투도 실은 보다 큰 전체에 속하는 부분에 불과하기 때문이다. 그렇다고는 해도 전쟁의 본성은 곧 전투이며, 또 주력 전투는 주력을 가지고 하는 투쟁이므로, 주력 전투가 전쟁의 본디 중점(重點)으로 간주되어야 한다. 따라서 전체적으로 볼 때, 주력 전투는 다른 어떤 전투보다도, 그 자신을 위해 존재한다는 뚜렷한 성격을 띠게 되는 것이다.

이것은 주력 전투에서의 승패 결정 방식과 주력 전투에서 거둔 승리가 가져다주는 효과에 영향을 주고, 또 목적을 달성하기 위한 수단으로써의 주력 전투에 이론이 인정할 수밖에 없는 가치를 결정한다. 우리가 특별히 주력 전투를 들추어 고찰 대상으로 삼은 것도 이 때문이다. 하지만 주력 전투와 결부되는 일이있는 어떤 특수 목적에 대해서 말하기 전에 주력 전투 그 자체를 고찰해야 한다. 적어도 주력 전투가 그 이름에 어울리는 가치를 지니는 한 특수 목적 때문에 주력 전투의 성격을 본질적으로 바꾸는 것은 아니다.

그런데 방금 말한 것처럼 주력 전투는 오직 그 자체를 위해 존재한다고 한다면, 주력 전투로 승패를 결정지으려 하는 이유 또한 주력 전투 그 자체에 존재해야 한다. 다시 말해 우리가 승리를 얻는 일이 가능한 한, 그 승리는 주력 전투에서 비롯되어야 한다. 또 주력 전투는 그때그때의 사정에 따라 임의로 포기해서는 안 되고, 주력 전투를 행하기 위해서는 아군 병력이 충분치 않다는 것을 확인했을 때에만 포기가 허용되는 것이다.

그래서 주력 전투를 포기하지 않을 수 없는 시점을 좀 더 자세히 설명할 필요가 있다.

근세의 전쟁술에서는, 말하자면 군의 인위적인 대형과 편성을 갖추는 일이 오랫동안 승리의 주요 조건이라고 여겨져 왔다. 그리고 이러한 조건 아래에서는 군의 용감한 행동이 승리를 가져다줄 수 있었다. 그래서 당시에는 적군의 대열을 파괴하는 것이 곧 승패의 결정이 되었다. 따라서 군의 한 날개가 격파되어 무너지면 그와 함께 있는 날개도 무너져 사라지는 것이다. 또 어떤 시대에는 방어의 본질을 이루는 것은, 군과 군이 교전하는 장소로서의 토지와 긴밀하게 결부되어 있었고 또 그곳의 장해물이었다. 즉, 군과 그 진지는 전적으로 일체가 되었다. 따라서 진지의 핵심적인 지점을 공략하는 일이 곧 승패를 결정지었다. 요컨대 방어 진지의 관건[1]이 상실되면, 그 진지는 이미 방어할 수가 없게 되고 따라서 회전도 그 이상 계속할 수가 없는 것이다. 이 두 가지 사항을 고려해 볼 때 격파된 군대란 줄이 끊긴 현악기와도 같은 것으로 이미 쓸모가 없는 것이다.

위에서 말한 제1의 기하학적 원리에도, 또 제2의 지리학적 원리에도, 전투 중인 군을 마치 결정물(結晶物)에서의 정연한 분자의 배열과 같은 상태로, 다시 말하면 움직일 수 없는 상태로 가두려고 하는 경향이 있었고, 이러한 경향의 해를 입어 병력을 마지막 한 사람에 이르기까지 활용할 수가 없었던 것이다. 그러나 이들 원리는 최근 그 영향력을 잃었기 때문에, 이미 이전과 같은 지배력을 발휘할 수가 없다. 하기야 오늘날에도 군은 일정한 대형을 가지고 전투에 참가하지만 이 대형은 이미 결정적인 것은 아니다. 또 오늘날에도 지상의 장해물은 저항을 강화하기 위해서 여전히 이용되고 있지만, 그러나 이러한 장해물은 이미 방어의 유일한 지탱이 되는 것은 아니다.

---

1) 전투에서의 승패의 결정에 가장 중요한 지점을 말한다. 그러나 이것은 지형이 회전에 대해서 현저한 영향을 주었던 시대의 생각으로, 클라우제비츠의 시대에도 이미 그 중요성을 잃고 있었다. 이에 관련되는 사상으로서는 제6편 제23장 참조.

앞서 본편 제2장에서 근대 회전의 본성에 대해서 개설했는데, 거기에서 시도한 고찰에 따르면 전투 서열의 목적은 병력을 적절히 사용하기 위해서 이를 올바르게 배치하는 데 있다. 또 전투는 피아의 병력이 차차 소모되는 과정이며, 그 경우에 승패는 어느 편이 먼저 상대 힘을 바닥나게 만드는가에 따라 결정된다.

그러므로 전투를 포기하겠다고 결의할 때에는, 적어도 주요 전투에서는 아직 전투에 참가하지 않은 양측의 예비 병력의 비율에 의해 정해진다. 이제는 이러한 예비만이 정신력을 완전히 보유한다. 전투의 파괴력에 의해서 이미 불타버린 재와 같이 위축된 대대와 같은 것은, 이러한 신선한 예비와 동일한 대열에 놓을 수 있는 것이 아니다. 또 진지의 상실이 정신적인 힘의 상실을 재는 척도라고 하는 것도 이미 다른 곳에서 말한 그대로이다. 따라서 진지의 상실이라는 것도 고려되어야 하지만, 그것은 손실이라고 하느니보다는 오히려 입은 피해를 나타내는 부호와 같은 것이다. 요컨대 장수가 한결 같이 착안하는 것은 새로운 예비 병력 바로 그것이다.

일반적으로 회전은, 비록 분명한 방식으로는 아니지만 처음부터 어떤 일정한 방향을 갖추고 있다. 게다가 이 방향은 회전을 위해 강구된 여러 가지 준비에 의해 이미 결정적으로 주어져 있는 것이다. 따라서 장수가 불리한 조건도 알아채지 못하고 이러한 조건에서 회전을 개시했다고 하면, 그것은 그의 통찰력이 부족하다는 것을 나타내는 것이다. 그러나 회전의 방향이 결정적으로 주어지지 않아도 회전의 경과가 피아의 균형을 서서히 변하게 하는 것은 물론이다. 그래도 이 변화는 지금 말한 바와 같이 처음부터 분명히 제시되는 것이 아니라, 회전이 진행됨에 따라서 시시각각으로 격렬하게 되고 그리고 분명해지는 것이다. 따라서 이러한 경과는, 회전의 부정확한 기술에 의해 잘못 알게 된 사람들이 생각하는 것처럼 피아의 군이 일진일퇴하는 것이 아니다.

회전에서 피아의 균형이 오랫동안 거의 흐트러지지 않는 일이 있다. 또 이 균형이 깨져서 한쪽에 불리하게 되기는 했지만, 다시 회복해서 이번에는 다른 쪽이 불리해지는 일까지도 있다. 그럼에도 대개의 경우 회전에 패한 장수는 퇴각을 결의하기 전에 이미 패전을 알아차리고 있는 것이다. 또 뜻하지 않은 우연한 일이 회전의 모든 과정에 현저하게 나쁜 영향을 주었다고 하는 경우는, 대개 패전을 말하는 장수의 자기변호에 지나지 않는다.

이러한 경우에 우리는, 전쟁에 참가한 일이 있는 공평한 사람들의 판단에만 의존해도 좋다. 이 사람들은 틀림없이 우리의 의견에 동의하고, 또 전쟁 경험이 없는 독자에게도 우리가 하는 말이 옳다는 것을 들려줄 것이라고 생각한다. 그런데 위에서 말한 회전 경과를 회전의 본성에 비추어 설명하게 되면, 전술의 영역에 너무 깊이 들어가는 것이 될 것이다. 회전 경과를 논술하는 것은 전술에 대한 문제이기 때문이다. 우리는 여기에서 회전의 결과만 논하면 된다.

그런데 우리는 방금 이렇게 말했다. 패배한 장수는 회전을 포기하기로 결심하기 전에 이미 불리한 결과, 즉 패전을 알고 있었던 것이라고. 그러나 우리는 이와 반대의 경우도 인정하지 않을 수가 없다.

그렇지 않으면 자기모순이 되는 명제를 주장하지 않을 수 없게 된다. 만약에 회전의 동향이 결정됨과 동시에 회전도 패배라고 인정하지 않을 수 없다고 한다면, 이 패색을 승리로 만들기 위한 병력 또한 하나도 없을 것이기 때문이다. 따라서 이런 동향이 결정적이라면 때를 놓치지 않고 퇴각을 개시해야 할 것이다. 물론 회전이 한쪽에 대해서는 이미 유리한 방향을 취하면서도 결전에서는 그 유리함이 다른 쪽으로 돌아가는 경우도 있다. 그러나 그와 같은 일은 일반적인 경우가 아니라 오히려 매우 드문 경우에 속한다. 그런데 비운의 장수는 불리를 유리로 전환시키는 가능성이 남아 있기만 하다면, 이러한 드문 경우도 의지한 밧줄로 삼지 않을 수가 없는 것이다. 그는 분골쇄신하여 군에 아직 남아 있는 정신적 힘을 북돋아 요행을 믿고 어떻게 해서든지 눈앞의 국면을 타개하려고 한다. 그리고 용기와 지혜가 그의 마음속에서 서로 타협하는 한 이 방향을 추구한다. 이에 대해서는 다시 논할 생각이지만 이에 앞서서 균형의 변화를 나타내는 징후가 어떠한 것인지를 말해두고자 한다.

총괄적인 회전의 성과는 모든 국부적 전투들의 성과를 합친 것이다. 그런데 이 모든 국부전들의 각 성과는 세 가지 서로 다른 것 안에 나타나게 된다.

첫째, 지휘관이 의식하는 정신력 안에 나타난다. 만약 사단장이 그의 지휘 아래에 있는 대대(大隊)의 패배를 알았다면, 이는 그의 심적 태도나 보고에 영향을 미칠 것이다. 또 이들 보고는 총사령관이 강구하는 대책에 영향을 줄 것이다. 따라서 언뜻 보기에 쉽사리 만회할 수 있다고 여겨지는 불리한 국부전에서도 거기에서 생기는 여러 가지 효과는 소멸하는 일이 없다. 이러한 국부전이 주는 인상은 손쉽게, 또는 지휘관의 본의가 아니더라도 그의 마음속에 쌓이게 된다.

둘째, 이러한 효과는 회전 중에 아군이 적군보다 빨리 소모되는 과정에서 나타난다. 현대의 회전은 이전과 달리 떠들썩한 과정을 거치지 않고 완만하게 진행되는 것이 보통이므로 이와 같은 소모는 손쉽게 측정할 수 있다.

셋째, 이러한 회전은 회전에 의한 지역의 상실로 나타난다.

지휘관의 눈에는 이 모든 성과들이, 그가 지휘하는 회전이라고 하는 배가 가는 방향을 알기 위한 나침반으로 비치는 것이다. 아군의 포병 중대가 전멸한데도 불구하고 적의 포병대는 아직 1개 중대도 무너지지 않았을 경우, 아군의 보병대대는 적의 기병에게 형편없이 무너졌는데 적의 보병대대는 여전히 견고한 집단을 이루고 있는 경우, 아군의 전투 서열에서의 화선(火線)[2]이 한 지점에서 다른 지점으로 어쩔 수 없이 물러나는 경우, 한쪽에서는 어떤 지점을 약취하기 위해 많은 힘을 소비하고 다른 한편으로는 전진하는 보병대대가 빗발치는 총탄을 피하기 위해 흩어지지 않을 수 없는 경우, 적 포병을 사격하는 아군의 화포의 세력이 약해지기 시작하는 경우, 적의 맹렬한 사격을 받는 보병대대에서는 부상자와 함께 부상을 당하지 않은 병사까지 무리를 지어 퇴각하기 때문에 이들 대대가 빠르게 소모되는 경우, 회전 계획이 어긋나는 바람에 부대 사이의 연락이 끊어져서 포로가 발생하는 경우, 우리 측의 퇴로가 위태로워지는 경우 등등. 장수는 이들 모든 경우에 대비해서, 불리한 회전이 돌아가는 방향을 인식해야 한다. 만약에 이러한 동향이 오래 지속되어 마침내 결정적인 것이 되면, 불리를 유리로 전환하기 위한 시도는 점점 곤란해져서, 회전을 포기하지 않을 수 없는 시점이 절박하게 다가오는 것이다. 따라서 다음에는 회전을 포기하는 시점에 대해서 말해보고자 한다.

이미 몇 번이고 말했듯이, 승패를 궁극적으로 결정짓는 주요 근거는, 아직 회전에 참가하지 않고 남아 있는 피아의 새로운 예비 병력의 비율이다. 이 점에서 적이 결정적으로 우세한 것을 인정한 장수는 퇴각을 결의한다. 회전 중에 생긴

---

2) 적탄을 막음과 동시에 아군의 사격을 편리하게 하는 설비로서 산병호(散兵壕) 앞에 설치하는 흉장(胸墻) 등을 엄체(掩體)라고 하는데, 이 엄체 앞의 능선(稜線)을 화선(火線)이라고 한다.

모든 불리한 사건과 손실이 새로운 병력에 의해서 만회될 수 있다는 것은 근대 회전의 특성이다.

실제로 근대 회전에서는 전투 서열의 편성과 신예 부대가 회전에 참가하는 방식은, 어디에서나 또 어떠한 상태에서도 예비 병력의 사용을 가능하게 하는 것이다. 따라서 회전의 결과가 아군에게 분명히 불리하다고 판정하는 장수라도, 예비 병력이 우세한 한은 회전을 포기하지 않을 것이다. 그러나 아군의 예비가 적의 예비보다도 열세가 되기 시작한 순간부터, 승패는 이미 결정된 것으로 간주해야 한다. 일이 이렇게 되었을 때 그가 무엇을 할 수 있는가 하는 것은, 한편으로는 그때의 특수한 정황에 의하여, 또 다른 한편으로는 그의 용기와 굳은 정신의 정도에 의해서 결정된다. 또 장수가 피아의 예비 비율을 어떻게 계측할 수 있는가 하는 것은, 회전을 실시하는 기술의 숙련에 관한 문제이므로 여기에서 논할 필요는 없다. 우리는 그의 판단에 의해서 확정된 결과만을 다루면 되는 것이다. 그러나 이와 같은 결과도 퇴각을 결의하는 시점을 지시하는 것은 아니다. 순서를 따라 순차적으로 생기는 동기는, 이러한 중대한 시점을 명확하게 결정하기에는 적당하지가 않은 것이다. 이런 종류의 동기는 퇴각의 결의를 단지 막연하게 규정할 뿐이며, 실제로 결의하기 위해서는 특수한 원인들이 필요하다. 이러한 원인 중 주된 것은 퇴로를 차단당할 위험과 다가오는 밤이다. 이들 두 가지 원인은 끊임없이 나타난다.

회전의 정황이 시시각각으로 악화되어 아군의 퇴로가 위험해지고 예비 병력도 이미 소모되어 이 난국을 타파하기 어려울 경우, 장수는 운명에 따라 질서 정연하게 퇴각하여 사태를 수습할 수밖에 없다. 만약 주저하다가 때를 놓쳐 버리면, 그 군대는 결국 뿔뿔이 흩어져 달아나다가 전멸을 면치 못할 것이다.

밤은 전투를 종결시키는 계기가 된다. 특수한 조건이 존재하지 않는 이상, 야전(夜戰)을 한다고 해서 좋은 성과를 내기는 어렵기 때문이다. 또 밤에는 낮보다 퇴각하기 쉽다. 따라서 당장 물러날 필요성을 느끼거나 언젠가 퇴각해야 할 거라고 생각하는 지휘관은 야음을 틈타 퇴각한다.

일반적으로 퇴각을 촉구하는 가장 주요한 계기로서는 위에 적은 두 가지를 들 수가 있다. 하지만 그 밖에도 여러 가지 자상하고 특수한 이유들이 많다는 것은 두말할 필요가 없고 이들 계기들도 무시할 수가 없는 것이다. 회전 중에 양군의 균형이 급변하는 경향이 나타난다면, 국부전의 사소한 성과조차 이런 균형의 이변에 점점 더 큰 영향을 줄 것이다. 그러기 때문에 아군이 보병 1개 중대를 잃었다는 것이나, 적의 기병 몇 개 연대가 아군의 진지에 돌입한 것만으로도, 장수의 마음에 이미 무르익어가던 퇴각의 결의를 실행에 옮기게 하는 데 충분하다.

그런데 이러한 경우에 장수는, 그의 용기와 지혜 사이에 생기는 갈등을 이겨 내야 한다. 그래서 이 점에 대해서 약간 언급해 둘 필요가 있다.

한편으로 지금까지의 연전연승을 자랑하는 정복자로서의 긍지, 타고난 굳건한 기상에서 나오는 불굴의 의지, 고매한 감격으로 하는 필사의 반항은, 퇴각이 자기 명예를 훼손할지도 모른다는 두려움이 존재하는 이상, 싸움터에서 물러나려고 하지 않을 것이다. 그런데 다른 한편으로 지혜는 모두를 내걸고 그 마지막에 남은 하나마저 이 전투에 거는 행위를 어리석은 짓이라 생각하고, 질서 정연하게 퇴각하기 위해 필요한 힘만큼은 남겨 두는 게 상책이라고 충고하는 것이다. 전쟁에서의 용기와 굳센 의지는 높이 평가되어야 하지만, 또 전력을 다해서 승리를 추구하는 결의를 감히 하지 않는 장수에게는 승리를 기대할 수 없다고 하지만, 그러나 거기에는 저절로 한계가 있고, 그것을 넘어서 계속 버티는 것은 절망에 빠진 어리석음이라고 말할 수밖에 없다. 따라서 어떤 비평가도 그런 고집이 정당하다고 인정하지 않을 것이다. 고금을 통한 회전 중에서 가장 유명한 벨 알리앙스의 싸움에서, 나폴레옹은 회전의 불리를 유리로 전환시키기 위해 마지막 힘을 기울였으나, 이러한 반전은 이미 불가능하게 되어 그는 마지막 한 푼까지 써버리고, 거지처럼 싸움터에서 빠져나가 국외로 탈출한 것이다.

제10장
주력 전투(이어서 1)
승리의 효과

주력 전투의 승리를 고찰할 경우, 수많은 대회전에서의 이상한 성과에 경탄하는 일도 있고, 또 같은 대회전이면서도 별다른 성과를 올리지 못한 것을 알고 놀라는 일도 있다. 그레시 다음에는 큰 승리가 피아에 어떠한 효과를 가져오는가에 대해서 고찰해 보고자 한다.

이 경우 우리는 3가지 효과를 구별할 수가 있다. 그 첫째는, 전쟁을 수행하는 당사자인 장수와 군에 미치는 효과이다. 둘째는, 전쟁에 관계가 있는 여러 국가에 주는 효과이다. 셋째는, 이들 두 가지 효과가 전쟁 뒤의 경과에서 보여주는 본래의 성과이다.

전쟁터 그 자체에서 발생하는 사상자, 포로 및 화포(火砲)의 상실 등에 관해서는 승자와 패자 사이에 대개 큰 차이가 없다. 따라서 이러한 사소한 차이만을 고려에 넣는다면 이 사소한 차이에서 중대한 결과가 생기는 것 등은 전혀 이해할 수 없을 것이다. 그러나 대부분의 경우 이러한 결과가 생기는 것은 매우 자연스럽다.

이미 제7장에서 말한 바와 같이, 패자가 잃어버린 전투력의 양이 크면 클수록 그에 따라 승리의 양은 늘어날 뿐만 아니라 승리의 강도 또한 높아진다. 그런데 전투가 가져다주는 정신적 효과는 승자보다는 오히려 패자에게 더 크다. 그리고 이 효과는 물리적인 힘의 더 큰 손실을 초래하는 계기가 된다. 그러면 이 물리적 손실은 다시 정신적인 힘으로 되돌아와서 물심양면의 손실은 서로 조장하게 된다. 우리가 승리의 정신적 효과를 특히 중요시하는 것은 바로 이 때문이다. 그런데 이 같은 정신적 효과는 승자와 패자에게 정반대로 작용한다. 즉 패자 쪽에서는 물리적, 정신적 힘을 위축시키고, 승자 쪽에서는 이들의 힘과 그 활동을 진작시키는 것이다. 그러나 그 주된 효과는 무어라고 해도 패자 쪽에 있다. 패자에게는 이러한 정신적 효과는 새로운 물리적 손실의 직접적인 원인이 되기 때문이다. 게다가 패자에게 미치는 정신적 효과는 위험과 고난과 여러 곤란—다시 말하면 전쟁의 진전을 방해하는 모든 정황과 성질을 같이 한다. 그래서 자칫하면 이들 사정과 결탁해서, 그 도움을 얻어 더욱더 조장되는 것이다. 이에 반해서 승자 쪽에서 언뜻 보기에 불리하다고 여겨지는 모든 사물은, 용기를 더욱더 고양하기 위해 가해지는 일시적인 압력과 같다. 이러한 뜻에서 패자가, 처음에 피아에 존재했던 균형 상태의 수준선을 밑도는 것은 승자가 이를 상회하는 정도보다도 훨씬 심하다. 따라서 승리의 효과를 말할 때 주로 진 쪽의 군에서 나타나는 효과를 가리킨다. 또 이 효과는 소규모 전투에서보다도 대규모 전투에서 크고, 또 주력 전투에서는 이에 종속하는 전투보다도 크다. 주력 전투는 그 자신을 위해 존재한다. 다시 말하면 바로 주력 전투에서 획득되고 또 최대의 고난을 가지고 추구되는 승리를 위해 존재한다. 이 싸움터에서 이 시간에 적을 완전히 정복하는 일이 바로 주력 전투의 의도인 것이다. 그리고 모든 전쟁 계획은 모든 관계 사항과 함께 모두 이 의도에 귀결되며, 장래에 관한 희망이나 막연한 계획도 모두 이 의도에 집중된다. 운명은, 주력 전투에서의 승리를 우리에게 달라는 우리의 요구를 받아들인 것인가 거부할 것인가 하는 대담한 물음에 대답하기 위해, 우리 눈앞에 그 모습을 나타낸다. 이것이 장수를 위시하여 졸병에 이르기까지, 전군의 정신을 두루 지배하는 긴장감이다. 이때의 긴장감의 정도는 지위가 낮아질수록 감소하는데, 이에 따라 긴장감의 중요성도 줄어든다. 어느 시대에서나 주력 전투는 결코 아무런 준비나 고려도 없이 치르는 것이 아니라, 하나의 웅대한 행동이라고 하는 것은 주력 전투의 성질로 보아 분명하다. 이 탁월한 행동은 일상적인 제반 행동 가운데에서 나타나, 전투에 임하는 모든 사람들의 심적 긴장을 강화한다. 또 일상적이고도 평범한 행동이 장대한 행동으로 변하는 것도 반은 이 행동 그 자체의 본성에 입각하고, 나머지 반은 지휘관의 의도에 의한 것이다. 어쨌든 회전의 결과에 대한 이 긴장감이 강할수록 그 결과가 가져다주는 효과도 더욱더 강해지지 않을 수가 없다.

그런데 승리가 가져다주는 효과는, 근대 전쟁사에서 볼 수 있는 종래의 회전에서보다도 현대의 회전에서 더 두드러지게 나타난다. 앞서 말했듯이 현대의 회전은 군이 물리적·정신적 힘을 전부 쏟아붓지 않으면 끝나지 않는 투쟁이다. 따라서 회전의 승패를 결정하는 것은 이들 모든 힘들의 총체이지 개개의 병력 배치나 단순한 우연은 아닌 것이다.

단순한 실수라면 다음 기회에 이를 바로잡을 수가 있다. 또 요행이나 우연이라고 하면 그것은 언젠가 그 혜택을 기대할 수 있다. 하지만 정신적·물리적 힘의 총체는 갑자기 바꿀 수 있는 것이 아니다. 적이나 아군 중 어느 한쪽이 물리적·정신적으로 상대보다 우월하여 일단 이길 수 있다는 판결이 내려진다면, 이 사실은 현재보다도 오히려 미래에 대해서 큰 의의를 지닌다. 군 안팎에서 주력 전투에 관여한 사람들 중에서도 이런 차이를 깨달은 사람은 극히 적을지도 모른다. 하지만 주력 전투의 경과 자체가 그 회전에 참가한 모든 장병들의 마음 속에 이런 사실을 깊이 새기지 않고서는 못 배기는 것이다. 회전의 경과에 관해서 공표된 보고는 왜곡된 정황으로 분식되어 있다고는 하지만, 우리가 이것을 읽어보아도 승리의 원인이 개개의 사건 안에 있었던 것이 아니라, 전체 안에 존재한다는 사실을 많건 적건 알게 되는 것이다.

대회전에서의 패배를 아직 제대로 경험해 보지 못한 사람은, 이러한 패전을 눈앞에 떠올린다는 것은 쉬운 일이 아니다. 따라서 또 이러한 패전의 있는 그대로의 모습을 마음속에 그린다는 것은 아마도 곤란할 것이다. 작은 전투에서의 이러저러한 소규모 손실을 추상적으로 생각해 볼 수는 있어도, 패배한 대회전의 전모를 생각해 본다는 것은 불가능하다. 그래서 다음에는 이러한 패전의 구체적인 경과를 고찰해 보고자 한다.

불리한 회전에서 장수의 상상력(혹은 지력이라고 해도 좋다)을 차지하는 맨 처음 것은 병력의 감소이며, 다음에는 싸움터로 삼고 있는 땅의 상실이다. 땅의 상실은 많건 적건 간에 항상 생기는 일이고 공격자라 할지라도 싸움이 불리해지면 점령했던 땅을 다시 잃어야 한다. 그렇게 되면 전투를 개시한 당시의 대열은 무너지고 모든 부대가 혼란에 빠져들어 퇴각도 위험해진다. 패전에서의 퇴각 위험은 정도의 차이는 있지만 거의 예외 없이 나타나게 된다. 퇴각은 대개 야간에 개시되지만 적어도 밤새도록 속행되는 것이 통례이다. 이렇게 해서 최초의 퇴각이 시작되는 순간, 피로에 지치거나 사방으로 분산된 많은 장병을 싸움터에 남기지 않을 수가 없다. 그중에는 적진에 깊숙이 돌입한 기백 넘치는 사람도 있고, 적에게 가장 오랫동안 저항한 용사도 있다. 전쟁터에서는 패전의 감정에 휩싸이는 것은 고급 장교뿐이었으나, 막상 퇴각이 시작되면 이 감정은 이윽고 모든 장교와 졸병에 이르기까지 전반적으로 퍼진다. 더욱이 이러한 감정은 적의 수중에 남게 된 많은 장병들이야말로 이번 회전에서 가장 큰 무훈을 세운 훌륭한 전우들이라는 생각하기조차 싫은 생각으로 강화되고, 또 사령부에 대해 어쩔 수 없이 고조되는 불신감에 의해 더욱더 부채질 된다. 부하들은 각자의 고생이 무익했다는 것에 대한 책임을 많건 적건 사령부로 돌린다. 게다가 패전의 감정은 우리가 수시로 부정할 수 있는 단순한 생각이 아니다. 그것은 적이 우리 측보다도 우세하다는 명백한 진실이다. 이러한 진실은 그때까지 여러 원인들 속에 숨어 있었기 때문에 알아차리지 못했지만, 이제 회전의 마지막 단계에서 그 모습을 일목요연하게 나타내는 것이다. 혹은 또, 장수는 아마도 이 진실을 미리 알 수 있었음에도 당면한 사태를 보다 더 성실하게 바라보기를 게을리하여, 쓸데없이 우연을 기대하고 요행과 신의 섭리를 믿은 끝에 움직일 수 없는 진실에 무리한 모험으로 대항하지 않을 수가 없었을 것이다. 그런데 이러한 헛된 믿음은 모두가 쓸데없는 일임을 알게 되고, 그 무엇도 사정을 봐주지 않은 엄숙한 진실이 우리를 위압한다.

이 모든 인상(印象)은 확실한 이유도 없이 갑자기 전군을 덮쳐 오는 공황과 전혀 다르다. 이런 공황은 무덕이 뛰어난 군에서는 절대 일어날 수 없고, 또 그 정도가 아닌 군도 패전으로 인해 공황이 생기는 일은 거의 없다. 그러나 지금 말한 것과 같은 패전의 인상은 제아무리 정예로운 군이라도 반드시 발생한다. 오랫동안 전쟁과 승리에 익숙해지고 또 장수에 대해서 두터운 신뢰를 두고 있는 군은 이런 인상이 약간 완화될지는 몰라도, 그래도 패전을 깨달은 순간에는 전혀 생기지 않는다고 할 수가 없는 것이다. 또 이와 같은 인상은 적에게 전리품을 빼앗긴 직접적인 결과는 아니다. 전리품이 적의 수중으로 돌아가는 것은 일반적으로 약간 뒤의 일이고, 이 일은 그다지 신속하게 널리 알려지지는 않는다. 요컨대 패전의 인상은, 피아의 균형이 매우 서서히 시간에 지남에 따라 패배당하는 경우에도 반드시 생기는 것이다. 따라서 이러한 인상은 항상 승리의 필연적인 효과라고 보아도 좋다.

그리고 전리품의 양이 승리의 효과를 높여 준다는 점은 앞서 설명한 바와 같다.

이와 같은 상태에 빠진 군은 더 이상 전쟁 도구로 쓸 수 없을 정도로 약해진 것은 물론이다. 이러한 군에는 앞서 말했듯이 전쟁지도에 수반되는 일반적인 고난 외에 패전이라는 새로운 고난까지 가해지는 것이다. 이와 같은 군이 새로운 고난이 겹쳤다고 해서 패전을 만회할 수 있을 리가 없다. 회전 직전 피아 사이에는 실제의, 또는 상상된 균형이 있었다. 그런데 이 균형이 이미 완전히 깨진 것이다. 그러므로 균형을 회복하기 위해서는 외적인 원인이 필요하다.

패자의 권토중래(捲土重來)도 이러한 외적인 거점이 없는 한 쓸데없이 새로운 손실을 초래할 뿐이다.

그러므로 적의 주력 부대가 획득한 매우 조그마한 승리도, 우리 측에 새로운 외적인 사정이 나타나서 국면을 타개하지 않는 한, 더욱더 아군의 불리를 증대시키는 근거가 되는 것이다. 만약에 우리 쪽에 이런 유리한 외적 사정이 가까이에 없고, 더욱이 적은 명예심에 사로잡혀 보다 큰 목적을 단숨에 추구하려 한다면, 아군으로서는 세차게 흐르는 대하의 물결처럼 우세한 적의 범람을 막고, 여러 가지 작은 저항을 구사해서 적의 세력을 감소시키며, 적이 소기의 목표에 도달하기 직전에 적의 승리를 막아야 한다. 이를 위해서는 탁월한 장수뿐 아니라, 역전(歷戰)으로 단련된 확고부동한 전투적 정신을 갖춘 군을 필요로 하는 것이다.

그래서 다음에는 적의 승리가 패자 쪽에서 군 이외의 국민과 정부에 주는 효과를 검토해 보기로 한다. 이제까지 극도로 긴장된 기대는 갑자기 무너지고 만만했던 자신은 무참하게 분쇄되었다. 후방의 이와 같은 정신적 힘이 분쇄되어 생긴 진공 상태에 도도히 흘러드는 것은, 파괴적인 팽창력을 갖춘 공포이며 이 공포가 국가의 기능을 완전히 마비시키는 것이다. 그 모양은 마치 한쪽 경기자가 결승전에서 완패한 충격으로 실신하는 것과도 같다. 패전했을 때는 정도의 차이는 있지만 이와 같은 효과가 생기지 않을 수가 없는 것이다. 이럴 때야말로 각자가 급히 모여들어 이 불운을 만회하기 위해 노력해야 할 텐데, 아무도 자기의 노력이 헛되이 끝날까 봐 두려운 나머지, 이러한 위기를 당해서도 그저 하릴없이 시간을 보내거나 모든 것을 운명에 맡기고 상황을 지켜보기만 하는 것이다.

그런데 승리의 효과가 전쟁 그 자체의 경과에 주는 여러 가지 결과는, 부분적으로는 승리를 얻은 지휘관의 성격 및 재능에 있는 것이지만, 그 이상으로 이 승리를 낳게 한 사정과 또 이 승리에 의해서 생긴 사정에 의존하는 것이다. 확실히 장수의 용감성과 진취적 정신이 없으면 혁혁한 전과나 큰 성과를 얻을 수 없었을 것이다. 그러나 여러 정치적 사정이, 장수의 이와 같은 정신력의 발휘를 현저하게 방해한다고 한다면, 그의 정신력은 이런 종류의 사정 때문에 신속히 소모된다. 프리드리히 대왕이라면 콜린[1]의 전승을 다운과는 다른 방식으로 이용했을 것이다. 또 프랑스라면 로이텐의 회전[2]에서 프로이센과는 다른 결과를 가져다주었을 것이다.

큰 승리는 당연히 큰 결과를 기대하게 하는데 이 경우의 조건이 어떠한 것인가는, 이들 조건에 결부되는 몇 가지 사항을 논할 때에 살펴보기로 한다. 그러면 승리의 양과 승리의 결과 사이에 때로는 불균형이 생기는 이유를 분명히 할 수 있으리라 생각한다. 또 이 불균형은 자칫 승자의 수행력 부족으로 돌려지기가 쉽다. 그러나 여기에서는 본디 주력 전투 자체를 논하는 것이 주안점이므로, 위에서 말한 승리의 효과는 그 어떤 경우에도 생기지 않을 수 없다는 것—이 효과는 승리의 강도와 함께 증대한다는 것—회전이 주력 전투일 경우에는, 다시 말해서 회전에서 모든 전투력이 결집된다면, 또 이 전투에 모든 전투력이 포함되고 또 이 전력에 국가 전체가 포함되어 있다면, 이러한 효과는 더욱더 커진다는 것을 지적하는 것으로 그치고자 한다.

그렇다고는 하지만 이론은 승리의 이러한 효과를 어디까지나 필연적인 것으로 간주해도 좋을 것인가. 오히려 이론은 이와 같은 효과에 대항할 만한 수단을 찾아내어, 이 효과를 무효로 만들 계산을 해야 할 것이 아닌가? 이러한 의문에 대해서는 이를 긍정하는 것이 당연한 것처럼 여겨진다. 그러나 우리는 대개의 이론이 자칫 잘못 들어가기 쉬운 이와 같은 잘못된 길을 경계해야 한다. 한번 이 잘못된 길로 들어서면, 찬부 양론은 서로 상대를 비판할 뿐 결국 아무것도 얻는 것이 없게 되는 것이다.

어쨌든 승리의 이와 같은 효과는 어디까지나 필연적이다. 이 효과는 전적으

---

1) 다운은 콜린의 회전(1757. 6. 18)에서 프리드리히 대왕을 무찔렀다.
2) 로이텐의 회전(1757. 12. 5)에서 프리드리히 대왕은 오스트리아군을 무찔렀다.

로 자연의 도리에 입각한 것이기 때문이다. 비록 이들 효과를 무효화시키는 그 어떤 수단을 발견한다 해도 이런 종류의 효과는 존속한다. 예를 들어 동쪽에서 서쪽으로 발사된 포탄의 운동이, 이와는 반대 방향을 취하는 지구의 자전 때문에 본디 속도가 어느 정도 줄어든다 해도 여전히 진행을 계속하는 것과 마찬가지이다.

전쟁은 인간의 약점을 전제로 한다. 그리고 바로 이 약점을 공격하는 것이야말로 전쟁의 근본 취지이다.

주력 전투에서 패배한 뒤에 도대체 무엇을 해야 할 것인가를, 훗날 다른 기회를 기다렸다가 생각하는 것도 좋다. 또 극도로 절망적인 상태에서도 아직 남아 있을지 모르는 수단을 고려하는 것도 한 방법이다. 또 이러한 상태에 놓여도 여전히 모든 불리함을 회복할 가능성으로 믿는 것노 좋을 것이다. 그러나 이러한 방책을 모두 강구해 본들, 새삼스럽게 패전의 효과를 점차로 무효하게 하는 것은 되지 않을 것이다. 지금 패전의 불리를 회복하기 위해 사용하는 병력과 수단은, 바로 앞에서 적극적 목적을 달성하기 위해 사용할 수 있었던 것이기 때문이다. 또한 이것은 물리적인 힘이나 정신적인 힘에 대해서도 말할 수가 있다.

그런데 지금 여기에 하나의 문제가 있다. 그것은—주력 전투에서 패배함으로써 아마도 어떤 종류의 힘, 즉 이러한 패전을 경험하지 않았다면 결코 나타낼 수 없었던 힘이 패자 쪽에 환기되지는 않을까 하는 문제이다. 분명히 이와 같은 경우는 생각할 수 있고 또 이제까지 많은 국민에게서 실제로 나타나고 있는 것이다. 그러나 패전으로 말미암아 강화되는 반작용과 같은 것은, 이미 전쟁술의 영역에서는 다룰 수 없는 문제이다. 전쟁술은 이와 같은 반작용이 실제로 고려할 수 있는 경우에만 이것을 고려하면 된다.

그런데 승리의 결과가 패자 쪽에 환기시킨 힘의 반작용 때문에, 승자 쪽이 오히려 매우 불리해지는 경우가 있다면—말할 필요도 없이 이것은 매우 드문 예외에 속한다—이에 의해서 우리는 승리라고 하는 동일한 현상이 패전국과 그 국민의 성격에 따라서 여러 가지 결과를 낳게 한다는 것을 더욱더 확인하지 않을 수가 없다.

제11장
주력 전투(이어서 2)
회전의 사용

전쟁 지도가 개별적인 경우에 어떤 형태를 취하든, 또 우리가 그 뒤 전쟁 지도에서 무엇을 필연적인 것으로 봐야 하든지 간에, 전쟁의 특성으로서 다음 몇 가지를 확인하기 위해서는 전쟁 개념을 상기하는 것만으로도 좋다.

1. 적 전투력 격멸은 전쟁의 주요 원리이다. 적극적 행동을 취하는 쪽에서 보자면 목표에 이르기 위한 가장 주요한 수단이다.

2. 적 전투력 격멸은 오직 전투를 통해서만 달성된다.

3. 전반적인 대규모 전투만이 큰 성과를 가져다준다.

4. 작은 전투들이 모여 하나의 대회전(大會戰)을 이루었을 때 성과가 가장 커진다.

5. 장수는 주력 전투에서만 전투라는 큰 사업을 직접 통괄한다. 그러나 그 경우, 그가 이 사업을 부하에게 각기 분담시키는 것은 사리로 미루어 당연하다.

그런데 여기에 든 전쟁의 여러 특성에서 상호보완적인 두 부분을 포함하는 이중 법칙이 생긴다. 이 법칙의 제1 부분은, 적 전투력 격멸은 오직 대규모 회전과 그 성과에서 구해야 한다는 것이다. 또 제2 부분은, 대회전의 주요 목적은 적 전투력 격멸이어야 한다는 것이다. 두말할 필요도 없이 이러한 격멸 원리는 주력 전투 외에도 많건 적건 간에 존재하며, 따라서 또 작은 전투에서도 유리한 상황을 맞으면 막대한 적 전투력을 격멸할 수 있는 경우(막센[1])가 있다. 또

---

1) 프로이센의 장수 핑크는 1만 3500명의 병사를 이끌고 막센에서 오스트리아군과 조우전을 벌였으나(1759. 10. 20), 포위되어 이튿날 항복했다.

한편으로는 주력 전투에서도 한 초병 진지의 점령 또는 고수가 매우 중요한 목적으로서 중요시되는 일이 있다. 그러나 일반적으로 주력 전투는 적 전투력을 격멸하기 위해서만 이루어진다는 것, 또 적 전투력 격멸은 주력 전투에 의해서만 달성될 수 있다는 것은 여전히 진실이다.

그렇다고 한다면 주력 전투는 한 점에 집중된 전쟁, 다시 말하면 모든 전쟁 또는 모든 전역의 중점(重點)이라고 보아도 좋다. 마치 태양 광선이 오목거울의 초점에 집중되어 태양의 상(像)을 맺고 거기에서 작열(灼熱)이 생기듯이, 전쟁의 모든 힘과 정황은 주력 전투에 집중되어 압축된 최대의 효과를 발휘하는 것이다.

모든 전투력을 집결하여 하나의 전체로 만드는 것은 거의 모든 전쟁에서 볼 수 있는 현상이다. 그리고 전투력의 이러한 집결 자체가 모든 것을 동원하여 주력 전투를 감행하려고 하는 의도를 시사한다. 이 경우 공격자는 자진해서, 방어자는 적의 도전을 받아 주력 전투를 행하는 것이다. 그런데 이러한 주력 전투가 이루어지지 않는 경우도 있다. 그것은 전쟁의 원래 동기, 즉 적의라고 하는 동기에, 이것을 완화하고 억제하려는 다른 동기가 얽혀서 처음 동기의 발동을 약화하거나 변경시키거나 또는 전적으로 저지했기 때문이다. 이와 같이 피아가 동시에 군사적 행동을 정지하는 상태는, 이제까지 많은 전쟁의 바탕을 이루고 있었다. 그러나 이러한 상태에서까지도 주력 전투가 언제 이루어질지 모른다는 생각이 여전히 서로 행동의 기준을 이루어, 말하자면 서로의 궤도 구성을 규정하는 원거리 초점이었다. 전쟁이 진짜로 전쟁답게 되고 적의와 증오의 배출구가 되며, 또 피차의 정복 행위가 되면 모든 행동은 더욱더 유혈적 투쟁에 집중되어 주력 전투는 마침내 격렬해진다.

아군의 적극적인 목적이 크면, 이 목적은 적의 이해관계를 심각하게 침해하게 된다. 그리고 이런 목적이 군사행동의 목표일 경우에는 언제나 주력 전투가 가장 자연스러운 수단으로 여겨진다. 따라서 또 주력 전투야말로—나중에 자세히 설명하겠지만—가장 좋은 수단이다. 만약 대결전을 두려워하여 주력 전투를 회피한다면, 그 때문에 훗날 뼈아픈 대가를 치르는 것이 통례이다.

적극적 목적은 본디 공격자 측에 속한다. 그러므로 주력 전투는 공격자가 즐겨 사용하는 수단이다. 공격 및 방어의 개념은 여기서 자세하게 규정할 수는 없지만, 대개의 경우는 방어자라 할지라도 주력 전투를 그에게 부과된 여러 문제를 해결하는 유일하고 효과적인 수단이라고 보는 것이다. 실제로 방어자 쪽에서도 그가 놓여 있는 상태가 필요로 하는 것을, 조만간 주력 전투라고 하는 수단을 사용해서 충족하려고 하는 것이다.

주력 전투는 적과 아군 양측에게 부과된 여러 문제를 해결하기 위한 가장 피비린내 나는 방법이다. 분명히 주력 전투는 단순히 피아 상호 간의 살육(殺戮) 행위가 아니다. 또 그 효과는 쓸데없이 적의 장병을 죽이는 일이 아니라 오히려 적의 전의(戰意)를 꺾는 데 있다. 이 문제에 대해서는 다음 장에서 자세히 살펴보려고 한다. 하지만 피가 항상 주력 전투에 지불해야 할 대가이며, 또 도륙(屠戮)이야말로 주력 전투의 기본 성격이다. 주력 전투와 도륙이라는 단어의 어원이 같다는 점은 이 사실을 잘 나타내 준다.[2] 따라서 장수의 마음속에 깃든 인간성은 도륙이라는 뜻을 내포한 주력 전투를 두려워하는 것이다.

그러나 그보다 더 인간의 마음을 무섭게 만드는 것은 단 한 차례의 회전으로 승패가 결정된다는 생각이다. 이 경우 모든 행동은 공간 및 시간적으로 단 하나의 점에 압축된다. 그리고 이와 같은 순간에 우리의 마음속에는 아군의 물리적, 정신적 힘이 이런 좁은 공간에서는 충분히 전개되어 활동할 수 없을 것이 아닌가, 또 시간 그 자체는 우리에게 아무것도 주지 않을지라도 시간의 여유가 있는 것만으로도 큰 이득이 아닌가 하는 막연한 불안감이 오는 것이다. 물론 이와 같은 감정은 망상에 지나지 않을 것이다. 그러나 그것은 망상이면서도 우리 마음속에 분명히 존재하고 있는 것이다. 이러한 감정은 중대한 결정을 내려야 할 때 인간의 마음을 괴롭혀서 약하게 만든다. 하물며 주력 전투에 임하는 장수의 마음은, 마치 터무니없이 무거운 물체를 거꾸로 세워서 안정된 중심을 유지하여 넘어지지 못하게 하려는 필사적인 노력과 맞먹는다. 이와 같은 위태로운 순간에 인간으로서의 연약함이 장수의 마음을 움직이는 것은 지극히 당연하지 않겠는가.

그래서 시대를 불문하고 정부나 장수는 최대한 결전을 회피하고, 결전을 하지 않고 소정의 목적에 도달하기 위해 또는 목표 그 자체를 남몰래 폐기하려고

---

2) 독일어에서 회전은 'Schlacht', 주력 전투는 'Hauptschlacht'이다. 또 도륙은 'Schlachten'이지만 옛날에는 'Schlacht'와 같은 뜻이었다.

했던 것이다. 그렇게 되자 이를 추종하는 전사가나 전쟁 이론가들은, 결전 이외의 그 어떤 방법에 의한 전역이나 전쟁에 주목하여, 결전에 의한 승패의 결정을 대신하는 것으로 내세웠을 뿐만 아니라 오히려 이것은 결전보다 더 좋은 고도의 기술로 간주한 것이다. 이렇게 해서 오늘날에도 우리는 전쟁 경제의 입장에서, 자칫 주력 전투를 잘못된 생각에서 생겨난 어쩔 수 없는 해악, 즉 필요악이라고 하여 신중히 고려되어 정상적으로 이루어진 전쟁에서는 결코 나타나는 일이 없는 병적인 현상으로 보고 싶어 하는 것이다. 그래서 그들은 유혈이 따르지 않는 전쟁 기술을 알고 있는 장수야말로 영광을 받을 만하다고 하며, 또 전쟁 이론의 본 임무는 진짜 브라만교처럼 바로 이 사실을 가르치는 것이어야 한다고 주장하는 것이다.

다행히 당대의 역사는 이러한 망상을 분쇄했다. 그러나 이러한 망상은 훗날 어느 날엔가 부활하여 전쟁을 수행하는 지도자들을 잘못 생각하게 해서, 인간의 약점을 터놓고 긍정하고 또 사람의 마음에 물들기 쉬운 이러한 잘못된 이론으로 끌어들일지 모르는 것이다. 아마도 앞으로 얼마 동안의 시간이 흘러가면, 나폴레옹이 벌인 전역이나 회전을 조잡하고 바보 같은 일이라 하여, 너덜너덜한 장식 끈이 달린 곰팡내 나는 예장용(禮裝用) 패검(佩劍)을 소중히 여기는 시대가 다시 한번 오는 것은 아닐까? 그래서 만약에 이론이 이와 같은 풍조에 경고를 줄 수 있다면, 이러한 경고에 귀를 기울이는 사람들에게 적지 않은 도움을 줄 수 있을 것이다. 우리가 바라는 바는, 경애하는 우리 조국에서 군사에 관해 유력한 의견을 갖는 인사들에게 손을 내밀어, 전쟁 분야의 이들 지도자들에게 기여함과 동시에 또 이러한 인사들로 하여금 군사 문제를 성실하게 음미할 것을 요구하는 데 있다.

중대한 승패의 결정은 대규모 회전에서 찾아야 한다고 주장하는 우리의 견해는 전쟁 개념에 입각하고 있을 뿐만 아니라 경험 또한 이를 지지하는 것이다. 예부터 큰 성과는 큰 승리에 의해서 얻을 수 있었다. 이 사실은 공격자에게는 물론 절대적이었고, 또 방어자에게도 정도의 차이는 있지만 역시 절대적이었다.

만약에 나폴레옹이 이러한 경우에 유혈을 두려워했다면, 그가 아무리 뛰어난 지휘관이었다 해도 울름[3] 회전에서, 그만의 독특한 방식으로 승리를 체험할 수는 없었을 것이다. 그러나 울름 회전에서 나폴레옹이 얻은 훌륭한 성과도, 사실 그가 다른 여러 전투에서 거둔 눈부신 승리들에 비하면 차선에 지나지 않았다. 그런데 결전이라는 일대 모험을 통해 유종의 미를 거두려고 한 것은 용감한, 혹은 과감한, 혹은 호탕한 장수뿐만이 아니었다. 운이 좋은 장수도 모두 그 속에 포함되어 있는 것이다. 그러나 이러한 운이 좋은 장수에 대해서도 극히 일반적인 물음에 대해서라면, 이와 마찬가지 대답을 주어도 지장은 없을 것이라고 여겨진다.

우리는 피를 흘리지 않고 승리를 거두는 장수 이야기를 들어본 적이 없다. 회전이라고 하는 도륙은 처참한 장면이다. 그러나 그것은 전쟁의 진상을 보다 올바르게 인식시키기는 할망정, 전투자가 휘두르는 칼을 인도적인 입장에서 차차 무디게 하는 것은 되지 못한다. 만약에 피아가 결전을 회피하는 것을 능사로 한다면, 언젠가는 예리한 칼을 든 장수가 그들 사이에 나타나서 이 무능한 교전자들의 두 팔을 잘라버릴 것이다.

그런데 대규모 회전은 확실히 승패를 결정짓는 하나의 주요 수단이라고 해도 좋다. 그러나 그것은 전쟁 또는 전역을 궁극적으로 결정하는 유일한 수단은 아닌 것이다. 큰 회전이 모든 싸움을 일거에 결정하는 경우가 자주 생기는 것은 근대에 이르러서의 일이다. 하물며 전쟁 전체를 결정하는 경우는 매우 드문 예외에 속한다.

대회전에서 생기는 승패의 결정은 이 회전 그 자체만으로, 다시 말하면 이 회전을 위해서 집결된 전투력과 이 회전에서 승리의 강도만으로 정해지는 것이 아니라, 피아의 전투력 비교나 또 교전국과 이 전쟁에 관여하는 여러 국가와의 관계에도 대부분 의존한다. 하지만 두 군의 모든 전투력으로 구성된 대군이 대회전에 참가하는 것이므로, 이 회전이 중대한 승패를 결정하는 주된 요인임에는 틀림없다. 또 승리의 양은 그것이 소규모적이라면 예측할 수도 있겠지만 그것을 모두 예측하는 일은 불가능하다. 여하간 이러한 회전에서의 승리는 비록 유일한 결정이 아니라고 해도, 그러나 최초의 결정이며 앞으로의 결정에도 영

---

3) 울름(Ulm). 뷔르템베르크의 도시이자 요새. 나폴레옹이 지휘하는 프랑스군은 이곳 회전(1805. 10. 17)에서 오스트리아군을 크게 무찔러 2만 6000의 포로를 잡았다.

향을 미치는 것이다. 따라서 맨 처음에 계획된 주력 전투는, 여러 자기 사정에 따라 많건 적건 또 어느 정도는 항상 당면한 전쟁에서 우선 당장의 중심점 내지는 중점으로 여겨야 한다. 장수가 전쟁뿐 아니라 개개의 전투에 임할 때, 항상 원래의 전투적 정신을 견지하고 적의 완전한 타도를 자기 임무로 여겨 그 실현을 기하려는 감정과 뜻을 품는다면, 다시 말해서 이 중책을 깊이 자각한다면, 그가 제1차 회전에 전력을 경주하여 서전에서 모든 것을 쟁취하길 바라고, 또 이를 위해 노력하게 될 것이라는 것은 틀림없는 일이다. 나폴레옹은 적을 서전 (緒戰)에서 완전히 격파한다는 마음을 갖지 않고 출정한 일은 한 번도 없다고 해도 과언이 아니다. 또 프리드리히 대왕도 나폴레옹에 비하면 확실히 전쟁 규모가 작고, 따라서 또 위기도 그다지 중대하지 않았지만, 소수 병력으로 이루어진 군을 지휘해서 뒤로 육박하는 러시아군[4]이나 오스트리아군을 격파할 것을 마음먹었을 때에는 나폴레옹과 마찬가지로 생각했다.

주력 전투에서 승패의 결정은 부분적으로는 주력 전투 그 자체에, 다시 말하면 주력 전투에 집중된 전투력의 양과 성과의 양에 의존한다는 것은 앞서 말한 대로이다.

장수가 이 첫째의 점, 즉 전투력의 양을 증대함으로써 주력 전투의 중요성을 높일 수 있다는 것은 자명한 일로서 설명을 필요로 하지 않는다. 따라서 우리는 여기에서 다음 두 가지를 지적하고자 한다. 첫째는, 주력 전투의 규모가 커짐에 따라 주력 전투와 함께 승패가 결정되는 전투의 수(數) 또한 증대한다는 것이다. 둘째는, 따라서 자기의 힘을 믿고 기꺼이 주력 전투에 의해서 중대한 승패를 결정하려고 하는 장수는, 그 전투력의 대부분[5]을 주력 전투에서 사용하면서도 이 때문에 다른 지점에서의 전투를 등한시하지 않았다는 것이다.

주력 전투의 성과는, 더 정확하게 말하면 승리의 강도는, 주로 다음에 드는 4가지 사정에 의존된다.

1. 회전을 실시하는 전술적 형식

---

4) 7년 전쟁(1756~63)에서, 러시아는 1761년 5월에 프로이센과 동맹을 맺을 때까지 오스트리아 쪽에 섰다.
5) 여기에서 '대부분'이라고 하는 것은 전체 전투력의 2분의 1 내지는 4분의 3을 뜻한다.

2. 지형의 성질
3. 피아 두 군이 보유한 병기의 비율
4. 피아 두 군이 보유한 병력의 비율

적의 측면을 우회하지 않고 정면으로 적을 공격하는 회전과, 적의 측면을 우회하거나 적이 전투 정면을 다소간 전환시키기 않을 수 없도록 한 회전을 비교하면, 승리의 성과는 전자 쪽이 작다. 또 단절지나 산지에서의 승리의 성과는 평지에서보다도 작다. 이러한 지형에서 공격력은 일반적으로 저하하기 때문이다.

패자가 승자와 동수의, 혹은 승자보다도 우세한 기병을 가지고 있을 경우에는 승자에 의한 추격 효과는 상실되고 따라서 승리 성과의 상당한 부분을 잃게 된다.

적보다 우세한 병력이 적 측면을 우회하거나 적의 전투 정면을 전환하기 위해 사용된다면, 이로써 얻어진 승리는, 승자의 병력이 패자의 병력보다 약할 때 얻은 성과보다 틀림없이 더 크다는 것은 자명한 일이다. 로이텐의 회전[6]은, 이 원칙이 과연 실제로도 옳을까 하는 의심을 품게 했을지도 모르지만, 여기에서도 '예외 없는 규칙은 없다'라는 말을 인용하는 것을 양해해 주기 바란다. 그러나 이러한 변명은 결코 우리가 바라는 바는 아니라는 것을 덧붙여 두는 바이다.

장수는 회전에 결정적인 성격을 주는 수단을 이들 방법 중에서 찾는다. 그와 동시에 그가 만나게 될 위험도 당연히 늘어난다. 그러나 그의 모든 행동은 정신 세계를 지배하는 이 역학적 법칙에 따라야 하는 것이다.

실제로 전쟁에서 가장 중요한 것은 주력 전투이다. 전략의 최고 지혜는, 본전을 수행하기 위한 수단을 갖추고 회전이 벌어질 장소 및 시간, 그리고 회전에서의 병력 사용 방법을 교묘하게 안배하고, 또 회전으로 얻은 성과를 이용하는 방식에서 뚜렷하게 나타난다.

주력 전투에 관한 이 요인이 모두가 중요하다는 것은 두말할 나위가 없다. 하

---

6) 로이텐의 회전(1757. 12. 5)에서 프리드리히 대왕이 이끈 3만 3000의 프로이센군은 8만 2000의 오스트리아군과 교전해서 대승을 거두었다.

지만 그렇다고 해서 이 모든 것이 매우 복잡하거나 눈에 띄지 않는 것은 아니다. 오히려 모든 것은 매우 단순하고 또 조합하는 기술도 지극히 간단하다. 다만 필요한 것은 형상에 대한 날카로운 판단력, 왕성한 기력, 시종일관하는 굳은 정신, 발랄한 진취의 기상 등이다. 간단히 말하자면 영웅적 특성 바로 그것이다. 이에 대해서는 나중에 자주 언급하게 될 것이다. 여하간 이 경우에 가장 필요한 것은 책에서 배울 수 있는 것이 아니다. 따라서 만약에 이러한 것이 가르쳐진다고 한다면 그것은 글자와는 다른 방식으로 장수의 마음에 전달되어야 하는 것이다.

주력 전투를 결의한 장수의 자유로운, 그러면서도 흔들림 없는 마음은, 자신에 대한 신념과 주력 전투의 필연성에 대한 분명한 자각에서 비롯되어야 한다. 다시 말해 타고난 용기와, 폭넓은 생활 관계에 의해 연마된 날카로운 통찰력에서 생겨야 하는 것이다.

훌륭한 실례는 가장 좋은 교사이다. 그러나 이러한 실례가 보여주는 진실은, 이론적 편견이라고 하는 구름에 가로막혀서는 안 된다. 태양의 빛도 구름이나 안개 속에서는 굴절되어 다른 빛깔을 띠게 되기 때문이다. 이러한 편견은 때로는 병처럼 발생하여 확산되기도 한다. 그러므로 이 편견을 타파하는 것이야말로 이론이 꼭 해야 할 의무가 된다. 인간의 지성이 실수로 낳은 것은 지성으로만 없앨 수 있기 때문이다.

제12장
전승을 이용하기 위한 전략적 수단

　승리를 얻기 위해 만반의 준비를 강구하는 것은, 실제로 회전에서 승리하는 것보다 더 어려운 일로서 이것은 그야말로 전략의 숨은 공적이다. 그럼에도 전략은 이러한 공적에 관해서는 전혀 칭찬을 받지 못한다. 그러나 여하간에 전략은 획득한 전승을 이용할 때 비로소 그 영광스럽고도 빛나는 모습을 드러낸다.

　회전은 어떤 특수 목적을 지닐 수 있을까? 회전은 전쟁이라는 체계 안에서 어떤 위치를 차지할까, 승리를 얻기 위한 과정은 회전이라는 사태의 성질로 미루어 어느 정도까지 가능할까, 또 회전의 정점(頂點)은 어디인가. 우리는 이와 같은 문제를 뒤에서 모두 논하게 될 것이다. 그러나 일반적으로 생각할 수 있는 한의 사태에 대해서는 다음 두 가지가 여전히 진실이다. 첫째는, 적을 추격하지 않으면 그 어떤 승리도 큰 효과를 발휘하지 못한다는 것이다. 둘째는, 승리하기까지의 과정이 아무리 짧아도 승리의 성과는 몇 차례의 추격을 함으로써 비로소 생겨난다는 것이다. 앞으로 기회 있을 때마다 되풀이해서 이것을 말하는 번거로움을 생략하기 위해, 회전에서의 승리에 필연적으로 부수되는 추격을 일반적으로 고찰해 보고자 한다.

　패전한 적군을 추격하는 일은 적이 전투를 포기해서 진지로부터 퇴거하는 순간부터 시작된다. 그보다는 먼저 피아 두 군 사이에 일진일퇴하는 움직임이 생겨도 그것을 추격이라고는 할 수는 없다. 이런 종류의 움직임은 회전의 전개 그 자체에 속하기 때문이다. 위에서 말한 순간에 있어서의 아군의 승리는 비록 의심할 여지가 없는 것이라고 해도, 일반적으로 아직은 매우 미약하다. 따라서 이 전승이 그날 중에 이루어진 추격에 의해서 완전히 확보된 것이 아니라면, 그 뒤 군사적 행동에 유리함을 확보할 수가 없을 것이다. 이미 말한 대로 승리를 구체적으로 나타내는 것은 전리품이지만, 이 전리품은 대개 추격에 의해서 처음으로 획득되는 것이다. 그래서 우선 이러한 추격에 대해서 살펴보기로 한다.

　피아 두 군은, 대개 어느 쪽이나 체력이 떨어진 상태에서 회전에 참가한다. 회전 직전의 움직임은 모두 절박한 정황에서 이루어지는 것이기 때문이다. 또 장시간에 걸친 투쟁을 끝까지 싸우기 위한 고난은 전투원을 극도로 피로하게 만든다. 게다가 승자의 군에도 혼란이 생겨서 처음 대형이 무너진다는 것은 패자 쪽과 별로 다르지 않다. 그래서 다시 질서를 회복하고, 분산된 병사를 모으고, 부족해진 탄약을 새로 보충하는 일이 반드시 필요하다. 이러한 모든 정황은 승자마저도 위기 상황에 빠뜨린다고 하는 것은 앞서 말한 대로이다. 그런데 격파된 적 부대가 전군의 일부분에 지나지 않는다고 하면, 그리고 이 패전 부대가 다른 부대에게 흡수되거나 강력한 원군을 얻거나 할 가능성이 있다면, 승자라고 해도 일단 획득된 승리를 잃을 위험에 처하게 되는 것은 분명하다. 그래서 이 사태를 깨달은 승자는, 추격을 즉시 중지하든가 혹은 적어도 깊이 추격하는 것을 피하는 것이다. 그러나 패자 쪽 원군이 그다지 강하지 않고 따라서 이를 두려워할 필요가 없는 경우에도, 위에서 말한 정황에서는 승자가 행하는 추격의 박력이 현저하게 감소되는 것이다. 하기야 승자는 일단 획득한 승리를 빼앗길 염려는 없다고 하지만, 그 뒤의 전투가 불리하게 되지 않는다고는 말할 수 없고, 또 이런 불리한 전투가 그때까지 얻은 유리함을 감소시킬 수도 있다. 게다가 또 부하 장병들은, 여러 가지 욕구나 약점을 가진 감각적 인간이고 보면 이 방면으로부터도 장수의 의지에 강한 압력이 가해진다. 실제로 그의 지휘 아래 있는 수천, 수만의 장병은 모두 심신의 휴양과 원기 회복을 원하고 당장 위험과 노고를 없애주기를 바라고 있는 것이다. 현재의 순간을 넘어 앞일을 예견하고 예감하는 것은 극히 소수의 사람들뿐으로 이러한 사람들은 오히려 예외에 속한다. 이러한 사람들의 마음만이 자유롭게 작용하여 우선 필요한 승리가 획득되면 이번에는 그 이상의 성과를 생각하는 것이다. 그러나 이러한 성과는 그 당장은 다른 사람의 눈에 승리를 미화하는 데 지나지 않는 것, 또는 전리품에 말하자면 꽃을 첨가하는 것으로밖에 비치지 않는 것이다. 그런데 장수의 지휘 아래 있는 수천, 수만의 장병은 장수의 측근에 대해서 발언권을 행사한다. 그래서 감각적 인간으로서 품지 않을 수 없는 이해에 대한 생각은, 계급을 막론하고 모든 지휘관을 통해 장수에게까지 전달된다. 게다가 장수 자신도 정신적,

육체적 고난 때문에 지쳐 있다. 그래서 추격을 실시할 수 있는데도 이를 실제로 행하지 않는 것은 대개 이러한 인간적인 약점 때문이라고 해도 좋다. 만약에 이와 같은 경우에 감히 추격이 이루어진다고 하면, 그것은 오직 최고 장수의 명예욕과 기력, 그리고 강건한 기상 덕분에 펼쳐진다. 하지만 대부분의 장수들이 우세한 병력으로 얻은 승리의 성과를 추구하면서도 자칫 망설이는 것은 이와 같은 까닭에 의한 것이다. 또 승리 뒤에 행하는 최초의 추격은 대체적으로 회전 당일, 그것도 해가 넘어갈 때까지 하는 것이 좋다. 승자라 할지라도 장병의 피로를 풀어줘야 하는데 야간의 행동은 휴식 시간을 얻을 수가 없기 때문이다.

그런데 전쟁터에서 승리한 뒤 펼치는 최초의 추격에도 몇 가지 단계가 있다.

첫 번째는, 기병만으로 펼치는 추격이다. 이 추격은 퇴각 부대를 실제로 따라잡는 것보다는, 오히려 적을 위협하거나 감시하는 것이 주된 목적이다. 일반적으로 극히 작은 단절지(斷絶地)라도, 기병의 추격 행동을 저지하기에 충분하기 때문이다. 요컨대 기병은, 회전에서 전투력을 잃어버린 퇴각 부대의 소부대를 습격할 수 있을 뿐, 퇴각하는 부대 전체에 대해서는 결국 보조 병종의 역할밖에 할 수 없는 것이다. 이럴 경우, 적군은 새로운 예비 병력을 사용해서 퇴각을 엄호하고, 또 근처에 아주 작은 단절지가 있으면 여러 병종을 편성하여 기병의 추격을 저지할 수 있다. 물론 대패해서 뿔뿔이 흩어져 달아나는 적을 추격한다면 상황은 달라질 수 있다.

두 번째는, 모든 병과(兵科)로 이루어진 강력한 전위대가 펼치는 추격이다. 그러나 이 부대도 추격대인 이상 아무래도 기병이 대부분을 차지한다. 이런 추격에서는 적을 가장 가까운 후위 진지[1]까지, 혹은 가장 가까운 본대 진지까지 몰아갈 수 있다. 이 두 가지의 어느 경우에서나 적은 진형을 가다듬을 기회를 찾을 수 없는 것이 보통이므로 승자의 추격은 계속된다. 하지만 이 같은 추격은 보통 1시간, 혹은 길어 봤자 2~3시간 이상 계속되는 일은 없다. 추격을 펼치는 전위대는 시간이 길어질수록, 본대에서 너무 멀리 떨어져 나와서 지원받기 힘들지 모른다는 불안감을 품기 때문이다.

세 번째는, 가장 강력한 추격이다. 즉 승자가 전군을 동원해서 패자의 뒤를

---

1) 본대의 퇴각을 엄호하고, 적의 전진을 저지하기 위해 후위가 차지하는 진지를 말한다.

쫓아 힘닿는 한 계속 전진하는 경우이다. 이 경우, 패자는 승자측의 공격 또는 우회할 준비를 알아차리기만 해도 모처럼 유리한 지형으로 설치된 대진지의 대부분을 포기하게 된다.

하물며 후위는 완강한 저항을 시도하지도 못한다.

이 세 가지의 어느 경우에서나 해가 지기 전에 추격이 완료되지 못할 경우에는 여기에서 행동이 중지된다. 추격이 철야로 이루어지는 일은 매우 드물다. 또 이러한 경우가 있다고 한다면 그것은 특히 가장 강렬한 추격으로 간주해야 한다.

야간 전투의 경우 모든 일은 어느 정도 우연에 맡겨져 있다. 또 회전이 끝나는 순간에는 피아에서 부대 간의 연락이 끊기고 당초의 대형은 흩어진다. 이와 같은 사정을 생각한다면 두 군의 상수가 야간에 행동하기를 거리끼는 이유도 알 만하다. 패전한 군이 완전히 궤란(潰亂) 상태에 빠지거나, 승리한 군이 매우 훌륭한 무덕을 갖추고 있지 않다면, 야전에서는 모든 일이 운명에 맡겨지게 될 것이다. 이와 같은 일은 아무리 대담한 장수라 할지라도 바라는 바가 아닐 것이다. 따라서 밤이 되면 대부분 추격은 멈추기 마련이며, 비록 회전의 승패가 일몰 전에 결정된 경우에도 승자는 추격을 단념하는 것이다. 그래서 밤이 됨과 동시에 패자 쪽에서는 곧 군의 휴양과 집결이 이루어지고, 또 밤을 기하여 퇴각을 속행할 경우에는 승자의 추격을 받지 않는 것을 기회로 그 사이에 멀리까지 퇴각할 수가 있다. 이 시기가 지나면 패자의 상태는 눈에 띄게 개선된다. 분산되거나 혼란에 빠진 부대는 다시 옛 모습을 되찾고 부족한 탄약은 보충하며, 군 전체가 재기하여 대오를 갖추게 되는 것이다. 이처럼 다시 일어난 패자가 승자에게 새로운 저항을 시도한다면, 그것은 이미 새로운 전투이지 앞서 있었던 전투의 연장이 아니다. 그리고 새로 개시된 전투가 패자에게 절대적으로 유리한 결과가 생기리라고는 도저히 기대할 수 없다고는 하지만, 여하간 이것은 새로운 투쟁이며 도망간 패잔병을 승자가 소탕하는 것과는 사정이 다르다.

그러므로 승리한 측에서 밤새도록 추격을 계속할 때에는, 여러 병종(兵種)으로 구성된 강력한 전위대만 가지고 하는 추격이라도 승리의 효과를 현저하게 강화한다. 로이텐이나 벨 알리앙스의 회전은 그 좋은 예이다.

이런 추격은 근본적으로 모두 전술적 활동에 속한다. 그럼에도 여기에서 추격을 문제 삼는 것은, 추격에 의해서 승리의 효과에 차별이 생기는 까닭을 분명히 하고 싶기 때문이다.

전쟁터에서 승리한 승자가 맨 처음 실시하는 이러한 추격은, 적이 패군을 수용할 수 있는 가장 가까운 지점까지 펼쳐진다. 이런 추격은 승자의 권리이다. 하지만 이 추격은 승자측의 다음 계획이나 사정과는 거의 상관이 없다고 말해도 좋다. 그런데 이러한 계획 및 사정 중에는, 주력을 가지고 획득한 승리의 적극적인 성과를 현저하게 떨어뜨리는 요소가 존재할지도 모른다. 그러나 그렇다고 해도 승리에서 얻은 이러한 성과의 최초 이용을 전혀 불가능하게 하는 것은 아니다. 혹은 이러한 경우를 적어도 생각할 수 있다고 말할지도 모르지만, 그것은 매우 드문 예외에 속하는 것으로 추격의 이론에 현저한 영향을 미칠 정도의 것은 아니다. 여하간 근대의 전쟁이 보여주는 전쟁 사례는, 추격의 강도 높은 수행력에 완전히 새로운 분야를 개척했다고 하지 않을 수 없다. 종전의 전쟁은 좁은 바탕 위에 성립되어 있었고 또 답답한 한계에 갇혀 있었기 때문에, 다른 점에서도 그러했지만 특히 이점에 불필요한 인습적 제한이 가해지고 있었다. 당시의 장수들은 전쟁터에서의 승리와 승리의 명예라고 하는 두 가지를 가장 중요한 일로 보고 있었기 때문에, 적 전투력의 격멸이라고 하는 원래의 수단을 거의 고려에 넣지 않았다. 따라서 그들에게는 적 전투력의 격멸은 전쟁을 수행하기 위한 많은 수단 중의 하나에 지나지 않았다. 따라서 주요한 수단도 아니고 하물며 유일한 수단도 아니었다. 적이 회전에 패배하면 승리를 거둔 장수는 바로 칼을 칼집에 넣었던 것이다. 이미 승패가 결정되고 나서는 투쟁을 정지하는 것은 당연하며, 그 뒤의 유혈은 모두 쓸데없는 잔학 행위였다. 이러한 잘못된 철학이 장수에게 미친 영향의 전부는 아니었지만, 장병의 피로를 들어 승리를 거둔 뒤에도 투쟁을 계속한다는 것은 물리적으로 불가능하다는 생각을 손쉽게 받아들여, 이것을 중요시하는 생각은 바로 이러한 철학이 준 것들이다. 장수가 믿는 것은 그의 지휘 아래 있는 군뿐이다. 그러나 승리를 얻은 뒤에도 군으로서 할 일은 산적해 있고 더구나 이를 수행하기 위해서는, 그렇지 않아도 병력이 충분하지 않은 시기가 이윽고 도래한다는 것을 예측하지 않을 수 없다고 한다면, 장수가 승리를 획득하는 도구로서의 군을 소중히 여기는 것은 당연한 일이다. 실제로도 이러한 시점은 공세가 진행됨에 따라 반드시 도래하게 되는 것이다. 하지만 추격에 의해 아군이 입게 될 새로운 손해를 이 추격으로 생기는 적측의 손해와 견주어 본다면, 아군의 손실이 비교가 되지 않을 정도로 적다는 것은 명백하므로, 위의 생각은 잘못이라고 하지 않을 수 없다.

따라서 이러한 생각은, 적 전투력의 격멸을 중요한 일로 보지 않았기 때문에 생긴 편견인 것이다. 종래의 전쟁에 대해서 보면, 회전에서 얻은 완벽한 승리에 강한 추격을 덧붙인 사람은 카를 12세, 말보로, 오이겐, 프리드리히 대왕 등과 같은 진정한 영웅뿐이었으며, 나머지 평범한 장수들은 전쟁터에서 얻은 승리에만 취해 있었다는 것을 알 수 있다. 그런데 근대의 전쟁 지도를 낳게 한 여러 사정은 매우 대규모이며, 따라서 전쟁 지도는 이전에 못지않게 수행력을 갖추게 되었다. 그래서 이러한 수행력이 종래의 인습적 제한을 타파하기에 이른 것이다. 이리하여 추격은, 승자가 해야 할 중요한 일이 되었고, 이에 의해 전리품은 현저하게 증대했다. 비록 근대의 회전에서 승리 뒤에 추격이 이루어지지 않았던 사례가 있다고 해도, 그것은 아주 예외의 일로 무엇인가 특수한 사정이 있었기 때문이라고 생각해도 좋다.

그로스괴르셴[2]이나 바우첸[3]의 회전에서 동맹군이 완전한 패전을 면할 수 있었던 것은, 그들의 기병이 우세했기 때문이었다. 또, 그로스베렌[4] 및 데네비츠[5]의 회전에서 프랑스군을 완패의 늪에서 구해 준 것은, 다름 아닌 프로이센에 대한 스웨덴 황태자[6]의 악의(惡意)였다.

---

2) 그로스괴르셴(Grossgörschen). 프로이센의 메르제부르크의 마을. 이곳 회전(1813. 5. 2)에서 나폴레옹은 프로이센과 러시아 동맹군을 무찔렀다. 또 이 마을은 뤼첸(Lützen) 근처에 있기 때문에 이 회전을 뤼첸의 회전이라고도 한다.

3) 바우첸(Bautzen). 작센의 상부(上部) 라우제츠 지방의 도시. 이곳의 회전(1813. 5. 20~21)에서 나폴레옹은 마찬가지로 프로이센과 러시아 동맹군을 무찔렀다.

4) 그로스베렌(Grossbeeren). 베를린 남쪽 마을. 이곳 회전(1913. 8. 23)에서 프로이센군은 프랑스군을 무찔렀다.

5) 데네비츠(Dennewitz). 프로이센의 마르크 브란덴부르크의 마을. 이곳 회전(1813. 9. 6)에서 프로이센군은 프랑스군을 무찔렀다.

6) 스웨덴 황태자. 본명은 베르나도트(Bernadotte, Jean Baptiste Jules, 1763~1844). 프랑스인. 처음에 나폴레옹을 섬겨 원수가 되었다(1804). 뒤에 스웨덴 황태자(1810), 스웨덴 왕(1818)이 되어 카를 14세(Karl XIV. Johann)라고 불렸다. 스웨덴의 이해관계 때문에 나중에 프로이센 편을 들었으나 나폴레옹과의 관계를 고려해서 그로스베렌의 회전에서는 프로이센에 비협력적인 태도를 취했고, 또 데네비츠 회전에서는 프랑스군이 격파되었음에도 추격하지 않았다. 그는 더 나아

제12장 전승을 이용하기 위한 전략적 수단　345

또 라온의 회전[7]에서 프랑스군이 적의 추격을 면할 수 있었던 것은, 늙은 블뤼허가 병을 앓고 있었기 때문이다.

그런데 보로디노에서 벌어진 회전도 위와 비슷한 전쟁 사례이다. 그러나 보로디노의 회전에 대해서는 좀 더 자세히 설명할 필요가 있다. 그 이유는 크게 2가지인데, 첫째, 이 회전에 관해 나폴레옹을 헛되이 비난한다고 해서 문제가 해결되지는 않기 때문이며, 둘째, 나폴레옹이 처한 상황이나 이와 비슷한 상황들은 회전 자체뿐만 아니라 전반적인 사정에 대한 고려가 이미 회전이 시작될 때부터 장수의 마음을 사로잡아 그를 구속하고 있었다는 매우 드문 사례에 속하는 것으로 여겨지기 때문이다. 특히 그중에서 프랑스의 군사 평론가이자 나폴레옹 숭배자들(보당쿠르[8], 샹브레[9], 세귀르[10])은, 보로디노 회전에서 나폴레옹은 적을 전쟁터에서 완전히 소탕해야 했는데도 그러지 않았으며, 적을 분쇄하기 위해 그의 병력을 모두 사용했어야 했는데도 그러지 않았다는 것을 지적하여 나폴레옹을 철저하게 비난하고 있다. 즉, 나폴레옹이 승리의 성과를 이용했더라면, 보로디노에서의 러시아군이 경험했던 단순한 패전은 완전한 패배가 되었으리라는 것이다. 보로디노 전투에서 두 군의 상태가 어땠는지를 여기서 자세하게 말할 수는 없다. 다만 나폴레옹이 니에멘강을 건넜을 때에는 30만의 병력을 가진 수 개 군단을 거느리고 있었는데도, 나중에 보로디노 전투에 참가한 군단으로서는 겨우 12만밖에 남아 있지 않았다는 것만은 분명하다. 그렇다면 나폴레옹이 모스크바를 향해 행군하기에는 병력이 부족하다고 염려한 것은 지극히 당연하다. 실제로 그에게는 모스크바야말로 가장 중요한 지점이었다. 보로디노에서 나폴레옹이 얻은 승리는, 이 정도라면 수도 모스크바를 손에 넣을 수 있겠다는 확신을 그에게 주기에 충분했다. 러시아군이 1주일 안에 제2차 회전

가 프로이센의 장성 보르스텔(Borstell, Karl Heinrich Ludwig von, 1773~1844)을 전쟁터에서 멀리 하려고 했다.

7) 라온의 회전(1814. 3. 9~10)에서 프랑스군은 대패했으나, 블뤼허가 병상에 있었기 때문에 프로이센군은 패잔군을 추격할 수 없었다.

8) 보당쿠르(Vaudancourt, Frederic Francois, 1772~1845). 프랑스의 장수. 군사 평론가.

9) 샹브레(Chambray, Georges de, 1783~1848). 프랑스의 장수이며 군사 평론가.

10) 세귀르(Segur, Phlippe Paul de, 1780~1873). 프랑스의 장수. 전사가. 나폴레옹의 러시아 원정에 대한 저서가 있다.

을 벌일 가능성이 거의 없었기 때문이다. 그런데 그는 모스크바에서 강화조약 체결을 기대하고 있었다. 만약에 보로디노에서 러시아군을 완전히 무너뜨렸다면, 나폴레옹에게 강화는 한층 확실했을 것[11]이다. 그러나 이 경우에 가장 중요한 조건은 무엇보다도 모스크바에 도착하는 일이었다. 다시 말하면 이 수도에 대해서, 또 수도의 탈취에 의해서 러시아 제국과 그 정부에 대해서, 지배자로서 임할 수 있는 충분한 병력을 이끌고 모스크바에 도착하는 일이었다. 그런데 막상 모스크바에 도착할 무렵, 나폴레옹의 병력은 이미 목적을 달성하기에는 충분치 않았다. 이후의 결과는 모두가 아는 대로이다. 만약 나폴레옹이 보로디노에서 러시아군을 완전히 무찌름과 동시에 그 자신의 군대도 심하게 손상을 입었더라면 그런 생각은 하지 못했을 것이다. 나폴레옹은 이것을 충분히 느끼고 있었다. 그렇다고 한다면 이 경우 나폴레옹의 행동은 우리가 보기에는 나무랄 데가 없는 것처럼 보인다. 요컨대 보로디노의 전쟁 사례는, 장수가 전반적인 사정의 방해를 받아, 승리를 획득한 뒤 최초의 추격을 할 수 없었던 예로 들어가야 할 것이다. 실제로 보로디노에서는 회전에서 승리를 얻었다고 해서 간단히 추격전을 펼칠 만한 상황이 아니었다. 이 회전에서의 승패는 오후 4시에 판가름 났다. 그러나 러시아군은 여전히 전쟁터의 대부분을 보유한 채 전혀 후퇴하려 하지 않았다. 오히려 사정에 따라서는 공격을 재개하여 더욱 끈질기게 저항했을지도 모른다. 물론 그래 봤자 러시아군의 참패로 끝났겠지만, 그러나 나폴레옹 측에서도 다수의 사상자가 발생할 것이다. 따라서 보로디노 전투는 바우첸 회전과 마찬가지로 끝까지 싸우지 않았던 대회전의 예에 넣어도 좋을 것이다. 바우첸에서는 패자가 완패를 당하기 전에 전쟁터 밖으로 사라졌다. 또 보로디노에서는 승자가 반쪽짜리 승리에 만족하는 길을 택했다. 그것은 승자가 결정적인 승리를 의심하고 있었기 때문이 아니라, 완전한 승리를 얻기 위해 필요한 병력을 보유하고 있지 못했기 때문이다.

　본론으로 돌아가자. 회전이 끝난 뒤, 승자가 펼치는 최초의 추격에 관한 우리

---

11) 니에멘강(Njemen)은 독일에서는 메멜강(Memel)이라고 불린다. 동 유럽의 큰 강. 백러시아에서 발원하여, 폴란드와 리투아니아를 뚫고 흘러 발트해의 쿠로니아만(쿠로니아 석호)으로 흘러든다. 나폴레옹은 주력을 이끌고 1812년 6월 6일에 전진을 개시하여 같은 달 24일과 이튿날에 걸쳐 니에멘강을 건넜다. 보로디노의 회전은 9월 7일에 있었다.

의 고찰에서 다음과 같은 결론이 생긴다. 첫째, 주로 승리의 가치를 결정짓는 것은 최초의 추격을 실시하는 수행력의 강약이다. 둘째, 이 추격은 승리를 완성하는 제2단계의 행동이며, 대개의 경우 제1단계 행동, 즉 회전에서의 승리 그 자체보다도 중요하다고까지 말할 수 있다. 셋째, 전략은 전술에 접근하여 전술로부터 회전의 승리라고 하는 완성된 사건을 넘겨받는다. 요컨대 전략은 승리의 이러한 완성을 전술에 요구함으로써 전략의 권위를 나타내는 가장 중요한 행동으로 간주하는 것이다.

하지만 이 같은 최초의 추격에서도 승리가 충분한 효과를 발휘하는 것은 매우 드문 경우에 속한다. 오히려 최초의 추격은 승리에의 길을 닦았을 뿐이며, 회전의 승리는 말하자면 이에 박차를 가한 데 지나지 않는다. 이렇게 해서 시작된 본래의 추격은, 이미 말한 대로 여러 가지 사정에 의해 제약되지만 여기에서는 아직 이들 사정에 대해서 말할 수는 없다. 하지만 추격의 일반적 성격을 여기에서 들추는 일은 괜찮으리라 생각한다. 그렇게 되면 앞으로 같은 설명을 반복하지 않아도 되기 때문이다.

그런데 추격에 대해서도 3단계를 구별할 수가 있다. 첫째는 단순히 적을 따라가는 일이고, 둘째는 본래의 밀어내기, 셋째는 적의 퇴로를 차단하기 위한 평행 행군[12]이다.

우리 측이 단순히 쫓아가면, 적은 전투를 재개할 수 있을 만한 지점까지 계속 퇴각하게 된다. 따라서 쫓아가기는, 회전에서 얻은 아군의 우세한 효과를 마음껏 이용할 수 있다. 게다가 패자는, 퇴각할 때 운반할 수 없는 모든 것, 즉 부상병, 낙오자, 각종 짐과 차량도 우리 수중에 남길 것이다. 그러나 단순한 쫓아가기만으로는 적의 궤란 상태를 촉진할 수가 없다. 이를 촉진하자면 다음에 말하는 두 가지 단계가 필요하다.

일단 진출한 적을 옛 진영으로 다시 몰아넣은 뒤, 우리가 그 지역을 차지하는 것에 만족하지 않고 그 이상의 것을 적에게 요구하고, 이를 위해 적절하게 편성된 우리 측 전위대[13]를 앞세워서, 적이 후위 진지를 설치하려 할 때마다 적의 후위대를 공격하도록 아군의 체제를 정비한다. 이렇게 되면 이것은 적의 퇴각

12) 여기에서는 적의 퇴각 목표를 향해서 행하는 평행 추격을 말한다.
13) 전위는 그때그때의 목적과 사정에 따라 병력을 가감하고, 또 여러 변종을 적절하게 편성한다.

운동을 더욱더 당황하게 만들어, 적군의 혼란을 촉진하는 데 효과가 있을 것이다. 이렇게 해서 적의 퇴각은 끊임없는 도망이라는 성격을 띠게 된다. 패주하는 장병에게 불쾌하기 짝이 없는 인상은, 고생스러운 퇴각이 일단락되어 이제부터 휴식에 들어가려고 할 찰나에 또다시 적의 포성이 가까이에서 들리는 순간보다 더한 것은 없을 것이다. 잠시라고는 하지만 이러한 인상이 하루에 여러 번 되풀이된다면, 패퇴하는 전군이 공황 상태에 빠지는 경우가 있다. 실제로 이렇게 되면 매사에 적의 뜻에 무조건 따르지 않을 수 없다는 것, 또 그 어떤 저항도 불가능하다는 것을 시종 인정하고 있는 것과 같다. 이러한 밀어내기는, 적으로 하여금 야간 행군을 하지 않을 수 없게 하는 경우에 최대의 효력을 발휘한다. 패자가 군 자체를 위해서건 또는 후위를 위해서건, 야영지를 골라놓았다고 하자. 그러나 밀어내기를 하는 승자가 패지를 이 야영지로부터 다시 쫓아내면 패자는 할 수 없이 야간 행군을 실시하든가, 혹은 적어도 밤 동안에 진지를 바꾸거나 더욱 후방으로 이전하지 않을 수가 없다. 이 두 가지 처치는 패자에게는 대체로 같은 일이 된다. 그러나 승자 쪽은 베개를 높이 하고 밤을 지낼 수가 있는 것이다.

추격할 때 행군 서열(序列)을 어떻게 편성하고 또 어떤 식으로 행군 배치를 고르는가 하는 것은 여러 가지 요건에 의해 결정된다. 식량의 보급, 도시의 크기나 지형이 얼마나 끊어져 있는지 등이 결정의 요인이 된다. 따라서 추격자는 퇴각자의 행동을 마음대로 지배해서 그에게 야간 행군을 강요하지만, 추격자 자신은 편안하게 밤을 지낼 수 있는 방법을 기하학적 분석에 의해 이를 증명해 보이려고 한다는 것은 매우 우스운 일이 될 것이다. 그럼에도 추격 행군이 자주 이러한 경향을 띠고, 그 때문에 추격의 효력이 현저하게 강화된다는 것은 여전히 진실이며, 또 이 방법은 실제로도 사용할 수가 있다.

그러나 이러한 방법의 실시가 그다지 고려되지 않는 것은, 추격 행동에 하루의 시간을 규칙 있게 할당하고 거기에 휴양이나 주둔을 도입하는 방식보다도 곤란하기 때문이다. 아침에는 형편이 좋을 때 출발하고 정오에는 야영지에 도착하며, 남은 시간으로 필수품을 조달하고 야간을 휴양으로 할당하는 방식은, 군의 운동을 적의 운동과 정확하게 맞추고, 아군의 운동을 출발 직전에 결정하며, 조석(朝夕)의 구별 없이 필요에 따라 출발하고, 하루 중 몇 시간은 적과 정면으로 대치해서 포격을 교환하거나 자잘한 싸움을 하면서 우회를 획책하는 방법—바꾸어 말하면 이들 행동에 필요한 전술적 방책을 강구하는 방법보다도 훨씬 더 손쉽다. 적과 이와 같이 주고받는 일이, 추격군에게 큰 부담이 되는 것은 물론이다. 그리고 이런 종류의 부담이 과다한 전쟁에서는, 우선 필요하지 않다고 여겨지는 부담을 벗어나고 싶어 하는 것은 사람의 인정이라 할 수 있다. 위와 같은 고찰은 어디까지나 진실이며, 군 전체에도, 또 일반적인 경우라면 강력한 전위에도 해당된다. 실제로 제2의 추격 방식, 즉 패자를 끊임없이 밀어내는 방법이 별로 이루어지지 않는 것은, 지금 말한 이유에 의한 것이다. 나폴레옹이 1812년의 러시아 전역에서 이 방법을 거의 사용하지 않은 까닭은, 이 방법에 뒤따르는 엄청난 고난 및 고통이, 소기의 목적을 달성하기도 전에 그의 군대를 파멸시킬 수도 있었기 때문이다. 하지만 프랑스군은 그 밖의 전역에서는 이점에서 정력적인 추격으로 두각을 나타냈다.

추격의 세 번째 단계는 가장 효과적인 추격, 즉 적의 가장 가까운 퇴각 목표를 향해 평행 행군하는 것이다.

퇴각하는 군은 거리를 불문하고 후방의 어느 지점을 상정하여 그곳에 도달하는 것을 가장 시급한 일로 여긴다. 그런데 이때 도로가 좁아서 퇴각하기 힘든 길목도 있을 수 있고, 지금 향하는 곳에 대도시나 식량 창고 등이 있으므로 반드시 적보다 빨리 그곳에 도착해야 하는 경우도 있다. 또 그 지점에 견고한 설보(設堡) 진지[14]가 있거나 다른 군단이 대기하고 있어서 퇴각 부대가 도착하는 즉시 새로운 저항력을 얻는 경우도 있다.

따라서 위와 같은 상황에서 승자가 이러한 지점으로 향한다면, 패자는 퇴각을 재촉받아 궤주(潰走) 상태에 빠지리라는 것은 명백한 사실이다. 이에 대항하기 위해 패자가 취할 수단은 세 가지밖에 없다. 첫째는, 만일의 성공을 기대해서 적군 자체를 불시에 공격하는 일이다. 그러나 이러한 기대는 패세(敗勢)로 미루어 대부분은 일반적으로는 실현할 수 없다. 이러한 반격에 성공하기 위해서는 용맹 과감한 장수와, 비록 회전에서는 졌지만 아직 패기만큼은 잃지 않은 탁월한 군대가 있어야 한다. 그러므로 패자가 이 수단을 사용하는 일은 극히

---

14) 보루를 설치하여, 각 방면에 대해서 정면(正面)을 구성하는 방어 구축물을 설보 진지라 하고, 여기에 다시 천연 장애물을 조합한 것을 견고한 설보 진지라고 한다.

드물다.

두 번째 수단은, 패자가 좀 더 서둘러 퇴각하는 방법이다. 하지만 이것이야말로 승자가 기대했던 것이다. 서둘러 퇴각하다 보면 당연히 심한 고생을 겪게 되고 낙오자들이 수없이 생기며, 화포나 각종 차량이 파괴되는 등 패자 측에 막대한 손실이 일어나기 때문이다.

세 번째 수단은, 우회하는 방법이다. 가장 가까운 지점으로 향했다가는 퇴로를 차단당할 위험성이 높다. 그러므로 그곳을 우회해서 적으로부터 가능한 한 멀리 떨어져 퇴각하는 것이다. 이렇게 함으로써 패자는 적과의 접촉을 회피할 수 있다. 그러나 이 수단은 가장 졸렬한 방법이다. 이는 지불 능력이 없는 채무자가 빚을 계속 지는 것과도 같다. 스스로를 궁지에 몰아넣는 방식이다. 물론 이것이 상책일 때도 있고, 이것밖에 남은 수단이 없을 때도 있으리라. 실제로 이 수단을 써서 성공한 예도 있다. 하지만 지휘관은 보통 이 수단을 마지못해서 사용한다. 반드시 목표를 달성할 수 있을 거라는 확신 때문이 아닌, 피할 수 없는 다른 이유 때문에 이 방법을 선택하는 것이다. 그 이유란 적과 접촉할지도 모른다는 불안감이다. 이런 불안감에 사로잡힌 장수는 가련하기 짝이 없는 장수이다. 설령 군의 정신력이 아무리 저하되어 있다 해도, 또 적과 마주치면 반드시 불리한 상황에 처한다는 사실을 알고 있을 때 불안해하는 것은 당연하다 해도, 공포심 때문에 적과 접촉할 기회를 무조건 회피하고자 하는 것은 가장 해로운 생각이다.

나폴레옹이 1813년에 하나우[15]의 회전을 회피하고 만하임이나 코블렌츠[16]에서 라인강을 건너려고 했다면, 그는 이 회전 뒤에 아직도 남아 있었던 3~4만 명의 병사들을 이끌고 라인강을 건너지는 못했을 것이다. 패자란 곧 방어하는 자이다. 그러므로 패자의 손 안에는 '지형 이용'이라는 수단이 남아 있다. 좋은 지형에 진을 친 뒤 몇몇 소규모 전투를 주도면밀하게 준비하고, 이 전투에서 장

---

15) 하나우(Hanau)는 마인강(Main)으로 흘러드는 킨치히(Kinzig)의 하구에 있는 도시. 나폴레옹은 라이프치히의 회전(1813. 16~19)에 패하여 퇴각하는 도중, 그의 퇴로를 차단하려고 했던 오스트리아-바이에른군을 이곳 회전(10. 30~31)에서 무찌르고, 다시 프랑크푸르트를 향하여 퇴각을 계속했다.

16) 만하임(Mannheim)과 코블렌츠(Koblena)는 모두 라인강 변의 도시.

수가 군을 신중하게 지휘하여 적의 추격을 막는다면, 아마 패전으로 인해 쇠퇴했던 군의 정신력이 부활하게 될 것이다. 그러니 이것이야말로 패전에 의해 일단 쇠퇴한 군의 정신력을 다시 불러일으키는 가장 좋은 방법이다.

위와 같은 상황에서는 아무리 사소한 전투라도 중요한 의미를 지닌다. 즉 전투의 성과가 가져다 주는 이익은 믿기 어려울 만큼 크다. 그러나 이를 실제로 시험해 보기 위해서는 대개 지휘관의 극기가 필요하다. 위에서 설명한 세 번째 방법, 즉 적과의 만남을 회피하는 방법은 얼른 생각하기에 매우 쉬워 보인다. 그래서 이 방법은 일반적으로 널리 사용된다. 하지만 이런 회피야말로 승자를 도와 주는 일이며, 패자를 완전한 몰락으로 몰아넣어 버리는 함정이다.

그런데 여기에서 주의해야 할 점이 있다. 지금 문제가 되고 있는 대상은 군 전체이지, 막힌 퇴로를 우회해서 다시 다른 부대와 합류하려는 소규모 부대가 아니라는 점이다. 전군의 경우와는 달리 이런 부대는 적을 회피함으로써 목표를 달성하고 성공을 거둘 가능성이 꽤 높다. 그런데 이 제3의 추격 방법에서는, 피아 두 군이 같은 목표를 향해 행군하는 셈인데, 이러한 경주적(競走的)인 행군에 필수적인 조건은, 추격군의 지대(支隊)가 따로 피추격군을 계속 따라가게 하고, 퇴각 뒤에 남아 있는 모든 전리품을 챙기고, 항상 추격당하고 있다는 인상을 적에게 심어 주려는 노력을 게을리해서는 안 된다는 것이다. 워털루 전투에서 블뤼허가 벌였던 추격 행군은, 다른 점에서는 매우 모범적이었지만 이 부분에서는 좀 소홀한 점이 있었다.

그런데 이와 같은 추격 행군이, 추격자 자신도 약하게 만든다는 점이다. 그러므로 패전한 적이 다른 강력한 군과 합류하거나, 탁월한 장수의 지휘를 받고 있는 경우에는 이 방책은 반드시 상책이라고 할 수는 없다. 그러나 이 수단을 마음껏 사용해도 되는 상황이라면 이런 종류의 추격은 마치 거대한 기계와도 같이 작용한다. 그러면 퇴각하던 군은 부상병이나 낙오자 등으로 인해 막대한 손실을 입게 되고, 전멸을 두려워한 나머지 전체 사기마저 떨어져 버린 그들은 제대로 저항조차 못할 것이다. 이리하여 추격자측은 전투도 안 벌이고 수천, 수만 명의 포로를 손에 넣게 된다.

이를테면, 적의 지대에 이르기까지 그 퇴로를 차단하여 무방비 상태의 요새를 공략한다든가, 대도시를 점령하는 행동이 이것이다. 상대편에서 새로운 움직임이 일어나지 않는 이상, 승자는 얼마든지 마음껏 행동할 수 있다. 그리고 승자가 마음대로 행동할수록 상대편에서 새 움직임이 일어나는 시기는 더욱 늦어진다.

대회전에서의 승리와 대규모 추격이 합쳐지면 눈부신 효과가 발생한다. 이런 효과를 잘 보여 주는 전쟁 사례가 있다. 바로 나폴레옹이 일으킨 전쟁들이다. 그 수는 상당히 많지만 대표적으로는 예나, 레겐스부르크,[17] 라이프치히, 워털루에서 벌어진 회전을 드는 것만으로도 족하다.

---

17) 레겐스부르크(Regensburg). 바이에른의 상부 라우시츠 지방의 도시. 하부 바이에른의 마을, 에크뮐(Eggmuhl(Eckmuhl))의 회전(1809. 4. 22)에서 오스트리아군을 무찌른 나폴레옹은 이튿날 오스트리아군의 후위를 레겐스부르크 방면으로 추격하여 마침내 이 도시를 점령했다.

제13장
패전 뒤의 퇴각

회전에서 패배하면 군의 전력은 눈에 띄게 약해진다. 이때 정신력은 물리력보다 더 크게 소모된다. 이 같은 상황에서는 다시 회전을 벌여 보았자 소용없다. 유력한 요소가 새로 등장하지 않는 이상 이런 싸움은 패자에게 더욱 완벽한 패배를 가져다 줄 뿐이다. 심지어 군 자체가 몰락할 위험조차 있다. 이는 군사상의 공리(公理)이다. 그런데 패자의 퇴각이, 피아의 힘의 균형이 회복되는 지점까지 계속되는 것은 사리로 미루어 보아 명백하다. 이 균형의 회복은 병력의 증강에 의하는 경우도 있고, 유력한 요새의 엄호에 의하는 경우도 있을 것이다. 또 고립된 지형의 도움에 의하는 경우도 있을 것이고 승자 병력의 과도한 확산에 의하는 경우도 있을 것이다. 여하간 손실의 정도나 패배의 대소에 따라서 균형이 회복되는 속도는 달라진다. 그러나 그보다도 속도를 결정하는 것은 패군의 성격이다. 패퇴한 군이 전쟁터에서 그리 멀지 않은 지점에서, 회전 당초의 사태와 조금도 다름없는 전투 대형을 다시 정비한 실례는 얼마든지 있다. 그 이유는 승자의 정신력이 박약했거나 그렇지 않으면 회전에서 우연히 획득한 우세가 강력한 공격을 실시하기에는 충분치 않았거나 둘 중의 하나이다.

승자측의 이러한 결점이나 약점을 이용해서, 불리한 정황이 생겼을 경우에 할 수 없이 퇴각하는 외에는 한 발자국도 후퇴하지 않기 위해서는 또 피아의 정신력을 될 수 있는 대로 유리한 비율로 유지하기 위해서는 끊임없이 저항하면서 조금씩 퇴각하고, 또 추격자가 그 남아도는 유리함을 이용하려고 할 때마다 여기에 대담하고 용감하게 대항하는 일이 절대로 필요하다. 뛰어난 장수와 싸움에 익숙한 군의 퇴각은 상처를 입은 사자가 조용히 물러나는 것과 비슷하다. 사실 이것이야말로 최상의 퇴각 이론임에는 의심할 바가 없다.

위험한 상황에서 벗어나려고 할 경우에도 자질구레한 형식에 얽매어서 시간

워털루 전투　이 전투로 나폴레옹군의 패배가 결정적이 되었다. 프랑스군과 동맹군 양쪽 모두 약 2만 5천 명의 사상자를 냈다.

을 낭비하고 그 때문에 오히려 위험을 키우는 일이 있다. 하지만 이때 가장 중요한 것은 한시라도 빨리 이 상황에서 벗어나는 일이다. 노련한 지휘관은 이 원칙을 매우 중요시하고 있다. 하지만 지금 문제 삼고 있는 경우는, 패전한 뒤 전군을 이끌고 퇴각하는 것과 혼동해서는 안 된다. 이와 같은 전면적인 퇴각의 경우, 급한 행군을 되풀이함으로써 추격하는 적보다 앞서서 쉽사리 안전한 지점에 도달할 수 있다고 생각하는 것은 큰 오산이다. 그런데 패전 뒤에 이루어지는 최초의 퇴각 운동은, 가급적이면 소규모적이어야 한다. 또, 적이 아군에게 강요하려고 하는 함정에 빠지지 않도록 주의하는 것을 일반 원칙으로 해야 한다. 이와 같은 원칙을 충실히 지키면 후위는 때로 추격자와 격렬한 작은 전투를 벌여야 하는 경우가 생길지도 모른다. 그러나 그래도 이 원칙은 이러한 희생조차 감수할 만한 가치가 있다. 만약 이만한 희생도 치르지 않고 급속한 퇴각 운동을 개시하면, 패군은 이내 혼란으로 빠져 낙오병만으로도 엄청난 수에 이르러 그 손실은 후위의 전투에 의한 손실을 상회할 것이다. 뿐만 아니라 이렇게 황급하게 퇴각한다는 것은 그때까지의 장병들 사이에서 간신히 남아 있던 용기도 소멸시켜 버린다.

훌륭한 군대로 편성되고 용감한 장군의 지휘를 받으며, 극히 중대한 순간에는 전군의 지지를 받는 강력한 후위, 지형의 치밀한 이용, 가끔 적의 전위대가 대담한 행위를 일으키는 경우에 대비해서 유리한 지형에 잠복하는 강력한 복병—이러한 정규적인 작은 전투를 수시로 개시하는 계획을 세운다는 것은, 모두 위에서 말한 원칙을 실행하기 위한 수단이다.

물론 패전 뒤 퇴각에 따른 크고 작은 곤란은 그 회전이 어느 정도 유리한, 또는 불리한 정황 아래에서 이루어졌는가 하는 사정과, 회전에서 어느 정도 강력한 저항을 시도했는가 하는 정도에 의존한다. 우세한 적에 대해 마지막 한 병사까지 저항하는 극도의 상황에서 질서 있는 퇴각이 전혀 불가능하다는 것은, 예나나 워털루에서 벌어진 회전이 이를 증명해 준다.

퇴각을 하기 위해서는 병력을 나누어서 서로 분리된 다수의 소규모 부대로 하는 것이 편하다거나, 또는 이들 부대를 이심적(離心的)으로, 다시 말하면 군의 중심으로부터 바깥쪽을 향하여 각기 퇴각시키는 것이 좋은 방책이라고 하는 설을 가끔 볼 수가 있다(로이드,[1] 뷜로). 하기야 그때그때의 편의에 따라 병력을 나눈다 해도 나중에 필요하면 다시 합쳐서 추격자와 전투를 할 의도를 잃지 않고 있다고 하면, 이러한 분할은 여기에서 문제가 되지 않는다. 그러나 그 이외의 병력 분할은 예외 없이 매우 위험하고 불합리하며, 이는 중대한 잘못이다. 패전은 군을 약하게 만들고 혼란에 빠뜨린다. 이럴 때를 당하여 가장 중요한 것은 분산된 병력을 모아서 군의 질서와 용기, 지휘관에 대한 신뢰를 신속하게 회복하는 데 있다. 승리한 적이 추격을 시작하는 상황에서, 분할된 부대를 가지고 양쪽에서 적을 위협한다고 하는 것은 그야말로 상식에 어긋난 발상이다. 협공이라는 겉모습만 보고도 지레 겁먹는 나약한 적이라면, 이것으로 위협을 받는 경우도 있을 것이고 따라서 이러한 생각이 통용될지도 모른다. 그러나 적은 반드시 이러한 약점을 가지고 있다고 볼 수가 없으므로 이러한 수는 그만두는 편이 낫다. 패전 뒤 적에 대한 전략적인 관계를 견주어 보고, 소규모 부대를 편성해서 퇴각하는 아군을 엄호해야 할 필요가 있을 경우에도 병력 분할은 그때의 정황으로 미루어 꼭 필요하다고 여겨지는 정도에 멈추어야 한다. 요컨대 병

---

1) 로이드(Lloyd, Hemphery Evans, 1729~83). 영국인으로 러시아에서 장수가 되었다(1773). 저서에
《7년 전쟁사》가 있다.

력 분할을 언제나 해악으로 간주하는 것이 바람직하다. 실제로도 회전에서 승패가 결정된 당일에 이러한 분할을 실시할 수 있는 것은 매우 드문 경우에 한정된다.

프리드리히 대왕이 콜린 전투 이후[2]에 프라하에 대한 포위를 풀고 세 종대(縱隊)로 퇴각한 것은, 그가 자발적으로 이 방법을 고른 것이 아니라 패전했을 때의 병력 배치 상황과 작센을 엄호해야 한다는 필요성 때문에 그런 방법을 택했던 것이다. 나폴레옹은 브리엔[3] 회전을 치른 뒤, 마르몽을 오브강[4] 방면으로 퇴각하게 하고 자신은 센강을 건너 트루아[5]로 갔다. 그런데 이 퇴각이 딱히 불리한 결과를 낳지 않았던 까닭은, 동맹군이 그들을 추격하지 않고 병력을 분할했기 때문이다. 즉, 군의 일부(블뤼허)는 마른강으로 향했고, 또 일부(슈베르첸베르크)는 병력의 열세를 고려해서 매우 천천히 전진하고 있었던 것이다.

---

2) 프리드리히 대왕은 콜린 회전(1757. 6. 18)에서 대패하고 프라하 공격을 포기한 채 퇴각했다.
3) 브리엔(Brienne). 동프랑스의 마을. 이곳 회전(1814. 1. 29)에서 나폴레옹은 블뤼허가 이끄는 프로이센·러시아 동맹군을 무찔렀다.
4) 오브강(Aube). 센강의 지류.
5) 트루아(Troyes). 동프랑스의 도시.

제14장
야간 전투

야간 전투는 어떻게 이루어지는가. 또 야간 전투에서는 어떤 특성들이 나타나는가. 또 야간 전투의 경과에 나타나는 개개의 특성은 각기 어떠한 것인가 하는 문제는 모두 전술에 속한다. 그러기 때문에 여기서는 야간 전투가 전쟁 수행에 필요한 하나의 특별 수단으로써 간주되는 한도 내에서 이를 고찰해 보고자 한다.

대부분의 야간 전투는, 근본적으로는 강화된 기습이다. 얼핏 볼 때, 야간 전투는 대단히 효과적인 수단처럼 여겨진다. 일반적으로 방어자는 예기치 않은 기습을 당하는 자, 공격자는 이러한 기습의 실시에 대해서 충분한 준비를 갖추고 있는 자—이렇게 처음부터 정하고 덤비는 것이다. 과연 그렇다면 이 둘의 차이는 천양지차일 것이다. 상상력으로 볼 때, 방어자 쪽에서는 더없는 혼란을 상상하고 공격자 쪽에서는 이러한 혼란에서 생긴 과실을 부지런히 따는 공격자의 모습을 그리는 것이다.

실제로 전투를 지휘한 일이 없고 따라서 전투에 대해서 책임을 질 필요가 없는 사람들은, 야간의 기습에 대해서 자칫 이러한 생각을 품게 되는 것이다. 그러나 이런 생각이 그대로 실행되는 일은 매우 드물다.

이러한 생각은 모두 다음과 같은 전제에 그 바탕을 두고 있다. 첫째, 공격자는 방어자의 방책을 하나부터 열까지 알고 있다. 이들 방책은 미리 채택되어 이미 구체적인 형태를 취해 아군의 정찰과 탐색을 면할 수 없다는 것이다. 둘째, 이에 반해 공격자의 방책은, 실시되는 순간에 비로소 구체화되기 때문에 그때까지는 방어자에게 알려질 리가 없다는 것이다. 하지만 이 제2의 경우부터가 반드시 그렇게 될 수는 없고 하물며 제1의 경우는 더욱이 그러하다. 적진을 눈 아래 역력히 볼 수 있을 정도로 적에 접근했을 경우, 예를 들어 호흐키르히의 회전[1] 전에 오스트리아군이 프리드리히 대왕에 접근한 것과 같은 경우는 별도로 하고, 일반적으로는 우리가 적의 병력 배치에 대해서 아는 바는 매우 불완전하다. 이러한 지식은 대개 정찰이나 척후, 포로 또는 간첩의 진술에 의존하지만 결코 확실하다고는 말할 수 없다. 이러한 정보는, 이것을 입수했을 때에는 이미 많건 적건 간에 낡은 정보이고, 또 그 사이에 적의 진지에도 변경이 가해지고 있을지 모르기 때문이다. 여하간 낡은 전술이나 야영 방식이 사용되던 시절에는 적진을 탐색하기가 지금보다 훨씬 쉬웠다. 그 시절의 막영선(幕營線)은, 오늘날의 야영 경계선보다도 간단히 식별할 수 있었다. 또 정면선(正面線)에 병행해서 규칙 바르게 설치된 야영은 종대로 편성된 사단의 야영보다도 탐지하기가 쉬운 것이다. 또 사단을 종대로 나열하여 야영하게 하는 방식은 오늘날 자주 쓰이는 실지법이다. 그러나 1개 사단이 이런 방식으로 야영하고 있는 지역을 가까이에서 살펴본다 해도, 그 병력이 어느 정도인지 알아내는 일은 사실 불가능하다.

그러나 적진의 상황이 우리가 알아야 하는 모든 것은 아니다. 방어자가 야간 전투 중에 강구하는 여러 방책을 아는 것 또한 필요하다. 이러한 방책은 결코 화기의 발사에만 한정되는 것이 아니기 때문이다. 방어자가 강구하는 이들 방책은 또한 근대전에서의 야습을, 과거의 전쟁에서 보다도 더 곤란하게 한다. 실제로 종전의 야습은 요즘 전쟁에서의 야습보다 훨씬 유력했다. 근대 전쟁에서 방어자의 병력 배치는 결정적이라기보다도 오히려 잠정적이며, 따라서 근대 전쟁에서는 방어자측이 과거의 공격자보다도 손쉽게 궤계(詭計)를 써서 적을 습격할 수 있는 것이다.

그러므로 야습할 때 공격자가 방어자에 대해 아는 정보는 매우 적다. 설령 정보가 있다 해도, 직접 얻은 지식의 부족한 부분을 메우기에는 턱없이 모자란다.

게다가 방어자측에는 적지만 유리한 점도 있다. 그것은—방어자는 현재 포진한 지역의 지형에 대해 공격자보다 더 잘 알고 있다는 것이다. 즉, 우리가 자

---

1) 1758년 10월 14일 아침 5시에, 오스트리아군은 짙은 안개를 이용해서 프리드리히군에 기습을 가하여, 이윽고 회전이 개시되었다. 그는 그 회전에서 패하여 많은 손해를 보았지만, 군은 질서 있게 퇴각할 수가 있었다.

기가 거처하는 방에 대해서는 훤히 알고 있는 것과 같은 것이다. 마찬가지로 방어자는 아군의 어떤 부대가 어디에 있는지 알고 있으며, 또 쉽게 그 부대의 소재지에 도착할 수도 있다. 그러나 공격자는 아군의 상황을 제대로 파악하지 못한다.

그러므로 야간 전투에서는, 공격자도 방어자와 마찬가지로 적의 병력 배치 현황을 분명히 파악할 수 있는 눈이 필요하다는 것, 따라서 야간 공격의 실시를 결정하는 데에는 특수한 이유가 있어야 한다는 것은 위에서 말한 것으로 해서 분명하다.

그런데 이들 특수한 이유라고 하는 것은 대개 각 부대에 관한 것으로, 군 전체에 관계되는 일은 매우 드물다. 이러한 사정이 있기 때문에, 야습은 주력 전투에 종속되는 개개의 전투에서 실시되는 것이 통례이고 대회전에서 이루어지는 일은 좀처럼 없다.

우리는 우세한 병력으로 적의 부대를 공격, 포위하고, 그들을 아예 포로로 잡든가 그렇지 않으면 불리한 전투로 몰아넣어 그들에게 막대한 손해를 입힐 수 있다. 하지만 이를 위해서는 다른 모든 정황이, 아군의 이 같은 행동에 유리하다는 전제가 필요하다. 어쨌든 이런 계획은 대규모 기습에 의하지 않고서는 도저히 실현될 수 있는 것이 아니다. 적 부대가 뻔히 알면서도 이러한 불리한 전투에 끌려들 리는 없고, 오히려 이를 회피하는 것이 보통이기 때문이다. 그러나 극도로 은폐된 지형에서와 같은 소수의 예외를 별도로 하고, 기습에 의한 고도의 성과는 야간이 아니면 충분히 달성될 수가 없는 것이다. 그러기 때문에 적의 잘못된 병력 배치를 이용해서 이러한 유리한 성과를 아군의 수중에 넣으려면, 이 목적 달성에 필요한 부서(部署)[2]는 밤 동안에 준비해 두어야 한다. 적의 전초 혹은 그 밖의 작은 부대에 대한 야습은 이렇게 해서 이루어지는 것이다. 그리고 이러한 야습이 주안점으로 삼는 것은, 아군의 우세한 병력을 가지고 우회를 시도하여 적 부대를 매우 불리한 전투로 끌어들이고 이 궁지를 벗어나기 위해 많은 손해를 입게 하는 데 있다.

그런데 공격 대상인 적 부대의 규모가 크면 공격자의 이러한 기도는 더욱 곤

---

2) 부서(部署)란, 지휘관이 어떤 목적을 달성하기 위하여 자신의 지휘 아래 있는 군대를 구분해서 이에 임무를 주는 것을 말한다.

란해진다. 강력한 부대는 원군이 도착할 때까지 얼마 동안 저항할 수 있는 수단을 그 자체 안에 갖추고 있기 때문이다.

따라서 일반적인 경우, 적의 본대 그 자체는 야간 공격의 대상은 될 수가 없다. 비록 적군이 외부로부터 원군을 구할 수 없다고 해도 군 자체 안에 공격에 견딜 만한 능력을 갖추고 있고, 게다가 근대의 군대는 흔해빠진 공격 형식에 대해서 애초부터 만반의 준비를 갖추고 있기 때문이다. 또 적이 여러 방면에서 우리 측을 공격하여 좋은 성과를 얻을지 어떨

야간 기습은 잠행이다. 따라서 소규모 부대로 편성하는 것이 통례이다.

지는 단순히 적의 허를 찌르는 것과는 전혀 다른 조건에 좌우된다. 하지만 여기서는 우선 이들 조건의 고찰에 들어가지 않고 다음 두 가지를 지적하는 것으로 그치고자 한다. 첫째, 우회 작전은 커다란 성과를 올릴 수 있을 뿐만 아니라 큰 위험도 따를 수 있다는 것이다. 둘째, 정황이 특수한 경우는 별도로 하고 우회 작전이 커다란 성과를 거두는 것은, 아군이 매우 우수한 병력을 적군의 한 부대에만 사용할 수 있는 경우에 한한다는 것이다.

그러나 적의 소규모 부대를 포위하거나 우회 공격하려는 계획은, 특히 야음을 이용한다면 실시 가능성이 비교적 크다. 이와 같은 경우에는 비록 적 부대가 아무리 우수해도 아군이 이 계획 때문에 사용하는 부대는 아마도 아군의 일부에 지나지 않을 것이고, 또 전군 대신에 이 정도의 부대로 큰 모험을 저지

르는 것은 실은 그럴 수밖에 없기 때문이다. 그런데 이 경우 기습 부대보다 더 큰 부대나 또는 아예 전군이 과감한 소규모 부대를 지원하고 수용하는 것이 통례이다. 그러면 이러한 안심감이 야간 기습에 따른 위험성을 경감시키기도 하는 것이다.

그런데 야간 기습을 실시하는 병력이 작은 부대로 한정되는 것은, 이러한 계획이 모험적일 뿐만 아니라 그 실시에 여러 가지 곤란이 따르기 때문이다. 야간 계획은 원래 기습이므로 이 실시의 주요 조건은 잠행(潛行)이어야 한다. 잠행은 대규모 부대보다 소규모 부대가 손쉽다. 이에 반해 전군이 종대로 편성되어 있는 경우에는 잠행이 거의 불가능하다. 이러한 이유 때문에 야간 기습은 대개 적의 개별적인 전초에 대해서 실시되고 대부대에 대해서는 충분한 전초가 없는 경우, 예를 들어 호호키르히의 회전에서 프리드리히 대왕의 군과 같은 경우밖에 적용할 수가 없다. 요컨대 야간에 기습이 실시되는 것은 개개의 부대에 대해서이고, 본대(本隊) 그 자체에 대한 야습은 매우 드물다.

근대의 전쟁은 종전의 전쟁에 비해 훨씬 신속하고 격렬하게 이루어지기 때문에, 피아 두 군은 서로 접근해서 포진하게 되고 이에 따라 또한 강력한 전초 방식을 사용하지 않는 방식이 자주 채용된다. 그리고 전초를 배치하지 않고 서로 접근해서 포진하는 이 방식은, 두 군이 항상 일촉즉발의 위기에 있다는 것을 의미한다. 또 이러한 위기는 주로 결전 직전에 발생한다. 그러나 근대 전쟁에서는 피아의 전투 능력이 예전에 비해 크게 강해졌다는 점도 고려해야 한다. 실제로 과거를 돌이켜보면 피아 두 군은 서로를 견제하는 일 외에는 하는 일 없이, 단지 오랫동안 서로 바라보고 대진하고 있는 것이 당시의 풍습이었다. 프리드리히 대왕은 때로는 몇 주 동안이나 오스트리아군과 대진한 채로 있었는데, 그때 두 군의 거리는 포격을 주고받을 수 있을 정도로 가까웠다.

그러나 야습을 쓰기에 딱 좋은 이러한 포진은, 근대의 전쟁에서는 전혀 쓰이지 않게 되었다. 보급이나 야영 때 필요한 필수품 등을 군 자체가 충당하는 독립된 집단이 아니다. 따라서 피아 두 군 사이에는 보통 하루 행정(行程)[3]의 거리

---

3) 24시간 이내의 행군 행정(行程)을 1일 행정이라고 한다. 실제로는 부대의 대소, 연락 상태, 날씨, 하루 동안의 명암 비율, 그리고 계절에 따라 다르지만 일반적인 상황에서는 도보에 의한 하루 표준 행정은 25 내지 30km이다.

를 두는 것이 필요한 것으로 되어 있다. 그래서 적의 전군(全軍)을 야습하는 경우에 대해서 말하자면, 이러한 계획의 실시를 촉진하는 동기는 좀처럼 나타나는 것이 아니다. 그렇게 되면 이들 동기는 다음 4가지 경우에 한정되게 될 것이다.

1. 적이 심하게 어리석거나 경솔해서 만용을 부려 스스로 위험을 초래하는 경우. 그러나 이런 일은 매우 드물고, 비록 이와 같은 정신적인 결점이 있다고 해도 대개는 다른 뛰어난 정신력으로 결점을 보완하게 마련이다.

2. 적군에게 공황적인 공포 상태가 발생하든가, 또는 아군이 정신적으로 적보다 우세해서 상급 지휘관의 지휘 없이도 자발적으로 잘 행동할 수 있는 경우.

3. 아군을 포위하고 있는 우세한 적군을 돌파할 경우. 이럴 경우에는 기습만이 포위를 탈출하기 위한 유일한 방법이다. 또 이 위기를 야습으로 돌파하려는 전군의 의도는, 다른 어떠한 방법보다도 병력을 훨씬 강력하게 결속시키는 것이다.

4. 피아의 병력 차이가 우리 측에 매우 불리해서 이제는 상식 밖의 모험에 마지막 기대를 걸 수밖에 없는 경우.

하지만 위의 4가지 상황에도 하나의 전제 조건이 필요하다. 적은 반드시 우리 눈 아래에 있고 또 전위대의 엄호도 받지 않는 상태여야 한다.

여하간 야간 전투는 대부분은 날이 밝음과 동시에 끝난다. 그러므로 적어도 접적(接敵) 행위와 최초의 습격은 한밤중에 실시해야 한다. 그러면 공격자는 야음을 틈타서 적을 혼란에 빠뜨릴 수 있으며, 이 혼란에서 발생한 결과를 다음 날 이용할 수도 있다. 반면 접적 행위만 밤중에 하고 전투는 새벽까지 기다렸다가 실시한다면, 이것은 이미 야간 전투라고 할 수 없을 것이다.

제5편
전투력

제1장
개관

우리는 전투력을 다음 관점에서 고찰하려고 한다.

1. 전투력으로서 병사 수의 다과와 그 편성.
2. 전투 외에 있는 전투력의 상태.
3. 전투력의 유지.
4. 지역과 지형의 일반적인 관계.

따라서 이 편에서는 전투력의 여러 관계 중에서 투쟁 그 자체가 아니라, 투쟁의 필연적 조건으로 간주해야 할 관계에 대한 것만을 살펴보고자 한다. 이러한 관계는 투쟁에서 서로 긴밀하게 결부되고 또 상호 작용을 하고 있으므로, 투쟁의 사용을 논할 때에는 앞으로 종종 언급하게 될 것이다. 그러나 이에 앞서 이들 관계 하나하나를 하나의 전체로 보고 그 본질과 특성에 대해서 고찰해 두어야 한다.

제2장
전장 군 전역

전장(戰場), 군(軍), 전역(戰役)—이 3가지 요건은 전쟁에서 각기 공간, 병사의
수, 시간에 대응하지만, 이들 요건을 하나하나 엄밀하게 정의한다는 것은 무리
이다. 그래도 때로는 심한 오해가 생기는 일이 종종 있으므로 우리로서도 평소
에 즐겨 쓰는 이들 관용어를 좀 더 명확하게 규정할 필요가 있다.

1 전장(戰場)

전장의 원래 뜻은 싸움터 전체의 일부를 이루고 측면이 엄호되어 어느 정도
독립성을 지닌 지역을 말한다. 이 엄호는 요새일 수도 있고 천연 장애물일 수도
있다. 하지만 이런 것들이 아니라, 같은 전지(戰地)에 속하는 다른 전장으로부터
멀리 떨어져 있다는 상태가 그대로 엄호 역할을 하는 경우도 있다. 이와 같은
전장은, 확실히 전지의 일부이기는 하지만 단순히 종속적인 부분은 아니고, 그
자체가 하나의 작은 전체인 것이다. 그러므로 같은 전지에 속한 다른 전장에서
발생한 변화가, 이쪽 전장에 직접 영향을 미치는 일은 없다. 설령 어떤 영향을
미친다 해도 그것은 간접적인 영향에 지나지 않다. 그런데 전장의 일반적인 특
징을 정확히 설명하자면, 피아 두 군 중 어느 한쪽이 전진하고 다른 한쪽은 후
퇴한다든가, 한쪽이 공세를 펴고 다른 한쪽은 수세를 취한다든가 하는 정도로
설명하는 것이 고작이다. 하지만 이런 설명으로 전장의 개념을 엄밀히 규정한
들, 이것을 모든 전장에 적용할 수는 없다. 여기서는 단지 전장이라고 하는 중
점(重點)의 소재를 지적했을 뿐이다.

2 군(軍)

위에서 설명한 전장의 개념을 원용하면 군이란 무엇이냐는 질문에 쉽게 대

답할 수 있다. 즉, 동일한 전장에 있는 병력이라고 하는 것이 그 대답이다. 하지만 이것만으로는 군대라는 관용어의 뜻을 완전히 나타냈다고는 볼 수 없다. 1815년[1] 블뤼허와 웰링턴[2]은 각각 총사령관으로서 독립된 한 군(軍)을 지휘했다. 그렇다면 사령권(司令權)이라고 하는 것이 군의 개념을 구성하는 하나의 표징(標徵)이 되어야 한다. 그런데 이 제2의 표징과 위에서 말한 제1의 표징 사이에는 밀접한 관계가 있다. 사태가 정상적이라면 동일한 전장에는 유일한 사령권이 있는 것이 좋으나, 그렇지 않고 동일한 전장에 둘 이상의 사령권이 있을 경우 각자 맡은 자리에 있는 사령관은 거기에 상당하는 독립성이 결여되어서는 안 되기 때문이다.

군대를 구성하고 있는 병사들의 단순한 절대수가, 군이라고 하는 명칭을 결정짓는 것처럼 여겨질지도 모르시만 실제로는 그렇지가 않다.

동일한 전장에 위치한 몇 개의 군이 공동 사령권에 따라 행동할 경우, 이 군들이 각각 '군'이라고 하는 명칭을 띠는 것은 병사 수의 다과에 의한 것이 아니라, 전부터 있었던 각 군의 특수한 사정 때문이다(1813년 회전에서의 슐레지엔군이나 북방군 등).[3] 이와 같이 동일 전장에서 회전에 참가하는 대병력을 군단으로 분할하는 것은 상관 없으나, 이것을 임의 군으로 분할한다는 것은 적어도 군이라고 하는 말의 관용에 위배된다. 실제로도 이 관용은 사실에 입각한 용법으로 보아도 좋다. 그러나 먼 지방에 주둔하고 있는 별동대[4]에까지 '군'이라는 명칭을 붙이려고 하는 것은, 명칭에 너무 얽매이는 일일 것이다. 하지만 프랑스혁명 전쟁 시대에 방데군은 별로 강력하지 않은 집단인데도 '군'이라고 불리고 있었는데, 사람들은 이 명칭을 별 거부감 없이 받아들였다는 것을 지적해 둘 필요가

---

1) 벨 알리앙스의 회전(1815. 6. 18)을 가리킨다. 이때 한쪽에서는 웰링턴이 영국, 하노버, 브라운슈바이크 및 네덜란드의 여러 나라 군대로 이루어진 군대의 총사령관이며, 다른 한쪽에서는 블뤼허가 프로이센군 총사령관이었다.

2) 웰링턴(Wellington, Arthur Wellesley, 1769~1852). 영국의 장수.

3) 대(對) 나폴레옹 전쟁(해방 전쟁)의 1813년 추계 전역(드레스덴과 라이프치히의 회전을 포함)으로, 동맹군 측은 슈바르첸베르크가 주력인 오스트리아군을, 스웨덴의 황태자 베르나도트가 북방군을, 또 블뤼허가 슐레지엔군을 이끌고 회전에 참가했고, 별도로 러시아군도 참전해서 총병력 약 50만이었다. 동맹군은 이 대병력을 가벼운 군단으로 분할하여 외선(外線)에 섰다.

4) 본군에 직접 관계가 없고 독립해서 행동할 수 있는 부대를 말한다.

있다.

이와 같이 군의 개념과 전장의 개념은 항상 서로 밀접한 관련을 지니는 것이 통례이다.

3 전역(戰役)

1년 동안에 여러 전쟁터에서 개별적으로 행하여진 회전(會戰)과 그 밖의 군사적 사건을 총괄해서 '전역'이라고 부르는 경우가 있다. 그러나 그보다는 한 전장에서의 군사적 사건을 전역이라고 이해하는 것이 보통이고 또 명확하기도 하다. 가장 좋지 않은 것은 1년의 마지막 날을 가지고 전역을 나누는 생각이다. 근대 전쟁은 옛날과 달리 으레 이루어졌던 장기간의 동영(冬營)을 경계로 하여 그 이전은 전년도의 전역, 그 이후는 다음 연도의 전역이라고 하는 식으로 확연하게 구별되는 일이 없었기 때문이다. 그런데 한 전장에서 발생한 군사적 사건은 자연스레 중요한 시기로 구분된다. 즉, 규모야 어떻든 간에 중대한 파국의 직접적인 영향이 사라지면, 다시 새로운 갈등이 등장하게 된다. 그러므로 많은 사건들을 종합해서 1년(한 전역) 단위로 할당하는 경우에는, 이와 같이 사실에 따른 자연적 단락도 고려에 넣어야 하는 것이다. 프랑스 퇴각군과 러시아 추격군이 1813년 1월 1일 메멜강[5]에 도착했다고 해서, 1812년의 전역[6]은 메멜 강가에서 종결되었다고 주장할 사람은 없을 것이다. 또 프랑스군이 엘베강을 건너 퇴각했다고 해서, 그 퇴각 행군을 1813년도 전역으로 간주할 사람도 없을 것이다. 이는 모스크바로부터의 전면적 퇴각[7]의 일부이기 때문이다.

그런데 이들 개념을 이 이상 엄밀하게 정의할 수 없다고 하는 것은, 이론에 특별히 불리해지는 일은 없다. 이러한 개념은 철학의 정의와 달리 후에 이루어지는 여러 가지 규정의 원천으로서 사용되는 것이 아니기 때문이다. 요컨대 이들 개념은 용어를 좀 더 명확하게 하는 데 쓸모가 있으면 된다.

---

5) 러시아 이름은 니에멘강이다.
6) 1812년 나폴레옹의 러시아 전역.
7) 프랑스군의 모스크바로부터의 전면 퇴각은 1812년 10월 19일에 개시되었다.

제3장
적군과 아군의 병력 비율

앞서 제3편 제8장에서, 전투에서 병력의 우세와 전략에서의 전반적 우세가 어떤 가치를 지니는가에 대해서 말했다. 이것을 보아도 피아 양쪽의 병력 비율이 얼마나 중요한 뜻을 가지는가를 알 수가 있다. 그래서 이 장에서는 이 문제에 대해 좀 더 상세히 고찰해 보아야 한다.

고정 관념을 버리고 최근의 전쟁사를 살펴보면, 병력의 우세는 시간이 지날수록 더욱더 결정적인 것이 되어가고 있다고 할 수 있다. 따라서 결정적 전투에서 될 수 있는 대로 강력해야 한다는 원칙은, 오늘날에는 과거에 못지않게 중요시되어야 하는 것이다.

군의 용기와 전의(戰意)는 어느 시대에서나 물리적인 힘을 고양하는 효과를 발휘해 왔고, 이는 앞으로도 변치 않을 것이다. 하지만 전쟁사를 보면, 군의 장비와 무장의 우월이 정신적 우세를 현저하게 높인 시대가 있었는가 하면, 군의 뛰어난 운동력이 훌륭한 정신적 우월을 준 시대도 있었다. 그런가 하면, 신기한 전술 방식이 이 같은 역할을 한 시대도 있었다. 그러다가 전쟁술은 만능의 대원칙이라는 것에 입각한 정교하고 치밀한 지형 이용에 매달리게 되었다. 그리고 이 영역에서 한쪽 장수는 때로는 다른 쪽 장수에 대해서 현저하게 유리한 입장을 차지할 수도 있었다. 그러나 지형의 이용에 정성을 들인 시대도 사라지고, 이윽고 전쟁술에 본래의 한층 단순한 방식이 나타난 것이다. 실제로 최근 전쟁의 경과들을 편견 없이 관찰해 보면, 위에서 말한 복잡한 현상은 차차 모습을 감추고 있다고 할 수 있다. 이와 같은 경향은 일반적으로 전역을 통해서 볼 수 있을 뿐만 아니라, 결정적 전쟁, 즉 주력 전투에서도 마찬가지이다. 이에 대해서는 전편의 제2장을 참조하길 바란다.

오늘날 여러 나라의 군은 무장, 장비, 훈련이란 면에서 서로 현저하게 접근해 있으므로, 가장 뛰어난 군과 가장 형편없는 군 사이에는 이에 관한 한, 이제는 심한 차이는 존재하지 않는다. 하기야 학리(學理)를 필요로 하는 부대의 교육에 대해서는 여러 나라의 군 사이에 아직은 현저한 차이를 인정할 수 있다고는 하지만, 이러한 교육도 어떤 나라가 군의 비교적 우수한 장비의 발명자이자 실시자라고 한다면, 후자는 신속하게 그 뒤를 따라가는 모방자 정도가 될 것이다. 따라서 하급 장수나 군단[1] 또는 사단의 지휘관까지도, 각자의 일상적인 일에 관해서는 서로 비슷한 견해를 가지고 있고, 또 동일한 방법을 사용하고 있는 것이다. 이와 같은 상정하에서는 최고 장수의 재능은 별도로 하고라도, 피아 두 군 중 전쟁에 익숙해 있는 쪽이 다른 군대에 대해서 현저한 우위를 차지하게 된다. 지금 최고 장수의 재능은 별도라고 했지만, 이러한 장수의 재능이 국민이나 군의 교육과 일정불변한 비율을 유지한다고 하는 것은 무리이고, 전적으로 천부(天賦)라고 하는 우연에 맡겨진 일이라고 보지 않을 수가 없다. 요컨대 이제까지 말한 사항들에 관해서, 피아 사이에 균형이 유지되고 있는 한 결국은 병력의 비가 더욱더 결정적인 요소로 되어가지 않을 수가 없는 것이다.

현대 회전의 특성은 실로 이러한 균형에서 생긴 결과이다. 시험 삼아 고정 관념을 버리고 보로디노 전투에 관한 기록을 읽어 보기 바란다. 이 회전에서 프랑스군은 세계적으로 뛰어난 군대였고, 반면 러시아군은 장비로나 교육 수준으로나 프랑스군보다 크게 뒤떨어져 있었다. 그럼에도 보로디노 회전을 통해서 기술이나 지성의 현저한 우위는 끝내 나타나지 않았다. 이 회전에서 두 군은 그저 상대의 병력을 신중히 잴 뿐이었다. 이때 두 군의 병력은 거의 비슷했다.[2] 그리하여 결국 승리는 지휘관의 수행력 및 군의 전쟁 숙련도라는 면에서 우세한 쪽으로 조용히 기울어진 것이다. 우리가 여기서 보로디노 전투를 좋은 예로 든 까닭은, 이 회전에서 병력의 균형이 유난히 잘 드러났기 때문이다.

모든 회전이 꼭 위와 같다고 주장하는 것은 아니다. 하지만 이것이 대부분의 회전에서 찾아볼 수 있는 기조(基調)라고 해도 좋을 것이다.

피아 두 군이 서로 상대의 병력을 신중히 계측하는 형식의 회전에서는, 병력

---

1) 군의 편제로 말하자면 군(軍), 군단, 사단, 여단, 대대, 중대, 소대의 순이 된다. 병력의 수는 시대에 따라 또 나라에 따라 현저하게 다르고 일정하지가 않다.
2) 보로디노 회전(1812. 9. 7)에서의 러시아군은 13만 6000, 프랑스군은 13만이었다.

이 많은 측이 열세인 측보다도 훨씬 확실한 성과를 거둘 수 있을 것임에 틀림없다. 최근의 전쟁사를 살펴보아도, 어떤 군이 자기보다 2배나 큰 규모의 적을 물리쳤다는 전례는 찾을 수 없을 것이다. 그런데 과거라면 이러한 경우에 열세한 쪽이 적을 무찌른 예는 얼마든지 있었다. 근대의 가장 뛰어난 장수 나폴레옹까지도 1813년 드레스덴 회전[3]이라는 유일한 예외를 제외하고는, 그가 수많은 주력 전투에서 승리를 한 것은 적군에 비해서 항상 우세한 혹은 적어도 현저하게 열세가 아닌 군을 집결시킬 수 있었던 경우로 한정된다. 그리고 이것이 그에게 불가능했던 경우, 이를테면 라이프치히, 브리엔, 라온, 워털루에서의 여러 회전에서는 패배했던 것이다.

그런데 병력의 절대량은 전략에서는 대부분 이미 정해져 있으며 장수가 그것을 바꿀 순 없다. 하지만 그렇다고 해서 적보다 현저하게 열세한 군을 이끌고는 전쟁을 벌일 수 없다는 결론은 나오지 않는다. 전쟁의 승패는 꼭 정치에 의해 임의로 결정되는 것이 아니다. 적어도 피아의 병력 차이가 클 때는 더욱 그렇다. 그러기 때문에 전쟁에서 피아 병력의 비율은 중요한 고찰 대상이 되는 것이다. 그리고 이런 상황일수록 전쟁 이론이 더 필요함에도, 만약에 이론이 이에 대해서 발언권을 포기한다면 그것은 매우 이상한 이론이라고 해야 할 것이다.

피아의 전투력을 계측해서 두 군 사이에 큰 차이가 없다면 그것은 분명히 전쟁 이론에 안성맞춤인 상황이다. 하지만 차이가 클 경우에도 이론을 적용시킬 수 없다고는 말할 수 없는 것이다. 실제로 이런 상황에 대해서는, 이론을 적용할 수 있는 한계를 정할 수가 없는 것이다.

병력이 열세라면 그에 따라 전쟁의 목적도 축소해야 하고, 또 전쟁을 실시하는 시간도 단축하지 않을 수가 없다. 그래서 열세에 있는 병력은 이 두 가지 방면에, 말하자면 대피 장소를 찾게 되는 것이다.

병력의 양이 전쟁 지도에 어떤 변화를 주는가에 대해서는, 이러한 문제가 실제로 발생하는 대목에서 자세히 설명하겠다. 여기서는 일반적인 관점에서 살펴보는 데 그치고자 한다. 하지만 이 일반적인 관점의 완벽을 위하여 다음과 같은 한 가지 일을 덧붙이고 싶다.

---

3) 드레스덴 회전(1813. 26~27)에서 동맹군 병력은 49만 3000, 프랑스군 병력은 44만이었다.

병력에 현저한 차이가 나는 투쟁을 수행해야 할 군의 입장에서는, 병력의 부족이 크면 클수록 이 위험에 대항하기 위해 장병의 정신적 긴장, 즉 군의 사기도 더욱더 왕성해야 한다. 만약에 그 반대라면 이 고난을 타개하려고 하는 필사의 영웅적 용기는커녕 의기가 완전히 소침한 절망 상태가 생겨서 그 어떤 전쟁술도 손을 쓸 수가 없다.

이에 반해서 군의 사기가 높고 또 소정의 목적을 추구하는 장수의 현명한 조치가 적절한 완급으로 이루어진다면 빛나는 전투와 신중한 억제의 훌륭한 교착(交錯)이 생긴다. 우리가 프리드리히 대왕에 감탄하는 것은 바로 이 점에 있다.

이 같은 적절한 조치나 신중한 행동도 차차 그 기능을 잃어감에 따라, 군의 정신적 긴장과 사기는 더욱더 지배적이 되어야 한다. 그러나 그렇게 해도 피아의 병력 차이가 커서 아군의 목표를 축소해도 여전히 군의 파멸을 면치 못한다면, 또 위험이 연장될 공산이 커서 병력의 상용을 극도로 절약해도 목표에 도달할 가망성이 없다면, 군의 모든 힘을 집중하여 건곤일척(乾坤一擲)의 공격을 펼칠 수밖에 없다. 이런 곤경에 처한 장수가 마지막으로 기댈 데라고는 실로 정신적 우세뿐이다. 그리고 필사의 각오야말로 용기 있는 장수의 마음에 이러한 정신적 우세의 자각을 낳게 하는 것이다. 그는 지극한 용기가 곧 지극한 지혜라 생각하고, 부득이한 경우에는 대담하기 이를 데 없는 궤계(詭計)까지도 불사한다. 그럼에도 그에게 성공이 거부된다면 명예로운 패배를 깨끗이 인정하고 뒷날을 기약하는 것이다.

제4장
병종의 비율

이 장에서는 3가지 주요 병종(兵種)만을 논하고자 한다. 즉 보병, 기병, 그리고 포병이다.

다음 분석은 전략보다 오히려 전술 영역에 속하지만 이 문제를 보다 명확히 고찰하기 위해 꼭 필요한 일이므로, 본론에서 잠깐 벗어나는 것을 양해해 주기 바란다.

전투는 본질적으로 서로 다른 두 요소로 구성된다. 하나는 '사격'이라고 하는 격멸 원리이고, 나머지 하나는 '접전' 혹은 각개 전투이다. 그중 후자는 또 공격과 방어로 구분된다(여기서는 전투의 요소를 논하는 것이 주안점이므로 공격 및 방어는 각각 절대적인 의미로, 즉 순수한 개념으로 해석되어야 한다). 포병은 오직 사격이라는 격멸 원리에 따라 행동하고, 기병은 오직 각개 전투에 의해 활동한다. 보병은 양쪽 모두를 겸한다.

각개 전투에서 방어의 핵심은 마치 대지에 깊이 뿌리를 내린 나무처럼 진지를 고수하는 데 있다. 이에 반해서 공격의 핵심 요소는 이동이다. 기병은 첫 번째 특성과는 거리가 멀지만, 두 번째 특성은 충분히 갖추고 있다. 그래서 기병은 공격에 어울린다. 한편 보병은 고수하는 특성이 강하지만, 반드시 이동성이 부족한 것도 아니다.

전쟁에서의 기본 병력을 위의 3가지 병종에 배당하면, 보병은 다른 두 병종에 비해서 용도가 광범위하다는 점에서 뛰어나다는 사실을 알 수 있다. 보병은 3가지 기본 전력을 겸비하고 있기 때문이다. 게다가 이 3가지 병종을 결합하면, 전력을 보다 완전히 사용할 수 있다는 것은 분명하다. 그렇게 되면 다른 2가지 병종의 원리가 보병과 결합하기 때문에, 우리는 이 원리의 어느 것인가를 필요에 따라 임의로 강화할 수가 있다.

현대전에서 사격이라는 격멸 원리가 뛰어난 효과가 있다는 것은 명백하다. 그럼에도 각개 전투, 즉 일대일 투쟁이 전투 본래의 기초를 이룬다는 점도 명백하다. 그래서 이 2가지를 함께 고려해 볼 때, 포병으로만 이루어진 군은 전투 본래의 기초가 결여된 것으로 전쟁에서는 아예 생각할 수가 없다. 그러나 기병으로만 이루어진 군은 생각할 수 있다. 다만 강도(强度)면에서 약할 뿐이다. 이에 반해서 보병으로만 이루어진 군은, 생각할 수 있다는 것뿐만 아니라 실제로도 앞의 둘에 비해서 훨씬 강력하다. 따라서 이들 세 가지 병종은 각자의 독립성을 기준으로 보면 보병, 기병, 포병 순서가 된다.

그러나 어떤 병종이 다른 두 병종과 결합했을 때의 중요성에 대해서 보자면, 그 순서는 반드시 독립성의 순서와 동일하지 않다. 사격이라고 하는 격멸 원리에 따르는 포병은, 이동의 원리에 따르는 기병보다도 훨씬 유효하므로, 군에 포병이 없으면 그 군은 기병이 없는 것보다도 약체를 면치 못할 것이다.

보병과 포병의 두 병종으로 이루어진 군이, 세 병종으로 이루어진 군에 비하면 확실히 불리한 상황에 있다고 할 수 있다. 그러나 비교적 많은 보병을 가지고 기병의 빈자리를 보충하면, 전투 방법을 다소 변경함으로써 전술적으로는 어떻게든 해 나갈 수가 있다. 하기야 이러한 군은 전초가 적의 습격을 받았을 경우 상당한 혼란에 빠질 것이다. 또 적을 추격할 경우에는 기동력이 부족할 것이고 또 퇴각할 때에도 많은 고생을 겪을 것이다. 그러나 이런 곤란이 있다고 해서, 그것만으로 이 군을 쓸모없는 것이라고 전쟁터에서 제외시킬 수는 없다. 오히려 이러한 군이 보병과 기병으로 이루어진 군과 대전한다면 훌륭하게 그 역할을 다할 수가 있는 것이다. 그러나 보병과 기병의 두 병종으로 이루어진 군이, 세 병종으로 이루어진 군에 대해서 승리를 거둔다는 것은 거의 생각할 수 없는 일이라고 해도 과언은 아니다.

그런데 각 병종의 중요성에 관한 위와 같은 고찰이, 실제 전투에서 반드시 나타나게 되는 융통성을 도외시하고 있다는 것은 숨길 수 없는 사실이다. 여기에서 융통성이라고 하는 것은, 어떤 병종과 다른 병종의 결합의 득실은 꼭 위에서 말한 조합에 의해서 정해지는 것이 아니라, 경우에 따라 다른 결합도 생각할 수가 있다는 것이다. 따라서 위에서 말한 조합을 불변의 진리로 보고, 전투에서 구체적으로 생기는 어떤 특수한 상황에도 그대로 적용해야만 하는 것은 아니다. 실제로 전초로서 배치된, 또는 퇴각을 엄호하기 위한 보병 1개 대대에는, 몇 문의 화포보다도 오히려 기병 1개 중대를 배속하는 것이 좋을 것이다. 또 기병이나 기포병(騎砲兵)[1] 부대가 도주하는 적군을 신속하게 추격하거나 우회할 때에는, 보병을 전혀 필요로 하지 않는다. 그 밖에도 이와 비슷한 사례는 얼마든지 있다.

위에서 고찰한 결과를 정리하면 다음과 같이 요약할 수 있다.

1. 보병은 세 병종 가운데 가장 독립적인 병종이다.
2. 포병은 가장 독립성이 부족한 병종이다.
3. 보병은 다른 병종들과 결합할 때에는 가장 중요한 병종이다.
4. 기병은 없어도 되는 병종이나.
5. 세 병종이 결합하면 최대의 위력을 발휘한다.

그런데 세 병종을 결합한 군이 큰 위력을 발휘한다면, 이들을 어떤 비율로 결합하는 것이 최선이냐 하는 문제가 생긴다. 하지만 이에 대한 대답은 거의 불가능하다.

만약 이 세 병종에 대해서, 먼저 각 병종을 편성하여 유지하는 데에 필요한 전력(戰力)과 비용을 서로 비교하고, 다음에 각 병종이 전쟁에서 성취하는 업적의 차이를 서로 비교할 수 있다고 한다면, 세 병종의 가장 적절한 비율을 추상적으로 나타내는 일정한 결론을 구할 수가 있을 것이다. 하지만 이것은 결국 관념적인 놀이에 지나지 않는다. 이미 이 비교의 제1항을 결정하는 일조차도 곤란한 일이다. 하기야 이 항이 포함하는 두 개의 인자(因子) 중 한쪽, 즉 비용은 결정할 수 있다고 해도 다른 한쪽의 인자인 전력에 대해서는 각 병종마다 병사들의 생명 가치를 숫자로 표시할 수는 없을 것이다.

게다가 또 이 3가지 병종은, 각각 다른 국력(國力)을 바탕으로 성립되어 있다는 사정이 있다. 즉—보병은 나라의 인구, 기병은 나라가 보유한 말의 수, 포병은 국고의 재력에 바탕을 두고 있는 것이다. 즉 이와 같은 사정이, 3가지 병종의

---

1) 기포병은 기병 부대와 함께 경쾌하게 행동할 수 있도록 장비된 포병으로, 화포는 야포보다도 포신이 짧고 포수는 승차한 채로 이동한다.

비율을 결정짓는 근거를 외부로부터 가지고 들어오는 것이다. 실제로 이런 근거가 각 병종에 지배적인 영향을 미치고 있다는 것은, 여러 국민과 그 시대의 역사를 살펴보면 쉽게 알 수 있다.

그러므로 어떤 이유로 3가지 병종(兵種)의 비율을 규정하는 척도가 꼭 필요하다면, 첫 번째 비교 요소에 포함된 2가지 인자 중에서 우리가 확정할 수 있는 요소, 즉 금전에 의해서 지불되는 비용만을 다루어야 한다. 이에 대한 것이라면 일반적이지만 필요한 숫자를 정확히 제시할 수 있다. 그것은 통상적인 경험에 따르면 150마리의 말을 거느린 기병 1개 중대와, 800명의 병사로 구성된 보병 1개 대대와, 6파운드[2) 포 8문을 갖춘 보병 1개 중대는 장비비와 유지비에 관한 한 거의 같은 액수의 비용이 필요하다는 것이다.

그런데 두 번째 비교, 즉 3가지 병종이 전투에서 성취하는 업적의 차이, 즉 각 병종이 전투에서 성취하는 업적의 다과를 결정한다고 하면, 각 병종마다 일정한 양을 확정한다는 것은 비용의 결정보다도 훨씬 곤란하다. 하기야 사격만을 격멸 원리로 하는 포병에 관해서라면 그 성과를 확정 지을 수 있을지 모른다. 그러나 어떤 병종이나 독자적인 본분과 특수한 활동 범위를 지니고 있다. 게다가 그 활동 범위가 또 매우 불안정해서 어떤 때에는 작아지기도 하고 어떤 때에는 커지기도 한다. 활동 범위의 이러한 변동은 전쟁 지도를 다소 수정하게 될 뿐 특별히 불리함을 가져올 정도는 아니다.

그런데 이 건에 대해서는 경험이 가르치는 바에 따르는 것이 옳다고 생각하여 세 병종 사이의 비율을 확정하는 데에 충분한 근거를 전사(戰史)에서 찾아볼 수가 있다고 주장하는 논자가 있다. 그러나 이러한 생각은 결국 하나의 빈말로 아무런 근본적, 필연적인 바탕을 갖는 것이 아니다. 따라서 진실 탐구를 목적으로 하는 고찰에서는 일고의 가치도 없다.

비록 세 병종 간의 가장 좋은 비율로서 일정한 수치를 생각할 수 있다고는 하지만, 그와 같은 수치는 확정될 수 없는 X치로서 관념의 놀이 범위를 벗어나지 못하는 것이다. 하지만 세 병종 중 어느 것이 적군의 같은 병종에 비해 우세하거나 열세일 경우에 어떠한 효과가 생기는가 하는 것을 살펴보는 일은 괜찮

---

2) 이전에는 사용하는 포탄의 중량에 따라 화포의 대소를 구별했다. 1파운드는 약 500g이었다.

다고 생각한다.

포병은 사격이라는 격멸 원리를 목적으로 하는 병종이다. 이 점에서 포병은 3가지 병종 가운데 가장 가공할 병종이며, 따라서 포병이 부족하면 군의 강도가 크게 떨어진다. 그런데 한편으로 포병은 셋 중 가장 움직임이 적은 병종이기도 하며, 따라서 군의 기동력을 둔하게 만든다. 게다가 또 포병에게는 엄호 부대의 지원이 꼭 필요하다. 포병은 각개 전투를 잘 하지 못하기 때문이다. 만약 포병만 지나치게 많고 이를 엄호해 줄 부대가 적의 공격 부대 규모에 미치지 못한다면 포병은 적의 수중에 들어갈 수도 있다. 그러면 여기에 새로운 불리함이 생긴다. 즉, 적은 포병의 주요 부분을 이루는 화포와 탄약차를 포획해서 바로 이것을 아군을 향해 역이용할 수가 있다. 적이 이와 같이 이용할 수 있는 것은 세 병종 가운데서 포병뿐이다.

기병은 군의 이동 원리를 촉진한다. 전쟁의 본령은 마치 맹렬히 타오르는 불꽃과 같은 신속하고 기민한 이동이다. 이 경우 군을 편성하는 기병의 규모가 작으면 신속한 기동력이 크게 떨어지게 된다. 만사가 느릿느릿 (도보로) 진행되고 모든 것이 하나하나 신중히 처리되기 때문이다. 그렇게 되면 승리의 풍성한 수확물을 커다란 낫 대신 작은 낫으로 찔끔찔끔 수확하는 꼴이다.

군의 기병이 지나치게 많다고 하는 것은, 직접 전투력을 격감시키는 것도 아니고 또 군의 구성을 심하게 불균형 상태로 만드는 것도 아니지만, 간접적으로는 전투력을 약화시킨다. 기병은 보병에 비해 많은 유지비가 들어가기 때문이다. 이를테면 1만 명의 기병을 유지하는 비용으로 5만 명의 보병을 유지할 수 있다는 것을 생각해 보기 바란다.

군에서 어떤 병종이, 다른 두 병종에 비해서 특별히 많다고 하는 점에서 생길 수 있는 이들 특성은, 좁은 뜻의 전쟁술에서는 매우 중대하다. 무릇 전쟁술이란 이미 주어져 있는 전투력을 사용하는 방법을 가르치는 기술이며, 또 이 전투력은 이미 세 병종에 각기 배당되어 있는 것이 통례이다. 따라서 장수로서는 여기에 현저한 변경을 가할 수가 없는 것이다.

군에서 어떤 병종이 다른 병종에 비해 지나치게 많다고 할 때, 전투 방법의 성격이 어떻게 변하는가에 대해서 조사해 보면, 다음과 같은 변화가 생긴다는 것을 알 수 있다.

군에 포병이 지나치게 많으면 군사 행동은 전체적으로 수세적이고 수동적인 성격을 띠지 않을 수가 없다. 따라서 포병은 강력한 진지, 극도로 단절된 지역, 산악 진지에서까지도 진을 치는 것을 목적으로 한다. 그렇게 되면 지형이 주는 천연적 장애물이 다수의 포병을 방어해주기 때문에, 이러한 경우에는 적 병력은 격멸을 당하기 위해 오는 것과 마찬가지이다. 이렇게 해서 전쟁은, 말하자면 장중하고 격식 있는 미뉴에트 형식으로 이루어진다.

이에 반해서 군에 포병이 부족할 경우에는, 적극적 원리인 공격 원리[3]나 이동의 원리가 우위를 차지하게 된다. 그러면 행진과 고난이, 이러한 적극성에 적응하는 본래의 무기가 된다. 이렇게 해서 전쟁은 다종다양한 형태를 띠고 변화무쌍한 움직임으로 이루어지게 된다. 말하자면 커다란 사건을 작은 사건으로 바꾸는 것과 같은 것이다.

다수의 기병을 보유한 군은 드넓은 평원과 대규모의 이동에 매우 적합하다. 이런 경우에 아군이 적군과 멀리 떨어져 있으면 아군은 평온한 휴식을 취할 수 있겠지만 적군은 마음 놓고 쉬지 못할 것이다. 왜냐하면 이쪽은 기병의 운동력을 내세워 광대한 공간을 제압하고, 용감하게 우회하거나 대담하게 이동하기 때문이다. 또 견제나 침입이 전쟁의 유력한 보조 수단인 한, 기병이 있으면 쉽사리 이들 수단을 사용할 수가 있게 된다.

기병의 부족이 결정적이라면 군의 운동력은 격감되지만 그렇다고 사격이라는 격멸 원리가 포병에 의해 더욱 강화되는 것도 아니다. 이런 경우에는 신중함과 계획적인 행동이 전쟁의 성격이 된다. 즉 적에 접근하여 눈앞에서 적을 관찰하고—급속한, 하물며 성급한 운동을 피하고, 긴밀하게 집결된 대부대로 서서히 이동을 시도해 보는 것—방어를 목적으로 애써 단절지(斷絶地)를 이용하고 또 공격을 해야 할 경우에는 단숨에 적의 중심을 찌르는 일, 요컨대 이들 방책이 이러한 경우에 가장 자연스러운 경향이라 할 수 있다.

이와 같이 군의 어떤 병종이 다른 병종에 비해 유독 많으면 이에 따라 전투 방법도 각기 다른 방향을 취하게 된다. 그러나 이렇게 서로 다른 방향은 어느 것이나 그것만으로, 혹은 주로 전체적인 작전 계획을 결정할 정도로 전반적

---

3) 공격의 원리는 보병에 대해서, 운동의 원리는 기병에 대해서 말한다.

인 것도 아니고 유력하지도 않다. 전략적 공격으로 나가느냐, 방어에 치중하느냐, 또 전쟁터를 선택할 때에도 주력 전투를 선택하느냐 그렇지 않으면 다른 파괴적 수단을 고르느냐 하는 것은 보다 더 중요한 정황에 의해서 결정할 일이다. 이것을 명확하게 인식하지 않으면 쓸 데 없는 일을 마치 중요한 일처럼 잘못 생각할 염려가 다분히 있기 때문이다. 하지만 군에서 어떤 병종이 다른 병종보다도 우세하면, 역시 거기에서 생기는 영향력을 어느 정도 인정하지 않을 수가 없다. 공격에서는 신중하고 계획적인 행동을 위주로 하고, 방어에서는 용감하고 진취적인 행동이 좋다는 말들을 하는데 이것도 특히 유력한 병종이 무엇인가에 의해서 몇 가지 영향을 받게 된다. 요컨대 여러 병종 간의 비율은 군사적 행동에 여러 가지 양식과 강약을 부여하게 된다.

그런데 이와는 반대로, 전쟁의 성질이 세 병종 간의 비율에 현저한 영향을 주는 일이 있다.

첫째로, 예비군[4] 및 국민군[5]의 지원을 받는 국민 전쟁에서는, 특히 많은 보병이 편성된다. 그러나 이것은 불가피한 사정에 입각한 것이다. 국민 전쟁이 되면, 병사가 부족하다기보다도 오히려 장비 자재가 부족하기 때문이다. 이 경우에는 그렇지 않아도 부족하기 쉬운 장비를 특히 필요한 것으로 제한할 수밖에 없다. 따라서 8문의 화포를 보유한 포병 1개 중대 대신에 보병 1개 대대밖에 편성할 수가 없는데, 국민 전쟁에서는 보병 2~3개 대대가 편성되는 식이다.

둘째로, 열세한 군이 강력한 군을 상대로 싸울 때, 국민 총무장이나 이에 준하는 예비군 편성이라는 수단에 호소할 수가 없으면, 무엇보다도 포병을 증가하는 일이 열세의 전투력을 보충해서 적 전투력과 어떻게든 균형을 맞출 수 있는 가장 빠른 방법이다. 그렇게 되면 병사 수가 적어도 되고, 또 전투력의 가장 본질적인 원리, 즉 사격이라는 격멸 원리를 더욱 강화할 수 있기 때문이다. 그렇지 않아도 열세에 처한 군은 좁은 전쟁터에서 싸우는 것이 통례이므로, 이러한

---

4) 예비군은 전쟁이 일어났을 때에만 소집되었는데, 특별히 예비군을 조직하여 본디 국방에만 사용되었다. 프로이센에서는 1813년에 예비군 제도가 설정되어, 해방 전쟁 직후인 1815년에 예비군 조례가 발포되었다. 이 조례는 1867년까지 유효했다.
5) 국민군은 군무에 복무한 경험을 가지고 있지는 않지만 병역을 수행할 수 있는 남자가, 전쟁 때 소집되어 조직된 것으로, 본디 국토방위만을 담당했다.

작은 전쟁터에서는 포병이 가장 알맞다. 프리드리히 대왕은 7년 전쟁의 말기 무렵에는 이 방법을 즐겨 사용했다.

셋째로, 기병은 신속한 운동과 대규모 결전을 주안점으로 삼는 병종이다. 그러므로 세 병종 간에 보통 비율 이상으로 우세한 기병은 광대한 전쟁터에서 종횡무진으로 싸우거나 대규모의 결정적 돌격을 감행할 때에는 아무래도 없어서는 안 될 중요한 병종이다. 실제로 나폴레옹은 그 실례를 보여주었다.

공격과 방어는 전쟁을 수행하는 2가지 형식이지만, 공격이든 방어이든 여러 병종의 비율 문제에 본질적인 영향을 주는 것이 아니라는 것은, 뒤에 군사적 행동에서의 이 두 가지 전쟁 형식을 논할 때 명백해지리라고 생각한다. 우선 여기에서는 공격자도 방어자도 일반적으로는 동일한 전쟁터에서 이동하고 또 행동한다는 것, 또 대개의 경우 두 군 모두 결전을 원한다는 동일한 의도를 지니고 있다는 것만을 지적하고자 한다. 1812년의 전역[6]은 그 한 예이다.

중세에는 기병이 보병에 비해 훨씬 많았지만, 그 뒤 기병의 비중이 점점 줄어들어 현대에 이르렀다는 것이 통설이다. 하지만 이 설은, 적어도 부분적으로는 오해이다. 중세를 통해서 전투력에 관한 비교적 정확한 기록을 조사해 보면, 기병은 수적으로 보아 평균해서 보병보다 그리 많지 않았다. 이것은 십자군을 편성하고 있던 보병이나, 또 독일 황제를 따라서 로마 원정에 참가한 군의 보병이 대량이었음을 생각해 보는 것만으로도 명백할 것이다. 하지만 기병의 중요성은 오늘날보다도 훨씬 컸다. 당시의 기병은 국민 중에서 선택된 사람들로 이루어진 강력한 병종이었다. 그래서 수적으로는 보병에 미치지 못했으나, 항상 주요 전투력으로 간주되었다. 이에 비해 보병은 그다지 중요시되지 않았고, 또 기록에도 거의 기재되지 않았다. 이러한 사정으로 해서 당시는 기병에 비해 보병의 수가 현저하게 적었다는 설이 생겨난 것이다. 물론 독일, 프랑스, 이탈리아 등의 내지(內地)에서 벌어진 전투에서는, 매우 소규모의 기병만으로 구성되어 있었다는 사례가 적지 않다. 그러나 당시는 기병이 가장 중요한 병종이었다는 사실에 비추어, 이러한 사례는 위에서 말한 것과 조금도 모순되는 것은 아니다. 여하간 이러한 특수한 예만 가지고는 기병과 보병의 비율을 일괄적으로 결정할 수는

---

6) 나폴레옹의 러시아 원정을 가리킨다.

없다. 이들 사례는 보다 더 대규모의 군에는 적용되지 않기 때문이다. 이윽고 용병 면에서 종래의 주종 관계가 폐지되자 전쟁은 징모(徵募)된 용병, 다시 말하면 월급이 지급되는 병사에 의해 이루어지게 되어 전쟁은 돈과 징모에 의존하게 되었다. 30년 전쟁이나 루이 14세가 행한 전쟁 시대가 되어, 그다지 유용하지 않았던 대량의 보병을 갖추는 옛 습관이 시들해진 것은 이러한 사정에서였다. 그런데 때마침 소총 제작 기술이 눈에 띄게 발전하면서 보병은 점차 그 중요성이 인식되어, 수적인 우세를 어느 정도 유지할 수가 있었다. 만약 이러한 사정이 생기지 않았더라면 기병과 보병의 비율은 아마 과거의 기병 시대로 되돌아갔을 것이다. 참고로 당시 보병과 기병의 비율은, 보병이 적은 경우에는 1 : 1이고 많으면 3 : 1이었다.

그 뒤로 화기가 차츰 발달하면서, 기병은 종전의 중요성을 점점 잃어 갔다. 사실 이것은 당연한 현상이었다. 그런데 여기서 말하는 화기의 발달이란 단순히 무기 자체나 그것을 능숙하게 사용하는 기술의 발달만 가리키는 것은 아니다. 그것은 화기로 무장한 부대를 사용하는 방식에도 관계가 되었다. 몰비츠[7]의 회전에서, 프로이센군은 화력전의 위력을 최고로 발휘했는데 그 뒤 이를 능가할 만한 업적이 나타나지 않았다. 이에 반해서 단절지(斷絕地)에서의 보병 사용과 산병선(散兵線)에서의 소총 사용은 그 뒤에 처음 등장한 것으로, 이것은 격멸을 목적으로 하는 행동에서의 일대 진보라고 볼 수 있다.

그렇기 때문에 보병 대 기병의 비율은 수적으로 볼 때 거의 변하지 않았지만, 그 중요성은 크게 변했다고 해도 좋다. 이것은 모순된 이야기처럼 들릴지도 모르지만 실은 그렇지가 않다. 중세의 보병은 군에서 수적 우세를 차지하고 있었으나, 그것은 기병에 대한 본디 비율에 의해서 이러한 수가 된 것이 아니라, 보병보다도 훨씬 많은 비용이 드는 기병에 편입할 수 없었던 병사들을 할 수 없이 보병으로 만들었기 때문이다. 즉, 이러한 보병은 궁여지책으로 편성된 데 지나지 않았다. 만약에 기병의 수를 이 병종 자체의 가치만을 기준으로 결정하기로 했다면, 그 수는 아무리 많이 배치해도 부족했을 것이다. 그 뒤 기병의 중요성은 점점 줄어들었지만, 사람들은 이 병종을 여전히 중요시하여 보병에 대한 비

7) 몰비츠(Mollwitz). 슐레지엔의 마을. 이곳 회전(1741. 4. 10)에서, 프리드리히 대왕이 이끄는 프로이센군은, 소총으로 무장한 보병을 사용해서 오스트리아군을 무찔렀다.

율이 오늘날까지 오랫동안 유지되어 온 이유가 바로 여기에 있는 것이다.

　적어도 오스트리아 계승전쟁[8] 뒤 지금까지, 보병에 대한 기병의 비율은 전혀 변동이 없고, 항상 보병의 1/4, 1/5 내지 1/6 정도 사이를 오르내리고 있었다는 것은 주목할 만하다. 그러기 때문에 이 비율이야말로, 두 병종에 대한 필요를 조금도 무리 없이 가장 자연적으로 충족시키는 비율이며, 이 수치는 직접 계산해 낼 수 없다고 여기게 되었는지도 모른다. 그러나 과연 그러했는가는 의심스럽다. 오히려 기병이 아직도 다수라고 하는 데에는 무엇인가 다른 동기가 있고, 또 이들 동기는 매우 많은 사례에 의해 명백해지고 있다고 하는 편이 옳을 것이다.

　러시아와 오스트리아는 기병을 논할 때 빼놓을 수 없는 나라들이다. 두 나라의 국가 조직에는 아직 타타르적[9]인 병제(兵制)의 흔적이 남아 있기 때문이다. 나폴레옹은, 그의 목적을 이루기 위해서는 아무리 병력이 강해도 충분하지 않다고 생각했다. 그래서 그는 징병 제도를 최대한 이용해서 가능한 한 많은 병사를 모았다. 따라서 그의 군을 강화하기 위해서는 보조 병종으로서 기병을 늘리는 수밖에 없었다. 그러면 금전적 부담은 커지지만 병사의 수는 적어도 되었기 때문이다. 또 나폴레옹의 군사적 행동은 넓은 지역에 이르고 있었기 때문에, 기병이 일반적인 경우보다 더 높이 평가된 사실도 간과되어서는 안 될 것이다.

　프리드리히 대왕은 자국에서 새로운 병사를 뽑는 것을 피했다. 그리고 징병에 관해서 단 한 명의 병사조차도 소홀히 하지 않았던 그의 고민은 널리 알려진 사실이다. 또 프리드리히 대왕은 그의 군대를 되도록 타국의 비용으로 운용하려고 노력했다. 그가 이런 방침을 취한 까닭은, 당시 그의 작은 나라가 프로이센이나 베스트팔렌에 속하는 여러 주를 상실한 상태였다는 사정을 생각한다면 곧 이해가 갈 것이다. 일반적으로 기병은 다수의 병사가 필요 없다고는 해도, 징병에 의해서 다른 병종보다도 손쉽게 보충할 수 있었다. 게다가 또 프리드리히 대왕의 전쟁 방식은 오직 운동력의 우세를 바탕으로 하는 것이었다. 그래서 그의 군에서는 보병이 점점 줄어들고, 이에 반해서 기병은 7년

---

8) 오스트리아 왕위 계승을 둘러싸고 일어난 국제 전쟁(1740~48).

9) 타타르인이 기병에 능숙했다는 것, 또 헝가리를 포함하는 오스트리아에 타타르인의 혼혈 종족이 거주하고 있었다는 것을 가리키는 것으로 여겨진다.

전쟁이 끝날 때까지 끊임없이 증가한 것이다. 하지만 그의 기병은 7년 전쟁이 끝날 무렵에도 전쟁에 참가한 보병의 약 1/4을 겨우 웃도는 데 지나지 않았다.

그런데 위에서 말한 것처럼 기병이 중시되던 시대에조차, 적보다 열세한 기병으로 승리를 거둔 전쟁 사례가 없는 것은 아니었다. 그 가장 유명한 예가 그로스게르센의 회전[10]이다. 이 전투에 참가한 사단을 보면 나폴레옹군은 10만 명이었는데, 그중 5000명이 기병이었고 9만 명이 보병이었다. 한편 동맹군은 7만 명이었는데, 그중 2만 5000명이 기병이었고 4만 명이 보병이었다. 그러니까 양측의 병사 수를 비교해 보면, 나폴레옹군은 동맹군보다도 기병이 2만 명 적고 보병이 5만 명 많았다. 통설대로 기병 대 보병의 비율이 1 : 5가 적당하다고 한다면 나폴레옹군의 기병은 동맹군보다 2만 명이 부족하니까, 이를 만회하기 위해서는 보병 10민 명이 부족했던 것이다.

그런데 나폴레옹은 겨우 5000명의 기병과, 적보다 5만 명 더 많을 뿐인 보병만으로 이 회전에서 승리를 거둔 것이다. 그러면 지금 산출한 10만의 보병에 오스트리아군의 보병과 같은 수 4만을 더한 14만이 싸우지 않으면, 나폴레옹은 아마도 패배할 것이라는 통설은 무의미한 것이다.

그런데 동맹군 기병의 우세가 결국 매우 유리했다고 하는 것은, 회전 직후에 명백하게 드러났다. 나폴레옹은 승리했어도 전리품을 거의 얻지 못했던 것이다. 이런 결과를 보면 전쟁에서는 승리가 전부는 아니라는 것을 알 수 있다. 하지만 승리는 여전히 최상의 요건이 아니겠는가.

이와 같이 고찰해 보면, 80년[11]이 지난 이래 기병과 보병의 비율이 확립되어 오늘날까지 이르고는 있지만, 이 비율이 두 병종의 절대적 가치로부터 자연적으로 발생했다는 관점에는 전적으로 동의할 수 없다. 오히려 이들 두 병종의 비율은 앞으로 몇 차례 변천을 겪는 동안에 종래의 방향으로, 다시 말하면 기병이 그 중요성을 점차 잃는 방향으로 변화하여 결국은 기병의 수도 현저하게 감소할 것이라는 의견이다.

포병에 대해서 말하자면, 화포가 발명된 이후 중량의 경량화와 기구의 개선

---

10) 그로스괴르센의 회전(1813. 5. 2).

11) 프리드리히 대왕의 제1차 슐레지엔 전쟁은 1740년에 시작되었는데, 클라우제비츠가 이 책을 쓴 것은 1818년 내지 1830년으로 그 사이는 약 80년이다.

에 따라 회전에서 사용되는 화포의 수가 증가한 것은 당연하다. 그러나 프리드리히 대왕 이후로, 보병 1000명에 화포 2~3문이라는 비율이 대체적인 규칙이다. 그런데 포병은 보병에 비해 전투 중에 소모되는 수가 적으므로 하나의 전역(戰役)이 끝난 뒤에는 위의 비율이 현저하게 증가하여 소모가 심한 보병 1000명 대 화포 3~4문, 혹은 5문까지 이르는 일이 있다. 이 비율이 자연적인 것인가의 여부, 또 전쟁 지도에 지장을 주지 않으면서 화포의 수를 더 이상으로 늘릴 수 있는지의 여부는, 경험을 통해 비로소 해결할 수 있는 문제이다.

지금까지의 고찰에서 생긴 결과를 정리하면 다음과 같이 요약된다.

1. 보병이 주된 병종이고, 기병 및 포병의 두 병종은 이에 배속된다.

2. 전쟁 지도에서 보병의 뛰어난 기술을 활용하여 그 활발한 행동을 촉진하면, 이에 의해서 기병이나 포병의 부족을 어느 정도 보충할 수 있다. 그러나 이 경우, 보병의 수가 다른 두 병종보다도 훨씬 많아야 한다. 게다가 보병의 질이 높을수록 더욱 보충하기 쉬워진다.

3. 어쩔 수 없는 상황이라면 기병을 없앨 수도 있지만, 포병은 없애서는 안 된다. 포병은 가장 주요한 격멸 원리이며, 또 포병전과 보병전의 긴밀한 협동 관계는 기병전과 보병전과의 관계보다 훨씬 강하기 때문이다.

4. 격멸 행동에서는 포병이 가장 강력한 병종이고 기병이 가장 약한 병종이다. 그렇다면 일반적으로는 다음과 같은 문제가 생긴다. 즉, 이동성이 가장 뒤떨어지는 포병이 지나치게 많으면 불이익이 발생할 염려가 있다. 그래서 이 점을 충분히 고려한 뒤에 포병은 어느 정도 있으면 되는지, 또 기병은 적을수록 좋지만 어느 정도 있어야 좋은지 하는 것이 문제가 된다.

전투 서열(序列)은 군의 여러 부대를 편성하기 위해 실시되는 여러 병종(兵種)의 구분 및 편성이며, 또 이들 부대의 배치 형식을 말한다. 이러한 구분과 편성 및 배치 형식은, 전역(戰役)이나 전쟁이 시작되었을 때 그 전역 또는 전쟁을 통해서 불변의 규범이 되어야 한다.

따라서 전투 서열은 군대 '구분'이라고 하는 산수적 요소와, 병력 '배치'라고 하는 기하학적 요소로 이루어진다. 그중 군대 구분은 군의 평상시 편제(編制)에서 출발한다. 그리고 보병 대대·기병 중대·연대 혹은 포병 중대 등의 부대를 각각 한 단위로 보고, 이 부대들을 통합해서 보다 큰 부대를 조직하고 더 나아가 당면한 상황에 맞추어 군을 편성하게 되는 것이다. 이와 마찬가지로 병력 배치도 또한 평상시의 교도(教導)와 교련으로 군에 주입된 기본 전술에서 출발한다. 하지만 이렇게 교습된 기본 전술은, 실전에 임해도 본질적으로는 변질되지 않는 군의 특성으로 간주되어야 한다. 또 배치는 전쟁에서 군대를 사용하는 데 필요한 조건을 이 기본 전술과 연결시키고 또 군을 전투에 적합하게 배치할 때 고려해야 할 규범을 규정하는 것이다.

예로부터 대군(大軍)을 전장에 내보낼 때에는 항상 위와 같은 조치가 취해졌다. 또 이런 형식이야말로 전투의 본질적인 부분이라고 생각하던 시대도 있었다.

17~18세기에 소총이 발달함에 따라 보병의 수가 크게 증가했기 때문에, 전투 정면에는 소개(疏開)[1]된 보병 부대가 장대한 선을 이루며 좌우로 포진해 있었다. 그 결과 전투 서열은 훨씬 단순해졌지만 전투의 실시에 곤란이 따르게 되

---

1) 전황에 따라 중대, 소대 또는 분대 상호 간의 간격을 벌리는 것을 말한다.

어, 이 문제를 해결하기 위해 교묘한 임기응변의 술책이 필요하게 되었다. 당시의 기병은 보병을 사이에 두고 양 날개에 배치되는 것 외에는 쓸모가 없었다. 양 날개라면 적의 사격에 노출될 염려도 없고 또 기병에게는 이동의 여지가 있었다. 이렇게 해서 왕년의 전투 서열은 요지부동의 불가분한 전체로 묶은 것이다. 만약에 이러한 군이 중앙에서 둘로 나뉘면, 이 군은 마치 절단된 지렁이처럼 되어 이미 제 구실을 하지 못한다. 절단된 좌우의 날개는 아직 살아서 움직이기는 하지만 이미 날개로서의 기능은 상실된 셈이다. 이렇게 해서 전투력은 통일체라고 하는 하나의 속박에 갇혀 있었다. 만약에 군의 어떤 부분을 분리해서 다른 배치로 바꾸려고 한다면 그때마다 부분적인 편성이나 해체가 필요했다. 따라서 전군이 해야 할 행군은 지리멸렬 상태가 된다. 특히 적군 근처에서 하는 행진은, 전열 간의 거리나 양 날개의 간격을 적당히 안배해서 무턱대고 통과하기 위해 매우 교묘하게 연구된 배열이 필요했다. 이렇게 해서 행진은 끊임없이 적의 눈을 피해 실시되어야 했다. 그런데 이와 같은 도둑과 다름없는 행동이 특별히 혼이 나지 않은 것은, 적도 역시 이 속박에 갇혀 있었기 때문이다.

18세기 후반이 되자, 기병을 군의 배후에 배치해도 날개를 따라 배치한 경우와 마찬가지로 양 날개를 방어할 수 있고, 뿐만 아니라 기병에는 적의 기병과 개별적으로 전투를 벌이는 일 외에도 여러 가지 용도가 있다는 사실이 판명되었다. 이것은 병력 배치에서의 커다란 진보였다. 기병을 군의 배후에 옆으로 길게 배치하면 군의 정면폭을 세로 방향으로 분할하는 한, 어느 부분이나 균질(均質)을 이루어 임의의 병력을 자유로 분리할 수 있기 때문이다. 또 이렇게 해서 분할된 부분은 다른 부분들과 서로 비슷할 뿐만 아니라 본래의 전체와도 비슷하기 때문에, 근대의 군은 과거와는 달리 하나의 전체가 아니라, 많은 마디로 이루어진 하나의 전체가 되어 유연성과 신축성이 풍부한 것이 되었다. 이렇게 해서 부분은 전체로부터 손쉽게 분리되고 또 필요하다면 다시 전체에 접속해서 애초의 상태로 되지만, 전체로서는 여전히 동일한 전투 서열을 유지하고 있었다. 이와 같은 방식으로 해서 여러 병종으로 이루어진 군단이 생겼다. 실제로 이러한 군단의 필요성은 전부터 요망되고 있었는데 마침내 가능하게 된 것이다.

전투 서열에 관한 이와 같은 고찰이 모두 회전(會戰)에서 출발하고 있다는 것은 사리로 보아 당연한 일이다. 왕년에는 회전이 전쟁의 모두였고, 앞으로도 여전히 전쟁의 주요 부분을 이룰 것이다. 그러나 전투 서열은 일반적으로 전략보다도 오히려 전술에 속한다. 그럼에도 불구하고 지금 전투 서열의 성립을 설명한 것은, 전술은 군 전체를 동질(同質)의 보다 작은 전체로 분할함으로써 이미 전략을 위해 준비했다는 것을 지적하기 위한 것이다.

군이 커지고 넓은 지역에 배치되고, 또 각 부대가 거두는 성과가 다양한 방식으로 서로 얽히게 됨에 따라 전략의 범위는 더욱더 확대된다. 그렇게 되면 전투 서열은, 우리가 지금 정의한 뜻에서 전략과 상호 작용을 하지 않을 수 없게 된다. 그리고 이와 같은 상호 작용이 현저하게 나타나는 것은 전술과 전략이 서로 접촉하는 시점, 즉 전투력의 일반적 배치가 특수한 전투 부서(部署)로 이행하는 바로 그 순간이다.

그래서 전략적 관점에서 구분, 여러 병종의 결합, 그리고 배치에 대해서 논해 보고자 한다.

1 구분

전략적 의미에서 문제가 되는 것은, 1개 사단 또는 한 군단의 병사의 수는 얼마이어야 하느냐가 아니라, 하나의 작전군(作戰軍)은 몇 개의 군단 또는 사단으로 분할되어야 하느냐 하는 것이다. 하나의 작전군을 셋으로 나누는 것은 가장 졸렬한 방식이다. 둘로 나눈다는 것도 어리석은 표현이다. 그렇게 되면 주장은 이도저도 아닌 어정쩡한 상태에 빠지게 되기 때문이다.

기본 전술이나 고등 전술에서 그럴싸한 이유를 끌어내어 크고 작은 군단의 병력을 각각 규정하게 되면, 멋대로 주장을 내세울 수 있는 여지는 얼마든지 있다. 그래서 이제까지 온갖 이론이 나타나고 있는 것이다. 그런데 독립된 하나의 작전군을 약간의 수로 구분할 필요가 있다는 것은 명백하므로 새삼 논의할 여지가 없다. 이것은 하나의 작전군을 대부대로 구분할 경우, 구분의 수와 각 부대의 병력 수는 전략적 근거에 입각해서 규정되어야 한다는 생각을 나타낸 것이다. 그러나 보병 중대나 보병 대대, 혹은 이에 준하는 작은 부대에 관한 규정은 이제까지와 마찬가지로 전술에 위임되어 있다.

아무리 작다 해도 독립적인 하나의 작전군인 이상, 이것을 3개 부대로 구분할 수밖에 달리 생각할 길이 없다. 그러면 그중의 한 부대는 전방으로, 또 다른 한 부대는 후방에 배치하고, 나머지 한 부대를 주력으로 해서 중앙에 배치하게 된다. 그런데 중앙 부대는 앞뒤의 두 부대보다 강력해야 한다는 것을 생각하면, 군을 넷으로 나누어 중앙에 두 부대를 배치해서 이를 주력으로 삼고, 전후에 각기 한 부대씩 배치하는 것이 보다 좋다고 하는 것은 사리로 보아 당연하다. 이와 같은 방식으로 구분해 가면 8개 구분까지 이를 수가 있다. 그리고 이 8구 분법이 하나의 작전군에 가장 적당한 것으로 여겨진다. 그러면 전위(前衛)는 항상 없어서는 안 되므로 여기에 한 부대를 충당하고, 세 부대를 주력으로 해서 각기 우익, 중앙 및 좌익에 배치하고 또 2개 부대를 후위로 한다. 마지막에 남은 두 부대를 각기 좌우 양익에 측위(側衛)로서 배치시키는 것이다. 그러나 우리는 이들 구분의 수나 대형(隊形)을 움직일 수 없는 규칙으로 생각해서 여기에 큰 가치를 둘 생각은 없다. 그러나 이와 같은 구분과 배치가 가장 보통으로, 또 가장 빈번하게 사용되는 전략적 배치이며 따라서 이것을 편리한 구분으로 여기지 않을 수가 없다.

장수가 직접 명령을 주는 지휘관의 수를 3명 또는 4명으로 한정하면, 군 (또는 각 군단이나 사단)의 지휘는 매우 손쉬울 것이라고 여겨진다. 그러나 그렇게 되면 장수는, 지휘에 관해서는 편리함을 얻는 대신에 매우 높은 대가를 이중으로 지불해야 한다. 첫째, 명령을 하달하는 단계가 길면 명령의 신속한 전달, 박력 및 정확성은 더욱더 상실된다. 장수와 사단장 사이에 군단장이 개재하고 있는 경우가 이것이다. 둘째로, 장수에 직속된 지휘관의 활동 범위가 크면, 장수의 명령이 지닌 본디 위력과 효과는 그만큼 줄어든다. 이를테면 10만 대군을 8개 사단을 통해서 명령하는 장수는, 같은 10만 대군이 3개 사단으로 분할되어 있는 경우보다도 강한 위력을 발휘할 수 있다. 여기에는 여러 가지 원인이 있다. 그중에서도 가장 유력한 원인으로서는 지휘관이 그의 휘하 부대에 대해 소유권을 가지고 있는 것처럼 생각하여, 부대의 일부를 비록 단기간이라도 다른 곳으로 빼가는 일이 생기면 반드시 반항한다는 사실을 들 수가 있다. 이것은 다소라도 실전 경험을 가진 지휘관이라면 쉽사리 이해할 수 있는 일이다.

그러나 작전군을 대부대로 구분할 경우, 부대의 수를 함부로 늘려서는 안 된다. 그와 같은 일을 하면 지휘 계통에 혼란이 생기기 때문이다. 군 사령부가 8개 군단 또는 사단을 지휘한다는 것은 곤란한 일이며 그것이 10개가 되면 이미 지휘는 불가능하다. 그래도 사단에서는 명령을 실행으로 옮기는 수단이 군단에 비해 훨씬 적으므로, 한 작전군을 구분하는 정상적인 사단의 수로서는 많아야 4개 내지 5개 정도가 적당하다고 보아도 좋다.

그런데 하나의 작전군을 5개 사단으로, 또 각 사단을 10개 여단으로 구분하는 것만 가지고는 불충분하다면, 다시 말해 그것으로는 각 여단의 병력수가 과다하다고 한다면, 군 사령부와 사단 사령부 사이에 군단 사령부를 개재시켜야 한다. 그러나 그렇게 하면 바로 군사령부와 사단사령부 사이의 지휘권을 크게 침해하는 새로운 힘이 나타난다는 것을 고려해야 한다.

그렇다면 병력수가 지나치게 많은 여단이란 어떠한 것인가? 1개 여단의 병력수는 2000~5000명 정도가 일반적이다. 병사 수를 5000명까지 제한하는 이유는 2가지가 있다. 첫째, 여단은 한 명의 지휘관에 의해 직접, 다시 말하면 그의 목소리가 닿는 범위 내에서 지휘할 수 있는 부대로서 여겨지기 때문이다. 둘째, 5000명 이상의 병사를 보유한 보병 대부대에는 포병을 배치해야 하는데, 이 두 병종을 결합하면 본디 여단과는 다른 특수한 부대가 되기 때문이다.

그런데 우리는 이런 전술상의 세세한 문제에 깊숙이 파고들어 우왕좌왕할 생각은 없고, 또한 세 병종의 결합은 언제 어떤 비율로 실시해야 하느냐, 그 경우에 8000~1만 2000명의 병사를 보유한 사단이냐, 아니면 2만~3만 명의 군단이냐 하는 논쟁에 개입할 생각도 없다. 실제로 여러 병종의 결합에 단호히 반대하는 논자들의 주장이 세 병종을 결합함으로써만 부대의 독립을 확보할 수 있고, 또 전쟁에서 자주 독립적으로 행동해야 하는 임무를 갖는 부대에게는, 이러한 결합은 적더라도 매우 바람직하다면 우리가 말하는 것을 곡해하지 않을 것으로 생각한다.

20만 명의 군을 10개 사단으로 구분하고 다시 각 사단을 5개 여단으로 구분하면, 1개 여단마다의 병사 수는 4000명이 된다. 그리고 이 구분에서는 그 어떤 불균형도 발견할 수가 없다. 그런데 같은 군을 이번에는 5개 군단으로, 또 각 군단을 4개 사단으로, 다시 또 각 사단을 4개 여단으로 구분하면, 1개 여단마다 병사의 수는 2500명이 된다. 이 두 구분법을 비교해 보면 추상적으로 고찰하는 한 첫 번째 구분법이 더 뛰어난 것처럼 보인다. 두 번째 구분법의 경우는, 군에서 여단에 이르는 서열 단계가 많다는 것은 별도로 하더라도 한 작전군을

5개 군단으로 구분하는 것은 너무 작고, 따라서 이 군은 다루기가 어려워지게 된다. 하나의 군단을 4개 사단으로 구분하는 것에도 역시 마찬가지 난점이 있고, 또 한 여단의 병력수 2500명으로는 여단으로서 너무 열세하다. 다시 또 제2의 구분법에 따르면, 여단 수가 80개나 된다. 그런데 첫 번째 구분법이면 여단의 수는 50으로 되어 훨씬 간단해진다. 그러면 첫 번째 구분법이 가져오는 이와 같은 유리함을 버리면서까지 두 번째 구분법에 따른다면 장수가 직접 명령을 내리는 장군의 수가 절반으로 줄어들 뿐이다. 그러므로 병력수가 가장 적은 군을 군단으로 구분하는 방식은 더더욱 좋지 않다는 것이 분명해진다.

이상이 구분에 관한 추상적 고찰에서 생긴 결론이다. 그런데 구체적으로는 그때그때의 특수한 사정에 따라서 이와 다른 구분을 필요로 하는 경우가 생기는 것이다. 예를 들어 평지에서는 8~10개 사단을 일괄해서 지휘할 수 있지만, 산지에 구축한 광역 진지에서는 아마도 불가능할 것이다. 또 군을 양단하는 큰 강이 있으면 강 양쪽 연안에 1명씩의 지휘관이 필요하다. 요컨대 특수한 국지적인 사정은 얼마든지 있을 수 있으므로, 추상적인 규칙은 이와 같은 사정에는 해당되지 않는다.

하지만 경험으로 보면 군의 구분을 규정할 때에는 일반적으로 추상적인 근거가 쓰이는 것이 통례로, 특수한 사정 때문에 이러한 근거가 폐지되는 일이 일반적으로 여겨지고 있을 정도로 자주 있는 것은 아니다.

그럼 지금까지의 고찰을 요약하기에 앞서, 논지를 명확하게 하기 위해 몇 가지 중점들을 열거해 보기로 한다.

하나의 작전군을 군단이든 사단이든 간에 몇몇 부대로 나눌 경우, 이 부대는 최초의 분할에 의해 생겨나는 부대, 즉 최고사령관이 직접 지휘하는 부대를 의미한다. 그렇다면,

1. 하나의 작전군을 군단으로든 사단으로든 소수의 부대로 구분하면 이 군은 다루기 힘들어진다.
2. 그러나 또 군을 구분해서 생기는 부대가 너무 많으면 최고사령관의 의지의 위력이 약해진다.
3. 새로운 명령권이 기존의 명령 계통에 개입하면, 최고사령관의 명령은 다

음 2가지 이유로 약해진다. 하나는 명령이 새로 만들어진 통로를 지나가야 하기 때문이며, 다른 하나는 명령 전달 시간이 길어지기 때문이다.

요컨대 군의 최초 구분에 의해서 생기는 부대의 수는 될 수 있는 대로 많은 편이 좋고, 또 명령의 하달에 요하는 시간은 될 수 있는 대로 짧은 쪽이 좋다. 여하간 하나의 작전군을 8~10개 이상의 군단 또는 사단으로 나누거나, 1개 사단을 4~6개 여단 이상으로 구분하면 지휘에 불편한 점이 생기지 않을 수가 없는 것이다.

2 여러 병종의 결합

전투 서열에서 여러 병종 간의 결합을 가장 필요로 하는 것은, 본군(本軍)에서 자주 분리되어 배치되는 부대, 다시 말하면 독립해서 전투를 할 수 있는 부대에 한한다. 이와 같은 부대가 작전군의 최초 분할에 의해서 생기는 부대라는 것, 따라서 또 본군에서 분리되어 배치되는 대규모 부대에 한한다는 것은 사리로 보아 당연하다. 이에 관해서는 또 다른 기회에 논하려고 하지만 여하간 분리된 배치라는 생각은, '하나의 전체'로서의 부대라는 개념과 이런 부대를 필요로 하는 사정에서 출발하는 것이기 때문이다.

따라서 엄밀히 말하자면 전략은 여러 병종의 상시적(常時的) 결합을 군단에 대해서만, 또 군단이 존재하지 않는 경우에는 사단에 대해서만 요구하고 그 이하의 부대에는 필요에 따라 일시적인 결합이 인정되는 데 지나지 않는다.

그런데 병사 수가 현저하게 많은 군단, 예컨대 3만~4만 명의 군단이 분할되지 않고 그대로 배치되는 일은 거의 없다. 따라서 이 같은 대규모 군단에서는 여러 병종의 결합이 각 사단에서 필요하게 된다. 보병 부대를 서둘러 분파(分派)할 때, 이 부대에 기병 한 부대를 배속하기 위해 필요한 기병을 상당히 먼 지점에서 불러와야 하는 경우에 생기는 지체를 개의치 않는 지휘관은, 전쟁 경험이 전혀 없다고 말할 수 있을 것이다.

여러 병종의 보다 복잡한 결합 방식—예를 들어 결합되어야 할 여러 병종의 각 병력수를 어느 정도로 할 것인가, 결합의 긴밀성은 어느 정도로 하면 좋은가, 여러 병종 간의 비율을 어느 정도로 정하면 좋은가, 각 병종에 대해서 어느 정도의 예비를 잔류시키면 좋은가 하는 것들은 모두 전술상의 문제이다.

3 배치

전투 서열에서 한 작전군의 모든 부대를 어떤 공간적 관계에 따라 배치하는가를 결정하는 것은 순전히 전술적 문제이며, 전적으로 회전과 관계된다. 확실히 전략 배치라는 것은 있다. 그러나 그것은 그때의 정황을 규정하는 여러 요건과 그때의 필요에 따라 이루어지는 것이다. 따라서 이러한 전략 배치의 특성은 이 장에서 논한 전투 서열이란 말의 뜻에는 포함되어 있지 않다. 그래서 다음 장에서는 군의 배치라는 제목 아래 이 전략 배치에 대해 논해보고자 한다.

따라서 작전군의 전투 서열이란, 군을 구분해서 생긴 군단 또는 사단과 같은 대부대를 회전(會戰)에 가장 적합하도록 배치하는 바로 그것을 말한다. 그런데 이들 부대는 여러 병종을 결합함으로써, 그 당시의 전술적·전략적 요구를 쉽게 충족시킬 수 있도록 편성되어 있는 것이다. 그리고 한번 회전이 종결되면, 이 결합 상태에서 벗어나 본디 위치로 돌아가는 것이 통례이다. 따라서 전투 서열은, 전쟁에서 마치 시계의 추처럼 군이라는 기구를 조절하는 건전한 방법주의의 제1단계이자 또 주요한 기초이기도 하다. 참고로 방법주의에 대해서는 제2편 제4장에서 이미 설명한 바 있다.

제6장
군의 일반적 배치

회전(會戰)에 임하여 전투력을 집결하는 처음 순간이 있다. 이때 전략은 군을 결전 장소에 배치하고 또 전술은 각 부대에게 저마다의 위치와 임무를 지정하는데, 그야말로 전기(戰機)가 무르익는 순간이 온다. 대개의 경우, 이 두 시점 사이에는 긴 중간기(中間期)가 개재한다. 그러면 또 이렇게 시작된 회전의 결정적 파국, 즉 패전과 그다음 파국 사이에도 역시 이런 기간이 개재한다.

과거에는, 이러한 중간기는 전혀 전쟁 그 자체에 속하지 않았다. 당시 뤽상부르가 야영하고 행군했던 방식을 보기 바란다. 여기에서 이 장수의 이름을 꺼내는 것은 그가 야영과 행군의 명수이면서 당대의 대표적 장수로서 이름을 날렸기 때문이며, 또 우리로서도 그의 방법에 대해서 '플랑드르 전쟁사'[1]를 통해 그 시대의 다른 어떤 장수들보다도 더 많은 것을 알고 있기 때문이다.

그의 야영 방식은 으레 군의 배면(背面)을 하천, 늪지대, 또는 협곡의 격리된 지형을 등지고 야영하는 방법을 따랐다. 당시에는 군의 정면을 어느 쪽으로 향하게 할 것인가 하는 결정은 적의 소재에 의해 결정된 것은 아니다. 따라서 군의 배면은 적측을 향하게 하고 정면은 자국을 향해 포진하는 일조차 자주 있었다. 이와 같은 야영 방법은 오늘날에는 사용하지 않는 방식이다. 그러나 이전에는 진지를 선정하기 위해서 편리한 것이 오히려 유일한 요건으로 여겨졌고, 진영 내의 상태는 군사적 활동 밖의 일이어서 무대 뒤에서 마음대로 활동하는 것과 같았다. 실제로 이렇게라도 해석하지 않으면 당시의 상황을 도저히 이해할 수 없을 정도이다. 야영을 할 때 군의 배면을 항상 천연 장애물에 의지한 것

---

1) 장 보랭(J. de Beaurain)의 《플랑드르 전쟁사(Histoire militaire de Flandre, Depuis L'anee 1690 Jusqu'en 1694 Inclusivement)》(1755)를 가리킨다. 이 저자에게는 《뤽상부르 공전사(公戰史)》라고 하는 저서도 있다. 플랑드르 전역은 루이 14세의 제3차 침략 전쟁에 속한다.

은, 이러한 방식이 당시의 전쟁 지도에 의하면 안전을 보장하는 유일한 방책이라고 여겼기 때문이다. 여하간 이러한 방책은 야영지에서 전투를 해야 할 경우가 있다는 것을 가정해서 대책을 세운 것은 아니다. 또 실제로도 이와 같은 일을 두려워할 필요는 없었다. 전투는 양측이 합의하는 방식으로 시작되어 마치 두 사람의 결투자가 편리한 만남의 장소로 가는 것과 같은 것이었다. 기병은 이미 위력을 잃어 가는 상태였지만, 그래도 프랑스군에서는 아직 중요한 지위를 유지하고 있었다. 그래서 군의 하나는 기병이 많았기 때문에 다른 하나는 둔한 전투 서열 때문에 어디에서나 싸울 수 있는 것은 아니었다. 따라서 단절지에서 야영하면 마치 중립 지대에서 보호를 받고 있는 것과 마찬가지였다. 그런데 단절지에 포진하고 있는 군도 이러한 지형을 이용하는 방식을 몰랐기 때문에, 적이 싸움을 걸어오면 이쪽에서도 앞으로 나아가 이를 맞아 싸우는 식이었다.

뤽상부르는 플뢰뤼스,[2] 스텐케르케,[3] 네르빈덴[4] 등의 회전을 지휘했다. 그러나 이들 회전이 지금 말했던 것과 같은 느긋한 생각과는 전혀 다른 정신으로 이루어졌다는 것은 우리가 잘 알고 있는 바이다. 이러한 정신은 당시에 뛰어난 장수 아래에서 간신히 옛 방법을 탈피한 참이었다. 그러나 아직 이 새로운 방법이 야영 방식에 반영되기까지는 이르지 않았다. 실제로 전쟁술의 변화는 항상 결정적인 행동에서 출발하여, 이 행동을 통해서 서서히 나머지 행동을 바꾸어가는 것이다. 이 시대에 진영 내의 상태가 본디 전쟁 상태라고 간주되고 있지 않았던 것은, 별동대가 출동할 때 입에 담던 '출진한다(il va à la guerre)'라는 말이 실은 적을 감시한다는 의미로 쓰였다는 것에 의해서도 명백하다.

행진에 대해서도 사정은 이와 별로 다르지 않았다. 포병은 완전히 본군과 떨어져서 따로 좋은 안전하고 좋은 길을 행진했다. 또 좌우익의 기병은 행군 도중 가끔 위치를 바꾸었다. 당시에는 우익을 명예로운 위치로 여겼으므로, 이 명예를 교대로 좌우 양 날개의 기병에게 공평하게 주기 위해서였다.

오늘날에는—그것은 슐레지엔 전쟁 이후의 일이지만—전투와 관련된 모든

---

2) 플뢰뤼스(Fleurus), 벨기에의 마을. 이곳 회전(1690. 7. 1)에서 루이 14세의 프랑스군은 네덜란드, 스페인 및 독일 제국의 연합군을 격파했다.

3) 스텐케르케(Steenkerke), 벨기에의 마을. 스텐케르케의 회전(1692. 8. 3).

4) 네르빈덴(Neerwinden), 벨기에의 마을, 네르빈덴의 회전(1963. 7. 29).

사항이 전투 이외의 상태에도 깊숙이 침투하여, 양자는 매우 밀접한 상호 작용을 하고 있다.

따라서 둘 중 하나를 거두어버리면 이미 다른 쪽을 완전히 이해할 수가 없다. 이전에는 전역에서 전투가 본디 목적이고 전투 외의 상태는 말하자면 칼자루에 지나지 않았다. 전자는 강철제의 칼날이고, 후자는 이것에 단 나무로 만든 자루로, 검 전체는 이질적인 두 부분으로 이루어져 있었다. 그런데 요즘에는 전투가 칼날이고 전투 이외의 상태는 칼등으로, 전체는 잘 만들어진 검이라고 보아야 한다. 그러기 때문에 어디까지가 강(鋼)이고 어디까지가 철(鐵)인지 더 이상 구분할 수 없게 된 것이다.

오늘날 전쟁에서 전투 이외의 상태는, 평시와 마찬가지 군제[5] 근무령에 의해서 규정되고, 지방에서는 그때의 필요에 따라 실시되는 전술적, 전략적 배치에 의해 규정되어 있다. 그런데 전쟁에서 전투력이 전투 외에 있는 상태라고 하면 사영(舍營), 행진(행군), 야영의 세 건이다. 이 세 가지 상태는 모두 전술에도 전략에도 속한다. 그리고 이 경우에 전술과 전략은 때때로 경계를 접하게 되고, 또 자주 서로 교차하는 것처럼 보인다. —아니 실제로 서로 교차한다. 따라서 전투 외의 상태에서 전투력 배치 안에는 전술적이면서도 동시에 전략적으로 보이는 것이 존재한다.

전투 이외의 상태에서 볼 수 있는 위 3가지 형식은 특수 목적과 결합하는 일도 있기 때문에, 그에 앞서 이들 형식에 대해서 일반적인 고찰을 해보고자 한다. 그러기 위해서는 우선 전투력의 일반적 배치를 생각해 볼 필요가 있다. 이러한 일반적 배치는 야영, 사영 및 행진을 보다 고차적인, 또 보다 총괄적인 입장에서 규정하는 것이기 때문이다.

전투력의 배치를 일반적으로, 즉 특수 목적을 도외시해서 고찰하면 우리는 이 배치를 하나의 통일체로서 생각할 수가 있다. 다시 말하면 공동의 전투에 종사한다고 하는 일정한 임무를 가지는 하나의 전체로 간주해도 좋다. 매우 단순한 이런 형태로부터 조금이라도 벗어난다고 하는 것은 바로 특수 목적을 전제하기 때문이다. 여하간 이렇게 해서 하나의 군이라는 개념이 생긴다. 이 경우에

5) 군을 건설하고 또 유지하는 근본 제도를 말한다.

군의 대소(大小)는 물을 일이 아니다.

또 특수 목적이 아직 나타나기 전에 군의 일반적인 배치의 유일한 목적이라고 한다면 군의 유지이며, 따라서 군의 안전을 말한다. 군으로서는 각별한 불편 없이 존립하고 있다는 것, 또 각별한 불편 없이 결속해서 전투를 할 수 있다는 것, 이것이 군의 일반적 배치에 필요한 두 가지 조건이다. 그래서 이 두 가지 조건을 군의 보전과 보안에 관한 사항에 적용하면, 거기에서 다음과 같은 몇몇 요건이 생겨난다.

1. 급양(給養)이 쉬워야 한다.
2. 군대가 숙영하기 쉬워야 한다.
3. 배후가 안전해야 한다.
4. 앞이 광활한 지역이어야 한다.
5. 진지 자체가 격리된 지형에 구축되어야 한다.
6. 진지가 전략적으로 의지할 대상이 있어야 한다.
7. 군의 구분이 현재 목적에 잘 들어맞아야 한다.

다음에 이들 요건을 차례로 설명해 보기로 한다.

첫 번째와 두 번째 조건에 있어 편의를 얻으려고 한다면 경작지, 대도시, 큰 길 등을 고르는 게 상책이다. 하지만 군의 급양이든 숙영이든 간에, 여기에서는 특수한 경우를 고려한다기보다는 오히려 일반적으로 용이하다는 것을 주안점으로 삼는 것이다.

배후의 안전이란 것이 무슨 뜻을 가지고 있는가는, 나중에 후방 병참선(兵站線)을 논하는 장(제16장)에서 설명할 예정이다. 어쨌든 군의 배후가 위험할 때 가장 긴급하고도 중요한 요건은, 근처의 주요 퇴각로를 향해 군을 직각으로 배치하는 일이다.

네 번째 조건에 대해서 말하자면 군이 회전에 대비해서 전술적으로 배치되어 있으면 앞쪽을 훤히 볼 수 있지만, 이에 반해서 단절된 지역에 포진하면 앞쪽을 볼 수 없는 것은 당연하다. 그러나 이와 같은 경우에는 전략적인 눈의 역할을 하는 것에 전위(前衛), 전초(前哨), 간첩 등이 있다. 이들이 관찰 활동을 펼치기에는 격리된 지역보다 광활한 지역이 훨씬 유리한 것은 물론이다. 다섯 번째 조건은 네 번째 조건을 뒤집은 것이다.

전략적 의지 대상은 2가지 특성에 의해 전술적 의지 대상과 구분된다. 첫째, 전략적 의지 대상은 군과 직접 접촉할 필요가 없다는 것이다. 둘째, 전략적 의지 대상은 전술적 의지 대상보다도 훨씬 넓은 지역을 보유해야 한다는 것이다. 그 이유는, 전략은 보통 전술에 비해 공간적으로나 시간적으로나 규모가 큰 관계 속에서 동작을 하고 있다는 데 있다. 따라서 하나의 작전군이 해안이나 강가에서 1마일[6]쯤 떨어진 지역에 배치되어 있다면, 이 군은 이러한 큰 장애물에 전략적으로 의지하고 있는 셈이다. 적은 전략적 우회를 시도하더라도 그 공간을 이용하지는 못하기 때문이다. 며칠 동안 또는 수 주일 뒤가 아니면, 또 수 마일 또는 며칠간 행정(行程)의 행군을 실시하지 않으면 이 공간에 들어갈 수가 없을 것이다. 이에 반해서 둘레가 수 마일인 호수는 전략에서는 거의 장애물로서의 가치가 없다.

우로 또는 좌로 수 마일이라고 하는 것은 전략적 효과 면에서 보자면 문제가 되지 않는다고 해도 좋다. 또 요새가 강대하고 공격 작전의 실시 범위가 광대하면 이러한 요새는 전략적 거점[7]으로서는 더욱더 중요해진다.

군을 구분해서 배치하는 경우에는 특수한 목적이나 필요에 따르든가, 그렇지 않으면 일반적인 목적과 필요에 따라 이루어진다. 여기에서는 후자에 대해서만 살펴보기로 한다.

일반적 필요성에 따른 배치의 첫째는, 적을 감시하는 데 필요한 부대로 이루어진 전위를 전진시키는 일이다. 둘째는 군의 규모가 매우 클 때에는 군의 후방 몇 마일 지점에 예비를 배치하는 것이 보통이므로, 군은 분할 배치되어야 한다는 것이다. 그리고 마지막으로 본대(本隊) 양 날개의 엄호에는 보통 특별히 배치된 부대를 필요로 한다.[8]

---

6) 이 책에서 사용하고 있는 마일은 모두 프로이센 마일, 즉 보행 마일(1마일은 1만 보)로 7532.484m에 해당된다.

7) 거점은 공격자가 전투를 지지하는 거점을 말한다. 물론 요새뿐만 아니라, 공격의 실시를 수월하게 해주는 삼림, 촌락, 고지 등도 거점에 들어간다.

8) 여기에서 본군, 즉 주력 부대로서는 중앙 부대 및 우익과 좌익 부대가 거론되고 있다. 또 좌우 양 날개의 엄호를 위해 특별히 배치된 부대란 뒤에 나온 측위(側衛)를 가리킨다.

하지만 양 날개의 엄호라고 해도 이 빈약한 부분에 적이 가까이 오지 않게 하기 위하여, 군의 일부를 차출해서 그 방어를 하게 하는 것을 뜻하는 것은 아니다. 그랬다가는 이 날개의 또 그 날개를 누가 방위할 것인가? 일반적으로 여겨지는 이러한 생각은 매우 불합리하다. 날개는 그 자체로서는 결코 본군의 빈약한 부분을 이루는 것이 아니다. 적군도 날개를 가지고 있어, 적이 아군의 날개를 위험에 빠뜨리면 적의 날개 또한 위험에 처하기 때문이다. 다만 두 군의 사정이 서로 같지 않을 경우에, 다시 말하면 적군이 아군보다 우세하다거나 혹은 적의 병참선이 아군의 병참선보다도 강력한(병참선에 대해서는 제16장 참조) 경우에는 비로소 본군의 양 날개가 빈약해지는 것이다. 그러나 여기에서는 이러한 특수한 경우를 문제로 하고 있는 것은 아니다. 또 여러 병종을 조합해서 하나의 날개 부대를 편성하여, 이것으로 본군의 날개에 상당하는 공간을 실제로 방어하는 경우를 논하고 있는 것도 아니다. 이러한 배치는 이미 일반적인 배치라고는 할 수 없기 때문이다.

그런데 본대의 좌익과 우익은 특히 빈약한 부분은 아니라 해도, 중요한 부분임에는 틀림없다. 여기는 적이 우회를 시도해 볼 부분이므로 아군의 저항은 정면에서만큼 단순하지 않고, 또 이 방면에서 강구되는 대책은 정면의 경우보다도 복잡하고 한층 많은 시간과 준비를 필요로 한다. 이와 같은 이유로 해서 일반적인 경우에는, 특히 양 날개를 적의 예기치 않은 기도에 대해서 방어할 필요가 있다. 그리고 이를 위해서는 단순히 적을 감시할 수 있는 병력 수를 가지고 있는 부대보다도 더 강력한 대부대를 본군의 양 날개 좌우에 배치해야 한다. 비록 이 부대가 실제로 완강한 저항을 시도하지 않는다 해도, 적이 이 정도의 부대를 구축하기 위해서는 많은 시간이 필요하고 또 병력의 전개와 계획의 발전을 필요로 한다. 그리고 이 경우에 좌익과 우익에 속한 부대의 규모가 크다면, 적이 소모해야 할 전력도 당연히 더욱더 커진다. 요컨대 날개의 방어를 위한 부대의 목적은 이와 같이 달성된다. 그 뒤에 무슨 일이 벌어지는가는, 그때의 특수한 계획에 따라 결정된다. 그러므로 본대의 좌우익에 배속된 부대는, 둘 다 측위(側衛 : 우측위, 좌측위)라고 보아도 좋다. 이들 측위는 적이 아군의 날개 뒤쪽 지역에 침입하려 할 때, 적의 이러한 행동을 지연시킴과 동시에 대책을 강구하는 시간적 여유를 본군에 주는 것이다.

그런데 이러한 측위가 본대를 향해 퇴각하는 일은 있어도, 그 때문에 본대까지가 이 퇴각 운동에 휘말려서는 안 된다. 이와 같은 불합리를 피하기 위해서는 측위를 본군과 같은 선상에 배치하지 않고, 본대보다도 약간 전방에 놓아야 한다는 것은 자명한 이치이다. 비록 측위가 본격적인 전투를 시도하지 않고 퇴각을 개시할 경우에도, 이 퇴각은 본대의 바로 옆에서 이루어져서는 안 되기 때문이다.

지금까지 설명했듯이 군을 구분해서 배치한다는 것은, 군 자체의 내부적 이유에 의해서 이루어지는 것이다. 그리고 이러한 배치를 할 때, 예비가 본대와 함께 있느냐 없느냐에 따라서 군을 4~5개의 군단이나 사단으로 구분하는 방식이 가장 자연스럽고 무리가 없는 방식이라 해도 좋다.

그런데 군대의 보급과 숙영이 군의 일반적 배치에 따라 결정되면, 이번에는 이러한 보급과 숙영은 군을 구분해서 배치하는 데에도 영향을 미치지 않을 수가 없다. 그러므로 보급과 숙영은 위에서 말한 이유, 즉 군을 구분해서 배치하는 이유와 아울러 생각할 필요가 있다. 그 경우 양자의 한쪽에 너무 악영향을 주게 하지 않고 다른 쪽을 만족시켜야 한다. 그러나 대다수의 경우에서와 같이 군을 5개 군단으로 분할하면, 숙영 및 보급과 관련된 문제는 곧 해결된다. 따라서 양자를 아울러 생각한다 해도 특별히 큰 변경은 필요로 하지 않는 것이다.

그런데 분할된 이들 대부대가 서로를 지원해서 공동 전투에 종사하려고 할 경우, 여러 부대 상호 간의 거리를 어느 정도로 규정하는 게 좋은가에 대해서 잠깐 생각할 필요가 있다. 여기서 우리는 앞서 전투의 지속 시간과 결전을 논한 여러 장에서 도달한 결론을 상기하기 바란다. 그것은—이와 같은 사항에 대해서 절대적인 규정을 제시한다는 것은 불가능하다는 것이었다. 절대적 및 상대적 병력, 여러 병종 및 지형이 이 문제의 해결에 지대한 영향을 주기 때문이다. 그러면 우리가 줄 수 있는 것은 가장 일반적인 것, 말하자면 평균치라는 것이 된다.

전위와 본대 사이의 거리를 규정한다는 것에는 아무런 곤란한 점이 없다. 전위가 퇴각하는 경우에는 본대로 향하게 되므로, 양자의 거리는 기껏해야 하루 행정이면 된다. 그렇게 되면 전위는 독립해서 전투를 하지 않아도 될 것이다. 요컨대 전위는 퇴각 때에 본대의 안전을 위협할 염려가 없으면 되므로, 본대와의 사이에 그 이상의 거리를 둘 필요는 없다. 퇴각로가 길면, 퇴각 중에 전위가 입게 되는 손해도 더욱더 커지기 때문이다.

측위에 대해서 말하자면, 앞서 말한 대로 8000 내지 1만 명의 병력을 보유한 보통의 1개 사단이 벌이는 전투는 승패가 결정되기까지 몇 시간은 걸리고, 때로는 한나절이 걸리기도 한다. 그러므로 이런 사단을 본대의 측면으로 수 시간 행정, 즉 1 내지 2마일의 거리를 두고 배치해도 상관없다는 이야기가 된다. 또 이와 마찬가지 이유로 해서 3 내지 4개 사단으로 구성된 군단이라면, 본대로부터 1일 행정, 즉 3 내지 4마일의 거리로 배치해도 좋다.

이렇게 주력을 4 내지 5개의 대부대로 구분해서 배치하고, 또 이들 부대 사이에 위에 적은 거리를 둔다는 것이 사리로 따져 당연하다고 하면, 특수적 목적이 이보다 더욱 결정적인 방식으로 개입하지 않는 한 거기에서 군을 기계적으로 구분하는 하나의 방법주의가 생길 것이다.

그런데 이들 독립된 부대들은 각기 단독으로 전투를 하는 데 적합하다. 또 실제로 단독으로 전투를 수행할 수 없다고 해도, 군을 구분해서 배치하는 본디 의도가 단독적인 전투를 하는 데 있다고 하는 결론은 생기지 않는다. 군을 구분해서 배치하는 것은 대개의 경우, 군의 보급과 숙영을 편리하게 하기 위한 조건에 지나지 않는 것이다. 일단 적이 아군 진지로 접근하여 전면적 전투로 승패를 결정짓기를 바란다면 전략적 기간은 이미 지나가 버린 것이다. 이때 모든 것은 회전이라고 하는 유일한 순간에 집중하여, 미리 군을 구분해서 배치한 목적은 이미 달성되고 또 소멸하게 된다. 일단 회전이 시작되면, 숙영이나 보급에 관한 배려는 이미 버려지고 돌보지 않는다. 정면과 측면에 있는 적을 감시하는 일도, 또 그쪽에 적절한 압력을 가해 적의 공격력을 약화시키는 것도, 각기 임무를 다하게 되어 모든 것은 주력 전투라는 유일하고 중요한 일에 쏠리게 되는 것이다. 어쨌든 군을 구분한다는 것은, 군을 유지하는 조건에 지나지 않는 것으로서 필요악이라고 할 수 있다. 그리고 구분된 부대들이 일치단결해서 전투에 종사하는 일이야말로, 군의 일반적 배치 목적으로 여겨져야 한다. 즉, 이와 같은 전투를 강력하게 수행하는 일이 바로 군의 일반적 배치의 가치를 정하는 최고의 기준인 것이다.

제7장
전위와 전초

전위(前衛)와 전초(前哨)에는 전술적인 요소와 전략적인 요소가 섞여 있다. 전위 및 전초는 전투에 형태를 부여함과 동시에 전술적 의도를 확실히 수행하기 위한 배치로 간주되어야 하고, 또 한편으로는 자주 독립된 전투를 실시해야 한다는 것, 다시 말하면 본대로부터 이느 정도 떨어진 지점에 배치된다는 점을 염두에 둔다면 전략의 일환으로 보아야 한다. 이런 종류의 배치에 비추어 볼 때 앞 장(章)을 보충하는 의미로 전위 및 전초에 관해 잠시 고찰해 보기로 한다.

아직 전투 준비를 충분히 갖추고 있지 않은 군대는, 적군이 시야에 들어오기 전에 그들의 접근을 탐지해야 한다. 그래서 전위가 필요하게 된다. 인간의 시력은 화기의 공격 범위보다 멀리 이르지 않기 때문이다. 실제로 전위가 없는 군은, 앞으로 내민 제 손끝만 간신히 볼 수 있는 사람과도 같다. 전초는 군의 눈이라고 예부터 일컬어지고 있는 것도 마찬가지 이유에서이다. 그러나 전초의 필요성은 반드시 모두 동일한 것은 아니다. 거기에는 여러 가지 단계가 있다. 이를테면 병력의 많고 적음, 전쟁터의 넓이, 시간, 장소, 정황(情況), 전투 방법, 그리고 우연함마저도 여기에 영향을 미친다. 따라서 전쟁사가 전위와 전초의 사용법을 일정하고도 단순한 형식으로 환원하지 못하고 여러 경우를 잡다하게 나열하고 있다는 감을 주는 것도 무리는 아니며 추호도 이상하게 생각할 필요가 없다.

그래서 어떤 때는 군의 안전을 오직 전위에 맡기기도 하고, 어떤 때에는 몇몇 전초를 하나의 선상(線上)에 나란히 배치하기도 한다. 어떤 때에는 전위와 전초를 병용하고 어떤 때는 둘 다 사용하지 않는다. 또 어떤 경우에는 몇몇 전진 부대에 대해서 하나의 전위를 공동으로 사용하고, 다른 경우에는 전진 종대가 각기 하나의 전위를 갖추고 있는 식이다.

이처럼 복잡하기 짝이 없는 문제를 해명해서, 전위와 전초의 사용이 소수의 원칙으로 환원할 수 있는지의 여부를 살펴보고자 한다.

이동 중인 군대에 대해서는 많건 적건 간에 강력한 부대가 전위를 맡는다. 또 이 전위는 군이 퇴각할 경우에는 후위로 변한다. 군대가 숙영하거나 야영하고 있다면, 다수의 초소를 나란히 길게 배치해서 '전초'로 삼는다. 이처럼 군이 휴식하고 있을 때에는, 운동하고 있을 때보다 더 넓은 지역을 엄호하게 되고 또 그렇게 하는 것은 당연하다. 그래서 주둔하고 있는 동안에는 보초선(步哨線)이라는 개념이 적용되고, 또 이동하고 있는 군에는 여러 병종으로 편성된 전위의 개념이 타당한 것이다.

전위이든 전초이든 간에 그 병력은 상황에 따라 여러 단계가 있다. 즉 큰 것으로는 여러 가지 병종으로 편성된 강력한 군단에서, 작은 것으로는 경기병 1개 연대에 이르기까지, 또 여러 병종으로 구성된 강력한 설보(設堡) 방어선에서, 야영지의 전방에 파견된 소초(小哨)[1] 혹은 대초(大哨)[2]에 이르기까지 다양하다. 따라서 이런 전위나 전초의 동작에도, 적의 동태를 단순히 감시하는 일부터 적의 공격에 저항하는 일까지 여러 단계가 있다. 또 전위나 전초가 시도하는 이와 같은 저항의 목적은 본대가 전투 준비를 하는 데 필요한 시간적 여유를 가지게 할 뿐만 아니라, 적의 방책이나 기도를 조기에 전개시켜서 적정(敵情) 감시의 효과를 현저하게 높이는 데 있다.

따라서 어떤 부대의 전투 준비에 필요한 시간의 장단(長短)에 비추어, 또 개별적인 경우에 적의 병력 배치에 따라서 해야 할 저항의 대소(大小)에 비추어, 그 부대에는 강력한 혹은 약한 전위나 전초가 필요하게 되는 것이다.

프리드리히 대왕은 속전속결에 매우 뛰어난 장수였다고 해도 좋았다. 전군은 그의 호령을 기다렸다가 즉시 회전에 참가했다. 따라서 그에게는 강력한 전초가 필요 없었던 것이다. 게다가 프리드리히는 언제나 적의 눈앞에서 야영했고, 어떤 때는 경기병 1개 연대를, 어떤 때는 자유 대대[3]를 사용하기도 하고, 또

---

1) 전위 배치에서 소초(小哨)는 보초를 지원하는 임무를 맡고, 그 병력은 1개 소대 내지 1/2 소대이다.
2) 대초는 전초 혹은 소초를 지원하는 소부대를 말한다.
3) 연대 조직에 편입되지 않은 대대로, 프리드리히 대왕은 7년 전쟁에서 즐겨 이 특수 대대를 사용했다.

는 진영에서 파견한 소초나 대초를 이용해서 군의 안전을 확보하는 것으로 그치고, 그 밖에는 대규모적인 전위나 전초를 필요로 하지 않았다. 행군을 할 때에는 제1 전열의 좌익·우익 기병대에서 선발한 수천 명의 기병을 전위로 사용했는데, 행군이 끝나면 이 전위는 바로 해체되어 본디 부대로 돌아갔다. 따라서 또 상설적인 전위를 설정한 일은 드물었다.

병력이 열세한 군이 전군의 총력을 기울여 신속하게 행동하고, 군의 정예와 과감한 지휘와의 긴밀한 협동의 묘를 발휘하려고 한다면, 프리드리히 대왕이 다운을 공격했을 때처럼 거의 모든 행동을 '적의 눈앞'에서 전개해야 한다. 이런 상황에서는 적과 거리를 두거나 형식적 전초 방식 등은 쓸데없이 군의 우세를 경감하는 데 지나지 않을 것이다. 하기야 이와 같은 방식이 지나치거나 과실을 범히면 호흐기르히의 회전[4]과 같은 결과를 초래하지만, 그러나 이 전쟁 사례는 결코 이러한 방식을 부정하는 것은 아니다. 오히려 슐레지엔의 전쟁 전체를 통해서, 실패는 호흐키르히 회전 때뿐이었다는 점에 프리드리히 대왕의 탁월한 기량을 인정하지 않을 수 없는 것이다.

그런데 나폴레옹은 훈련된 군이나 과감한 정신에도 부족함이 없었지만, 거의 대부분 회전에서 강력한 전위를 선행시키고 있다. 그런데 여기에는 두 가지 이유가 있었다.

첫 번째 이유는, 전술의 변화에 있다. 근대의 군은 옛날과는 달리 더 이상 하나의 단순한 전체가 아니다. 따라서 장수는 호령 하나로 전군을 회전에 참가시켜, 마치 대대적인 결투처럼 숙련과 용감성에 의지하여 일을 결정할 수가 없게 되었다. 그래서 전투력을 토지의 특성이나 정황의 성질에 적응시킬 필요가 생겨, 전투 서열이나 회전에는 약간의 부대로 구분된 전체로서의 군이 이용되었다. 그 결과, 단순한 결의(決意) 대신에 복잡한 작전 계획이 세워지고, 또 단순한 호령 대신 장기적인 작전 명령이 나가게 되었다. 하지만 이를 위해서는 시간과 작전 계획에 필요한 자료 등이 주어져야 한다.

두 번째 이유는, 근대군의 병력 수가 막대해진 데 있다. 프리드리히 대왕이 겨우 3~4만 명의 군을 이끌고 회전에 임한 데 비해, 나폴레옹은 10~20만 명이

---

4) 이 회전(1758. 10. 14)에서 프리드리히 대왕은, 다운이 공격하지 않을 것이라고 생각하여 불리한 고지에 야영했으나 14일 새벽 5시에 다운의 공격을 받아 대패했다.

나 되는 대군을 지휘한 것이다.

여기서 두 장수를 예로 든 까닭은, 이만한 장수들이 각기 근본적으로 다른 배치 방식을 이유 없이 채용했다고는 생각할 수가 없기 때문이다. 확실히 전체로서의 전위 및 전초의 사용은 근대에 들어서서 더욱 발달했다. 그러나 슐레지엔 전쟁에서도, 모든 장수가 프리드리히 대왕의 방법을 따랐던 것은 아님을 오스트리아군을 보면 알 수 있다. 오스트리아군은 프리드리히보다 훨씬 강력한 전초 방식을 채용하고, 또 훨씬 자주 전위를 앞세웠다. 실제로 오스트리아군이 놓여 있는 정황이나 사정을 고려해 보면, 이러한 방책을 택할 수밖에 없었던 이유가 있었음을 알 수 있다. 그러나 최근 전쟁에서도, 전위 및 전초에 관해 장수가 채용하는 방식은 여러 가지이다. 프랑스 장수 맥도날드[5]는 슐레지엔에서, 또 프랑스 장수인 우디노[6]와 네[7]는 마르크 지방에서 양쪽 다 6~7만 명의 군을 지휘해 회전했지만 우리는 이들 장수들이 전위를 사용했다는 말을 아직 들은 적이 없다.

이상으로 전위 및 전초의 병력에는 여러 단계가 있다는 것을 말했다. 그러나 전위와 전초에 관해서는 또 하나의 차이가 있으므로, 다음에 이 문제를 처리해야 한다. 군이 어떤 정면 폭을 가지고 전진 또는 후퇴하는 경우에는, 병진(竝進)하는 모든 종대에 공통되는 하나의 전위 또는 후위를 설정하는 일이 있고, 또 이들 종대마다 하나의 전위 및 후위를 배치하는 일도 있다. 이 점에 대해서 명확한 견해를 가지기 위해서는 이 문제를 다음과 같이 생각해볼 필요가 있다.

군단이라 할 정도의 대부대라면 전위의 임무는 중앙을 전진하는 주력의 안전을 확보하는 것만으로 좋다. 그런데 이 주력 부대가 서로 접근한 몇 가닥의 도로를 병진한다면, 전위 군단도 같은 도로를 앞서 가는 것은 당연하며, 이들 도로는 이 군단에 의해 엄호되는 셈이다. 따라서 주력의 측방 종대가 따로 특별한 엄호를 필요로 하지 않는 것은 물론이다.

---

5) 맥도날드(Macdonald, Etienne Jacques Joseph Alexandre, 1765~1840). 프랑스의 원수. 그는 슐레지엔의 카츠바흐(Katzbach) 강변에서 프로이센 및 러시아 동맹군에 패배했다.

6) 우디노(Oudinot, Charles Nicolas, 1767~1847). 프랑스의 원수.

7) 네(Ney, Michel, 1769~1815). 프랑스의 원수. 네는 우디노와 공동으로 마르크 브란덴부르크의 마을 데네비츠에서 프로이센군과 싸워 패배했다(1809. 9. 6).

그러나 병진(竝進)하는 몇몇 주력 군단들 사이의 간격이 넓고 이 군단들이 실제로도 독립된 군단으로서 따로따로 전진하는 경우에는, 이들 군단은 각각 전위를 배치해야 한다. 중앙을 전진하는 주력에 속하는 몇몇 군단이, 도로의 우연한 상황 때문에 중앙에서 멀리 떨어져 행군하는 경우도 마찬가지이다. 요컨대 군이 몇 개의 대부대로 갈라져 병진할 때에는 이들 부대와 동일한 수의 전위가 필요하다. 그런데 이와 같은 각 부대마다의 전위가 지금 말한 공통의 전위보다도 훨씬 열세라면, 이러한 전위는 결국 보통의 전술 배치와 다를 바 없기 때문에 이미 전략적 전위라고는 말할 수 없을 것이다. 이와는 반대로 중앙의 주력 부대가 강력한 군단을 전위로 삼는다면 이러한 군단은 동시에 전군의 전위로 간주되고, 또 많은 점에서 실제로도 이와 같은 전위의 역할을 하는 것이다.

그런데 중앙 부대에 좌우익보다 더 강력한 선위를 붙여 주는 이유에는 다음 세 가지가 있다.

1. 일반적으로 중앙을 전진하는 부대는 다른 부대보다도 강력하기 때문이다.
2. 분할되어 전진하는 군이 세로로 길게 차지하는 지역을 관찰하면, 중앙이 가장 중요한 점이 되는 것은 물론이다. 모든 기도(企圖)는 대개 여기에 관계되고, 따라서 전투도 양 날개보다도 중앙에 가까운 전쟁터에서 이루어지는 것이 보통이기 때문이다.
3. 중앙을 선진(先進)하는 전위로서의 군단은 본디 날개에 대한 전위가 아니다. 따라서 양 날개를 직접 방위할 수 없다고는 하지만, 그러나 간접적으로는 양 날개의 안전에 많은 기여를 하고 있는 것이다. 적이 아군의 한 날개에 대해서 무엇인가 중대한 계획을 실시하려 해도, 이토록 강력한 군단 근처를 무사히 통과할 수는 없다. 그와 같은 일을 감행하면, 오히려 적의 반격을 받아 측면이나 후면이 무너질지도 모르기 때문이다. 전위로서 중앙을 선진하는 군단이 적에게 이와 같은 위협을 준다고 한다면, 이로써 아군 측위의 안전을 보장하기에는 충분하지 않지만, 적으로부터 공격을 받을 위험을 예방하는 것이 되므로 측위는 이제 이러한 위험을 두려워할 필요가 없는 것이다.

그러므로 중앙 부대의 전위가 양 날개 부대의 전위보다도 훨씬 강력하면, 즉 전위 역할을 하는 특별한 군단이면 후속하는 여러 부대를 적의 급습에 대해서 방어한다고 하는 단순한 임무를 다할 수 있을 뿐만 아니라, 또 하나의 독립된 선진(先進) 부대로서 보다 일반적인 전략적 관계에 따라 행동할 수 있다.

중앙 부대의 전위를 본 임무로 하는 이러한 강력한 군단의 효용은, 다음에 드는 것과 같은 약간의 목적을 달성하게 하는 데 있다. 따라서 이들 목적이 이 군단의 사용을 규정하는 셈이다.

1. 아군의 병력 배치에 많은 시간이 걸릴 경우, 강력한 저항으로 적의 진출을 지연시켜 보통의 전위로서는 성취할 수 없는 효과를 올릴 수가 있다.

2. 주력 부대의 병사 수가 매우 많을 때에는 동작도 느리므로, 이러한 주력 부대를 약간 후방에 두고 운동성이 뛰어난 전위 군단을 적군 가까이에 배치할 수 있다.

3. 무엇인가 다른 이유 때문에 주력 부대가 적에게서 멀리 떨어진 지점에 주둔해야만 하는 경우에도, 강력한 군단을 전위로 해서 적군 근처에 놓고 적을 계속 감시할 수 있다. 이때 세력이 약한 감시초(監視哨)나 별동대로도 감시의 역할을 충분히 다할 수 있을 것이 아닌가 하는 반론은 성립되지 않는다. 이런 소부대는 적에게 바로 격퇴당하고, 또 대규모의 군단에 비해 감시 수단도 심히 제한되기 때문이다.

4. 적을 추격할 경우에 유리하다. 전적으로 전위 임무만 맡는 군단에 기병의 대부분을 배치하면, 당연히 이 군단의 운동성은 본대보다 높아질 것이다. 또 이런 군단은 본대보다 늦게 휴식에 들어가고 빨리 일어나 행동 준비를 할 것이다.

5. 마지막으로 본대가 퇴각할 경우에는, 단절된 지역에 자리 잡고 퇴각군을 엄호하기 위한 후위로서 사용된다. 이러한 경우에도 주력의 중앙 부대에 대한 후위는 특히 중요하다. 언뜻 보기에 이러한 후위는 적에 의해 양 날개를 우회당할 위험에 노출되어 있는 것처럼 여겨질지도 모른다. 그러나 비록 적이 이 후위의 양 날개에서 후위보다도 약간 앞으로 진출했다고 해도, 만약에 적이 아군의 주력인 중앙 부대에 위협을 가하려고 한다면 그는 우선 현재 지점에서 중앙까지의 도정(道程)을 행군해야 하고, 중앙 부대의 후위는 이러한 적을 저지해

서 본대의 퇴각을 끝까지 엄호할 수 있다는 것을 잊어서는 안 된다. 이와는 반대로 중앙 부대가 양 날개 부대보다도 신속하게 퇴각을 하면 중대한 결과가 된다. 즉, 전군이 패주의 양상을 띠게 되고 이 양상 자체가 매우 위험한 것이다. 실제로 전군이 꼭 일치단결해야 하며, 모두가 이 사실을 뼈저리게 깨닫는 순간은 바로 퇴각할 때이다. 이 경우에 양 날개 부대가 중앙 부대의 퇴각보다 뒤졌다고 해도, 날개 부대의 본 임무는 어떻게 해서든지 중앙 부대와 다시 합류하는 일이다. 또 군의 보전(保全)과 도로의 상태 등을 고려해서 장대한 정면 폭을 가지고 퇴각해야 할 경우에도, 양 날개 부대의 운동은 결국 중앙 부대와 다시 합류해야만 비로소 완료되는 것이 통례이다. 이러한 고찰을 좀 더 발전시켜 적도 주력을 다해 우리의 중앙 부대를 추격하려 할 것이라는 사실을 생각한다면, 중앙 부대에 대한 후위가 득히 중요하다는 것은 자명한 이치이다.

이렇게 본다면 중앙 부대의 전위로서 특별히 사용되는 군단이 앞장서서 전진하는 방식은, 위에서 말한 여러 관계의 그 어느 것인가가 생기는 경우에는 항상 적절하다고 말해도 좋다. 그러나 중앙이 양 날개보다도 강력하지 않을 경우, 이러한 관계는 거의 일어나지 않는다. 예를 들어, 맥도날드가 1813년 슐레지엔에서 블뤼허군을 향해 행진했던 경우[8]가 이것이다. 또 블뤼허군이 맥도날드 군을 엘베강 방향으로 추격했던 일도 마찬가지이다. 이 경우 두 군 모두 3개 군단으로 구성돼 있었으며, 이 군단들은 그대로 3개 종대를 이루어 각기 다른 길로 병진한 것이다. 그래서 양쪽 다 전위를 둘 필요가 없었다.

어쨌든 병력이 서로 같은 3개 종대를 이렇게 나란히 배치한다는 것은 좋은 방법이 아니다. 이는, 군을 세 부대로 구분하는 것은 매우 졸렬한 구분법이라고 하는 것과 마찬가지이다. 또 이 분할에 대해서는 제3편 제5장에서 이미 말한 바가 있다.

군의 주력을 중앙과 좌익·우익 부대로 구분하는 것은, 이들 날개 부대에 무엇인가 특별한 임무가 없는 한 가장 자연스러운 배치 방식이다. 이에 대해서는 앞 장에서 말한 바 있다. 이러한 배치에서는 전위 군단이 중앙 부대 앞에 위치

---

8) 카츠바흐의 회전에서 맥도날드는 제3, 제5 및 제12군단을 인솔했으나, 이 세 군단 사이에는 병력의 차이가 거의 없었다.

하고, 따라서 또 양 날개 부대의 선두를 잇는 선보다도 앞쪽에 위치한다는 것은 누가 보아도 당연하다. 그런데 측위(側衛)가 본대의 측면에 대해서 다해야 할 임무는 근본적으로 전위가 본대의 정면에 대해서 갖는 임무와 같으므로, 때로는 좌우의 측위가 전위와 동일선상에 배치되는 경우도 있고, 또 특수한 사정이 있으면 전위보다도 더 앞에 놓이는 경우까지도 생긴다.

전위의 병력에 대해서는 거의 할 말이 없다. 군을 최초의 구분에 따라 몇 개의 대부대로 나누는 경우라면, 그중 하나나 몇 개 정도를 전위로 삼고 여기에 기병의 일부를 배치하는 것이 오늘날 가장 적절한 사용법으로서 일반적으로 실시되고 있기 때문이다. 따라서 군이 몇 개의 군단으로 구분되어 있다면 그중 한 군단을, 또 사단으로 구분되어 있다면 하나 또는 여러 개의 사단을 전위로 삼으면 된다.

군을 비교적 많은 군단이나 사단으로 구분하는 편이 유리하다는 것은 이점으로 보아서도 명백하다.

선진(先進)하는 전위와 본대 사이의 거리는 오직 그때그때의 상황에 따라 결정된다. 따라서 이 거리가 1일 행정 이상인 경우도 있는가 하면, 또 전위가 본대 바로 앞에 배치되는 경우도 있다. 대부분의 경우 이 거리가 1~3마일이라고 하는 사실은 분명히 이 거리가 가장 빈번하게 사용되고 있다는 것을 나타내고는 있지만, 그렇다고 하여 이것만을 항상 지켜야 할 규칙으로 볼 수는 없다.

그런데 지금까지 고찰한 내용에서는 전초에 대한 설명이 등한시되어 온바 다음에 다시 한번 이 문제를 살펴보려고 한다.

앞서 전초는 휴식하고 있는 군에 적합하고 전위는 행진하고 있는 군에 적합하다고 말한 것은, 이 둘의 개념을 저마다 그 기원까지 거슬러 올라가 우선 그 차이를 분명히 하기 위해서였다. 그러나 전초니 전위니 하는 말에 집착하면 번거로운 구별에 얽매이게 된다.

행진하는 군은 밤에는 휴식하고 날이 밝으면 다시 행진한다. 당연히 전위 또한 이 움직임에 따라야 하고, 게다가 전위 자신과 군의 안전을 위하여 휴식 때마다 초병을 배치해야 한다. 그렇다고 해서 전위가 전초로 변하는 건 아니다. 전초가 전위와 구별되는 것은 전위를 본 임무로 하는 부대의 태반이 해산되어 여러 병종으로 편성한 군단으로서 아무것도 남아 있지 않다거나, 혹은 극히 소수의 부대밖에 남아 있지 않은 경우이다. 그리고 이와 같은 경우에, 장대한 초병선이라고 하는 개념이 전위를 본 임무로 하는 군단이라고 하는 개념으로 바뀌는 것이다.

군의 휴식 시간이 짧으면 군의 엄호는 반드시 완전할 필요는 없다. 밤부터 다음날 아침까지만 휴식하는 경우라면, 적은 무엇이 엄호되어 있고 무엇이 엄호되어 있지 않은가를 엿보는 기회를 찾을 수 없기 때문이다. 그러나 휴식 시간이 길 때에는 적을 잘 감시하고, 적이 이용할 수 있는 모든 진입로를 되도록 완벽하게 차단해야 한다. 그러므로 장기 휴식 상태에서의 전위는 대부분 보초선이란 형태로 점점 길게 늘어져 배치한다. 전위가 해산해서 초병선(哨兵線)이 되느냐, 또는 전위를 본 임무로 하는 군단이라는 개념이 여전히 유력한가의 구별은 주로 두 가지 정황으로 결정한다. 그 첫째는 피아 두 군이 접근해 있는 정도이고, 두 번째는 지형이다.

피아 두 군이 각각의 정면폭에 비해서 현저하게 접근해 있으면, 두 군 사이에 군단을 전위로 배치할 수가 없다. 그러면 두 군은 일련의 소초(小哨)를 배치해서 군의 안전을 도모할 수밖에 없다.

전위로서의 군단은 적이 접근했을 경우에 군을 직접 엄호하는 것이 아니므로, 이러한 군단이 엄호의 효과를 올리기 위해서는 상당한 시간과 공간을 필요로 한다. 그렇기 때문에 군이 숙사(宿舍) 때와 같이 옆으로 넓은 지역을 차지할 경우, 여러 병종으로 이루어진 군단이 접근하는 적에 대해서 군의 안전을 도모하려고 한다면 적과 본대와의 거리는 상당히 멀어야 한다. 왕년에 피아 두 군이 접근해서 설치한 동영(冬營)이 대개 전초선에 의해 엄호된 것은 이 때문이다.

두 번째 이유는 지형이다. 험악한 단절지가 매우 적은 병력을 가지고 초병선을 형성하는 데 편리하다고 하면, 군은 이 편의를 이용하지 않을 수 없을 것이다.

마지막으로 동영에서 추위가 심한 것도 전위 부대를 초병선으로 변하게 하는 동기가 된다. 이렇게 함으로써 부대의 숙영이 수월하게 되기 때문이다.

1794년부터 95년에 걸쳐서 네덜란드에서 이루어진 동기전(冬期戰)[9]에서, 영국

---

9) 프랑스혁명 전쟁에 속하며, 프랑스군과 영국—네덜란드—오스트리아 동맹군과의 사이에 있었던 전역을 가리킨다.

—네덜란드 동맹군이 사용한 설보(設堡) 초병선은 완벽했다. 이때 방어선은 여러 병종으로 편성한 여단을 일련의 초병 진지에 배치한 초병선으로, 이 방어선은 다시 예비대에 의해 지원되었다. 당시 이 동맹군에 배속된 샬른호르스트는, 이와 같은 초병선 사용법을 1807년 동 프로이센 파사르게 강가[10]에 주둔하고 있던 프로이센군에 도입했다. 그러나 이러한 사용법은 근래에 그다지 사용되지 않는다. 최근에는 전쟁의 중점이 오직 운동에 두도록 되었기 때문이다. 그러나 전초를 사용해야 할 경우에 그 사용법을 게을리한 실례가 있다. 예를 들어 타루티노[11] 회전에서의 뮈라[12]가 그것이다. 만약에 그가 방어선을 한 단계 더 연장했다면, 전초전에서 화포 30문을 잃는 사태에는 이르지 않았을 것이다.

정황에 따라 이러한 수단을 써서 큰 이익을 거둘 수 있다는 것은 부정할 수 없다. 이에 대해서는 다른 기회에 더 이야기해 보겠다.

---

10) 파사르게(Passarge). 동 프로이센의 강. 발트해의 프리시만으로 흘러든다.

11) 타루티노(Tarutino). 모스크바 남쪽의 마을, 이곳 회전(1812. 10. 18)에서 러시아군은 프랑스군을 격파했다.

12) 뮈라(Murat, Joachim, 1767~1815). 프랑스의 원수.

제8장
선진 부대의 조치

이제까지의 논술로 군의 안전은 전위 및 측위가, 진출하는 적에 가하는 동작에 의존하는 바가 크다는 것이 명백해졌다. 그러나 이들 부대가 적의 본대와 충돌하는 경우를 생각해 보면, 열세의 입장에 있다는 것을 인정하지 않을 수가 없다. 따라서 아군이 전위 혹은 측위와 직 본대와의 병력이 심한 불균형임에도 불구하고, 이들 선진 부대가 현저한 손해를 입지 않고 각자의 임무를 수행하기 위해서는 어떻게 하면 좋은가에 대한 설명이 필요하다.

전위 혹은 측위의 목적은 첫째 적을 감시하는 데 있고, 둘째로는 적의 진출을 지연시키는 데 있다.

그런데 전위 혹은 측위 부대의 병력이 크게 약하면 첫 번째 목적조차도 충분히 달성할 수 없을 것이다. 그것은 한편으로는 손쉽게 격퇴된다는 것이고, 또다른 한편으로는 감시의 수단, 즉 부대의 '눈'이 멀리까지 도달하지 않는다는 데에 이유가 있다.

그러나 전위 혹은 측위의 병력이 열세하다고는 하지만 감시는 충분히 이루어져야 한다. 그렇게 하면 적은 이들 부대 앞에 모든 병력을 전개해 보이고, 또 그때에 단지 병력뿐 아니라 작전 계획도 폭로하지 않을 수 없을 것이다.

그런데 이러한 목적을 위해서라면, 전위 혹은 측위는 전쟁터에 존재하는 것만으로 충분하다. 이들 부대는 적이 격퇴 준비를 완료하는 것을 기다렸다가 퇴각을 개시하는 것이 좋기 때문이다.

그러나 이들 부대의 제2 목적은 적의 진출을 지연시키는 데 있다. 그리고 이목적을 달성하기 위해서는 본격적인 저항을 필요로 한다.

그러나 이와 같이 마지막 순간까지 적의 진출을 기다렸다가 강력한 저항을 시도한다면, 아군의 선진 부대는 막대한 손해를 입을 위험에 끊임없이 노출되는 것은 아닐까? 그러나 반드시 그렇지 않다는 것은 주로 다음 이유에서도 알 수 있다. 즉, 적도 그 전위를 전진시킬 뿐이지 곧 우세한 본대를 움직여서 아군을 포위하는 것이 아니라는 것이다. 그런데 적이 아군의 선진 부대 병력을 알고서, 그의 전위를 아군보다 처음부터 우세하게 만들기 위해 미리 준비하는 경우가 있다. 또 적의 본대와 그 전위와의 거리가 아군의 본대와 그 전위와의 거리보다도 짧은 경우가 있다. 혹은 또 적의 본대는 이미 전진 중이고, 그 전위가 아군의 선진 부대에 가하는 공격을 전력을 다해서 지원할 수 있는 지점에 이윽고 도달하는 경우도 있다. 그러나 그와 같은 경우에도 아군의 선진 부대는 적 전위, 즉 거의 같은 수의 병력과 전투하기 때문에 이러한 최초의 단계에서 시간을 벌 수가 있다. 그렇기 때문에 아군은 선진 부대의 퇴각을 위험에 빠뜨리지 않고도 적의 진출을 잠시 동안 감시할 수가 있다.

그러나 이러한 선진 부대가 저항에 편한 진지를 잡고 시도하는 저항은, 다른 경우라면 피아 병력의 불균형에서 생길 것으로 여겨지는 모든 불리함을 낳는다고는 할 수 없다. 대개 우세한 적에 대해서 저항을 시도하는 경우의 주요한 위험이라고 하면, 적에게 우회당하고 포위 공격에 의해서 매우 불리한 처지에 빠지는 일이다. 그러나 이러한 위험은, 대개 지금 여기에서 논하고 있는 것과 같은 상태에서는 현저하게 경감된다. 적의 선진 부대가 아군의 본대에서 파견된 지원부대의 존재를 확실히 알고 있을 턱이 없으므로, 이들 적의 종대(縱隊) 쪽이 오히려 협격(挾擊)당할지도 모르기 때문이다. 그래서 선진하는 적의 여러 종대는 우선 동일 선상에 머물고, 아군의 정황을 정확하게 파악한 뒤에 경계를 하면서 매우 신중하게 아군 선진 부대 양익(兩翼)의 어느 쪽을 우회하기 시작할 것이다. 즉 적에게 이러한 모색과 이와 같은 경계심이 있기 때문에, 우리 전진 부대는 실제로 위험에 빠지기 전에 탈출할 수가 있다.

여하간 적의 정면 공격과 우회의 개시에 대해서 우리 선진 부대가 실제로 시도하는 저항 시간의 장단은, 오직 지형과 지원 부대의 도착이 빠르냐 늦느냐에 따라 결정된다. 만약 이 경우에 우리의 저항이 선진 부대로서의 본디 한도를 넘는다면 그것이 지휘관의 무지에 기인하든, 또는 본대가 필요로 하는 시간을 벌기 위한 희생적 행위이든 반드시 막대한 손해를 피할 수 없을 것이다.

그렇기 때문에 지극히 드문 경우, 즉 대단절지(大斷絶地)를 이용할 수 있는 경우에만 전투에 의한 본격적인 저항이 중요한 의의를 갖는다고 말해도 좋을 것이다. 하지만 이러한 선진 부대가 시도하는 작은 전투의 지속 시간은 그 자체로서는 아주 미미한 것으로, 충분한 시간을 버는 일은 되지 않는다. 이처럼 시간적 여유를 얻으려면, 다음에 드는 방법 이외에 다른 방법이 없다는 것은 사리로 미루어 당연하다.

1. 적이 진출을 신중하게 하도록 하고, 전진 속도를 지연시킴으로써.
2. 본격적인 저항을 계속함으로써.
3. 전진 부대의 퇴각 그 자체에 의해.

이 퇴각은 부대의 안전에 지장을 초래하지 않는 한, 될 수 있는 대로 완만하게 진행해야 한다. 만약에 토지가 새로운 부대 배치에 편의를 주는 경우에는, 이러한 토지 이용을 게을리해서는 안 된다. 그렇게 하면 적은 공격 또는 우회를 위해 새롭게 준비를 하지 않을 수 없게 되므로 아군은 그만큼의 시간을 벌수 있고, 또 때로는 새로운 진지에서 실제 전투가 행해지는 경우까지도 있을 것이다.

전투에 의한 저항과 퇴각이 긴밀하게 결부되어 있다는 것, 또 이러한 전투의지속이 불가능하다면 전투의 횟수를 배가해서 이를 보충해야 한다는 것은 이로써 분명해진다.

이것이 선진 부대가 시도할 수 있는 저항 방식이다. 만약에 그와 같은 저항방식에 의해 생겨나는 성과는 무엇보다도 먼저 선진 부대 그 자체의 병력과 토지의 성질에 의해, 다음에는 본대까지의 퇴각로의 길고 짧음에 의해, 마지막으로 본대에 의한 지원 혹은 수용의 유무에 의해 결정되는 것이다.

소부대는 피아의 병력이 동등하다 하더라도 대부대처럼 장시간에 걸쳐 저항을 계속할 수가 없다. 부대가 크면 그 행동이 어떠한 것이 되었든, 실시에 더욱더 많은 시간을 필요로 하기 때문이다. 또 산지에서는 행군도 이미 평지에서 행해지는 것보다 그 속도가 훨씬 느려지고, 게다가 천연의 요새를 이용하여 배치된 부대는 평지에서보다도 장시간 저항에 견딜 수 있고 위험도 적다. 더욱이 이러한 부대 배치에 적합한 장소는 어디에서든 찾을 수 있다.

선진 부대가 본대에서 멀리 떨어져 있으면 그 퇴각로는 필연적으로 길어지고, 따라서 또 저항으로 얻을 수 있는 절대적 시간도 길어진다. 그러나 이처럼 본대에서 멀리 떨어져 배치된 부대는 저항 능력이 모자라고 또 본대의 지원을 얻는 것도 곤란하다. 따라서 이러한 부대가 이 긴 퇴로를 퇴각하는 시간은, 본대 근방에 배치된 부대가 짧은 퇴각로를 퇴진하는 시간보다도 오히려 짧을 정도이다.

그러므로 선진 부대가 수용(收容)과 지원을 본대로부터 받을 수 있는지의 여부에 대한 사정이, 그 저항 시간에 영향을 준다는 것은 물론이다. 만약 수용과 지원을 기대할 수 없을 경우, 신중과 경계에 만전을 기해서 퇴각해야 한다면 저항은 그만큼 약화될 수밖에 없기 때문이다.

적이 오전에 나타나는가, 그렇지 않으면 오후에 나타나는가 하는 것은, 선진 부대의 저항으로 얻어지는 시간에 현저한 차이를 낳게 한다. 만약에 적이 오후에 나타난다면 밤중에 전진하는 일은 드물기 때문에 그만큼 시간을 벌 수 있다. 1815년에 치텐[1]은 3만의 프로이센 제1군단을 이끌고 샤를루아[2]에서 리니[3]에 이르는 2마일도 되지 않는 도로 위에서 약 12만의 나폴레옹 군에 저항했으며, 그는 이 전투로 프로이센군이 집결하기 위해 필요한 24시간 이상의 시간을 벌 수 있었다. 치텐은 6월 15일 오전 9시경 공격을 받았으나, 리니의 회전은 다음날인 16일 오후 2시경에 시작되었던 것이다. 그러나 그 때문에 치텐이 막대한 손실을 입은 것은 말할 것도 없다. 즉 사상자와 포로는 5000 내지 6000명에 달했던 것이다.

경험에 비추어 보면, 다음과 같은 결론을 이런 종류의 고찰에 대한 요점으로 간주해도 좋을 것 같다.

기병에 의해 증강된 1만 내지 1만 2000의 1개 사단이 본대에서 1일 행정, 즉 3마일 내지 4마일 떨어진 지점에 배치되어 있다고 하면, 그다지 기복이 없는 보통의 지형에서 퇴각을 하면서 적을 저지할 수 있는 시간은, 이 퇴각 지역을 보통의 행진으로 통과할 시간의 1.5배일 것이다. 그러나 이 사단이 본대에서 1마일밖에 선진하지 못했다고 한다면, 적을 저지할 수 있는 시간은 보통 행진 시간

---

1) 치텐(Zieten, Hans Joachim, 1770~1848). 프로이센의 원수.

2) 샤를루아(Charleroi). 벨기에의 도시.

3) 리니(Ligny). 남부 벨기에의 도시. 이곳 회전(1815. 6. 16)에서 나폴레옹은 프로이센군을 무찔렀다.

의 2배 내지 3배에 이를 것이다.

4마일이라고 하면 보통은 10시간의 행군 행정이다. 그렇다면 앞에 말한 가정에 따른다면, 본대에서 4마일 전방에 배치된 선진 사단의 경우에는 적이 이 사단을 공격하는 순간부터 본대 그 자체를 공격할 수 있는 순간까지를 약 15시간이라고 계산해도 좋다. 이와 반대로 전위(前衛)가 본대에서 1마일 정도의 지점에 있다고 한다면, 적이 아군의 본대를 공격하기에 이르기까

청년 시절 나폴레옹 1796년 베로나 근교 아르콜 다리 전투에서 오스트리아군을 격파했던 젊은 시절의 나폴레옹 초상화.

지의 시간은 3시간 내지 4시간보다도 길고, 때로는 그 2배에 달하는 경우도 있다. 적이 아군의 전위에 대해 처음으로 강구해야 할 방책을 전개하는 데 필요한 시간은 동일하지만, 이 전위가 처음으로 배치된 지점에서 저항할 수 있는 시간은 더욱 먼 전진 진지에서보다도 크기 때문이다.

그러면 결론은 이렇게 된다. 첫 번째는, 적이 아군의 전위를 격퇴한 당일, 아군 본대에 대한 공격을 계획하는 일은 쉬운 일이 아니다. 이것은 경험으로 봐서도 분명하다. 또 두 번째 경우에도, 적이 그 날 안에 전투를 강행하려고 한다면 오전 중에 아군의 전위를 격퇴해야 한다.

첫 번째 경우, 아군에게는 밤이 더 유리하기 때문에 선진 부대를 본대로부터 멀리 떨어진 지점에 배치한다면, 그에 의해 얼마만큼의 시간을 벌 수 있는가는 설명을 할 필요도 없이 명백해질 것이다.

본대의 측면에 배치된 부대, 즉 측위(側衛)의 임무에 대해서는 앞에서 말했지

만, 요컨대 이 부대의 행동은 대부분의 경우 그 사용을 직접적으로 필요로 하는 정황과 많건 적건 연관되어 있다. 간단히 말하자면, 측위는 본군의 측면에 배치된 전위라고 보아도 좋다. 따라서 또 본군보다도 조금 전방에 배치되어 퇴각하는 경우에는 본대를 향해 비스듬한 방향을 취하게 된다.

이와 같은 측위는 본군의 전방에 배치되어 있는 것도 아니고, 따라서 본디 전위와는 달리 본대의 양측으로 수용되는 편의를 가지지 않는다. 만약에 적 본대의 양측에 있는 공격력이 중앙의 경우보다 취약하지 않다면 큰 위험에 놓이게 될 것이다. 그러나 이 부분의 공격력은 실제로는 대개 취약하다. 여하간 측위는 최악의 경우라도 대피할 공간적 여유를 갖기 때문에 패주(敗走)하는 전위와 달리 퇴각에 의해 본군을 직접 위험에 빠뜨리는 일은 없다.

퇴각하는 선진 부대의 수용은 강력한 기병에 의해 이루어지는 것이 가장 좋고, 또 실제로도 이 방법이 곧잘 사용되고 있다. 본대와 선진 부대와의 거리가 먼 경우에, 기병의 예비 부대를 이들 사이에 두는 이유는 이 때문이다.

그러면 최종 결론은 다음과 같다. 즉, 선진 부대는 실제로 그 위력을 사용하는 것보다는 오히려 본대의 전방에 존재한다는 것만으로도 효과가 있고, 또 실제로 전투를 행하는 것보다는 오히려 언제라도 전투를 실시할 수 있는 태세에 있는 것이 효과적이다. 게다가 이러한 선진 부대의 목적은 적의 움직임을 실제로 저지하기 위해 있는 것이 아니라, 마치 시계의 추처럼 적의 움직임을 완화, 조정해서 적의 수법을 간파하는 데 있다.

제9장
야영

다음으로 전투 외의 세 가지 상태를 전략적으로만, 즉 이들 상태가 장소, 시간 및 병력 수의 조건이 되는 한에서만 고찰해 보고자 한다. 전투에서 군의 배치나, 이 배치에서 전투 상황으로 이행하는 데 관한 모든 사정은 말할 것도 없이 전술에 속한다.

야영에서 군의 배치란 그것이 막영(幕營), 창영(廠營), 노영(露營) 등을 불문하고 사영(舍營) 이외의 배치들을 총칭한다. 야영에 의한 배치는, 이 배치를 조건으로 하는 전투와 전략적으로는 전적으로 동일하다. 그러나 전술적으로는 반드시 같지 않다. 여러 가지 이유로 야영지를 이미 선정한 회전지(會戰地)와는 다른 장소로 선택할 수 있기 때문이다. 그런데 군의 배치에 관해서는 즉, 여러 종류의 부대가 위치하는 장소에 대해서는 필요 사항을 이미 말해 두었다. 그렇기 때문에 이 장에서는 야영에 관한 역사를 고찰하는 것만으로 그치기로 한다.

이전에는, 즉 군대가 막대한 수에 달하고 전쟁이 오랜 기간 끌며 많은 회전이 서로 관련되어 있는 시대가 오기 전에는, 다시 말하면 프랑스혁명 시대까지 군은 항상 막영(幕營)을 했다. 막영은 곧 야영의 상태였던 것이다. 당시의 군은 봄이 오면 동영(冬營)을 떠나 막영(幕營)으로 옮기고, 겨울이 시작됨과 동시에 재차 동영으로 돌아갔다. 그렇기 때문에 동영은 비(非)전시 상태와 같은 것이었다. 동영 기간 중에는 피아의 병력은 활동을 중지하고, 전투라는 시계 장치는 전혀 움직이지 않았기 때문이다. 또 본래의 동영(동기 사영)에 앞서 휴양(休養) 사영이나 단기간의 압축 사영은 과도기이자 부정규적인 상태였다.

이처럼 피아가 스스로 정기적으로 군사적 행동을 중지하는 것과, 전쟁의 목적 및 본질이 어떻게 조화했는지, 또 지금도 조화되고 있는지 여부의 문제는 본 장에서 규명할 일이 아니다. 우리는 언젠가 다시 이 문제로 되돌아가지만 우선 여기에서는, 옛날에는 사실이 이러했다고 말해두는 것만으로 그치기로 한다.

그런데 천막의 운반에 요하는 짐 때문에 프랑스혁명 전쟁 이래 막영은 완전히 폐지되었다. 예를 들어 그 이유의 반은, 10만 군의 경우에 천막을 운반하는 데 약 6000마리의 말을 필요로 했으나, 그 대신 5000의 기병 혹은 수 백문의 화포를 운반하는 편이 차라리 유리했기 때문이다. 그리고 또 다른 이유로는 신속을 요하는 대규모 이동의 경우, 이러한 짐은 걸림돌이 될 뿐 거의 도움이 되지 않기 때문이다.

그러나 또 막영(幕營)의 폐지는 두 가지 방법으로 역효과를 가져왔다. 하나는 전투력의 현저한 소모이고 또 하나는 토지의 심한 훼손이다.

조잡한 아마천을 지붕 대신 사용해 보았자 장병들을 보호해 주는 효과는 뻔했다. 그러나 천막 사용의 폐지에 의해 군대가 이후 오랫동안 위안의 장소를 잃었다는 것은 의심할 여지가 없다. 하루나 이틀이라면 천막의 유무는 그다지 큰 차이를 드러내지 않는다. 천막은 바람과 추위를 막는 데는 그리 도움이 되지 않을뿐더러 또 습기를 막는 일에서도 완전하다고는 말할 수 없기 때문이다. 그렇지만 이 사소한 차이도 일 년에 100회, 200회, 회를 거듭할수록 그로 인한 각종 질병이 발생할 것이고, 이로 인한 손실이라고 하는 자연적인 결과가 생기는 것이다.

그리고 군이 천막 사용을 폐지하고 야영을 할 경우, 토지의 황폐화가 얼마나 심해지는가는 새삼스럽게 설명할 필요도 없다.

그렇게 되면 이렇게 생각하는 사람이 있을지 모른다. 천막을 폐지했기 때문에 지금 말할 것과 같은 두 건의 불리한 점이 생겼다. 그리고 이 불리함을 제거하기 위해 사영(舍營)을 채용했으나, 사영 또한 막영과는 다른 방식으로 전쟁 수행에 불리한 영향을 미친다. 즉, 군이 이전보다 길게 자주 사영을 하게 되면 숙영 용품이 부족하여, 그 때문에 한때는 막영에 의해 가능했던 약간의 배치 방법을 폐지하지 않을 수 없다고.

그러나 실제로는 그렇지가 않다. 전쟁 그 자체가 이 시기에 절대적인 변화를 이룬 것이다. 그리고 막영이 주는 효과 같은 것은 본래의 전쟁에는 없는 사사로운 사항으로서, 이 격렬한 변동 속에서 흔적도 없이 소멸한 것이다.

전쟁이라는 큰 불은 모든 것을 다 태우지 않으면 꺼지지 않을뿐더러 전쟁의 수행력은 이미 많은 발달을 이루었다. 따라서 동영(冬營)에 의한 정기적 휴식과 같은 것도 소멸하여, 두 군의 모든 힘은 이제 억제할 수 없는 위력을 가지고 결전을 강요하기에 이른다. 이에 대해서는 제9편[1]에서 상세하게 설명하겠다. 어쨌든 이러한 상황에서는 천막의 폐지가 전투력의 효율적 사용에 주는 변화 같은 것은 전혀 논할 만한 가치가 없다. 군은 그 목적과 계획이 요구하는 대로 창영(廠營)도 하고 노영(露營)도 할 것이며, 굳이 날씨나 계절 혹은 지형의 좋고 나쁨을 따지지 않을 것이다.

앞으로 모든 시대를 통해 모든 상황 아래에서 전쟁이 이러한 절대적인 수행력을 보유할지의 여부에 대한 문제는 나중에 기술하기로 한다. 어쨌든 전쟁이 이 정도로 강렬한 힘을 구비하고 있지 않은 경우에는 천막의 폐지는 분명히 전쟁을 지도함에 있어서 얼마간의 불리한 영향을 줄 것이다. 그러나 이러한 불리함이 막영을 재개시킬 정도로 큰 것인가는 생각해 볼 필요가 있다. 전쟁의 맹위가 지난날보다도 훨씬 맹렬하게 발휘되는 지금에 와서는 어떤 시대 어떤 사정 아래에서, 때로는 예전 모습으로 돌아가고, 또 일단은 옛날의 좁은 울타리 안에 틀어박히는 일이 있다 해도, 전쟁의 본성인 압도적인 위력은 다시 폭발하지 않을 수 없을 것이기 때문이다. 그렇기 때문에 군에 항시적 설비를 두려고 할 경우에는 전쟁의 이러한 절대적인 위력을 충분히 고려해야 한다.

---

[1] 저자에게 제9편을 쓸 의도가 있었는지의 여부는 별도로 하고, 이 책은 제8편으로 완결되고 제9편은 존재하지 않는다.

제10장
행군

　행군이란, 군이 어떤 위치에서 다른 위치로 이동하는 것이다. 그리고 이 이동에는 주요한 두 조건이 포함된다.

　첫 번째 조건은 군대가 가능한 한 편하게 행진해야 한다는 것이다. 이것은 유익하게 사용해야 할 힘을 쓸데없이 낭비하지 않기 위해서이다. 두 번째 조건은, 운동이 정확하게 실행되어야 한다는 것이다. 이것은 운동이 예정과 잘 일치하기 위해서이다. 지금 10만 군을 하나의 행군 종대(縱隊)로 만들어서, 다시 말해 이러한 장대한 종대에 시간적인 단락을 주지 않고 한 가닥 길을 끊임없이 행진시킨다면, 종대의 후미는 선두와 같은 날 정해진 지점에 도착할 수 없을 것이다. 즉, 이러한 행군은 지극히 완만하게 이루어져야 한다는 것을 의미한다. 그렇지 않고 행진을 너무 재촉하면, 이 대부대는 마치 물보라가 되어 낙하하는 폭포처럼 지리멸렬한 상태가 되고 말 것이다. 그리고 이 지리멸렬은 꾸불꾸불 계속되는 장대한 종대가 제일 끝의 병사들에게 가하게 될 지나친 고난과 연결되어 결국 전군이 곤란에 빠질 것이다.

　이것은 극단적인 경우이지만, 보통은 한 종대를 편성하는 병사의 수가 적으면 행군은 그만큼 수월해지고 또 정확하게 실시된다. 그렇기 때문에 군대를 분할할 필요가 생긴다. 그러나 행군을 위한 분할은, 앞에 말한 배치를 위한 구분과는 본질적으로는 관계가 없다. 약간의 군을 행군 종대로 분할하는 것은, 일반적인 경우에는 배치를 위한 구분에서 생겨나지만, 개개의 특수한 경우에는 반드시 그렇지는 않다. 즉 대부대를 집결시켜 이들을 어떤 지점에 배치하려 한다면, 이를 위해서는 우선 행군이 필요하기 때문에 이 부대를 행군 대열로 분할해야 한다. 그러나 배치를 위해 구분된 부대를 그대로 행군시키는 경우에도 배치의 조건이 주가 되는 경우가 있는가 하면, 어떤 또 다른 행군 조건이 주가 되는 일도 있다. 예를 들어 배치가 단순한 휴식을 위한 것으로, 이 배치대로 전투에 참가하는 것이 아니라면 행군의 조건이 주가 되고, 그 경우의 조건은 오로지 평탄하고 편한 길을 고르는 것뿐이다. 배치 조건과 행군 조건의 이러한 차이를 기준으로 한다면, 첫 번째 경우에는 사영지 혹은 야영지를 고려하여 도로를 선정할 것이고, 두 번째 경우에는 도로를 고려하여 야영지나 사영지를 고를 것이다. 회전에 참가하기 위해 대부대를 인솔하여 편리한 지점에 도착하는 것에 주안점을 두는 경우에는, 부득이한 경우가 아니라면 지극히 고생스러운 측로(側路)를 행진하는 일도 마다하지 않는 것이다. 이에 반해 군이 여차 행군(旅次行軍)[1]을 실시하고 있는 경우에는 가장 최단 경로를 선택할 것이고, 또 사영이든 야영이든 이러한 큰 도로 근방에서는 원하는 대로 장소를 찾을 수 있다.

행군이, 이 두 종류 중 어디에 속하든 진투를 생각할 수 있는 지역, 다시 말하면 가능성 있는 전투 지역에서 행군 종대를 편성할 경우, 각 종대가 포함한 부대가 각기 독립 전투에 견딜 수 있는 조건을 충족하기 위해서는, 우선 보병과 기병 및 포병의 세 병종을 적절하게 편성한다. 다음에 군을 유기적으로 구분하고 또 적당하다고 여겨지는 지휘관을 임명할 필요가 있다. 그렇기 때문에 회전을 앞두고 새로운 전투 서열을 편성하고 최대의 이익을 올리기 위한 주요한 요건이 곧 행군이다.

18세기 중반쯤, 특히 프리드리히 대왕의 전쟁터에서는 운동을 공격의 원리로 생각하여, 적의 의표를 찌르는 운동이 미치는 영향으로 승리를 획득하려는 풍조가 생겼다. 그러나 당시는 아직 유기적인 전투 서열이 나타나지 않았기 때문에, 행군에서도 복잡하고 까다로운 배치가 필요했다. 예를 들어 적군 근처에서 운동을 실시하기 위해서는 항상 공격할 준비를 갖추고 있어야 했다. 그러나 그러기 위해서는 군이 집결하고 있다는 것을 전제로 했다. 왜냐하면 당시 군은 하나의 불가분의 전체를 이루고 있었기 때문이다. 또 제2 전열[2]은 측면 행진 때 항상 제1 전열에 대해 가능한 한 짧은 거리, 즉 4분의 1마일을 넘지 않는 거리를 유지하기 위해 국지(局地)에 관한 지식을 충분히 구사하면서, 길이라고 할

---

1) 적과 접촉할 가능성이 있을 때 전투 준비를 해서 행하는 행군을 전비 행군(戰備行軍)이라 하고, 바로 적과 접촉할 염려가 없는 행군을 여차 행군(旅次行軍)이라고 한다.
2) 앞뒤로 배치된 전술 단위를 전열이라고 한다. 따라서 제2 전열은 제1 전열에 후속한다.

수 없는 길을 고생스럽게 행진해야 했다. 4분의 1마일 간격을 유지하면서 병행하는 두 가닥의 좋은 길이 있을 리가 없기 때문이다. 이와 같은 정황은 종대가 적을 향해 직각으로 행진하는 경우에 익기병(翼騎兵)에게도 나타난다. 또 포병은 보병에 의해서 엄호된 특별한 길을 필요로 하기 때문에, 포병에 대해서도 새로운 어려움이 생겼다. 보병의 전열은 연속된 선을 이루고 행진해야 하는데, 거기에 포병이 끼어들면 그렇지 않아도 느린 포병 종대의 진행은 더욱 느려지게 되어, 행군 종대 사이의 거리는 몹시 흐트러졌다. 이러한 모든 정황이나 상황에 의해 전쟁에 부과된 모든 구속이 어떠한 것인가를 확실히 알고 싶은 사람은, 템펠호프가 쓴 《7년 전쟁사》 중 행군 계획 항목을 읽어보면 충분히 알게 될 것이다.

그런데 근대의 전쟁술은 군에 유기적인 구분을 부여했다. 이 구분에 의해서 군의 주요 부대는 각각 1개의 작은 전체로 간주되고, 따라서 또 전투에서는 커다란 전체, 즉 군의 모든 동작을 소규모이지만 형성할 수 있게 되었다. 단, 한 가지 차이라고 하면 동작을 지속하는 시간이 군의 그것보다 짧다는 것뿐이다. 그 이래 총공격을 계획할 때조차 전투의 개시 전에 이들 종대를 서로 근접시켜둘 필요가 없어졌다. 이러한 집결은 전투 중에 충분히 할 수 있기 때문이다.

부대가 작을수록 그 부대의 움직임은 점점 가벼워져 분할할 필요도 적어진다. 부대를 행군 종대로 분할하는 것은 배치를 위한 구분 때문이 아니라, 큰 부대는 행군에 불편하다는 이유에 입각한 것이다. 그렇기 때문에 소부대 행군이라면 한 가닥의 도로만으로도 되고, 또 여러 가닥의 도로를 병진한다 해도 이러한 소부대의 필요를 충분히 충족시킬 만한 가까운 병행 도로를 쉽사리 찾을 수가 있는 것이다. 이와는 반대로 부대가 크면, 분할의 필요와 분할에 의해 생긴 부대의 수가 점점 커지고, 또 많은 부대에 알맞은 몇 가닥의 평탄한 도로 혹은 간선 도로의 필요성은 더욱더 커진다. 또 이에 따라 각기 다른 도로를 행진하는 종대 간의 간격도 갈수록 커지는 식이다. 즉, 분할의 필요와 그에 따른 위험은 산술적으로 말하자면 반비례한다. 요컨대 행군 종대가 작으면 이들 부대가 위급에 처해서 서로 원조할 필요도 더욱 커진다. 또 부대가 크면, 이들 부대는 더욱 장시간에 걸쳐 독립적으로 싸울 수가 있다. 이와 같은 점에 관해서 전편에서 말한 것을 상기하고, 또 경작지에서는 간선 도로에서 수 마일 떨어진 곳에 이와 병행하는 좋은 길을 반드시 찾아낼 수 있다는 것을 아울러 생각한다면, 행군 서열을 편성할 경우에 종대의 신속한 전진과 행군의 정확한 진행 예정을 방해해서 병력의 적시 집결에 지장을 초래할 수 있다는 난점이 존재하지 않는다는 것은 명백하다. 그런데 산지에서는 병행하는 도로가 거의 없다. 또 도로 간의 연락도 매우 곤란하지만, 각 종대의 저항 능력은 평지에서보다도 훨씬 크다.

행군에 관한 이들 사항을 보다 명확하게 이해하기 위하여, 이것을 구체적인 예를 들어 고찰해 보기로 한다.

병력 수 8000의 일개 사단이 포병 및 기타 약간의 차량을 동반할 때에는, 경험에 의하면 그 행군 장경(長徑)[3]은 한 시간 행정에 이르는 것이 통례이다. 따라서 2개 사단이 동일한 도로를 행진할 때에는, 제2 사단은 제1 사단보다도 한 시간 늦게 정해진 지점에 도달하게 된다. 그런데 앞서 제4편 제6장에서 말한 대로, 이만한 병력을 가진 1개 사단이라면 우세한 적에 대해서도 몇 시간의 전투에 견딜 수가 있다. 따라서 제1 사단이 불행하게도 일찍 전투를 개시하는 일이 있더라도, 제2 사단의 도착이 너무 늦는 일은 없을 것이다. 또 더 나아가서 중부 유럽의 농경국이라면 제1 사단이 행군하고 있는 가도의 좌우에는, 이곳으로부터 한 시간 행정(行程) 이내인 곳에 행군하기 좋은 병행 도로를 발견하기 쉽다. 따라서 7년 전쟁에서 자주 행한 것처럼 도로가 없는 교외 들판을 가로질러서 행군할 필요는 없다.

또 우리는 경험에 의해 다음과 같은 일을 알고 있다. 4개 사단과 기병의 예비로 이루어진 군은, 도로가 좋지 않을 경우에도 그 선두는 3마일을 8시간으로 행진한다. 또 각 사단의 행군 장경을 한 시간 행정으로 보고 기병 예비 및 포병 예비도 마찬가지로 행군 장경을 차지한다면, 전군의 행진은 13시간 계속하게 된다. 이것은 결코 긴 시간은 아니다. 더욱이 이만한 대군인 경우에는, 따로 몇 가닥의 병행 도로를 찾아서 이것을 이용할 수도 있으므로 행군 시간을 쉽사리 단축할 수가 있는 셈이다. 그런데 위에서 말한 군보다도 더 큰 군이 한 가닥의 가도를 행진하게 되면, 이 군이 모두 같은 날에 정해진 지점에 도달할 필요는

---

3) 한 행군 종대가 도로 위에서 차지하는 길이를 행군 장경(長徑)이라고 한다.

없어질 것이다. 이러한 대군은 적을 만나자마자 바로 전투를 시작하는 것이 아니라, 보통 이튿날이 되어서야 비로소 싸움을 시작하기 때문이다.

이처럼 약간의 구체적인 사례를 든 것은 이런 종류의 사정을 자상하게 말하기 위한 것이 아니라, 현대의 전쟁 지도에서는 행군의 실시에 옛날과 같은 심한 곤란이 따르지 않는다는 것, 또 매우 신속하고 정확한 행군이라 해도 7년 전쟁에서 프리드리히 대왕의 신속하고 정확한 행군처럼 독특한 기교나 토지에 관한 정밀한 지식이 필요하지 않음을 명백히 하고, 또 이것을 경험에 비추어서 예시하기 위함이었다. 오히려 오늘날 행군은 군을 유기적으로 구분함으로써 스스로 이루어진다고 해도 좋다. 적어도 대규모 행군 계획을 필요로 하지 않는 것이다. 지난날의 전쟁은 호령 하나로 지휘되었으나, 행군 계획에는 장고(長考)를 필요로 했다. 그런데 오늘날에는 전투 서열에 장고가 필요하고, 행군 그 자체에 대해서는 호령만으로 충분하게 되었다.

널리 알려진 바와 같이 행군이라고 하는 것은 적의 정면을 향하여 직각으로 이루어지는 직각 행군과, 옆에 있는 적의 정면에 평행해서 이루어지는 측면 행군으로 구별된다. 이 행군 방식에서는, 여러 부대의 기하학적 위치가 변경된다. 즉, 병렬로 배치되었던 부대는 행군에서는 전후에 위치하도록 변경되는데, 정황에 따라서는 그 반대의 경우도 있다. 그런데 직각 행군에서는 그 행진 방향이 직각 내의 여러 각도에 의해서 결정되는데, 일반적으로 행군 서열은 직각 행군과 측면 행군이라고 하는 두 행군 대형 가운데 어느 하나로 결정되어야 한다.

측면 행군 때 여러 부대의 기하학적 변경을 완전히 실시하는 일은 전술적으로만, 더욱이 전술이 열오(列伍) 행진[4]을 사용하는 경우에만 가능하고, 대부대에 대해서는 불가능하다. 하물며 전략이 이런 일을 할 수 있는 것은 아니다. 그런데 이와 같은 기하학적 관계를 변경하는 부대는 지난날 전투 서열에서는 날개와 전열에 한정되어 있었으나, 근대의 전투 서열에서는 군을 처음에 구분해서 생긴 대부대, 즉 군단·사단, 혹은 때로는 여단에도 주로 관계된다. 그러나 또 이러한 기하학적 변경에는, 근대의 유기적 전투 서열에서 생긴 결과도 영향을 미친다. 또 이 결과에 대해서는 위에서 말했다. 요컨대 오늘날에는 지난날

---

4) 좌우(열), 전후(오)에 배치된 한 조의 적은 병사들이 하는 행진을 말한다.

소부대 행군이라면 종대 대형으로 분할하는 것이 일반적이다.

과 달리 행동에 앞서서 전군을 집결해 둘 필요가 없고, 오히려 정돈된 대부대를 각기 하나의 작은 전체로서 사용하는 데 신경을 써야 하는 것이다. 그런데 2개 사단의 행군 배치에서, 그중 1개 사단을 정면에 배치한 다른 1개 사단의 후방에 예비로서 배치하여 이 2개 사단이 두 가닥의 도로로 적을 향해 전진하는 경우에, 각 사단을 둘로 나누어 그 반씩을 두 가닥의 도로에 따로 배당하려고 하는 사람은 없을 것이다. 이런 경우에는 반드시 각 사단에 각기 다른 도로를 배당하는 것은 명백하므로, 두 사단은 나란히 전진하여 도중에서 전투가 발생했을 경우에 각 사단장은 단독으로 자군(自軍)의 예비를 편성할 것이다. 그러나 명령의 통일은 당초에 규정된 기하학적 관계보다도 훨씬 중요하므로, 이 두 사단이 행군 중에 적과 전투를 하는 일 없이 소정의 진지에 도착했다면 다시 애초의 관계로 돌아가는 셈이다. 하물며 병행하는 2개 사단이 두 가닥의 도로 위에서 측면 행군을 실시할 경우, 이 두 사단 그 자체에 한쪽의 도로를 주고 다른 한쪽 도로를 각 사단의 후방 전열 또는 예비에 줄 것을 생각하는 사람은 없을 것이다. 반드시 각 사단에 두 가닥의 도로를 각기 배당하여, 행군 중에는 한쪽 사단을 다른 사단의 예비로 간주할 것이다. 또 4개 사단으로 이루어진

군이 그중의 3개 사단을 정면에, 또 나머지 1개 사단을 예비로서 그 후방에 배치하여 행군 서열로 세 가닥의 도로를 적을 향해 전진할 경우에는, 정면의 3개 사단에 각기 별개의 도로를 지시하고, 또 예비 사단에는 중앙의 도로를 할당하는 것은 당연하다. 그러나 이와 같은 세 가닥의 병행 도로 간격이 너무 클 경우에는, 두 가닥의 도로를 행진해도 상관없고 또 그 때문에 크게 불리함이 생길 염려도 없다.

또 측면 행군의 반대 경우, 즉 직각 행군에 대해서도 사정은 이와 똑같다.

그런데 더 나아가서 한 가지 고려할 점이 있다. 그것은 행군을 개시하는 경우의 우방향 전환[5] 및 좌방향 전환이다. 측면 행군의 경우에는, 이 방향 전환은 측방에 있는 적에 대해서 저절로 이루어진다. 왼쪽으로 운동할 경우에 일부러 오른쪽으로 방향 변환을 시도하는 사람은 없을 것이다. 그러나 전진 또는 후퇴 때의 행진에서는, 종대의 행군 서열은 전선에서 개진(開進)[6]하는 경우의 선으로 향하는 도로의 상태에 따라 결정되어야 한다. 이러한 방향 변환은 전술에서 때때로 일어날 수 있는 일이다. 전술에 관계되는 공간은 비교적 좁으므로, 부대의 기하학적 관계는 쉽게 통관할 수 있기 때문이다. 그러나 방향 변환과 같은 일은 전략에서는 전적으로 불가능하다. 그럼에도 이에 준하는 생각이 전술에서 전략 안으로 도입되고 있는데, 이것은 전적으로 획일적인 견해에 지나지 않는다. 왕년의 행군 서열은 순전히 전술에 속해 있었다. 군은 행군 중에도 시종 하나의 불가분한 전체이고, 또 이러한 것으로서 단 일회의 전면적 전투를 바라고 있다. 군이 이와 같은 한 개의 전체였기 때문에, 예를 들어 슈베린[7]은 1757년 5월 5일에 브란다이스[8]에서 방향 변환을 할 때, 회전이 있을 지역이 오른쪽에 있

---

5) 우(좌)방향 변환이란, 부대가 어느 지점을 출발해서 행군 대형으로 이행(移行)하는 것을 말한다. 그 경우에 우(좌)방향 변환이라면 우(좌)익 부대가 우선 출발하고 다른 부대가 이를 따른다. 이렇게 해서 우(좌)방향 변환한 행군 종대는 개진(開進)에 의해 옆으로 길게 벌어진 대형(隊形)으로 전개(展開)하는 것이다.

6) 전투를 하기 위해 세로로 긴 대세(隊勢)에서 옆으로 넓은 상태 곧 정면선(正面線) 혹은 전선(戰線)으로 이행(移行)하는 동작을 말한다. 또는 행군 종대에서 전투 대형으로 옮긴다고 할 수도 있다.

7) 슈베린(Schwerin, Kurt Christoph von, 1684~1757). 프로이센의 원수. 프라하의 회전(1757. 5. 6)에서 전몰했다.

8) 브란다이스(Brandeis). 뵈멘의 도시. 엘베 강가에 있다.

는지 왼쪽에 있는지 알 수 없었기 때문에 저 유명한 배전(背轉) 행진[9]을 하지 않을 수가 없었다.

구시대의 전투 서열로 4종대로 이루어진 군이 적을 향해 행진하는 경우에는 기병이 양 날개에서 각기 제1 및 제2 전열을 이루고, 보병은 중앙의 두 종대를 차지하여 제1, 제2 전열을 형성했다. 그런데 이들 종대는 모두 오른쪽 또는 왼쪽으로, 우익은 오른쪽으로 좌익은 왼쪽으로, 좌익은 오른쪽으로 우익은 왼쪽으로 방향을 변환할 수 있었다. 이 제3의 경우는 '중앙으로부터의' 방향 변환이라고 불려도 좋을 것이다. 이들 대형은 전투를 위한 개진에는 관계될지 모르나 본질적으로는 이러한 관계에서조차도 특별한 의의는 가지지 않았다. 프리드리히 대왕은 로이텐의 회전에서 4종대로 이루어진 군을 가지고 왼쪽 방향 변환 행진을 시도하여 매우 손쉽게 방향을 변환하여 전열로 이행하는 데 성공했다. 그리고 이 이행은 당시의 모든 전사가(戰史家)에 의해 높은 칭찬을 받았던 것이다. 그러나 프리드리히가 성공한 것은, 그의 공격을 가하려고 했던 날개가 우연히 적의 좌익이었기 때문이다. 만약에 그가 오스트리아군의 우익을 우회할 작정으로 있었다면 이것이야말로 프라하의 전철을 밟아 배전(背轉) 행위를 시도해야 했을 것이다.

이러한 대형이 당시에도 전투의 목적에 부합되지 않았다면, 오늘날에는 어린애 장난과 같다고 해도 좋을 것이다. 오늘날에도 회전이 이루어질 싸움터가, 군의 행진로에 대해서 어떠한 위치에 있는가를 알 수 없다는 것은 이전과 거의 다르지 않다. 그러나 예를 들어 전투 부대가 방향 전환을 잘못했다고 해도 거기에서 생기는 약간의 시간적 손실은, 오늘날에는 지난날에 비해 전혀 문제가 되지 않을 정도로 사소한 것이다. 실제로 근대의 새로운 전투 서열은 이 경우에도 유익한 영향을 주고 있다. 유기적인 전투 서열에서는 어느 사단이 먼저 도착하는가, 또 어떤 사단이 먼저 사격을 개시하는가 하는 것은 회전의 성과에 관계가 없기 때문이다.

이와 같은 사정에서 우방향 변환이나 좌방향 변환이 그 어떤 가치를 갖는다고 하면, 이러한 방향 변환을 서로 교대로 시도해 봄으로써 여러 부대의 부담

---

[9] 전투 전 또는 전투 중에, 전투 서열을 변경하지 않고 군의 정면을 뒤로 해서 행군하는 일을 말한다.

을 평등하게 한다는 것뿐이다. 요컨대 이것이 유일한 가치로서, 이러한 두 가지 방향 변환 행진을 오늘날에도 대체로 보존하고 있는 중요한 이유이기도 하다.

따라서 중앙으로부터의 방향 변환 행진은 일정한 행진 서열로서는 전혀 쓸모가 없고, 비록 군이 이러한 대형을 취하는 일이 있어도 그것은 우연히 생긴 것일 뿐이다. 하물며 동일한 종대가 중앙으로부터의 방향 변환을 시도해 보는 것은 전략에서는 있을 수 없는 일이다. 이런 종류의 방향 변환은 오른쪽 또는 왼쪽으로 가는 이중의 도로를 전제로 하기 때문이다.

여하간 행진 서열은, 전략의 영역이라고 하기보다는 오히려 전술의 영역에 속한다. 행군 때 군을 약간의 행군 종대로 분할해도, 일단 행군이 끝나면 이들 종대는 서로 합해서 전체를 이루기 때문이다. 하지만 근대의 전쟁 술은 반드시 행군 부대의 정확한 집합을 기대하고 있는 것이 아니다. 오히려 이들 부대는 행군하는 동안에도 서로 멀리 떨어져서 전진하여 각자가 독립해서 행동하는 것이다. 그 결과 각 부대는 이전보다는 훨씬 손쉽게 독립된 전투를 하게 되었다. 그리고 이러한 개개의 전투가 총괄되어서 전체적 전투를 이룬다. 이러한 사정이 있어서 행군에 대해서 말을 많이 하지 않을 수 없었던 것이다.

본 편의 제2장[10]에서 말한 바와 같이, 따로 유력한 특수 목적이 있는 것이 아니면 군을 3개 부대로 구분해서 이것을 나란히 놓는 배치 방식이 가장 자연적이므로, 행군에서도 세 종대로 분할된 행군 서열이 가장 자연스러운 대형이라고 할 수 있다.

그런데 여기에서 주의해 두어야 할 한 가지가 있다. 종대 개념은 동일한 도로를 행진하는 하나의 부대에 대해서 말할 수 있을 뿐만 아니라, 전략적으로는 날을 달리 잡아서 동일한 도로를 행진하는 몇 개의 부대에도 해당된다는 것이다. 실제로 군을 몇 개의 행군 종대로 분할한다는 것은 주로 행군 시간을 단축하고 또 행군을 쉽게 하기 위함이다. 작은 부대는 큰 부대보다도 신속하고 경쾌하게 행진할 수 있기 때문이다. 그러나 이 목적은 부대를 분할해서 몇 가닥의 도로를 전진하게 하는 대신에, 날을 달리해서 동일한 도로를 행진하게 하는 것으로도 달성된다.

---

10) 제5장의 잘못일 것이다.

제11장
행군(이어서 1)

    행군 행정(行程) 및 이에 필요로 하는 시간이, 경험에서 얻어진 약간의 통칙(通則)에 준한다는 것은 말할 것도 없다.

    근대의 군에서는 3마일이 낮 동안 갈 수 있는 표준적인 하루 행군 행정이라는 것은 이미 확인했다. 그러나 행군 장경(長徑)이 긴 종대에 대해서는 이 행성을 2마일로 줄여 잡아야만 한다. 이것은 행군에 의해 다친 병사와 군비를 회복시키기 위해 필요한 휴식일을 더하기 위해서이다.

    병사 8000의 1개 사단이 보통의 도로에서 위에 적은 행군을 실시한다면, 평지에서라면 8시간 내지 10시간이 필요하고 또 산지에서라면 10시간 내지 12시간이 필요하다. 또한 몇 개 사단이 한 종대를 이루고 행군하는 경우에는 후속 사단을 순차적으로 늦추어 출발시키는 시간을 빼더라도 여기에 몇 시간을 더해야 한다.

    따라서 이러한 행진은 넉넉히 하루가 필요하다. 또 무거운 배낭을 지고 10시간 내지 12시간의 행군을 계속하는 병사의 노고는 같은 3마일을 짐 없이 하는 보통의 행진과는 비교할 수 없다. 실제로 단신이라면 3마일을 가는 데에는 길이 나쁘지 않는 한 5시간이면 충분하다.

    단 한 번의 행군일 때 하루 행정이 5마일에서 많으면 6마일, 2일 이상에 걸치는 행군이라면 4마일이 되면 상당한 강행군에 속한다.

    5마일의 행군은 이미 도중에 여러 시간의 휴식이 필요하다. 병사 8000의 1개 사단이라면, 아무리 좋은 길로 간다고 해도 16시간 이하로는 갈 수 없을 것이다. 그리고 여러 사단이 번갈아 6마일을 행진한다고 해도 적어도 12시간은 예상해야 한다.

여기서 문제가 되는 것은, 집합한 몇 개의 사단이 야영지에서 다른 야영지로 이동할 경우의 행군이다. 이것이 전쟁터에서 보통 사용되는 대형이기 때문이다. 몇 개 사단이 한 종대를 형성하여 행진하는 경우에는 선두 사단을 조금 빨리 출발시키게 된다. 그러면 이 선발 사단은 후속 사단보다 그만큼 빨리 야영지에 도착할 것이다. 그러나 이렇게 생긴 시간적 차이는 행진 중의 1개 사단이 행군 장경(長徑)에 대응할 행진 시간, 다시 말하면 이 1개 사단이(프랑스인이 적절하게 말한 것처럼) '조금씩 흘러나가기'(découlement)에 필요로 하는 시간에 이르는 일은 없다. 그렇기 때문에 야영지에 다른 사단보다 빨리 도착했다고 해서 병사의 고생이 그만큼 경감되는 것은 아니다. 오히려 부대가 크다고 하는 것이 행진 시간을 현저히 길어지게 만드는 원인이 된다. 그런데 이와 똑같은 방식이지만 어떤 사단이 소속된 여단을 각각 다른 시간에 집합시켜 순차적으로 출발시키는 방법은 거의 사용할 수 없다고 말할 수 있다. 우리가 사단을 회전에서 하나의 단위로 간주하는 이유가 여기에 있다.

군대가 소부대로 분할되어 어떤 사영지에서 다른 사영지로 오랜 기간 여차 행군을 실시할 경우, 이들 부대가 몇 가닥의 도로를 나누어 행진하고 더욱이 각 부대에게 각각 일정한 집합점이 지정되어 있지 않다고 한다면, 전 부대가 행진해야만 하는 여정 자체가 길어지는 것은 말할 것도 없다. 그리고 또 이들 부대의 행진은 사영지의 사정으로 우회로를 취하는 경우도 있을 수 있으므로, 이미 그것만으로도 행정이 길어지게 된다.

부대를 매일 집합시켜 여러 개 사단이나 군단으로 편성해야 하는 데에도, 전군의 사영을 목적으로 해서 실시하는 행군은 많은 시간을 필요로 한다. 그리고 이러한 행군은 사영 구역이 부유한 지방이고 부대도 그다지 크지 않은 경우에만 추천할 수 있다. 이러한 정황 아래에서라면 물자 공급이 쉽고 숙사(宿舍)에도 부족함이 없기 때문에, 장병은 종일 지친 몸을 충분히 쉴 수 있다. 그러나 프로이센군이 1806년에 행한 퇴각[1]에서, 물자 공급을 이유로 매일 밤 사영하게 한 것은 분명히 잘못된 방법이었다고 말하지 않을 수 없다. 물자는 야영(노영)을 할 때에도 조달할 수 있었을 것이고, 또 군대에 과도한 노고를 부담 지우는 50

---

1) 예나 회전(1806. 10. 14)에서 나폴레옹에게 패배한 프로이센군이 베를린 동북쪽의 도시 프렌츨라우(Prenzlau)까지 퇴각하여 10월 28일 그곳에서 항복한 사실을 가리키는 것인가.

마일의 행군에 14일이나 소비할 필요는 없었을 것이다.

행군하는 부대가 험로 또는 산악 지대를 통과해야만 한다면 행군 시간 및 행군 행정(行程)에 관한 규정은 현저하게 달라지기 때문에, 어느 일정한 경우에 한해서 행군 시간을 정확하게 계산한다는 것은 어렵고 일반적인 규정을 설정 한다는 것도 전적으로 불가능하다. 그렇기 때문에 이론적으로는 이러한 경우 에 자칫 실수를 범할 우려가 있다는 것에 대해 주의해야 한다. 이러한 위험을 피하기 위해서는 면밀한 계산이 필요하고, 또 예상하지 못한 지연을 생각하여 충분한 여유를 두어야 한다. 또 이런 경우에는 기후나 부대의 상태 등도 고려 할 필요가 있다.

막영(幕營)이 폐지되고 군대의 물자 공급과 양식조달이 현지에서 강제 징발 에 의존하게 되고부터 군이 짐은 현저하게 경감되었다. 그래서 그 가장 현저한 영향을 무엇보다도 먼저 군의 이동 촉진과, 낮 동안에 하는 행군의 1일 행정 증 가에서 구하려고 하는 것은 너무나 당연한 일이다. 그럼에도 이와 같은 이점은 결코 일반적인 것이 아니라, 어떤 종류의 정황에서만 생기는 데 지나지 않는다.

전쟁터에서 행군은 짐의 무게를 가볍게 하는 것에 의해 거의 촉진되지 않았 다고 해도 과언은 아니다. 군사적 목적이 보통의 행정을 초과하는 행군을 필요 로 하는 경우에는, 짐을 후방에 남겨두거나 그렇지 않으면 미리 전방에 수송하 거나 하여 보통은 행군이 계속되는 동안 짐은 부대로부터 격리되어 있었다는 것은 널리 알려진 사실이다. 그렇기 때문에 짐은 군의 움직임에 영향을 미치지 않는 것이 통례였고, 또 짐은 부대의 행군에 방해가 되지 않는다면 어떠한 손 해를 입더라도 상관없었다. 그렇기 때문에 7년 전쟁에서는, 오늘날 도저히 상상 할 수 없는 강행군이 실시되었던 것이다. 이것을 증명하는 실례로서, 1760년 오 스트리아의 원수 라시가 베를린에 육박한 러시아군을 지원하여 프로이센군의 견제를 배제하기 위해서 실시한 행군[2]을 들어보자. 이때 그는 슈바이드니츠[3]에 서 라우지츠 지방을 경유하여 베를린까지 45마일의 길을 10일 만에 행진했다.

---

2) 2만의 러시아군은 10월 초순 베를린에 육박했기 때문에 프리드리히 대왕은 수도의 구원으로 향했다. 러시아군은 10월 10일에 베를린에 입성했으나, 프리드리히 내공(來攻)의 소식을 접하 여 이튿날인 11일 급히 퇴거했다. 라시의 행군은 이때의 일로 여겨진다.

3) 슈바이드니츠(Schweidnitz). 하부 슐레지엔의 도시.

그러므로 하루 행정이 4.5마일에 이르렀으니 병사 1만 5000의 군단으로서는 오늘날에 생각해봐도 놀랄 만한 행진이 아닐 수 없었다.

그런데 지방에서는 군대의 보급 방식이 변화되었기 때문에 군의 움직임이 재차 억제되게 되었다. 짐이 감소되고 군대가 수요를 부분적이기는 하지만 스스로 조달하지 않으면 안 되게 되자, 식량 운반차에 저장되어 있는 양식을 그저 배급받는 것으로 끝났던 시대보다도 많은 시간을 필요로 하게 되었다. 게다가 장대한 행군 종대를 대부대 그대로 한 곳에 야영시키는 일은 불가능하기 때문에, 사단을 서로 분리하여 숙영의 편의를 도모해야만 한다. 또 군의 일부, 특히 기병은 사영시키는 것이 통례이다. 요컨대 이 모든 것이 행군을 지체시키는 원인이 된 것이다. 나폴레옹이 1806년[4]에 프로이센군을 추격하여 퇴로 차단을 노렸을 때라든가, 또 블뤼허가 1815년[5]에 이와 똑같은 의도를 가지고 프랑스군을 추격했을 때에는 이들 모두 30마일을 10일 동안 행군한다. 그러나 이 정도의 행군 속도라면, 막대한 짐을 가지고 작센과 슐레지엔 사이를 왕복 행군한 프리드리히 대왕도 능히 이것을 해낼 수 있었던 것이다.

그렇다고는 해도 짐의 감소에 의해, 전쟁터에서 대소 부대의 운동성과 이를 다루기 쉬운 점—이러한 말을 사용해도 좋다면—이 현저하게 증대했다는 것을 부정할 수가 없다. 그 이유의 하나는, 기병과 화포의 수가 기존과 다름없다 해도 짐 차량을 끄는 말이 줄었기 때문에 말을 위한 먹이에 그다지 신경을 쓰지 않았다는 점이다. 또 다른 이유는, 진지(陣地) 선정이 자유로워졌다는 것이다. 군의 뒤에 계속되는 짐의 행렬에 신경을 쓸 필요가 없기 때문이다.

프리드리히 대왕이 1758년에 올뮈츠[6]의 포위를 푼 뒤에 행한 행군에는 실로 4000의 짐차가 수반되었고, 이를 엄호하기 위해 군의 절반을 대대나 소대로 해체해야 했다. 이러한 행군은 아무리 약한 적을 상대한다고 해도 도저히 성공할

---

4) 예나 회전 뒤의 추격을 가리킨다.

5) 벨 알리앙스 회전(1815. 6. 18) 뒤의 추격을 가리킨다.

6) 올뮈츠(Olmutz)는 체코의 모라바(Morava)를 말한다. 메렌의 도시로 이전에는 요새였다. 프리드리히 대왕은 5월 초순부터 이 요새를 포위했으나 성과를 얻을 수 없었기 때문에 마침내 7월 3일에 포위를 풀고 퇴각했다.

수가 없을 것이다.

타호강[7]에서 니에멘강에 이르는 장도의 여차(旅次) 행군에서, 군의 경쾌한 운동이 더욱 현저하게 나타났다는 것은 두말 할 나위가 없다. 짐 이외의 차량을 동반했다고는 하지만 어쨌든 보통의 하루 행정은 한결같이 유지되었고, 또 정황이 절박한 경우에도 약간의 희생을 하면 1일 행정을 늘릴 수가 있었기 때문이다.

일반적으로 짐의 감소에 의한 효과는 군의 기동성을 촉진한 것보다는 오히려 병력의 절약에 있었다.

---

7) 타호강(Taxo 또는 Tagus). 포르투갈의 강으로 이베리아반도에서 가장 크다. 이 여차 행군을 언제, 누가 했는가는 알 수 없다.

제12장
행군(이어서 2)

　본 장에서는, 행군이 전투력에 미치는 파괴적 영향을 고찰해 보고자 한다. 이 영향이란 매우 크기 때문에, 전투에 못지않게 병력을 손상시키는 하나의 독특한 원리라고 보아도 될 정도이다.

　보통의 속도로 하는 단 한 번의 행진이라면 각별히 병력을 소모할 우려는 없다. 그러나 이런 보통의 행군이라도 매일 연속으로 행한다면 역시 병력을 소모하게 되고 또 고된 행군이 이어지면 그 소모가 더욱 심해질 것은 말할 필요도 없다.

　전쟁터에서는 보급과 숙영(宿營)의 부족, 거마에 의해 파괴된 불량한 도로, 부단한 전투 대비로 인한 긴장 상태 등은 장병들에게 절대적인 고난을 부과한다. 따라서 이와 같은 이유로 사람뿐만 아니라 말, 차량 및 피복 등이 심각한 손상을 입게 된다.

　그런데 세상에는 이러한 속설이 유포되고 있다. 즉 장기에 걸친 휴식은 장병의 신체 건강에 득이 되는 것이 아니다. 오래 쉬고 있는 군에는 적당한 활동을 계속하고 있는 경우보다 병이 발생하기 쉽다는 것이다. 병사가 좁은 사영 안에 들어앉아만 있다 보면 분명 병이 발생하기 쉽고 또 그럴 것이다. 그러나 그것은 행군 사영에서도 마찬가지이다. 따라서 신선한 공기와 적절한 운동의 부족이 반드시 병의 원인이 되는 것은 아니다. 게다가 이 두 가지가 필요하다면, 막사 밖에서 체조 등을 하면 언제라도 얻을 수가 있다.

　무거운 등짐을 지고 비를 맞으며 진흙 속을 행군하여 인가도 보이지 않는 길에서 발병하는 경우와 안전한 실내에서 발병하는 경우, 인간의 손상된 육체에 어떠한 차이를 불러일으킬지 생각해 보기 바란다. 병든 군인은, 가령 야영 중에 발병했다 해도 바로 인근 마을로 옮긴다면 치료받을 수 있다. 그러나 행군 중이라면 처치를 받지 못한 채 몇 시간이나 길 가에 방치되고, 그로부터 낙오병이 되어 몇 마일이나 질질 끌려가다시피 하여 옮겨지게 된다. 이래서는 가벼운 병이라 해도 곧 중병이 될 것이고, 또 중증이라고 하면 치명적인 병으로 악화될 수도 있다. 이러한 사례가 수없이 많다는 것을 잘 생각해 보기 바란다. 뿌연 먼지와 한여름의 뜨거운 햇빛 속에서는 보통의 행군이라도 일사병의 원인이 되기 쉽다. 이러한 더위 속에 내몰린 병사들은 타들어가는 갈증에 고통을 받고, 신선한 물을 찾게 되고 그 때문에 오히려 병과 죽음을 초래하는 결과가 될 것이다.

그렇다고 전쟁에서의 활동을 완화시켜야 한다고 말하는 것은 아니다. 도구는 사용하기 위해서 존재한다. 그리고 이 도구가 사용에 의해 손상된다는 것은 자연의 이치이다. 단지 우리는 모든 것이 제자리를 찾길 원할 뿐이다. 또 이론만을 내세운 공리공론에 반대하고 싶은 것이다. 이러한 논자는 질풍과 같은 기습, 신속한 움직임, 불면불휴(不眠不休)의 활동을 한 푼의 대가도 치르지 않고 얻을 수 있는 것, 말하자면 풍부한 광맥을 가진 광산과 같다고 지껄여대는 것이다.

그리고 이러한 광맥을 이용하지 않고 그대로 두는 것은 장수(將帥)의 태만이라고 나무라는 것이다. 그러면 이른바 군사적 광맥을 채굴하는 것은 금은이 나는 광산을 채굴하는 것과 같다는 이야기가 된다. 그렇다면 채굴된 산물에만 눈이 가고, 이 산물을 채굴하기 위해 들어간 수고가 얼마나 큰 가치를 갖는가 하는 것은 물으려 하지 않는 것이다.

전쟁터 밖에서 장도의 여차 행군(旅次行軍)을 하는 경우에는 행군의 조건은 확실히 느슨하고, 또 대부분 매일의 손실도 적다. 그러나 지극히 가벼운 증상을 가진 병사라도 일반적으로는 오랫동안 군에서 탈락하지 않을 수가 없다. 설령 그 병사가 치유된다고 하더라도 부단히 전진을 계속하는 군대를 쫓아가지 못할 것이기 때문이다.

기병의 경우는 안장에 의해 상처가 난 말과 다리에 부상을 입은 말이 늘어날 테고, 또 짐을 운반하는 종대의 경우는 다수의 차량이 정체되어 혼란이 가중된다. 그러기 때문에 100마일 이상을 행군한 군은 거의 기진맥진하여 목적지에 도착한다. 더욱이 이런 일은 특히 기병 및 수송 중대에서 심하게 나타난다.

이러한 행군을 전쟁터에서, 다시 말하면 적의 눈앞에서 실행한다고 하면 병사와 말, 그리고 차량의 손실이 모두 합쳐져지고, 이 손실은 특히 대부대에서 다른 어떤 불리한 사정이 더해지면 엄청나게 증폭되는 것이다.

위에서 말한 견해를 명확하게 하기 위해서 두서너 가지 실례를 들어보기로 하자.

나폴레옹이 1812년 6월 24일에 니에멘강을 건넜을 때에는, 그가 인솔하여 모스크바로 향하는 거대한 주력군의 병력 수는 실로 30만 1000명이었다. 그 뒤 8월 15일에 스몰렌스크[1] 부근에서 1만 3500의 병력을 주력으로부터 떼어서 따로 파견했기 때문에, 원래라면 이 인원수를 빼면 28만 7500이 될 것이다. 그런데 주력군의 당시 인원은 18만 2000에 지나지 않았다. 그렇다면 손실은 10만 5500에 이른다는 이야기가 된다(이들 숫자는 샹브레의 저서에서 인용했다).[2] 그때까지 전투다운 전투는 2회뿐이었다. 첫 번째는 다부와 바그라치온[3]의 전투였고, 두 번째는 뮈라와 오스테르만 톨스토이[4]의 전투였다. 그러나 이들 전투에 의한 프랑스군의 손실은 기껏해야 1만이라고 추정할 수 있다.

이러한 것들을 아울러서 생각하면 프랑스군은 52일 동안에 약 70마일을 전진했지만 이 행군 동안에 부상병과 낙오병으로 인해 9만 5000, 즉 전군의 3분의 1을 잃은 셈이다.

3주 뒤에 있었던 보로디노 회전[5] 때에는, 이러한 손실이 이미(전투에 의한 사상자를 포함하여) 14만 4000에 이르고 있었다. 게다가 그 일주일 뒤에 모스크바에 도착했을 때[6]에는 19만 8000을 헤아렸다. 그러면 프랑스군의 전체 손실은 모스크바 원정 제1기에는 1/150, 2기에는 1/120, 또 제3기에는 실로 1/19에 이르렀던 것이다.

---

1) 스몰렌스크(Smolensk). 드네프르강에 걸쳐 있는 러시아의 도시. 이곳의 회전(1812.16~18)에서는 승패가 결정되지 않았다.

2) 샹브레는 《나폴레옹의 러시아 원정》이라는 저서를 썼는데, 프랑스측의 공평한 서술로 여겨지고 있다.

3) 바그라치온(Bagration, Peter, 1765~1812). 러시아의 장군. 다부와의 교전이 우크라이나의 도시 모길레프(Mogilef(Mohilew)) 부근에서 있었는데(7. 23), 그는 다부에게 패배했다.

4) 오스테르만 톨스토이(Osterman-Tostoi, Alexander Ivanovitch, 1770~1857). 러시아의 장군. 그와 뮈라의 전투는 7월 23일에서 8월 15일까지 벌였다고 추정되는데, 정확한 날짜와 장소는 미상.

5) 보로디노 회전(1812. 9. 7).

6) 모스크바 입성(1812. 9. 14).

니에멘강 도하에서 모스크바에 이르는 나폴레옹의 행군은, 확실히 연속 행군이라고 말할 수 있다. 그러나 82일[7]이 소요된 이 행군에 의해서 120여 마일밖에 전진하지 못했다는 것, 또 프랑스군은 2회에 걸쳐 휴식기를 가졌다는 것, 즉 첫 번째는 빌나[8]에서 약 반 달을, 두 번째는 비테프스크[9]에서 약 11일의 휴식이 있었고, 그 사이에 다수의 낙오병이 본대에 복귀할 시간적 여유를 얻었다는 것을 잊어서는 안 된다. 그런데 이 14주간의 전진 동안에 계절과 도로의 조건은 유별나게 최악의 상태라고 할 만한 것은 아니었다. 여름이었고 또 행진로는 대체로 모래땅이었다. 그러나 도로상에 집결한 대부대인지라 보급이 충분하지 못했다는 것, 또 적은 단순히 퇴각 중이었을 뿐 패주(敗走)한 것이 아니라는 점이 행군을 어렵게 만들었다.

여기서는 모스크바에서 니에멘강에 이르는 프랑스군의 퇴각에 대해서 말할 생각은 없다. 그러나 다음 한 가지만은 주의할 필요가 있다. 즉, 추격하는 러시아군이 칼루가[10] 지구에서 방향 전환 행진을 했을 때는 그 병력이 12만이었으나, 빌나에 도착했을 때는 겨우 3만으로 줄었다는 것이다. 이 추격군은 그동안에 몇 번의 전투를 벌였으나 이 전투에서의 손실이 얼마나 미미했는지는 여러 사람들이 잘 알고 있다.

또 한 가지, 1813년에 블뤼허가 슐레지엔과 작센에서 수행한 전역[11]에서의 실례가 있다. 이 전역은 장도의 행군이라고 하느니보다는 오히려 몇 차례의 전진과 퇴각으로 알려져 있다.

블뤼허의 지휘 아래 있는 요르크 군단이 8월 16일에 이 전쟁을 개시했을 때는 병력이 4만이었지만, 10월 19일의 라이프치히 회전 때는 불과 1만 2000으로 감소되어 있었다. 요르크가 골트베르크,[12] 뢰벤베르크[13]의 전투에서, 또 카츠바

---

7) 니에멘강의 도하(6. 24)에서부터 모스크바 도착(9. 14)까지.

8) 빌나(Wilna). 리타우엔의 도시.

9) 비테프스크(Witebsk). 현재 벨로루시 공화국의 도시. 여기에서 격렬한 전투가 있었다(1812. 7. 25~27).

10) 칼루가(Kaluga). 모스크바 서남쪽 도시. 오카강(Oka) 왼쪽에 위치한다.

11) 1813년 가을의 전역.

12) 골트베르크(Goldberg). 슐레지엔의 도시. 이곳 전투(8. 23)에서 프랑스군은 블뤼허가 이끄는 슐레지엔군을 무찔렀다.

13) 뢰벤베르크(Löwenberg). 슐레지엔의 도시. 이곳 전투(8. 28)에서 프로이센—러시아 동맹군은

흐[14] 하반(河畔)의 전투, 바르텐부르크[15]의 전투 및 뫼케른[16] 회전의 주 전투에서 잃은 병력 수는 믿을 만한 전사가(戰史家)의 기술에 의하면 약 1만 2000이다. 그렇다면 전투 이외의 손실은 8주 동안에 1만 6000, 즉 전 군단의 2/5에 달했다는 것이 된다.

그러고 보면 큰 기동성을 필요로 하는 전쟁을 수행하려는 장수는, 기동성에 의해 병력의 파괴도 크다는 것을 사전에 각오해야 한다. 그렇기 때문에 그 외의 계획을 세우는 경우에도 이러한 파괴에 의한 병력 손실을 계산에 넣어 둘 필요가 있다. 그리고 이 손실을 보충하기 위해서는 무엇보다도 증원부대의 후송을 고려해야 한다.

프랑스군을 무찔렀다.

14) 카츠바흐강(Katzbach). 오데르강 왼쪽의 지류. 이곳 회전(8. 26)에서 블뤼허가 이끄는 프로이센—러시아 동맹군은 프랑스군을 무찔렀다.

15) 바르텐부르크(Wartenburg). 프로이센의 마을. 엘베강 오른쪽에 위치하고 있다. 이곳 회전(10. 3)에서 프로이센군은 프랑스군을 무찔렀다.

16) 뫼케른(Möckern). 작센의 마을. 라이프치히 서북쪽에 있다. 이곳 회전(10. 16)에서 블뤼허가 이끄는 프로이센군은 프랑스군을 무찔렀다. 또 이 회전은 라이프치히 회전의 일부로 여겨지고 있다.

제13장
사영

　근대 전쟁술(戰爭術)에서 사영(舍營)은 다시 빼놓을 수 없는 것이 되었다. 천막과 그 운반에 필요한 차량은 군의 자유로운 움직임을 방해하기 때문이다. 또 창영(廠營)이나 노영(露營)은 아무리 만전을 기하여도 장병을 보호할 정상적인 방법이라고는 말할 수 없다. 풍토 차이로 해서 빠르고 늦는 차이가 있다 해도 결국은 각종 질병이 발생하여 병력이 소진되는 것이다. 1812년 나폴레옹의 러시아 원정은 매우 준엄한 풍토 속에서 군대가 만 6개월에 이르는 전투 동안에 거의 사영에 들지 않았다는 실례로서 매우 드물게 볼 수 있는 사례이다. 이러한 고난의 결과가 어떠한 것이었는가는 널리 알려진 대로이다.

　이런 결과를 초래한 극도의 고난은 정상을 벗어난 일이라 할 수 있지만 정상을 벗어났다고 하는 이 말은 무모한 전투를 기획한 정치적 의도로 돌려져야 할 것이다.

　군이 사영에 드는 것을 막는 사정이 두 가지 있다. 첫 번째는 적이 근처에 있는 경우이고, 두 번째는 신속한 운동을 필요로 하는 경우이다. 따라서 결전의 시기가 다가오면 사영은 바로 중단되어 결전이 끝날 때까지는 다시 사영에 들수가 없다.

　근대 전쟁에서는, 다시 말하면 우리가 25년 이래 경험했던 어떠한 전쟁에서도 전쟁 본래의 격렬한 힘이 유감없이 발휘되었다. 이러한 전쟁에서는 군사적 행동에 관해서나 또 군의 가차 없는 사역(使役)에 대해서도 가능한 한 모든 일이 다 이루어졌다. 그런데 이 전쟁들은 모두 단기간으로 끝났다. 전쟁이 그 목표에 달하기 위해 반 년이 소요되는 일은 드물고, 대개는 수개월을 넘기지도 않는다. 여기서 말하는 전쟁의 목표는, 패자가 휴전 혹은 강화를 강요당한다거나 혹은 승자 쪽에서 새로운 승리를 얻으려는 힘을 다 사용한 시점을 말한다. 극도의 고난을 필요로 하는 시기에는 사영과 같은 것은 전혀 문제가 되지 않는다. 승자가 추격 행진을 할 때조차도, 이미 위험을 벗어났는데도 불구하고 신속한 운동을 필요로 하는 사정이 사영에 의한 장병의 위안을 불가능하게 하는 것이다.

하지만 그 어떤 이유로 전쟁이 급격하게 진행되지 않을 경우, 혹은 오히려 병력이 균형을 유지하고 있을 경우에는, 군대의 숙박을 가옥 안에 구하는 것(사영)이 주요 관심사가 되어야 한다. 실제로 사영의 필요는 전쟁 지도 그 자체에도 다소의 영향을 미치게 된다. 그 이유의 하나는, 사영은 야영의 경우보다도 한층 강력한 전초 방식에 의해, 또 한층 유력한 전위 부대를 다시 전방으로 배치함으로써 시간적 여유를 얻음과 동시에 군의 안전을 기할 수 있기 때문이다. 또 다른 이유로는, 사영은 전술적으로 유리한 지형이나 점이나 선으로 이루어진 기하학적 관계 등에 의해서보다도 오히려 사영지에 있는 주민의 부와 풍부한 농산물을 주요 조건으로 한다는 것이다. 인구 2만 내지 3만의 상업 도시, 큰 부락과 번화한 마을 등이 이어지는 도로는 대부대의 집중적 배치에 알맞다. 또 대부대가 이렇게 집중적으로 사영에 든다면, 매사가 신속하게 진행되고 모든 일에 여유가 생긴다. 따라서 이러한 사영으로 인해 얻을 수 있는 유리함은 뛰어난 위치, 바꿔 말하면 좋은 야영지가 주는 유리함에 있다.

사영에서의 군 배치 형식에 대해서는 두서너 마디로 그치기로 한다. 이것은 대략 전술에 속하는 문제이기 때문이다.

군대의 사영은 그것이 주요 사항인가, 부대적 사항인가에 따라 두 가지로 구분된다. 전쟁 중에 군대의 배치가 단순히 전술적 혹은 전략적 이유에 의해 규정되어, 군대의 피로를 줄이기 위해 배치 지점 근처에 있는 숙사를 할당하는 일이 있다. 이러한 경우 사영은 부차적 사항이고 단순히 야영을 대신할 뿐이다. 따라서 이러한 사영은, 군이 기회를 놓치지 않고 배치에 임할 수 있는 근접 지역에서 구해야 한다. 이에 반해 군이 휴양 사영에 들어가는 경우에는 군대의 숙박 그 자체가 주요 사항이 된다. 그래서 여러 조치도, 또 배치 지점의 적절한 선택도 모두 이것을 기준으로 해서 결정되어야 한다.

이 경우에 우선 문제가 되는 것은 사영지의 모양이다. 이 모양은 주로 세로로 긴 직사각형을 이룬다. 즉 전술적인 전투 서열을 그대로 확대한 것과 같은 것이다. 그러면 군대의 집합점은 그 직사각형의 머리 부분에 있고, 본영은 그 뒤에 있다. 그러나 이렇게 집합점, 군대, 본영을 3단으로 배치하는 방법은 적이 공격을 하기 전에 전군을 확실하게 집합시키는 것을 현저하게 방해하고, 또 이 목적에 위배되는 일이 될지도 모른다.

그러나 사영지의 모양이 정사각형 또는 원에 가까워지면 군대는 더욱 빠르게 한 점, 즉 중심점을 향해 모일 수 있다. 또 집합점이 중심점보다도 후방에 놓이면 적이 이 지점에 도달할 때까지 더욱더 시간이 걸리고, 아군의 집합 시간은 그만큼 늘어나게 된다. 또 집합점이 사영 후방에 있으면 이 지점이 위험에 빠질 일은 전혀 없다고 할 수 있다. 그러나 이번에는 본영을 가능한 한 전방에 설치하면 보고는 그만큼 빨리 본영에 도착하고, 사령관은 모든 일에 대해 더욱 정확한 지식을 가질 수가 있다. 그렇다고 해도 처음에 말한 직사각형 사영지, 즉 삼단 배치라 해도 다소 고려할 만한 형상으로 전혀 존재 이유가 없는 것은 아니다.

사영을 세로로 긴 직사각형으로 구성하는 것은, 부근 토지를 보호하기 위한 것이다. 그렇지 않으면 적은 물자를 징발하기 위해 이 토지를 이용할지도 모르기 때문이다. 하지만 이 이유는 그다지 정확하지도 않으며 또 매우 중요한 일도 아니다. 이러한 이유는 가장 바깥쪽 날개에 대해서는 옳지만 사영이 든 부대가 집합점을 둘러싸고 있는 경우, 이웃해 있는 부대 사이에 남은 토지에 대해서는 해당되지 않는다. 적의 소부대가 이러한 틈에 억지로 끼어든다는 것은 생각할 수 없기 때문이다. 또 이것은 매우 중요한 이유도 아니다. 실제 사영지 부근의 토지를 적의 징발로부터 보호하기 위해서는 군 자체를 사역하는 것보다도 훨씬 간편한 방법이 있다.

집합점을 전방에 두는 것은 사영을 엄호하기 위해서이다. 거기에는 두 가지 이유가 있다. 첫 번째는 집합점을 후방에 설치하면 군대가 급히 집합하는 경우에 낙오병, 환자, 짐짝, 물자, 그 밖의 것을 사영 안에 남겨두게 되어 이것이 적의 수중에 들어갈 위험이 있다는 것이다. 두 번째는 적이 기병 부대를 앞세워 우리 전위 부대 옆을 통과하거나 또는 전위 부대를 돌파할 수도 있는데, 그렇게 되면 아군의 고립된 연대나 대대가 계속 습격을 당할 위험이 있다. 여기서 집합점을 전방에 두면 적이 여기에 배치된 아군의 한 부대를 공격했을 때, 비록 이 부대가 열세여서 결국은 전투에 패한다고 해도 그때까지 적을 저지하기 때문에 아군은 집합을 위한 시간을 벌 수가 있게 된다.

다음으로 본영의 위치에 대해 말하면, 본영은 가능한 한 안전한 곳에 설치해야만 한다는 것이 지금까지의 사고방식이었다.

하지만 위에서 말한 몇 가지 상황을 생각해 보면 다음과 같은 결론이 나오리라 생각한다. 즉 사영지의 형태는 정방형이나 원형에 가까운 직사각형이 가장 적당하고, 또 집합점을 중앙으로 정하여 본영을 가능한 한 전방에 설치하는 것이 가장 좋은 방식이다.

일반적인 배치의 경우, 날개 부대의 엄호에 대해 말한 것은 여기에도 들어맞는다. 즉 주력에서 오른쪽 혹은 왼쪽으로 분견된 부대, 즉 측위는 공동 공격을 의도하는 경우에도 각자 집합점을 가지지만, 이들 집합점은 주력과 동일 선상에 두어야 한다는 것이다.

그러나 토지 상태가 유리한 단절지로 군대의 자연적인 배치 지점을 규정하거나, 도시나 부락에 따라 사영지의 위치를 규정하는 경우를 아울러 생각하면, 기하학적 형상만으로 사영지를 결정할 수는 없다는 것이 명백하다. 그럼에도 기하학적 모양을 운운한 것은, 이것이 보편적 법칙으로 여겨져 일반적인 경우에 많건 적건 지배적인 영향력을 가지기 때문이다.

또 사영의 위치로서는 첫째, 사영을 엄호할 수 있는 단절지를 선택하는 것이 유리하다. 군대가 단절지 후방에서 사영에 들면 많은 지점에 배치된 소부대에 의해 적을 감시할 수 있기 때문이다. 또 사영지로서 하나의 유리한 위치는 요새의 배후이다. 여기서 사영에 들면 적은 요새 수비대 병력의 대소를 살필 수 없으므로, 이러한 의심이 적에게 불안감을 품게 하여 경계에 노력하게 하기 때문이다.

동영(冬營)을 위한 사영에 대해서는 따로 장(章)을 마련하여 논하기로 한다.

행군 사영은 주군(駐軍) 사영과는 뜻을 달리 한다. 우회로를 피할 필요성에서 정면 폭을 축소하여 한 가닥의 도로에 따라 설치되기 때문이다. 이 경우에 각 종대의 행군 길이가 하루를 넘지 않는 한, 신속한 집합에 조금도 불리함을 초래하는 것은 아니다.

군이 적전(敵前)에 있는 경우, 바꿔 말하면 피아의 전위(前衛)가 멀리 떨어져 있지 않은 경우에는 사영 구역의 넓고 좁음, 부대의 집합에 필요한 시간의 장단이 전위 및 전초 병력과 진지를 규정한다. 또 전위 및 전초의 병력과 진지가 적정(敵情)과 그 때의 정황에 따라 제약받고 있는 경우에, 사영 구역의 넓고 좁음을 규정하는 것은 전위가 행하는 저항에 의해 본군에게 주어지는 시간의 장단이다.

선진 부대의 저항에 대해 고려되어야 할 것은 이미 제3장[1]에서 말한 바 있다. 그런데 이 저항 시간으로부터는 사영 중 본군에 보고하는 시간과 이들 부대의 출동에 요하는 시간을 빼야 한다. 이렇게 해서 남은 시간이 부대의 집합에 사용될 수 있는 시간이다.

마지막으로 우리의 생각을 일반적인 조건 아래에서 생기는 결과와 맞추어 보면 이렇게 된다. ─전위와 본대와의 거리를 사위(舍衛) 구역의 반경으로 하고, 또 군의 집합점이 사영지의 중심 근처에 있으면 아군의 전위 부대가 적의 전진을 지체시킴으로써 얻을 수 있는 시간은, 본대에 대한 통보와 모든 부대 출동에 필요한 시간을 빼고도 남는다고 해도 좋다. 이 경우의 통보는 불이나 총포 발사에 의할 필요는 없고, 사람을 보내는 것만으로도 전혀 지장이 없다. 또 이 것만이 가장 확실한 방법이다.

따라서 전위 부대가 본대로부터 3마일 전방에 배치된 경우, 사영은 약 30제곱 마일 지역을 차지할 수 있다. 인구가 중간쯤 되는 지방에서는 약 1만 세대를 예상할 수 있으므로 전위 부대를 뺀 5만의 본군이라면 1세대에 4명쯤은 손쉽게 수용할 수 있고, 그 배의 군이라면 1세대에 9명이 되지만 그래도 좁다고는 말할 수 없을 것이다. 이에 반해서 전위 부대가 본대로부터 1마일이 채 못 되게 전진하고 있다면, 본대는 4제곱미터 구역 안에서만 사영할 수 있다. 선진 부대의 저항에 의해 얻을 수 있는 시간은 반드시 전위 부대와 본대와의 거리에 정비례하는 것은 아니고, 또 그 거리가 1마일인 경우에도 여전히 6시간의 여유를 기대할 수 있다고는 해도, 적군이 이 정도로 가까이 있다면 경계의 필요성도 늘어나지 않을 수가 없다. 하지만 5만의 군을 불과 4제곱마일 지역에 사영시키는 것은 인구가 웬만큼 조밀한 지방이 아니면 어려울 것이다.

이것으로 보아도, 1만 내지 2만의 군을 거의 한 지점에 숙박시킬 수 있는 대도시, 혹은 적어도 상당히 큰 도시가 사영지 선정에 결정적인 역할을 할 수 있

---

1) 제8장의 잘못일 것이다.

다는 것을 잘 알 수가 있다.

이러한 결론으로 다음과 같은 일이 분명해진다. 즉, 아군이 적과 상당히 근접해 있지 않고 많은 병력을 가진 전위 부대를 배치하고 있다면, 집결된 적군과 대치하고 있어도 사영할 수 있다. 그 실례로서 프리드리히 대왕이 1762년 초에 브레슬라우 부근에서, 또 나폴레옹이 1812년에 비테프스크 부근에서 실시한 사영이 있다. 하지만 비록 집결된 적군과 꽤 거리를 두고 대치하고, 또 아군의 집합을 안전하게 하기 위해 적절한 방책이 강구되어 우려할 만한 아무런 사정이 없는 경우에도, 서둘러 집합하고 있는 군은 다른 일을 돌볼 시간이 없기 때문에 여러 가지 유리한 정황이 생겨도 이것을 당장에는 이용할 수가 없다. 따라서 군의 행동 능력 대부분이 집합 때문에 빼앗긴다는 것을 잊어서는 안 된다. 그렇게 되면 군에는 다음에 드는 세 가지 경우 외에는 사영의 완전한 실시가 허락되지 않게 된다.

1. 적 또한 아군과 마찬가지로 사영에 든 경우.
2. 군대의 상태가 사영을 절대적으로 필요로 하는 경우.
3. 군대의 행동이 강력한 진지의 방어에만 한정되고, 따라서 군대를 적시에 이 진지에 집결시키는 일만이 당면한 관심사인 경우.

1815년 전투[2]는 사영에 든 군의 집합에 관하여 매우 현저한 실례를 보여준다. 장군 치텐은 블뤼허군의 전위 3만과 샤를루아에서 사영 중이었다. 샤를루아는 블뤼허군의 집합점으로 예정된 송브레프[3]에서 불과 2마일 떨어진 곳에 있었다. 블뤼허군의 사영은, 한쪽은 시네[4]의 저편까지 뻗어 있었고 다른 쪽은 리에주[5] 방향으로 뻗었다. 가장 먼 사영지는 송브레프에서 8마일 떨어진 지점에 있었다. 그런데도 불구하고 시네 저편에 사영하고 있던 부대는 리니 전투가 시작하기 몇 시간 전에 송브레프에 집합했다. 또 리에주 방면에서 사영했던 부

---

2) 리니 회전(1815. 6. 16)을 가리킨다.
3) 송브레프(Sombreffe). 벨기에의 마을.
4) 시네(Siney). 벨기에의 마을.
5) 리에주(Liège). 벨기에의 도시. 독일 명칭은 뤼치히(Lüttich).

대(뷜로[6] 군단)도 우발적인 사건과 통보 전달상 결함이 없었다면 역시 같은 지역에 집합할 수 있었을 것이다.

당시 프로이센군의 안전이 충분히 배려되지 않았던 것은 부정할 수 없다. 하지만 이것을 설명하기 위해서는 두 가지 사정을 들어야 한다. 즉, 첫 번째로 프랑스군 또한 대규모 사영에 들었었다는 점이다. 두 번째는 프로이센군의 잘못이라 한다면, 프랑스군의 움직임과 나폴레옹의 도착에 관한 첫 정보를 입수함과 동시에 바로 사영지를 변경해야 되는데, 이것을 게을리했다는 점이다.

그렇다고는 하지만 프로이센군이, 적의 공격 개시 전에 송브레프에 집합할 수 있었다는 것은 뭐니 뭐니 해도 훌륭한 업적이었다. 과연 블뤼허는 14일 밤, 즉 치텐이 실제로 공격을 받은 12시간 전에, 적의 전진에 관한 정보를 입수하여 군의 집합을 개시했다. 하지만 15일 오전 9시에 치텐은 이미 전투가 한창이었다. 또 이때 시네에 있는 틸만[7]에게는 나뮈르[8]로 향하라는 명령이 막 도착한 참이었다. 그래서 틸만은 그의 군단을 사단별로 집합시켜 송브레프까지 약 6마일 반을 행진해야만 했는데, 이 행진은 실로 24시간이나 걸렸던 것이다. 또 뷜로에게도 적시에 명령이 도착했더라면 그도 역시 같은 무렵에 송브레프에 도착했을 것이다.

그런데 나폴레옹이 리니의 공격을 시작한 것은, 실제로는 26일 오후 2시가 지나서였다. 한편으로는 웰링턴을, 또 다른 한편으로는 블뤼허를 적으로 해야 한다는 걱정, 바꿔 말하면 피아의 병력 불균형을 염려하는 마음이 나폴레옹의 행동을 이 정도로 느슨하게 만든 것이다. 실제로 결단력 있는 장군이라 해도 혼란한 사태에 대처해서는 피할 수 없는 신중한 모색 때문에 행동이 억제된다는 실례를 여기서 여실히 알 수가 있는 것이다.

위와 같은 고찰의 일부는 전략적이라기보다는 오히려 전술적인 성질의 것이다. 그럼에도 이에 언급한 것은 사영 문제를 불분명하게 그대로 두는 것은 위험하다고 생각했기 때문이다.

---

6) 뷜로(Bülow, Wilhelm Friedrich von, 1755~1816). 프로이센 장군.

7) 틸만(Thielmann, Johann Adolf, 1765~1824). 프로이센 장군.

8) 나뮈르(Namur). 벨기에의 도시이자 요새.

제14장
보급

군의 보급(補給)은 근대 전쟁에서 옛날에 비해 매우 중요한 사항이 되었다. 더욱이 그것은 두 가지 이유에 의해서 그러하다. 첫 번째는, 일반적으로 근대의 군은 병사 수에서 중세의 군이나 고대 군에 비해 현저하게 거대해졌다는 것이다. 하기야 옛날에도 병사 수가 근대 군에 필적하거나 이것을 능가하는 군이 나타난 경우도 있었다. 하지만 그것은 매우 드문 한때 현상에 지나지 않았다. 그런데 근세 전쟁사를 보면, 루이 14세 이래 군은 막대한 병력을 거느리게 된 것이다. 두 번째 이유는, 이것보다도 훨씬 중요하고 또 근대에 특유한 것이다. 즉 근대 전쟁에서의 군사적 행동은 이전에 비해 매우 긴밀한 내적 연관을 유지하고, 또 전쟁 수행에 임하는 전투력은 부단히 전투 준비를 갖추고 있어야 한다는 것이다. 옛날 전쟁의 대부분은 서로 연락이 없는 고립된 전투로 이루어지고, 또 이들 전투는 중간의 휴식으로 서로 중단되어 있었다. 그리고 이러한 휴식 때에는 전쟁도 실제로 중지되어 정치적 의미로만 존재하거나, 그렇지 않으면 피아의 군이 서로 단절되어 있었기 때문에 어느 편이나 상대 군에 신경을 쓰는 일 없이 아군의 필요를 충당하는 데에 급급했다.

근대의 전쟁, 다시 말하면 웨스트팔리아의 강화[1] 이후의 전쟁은 여러 나라 정부의 노력에 의해 보다 정규적인, 또 전체로서 연관성이 있는 형태를 취하게 되었다. 그리고 군사적 행동에서는 전쟁의 목적이라는 생각이 우위를 차지하게 되어, 이러한 목적은 군의 보급에 관해서도 이를 충분히 충족시키는 설비를 요구하게 되었다. 하기야 17세기 내지 18세기 전쟁에서도 장기에 걸친 휴전이 정

---

1) 웨스트팔리아(Westphalia)는, 베스트팔렌(Westfalen)의 영어 이름이다. 이 땅은 1946년까지 프로이센의 한 주였다. 웨스트팔리아의 강화는 30년 전쟁의 강화로서, 1648년에 독일 황제와 프랑스 및 그 동맹국 사이에 체결되었다.

기적으로 나타나서 이 휴전 동안에 전쟁은 전적으로 중지된 것과 같은 겉모습을 보였다. 예년의 동영(冬營)이 이것이다. 하지만 동영이라 해도 군사적 목적에 따르고 있었던 것이다. 이러한 휴전을 어쩔 수 없는 것으로 만든 것은, 날씨가 좋지 않은 계절탓이지 군대의 보급 문제는 아니었다. 동영은 여름이 시작됨과 동시에 철회되기 때문에, 적어도 날씨가 좋은 계절에는 끊임없는 군사적 행동을 필요로 했던 것이다.

어떤 상태에서 다른 상태로, 또는 어떤 방식에서 다른 방식으로의 이동은 점차적으로 이루어지지만 이 경우에도 마찬가지였다. 루이 14세와 동맹국들과의 전쟁[2]에서 동맹국들은 동영 기간 동안 편의를 위해 각각의 군을 멀리 떨어진 지방으로 보내 숙영하는 것을 관례로 삼았다. 그러나 이것은 슐레지엔 전쟁[3] 시대에는 이미 실시되지 않았다.

이와 같이 군사적 행동이 전쟁의 정상적인 형태를 취하고 긴밀한 내적 연관을 가지게 된 것은, 모든 나라가 예전의 봉건적 군제를 폐지하고 용병 제도를 채용함으로써 비로소 가능해졌다. 봉건 군주에 대한 의무는 조세로 변하고 국민의 병역 의무는 전적으로 폐지되어, 징집제도가 이것을 대신하든가 아니면 최하층 계급에만 남게 되었다. 귀족은 신병 조달(오늘날에도 러시아나 헝가리에서 행해지고 있다)을 하층민에서 구하고, 이것을 조세의 일종 즉, 인두세(人頭稅)로 간주한 것이다. 앞에서도 말한 바와 같이 어쨌든 군은 내각이 사용하는 이른바 도구이고, 따라서 이것을 유지하는 재원도 국고 혹은 정부의 세입이었다.

이렇게 해서 군의 건설과 끊임없는 보충은 정부가 하는 일이 되었으나, 그와 동시에 군의 보급 또한 정부가 해야 할 일이 되었다. 정부는 병역을 면제하는 대상(代償)으로 국민으로부터 돈을 징수한 이상, 군의 보급까지도 그들에게 부과할 수는 없었다. 따라서 내각, 즉 국고가 군의 보급을 부담하지 않을 수 없게 되고, 국민은 자국 내에서도 군을 자신의 비용으로 유지할 필요가 없게 되었다.

---

2) 루이 14세의 네덜란드 침략 전쟁(1672~1678)에서는, 네덜란드와 오스트리아 및 브란덴부르크 사이에, 또 팔츠(Pfalz) 계승 전쟁(1688~1697)에서는 독일 황제와 에스파냐, 스웨덴, 영국 사이에 동맹이 성립되었다.

3) 프리드리히 대왕이 오스트리아에 대해서 한 제1차(1740~1742) 및 제2차(1744~1745) 슐레지엔 전쟁.

그래서 정부로서는 군의 보급을 어디까지나 정부 자체의 일로 간주해야 했다. 이렇게 해서 군의 보급은 두 가지 방식으로 이전보다도 더 곤란하게 되었다. 첫째는 군의 보급이 정부가 하는 일이 되었다는 것이고, 두 번째로는 한 나라의 전투력은 항상 적의 전투력과 대치해서 한시도 방심할 수 없게 된 것이다.

이렇게 해서 독립된 군대가 건설되었을 뿐만 아니라, 이 군대에 대해서 독립된 보급 제도가 창설되었다. 그리고 이 보급 제도는 점점 커지는 군대에 따라 발달해 갔다.

정부는 보급 물자를 현금 구입 아니면 군주의 직할령으로부터의 물납에 의할 뿐만 아니라 멀리 떨어진 지역으로부터도 조달해서 이것을 창고에 저장하고, 이것을 창고로부터 특별 차량에 의해 군대로 운반하고 그 근처의 군대용 빵 공장에서 빵을 구어 그 군대에 부속된 차량을 이용해 군대로 배급했다. 여기서 왕년의 보급 제도에 언급한 것은, 이 조직이 당시 전쟁의 특성을 명백히 할 뿐만 아니라 이러한 조직을 완전히 폐지하는 것은 오늘날에도 불가능하고, 또 그 개별적인 구성 요소는 앞으로도 끊임없이 나타날 것으로 생각하기 때문이다.

어쨌든 이렇게 해서 전쟁의 여러 시설은 점점 국민 및 국토와 관계가 없는 방향으로 나아가게 된 것이다.

그 결과 군사적 행동의 내적 연관은 더욱더 긴밀해지고, 전쟁은 더욱더 정상적인 형태를 취하게 되었으며 전쟁의 목적, 즉 정치적 목적에 더욱더 종속되게 되었다. 그러나 또 그와 동시에 군의 운동은 이전에 비해 훨씬 제약받고 속박되어 전쟁의 수행력은 현저하게 줄어들게 되었다. 군은 창고에 속박되고, 군의 운동은 수송 차량의 활동 범위에만 제한되기 때문이다. 그래서 정부가 군의 보급을 가능한 한 절약하고자 하는 방침을 취한 것은 지극히 당연한 일이었다. 이렇게 해서 약간의 빵밖에 받지 못하는 병사는 그림자처럼 풀이 죽은 모습으로 헤매고, 궁핍해진 그들은 이미 행복이 다시 올 것이라는 희망으로 마음을 위안할 수도 없었던 것이다.

병사에게 빈약한 식량을 주는 것을 부끄러워하지도 않고, 오히려 프리드리히 대왕이 보급이 나쁜 군대를 이끌고 성취한 위업을 예로 든 것은 결코 식량 문제를 합리화시키기 위한 것이 아니다. 궁핍에 견디는 힘은 군인의 가장 뛰어난 미덕 중 하나이다. 만약 이것이 결여된다면 진정한 군인 정신을 가졌다고는 말할 수 없다. 그러나 이러한 궁핍은 일시적이어야 한다. 본디 빈약한 급여 방식이나 필수품 감축은 머릿속에서 계산된 결과이어서는 안 된다. 만약 그러한 짓을 한다면 개개의 병사의 힘은 신체적으로나 정신적으로 약해질 따름이다. 프리드리히 대왕이 보급이 부족한 군대를 이끌고 혁혁한 큰 공을 세웠다는 것은 결코 우리의 척도가 될 수는 없다. 그 이유의 하나는 당시의 적도 프리드리히 대왕과 같은 보급 방식을 따랐다는 것이다. 또 다른 이유는 나폴레옹이 그의 군대에게 생활을 즐기게 했던 것처럼 프리드리히 대왕도 정황이 허용하는 한 그의 군대에서 생활의 즐거움을 주었더라면, 그는 더욱 큰일을 성취할 수 있었을 것이다.

다만 마필(馬匹)의 유지에 관한 한 이제까지 교묘한 사육 방법을 고안한 나라는 없었다. 마량(馬糧)[4]은 용적이 크기 때문에 구량(口糧)[5]에 비해 그 조달이 매우 어려웠기 때문이다. 정량(定量)의 마량은, 정량의 구량의 약 10배이다. 그러나 군의 마필 수는 병사 수의 10분의 1이 아니라, 오늘날에도 4분의 1 내지 3분의 1이고, 또 이전에는 3분의 1 내지 2분의 1이었다. 따라서 마량의 무게는 구량의 그것보다도 3배, 4배 또는 5배에 이르는 것이다. 그래서 필수품을 가장 직접적 방식으로, 바꿔 말하면 현지에서의 강제 징발에 의해 충당하려고 했다. 그러자 마량의 이러한 강제 징발은 다른 면에서 전쟁 지도를 현저하게 속박하게 되었다. 그 첫 번째 이유는 전쟁을 적지에서 수행하는 것이 주된 일이 되었기 때문이고, 두 번째는 군이 한 지방에서 오랫동안 머무를 수 없기 때문이다. 하지만 이러한 강제 징발도 슐레지엔 전쟁 시대에는 이미 현저하게 쇠퇴하고 있었다. 이 방법은 지방을 심하게 황폐시켜 곤궁에 빠지게 하기 때문에, 그것보다는 필요한 양의 사료를 해당 지방에서 강제로 거두어들이는 편이 유리하다는 것을 알았기 때문이다.

프랑스혁명이 발발하여 국민의 힘을 단숨에 전쟁터로 내보내게 되자, 이제까지 모든 나라의 정부가 사용했던 상투 수단으로는 이제 충분한 것이 되지 못했다. 그래서 이러한 제한된 수단으로부터 생겼고, 또 이러한 제한이 있었기 때문에 안전했던 전쟁 방식은 모조리 분쇄되고 이와 함께 이러한 전쟁 방식의 일

---

4) 말 한 마리의 하루치 정량.
5) 한 사람의 하루치 정량.

부, 즉 여기서 문제로 삼는 보급 방식 또한 분쇄된 것이다. 혁명 지도자들은 이미 옛 창고 보급은 거들떠보지도 않았다. 그들은 지금까지의 보급 방식, 즉 여러 종류의 수송 차량을 톱니 장치처럼 회전시키고 있는 이 정교한 시계 장치를 무시하고 병사를 전쟁터로 보내고 장군을 파견해서 군대가 필요로 하는 것들을 징발과 탈취 및 약탈에 의해서, 군에 식량을 대고 장병의 기력을 격려하고 또 그들의 욕망을 자극했던 것이다.

이어 나폴레옹의 지휘 아래 이루어졌던 전쟁 및 그를 적으로 삼았던 전쟁은 이 양극단의 중간에 있었다. 바꿔 말하면, 이 시대의 전쟁은 여러 종류의 보급 방법 중에서 그때 그때의 전쟁에 가장 잘 들어맞는 방식을 사용했다. 이러한 사정은 아마도 앞으로의 전쟁에서도 마찬가지일 것이다.

근대 전쟁에서 군의 보급 방법의 목적은 무엇보다도 해당 지방에서 나오는 물자를, 소유자에 상관없이 빼앗아 이용하는 데 있다. 그런데 이와 같은 보급 방식에는 네 가지가 있다. 첫째는 숙사의 주인에 의한 보급, 두 번째는 군대 자체가 징발한 물자에 의한 보급, 세 번째는 일반적인 징발에 의한 보급, 네 번째는 창고 보급이다. 이들 네 가지 방법은 일반적으로 병행해서 사용되지만, 그러나 그 경우에도 어느 하나가 다른 것보다도 유력한 것이어야 한다.

1 사영 소유자에 의한 보급, 또는 시읍면에 의한 보급

시읍면(市邑面)의 주민이 대도시에서처럼 모두가 소비자라 할지라도 으레 며칠 치의 식량을 저장하고 있을 것이다. 따라서 인구가 매우 조밀한 도시라면 그 인구수에 가까운 병력 수의 부대에 하루 치 식량을 공급할 수 있고, 또 병력 수가 적으면 며칠 치의 보급에 견딜 수가 있을 것이다. 더욱이 이 경우에는 그 어떤 특별한 준비도 필요치 않다. 이 보급 방식은 대도시에서는 매우 만족할 만한 결과를 얻을 수 있다. 한 도시만으로 꽤 큰 부대에 식량을 공급할 수 있기 때문이다. 하지만 작은 마을이나 특히 시골에서는 좀처럼 만족한 결과는 얻지 못할 것이다. 1제곱 마일 지역에 주거하는 3000 내지 4000명의 인구는 그 자체로서는 조밀하지만, 이러한 읍면이 식량을 공급할 수 있는 것은 3000 내지 4000명 치에 지나지 않기 때문이다. 따라서 대부대의 경우에는 군대를 넓은 지역에 분배해야 한다. 그러나 그렇게 되면 다른 조건에 지장이 생길 것이다. 그런데 농경지가 많은 시골에서는, 작은 고을에서도 전쟁에서 소비되는 식량은 도시에 비해 훨씬 풍부하다. 세대주로서의 농민 한 사람이 가지고 있는 밀가루는, 어느 집에서나 가족 전체를 1주일 내지 2주일 먹이는데 충분하고 고기는 매일 조달할 수 있다. 또 채소는 다음 수확기까지 먹을 양이 저장되어 있다. 따라서 군대가 아직 사영한 일이 없는 새로운 사영지에서는, 그곳 인구의 3배 내지 4배의 병사에게 식량을 제공하는 일에는 아무런 곤란도 없다. 그렇게 되면 이것 또한 만족할 만한 결과라고 해도 좋다. 이렇게 보면, 병사 수 3만의 종대(縱隊)라면 1제곱 마일 당 2000 내지 3000명의 인구를 가진 마을에서는 근처의 대도시를 병용하지 않아도, 약 4제곱 마일의 사영지로 충분하다. 그러면 이 경우에 종대의 정면 폭은 2마일이 될 것이다. 따라서 7만 5000의 전투 병사를 포함한 병사 9만의 군대가 3종대를 이루고 나아기는 경우에, 만약 세 가닥의 길이 나란히 있다고 하면 이 3종대가 차지하는 정면 폭은 6마일로 충분할 것이다.

이러한 사영지를 몇 개의 종대가 차례로 사용하는 경우에 지방 관청은 특별한 준비를 해야 하지만, 그래도 이러한 지방이라면 하루 내지 며칠은 사영을 유지할 수 있다. 따라서 위에서 말한 9만의 군에 이어 또 같은 수의 군이 며칠 뒤에 이 사영지에 온다 하더라도 아직 식량이 부족하지는 않을 것이고, 15만을 가진 대부대일지라도 보급에 어려움이 없을 것이다.

마량(馬糧)의 조달은 군 보급에 비하면 훨씬 쉽다. 말의 먹이는 빵처럼 밀을 빻거나 또는 빻은 밀가루로 빵을 굽거나 하는 일은 없기 때문이다. 또 시골에서는 다음 수확기까지의 여물을 저장해 놓기 때문에 마구간 사육이 보급되지 않은 지방에서도 말 먹이가 부족한 일은 없을 것이다. 말할 것도 없이 마량은 지방 자치 단체에 요구해야 하는 것으로 사영 소유주에게 요구해서는 안 된다. 어쨌든 행군을 계획하는 경우, 토지의 상황을 잘 고려하는 것은 당연하다. 따라서 기병을 상공업 지구나 여물이 부족한 토지로 보내서는 안 된다.

이상은 매우 대략적인 고찰이지만 결론은 다음과 같다. 인구가 중간 정도인 시골, 즉 1제곱 마일에 2000~3000 인구를 가진 지방에서는 15만의 전투 병사를 가진 군에게 여러 부대에 의한 공동 전투를 불가능하게 할 만큼 좁은 정면 폭을 주어도, 하루 내지 이틀의 보급을 사영주 및 지방 자치 단체에 요구할 수 있다. 따라서 이러한 군은 창고 및 그 밖의 준비가 없어도 행진을 계속하는 데 지장이 없다.

혁명 전쟁에서 나폴레옹의 지휘 아래 있던 프랑스군의 군사 계획은 모두 위와 같은 결론에 입각해서 실시되었다. 프랑스군이 에치강[6]에서 도나우강 하류에 이르기까지, 또 라인강에서 바이크셀강[7]에 이르기까지 행진했을 때에는 어느 경우나 급여 방식은 사주(舍主)에 의존했음에도 불구하고, 양식의 결핍으로 고통받지는 않았다. 프랑스군의 군사적 의도는 물리적, 정신적 우월로 무장되고 꼭 이긴다는 신념이 있어서, 적어도 장수의 우유부단이나 경계심 때문에 주저하거나 망설이는 일은 없었다. 따라서 승리에 대한 길을 활보하는 운동은 대체로 끊임없는 행진 운동이었다.

정황이 그다지 유리하지 않고 사영지의 인구가 조밀하지 않으며, 인구가 조밀해도 주민이 농민보다는 상공업자가 많다든가, 토지가 메마르다든가, 혹은 그 지방이 이미 몇 번의 징발로 피폐해진 경우에는 만족할 만한 결과를 얻을 수 없는 것은 당연하다. 하지만 그러한 경우에도 행군 종대의 정면 폭을 2마일에서 3마일로 늘리면 바로 2배 이상의 면적, 바꿔 말하면 종래의 4제곱 마일 대신 9제곱 마일의 면적을 얻을 수 있다는 것, 또 정면 폭이 이 정도라면 보통의 경우라도 공동 전투가 가능하기에, 이러한 정황 아래에서 끊임없이 운동하는 경우에도 이 보급 방식이 여전히 가능하다는 것은 명백하다.

하지만 한 지점에 며칠 동안 머무는 경우에는, 보급에 관해 미리 준비해 두지 않으면 심한 궁핍에 빠질 것이다. 이에 대한 예방 수단으로는 두 가지 설비를 생각할 수가 있다. 만약 이 설비가 빠지면, 대군의 경우에는 오늘날에도 한 사영지에 며칠 동안도 머물 수 없다. 설비의 제1은 부대에 부속된 수송 차량이다. 이 차량은 가장 필요한 보급 부분으로서의 빵 혹은 빵을 만드는 밀을 며칠 분, 즉 3일 내지 4일분을 운반할 수 있다. 그래서 이것에 병사 자신이 휴대하고 있는 3일 내지 4일분을 합치면 일주일 정도의 필수 식량을 항상 확보할 수 있다.

---

6) 에치강(Etsch). 이탈리아 이름은 아디제강(Adige). 남 알프스에서 발원하여 포 평원을 지나 베네치아만으로 흘러든다. 여기에 인용한 것은 제1차 이탈리아 전쟁(196~197)에서 프랑스군의 기동을 말한다.

7) 바이크셀강(Weichsel). 폴란드의 강. 발트해의 단치히만으로 흘러든다. 여기에 적힌 것은 1806년 프로이센-러시아를 상대로 한 전쟁에서 프랑스군의 움직임을 가리키는 것으로 여겨진다.

두 번째는, 적당한 병참부[8]를 설치하는 것이다. 병참부는 군이 휴식함과 동시에 멀리 떨어진 토지로부터 저장 물자를 가져오므로 언제라도 사영 보급 방식에서 다른 보급 방식으로 바꿀 수 있다.

사영 보급은 수송을 전혀 필요로 하지 않고, 또 매우 단시간에 행해진다는 이점을 가지고 있지만 이 방법은 모든 부대가 예외 없이 사영에 든다는 것을 전제로 하고 있다.

2 군대 자체의 징발에 의한 보급

보병 1개 대대가 단독으로 야영을 할 경우, 야영지는 어쨌든 2, 3개의 부락 부근이 된다. 그래서 이들 부락에 식량의 제공이 지시되는 것이다. 그러면 이 보급 방법은 본질적으로는 위에서 말한 제1의 방법과 다른 점이 없다고 해도 좋다. 하지만 일반적으로 행해지듯이 한 지점에서 야영하는 부대가 더 크면, 예를 들어 여단이나 사단이라면 필수 물자를 공동으로 근처 지구로부터 징발하여, 이것을 각 부대에 배분하는 방법밖에 없다.

그러나 이 방법으로는, 대군을 먹일 만한 식량을 조달할 수 없다는 것은 분명하다. 군대 자체가 지방 물자를 징발해보았자 그 양은 이 부대가 같은 지구에서 사영하는 경우보다도 훨씬 적을 것이다. 30명 내지 40명의 병사가 농가에서 사영하면, 비록 가난한 세대라도 남겨둔 식량을 내게 할 수 있다. 그런데 식량을 징발하기 위해 몇 명의 병사와 함께 파견된 장교는, 농가의 저장 물자를 샅샅이 찾아낼 시간도 없고 그렇게 할 방법도 없다. 게다가 또 때로는 수송 수단이 없는 경우도 있다. 그러면 이 장교는 농민이 가진 물자 중에서 적은 양밖에 모을 수가 없을 것이다. 또한 대부대의 야영이 한 지점에 집중된 경우에는, 재빨리 식량을 징발할 수 있는 지역만으로는 전체 수요를 충당할 수 없을 것이다. 그러면 이렇게 된다. ─만약 3만의 군이 반경 1마일의 원, 바꿔 말하면 3 내지 4제곱 마일 면적의 원 안에서 식량을 징발한다 해도 필요한 만큼 모으는 것은 도저히 불가능할 것이다. 근처의 큰 부락에는 이미 소부대가 숙영하고 있어서 식량의 인도에 응하지 않기 때문이다. 또 이와 같은 방법으로는 식량의 낭비

---

8) 병참은 작전군의 활동력을 유지하는 것을 그 임무로 하며, 군의 보급, 군수품이나 마필, 운반, 보급 등을 관장한다.

가 심해진다. 부대 중에는 필요 이상의 양을 모아, 많은 식량이 다 이용되지 않고 버려지게 되는 일도 있기 때문이다.

그러면 결론은 이렇게 된다. 징발에 의한 보급이 성공하는 것은 너무 크지 않은 부대, 기껏해야 8000 내지 1만 정도로 제한한다. 또 그러한 경우에도 이 보급 방법을, 할 수 없이 하는 필요악으로만 사용해야 한다는 것이다.

그러나 이 방법을 꼭 써야 하는 경우가 몇 가지 있다. 그것은 첫째로, 전위나 전초처럼 적과 직면하고 있는 부대가 전진을 계속하는 경우이다. 이러한 선진 부대는 보급에 관해 전혀 준비를 하지 않은 지점을 향해 행진하고 있고, 또 본대를 위한 물자 저장고로부터 꽤 멀리 떨어져 있는 것이 통례이기 때문이다. 두 번째는 독립적으로 행동하는 별동대의 경우이고, 세 번째로는 우연한 사정에 의해서 다른 보급 방법을 채택할 시간도 방법도 없는 경우이다.

군대가 정규 징발을 실시하는 준비를 빈틈없이 갖추고 있으면, 또 이러한 보급 방법에 이행하는 시간과 정황에 충분한 여유가 있으면, 이에 따라 더욱더 좋은 결과를 얻을 수 있는 셈이다. 그러나 대부분의 경우, 그러한 시간적 여유가 없으므로 군대 자체가 직접 징발에 나서지 않을 수 없고, 그 편이 정규 징발보다도 훨씬 수월하다.

3 정규 징발에 의한 보급

이것은 말할 것도 없이 가장 간단하고 가장 효과적인 보급 방법이며, 근대 전쟁의 기초를 이루고 있다.

이 보급 방법이 위에서 말한 두 가지 방법과 다른 것은, 특히 지방 관청의 협력을 기대하는 점에 있다. 이 방법에 의하면 저장 물자를 보는 대로 힘으로 빼앗는 것이 아니라, 합리적인 할당에 의해 절차에 따라 공출할 수 있다. 그리고 이와 같은 공출 할당은 지방 관청이 아니면 도저히 할 수 없는 일이다.

이 방법의 성패는 군의 시간적 여유에 있다. 시간적 여유가 많으면 할당은 더욱더 멀리 고르게 펼 수 있고, 공출자의 부담은 더욱더 경감되어 정상적인 성과를 거둘 수 있다. 게다가 또 현금 매입 방법을 겸용할 수 있기 때문에, 그렇게 되면 이 방법은 다음에 말하는 네 번째 방법과 비슷하게 될 것이다. 그런데 이런 종류의 방법은 자국 내에서라면 군을 집결시키거나 퇴각시키는 경우라도 아무런 곤란이 따르지 않는다. 이와는 반대로 군이 아직 점령하지 않은 지방을 전진하는 경우에는, 이 보급 방법을 수배할 시간적 여유가 거의 없다고 할 수 있다. 보통은 기껏해야 하루 정도이다. 전위는 주로 본대보다도 하루 정도 앞서 가기 때문이다. 그래서 전위는 그 지방의 해당 관청에 필요한 만큼의 양의 구량(口糧)과 마량(馬糧)을 이러이러한 지점에 준비하도록 요구한다. 그러나 이만큼의 구량과 마량을 가까운 지점, 다시 말하면 일정한 지점을 중심으로 하는 주위 수 마일의 지역만으로 조달할 수 있는 것은 아니다. 따라서 군 자체가 며칠치의 구량과 마량을 휴대하지 않는 한, 이렇게 급하게 모은 식량만으로는 적어도 대군일 경우에는 턱없이 부족하다. 그렇게 되면 입수한 식량을 관리하여, 식량이 없는 부대에만 배급하는 것이 병참부가 하는 일이 된다. 그러나 이러한 힘든 보급 상태도 매일 줄어들게 될 것이다. 하루하루가 지남에 따라 물자는 멀리서 조달하게 되고, 또 공출 지구의 면적도 늘어난다. 그러면 공출 물자도 나날이 기하급수적으로 커지게 된다. 즉 첫날에 공출 지구의 면적이 4제곱 마일이라 한다면, 둘째 날은 16제곱 마일, 셋째 날에는 36제곱 마일로 점점 확대된다. 그러면 둘째 날은 첫째 날보다 12제곱 마일, 또 셋째 날은 둘째 날보다 20제곱 마일 확대되는 셈이다.

말할 것도 없이 위에서 말한 사정은 이런 종류의 보급 방법을 대략적으로 제시한 것에 지나지 않는다. 실제로는 여기에 여러 가지 제한이 더해진 상황이 얼마든지 나타나게 된다. 그 가장 현저한 상황을 말하자면, 군이 떠난 직후의 지방은 아직 군대가 통과하지 않은 지방과 같은 정도의 협력을 할 리가 없다는 것이다. 그러나 다른 한편으로는 공출 지구의 반경이 매일 2마일 이상 커지는 것이 가능하다는 점, 어쩌면 3마일 내지 4마일, 또 그 이상도 커질 수 있다는 것을 아울러 생각할 필요가 있다.

정규 징발에 의한 공출이 적어도 반수 이상 성공하느냐의 여부는 지방 관청의 관리에게 부과된 지대(支隊)[9] 집행력의 능력에 달려 있다. 그보다도 해당 지방의 주민이 품는 책임, 처벌 및 가혹한 취급에 대한 공포심이 중요하다. 이때의 공포감은 일반적으로 모든 주민을 무겁게 짓누르기 때문이다.

---

9) 일시적으로 독립해서 특별 임무에 복무하는 부대를 말한다.

어쨌든 우리는 병참이나 보급에 관한 업무를 마치 시계 장치처럼 운행되는 정밀한 조직을 논술할 생각은 없고, 단지 결론에만 주목하면 된다.

그런데 이 보급 방식의 일반적 사정을 상식적으로 고찰하고, 또 이것을 프랑스혁명 이래의 전쟁 경험에 비추어서 얻은 결론은 다음과 같다. 즉 비록 대군이라도 며칠 치의 식량을 휴대하면, 군대가 도착하자마자 개시되는 정규 징발에 의해서 바로 식량을 조달할 수 있다는 것이다.

또 이 경우, 처음에는 징발령이 근처 지역에만 적용되지만 공출 지역이 확대됨에 따라 징발도 고등 관청에 의해 지령된다.

정규의 징발 보급은, 해당 지방이 피폐하거나 궁핍해지거나 파괴되지 않는 한 항상 적용할 수 있는 방법이다. 그런데 군의 주둔이 비교적 오래 걸리는 경우, 징발령은 그 지방의 최고 관청으로부터 발령된다. 그러면 이 지방 관청이 주민의 부담을 될 수 있는 대로 공평하게 할당하고, 구매에 의해 공출의 중압을 줄이는 등 필요한 처치를 강구하는 것은 말할 것도 없다. 적국의 군대라 할지라도 머무는 기간이 길어질 때에는, 보급의 부담을 모두 해당 지방의 주민에 부과할 정도로 무법적이고 가혹한 처치를 취하지 않는 것이 통례이다. 따라서 이런 종류의 보급 방식은 대부분 다음에 말하는 창고 보급으로 차차 근접해 간다. 하지만 그렇다고 해서 이 방식이 군의 운동력에 미치는 본래의 영향을 크게 변화시키는 것은 아니다. 해당 지방의 공출력은 멀리 떨어진 곳으로부터 수송되는 물자에 의해 보충된다고는 하지만, 그 지역 자체는 여전히 군대 보급의 본디 도구라는 것과 18세기 전쟁에서처럼 군이 국민과 국토에 관계없이 보급을 조달하고, 지방은 원칙적으로 군의 보급에 상관하지 않는 것 사이에는 근본적인 차이가 있기 때문이다.

정규의 징발 보급은 두 가지 특성에 의해 지난날 군대 보급과 구별된다. 그 첫째는 그 지방의 차량을 이용하는 것이고, 두 번째는 그 지방의 빵 제조소를 사용하는 것이다. 이전에는 군의 차량을 이용해서 막대한 물자를 수송해야 했기 때문에, 군 자체의 움직임이 원활하지 못했다. 하지만 이러한 불편은 이 새로운 보급 방법에 의해 사라진다.

확실히 오늘날 식량 차량이 한 대도 없는 군은 없을 것이다. 그러나 이런 종류의 차량은 매우 적고, 하루 식량의 남은 것을 다음 날로 미루기 위해 사용되는 것에 지나지 않다. 근대에도 특별한 사정이 있으면, 1812년 나폴레옹의 러시아 원정에서처럼 막대한 수송 차량을 가지고 가야 하며, 또 야전 빵 제조소도 있어야 한다. 하지만 이러한 행진은 전적으로 예외이다. 30만 대군이 거의 유일한 도로를 130마일이나 행진하고, 더욱이 그것이 폴란드나 러시아 같은 나라에서 수확기 직전에 이루어졌다는 것은 드문 경우에 속한다. 둘째로는 이러한 경우라 할지라도 수송에 따른 보급은 결국 보조 수단이고, 군이 통과하는 지방으로부터의 식량 징발이 보통 모든 보급의 바탕을 이룬다.

그래서 프랑스혁명전쟁 초기의 전역 이래, 프랑스군이 채용한 공출 방식은 항상 보급 방식의 바탕이 되었다. 그러자 프랑스군에 대항하는 동맹군도 이 방식으로 바꾸지 않을 수 없었다. 그렇게 되자 일단 채용한 이 방식을 버리고 본디 방법으로 돌아갈 수 없게 되었다. 전쟁 지도의 수행력 속, 경쾌함과 자유를 가져오기 위해서는 이 보급 방식밖에 없다. 예를 들어 군이 어떤 방향으로 행진하더라도 이 방법에 의하면 보통의 경우 처음 3주간 내지 4주간은 식량 걱정이 없고, 또 그 뒤는 창고로 보충할 수 있기 때문에 전쟁은 바로 이 보급 방식에 의해 행동의 자유를 완전히 확보했다고 말할 수 있다. 하기야 이 보급 방법을 사용해도, 어떤 면에서는 다른 방법에 의한 것보다도 오히려 많은 곤란이 생기고, 그 때문에 다른 방법과 비교해 그 공과를 따지게 될지도 모른다. 그러나 정규적인 징발 보급이라고 하는 이 방법이 절대로 불가능하게 되는 일은 우선 없을 것이고, 또 과거와는 달리 보급에 관한 고려가 군사적 행동을 결정적으로 좌우하는 일도 없을 것이다.

단 하나의 예외적인 사정이라 하면 적국 안에서의 퇴각이다. 이 경우에는 보급에 대해 불리한 많은 조건이 한꺼번에 일어난다. 퇴각 운동은 지체할 수 없는 행진이어서 도중에 멈출 수가 없다. 따라서 물자를 모으는 시간이 없는 셈이다. 또 퇴각하지 않을 수 없는 정황 자체가 이미 매우 불리하기 때문에 군은 위험을 염려하여 항상 집합해 있어야 한다. 따라서 사영지에서 분숙(分宿)하거나 행진 정면을 확대하는 일은 논외의 일이다. 주민의 적대적 의식은 집행력을 가지지 않는 징발령만으로 물자를 모으는 것을 허락하지는 않는다. 게다가 그때야말로 주민의 반항과 악의가 발동하는 절호의 순간이다. 이러한 이유로 적국 내의 퇴각에는, 이미 준비된 병참선 및 퇴각선(退却線)만을 사용하는 것이 무난하다.

1812년에 나폴레옹이 모스크바로부터 퇴각했을 때 그가 왔던 길에만 의존한 것은, 오직 보급을 염려했기 때문이다. 그때 만약 그가 다른 길을 선택했다면, 그것이 어느 길이든 그의 몰락은 더 빠르고 확실했을 것이다. 그런데 프랑스 군사 평론가조차 이때 나폴레옹의 조치를 비난하는 것은 도리에 맞지 않는 일이라고 하지 않을 수 없다.

4 창고 보급

이 보급 방법을 위에서 말한 세 가지 방법으로부터 발생적으로도 구별하려고 한다면, 17세기 마지막 3분의 1기에서 시작되어 18세기를 통해 계속 이루어진 보급 시설로 거슬러 올라갈 수밖에 없다. 그런데 이러한 보급 시설은 도대체 부활할 가능성이 있는 것일까.

교전 양국이 함께 대군을 움직이는 전쟁이 7년, 10년 혹은 12년으로 오랫동안 한 장소에서 벗어나지 않는 경우, 예를 들면 이전에 네덜란드, 라인강변, 북부 이탈리아, 슐레지엔 및 작센 등에서 있었던 전쟁에서는, 창고 보급 외의 다른 방법을 거의 생각할 수 없었다는 것은 말할 필요도 없다. 그러나 이토록 장기에 걸쳐서 피아 두 군의 보급을 부담하는 도구가 되었고, 게다가 그 때문에 완전히 폐허가 되지도 않고 또 식량의 공출이 갈수록 적어지는 일도 없는 지방이 도대체 존재할 수 있었을까.

그러면 그에 따라 여기에서 문제가 생긴다. 즉 전쟁이 보급 방식을 규정하는 것인가, 아니면 보급이 전쟁을 규정하는 것인가 하는 문제이다. 이 문제에 대한 해답은 이렇다. ─전쟁 수행에 필요한 그 밖의 모든 조건이 허락하는 한, 우선 보급 방식이 전쟁을 규정할 것이다. 그러나 이들 조건이 종래의 보급 방식에 반대하기 시작하여, 이미 그 존속을 허락하지 않게 되면 반대로 전쟁이 보급 방식을 규정하게 될 것이다.

정규 징발에 의한 공출 방식과 현지 보급을 바탕으로 하는 전쟁이, 창고 보급에만 의존하는 전쟁보다 뛰어난 것은 말할 필요도 없다. 따라서 전쟁이라는 명칭은 같아도, 이 둘을 동일한 전쟁으로 볼 수는 없을 것이다. 실제로 그 어떤 국가도 새삼스럽게 전자를 바꾸기 위해 후자로 할 리는 없을 것이고, 또 어딘가 완고하고 무지한 육군 장관이 있어서 이러한 사정이 일반적으로 필연적이라는 것을 깨닫지 못하고 전쟁을 시작할 때, 군 보급에 옛 방식을 적용하려는 일이 있더라도, 현실의 엄격한 사태는 장군을 강요해서 이것을 버리게 할 것임에 틀림없다.

그렇게 되면 징발에 의한 공출 방식이 자연히 힘을 얻게 될 것이다. 게다가 또 창고 보급은 시설에 막대한 비용이 들기 때문에 아무래도 군의 장비와 전투력과의 수량을 줄이지 않을 수가 없다. 어느 국가라도 여분의 돈을 가지고 있을 리가 없기에 그렇게 되면 이러한 장비의 수량에 대해서는, 교전국 간에 외교적으로 협조하는 방법밖에 없을 것이다. 그러나 그러한 일은 관념의 놀이에 지나지 않을 뿐이다.

따라서 앞으로도 전쟁에서는 징발에 의한 공출 방식을 고수할 것이다. 여러 나라의 정부 중에는 이 보급 방식을 뭔가 더 정교하고 치밀한 보급 방법으로 보충하여 자국의 부담을 줄이려고 노력하는 곳도 있겠지만, 그것이 어느 정도까지 성공할지는 의문이다. 어쨌든 이러한 보조 수단의 성과는 결국 대단한 것은 아닐 것이다. 그것은 전쟁에서 긴급을 요하는 보급이라는 사항에 관해서는, 무엇보다도 우선 가장 절실한 필요를 만족시키는 것이 중요하므로, 정교하고 치밀한 보급 시설로는 도저히 이러한 필요에 응할 수 없기 때문이다.

그러나 전쟁의 승패가 결정적인 것이 아니고, 또 피아의 군사적 행동이 전쟁의 본성에 반해서 비교적 좁은 범위에 한정되어 있는 경우에는, 징발에 의한 공출 방식은 해당 지방을 심히 폐허화시키기 시작하므로 강화를 체결하든가, 아니면 지방의 부담을 줄이기 위해 독립된 보급 시설을 설계하든가, 둘 중 어느 하나를 선택해야 한다. 후자는 나폴레옹의 지휘 아래 있는 프랑스군이 에스파냐에서 사용했던 방법이다. 하지만 전자 쪽이 매우 빈번하게 실시된다. 전쟁을 계속하면 교전국의 피폐는 심해질 뿐이므로, 비용이 비싸게 드는 전쟁보다도 강화를 요구하는 것이 통례이다. 그래서 근대의 전쟁 지도는 이 방면에서도 전쟁 기간을 단축해서 속전속결로 처리하려고 하는 것이다.

그러나 우리는 옛날의 창고 보급을 가지고 하는 전쟁의 가능성을 전면적으로 부정할 생각은 없다. 교전국 서로의 사정이 이 옛 방식을 채용하지 않을 수 없거나, 혹은 또 이 방법으로 유리한 상황이 생긴다면 이 보급 방식은 아마도 반복해서 나타날 것이다. 그러나 이 방식을 자연의 이치에 맞는 시설로 볼 수는 없다. 오히려 이것은 특수한 정황에서 발생한 변태에 지나지 않는 것으로, 전쟁 본래의 의의로부터는 결코 생길 수 있는 것이 아니다. 하물며 이 보급 방식은 징발에 의한 공출 방식보다도 인도적이라는 이유로, 전쟁의 원만하고 부족이 없는 모습을 여기서 찾으려는 것은 큰 잘못이다. 전쟁은 그 자체가 결코 인도적이지 않기 때문이다.

하지만 위에서 말한 네 가지 보급 방식 중 어느 것을 고른다 하더라도, 부유하고 인구가 조밀한 지방의 보급은 토지가 메마르고 인구가 희박한 지방보다도 편하다는 것은 말할 필요도 없다. 여기서 인구의 많고 적음이 문제가 되는 까닭은, 인구가 그 토지에 저장되어 있는 물자에 대해 이중의 관계를 가지기 때문이다. 즉 첫째는 소비가 큰 토지에서는 저장 물자도 클 것이라는 것이다. 또 두 번째로 인구가 많으면 그에 따라 생산량도 많기 때문이다. 주민의 대다수가 공장 노동자인 지역은 예외이다. 하물며 이 지역이 농산물을 생산하지 않는 토지에 둘러싸인 계곡 사이에 끼어 있는 경우에는 더욱 그러하다. 그리고 이러한 지역은 실제로도 드물지 않다. 그러나 일반적으로 말해서 군의 필수품을 조달하려면 인구가 조밀한 토지 쪽이, 인구가 희박한 토지보다도 훨씬 쉽다.

예를 들어 토지가 매우 비옥하더라도 40만의 인구를 가진 400제곱 마일 지역이 10만의 군을 보급하는 것은, 200만 인구를 가진 같은 400제곱 마일 지역만큼 쉽지 않을 것이다. 게다가 또 인구가 조밀한 지방은 인구가 희박한 지방에 비해 도로 및 하천의 연락로가 많고, 그 상태도 좋다. 그뿐만이 아니라 수송 수단도 풍부하며, 상업 행위도 쉽고 확실하다. 간단히 말하자면 군의 보급은 플랑드르 지방 쪽이 폴란드에서보다도 훨씬 쉽다.

말하자면 여러 파이프를 준비해서 막대한 물자를 흡수하는 전쟁이, 국도나 인구가 조밀한 도시, 비옥하고 광활한 계곡, 또는 항해가 가능한 해안을 전쟁터로 고르는 것은 이러한 사정 때문이다.

군 보급이 군사적 계획이 취하는 방향과 형태, 또 전쟁터와 병참선과의 선택에 전반적인 영향을 미치는 것은 이것으로 분명해진다.

그러나 군 보급이 미치는 영향이 어느 정도에 달하는가, 또 보급의 난이성이 전쟁의 계산에 어느 정도 가치가 있는가에 대한 결정은, 두말할 것도 없이 그때의 전쟁 성질을 규정하는 방식에 달려 있다. 전쟁이 그 본래의 정신을 안고 수

크림 전쟁(1853~1856) 종교적 분쟁이 주요 요인이 된 전쟁으로, 크림 반도를 중심으로 러시아가 영국, 프랑스, 오스만제국과 벌인 전쟁이다.

행되는 경우, 바꿔 말하면 그 어떤 것에도 구속되지 않는 격렬한 힘을 발휘하고 오로지 전투와 결전을 추구하는 경우에는, 군의 보급도 중요하기는 하지만 부속적인 사항이 된다. 이와는 반대로 피아 두 군의 병력이 균형을 가지고 동일한 지방에서 일진일퇴하면서 많은 세월을 보내는 경우에는 보급이 중요 사항이 된다. 그래서 경리 담당관이 장수의 역할을 하고 전쟁 지도는 식량 차량 관리로 옮아간다.

전쟁 중에 이렇다 할 사건이 일어나지 않고, 전쟁 목적이 소홀해지고, 피아의 전력이 헛되이 소비되고, 모든 비난이 식량 부족으로 귀결되는 전쟁이 무수히 많은 것은 이 때문이다. 이에 반해서 나폴레옹은 항상 이렇게 말했다.

"나에게 식량에 대해서 말하지 말라!(qu'on ne me parle pas des vivres!)"

그런데 1812년의 러시아 원정에서 식량에 대한 무관심이 너무 지나쳤다는 것을 증명한 것은 다른 사람이 아닌 바로 나폴레옹이었다. 물론 그의 러시아 원정은 식량 부족만으로 실패한 것은 아니다. 이렇게 주장한다면 비겁하다는 말을 면하지 못할지 모르지만, 전진 중에 그의 군이 급격하게 숫자가 줄고 또 퇴각 중에 군이 완전히 괴멸한 것은 의심할 필요도 없이 보급에 관한 그의 생각이 부족해서라고 해도 무방하다.

나폴레옹이 때로는 분방한 행동을 감히 저지르는 격정적인 군사적 도박꾼이라는 것을 부정할 수는 없다 해도, 나폴레옹뿐만이 아니라 그에 앞서 혁명전쟁을 지도한 장수들[10]도, 보급에 관한 예로부터의 뿌리 깊은 생각을 배제하고, 보급은 조건이라는 관점에서 고찰되어야지 목적으로 간주되어서는 안 된다는 것을 실증한 것은 훌륭한 공적이라고 할 만하다.

어쨌든 전쟁에서 식량의 부자유는 육체적 고생이나 위험과 동일하다. 장수가 휘하의 군에 부과하는 요구에는 이렇다 할 정해진 한도는 없다. 강렬한 성격의 장수는, 감정으로 움직이기 쉬운 연약한 장수보다도 요구하는 바가 크다. 또 군의 무공(武功)도 습관, 군인 정신, 장군에 대한 신뢰와 경애, 혹은 조국을 위해 목숨을 바치려고 하는 정열 등은 장병의 의지와 정신적, 신체적 여러 힘을 지지하는 정도에 따라 각각 달라진다. 그러나 보급의 부자유와 궁핍이 아무리 심해도 그것은 일시적인 상태로 보아야 한다는 것, 또 이러한 부자유와 궁핍은 이윽고 풍부한 보급—남아돌 정도의 보급—으로 보답되어야 한다는 것은 전쟁지도의 원칙에 넣어도 좋다.

수만 명의 병사가 누더기를 걸치고 30파운드 내지 40파운드[11]나 되는 무거운 배낭을 지고, 날씨나 도로 사정에 상관없이 무거운 발걸음으로 여러 날 행군을 계속하고, 끊임없이 건강과 생명을 위협받고 그 대가로는 마른 빵조차 배불리 먹을 수 없다면 이보다 비참한 일이 또 있을까? 따라서 장수는 이러한 불합리한 일이 전쟁 중에 자주 일어난다면 병사의 전의(戰意)나 심신의 힘은 마침내 약해진다는 것, 또 인간은 마음가짐만으로 이 정도 고생에 견뎌 낼 힘을 끌어내어 그것을 언제까지고 유지할 수는 없음을 충분히 알아두어야 한다.

따라서 보다 큰 목적을 요구하면서 병사에게 보급의 심한 부자유를 강요하

---

10) 뒤무리에(Dumouriez, Charles François, 1739~1823), 쥬르당(Jourdan, Jean Baptiste, 1762~1833), 마르소(Marceau, François Séverin Desgraviers, 1769~1796), 쥬베르(Joubert, Barthélemy Catherine, 1769~1799) 등을 가리킬 것이다.
11) 독일에서 19세기 중엽까지는 1파운드가 약 500g이었다.

는 장수는 병사를 소중히 여기는 마음에서이든, 혹은 인정의 기미를 이용한 약은 꾀에서든 병사들의 이러한 노고에 보답하는 대가를 항상 염두에 두어야 한다.

다음으로 우리는 공격할 때의 보급과 방어할 때의 보급의 차이에 대해 한마디 해두지 않을 수가 없다.

방어의 경우에는, 미리 준비해 두고 모든 종류의 보급 물자를 그대로 사용할 수 있기 때문에, 방어하는 쪽은 항상 필수품에 부족함이 없다. 자국에서 적을 방어하는 경우에는 항상 이렇지만, 적국에서 방어하는 경우에도 마찬가지이다. 이에 반해 공격하는 쪽은, 보급 기지로부터 멀리 떨어져 있기 때문에, 군의 전진이 계속되는 한, 혹은 주군(駐軍) 뒤의 처음 몇 주일까지도 매일매일 필요 물자를 스스로 조달해야 한다. 그리고 이 경우에 부족이나 궁핍이 생기는 것은 당연하다.

공격하는 쪽에서, 보급에 관한 곤란함이 최대에 이르는 경우가 두 가지 있다. 첫째는 아직 승패가 결정되지 않은 동안에 공격자가 전진을 계속하는 경우이다. 즉, 방어 쪽에는 아직 필수 물자가 있는데도, 공격자는 소유한 물자를 뻔히 알면서도 뒤에 남기지 않을 수 없다는 것이다. 또 공격자는 항상 군을 집합해 둘 필요가 있기 때문에 보급에 편한 넓은 지역을 차지할 수 없다. 게다가 일단 전쟁을 위한 움직임이 시작되면, 수송 차량은 이제 군을 따라갈 수가 없게 된다. 이렇게 중요한 때 미리 보급의 충분한 준비에 대한 대책을 세우지 않으면 공격하는 군대는 결전 전의 며칠 동안, 보급 부족과 궁핍으로 고통을 받게 될 것이다. 이런 이유로 인해 군대를 결코 좋은 상태로 전쟁에 참가시킬 수 없게 되는 것이다.

두 번째는, 공격자가 승리를 여세로 몰아 전진했기 때문에 병참선이 과도하게 연장되어 식량 부족이 일어나는 경우이다. 특히 땅이 메마르고 인구가 희박한, 그리고 주민들이 적의를 가진 지역에서 전쟁이 이루어지는 경우에는 더욱 그러하다. 비르나에서 모스크바로 향하는 병참선[12]과 쾰른[13]에서 리에주, 루

---

12) 1812년 러시아 원정에서 나폴레옹의 전진로.
13) 쾰른(Köln). 독일 라인강변의 도시.

뱅,[14] 브뤼셀, 몽스,[15] 발랑시엔,[16] 캉브레[17]를 거쳐 파리로 향하는 병참선[18] 사이에는 실로 심한 차이가 있었다. 전자는 한 차량의 식량을 조달하는데도 무력을 행사해야만 했는데 비해, 후자는 식량을 상인에게 발주해서 한 장의 어음을 발행하면 백만의 구량(口糧)을 조달하는 데 충분했다.

보급이 곤란했기 때문에 혁혁한 승리의 영광은 소멸되고, 군의 힘이 쇠퇴하여 퇴각이 필요해지며, 점차로 회복할 수 없는 패배의 모든 징후가 나타나게 된 사례는 이제까지 자주 일어났다.

마량(馬糧)은 전에 말한 대로 처음에는 부족하지 않아도 지방에 피폐가 시작되면 맨 먼저 부족해진다. 마량은 용적 관계로 먼 곳에서 운반하는 것이 매우 곤란하고, 또 말은 식량이 부족하면 인간보다 더 빨리 죽는다. 이러한 이유로 해서 지나치게 많은 기병이나 포병은 군의 큰 부담이 되고, 또 실제로 군을 약화시키는 원인이 되는 것이다.

---

14) 루뱅(Louvain). 벨기에의 도시. 독일 이름은 뢰벤(Löwen).

15) 몽스(Mons). 프랑스 북부의 도시.

16) 발랑시엔(Valenciennes). 프랑스의 도시.

17) 캉브레(Cambrai). 프랑스의 도시.

18) 해방 전쟁(1815)에서 동맹군의 전진로.

제15장
후방 기지

군이 군사적 작전을 실시하려고 할 때 아군이 적지에 있는 적과 그 전쟁터를 공격하든, 혹은 자국 국경에 군대를 배치하든 군은 급양 및 보급의 자원지(資源地)에 의존하지 않을 수 없다. 그래서 이들 자원지와 긴밀한 연락을 취하는 일이 필요해진다. 이러한 자원지는 군의 생존과 유지의 조건을 이루는 것이기 때문이다. 그런데 군이 이 자원지에 의존하는 정도는, 군의 병사 수가 많아짐에 따라, 물자의 종류나 그 양도 점점 커진다. 하지만 그 경우에 군이 모든 국토와 직접 연락한다는 것은 반드시 가능하지 않고, 또 그럴 필요도 없다. 다만 군은 배후에 이러한 자원지를 두고 이 지구가 군의 진지에 의해 보호되고 있으면 좋은 것이다. 그러면 이 지구에는 필요에 따라 물자를 저장하는 공공시설이 구축되고, 또 보충 물품을 규칙적으로 전송하는 조치가 마련된다. 그렇기 때문에 이 지구는 군과 군의 모든 계획의 기초이고, 군과 함께 하나의 전체를 이루는 것으로 간주되어야 한다. 또 저장 물자의 안전을 고려해 이것을 축성(築城)한 장소에 모아서 쌓아두면 후방 기지라는 개념은 이것으로 점점 명확해지지만, 이러한 설비가 없다고 이 개념이 성립하지 않는 것은 아니다. 대부분의 물자 축적장은 축성되지 않는다.

하지만 적국의 일부도 아군을 유지하는 바탕으로 간주해도 좋다. 적어도 그것은 아군의 후방 기지와 함께 이러한 바탕이 될 수 있다. 군이 적국 내에 진주했을 경우에는 다량의 군수품을 이 점령지로부터 징발할 수 있기 때문이다. 그러나 그 경우에는 진주군이 이 점령 지구를 실제로 제압하고 있다는 것, 바꿔 말하면 이 지구가 군의 명령을 확실히 준수해야 한다는 것이 조건이 된다. 그런데 이러한 보장은 작은 수비대나 순찰대를 사용해서 그 지구 주민을 복종시키는 한에서 할 수 있는 일이고 그 이상은 기대할 수 없으므로, 대개는 결국 그다지 확실하지 않다. 그러기 때문에 아군이 여러 종류의 필수품을 징발할 수 있는 지구는 군의 수요량에 비추어 매우 한정되기 때문에, 대부분의 경우는 아군의 수요를 충족시키지 못한다. 그렇게 되면 결국 자국으로부터 다량의 물자를 수송해야 한다. 그래서 군의 배후에 있는 자국의 자원지가 후방 기지의 필연적인 구성 요소로서 고려되어야 하는 것이다.

대체로 군수품은 두 가지로 구분된다. 첫째는 어떤 농경지에서나 산출되는 농산물이고, 두 번째는 본국의 자원지에서만 얻을 수 있는 자재이다. 전자는 주로 식량이고, 후자는 보충품이다. 따라서 전자는 적지에서도 징발할 수 있지만, 후자는 원칙적으로 본국에서만 공급할 수 있는 것, 예를 들어 병사, 무기 및 대부분의 탄약 등이다. 개개의 경우에는 이러한 구별에도 예외가 생기지만 그런 경우는 매우 드물고 그다지 중요하지도 않다. 그러나 이와 같은 구별은 중요하며, 군에서는 본국과의 연락을 빠뜨려서는 안 된다는 것이 여기서도 새삼 증명되고 있는 것이다.

식량은, 자국 내에서는 물론이고 적지에서도 대개는 방비가 없는 지역에 쌓아둔다. 그 이유의 첫째는, 본디 식량은 매일 여러 곳에서 대량으로 소비되어 이내 소모되는 것이지만, 이것을 수용하기에 충분한 많은 요새는 어디에도 존재하지 않기 때문이다. 두 번째는, 식량 소모는 쉽게 보충될 수 있기 때문이다. 이에 반해 보충품, 즉 무기, 탄약 및 여러 장비들은 전쟁터 부근의 무방비한 곳에 아무렇게나 저장되는 일이 없고 오히려 비교적 멀리 떨어진 곳으로부터 수송된다. 어쨌든 적지에서는 이 보충품을 요새 이외에 저장하는 일은 하지 않는다. 이러한 사정으로도 후방 기지의 중요성은 식량보다도 오히려 보충품에 있다는 것을 알 수 있다.

그러나 이 두 가지 군수품을 사용하기에 앞서 몇몇의 큰 창고에 쌓고, 또 국내의 모든 자원지를 적당히 정리하여 큰 저장소로 만들면, 이들 일체의 큰 창고와 큰 저장소는 모든 국토의 자원을 대표하는 것으로 간주해도 된다. 그렇게 되면 후방 기지의 개념은 이들 저장소와 점점 밀접한 관계를 지니게 된다. 하지만 이 저장소만을 후방 기지로 해석한다는 것은 지나친 처사이다.

급양 및 보급 자원이 매우 풍부하다고 하면, 바꿔 말하여 광대하고 풍부한 공급 지구가 있고 거기서 산출되거나 만들어지는 물자는 신속한 급여의 편의에 따라 많은 저장소에 집적된다. 또 이들 저장소는 그 어떤 방법으로 안전하게 보호받아 군 근처에 설치되고, 거기에는 도로가 통하고 다시 또 이들 도로는 군의 후방에서 사통팔달하여 때로는 군의 일부를 둘러싸는 일도 있다고 하면, 우선 군은 이에 의해서 발랄한 활기를 얻을 수 있고, 둘째로는 군의 움직임이 현저하게 자유로워진다. 그래서 어떤 논자는 군이 차지하는 위치에서 생기는 이러한 여러 가지 유리함을 총괄하여 하나의 개념으로 구성하려고 했다. 즉 '후방 기지의 양'이라는 개념이다. 요컨대 후방 기지와 작전 목표와의 관계, 바꿔 말하면 후방 기지의 양단(兩端)[1]과 이 목표(이것은 점이라고 여겨지고 있다)가 이루는 각에 의해서, 급양 및 보급 자원지의 위치 및 사정이 군에게 주는 유리한 점과 불리한 점의 총계를 모두 표시하자는 것이다.

그러나 이와 같이 정연한 기하학적 도형이 단순한 놀이에 지나지 않는다는 것은 분명하다. 이러한 도형은 진실을 왜곡하지 않을 수 없는 일련의 바꿔치기에 입각하고 있기 때문이다. 앞에서 말한 대로 군의 후방 기지는 세 가지 단계로 이루어져 있고, 군은 그 어느 것과도 관계된다. 세 가지 단계란, 첫째는 지방의 자원, 두 번째는 여러 곳에 설치된 저장소, 세 번째는 이들 물자를 공급하는 지역이다. 이 세 가지 요건은 장소별로 분리되어 있기 때문에, 이것을 그중 어느 한 가지로 환원할 수는 없다. 하물며 후방 기지의 양쪽을 잇는 선을 바로 후방 기지 자체의 폭이라고 말하는 것은 그야말로 언어도단이라 하지 않을 수 없다. 이러한 선은 어떤 요새와 다른 요새를 잇는 선, 혹은 지방의 주요 도시와 다른 지방의 주요 도시를 잇는 선, 혹은 정치적으로 정해진 국경선[2] 등과 마찬가지로 대부분은 제멋대로 그은 인위적인 선에 지나지 않는 것이다. 또 이 세 가지 단계 사이에 일정한 관계를 확립한다는 것은 불가능하다. 이들 단계의 성질은, 실제로는 많든 적든 서로 섞여 있는 것이 통례이기 때문이다.

따라서 여느 때라면 매우 멀리 떨어진 지역으로부터 수송되는 보충품이 주

---

1) 후방 기지를 직선으로 보는 생각이다. 그러면 후방 기지의 양쪽 끝에서 작전 목표를 향하여 직선을 그으면 일정한 삼각형이 생긴다. 그 경우에 목표를 정점으로 하는 꼭지각이 다음에 말하는 작선각(作線角)이다.

2) 자연적 국경, 즉 자연의 지세에 의해 규정되어 있는 국경선에 대치되는 인위적 국경선을 말한다.

변 토지에서 조달할 수 있는 경우가 있고, 또 식량조차도 멀리서 가져오는 경우도 있는 식이다. 한편으로는 가까운 요새 도시가 무기의 대저장고이자 항만이고 상업지로서, 한 나라의 전투력이 여기에 합쳐져 있는 것과 같은 곳이 있는가 하면, 또 다른 한편으로 요새 도시는 이름뿐이고, 그 요새 내의 수요조차 만족할 만큼 충족할 수 없는 빈약한 곳도 있다.

요컨대 후방 기지의 양이나 작전각의 각도와 같은 것으로부터 끌어 낸 일체의 결론이나, 또 이들 개념에 입각해서 조립된 전쟁지도 체계는 기하학적 성질에 구애되는 한 실제 전쟁에서는 전혀 가치도 없는 어리석은 생각이고, 개념의 세계에서 잘못된 노력을 하게 하는 데 지나지 않는다. 그럼에도 이러한 일련의 사고방식의 근거는 진실이고 단지 전개 방식이 잘못된 것에 지나지 않으므로, 이 견해는 어쩌면 앞으로 자주 나타나서 파렴치하게 이 문제에 개입할 것으로 생각한다.

여하간 우리로서는, 후방 기지는 군사적 계획에 일반적으로 영향을 미치는 것이라고 인정하는 데에만 머물지 않을 수 없다. 따라서 후방 기지라는 사상을 두서너 가지 개념으로 환원하여, 이것을 규칙으로서 사용할 생각은 없다. 오히려 우리는 현실의 그 어떠한 경우에도 위의 세 가지 요건을 모두 동시에 고려해야 한다는 것을 말하고 싶다.

군의 급양과 보급을 목적으로 하는 저장소가 일단 어떤 방향으로, 어떤 지역에 설치되면, 자국에 있어서조차도 특히 이 지역을 군의 후방 기지로 보지 않을 수가 없다. 후방 기지로서의 지역을 변경하려면 역시 시간과 노력을 필요로 하기 때문에, 자국 내에서도 후방 기지를 하루나 이틀 사이에 이전시킬 수 있는 것은 아니다. 그렇게 되면 또 군사적 계획을 실시하는 경우, 자국의 국경 전체를 아군의 후방 기지로 간주할 수 있을지도 모른다. 그러나 이러한 견해가 자국 안에서는 어디에서나 급양이나 보급 시설을 건설할 수 있다는 의미라면, 확실히 일반적으로는 그렇게 말할 수 있을 것이다. 그러나 어느 경우에도 그것은 타당한 생각이 아니다. 실제로는 자국 안에서조차도 어디에서나 이러한 시설을 설치할 수 있는 것이 아니기 때문이다.

1812년 나폴레옹의 러시아 원정 당초, 러시아군이 프랑스군을 피해 퇴각했을 때에는, 말할 것도 없이 러시아 온 지역을 러시아군의 후방 기지로 보아도

아일라우 전쟁터의 나폴레옹(1807)
북쪽으로 전진하던 나폴레옹군은 아일라우에서 러시아군과 격돌하여, 양측 전사자가 2만 5천 명이
나 나오는 처절한 전투가 벌어졌다. 전투 후 전쟁터를 돌아보는 나폴레옹. 제리코 작품.

상관이 없었다. 이 국토의 광대한 면적은, 러시아군이 어느 방향으로 가도 광
활한 평원을 제공했기 때문이다. 이러한 생각은 결코 근거 없는 견해는 아니다.
그로부터 수개월 뒤에 다른 러시아군이 여러 방향으로부터 프랑스군을 추격했
을 때 훌륭하게 입증된 것이다. 하지만 이 전역의 어느 시기를 놓고 보아도 현
실적인 회전에 관한 한 러시아군의 후반 기지가 온 국토라고 하는 광대한 것이
아니라, 수송 종대가 군과의 사이를 왕복하는 데 사용한 몇 가닥의 도로에 한
정되어 있다. 이러한 제한이 있기 때문에 러시아군은 스몰렌스크 부근에서 3일
간의 전투[3]를 한 뒤에 다시 퇴각하지 않을 수 없었을 때, 모스크바 이외의 방
향을 선택할 수가 없었다. 바꿔 말하면, 당시에 제안된 것처럼 갑자기 칼루가를
향해 방향 전환을 시도하여, 적을 모스크바로 가는 행진로에서 벗어나게 하려
는 계획을 실현할 수 없었던 것이다. 이러한 방향 전환은, 급양이나 보급에 대
해 미리 오랫동안 준비되지 않는 한 불가능한 것이다.

---

3) 스몰렌스크 회전(1812. 8. 16~19).

앞서 우리는 군이 후방 기지에 의존하는 정도는, 군의 병사 수가 커짐에 따라 물자 종류에 대해서나 그 양에 관해서도 증대한다고 말했지만, 이것은 두말할 것도 없이 자명한 일이다. 시험 삼아 군을 나무에 비유해 보자. 나무는 그것이 나 있는 지면에서 살아갈 힘을 빨아올린다. 나무가 아직 작으면 쉽게 옮길 수 있다. 하지만 차차 성장함에 따라 옮기기가 더욱더 어려워진다. 병사의 수가 적은 군도 자신의 영양 흡수관을 갖추고 있다. 작은 군대인 만큼 어디에서나 자신이 놓여 있는 토지에 쉽게 뿌리를 내릴 수 있다. 하지만 병사의 수가 많은 군은 그렇게 되지 않는다. 따라서 후방 기지가 군사적 계획에 미치는 영향이 문제가 되는 경우에는, 이러한 고찰의 바닥에 병사의 수가 많고 적은 조건이 존재한다는 것을 염두에 두어야 한다.

또 당장의 필요를 충족시키는 것은 식량이지만, 군사적 행동이 어느 정도 장기간에 걸칠 경우에는 군의 전반적인 유지에 한층 중요한 것이 보충이라는 것은 이치적으로도 당연하다. 식량이라면 여러 방법을 사용해서 조달할 수 있지만, 보충품을 공급하는 것은 일정한 자원지에 한정되어 있기 때문이다. 이것도 또한 후방 기지가 군사적 계획에 미치는 영향을 더 상세하게 규정하는 요건이다.

그런데 후방 기지의 영향력이 아무리 크다고 하지만 이러한 영향이 실제로 결정적인 효과를 나타낼 때까지는 많은 시간이 필요하다는 것, 그러기 때문에 이 시간 내에 군은 무엇을 할 수 있는가 하는 문제가 여전히 남는다는 것을 잊어서는 안 된다. 후방 기지의 가치가 군사적 계획의 취사(取捨)를 미리 결정하는 것 등은 우선 있을 수 없는 일이다. 이 방면에서 생기는 여러 고난은, 다른 효과적인 수단과 견주어서 비교 검토되어야 한다. 실제로 이들 장애가 결정적인 승리의 위세 앞에 허무하게 소멸하는 사례도 종종 있다.

제16장
병참선(兵站線)

군의 주둔지와 식량 및 보충품 창고가 설치되어 있는 지점을 잇는 도로는, 일반적으로는 군이 퇴각로로서 선정한 도로이기도 하다. 그래서 이러한 도로는 두 가지 의미를 가지게 된다. 즉, 첫째는 군에게 끊임없이 식량을 공급하는 병참선이고, 두 번째는 퇴각로이다.

우리는 앞 장에서 다음과 같이 말했다. 근대 전쟁의 보급 방법으로 군은 식량을 오로지 현지에서 조달하지만, 그것은 그것대로 군과 그 후방 기지가 서로 하나의 전체를 이루는 것이라고 간주해야 한다고. 병참선은 이러한 전체에 속하여 후방 기지와 군을 연계하는 것이다. 즉 병참선은, 군에 영양을 운반하는 혈관과 같은 것이다. 따라서 이러한 도로를 끊임없이 이용하는 것은 여러 종류의 공급, 탄약 수송, 왕복하는 지대, 초소(哨所), 급사(急使), 야전 병원, 보충 창고, 탄약 준비, 경리부 등이고, 또 이들의 총체적 가치가 군에 결정적인 중요성을 가지는 것이다.

군의 생존을 유지하는 혈관으로서의 이러한 도로는 오래 차단되어서는 안 되고, 또 그 길이가 너무 길거나 어려운 길이어서도 안 된다. 길이 길면 여분의 힘이 소비되고 결국은 군을 쇠약하게 하기 때문이다.

다음에 이러한 도로는 두 번째 의의, 즉 퇴각로로서는 본래의 의미에서 군의 전략적 배후를 이룬다.

이 두 가지 의미의 어느 경우에서나 이러한 도로의 가치는 길이, 수, 위치, 즉 도로의 일반적 방향과 군 근처에서의 방향, 도로로서의 성질과 상태, 지형의 난이, 주민의 태도와 인기, 요새 혹은 천연 장애물에 의한 도로의 엄호 등의 요건에 의해 결정된다.

그렇더라도 군 주둔지로부터 급양 및 보급의 자원지에 이르는 모든 도로가 반드시 본래의 병참선은 아니다. 하기야 이들 도로는 어느 것이나 병참선으로 이용할 수 있고, 또 이것을 병참선 계통의 보조 도로로 간주해도 지장은 없다. 하지만 본래의 병참선 계통은, 특히 병참선으로서의 설비를 갖춘 도로에 한정되는 것이다. 요컨대 창고, 야전 병원, 병참, 야전 우체국이 설치되고, 병참사령관이 임명되고, 헌병 및 수비대가 배치되는 도로만이 진정한 병참선으로 간주될 수 있는 것이다. 하지만 군이 자국에 있는 것과 적국에 있는 것과는 매우 중대한 차이가 발생한다. 그런데 이 차이는 자칫 간과하기가 쉽다. 말할 것도 없이 군은 자국에서도 본래의 병참선을 갖는다. 그러나 군용 도로는 거기에만 한정되어 있는 것이 아니라, 어쩔 수 없는 경우에는 병참선을 벗어나 다른 길도 활용할 수가 있다. 자국에 있으면 군은 어디에 있어도 편하다. 어디에나 지방 관청이 있고, 또 어디에서나 주민의 호의를 받을 수 있기 때문이다.

따라서 병참선 이외의 도로가 군의 그때의 사정에 따라 달갑지 않으면 따로 도로를 선택할 수 없는 것은 아니다. 또 적에 둘러싸여 방향을 바꾸어야 하는 경우에도 이러한 방향 변환이 불가능하다고 생각하지 않을 것이다. 이에 비해 적지에 있는 군은, 그 군 자체가 전진에 사용했던 도로만을 병참선으로 보는 것이 통례이다. 또 이러한 경우에는 눈에 띄지 않는 작은 원인으로부터도 중대한 결과가 생기는 일이 있다. 적지를 전진하는 군은 전진하는 도중에 본래 병참선에 필요한 모든 설비를 해서 이것을 군 보호 아래에 두고, 또 군의 위풍을 보여주어 주민의 마음에 불안과 공포를 환기시키고, 이 군사적 조치들은 변경을 허락하지 않는 필연적인 것이라는 인상을 주어 이러한 조치가 전쟁으로 인한 피해를 어느 정도 완화하는 수단이라고 믿도록 하는 것이다. 그리고 곳곳에 남겨둔 다수의 수비대가 모든 병참선의 유지와 안전을 맡는 것이다.

그러나 이들 수비대 병사의 수가 꼭 많을 필요는 없다. 이에 반해 병참부원, 병참사령관, 헌병, 야전우체국원 및 그 밖의 정비 기관을 군이 통과하지 않았던 멀리 떨어진 도로에 파견하여 여러 설비 건설을 시키려고 한다면 주민은 이 시설들을 쓸데없는 부담으로 여길 것이다. 이럴 경우에는 적 국민에게 당신들은 이미 만회할 수 없는 결정적인 패배를 당했기 때문에 이 정도의 불행은 어쩔 수 없다는 인상을 주어, 적국 전체를 공포 상태로 빠뜨리지 않는 한 이 방면에 파견된 관리들은 주민들로 하여금 적의를 가지고 얕잡아 보게 하고 호된 꼴을

병참로는 연결선이자 퇴각로이다. 이 도로를 군의 지배 아래 두기 위해서는 수비대가 필요하다. 그림은 1836년 전투에서, 후퇴하는 알제리아 기병대를 공격하는 프랑스 보병대.

당하여 쫓겨나게 될 것이다. 따라서 도로를 새로 군의 지배 아래 두기 위해서는 무엇보다도 먼저 수비대가 필요하다. 더욱이 이 경우에는 보통 때보다도 더 강력한 수비대가 아니면 안 된다. 그래도 주민들은 이러한 수비대에게 반항을 시도할지도 모른다는 위험이 사라지지 않는 것이다. 요컨대 적지를 전진하는 군은 주민을 복종시킬 수 있는 수단을 전혀 가지고 있지 않다. 이러한 군은 무력의 권위로 자신의 관청을 설치해야 한다. 그렇다고는 해도 군은 이것을 어디에서나 희생이나 고난 없이 그 자리에서 바로 실시할 수는 없다. 그래서 적지에 있는 군이 현재의 병참선 계통을 다른 계통으로 바꾸어 다른 후방 기지로 옮긴다는 것은, 자국에서와는 달리 거의 불가능에 가깝다는 것을 알게 된다. 이러한 전환도 자국에서라면 어떻게든 가능할 것이다. 이러한 이유로 해서 적지에서는 일반적으로 군의 움직임은 현저하게 제한되고, 또 병참선은 적 국민의 반항을 매우 예민하게 감지하게 된다.

하지만 병참선을 선정하거나, 또 이것에 본래의 병참선으로서의 설비를 하는 것도 이러한 선정이나 설비에 처음부터 제한을 가하는 많은 조건과 결부되어 있는 것이다. 일반적으로 말해 병참선은 평탄한 도로여야 하지만, 또한 도로 폭이 넓고 길가에는 인구가 조밀하고 풍부한 도시가 이어지며, 또 약간의 요새에 의해 보호되어 있으면 이러한 병참선이 더욱더 유리하다는 것은 말할 필요도 없다. 그러나 하천은 수로로서, 또 다리는 도하점(渡河點)으로서 병참선의 결정에 큰 역할을 한다. 즉, 병참선의 위치와 또 군이 공격할 때 취하는 도로는 하천이나 도로에 의해 제한되어, 자유로운 선택의 여지는 그다지 크지 않다. 또 도로의 위치도 역시 지리적 사정에 의해 구속을 받게 된다.

위에 든 모든 요건을 총괄한 것이, 군과 그 후방 기지와의 결합을 강하게 하기도 하고 또 약하게 하기도 한다. 따라서 피아 두 군이 각기 후방 기지와 결부되어 있는 정도의 강약이 어느 쪽이 빨리 상대 병참선을, 아니 상대 퇴각로를 차단할 수 있는가―이것을 일반적인 군대 용어로 말하자면―또는 퇴각로를 우회할 수 있는가를 결정한다. 지금 정신적 혹은 물리적 우세를 도외시한다면, 두 군 중에서 병참선이 우수한 쪽이 적의 퇴로를 우회하는 데 성공할 것이다. 그렇지 않고 적측의 병참선이 강력하면, 비록 퇴로를 우회당해도 적은 곧 이를 격퇴해서 자기 부대의 병참선을 확보하기 때문이다.

이와 같은 우회는 도로가 갖는 두 가지 의의에 따라서 두 가지 목적을 갖게 된다. 첫째는, 식량 및 보충품의 공급로로서의 병참선을 파괴하거나 차단한다고 하는 목적이다. 그렇게 되면 적은 이에 의해 전의(戰意)를 상실하여 퇴각하게 된다. 두 번째는 적의 퇴각로를 점령하여 퇴각 그 자체를 불가능하게 하는 것을 목적으로 한다.

첫 번째 목적에서 주의해야 할 것은, 오늘날과 같은 보급 방법으로는 적의 병참선을 일시적으로 차단해도 그다지 효과가 없다는 것이다. 따라서 또 병참선에 반복해서 손해를 주고 상당한 효과를 얻기 위해서는 많은 시간이 필요하다는 것이다. 적의 병참선에 결정적인 측면 공격을 가해 큰 효과를 거둘 수 있었던 것은, 아직도 옛 보급 방식이 사용되어 수천 대의 식량차가 병참선을 왕래하던 시대의 일이다. 하지만 비록 이러한 측면 공격이 성공하더라도 오늘날에는 급양과 보급에 거의 아무런 지장을 주지 않는다고 할 수 있다. 이와 같은 측면 공격은 기껏해야 적의 수송을 부분적으로 저해해서 군에 약간의 타격만 줄 뿐, 적으로 하여금 퇴각하게 할 정도로 유력한 것은 아니기 때문이다.

따라서 적의 병참선에 측면 공격을 가한다는 생각은 실제 전쟁에서보다도 책 속에서만 유행했고, 오늘날에는 비현실적인 것으로 여겨지게 되었다. 적지에서 아군의 병참선이 위험에 처하게 되는 것은 그 병참선이 매우 길고 상황이 아군에게 불리한 경우, 예를 들면 국민이 무장을 했거나 도처에서 또 어느 때라도 공격 준비를 하고 있는 경우라고 할 수 있을 것이다.

퇴각로의 차단에 대해서 말하자면, 아군의 퇴로 수가 제한되고 또 위협을 받는 위험은, 지금 말한 사정에 비추어 보아도 과대시되어서는 안 된다. 근대 전쟁의 경험에 의하면, 정예 군대와 대담한 지도자가 있으면 이러한 군을 우회하는 일은 이를 돌파하는 것보다도 더 힘들다.

적지에서의 장대한 병참선을 정비, 보전하기 위한 수단은 매우 적다. 빼앗은 적 진지 부근이나 후방 병참선으로서의 도로에 연해 있는 약간의 요새를 공략하고 또 요새가 없으면 적당한 지점에 축성하거나, 혹은 주민을 관대하게 대하고 군에서는 군기를 엄격하게 유지하며, 그 지방의 경찰을 지도하고 애써 도로를 개수하는 일이 전화(戰禍)를 어느 정도 줄이는 수단이 된다. 그러나 물론 이것으로 전쟁의 피해를 모조리 없앨 수는 없다.

어쨌든 앞에서 보급을 논할 때 군이 맨 먼저 선정해야 하는 도로에 대해 말한 것은, 병참선에도 적용해야 한다. 요컨대 부유한 도시를 잇고 비옥한 농경지를 관통하는 대 간선도로야말로 가장 좋은 병참선인 것이다. 이러한 도로는 비록 심하게 우회해 있어도 다른 길에 우선하며, 거의 모든 경우에 군의 배치를 자상하게 규정하게 되는 것이다.

제17장
토지와 지형

여기서는 군을 유지하고, 군의 급양을 마련하는 수단으로써의 토지에 대해서는 언급하지 않기로 한다. 하지만 여전히 토지 문제는 군사적 행동에 대해 매우 긴요하고 없어서는 안 되는 관계를 갖는다. 즉 토지와 지형은 전투의 준비와 실시에 대해서는 물론, 전투 경과에 관해 전투에 결정적인 영향을 미치게 된다. 이 점을 감안하여 프랑스 어로 'terrain(토지)'라는 말이 가진 모든 의미에서 토지 및 지형을 고찰해야 한다.

토지 및 지형의 효과는 대개 전술 영역에 속하지만, 이 둘에서 생긴 결과는 전략에도 나타난다. 산지에서의 전투는 그 결과에서 평지에서의 전투와는 그 취향을 완전히 달리하는 것이다.

그런데 우리는 아직 공격과 방어를 따로따로 논할 단계에는 이르지 못하고 따라서 이 두 전투 형식을 상세하게 고찰하지 않고 있으므로, 현재로서는 토지가 갖는 여러 주요한 성질이 갖는 효과에 대해 고찰할 수가 없다. 따라서 여기서는 토지의 일반적인 성격을 말하는데 그치기로 한다. 토지 및 지형이 군사적 행동에 영향을 주는 것은 세 가지 특성에 의한다. 첫째는 접근을 방해하는 장애물로서, 두 번째는 전망을 방해하는 장애물로서, 세 번째는 화포의 사격 효과를 무효로 만드는 엄호 수단으로써이다. 토지 및 지형에 관한 사항은 모두 이 세 가지로 환원된다.

지형이 미치는 이들 세 가지 영향은 자칫 군사적 행동을 다양하게 하고, 복잡하게 하고, 또 기교적인 것으로 만드는 데에는 의심할 여지가 없다. 이것은 군사적 행동의 조합에 새로 더해지는 세 종류의 양 때문이다.

완전한 평지 혹은 완전한 개활지(開闊地)라는 개념, 따라서 또 군사적 행동에 전혀 영향을 주지 않는 토지라는 개념은 실제로는 병사의 수가 매우 적은 부대에 대해서만, 또 이런 부대에 대해서도 극히 단시간의 전투에 대해서만 실재하는데 지나지 않는다. 비교적 큰 부대가 장시간에 걸쳐 전투하는 경우에는 토지의 여러 특성, 즉 지형이 군사적 행동에 개입하지 않을 수 없다. 또 피아의 군이 회전을 수행하게 되면 시시각각으로 행동에 영향을 미친다. 따라서 회전에서 지형이 전혀 영향을 주지 않았다고 하는 경우는 거의 생각할 수가 없는 것이다.

그렇다면 토지 및 지형의 이러한 영향은 항상 존재한다고 말해도 좋다. 그러나 이 영향이 토지의 성질에 따라 각기 강해지기도 하고 약해지기도 한다는 것은 물론이다.

대부분의 경우에 대해서 보면, 실제의 토지는 세 가지 방식에 의해 평탄한 개활지라는 개념으로부터 멀다는 것을 알 수 있다. 즉 첫째는 토지의 모양, 다시 말하면 지표면의 기복(起伏)과 고저(高低)에 의해, 두 번째는 자연 현상으로서의 삼림, 소택지 및 호소에 의해, 세 번째는 토지의 경작에 의한 것이다. 군사적 행동에 미치는 토지의 영향은 이들 세 경우 모두, 정도가 진행됨에 따라 커진다. 그리고 이들 방향을 각기 어느 정도까지 더듬어 가면 첫째는 산지, 두 번째는 삼림 및 소택지가 풍부하고 경작이 거의 이루어지지 않는 토지, 세 번째는 잘 경작된 토지가 된다. 따라서 이 세 가지 방법의 어느 경우에서나 전쟁은 그 때문에 복잡해지고 기교를 요하는 것이 되기도 하는 것이다.

농경지에 대해 말하면, 모든 경작 방법이 군사적 행동에 똑같은 영향을 주는 것은 아니다. 그러나 그중에서도 특히 심한 것은 플랑드르,[1] 홀슈타인,[2] 그 밖의 지방에서 이루어지고 있는 방식이다. 이들 지방에서 토지는 많은 해자, 통나무, 생 울타리, 말뚝 울타리 등에 의해 절단되고, 또 여러 곳에 다수의 고립 가옥이나 작은 숲이 산재해 있다.

따라서 전쟁 지도는 평탄한 농경지에서는 가장 경쾌하게 이루어질 것이다. 그러나 이것은 전적으로 일반적 관점에서의 견해이고, 방어자가 천연 장애물을 이용하는 경우는 문제 밖이다.

이 세 종류의 토지는 모두 접근, 전망 및 엄호에 각기 독자적인 방법으로 영

---

1) 플랑드르(Flandre). 독일 이름은 플랑데른(Flandern). 북해 연안의 지방으로서 벨기에와 프랑스에 걸쳐 있다.

2) 홀슈타인(Holstein). 독일 서북단 지방 슐레스비히−홀슈타인(Schleswig-Holstein)의 일부.

향을 미치게 된다.

삼림지에서는 전망을 방해하는 장애가, 또 산지에서는 접근을 방해하는 장애가 특히 유력하고 경작이 잘 된 곳에서는 이 두 장애가 반반씩 차지하고 있다.

삼림지에서는 토지의 꽤 많은 부분이 운동을 불가능하게 한다. 접근을 곤란하게 할 뿐만 아니라, 전망이 전혀 트이지 않기 때문에 통과 수단을 마음대로 사용할 수가 없기 때문이다. 그러나 또 다른 지형에서는 아주 곤란한 행동이 삼림지에서는 단순화되는 이점도 있다. 따라서 삼림지에서는 전투를 위해 병력을 모으는 일이 곤란하다고는 하지만, 산지나 대단절지에서 흔히 있는 병력의 심한 세분(細分)은 아직 일어나지 않는다. 다시 말하면 확실히 삼림지에서도 병력의 분할은 피할 수 없지만, 그러나 그 정도는 아직 크지 않은 것이다.

산지에서의 주된 장애는 접근을 방해한다는 것인데, 이 장애는 두 가지 방식으로 그 효력을 발휘한다. 즉 첫째는 어디나 마음대로 통과할 수 없다는 것이고, 두 번째는 비록 통과가 가능해도 운동은 느려지고 또 큰 고난을 수반한다는 것이다. 따라서 산지에서는 운동력은 심히 제한되고, 어떠한 동작에도 많은 시간을 필요로 한다. 그러나 또 산지는, 다른 지형에는 없는 유리한 특성을 갖추고 있다. 즉 높은 지점에서 아래 지점을 제압할 수 있다는 것이다. 이에 대해서는 다음 장에서 따로 다루게 되므로, 여기서는 산지에서 병력 세분을 필수적인 것으로 만드는 것은 바로 이 특성이라는 것만을 지적해 두기로 한다. 실제로 이 제고(制高) 지점은 단지 높다는 것만으로 중요할 뿐만 아니라 아래쪽 여러 지점에 미치는 영향 때문에 중요하다.

이들 세 종류의 토지 및 지형은 각기 그 정도에서 극단으로 기울어짐에 따라 전투의 성과에 미치는 최고 사령관의 영향은 약화되고, 이에 반비례해서 하급 지휘관으로부터 병사에 이르기까지 더욱더 자력(自力)을 발휘하게 된다. 산지에서 병력이 더욱더 세분되고 삼림지에서 전망이 더욱 불가능해짐에 따라 장병에게 더욱 독단 전행의 여지가 주어지는 것은 분명하다. 하기야 군이 세분화되어 그 결과 행동이 광범위하고 여러 갈래에 걸치게 되면, 일반적으로 지성의 영향력이 커지기 때문에 최고 장수도 더욱 뛰어난 지력을 발휘할 수 있지만, 우리는 이전에 말했던 견해를 여기서 다시 반복하지 않을 수 없다. 그것은—전쟁에서 궁극적인 승리를 결정하는 것은 개개의 전투에서 얻어진 성과의 총계이지, 이들 성과가 서로 관련되고 관계하는 형식이 아니라는 것이다. 따라서 우리가 지금 시도하고 있는 고찰에 극단적인 형태를 부여하여 군을 하나의 큰 산병선(散兵線)으로 분해하고, 모든 병사가 각기 작은 전투를 하는 광경을 생각한다면, 이 경우에 궁극적인 승리를 결정하는 것은 모든 병사가 각자 얻은 승리의 총계이지 이들 승리가 서로 관련하고 있는 형식이 아니라는 점이다.

실제로 전투의 뛰어난 조합 효과는 소극적 성과, 즉 개개의 승리가 서로 관련되는 형식에서가 아니라 적극적 성과, 즉 개개의 승리 총계에서만 생길 수 있는 것이다. 따라서 이와 같은 경우에는, 무엇보다도 먼저 각자의 용기, 숙달 및 전투적 정신이 모든 것을 결정할 것이다. 장수의 재능과 지력이 결정적인 역할을 하는 것은 두 군이 동등한 가치를 가지는가, 혹은 두 군이 갖추고 있는 여러 특성이 균형을 유지하고 있는 경우뿐이다. 그러면 결론은 이렇게 된다. ―국민 전쟁이나 국민 총무장에서는 개인의 숙달이나 용기는 꼭 뛰어난 것은 아니지만, 적어도 각자의 전투적 정신은 왕성하다. 그래서 이런 경우에 병력이 세분화되고 또 대단절지의 도움을 받아 유리한 상황에 놓이면, 전투는 그 위력을 발휘할 수 있다. 그러나 군이 전투를 유지할 수 있는 것은, 이러한 단절지에 의하는 경우에만 한정된다. 이런 종류의 전투력은 병사의 수가 약간 많은 부대가 서로 모여 전투하는 경우에 빠질 수 없는 군사적 특성이나 군인으로서의 여러 덕목을 갖추고 있지 않은 것이 통례이기 때문이다.

하지만 전투력의 성질에 두 극단이 있다고 해도 차차 서로 접근하게 된다. 따라서 비록 상비군이라 해도 외적 침략에 대해 조국을 보호하는 단계가 되면, 분할을 꺼리지 않고 또 고립을 두려워하는 일 없이 어디까지나 자력에 의존해 적에게 전투를 거는 것이다.

그런데 이들 특성이나 사정이 한쪽 군에는 빠져 있는데 상대 군에는 모두 갖추어져 있다고 한다면, 전자는 분할과 고립을 두려워하여 단절지를 피하려고 할 것이다. 그러나 단절지를 피하는 것은 자신의 생각만으로 결정할 수 있는 것은 아니다. 전쟁터를 어디로 결정하는가는 많은 견본 중에서 상품을 임의로 선택하는 일과는 다르기 때문이다. 그래서 군의 성질로 미루어 보아 여러 병종의 조합을 유리하다고 인정하는 군은, 토지의 성질, 즉 지형에 상관없이 모든 수단을 다 써서 할 수 있는 한 이 방식을 관철하는 것이 통례이다. 그러면 이러한 군은 다른 모든 불리한 사정, 예를 들면 급양의 궁핍과 곤란, 숙영의 불미, 또 전투 중에는 사방으로부터의 빈번한 습격 등을 참아야만 한다. 그럼에도 이 군이 맨 처음에 유리하다고 인정한 방식을 버리지 않는 것은, 이러한 유리함에 비하면 불리함은 대단한 것이 못되기 때문이다.

전투력의 집중과 분산이라는 상반되는 두 경향은, 각 군의 성질이 어느 쪽으로 기울어져 있는가에 따라 결정된다. 하지만 승패의 갈림과 관계되는 위급한 경우에는 집중을 목적으로 하는 군이 집중한 채로 있을 수는 없을 것이고, 또 분산을 원칙으로 하는 군이라 해도 성과를 분산에 의한 효과만으로 기대할 수는 없을 것이다. 에스파냐에서의 프랑스군[3]은 병력을 분할하지 않을 수 없었고, 또 국민이 총 무장을 하고 자국을 방어하는 입장의 에스파냐군은, 광대한 전쟁터에서 병력의 일부를 집중해야만 했던 것이다.

토지와 지형이 군대의 일반적 성질 및 특히 그 정치적 성질에 대해 중요한 관계를 갖는다는 것은 앞에서 말한 대로이지만, 이에 중요한 것은 군의 세 가지 병종, 즉 보병, 기병, 포병 사이의 비율에 대한 관계이다.

산지, 삼림지, 농경지를 불문하고 접근이 매우 곤란한 토지에서는, 기병의 대부대가 쓸모없는 것은 당연하다. 또 마찬가지 일은 삼림지에서의 포병에 대해서도 말할 수가 있다. 삼림지에서는 포병을 유리하게 사용할 수 있는 장소가 없고, 또 포차가 지나다닐 수 있는 길도 없고, 마량도 없기 때문이다. 그러나 농경지는 포병에게 그다지 불리하지 않고, 또 산지라면 거의 불리함이 따르지 않는다. 하기야 농경지이든 산지이든 사격을 무효로 만드는 많은 엄호물이 있기 때문에, 사격에 의해 현저한 효과를 거두려고 하는 포병에게는 불리하다. 게다가 또 농경지도 산지도, 진출이 자유로운 적 보병에게 다루기 어려운 화포를 궁지에 빠지게 하는 수단을 주게 되는 것이다. 그래도 이러한 토지에서는 다수의 포병을 사용하는 장소에 부족함이 없고, 또 산지만이 가지는 적의 느린 운동을 이용하여 포격의 효과를 배가하는 큰 이점도 있다.

그렇다고는 해도 운동이 곤란한 토지에서는 보병이 다른 두 병종에 비해 결

---

3) 나폴레옹의 피레네반도 전쟁(1807~13)에서의 반란을 말한다. 이 전쟁에서 본디 프랑스군이 집중을, 또 에스파냐군이 분산을 주요 방식으로 삼은 것은 물론이다.

정적으로 뛰어나다는 것, 따라서 또 이러한 토지에서는 보병의 수가 평소 비율보다 초과되어도 지장이 없다는 것은 지극히 명백한 사실이다.

제18장
제고(制高)

'제고'라는 말은 전쟁술에서 특수한 매력을 갖추고 있다. 실제로도 지형이 전투력 사용에 미치는 영향이 매우 큰 부분, 아니 그 대부분은 이 말의 매력에서 유래한다. 예를 들면 제고 진지, 관건(關鍵) 진지,[1] 전략적 기동 등은 모두 그 근원이 여기서 생겨난 것이다. 그래서 논의가 복잡해지지 않는 범위 안에서 이 문제를 명확하게 하고 진실과 거짓, 실제와 과장을 식별해야 한다.

대체로 아래에서 위로 물리력을 쓴다는 것은 반대 경우보다도 곤란하며, 이것은 전투에서도 마찬가지이다. 그리고 여기에는 세 가지 원인이 있다. 첫째, 높은 곳은 접근을 방해하는 장애물로서 간주되기 때문이다. 두 번째는 위에서 아래로 사격하는 경우에는 그 반대의 경우보다도 확실히 사거리가 특별히 크지는 않지만, 기하학적 관계를 모두 고려에 넣으면 명중률은 훨씬 양호하기 때문이다. 또 세 번째로 고지는 전망이 좋다는 이점을 갖추고 있기 때문이다. 이 세 가지 요건이 전투에서 어떻게 조합되느냐 하는 문제는 여기서는 우리와 상관이 없다. 우리는 높은 곳에 위치한다는 것으로부터 끌어낼 수 있는 여러 이점을 모두 합하여 이것을 가장 큰 전략적 이점으로 간주하는 것만으로 족하다.

그런데 이 세 가지 유리한 점 중에서 첫 번째와 세 번째는 전략적으로 유리한 점이기도 하다. 행군과 감시는, 전술에서뿐만 아니라 전략에서도 중요한 사항이기 때문이다. 따라서 높은 곳에 위치한다는 것이 낮은 곳에 있는 군에게 접근을 방해하는 장애라고 한다면, 이것은 전략에서의 두 번째 이점(利點)이고, 또 높은 곳의 좋은 전망은 전략을 끌어 낼 수 있는 세 번째 이점이다.

제고의 위력은 이들 요소로부터 구성된다. 약간 높은 산자락에 위치하여 눈

---

1) 지형이 전쟁 지도에 현저한 영향을 준다고 여겨졌던 시대의 개념으로, 전투의 승패 결정에 특히 중요하다고 여겨지는 지점에 마련된 진지를 말한다.

아래 적을 내려다보는 자가 품는 우월감과 안전감, 또 산 아래에 있는 자가 품는 무력감과 불안은, 모두가 이 원천에서 생기는 것이다. 그래서 이러한 사정 아래에서는 제고가 주는 전체적 인상은 실제보다도 강렬할 것이다. 비록 제고의 이점이 실제로는 그다지 크지 않더라도 적이 높은 곳에서 유리한 위치를 차지하고 있다고 하는 눈앞의 사실은, 감각적 직관과 잘 합치되기 때문이다. 따라서 이 인상은 아마도 실제 이상으로 강하게 작용할 것이고 또 그럴 경우에는 상상력이 왕성해지기 때문에, 이것이 또한 제고의 영향을 강화하는 새로운 요인으로 간주된다.

그런데 운동이 수월하다는 것은 절대적인 이점은 아니고, 또 높은 곳에 있는 자가 반드시 유리하다고는 할 수 없다. 이 이점은 낮은 곳에 있는 군이 높은 곳에 있는 군에게 접근하고자 하는 경우에만 한정된다. 피아 두 군을 분리하는 큰 계곡이 있다면 이 이점은 소멸하고, 만약에 두 군이 평지에서의 전투를 바란다면 낮은 곳에 있는 군이 유리한 경우까지도 있다(호엔프리트베르크[2]의 전투). 따라서 제고에도 역시 커다란 제한이 있다. 산 아래의 삼림지나 때로는 군이 위치하는 산지 그 자체의 형상이 제고의 이점을 거부하는 경우가 있다. 따라서 미리 지도를 살피고 제고 진지를 선정하여 이러한 진지가 갖추고 있어야 할 이점을 찾았다 하더라도, 실제로는 그 지형이 오히려 불리한 경우가 무수히 많다. 그러나 이러한 제한이나 제약이 있다 하더라도, 고지에 있는 군이 공격에서나 방어에서 우위를 차지한다는 것은 부정할 수 없다. 그래서 공격 및 방어에서 이러한 이점이 어떻게 생기는가 하는 문제를 살펴보고자 한다.

제고의 전략적 이점은 첫째는 전술적으로 매우 유력하다는 것, 두 번째로 접근이 힘들다는 것, 세 번째로 전망이 좋다는 세 가지이다. 그중 처음 두 가지는 본디 방어자에게만 주어지는 이점이고, 이것을 이용할 수 있는 것은 진지에 머무는 자이며, 산 아래에서 움직이는 공격자에는 주어지지 않는다. 하지만 세 번째 이점은 공격자도 방어자도 함께 누릴 수 있다.

제고가 방어자에게 얼마나 중요한지는 이로써 분명해졌을 것이다. 그리고 제고가 산지에서의 진지만의 것이라는 것도 명백하다. 그래서 이러한 진지의 현

---

2) 호엔프리트베르크(Hohenfriedberg). 슐레지엔의 마을. 이곳 회전(1745. 6. 4)에서 프리드리히 대왕은 오스트리아군을 무찔렀다. 이때 오스트리아군은 첫 번째 고지에 포진하고 있었다.

저한 장점은 방어자만이 유리하다고 생각할지도 모른다. 하지만 실제로는 여러 다른 사정 때문에 반드시 그대로는 되지 않는다. 이에 대해서는 나중에 산지 방어의 장[3]에서 말하기로 하겠다.

일반적으로 어떤 단독 지점에서의 제고, 예를 들면 한 진지(陣地)의 제고만을 문제로 하는 경우와, 넓은 지역의 제고를 생각하는 경우를 구별할 필요가 있다. 한 진지에서 제고의 전략적 이점은, 단 한 번의 유리한 회전이라는 단독의 전술적 이점 속으로 거의 모두 해소되어 버린다. 이에 반해서 상당히 넓은 지역, 예를 들면 어떤 지방 전체가 장대한 분수령의 한쪽으로 경사진 사면을 이루는 경우를 생각해 보면, 이 지역의 범위는 수일간의 행군 행정에 상당하고, 또 항상 산 아래의 토지에 대해서 제고를 유지하고 있기 때문에 전략적 유리함은 그만큼 커진다. 이러한 경우의 제고는 단독적인 전투의 병력 조합에 유리할 뿐 아니라, 약간의 전투 조합에도 유리한 영향을 주기 때문이다. 이상의 논술은 방어에 관련된 것들이다.

다음으로 공격에 대해 말하면, 공격자도 대체적으로 방어자가 제고에 의해 얻는 것과 같은 유리함을 누린다. 전략적 공격은 전술적 공격과는 달리 개개의 행동으로 이루어지는 것은 아니기 때문이다. 전략적 공격에서의 전진은 톱니바퀴처럼 연동으로 움직이는 동작은 아니고, 부대는 제각기 행군을 실시하고, 또 그 사이에는 크고 작은 휴식이 있다. 그래서 휴식을 실시하는 지점에서는, 공격자도 방어자와 마찬가지로 방어 태세를 취한다.

좋은 전망이라는 이점에서 공격자에 대해서나 방어자에 대해서, 제고의 적극적 효과라 할 수 있는 것이 생긴다. 그래서 이 효과에 대해 한마디 할 필요가 있다. 요컨대 그것은—본대로부터 분리되어 독립으로 행동하는 여러 부대의 동작이 경쾌해진다는 것이다. 군이 이러한 제고 진지로부터 끌어 내는 이점은 다름 아닌 그 군 모두의 이점이기도 하다. 그러므로 독립적으로 행동하는 크고 작은 부대는 이러한 이점이 결여된 부대보다도 강력하고, 이러한 부대 배치는 제고 진지를 갖지 않는 경우보다도 위험을 저지르지 않아도 될 것이다. 그러나 이러한 부대로부터 어떠한 이점이 생기는가 하는 문제는 따로 논해야만 한다.

---

3) 제6편 제15장 참조.

보어 전쟁(1899~1902) 트란스발(남아프리카) 전투에서 영국군 병사들.

아군의 제고가 피아 두 군의 관계에서 생기는 여러 가지 지리적 이점과 결부되면, 적의 운동은 제고 그 자체와는 다른 이유로도 제한받지 않을 수가 없다. 예를 들어 적이 큰 강 부근에 포진하여 있다고 하자. 그러면 이러한 위치에 따른 여러 가지 불리함이 결국 결정적인 것이 되어, 마침내 이들 불리함으로부터 급속히 이탈할 수 없는 경우가 있다. 이런 때에는 그 어떤 군도 큰 강을 형성하는 계곡을 향해 경사진 산자락을 점령하지 않는 한, 이 계곡에 머무를 수가 없는 것이다.

이렇게 해서 제고라는 개념은 실제로도 지배적인 것이 되었다. 이 개념의 실재성은 결코 부정될 수 없다. 그러나 '제고지(制高地)', '엄호 진지', 혹은 '국토의 관건' 등과 같은 거창한 말이 토지의 기복과 고저를 근거로 하는 한, 대개는 알맹이가 없는 껍질에 지나지 않는다는 사실과 모순되는 것은 아니다. 군사적 행동의 조합은 얼핏 보기에 신기할 것도 없어서 호사가들이 이러한 조합에, 말하자면 양념을 치기 위해 전쟁 이론에서 이러한 그럴 듯한 개념 몇 가지를 거론한 것이다. 그래서 이들 개념은 박식한 군인들이 즐겨 다루는 주제가 되었고,

또 전략 달인들의 마법 지팡이가 되었다. 그리하여 이러한 관념 놀이의 허망함을, 또 이들 개념이 경험과 모순되어 있다는 것을 그들이 하는 일이 마치 물이 새는 다나이데스⁴⁾의 단지에 물을 붓는 것 같은 허무한 일임을 저자에게나 독자에게도 납득시키지 못했다. 이렇게 해서 조건이 사물 그 자체로 간주되고, 도구가 이것을 사용하는 손과 동일시된다.

이 사람들은 이러한 토지나 진지의 탈취를 무력 행사로 보고 적에 가한 공격과 타격으로 간주하며, 또 지형이나 진지 그 자체를 전쟁에서 계산에 이용할 수 있는 현실적인 양으로 보았다. 하지만 본디 토지나 진지의 공략은 상대에 타격을 가하기 위해 팔을 들어 올리는 동작에 지나지 않는다. 또 토지나 진지 그 자체는 생명이 없는 단순한 도구이며, 전투라고 하는 실제의 대상에서 실현되어야 할 단순한 성질이며, 현실의 분량을 수반하지 않는 플러스〔正〕 또는 마이너스〔負〕의 기호에 지나지 않는다. 이 공격이나 타격, 이 대상(對象), 이 양(量)이란, 모두 승리를 획득한 전투 바로 그것을 말한다. 이러한 전투만이 실제로 계산되는 것이다. 우리는 이러한 전투를 가지고서만 계산할 수 있다. 따라서 전사(戰史)의 기사(記事)를 판단할 경우에도 또 전쟁터에서 행동하는 경우에도 이한 가지, 즉 승리한 전투를 항상 염두에 두어야 한다.

따라서 승리를 얻은 전투 수와 이러한 전투의 중요성만이 결국 전쟁을 결정한다고 하면, 이 경우에도 피아 두 군의 병사 수 비례와 지휘관이 가진 재능의 우열성이 우선 고려되어야 한다는 것, 또 토지와 지형이 다하는 역할은 이에 비하면 부대적인 것에 지나지 않는다는 것이 분명해진다.

---

4) 그리스 신화에 나오는 아르고스 왕 다나오스(Danaos)의 50명의 딸 다나이데스(Danaides). 그중 49명이 남편 살해죄로 지옥에 떨어져, 물이 새는 단지에 끊임없이 물을 붓는 고역에 처해졌다. 쓸모없는 일에 비유된다.

제6편

방어

제1장
공격과 방어

1 방어의 개념

방어의 개념은 무엇인가. 그것은 적의 공격을 저지하는 일이다. 그렇다면 방어의 특징은 무엇인가. 그것은 공격을 '기다리는' 일이다. 따라서 이와 같은 특징이 항상 군사적 행동을 방어적 행동답게 만든다. 그리고 방어는 이러한 특색에 의해서만 공격과 구별된다. 그러나 절대적인 방어라고 하는 것은 전쟁의 개념과 전적으로 맞지 않는다. 만약에 이러한 방어가 있다고 한다면, 피아 양쪽의 어느 한쪽만이 전쟁을 하는 것이 되기 때문이다. 요컨대 전쟁에서는 방어 또한 상대적인 의미를 갖는 데 지나지 않는다. 그런데 지금 든 특징은 방어라고 하는 일반적인 개념에만 타당한 것으로, 이 개념의 모든 부분으로 확대될 수는 없는 것이다. 국부전(부분적 전투)은 아군이 적의 공격이나 돌격을 기다리고 있을 경우에는 방어적 전투가 된다. 또 아군이 적의 공격을, 다시 말하면 적이 아군의 진지 앞에 나타나길 사격 준비를 갖추고 기다린다는 것은 회전에서의 방어이다 (방어적 회전). 또 아군이 선택한 전쟁터에 적이 나타나는 것을 기다리는 것은 전역에서의 방어이다(방어적 전역). 이와 같은 경우에 '기다린다', '저지한다'고 하는 특징은 방어라고 하는 총괄적 개념에 속하지만, 그러나 거기에서 전쟁 개념과의 모순이 생기지는 않는다. 이러한 경우에 우리는 적이 우리에게 가하는 총검 공격(전투에서의), 혹은 아군의 진지에 가하는 공격(회전에서의), 혹은 또 아군이 고른 전쟁터에 가하는 공격(전역에서의)을 각기 기다리는 것을 유리하다고 보기 때문이다.

그러나 방어측도 실제로 싸우는 이상 적의 공격에 대응하지 않을 수 없으므로, 방어라고 하는 명분을 내걸면서도 방어전에서의 이와 같은 공격 동작은 바로 아군의 공격이 된다. 따라서 이와 같은 공격 동작은, 진지 혹은 전쟁터라고 하는 개념에 포함된 셈이다. 또 방어적 전역에서도 공격적으로 싸워도 좋고, 또 방어적 회전에서도 개개의 사단을 공격적으로 사용해도 좋다. 또 전투에서의 간단한 병력 배치에서도 적의 공격에 공격적 총탄 사격을 퍼부어도 상관이 없다. 요컨대 방위라고 하는 전쟁 형식은 방어만을 위한 방패가 아니라, 공격적 요소를 교묘하게 배합한 방패이다.

2 방어의 이점

방어의 목적은 무엇인가. 유지하는 것이다. 유지는 획득보다도 쉽다. 그래서 피아가 사용하는 수단이 같다고 한다면, 방어는 공격보다도 수월하다. 그렇다면 유지 또는 보존이 획득보다 수월하다는 것은 어떠한 이유 때문인가. 공격자가 이용하지 않고 보내는 시간은 모두 방어자에게 유리하기 때문이다. 방어자는, 말하자면 씨를 뿌리지 않고 수확을 하는 격이다. 공격자 측의 잘못된 견해, 공포의 마음, 태만 등으로 인한 공격 중지는 모두 방어자를 이롭게 하는 것이다. 이 이점은 7년 전쟁에서, 프로이센이라는 나라를 여러 번 몰락에서 구했다. 방어의 개념과 목적에서 생기는 이러한 이점은 방어의 본성에서 유래하고, 또 전쟁의 본성에서 유래하는 또 하나의 이점은 지형에 의한 지원으로 이것은 특히 방어에 유리하다.

이상에서 방어의 일반적인 개념을 정의했으므로, 다음에는 방어의 본성(本性)에 대해서 논해보고자 한다.

전술에서는 아군이 적에게 선제 공격을 허용하여 아군 전선 앞에 나타나는 적을 기다린다고 한다면, 그 어떤 전투도 대소를 불문하고 모두가 방어적 전투이다. 그리고 적이 나타난 순간부터 아군은 위에 언급한 두 건의 이점, 즉 기다린다는 이점과 지형의 지원이라고 하는 이점을 보유하면서, 적에게 모든 공격적 수단을 사용할 수가 있다. 그런데 전략에서는 우선 전투보다도 전역이, 진지보다도 전쟁터가, 더 나아가 전역보다도 전체의 전쟁이, 전쟁터보다도 전체 국토가 주안점이 된다. 그리고 두 가지의 어느 경우에서나 방어의 본성은 여전히 변함이 없고 전술과 전적으로 동일하다.

방어가 공격보다 쉽다는 것은 일반적인 개념으로서는 이미 말한 바가 있다.

방어와 공격   방어는 유지하는 소극적 목적인 데 반해 공격은 공략이라는 적극적 목적을 갖는다. 오스만제국의 술레이만은 지중해를 장악하기 위해 로도스섬을 공격한다(1521).

그러나 방어는 유지라고 하는 소극적인 목적을 가지지만, 이에 반해서 공격은 공략이라고 하는 적극적 목적을 갖는다. 그리고 이 목적을 이루기 위해 공격은 자진해서 여러 가지 전쟁 수단을 사용해야 하므로, 방어보다 훨씬 큰 전력을 소비하게 되는 셈이다. 그렇다면 방어와 공격의 관계를 올바르게 표현하려고 한다면, 방어라는 전쟁 형식은 그 자체로서는 공격이라는 전쟁 형식보다도 강력하다고 말하지 않을 수 없다. 그리고 이 결론이야말로 우리가 하고자 하는 말이다. 이러한 결론은 방어의 본성으로 보아 당연하며, 또 경험에 의해서 몇 번이고 증명이 되고 있음에도 당시의 유행한 견해에 위배되기 때문이다. 이것은 올바른 개념이 천박한 논자에 의해서 얼마나 혼란스러워질 수 있는지를 보여주는 하나의 증거이다.

방어는 공격보다도 강력한 전쟁 형식이기는 하지만 아군의 목적이 소극적이고, 또 아군이 열세하기 때문에 할 수 없이 이 형식을 사용하게 된다. 따라서 아군이 강력해서 충분히 적극적인 목적을 세울 수 있다면, 두말할 필요없이 이러한 형식은 바로 버려야 한다. 그런데 이런 방어 형식을 적용해서 승리를 차지하면 피아의 힘의 관계는 방어자에게 유리하다. 따라서 전쟁의 자연적 경과는, 방어로 시작했다가 공세로 끝나는 것이 통례이다. 앞서 방어의 수동성을 방어라고 하는 일반적 개념에 적용하는 것은 상관없으나, 이 개념을 모든 부분으로 확대하는 것은 전쟁의 개념에 모순된다고 말했다. 그와 마찬가지로 이 경우에도 방어를 궁극의 목적으로 삼는 것은 역시 전쟁의 개념과 모순된다. 요컨대 아군의 승리를 단지 적의 공격을 저지하는 것에만 이용하고 적에게 반격을 가할 생각을 전혀 하지 않는 전쟁이 불리하다는 것은, 절대적 방어(수동성)가 모든 방책을 결정하는 회전이 불합리한 것과 마찬가지일 것이다.

방어에 관한 이와 같은 일반적 개념을 부정하고 처음부터 방어를 궁극적 목적으로 하여 방어에만 치중하고 공세적 반격을 전혀 생각하지 않는 전쟁을 예로 드는 사람이 있을지도 모른다. 그러나 여기에서는 일반적 개념을 논하고 있다는 것, 또 이 개념에 반대되는 사례가 있다는 것도 그것은 공세적 반격을 가능하게 하는 형편에 이르지 못한 경우로 보아야 함을 잊어서는 안 된다.

예를 들어, 7년 전쟁에서 프리드리히 대왕은 적어도 마지막 3년간은 오스트리아에 대해서 공세를 취하려고 하지 않았다. 오히려 그동안의 전쟁에서는 공세를 방어의 한층 효과적인 수단으로 생각했었다고 말할 수 있다. 당시에 그가 놓인 상태가 이것을 할 수 없이 그렇게 만든 것이다. 그리고 장수라고 하는 사람이 그가 처한 상태에 비추어보고 일을 결정하는 것은 당연한 일일 것이다. 그럼에도 우리는 방어를 목적으로 한 이러한 전쟁 사례에 대해서, 결국 대왕이 취한 방책의 근저에는 오스트리아에 반격을 가할 의도가 없었다고는 단언할 수 없다. 오히려 반격을 실시하기에는 아직 시기가 무르익지 않았다고 생각하고 싶은 것이다. 이러한 생각이 이 실례에 실제로 존재하고 있었다는 증거는 강화[1]라는 사실에 나타난다. 오스트리아가 강화에 마음을 움직인 것은, 다음과 같은 사실을 고려했기 때문이다. 즉, 오스트리아는 혼자 힘으로 대왕의 재능에 대항할 수가 없다는 것, 또 앞으로 대왕을 상대하게 된다면 그 고생은 이제까지보다

---

[1] 7년 전쟁은, 작센의 후베르투스부르크(Hubertusburg) 성에서 1763년 2월 15일에, 프로이센과 오스트리아 및 작센 사이에 체결된 강화 조약에 의해서 종결되었다.

도 더 클 것이라는 것, 그리고 이 노고를 조금이라도 게을리했다가는 또다시 영토를 잃을 염려가 있다는 것을 생각했기 때문이다. 또 실제로도 프리드리히 대왕이 러시아, 스웨덴 및 오스트리아군과 일을 저질러서 그 병력을 소모하지 않았더라면, 오스트리아군을 다시 뵈멘과 메렌에서 격파했을 것이라는 생각을 아무도 의심하지 않을 것이다.

이상으로 방어 개념의 참뜻을 분명히 하고 또 방어의 한계를 제시했다. 여기서 다시 한번 방어는 공격보다도 강력한 전쟁 형식이라고 하는 주장으로 되돌아가기로 하자.

공격과 방어를 더 상세히 고찰하고 비교하면 이것은 매우 명백해진다. 그러나 여기에서는 우리와 반대되는 주장이 얼마나 자기모순적이고, 또 경험과 모순되고 있는가를 지적하는 것만으로 그치고지 한다. 가령 공격적 형식이 방어적 형식보다도 강력하다고 한다면, 방어적 형식을 사용한 이유는 이미 존재하지 않는 셈이다. 그렇게 되면 누구든지 공격을 바랄 것임에 틀림없다. 그리고 방어는 아주 불합리한 것으로 여겨질 것이다. 그러나 또 강력이라고 하는 점에서는 방어에 뒤떨어지고 있는 공격이, 방어의 목적보다도 한층 높은 목적의 달성을 지향한다면 한층 큰 희생을 지불하는 것은 당연하다. 따라서 방어라는 전쟁 형식보다는 약한 형식을 사용해서 성공을 거둘 정도의 자신을 갖는 공격자라면, 방어에서보다도 더 큰 목적을 원해도 좋을 것이다. 그러나 공격자보다도 한층 작은 목적을 갖는 방어자라면, 방어라고 하는 한층 강력한 형식의 이점을 누리기 위해 목적을 낮은 곳에 두어도 좋다. 피아의 전쟁터에서 약세인 군이 공격을 실시하고, 우세한 군이 방어에 만족했다는 예는 아직 들어보지 못했다. 그러나 사정이 예로부터 어디에서나 이와는 반대였다면, 이러한 사실은 공격에 과감한 장수라 할지라도 방어를 공격보다도 강력한 형식으로 보고 있었다는 사실을 잘 증명한다. 그래서 다음 몇 장에 걸쳐 우선 두서너 가지 점을 설명해 두려 한다.

제2장

전술에서의 공격과 방어의 관계

먼저 어떠한 사정(事情)이 전투에 승리를 가져다 주는지를 연구해야 한다.

군의 정량(精良 : 매우 정묘하고 훌륭함)함과 용감성, 훈련, 그 밖의 특성은 여기에서는 논외로 한다. 이것들은 여기에서 문제로 삼고 있는 전쟁술의 영역 외의 사항들이고, 또 어느 것이나 공격에서나 방어에서나 마찬가지 효과를 나타내기 때문이다. 또 병사의 수가 갖는 일반적인 우세조차도 여기에서는 고찰의 대상이 되지 않는다. 부대의 수 또한 주어진 것이어서 장수가 마음대로 변경할 수 있는 것이 아니기 때문이다. 요컨대 이와 같은 사항들은 공격이나 방어에 특히 관계되는 것들이 아니다. 그렇다면 전투를 결정적으로 유리하게 하는 것은 다음 세 가지뿐이라는 이야기가 될 것이다. 즉 첫째는 기습이고, 두 번째는 토지 및 지형의 이점이며, 세 번째는 여러 방면으로부터의 공격이다. 기습은 어떤 지점에, 적이 미리 기대했던 것보다도 훨씬 많은 부대를 투입함으로써 그 효력을 잘 발휘할 수가 있다. 이 경우 병사의 수적 우세는 일반적인 우세와는 현저하게 다르다. 여기에서 말하는 병사의 수적 우세는 전쟁술에서의 가장 중요한 행동의 원리이기도 하다.

다음으로 토지 및 지형의 이점이 승리에 많은 기여를 하는 것은 물론이다. 그러나 여기에서 주의해야 할 사항은 공격자의 전진을 방해하는 장애물이란 험한 계곡, 높은 산, 수렁 같은 강, 생울타리와 같은 것뿐만 아니라, 군대를 은폐해서 배치할 수 있는 토지의 이점도 그 안에 넣을 수 있다는 것이다. 따라서 별다른 특색이 없는 토지라도, 그 토지에 정통한 자는 그 이점을 이용할 수 있다. 마지막으로 여러 방면으로부터의 공격은 모든 전술적 우회를 포함한다. 이 경우에 우회의 크고 작음은 문제가 되지 않는다. 이러한 공격의 효과는 화기의 효력이 배가됨으로써, 또 적이 퇴로의 차단을 두려워하는 마음에 의해서 증대된다.

그런데 이들 세 가지 요건에 관해서 공격과 방어는 어떤 관계를 가지고 있는가?

위에 제시된 세 가지 승리의 원리를 고찰하면, 이 물음에 대해서 다음과 같은 대답을 할 수 있다. 즉, 공격자는 첫 번째와 세 번째 원리의 작은 부분을 이용할 수 있는데 불과하지만, 이에 비해서 방어자는 세 가지 원리의 대부분과 두 번째 원리의 전체를 마음껏 사용할 수 있다는 것이다.

공격자는 군 전체를 가지고 적군의 전체에 대항하는 본디 기습의 이점을 사용할 수 있을 뿐이지만, 이에 반해 방어자는 전투를 통해서 공격의 위력과 형식을 적절히 사용하여 끊임없이 적을 기습할 수 있다.

적의 전군을 포위하거나 혹은 적의 퇴로를 차단하는 것은 공격자 쪽이 방어자보다도 훨씬 쉽다. 방어자는 정지하고 있지만, 공격자는 방어자의 이러한 정지 상태를 엿보면서 멀리 돌아갈 수 있기 때문이다. 하지만 공격자는 이러한 우회를, 방어자의 전군(全軍)에 대해서만 실시할 수 있다. 그렇다면 전투 중에 약간의 부대가 여러 방면으로부터 적을 공격하는 것은 공격자보다도 오히려 방어자에게 더 쉽다. 방어자는 위에서 말한 대로 공격의 위력과 형식을 적절히 사용해서 쉽게 기습할 수 있기 때문이다.

방어자 쪽이 지형을 유리하게 원용할 수 있다는 것은 매우 명백하다. 실제로 공격의 위력과 형식을 적절히 사용해서 기습을 할 경우에, 방어자 쪽이 우위에 선다는 것은 다음 사실로도 분명하다. 즉 공격자는 방어자가 쉽게 감시할 수 있는 크고 작은 도로를 행진해야 하지만, 방어자는 유리한 지형에 숨어서 군대를 배치하고 공격자에 대해 그 모습을 거의 보이지 않아도 된다는 것이다. 정황에 맞는 적절한 방어 방법을 채택한 뒤부터 정찰은 완전히 없어지고 말았다. 이것은 결국 정찰이 불가능해졌다는 것과 마찬가지의 뜻이다.

하기야 때로는 정찰을 하는 일이 있어도 실제로는 별로 얻는 바가 없는 것이다. 방어자가 군대 배치에 알맞은 토지를 미리 선정하여 전투 개시 전에 이 토지에 통달해 있었다면 그 이점은 매우 크고, 또 이 토지를 이용하여 매복하는 자(즉 방어자)가 적을 기습하는 것은 공격자보다도 매우 쉬운데도 불구하고, 적에게 선수(先手)를 허락하여 마지못해 도전에 응한다는 것은 이미 패전한 것과 같다는 진부한 생각을 아직도 버리지 못한 사람이 있다. 이러한 사정은 20년이나 이전의, 그리고 어쩌면 7년 전쟁에서도 쓰인 방어 방법에 유래한다. 당시의 전투에서는 접근하기 어려운 정면(험준한 산허리 기타) 외에는 지형을 이용하는 법을 몰랐고, 또 군의 배치가 희박하거나 군의 양 측면의 운동이 매우 활발치 못했다는 것이 현저한 약점이 되어, 방어자는 마치 적을 놀리기라도 하듯이 이쪽 산에서 저쪽 산으로 이동하여 사태를 더욱더 악화시키는 것이다. 그러다가 어떤 유리한 의탁점이라도 발견하면, 이곳을 근거지로 해서 마치 자수틀에 천을 치듯이 군을 전면에 배치하여 구멍 하나 뚫리는 것도 허락하지 않았다. 따라서 지형을 점거하기라도 하면 그 토지는 어느 지점(地点)에서나 방어자에게 직접적인 가치를 가지게 되어 스스로 보호되었다. 따라서 방어자가 전쟁에서 움직이거나 혹은 기습을 한다는 것은 전적으로 논외의 일이었다. 요컨대 지난날의 이러한 방어 방법은 근대가 되어 처음으로 실현된 뛰어난 방어와는 전혀 정반대의 것이었다.

방어를 가볍게 보는 풍조는, 방어 방식이 시대에 뒤떨어진 것이 되었을 때 항상 발생하기 마련이다. 따라서 지금 말한 예전의 방어 방식에 대해서도 말할 수 있지만, 이 방어 방식도 한때는 공격보다도 강력했던 시대가 있었다.

근대의 전쟁술이 지금까지 발달한 경과를 통관해 보면, 처음에는—다시 말하면 30년 전쟁[1]이나 에스파냐 계승 전쟁[2]에서는 군의 전개 및 배치가 전쟁에서 중요 사항 중 하나였고, 또 그것은 전쟁 계획의 가장 중요한 부분을 차지하고 있었다. 그래서 그것은 방어자에게 매우 유리했다. 방어자는 전쟁에 앞서 이미 배치와 전개를 완료하기 때문이다. 그러나 군대의 기동력이 커지자, 방어자의 이러한 이점은 곧 소멸되고 공격자가 한때 우세해졌다. 그래서 방어자는 강이나 깊은 협곡을 앞에 둔 지역이나 산을 방호 수단으로 삼았다. 이에 의해서 방어자는 다시 결정적인 우위를 차지하게 되었다. 그리고 이 우위는 공격자가 매우 경쾌하고 민첩하게 운동하게 하고, 단절지에서조차 감히 앞으로 나아가며 군을 종대로 분할하여 공격하게 하고 따라서 이는 또 적을 포위할 수 있게 될 때까지 이어졌다. 그러자 방어자는 더욱더 정면을 확대했기 때문에 공격자

---

1) 30년 전쟁(1618~48).
2) 에스파냐 계승 전쟁(1701~13).

는 몇몇 지점에 병력을 배치하고 취약한 적 진지를 돌파할 방책을 마련해야 했다. 이렇게 해서 공격자는 세 차례나 우세해지자 방어자는 또 방어 방식을 바꾸어야 했다. 그리하여 방어자는 이것을 최근 전쟁에서 마침내 실제로 성취한 것이다. 즉, 방어자는 병력을 몇몇 대부대로 분할하여 이것을 여러 지점에 집결시켰다. 그리고 이들 부대를 대개는 전개시키지 않은 채 유지하고 또 전개할 필요가 있는 경우에는 이것을 숨겨 배치했으며, 공격자의 술책이 더욱 명료한 형태를 취하고 나타났을 때 이것에 대처할 수 있는 준비를 해두는 것뿐이었다.

이것은 지형을 원용하는 수동적 방어를 반드시 쓸모없게 하는 것은 아니다. 실제로 지형이 제공하는 이점은 매우 크고, 한 전쟁에서 몇 번이고 반복해서 이용된다. 하지만 오늘날에는 이러한 수동적 방어는 이미 주요 사항이 아니다. 따라서 여기서는 주요한 방어 방식만을 문제로 삼은 것이다.

만약에 공격자가 새롭고 뛰어난 방책을 마련한다면, 방어 또한 그 방식을 바꾸지 않을 수 없다. 하지만 오늘날처럼 모든 것이 단순함을 목적으로 하고, 내적 필연성을 중요시하는 시대가 되면 그러한 방책을 내놓는다는 것은 아마도 기대할 수가 없을 것이다. 요컨대 토지 및 지형의 지원이 방어자에게 유리하다는 것은 확실하다고 보아야 할 것이다. 게다가 또 오늘날에는 토지와 지형의 여러 특성이 예전보다 더 깊게 군사적 행동과 결부되어 있으므로, 일반적으로 이 양쪽의 도움은 방어에 본래의 이점을 보증하는 데 충분하다.

제3장
전술에서의 공격과 방어의 관계

먼저 전략에서 소기의 성과를 거두기 위해서 어떠한 요인이 필요한가 하는 것을 다시 문제로 삼고자 한다.

앞에서 말한 대로 전략에는 승리라는 것이 없다. 전략적 성과는, 군이 전쟁에서 전술적 승리를 얻기 쉽도록 준비하는 것이다. 그리고 이 전략적 성과가 크면 전투에서 승리의 공산이 더욱더 커진다. 또 다른 한편으로 전략적 성과는 전투에서 얻은 승리를 이용하는 데 있다. 전략이 승전 뒤 온갖 사건을 여러 가지로 조합해서 전승의 성과 속에 도입하고, 또 패전으로 근간이 흔들린 적군이 버린 막대한 전리품을 빼앗고, 또 전쟁에서는 하나하나 애를 써서 얻는 성과를 이번에는 한 번에 얻을 수 있다면 전략의 성과는 더욱더 대규모적인 것이 된다. 그런데 전략적 성과를 가져오는, 또는 이 성과의 획득을 용이하게 하는 주된 요건, 따라서 이러한 효과를 얻기 위한 주요 원리는 다음과 같다.

1. 토지 및 지형의 이점.
2. 기습—이것은 본래의 기습, 즉 군 전체로 적군 전체에 가해지는 기습일 때도 있고, 또 어떤 지점에 적이 예기치 못한 강대한 병력을 배치하는 기습인 경우도 있다.
3. 여러 방면으로부터의 공격—이상의 세 항목은 전술에서도 마찬가지이다.
4. 요새 및 이에 속하는 모든 것을 원용해서 전쟁터를 방어한다.
5. 국민의 지원.
6. 뛰어난 여러 정신력의 이용.

그러면 이들 사항과 관련하여 공격과 방어는 어떠한 관계를 가지고 있는가?

알렉산더 대왕의 인도 원정(BC 326) 인도의 왕 포루스는 코끼리 40마리를 이끌고 원정군에 피해를 입혔으나, 인도 보병대 사상자는 2만 명이 넘었다. 코끼리 위에서 진두지휘하던 포루스는 화살을 맞고 항복하였다.

방어자가 토지 및 지형의 이점을 누리고 공격자가 기습의 이점을 누리는 것은, 전략에서도 전술의 경우와 마찬가지이다. 그러나 전략에서의 기습은 전술에서보다도 현저하게 효과적이고 또한 중요한 수단이라고 하지 않을 수 없다. 전술에서는 기습이 커다란 승리를 가져오는 일은 좀처럼 없지만, 이에 반해 전략에서는 기습이 전쟁을 단번에 종결시킨 예는 종종 있다. 그렇다고 해도 기습이라는 수단은, 방어자 측에서 드물게 보는 결정적인 큰 과실을 범한 경우가 아니라면 사용될 수 없다. 따라서 이 수단이 공격자를 이롭게 하는 기회는 거의 나타나지 않는다고 할 수 있다.

어느 지점에 우세한 병력을 배치해서 적에게 기습을 가하는 방법도 전술에서의 경우와 매우 비슷하다. 그런데 만약 방어자가 그 병력을, 그가 선택한 전쟁터에서 적이 접근할 거라고 예상되는 몇몇 지점에 배분한다면, 공격자는 전력을 다해 방어자의 군 일부에 공격을 가하는 이점을 가지게 된다는 것은 명백하다. 그러나 이와 같은 경우에도 새로운 방어술은 다른 방법을 사용하는 방어 원리를 짜내고 있는 것이다. 공격자가, 방어자가 점거하지 않은 도로를 이용하여 중요한 창고나 보급품 저장소, 아직 준비가 갖추어지지 않은 요새 등을 공격하지 않는다면, 방어자는 그 병력을 분할할 필요가 없는 것이다. 또 방어자는 적이 고른 도로상에서 갑작스럽게 적을 공격해서는 안 된다. 그렇게 되면 방어자의 퇴로가 차단될 염려가 있다.

비록 공격자가, 방어자가 점거한 도로와 다른 도로를 고른다 해도, 방어자는 그 며칠 뒤에 모든 병력을 가지고 적이 선정한 도로상에서 적을 찾아낼 수가 있는 것이다. 아니 대개의 경우, 공격자 쪽이 방어자로 하여금 스스로 찾아내도록 하는 것이다. 또 공격자가 보급 관계로 어쩔 수 없이 병력을 분할하여 전진해야 할 경우에는, 방어자 쪽이 모든 병력으로 적의 일부를 공격할 수 있는 이점을 누리는 것은 물론이다.

측면 공격과 배면 공격은 전략에 있어 그 성질을 크게 달리한다. 전략에서는 이런 종류의 공격은 전쟁터의 배면이나 측면에 관계하기 때문이다. 이를테면 다음과 같다.

1. 이러한 공격은 전술에서라면 사격 효과가 배가되지만, 전략에서는 이러한 효과는 생기지 않는다. 전략에서는 전쟁터의 한쪽 끝에서 다른 쪽 끝까지 사격을 할 수가 없기 때문이다.

2. 전략에서는 포위된 군의 퇴로가 차단될 위험은 매우 적다. 왜냐하면 전략에서의 공간은 크기 때문에 전술과는 달리 쉽게 차단될 수 있는 것이 아니기 때문이다.

3. 전략에서는 공간이 광대하기 때문에 내선(內線), 즉 외선보다도 짧은 선[1]

---

[1] 공격자는 포위적, 우회적, 혹은 협격적(挾擊的)으로 적에 대해서 외선(外線)을 형성하지만, 이에 대항하는 방어자의 내선(內線) 쪽이 짧은 것은 물론이다.

의 효과가 현저하게 발휘되어 여러 방면으로부터의 적의 공격에 잘 대항할 수 있다.

4. 새로운 방어 원리의 이점은 공격자의 연락선이 취약하다는 것, 바꿔 말하면 적의 연락선을 중단하는 것만으로도 현저한 효과가 생긴다는 데 있다.

그러나 전략에서는 공간이 광대하기 때문에 포위나 여러 방면으로부터의 공격은 일반적으로 선제자(先制者), 즉 공격자에게만 가능하다는 것, 이에 비해 방어자는 전술의 경우와 달리 행동 중에 포위자를 역으로 포위할 수 없다는 것은 사리로 미루어 보아 당연하다. 방어자는 그 전투력을 포위자보다도 세로로 길게 배치할 수 없고, 또 마지막까지 병력을 숨겨서 배치할 수도 없기 때문이다. 하지만 포위가 포위자에게 특별한 이점을 가져오지 않는다면, 그것이 아무리 쉽다 한들 공격자에게 무슨 도움이 될 것인가. 따라서 전략에서는, 적의 연락선에 주는 포위의 영향을 고려하지 않으면 포위 공격이라는 것을 바로 승리의 원리로 간주할 수는 없다. 연락선이라는 요인은 공격자와 방어자가 각자의 진지에서 대치하는 처음 순간에는 그다지 중요하지 않다. 그것은 전투가 경과함에 따라 적지에 진출한 공격자가 차차 방어자로 바뀔 때 중대한 의미를 갖는 것이다. 이러한 경우에는 이 새로운 방어자, 즉 본디 공격자의 연락선은 박약해지고, 이와는 반대로 최초의 방어자는 차차 새로운 공격자로서 적의 이러한 약점을 이용하는 것이다. 말할 것도 없이 새로운 공격자의 이러한 우위는 일반적인 공격자에게 돌아갈 수 있는 성질의 것은 아니다. 이 우위는 방위라는 한층 고도(高度)의 사정에서 생긴 것이기 때문이다.

네 번째 원리는 전쟁터가 주는 지원이다. 이것은 말할 것도 없이 방어자 측에 속한다. 공격자가 적지에 군을 진격시키면 최초의 전쟁터로부터 차차 멀리 떨어지지 않을 수 없기 때문에 군은 약화된다. 바꿔 말하면 요새나 여러 종류의 저장소를 후방에 남기게 된다. 그리고 공격군이 통과하는 작전 지역이 넓으면 그에 따라서 군은 점점 약해지지 않을 수 없다 (행군에 의해서도 약해지고, 또 점령지에 수비대를 남길 필요 때문에도 약해진다). 이에 반해 방어자는 모든 방어 수단을 유지한 채 진지에 있을 수가 있다. 바꿔 말하면 요새의 지원을 받아 항상 자원지(資源地) 근처에 주둔하고, 그 어떤 것에 의해서도 약화되는 일이 없다.

다섯 번째 원리는 국민의 지원이다. 그러나 이 방어 원리는 반드시 모든 방어에 수반되는 것은 아니다. 적지에 있어서의 방어적 전투도 있을 수 있기 때문이다. 하지만 이것은 방어의 개념에서만 생긴 원리이고, 거의 모든 경우에 사용될 수 있는 것이다. 어쨌든 이 원리는 국민군이나 국민의 총무장에 의해 그 효과가 뚜렷이 나타난다. 여러 가지 마찰이 적다는 것이나, 근처에 있는 모든 종류의 자원이 풍부하게 공출된다는 것도 이 원리가 존재하는 근거가 된다.

세 번째 및 네 번째 항목에 든 몇 가지 수단에 대한 효과를 마치 확대경을 통해 바라보는 것처럼 뚜렷하게 볼 수 있는 것은, 1812년 나폴레옹의 러시아 원정이다. 니에멘 강을 건넌 50만의 프랑스군은 보로디노 전투에서 12만으로 줄고, 모스크바로 향했을 때에는 이것보다도 훨씬 소수였다.

러시아 원정이라는 엄청난 기도가 프랑스군에게 준 타격은 매우 컸기 때문에, 비록 러시아군이 퇴각하는 프랑스군을 추격하지 않았다 하더라도 그 뒤 상당한 기간에 걸쳐 적의 침략을 받을 염려는 없었을 것이다. 스웨덴은 별도로 하고 유럽의 모든 나라 중에서 러시아와 닮은 나라는 하나도 없다. 그러나 이 원리의 작용은 어느 나라에서나 러시아에서와 마찬가지이고, 다른 것은 단지 강도(强度)의 차이뿐이다.

방어군은 본래의 방어, 즉 자국 안에서의 방어를 목적으로 한다. 그러나 위에서 말했듯이 적지에 나간 공격자가 입장이 바뀌어서 방어자가 되고 적, 즉 본디 방어자의 공세적 계획과 서로 얽히면 최초의 공격자 군은 약해진다. 그래서 이러한 고찰을 네 번째 및 다섯 번째 원리와 함께 생각하면, 거기에서 거의 세 번째 원리와 마찬가지로 공격자 측에 새로운 불리한 점이 생길 것이다. 방어라 해도 적의 공격을 저지하는 요소만으로 이루어지는 것은 아니다. 마찬가지로 공격 또한 적극적 요소만으로 이루어지는 것이 아니다. 오히려 강화(講和)와 직접 결부될 수 없는 공격은 결국 적지에서 방어로 끝나지 않을 수 없을 것이다.

그런데 공격에서 나타나는 방어적 요소가 이러한 공격의 본디 성질에 의해, 바꿔 말하면 공격에도 방어적 요소가 내재한다는 것으로 공격군이 약화된다면 이것은 공격에 공통되는 불리함으로 간주해야 할 것이다.

이것은 결코 쓸데없이 파고드는 것이 아니다. 오히려 바로 여기에 공격의 주된 불리함이 존재하는 것이다. 따라서 전략적 공격을 계획할 경우에는 계획을 세울 때 이미 이 점에, 다시 말하면 적국 내에 진출한 공격자가 공격의 정점에 달했을 때 이에 따라 발생하는 방어에 충분한 주의를 기울일 필요가 있다. 이것에 대해서는 나중에 전후 계획[2]을 논하는 대목에서 상세하게 살펴볼 생각이다.

뛰어난 정신력은 마치 효소처럼 전쟁에서 모든 행동에 두루 침투하므로, 최고 지휘관은 수시로 이 정신력으로 군을 강화할 수 있다. 그런데 이러한 정신력은 공격자 측이나 방어자 측에도 마찬가지로 존재한다고 생각해도 된다. 공격자 쪽에 두드러지게 나타나는 정신력은 적측에 혼란과 공포의 두려움을 갖게 하지만, 그것은 결전 뒤에 비로소 발휘되는 것이 통례이다. 따라서 이 정신력은 결전 그 자체를, 피아 어느 쪽인가를 유리하게 하는 데 도움이 되는 일은 좀처럼 없다.

이상으로 우리가 주장하는 명제, 즉 방어는 공격보다도 한층 강력한 전쟁 형식이라는 명제를 충분히 증명할 수 있었다고 믿는다. 그러나 사소한 일이기는 하지만, 이때까지 등한시했던 또 하나의 요인이 있으므로 이에 언급해 둘 필요가 있다. 그것은 공격군에 속해 있다고 하는, 전투자의 의식에서 생겨서 군을 두루 지배하고 있는 우월한 감정이다. 확실히 이러한 감정이 존재하는 것은 사실이다. 그러나 이와 같은 감정은 승전 혹은 패배, 장수의 유능함 혹은 무능함이 군의 사기를 환기시키는, 한층 일반적이고 강력한 감정 앞에서는 바로 소멸된다.

---

2) 제8편 '전쟁 계획'을 가리킨다.

제4장
공격의 구심성과 방어의 이심성

구심성(求心性)과 이심성(離心性)이라는 두 개념, 즉 공격과 방어에서 각각 병력을 사용하는 경우의 이 두 가지 형식은, 이론에서도 실제로 자주 나타나므로, 상상력은 이것을 공격과 방어에 각각 내재하는 필연적 형식처럼 생각하고 있다. 하지만 잠시 생각해보면 바로 알 수 있듯 본디 그러한 것은 아닌 것이다. 그래서 이 두 형식을 가능한 일찍 고찰해서 이들 형식의 명백한 개념을 결정적으로 확립하고 싶은 것이다. 그러면 앞으로 공격과 방어의 관계를 고찰할 경우에도, 이러한 잘못된 생각을 무시할 수 있고, 매사에서 이 두 형식 중 어느 것이 유리하고 어느 것이 불리한가 하는 겉핥기식 판정에 현혹되지 않아도 될 것이다. 그래서 우리는, 이들 형식을 우선 순수한 추상적인 것으로 보고, 그 개념과 본질을 분명히 하고자 한다. 그러나 이 개념이 여러 사항에 어떠한 관계를 갖는가 하는 것은 나중에 생각하고자 한다.

방어자는 전술에서나 전략에서나 기다리는 쪽이고, 따라서 정지 상태에 있다. 이와는 반대로 공격자는 움직이는 쪽이고, 방어자의 정지에 주목하면서 움직이는 자이다. 따라서 공격자가 움직이고 방어자가 정지하고 있는 한, 포위는 공격자의 마음대로라는 결론이 필연적으로 생긴다. 그러면 사태의 유리와 불리를 알아차리고 구심적으로 행동할 것인가의 여부를 선택하는 자유는 공격자만의 장점이라고 생각해야 할 것이다. 하지만 이러한 선택의 자유가 공격자에게 주어져 있는 것은 전술의 경우만이고, 전략에서는 반드시 그렇지가 않다. 전술에서는 군의 양 날개 부대의 의탁점이 반드시 절대적으로 안전하다고는 말할 수 없지만, 전략에서는 방어선이 한쪽 바다와 다른 쪽 바다를 잇고, 혹은 한쪽 중립지대로부터 다른 쪽 중립지대에 걸치는 경우에는 대체로 안전하다. 이와 같은 경우에는 공격자가 구심적으로 공격할 수 없으므로, 선택의 자유는 제한된다. 또 공격자가 어쩔 수 없이 구심적으로 전진해야만 하는 경우에는 선택이 더욱 까다롭게 되어 선택의 자유는 점점 제한된다. 예를 들어 러시아와 프랑스가 독일을 공격하고자 하면, 두 나라 군은 양쪽으로부터 각각 전진하여 독일을 포위하는 방법밖에 없다. 따라서 두 군은 하나로 합쳐서 공격할 수가 없게 된다. 만약에 공격자가 사용하는 구심적 형식이 대개의 경우 그 효과에서 방어자가 사용하는 이심적(離心的) 형식보다도 박약하다고 생각해도 좋다면, 공격자가 한쪽으로는 포위에 관해 선택의 자유라는 이점을 갖는다 해도, 다른 한편으로는 이 박약한 형식을 사용하지 않을 수 없는 불리함으로 모처럼의 이점이 없어져 결국은 아무것도 남지 않게 될 것이다.

여기서 전술 및 전략에서 이 두 가지 형식이 각기 초래하는 효과를 더 자세하게 생각해 보자.

적을 포위한 공격군이 원둘레에서 중심으로 향하는 구심적 방향을 취할 때, 지금까지 제1의 장점으로 간주되었던 것은 병력이 전진하면서 차차 집중된다는 것이었다. 사실 그대로이다. 하지만 이것을 공격자만의 장점으로 생각하는 것은 아직 이르다. 병력의 집중은 양쪽에서 이루어지고, 따라서 이 점에서는 양쪽 사이에 우열이 없기 때문이다. 또 이심적 행동에서의 병력 분산에 대해서도 사정은 이것과 마찬가지이다.

그러나 그것과는 달리 진정한 장점이라고 할 만한 것이 있다. 즉, 구심적(求心的)으로 움직이는 군은 그 효과를 공통된 한 점으로 집중한다는 것이다. 그리고 이것은 이심적으로 움직이는 군에게는 있을 수 없는 일이다. 그렇다면 그 효과는 어떠한 것인가. 여기서 우리는 전술과 전략을 분리해서 따로따로 생각해야 한다.

우리는 특별히 분석에 깊이 들어갈 생각은 없다. 따라서 아래의 여러 가지 사항들을, 전술에서 이러한 효과를 초래할 수 있는 유리한 점으로서 들고자 한다.

1. 구심적으로 움직이는 모든 병력이 어느 정도까지 적에 접근하면 사격 효과는 배로 늘어나거나 적어도 사격 효과를 강화할 수 있다.

2. 적의 동일 부대를 여러 방향으로부터 공격할 수 있다.

3. 적의 퇴로를 차단할 수 있다.

퇴로 차단은 전략적으로도 생각할 수 있지만, 전략에서의 공간은 크기 때문에 좀처럼 이것을 차단할 수 없다. 따라서 전략에서의 퇴로 차단이 전술에서보다도 훨씬 곤란하다는 것은 분명하다. 또한 여러 방면에서 적 부대 하나를 공격할 경우 이 부대가 작다면, 아니 심지어 최소한의 수준에 달해 결국 전투원 한 사람 규모가 된다면, 이런 종류의 공격은 더욱 유효해지고 결정적이 된다. 따라서 방어자 측이 한 작전군 규모라면 여러 방면에서 동시에 공격당해도 쉽게 이 공격을 막아 내겠지만, 일개 사단 규모라면 이 공격에 버티기 어려워지며, 또 일개 대대라면 그 부대가 집단을 이루고 있는 경우에만 간신히 버텨 내고, 전투원 한 명에 불과하다면 결국 버티지 못한다. 전략에서는 대군이 차지하는 지역, 광대한 공간, 장대한 시간을 필요로 하지만 전술에서는 모두가 그 반대이다. 그래서 여러 방면으로부터의 공격이, 전략에서는 전술에서와 마찬가지의 효과가 생기는 것이 아니라는 것은 이미 이로써도 명백하다.

사격의 효과는 전혀 전략 문제는 되지 않는다. 그러나 이것과는 또 다른 효과를 생각할 수 있다. 그것은 공격자가 방어자의 후방 기지에 가하는 타격이다. 방어자는 본대로부터의 거리에 상관없이 적이 아군 후방에서 승리를 얻으면 그에 따라 많든 적든 타격을 느끼는 것이다.

그래서 병력의 구심적 사용의 효과는 다음 세 가지 점에 귀착된다는 것을 알 수가 있다. 즉, 공격자가 방어자의 a부대에 가하는 공격 효과는 그대로 b부대에 대한 효과가 되기도 하고, 더욱이 그 때문에 a부대에 가해지는 본래의 효과는 줄지 않는다는 장점이 있다는 것, 또 b부대에 가하는 공격 효과는 그대로 a부대에 대한 효과가 되기도 한다. 그래서 이 두 가지를 합쳐 생각하면 전체의 효과는 (a+b)가 아니라 그 이상이라는 것, 게다가 이 장점은 전술과 전략에서는 다소의 차이가 있다 해도 양자에 마찬가지로 생긴다고 하는 것이다.

그런데 병력의 이심적 사용에서 생기는 효과로서, 구심력 사용의 장점에 필적하는 이점은 어떠한 것일까. 말할 것도 없이 그것은 방어자의 병력이 중심으로 집합해 있다는 것, 행동이 내선에서 이루어지고 있다는 두 가지이다. 이것이 어떠한 방법으로 병력의 증대와 마찬가지 효과를 가져오는가, 또 공격자가 여간한 우세가 아닌 한 방어자의 이러한 이점에 맞서서는 안 된다는 것은 새삼 설명할 것까지도 없을 것이다.

　방어자가 전투의 경과 중에 단호하게 움직임의 원리를 채택한다면 (방어자 측의 움직임은 확실히 공격자 측보다도 느리게 시작하지만, 수동성이라는 굳어진 형식에 얽매여 운동 개시의 시기를 놓쳐서는 안 된다), 병력의 집합과 내전(內戰) 작전의 이점은, 승리를 얻기 위한 수단으로써 결정적이고, 또 대개의 경우 공격자가 취하는 구심적 형식보다도 유효하다. 하지만 승리는 전쟁이 주는 성과에 선행해야 한다. 따라서 적의 퇴로 차단을 생각하기 전에 우선 전쟁에서 승리를 차지해야 하는 것이다. 말하자면 공격자의 구심적 형식과 방어자의 이심적 형식과의 관계는, 일반적으로 공격과 방어와의 관계와 비슷하다. 구심적 형식은 빛나는 성과를 거둘 수 있고, 이심적 형식의 성과는 확실하다. 전자는 적극적 목적을 갖지만 취약한 형식이고, 후자는 소극적 목적을 갖지만 강력한 형식이다. 그러면 이 두 형식 사이에는 항상 우열의 차이가 없는 것처럼 여겨진다. 하지만 방어는, 항상 절대적 방어는 있을 수 없으므로 방어에서도 병력의 구심적 사용은 불가능하지 않다는 것을 아울러 생각해 보면, 공격자는 구심적 형식을 사용한다면 어떤 경우에도 방어자보다 일반적으로 우세하다고 생각하는 권리가 없다는 것을 알 수 있다. 이렇게 생각하면, 구심적 형식에 대한 과대한 평가가 자칫하면 판단에 미치는 나쁜 영향을 면할 수 있다.

　지금까지 말한 것은 전술과 전략 등 쌍방에 걸치는 사항이다. 그래서 다음에는 전략에만 관계되는 매우 중요한 사항을 말해야 한다. 내선(內線)의 이점은, 내선이 관계하는 공간이 커짐에 따라 증대한다. 방어자의 내선과 공격자의 외선 사이의 거리가 수천 보 내지 반 마일[1]인 경우, 방어자가 얻는 시간적 여유는 수일 간의 행정(行程) 혹은 20 내지 30 마일의 거리인 경우만큼 크지 않은 것은 물론이다. 첫 번째 경우는 내선이 관계하는 공간이 적기 때문에 전술에 속하고, 두 번째 경우는 이 공간이 크기 때문에 전략에 속한다. 전략에서 목적을 달성하는데 요하는 시간은 전술에서보다도 크다. 따라서 1개 작전군은 1개 대대만큼 신속하게는 격파되지 않는다.

---

1) 반 마일은 5,000보이다.

하지만 이 시간은 전략에서도 자연히 한도가 있고 전쟁 지속 시간 이상으로 나아갈 수는 없다. 어쨌든 방어군이 큰 희생을 치르지 않고 전쟁을 피할 수 있는 시간은 수일에 지나지 않다. 다음으로 전술과 전략에서는, 방어자가 적보다 먼저 이점을 차지한다는 점에서 매우 큰 간극이 있다. 전술에서는 내선과 외선 사이의 거리가 작기 때문에, 회전에서 방어자 측 움직임은 공격자의 눈앞에서 이루어진다고 할 수 있다. 따라서 외선에 있는 공격자는 대개의 경우 적을 바로 인지할 수 있다. 이와는 반대로 전략에서는 내선과 외선의 거리가 크기 때문에 방어군은 그 움직임을 공격군에 대해 적어도 하루는 숨겨둘 수 있다. 또 방어군 일부만이 움직이는 경우나 혹은 움직임이 꽤 멀리에서 이루어지는 경우에는, 2~3주 동안도 숨겨둘 수 있다. 하물며 방어군이 지형을 이용하는 데 매우 편리한 토지에 포진하고 있는 경우, 이러한 은폐의 이점이 얼마나 큰가는 매우 분명하다.

이로써 병력을 구심적 혹은 이심적으로 사용하는 경우의 효과에 관한 고찰과, 이러한 효과의 공격 및 방어의 관계에 대한 고찰을 끝내기로 한다. 공격 및 방어에서의 두 가지 형식에 관해서는 나중에 다시 설명하기로 한다.

제5장
전략적 방어의 성격

일반적으로 방어란 무엇인가 하는 문제에 대해서는 이미 대답한 바 있다. 요컨대 방어는 전쟁 형식으로서 공격보다도 강력하며, 방어자가 이 형식을 사용하여 승리를 거두려고 하는 것은 승리에서 얻은 우세를 이용해서 공격으로, 다시 말하면 전쟁의 적극적 목적으로 이행하기 위한 것이다.

예를 들어 방어자 측의 전쟁 의도가 단순한 현상 유지에만 있다 해도, 적의 공격을 피하는 것에만 의의를 둔다는 것은 전쟁의 개념과 맞지 않는다. 전쟁이 단지 수동적인 것이 아니라는 것은 명백하기 때문이다. 방어자가 전쟁에서 이미 현저한 이점을 차지했다면 방어는 이미 그 본분을 다한 것이다. 따라서 방어자로서의 몰락을 면하고자 한다면, 이 이점을 활용하여 적에게 반격을 가해야만 한다. '쇠는 뜨거울 때 연단시켜라'라는 속담대로, 획득한 우세를 이용해서 적의 재차 공격을 미리 방지하는 것이 현명한 대책이다. 이 반격이 언제, 어디에서, 어떠한 방식으로 이루어지는가 하는 것은 물론 다른 조건에 의해 결정된다. 이에 대해서는 나중에 논하고자 한다. 우선 여기서는 이러한 반격에 대한 이행은 다름 아닌 방어의 본디 경향이고, 따라서 방어의 본질적인 구성 요소라는 것. 또 방어라는 전쟁 형식에 의해 얻어진 승리를 그 어떠한 방법으로, 말하자면 전쟁 경제를 위해 이용하지 않고 그대로 사그라지게 하는 것은 중대한 과실이라는 것을 지적하는 것으로 그치기로 한다.

방어자가 신속하고 강력하게 공격으로 이행하는 것, 즉 적의 공격을 저지하자 바로 칼을 돌려 적에게 복수하는 것이야말로 진정한 방어이다. 이러한 이행을 바로 생각해 낼 수 없는 논자, 이 이행을 바로 방어의 개념에 도입할 수 없는 논자는 방어의 우위를 끝내 이해할 수 없을 것이다. 이러한 논자는 적의 전투 수단을 파괴하고 약취하는 것은 오직 공격에서만 이루어지는 것으로 생각한다. 그런데 이들 수단은 공격자에게 귀찮기 짝이 없는 일이지만, 방어자에게는 공격자가 가지고 들어오는 귀찮은 일을 해소시키기 위한 도구이다. 따라서 공격이라면 바로 기습을 생각하고, 방어는 궁핍과 혼란에 지나지 않는다고 보는 생각은 사고방식의 차이에서 오는 심한 착각이라 할 수 있다.

온화한 방어자보다도 침략자 쪽이 먼저 전쟁을 결의하는 것은 말할 것도 없다. 만약 침략자가 그의 방책을 완전히 비밀로 숨겨 둘 수 있다면 확실히 방어자에게 기습을 가할 수 있을 것이다. 하지만 그와 같은 일은 실제 전쟁에서는 있을 수가 없다. 전쟁의 실태는 그러한 것이 아니기 때문이다. 전쟁에 대한 마음가짐은 침략자 쪽보다도 오히려 방어자 쪽에 있다. 침략자의 침입이 있기 때문에 비로소 방어가 발동하고, 이 방어와 함께 전쟁이 일어나기 때문이다. 침략자는 항상 평화를 애호한다(나폴레옹조차도 이렇게 자칭하고 있었다). 방어자인 국가에 은밀히 침입하는 것은 침략자가 가장 바라는 바다. 하지만 침략자에게 이러한 행위를 허락할 수 없기 때문에, 방어자는 전쟁을 하지 않을 수 없고, 따라서 전쟁 준비를 갖추고 있어야 하는 것이다. 다시 말하면 침략자의 기습을 예기해서 항상 무장하고 있는 것은 약자, 즉 방어를 하는 쪽이다. 전쟁술이란 바로 이러한 것이다.

피아의 군 어느 쪽이 먼저 전쟁터에 나타나느냐 하는 것은 공격을 의도하느냐 혹은 방어를 의도하느냐에 따라 결정되는 것이 아니라, 이와는 완전히 다른 사정에 의존하는 것이 통례이다. 공격을 의도하느냐 아니면 방어를 의도하느냐는, 군이 전쟁터에 나타나는 속도가 빠르냐 늦느냐가 그 원인이 아니라 대개는 그 결과이다. 전쟁 준비를 빨리 끝낸 군은 기습의 이점이 충분히 있다면 바로 이 이유로 해서 공격적 행동을 취하고, 이와는 반대로 전쟁 준비가 늦게 끝난 군은 아군을 위협하고 있는 불리함을 방어의 이점에 의해서 약간이라도 보상할 수 있는 것이다.

그렇다고는 해도 전쟁 준비를 상대보다 빨리 해서 빈틈없이 이를 사용하는 것은 뭐니 뭐니 해도 공격자의 이점이라고 간주해야 한다. 이것은 앞서 제3편에서 우리가 이미 인정했다. 하지만 공격에 공통적인 이 이점은 어떤 경우에도 꼭 생기는 것은 아니다.

따라서 방어의 본래 양식을 생각해 본다면 그 요건은 다음과 같다. 즉 첫째로 방어에 관한 모든 수단을 흠잡을 데 없이 준비하는 것, 두 번째로 전쟁에 숙달한 군, 세 번째로 어찌할 바를 모르고 적을 기다리는 평범한 장수가 아니라, 침착하게 생각하고 방어 수단을 자유롭게 선택하여 적을 맞이하는 장수, 네 번째로 적의 공격에 끄떡없는 강력한 요새, 또 마지막으로 정신이 강건해서 적을 두려워하기보다는 오히려 적이 이것을 두려워하는 국민이다.

이 요건들을 완비한 방어는 문자 그대로 공격에 필적할 것이다. 공격이라고 하면 용기, 강력한 의지력, 신속한 움직임만을 생각하고, 이에 반해 방어에는 무기력이나 의기소침밖에 떠오르지 않는 논자는 막연하게 공격을 손쉬운 것 확실한 것으로 생각하지만, 완벽한 방어 체제를 대하게 되면 공격 쪽에서도 이제는 그러한 말은 할 수가 없다.

제6장
방어 수단의 규모

앞서 본편의 제2장과 3장에서 방어는 병력의 절대량, 전투력으로서의 군대의 가치 외에 전술적, 전략적 성과를 결정할 만한 수단을 사용함으로써 저절로 우위를 차지하는 사정을 말했다. 즉, 그 수단이란—토지 및 지형의 이점, 기습, 사방으로부터의 공격, 전쟁터에 주는 지원, 국민의 지원 그리고 뛰어난 정신력의 이용이다. 따라서 특히 방어자의 사용에 제공되는, 말하자면 건축물의 여러 기둥 양식이라고도 할 만한 모든 주요 수단의 규모를 한번 살펴보는 것도 유익하리라 생각된다.

1. 예비군. 근대의 예비군은 국외에서 적의 국토 공격에도 사용되었다. 몇몇 국가, 예를 들면 프로이센의 예비군 제도[1]는 거의 상비군의 일부로 간주되지 않을 수 없을 정도여서 방위에만 필요한 제도라고는 말할 수 없다. 하지만 예비군이 1813년, 14년 및 15년에 매우 유효하게 사용된 경우에도 역시 방어적 전쟁에서 출발했다는 것, 또 프로이센만큼 강고(强固)한 예비군 제도를 가진 나라는 매우 적기 때문에, 이 제도가 아직 불완전한 나라에서는 예비군이 공격보다도 오히려 방어에 적합하다고 간주된다는 것을 잊어서는 안 된다.

어쨌든 예비군의 개념에는 국가 유사시 온 국민이 각자 체력과 부(富), 또 국난을 위해 목숨을 바치려는 마음을 기울여 많든 적든 자유 의지에 바탕을 둔 최대한의 협력을 한다는 사상이 항상 포함되어 있다. 예비군 제도가 이러한 특성을 잃어감에 따라 명칭이야 예비군이지만, 실제적으로는 상비군과 같은 것이 되어 본래 예비군의 특유한 이점을 점점 잃어가게 된다.

---

1) 프로이센의 예비군은 1813년에 제정되어, 처음에는 국토방위에만 사용되었으나 1815년에 예비군 조례가 발포된 뒤 차차 정비되었다.

실제로 예비군의 본래 이점은 온 국민의 구국 정신이 상비군에서보다도 훨씬 광범위하게 미치고, 또 특정인에게 한정되는 일 없이 훨씬 쉽게 고양되는 점에 있다. 예비군의 본질은 바로 여기에 있다. 온 국민의 이러한 협력은 본래의 예비군 제도에 의해 실현되어야 한다. 그렇지 않고 예비군으로부터 이와는 다른 것을 기대한다면 예비군에는 없는 것을 쓸데없이 조르는 결과가 될 것이다.

예비군의 이러한 본질과 방어의 개념 사이에 긴밀한 관계가 있다는 것은 의심할 여지가 없다. 따라서 이와 같은 예비군이 공격보다도 오히려 방어에 적합하다는 것, 그리고 이러한 예비군이 공격군을 능가할 만한 효과를 발휘하는 것은 주로 방위에서라는 것 또한 명백하다.

2. 요새. 공격자 측에 대한 요새의 협력은 국경 부근에 한정되기 때문에 협력의 정도기 미약하다. 이에 반해 방어자 측에 대한 요새의 협력은 국내에 깊이 미치고, 따라서 몇몇 요새를 효과적으로 사용할 수 있으므로 그 효과는 공격자 측의 그것보다 현저하게 강력하다. 또 실제로 적에게 포위당하면서도 적의 공격을 견딜 만한 요새가 전쟁에 대해서 갖는 의의는, 축성(築城)이 매우 견고하고 난공불락의 인상을 주기 때문에 적이 처음부터 공략을 단념하고 그 지점을 그냥 지나갈만한 요새보다도 훨씬 크다. 이러한 요새는 적과 실제로 교전해서 그 전투력을 파멸시킬 기회를 가질 수 없기 때문이다.

3. 국민. 싸움터가 된 큰 지역에서 주민 각자가 전쟁에 미치는 영향은 일반적으로 미미하여 마치 강물의 물 한 방울이나 마찬가지이다. 하지만 민족 봉기는 논외로 하더라도, 그 고장의 온 주민이 전쟁에 미치는 총체적인 영향은 결코 적지 않다. 국민의 의향이 정부가 행하는 전쟁에 반발하지 않는 한 자국 내에서는 모든 것이 탈 없이 진행된다. 이에 반해 이쪽의 국내에 침입한 적에게 주어지는 급부(給付)는 그 대소를 막론하고, 모두 노골적인 위력의 강제에 의한 것이 아니면 불가능하다. 더욱이 이 강제는 전투력에 의해서만 보증되어야 하기 때문에, 공격자는 대부분의 병력과 노고를 소비하지 않을 수가 없다. 그런데 방어자는 이것을 모두 수중에 가지고 있는 것이다. 비록 주민이 헌신적인 열정을 가지고 협력하는 것이 아니라, 즉 자유 의지에 의한 협력이 아닌 경우에도 오랫동안 배양되어 제2의 천성이 된 복종심으로, 혹은 군 그 자체에서 직접 생기는 것이 아니라 완곡하게 두려워하는 마음을 품게 하는 무언가 다른 수단이나 강

제적 수단에 의해 쉽게 그 목적을 달성할 수가 있다. 하지만 뭐니 뭐니 해도 참다운 충성심에서 자발적으로 생긴 협력이야말로 그 어떠한 경우이든 매우 중요하다. 실제로 이러한 협력은, 주민이 아무런 희생을 치를 필요 없는 사항에 관해서는 생기지 않을 수가 없다. 지금 이 사항들 중 전쟁 지도에서 중요한 의의를 갖는 것을 하나만 들어보고자 한다. 그것은 주민이 가져다주는 정보이다. 이것은 첩자가 모은 중대한 정보라기보다는 오히려 군이 매일 매일의 근무에서 주민과 접촉할 때 얻는, 불확실하기는 하지만 무수히 많은 자상한 정보이다. 이와 같은 점에 관해서도 주민과의 밀접한 관계는 방어자 쪽에 일반적인 우위를 준다.

방어자와 국민 사이에 반드시 생기는 매우 일반적인 관계에서 시작해 주민이 자진해서 전쟁에 참가하기 시작하는 특수한 경우에 이르러, 마침내 에스파냐에서처럼[2] 거국민적으로 투쟁을 수행한다고 하는 처참한 단계가 되면, 이것은 이미 국민의 강력한 지원이 아니라 전적으로 새로운 세력의 발생이라고 하지 않을 수가 없다.

4. 그래서 다음으로 원래 방어 수단으로써의 국민 총무장, 혹은 국민군을 들 수가 있다.

5. 마지막으로 방어자의 궁극적인 지지자로서 동맹자를 들 수 있다. 일반적으로 공격자도 우방을 가지고 있지만, 여기서 말하는 동맹자는 방어자의 국가를 보전하는 것을 자신의 중대한 관심사로 삼는 나라이다. 현대 유럽 여러 나라의 현상을 생각하면, 국가 및 국민에 관한 크고 작은 여러 이해관계가 매우 다양한 방식으로 뒤얽히고, 게다가 시시각각으로 변화하고 있다는 것을 알 수가 있다(여러 국가 사이에 권력이나 이해관계가 질서 정연하게 균형을 이루고 있다고 말하는 것은 아니다. 그러한 균형은 실재하는 것도 아니고, 또 실제로도 지금까지 자주 부정된 것은 지극히 당연한 일이다). 그리고 이해관계의 이러한 교차점 하나하나가 전체를 견제하는 매듭을 이루고 있다. 한 나라가 취하는 방향과 다른 나라가 취하는 방향은 이 매듭에 의해 균형을 유지하고 있기 때문이다. 따라서 이 모든 매듭에 의해 전체가 많든 적든 하나의 커다란 연관을 형성하고 있는 것은

---

2) 나폴레옹의 에스파냐 침략(1808~13)에 대한 에스파냐 국민의 집요한 반항을 가리킨다.

분명하다. 이 연관은 매듭 하나에 변화가 생길 때마다 그 자리에서 회복되어야만 한다. 그래서 여러 국가 간의 전체적 관계는 이 전체에 대한 변화보다는, 오히려 전체를 현상 그대로 유지하고자 노력하는 것이다. 다시 말하면 일반적으로 현상 유지를 하려는 경향이 지배적이라는 것이다.

여러 국가 간의 정치적 균형이라는 사상은 이렇게 해석되어야 한다고 생각한다. 또 그런 의미에서 이 정치적 균형은, 몇몇 문명 국가가 서로 다면적 관계를 유지하는 데에는 저절로 발생하지 않을 수 없는 것이다.

이와 같이 모든 국가의 이해관계는 현상을 유지하고자 하는 경향을 띠지만, 이러한 경향이 어느 정도 효력을 갖게 되는지는 별개의 문제이다. 그렇다고는 해도 몇몇 국가 간의 관계에서 생기는 변화를 생각하면, 이러한 전체적 경향에서 생기는 효과를 쉽게 하는 것과 힘들게 하는 것이 있다. 첫 번째 경우에는, 정치적 균형을 어디까지나 유지하고자 하는 노력이 있다. 그리고 이 노력은 총체적 이해관계와 경향을 같게 하는 점에서 이러한 이해관계를 가진 많은 국가를 자기편으로 삼을 수 있다. 이와는 반대로 두 번째 경우는 현상 유지를 하려는 경향과 서로 맞지 않는다. 그래서 몇몇 국가는 각자 유력한 활동을 전개하지만, 이것은 바로 병적인 현상이라고 말하지 않을 수 없다. 그렇지만 크고 작은 국가가 잡다하게 모여 그 사이의 결합이 극히 박약한 전체에서 이러한 병적 현상이 발생하는 것도 그리 놀라운 일은 아니다. 이런 질병이라고 하는 것은 놀랄 만큼 훌륭한 조직을 갖는 유기체에서조차도 나타나기 때문이다.

그래서 어떤 논자는 몇몇 국가가 각기 자국의 이익만을 생각하여, 전체 속에 중대한 변동을 야기시켰는데도 불구하고 다른 국가가 이것을 저지하려고 시도조차 하지 않았던 사례를 역사에 비추어 지적할지도 모른다. 또 어떤 국가가 여러 국가 위에 올라서서 전체에 군림하는 전제군주처럼 행동한 사례를 들지도 모른다. 이에 대해 우리는 다음과 같이 답할 것이다. 이 사례들은 총체적 이해관계 때문에 현상을 유지하고자 하는 경향이 존재하지 않았던 것을 실증하는 것이 아니다, 다만 이러한 경향의 효력이 공교롭게도 충분히 발휘되지 않은 데 지나지 않았다고. 목표에 도달하고자 하는 노력은 단순히 목표를 향하는 운동과 같은 것이 아니다. 그렇지만 이러한 노력을 아주 무의미하다고 말할 수 없을 것이다. 이것은 천체의 역학에 비추어 보아도 매우 명백하다.

따라서 균형을 구하려는 경향이란 현상 유지 바로 그것을 말하는 것이라고 볼 수 있다. 그러면 이 경우, 이 상태가 정지해 있다는 것, 다시 말하면 균형을 유지하고 있는 것이 전제되는 셈이다. 만약에 이러한 정지가 이미 어지럽혀져서 여러 국가 간에 긴장 상태가 생긴다면, 균형을 구하려는 경향은 이미 변화를 일으키고 있기 때문이다. 하지만 이러한 변화는 소수 국가에만 관계되고, 결코 다수의 국가에 미치는 것이 아님은 일의 이치로 볼 때 미루어보아 당연한 일이다. 그러면 여러 국가 간의 현상을 유지하고자 하는 경향을 대표하고 확립하는 것이, 이들 국가의 총체적 이해관계라는 것은 의심할 여지가 없다. 따라서 전체와 대립하고 이것과 긴장 상태에 있는 국가가 아닌 평온한 국가라면 방어 체제를 취하는 것이 자국에게 불리는커녕 오히려 이점으로 간주하는 것 또한 의심할 여지가 없는 일이다.

위와 같은 고찰을 일장의 유토피아적 공상으로서 비웃는 논자는, 끝내 철학적 진리를 이해하지 못하고 있는 것이다. 철학적 진리가 사물의 근본적 요소의 상호 관계를 분명하게 밝힌다고 해서, 이 사물들 속에 포함되어 있는 우연적인 것을 모두 무시하고, 이러한 근본적 관계만으로 개개의 경우를 규정할 수 있는 법칙을 도출하려고 하는 것은 확실히 사려가 부족한 방식이다. 그러나 또 어떤 유명한 사가(史家)가 말한 것처럼 '일화(逸話)의 영역에 머무르면서', 모든 역사를 이러한 일화를 모아 만들어내고서 개별적인 것, 말초적인 것에 구애하여 여기에서 사건의 원인을 찾아내는 것으로 끝난 것으로 보고, 그 이상 깊이 파내려가는 노력을 아까워하고, 또 주요한 일반적 관계의 가장 깊은 곳까지 이르지 못하는 논자의 견해는 결국 단 하나의 사례에만 타당하다. 이러한 논자에게는 모든 사례에 타당한 보편성을 찾는 철학이, 마치 일장의 꿈처럼 여겨지는 것은 당연할 것이다.

이와 같이 여러 국가 간의 현재 정지 상태와 유지를 구하려고 하는 일반적 노력이 존재하지 않았더라면, 다수의 문명국가가 오랜 시간에 걸쳐 평온하게 공존하는 것은 불가능했을 것이다. 그리고 이들 국가가 오직 하나의 국가에 흡수되는 것은 당연한 일이었을 것이다. 따라서 현재의 유럽이 1000년 이상이나 존재하고 있다면, 이 훌륭한 결과는 총체적 이해관계로 뒷받침된 현상 유지적인 경향 때문이라고 할 수 있다. 또 전체가 주는 보호가 반드시 개개의 국가 현상 유지에 충분하지 않았다 해도, 그것은 이들 국가를 포함하는 전체의 정치적 생활에서 생긴 변칙적인 현상에 지나지 않는다. 그리고 이 변태는 이제까지 전체의 생활을 궁극적으로 파괴한 예가 없고, 오히려 전체의 생활이 이러한 변칙적 상태를 극복해온 것이다.

여러 국가 간의 균형을 심하게 어지럽히는 변동이, 다른 여러 국가의 크고 작은 명백한 반대에 의해 저지되거나 후퇴당한 사례를 하나하나 검토하는 것은 쓸모없는 일일 것이다. 실제로 역사를 한 번 흘낏 보는 것만으로도 수많은 사례를 발견할 수 있다. 따라서 여기서는 하나의 특별한 예를 드는 것으로 그치고자 한다. 이것은 정치적 균형이라는 사상을 비웃는 사람들이 항상 말하는 것이고, 또 다른 나라의 지원을 얻을 수 없었던 온후한 방어자가 몰락한 예로서, 특히 여기서 논하는 데에 딱 맞는 제목이라 여겨지기 때문이다.

그것은 폴란드의 분할이다.[3] 800만 인구를 안고 있는 국가가 흔적도 없이 사라지고, 국경을 접한 세 나라에 의해 분할되면서도 다른 여러 나라 중 그 어떤 나라도 무력을 써서 폴란드를 구제하려고 하는 나라가 없었다. 그것은 언뜻 생각하기에 정치적 균형이 총체적으로 무력했다는 것을 증명하거나, 그렇지 않으면 적어도 이러한 균형의 효력이 개개의 경우에 도달할 수 있는 한계를 나타내는 것처럼 여겨진다. 이 정도의 대국이 사라져서, 이미 열강과 어깨를 나란히 하는 국가(러시아와 오스트리아)의 먹이가 되었다고 하는 것은 매우 극단적인 사례로 볼 수 있다. 그리고 이러한 사례가 유럽 다른 여러 나라들의 총체적 이해관계에 아무런 충격을 주지 않았다고 한다면, 각 국가의 이해관계를 유지하기 위해 주려고 했던 효과는 결국 굶주림을 충족시키지 못하는 그림의 떡에 지나지 않았던 것 아닌가 말하지도 모른다. 그러나 우리는 개개의 사례는 아무리 그것이 선명하다 해도, 보편성의 반증은 되지 않는다는 생각을 바꾸지는 않을 것이다. 또 폴란드의 몰락은, 얼핏 봐서 이상하다고 여겨질 정도로 이해하기 어려운 것은 아니다.

도대체 왜 폴란드는 하나의 유럽적 국가, 다시 말하면 유럽의 여러 국가와 동질적인 국가로 간주되어야 했을까? 그렇지 않다. 폴란드는 타타르인의 국가였

---

3) 폴란드의 분할은 3회에 걸쳐(1772, 93, 95년) 있었다. 제1회는 프로이센, 오스트리아 및 러시아, 제2회는 프로이센 및 러시아, 제3회는 이들 3개국에 의해 실시되었다.

다. 폴란드인은, 크림반도의 타타르인처럼 유럽 국가권의 변경에 있는 흑해 연안에 정주하는 대신, 유럽의 내부를 관통하는 바이크셀강 연안에 토착한 데 지나지 않았다. 우리는 폴란드 민족을 멸시할 생각도 없고, 또 폴란드의 분할을 시인할 생각도 없다. 다만 있는 그대로의 사태를 고찰하고 있는 것이다. 100년 이래 폴란드는 이미 본래의 정치적 역할을 다하지 않게 되고, 쓸데없이 여러 국가 간에 불화를 만드는 씨가 되는 데 지나지 않았다. 폴란드가 이러한 상태에 있고, 또 이러한 정치적 사정에 몰입되어 있다고 한다면 유럽의 여러 국가 사이에 끼어 오래도록 그 위치를 유지하기란 불가능했을 것이다. 그러나 또한 이 타타르적 상태에서 본질적인 변혁을 성취하기 위해서는, 비록 폴란드 민족의 지도자들이 자진해서 이 일에 관여했다 해도 반 세기는커녕 넉넉히 한 세기를 필요로 했을 것이다. 그러나 이 지도자들은 그들 자신이 너무나도 타타르인적이었기 때문에, 이러한 변혁을 바라지 않았던 것이다. 그리고 폴란드인의 절제가 없는 국가 생활에는 헤아릴 수 없는 경솔함 때문에 마침내 그들은 나락의 바닥으로 굴러 떨어진 것이다. 폴란드가 분할되기 이전부터, 러시아인은 오랫동안 이 나라에서, 마치 자국에서와 마찬가지로 행동하고, 폴란드인은 외부에 대해서 자신을 주장하는 독립 국가의 개념을 이미 잃고 있었던 것이다. 따라서 이 나라가 분할되지 않았더라면, 결국 러시아의 한 주에 속하게 되었을 것이다. 위에서 말한 것과 같은 사정이 없고 폴란드가 방위력을 가진 하나의 국가였다면, 세 열강도 그토록 빨리 폴란드의 분할에 손을 댈 수 없었을 것이다. 그렇게 되면 프랑스, 스웨덴 및 터키처럼, 폴란드의 안전을 최대 관심사로 보는 열강도 손을 놓고 방관하지 않고, 이 나라의 보존에 협력할 수 있었을 것이다. 하지만 한 나라의 보전(保全)이 외부에서만 배려되기를 바란다고 하면 이는 염치없는 지나친 요구이다.

폴란드의 분할은 이미 100년 이상이나 이전부터 자주 거론되고 있었다. 그 뒤 이 나라는, 담을 둘러싼 저택이 아니라 끊임없이 외국 군대가 달리는 길로 여기게 되었다. 만약 다른 국가가 이것을 저지하고자 한다면 폴란드 국경의 불가침을 표방하는 정치적 신성을 획득하기 위해서는, 칼을 빼든 채 있어야만 했을 것이다. 하지만 그러한 긴장을 요구한다는 것은 정신적으로 불가능하다. 당시 폴란드는 정치적으로는 황량한 초원이었다. 여러 국가 사이에 낀 무방비 초원을 모든 국가가 개입하여 보호하는 것이 불가능했듯이, 이른바 폴란드 국가라는 불가침성 자체를 보증하는 것 또한 불가능했다. 이러한 여러 이유로 세상 사람들이 크림반도의 타타르 민족이 남몰래 쇠멸되는 것을 의심하지 않는 것과 마찬가지로, 폴란드가 소리도 없이 소멸하는 것을 각별히 이상하게 생각하지 않을 것이다. 터키가 크림반도에서 타타르 민족에 많은 관심을 가진 것은, 유럽에서 폴란드의 안전에 관심을 가진 어떤 국가보다도 더 했다. 그러나 터키는 무방비 초원을 보호하는 것이 헛된 일임을 잘 알고 있었다.

이제 본제로 돌아가지만, 이로써 일반적으로 방어자가 공격자보다도 외국의 지원을 기대할 수 있는 까닭을 설명할 수 있었다고 생각한다. 방어자는 그 존재가 여러 국가에 중요하면 할수록, 다시 말하면 정치적 및 군사적 상태가 건전하고 강력할수록 외국의 원조를 더욱더 기대할 수 있다.

본장에서 본래의 방어 수단으로써 거론한 것은, 물론 그 모두가 방어에 사용되는 것이 아니다. 어떤 때는 그중 어떤 것이 빠지고, 또 어떤 때는 다른 것이 빠진다는 식일 것이다. 그렇다고는 하지만 이들 방어 수단은 모두 방어라는 집합 개념에 속한다.

제7장
공격과 방어의 서로 작용

본장에서는 공격과 방어를 가능한 한 분리해서 따로따로 고찰해 보고자 한다. 이 경우, 우선 방위를 거론하는 것은 다음과 같은 이유에 의해서이다. 방어 규칙의 바탕에 공격 규칙을 놓고, 또 공격 규칙의 바탕에 방어 규칙을 놓는다는 것은 양자가 상호 개념을 이루고 있음을 생각하면 자연스럽기도 하고 또한 필연적이기도 하다. 그러나 공격과 방어에 관한 광범위한 고찰을 진행시키기 위해서는, 우선 이 고찰의 단서가 될 만한 어떤 제3의 점을 둘 중 어느 한쪽이 가져야 한다. 그렇다면 이 제3의 점이란 무엇인가 하는 것이 문제가 된다.

전쟁의 발생을 철학적으로 고찰하면, 본디 전쟁이라고 하는 것은 공격과 함께 발생하는 것이 아니라는 것을 알 수 있다. 공격은 투쟁이기보다는 오히려 적국 영토의 약취를 절대적인 목적으로 하기 때문이다. 따라서 전쟁의 개념은 방어와 함께 발생한다. 방어는 투쟁을 직접 목적으로 하기 때문이다. 이 경우에 방어, 즉 적의 공격을 저지하는 일과 투쟁은 분명히 같다. 방어에서 저지(沮止)는 공격으로만 향한다. 따라서 공격을 전제로 하고 있는 것이다. 이에 반해서 공격은 방어자에 의해 이루어지고 있는 저지를 향한 것이 아니라 이것과는 다른 것, 즉 적국 영토의 약취를 주목적으로 한다. 따라서 저지를 반드시 전제로 하는 것이 아니다. 그렇다면 전쟁의 본령인 투쟁을 우선 개시하는 것, 또 적과는 상관없이 자신의 입장에서 우선 피아를 판단하는 자가 곧 전쟁의 형식을 최초로 규정하는 자이고, 그것이 다름 아닌 방어자라고 하는 것은 사리적으로 분명하다. 본장에서는 개별적인 경우를 문제로 하고 있는 것이 아니라 일반적인 경우, 즉 이론이 그 방향을 결정하기 위하여 고찰의 대상으로 하는 추상적인 경우에 대해서 살펴보고 있는 것이다.

이제까지의 분석에서, 공격과 방어의 상호 관계 밖에 있는 제3의 점을 어디

니코폴리스 전투(1396) 프랑스 기병대가 돌진해 나갔으나, 투르크 전위대의 유인책 작전에 말려들어 엄청난 피해를 입었다.

에서 구하면 좋은가 하는 문제가 해결되었다. 즉 그것은 방어자 쪽에 있는 것이다.

이와 같은 추론이 옳다고 한다면 공격자가 어떻게 나오는가에 대해서 비록 방어자가 아는 바가 전혀 없다고 해도, 방어자에게는 그가 취해야 할 태도를 규정하는 근거가 있다. 더욱이 이 규정의 근거는, 투쟁 수단의 선택과 용도를 결정하는 것이다. 이와는 반대로 공격자가 적정(敵情)에 대해서 무엇인가를 알지 못하면, 그가 강구해야 할 처치나 투쟁 수단의 사용을 규정하는 근거를 갖지 못하는 것이다. 공격자는 투쟁 수단을 전쟁터로 가지고 들어오는 외에는, 다시 말하면 병력을 사용해서 토지를 약취하는 일 말고는 아무것도 할 수 없을 것이다. 또 실제로도 그대로이다. 투쟁 수단을 전쟁터로 가지고 간다는 것은 이 것을 사용하는 일은 되지 않기 때문이다. 공격자가 투쟁 수단을 어느 때엔가는 사용할 것이라고 하는 막연한 전제 아래 이것을 전쟁터로 가지고 가거나, 또 총

독이나 포고에 의해서 적국의 영토를 점유하는 대신에 병력을 가지고 이를 약취해 보았자 아직은 적극적인 군사적 행동이라고는 할 수가 없다. 그런데 방어자는 앉아서 투쟁 수단을 모을 뿐 아니라, 전투를 내세워서 이들 수단을 수시로 사용한다. 이러한 방어자가 되어야 비로소 투쟁의 개념에 실제로 적합한 행동을 실시할 수가 있다.

제2의 문제는 이러하다. 방어자는 공격자가 나오는 방식에 대해서 생각하기 전에, 우선 방어 그 자체를 규정하는 근거를 확립해야 하는데, 도대체 그 규정의 근거는 이론적으로 어떠한 성격을 가지고 있는가 하는 점이다. 그런데 공격자가 우선 착수하는 것은, 말할 필요도 없이 적국의 영토를 약취하기 위해 하는 전진(前進)이다. 이 전진 그 자체는, 본래의 투쟁 밖에 있는 것으로 여겨지고 있지만, 그것은 이윽고 발생하는 군사 행동의 제1단계를 뒷받침하게 되는 것이다. 이에 대해 방어의 주된 목적은 이 전진을 저지하는 데 있다. 그러면 공격자는 전진을 적 국토의 상태와 견주어서 행해야 한다. 여기에서 방어자 쪽에는, 방어에 대한 최초의 가장 일반적인 규정이 성립된다. 방어자 쪽에 이러한 규정이 확립되면, 공격자는 이들 규정을 향해 공격을 실시한다. 그러면 이번에는 방어자가, 공격자가 사용하는 투쟁 수단에 비추어 방어의 새로운 원칙을 안출한다. 이렇게 해서 공격과 방어 사이에는 상호 작용이 생긴다. 그리고 이론은 이러한 상호 작용에서 생기는 새로운 결과가 고려할 만한 것이면 그 연구를 계속할 수가 있는 것이다.

이상의 조졸한 분석은, 우리가 앞으로 행하는 고찰을 보다 명료하고 확실한 것으로 만들기 위해 필요하다. 그러나 이와 같은 분석을 한 주된 목적은 실제의 회전에 효과적으로 사용하기 위함도 아니고, 장래의 장수를 육성하기 위함도 아니다. 이 분석에 의해 우리가 바라는 것은, 공격과 방어라고 하는 중대한 사항을 이제까지 경솔하게 다루어온 일부 이론가들의 어리석음을 깨쳐주기 위한 것이다.

제8장
여러 저항 방식

방어의 주된 목적은 적의 공격을 저지하는 데 있다. 또 이러한 저지에는, 적을 대기하고 있다는 동작이 포함된다. 그리고 이 대기가 방어의 주요한 특징인 동시에 주된 이점이기도 하다.

그러나 전쟁에서 방어는 순전한 수동이 아니므로, 대기한다고 해도 그것은 절대적인 대기가 아니고 상대적인 것에 지니지 않는다. 그런데 이 대기에 관계되는 대상은, 공간적으로는 국토, 전쟁터, 또는 진지(陣地) 중 어느 하나이고 또 시간적으로는 전쟁, 전역 또는 회전 중 어느 하나이다. 그러나 이것들은 어느 것이나 자족(自足)이 완료된 일정 불변한 통일체가 아니고, 서로 섞기면서 엉켜 있는 영역의 각 중심점이다. 그러나 실생활에서는 사물을 서로 엄밀하게 구분하지 않고 이것을 분류로 정리하는 것만으로 만족해야 할 경우가 있다. 그런데 이들 개념은 어느 것이나 실제 전쟁 그 자체에 의해서 이미 명확한 것이 되어 있으므로, 이러한 개념을 각각 중심점으로 해서 그 밖의 개념을 정리해도 지장은 없을 것이다.

그렇다면 국토의 방어는 국토에 대한 공격만을 대기하게 되고, 전쟁터의 방어는 전쟁터에 대한 공격만을, 또 진지의 방어는 진지에 대한 공격만을 대기하는 것이 된다. 그러나 방어자가 이러한 대기 뒤에 취하는 적극적이고 공격적인 행동은 방어의 개념과 모순되는 것이 아니다. 방어의 주요 특징이자 그 주요한 이점인 대기가 이미 이용되고 있기 때문이다.

그런데 전쟁, 전역, 혹은 회전과 같은 시간적 개념은 국토, 전쟁터 혹은 진지와 같은 공간적 개념과 병존(竝存)하는 것이고, 따라서 이들 두 개념은 대기에 대해서 어느 것이나 동일한 관계를 가지는 것이다.

위에서 말한 방어는, 대기와 적극적 행동이라고 하는 두 가지 이질적인 부분으로 이루어진다. 우리는 그중 제1의 부분, 즉 대기를 우선 일정한 대상과 연결시키고 따라서 또 제2의 부분, 즉 적극적 행동에 선행시킴으로써 양자를 방어라고 하는 하나의 전체로 구성할 수가 있다. 그러나 방어 행동, 특히 규모가 큰 것에서는 전역이나 전쟁과 마찬가지로 시간적으로 두 개의 큰 부분, 즉 전반은 순수한 대기로 후반은 순수한 적극적 행동으로 하는 식으로 분명하게 나뉘는 것이 아니라, 이 두 가지 상태가 서로 교대하여 대기가 마치 한 가닥의 실처럼 방어의 전체를 관통한다.

우리가 방어에서 대기를 이토록 중요시하는 데에는 충분한 이유가 있다. 종래의 이론에서는, 대기가 독립된 개념으로서 다루어진 적이 한 번도 없었다. 그러나 실제 전쟁에서는 이 대기라는 개념이—비록 의식되지 않는 경우가 있다고 하더라도—끊임없이 방어를 지도해 왔다. 이 개념은 모든 군사 행동의 근본 구성 요소이며, 이러한 개념이 결여되면 군사적 행동은 거의 불가능하다고까지 말할 수 있다. 따라서 앞으로도 자주 이 개념에 입각해서, 대기가 피아 병력 사이의 역학적 관계에서 가져오는 효과에 주의를 집중할 생각이다.

다음에는 대기의 원리가 어떤 식으로 모든 방위 행동을 일관하고 있는가 하는 것과, 방어 그 자체에서의 몇몇 단계는 어떻게 해서 대기의 원리에서 생기는 가를 살펴보고자 한다.

우리의 고찰을 단순한 대상으로 압축하기 위해, 우선 국토의 방위는 전쟁 계획을 논하는 편(제8편)에 양보하기로 한다. 이런 종류의 방어에서는 정치적 사정이 다종다양한 데다가 또 강력한 영향을 미치기 때문이다. 그런데 진지 및 회전에서의 방어 행동은 본디 전술이 다루는 대상이다. 이러한 대상이 전략 문제가 될 수 있다고 하면, 그것은 이런 종류의 방어 행동이 전체로서 전략적 행동의 출발점이 되는 경우에만 한정된다. 그렇다면 결국 전쟁터의 방어만이 방어의 실태를 가장 잘 나타내는 것이 된다.

앞서 우리는 이렇게 말했다. 대기와 적극적 행동은 다 같이 방어의 가장 본질적인 요소이다. 그리고 후자는 적의 공격에 응수하는 일, 즉 반격을 말한다. 여하간 전자가 결여되면 방어는 성립되지 않고, 또 후자가 결여되면 전쟁은 성립되지 않는다고. 우리는 이와 같은 견해에서 출발하여 방어는 공격보다도 강력한 전쟁 형식이며, 그 목적은 적을 보다 확실하게 정복하는 데 있다는 생각에 도달했다.

우리는 어디까지나 이 생각을 견지해야 한다. 그 이유는, 결국 이와 같은 생각만이 불합리한 잘못된 생각을 예방할 수 있고, 또 우리가 이러한 사상을 가까이에서 생생하게 느끼고 있으면 전체적인 방어 능력은 더욱더 강력하게 수행되기 때문이다.

따라서 방어를 구성하는 제2의 필연적 요소인 반격을 더 구분해서 본래의 저지, 즉 국토나 전쟁터 혹은 진지에 가해진 공격의 저지만을 방어의 필연적 부분이라 이해한다. 또 이 부분은 국토나 전쟁터 혹은 진지의 보전에 일관하는 것으로 그 이상으로 나가는 반격, 즉 실제의 전략적 공격의 영역으로 이행하는 반격은 이미 방어와는 전혀 관계가 없는 사항이라고 본다면, 이러한 견해는 이제까지의 사고방식에 어긋난다. 우리는 이와 같이 방어를 구별하는 것을 도저히 본질적인 구분이라고 인정할 수가 없다. 오히려 방어의 바탕에는 적의 공격에 대한 보복이라고 하는 관념이 존재한다고 주장하고 싶은 것이다. 비록 적에게 가한 최초의 반격에 의해서 그에게 많은 손해를 가할 수가 있었다고 해도, 그것만으로는 공격과 방어 사이의 역학적 관계에 정상적인 균형을 이루게 했다고는 말할 수 없기 때문이다.

그래서 우리는 방어가 공격보다도 한층 강력한 전쟁 형식이며, 그 목적은 적을 더 손쉽게 정복하는 데 있다고 말하는 것이다. 그러나 이렇게 해서 얻은 승리가 이 경우 방어에 관계되는 것, 즉 전쟁터를 넘어서 그 이상으로 미치는가의 여부는 그때의 정황에 따른다. 그러나 방어는 본디 대기라고 하는 개념을 본뜻으로 삼기 때문에, 적을 정복하는 목적은 조건부로만, 즉 적이 공격을 해올 경우에만 성립된다. 따라서 적이 공격을 가하지 않으면, 방어는 현재 보유하고 있는 토지를 유지하는 것으로 만족해야 한다. 이것이 대기 상태에서의 방어 목적이다. 그리고 방어는 이러한 소극적인 목표로 만족하기 때문에, 공격보다도 한층 강력한 이 전쟁 형식이 제공하는 여러 이점을 누릴 수가 있다.

전쟁터의 방어를 임무로 하는 군은, 다음 네 가지 방식으로 방어를 실시할 수가 있다.

1. 적이 전쟁터에 침입하자마자 즉시 공격한다(몰비츠, 호헨프리데베르크).
2. 방어자는 국경 근처에 진지를 구축하고, 공격자가 이 진지의 전면에 진출

하기를 기다렸다가 공격한다(차슬라우, 조르, 로스바흐).[1] 말할 필요도 없이 이 경우의 대기 상태는, 제1의 경우보다도 수동적이고 또 대기하는 시간도 길다. 그러나 이 경우에 적을 대기하는 시간이 매우 짧거나 혹은 전무라고 해도, 또 적이 아군 쪽에 실제로 공격을 걸어와도 제1의 경우에는 불가피했던 회전이 제2의 경우에는 반드시 확실하게 기대된다고는 말할 수 없다. 공격자는 방어자의 강력한 저항을 알고 결국 공격에 나서지 못하는 경우도 있을 수 있기 때문이다. 따라서 또 대기의 이점은 그것만으로도 제1의 경우보다는 크다.

3. 제2와 동일한 진지를 차지하고 있는 방어자가, 공격자의 회전 결의를 기다리고 있을 뿐만 아니라, 다시 말해 공격자가 아군의 진지에 진출하는 것을 기다리고 있을 뿐만 아니라 적이 실제로 공격을 해오는 것을 기다리는 방식이다(제2의 경우와 마찬가지로 프리드리히 대왕의 전쟁 사례를 들자면, 분첼비츠). 따라서 이 경우에야말로 본격적인 방어적 회전이 이루어지게 된다. 또 이 방어적 회전은, 앞서 말한 대로 일부의 부대를 가지고 하는 공세 운동을 포함하는 일이 있다. 이 경우에도, 제2의 경우와 마찬가지로 대기에 의해 얻는 시간은 거론할 만한 것이 되지 못할 것이다. 하지만 공격자 쪽 회전 결의의 강약을 새로 탐색하게 되는 셈이다. 그러나 적이 결국 회전을 결의해서 전진했다고 해도 마지막 순간에 허리가 꺾여 중지하든가, 혹은 최초 공격으로 방어자의 진지가 의외로 강하다는 것을 알고 한 번 시도해 보고 공격을 포기한 예도 가끔 있다.

4. 이것은 방어자가 공격자에 가하는 저항을 자기 나라 안으로 옮기는 방법이다. 이 퇴각의 목적은 공격자의 전투력을 차차 약화시켜서 그가 전진을 스스로 중지하지 않을 수 없는 시점을 기다리거나, 그렇지 않으면 그가 전진의 정점에 이르렀을 때 적어도 방어자의 저항을 이제는 배제할 수 없는 시점을 기다리든가, 이 둘 중 어느 하나이다.

제4의 방법이 일목요연하게 나타나는 것은 방어자가 하나 내지는 몇 개의 요새를 후방에 남기고 퇴각하고, 공격자가 이것을 포위하도록 만드는 경우이다. 이에 의해서 공격자의 전투력은 현저하게 약화되고, 또 방어자에게는 우세한 병력을 가지고 공격자를 어느 지점에서 공격하는 기회가 주어지는 것은 틀림없

---

1) 차슬라우(Czaslau). 뵈멘의 도시. 이곳 회전(1742. 5. 17)에서 프리드리히 대왕은 오스트리아군을 무찔렀다.

는 사실이다.

그러나 방어자 쪽에 요새가 존재하지 않아도, 그는 내지(內地) 쪽으로 퇴각하는 것에 의해서 피아 사이의 균형이나 적에 대한 우세를 차차 회복할 수가 있다. 그리고 이것은 국경 부근에서는 얻을 수 없었던 이점이다. 일반적으로 전략적 공격이 요구하는 전진은 공격자의 전투력을 절대적으로 약화시킬 뿐만 아니라, 또 적국의 국토를 약취한 병력의 분할을 하지 않을 수가 없게 되어 약화가 불가피하기 때문이다. 이에 대해서는 공격을 논하는 대목에서 자세히 살펴볼 생각이다. 여기에서는 위와 같은 진리를, 예나 지금의 모든 전쟁으로 충분히 증명된 사실로서 미리 들어보는 것으로 그치기로 한다.

그런데 제4의 경우에는, 무엇보다도 먼저 시간적 여유를 얻는 것이 방어자에게 현저한 이점으로 간주되어야 한다. 공격자가 방어자 쪽에 있는 몇몇 요새를 포위한다면, 방어자는 이들 요새가 각기 함락하는 시점을 예상하여 그때까지의 시간적 여유를 얻는 것이다(이 시간은 수주일인 경우도 있고, 수개월에 이르는 경우까지도 있다). 또 적 전투력의 약화, 즉 공격력의 소모가, 전진과 주요 지점의 점령에 의해서만, 즉, 공격자의 전진 행정(行程)의 길이에 의해서만 생기는 경우에도, 방어자가 얻는 시간적 여유는 제1 내지 제3의 경우보다 훨씬 크다. 따라서 방어자가 취하는 적극적 행동은 반드시 일정한 시간에 구애될 필요는 없을 것이다.

공격자의 전진이 끝난 지점에서 방어자와 공격자 사이의 힘 관계에 변화가 생긴다는 것 외에도, 우리는 대기에 의한 현저한 이점이 여기에서도 방어자에게 주어진다는 것을 인정하지 않을 수 없다. 공격자의 전투력이 전진에 의해 현저하게 약화되어 있다면, 공격자는 방어자가 퇴각을 정지한 지점에서 그의 주력을 공격할 수 있지만, 실제로는 이러한 공격자라도 공격 결의를 굳히기를 주저할 것이다. 이 경우에 공격의 결의는, 국경에서 필요로 하는 이상으로 강력해야만 하기 때문이다.

그 이유의 일부는 뭐라 해도 공격자의 병력이 약해져서 이미 기세를 잃고, 게다가 위험이 커지기 때문이고, 또 다른 이유는 우유부단한 장수일 경우, 그가 도달한 지점까지의 토지를 점령하는 것에 만족하여 회전의 의도를 일찍 포기하기 때문이다. 이러한 장수는 회전이 이미 필요하지 않다는 것을 실제로 믿고 있거나, 그렇지 않으면 이것을 구실로 삼는 것이다. 공격자가 국경 부근에서라면 몰라도 이제 와서 공격을 단념한다고 해도 방어자로서는 소극적으로나마 만족할 만한 성과를 거두는 것은 아니지만, 이것으로 얻는 시간적 여유는 매우 크다.

위에서 말한 네 경우의 어느 것에서도 방어자가 토지와 지형을 이용할 수 있다는 것, 따라서 또 요새의 지원과 국민의 협력을 예상하고 행동할 수 있다는 것은 말할 것도 없다. 더욱이 이 네 개의 원리는 방어가 한 단계씩 진행됨에 따라 그 효력은 더욱더 증대한다. 특히 제4단계에서는 적의 병력을 약화시키는 효과가 생긴다. 그런데 대기에 의한 이점은 이들 방어 방식이 진행되는 단계마다 증대하므로, 제1 내지 제4단계는 다름 아닌 방어의 강도 증가를 나타낸다고 하는 것, 그리고 방어라는 전쟁 형식은 방어자 쪽에서 공격으로 이행하기 위한 시간적 여유가 크면 이에 따라 더욱더 강력해진다는 것을 알 수가 있다. 따라서 방어 방식 중에서 가장 수동적인 것이 가장 강력하다 해도 과언은 아니다. 실제로 위의 방어 방식을 한 단계씩 진행했다고 해서, 다시 말하면 이들 방어 방식의 수동성을 차차 증대했다고 해서, 방어자의 저항 능력이 약화될 염려는 없다. 다만 저항을 개시하는 시기를 연장하여 지연시키는 데 지나지 않는 것이다. 하지만 다른 한편으로는 방어의 목적에 잘 맞게 만들어진 보루 진지를 가지고 하면, 한층 강력한 저항이 가능하고, 게다가 적의 병력이 이러한 저항을 만나서 반쯤 소모되면 방어자는 한층 효력이 있는 반격을 가할 수가 있다는 주장 또한 인정할 만하다. 만약에 진지의 이점이 없다면, 다운은 콜린[2]에서 승리를 거두지 못했을 것이다. 그리고 프리드리히 대왕이 1만 8000명도 안 되는 군을 전쟁터에서 철퇴시켰을 때, 만약에 다운이 이를 맹렬하게 추격했더라면, 그가 얻은 성과는 전사에서 가장 빛나는 성공의 하나로 간주되었을 것이다.

이렇게 보면 방어의 단계가 한 단계씩 앞으로 나아감에 따라, 방어자의 우세가—더 정확히 말하자면 방어자의 대항력이—증대한다. 따라서 반격도 더욱더 강력해진다고 해도 좋다.

그런데 이와 같이 방어의 강도가 증대함에 따라서 이에 따른 이점 또한 커

---

2) 프리드리히 대왕은 콜린의 회전(1757. 6. 18)에서 참패했다.

지게 되는데, 이러한 이점은 무상으로 얻어지는 것일까? 그렇지가 않다. 이러한 이점을 얻기 위해 지불하는 희생은, 방어의 강화에 비례해서 증대하는 것이다.

우선 방어자가 스스로 고른 전쟁터에서 적을 기다릴 경우, 비록 전쟁터의 경계선에 훨씬 가까운 곳에서 결전이 이루어진다고 해도 역시 적군은 이 전쟁터에 들어오게 되므로, 방어자의 희생 없이는 끝나지 않는다. 이와는 반대로 방어자 쪽에서 바로 적에게 공격을 가하면 이러한 불리(不利)가 적에게 해당될 것이다. 그러나 방어자가 적과 맞서자마자 바로 공격을 가하지 않는다면, 이미 그것만으로도 방어자의 희생은 커진다. 하물며 적이 점거하는 공간과 적이 아군 진지에 도달하는 데 걸리는 시간이 길어지면, 방어자의 희생도 더욱 커지게 된다. 또 방어자가 방이적 회전을 각오한다면, 다시 말하면 회전 결의와 시기 선택을 적에 맡긴다면, 적은 그 점거 지역을 장기에 걸쳐 영유하는 일이 있을 수 있다. 또 적이 좀처럼 회전 결의에 이르지 않기 때문에, 방어자가 얻는 시간적 여유도 결국은 방어자 쪽의 부담이 된다. 하물며 내지로 퇴각하게 되면 방어자는 더 뼈아픈 희생을 치러야 할 것이다.

방어자 측의 이와 같은 희생은 방어자의 여러 힘을 쇠퇴하게 만들지만, 이 쇠퇴가 전투력에 미치는 영향은 직접적이 아니라 간접적이다. 따라서 나중에서야 비로소 뼈저리게 느끼게 된다. 때로는 이 영향이 거의 감지되지 않을 정도로 간접적인 경우도 있다. 즉, 방어자는 앞으로의 부담을 각오해서 현재 상태를 강화하려고 한다. 다시 말하면 자본력이 없는 사람이 차입금으로 당좌를 모면하려고 하는 것과 같다.

그런데 위에 든 네 가지 저항 형식에서 생기는 성과를 고찰해 볼 때, 공격자가 방어자에게 가하는 공격의 목적을 문제로 삼지 않을 수가 없다. 이 목적은 방어자가 고른 전쟁터 전체를 점령하든가, 혹은 적어도 이 전쟁터의 상당 부분을 점령하는 것을 말한다. 전체라고 하는 개념은 적어도 그 과반수를 포함하는 것으로 이해해야 하기 때문이다. 실제로, 수마일의 지대(地帶)를 점령한들 전략에서는 아무런 중요성을 가지지 않는 것이 통례이다. 따라서 공격자가 아직 전쟁터를 점령하고 있지 않는 한, 다시 말하면 공격자가 방어자의 위력을 두려워하여 아직 공격에 나서지 못하고 있거나, 방어자의 진지에서 아직 방어자를 포착하지 않았거나, 그렇지 않으면 방어자가 도전하는 회전을 피하고 있거나 그 어느 경우가 되든 간에 방위의 목적은 달성된 것이고, 또 방어를 위해 강구한 방책은 효과를 거둔 것이 된다. 그러나 이와 같은 성과는 매우 소극적인 것으로, 방어자가 목적으로 하는 본격적인 반격에 직접 힘을 더하는 것이 아닌 것은 두말할 나위가 없다. 그러나 이러한 소극적인 성과라 해도 간접적으로는 반격을 위한 힘이 될 수 있으므로, 반격으로 향한 도상에 있다고 할 수 있다. 회전에 대한 결단을 내리지 못하는 공격자는 그만큼 시간을 허비하고 있기 때문이다. 시간의 손실은 공격자에게 불리하고, 이러한 손실을 초래한 공격자는 그 어떤 방식으로든 약화되지 않을 수 없다.

따라서 방어의 네 단계 중 처음 3단계에서는, 다시 말하면 방어가 국경에서 이루어질 경우에는 공격자에게 결전을 단념하게 하는 것이 곧 방어의 성과라고 할 수 있다.

그러나 방어의 제4단계는 그렇지가 않다.

적이 방어자 쪽의 요새를 포위한다면, 방어자는 시기를 놓치지 말고 그 포위를 풀어야 한다. 따라서 적극적인 행동으로 결전을 요구하는 것이 바로 방어자가 할 일이다.

그런데 적이 방어자 측의 요새는 거들떠보지도 않고, 방어자를 내지로 추격했을 경우에도 사정은 이와 전적으로 동일하다. 확실히 이 경우에는, 방어자 측의 시간적 여유는 매우 커서 적 전투력이 가장 약화되는 시기를 기다릴 수가 있다. 그러나 방어자 측의 전제, 즉 언젠가는 적극적 행동으로 이행해야 한다는 전제는 여전히 변함이 없다. 이 경우, 공격자는 공격의 대상이었던 전 지역을 점령한다. 그러나 이 지역은 공격자에게 말하자면 일시적인 점거에 지나지 않는다. 피아의 긴장은 계속되고, 결전은 눈앞에 다가와 있다. 방어자는 나날이 강화되고, 이와는 반대로 공격자는 나날이 약화되고 있는 한, 결전이 지연된다는 것은 방어자의 이익이 된다. 그러나 마침내 도래하지 않을 수 없는 극한점이 나타나자마자—비록 이것이 방어자의 자력에 의한 것이 아니라 공격자가 받은 일반적인 손실에 의한 결과에 지나지 않는다고 해도—행동과 회전의 결의는 바로 방어자 쪽에 있다. 대기의 이점은 여기에서 흠 잡을 데 없이 이용되었다고 해도 좋다.

이 시점을 결정하는 일반적 표준이 있는 것은 아니다. 실제로 이것을 규정하는 것은 많은 정황이나 사정이다. 하지만 일반적으로 겨울을 가장 자연적인 전환점으로 인정하지 않을 수 없다. 만약에 공격자가 그 점령 지역에서 겨울을 보내는 것을 방어자가 저지할 수 없다고 한다면, 이 지역은 포기된 것으로 간주되어야 할 것이다. 그래도 이 규칙이 보편적인 것이 아님을 알기 위해서는 토리즈 베드라시[3]의 실례를 상기하는 것이 좋다.

그런데 일반적으로 결전이란 어떠한 것인가?

이제까지의 고찰에서는 결전을 항상 회전이라고 하는 형식으로 생각해 왔다. 그러나 항상 그래야 된다는 것은 아니다. 그 밖에도 분할된 병력으로 수행하는 전투의 여러 가지 조합을 생각할 수 있기 때문이다. 그리고 이와 같은 조합이 어떤 때에는 실제로 적과 혈선을 하는 경우도 있고, 또 어떤 때는 적이 전투의 결과를 예측해서 싸우지 않고 퇴각하는 일도 있다. 여하간 이렇게 해서 전국(戰局)이 결정된다.

전쟁터에서의 결전이라고 하면 이것 이외에는 있을 수 없다. 그리고 이것은 앞서 전쟁에 대해서 말한 견해로부터 필연적으로 생기는 결론이다. 비록 적군이 양식의 결핍이라는 이유만으로 퇴각하더라도, 이 퇴각은 아군의 무력이 적군을 궁지에 몰아넣은 결과이다. 만약에 아군이 병력을 전혀 보유하고 있지 않으면, 적군은 틀림없이 양식을 조달하는 방책을 강구했을 것이다.

따라서 공격자가 방어자의 국내로 침입해서 전진을 계속한 결과, 부대의 파견이나 기근 및 역병(疫病) 때문에 약화되거나 소모되었을 경우에, 이 공격자로 하여금 퇴각을, 또는 일단 회득한 모든 것을 포기하게 만드는 것은 실로 방어자의 무력에 대한 두려움 때문이다. 하지만 국내에서의 결전과 국경에서 이루어지는 결전 사이에는 자연히 현저한 차이가 생기는 것은 두말할 필요도 없다.

국경에서는 공격자의 무력에 대항하는 것은 방어자 측의 무력뿐이며, 이것이 적의 무력을 막고, 혹은 이에 파괴적인 영향을 준다. 그러나 국내에서는 공격자가 전진을 계속한 나머지 그 전투력은 스스로 파고든 고난에 의해서 이미 반은

---

3) 토리즈 베드라시(Torres Vedras). 포르투갈의 도시로 요새. 1810년부터 11년에 걸쳐서 영국 및 에스파냐 연합군은 86km에 이르는 이 요새선의 배후로 물러나, 프랑스의 침입군과 대치한 채 겨울을 났다.

파멸에 직면했다고 하면, 방어자의 전투력에는 이에 의해서 무력과는 전혀 다른 종류의 힘이 가해진다. 그러면 방어자의 전투력은 확실히 결전의 궁극적인 요인이 되기는 하지만, 그러나 유일한 요인은 아니다. 따라서 전진하는 적 전투력의 이러한 쇠퇴는 이미 결전에서의 승패를 예시하는 셈이다. 그리고 적 전투력의 쇠퇴가 한층 심해지면 방어자의 반격이 가능하다는 것만으로도 적의 퇴각을 유도하여, 이로써 전국이 결정되는 경우가 있다. 요컨대 이와 같은 경우에 결전에서의 승패를 결정하는 것은, 적이 전진으로 스스로 자초한 고난 바로 그것이다. 물론 우리는, 방어자의 무력이 승패의 결정에 이바지하지 않았다고 말할 생각은 없다. 그러나 실제적인 견지에서 보자면, 어떤 경우에 이 두 원리의 한쪽이 더 유력했던가를 식별할 필요가 있다.

이와 같은 의미에서 방어에는, 공격자가 방어자의 무력에 의해서 파멸하는가 그렇지 않으면 공격자가 스스로 초래한 고난에 의해서 파멸하는가에 따라서 두 가지 결전이 있고, 또 두 가지 반격 방법이 있다고 할 수 있다.

제1종의 결전은 방어의 최초 3단계에서 유력하고, 또 제2종의 결전이 제4단계에서 유력하다는 것은 명백하다. 더욱이 제4단계는, 방어자가 자국의 내지로 퇴각했을 경우에만 생기는 것이다. 따라서 이 방어 방식은 내지에의 퇴각에 의해서 많은 희생을 지불해야 함에도, 이러한 퇴각을 감행하는 이유가 될 수 있다.

이렇게 해서 우리는 저항에 관한 두 개의 서로 다른 원리가 어떠한지를 알았다. 우리는 이 두 원리가 개별적으로 또 각기 순수한 형태로 나타난 사례를 전사(戰史)에서 볼 수 있다. 이러한 전쟁 사례가 있다. ─프리드리히 대왕은 1745년 호헨프리데베르크에서, 때마침 슐레지엔 산지에서 내려온 오스트리아군을 공격했다. 그 때 오스트리아군의 전투력은 부대 파견이나 전진에 의한 고생으로도 약화되지 않았다.[4] 그런데 다른 한편으로는 이러한 예가 있다.─웰링턴은 토리즈 베드라시[5]의 보루 진지에서 마세나[6]의 군이 굶주림과 추위로 자발적으로 퇴각을 하기 시작하는 것을 기다렸는데, 방어자의 무력(武力)은 공격자의 전

---

4) 그럼에도 불구하고 이 회전에서 프리드리히 대왕은 오스트리아군을 무찔렀다.

5) 앞서 나온 토리즈 베드라시에 관한 설을 참조.

6) 마세나(Massena, Andre, 1758~1817). 프랑스의 원수.

투력 약화에는 조금도 신경 쓰지 않았던 것이다. 이 두 원리가 복잡하게 연결된 경우에도, 그중 어느 한쪽이 분명히 유력했다. 그 좋은 예로서는 1812년 나폴레옹의 러시아 원정이 있다. 이 유명한 전쟁에서는 많은 전투가 있었고, 만약 다른 상황에서였다면 이들 전투의 승패에 대한 완벽한 결정은 무력에 의해 주어졌을 것이다. 그럼에도 공격자가 스스로 자초한 고생으로 파멸한 예는 이 전쟁에서 가장 뚜렷하게 나타난 것이다. 프랑스의 중앙군 30만 중 모스크바에 도달한 것은 겨우 9만이었다. 행진 중에 갈라진 병사는 1만 3000에 지나지 않기 때문에 결국 19만 7000의 병력이 행진 중에 상실된 것이다. 또 수차의 전투에 의한 손실로 셀 수 있는 것은 그중 3분의 1 이상이 넘지 않는 것은 확실하다.

이른바 '시간을 버는' 방어 방식으로 유명한 전투, 예를 들면 유명한 파비우스 쿵크타토르[7]가 한 전쟁은 적이 스스로 자초한 고생으로 자멸할 것을 예상하여 계획된 것이다. 이 원리는 화제는 되지 않았지만, 예부터 수많은 전쟁에서 지도적 역할을 해왔다. 전쟁 역사가들이 멋대로 만들어낸 그럴싸한 이유에는 잠시 눈을 감고 사건 그 자체의 핵심을 구명해 보면, 이상과 같은 원리야말로 여러 결전에서 승패를 결정한 참다운 원인임을 알 수 있다.

이것으로 우리는 방어의 밑바탕에 있는 개념을 남김없이 전개하고, 두 가지 주요한 저항 방식을 드러내어 밝히며, 대기의 원리가 방어에 관한 모든 사상 체계를 일관하고, 또 방어자의 적극적 행동과 결부되는 사정을 설명했다고 생각한다. 또 방어자가 적극적 행동으로 옮기는 시기에 지속(遲速)의 차가 생기는 것은 물론이지만, 여하간 그때는 대기의 이점이 이미 모두 이용되는 것이다.

이것으로 방위의 모든 영역을 샅샅이 답사한 셈이다. 그런데 이 영역에는 따로 장을 설정해서 논해야 할, 다시 말하면 방어에 관한 독자적인 사상 체계의 중심을 이루는 약간의 중요 사항이 포함된 것은 물론이다. 그렇기 때문에 예를 들어 요새의 본질과 그 영향력, 보루 야영, 산지 및 하천의 방어, 측면에 미치는 효과 등에 대해서도 고찰해야 한다. 이에 대해서는 다음 여러 장에서 논하게 되는데, 이들 문제는 어느 것이나 위에서 말한 사상 계열 밖에 있는 것이 아니라, 방어 사상을 전투 지역과 그 지역의 여러 사정에 세밀하게 적용한 것일 따

---

7) 파비우스의 쿵크타토르(Cunctator : 주저하는 자)는 별명. 이 말은 원래는 비난의 뜻을 포함하고 있었는데, 파비우스에게 붙여지고 나서는 이러한 뜻이 퇴색되었다.

름이다. 방어에 관한 사상은 방어의 개념 그 자체와 방어의 공격에 대한 관계에서 생긴 것이다. 우리는 이상의 고찰에서 이들의 단순한 사상을 현실의 사태와 관련시켜, 다음에 어떻게 하면 현실에서 다시 이 사상으로 돌아와서 여기에 확고한 근거를 구할 수 있는가 하는 사정을 명백히 했다. 그렇게 되면 헛된 이론을 내걸어, 마치 허공에 못을 박고 이를 논지의 근거로 삼는 것 같은 어리석음을 피할 수가 있을 것이기 때문이다.

그런데 방어자가 무력을 써서 하는 저항은, 전투의 다양한 조합에 따라 각기 매우 다른 모양을 나타내고 매우 특수한 성격을 띠는 일이 있다. 특히 방어자의 반격이 실제로 이루어지는 것이 아니라, 반격이 가능하다는 것만으로도 공격자를 두렵게 만드는 효력을 발휘하는 경우에는 더욱 그렇다. 그래서 여러 사람들은, 이러한 사태가 일어나는 데에는 따로 다른 무언가 효과적인 원리가 있을 거라는 견해에 마음이 끌리는 것이다. 그래서 오직 회전에서의 유혈적인 전투로 적을 격퇴시키는 방식과, 전투의 교묘한 전략적 조합으로 정황을 거기까지 끌고 가지 않고 적을 굴복시키는 방법 사이에는 현저한 차이가 있기 때문에, 거기에는 무언가 다른 힘이 있는 것으로 생각해야 한다고 말한다. 이것은 천문학자가, 화성과 목성의 거리가 너무 멀다는 이유로 둘 사이에는 무언가 다른 행성이 존재한다고 추론하는 것과 비슷한 생각이다.

공격자가, 방어자의 견고한 진지를 바라보고 그곳을 공략하는 것은 불가능하다고 생각하거나, 큰 강을 앞에 둔 방어자를 바라보고 도하(渡河)의 불가능을 한탄하는 경우는 물론, 행진 중인 군이 이대로 전진을 계속하면 충분한 급양을 확보할 수 없는 것은 아닐까 하는 걱정을 하는 경우에도, 이러한 효과를 낳게 한 것은 오직 방어자의 무력 바로 그것이다. 즉 방어자의 무력으로, 주요 전투에서 또는 특히 중요한 지점에서 패배를 할지도 모른다는 공포심이 전진하는 공격자에게 정지를 하지 않을 수 없게 한다. 다만 공격자로서는 이것을 말하지 않거나 혹은 솔직히 나타내지 않을 뿐이다.

그런데 어떤 논자는 유혈을 동반하지 않는 결전에서도 승패를 결정한 요인은 결국 전투이고, 비록 실제의 전투는 아닐지라도 투쟁의 기세만을 나타낸 전쟁이라는 것을 인정하면서도, 이 경우에 가장 효과적인 원리는 실로 전투의 전략적 조합이지, 전투에 의한 전술적 결정은 아니다라고 한다. 그리고 만약에 무력 이외의 방어 방식을 생각할 수 있다고 한다면, 바로 이 전략적 조합이야말로 우위를 차지해야만 한다고 말한다. 우리로서도 일단 이것을 인정하지 않을 수 없다. 하지만 이 논자의 취지는 결국 우리가 말하고자 하는 요점에 귀착되는 것 같다. 우리가 하고 싶은 말은 이렇다. 전투에 있어서의 전술적 성과야말로 모든 전략적 조합의 기초이어야 한다면, 공격자는 이 기초의 철저한 이용을 목적으로 하고 무엇보다도 먼저 이러한 전술적 성과를 낸 것으로 해서, 방어자 측의 전략적 조합의 파멸을 기하는 것은 가능하며, 따라서 방어자로서는 이것을 두려워해야 한다. 요컨대 전투의 전략적 조합은 결코 독립적으로 존재할 수 있는 것이 아니며, 전술적 성과에 조금도 불안을 품을 이유가 없는 경우에만 유효하다는 것이다. 우리의 취지를 간단히 설명하기 위해서는 다음과 같은 한 가지 일을 지적히면 충분할 것이다. 즉, 나폴레옹 같은 탁월한 장수는 적의 복잡하고 교묘한 전략적 조합 같은 것에는 눈도 돌리지 않고 오로지 전투 그 자체를 추구했다. 그리고 투쟁의 경과에 아무런 의심도 품지 않았다. 따라서 적의 전략이 우세한 병력을 가지고 나폴레옹 타도에 전력을 다한 투쟁을 염두에 두지 않았거나, 여러 가지 정교한 (따라서 또 취약한) 관계를 기초로 한 경우에 그 전략은 마치 거미줄처럼 갈기갈기 찢기고 말았다. 하지만 다운 같은 범장(凡將)은, 이러한 취약한 전략적 관계에서조차 심하게 그 행동이 억압되었던 것이다. 따라서 7년 전쟁에서 프로이센군이 다운이나 그의 군에 대해서 했던 일을 다시 나폴레옹과 같은 뛰어난 장수에게 적용한다는 것은 더없이 어리석은 일이라 하지 않을 수 없다.

왜 그런가? 나폴레옹은 전투에서 모든 것은 오직 전술적 성과에 있음을 간파하고, 또 이 전술적 성과를 수중에 넣을 수 있다는 것을 확신하고 있었다. 그러나 다운은 그 어떤 것에 대해서도 도저히 나폴레옹과 비할 바가 아니었다. 바로 이러한 이유로 해서 우리는 다음 두 가지 일을 지적하는 것을 우리의 공적으로 여겨도 좋다고 생각하는 것이다. 즉 첫째, 전투의 전략적 조합은 모두 전술적 성과를 기초로 한다는 것이다. 두 번째는, 전술적 성과로서 그 어떠한 경우에도, 즉 회전에 의한 해결에서나 회전에 의하지 않는 해결에서도 승패를 결정하는 본래의 근본적 원인을 이룬다는 것이다. 요컨대 적의 성격, 적의 모든 사정, 피아 두 군의 정신적·물리적 균형, 혹은 또 아군의 우세와 같은 여러 이유로 해서 전술적 성과에 관해 아무런 불안이 없는 경우에만, 전투를 동반하지 않는 전략적 조합으로부터 무언가를 기대할 수 있는 것이다.

그런데 전쟁사를 죽 훑어보면 공격자가 유혈적 전투를 피해 공격을 포기하고, 따라서 전투의 전략적 조합이 현저한 효력을 발휘한 전역이 많다는 것을 알 수 있는 것이다. 그러면 이와 같은 기술(記述)에 입각해서 다음과 같이 생각할 수 있다. 즉 이러한 전략적 조합은 적어도 그 자체 속에 강력한 원리를 가지고 있다. 그리고 공격자가 전술적 성과에서 결정적인 우위를 차지할 가능성이 없는 경우에는, 대개 전략적 조합만으로 승패를 결정할 수가 있다는 견해이다. 이에 대해 우리는 이렇게 대답한다. ─전술적 성과처럼 그 기원이 전쟁터에 있는 사항, 전쟁의 본성에 속하는 사항에 관해서 이러한 견해는 전적으로 잘못이다. 또 공격이 대체적으로 무효로 끝난 원인은 전쟁에서 한층 고도의 사정, 즉 정치적 사정에 있다고.

전쟁을 일으키고, 따라서 또 당연히 그 전쟁의 기초를 이루는 전반적인 사정은 전쟁의 성격을 규정한다. 이것에 대해서는 기회를 보아 전쟁 계획을 논하는 편(제8편)에서 상세하게 설명하고자 한다. 하지만 군사뿐만이 아니라 정치에도 걸쳐 있는 이 전반적인 사정은 수많은 전쟁을 어정쩡한 것으로 만들었다. 이런 상태의 전쟁에서는 본래 품었던 적의(敵意)가 여러 관련 사이에서 발생하는 마찰 속을 이리저리 빠져나가는 사이에, 매우 미약한 요소로 전락하게 된다. 이러한 사태가 공격자 측, 즉 적극적 행동을 목적으로 하는 쪽에 가장 자주, 또 가장 현저하게 나타나는 것은 말할 것도 없다. 이렇게 보면 이른바 소모성 질환에 걸린, 숨이 끊어질 것 같은 공격이 불과 한 손가락의 압력만으로도 이내 멈추게 되는 것은 이상한 일이 아닐 것이다. 실제로 어느 모로 보나 무기력해서 있는 듯 없는 듯 알 수 없는 결의는, 방어자가 저항의 기미를 보이는 것만으로도 사라져 버릴 것이다.

도처에서 볼 수 있는 난공불락의 견고한 진지, 전쟁터 안에 이어진 낮에도 어두운 산, 전쟁터를 뚫고 도도히 흐르는 강 등의 으스스한 모습, 교묘하게 전투를 엮어서 공격자의 전의를 쉽사리 꺾어 버리는 방어자의 기습 등은, 방어자가 유혈적인 전투를 사용하지 않고 가끔 얻은 성과의 참다운 원인이 아니다. 진정한 원인은 우유부단한 공격자의 박약한 의지에 있다.

공격자의 행동을 억제하고 저지하는 이들 대항물(對抗物)은 이론적으로 고려되어야 할 것이다. 그러나 우리는 이것들을 있는 그대로 인식하면 되는 것으로, 이러한 사물의 효과를 무엇인가 다른 것, 즉 지금 여기서 논술의 대상으로 하고 있는 방어 방식의 효과와 혼동해서는 안 된다. 만약 비판이 잘못된 통설을 시정하는 입장을 잃으면, 전쟁사는 이러한 중요한 점에 관해서 자칫하면 거짓과 기만의 상습범이 될 수도 있을 것이다. 우리가 북을 울려 이것을 공격하는 이유가 바로 여기에 있다.

그래서 이번에는, 유혈적인 전투에 의한 해결 방법을 취하지 않아서 실패한 다수의 공격적 전투에 공통된 일반적인 형태를 생각해 보고자 한다.

공격자가 적지에 침입해 전진하고 방어자를 어느 정도 몰아붙인다. 하지만 결정적인 전투에 도전하기에는 다소의 불안감을 느낀다. 그렇게 되면 공격자는 적 앞에서 멈추고, 마치 적지의 공략은 끝나고 앞으로는 점령 지역을 엄호하는 것 외에는 할 일이 없다는 시늉을 한다. 곁에서 보면 회전을 요구하는 것, 나날이 회전에 도전하는 것은 공격자가 아니라 오히려 방어자인 것처럼 보인다. 하지만 이것은 장수가 그의 군, 그의 궁정(宮廷), 세상—아니, 그 자신을 기만하는 속임수이다. 공격자가 공격을 멈춘 진짜 원인은, 그가 방어자의 정황을 매우 강력하다고 판단한 것에 있다. 또 여기서는 공격자가 이미 얻은 승리를 이용할 수 없기 때문에, 혹은 또 오직 전진만 해오다가 힘이 다하여 이제 공격을 재개할 수 있는 기력이 남아 있지 않기 때문에 공격을 중지하는 경우를 문제 삼고 있는 것은 아니다. 이 경우의 공격은 이미 일단의 성공을 거두고 또 공략이 실제로 이루어진 것이다. 지금 여기서 고찰하고 있는 것은 그러한 경우가 아니라, 공격자가 공략을 의도하고 어느 단계까지 적지에 침입했으면서도 보람 없이 공격을 중지하는 것과 같은 경우이다.

이와 같은 무위(無爲)는, 유리한 정황이 나타나기를 기다렸다가 그것을 이용하기 위해서이다—와 같이 말하는 것은 구실에 지나지 않는다. 실제로도 이러한 유리한 정황이 가까운 장래에 나타날 가능성이 없는 것이 통례이다. 공격을 의도했다는 것 자체가, 현재 외에는 좋은 기회가 없고 장래에 희망을 걸어도 무의미함을 증명하기 때문이다. 따라서 이러한 변명도 기만이다. 그런데 대부분 1개 작전군의 행동은 다른 군과의 동시적 행동과 관련된다. 그래서 장수는 자신이 하고 싶지 않은 일을 다른 군에 떠넘기고, 그 자신의 무위 이유를 우군 지원이나 협력 부족으로 돌리는 것이다. 극복하기 어려운 고난 등과 같은 말이 입에 오르고, 군의 무위가 이른바 복잡 미묘한 관계 때문으로 귀착된다. 이렇게 해서 공격자의 병력은 무위에 의해서라기보다는 오히려 철저하지 못한, 따라서 아무런 성과도 가져오지 못하는 활동에 의해 소모된다. 그러면 그 사이에 방어자는 시간을 번다. 이것이 그에게 가장 중요한 일인 것이다. 이윽고 회전에 적합하지 않은 겨울이 다가온다. 공격은 이것으로 끝나고, 공격자는 자신이 선택한 본디 전쟁터로 돌아가 동영(冬營)에 들어가는 것이다.

그런데 이렇게 복잡한 갖가지 잘못된 생각이 전쟁사에 도입되어, 실패한 공격의 매우 단순한 원인, 즉, 방어자의 무력에 대한 공포심이라는 진정한 원인이 소외되는 것이다. 이러한 전쟁을 비판하자면, 납득이 가는 결론을 줄 것도 아닌 수많은 이유나 반대 이유를 검토하는 것만으로도 싫증이 날 것이다. 주장하는 이유이든 반대하는 이유이든, 어느 것이나 확고한 근거를 가진 것이 아니다. 그렇기 때문에 이것으로 전쟁에서 진리의 근본적 구조를 분명하게 밝히는 것은 전적으로 불가능하다. 전쟁의 본령인 격렬한 힘을 억제하고 특히 공격을 약화시키는 원인은, 대체로 국가의 정치적 사정과 정치적 의도에 있다. 게다가 이들의 사정이나 의도는 세상에 대해, 자국민에 대해, 또 때로는 장수에 대해서조차 은폐되고 있다. 그 누구든 소정의 목표에 도달하려면 그의 힘이 부족하다든가, 새로운 적을 더 만들고 싶지 않다든가, 또 그의 동맹자가 강대해지는 것은 바람직하지 않다든가 하는 일들을 있는 그대로 고백하며, 그가 주저하는 이유를 설명하는 사람은 없을 것이다. 이러한 것은 잠자코 말하지 않는 것이 통례다. 그러나 세상에 대해서는 사건을 조리 있게 설명해야만 한다. 그래서 장수는 자기 자신의 책임에 대해, 혹은 정부의 책임에 대해 해명하려고 복잡하고 진짜가 아닌 이유를 주장하지 않을 수 없게 된다. 이와 같이 전쟁에 관한 궤변으로서 끊임없이 되풀이되는 기만은 이론적으로 체계화되었다. 그러나 이 체계도 결국 진실이 아니라는 것은 물론이다. 우리가 이제까지 시도해 왔듯이, 이론은 그 내적 연관의 단순한 순서를 따르는 것에 의해서만 그 본질에 깊이 도달할 수가 있다.

이와 같이 불신의 눈으로 전쟁사를 점검하면 논의되고 있는 대대적인 공격

크라크 데 슈발리에 성채 요새 '기사의 성'을 뜻하는 유럽의 십자군에 의해 시리아의 알호슨과 하페에 세워진 중세 군사 건축물 가운데 가장 주목할 만한 요새이다.

및 방어의 수단이 되는 것은 사라지고, 본장에서 우리가 구명한 단순한 생각만이 스스로 빛을 내는 것이다. 따라서 이 사고방식이 방어의 모든 영역에 적용되어야 한다는 것, 또 이 사고방식을 충실하게 지킬 때에만, 수많은 전쟁 사례를 투철한 식견을 가지고 판단할 수 있다는 것을 우리는 굳게 믿어 의심치 않는 것이다.

다음에는 앞서 든 네 가지 방어 방식의 사용에 관한 문제를 논급해야 한다.

이들 네 가지 방어 방식의 제1단계에서 제4단계로 나아감에 따라서 희생 또한 차차 증대한다. 그렇기 때문에 다른 사정이 전혀 가미되지 않는다면, 장수가 어느 방식을 택할 것인지는 처음부터 정해져 있다고 말해도 좋을 것이다. 즉 장수는 꼭 필요한 만큼의 저항 능력을 그의 군대에 줄 수 있는 방어 방식을 고를 것이다. 그리고 필요 이상의 저항 능력을 찾아서 쓸데없이 무익한 희생을 지불하는 일은 하지 않을 것이다. 하지만 다른 한편으로는, 이들 방식 중 어느 것을 고르는가 하는 것은 현저하게 제한되어 있다는 것도 잊어서는 안 된다. 개개의 경우에 당연히 고려해야 할 여러 가지 다른 사정에 의해서도, 어떠한 방어 방식을 채용해야 하는가가 결정되기 때문이다. 예를 들어 자국 안으로 퇴각하기 위해서는 광대한 면적을 갖는 국토가 필요하고, 그렇지 않으면 1810년의 포르투갈에서와 같은 특수한 사정을 필요로 한다. 포르투갈의 경우는 어떤 동맹자(영국)는 배후에서 포르투갈을 지원했고, 또 다른 동맹자(에스파냐)는 광대한 면적으로 적[8]의 공격력을 현저하게 약화시켰던 것이다. 또 요새가 국경 부근에 많은가, 그렇지 않으면 내지에 많은가 하는 사정도 방어 계획의 유리함과 불리함을 결정한다.

그러나 그보다도 결정에 한층 강한 영향을 주는 것은 국토의 지세와 지형, 주민의 성격 및 기풍이다. 다음에 공격적 회전을 고를 것인가, 방어적 회전을 고를 것인가 하는 것은 적의 전쟁 계획에 의해, 또 피아 두 군의 각 장수 특성에 의해 결정된다. 마지막으로 우수한 요새 혹은 방어선을 가지고 있는가의 여부도, 이들 방어 방식 중에서 어느 것을 채용할 것인가의 결정 요소가 된다. 이와 같은 여러 사정들을 보기만 해도, 방어 형식의 선정이 대부분의 경우, 피아 두 군의 병력 관계로 결정되는 것이 아니라 오히려 지금 말한 것과 같은 여러 사정에 의해 규정된다는 것을 알 수가 있다. 또 여기에서 언급한 가장 중요한 사항이 어떠한 것인지는 뒤에 더 자세히 살펴볼 생각이므로, 이들 사항이 방어 방식의 선정에 미치는 방법도, 그때 한층 명백해질 것이다. 그리고 마지막으로 이들 모든 문제를 전쟁 계획과 전역 계획을 다루는 대목에서 총괄적으로 논할 생각이다.

그러나 위에서 말한 여러 가지 사항이 방어 형식의 선정에 미치는 영향은, 대개 피아 두 군의 병력 관계가 심히 불균형 상태가 아닌 경우에 결정적인 것이 되므로, 병력에 현저한 차이가 있는 경우(대개는 이와 같은 경우이다)에는 역시 병력 관계가 선택을 결정하는 것이다. 이와 같이 병력 관계의 균형과 불균형이 방어 방식의 선정을 결정했다는 것이다. 그러나 이와 같은 경우에는 위에서 말한 바와 같은 일련의 생각이 순서를 따라 일일이 장수의 머리에 나타난 것이

---

8) 포르투갈과 에스파냐에 침입한 프랑스군을 가리킨다.

아니라 전쟁에서는 통례인 것처럼, 오직 장수의 뛰어난 판단력에 의해서 아무렇지도 않게 손쉽게 결정되었다는 것은 전사(戰史)가 분명히 증명하고 있는 점이다. 따라서 같은 장군이 같은 군대를 지휘하여 같은 전쟁터에서 싸우면서 어떤 때는 호헨프리데베르크[9]의 회전이 되고, 어느 때는 분첼비츠[10]의 보루 야영에 거점을 두게 되는 것은 이 때문이다. 회전에서는 다른 그 어떤 장수보다도 공세적이었던 프리드리히 대왕이라 해도, 결국 피아의 병력 관계가 현저히 불균형을 이루고 있다는 것을 알고 본격적인 방어 진지에 진을 치지 않을 수 없었던 것이다. 또 초기에는 적에게 저돌적으로 진격한 나폴레옹도 병력 관계가 불리하게 된 1813년 8월 내지 9월에는 마치 새장에 갇힌 새처럼 우왕좌왕할 뿐, 동맹군 어느 하나도 철저하게 격파할 수가 없었다. 그리고 10월에 피아의 병력이 불균형의 극에 이르자, 파르테, 엘스테르와 플리이쎄[11] 등 여러 강에 낀 라이프치히 부근의 옹색한 지형에 포진하여, 마치 방구석에서 등을 벽에 기대고 있는 자세처럼 적을 기다리고 있었던 것이다.

이 장에서 우리가 말하고자 하는 것은 전쟁의 새로운 원칙이나 방법을 제시하는 데 있는 것이 아니라, 이미 오래전부터 있었던 방어 방식을 가장 깊은 관련에서 연구하여, 이것을 가장 단순한 요소로 환원하는 데 있었다. 그리고 이 취지는 이 편(篇)의 어느 장(章)보다도 본장에서 가장 명확하게 제시되고 있음을 지적하고자 한다.

---

9) 프리드리히 대왕은 호헨프리데베르크의 공격적 회전(1745~6. 4)에서 오스트리아군을 무찔렀다.
10) 프리드리히 대왕은 분첼비츠의 보루 야영에 자리를 잡고(1761. 8. 29~9. 25), 슐레지엔에 있는 러시아군과 오스트리아군의 합류를 저지했다. 호헨프리데베르크와 분첼비츠는 다 같이 슐레지엔의 마을에 있다.
11) 세 강 모두 라이프치히 혹은 그 부근의 강을 말한다. 파르테(Parthe)는 플라이쎄강으로 흐르고, 플라이쎄강(Pleisse)은 엘스테르강(Elster)으로 흘러든다.

제9장
방어적 회전

앞 장에서 말했듯이 방어에는 여러 단계가 있다. 우선 방어자는, 적이 아군 쪽 전쟁터에 침입한 순간에 때를 놓치지 않고 바로 공격을 가할 수 있다. 이 경우에 방어자가 방어를 위해 실시하는 전쟁은 전술적으로는 완전한 공격적 전쟁이라고 할 수 있다. 다음에 방어자는, 공격자가 우리 쪽 진지 전방에 나타나는 것을 기다렸다가 공격을 이행할 수 있다. 이 경우의 회전은 전술적으로는 역시 공격적 전쟁이라고 말할 수 있지만, 그것은 완전한 공격적 회전이 아니라 몇 가지 조건이 붙어 있다. 세 번째로 방어자는, 적이 우리 쪽 진지를 실제로 공격하기를 기다렸다가 국지적 방어[1]나, 병력의 일부를 가지고 하는 반격으로 적에 대항할 수 있다. 또 이러한 방어에는 적극적 반격의 원리에서 국지적 방어에 이르기까지 여러 종류의 정도와 단계를 생각할 수 있다. 그러나 결정적인 승리를 얻기 위해서는, 지금 말한 방어를 어느 정도까지 행하면 좋은가, 또 방어에서 적극적 반격과 국지적 방어라는 두 요소의 가장 유리한 비교는 어떠한 것인가 하는 문제를 여기에서 파고들 필요는 없다. 그렇다고는 해도 적어도 우리가 결정적인 승리를 얻고자 하는 한 공격적 부분을 포함한 회전을 전혀 하지 않고 끝낼 수는 없다는 생각을 견지하고, 결정적 승리의 모든 효과는 이러한 공세적 부분에서만 생길 수 있고 또 생겨야 하는 것은, 순수한 전술적인 회전에서 볼 수 있는 그것과 다른 점이 없다는 확신을 가진다.

전쟁터는 전략적으로 보면 하나의 점에 지나지 않지만, 그와 마찬가지로 회전의 시작부터 끝나기까지의 시간도 전략적으로는 하나의 순간에 지나지 않는다. 따라서 전략적 양(量)이라고 하는 것은 회전의 경과가 아니라 회전이 끝나고

---

1) 특수한 지형, 예를 들어 산지·하천·삼림 등에 거점을 둔 방어를 가리킨다.

거기서 생기는 결과를 말한다.

대체로 어떠한 방어적 전쟁에도 포함되어 있는 공격적 요소는 완벽한 승리로 이어질 수 있다는 견해가 옳다고 하면, 전략적 조합에서 볼 때 공격적 회전과 방어적 회전 사이에는 전혀 차별이 없다고 말하지 않을 수가 없다. 우리가 갖는 확신에서 말하자면 바로 그대로이지만, 일반적으로는 이 둘은 전혀 다른 것처럼 여겨지는 것이다. 그래서 이 문제를 좀 더 명확하게 파악해서 우리의 견해를 밝히고, 또 이 두 회전을 전적으로 다른 것으로 보는 잘못된 생각을 타파하기 위해 우리 자신들이 생각하는 방어적 회전의 모습을 대충 그려보고자 한다.

방어자는 자신의 진지(陣地)에서 적을 기다린다. 진지라고 하는 것은, 적당한 지역을 선정해서 여기에 여러 설비를 한 장소이다. 다시 말하면 방어자는 이 지역 상태에 정통하고 가장 중요한 지점에 약간의 견고한 보루를 만들며, 평탄한 교통로를 만들고 포대에는 포문을 설치하며 근처 부락에는 방어 공사를 실시하고 대부대를 은폐해서 배치하는 데 편리한 지점을 구하는 등 신경을 쓰는 것이다. 또 강력한 방어 진지의 정면은 하나 내지 몇 가닥의 평행호(平行壕)나 그 밖의 장애물로, 혹은 요새 지점이 적에게 주는 영향력으로 적의 접근을 곤란하게 할 연구를 한다. 이러한 진지에 거점을 둔 방어자는 진지 중심으로 통하는 모든 지점에 배치된 부대를 이용해서 여러 단계의 저항을 시도하고, 피아의 병력이 모든 접촉점에서 전개되는 전투에서 서로 소모전을 벌이고 있는 동안에, 소수 부대를 가지고 다수의 적 부대를 분쇄하는 것이다. 방어자가 군의 양 날개 부대에 자리 잡고 있는 의탁점은 사방으로부터의 적의 공격에 대항해서 그를 보호한다. 또 방어자가 군을 배치하기 위해 선정한 은폐지는 공격자를 신중하게 만들거나 더 나아가서 불안한 마음을 품게 하므로, 방어자는 점차 축소하는 전투권으로부터 이탈하기 위한 총퇴각 운동을 되풀이해서 실시하는 교묘한 공격으로 현저하게 완화할 수 있다. 이렇게 방어자인 장수는 그의 눈앞에서, 현재로서는 소극적으로 진행하는 방어적 회전을 만족스러운 듯이 바라본다. 그러나 그는 진지 정면의 아군의 저항력을 무진장이라고 생각하고 있는 것은 아니다. 또 양 날개의 의탁점은 요해지(要害地)이므로 군의 양쪽은 절대로 안전하다고 여기고 있는 것도 아니다. 또 아군의 몇몇 대대 혹은 기병 수개 중대가 공격에 성공했다 해서 모든 회전의 국면이 바로 호전된다고 생각하는 것도 아니다. 방어자의 진지는 세로로 깊다. 사단에서 대대에 이르는 전쟁 서열의 각 단계에서 예기치 않은 경우의 돌발과, 신예 부대를 더한 전투의 재흥(再興)에 대비해서, 어느 부대에나 원병이 배치되기 때문이다. 또 장수는 전군의 4분의 1 내지 2분의 1에 이르는 대부대를, 전쟁 지역 멀리 후방에 두고 있다. 따라서 이 부대는 적의 포화에 의해서 손상을 입을 염려는 없다. 뿐만 아니라 전쟁터에서 멀리 떨어진 지점에 위치하고 있기 때문에, 공격자가 아군 진지의 날개를 포위하는 데 필요한 우회선 밖에 있다. 방어자는, 적이 대규모의 우회를 시도하는 경우에는 이 부대를 가지고 엄호하고, 또 예기치 못한 일이 돌발한 경우에도 군을 보호할 수가 있는 것이다. 그리고 회전 마지막 3분의 1단계에서 공격자가 그들의 계획을 모두 폭로하고, 병력의 대부분을 다 쓴 시점에 방어자는 전부터 배치하고 있었던 대부대를 적군의 어느 쪽으로든 돌린다. 그리하여 이 부분을 향해 소규모의 공격적 회전을 실시하고, 또 이 회전에서는 습격, 급습, 우회 등 모든 공격적 요소를 활용하여, 이 공격력을 이제는 한창인 회전의 가장 중요한 시점에 군을 총동원하여 반격 운동을 전개하는 것이다.

이것이 현대의 전술을 기초로 하는 방어적 회전의 정상적 모습이다. 이러한 회전에서, 만약 공격자가 공격 성과의 확률을 높임과 동시에 성과의 확대를 바라고 방어자의 주군을 바깥쪽에서 포위하려고 한다면, 방어자로서는 이 우회 운동에 사용된 적의 병력을 안쪽으로부터 다시 포위하는 운동으로 이에 대항하는 것이다. 방어자 측의 이러한 포위 운동은 적의 대규모적인 포위 운동의 효과를 무효로 돌리지만, 방어자의 군을 바깥쪽에서부터 포위하려고 하는 공격자의 운동은, 우회 운동에 사용된 적의 병력을 안쪽에서 포위하려고 하는 방어자의 운동과는 그 뜻이 다르다. 따라서 승리의 요령으로 말하자면, 공격적 회전과 방어적 회전 사이에는 역시 차이가 있다. 즉 승리는, 전자의 경우에는 공격자가 방어자의 군을 포위하여 바깥쪽에서 적군의 중심을 향해 구심적으로 공격함으로써 얻어지고, 후자의 경우에는 방어자가 중심에서 주변을 향해 이심적(離心的)으로 공격함으로써 얻어진다.

전쟁터에서나 추격의 첫 단계에서, 포위라는 형식은 공격자에게 다른 수단보다도 효과적이라고 여겨져야 한다. 그러나 그것이 효과적인 것은 일반적으로 포위라는 형식 때문이 아니라, 이 형식이 포위를 극도의 지점까지 수행하는 데에—다시 말하면 회전에서 방어자의 퇴각을 현저하게 제한하는 일에 성공한 경우뿐이다. 그런데 방어자는 다름 아닌 이 지점에 적극적 반격을 가하는 것이다. 그리고 대개의 경우 이 반격은 승리를 얻기에는 충분하지 않다고 하더라도, 이러한 극도의 지점까지 추진된 포위에 대항해서 방어자를 보호하기에는 충분할 것이다. 여하간 방어적 회전에서는,

블뤼허(1742~1819)
프로이센군 사령관으로서, 나폴레옹 전쟁 동안 워털루 전투 및 카츠바흐 강변 전투에서 승리하였다.

특히 방어자의 퇴각이 현저하게 제한될 위험이 있다는 것, 또 방어자가 이 위험을 피할 수 없는 경우에는 회전 그 자체에 서도, 또 추격의 최초 단계에서도 공격자의 성과가 현저하게 증대한다는 것을 인정하지 않을 수 없다.

그러나 이러한 경과는 보통 추격의 첫 단계에서만, 다시 말하면 일몰까지 생기는 것이다. 그다음 날이 되면 포위 운동은 끝나고 피아 두 군은 이 지점에 대해서만은 다시 균형을 회복한다.

어쨌든 방어자는 가장 좋은 퇴각로를 잃고, 그 때문에 계속해서 전략적으로 불리한 상태에 빠지는 일이 있다. 그러나 포위 운동 그 자체는, 극히 소수의 예외는 별도로 하고 다음 날에는 끝이 난다. 포위는 전쟁터에서만 적용되는 것이고, 멀리 전장 밖에까지 미치는 것은 아니기 때문이다. 그런데 만약 방어자 쪽이 승리를 얻는다면 도대체 어떤 일이 일어날 것인가. 패배한 공격군이 분산된다. 분산은 처음에는 공격군의 퇴각을 용이하게 하지만, 이튿날이 되면 분산된

여러 부대를 다시 집합시키는 것이 가장 긴급한 요건이 된다. 또 이 승리가 매우 결정적이어서 방어자 측이 패한 공격자 군을 추격하게 되면 패군의 집합은 불가능해지고 이러한 분산으로부터 최악의 결과가 생긴다. 그리하여 패자의 군은 점차 갈피를 잡지 못하게 될지도 모른다. 만약에 나폴레옹이 라이프치히 회전에서 승리를 얻었다면 동맹군은 완전히 해체되어, 피아의 전략적 관계에서 그 위치는 현저하게 저하되었을 것이다. 드레스덴 회전에서 나폴레옹은 확실히 본래의 방어적 회전을 하지는 않았지만, 그의 공격은 이 장에서 말한 것과 같은 기하학적 형식에 따르고 있었다. 즉 원의 중심에서 원주로 향했던 것이다. 드레스덴 회전에서 동맹군이 분산되었기 때문에 어떠한 궁지에 빠졌는지는 널리 알려진 사실 그대로이다. 이 궁지에서 구한 것은 오직 카츠바흐 강변 회전에서 동맹군의 승리였다. 패보에 접한 나폴레옹은 근위군(近衛軍)을 거느리고 드레스덴으로 되돌아갔기 때문이다.

그런데 이 카츠바흐 강변의 회전 그 자체 역시 같은 전쟁 사례이다. 이 회전에서는 방어자의 입장에 있는 동맹군 측의 한 군[2]이 마지막 순간에 공격으로 바꾸어 이심적(離心的)으로, 즉 중심에서 주변으로 공격을 행했기 때문에 프랑스의 수개 군단[3]은 분산되고 회전 수일 뒤에 퓌토[4] 사단은 통째로 동맹군의 수중에 들어가고 말았다.

위에서 말한 것으로부터 다음과 같이 추론할 수 있다. 즉 공격자는, 그에게 가장 적절한 구심적 형식에 승리를 확대할 수단을 구하지만 그와 동시에 방어자도 그에게 가장 적절한 이심적 형식을, 단순한 측면 진지나 병력의 직각적 사용[5]에 의한 것보다도 한층 큰 승리를 회득하는 수단으로 간주하는 것이다―라고. 또 우리는 이 경우에 공격자가 사용하는 수단과 방어자가 사용하는 수단 사이에는, 적어도 승리를 획득하기 위한 수단으로써는 아무런 우열도 없다는 것을 확신한다.

---

2) 블뤼허군을 가리킨다.
3) 맥도널드의 지휘하에 있었던 4개 군단을 가리킨다.
4) 퓌토(Puthod)는 프랑스의 사단장일 것이다. 자세한 내용은 미상.
5) 측면 진지에 대해서는 제14장 참조. 또 병력의 직각적 사용이란, 이 경우에는 방어자가 공격자의 전진로에 대해서 병력을 옆에서 직각으로 사용해서 적에게 위협을 가하는 것을 말한다.

그런데 전쟁사를 죽 훑어보면, 방어적 전쟁으로 큰 승리를 얻을 수 있었던 사례는 공격적 회전에 의한 것보다는 드물다. 그러나 이것은, 승리를 얻는 수단으로서는 이들 두 가지 회전 사이에는 전혀 우열이 없다는 우리의 주장을 뒤엎는 증거는 되지 않는다. 이와 같은 현상이 생기는 원인은 방어적 회전이라고 하는 형식 자체에 있는 것이 아니라, 방어자 쪽의 특수한 사정에 있다. 방어자는 전투력에서뿐만 아니라 모든 사정으로 말해서 대개 공격자보다도 약하다. 그래서 대개 방어자가 큰 승리를 거둔다는 것은 본디 불가능하다고 간주되며, 무엇보다도 방어자 자체가 그렇게 생각하고 있다. 그렇기 때문에 방어자는 공격자의 공격을 격퇴해서 군의 명예를 유지할 수 있으면 그걸로 만족하는 편이다.

　이와 같이 방어자가 큰 승리를 얻을 수 없는 것은 방어자 측의 약세와 특수한 사정에 따른다는 사실이 전혀 불문에 부쳐졌을 뿐만 아니라, 방어자라고 하는 역할에서 필연적으로 생긴 결과라고 해서 방어적 회전의 본디 뜻은 적의 공격을 저지할 뿐이지, 적의 격멸에 있는 것이 아니라는 견해가 성립되는 것은 참으로 우스운 일이다. 우리는 이와 같은 견해를, 가장 해로운 오류의 하나이자 형식과 내용의 혼동으로 간주한다. 우리가 방어라고 부르고 있는 전쟁 형식을 사용하면, 승리의 공산은 공격이라는 전쟁 형식에 의한 것보다도 클 뿐 아니라 얻어진 승리의 양과 효과는 공격에서의 그것과 동등하다는 것이다. 또 이것은 1회의 전쟁에서 이루어진 모든 전투의 총체적 효과에 대해서도 말할 수 있을 뿐만 아니라, 장수로서 충분한 힘과 의지를 가지고 있다면 개개의 회전에 대해서도 타당하다고 주장하는 데 주저하지 않는다.

제10장
요새

이전의 대(大) 상비군 건설 시대까지는 요새라 하면 성곽이나 축성된 도시이고, 그 목적은 그곳 주민을 보호하는 데 있었다. 왕후는 사방으로부터 적의 공격을 받으면 자신의 거성에 들어앉아 시간을 벌고, 유리한 시기가 오기를 기다렸다. 또 도시는 방어 공격을 해서 전쟁이라는 뇌운(雷雲)을 막는 데 급급했다. 그러나 요새에 관한 매우 단순하고 자연적인 개념 규정은 언제까지나 옛 모습에 머물러 있지는 않았다. 축성된 이러한 지점이 국토 전체와 또 국내 곳곳에서 싸우고 있는 군대에 대해 갖는 관계는 이들 지점의 중요성의 범위가 확대되어, 그 의의는 요새의 성벽 밖에서도 중대하다고 간주되어 국토의 약탈 혹은 고수(固守)에, 혹은 전쟁 결과의 이점과 불리함에 대해서 분명하게 영향을 주었고, 이렇게 해서 전쟁을 다종다양한 요소가 서로 연관된 하나의 전체를 이루는 수단으로까지 여기게 된 것이다. 그래서 요새는 전략적 의의를 가지게 되었고, 이 의의는 한때 매우 중요시되어 전쟁 계획의 근본 방침을 지시할 정도였다. 당시의 전쟁 계획은 적의 전투력 격멸보다는, 오히려 하나 내지 몇몇 요새의 약탈을 주안점으로 삼았기 때문이다. 그리하여 이러한 의의를 낳게 한 동기, 즉 축성된 지점이 그 토지와 군에 대해서 갖는 관계가 다시 고려되어 축성되어야 할 지점의 성질을 규정할 때, 제아무리 세심하고 면밀해도 또 아무리 추상적이어도 충분하지 않다고 생각했다.

요새의 이와 같은 추상적 규정이 확립되자 본래의 규정은 거의 잊히고, 결국 도시나 주민을 포함하지 않은 요새라는 관념에 도달한 것이다.

한편으로는, 장벽(障壁)을 설계했을 뿐 그 외에 특별한 군사적 시설을 하지 않는 축성이라도, 온 국토를 뒤덮는 전쟁의 범람을 막아 어떤 장소를 보호할 수 있다는 시대는 이미 지나갔다. 이와 같은 요새에 의한 방어가 가능했던 이유 중의 하나는, 이전은 여러 민족이 각각 소국가를 이루어 분립(分立)했었기 때문이고, 또 다른 이유는 당시 공격이 마치 4계절이 바뀌듯이 일정하고 극히 한정된 시기에만 이루어지는 주기적 성질을 띠고 있었기 때문이다.

또 이 주기적인 성질은 어떤 시기가 되면 왕후의 병사가 귀향을 서두르거나, 혹은 용병 대장에게 지불하는 봉급의 비용이 바닥이 나거나 하는 사정에 입각한 것이었다. 대 상비군이 그 강력한 포병대를 가지고 담장이나 성벽의 저항을 기계적으로 분쇄하고부터는 그 어떠한 도시도, 또 이에 준하는 어떠한 지방 자치제도 요새에 들어 있는 병력을 쓸데없이 위험에 노출시키는 어리석은 일을 하지 않았다. 요새가 수주일 뒤나 수개월 뒤에 함락되는 것은 틀림없고, 그때는 적으로부터 그만큼 호된 꼴을 당할 것이 분명했기 때문이다.

또 요새에서 적의 전진을 일단 지지하기는 했지만, 결국 항복해야 한다면 많은 요새를 수비하기 위해 병력을 세분하는 것은 군에게 이롭지 못하다. 동맹군이 오기를 기다렸다가 적에게 포위당한 요새를 풀고, 요새 내의 군을 해방한다 하더라도 방어자는 전쟁터에서 적과 자웅을 결정하기 위해서는, 될 수 있는 대로 많은 병력을 남겨두어야 한다. 이러한 이유에서 요새의 수는 필연적으로 격감하지 않을 수가 없었다. 그리고 이 풍조는 요새에 의해서 도시 주민의 생명과 자산을 직접 보호한다는 당초의 생각에서, 요새는 국토의 간접적 보호를 하는 데 그 목적이 있다는 생각으로 점점 바뀌지 않을 수가 없었다. 즉 요새는 그 전략적 의의, 즉 많은 전략 요점을 잇는 매듭이라는 의의에 의해 국토를 간접적으로 보호하는 것이다.

요새에 관한 사상의 변천은, 책 속에 보이는 이치로서 뿐만 아니라 실제 생활에서도 마찬가지였다. 그러나 책에서는 예에 의해서 여기에 더 꼬리를 붙였다.

요새의 발달이 실제로 이 방향을 취한 것은 필연적이었음에도 사상은 독주하여 여러 기교를 부리고, 전쟁에서는 요새가 자연적인 필수품으로서 큰 의의를 필요로 한다는 건전한 중심적 사상을 밀어내고 말았다. 따라서 다음에 요새의 목적과 조건을 열거할 때는, 이와 같이 단순하면서도 없어서는 안 될 필요성만을 기준으로 하여 단순한 것에서 복잡한 것으로 나아가고, 다시 다음 장에서는 요새의 위치와 수가 어떻게 규정되는가를 고찰해 보려고 한다.

요새의 효력은 분명하게 두 개의 서로 다른 요소로 이루어지고 있다. 즉 수동적 요소와 능동적 요소이다. 요새는 제1요소에 의해서, 요새의 소재지와 그 안에 들어 있는 모든 것을 방어한다. 또 제2요소에 의해, 요새에 장비한 카농포¹⁾의 사정거리 밖에 있는 다시 말하면 착탄 지점 바로 앞에 있는 요새 주변의 지역에 대해 어떤 종류의 영향을 미치는 것이다.

이 능동적 요소의 본질은, 요새 수비대가 어느 지점까지 접근한 적에게 가하는 공격에 있다. 이 경우에 수비대가 크면 위와 같은 목적을 위해 수비대가 내보낼 수 있는 부대도 점점 커지고, 이들 출동 부대들이 크면 그 활동도 점점 먼 곳까지 이르는 것이 통례이다. 그러면 이것으로부터 큰 요새의 능동적 활동은 작은 요새의 그것에 비해 강력할 뿐만 아니라, 그 범위도 또한 크다는 것을 알 수 있다. 그런데 이 능동적 요새도 또한 두 부분으로 이루어져 있다. 즉 요새 수비대 그 자체의 행동과, 요새에는 속하지 않지만 요새와 항상 연락을 유지하면서 크고 작은 부대가 실시하는 행동이다. 독립적으로 적에게 대항하려면 약한 부대는 긴급을 요할 경우에 요새의 비호 아래 들어가고, 이렇게 해서 요새 소재지에 눌러앉아 여기를 이른바 근거지로 한다.

요새 수비대의 행동은 상당히 제한되어 있는 것이 통례이다. 강력한 수비대를 가진 큰 요새에서도 파견할 수 있는 부대는, 야전 부대에 비하면 일반적으로 열세이고 그 활동 반경도 하루 이틀의 행정(行程) 이상에 이르는 일은 드물다. 하물며 작은 요새의 경우에는 파견할 수 있는 부대는 미약하고, 그 활동권도 근처 부락에 이르는 것이 고작이다. 하지만 요새 수비대에 속하지 않은 부대 다시 말하면 요새에 귀환하는 것을 꼭 필요로 하지 않는 부대는 요새에 구속되는 일이 훨씬 적기 때문에, 여러 사정이 유리하면 요새의 활동 권역은 이러한 부대에 의해 현저하게 확대되는 것이다. 따라서 일반적으로 요새의 능동적 효과를 말할 경우에는 이러한 효과에 기여하는 이들 부대를 특히 고려할 필요가 있다.

하지만 매우 열세한 요새 수비대가 주는 최소한의 능동적 효과라 해도, 요새가 달성해야 할 모든 목적에서는 역시 중요한 것이다. 엄밀히 말하면 요새의

---

1) 카농(canon)포는 포신이 길고 강장약(强裝藥)에 의한 빠른 초속(初速)과 저신탄도(低伸彈道)에 의한 긴 사정거리를 가지며 명중률 또한 높다.

모든 활동 중 가장 수동적인 것(적의 공격을 막는 일)도 이러한 능동적 효과를 무시해서는 생각할 수 없기 때문이다. 하지만 하나의 요새가 일반적으로 또는 어떤 시기에 갖게 될 여러 의의 중에서, 어떤 것은 비교적 수동적인 효과를 또 어떤 것은 비교적 능동적인 효과를 요구하는 것은 물론이다. 또 이들 의의는 어떤 때는 단순하고 따라서 요새의 효력도 직접적이다. 또 어떤 때는 복잡해서 요새의 효력이 많든 적든 간에 간접적이다. 우리는 우선 제1의의에 대해 말하고, 그러고 나서 제2의의로 옮겨갈까 한다. 그러나 그에 앞서서 하나의 요새는 이들 의의들 중 몇몇, 혹은 모든 의의를 동시에 또는 서로 다른 시기에 가질 수 있다는 것을 설명해 두고자 한다.

따라서 요새는 방어를 지탱하는 강력하고 우세한 의탁점이라 말할 수 있다. 즉,

1. 안전한 저장소로서. 공격자는 공격 행동을 취하면서 매일 양식을 조달해야만 한다. 또 방어자는 양식을 미리부터 준비해 두어야 한다. 그는 주둔해 있는 지방에서만 양식을 징발할 수가 없다. 방어자는 그 지방을 돌보아야 하는 것이다. 따라서 방어자에게는 저장소가 꼭 필요하다. 또 공격자가 소유하는 여러 물질은 전진할 때 후방에 남겨지기 때문에, 전쟁터에서 적에게 빼앗길 위험을 면할 수 있다. 이에 반해 방어자 측의 물자는 그대로 두면 위험에 노출되게된다. 그래서 이러한 물자가 축성된 장소에 비축되어 있지 않으면, 야전군의 행동에 불리한 영향을 주게 된다. 게다가 또 요새가 없으면, 이 물자들을 엄호하기 위해 매우 광대한 진지를 구축하지 않을 수 없다.

요새가 없는 방어자가 상처 입기 쉬운 많은 약점을 갖는 것은 마치 갑옷과 투구를 착용하지 않은 병사와 같다.

2. 부유한 대도시를 보전하는 것으로서. 이 규정은 제1의 규정과 매우 밀접한 관계를 갖는다. 부유한 대도시, 특히 상업 도시는 군의 이른바 자연적 저장소이기 때문이다. 이러한 저장소로서의 도시의 유무는 군의 유지에 직접 관계한다. 뿐만 아니라 이러한 도시를 국유 재산의 일부로서 보전한다는 것은, 군에게는 애를 쓴 보람이 있는 일이다. 그 이유는, 거기에서 간접적이든 여러 힘이 나올 수 있기 때문이고 또 이러한 요지를 소유하고 있다는 것은 평화 교섭

때 방어자에게 매우 유리하기 때문이다.

이 두 번째 규정은 최근에는 거의 그 가치를 인정받지 못하고 있지만, 이것은 요새에 타고난 가장 자연적인 규정의 하나로서 실제로도 매우 강력하게 작용하며, 또 거의 잘못되는 일이 없다. 한 나라의 부유한 대도시뿐만 아니라 인구가 조밀한 지역에 모두 방어 공사를 실시하고, 이 축성 지역들이 그 지방 주민과 그 부근 농민에 의해 방비되고 있다면, 적의 군사적 행동의 속도는 그 때문에 현저하게 약화될 것이고, 또 국민은 각자 가능한 한 모든 힘을 들여 협력하고 전쟁의 경과에 많은 영향을 주기 때문에, 적장의 재능과 의지력은 그 작용이 매우 낮아지지 않을 수 없을 것이다.

우리가 국토 총 축성의 이상(理想)을 여기에 든 것은, 지금 말한 제2의 규정을 다시 한번 올바르게 평가하고 요새의 본래 임무인 직접적 방어의 중요성을 잠시도 잊어서는 안 된다는 취지를 강조하기 위해서였다. 그러나 또 이러한 생각이 지금 우리가 추진하고 있는 현실적인 고찰을 어지럽히는 일이 있어서는 안 된다. 한 나라의 도시 중에는 견고하게 축성된 도시도 있는가 하면, 축성 공사가 약한 많은 도시들도 있기 때문이다. 그래서 이러한 견고한 축성 도시가, 바로 군의 본래 지점이라고 간주되는 것이다.

제1 및 제2에 든 두 개의 목적은 각각 요새에 수동적 효과를 요구하는 것이라 말할 수 있다.

3. 본래의 성채로서. 이러한 의미로서의 요새는, 대부분 도로를 차단할 뿐만 아니라 요새 근방을 흐르는 강의 주항(舟航)도 차단한다.

요새를 우회하고, 게다가 군대를 사용할 수 있는 측로(側路)를 찾아내는 것은 일반적으로 생각할 수 있을 정도로 쉽지 않다. 이러한 우회는 요새 카농포의 사정거리 밖에 있는 도로, 다시 말하면 요새 근방을 통하는 도로를 사용해야 하지만, 또 한편으로는 요새 수비대의 출격에 대비하여 많든 적든 요새로부터 먼 주변에서 이루어져야 하기 때문이다.

조금이라도 지형이 까다로운 토지라면, 도로에서 약간 전진하는 데도 만 하루 정도의 시간이 늦어지기도 한다. 그러면 이러한 도로를 여러 번 사용할 경우에는 중대한 결과를 초래하게 된다.

요새가 근방을 흐르는 강의 주항을 차단함으로써, 적의 행동을 현저하게 방해한다는 것은 명백한 현상이다.

4. 전술적 거점으로서. 요새로부터의 포격이 유효하게 소사(掃射)할 수 있는 지역의 직경은 여간 빈약한 요새가 아닌 한 수시간 행정[2])에 이르는 것이 보통이며, 또 요새 수비대의 공세적인 행동 범위는 그보다도 약간 멀리에 이른다. 따라서 요새는 진지의 날개를 지탱하는 가장 뛰어난 거점이라 말할 수 있다. 수마일 길이를 가진 호소(湖沼)는 확실히 우수한 지점이 될 수 있지만, 중간 정도의 요새라도 거점으로서 그 이상으로 쓸모가 있다. 그런데 진지의 날개 부대를 요새의 가장 가까운 곳에 배치할 필요는 없다. 공격자의 입장에서 보면 퇴로가 끊기는 것을 두려워하기 때문에, 요새와 날개 사이에 들어가는 일을 할 리가 없기 때문이다.

5. 주둔지로서. 요새는 주로 방어지 측의 병참선상에 있다. 그래서 이러한 요새는 이 병참선을 왕래하는 모든 부대의 편리한 주둔지가 되는 것이다. 병참선을 위협하는 위험은 대개 적 유격대의 짓인데, 이러한 유격대의 행동은 단속적이다. 따라서 만약 중요한 수송대가 마치 혜성처럼 출몰하는 적의 유격대의 근접을 알자마자, 혹은 행군 속도를 촉진해서 요새에 도달하거나, 혹은 도중에 서둘러 되돌아가 요새에 피난할 수가 있다면, 이 수송대는 이미 화를 면한 것으로 나머지는 위험이 지나가기를 기다리면 된다. 또 왕래하는 모든 부대는, 여기에서 하루 내지 수일 동안 쉬어서 충분히 피로가 회복되면, 그 뒤의 행진을 그만큼 촉진할 수가 있다. 요새가 없으면 군대는 피로한 채 그대로 행진을 계속해야 한다. 따라서 요새가 없기 때문에 행군 도중에 휴식을 해야 하는 부대는 휴식을 취할 때 적의 유격대의 기습으로 위험을 받기가 가장 쉽다. 이러한 이유로 30마일에 달하는 병참선도 그 중간에 한 개의 요새가 있다면, 반으로 거리가 단축되는 것과 같다.

6. 약한 부대 혹은 패전 부대의 피난처로서. 요새가 너무 작지 않는 한, 요새로부터 포격의 엄호를 받으면 특히 보루 야영 설비가 없어도 퇴각 부대는 적의 공격에 보호받을 수 있다. 이러한 부대가 요새에 머물 작정이라면, 이후의 퇴각은 단념해야만 한다는 것은 말할 것도 없다. 그러나 퇴각을 단념한다는 커다란

---

2) 일시적 행정은 약 4km.

희생을 치러도 할 수 없는 경우가 있다. 즉 그 이상 퇴각을 계속하면, 그 부대는 완전한 파멸에 빠지지 않을 수 없는 경우이다.

그러나 보통은 요새가 이러한 부대에 며칠 머무는 편의를 주었다고 해서 그 때문에 퇴각이 불가능해지는 일은 없다. 특히 요새는 패군이 도착하기 이전에 온 경상자나 소속 부대를 잃은 병사 등을 수용하는 피난처이며, 그들은 여기에서 뒤에 오는 군을 기다리는 것이다.

1806년에 마그데부르크[3]는 그때 마침 프로이센군의 퇴각 선상에 있었다. 만약에 이 퇴각선이 아우에르슈테트 부근에서 이미 차단되어 있지 않았다면,[4] 프로이센군은 마그데부르크의 대요새에 3, 4일 머물면서 남은 군을 모아 새롭게 부대를 편성할 수 있었을 것이다. 하지만 당시 상황에서조차도 호헨로에군[5]의 패잔병은 이 요새에 모여 태세를 가다듬을 수 있었던 것이다.

우리는 실제 전쟁에서 군이 불리한 상황에 빠진 경우, 근처의 요새가 주는 구원이 얼마나 고마운 것인가를 뼈저리게 이해할 수 있다.

요새에는 화약이 있고, 총이 있고, 귀리가 있고 빵이 있다. 요새는 아픈 병사에게는 식사와 잠자리를 주고 건강한 병사에게는 안도감을 주어, 공포에 질린 병사들을 제정신으로 되돌린다. 요새는 말하자면 황야에서 군에게 주는 숙소이자 피난처인 셈이다.

제3 내지 제6항에 든 의의가 이미 요새의 능동적 효과 쪽을 비교적 많이 요구하고 있는 것은 명백하다.

7. 적의 공격을 막는 본래의 방패로서. 방어자가 몸을 지키는 방패로 간주하는 요새는, 밀물처럼 공격해 오는 적을 마치 얼음 덩어리처럼 분쇄한다. 그래서 적은 요새를 둘러싸야 하지만 요새 수비대가 전쟁에 익숙해져 행동이 민첩하면, 적은 그 때문에 두 배의 병력을 필요로 할 것이다. 수비대의 일부는 요새 안에서의 사용에 견디지만 야전에는 쓸 수 없는 부대—예를 들면 교육이 불충분한 후비병, 반폐병(半廢兵), 무장한 시민, 국민군, 그 외로 구성된 부대라도 지장

---

3) 마그데부르크(Magdeburg). 작센의 도시로 요새.
4) 아우에르슈테트 회전(1806. 10. 14)에서 프로이센의 패전에 의한다.
5) 프로이센군의 지휘관 호헨로에는 아우에르슈테트 회전에서 패하여 반 달 뒤에(10. 28) 프렌츨라우에서 항복했다.

이 없고, 또 실제로도 그대로이다. 따라서 이러한 경우에는 요새 수비대의 병력은, 적 병력의 4배에 이르는 경우가 있다.

이와 같이 적의 병력을 요새 수비대의 병력에 비해서 불균형으로 약화시키는 효과는, 포위된 요새가 그 저항으로 방어자에게 주는 이점이다. 그러나 이것이 유일한 이점은 아니다. 공격자가 아군의 요새 사이를 잇는 선을 절단한 순간부터, 적의 모든 운동은 이전에 비해 심하게 구속을 받게 된다. 적은 자군의 퇴각로에 제한을 받게 되고, 또 현재 실시되고 있는 공격을 직접 엄호하는 수단을 강구해야만 하기 때문이다.

따라서 이 경우야말로 요새는 대규모로, 또 매우 결정적으로 방어 활동에 기여하게 된다. 우리는 이것을 요새의 모든 규정 중에서 가장 중요한 것으로 간주하지 않을 수가 없다.

그럼에도 불구하고 요새의 이러한 이용이 전쟁사에서 반복되어 나타나기는커녕 비교적 드물게만 찾아볼 수 있는 이유는 대다수의 전쟁이 지니는 성격에 있다. 즉 요새라는 전쟁 수단은, 대부분 전쟁에게는 너무나 결정적이고, 철저하다. 이것은 나중에 더 명확하게 더 설명하고자 한다.

요새의 이런 규정은 주로 요새의 공격력을 요구한다. 적어도 요새 효력의 근원은 그 공격력에 있다고 말할 수 있다. 요새가 단순히 난공불락의 요지라는 것뿐이라면 요새는 공격자에게 방해가 될지도 모르지만 그렇다고 해서 포위의 필요를 통감하게 할 정도는 아닐 것이다. 그러나 공격자가 요새를 포위하지 않으면 6천, 8천 내지 1만의 적군을 배후에서 제멋대로 날뛰게 하는 것이 되기 때문에 결국 알맞은 병력으로 포위하고, 또 포위를 오래 끌지 않으려면 이를 공략해야 한다. 그래서 포위해서 공격하게 되는 것이다. 이렇게 해서 포위 공격의 순간부터 활동하기 시작하는 것은 요새의 수동적 효력이다.

제1항에서 제7항에 이르는 7건의 규정은 요새에 대해서 상당히 직접적인 것이고, 또 이들 규정들이 요구하는 것은 모두가 간단하게 실현될 수 있다. 그러나 다음에 말하는 두 건의 목적에 관해서는 요새의 기능이 더 복잡하다.

8. 광대한 사영지(舍營地)를 엄호하는 것으로서. 중간 정도의 요새가 그 배후에 설치된 3마일 내지 4마일 폭의 사영지에 대한 통로를 폐쇄하는 것뿐이라면, 이것은 요새라는 것의 본성에서 생기는 매우 단순한 효과이기 때문에 특별히

말할 정도의 것은 아니다. 그러나 다른 한편으로는 이러한 요새에 15마일 내지 20마일 폭에 이르는 사영지를 엄호한다는 중요한 임무를 주고 있는 사례가, 전쟁사에서 자주 논의되고 있다. 그래서 이것이 사실이라면 설명할 필요가 있고 또 거짓이라면 반박할 필요가 있다.

그러기 위해서는 다음 네 가지 항목이 검토되어야 한다.

1. 요새 자체가 주요 도로의 하나를 폐쇄하고, 배후 지방을 3마일 내지 4마일 폭에 걸쳐서 실제로 엄호한다.

2. 요새가 매우 강력한 전초로 간주될 수 있거나, 혹은 이 해당 지방을 완전히 감시할 수 있다는 것. 또 이 감시는 요새지와 그 근접 지역 간의 주민을 바탕으로 하는 양호한 관계가 존재하고 있다면 비밀 정보를 입수하는 수단이 있기 때문에 점점 더 완전해진다. 인구가 6천, 8천 내지 1만 정도의 고을이라면 부락이나 보통 전초 사영보다 부근의 상황을 주민으로부터 상세하게 들을 수 있는 것은 말할 것도 없다.

3. 소부대가 요새를 거점으로 하여 여기에 보호와 안전을 구하고, 어떤 때는 여기에서 출동하여 대적 행동을 취할 수 있다는 것. 또 이 대적(對敵) 행동이 정보를 수집하기 위한 것일 수도 있고, 또 적이 요새 근방을 통과할 경우에 그 배후에서 행동을 일으키기 위한 것일 수도 있다. 따라서 요새 자체는 한 발자국도 움직일 수 없지만, 마치 전진 부대와 마찬가지의 효과를 가져올 수 있는 것이다(제5편 제8장).

4. 방어자가 부대를 집결하여 이것을 요새 배후에 배치할 수 있다는 것. 따라서 공격자가 이 배치 지점까지 진출하려고 한다면, 요새와 방어자의 부대 중간에 들어가게 되기 때문에 요새를 뒤로 두는 위험을 감수해야 한다.

사영지와 사영지를 잇는 선에 가해지는 공격은, 그 성질로 해서 기습이라고 말할 수 있다. 아니, 이러한 경우에는 이런 종류의 공격 방법밖에 생각할 수가 없다. 그런데 기습은 전쟁터에 대한 본격적인 공격보다도 훨씬 짧은 시간 안에 행동을 끝내야 한다. 따라서 공격자가 전쟁터를 공격하는 경우에는 요새 근방을 통과해야 하는 일이 있기 때문에, 이 요새를 포위해서 그 활동을 봉쇄해야 하지만, 사영지 사이를 잇는 선에 기습을 가하는 것뿐이라면, 이러한 대대적인 행동은 그다지 필요가 없을 것이다. 따라서 이러한 경우에는 요새가 있다고 해도 이러한 기습의 힘을 그다지 약화시키는 일은 없을 것이다. 이것은 명백한 사실이다.

실제로, 요새에서 6마일 내지 8마일 떨어진 사영지는, 요새에 의해 직접 보호받을 수 있는 것은 아니다. 하지만 이 경우 기습의 목적은 몇몇 사영 그

요새를 공격하는 몽골군(13세기)

자체에 공격을 가하는 데 있는 것이 아니다. 이러한 기습이 본래 무엇을 의도하고 있는가, 또 이런 종류의 기습으로부터 무엇을 기대할 수 있는지에 대해서는, 공격을 논하는 편(제7편)에서 상세히 살펴보려고 한다. 하지만 기습의 주요한 결과는 몇 개의 사영지를 실제로 기습하는 것에 의해 얻을 수 있는 것은 아니고, 아직 충분히 대형이 정리되지 않은 적의 부대를 추격하여 교전을 어쩔 수 없이 하게 한 전투에 의한 것이라는 것은 미리 여기에서 말해두어도 좋을 것이다. 이러한 부대는 어떤 지점을 향해 오직 길을 서두르고 있는 것이지 아직 전투 준비를 끝낸 것이 아니기 때문이다. 어쨌든 공격자의 진격이나 추격은, 적의 사영 중앙부를 향하고 있음에 틀림없을 것이다. 그러면 이 경우, 사영 중앙부의 전면에 있는 유력한 요새는 확실히 공격자에게 매우 까다로운 것이 될 것이다.

위에 적은 네 가지 점에서 그 공통된 효과에 대해 생각하면, 유력한 요새는 직접적 혹은 간접적인 방식으로 처음 생각한 것보다도 훨씬 장대한 폭을 가진 사영지에 어느 정도의 안전성을 부여할 수 있다는 것을 알 수 있다. 지금 '어느 정도의 안전성'이라고 말한 것은, 이 경우에 요새가 주는 직접적인 효과는 적의 전진을 불가능하게 하는 데 있는 것이 아니라, 단지 적의 전진을 곤란하게 만들거나 위험하게 만들어서, 이에 의해서 방어자에 대한 위험의 발생을 막거나 혹은 감소시키는 것에 지나지 않기 때문이다. 그러나 이것이 요새에 요구할 수 있는 모든 것이고, 또 이 경우에 사용되는 엄호라는 말의 참뜻인 것이다. 따라서 방어자의 직접적 안전은 전초(前哨)와 사영의 설비에 의해 확보되어야 한다.

그런데 유력한 요새는, 그 배후에 존재하는 장대한 폭의 사영지를 엄호할 수 있을 정도의 능력을 갖추고 있다고 해도 과언이 아니다.

그러나 또 실제의 전쟁 계획—이라고 하느니보다는 오히려 전쟁사의 기술에는, 이 점에 관해 실제 상황에 바탕을 두지 않은 공론(空論)이나 허망하고 불확실한 견해가 존재하는 것 또한 부정할 수 없다. 만약에 이러한 엄호가 무엇인가 특수한 사정의 협력이 있어야 가능하다고 한다면, 또 이러한 엄호가 방어자의 위험을 감소하는 것만으로 그친다면, 구체적인 경우에는 무엇인가 특수한 정황에 의해서, 특히 적의 과감한 행동에 의해서 이 엄호라고 하는 생각 전체가 무너지는 경우가 있을 수 있다. 따라서 전쟁에서는 이러한 요새가 주는 효과를 대충 생각하는 데 그치지 않고 개별적인 경우에 대하여 하나하나 명확하게 검토해야 한다.

9. 수비되어 있지 않는 도(道)나 군(郡)을 엄호하는 것으로서. 전쟁이 일어났을 때 어떤 도나 군이 전혀 수비되어 있지 않거나 혹은 빈약한 병력으로 수비되어 있는 경우에는, 적군의 침공에 많건 적건 노출되어 있는 셈이다. 거기에 상당수의 유력한 요새가 있다면 이러한 요새는 이곳을 잘 엄호하고 그 지방을 안전하게 지킬 수 있다고 여겨진다. 그 지역을 더 안전하게 한다는 것은 적이 이 요새를 빼앗지 않는 한 그 지방을 장악할 수 없기 때문에, 방어자는 그 사이에 시간을 벌어서 지역 보호를 서두를 수 있는 것을 말한다. 그러나 이 경우의 엄호는 매우 간접적이어서 본래 뜻으로서의 엄호라고 생각할 수 있는 정도의 것은 아니다. 어쨌든 요새는 그 능동적 효과에 의해서만 적의 침략을 어느 정도

저지할 수 있는 것이다. 만약 이 효과가 단순한 수비에 시종된다면 요새에 의해 얻을 수 있는 성과는 크지 않다. 능동적 효과를 올리기에는 요새 수비대가 대체로 너무 약하고 또 보병만으로 이루어지며, 게다가 이 보병도 우수하다고 말하기 어려운 것이 보통이기 때문이다. 작은 부대가 요새를 방어 지점 혹은 공격 지점으로 삼으려고 하는 경우에는 위에서 말한 생각은 더욱 현실성을 가질 것이다.

10. 국민 총무장의 중심점으로서. 국민 전쟁의 경우 양식, 무기, 탄약 등은 정규적으로 제공될 수 있는 것은 아니다. 이러한 전쟁의 성격으로서 각자 할 수 있는 한 필요 물자를 스스로 조달해야만 한다. 국민 총무장에 있어서 모든 저항 수단을 공급하는 무수한 작은 원천들은 이렇게 개척되는 것이다. 그렇지 않으면 이 원천들은 결국 이용되지 않고 끝날 것이다. 그러나 이 경우에 유력한 요새가 있다면 이러한 많은 물자들을 비축할 수 있기 때문에, 국민 총동원의 저항에 한층 힘과 건실성, 또 횡적인 연관과 종적인 연결을 줄 수가 있는 것이다.

게다가 요새는 부상병의 피난소이고 주요 관청의 소재지이며, 군 금고의 보관소이고 또 비교적 대규모의 군사적 행동과 그 밖에 대비하는 전력(戰力)의 집합점이며, 마지막으로 저항의 핵심이다. 그리고 이 저항의 목적은, 포위하여 공격하는 적의 병력을 불리한 상황에 빠지게 해서 국민군의 출격을 쉽고 유리하게 하는 데 있다.

11. 강과 산지를 방위하는 것으로서. 요소가 다양한 목적을 달성하고 다양한 역할을 다하는 것은 강 근처에 위치하는 요새 이상 가는 것은 없다. 이러한 요새는 수시로 아군이 안전하게 강을 건너게 하고 요새의 주위 수마일에 걸쳐 적이 강을 건너는 것을 막으며, 강을 이용하는 상행위(商行爲)를 마음대로 조종하고 다리 및 도로를 차단하며, 또 간접적인 방식으로, 다시 말하면 건너편 기슭에 만든 대적 진지로 의해 강을 방어하는 경우도 있다. 요새가 다방면에 미치는 이러한 영향에 의해 강의 방어를 매우 쉽게 하고 방어의 본질적 요소를 충족시키게 된다.

이와 마찬가지로 산지의 요새 또한 중요하다. 이러한 요새는 이곳 산지에 모이는 모든 도로의 교차점을 이루어, 이 도로 계통의 전체를 열기도 하고 닫기도 하므로 이들 도로가 통하는 지방 전체를 널리 지배하게 된다. 따라서 산지의 요새는 방어 계통을 지탱하는 진정한 버팀목으로 여겨도 좋다.

제11장
요새(이어서)

앞 장에서는 요새가 가질 수 있는 11가지의 규정에 대해 논했으므로, 다음에는 요새의 위치에 대해 말해 보고자 한다. 그러나 수많은 이러한 규정 모두가 요새가 배치되어 있는 장소에 의해 많건 적건 변경된다고 한다면, 이 문제는 매우 복잡하게 될 것이다. 그러나 사항의 본질을 분명히 파악해서, 쓸데없는 탐색을 조심하면 그와 같은 걱정은 하지 않아도 될 것이다.

훗날 전쟁터가 되리라고 여겨지는 지역에, 피아 두 나라를 잇는 큰 거리를 따라 매우 부유한 대도시가 몇 개 있고, 게다가 이 도시가 항구나 항만에 접한다든가, 혹은 강 주변에 위치하거나 산지에 있고 성이 마련되어 있다고 하면, 앞 장에서 말한 모든 요구가 동시에 충족되는 것은 확실하다. 대도시와 대도로는 항상 서로 동반하고, 또 이 둘은 강이나 해안과도 자연적 관계에 의해 긴밀하게 맺어져 있는 것이 통례이다. 따라서 이 네 가지는 서로 병존하여 그 사이에 모순이 생길 염려는 없다. 그런데 산지는 이들 요건들과 일치하지 않는다. 대도시가 산지에 존재하는 것은 매우 드물기 때문이다. 따라서 산지의 위치나 방향이 방어선으로서 적합하면, 이 산지의 도로나 고개를, 작은 보루를 설치하여 폐쇄할 필요가 있다. 이러한 작은 보루는 이 목적을 위해서만 만들어진 것이기 때문에, 그 비용은 가능한 한 소액에 그치도록 한다. 그러나 중요한 무기 저장소로서의 큰 요새는 평야에 세워져야 한다.

지금까지는 아직 국경에 대해 언급하지 않았고, 또 요새 사이를 잇는 선의 기하학적 형태에 대해서도 이러한 요새선의 위치에 대한 지리학적 관계에 대해서도 아직 아무것도 말하지 않았다. 그 이유는 앞에서 말한 11가지 규정이, 요새의 가장 본질적인 요건이라 간주될 뿐만 아니라 많은 경우—특히 소국(小國)에서는 이 규정만으로 충분하다고 생각되기 때문이다. 하지만 또 광대한 면적을 가진 국토라도 많은 주요 도시와 도로를 가진 곳이 있는가 하면, 이러한 도시나 도로가 없는 곳도 있다. 또 매우 부유하고 이미 수많은 요새를 가졌음에도 새로운 요새를 세우고자 하는 나라가 있는가 하면, 매우 가난하고 소수의 요새로 어떻게든 꾸려나가야 할 나라도 있다. 요컨대 요새의 수가 자연적으로 생긴 대도시나 도로의 수와 알맞게 들어맞지 않는 경우도 있어서, 그 수가 많거나 또 매우 적거나 하다. 이와 같은 경우에는 앞서 제시한 것과는 다른 규정을 고려할 여지가 있고, 또 그렇게 할 필요가 있다. 그래서 이 새로운 규정에 대해 좀 더 생각해 보고자 한다.

새로 고려해야 하는 주요 문제는 다음과 같은 일과 서로 관련이 있다.

1. 피아 양국을 맺는 주요 도로의 수가, 앞으로 구축되어야 할 요새의 수보다 많은 경우에는 어떤 도로를 선택하면 좋은가.
2. 요새는 국경에만 설치하는 것이 좋은가, 아니면 전국에 분포하는 것이 좋은가.
3. 요새는 균등하게 배분하는 것이 좋은가, 아니면 요새군(要塞群)으로 구분하는 것이 좋은가.
4. 축성 때 고려해야 할 토지의 지리적 상황은 어떻게 되어 있는가.

그 밖에도 요새선의 기하학적 형태에서 생기는 문제가 몇 가지 있다. 즉 요새를 일렬로 잇는 것이 좋을지, 아니면 여러 열로 하는 것이 좋을지. 다시 말하면 요새를 전후에 세우는 것과 전후 좌우로, 말하자면 바둑판처럼 하는 것과는 어느 쪽이 더 효과적인가. 또 직선으로 배치하는 것이 좋은가, 그렇지 않으면 돌출된 것과 들어간 것을 서로 엇갈리게 배치하는 것이 좋은가 하는 등의 문제이다. 그러나 이러한 문제는 헛된 논의에 지나지 않는다. 이것들은 쓸모가 없다는 생각으로 이에 구애되면 더 중요한 문제를 놓치는 일이 생길지도 모른다. 그럼에도 지금 이 문제들을 언급한 것은, 많은 책에서 거론하고 있을 뿐만 아니라 이런 사소한 일에 중요성을 두려는 잘못을 지적하고자 하기 때문이다.

제1의 문제에 대해 말하자면, 먼저 이 문제를 실감 있게 떠올리기 위해서는 남독일과 프랑스, 즉 상부 라인 지방과의 관계를 생각해 보고자 한다. 이 지역을 하나의 전체로 보고, 여기에 있는 몇 개의 작은 나라를 일단 제외하고 요새를 세워야 하는 지점을 고르게 된다면, 매우 당혹하지 않을 수 없을 것이다. 이 지역에는 잘 포장된 수많은 도로가 라인강으로부터 프랑스·바이에른·오스트리아로 통하고 있기 때문이다. 이 도로들을 따라서 있는 도시에는 규모 면에서 다른 도시를 능가하는 도시, 예를 들어 뉘른베르크·뷔르츠부르크·울름·아우크스부르크·뮌헨 같은 도시들이 있다. 그러나 이 도시들마다 모두 세울 생각이 없다면 그중에서 어느 곳을 선택해야만 한다. 그런데 우리의 견해에 따르면 가장 부유하고 가장 큰 도시를 고르게 되는데, 뉘른베르크와 뮌헨과의 거리가 멀기 때문에, 전자가 후자와 매우 다른 전략적 관계를 가지는 것은 부정할 수 없다. 그러면 뉘른베르크 대신에 비록 그것만큼 중요하지는 않다 해도 역시 뮌헨 지구에서 두 번째 도시에 세워야 하는 것이 아닌가 하는 문제가 여전히 남는다.

이러한 경우의 결정, 다시 말하면 제1의 문제에 대한 해답은, 앞에서 일반적 방어 계획과 공격점의 선택을 논한 각 장을 참조하기 바란다. 즉 적의 입장에서 말하면 가장 자연적인 공격점이야말로 방어자가 특히 방어 설비를 설치해야 할 곳이다.

따라서 우리로서는 적국으로부터 우리나라로 통하는 몇몇 도로 중에서 직접 우리나라의 심장부에 이르는 도로나, 아니면 비옥한 군(郡)을 관통하거나 혹은 주항(舟航)의 편의가 있는 강을 따라가고 있기 때문에 적의 행동을 매우 쉽게 만드는 도로에 쌓을 것이다. 그러면 우리도 안전하다. 적은 이 요새를 공격하거나 아니면 그 근방을 통과하려고 결의한다면, 우리 편에서는 측면 공격으로 자연적이고 유리한 효과를 거둘 기회가 주어지기 때문이다.

빈은 남독일의 심장이다. 가령 스위스와 이탈리아를 중립국으로 보고 빈과 프랑스와의 관계만을 생각한다면, 빈에게 뮌헨 혹은 아우크스부르크는 뉘른베르크나 뷔르츠부르크보다도 주요 요새로서의 효과가 크다는 사실은 분명하다. 또 그와 동시에 스위스에서 티롤을 통과하는 도로나, 이탈리아로 가는 도로를 고려한다면 이것은 더욱더 명확해진다. 이 도로들에 대해서도 뮌헨이나 아우크스부르크는 여전히 어느 정도의 효과가 있지만, 이와는 반대로 뷔르츠부르크와 뉘른베르크는 전혀 존재하지 않는 것과 다름없기 때문이다.

다음은 제2의 문제, 즉 요새를 국경에만 만드는 것이 좋은가, 아니면 전국에 고루 만드는 것이 좋은가 하는 문제는, 작은 나라인 경우에는 소용이 없다고 대답하고 싶다. 전략적으로 국경이라 부르는 것은, 작은 나라에서는 국토 전체와 거의 일치하기 때문이다. 이에 반해 국토가 광대하면 이 문제에 대한 해답이 더욱더 필요하게 된다.

이 문제에 대해서는—요새는 본래 국경에 설치되어야 한다는 것이 가장 자연적인 해답이다. 요새의 사명은 국가를 방어하는 데 있고, 만약 국경이 방위된다면 국가 또한 안전하기 때문이다. 요새의 이러한 정의는 아마도 일반적으로 통용될 것이다. 하지만 이러한 정의가 심히 제한받고 있다는 것은 다음과 같은 고찰로 분명해질 것으로 생각한다.

방어자가 외국의 지원을 기대하고 있는 경우에는, 시간을 버는 것이 방어의 주안점이 된다. 이 경우에 방어의 목적은 강력한 반격에 있는 것이 아니라 완만하게 행동하는 데 있다. 즉 완만한 행동에 의해 얻어지는 주된 이익은 적의 약화가 아니라 시간인 것이다. 그런데 다른 모든 상황이 모두 같다고 하면, 요새가 전국에 분포되어 이들 요새 사이에 광대한 면적을 안고 있는 경우 쪽이, 많은 요새를 국경에 모아 이것을 한 선상에 배치하는 경우보다도 공략에 많은 시간을 필요로 하는 것은 사리로 미루어보아 당연하다. 게다가 또 적이 장대한 후방 병참선과의 보급이 힘들어 패퇴하지 않을 수 없는 경우에는, 또 이러한 반항 방법을 실시하는 것이 편한 나라에서는 방어 시설을 국경에만 설치하는 것은 불합리하다고 말하지 않을 수 없다.

마지막으로 고려되어야 하는 것들이 있다. 첫째, 만약 사정이 허락된다면 한 나라의 수도에 만드는 것이 중요하다. 둘째, 우리가 제시한 원칙에 따르면 지방의 주요 도시, 특히 주요 상업도시에는 역시 축성(築城)이 필요하다. 셋째, 국내를 관통하는 강, 산지 및 단절지(斷絶地) 등은 새로운 방어선을 형성하는 데 유리하다. 넷째, 많은 도시 중에는 본래 요충지로 요새를 만들기 편한 도시가 있다. 마지막으로 어떤 종류의 군사 시설, 예를 들면 병기창과 같은 것은 국경 근처보다도 안쪽에 설치하는 편이 좋고, 또 그 중요성을 생각해서 공사를 실시하는 것은 당연한 조치라는 등등. 이들 여러 요건을 고려하면 요새를 내지(內地)에 만드는 것에는 많든 적든 이유가 있다는 것을 알 수 있다.

따라서 많은 요새를 가진 나라에서는 그 대부분이 국경에 구축되어 있는 것은 당연하지만, 내지에 요새가 하나도 없다는 것도 역시 중대한 결함이 있다고 생각된다. 이런 종류의 결함은, 예를 들면 프랑스에서는 특히 심한 것처럼 여겨진다. 그러나 또 이 점에 관해서는 당연한 일이지만 중대한 의문이 생기지 않을 수 없다. 그것은 주요 도시가 국경 지방이 아니라 내지에서 많이 발견되는 경우이며, 특히 남부 독일은 그 좋은 예이다. 대도시는, 예를 들면 슈바벤에는 거의 없는데도 바이에른에는 아주 많다는 식이다. 하지만 이러한 의문을 일반적 원칙에 따라 한 번에 해결할 필요는 없다. 이러한 경우에는 요새의 위치를 규정하는 근거로서 달리 특수한 사정을 고려해야만 한다고 생각하지만, 이 장의 결론에는 충분히 주의를 기울이기 바란다.

제3의 문제, 즉—요새를 요새군(要塞群)으로 형성하는 것이 좋은가, 그렇지 않으면 균등하게 배부하는 것이 좋은가 히는 문제는, 여러 사정을 아울러 생각하면 좀처럼 생기는 것이 아니라는 것을 알 수가 있다. 그래도 이 문제를 쓸데없는 고찰로서 처리하고 싶지는 않다.

두서너 개 또는 네 개의 요새가 공통된 중심점을 이루는 이 요새로부터 불과 수일 행정인 곳에 있으면, 이러한 요새군은 그 중심점 및 이 땅에 있는 군을 현저하게 강화하게 되므로, 누구든지 이런 종류의 전략적 능보(稜堡)[1]를 만들고 싶어 할 것이다.

제4의 문제는, 요새가 만들어져야 할 지점의 지리적 관계에 관한 사항이다. 해안이나 하천의 연안, 혹은 산지 등에 만들어진 요새가 평지 요새보다도 두 배의 효력을 가지는 것은 앞에 말한 대로이다. 실제로 이 같은 지리적 상황은 요새에 대해 중요한 사항이다. 이 외에도 고려할 필요가 있는 몇 가지 지리적 관계가 있다.

만약에 요새를 강가에 가깝게 만들 수 없는 경우에는 하천 근처보다는 오히려 강으로부터 10마일 내지 12마일 떨어진 지점에 만드는 것이 좋다. 요새의 활동권 안을 관통하는 강은 위에서 말한 모든 관계에서 요새의 활동을 방해하기 때문이다(필립스부르크는 위치가 좋지 않은 요새의 견본으로, 마치 코끝을 벽에 누르고 서

---

1) 요새의 일종. 대개 원형의 기체(基體)에 둔각(鈍角)을 이루는 여러 개의 돌출각(突出角)을 부설한 것. 프랑스 군인 보방(Vauban, Sébastian Le Prestre de, 1633~1707)은 능보 축성의 권위자로 알려졌다.

있는 바보 같았다.).[2]

그러나 이러한 일은 산지에서는 있을 수 없다. 확실히 산지도 몇몇 지점에서는 크고 작은 부대의 움직임을 제한하지만, 그것은 강에서만큼 심하지 않기 때문이다. 공격자가 산을 뒤로 하고 있는 경우에는 그 산 근처에 있는 방어자의 요새는 좋은 위치라 할 수 없다. 적에게 포위되었을 때, 이것을 푸는 것이 곤란하기 때문이다. 이와는 반대로 산지를 끼고 적과 마주보고 있는 요새는 적의 포위를 매우 힘들게 한다. 산지가 적의 병참선을 절단하기 때문이다. 이것에 대해서는 1758년 올뮈츠[3]의 포위 공격을 지적해 두고자 한자.

접근이 힘든 큰 삼림이나 큰 늪이 강과 마찬가지의 지리적 관계를 갖는 것은 말할 것도 없다.

접근이 매우 힘든 지점에 있는 도시가 요새에 적합한지 어떤지 하는 것도 자주 문제가 되었다. 이러한 도시는 비교적 적은 비용으로 축성되어 방위할 수가 있다. 따라서 평지의 공사와 마찬가지 노력으로 훨씬 견고한, 때로는 난공불락의 요새가 되는 것이다. 게다가 또 요새의 본령은 능동적 효과보다도 오히려 수동적 효과에 있다는 것을 생각하면, 이러한 도시는 교통이 차단되기 쉽다는 비난에는 그다지 신경 쓸 필요가 없다.

마지막으로 위에서 말한 매우 단순한 국토방위 계통을 다시 한번 돌아보면 우리는 다음과 같이 주장해도 좋을 것이다. 이와 같은 국토방위 계통은 국가의 기초와 직접 결부되어 있는 중대한 사항과, 영구적인 의의를 가진 중요 사항에 입각한 것이다. 따라서 이와 같은 근본적 방위 계통에는 전쟁에 관한 그 당장 뿐인 유행적 견해와, 쓸데없이 정교하고 치밀함을 필요로 하는 전략 논의, 혹은 그때마다 특수한 필요와 같은 것이 개입되어서는 안 된다. 그러한 것은 500년, 아니 천년 세월을 견딜 정도의 요새를 세우려고 하는 오랜 계획을 그르쳐서 중대한 결과를 초래할 것이다. 슐레지엔의 질베르베르크 요새[4]는 프리드리히 대

---

2) 필립스부르크(Philipsburg)는 바덴−뷔르템부르크의 고을. 당시는 잘바흐강(Saalbach)이 라인강으로 흘러드는 하구에 있었다. 요새는 30년 전쟁 무렵 축조되어(1618~23), 1800년까지 존속했다.

3) 프리드리히 대왕은 이 요새를 포위 공격했으나(1758. 5~7. 2), 병참선상에서 오스트리아군이 수송을 약탈하여 포위 공격을 중지했다.

4) 질베르베르크(Silberberg). 하부 슐레지엔의 고을. 해발 400~700m. 요새는 프리드리히 대왕이 만들었다.

왕이 주데텐산맥[5] 중 한 산의 능선에 구축한 것인데, 때와 함께 사정이 심하게 변했기 때문에, 오늘날에는 거의 그 의의와 사명을 아주 상실해 버리고 말았다. 이에 반해 브레슬라우는 본래 견고한 요새로서 또 지금에 이르기까지 견고함을 잃지 않았다면, 러시아군, 폴란드군, 오스트리아군을 물리친 것처럼 프랑스군을 막고 오래 난공불락의 이름을 얻었을 것이다.[6]

위에서의 고찰은 어느 국가가 앞으로 새롭게 요새를 만든다는 특수한 가정 아래 시도된 것은 아니다. 만약 그랬다면 이러한 고찰은 아무런 도움도 되지 않았을 것이다. 그와 같은 경우는 좀처럼 없고, 또 전혀 있을 수 없기 때문이다. 요컨대 이제까지 말한 것은 일반적으로 요새지를 물색할 경우에 예외 없이 생기는 고찰이라는 것을 잊어서는 안 된다.

---

5) 주데텐(Sudeten). 슐레지엔과 뵈멘 사이에 가로놓인 산맥.

6) 브레슬라우(Breslau)는 슐레지엔의 도시로 요새. 오스트리아군은 이 요새를 포위 공격했으나 (1760. 7. 29) 공략에 실패했다. 또 나폴레옹이 이끄는 프랑스군은 브레슬라우를 포위 공격한 뒤 이 요새를 공략했다(1806. 12. 6~07. 1. 5). 또 나폴레옹은 같은 해 브레슬라우 요새를 철거했다.

제12장
방어 진지

토지 및 지형을 엄호 수단으로써 원용하면서 적의 도전에 응하는 경우의 진지는 예외 없이 방어 진지이다. 그 경우 우리가 수세적 행동을 취하느냐, 아니면 공세적 행동을 취하느냐는 문제가 아니다. 그러한 것은 방어에 관한 우리의 일반적 견해에 따르면 이미 분명하고 다시 설명할 것까지도 없다.

그런데 군이 적을 향해 행진하는 동안, 어쩔 수 없이 적의 도전에 응하지 않을 수 없는 경우의 진지 또한 방어 진지로 여겨질지 모른다. 대부분의 전쟁은 대체적으로 이러한 방법으로 이루어지고, 또 중세에서는 전쟁이라고 하면 모두 이런 종류의 것이었다. 그러나 이것은 우리가 말하는 방어 진지는 아니다. 대부분의 진지는 이러하지만, 그러나 이것은 행군 숙영에 대립하는 진지라는 개념으로 충분하다고 생각한다. 따라서 적어도 방어 진지라고 할 때는 이것과는 달라야만 한다.

통상적인 진지에서 이루어지는 결전에서는 시간의 개념이 중요하다. 피아 두 군이 마주보고 행진하는 것은 서로 만나기 위해서이고, 이 경우에 장소는 부수적이며 너무 부적당한 것이 아니면 그것으로 통용된다. 이와는 반대로 본래의 방어 진지에서는 장소의 개념이 주가 된다. 승패는 이 장소에서 혹은 이 장소에 의해 결정된다. 본 장에서 문제로 하는 것은 이러한 진지이다.

그런데 이 경우에 장소의 관계는 두 가지 의미를 가진다. 즉—첫 번째는 이 장소에 배치된 방어자의 전투력이 전쟁 전체에 어떤 종류의 효력을 미친다는 것이고, 두 번째는 이 장소가 방어자의 전투력(군)의 방어 및 강화에 도움이 된다는 것이다. 요약해서 말하면 전략적 관계와 전술적 관계이다.

정확하게 말하면 방어 진지라는 표현은 전술적 관계에서만 생기는 것이다. 이 곳에 배치된 전투력은 그것이 여기에 존재함으로써 국토방위의 임무를 다한다는 전략적 관계와 공격적 행동을 취하는 전투력에도 적합하기 때문이다.

방어 진지의 전략적 효력은 나중에 전장의 방어를 논할 때(제28 내지 제30장) 상세하게 설명할 생각이므로, 여기서는 우선 당면한 문제에 관한 범위 내에서 고찰하고자 한다. 그러면 우선 당장의 고찰에서는 두 가지 개념을 정확하게 알아 둘 필요가 있다. 이 두 개념에는 서로 비슷한 점이 있어서 자주 혼동되기 때문이다. 그것은 진지의 우회와 진지의 측방 통과라는 개념이다.

공격자에 의한 방어 진지의 우회는 진지의 정면에 관련하여, 진지의 측면이나 후면을 위해, 또는 방어자의 퇴각선 혹은 병참선을 차단하기 위해 이루어지는 것이다.

우선 우회에 대해 말하면, 방어 진지의 측면 공격 및 후면 공격은 본디 전술적 성질을 가진다. 군대의 움직임이 커지고 진투 계획이 낡건 적건 우회와 포위 공격을 원칙으로 하는 근대 전쟁에서는, 어떠한 방어 진지든 이것을 규준(規準)으로 해서 설치해야 한다. 또 강력한 진지라 부를 수 있을 정도의 진지는, 강력한 정면을 가짐과 동시에 만약 측면과 후면이 위협 받을 경우, 이러한 측면 및 배면에 대해서 적어도 전투의 유리한 조합을 가능하게 하는 것이어야만 한다. 그러면 적이 방어 진지를 측면 혹은 후면으로부터 공격할 목적을 가지고 우회를 시도해도, 이러한 진지는 결코 효력을 잃지 않고 이 진지에서 이루어지는 회전은 방어 진지의 의의를 다하고, 방어자는 일반적으로 방어 진지로부터 기대할 수 있는 이점을 누릴 수가 있다.

공격자가 방어자의 퇴각선 혹은 병참선을 차단하는 의도를 가지고 방어 진지를 우회한다면, 이 우회는 전략적 관계에 속한다. 그리고 여기서 문제가 되는 것은 방어자가 이 진지를 언제까지나 견딜 수 있을지, 또 이 진지는 전략적 관계로 볼 때 적을 앞지를 수 있을지의 여부인데, 이 두 가지는 방어 진지가 분포된 지점 상황에 따라, 다시 말하면 주로 서로의 병참선 관계에 따라 결정된다. 이 경우에 유리한 방어 진지는 이 지점에서 방어자에게 우위를 보증할 것이다. 이러한 방어 진지는 공격자가 시도하는 우회에 의해 효력을 잃는 것은 아니고, 오히려 방어 진지의 우회를 의도하는 공격자 쪽이 이에 의해서 약화되는 것이다.

그러나 공격자가 방어 진지에서 그를 기다리는 방어군의 존재에 개의치 않고, 주력을 동원하여 다른 길로 전진하여 그의 목적을 달성하고자 한다면, 그는 방어 진지의 옆을 통과할 것이다. 그리고 공격자가 이 의도를 지장 없이 실현할 수 있다면, 방어자는 바로 진지를 포기하게 되고 따라서 이 방어 진지는 그 효력을 잃을 것이다.

세계에 있는 진지로서, 문자 그대로 그 옆을 통과할 수 없는 진지가 있을 리가 없다. 페레코프 지협(地峽)[1] 같은 사례는 매우 드물기 때문에, 거의 고려할 가치가 없다. 따라서 방어 진지의 측근방 통과가 불가능하다는 것은, 틀림없이 공격자가 그 통과로 인해 입을지도 모르는 불리함과 관련 있다. 이와 같은 불리한 성질이 어떠한 것이냐에 대해서는 나중에 본편 제27장에서 말하겠다. 여하간 이 불리함은 때로는 크거나 때로는 작을 것이다. 공격자 측의 이러한 불리함은 방어 진지가 본래의 전술적 효력을 발휘하지 않았던 경우에, 방어자 측의 불리함과 상쇄된다. 요컨대 공격자가 방어 진지의 측방 통과에 의해 입는 불리함이 방어 진지의 전술적 효력과 더불어 방어 진지의 목적을 이루는 것이다.

앞에서 말한 것으로 방어 진지에 대해 두 건의 전략적 특성이 분명해졌다.

1. 방어 진지의 측방 통과는 공격자에게 불가능하다.
2. 방어 진지는 피아 사이에 이루어지는 병참선 쟁탈전에서 방어자에게 유리하다.

또 여기서 방어 진지에 대해 다른 두 건의 전략적 특성도 덧붙여 두기로 한다.

3. 피아 사이의 병참선 관계는 전투 방식에서도 방어자에게 유리하게 작용한다.
4. 토지 및 지형이 주는 일반적 영향은 방어자에게 유리하다.

피아 사이의 병참선 관계는 공격자가 방어 진지의 측면을 통과할 수 있는가 어떤가, 또 방어자가 공격자의 식량 보급로를 끊을 수 있는지 어떤지에 영향을 줄 뿐만 아니라, 회전의 진행에도 영향을 미친다. 방어자 측의 비스듬한 퇴각선

---

1) 페레코프(Perekop) 지협은 크림반도와 대륙을 잇는 지협으로, 폭은 6~8km이다.

은 공격자의 전술적 우회를 쉽게 하고, 또 전쟁 중에는 방어자의 전술적 움직임을 매우 부자연스럽게 한다. 그러나 방어자가 병참선에 대해 비스듬히 병력을 배치하지 않을 수 없는 것은, 꼭 전술의 책임이 아니라 전략 요점의 선정 과정에서 잘못되는 일도 있다. 예를 들면, 도로가 방어 진지 내에서 방향을 바꾸고 있는 경우(1812년 보로디노 회전에서 러시아군)에는 이러한 배치를 아무래도 피할 수 없다. 그러면 공격자는 방어자를 우회하는 방향을 취하면서, 방어자의 병참선에 대한 직각인 병력 배치를 변경할 필요가 없는 셈이다.

또 공격자가 몇 가닥의 퇴각로를 보유하고 방어자에게는 한 가닥의 퇴각로밖에 없는 경우에도, 공격자의 전술적 자유는 방어에 비해 훨씬 크다. 이러한 경우에는 방어자의 전술이 아무리 교묘해도, 전술적 관계가 주는 불리한 영향은 끝내 극복할 수 없을 것이다.

마지막으로 네 번째 점을 말하자면, 위에서 말한 관계만이 아니라 다른 관계에서도 매우 불리한 일반적인 사정이 유력해서, 전술적 수단을 아무리 꼼꼼히 선택하고 또 이것을 아무리 적절하게 사용해도, 이 불리함을 어찌할 수 없는 경우가 있다. 이러한 정황에서 가장 주의해야 하는 관계는 다음 두 가지일 것이다.

1. 방어자는 먼저 공격군을 널리 바라볼 수 있다는 이점과, 두 번째로 방어 진지 내에서 적을 신속하게 공격할 수 있는 이점을 손에 넣어야만 한다. 그래서 공격자의 접근을 곤란하게 하는 천연 장애물이 이상의 두 조건과 결부되는 경우에만 토지와 지형은 방어자에게 실제로 유리한 것이 된다.

이와 달리 방어 진지를 내려다보는 지점이 부근에 있다는 것은 방어자에게는 불리하다. 산지 대부분의 진지는 이에 속한다(이것에 대해서는 특히 산지 전투에 관련한 여러 장에서 논하고자 한다). 또 측면을 산지에 위탁하는 진지도 마찬가지이다. 이 경우에 산지는 확실히 공격자가 방어 진지의 측면을 통과하는 행동을 곤란하게 하지만, 측면 우회를 쉽게 하기 때문이다. 진지 바로 앞에 산지가 있는 경우나, 또 위에서 말한 지형에서 초래된 모든 관계에 대해서도 똑같은 말을 할 수 있다.

그러나 위에서 말한 불리한 사정을 뒤집어서 본 관계 중에서 방어 진지가 산지를 등지고 있는 경우를 특히 권하고 싶다. 이러한 진지에는 이점이 많고, 방어 진지로서는 가장 좋은 위치의 하나라고 간주되기 때문이다.

2. 그런데 방어 진지로서 선정한 지역이, 군의 성격과 편성에 잘 어울리는 경우와 그렇지 않은 경우가 있다. 기병이 우세하다면 방어자가 진지를 개활지로 구하는 것은 당연하다. 하지만 기병도 화포도 부족하고, 대신에 전쟁에 익숙하고 토지 상황에 정통한 무장한 보병을 가진 경우에는 매우 험하고 복잡한 토지와 지형을 이용하는 것이 상책이다.

여기에서는 방어 진지로서 선정된 지역의 성질이 전투력에 대해 갖는 전술적 관계에 대해 상술할 필요는 없다. 우리는 이 모든 관계에서 생긴 총괄적 결과를 말하면 된다. 이러한 결과만이 전략적인 양을 이루는 것이기 때문이다.

방어군이 적의 공격을 정면으로 맞서려고 하는 진지는 말할 것도 없이 방어군에게 현저한 지형의 이점을 주는 것이어야 한다. 그리고 이와 같은 경우, 지형의 이점은 방어자의 전투력을 배가하는 것으로 간주해도 좋다. 그런데 자연이 방어자에게 지형의 많은 이점을 주기는 하지만, 이러한 이점이 방어자가 바라는 정도에 이르지 않을 경우에는 축성술이 이 부족을 보충하게 된다. 이와 같이 축성술을 원용함으로써 진지의 어떤 부분이 적의 공격을 종종 불가능하게 만든다. 그런데 이 제2의 경우, 방어자가 취한 방책의 성질은 전적으로 변동을 입게 된다. 이제 방어자가 구하는 것은 유리한 조건에서 회전에 응하는 것도 아니고, 또 이러한 회전에서 전역 전체의 성과를 거두는 일도 아니다. 회전에 의하지 않고 승리를 거둔다는 것이다. 이렇게 해서 방어자는 그의 전투력을, 적의 공격을 불가능하게 하는 진지에 온전하게 보전할 뿐만 아니라, 적의 도전에도 응하지 않고 이 사태를 다른 방법으로 해결하는 것을 적에게 강요하게 된다.

따라서 우리는 이 두 가지 경우를 명확하게 구별하고, 제2의 경우를 다음 장에서 견고한 진지라는 제목으로 논하고자 한다.

그런데 우리가 여기서 논하고 있는 방어 진지는, 방어자에게 매우 유리한 전쟁터를 의미한다. 그러나 방어 진지가 그대로 전쟁터가 되기 위해서는 지형의 이점이 과대할 필요는 없다. 그렇다면 이러한 방어 진지는 어느 정도까지 견고하면 좋을까. 공격자의 공격 결의가 강하면, 방어 진지 또한 견고해야만 하는 것은 물론이다. 그러나 이것은 개개의 경우와 판단에 따라 결정된다. 예를 들면, 나폴레옹과 같은 장수에 대해서는 다운이나 슈바르첸베르크 같은 장수를 대하는 방식보다는 한층 견고한 엄폐부(掩蔽部) 뒤로 물러나도 상관없고, 또 그렇게 하지 않을 수 없게 된다.

방어 진지의 어떤 부분, 예를 들면 정면이 적의 공격을 불가능하게 할 정도로 견고하다면, 이것은 진지 전체의 견고성에 관련되는 한 인자(因子)로 간주해도 좋다. 이 부분에서 불필요하게 된 병력은 다른 부분으로 전용될 수 있기 때문이다. 그러나 그렇게 되면 공격자는 방어 진지의 이러한 견고한 부분에서 손을 떼지 않을 수 없기 때문에, 공격자의 공격 형식은 이제까지와는 전혀 다른 성격을 띠게 된다. 그러면 방어자로서는, 공격자의 공격 형식의 이러한 새로운 성격이 아군의 사정에 유리한가, 불리한가를 우선 끝까지 지켜봐야만 한다.

예를 들면 방어자가 강을 앞에 두고 포진한다면, 이 강은 진지 정면에서 병력을 증강한 것과 마찬가지로 보아도 좋고, 또 실제로도 그것과 같은 효과를 발휘한다. 또 이러한 진형(陣形)은 이 강을 우측면 혹은 좌측면의 근거지 역할을 하게 한다. 공격자는 저 멀리 오른쪽 혹은 왼쪽에서 강을 건너고 정면으로 돌아와서 공격을 실시하지 않을 수 없기 때문이다. 그러면 이 경우, 이러한 방어 진지는 방어자에게 어떠한 이점 혹은 불리함을 초래하는가 하는 것이 주된 문제가 된다.

생각하건대 방어 진지가 완전히 보호되고 또 방어자가 전투의 교묘한 조합에 의해 공격자에게 기습을 할 기회를 자주 발견할 수 있다면, 방어 진지는 점점 이상 상태에 가까워지게 되는 셈이다. 방어자는 아군의 전투력과 그것이 사용되는 방향을 공격자에게 은폐하고 싶어 하지만, 그와 전적으로 같은 의미에서 지형의 이점도 적에게 은폐하려고 한다. 그러나 이러한 종류의 은폐는 결국 어느 정도까지밖에 그 목적을 이루지 못한다는 것, 또 이러한 은폐에는 아마도 독자적인, 지금까지 아직 시도되지 않았던 방법을 필요로 한다는 것은 말할 필요도 없다.

유력한 요새가 방어 진지 근처에 있으면, 그 요새가 어느 방향에 있든 이러한 진지는 전투력의 운동과 사용에 관해서, 공격군을 훨씬 능가하는 우위를 차지할 수 있다. 또 방어자는 여러 곳에 설치된 야전 보루[2]를 적절히 사용함으로

---

2) 야전 보루는 보루 진지 안에 야전 축성의 방법으로 구축된 견고한 지점으로, 따라서 또 방어자의 지점이 될 수 있다.

써 불충분한 천연 장애물을 보충할 수 있고, 또 이것으로 전투의 대강을 미리 마음대로 규정할 수가 있다. 이와 같은 일들은 모두 축성술의 원용에 의한 방어 강화이다. 따라서 방어자는 공격자의 전투력 효과를 무효로 하지는 않더라도 이것을 곤란하게 만드는 천연 장해물을 적절히 선택해서, 축성술의 이와 같은 효과에 결부시킬 수가 있다. 또 방어자 측은 전쟁터의 지리에 정통하고 있지만, 이와는 반대로 적은 방어자의 전쟁터에는 아주 낯설다. 여기에 더하여 방어자는 아군의 방책을 적에게 감출 수가 있지만 적은 이러한 이점이 없고, 또 전투 중에 기습을 감행할 수단에 대해서도 일반적으로 공격자보다 좋은 입장에 있는 것이다. 방어자 측에 유리한 이들 사정을 아울러 생각하면, 이러한 모든 사정의 총괄로부터 방어 진지로서 선정된 지역의 성질에 입각한 결정적인 영향력이 생기는 것이다. 그리고 공격자는 이러한 탁월한 영향력에 굴복하는 것이지만, 패전의 참다운 원인이 무엇인지를 알지 못하는 일까지도 있다. 이와 같은 것이 바로 우리가 이해하는 방어 진지이며, 우리는 이러한 진지를 방어적 전쟁의 가장 큰 장점으로 보고 있다.

특수한 정황을 도외시하면 경작의 위치가 너무 높지도 않고 그렇다고 해서 너무 낮지도 않은 파상지(波狀地)에서는 이런 종류의 유리한 방어 진지를 제공할 수 있다고 생각해도 좋다.

제13장
견진지(堅陣地)와 보루 진지

우리는 앞 장에서 이렇게 말했다. 즉 자연과 기술(축성술)에 의해 강화되어 적의 공격을 불가능하게 만드는 방어 진지는 단순히 유리한 전쟁터일 뿐만 아니라 전적으로 독자적인 의의를 갖는다고.

그래서 이 장에서는 이러한 진지의 여러 가지 득성을 고찰하고, 또 이 진지가 요새에 속하는 성질을 갖추고 있다는 점에서 이것을 견진지라는 이름을 붙이고자 한다.

견진지는 구조로 말하자면 단지 요새의 엄호 아래에 있는 보루 진지와는 달리 축성 공사만으로 쉽게 지어지지는 않는다. 그렇다고 또 천연 장애물에 의해서만 완성되는 것도 아니다. 견진지는 자연과 기술, 천연과 인공이 서로 제휴한다. 그래서 견진지도 때때로 보루 진지라고 불리는 경우도 있다. 그러나 본디 보루 진지라고 하는 명칭은 보루를 갖추고 있기만 하면 어떤 진지에도 통용되는 것이다. 따라서 이러한 보루 진지는 지금 여기에서 논하는 견진지와는 공통된 성질을 가지고 있지 않아도 된다.

견진지가 노리는 것은, 이 진지에 배치된 전투력에 대한 공격을 불가능하게 하고 이렇게 해서 실제로 어떤 지역을 직접 보호하든가, 그렇지 않으면 우선 이 진지에 배치된 전투력만을 보호하고, 더 나아가 이 전투력에 의해 간접적으로 국토를 엄호하든가, 둘 중 하나이다. 과거의 시대에 대해서 말하자면, 제1의 것이 옛날 전쟁에서 특히 당시 프랑스 국경에 설치된 보루선의 의의였다. 또 제2의 것은 모든 방면에서의 공격을 저지하는 보루 진지의 뜻이었으며, 아울러 요새의 엄호 아래 있는 보루 진지의 뜻이기도 했다.

방어 진지의 정면이 보루나 적의 접근을 막기 위한 장애물에 의해 현저하게 강화되어 적의 공격을 불가능하게 한다면, 적이 측면 또는 배면으로부터 공격을 하기 위해서는 이 진지를 우회해야 한다. 그런데 적의 우회를 곤란하게 만들기 위해서는 이러한 보루선을 측면에서 지지하는 근거지를 구해야 한다. 예를 들어 알자스 지방의 보루선의 경우라면, 라인강이나 보주산맥[1]이 이것에 해당한다. 이러한 보루선의 정면이 연장됨에 따라 보루선의 정면은 적의 우회에 대해 더욱더 손쉽게 방어된다. 우회는 우회하는 자에게 반드시 어느 정도의 위험을 동반하고, 또 이 위험은 공격자의 군이 처음에 취한 방향에서 멀어짐에 따라 점점 증대하기 때문이다. 따라서 적의 공격을 불가능하게 하는 보루선의 정면이 현저하게 길고 또 양측 근거지가 견고하면 광대한 지역을 적의 침공에 대해 직접 방어할 수가 있는 셈이다. 어쨌든 이와 같은 설비는 적어도 이러한 견해에서 생긴 것이다. 이것이 알자스 지방에서 우익을 라인강에, 좌익을 보주산맥에 의탁한 보루선이고, 또 플랑드르에서는 우익을 스헬데강[2]과 투르네[3] 요새에, 또 좌익을 북해에 의탁한 15마일에 이르는 보루선의 의미였다.

그러나 장대하고 강력한 정면과 견고한 근거지라는 이점이 결여된 경우에 보루 진지에 배치된 전투력만으로 그 지방을 엄호해야 한다면, 결국 이러한 전투력과 그 진지를 어느 방면으로부터도 공격을 저지할 수 있을 정도의 강력한 것으로 구축함으로써, 적의 우회에 대해 전투력을 보호해야만 한다. 그러나 그렇게 되면 전투력에 의해서 직접적으로 보호받고 있는 지역이라는 개념은 사라진다. 이와 같은 진지는, 전략적으로는 하나의 점에 지나지 않기 때문이다. 이 점(點)은 우선 진지에 배치된 전투력을 엄호하고, 더 나아가 이 전투력에 의해 국토를 간접적으로 엄호할 수 있는 것이다. 점으로 간주된 진지가 국토를 엄호한다는 것은, 곧 국토에서 스스로를 엄호하는 것을 말하는 것이다. 공격자는 이러한 진지를 이제는 우회할 수 없다. 다시 말하면 진지의 측면과 뒷면이 다른 부분보다도 취약하다는 이유로 이 부분들을 공격할 수가 없다. 이 진지는 어느 방면으로부터의 공격도 저지하고, 또 어느 부분에서도 똑같이 견고하기 때문이다. 그러나 이러한 진지에서도 그 측면을 통과하는 것은 가능하다. 더욱이 이

---

1) 보주산맥은 라인강 왼쪽 약 120km에 걸쳐 있다.
2) 스헬데강(Schelde). 프랑스 이름은 에스코강(Escaut). 프랑스에서 발원하여 벨기에를 지나 북해로 들어간다.
3) 투르네(Tournai). 프랑스 국경에 가까운 벨기에의 도시.

측면 통과는 보루선보다도 훨씬 용이하다. 전략적으로 점으로 보이는 진지는 확장을 하지 않는 것과 같기 때문이다.

요새의 엄호 아래에 있는 보루 진지는 바로 제2 종류에 속한다. 이러한 보루 진지는, 그 안에 집결된 전투력을 보호한다는 사명을 갖는 것이기 때문이다. 하지만 이 진지에는 그 이상의 전략적 의의, 즉 엄호된 전투력의 사용이라는 의의가 있고, 이 점에서 다른 보루 진지와는 그 뜻이 약간 다르다.

이상으로 이런 종류의 방어 수단이 발생되는 방법을 순서적으로 설명했다. 그래서 다음에는 이들 세 가지 방어 수단의 가치를 각각 고찰해 보고자 한다. 우선 이들 수단 가운데 첫 번째 것에는 보루 설치선, 두 번째 것에는 본래의 견진지, 또 세 번째 것에는 요새의 엄호 아래에 있는 보루 진지라는 명칭을 붙여 각각 구별하고자 한다.

1. 보루선. 이것은 초병선식(哨兵線式) 전쟁[4]에서 사용되는 가장 위험한 방어 수단이다. 보루선이 공격자를 저지하기 위한 장애물로서 국경에 설치된 보루선은, 그것이 화포에 의해 보호되는 경우에만 약간의 가치가 있지만, 그 자체로서는 가치가 없는 것과 같다. 본디 군이 포화의 효력을 빌려서 엄호할 수 있는 지역은, 군이 엄호해야 하는 광대한 지역에 비하면 매우 좁은 범위에 머물지 않을 수가 없다. 그러면 보루선은, 사격이 미치는 범위 내에 제한되기 때문에 짧아지지 않을 수가 없고, 따라서 또 군이 실제로 엄호할 수 있는 지역도 매우 협소하다. 즉 엄호하는 지역이 좁지 않으면 모든 지점을 효과적으로 보호할 수가 없는 것이다. 그런데 보루선에 관해 다음과 같은 견해를 가진 사람들이 있다. 즉—보루선의 취지는 이 선상의 모든 지점을 수비하는 데 있는 것이 아니라, 이 지점들을 감시하고 배치된 예비대를 가지고 이것을 방어하는 것만으로 좋다. 요컨대 강폭이 넓지 않은 중(中) 정도의 강을 방어하는 경우와 마찬가지이다—라고. 그러나 이와 같은 사고방식은, 보루선의 본디 성질에 위배된다. 만약 도처에 천

---

4) 초병선식이란, 국경을 방어하기 위해 국경선의 요소에, 또 도처에 초병을 배치하는 것처럼 보루를 이어 놓는 방식이다. 하지만 그렇게 되면 병력이 세분되어, 중요한 지점에서의 강력한 저항을 불가능하게 하기 때문에 매우 불리한 방어 방식으로 여겨졌다. 이 방식에 따르는 방어적 전쟁을 초병선식 전쟁이라고 한다. 이에 대해서는 본편 제22장 참조.

연 장애물이 있어서 이것을 방어 수단으로 사용할 수 있다면, 보루는 쓸모없고 또 위험하기도 하다. 보루선은 본디 국지적인 방어 방법이 아닌데도, 보루는 국지적 방어에만 적합하기 때문이다. 하기야 보루 그 자체는 적의 접근을 저지하는 주요한 장애물로 볼 수 있지만, 포격에 의해 엄호되지 않는 보루가 이러한 장애물로서 무력하다는 것은 말할 것도 없다. 불과 12피트나 기껏해야 15피트 깊이의 호와, 10피트 내지 12피트 높이의 누벽(壘壁)이 밀물처럼 밀어닥치는 수천 명의 적에 대해서 무슨 도움이 있단 말인가. 만약에 아군의 화력이 적군을 교란하는 것이 아니라면, 이러한 보루는 순식간에 없어질 것이다. 그러면 결론은 이렇게 된다. 즉—보루선이 짧고 비교적 강력하게 수비되고 있다면, 이러한 보루선은 우회될 것이고, 또 보루선이 길고 수비가 강력하지 않다면 허망하게 정면을 공격당하고 이윽고 공략당할 것이다—라고.

그런데 이와 같은 보루선은 국지적 방어에 시종하기 때문에, 결국 전투력을 구속하고 그 기동력을 마비시킨다. 따라서 과감한 공격자에 대해서는 매우 졸렬한 방어 수단이다. 그럼에도 불구하고 보루선이 근대 전쟁에 있어서 오래도록 온존(溫存)한 것은, 전쟁의 본령인 격렬한 힘이 위축되어 방어에 관한 외관상의 곤란을 실제의 곤란으로 생각한 데 있다. 어쨌든 보루선은 대부분 전쟁에서 적의 유격대 활동을 막는다는 이차적인 방어를 위해 사용된 것에 지나지 않는다. 이 경우에는 보루선의 효과가 전혀 없었던 것은 아니지만, 보루선의 방호에 필요한 부대를 다른 지점에 전용했더라면 훨씬 유익했을 것이라는 데 생각이 미치지 않을 수 없다. 최근 전쟁에서 보루선은 전혀 문제되지 않고, 실제로도 이미 그 흔적을 남기지 않을 정도이다. 또 장차 다시 나타날지 어떨지도 의문이다.

2. 견진지(堅陣地). 어떤 지역의 방어는 (이에 대해서는 나중에 제27장에서 상세하게 말하겠지만) 방어에 임하는 전투력이 이 지역을 엄호하는 한 지속되고, 이 전투력이 그 지역을 철퇴할 때 비로소 종결된다.

그런데 한 나라의 전투력이 매우 우세한 적에게 공격받고 있는 국토에서 스스로를 엄호해야만 하는 경우, 그 어떠한 공격도 불가능하게 하는 진지에 의해서 이 전투력을 적의 무력에 대해 방어하는 수단이 필요하게 된다.

이와 같은 진지는 이미 말했듯이 모든 방면에서 적의 공격을 저지해야 한다.

그런데 전투력을 전술적으로 배치한다면 진지는 통상적인 넓이의 지역밖에 점유할 수 없고, 게다가 이 전투력이 그다지 크지 않다면 (이것은 여기서 상정하고 있는 경우의 성질에 위배되지만) 결국 이 진지는 매우 협소한 것이 될 것이다. 그리고 이 좁은 지역은 전투 중에 여러 가지 불리함을 입지 않을 수 없기 때문에, 이러한 진지를 보루에 의해서 가능한 한 증강한다 해도 적을 저지할 정도의 저항은 도저히 생각할 수 없을 것이다. 그렇기 때문에 모든 방면에서 적의 공격을 저지할 수 있는 진지는, 모든 방면에서 상당히 광대한 지역을 차지하게 될 것이다. 그럼에도 이 진지는 어느 부분이나 적의 공격을 불가능하게 할 정도로 견고해야만 한다. 이와 같이 진지가 차지하는 지역은 광대함에도 불구하고, 그 진지의 모든 방면을 강화할 단계가 되면 이미 축성술만으로는 충분하지가 않다. 그래서 이 진지를 천연 장애물로 킹화하는 것이 근본 소선이 되는 것이다. 그렇게 하면 진지의 어떤 부분은 적의 접근을 불가능하게 만들고, 또 다른 부분도 접근을 곤란하게 할 것이다. 그러나 지형이라는 방어 수단을 사용할 수 있게 하기 위해서는, 우선 견진지에 적합한 지형이 존재해야만 한다. 이러한 지형이 없는데도 보루에만 의지해서는 목적을 이룰 수 없다. 위에서의 고찰은 우선 전술적 결과에 관계하지만, 그럼에도 불구하고 지금 여기에 언급한 것은 견진지라는 전술적 방어 수단을 우선 확인하기 위해서이다. 또 이 문제의 소개를 확실히 하기 위한 실례로서 피르나,[5] 분첼비츠,[6] 콜베르크,[7] 토리즈 베드라시와 드리사[8]를 들어 둔다.

다음으로는 견진지라고 하는 이 방어 수단의 전략적인 특성과 효과에 대해 고찰해보고자 한다. 이 경우에 제1 조건은 이 진지에 배치된 전투력의 보급이

---

5) 피르나(Pirna). 작센의 도시. 7년 전쟁(1756~63)으로, 작센군은 이곳의 보루 진지에서 프리드리히 대왕에게 포위되어(1756~9. 10) 일단은 탈출했으나(10. 11) 이윽고 퇴로를 차단당해 항복했다.

6) 7년 전쟁에서 프리드리히 대왕은 이 땅에 보루 야영(간단한 보루 진지)을 설치하여(1761. 8. 26~9. 28), 작센에 주둔하고 있던 오스트리아군과 러시아군의 합류를 저지했다.

7) 콜베르크(Kolberg). 현재 폴란드의 포메라니아 지방의 도시로, 이전에는 요새였다. 7년 전쟁에서 프로이센군은 이 땅의 보루 진지에 거점을 잡았으나(1761. 6. 4~12. 16) 식량이 떨어져 러시아군에 항복했다.

8) 드리사(Drissa). 현재 벨로루시의 소도시. 러시아군은 이곳에 보루 진지를 구축하고(1812. 7. 9~14) 나폴레옹군에 저항했다.

어느 정도의 기간, 다시 말하면 이러한 진지가 그 효력을 발휘하는 데 필요하다고 여겨지는 기간만큼은 확보되어야만 한다는 것이다. 이것은 콜베르크나 토리즈 베드라시처럼, 진지가 그 배후에 해항(海港)을 두고 있는 경우, 또는 분첼비츠나 피르나처럼 요새와 긴밀하게 결부되고 있는 경우, 혹은 드리사처럼 진지의 내부나 가까운 곳에 물자가 집적되어 있는 경우에만 가능하다.

이 세 가지 보급 방법 중, 제1의 경우만이 장기적으로 보급을 보증할 수 있을 것이다. 이에 반해서 제2 및 제3 경우의 보급은 한정된 기간밖에 계속되지 않는다. 따라서 위험은 이 방면에서 이미 진지를 위협하고 있는 것이다. 이러한 사정에 비추어 보더라도, 비록 다른 점에서는 보루 진지에 적합한 요지가 수많이 있음에도 불구하고 보급이 곤란하다 해서 견진지로서의 자격을 잃는 경우가 있고, 따라서 또 가장 적당한 견진지는 매우 드물다는 것을 알 수 있다.

견진지의 효력, 이점 및 위험이 어떠한 것인지를 알기 위해서는 공격자가 이러한 진지에 대해 무엇을 할 수 있는지 밝혀야 한다.

a. 공격자는 견진지의 측면을 통과해서 행동을 계속하고, 또한 크고 작은 부대를 가지고 이 진지를 감시할 수 있다.

그런데 우리는 이 견진지가 방어자의 주력에 의해 수비되는 경우와 주력에 미치지 않는 병력에 의해 수비되는 경우를 구별할 필요가 있다.

제1의 경우, 즉 견진지가 방어자의 주력에 의해 수비되고 있는 경우에 공격자가 이 진지 측면을 통과한다는 것은, 방어자의 주력 외에도 공격자가 바라는 결정적인 공격 대상, 예를 들면 요새나 수도의 공략과 같은 표적이 있을 때에만 공격자에게 다소 의의가 있다. 그러나 비록 이러한 공격 대상이 있다고 해도 공격자가 이 대상을 추구하는 것이 허락되는 것은, 공격자 측의 유력한 책원(策源 : 지난날, 전선의 작전 부대에 대해 후방의 보급·정비 등 병참 지원 기지)과 알맞은 위치에 있는 병참선에 의해서, 그의 전략적 측면이 위협을 당할 염려가 없는 경우에만 한한다.

위에서 언급한 것처럼 방어자의 주력이 이러한 진지를 보유한다면, 이 진지의 효력은 다음 두 가지 경우에 발휘된다는 것을 알 수 있다. 즉 공격자가 전략적 측면에 주는 이 진지의 영향력이 결정적인 것으로, 공격자를 방어자에게 조금도 해가 없는 지점에 꼼짝 못하게 해 두는 일을 미리 알 수 있는 경우이거나,

혹은 방어자가 적에게 약탈당할지도 모르는 염려를 품는 대상이 전혀 없는 경우이다. 이와는 반대로 이러한 대상이 존재하고, 또 그 경우에 공격자의 전략적인 측면이 거의 위협당하지 않고 있으면, 이 방어 진지는 유지될 수 없거나, 혹은 겉보기로만 유지되거나, 혹은 또 공격자가 이 진지에 중대한 의의를 인정하려고 하는가의 여부를 시험하기 위해서 유지되고 있는데 지나지 않는다. 그러나 그렇게 되면 비록 진지가 유지되고 있다고 해도 방어자는 위협을 받은 지점에는 이미 도달할 수가 없는 것이다.

그런데 방어자가 주력에도 미치지 않는 병력을 가지고 견진지를 수비하는 경우, 공격자는 진지 내 병력 외에도 공격 대상을 찾아낼 수 있다. 이 대상은 적의 주력 그 자체여도 좋기 때문이다. 따라서 이러한 경우 견진지의 의의는 이 진지가 공격자의 전략적 측면에 주는 영향력만을 지니게 되고, 따라서 또 이 조건의 제약을 받게 되는 것이다.

b. 공격자가 방어 진지의 측면 통과를 강행하지 않는 경우에는, 정공법[9]에 따라서 이 진지를 둘러싸고 방어자를 굶게 하여 항복을 강요하는 일이 있다. 그러나 이것은 두 가지 조건을 전제로 한다. 첫째 조건은 진지가 공격자에 의해 위협을 당하는 것이고, 두 번째 조건은 공격자가 이러한 포위를 성취하는 데 충분한 병력을 가지고 있어야 한다는 것이다. 이 두 가지 조건이 동시에 충족된다면 공격군은 견진지에 의해 한때는 저지당하겠지만, 방어군은 병력을 잃고 최초의 유리한 대상(代償)을 지불하지 않으면 안 될 것이다.

따라서 방어자가 그 주력을 가지고 하든 이러한 견진지라고 하는 방어 수단을 사용할 수 있는 것은, 다음 세 가지 경우에 한정된다는 것이 분명해진다. 즉,

aa. 진지의 배면(背面)에 전혀 불안감이 없는 경우(토리즈 베드라시).

bb. 공격자가 우세하다고는 하지만 정공법에 따라 진지를 포위할 수 있을 정도로는 강하지 않다는 실상을 방어자가 미리 간파하고 있는 경우. 또 공격자가 진지를 포위할 수 있을 정도로 우세하지 않음에도 불구하고 감히 포위, 공격한다면 방어자는 진지에서 출격하여 공격부대를 하나하나 격파할 것이다.

cc. 포위를 풀 가망이 있는 경우. 1756년에 작센군이 피르나 부근에서 보루

---

9) 요새나 보루 진지를 공격하기 위해, 포위 공격군이 하는 공격 방법을 말한다.

야영에 든 것은 그 한 예이다. 또 1757년에 프라하 회전 뒤 프라하에서 이루어진 포위 공격도 결국은 이것에 속한다. 프라하 그 자체는 단순한 보루 야영에 지나지 않는다. 그래도 회전 뒤에 이 진지에서 포위당한 카를 공[10]은 메렌[11]군의 지원을 예상했기 때문에 포위당한 것을 두려워하지 않았다.

방어자는 주력을 기울이면 견진지에 들어도 지장이 없다는 것을 인정받기 위해서는, 위의 세 가지 조건 중 어느 한 가지를 충족시키는 일이 꼭 필요하게 된다. 그렇지만 두 번째 및 세 번째 조건의 경우, 방어자에게 중대한 위험을 초래할 우려가 있다고 말하지 않을 수 없다.

하지만 주력에 미치지 않는 약한 부대가 견진지에 든다고 하면 이 부대는 조만간 전체를 위해 희생하게 되지만, 이와 같은 경우에는 위의 세 가지 조건은 모두 소용이 없다. 이 경우에 문제가 되는 것은, 이러한 희생을 함으로써 그 이상의 화를 막을 수 있을지의 여부뿐이다. 이와 같은 사례는 매우 드물지만 전혀 없는 것은 아니다. 피르나의 보루 야영은, 프리드리히 대왕이 1756년에 뵈멘을 공격하는 것을 이미 저지할 수 있었던 것이다. 당시 오스트리아군은 아직 전쟁 준비를 하지 않았기 때문에, 오스트리아의 몰락조차도 틀림없는 사실로 여겨지고 있었다. 만약에 피르나의 진지에서 1만 7000 동맹군[12]이 항복하지 않았다면 그 이상의 병력을 잃었을 것이다.

c. 위의 (a)와 (b) 항에서 말한 행동이 공격자에 의해 실시되지 않는다고 하면, 또 방어자에게 유리한 위의 세 가지 조건이 충족되었다고 한다면, 공격자는 마치 한 떼의 닭을 가둔 우리 앞의 개처럼 견진지 앞에 정지하고, 기껏해야 부대를 되도록 적지의 여러 방향으로 파견해야 한다. 그리고 마침내 결정적 승리를 가져올 가망이 없는 작은 이익에 만족하고, 이 진지의 결정적 공략은 다른 날을 기약하는 수밖에 도리가 없다. 따라서 이러한 경우에 견진지는 그 목적을 잘 달성했다고 말해도 좋다.

3. 요새의 엄호 아래 있는 보루 진지. 이런 진지는 앞에서 말한 대로 그 일반

---

10) 카를 공(Karl Alexander, Prinz von Lothringen, 1712~80). 오스트리아의 원수. 프라하의 진지에서는 프리드리히 대왕에게 포위, 공격되었다.

11) 메렌(Mähren). 현재 체코의 한 지방.

12) 오스트리아–작센의 동맹군을 가리킨다.

적인 목적이 어느 지역의 엄호에 있는 것이 아니라, 방어자의 전투력을 적의 공격에 대해 보호하는 한에서 일반적으로 보루 진지라는 부류에 속한다. 다만 다른 보루 진지와 다른 특성은, 이 보루 진지가 요새와 결합하여 불가분한 전체를 이루어 다른 보루 진지보다도 훨씬 강력해진다는 점에 있다.

하지만 이것에서 또 다음과 같은 약간의 특성이 생긴다.

a. 이러한 보루 진지는 위에서 든 일반적 목적 외에도 공격자에 의한 요새의 포위 공격을 완전히 불가능하게 하든지, 아니면 이것을 매우 곤란하게 하는 특수한 목적을 갖는 일이 있다. 요새가

아드리아노플 전투(1205)　이 전투에서 불가리아 왕 칼로얀(재위 1197~1207)의 군대가 라틴제국 황제 보.드앵 1세(재위 1171~1205)의 군대를 물리쳤다.

동시에 해항(海港)인 경우에 이러한 보루 덕택으로 진지의 봉쇄를 면할 수 있다고 한다면, 이 목적은 많은 병력을 희생할 만한 가치가 있다고 말해도 좋다. 그렇지 않으면 이 요새는 굶주림 때문에 바로 함락될지도 모르기 때문이다.

b. 요새의 엄호 아래에 있는 보루 진지는, 평야지에서 보루 진지에 든 부대보다도 작은 부대를 수용하는 데 적합하다. 4천 내지 5천 정도의 소부대라도, 요새의 보호 아래에 있다면 좀처럼 격파당하지 않는다. 이에 반해 평야지에서는 이러한 소부대가 아무리 견고한 진지에 있어도 격멸을 면치 못할 것이다.

c. 이러한 종류의 보루 진지는, 아직 든든한 정신적인 뒷받침을 가지지 않은 병사를 모아서 그들에게 전투에 대한 준비를 하는 장소로서 사용되는 일이 있다. 요새의 누벽(壘壁)으로 보호받지 않으면 적과 접촉할 수 없는 병력, 예를 들면 신병, 후비군, 국민군 등이다.

그러나 이들 보루 진지에도 각각 상당한 수비대를 두어야 하므로, 이 때문에 많건 적건 요새 그 자체를 약화시키는 현저한 불리함이 발생할지도 모른다. 따라서 만약 이 불리함이 생길 염려가 없으면, 이런 종류의 진지는 다목적으로 이용할 수 있는 방어 수단으로써 권할 만하다. 하지만 요새가 이들 보루 진지에 나름대로의 수비대를 둘 정도로 강대한 병력을 상비한다는 것은, 방어자에게는 쉽지 않은 조건이 될 것이다.

그래서 우리는, 이러한 보루 진지는 해안 요새에만 적합한 것으로 보고 다른 경우에는 유익하기보다는 오히려 유해한 것으로 여기고 싶다.

견진지와 보루 진지에 관한 이상의 견해를 요약하면 다음 세 가지 항목으로 귀착된다. 즉, 이 두 가지 진지는

1. 국토가 좁고, 따라서 또 공격자를 물리칠 토지가 좁아짐에 따라 더욱더 필요해지고 없어서는 안 되는 것이 된다.

2. 다른 나라의 군대에 의해, 또는 날씨가 불순한 계절에, 국민적 반항에 의해, 공격자 측의 급양 부족 등에 의해서 구원과 포위의 해제가 확실하다면 이런 종류의 진지를 위협하는 위험은 점점 감소한다.

3. 적의 공격력이 위축되면 이런 종류의 진지는 더욱더 효과적이다.

제14장
측면 진지

사전의 체재를 본 떠서 측면 진지[1]에 특히 한 장(章)을 할당한 까닭은, 측면 진지라는 것이 일반적인 군사 사상계(思想界)에서 매우 뛰어난 개념으로 여겨지고, 자칫 논의 대상이 되기 때문이다. 사실 우리는 측면 진지라 해도 특별히 특이한 진지를 의미하는 것으로는 생각하지 않는다.

공격자가 방어 진지의 측면을 통과하는 경우에도, 동요하는 일 없이 견고하게 유지되는 진지는 모두 측면 진지이다. 적이 방어 진지의 측면 통과를 개시한 순간부터, 이 진지는 적의 전략적 측면에 효력을 발휘하기 때문이다. 그렇다면 견진지(堅陣地)는 동시에 또 측면 진지여야 한다. 견진지는 적의 공격을 불가능하게 하고 또 공격자는 이 진지의 측면을 통과해야 하지만, 그 경우에 이런 종류의 진지는 적의 전략적 측면에 영향을 줌으로써 진가를 발휘하기 때문이다. 그런데 견진지의 본래 정면은 어떻게 되어 있는가.

콜베르크에서처럼 그 정면이 적의 전략적 측면과 평행한 상태를 이루고 있는가, 아니면 분첼비츠나 드리사 같이 적의 전략적 측면에 대해 직각을 이루고 있는가 하는 것은 전혀 문제가 되지 않는다. 견고한 진지라는 것은 어떠한 방면에 대해서도 모두 정면이고, 이들 모든 방면에서 적의 공격을 저지할 수 있는 것이어야 하기 때문이다.

그러나 공격자의 공격을 불가능하게 할 만큼 견고하지 않은 진지라도, 적이 그 측면을 통과하는 것을 알면서도 이 진지를 감히 고수하려고 하는 경우가 있다. 그것은 이 진지의 위치가 공격자의 퇴각선이나 병참선에 대해서 매우 중요한 관계를 가지고 있어서 적의 전략적 측면에 대해서 효과적인 공격을 할 수 있

---

1) 측면 진지란 공격자의 전진로에 평행으로, 혹은 비스듬히 그 측면에 위치하는 진지를 말한다.

을 뿐만 아니라, 적은 그 퇴로에 의심을 품은 나머지 방어자의 퇴로를 차단할수가 없는 경우이다. 그러나 적이 실제로 방어자의 퇴로를 차단한다면, 이 방어진지는 견진지가 아니기 때문에, 다시 말하면 적의 공격을 불가능하게 하는 진지가 아니기 때문에, 이러한 경우의 방어자는 퇴각을 돌보지 않고 싸우는 위험을 저지르게 될 것이다.

1806년[2]은 이것을 실례로써 명시하고 있다. 잘레강[3] 오른쪽 강가에 배치된프로이센군은 그 정면을 잘레강으로 돌려 이 진지에 의해서 적의 전진을 기다리고 있었으나, 이러한 배치는 호프[4]를 거쳐 전진하는 나폴레옹군에 대해서 완전히 측면 진지가 될 수 있었을 것이다.

이 경우에 프로이센군과 나폴레옹군 사이의 물리적[5] 및 정신적인 힘의 불균형이 그토록 심하지 않았더라면, 또 다운 같은 범장(凡將)이 프랑스군을 지휘하고 있었더라면 프로이센군의 진지는 뛰어난 효력을 발휘했을 것이다. 실제로 프로이센군 진지의 측면을 통과하는 것은 전적으로 불가능하고, 이것은 나폴레옹도 인정했다. 그래서 그는 이 진지의 공격을 결의했던 것이다. 프로이센군의 퇴로를 차단한다는 것은 나폴레옹이라 하더라도 완전히는 성공하지 못했고, 또 두 군의 물리적 및 정신적인 힘의 불균형이 가장 근소했다면 측방 통과와 마찬가지로 퇴로 차단 또한 완전히 불가능했을 것이다. 프로이센군 좌익의굴복에 의해 생기는 위험은, 프랑스군 좌익의 굴복에 의한 위험보다도 훨씬 적기 때문이다. 그렇다고 해서 비록 두 군의 물리적 및 정신적인 힘이 불균형이었다고 해도, 만약에 프로이센군이 과단과 신중을 기한 지휘를 받았다면, 아직은승리에 희망을 걸 수 있었을 것이다.

나폴레옹이 예나나 도른부르크[6]에서 잘레강을 건너게 한 병력은 6만이었다.이만한 병력에 대해 브라운슈바이크 공[7]은 14일의 일출과 함께 8만 병력을 동원한 것이다. 더욱이 그는 이 방책을 13일에 강구할 수 있었을 것이다. 프로이센

---

2) 다음에 말하는 예나의 회전(1806. 10. 14)을 가리킨다.
3) 잘레강(Saale). 엘베강의 지류로 작센 지역을 흐른다.
4) 호프(Hof). 바이에른의 도시.
5) 이 회전에 참가한 프로이센군은 14만 5000, 프랑스군은 18만이었다.
6) 도른부르크(Dornburg). 잘레 강가의 소도시.
7) 브라운슈바이크 공(Karl Wilhelm Ferdinand, Herzog von Braunschweig, 1735~1806). 프로이센의 원수.

군의 이러한 우세와 프랑스군의 배후에 있는 잘레강의 험한 계곡이 프로이센 군에게 결정적인 승리를 가져오는 데 충분하지 않았다 해도, 이러한 정황 자체 가 프로이센군에게 매우 유리한 결과였다는 것은 부정할 수 없다. 그럼에도 불 구하고 프로이센군은 이런 유리한 결과를 가지고도 승리를 거둘 수 없었다고 하면, 이미 이 지역에서 승패의 결정은 논외였을 것이기 때문에 퇴각해서 군을 강화시키고, 또 적의 약화를 꾀해야 한다고 말하지 않을 수 없는 것이다.

따라서 잘레 강변에 설치된 프로이센군의 진지는 적의 공격을 불가능하게 할 정도는 아니었다 하더라도, 호프를 거쳐 이 방면을 통하는 도로에 대해서는 측면 진지가 될 수가 있었던 것이다. 그러나 공격이 가능한 다른 진지와 마찬가 지로, 이 경우에도 측면 진지로서의 특성은 절대적이지 않았다. 요컨대 프로이 센군 진지는, 적이 이 진지에 대해 공격을 가하지 않은 경우에만 측면 진지가 될 수 있었던 것이다.

그런데 방어자가, 공격자의 측방 통과를 묵시할 수가 없어서 방어 진지에서 공격자의 측면에 공격을 가하는 일이 있다. 이러한 경우에 방어자가 측면에서 적에게 공격을 가한다는 이유로, 이 방어 진지를 측면 진지라고 말한다는 것은 결코 옳은 사고방식이라고는 할 수 없다. 측면 공격은 진지 그 자체와는 거의 관계가 없고, 또 방어 진지가 적의 전략적 측면에 영향을 미치는 경우와는 달 리 본질적으로는 이 진지의 특성에서 생기는 것은 아니기 때문이다.

측면 진지의 특성에 대하여 새롭게 확인해야만 하는 사항은 하나도 존재하 지 않는다는 것이 이것으로 분명해졌다. 따라서 여기서는 측면 진지라는 방어 수단의 성격에 대하여 약간 말하는 것만으로 족할 것이다. 그러나 본래의 견진 지에 대해서는 더 이상 언급하지 않기로 하겠다. 이에 대해서는 이미 충분히 논 의가 되었기 때문이다.

공격자의 공격을 불가능하게 하지 못하는 측면 진지도 매우 효과적인 방어 수단이지만 그것만으로는 또 위험한 수단이기도 하다. 만약 방어자가 이러한 진지로 공격자의 전진을 저지한다면, 근소한 힘을 가지고 커다란 효과를 거두 었다고 말해도 좋다. 그것은 마치 지렛대의 긴 쪽 자루를 새끼손가락으로 눌러 서 강한 힘을 얻는 것과 같은 것이다. 그러나 이 효과가 미미해서 결국 공격자 를 저지할 수가 없으면 방어자는 퇴로를 잃게 되고, 그 결과 서둘러 불리한 상황 아래에서 탈출을 시도하지 않을 수 없거나 아니면 퇴각의 가망 없이 싸우는 위험을 감수해야만 한다. 그렇기 때문에 용감하고 정신력이 강한 공격자가 기세를 몰아 결전을 요구하는 경우에는, 방어자의 이러한 방책은 위에서 인용한 1806년의 실례가 나타내는 것처럼 결코 타당한 것은 아니다.

이와는 반대로 공격자가 겁을 먹고 단순한 감시전(監視戰)으로 일관하는 경우에는, 측면 진지야말로 방어자의 뛰어난 재능이 강구할 수 있는 최선의 한 수단이라고 간주할 수가 있다. 페르디난트 공이 베저강[8]을 방어하기 위해 이 강의 왼쪽 강가에 설치한 진지나, 또 슈모트자이펜[9] 및 란데스훗[10]의 유명한 진지는 모두 그 좋은 예이다. 그러나 란데스훗의 진지가 잘못된 사용으로 위험을 초래한 것은, 1760년 푸케[11] 군단의 파멸이 이것을 보여주고 있다.

---

8) 베저강(Weser). 하부 작센의 뮌덴(Münden) 부근에서 발원하여 북으로 흐른 뒤 서북방으로 방향을 돌려 북해로 들어간다. 7년 전쟁에서 페르디난트 공 지휘하의 프로이센군은 프랑스군을 베저 강가의 뮌덴 부근에서 무찔렀다(1759. 8. 1).

9) 슈모트자이펜(Schmottseifen). 하부 슐레지엔의 소도시. 프로이센군은 이 부근에서 보루 야영에 들어, 슐레지엔에서 작센에 이르는 병참선을 엄호했다.

10) 란데스훗(Landeshut). 하부 바이에른의 도시.

11) 푸케(Fouque, Heinrich August, 1698~1774). 프로이센의 장수. 푸케 군단은 란데스훗의 진지를 수비했으나 오스트리아군에 대패했다(1760. 6. 23).

제15장
산지 방어

산지가 전쟁 지도(指導)에 미치는 영향은 매우 크다. 따라서 산지 방어의 문제는 전쟁 이론에서도 매우 중요하다. 그런데 이 영향은, 공격자의 행동을 억제하는 원리로서는 우선 방어에 속한다. 그래도 본장에서는 단지 산지 방어라는 좁은 의미의 개념에 그치지 않고, 산지가 전쟁에 미치는 영향에 대해 논하고자 한다. 그런데 이 문제를 고찰하면 많은 점에서 통설에 반대되는 결과에 도달하므로, 우선 약간의 분석을 시도해 볼 필요가 있다.

그래서 우선 산지 방어의 전술적 성질을 고찰해서 이것을 전략과 결부되는 점을 구해보고자 한다.

한편으로는 공격자의 군이 몇몇 대종대(大縱隊)를 이루어 산길을 행진할 때 겪는 곤란이 있고, 또 다른 한편으로는 방어자가 산중의 요지에 배치한 보초 부대는 지형에서 큰 힘을 얻고 있다. 이 초병 부대의 정면은 능선에 이어지는 험준한 사면으로 엄호되고, 또 그 좌우는 깊은 산지의 틈에 의탁하고 있기 때문이다. 그래서 산지에서의 공격자의 이러한 곤란과 방어자의 위력이, 예전부터 산지 방어에 매우 큰 효력과 장점을 주어온 두 건의 일반적 사정이라는 것은 의심할 여지가 없다. 다만 어떤 시대에는 당시의 무장과 전술의 특성이 산지에서 대 부대의 운용을 방해한 일도 있었다.

긴 줄을 이룬 보병 종대는 구불구불한 험한 산골짜기를 무거운 발걸음으로 오르고, 달팽이와 같은 걸음걸이로 고개를 넘는다. 포병과 수송병은 욕하고 소리 지르면서 채찍을 휘둘러 말이 산길을 올라가기를 재촉한다. 파손된 차량은 말로 이루 말할 수 없는 고생을 하며 길에서 치워야 한다. 또 그 사이에 뒤따라 오는 부대나 차량은 모두 정체되지 않을 수 없기 때문에 여기에서도 욕지거리가 끊이지 않는다.

이와 같은 상황에서는 누구라도 이렇게 생각할 것이다. ―이만한 부대를 함락시키려면 적이 약 2, 3백 명 병사를 데려오는 것으로 충분하다―고. 그래서 전쟁 역사가들은 산중의 험난한 길의 가치를 늘어놓고, 한 줌의 병사를 가지고서도 전군을 저지할 수 있다고 말한다. 그러나 산지에서의 이러한 행군과 이 행군 부대가 실시하는 공격은 거의 또는 전혀 관계가 없다고 하는 것, 따라서 행군이 이 정도로 곤란하다면 공격은 더욱더 곤란할 것이라는 추론이 잘못이라는 것은 누구라도 알고 있고, 또 그래야 한다.

실전에 참가한 일이 없는 사람이 이렇게 추론한 것은 매우 지당한 이야기이다. 또 어떤 시대의 전쟁술조차도 이러한 잘못을 저질렀다고 하는 것도 지당한 이야기이다. 산지 방어라는 현상이 당시의 군인에게 새로웠다고 하는 것은 아마추어와 거의 다를 바가 없었다. 30년 전쟁[1] 이전은 전투 서열, 즉 전투를 하기 전과 전 전투 중의 군대 배치는 세로로 길었고, 기병은 병사 수가 많았으며 화기는 아직 발달하지 않았었다. 또 당시의 여러 특성에 의해 지형이 갖는 천연장애물을 이용하는 일은 드물었고, 하물며 본격적인 산지 방어―적어도 정규군에 의한 산지 방어는 거의 불가능했다. 그러다가 전투 서열이 전후좌우로 뻗어, 보병과 그 화기가 주요 전투 수단이 될 수 있었던 시기에 비로소 산지 및 계곡의 군사적 의의가 고려되기 시작했다. 그러나 산지 방어의 사상이 고도의 발달을 이룬 것은 그 후 1세기가 지난 18세기 중엽[2]이었다.

두 번째 사정은, 초병 부대가 적의 접근을 곤란하게 하는 진지에 의해서 얻는 강대한 저항 능력이다. 이와 같은 사정이 산지 방어에 큰 방어력을 기대하는 경향을 더욱 조장했다. 그래서 이와 같은 초병 부대의 병력을 약간 늘려서 1개 대대를 1군으로 만들어, 산악 부대로 만드는 일조차도 불가능하지 않다는 생각에 이른 것이다.

초병 부대가 산지에서 진지를 적절하게 선택한다면, 보통을 넘는 힘을 얻게 된다는 것은 틀림없는 사실이다. 평지에서라면 몇몇 기병 중대에 쫓겨 퇴각하면서도 괴멸과 포로의 위험을 면하면 뜻밖의 행운이라 여겼던 소부대라도, 산중에서는 이른바 일종의 전술적인 대담성을 띠고 적의 전군을 내려다보고, 적

---

1) 30년 전쟁(1618~48).

2) 제1차 및 제2차 슐레지엔 전쟁(1740~42, 44~45)과 그 뒤의 7년 전쟁(1756~63) 시대에 해당한다.

에게 우회나 그 밖의 다른 정규적인 공격을 강요하는 명예로운 요구를 할 수 있는 것이다. 이 소부대가 적의 접근을 막는 천연 장애물에 의해, 혹은 양 날개를 거점으로 하는 견고한 지점으로, 또는 퇴로에 설치된 적절한 새로운 진지에 의해, 이러한 저항 능력을 어떻게 획득하는가 하는 것은 전술이 설명해야 할 사항이다. 우리는 다만 이러한 소부대의 저항 능력을 경험에 의해 증명된 사실로서 받아들이기만 하면 된다.

강력한 초병 부대를 여러 요소요소에 병치(竝置)하면, 적의 공격을 불가능하게 하는 매우 견고한 정면을 형성할 것임에 틀림없다고 하는 것은 매우 지당한 생각이다. 그렇게 되면 이 정면을 좌우로 연장하여 양측에 각각 견고한 지점을 구하여 전군의 안전을 기하든가, 아니면 적의 우회를 불가능하게 할 때까지 이 연장을 계속할 수밖에 없었다. 게다기 또 신지는 득히 이러한 방식을 조장하기가 쉽다. 산중에는 초병 부대를 배치하는 데 적절한 지점이 얼마든지 있고, 더욱이 그중의 어느 하나를 보아도 다른 지점보다는 낫다고 여겨지므로, 어디에서 일단락을 지어야 할지 알 수 없게 되기 때문이다. 그래서 어떤 길이의 폭에 걸쳐 모든 험로(險路)를 크고 작은 초병 부대로 굳히고 나서 이렇게 생각한다. ―이렇게 10개 내지 15개의 초병 진지로 약 10마일 혹은 그 이상의 폭을 지키면 적의 가증스러운 우회를 막고 안심하고 잠을 잘 수가 있다―고. 이러한 초병 진지는 적이 접근하기 어려운 지형을 이용하여(종대(縱隊)로는 산길 이외의 길을 행진할 수 없기 때문이다) 서로 긴밀하게 결합되어 있기 때문에, 이렇게 하면 진출하는 적에 대해서 철벽을 구축한 것과 마찬가지이다―라고 생각한 것이다. 게다가 몇몇 보병 대대와 포병 중대, 10여 개의 기병 중대를 예비로 한 것은, 적이 어느 지점에서 행할지도 모르는 불시의 돌파에 대비하기 위한 것이었다.

이와 같은 생각이 전적으로 역사적인 것, 즉 과거에 속한다는 것은 아무도 부정할 수 없을 것이다. 그러나 또 우리는 이러한 불합리한 사고방식을 완전하게 벗어났다고는 말할 수 없다.

중세 이후 군은 점점 많은 병사를 거느리게 되었다. 이에 따라 전술의 발달이 걸어온 경과도 또한 산지를 군사적 행동에 편입하는 데 많은 기여를 했다.

산지 방어의 주된 성격은 결정적인 수동성에 있다. 따라서 군대가 아직 오늘날 같은 기동력을 갖지 않은 시대에, 산지 방어가 중요시된 것은 이 방면에서 볼 때 꽤 자연스러운 경향이었다. 한편으로 군의 병사 수는 점점 늘고, 화기의 발달에 따라 군의 배치선(配置線)은 더욱 길어지고 또 이들 배치선의 연관은 매우 정교해졌지만, 그 때문에 배치선의 운동은 매우 곤란해지고 때때로 불가능해지기까지 했다. 이와 같이 정밀한 기계와 같은 군을 배치하기 위해서는 때로는 하루의 반이 필요했다. 그리고 회전의 반(半)과, 또 오늘날이라면 회전 계획을 세울 때 고려해야 할 모든 일들이 배치 그 자체 안에 편입된 것이다. 이렇게 해서 일단 병력 배치가 완료되면, 새로운 정황이 나타나도 최초의 배치를 변경하는 일은 어려웠다. 방어자보다도 늦게 진격을 개시하는 공격자는, 진지를 노리고 운동을 일으키면 방어자는 이에 대처해서 새롭게 배치하는 일은 불가능했다. 이렇게 해서 이번에는 공격자가 우위를 차지했기 때문에, 방어자는 지형이 제공하는 천연장애물 뒤로 물러나 스스로를 방어하는 수밖에 없었다. 그러면 이 경우 방어에 적합한 일반적이고 또한 유효한 지역으로서는 산지 이상 가는 것은 없었다. 그래서 군과 단절지 사이에 이른바 결합이 시도되어, 이 둘은 공동의 일에 관여하게 되었다. 즉 보병 부대는 산지를 방어하고, 산지는 보병 부대를 방어한 것이다. 이렇게 해서 수세 방어는 산지에 의해 고도로 강화되었지만, 또 산지 방어도 운동의 자유를 더 잃는다는 것 외에는 특별한 해악을 초래하지 않았다. 그러나 운동의 자유가 있었다 해도 당시는 이것을 이용할 줄 몰랐던 것이다.

서로 받아들일 수 없는 두 가지 방식, 즉 공격과 방어가 대치하는 경우에는 한쪽이 소홀한 점, 즉 취약한 점이 항상 상대의 공격을 초래하게 된다. 방어자가 견고하고 적의 공격을 저지할 수 있는 초병 진지를 고수해서 움직일 수 없는 상태라면, 공격자로서는 오히려 우회를 감행하기가 쉽다. 그는 군의 측방에 대해서 아무런 걱정을 할 필요가 없기 때문이다. 그리고 실제로도 이러한 사태가 생겼다. 이윽고 이른바 〈Tournieren〉[3]라는 것이 일상적인 행사가 된 것이다. 그러면 이러한 우회를 예방하기 위해 초병 진지의 폭은 더욱더 연장되고, 그에 따라 정면은 더욱더 약화되지 않을 수가 없었다. 그래서 공격은 갑자기 이 정면으로 향한 것이다. 공격자는 이 연장된 적진지를 포위하는 대신 대부대를 한 지점에

---

3) 이 말은 프랑스의 tourner(돈다)에서 나온 말인데, 당시에 즐겨 사용된 군사 용어로 '우회'와 같은 뜻이다.

집결시켜 방어선을 격파했다. 최근 전쟁사에서 산지 방어는 대체로 이러한 형태를 취한다.

그래서 공격은 또다시 우위를 차지하게 되었다. 그것은 점점 늘어나는 기동력 덕분이었다. 그러자 방어자도 이 기동력을 원용할 수밖에 없었다. 그런데 산지는 그 성질로 보아 기동력과는 맞지가 않는다. 산지 방어가 모두—'모두'라는 표현을 사용해도 좋다면—패배로 끝난 것은 이 때문이다. 프랑스혁명 전쟁에서, 당시에 아직도 산지 방어라는 개념에 사로잡혀 있던 여러 나라의 군이 자주 겪은 것은 바로 이러한 종류의 패배였다.

하지만 소의 뿔을 바로잡으려다 소를 죽이는 어리석은 일을 반복해서는 안 되고, 그렇다고 해서 또 속론(俗論)에 현혹되어 실제 전쟁에서 그때그때의 구체적인 사정에 방해되는, 도저히 실현 가능성이 없는 주장을 해서는 안 될 것이다. 그래서 우리는 산지 방어의 효과를 각각의 경우에 입각해서 취사선택을 해야 한다.

우선 해결해야만 하는 주요 문제는 이렇다. 즉 산지 방어를 목적으로 하는 저항은 상대적 저항인가, 절대적 저항인가. 다시 말하면 이 저항은 어느 시간만 지속되면 좋은지, 아니면 결정적 승리를 가지고 끝내야만 하는지의 문제이다. 그리고 이 문제가 해결되면 산지 방어의 전모가 밝혀진다. 산지는 상대적 저항의 경우에는 가장 적당하고, 방어를 현저하게 강화하는 원리를 포함하고 있다. 그러나 두 번째 저항에 대해서는, 일반적으로 말해서 전혀 부적당하거나, 또는 두서너 가지의 특수한 경우밖에 적합하지 않다.

일반적으로 산지에서의 운동은 평야지에서보다도 느리고 또 힘이 더 든다. 따라서 또 많은 시간을 필요로 하고, 게다가 운동이 위험한 상황에서 이루어지면 많은 인명을 잃게 된다. 그리고 이와 같은 시간과 인명 손실은 바로 방어자의 저항의 강약을 재는 척도가 된다. 그런데 운동이 공격자만의 일이라면, 방어자는 그 점에서 결정적 우세를 차지할 수 있다. 그러나 방어자도 이 움직임의 원리에 따르게 되면, 이 이점은 곧 소멸하게 된다. 어쨌든 상대적 저항은 승패의 결정을 원칙으로 하는 절대적 저항보다도 훨씬 큰 수동성을 허용하는 것이라는 것, 또 이러한 상대적 저항은 이 수동성을 극도로까지, 즉 전투가 종결할 때까지 지속해도 상관없다는 것은 사리로 미루어보아 다시 말하면, 전술적 이유에 의해서 당연하다. 또 수동성을 전투가 종결할 때까지 유지한다는 것은, 결전을 구하는 절대적 저항에서는 있을 수가 없다. 따라서 공격자의 운동을 곤란하게 하는 요인으로서의, 또 공격자에게 있어서의 적극적 행동을 약화시키는 확실한 수단으로써의 산지는 수동적 저항의 경우가 매우 적당하다.

산지에서는, 소규모의 초병 부대라도 지형으로부터 능력 이상의 힘을 얻는다는 것은 앞서 말한 대로이다. 전술에서 이와 같은 결론에 이른다는 것은 자명한 일로 이 이상 증명이 필요 없지만, 그래도 여기서 설명을 덧붙여 보겠다. 이 경우에 우리는 이러한 소규모의 초병 부대에 대해서, 그 상대적 소(小)와 절대적 소를 구별할 필요가 있다. 얼마만큼의 병력을 가지는 방위군이 그중의 일부 병력을 초병 부대로서 고립된 지점에 배치한다면, 이 부대는 적의 전군(全軍), 즉 우세한 병력의 공격을 받을 염려가 있다. 이러한 군에 비하면 이 부대는 절대적으로 소이기 때문이다. 이와 같은 경우, 방어자가 목적으로 하는 것은 일반적으로 상대적 저항이지 절대적 저항은 아니다. 그리고 이러한 소규모의 초병 부대가 전군에 비해 소가 됨에 따라, 저항은 점점 상대적이 되는 것이다.

그런데 절대적으로 작은 초병 부대라도 아군과 병력이 같은 적의 부대와 대전하면 절대적 저항을 시험해도 좋고, 또 이러한 저항에 의해 얻을 수 있는 결정적 승리를 바라도 좋다. 이러한 초병 부대라도 산지에서는 대군보다도 매우 유리하고, 또 지형에서 얻는 이익도 한층 크다. 이것에 대해서는 나중에 다시 설명하고자 한다.

요컨대 우리가 도달한 결론은, 소규모의 보병 부대라도 산지에서는 큰 힘을 얻는다는 것이다. 이것이 상대적 저항에서는 어떠한 경우에도 결정적인 이익이라는 것은 설명을 필요로 하지 않는다. 그러나 이 경우 절대적 저항을 시도하는 경우에도 역시 결정적 이익을 가져올 수 있을까? 그래서 다음에는 이 문제를 구명해야 한다.

우선 문제가 되는 것은 몇몇 요소에 배치된 초병 부대로 이루어진 정면선(正面線)이 개개의 부대와 마찬가지로 강력한가 하는 것이다. 또한 개별적인 초병 부대가 산지에서 능력 이상의 힘을 얻는다는 것은 이제까지 자주 말해 왔다. 그러나 개별적인 초병 부대가 강력하다고 해서 이러한 일련의 부대로 이루어진 정면선이 결코 강력한 것은 아니다. 이와 같은 추론은 다음에 말하는 두 가지 오류의 어느 하나에서 기인한다.

첫 번째는, 통행이 곤란한 지형과 접근이 불가능한 지형을 자주 혼동한다는 것이다. 종대(縱隊)나 포병 및 기병으로는 행진을 할 수 없는 산지에서도 보병만 이라면 대개의 장소는 어떻게든 전진할 수 있고, 또 경우에 따라서는 포병을 동 반할 수도 있다. 전투에서 절대적인 힘을 집중하는 단시간 운동은, 보통의 행군 척도로는 측정할 수 없기 때문이다. 요컨대 초병 부대 상호 간의 확실한 결부라 는 것은 환상에 지나지 않은 것으로, 일련의 초병 부대로 이루어진 진지의 양 측면은 항상 위험에 노출되어 있다.

그런데 이에 대해서 다음과 같이 반박하는 논자가 있다. 즉—정면이 매우 견 고한 일련의 초병 부대로 구성된 진지에 대하여, 각 부대가 모두 양쪽 측면을 험준한 틈이나 서대한 바위에 의탁한다면, 이 부대로 이루어진 진지의 양 날개 는 정면과 마찬가지로 틀림없이 견고할 것이다—라고 말하는 것이다. 그런데 이 러한 진지의 양 날개를 왜 견고하다고 할 수 있는가. 그것은 이와 같은 양 측면 이 적의 우회를 불가능하게 해서가 아니라, 공격자가 우회에 의해 시간과 병력 을 잃기 때문이다. 또 이 손실은 초병 부대의 저항의 강약에 정비례한다. 이와 같은 정면은 공격을 불가능하게 하기 때문에, 공격자는 지형의 곤란도 돌보지 않고 이 진지를 우회하고자 하고, 또 우회하지 않을 수 없다고 하면, 아마도 이 를 실시하는 데 반나절은 필요하고 또 많은 인명을 희생해야만 한다.

그래서 만약에 이러한 초병 부대가 본군으로부터 지원을 얻는다던가, 혹은 잠시 동안만이라도 저항을 시도하든가, 적과 대등하게 싸울 수 있다든가, 이 세 개의 조건을 모두 충족시킬 수 있는 가망성이 있다고 하면, 양 날개의 거점은 그 본무(本務)를 성공적으로 다한 셈이고, 또 이 진지는 견고한 정면만이 아니 라 견고한 양 날개를 갖추고 있다고 말해도 좋다. 그런데 매우 장대한 정면을 가진 진지에 대해서는 그렇게 말할 수 없다. 이 경우, 위의 세 조건은 어느 것이 나 성립할 수 없기 때문이다. 그래서 공격자는 매우 우수한 병력을 가지고 정면 의 어떤 한 지점을 공격한다. 이들 초병 부대의 후방에서 오는 지원 부대는 아 마도 약할 것이다. 그럼에도 불구하고 이 경우 방어자는 적의 공격을 절대적으 로 저지해야만 한다. 이와 같은 정황 아래에서는 방어 진지의 양 날개가 그 어 떤 지형에 근거지를 둔다 해도 그것은 없는 것과 같다.

공격자는 보통 방어 정면의 이러한 약점에 그 예봉(銳鋒)을 돌린다. 매우 우수한 병력을 이 한 지점에 집중하는 공격자의 공격은, 확실히 여기에서 격렬한 저항을 만날 것이다. 그러나 격렬한 저항은 이 지점에서만의 일이고, 정면 전체의 저항은 거론할 만한 것이 되지 못한다. 그리고 공격자가 이 지점의 저항을 돌파한다면, 모든 방어선은 여러 갈래로 흩어져 약해지고 공격 목적이 달성된다.

앞에 적은 것으로 볼 때 상대적 저항력은 산지에서는 일반적으로 평야지에서보다도 크다는 것, 또 이 저항력은 비교적 병력이 약한 초병 부대에서는 크지만, 그렇다고 해서 병력이 커짐에 따라 증가하는 것이 아니라는 것은 확실하다.

그래서 이번에는 일반적으로 대전투의 본래 목적인 적극적 승리를 고찰해보려고 한다. 이 적극적 승리 또한 산지 방어의 목표가 될 수 있기 때문이다. 만약 방어자가 이러한 목적을 위해 전군 혹은 주력을 사용한다면, 산지 방어는 그대로 산지에서의 방어적 회전으로 바뀐다. 그러면 회전, 즉 적의 전투력을 격멸하기 위해 아군의 모든 전투력을 사용하는 행동이 전투의 형식이 되고, 승리가 전투의 목적이 된다. 그래서 이 경우에는 산지 방어 그 자체는 부차적인 목적으로 간주된다. 산지 방어는 이제 주목적이 아니라 그 수단에 지나지 않기 때문이다. 그러면 이 경우에 산지는 이 목적과 어떠한 관계를 가지게 되는가?

수세(守勢) 회전의 성격은, 방어군 정면에서의 수동적 반격과 군의 배후에서의 강력한 능동적 반격에 있다. 그러나 산지는 이 경우에 그 반격력을 약하게 하는 원리가 된다. 그리고 거기에는 다음과 같은 두 가지 사정이 있다.

그 첫 번째는, 산지에서는 부대가 후방에서 전방으로 향해 모든 방향으로 신속하게 행진할 수 있는 도로가 없고, 전술적인 급습조차 지형의 요철(凹凸) 때문에 방해받는다는 것이다.

두 번째는 전쟁터가 될 지역과 적군의 동정에 대한 전망이 좋지 않다는 것이다. 그렇게 되면 산지는 방어 전면에서 방어자측에 준 것과 같은 이점을 공격자에게도 주게 되어, 방어자의 저항의 태반을 상쇄한다.

여기에 또 세 번째 사정이 더해진다. 그것은 방어자의 퇴로가 차단된다는 위험이다. 하기야 공격자가 방어군의 정면에 커다란 압력을 가해도 방어자의 퇴각은 산지로 엄호되고, 또 적이 방어자를 우회하려고 하면 산지 때문에 막대한 시간적 손실을 입게 된다. 그러나 이와 같은 것은 역시 상대적 저항의 경우에만 유리하고, 결정적 회전—다시 말하면 회전이 끝날 때까지 지속하는 절대적 저항과는 아무런 관계가 없다.

확실히 방어자는, 이러한 절대적 저항을 조금이라도 연장시킬 수가 있다. 즉 저항은 적이 그 종대를 가지고 방어자의 퇴로를 위협하는 지점, 혹은 이것을 차단하는 지점에 도달하기까지는 계속될 것이다. 그러나 적이 일단 이러한 지점을 약취하면 비록 방어자가 지원을 받는다 해도 어찌할 수 없을 것이다. 또 방어자가 군의 배후에서 공세로 나와도[4] 퇴로를 위협하는 지점에서 적을 몰아내는 것은 불가능하고, 또 전군을 가지고 필사적으로 돌격을 시도해도 퇴로를 차단하는 지점에서 적을 배제하기란 불가능하다.

이러한 견해에 모순을 느끼고 공격자가 산지에서 누리는 이점은, 혈로(血路)를 열어 퇴각하는 방어자에게도 그대로 도움이 된다고 생각하는 사람은 서로의 상황 차이를 잊고 있다. 공격자가 어느 지점에서 방어자의 퇴로를 차단하면 이 지점을 서로 차지하려는 쟁탈전이 일어난다. 그러나 이 경우에 공격자의 전투 부대는 절대적 저항을 필요로 하지 않기 때문에, 아마도 몇 시간의 저항으로 충분할 것이다. 요컨대 공격자 측 정황은 방어자측 병력이 약한 초병 부대가 사용하는 상대적 저항의 그것과 마찬가지이다.

게다가 방어자는 이제는 충분한 전투 수단을 소유하고 있지 않고 대형은 흩어지고 탄약과 기타 물자도 부족하다. 이러한 상황에서는 방어자측에 성공 가능성은 없다고 말할 수 있다. 그리고 이와 같은 위험이야말로 방어자가 무엇보다도 두려운 것이다. 더욱이 이러한 공포는 이미 회전 중에도 방어자의 마음을 위협하여 전투 능력을 위축시킨다. 그래서 방어자 진지의 양 측면에 배치된 장병은 병적으로 신경과민이 되고, 삼림으로 덮인 산중턱에 위치한 공격자가 방어자의 배후에 보낸 허약한 부대라도 공격자에게 승리를 가져올 새로운 지렛대가 된다.

그러나 광대한 고원에 집결하여 배치된 방어군이 산지 방어에 임하는 경우에는, 위에서 말한 대부분의 불리함은 소멸하고, 이점은 모두 방어자의 손에 남

---

[4] 수세 회전에서 방어자는 배후의 요새를 이용하거나 방어 진지에 거점을 잡아 공격자를 위협하기 위해 배후에서 공세로 전환하는 것이 통례이다.

겨질 것이다. 이 경우, 방어자의 정면은 매우 견고하고 양 측면은 매우 접근하기 어려우며, 더욱이 진지 내부 및 배후에서는 모든 운동이 완전한 자유를 보유하게 되는 셈이다. 확실히 이와 같은 진지는 존재할 수 있는 가장 견고한 진지라고 할 수 있지만, 결국은 공상의 산물에 지나지 않는다. 그런데 대개의 산지는 산중턱보다도 오히려 산등 쪽이 어느 정도 접근하기 쉽지만, 어쨌든 산지 대부분의 고원은 대군(大軍)을 배치하는 목적을 위해서는 너무 좁거나 고원이라는 명칭을 가지기는 하지만, 실제로는 그 이름값을 할 만한 것은 아니고 형태 규정을 목적으로 하는 기하학적 의미에서보다는 오히려 관용에 따르는 지리학적 의미에서 고원이라 불리는 데 지나지 않는다.

산지 방어에 임하는 군대 병력이 작으면 방어 진지의 불리는 더욱더 감소한다. 이것은 앞에서 지적한 대로이다. 그 이유는 이러한 군의 배치 지역은 협소해도 좋고, 또 퇴로의 수도 많이 필요치 않기 때문이다. 단독 산지는 이어진 산지가 아니기 때문에, 방어자는 후자가 갖는 것 같은 불리함에 신경을 쓰는 일은 없다. 또 군대의 병력이 적으면 그 배치에는 단독 산등이나 산지만으로 충분하고, 이어진 산에서라면 도처에서 발견되는 험준한 곳에 빠져들 필요가 없다.

제16장
산지 방어(이어서 1)

본장(本章)에서는 산지(山地) 방어에 대해 앞 장에서 구명한 전술적 결과의 전략적 사용에 대해 살펴보고자 한다.

이 경우 다음 네 가지 관계를 구별해 두기로 한다.

1. 회전장(會戰場)으로서의 산지
2. 산지의 점거가 다른 지역에 미치는 영향
3. 전략적 방어 요새로서 산지의 효과
4. 산지와 군 보급과의 관계

그중 제1의, 가장 중요한 관계에 대해서는 이것을 다시 두 가지로 구별한다.

a. 본격 전투
b. 국부 전투

1 회전장으로서의 산지

승패를 결정하는 회전에서 산지의 지형이 방어자에게 유리한 점이 매우 적고, 이것에 반해 공격자에게 매우 유리한 것은 앞 장에서 말한 대로이다. 그런데 이러한 주장은 일반적으로 통용되는 견해와 전혀 양립할 수 없다. 이러한 통설은 모든 것을 무차별적으로 혼동하여 종류를 달리하는 관계도 거의 구별하지 않는 것이다. 이와 같은 통설의 신봉자는, 병력이 약한 부대가 산지에서 보통이 아닌 뛰어난 저항 능력을 발휘하게 되면, 이번에는 병력의 대소를 불문하고 산지 방어이기만 하면 모두가 강력하다는 속단을 한다. 그리고 누군가가 이러한 속설을 배제하고 적극적인 산지 방어, 따라서 방어적 회전은 결코 그렇게 강력하지 않다는 설을 내세우면 깜짝 놀라는 것이다. 다른 한편으로 이러한 논자는 방어자가 산지에서 회전에 패하면, 그 원인을 초병전식(哨兵戰式) 전쟁의 오용(誤用)으로 돌리고, 게다가 어떻게 해서 이러한 오용이 생겼는지 알 수 없다고 말하면서 사태의 성질과 그 불가피한 영향을 조금도 고려하지 않는 것이다. 우리는 이러한 견해에 정면으로 반대하는 데 주저하지 않는다. 오히려 우리의 주장이 어느 탁월한 저자의 생각과 그 궤도를 같이 한다는 것을 알고 기쁘게 생각하고 있는 바이다. 이분이, 지금 우리가 논하고 있는 문제 해결에 기여를 한 것은 한두 가지가 아니다. 그는 오스트리아의 카를 대공¹⁾으로, 1796년 및 97년 독일에서의 전쟁에 관해 뛰어난 저작을 남겼다. 대공은 뛰어난 전쟁 역사가와 뛰어난 비평가, 또 장수(將帥)의 능력을 한 몸에 지닌 인물이다.

열세한 방어군을 지휘하는 사령관이 최대한 노력을 기울여 고심참담 전 병력을 집결하고, 이 병력을 가지고 그의 열렬한 조국애, 고상한 감격 및 현명한 지혜를 공격자로 하여금 알게 하려고 한다. 또 그는 이 방어적 회전의 책임 있는 사령관으로서 온 국민의 긴장된 기대를 한 몸에 받고 있다. 이와 같은 사령관이 낮에도 어두운 산지로 가서, 뜻대로 되지 않는 지형 때문에 매사마다 운동의 방해를 받고, 또 우세한 공격자로부터 언제 어느 때 공격을 받을지도 모른다는 위험에 처해야 한다면, 이것은 방어자에게 있어 정말 슬픈 상황이라 하지 않을 수 없다. 이 경우 그의 지성이 작용할 방향은 단 하나밖에 없다. 즉 천연 장애물을 이용하는 것이다. 그러나 이 방법은 위험한 초병전식 전쟁으로 빠질 위험이 있다. 이러한 전쟁 방식은 꼭 피해야만 한다. 따라서 산지에서 결전을 하는 경우에 방어자는 이 산지를 피난처로 보아서는 안 되는 것이다. 오히려 우리는 방어군의 장수에게 이러한 방책을 극력 피하도록 권하고 싶은 것이다.

그러나 산지에서의 방어적 회전을 피할 수 없는 경우도 있다. 그렇게 되면 이

---

1) 카를 대공은 1796년에 오스트리아의 라인군 사령관이 되어 프랑스군을 라인강 좌안으로 격퇴하고, 또 이듬해 겨울에는 바덴시에서 요새를 겸한 켈(Kehl)을 프랑스군으로부터 탈환했다. 그는 군사평론가로서도 뛰어나 많은 저서를 남겼다. 클라우제비츠가 여기에서 언급하고 있는 저작은 《전략의 여러 원칙—독일에서의 1796년 전역에 관한 기술에 입각해서 해명함 (Grundsätze der Strategie, erläutert durch die Darstellung des Feldzugs 1796 in Deutschland)》(1814)이다.

회전은 평야지에서의 회전과 매우 다른 성격을 띠지 않을 수가 없다. 즉 방어자의 진지 정면은, 평야지에서보다도 훨씬 장대해져서 2배 내지 3배에 달한다. 이에 따라 저항은 훨씬 수동적이 되고, 반격은 매우 약해진다. 이것이 곧 산지의 지형이 주는 영향이고, 이것은 도저히 피할 수 없다. 그럼에도 방어자는 이러한 회전에서도 전적으로 수동적인 산지 방어로 시종하는 것은 아니다. 이런 방어의 주된 성격은 산지에서 전투력을 오직 집중적으로 배치하는 데 있다. 이와 같은 방어적 회전에서는 모든 것이 단 한 차례의 전투에서 사용되고, 또 대부분은 단 한 사람의 장수 아래에서 이루어진다. 또 충분한 예비 부대를 남겨서 방어라고는 하지만 방패를 들고 적의 공격을 단순히 막는 데 그치지 않고, 그 이상의 효과를 거두어야 하는 것이다. 이러한 조건은 산지 방어에 빼놓을 수 없지만, 이것을 실현하기는 매우 곤란하다. 게다가 또 방어사는 자칫 전적으로 수동적인 산지 방어로 도피하려는 경향이 강하므로, 결국 이런 종류의 방어 방법이 채용된다는 것을 이상하게 여길 일은 아니다. 그러나 그렇게 되면 방어자측의 위험은 더욱 늘어나, 전쟁 이론은 이 위험을 아무리 경계한다 해도 부족할 정도다.

이상으로 방어자가 주력을 가지고 하는 결정적인 방어적 회전에 관한 논술을 마치기로 한다.

이에 반해서 종속적인 의의와 중요성밖에 가지지 않는 전투, 즉 국부 전투에서 산지는 방어자에게 매우 유리하다. 이 경우 전투가 노리는 것은 절대적 저항이 아니고, 또 이와 같은 전투에서 요구하는 것은 결정적인 효과는 아니기 때문이다. 그런데 이와 같은 전투에 의한 상대적 저항이 목적으로 하는 바를 열거하면 이러한 사정을 보다 더 명확히 할 수 있는 것으로 본다.

(a) 시간을 버는 것을 목적으로 하는 경우. 이 목적을 위한 전투는 매우 자주 이루어진다. 예를 들어 방어자가 적이 나오는 방향을 탐지하기 위해 설정한 방어선 부근의 전투는 물론, 지원대의 도착을 기다리는 동안의 전투 또한 마찬가지이다.

(b) 공격자의 단순한 양동(陽動) 또는 소규모적인 행동의 방지를 목적으로 하는 경우. 어떤 주나 군이 산지에 의해 엄호되고, 또 이 산지가 여러 곳에 배치된 부대에 의해 방어되고 있다면, 이들 부대의 병력이 아무리 미약하더라도 적의

유격을 배제하고, 또 해당 지방을 약탈하려고 하는 소규모의 행동을 방지하는데 충분하다. 만약에 산지가 없다면, 이러한 일련의 약한 부대에 의해 형성되는정면선(正面線)은 바로 돌파될 것이다.

ⓒ 방어자가 스스로 양동을 목적으로 하는 경우. 산지에 관한 올바른 견해가 확립할 때까지는 오랜 시간이 필요할 것이다. 그때까지는 산지에 근거지를둔 방어자를 무서워하여 공격을 망설이는 공격자가 끊이지 않을 것이다. 이러한 경우라면 방어자는 주력을 산악 방어에 사용해도 무방하다. 뛰어난 기력과기동력이 결여된 전쟁에서 이러한 상태는 앞으로도 자주 생길 것이다. 그러나그와 같은 경우에도 방어자는 산의 진지에서 스스로 자진해서 본격적인 전투에 응하려 해서는 안 되고, 또 적에게 강요당한다고 해도 본격 전투에 응해서는 안 된다는 조건에는 변함이 없다.

ⓓ 일반적으로 산지는, 이 진지에서 본격 전투에 응할 마음이 없는 한 그 어떤 배치에도 적합하다. 각 요소에 배치된 부대는 모두 강력하고, 다만 정면이장대하여 전체적으로 취약할 뿐이기 때문이다. 게다가 공격자가 산지에 있는방어자를 급습하거나, 방어자에게 결정적인 전투를 강요한다는 것은 그리 쉬운일이 아니다.

ⓔ 마지막으로, 산지는 국민 총무장에 최적의 장소이다. 그러나 산지에 거점을 두는 이들 국민군은, 반드시 본대에서 파견된 소인수의 병력에 의해서 지원되어야 한다. 그러나 강력한 본대가 근처에 있다는 것은 국민군에게 의타심을갖게 하는 불리한 영향을 주는 것 같다. 그러나 이런 사소한 일은, 본대를 산악지대에 배치하면 안 된다는 것은 아니다.

이상으로 산지에서의 전투 진지와 산지의 관계를 분명히 했다.

2 산지의 점거가 다른 지역에 미치는 영향

앞서 말한 바와 같이, 산지의 지형을 이용하면 취약한 초병 부대라도 꽤 넓은 지역을 손쉽게 확보할 수 있다. 적이 접근하기 쉬운 지역에서는, 이러한 초병부대는 배치된 지점을 고수할 수 없을 뿐 아니라, 끊임없이 위험에 노출되지 않을 수가 없을 것이다. 적이 산지를 점령했을 경우, 산지에서 아군 부대의 전진은평야에서보다 훨씬 느려 적의 운동을 따라잡지 못한다. 따라서 피아 어느 쪽이 산지를 점령하느냐 하는 문제는, 다른 동일 면적의 지역에서보다도 중대한 의미를 띤다. 개활지(開闊地)에서는 점령자가 날마다 바뀌기도 한다. 실제로 평야 지대에서는 강력한 부대가 단지 전진하는 것만으로도, 적의 부대로 하여금 이쪽이 필요로 하는 지역에서 철수하지 않을 수 없게 만들 수가 있다. 그러나 산지에서는 그렇게 되지 않는다.

이 경우에는 훨씬 약세의 병력으로도 현저한 저항을 시도할 수가 있다. 그렇기 때문에 만약에 우리가 산지를 포함한 지역을 필요로 한다면, 특히 그 일을 위해서 계획되고 또 많은 병력과 시간 등을 소요하지 않을 수 없는 행동을 해야만 한다. 확실히 산지는 군의 주된 행동 무대는 아니지만, 그러나 또 접근이 쉬운 지역과는 달리 우리의 행동에 의해서 자유로 되는 것이 아니고, 또 약취와 점유는 우리의 전진에 의해서 지연히 생기는 결과라고 볼 수 없다.

따라서 산지는 평야보다도 훨씬 큰 독립성을 갖추고 있다. 그리고 일단 그것을 점령하면 그 효과는 결정적이고 또 쉽사리 점령자를 바꿀 수가 없다. 게다가 산지는 말할 필요도 없이, 산기슭에서 광활한 평지에 이르기까지 훌륭한 전망을 할 수 있게 하지만, 산지 그 자체는 어두움에 잠겨 있다. 따라서 산지는, 이것을 점령하지 않은 채 접촉하는 자에게는 불리한 영향을 무한히 샘솟게 하는 원천이며 적측이 전력을 산출하는 공장처럼 느껴진다. 또 더 나아가서 이 산지가 적에게 점령되어 있을 뿐 아니라, 적지에 속하는 경우에는 더욱더 그러한 느낌이 깊어지는 것은 당연한 일이다. 대담무쌍한 빨치산[2] 소부대는 적에게 추격당하면 곧 산중으로 도망쳐 이곳을 은신처로 삼고, 얼마 뒤 다른 지점에 혼이 난 것도 아랑곳하지 않고 대담하게 다시 나타난다. 또 산지에서는 극히 강한 종대(縱隊)라도 남몰래 적에게 접근할 수가 있다. 따라서 공격자가, 산지의 불가피한 영향이 미치는 범위 안으로 들어가고 싶지 않으면, 또 불리한 전투를 도전받거나 미리 대책을 강구할 수 있는 기습의 목표가 되는 것을 원하지 않는다면, 군을 산지에서 얼마쯤 거리를 두고 배치해야 한다.

이와 같이 그 어떤 산지도 산록으로 이어지는 평야지에 대해서 어느 정도까지 현저한 영향을 미치게 된다. 이 영향이 즉시 회전 중에 나타나느냐(1796년 라

---

2) 전쟁터가 된 지방에서 침입군에 맞서 무기를 들고 도처에 출몰하며 저항하는 주민을 말한다. 프랑스어의 'partisan(당원)'에서 유래한 말이다.

인강변 말슈[3]의 전투에서처럼), 그렇지 않으면 상당한 시간이 지난 뒤에 적의 병참선에 대해서 효력을 발휘하느냐는 그 당시의 공간적 사정에 따라 결정된다. 또 골짜기는 평야지에서 이루어지는 결전에 의해서 배제되느냐의 여부는 피아의 전투력 사정에 의존한다.

나폴레옹은 1805년[4]과 1809년[5]에 빈을 향해 진격했으나, 도중의 티롤[6]에 대해서는 그다지 신경을 쓰지 않았다. 또 모로는 1796년 슈바벤[7]을 포기하지 않을 수 없었는데, 그 주된 이유는 그가 이 지방의 고지(高地)를 점령할 수 없었다는 것, 또 이 고지를 감시하기 위해서는 막대한 병력을 사용해야 했었던 데에 있었다. 피아의 병력이 서로 엇비슷하여 일진일퇴를 거듭하는 전쟁에서는, 공격자는 산지가 주는 불리한 영향을 부단히 받고 있는 셈이다. 따라서 통틀어 산지라고 해도, 특히 공격의 주선(主線)이 가는 방향에서 아군에 필요한 부분만을 확보하도록 노력해야 한다. 이와 같은 경우라면 산지는 대부분 피아 두 군이 서로 각축전을 벌이게 되는 작은 전투 무대가 된다. 그러나 이 작은 전투를 과대평가하여 산지를 어느 경우에나 전투 전체를 결정하는 요인으로 보고, 또 산지의 점령만을 주요 목표로 생각해서는 안 된다. 모든 것이 승패의 결정에 달려 있는 경우에는, 승리야말로 중요한 일이다. 그리고 승리를 획득만 하면 나머지 모든 관계는 그때의 주요한 필요에 따라 정돈될 수 있는 것이다.

3 전략적 방어 요새로서 산지의 효과

여기에서 우리는 두 가지의 경우를 구별해서 생각해야 한다.

첫째는, 여기에서도 또 결정적 회전에 대한 관계이다. 산지는 하천과 마찬가지로, 약간의 접근로를 갖는 바리케이드로 간주해도 좋다. 이 바리케이드는 전진 중인 적의 병력을 분할하여 몇몇 산도(山道)에 국한시키고, 또 방어자에게는

---

3) 말슈(Malsch). 독일의 남서쪽에 있는 산지 슈바르츠발트(Schwarzwald)의 산기슭에 있는 마을. 프랑스군은 이곳 전투(1796. 7. 9)에서 오스트리아군을 무찔렀다.

4) 1805년에 나폴레옹은 울름 회전(10. 17)에서 승리를 거둔 뒤 빈에 입성했다(11. 13).

5) 1809년 4월에 오스트리아는 프랑스에 선전 포고하고, 나폴레옹은 오스트리아군을 격파하면서 5월 10일 빈 교외에 이르렀다.

6) 티롤(Tirol). 오스트리아의 산지.

7) 슈바벤(Schwaben). 바이에른의 산지.

산지의 배후에 집결, 배치한 병력으로 적 부대를 개별적으로 습격할 수 있게 하여 전투를 방어자 쪽의 승리로 이끄는 것이다. 공격자가 산지를 통과할 경우, 기타 사정을 완전히 도외시한다 해도 이미 다음과 같은 이유로 해서 군을 하나의 종대로는 둘 수가 없는 것이다. 만약에 하나의 종대라면, 단지 한 가닥의 퇴로를 가지고 결전에 임해야 하는 위험을 저지르게 되기 때문이다.

그렇다면 산지 방어라는 방식이 지형이라는 매우 본질적인 사정에 의존한다는 것을 알 수 있다. 그러나 산지 및 산지의 출구라는 개념은 매우 부정(不定)한 것이고, 따라서 산지 방어에서 어떠한 구체적인 방책을 강구하는가는 모두 실제의 토지와 지형 그 자체를 본 후에 결정할 수밖에 없다. 따라서 산지나 산지의 출구를 말한다 해도 그와 같은 것이 있다고 자세하게 정의할 수는 없지만, 그래도 공격자는 이들 개념에 대해서 두 가지 불리한 점을 생각하지 않을 수 없다.

첫째, 방어자는 공격을 받으면 곧 산중으로 피하여 안전을 꾀한다는 것이다. 둘째, 방어자가 고지를 차지하고 있다는 점이다. 이 두 번째는 결정적으로 불리하지는 않다고 해도 추격자에게는 역시 불리하다.

이와 같은 정황에서 이루어진 회전의 예는 거의 없었다고 해도 좋다. 굳이 예를 든다면 1796년 알빈치[8]에게 불리했던 회전 정도뿐이다. 그러나 이런 경우가 발생할 수 있다는 사실은, 1800년 나폴레옹이 단행한 알프스 횡단[9]으로 분명하다. 이 경우 멜라스[10]는 나폴레옹이 여러 종대를 합치기 전에 모든 병력을 투입하여 그를 공격할 수 있었고 또 공격했어야 했다.

둘째는 공격자의 병참선이 산지에 의해서 끊어졌을 때 산지가 이러한 병참선에 대해서 갖는 관계이다. 공격자의 통과에 대비해서 미리 통로에 보루를 설치

---

8) 알빈치(Alvinczy, Joseph von, 1735~1810). 오스트리아의 사령관. 북부 이탈리아 만투아의 요새는 프랑스군에 의해 포위되고, 오스트리아군은 두 차례 포위 돌파를 시도했으나 실패하고, 알빈치는 제3회째로 포위를 풀려고 했으나 모두 실패했다.

9) 1800년에 나폴레옹은 스위스 방면으로부터 알프스 횡단을 계획하여, 5만의 병력을 4개 종대로 분할해서 대소(大小) 장크트 베른하르트(St. Bernhard) 고개(대(大)는 표고 2472m, 소(小)는 2188m)를 통과했고(5. 15~21), 따로 라인군은 짐플론(Simplon) 고개(2010m) 및 장크트 고트하르트 고개(2114m)를 넘어 이탈리아의 포 평야로 내려가 밀라노에 도착했다(6. 2).

10) 멜라스(Melas, Michael von, 1729~1806). 오스트리아의 사령관.

하거나 혹은 국민 총무장의 효과를 기대하는 것은 별개로 치더라도, 불순한 계절의 산지대의 험로(險路)는 이미 그것만으로도 공격군에게는 큰 위험이다. 이러한 험로가 공격자의 정신을 소진시켰기 때문에 하는 수없이 후퇴하지 않을 수 없었던 예도 드물지 않다. 또 유격대의 잦은 유격과 국민군에 의한 투쟁이 여기에 가세하면, 공격자는 사방에 부대를 보내거나 결국에는 산지에 견고한 초병 진지를 구축하지 않을 수 없게 되어 공격전에서 발생하는 가장 불리한 상태에 빠지게 된다.

4 산지와 군 보급과의 관계

이 문제는 매우 간단하고 명백하여 특별히 설명을 필요로 하지 않는다. 방어자가 여기에서 가장 큰 이익을 얻는 것은 공격자가 산중에 머물러야만 하거나, 적어도 산지를 배후로 삼아야만 하는 경우라는 것만을 지적해 두고자 한다.

그런데 산지 방어에 관한 이상과 같은 고찰은 결국은 산지전(山地戰) 전체를 포괄한다. 따라서 이들에 대한 고찰은 산지의 공격전의 성질도 아울러 밝히게 될 것이다. 그러나 우리는 산지 안에 평야지를 만들 수도 없고, 또 평야지를 산지로 만들 수도 없다. 게다가 전쟁터의 선정은 여러 가지 다른 사정에 의해서도 규정되므로, 거기에는 이미 고려할 여지가 거의 없다고 여겨질지도 모른다. 그러나 그렇다고 해서 이제까지의 고찰이 핵심을 잃고 있다거나, 실정에 맞지 않는다고 속단할 수는 없다. 실제로 결정적 회전과 같은 대규모적인 관계에서는, 산지를 고려할 여지는 결코 적지 않다. 결정적 회전의 순간에서 방어자측의 주력 배치와 효력에 대해서 말하자면, 이 주력이 몇 차례 전진하거나 배진(背進 : 뒤쪽으로 나아감)하면, 군을 산지에서 평야지로 옮길 수가 있고, 또 결전에 임해서 주력 부대를 평야지로 집결하면, 결전 때 가까운 산지가 방어자에게 가져오는 불리함은 모두 소멸한다.

이상으로 산지 방어 문제를 샅샅이 살펴서 이 문제를 빈틈없이 밝혀 보았다. 그래서 다음에는 이들 빛을 초점으로 결속하여 하나의 명확한 상(像)을 형성해 만들어보고자 한다.

우리는 산지가 전술적으로나 전략적으로 방어에서 불리하다는 것을 충분히 증명할 수 있었다고 생각한다. 그러나 여기에서 말하는 방어는 결정적 방어란 뜻이고 그 성패에 국토의 존망이 걸려 있는 방어를 말한다. 산지는 자유로운 전망을 방해하고 또 사통팔달의 도로가 없기 때문에 이동이 자유롭지 못하다. 방어자는 산지에서 할 수 없이 수동적인 행동이 강요되고 또 모든 접근로를 적에 대해서 폐쇄해야 한다. 이와 같은 사정에서 전쟁이 많건 적건 간에 초병선식 전쟁으로 기울어지는 것은 부정할 수가 없다. 따라서 방어자는 주력을 가지고 산지를 점유하는 일은 되도록 피하여, 군을 산지 측면에 놓거나 산지의 전방 또는 후방에 보유하는 것이 좋다.

이와는 반대로 방어의 이차적 임무나 부목적에 관해서 말하자면 산지는 방어를 강화하는 원리라고 단언해도 좋다. 따라서 약세인 방어자에게는 다시 말해 절대적 결전을 이제는 구할 수 없는 방어자에게는 산지야말로 가장 알맞은 피난처라 해도 이 주장은 위에서 말한 깃과 조금도 모순되지 않는다. 그리고 방어자에게는 방어의 이러한 이차적 임무를 산지에서 얻을 수 있는 이러한 유리한 점이 있기 때문에, 바로 주력을 산지에서 멀리 두기도 하는 것이다.

그러나 우리가 시도한 이상과 같은 고찰과, 일반인들이 산지에서 받는 감각적 인상을 조화시킨다는 것은 상당히 곤란하다. 도대체 실전의 경험이 없는 사람들뿐만 아니라 잘못된 전쟁 이론에 빠진 사람들은 이러저러한 전쟁 사례에 상상력을 동원하여, 산지는 공격자의 모든 운동을 저지하는 집요한 요인이자 여러 곤란을 공격자에게 안겨 준다는 강한 인상을 받기 때문에, 우리의 견해가 결코 신기한 것을 좋아하는 역설적인 것이 아님을 쉽게 승인하려고 하지 않는다. 그러나 산지 방어를 일반적으로 고찰하면, 최근 1세기의 전사(戰史)와 이 세기에 독자적으로 행한 전쟁 지도는, 단순한 감각적인 인상의 잘못을 증명하기에 충분하다고 생각한다. 그렇다면 예를 들어, 오스트리아가 이탈리아의 공격에 대해서 여러 주를 방어한다는 것은, 라인강 방면으로부터의 침공에 대해서 방어하기보다도 더 곤란하다—고 생각하는 논자는 차차 그 자취를 감추게 될 것이다. 이와는 반대로 20년이란 긴 세월에 걸쳐 과감한 장수의 지도 아래 전쟁을 수행하여 훌륭한 성과를 거둔 프랑스군은, 산지 방어에 관해서도 그 밖의 다른 경우와 마찬가지로 충분히 훈련되고 숙달된 판단으로 타국의 군보다 뛰어난 존재이다.

그렇다면 어떤 국가가 산지보다도 오히려 개활지에 의해 더욱 안전하게 보호된다고 말할 수 있을까? 에스파냐는 만일 피레네산맥[11]이 없다면 한층 강한 나라가 된다고 말할 수 있을까? 또 롬바르디아[12]는 알프스산맥이 없었다면 접근이 곤란해진다고 말할 수 있을까? 혹은 예를 들어, 북독일과 같은 평탄한 지방은 산악 지대보다도 한층 약취하기가 어렵다고 말할 수 있을까? 우리는 본장을 끝내면서 이상과 같은 잘못된 추론에 대해 다음과 같은 견해를 말해 두고자 한다.

우리라고 해서 원칙적으로 에스파냐는 피레네산맥을 갖는 것보다는 갖지 않는 편이 더 강력하다고 주장하는 것은 아니다. 만약에 에스파냐군이 결정적 회전의 수행에 자신을 가질 정도로 강력하다면 피레네산맥의 15개 고개에 병력을 분산시키는 것보다는, 이것을 에브로강[13]의 후방에 집결시켜 포진하는 편이 좋다고 주장하고 싶은 것이다. 물론 그렇게 했다고 해서 전쟁에 미치는 피레네산맥의 영향력이 결코 소멸되는 것은 아니다.

이와 똑같은 말은 이탈리아군에 대해서도 말할 수 있다. 만약에 그들이 알프스 고지의 여러 곳에 병력을 분산한다면 과감한 적에 의해 정복되는 것은 틀림없는 일로서, 승패를 이리저리 따진다는 것은 이미 논외의 일이 되었을 것이다. 이와는 반대로 토리노[14] 평야지에서라면, 이탈리아군은 적군과 승패를 결정할 좋은 기회를 기대할 수 있었을 것이다. 누구든 알프스와 같은 대산맥을 넘어, 이것을 배후삼아 싸우는 것이 공격자에게 바람직하다고 생각하는 사람은 없을 것이다. 그러나 본전투가 평야지에 이루어진다고 해도, 그 경우에도 지대(支隊)가 산지를 일시적으로 방어한다는 것은 역시 필요한 것이다. 이런 종류의 산지 방어는, 알프스나 피레네와 같은 산지에서는 매우 시기 적절한 처치라 하지 않을 수 없다. 마지막으로 한마디 덧붙인다면 우리는 산지보다도 평탄한 지방을 탈취하는 편이 쉽다고 말할 뜻은 없다. 그러나 단 1회의 승리에 의해서 적을 완전히 무장 해제할 수 있는 경우는 별도이다. 이러한 승리를 거둔 뒤에는 침략자, 즉 공격자가 방어 상태에 들어가게 된다. 그런데 이와 같은 상황에서 침략자에

---

11) 피레네산맥(Pyrenäen). 에스파냐 북부의 산맥으로 프랑스와 경계를 이루고 있다.
12) 롬바르디아(Lombardia). 북부 이탈리아 중앙부의 지방.
13) 에브로강(Ebro). 피레네산맥의 서남쪽을 흘러 지중해로 들어가는 강.
14) 토리노(Torino). 이탈리아의 북서부 지방.

게 산지의 불리한 점은 한때 방어자에게 불리했던 것과 전적으로 동일하며, 어쩌면 그보다도 더 심한 것이다. 전쟁이 더 계속되면 방어자에게는 우방으로부터의 원군이 오고 또 국민은 무장봉기를 한다. 그렇게 되면 이러한 저항과 공격은, 산지의 지형을 이용해서 기세를 올릴 수 있는 것이다.

산지 방어는 광선굴절학의 현상과 비슷하다. 눈에 보이는 상은 대상을 렌즈로부터 일정한 방향으로 이동시키면 차차 선명해지지만, 영상이 초점에 이른 뒤에는 모두가 거꾸로 비치는 것이다.

그런데 산지 방어가 평지에서의 방어보다도 약체라고 한다면, 공격자는 공격의 방향선을 오로지 산지로 돌릴 것이 아닌가? 그러나 실제 이와 같은 일이 매우 드물게 일어나는 것은, 산지에서는 보급과 도로에 관해서 매우 많은 곤란이 있다는 것, 도대체 방어자는 산지에서 본격 전투를 할 생각이 있는가의 여부가 불확실하다는 것, 또 그는 그 주력을 산중에 배치할 의향인가의 여부도 분명하지 않는 등, 이런 불리한 사정이 산지의 공격으로 얻을 수 있을 것 같은 유리함을 상쇄하기 때문이다.

제17장
산지 방어(이어서 2)

제15장에서는 산악에서의 전투 성질을 논하고, 또 제16장에서는 이러한 전투의 전략적 사용에 대해서 설명했다. 그리고 그 사이에 산악 방어라고 하는 개념에 자주 언급하면서, 이런 종류의 방어 방책의 형식과 이러한 방책을 실시하기 위한 설비에 대해서는 아직 언급을 하지 않았다. 그래서 이 장에서는 이에 대해서 좀 더 자세히 고찰해 보고자 한다.

이어진 산지는 띠처럼 지구의 표면을 둘러싸고 하천을 나누어 여러 방향으로 흐르게 하여, 수계(水系) 전체의 분수계(分水界)를 이루고 있다. 연산지(連山地)의 이러한 형태는 산계의 개별적인 부분에서도 그대로 되풀이된다. 이들 부분은 지맥(支脈)이 되기도 하고 혹은 산이나 언덕이 되어 주된 산괴(山塊)에서 나뉘어 한층 소규모적인 분수계를 이룬다. 따라서 산지 방어라고 하면 우선 폭이 넓은 것보다는 오히려 세로로 긴, 따라서 하나의 큰 바리케이드와 같은 천연 장애물과 같은 형태를 생각하는 것은 지극히 당연한 일이다. 지리학자들 사이에서도, 산악의 성립이나 조산 운동의 법칙에 대해서는 현재에 이르기까지 아직 정설이 없다.

그러나 수류(水流)에 의한 침식이 이러한 산계의 형성에 힘을 다했든 또는 수류가 이러한 산계의 결과이든 결과적으로 산계의 상태를 가장 빨리, 그리고 가장 확실하게 나타내는 것은 수류 말고는 없다. 따라서 산지 방어 사상이 수류를 하나의 안내역으로 간주한 것은 지극히 당연한 일이었다. 수류는 자연의 수준기(水準器)이며, 이로써 산악이 어떻게 융기하는가, 또 어떠한 윤곽을 가지고 있는가를 알 수 있을 뿐만 아니라, 수류가 형성하는 계곡은 산꼭대기에 이르는 가장 등반하기 쉬운 길로 간주해도 좋다.

여하간 수류의 침식 작용이 산허리의 요철(凹凸)을 깎아서 부드러운 곡선을 만들어내는 것만은 확실하다. 따라서 산악 방어의 사상은 연산지가 방어 정면과 거의 평행으로 이어진 경우에는, 이 산지를 적의 접근에 대비하는 일대 장애물, 다시 말하면 여러 계곡을 입구로 하는 하나의 누벽(壘壁)으로 간주하게 된 것이다. 그렇게 되면 산지 방어는 이 누벽 꼭대기(즉 산 위 여러 곳에서 발견되는 고지의 가장자리)에서 이루어져야 할 것이고, 또 그러한 경우에는 주요 계곡을 횡단해야 한다. 다음에 주요한 연산지가 방어 정면과 직각을 이룰 경우에는 주된 지맥(支脈)의 하나, 즉 주요 계곡과 평행을 이루면서 산정에 이르러 그곳을 종점으로 하는 지맥이 방어되어야 할 것이다.

이것이 산악의 지질학적 구조를 참고로 해서 안출된 산지 방어의 도식(圖式)이다. 우리가 지금 이 도식을 지적한 것은, 한때 전쟁 이론은 이러한 도식을 모델로 했고, 또 이른바 지형학에서 수류의 침식 작용 법칙이 선쟁 지도에 도입된 시기가 있었기 때문이다.

그러나 이와 같은 사상은, 모두가 잘못된 전제와 개념의 부정확한 대치에 기인한다. 따라서 이러한 견해에는, 체계적 고찰의 거점이 될 만한 것은 전혀 발견할 수가 없다.

본래의 연산지에서는 주요 산등성이는 그 형태가 험하고 길다운 길도 없기 때문에 여기에 대부대를 배치한다는 것은 전혀 불가능하다. 또 이에 이어지는 산등성이에 대해서도 사정은 거의 같고, 때로는 날카로운 톱니 모양을 하고 있는 경우도 있다. 그리고 고원은 반드시 모든 산꼭대기에 있는 것이 아니고, 또 그곳에 있다고 해도 대개는 폭이 좁고 황량하다. 실제로 자세히 관찰해 보면 산등성이가 중단되지 않고 이어지고 그 양쪽이 완만한 경사나, 혹은 적어도 테라스 모양의 사면을 이루고 있는 연산지는 매우 드물다. 일반적으로 대부분의 산등성이는 파도 모양으로 굴곡이 많고 여러 갈래로 나뉘어 있다. 또 큰 지맥은 활 모양의 능선을 이루어 평지 속까지 뻗고 그것이 끝나는 지점에서 갑자기 다시 솟아올라 주된 산기슭보다도 오히려 높은 봉우리를 이루는 경우가 있다. 또 연산지 옆에 무리를 이루는 몇몇 산들은 본래의 산계(山系)에 속하지 않는 깊은 계곡을 형성한다. 게다가 몇몇 연산지가 교차하고 있는 곳이나, 또 약간의 산맥을 만들어 내고 있는 지점에서는 폭이 좁은 띠와 같은 개념은 없어지고, 여러 가닥의 수류와 산맥이 거기에서 여기저기로 뻗어난다.

군을 일정한 방식에 따라서 산지에 배치한다는 생각이 얼마나 실행하기 곤란한가, 또 어디까지나 이러한 생각에 따른 배치가 얼마나 비실용적인가 하는 것은, 이미 위에서 말한 것에 비추어보면 분명하고, 또 앞서 말한 뜻의 연산지를 실제로 관찰한 사람이라면 이것을 더 실감나게 느낄 것이다. 그러나 산지에서의 방어 방책 적용을 보다 자세히 관찰하면, 하나의 중요한 점에 봉착하게 되므로 다음에는 이 점을 들어 고찰해 보고자 한다.

산악전(山岳戰)에서의 여러 전술적 현상을 다시 한번 상세히 관찰하면, 거기에 두 가지 주요한 요소가 있다는 것이 분명해진다. 첫째는 험준한 산허리의 방어이고, 두 번째는 좁은 계곡의 방어이다. 그런데 이 두 번째의 방어는 대부분 저항에 관해서보다 큰 효력을 발휘하지만, 산등성이에 군을 배치하는 것과는 일치하기가 어렵다.

협곡의 방어는 때때로 이 골짜기 그 자체의 수비를 필요로 하기 때문이다. 더욱이 골짜기의 기점에서보다도 그 출구의 수비 쪽이 더 중요하다. 협곡의 단애(斷崖)는 출구가 한층 험준하기 때문이다. 게다가 협곡의 방어는 산등성이에 병력을 배치할 수 없는 경우에도 이 산지를 잘 방어하게 된다. 따라서 일반적으로 협곡 방어는 산등성이가 높고 통행이 곤란할수록 더욱더 중요한 역할을 하게 되는 셈이다.

이상의 고찰에서 다음과 같은 사실이 명백해진다. 즉, 실제의 방어선은 다소 규칙적인 선을 이루고 있어 지리학적 기본선과 일치한다는 생각을 버리고, 산지는 도처에 각양각색의 기복과 장애물로 가득 찬 토지로 보아야 한다는 것이다. 또 비록 지형의 지질학적 특성이 산괴(山塊)의 형태를 밝히는 데 없어서는 안 되는 것이라 해도, 이러한 특성은 방어 방책의 결정에 거의 영향력을 주지 않는다는 것도 이로써 분명해진다.

오스트리아 계승 전쟁에서도, 또 7년 전쟁에서도, 프랑스혁명 전쟁에서도, 군이 산계(山系)에 배치되어 방어가 산계의 주요한 선을 따라서 정비된 일은 없었다. 또 군이 산등성이에 집결된 일도 한 번도 없었다. 즉, 군은 항상 산지의 사면에서 높거나 낮게, 혹은 이쪽이나 저쪽에, 혹은 평행이나 직각으로, 또는 비스듬히, 혹은 수류(水流)에 따르거나 이를 거슬러서, 또 알프스와 같은 고지에서는 때때로 계곡을 따라서 길게 진을 쳤다. 주데텐산맥[1]과 같은 약간 낮은 연산지에서는 공격자가 (매우 이례적이기는 하지만) 방어자와 마주 보는 산지 중턱에 진지를 친 일도 있었다. 프리드리히 대왕이 1762년에 슈바이드니츠의 포위[2]를 엄호하여, 진지 정면에 호에 오일레산[3]을 바라보았던 진지는 이런 종류였다.

7년 전쟁에서 유명해진 슈모트자이펜과 란데스훗과 같은 진지는 모두 깊은 계곡 바닥에 있었다. 또 포어아를베르크 지방의 펠트키르히[4]의 진지도 마찬가지였다. 1799년과 1800년 전쟁[5]에서 프랑스군과 오스트리아군의 본초(本哨) 부대는 항상 계곡에 배치되었다. 이 경우 계곡을 차단하기 위해 이것을 가로질러 배치했을 뿐만 아니라 계곡을 따라 배치된 일도 있었다. 이에 반해서 산등성이에는 초병 부대가 전혀 배치되지 않았거나, 산 위의 중요 지점을 매우 적은 부대로 수비한 데 지나지 않았다.

알프스산맥의 높은 곳은 통행이 매우 곤란하므로 이곳을 강대한 군대로 점거하는 일은 불가능하다. 따라서 꼭 병력을 이 산중에 보유하려고 한다면, 여러 곳의 계곡에 분산해서 배치할 수밖에 없다. 이와 같은 방책은 얼핏 잘못된 것처럼 보인다. 일반 이론에 따르면 '높은 곳은 계곡을 제압'하기 때문이다. 그러나 실제로는 그렇지 않다. 산등성이에 이르는 산길이나 오솔길은 극히 적고, 또 특별한 예외를 제외하고는 보병밖에 다니지 못한다. 차량이 통하는 길은 늘 계곡에 따라 있기 때문이다. 그렇기 때문에 공격자는 얼마 안 되는 보병을 거느리고 산 위의 몇몇 지점에 모습을 나타나는 데 지나지 않을 것이다. 그러나 이들 보병이 효과적인 소총 사격을 하기 위해서는 이러한 거대한 산괴에서는 거리가 너무 멀기 때문에, 방어자가 아래쪽 골짜기에 위치해도 위험은 보기보다는 적다. 하지만 이러한 골짜기에는 방어자에게 다른 큰 위험이 도사리고 있다. 퇴로

---

1) 주데텐산맥의 최고봉은 표고 1603m이다.

2) 프리드리히 대왕은 오스트리아군이 자리 잡은 슈바이드니츠의 요새를 공략하여(1762. 8. 8) 수차에 걸친 공방전 끝에 오스트리아군이 항복했다.

3) 호에 오일레산(die Hohe Eule). 체코와 슐레지엔의 경계를 이루는 주데텐 산맥에 속하는 산괴 오일렌게비르게(Eulengebirge) 중의 가장 높은 산(표고 1014m).

4) 펠트키르히(Feldkirch). 오스트리아 서부에 있는 포어아를베르크(Vorarlberg) 지방의 소도시. 오스트리아군은 이곳의 보루 진지를 거점으로 우세한 프랑스군을 격퇴했다(1799. 3. 22).

5) 모두 프랑스혁명 전쟁 때에 벌어진 전쟁.

가 차단된다는 위험이다.

공격자는 보병만으로 천천히, 그리고 많은 수고를 아끼지 않고 편리한 지점에서 골짜기로 내려간다. 따라서 방어자는 기습할 수 없다고 하지만, 이들 오솔길이 계곡으로 내려가는 입구에는 방어자를 엄호하는 진지는 하나도 설치되어있지 않다. 그래서 공격자는 차차 우세한 보병 부대로 계곡으로 내려와 사방으로 분산한다. 그리하여 이제는 취약해진 방어선을 단번에 돌파한다. 실제로도이 방어선을 보호하는 것이라고는, 얕은 골짜기 물이 흘러가는 돌투성이의 강바닥 외에는 아무것도 없다. 그러나 방어자의 퇴각은, 산지에서 평지로 나가는출구가 발견될 때까지 계곡 안에서 작은 부대 단위로 순차적으로 해야 하므로, 폭주하는 퇴각선은 도처에서 퇴각을 불가능하게 한다. 오스트리아군이 스위스에서 항상 그랬다고 해도 좋을 정도로 병력의 3분의 1 내지 2분의 1을 포로로서 적에게 넘긴 것은 이 때문이었다.

다음에는 산지 방어에서의 전투력 분할에 대해서 약간 말해두고자 한다.

대개 산지에서의 배치는 정면선의 거의 중앙부, 가장 주요한 접근로에 설치한 주력 진지를 기준으로 하여, 이 진지의 좌우에 수개 부대를 파견해서 가장중요한 출입구를 지키게 한다. 그렇게 되면 전군에 대해서 3개 내지 6개 혹은그 이상의 초병 부대를 거의 한 선 위에 배치하는 것이 된다. 그리고 이 선을 어느 정도까지 연장해도 지장이 없는가, 혹은 연장해야 하는가 하는 것은 그때의필요에 따라 결정된다. 그 경우 2, 3일의 행군 행정, 즉 6~8마일이 가장 보통이지만 때로는 20~30마일에 이르는 일도 있었다.

한 시간 내지 두서너 시간 행정의 간격으로 초병 부대를 배치하면, 이들 부대 상호 간에 별로 중요하지 않은 접근로가 조금 발견되어 나중에 이를 알아차리는 일이 있다. 또 초병 진지로서 수개 대대를 수용하기에 족하고, 초병 본대와의 연락에도 형편이 좋은 장소를 산속 여러 곳에서 발견하는 일이 있다. 그러면 이들 진지에도 초병 부대를 배치하는 것이다. 병력이 더욱 세분화되어 수개 보병 부대 및 기병 중대만의 경우가 생기는 것은 당연하며, 또 실제로도 이러한 경우가 자주 생긴다. 따라서 병력의 분할에 일반적인 한계를 설정할 수는없다. 각 초병 부대 병력의 대소는 전군 병력에 비추어 결정된다. 따라서 본초(本哨)에 어느 정도 병력을 할애할 수 있는가, 혹은 어느 정도 병력을 주는 것이 가장 자연스러운가에 대해서는 아무것도 말할 수가 없다. 그래서 우리는 경험과 사리가 가르쳐주는 몇 건의 명제를 여기에 들어 고찰의 근거로 제공하고자 한다.

1. 산지가 너무 높아 접근이 곤란하면 병력의 분할을 더욱 작게 나누어도 좋고 또 실제로도 그렇게 되지 않을 수가 없다. 예를 들어 어떤 지역이 운동을 바탕으로 해서 세워진 여러 방어 방책에 의존해서는 도저히 방어할 수 없다고 하면, 이 지역은 더욱더 직접 엄호해야 하기 때문이다. 따라서 알프스의 방어에는 다른 산지에서보다도 훨씬 소규모적인 분할이 필요하다.

2. 산지 방어라는 방어 방식이 시작되었을 무렵에는 어디에서나 병력이 심하게 분할되었기 때문에 본조 부대에서도 제1선 전열에 보병이, 또 제2전열에 두서너 기병 중대가 배치된 데 지나지 않았다. 또 중앙에 배치된 주력까지도 기껏해야 제2 전역에 약간의 보병 대대를 배치했을 뿐이다.

3. 공격에 노출된 지점에, 그때까지 보유했던 전략적 예비군을 출동시키지 않고 끝난 사례는 매우 드물다. 방어 정면을 확대하면 이미 그것만으로도 전체가 약화되기 때문이다. 따라서 또 공격을 받은 초병 부대에 주어지는 지원은, 대개 방위선상에 있으면서도 아직 적의 공격을 받지 않은 다른 초병 부대에서 빌려오는 것이 통례였다.

4. 병력 분할이 비교적 적어서 개개의 초병 부대 병력이 클 경우에도, 이러한 부대의 저항은 항상 국지적 방어의 범위 내에 한정되어 있었다. 또 일단 이러한 초병 진지를 완전히 점령하면, 방어자에게 지원 부대가 도착해도 구제 가망성은 없다.

그렇게 되면 방어자가 산지 방어에서 구하는 것은 무엇인가? 어떠한 경우에 이 방어 수단을 사용해도 지장이 없는가? 방어 정면의 확대와 병력 분할은 어느 정도까지 실시할 수 있는가? 또 실시해도 상관없는가? 이들 모든 문제 해결은 장수의 세련된 판단에 맡겨야 한다. 이론은, 이 방어 수단이 본래 어떠한 성질의 것인가, 또 이 수단은 피아의 여러 가지 군 관계에서 어떠한 역할을 다하면 좋은가 등을 장수에게 말해 주면 그것으로 충분하다.

산지에서의 방어 정면(正面)을 너무 확대해서 패배하는 장수는 응당 군법회의에 회부되어야 할 것이다.

제18장
하천 방어

대하(大河)는 방어 면에서 말하자면 산지와 마찬가지로 전략적 바리케이드의 부류에 속한다. 그러나 같은 바리케이드라 해도 이들은 두 가지 점에서 즉, 첫째는 상대적 방어에 관해서, 두 번째는 절대적 방어에 관해서 각기 다르다.

대하는 산악의 경우와 마찬가지로 상대적 저항을 강화하지만, 대하의 특성은 마치 단단하지만 무른 물질로 만들어진 도구와 비슷하다. 따라서 대하는 그 어떤 충격을 받아도 절대로 휘지 않거나, 그 저항력이 이내 산산이 부서져서 쓸모가 없거나―둘 중의 하나이다. 하천이 매우 크고, 그 밖의 조건이 유리하면 적의 도하를 완전히 불가능하게 만들 수 있다. 그러나 이 강의 방어가 어떤 지점에서 깨진다면 산지와는 달리 더 이상 저항을 할 수가 없게 되어, 성패는 적의 도하(渡河)라고 하는 한 가지 일로 결정되는 것이다. 그러나 대하가 산지를 흐르는 경우에는 사정이 다르다.

전투에서 나타나는 또 하나의 특성은, 대하 대개의 경우 결정적 회전에 매우 유리한, 또 일반적으로 산지보다도 유리한 방어 수단을 제공한다는 것이다.

그러나 하천과 산지에는 공통점이 있다. 둘 다 위험하면서도 매혹적인 지형이므로 가끔 방어자를 현혹시켜 방책을 그르치게 만들어 결국은 궁지로 몰아넣는다는 것이다. 그래서 우리는 하천 방어에 대하여 더 자세하게 고찰하여, 이 방어 방식에서 생기는 이러한 결과에 관련해서 독자의 주의를 환기시키고자 한다.

전사(戰史)를 통독해 보아도 효과적인 하천 방어의 예는 그렇게 많지 않다. 따라서 하천은 이전에 여겨져 왔던 정도로 강력한 바리케이드가 아니라는 일부 의견도 매우 지당하다. 실제로, 당시의 절대적인 방어 방식이라고 하는 것은 하천에 한하지 않고 토지가 제공하는 천연 장애물이라면 무엇이든지 방어를 강화하는 수단으로써 무조건 받아들이고 있었던 것이다. 그러나 한편으로 이러한 의견이 있다고 해서 전투 및 국토방위에 주는 하천의 유리한 영향을 부정할 수는 없는 것이다.

하천 방어라고 하는 이 복잡한 문제에 포함되어 있는 여러 가지 요인의 연관을 통관(通觀)하기 위해서는, 이 문제를 여러 관점에서 고찰해 볼 필요가 있다. 그래서 우선 이들 관점을 한군데에 모아보는 것이 편리할 것으로 여겨진다.

이를 위해서는 우선 하천 방어에서 생기는 전략적 결과와, 이러한 방어와는 별도로 한천이 국토방위에 미치는 영향을 구별해야 한다.

다음에 하천 방어 그 자체에 대해서 세 가지 의의를 구별한다.

1. 주력을 가지고 하는 절대적 저항.
2. 단순히 보이기 위한 저항.
3. 전초, 엄호선, 지대(支隊)와 같은 하부 부대에 의한 상대적 저항.

마지막으로 방어의 형식에 대해서 하천 방어를 세 가지 중요한 단계 혹은 종류로 구별할 필요가 있다.

1. 적군의 가교(架橋) 도하를 저지하여 하천을 직접 방위한다.
2. 하천과 하곡(河谷)을, 회전의 유리한 조합을 위한 수단으로써 이용할 경우의 하천 방어. 이것은 간접 방어이다.
3. 적안(敵岸), 즉 하천의 대안(對岸)에 공격을 불가능하게 만드는 견진지(堅陣地)를 축조해서 이를 거점으로 삼는다는, 어디까지나 직접적인 하천 방어이다.

이들 세 단계에 따라 우리의 고찰도 세 가지로 구분된다. 여기에서 이들 세 단계가 각기 어떠한 것인가를 제1의 가장 중요한 의의와 관련시켜 알고 난 뒤에, 제2 및 제3 단계의 의의를 고찰해 보고자 한다. 따라서 우선 제1의 직접적 방어, 즉 적군의 가교 도하 그 자체의 저지를 목적으로 하는 방어에 대해 설명하기로 한다.

이런 종류의 방어는 대하(大河), 즉 수량이 많은 하천에 한정된다.

공간, 시간 및 병력의 세 요소는 하천 방어의 이론을 구성하는 요소이지만, 이들 요소의 조합은 문제를 매우 복잡하게 만든다. 따라서 이 문제에 대해서 명확한 입장을 정한다는 것은 그리 쉽지가 않다. 그러나 이것을 엄밀하게 더 고찰한다면 누구나 다음과 같은 결론에 이를 것이다.

적이 어느 지점에서 가교에 요하는 시간은, 이 하천의 방어를 임무로 하는 부대 상호 간의 거리를 규정한다. 이 거리를 가지고 방어선의 전체 길이를 나누면 이들 부대의 수가 산출된다. 다시 이 부대수를 가지고 전군의 병력수를 나누면 각 부대의 병력이 결정된다. 그래서 이들 부대의 병력과 적이 가교 중에 다른 수단으로 도하하게 한 부대의 병력을 비교하면, 방어자가 유리한 저항을 실시할 수 있는 가능성의 유무가 판정된다. 이와 같은 가능성이 선 뒤에 방어자가 현저하게 우세한 병력, 예를 들어 적의 배에 이르는 병력을 가지고 적이 가교를 완료하기 전에 다른 수단으로 도하한 적 부대를 공격한다면, 적의 가교 도하를 불가능하게 할 수 있다고 생각할 수 있다. 한 가지 예를 들어 그간의 사정을 명백히 해보기로 한다.

적이 어떤 지점에서의 가교에 24시간이 필요하다 하고, 이 24시간 동안에 다른 수단을 가지고 도하를 할 수 있는 병력수가 2만이 넘지 않는다고 하자. 또 방어자 쪽은 약 12시간 이내에 2만의 병력을 목적한 지점에 투입할 수 있다면 적의 가교 도하는 강행할 수 없게 된다. 적 부대가 2만의 병력수 거의 반을 다른 수단으로 도하시켰을 때 방어자가 그 지점에 도착하기 때문이다. 통보에 요하는 시간을 가산해도, 12시간에 4마일을 행군할 수 있으니까, 방어자는 8마일마다 2만의 병력을 배치할 필요가 있을 것이다. 따라서 24마일 구역에는 하천 방어를 위해 6만의 병력이 필요하게 된다. 그러나 이만한 병력이 있으면 비록 적이 동시에 두 지점에서 가교 도하를 기대했다 해도, 방어자는 2만의 병력을 가지고 각 지점에 도달할 수가 있다. 하물며 적이 한 지점에서 가교 도하를 기도한다면 실로 그 2배의 병력, 즉 4만의 병력으로 당해 지점에 도달할 수가 있을 것이다.

따라서 이러한 경우에는 세 가지 정황이 결정적인 요인이 된다. 그 첫째는 하천의 폭이고 둘째로는 도하의 수단이다. 이 둘은 적이 가교에 필요한 시간과 가교 중에 다른 수단에 의해 도강시킬 수 있는 부대의 병력수를 결정하기 때문이다. 또 세 번째는 방어자의 병력이다. 한편 적군 그 자체의 병력은 이 단계에서는 아직 고려에 포함되지 않는다. 그런데 위에서 말한 이론에 따르면, 그 어떠한 지점에서도 적의 가교 도하는 불가능하며, 또 적이 아무리 우세해도 도강을 강행할 수는 없다고 말해도 좋다.

우선 하천의 지리적 특성을 도외시하면, 지금 말한 이론에 따라서 하천 방어에 임하는 부대는 하천 바로 옆에 집결시켜 배치되어야 한다—고 말해도 좋다. 지금 '한천 바로 옆에'라고 말한 것은 방어자의 진지가 하천 훨씬 뒤에 설치되면, 적의 도하점까지의 거리가 필요 이상으로 연장될 뿐이기 때문이다. 또 실제로도 하천의 많은 수량(水量)은 적의 강력한 행동을 방해하여 방어 부대를 엄호하기 때문에, 국토방위선에서의 예비와는 달리 후방에 둘 필요는 없다. 게다가 하천에 따른 도로는, 하천 후방에서 옆으로 하안(河岸)이 임의 지점에 이르는 도로보다도 통행하기 쉬운 것이 통례이다. 마지막으로, 하천의 감시는 이러한 진지에 의하는 편이 단순한 초병선에 의한 것보다도 완전하게 수행할 수 있다. 그것은 주로 각 부대의 지휘관이 모두 하천 가까이에 위치하기 때문이다. 또 방어자측에서 이들 부대가 집결해 있지 않으면 안 될 이유는, 그렇게 하지 않으면 시간의 계산에 차질이 생길지도 모르기 때문이다.

본디 부대의 집결에는 많은 시간이 걸린다는 것을 알고 있는 사람이라면, 부대가 집결되어 배치되어 있는 정황이야말로 방어에 최대의 효력을 발휘할 수 있다는 것을 이해할 것이다. 군데군데에 초병 부대를 배치해서 상륙점에 의한 적의 도하를 불가능하게 하는 방책은 언뜻 보기에 그럴듯하게 여겨지지만, 이러한 조치는 특히 도하에 적합한 지점을 제외하고는 매우 위험하다. 그런데 이러한 지점은 좀처럼 존재하지 않는다. 여하간 적은 방어자의 초병 부대를 대안(對岸)에서 대개는 우세한 화력을 가지고 소탕할 수 있고, 또 방어자가 만나는 이러한 곤란은 일단 별도로 하고라도 이와 같은 방책에 따르면 대부분은 쓸데없이 병력을 낭비하곤 한다. 다시 말하면, 이러한 초병 부대가 성취할 수 있는 일이란 적으로 하여금 다른 도하점을 고르게 할 정도뿐이다. 따라서 방어자는 마치 하천을 요새의 외부 해자 정도로 다루어 이것을 손쉽게 방어할 수 있을 정도로 강력하지 않다면, 즉, 방어의 규칙 등이 새삼 필요하지 않을 정도로 강력하지 않다면, 하안(河岸)의 이러한 직접적 방어는 도저히 그 목적을 이룰 수 있는 것이 아니다. 그런데 방어 부대의 배치에 관한 이들 일반적 원칙 외에도, 또 고려되어야 할 사상이 있다. 그것은 첫째로 개개 하천의 특성이고, 두 번째는 적이 도하를 위해 이용할 염려가 있는 수단을 배제하는 일이다. 세 번째로는 하천에 따른 요새가 적에게 주는 영향이다.

어떤 하천은 방어선 그 자체라고 여겨도 좋다. 그러면 이러한 하천은 그 상류 및 하류에, 예를 들어 중립 지대나 해안과 같은 근거지를 가져야 한다. 만일 그러한 근거지가 없는 경우에는 이 방어선 끝을 넘은 곳에 적의 도하를 불가능하게 할 수 있는 다른 사정이 있어야 한다. 그런데 이와 같은 거점이든, 또 이와 같은 사정이든 장대한 하천이 아니고서는 찾아볼 수가 없다. 따라서 이미 이와 같은 사실로도 하천 방어선이 현저하게 길어지지 않을 수 없는 이유가 명백해진다. 따라서 다수의 부대를 비교적 짧은 하류선(河流線)에 따라 배치하는 사태는, 실제의 경우에는 (우리는 항상 실제의 경우를 생각해야 한다) 전혀 생길 수가 없는 것이다. 지금 비교적 짧은 하류선이라고 말했는데, 이것은 하천 방어에 관계가 없는 배치에 있어서 방어선의 일반적 표준을 그다지 초과하지 않는 길이를 말하는 것이다. 그러나 분명히 말하자면 하천 방어에서는 이와 같은 경우가 생기지 않는다. 따라서 하천의 직접 방어는 적어도 그 연장에 관해서는 하나의 초병선 방식이 된다. 따라서 이 방어 방식은 적의 우회를 저지하는 데에는 매우 부적당하다. 하기야 이 경우에도 방어 부대는 집결해서 배치되어 있기 때문에 보통이라면 적의 우회를 방해할 수 있을 것이지만 하천의 직접적 방어에서는 그렇게 되지 않는다. 따라서 적의 우회가 있을 수 있다고 여겨지는 경우에는 비록 다른 지점에서는 유리한 결과가 기대되더라도, 이러한 종류의 직접적 방어는 매우 위험한 계획이라 하지 않을 수 없다.

하천을 방어선으로 보았을 때 그 양쪽 끝 사이를 흐르는 하류에 대해서 말하자면, 반드시 그 모든 지점이 도하에 알맞다고 할 수는 없다. 이 문제는 확실히 일반적으로 좀 더 자세히 규정 지을 수 있지만, 그러나 원래 확정할 수 있는 것은 아니다. 실제로 매우 사소한 국지적 특성 쪽이, 책 등에서 매우 중요할 것처럼 다루어지고 있는 글보다도 훨씬 많은 것을 결정하는 일이 있다. 게다가 또 이런 확정은 전혀 소용이 없는 일이기도 하다. 하천을 실제로 보고 얻은 지식이나 주민으로부터 수집한 정보가 실상을 충분히 드러내 밝혀내기 때문에 책에 기술된 일들을 상기할 필요는 없는 것이다.

더 상세한 규정으로서는 하천에 이르는 도로, 하천으로 흘러드는 지류, 강기슭에 위치하는 대도시나 특히 하중도(河中島)는 도하에 편리하다고 말할 수가 있다. 이에 반해서 강가의 고지(高地)와 도하 지점에 있어서의 하류의 굴곡은 책에서는 중요한 역할을 하고 있지만, 실제로 영향을 주는 일은 좀처럼 없다. 그 이유는 이 두 가지 영향이라고 하는 것이 강가의 절대적 방어라고 하는 고루한 생각에 입각하는 것으로, 매우 긴 하천에서는 드물게밖에 일어나지 않거나 전혀 생기는 일이 없는 것이다.

그러나 하천의 어느 지점을 가장 알맞은 도하점으로 삼는가에 따라서 방어자의 병력 배치에 영향을 줄 것이고, 또 지형에 관한 일반적인 기하학적 법칙의 적용에도 어느 정도의 변화를 주게 될 것이다. 그러나 또 이 법칙을 너무 무시해서 이 지점을 적이 도하하기에 힘든 천연 요새로 보고 무조건 이에 의지하는 것은 결코 좋은 방책이라고는 할 수 없다. 적으로서는 이러한 지점이라면 틀림없이 방어자를 만날 염려는 없을 것이라고 판단해서, 지형으로 말하자면 가장 불편한 곳을 도하점으로 고를지도 모른다.

여하간 하중도를 될 수 있는 대로 강력한 부대로써 수비한다는 것은 권장할 만한 방책이다. 만약에 적이 하중도를 본격적으로 공격한다면 그들이 노리는 도하점을 확실하게 알 수가 있기 때문이다.

하천에 가깝게 배치된 부대는 정황에 의해 하천을 따라서 상류 혹은 하류로 행진하게 되기 때문에, 만약에 하천과 평행하게 달리는 도로가 없는 곳에서는 역시 하천과 평행하는 가장 가까운 작은 길을 정비하든가 혹은 단거리를 목표로 새로 내는 것은 방어에 꼭 필요한 준비 공작에 속한다.

두 번째로는, 적이 도하를 위해 이용하는 수단을 배제하는 것이다. 이것은 이미 하중(河中)에서조차도 쉬운 일이 아니다. 적어도 이러한 수단의 배제에는 다소의 시간이 필요하다. 그러나 이들 도하 수단이 적안(敵岸)의 지류에 있는 경우, 이러한 종류의 곤란은 배제하기 어렵다. 지류는 대개 이미 적의 수중에 들어가 있기 때문이다. 그래서 지류가 본류로 흘러드는 지점에 요새를 설치하여 하구를 봉쇄하는 방책이 중요한 의의를 가지게 된다.

대하의 도하에는 적이 휴대하고 다니는 도하 수단, 즉 가교용 철주(鐵舟)는 부족하기 쉬우므로, 이를 보충하기 위해 하천의 본류 그 자체나 지류의 연안, 또는 강가의 대도시에서 발견되는 도하 수단에까지 손을 뻗어, 마침내는 하천에 가까운 삼림에까지 이르게 된다. 이들 삼림은 배의 건조에 이용되기 때문이다. 이와 같은 사정은 공격자에게는 매우 불리한 것이 결국은 도하를 거의 불가능하게 만드는 경우까지도 있다.

하천의 양쪽 기슭 혹은 적안(敵岸)에 있는 요새는 그 상류 및 하류의 여러 지점에서 적의 도하를 저지하는 방패가 될 뿐만 아니라, 또 지류를 봉쇄해서 거기에 있는 도하 수단을 신속하게 수용하는 시설이기도 하다.

수량이 풍부한 하천의 직접적 방어에 관한 논술은 이것으로 끝내기로 한다. 그런데 하천의 양쪽 기슭이 절벽을 이루거나 혹은 소택지라면 도하의 곤란과 방어의 효과는 확실히 배가된다. 그러나 그렇다고 해서 하천의 수량을 증대시킬 수는 없다. 실제로 이러한 지형에서만은 이 수역의 절대적 차단은 보증할 수 없다. 그런데 이러한 차단이야말로 직접적 방어의 필연적 조건이다. 그런데 하천의 직접적 방어는 전역의 전략적 계획에서 어떠한 역할을 하는 것인가? 우리는 이에 대해서 이러한 방어 방식은 결코 결정적 승리를 가져오는 수단이 아니라고 대답하지 않을 수 없다. 그 이유의 하나는, 이런 종류의 방어가 의도하는 것은 그 어떤 지점에서나 적의 도하를 불가능하게 하거나, 그렇지 않으면 최초에 도하한 상당히 큰 적의 부대를 격파하는 것에 그치기 때문이다. 또 다른 이유는, 하천은 방어자가 강력한 반격으로 얻은 전과를 확장해서 결정적 승리로 만드는 것을 방해하기 때문이다.

하지만 하천의 직접적 방어는 방어자에게 시간적 여유를 얻게 한다. 그리고 시간적 여유를 얻는다고 하는 것은 방어자에게 매우 중요한 일이 되어야 한다. 공격자는 도하 수단의 조달에 많은 시간을 필요로 한다. 또 도하의 기도가 몇 차례 실패하면 방어자는 더욱더 시간을 벌 수 있다. 또 적이 도하의 곤란함에 비추어 그 병력을 전혀 다른 방면으로 돌린다면, 이로써 방어자는 시간적 여유와는 별개의 유리함을 얻을 것이다. 따라서 공격자가 끝까지 도하를 결의하고 있지 않을 경우, 대하천은 적의 운동을 정지시키고 국토를 항상 방어하는 훌륭한 수단이 된다.

이렇게 본다면 하천의 직접적 방어는, 피아의 대부대가 대하를 사이에 두고 대치하고, 또 여러 조건이 방어자에게 유리하다면 절호의 방어 수단으로 간주해도 좋으며 또 실제로도 유리한 경과가 생기는 것이다. 그런데 최근에는(불충분한 수단을 사용했기 때문에 실패한 하천 방어만을 상기해서) 이러한 유리한 결과를 버리고 돌보지 않는 것이다. 위에서 말한 여러 전제하에서는(이 전제는 라인강이나 도나우강과 같은 큰 강에는 매우 적절하다), 6만의 병력을 가지고 현저하게 우세한 적 병력에 대항하여 24마일의 구간을 효과적으로 방위할 수 있다고 한다면, 이것이야말로 주목할 만한 결과라 할 수 있다.

우리는 현저하게 우세한 적 병력이라고 했는데, 다시 한번 이 점을 명백히 할 필요가 있다. 우리가 주장하는 이론에 의하면 모든 것은 도하의 수단에 달려 있는 것으로, 도하를 노리는 공격자의 병력이 방어를 목적으로 하는 방어자의 병력보다도 적지 않다면 적 병력의 대소는 문제가 아니다. 이것은 매우 묘하게 들릴지 모르지만 그럼에도 진실이다. 하지만 대개의 하천 방어는—좀 더 정확하게 말하자면—모든 하천 방어는 절대적 지점을 갖는 것이 아니어서 적에게 우회를 당할 염려가 있고, 또 이 우회는 적 병력이 우세하면 매우 용이하다는 것을 잊어서는 안 된다.

비록 하천의 이러한 직접적 방어가 적의 강행 도하에 의해 실패한다고 해도, 그것은 회전에서의 패배와 같은 것으로 보아서는 안 되고 또 전군(全軍)의 패퇴를 가져올 만한 것은 아니다. 이와 같은 경우에 전투에 참가하는 부대는 방어군의 일부에 지나지 않기 때문이다. 또 공격자도 가교 도하 때문에 기동력이 감퇴하므로, 도하에 의해 얻은 승리를 바로 유리한 결과로 결부시킬 수가 없는 것이다. 이렇게 볼 때 우리는 하천의 직접적 방어를 더욱더 가볍게 볼 수 없게 된다.

실생활에서 가장 긴요한 일은 매사에 올바른 판단이 있어야 한다는 것이다. 하천 방어에서도 모든 사정을 올바르게 판단하고 있는가의 여부는, 결과에 매우 큰 차이를 낳게 한다. 언뜻 보기에 사소한 사정도 때로는 결과를 크게 좌우한다. 또 어떤 경우에는 현명하고 효과적이었던 방책도, 다른 경우에는 파멸을 가져오는 잘못된 계획이 될 수도 있다. 매사를 올바르게 판단하고, 또 어느 하천이나 결국은 하천에 지나지 않는다고 하는 조잡한 생각을 배제하는 것은 확실히 곤란한 일임에는 틀림없으나, 하천 방어에서처럼 심한 경우는 없을 것이다. 따라서 하천 방어에 관해서 이론을 잘못 적용하거나 해석하는 위험을 항상 명심해야 한다. 그러나 이것을 충분히 경계한 뒤라면 우리는 서슴지 않고 이렇게 언명할 수가 있다. —우리는 막연한 감정이나 모호한 생각에 지배되어 모든 성과를 공격과 운동에서 구하여, 머리 위로 사벨을 흔들며 공격하는 기병의 모습이야말로 전쟁의 이상적인 모습이라고 생각하는 사람들의 큰 소리에는 일고의 가치도 없다—고.

실제로 이러한 모호한 생각이나 감정으로는 곤란한 사태를 해결할 수 없다 (여기에서는 1759년 췰리히아우[1]의 회전을 지휘한 유명한 전권사령관 베델[2]을 지적해 두는 것으로 그치기로 한다). 그러나 가장 좋지 않은 것은 그러한 생각과 감정은 영속되지 않고 수많은 관계가 얽힌 복잡한 사태가 사령관에게 해결을 독촉하는 최후의 순간이 되면, 이내 위축되어 쓸모가 없게 된다는 것이다.

요컨대 유리한 조건에서 대부대에 의해 실시되는 하천의 직접적 방어는, 방어자가 감히 소극적인 태도에 만족한다면 유리한 결과가 생긴다고 볼 수 있다. 그러나 이것은 방어 부대의 병력이 비교적 적을 경우에는 해당하지 않는다. 어느 길이의 하류선을 6만의 병력으로 방어할 경우에는 10만 또는 그 이상의 적군의 도하를 저지할 수 있지만, 같은 구간을 병력수 1만의 부대를 가지고 방어한다면 같은 병력수 1만의 적 부대의 도하도 저지할 수 없을 것이다. 오히려 그 적 부대가 도하한 뒤에 우세한 방어자와 교전을 한다는 위험도 마다하지 않는다고 한다면, 이 방어 부대는 아마도 적 부대의 반수에 이르는 도하도 저지할 수 없을 것이다. 그 이유는 명백하다. —도하 수단 그 자체는 공격자의 병력수 대소에 의해 변화하지 않기 때문이다.

이제까지 양동 도하(陽動渡河)[3]에 대해서는 거의 언급하지 않았다. 공격자의 양동 도하는, 하천의 직접적 방어에서 그다지 중요한 문제가 아니기 때문이다.

---

1) 췰리히아우(Züllichau). 프랑크푸르트 서북쪽 오데르강 강변의 소도시. 췰리히아우의 회전은 이 도시 근처의 마을 카이(Kay)에서 있었다(1759. 7. 23). 여기에서 프로이센군은 러시아군에 의해 패배했다.

2) 베델(Wedel[Wedell], Karl Heinrich von, 1712~82). 프로이센의 장군. 췰리히아우의 회전을 지휘해서 패배했다.

3) 진짜 도하의 기도를 감추기 위해서, 진짜 도하점과는 다른 지점에서 마치 도하하는 것처럼 보이게 하여 방어자를 기만하는 행동.

그 이유의 하나는, 하천의 직접적 방어가 목적으로 하는 것은 군을 한 지점에 집결시키는 것이 아니라, 각 부대에 각기 일정한 방어 구간을 할당하는 일이고, 또 다른 이유는 양동 도하는 앞서 말한 상황에선 매우 곤란하기 때문이다. 요컨대 도하 수단 자체가 이미 드물고 공격자가 이 계획의 성공을 보증할 정도로 많지 않기 때문에, 가지고 있는 수단에 상당한 양을 양동 도하에 돌린다는 것은 불가능하다. 또 이것은 공격자가 원하는 바가 아니다. 게다가 또 양동 도하를 실시하면 공격자가 진짜 도하점에서 집결할 수 있는 부대가 그만큼 감소할 뿐만 아니라, 적을 잘 속일 수 있는가도 불확실한 양동 도하 때문에 소비한 시간은, 그대로 방어자의 이득이 되는 셈이다.

하천의 이러한 직접적 방어는 일반적으로 대하(大河)의 중류에서 아래쪽 부분에서만 적당하다고 말할 수 있다.

다음에 제2의 방어 방식은 비교적 작은 하천이나 또 깊이 깎아지른 듯한 협곡을 흐르는 계류에 적당하고, 또 그보다 훨씬 작은 하천에도 적합한 수단이다. 이 방어 방식의 특징은 방어자 군을 하천으로부터 어떤 거리에, 다시 말하면 적이 몇 개의 지점에서 동시에 움직일 경우에는 적 부대를 개별적으로 물리칠 수 있고, 또 적이 한 지점에서 도하할 경우에는 하나의 교량 위에서나 한 가닥의 도로 위에서 물리칠 수 있을 정도의 거리에 배치하는 데 있다. 그렇게 되면 적은 배면을 하천이나 험한 골짜기에 끼게 되고, 퇴로는 단 한 가닥밖에 없기 때문에 회전에는 매우 불리한 상태가 된다. 그리고 방어자가 이와 같은 정황을 이용하는 데, 중위(中位)의 하천이나 깎아지른 골짜기에 의한 가장 효과적인 방어의 특성이 있다.

방어자가 군을 대부대로 분할해서 하천을 따라 배치하는 것은 직접적 방어로서는 가장 좋은 방법이지만, 이러한 배치는 공격자가 방어자의 의표를 찔러 단번에 도하하는 일은 불가능하다는 것을 전제로 하고 있다. 그렇지 않으면 이와 같은 배치 방식에서는, 방어 부대가 개별적으로 격파되는 염려가 매우 크기 때문이다. 따라서 정황이 방어자에게 유리하지 않다거나, 적이 배에 의한 도하에 필요한 많은 수단을 이미 소유하고 있거나, 또는 하중도(河中島)나 나루터가 있거나 또는 방어자가 현저하게 약세일 경우에는 이 방법의 사용은 이미 논외에 속하게 된다. 여하간 이런 종류의 하천 방어에서는, 방어자 부대는 서로 확실한 연락을 유지하기 위해 하천에서 약간 후방으로 물러나 배치되어야 한다. 그리고 이 경우에 방어자에게 남겨진 대책으로서는, 적이 도하를 끝내고 상륙하는 지점에 될 수 있는 대로 빨리 부대를 집결시켜, 적이 몇몇 도하점을 장악할 만한 지역을 점령하기 전에, 적을 공격할 수밖에 없다. 그렇기 때문에 이 경우에는 하천 및 계곡을 전초선으로 감시하고, 충분한 병력은 아니라고 해도 일단은 방비를 갖출 필요가 있다. 뿐만 아니라 군을 수개의 부대로 나누어 하천을 따라 일정 간격으로 (보통은 2, 3시간의 행정으로) 적절한 지점을 선정해서 배치해야 한다.

이 경우에 공격자가 겪는 주된 곤란은, 하천과 그 계곡을 형성하는 험한 길의 통과에 있다. 따라서 문제는 하천의 수량뿐 아니라 이 험한 길 전체의 형상이다. 깊이 깎아지른 골짜기는 상당한 폭을 갖는 하천보다도 주로 군의 행군을 저해한다. 대부대가 이러한 험한 길을 통과하는 곤란은 실로 상상을 뛰어넘는다. 통과에 걸리는 시간은 많고 또 통과 중에도 방어자가 고지를 점령할지도 모른다는 염려는 공격자에게 심한 위험 부담감을 불러일으킨다. 또 선두 부대가 너무 전진하면 때 이르게 적과 만나게 되고, 방어자의 우세한 병력 때문에 격파될 위험이 있다. 이미 도하한 부대가 도하점 근처에 머물러 있으면 공격자는 최악의 상태에서 전투를 해야 한다. 따라서 공격자가 도하를 끝내고 대안(對岸)에서 방어자와 일전을 하기 위해서는 이러한 계곡에서 도하한다는 것은 대담하기 짝이 없는 행동이거나, 병력의 현저한 우세와 지휘의 자신감을 전제로 하고 있거나 둘 중의 하나일 것이다.

말할 필요도 없이 이때의 방어선은, 대하(大河)의 직접적 방어의 경우와 마찬가지로 방어선을 길게 칠 수는 없다. 이 경우 방어자의 목적은 전군을 집결시켜 공격자를 격파하는 데 있다. 또 이때 공격자의 도하가 아무리 곤란하다 하더라도 대하를 도하하는 경우의 곤란에 비하면 훨씬 수월하다. 그래서 공격자는 우선 우회를 생각할 것이다. 그러나 이 우회는 공격자의 자연적인 전진 방향으로부터 벗어나게 된다. (말할 필요도 없이 우리는 이 협곡이 공격자가 취하는 방향에 대해 거의 직각을 이루는 것으로 가정하고 있다). 그러므로 협소한 퇴각선이 방어자에게 주는 불리한 효과는 일시적이 아니라 서서히 소멸하게 되는 셈이다. 따라서 전진하는 공격자가 비록 도하 중에 방어자에게 붙잡히는 일 없이 도하 뒤 우회에 의해서 몇몇 지역을 점령했다고 해도, 방어자는 공격자에 비해서 여전히 어느 정도의 유리함을 확보하게 되는 것이다.

여기에서는 하천의 수량(水量)보다도 오히려 깊이 깎아지른 협곡을 문제 삼고 있는 것이다. 그런데 이 협곡은 산지의 전형적인 계곡과 마찬가지로 이해해서는 안 된다는 것을 미리 말해 둔다. 산지의 계곡에 대해서는 앞서 산지 방어의 장에서 한 말이 모두 해당되므로, 여기에서 재론할 필요는 없다. 그런데 작은 하천이 험준한 협곡을 이루는 지역이 얼마든지 있을 수 있다는 것은 새삼 지적할 필요도 없을 듯하다. 뿐만 아니라 이러한 지역에는 하천의 양쪽 기슭이 소택지를 이루는 지형이나, 그 밖에 적의 접근을 저지하는 천연 장애물도 적지 않다.

따라서 이와 같은 조건에서는, 방어자가 중위(中位)의 하천이나 계곡이 형성하는 험한 단절지의 후방에 병력을 배치하면 매우 유리한 위치를 차지할 수 있는 셈이고, 따라서 또 이런 종류의 하천의 방어는 가장 좋은 전략적 방책의 하나라고 할 수 있다.

그러나 전투력을 배치하는 방어선을 너무 길게 잡는 것은, 이 방어 방식의 약점이다(이것은 방어자가 자칫 실수하는 점이다). 하지만 어느 도하점에서 다시 그 앞으로의 도하점까지 방어선을 연장할 경우에, 어디에서 이 선을 끊어야 하는가—하는 판단을 잘못하는 일은 있을 수 있는 일이다. 그런데 방어자가 전군을 동원하여 공격자를 공격했지만 이에 패배하게 되면, 이 방어 방식의 효과는 전적으로 상실하게 된다. 전투에 지면 퇴각은 필수이며, 그렇게 되면 혼란과 손실이 생겨서 비록 최후까지 저항을 계속한다고 해도 전군은 궤멸하고 만다.

이러한 조건에서는 방어자가 방어선을 쓸데없이 연장해서는 안 된다는 것, 또 적이 도하한 당일 저녁에는 반드시 전병력의 집결이 완료해 있어야 한다는 것은 위에서 말한 것으로 충분히 밝혀졌다. 또 두 가지에, 일반적 원칙으로서 시간, 공간 및 병력이라고 하는 세 요소가 그 바탕에 놓이게 된다. 이러한 조합은 매우 많은 국지적 특성에 의존되는 것이기 때문이다.

이와 같은 사정에서 이루어지는 회전은 독특한 성격을 띠지 않을 수가 없다. 즉 방어자 쪽의 행동이 격렬함의 극을 달린다는 것이다. 공격자는 때로는 양동 도하에 의해 얼마 동안은 방어자를 속일 수가 있기 때문에, 막상 도하를 결행하는 단계가 되지 않으면 방어자에게 진짜 도하점이 판명되지 않는 것이 통례이다. 그럼에도 불구하고 방어자 쪽의 상황이 항상 유리하다고 하는 것은, 그가 물리치려고 하는 적 부대의 상황이 애당초 불리하다는 것을 말해주고 있는 것이다. 그런데 다른 적의 부대가 다른 지점에서 도하를 해서 방어자를 우회했을 경우, 방어자는 일반적인 수세 회전에서와는 달리 이 우회 부대에 강력한 공격을 가할 수는 없다. 그러한 일을 하면 방어자가 차지하고 있는 본래의 유리함을 잃기 때문이다. 따라서 방어자는 적의 우회 부대가 아직 나타나기 전에 정면으로 적과 부딪쳐야 한다. 다시 말하면 눈앞의 적 부대를 될 수 있는 대로 신속히, 또 격렬하게 공격하여 이를 격파함으로써 회전을 매듭지어야 하는 것이다.

그러나 이런 종류의 하천 방어 목적은, 대하의 직접적 방어와는 달리 매우 우세한 적 병력에 대해서 저항을 시도해 보는 데 있는 것이 아니다. 하지만 이 방어 방식에서도 방어자는 적 병력의 대부분과 싸우는 것이 통례이다. 따라서 비록 방어자가 유리한 정황에 있다고 해도 역시 피아 병력의 비율을 처음부터 충분히 고려해야 할 것이다.

이상으로 방어군의 대부대가 중간 정도의 하천과 깊이 깎아지른 협곡을 방어하는 경우를 살펴보았다. 이 정도의 대부대라면 협곡 그 자체의 언저리에서 강력한 저항은 가능하지만, 하천을 따라 진지를 분할하여 설치한다는 불리한 점이 있으므로 역시 결전으로 승리를 구하는 것이 정도이다. 그러나 당장의 방어선을 강화하여 잠시 저항을 시도하면서 우군의 지원을 기다리는 것이라면, 협곡 언저리의 직접적 방어는 물론이고 양쪽 강기슭에 대한 직접적 방어를 실시해도 무방하다. 이 경우에는 산지의 진지에서만큼은 유리하지 못하지만 저항은 보통의 지형에서보다 장시간 지탱할 수 있을 것이다. 그런데 이런 종류의 방어 방식을 사용하는 것을 매우 위험하게 만들고 때로는 전혀 불가능하게 하는 경우가 단 하나 있다. 그것은 하천의 사행(蛇行)이 심하여 가끔 험한 계곡을 이루는 경우이다. ―그 실례를 알고 싶으면 모젤강[4]의 수로를 돌아보면 알 수 있다. 이러한 하천 방어에서는 하천의 굴곡부가 튀어나와 활처럼 휘어진 곳에 있는 부대는 퇴각할 때 거의 전멸을 면하지 못할 것이다.

그런데 중간 정도 크기의 하천에 가장 적당한 이 방어 수단은 훨씬 유리한

---

4) 모젤강(Mosel). 프랑스 이름은 모젤강(Moselle). 프랑스의 보주산맥에서 발원하여 깊은 협곡 바닥을 사행하여 독일의 코블렌츠(라인강 오른쪽 도시) 부근에서 라인강으로 흘러들어간다.

조건으로 대하에도 적용될 수 있다는 것은 자명하므로 특별히 설명이 필요 없다. 실제로 이 방어 방식은 방어자가 결전에 의해서 승리를 거두려고 할 경우 즐겨 쓰는 수단이다(아스페른).[5]

방어자가 군의 정면을 하천이나 계곡을 향해 배치해서 적의 접근을 저지하고 또 정면의 강화를 꾀하려고 하는 방책은, 위에서 말한 제2종 방어 방식과는 달리 그 상세한 고찰은 전술의 범위에 속한다. 따라서 우리로서는 이 방책에서 생기는 결과에 비추어보아, 이러한 배치 방식이 결국은 전적으로 자기기만에 지나지 않는다는 것을 지적해 두고자 한다. 하기야 이 경우 협곡의 낭떠러지가 매우 험하면 방어자 진지의 정면은 이것으로 공격을 저지할 수가 있을 것이다. 그러나 적이 이 진지의 옆을 통과하는 데 대해서는 다른 진지의 경우와 마찬가지로 아무런 불편이 발생하지 않는다. 따라서 이러한 방책은 공격자의 측방 통과 때문에, 말하자면 길을 열어주는 것과 같다. 그러나 물론 그와 같은 결과가 이러한 배치의 본디 의도는 아니다. 요컨대 이런 종류의 배치가 유익한 것은 이러한 배치가 공격자의 병참선을 심히 위협하여, 공격자가 조금이라도 소정의 전진로로부터 벗어나면 매우 불리한 결과를 초래하는 경우에 한하게 된다.

그런데 이 제2의 방어 방식에서는 공격자의 양동 도하는 제1의 방어 형식에

---

5) 아스페른(Aspern). 빈의 동쪽, 도나우강 좌측 해안에 위치하는 마을(현재는 빈의 일부). 아스페른의 회전(1809. 5. 21~22)에 대해서는 다음 기술을 참조. 4월 9일 오스트리아군은 선전 포고서를 남독일의 프랑스군 제1선에 보내어 바이에른에 진입했다. 나폴레옹은 4월 17일 도나우뵈르트(Donauwörth)에 이르러 스스로 군의 지휘를 잡고, 그 뒤 23일에 걸치는 동안, 레겐스부르크(Regensburg) 서남쪽 지구에서 오스트리아군을 격파했지만, 그의 부서는 종래처럼 치밀하지 않고, 부하 역시 긴장이 풀려서 대부분의 오스트리아군을 뵈멘으로 놓치고 말았다. 나폴레옹은 오스트리아군을 추격하기가 어렵다고 판단하여 일부로 하여금 추격하게 하고, 주력 부대를 이끌고 5월 10일 빈 근교에 이르렀다. 오스트리아군이 도나우강의 여러 교량을 파괴하고 퇴각하자, 나폴레옹은 19일 저녁부터 가교 작업을 하여 20일 도하를 개시했으나, 물이 불어나고 교량이 불완전해서 도중에 도하를 중지하게 되었다. 나폴레옹은 다시 도하를 독려하여 일단은 건너편에 있는 오스트리아군을 압박했지만, 오스트리아군의 유하물(流下物)로 도나우강 본류의 교량이 파괴되어 도하의 속행과 탄약의 보충 가망이 없게 되자 부대를 아스페른 부근으로 후퇴시켰다. 그 뒤 오스트리아군의 공격으로 그곳에 오래 있을 수가 없고 신속한 도하의 재개가 불가능하다는 것을 알고 강가의 진지를 포기했다. 이 회전에 참가한 병력은 두 군이 모두 약 10만 명, 사상자는 오스트리아군이 2만 2000명, 프랑스군은 4만 5000명에 이르렀다. 한편 나폴레옹이 도나우강의 도하에 사용한 것은 배다리(舟橋)였다.

서보다도 훨씬 위험하다. 과연 양동 도하 그 자체는 공격자에게 한층 쉽다고는 하지만, 방어자는 전군을 진짜 도하점에 집결하도록 노력하기 때문이다. 이 경우에 방어자가 이용할 수 있는 시간은 그다지 각박하지는 않다. 이 점에 관한 방어자측의 유리함은, 도하한 공격자의 군이 전병력을 집합해서 약간의 도하점을 점령할 때까지 계속되기 때문이다. 또 이 경우에는 공격자가 양공(陽功)을 실시해도 그 효력은 방어자가 초병선식(哨兵線式) 방어 방식을 사용하는 경우만큼 크지 않다. 초병선식 방어가 목적으로 삼는 것은 방어선 전체의 보전(保全)에 있기 때문에, 예비의 사용에 대해서도 지금 논하고 있는 제2 방어 방식의 경우와는 달리 방어자에 중요한 일은, 적이 어디에 주력을 배치하고 있는가 하는 문제뿐만 아니라 적은 어느 지점을 우선 먼저 공격하는가 하는, 판정하기가 훨씬 곤란한 문제이다.

그런데 크고 작은 하천에 관한 이들 두 가지 방어 방식에 대해서, 양자에 공통되는 일반적인 사항을 말해둘 필요가 있다. 그것은 방어자가 퇴각을 서둘러 혼란에 빠져서, 이러한 사태에 대한 준비를 게을리하여 적에게 이용당할 염려가 있는 도하 수단을 철거하는 것도 아니고, 또 토지 및 지형에 관한 정확한 지식이 결여되는 상태로는 이들 방어 방식도 우리가 생각한 것과 같은 효과를 얻을 수 있는 것이 아니라는 점이다. 요컨대 대개의 경우는 방어 효과를 기대할 수 없는 것이다. 따라서 방어자가 쓸데없이 장대한 방어선을 따라 포진한다고 하는 것은 역시 중대한 잘못이라 하지 않을 수 없다.

전쟁에서는 명확한 의식과 전체를 통솔하는 강한 의지를 가지고 매사에 임하지 않는 한, 모든 것이 실패로 끝나고 만다. 따라서 평야지의 회전에서처럼 적과 결전을 겨룰 용기가 없이, 대하나 계곡이 적군을 저지해 줄 것이라고 하는 안이한 생각으로 하천 방어를 선택한다면, 이러한 방어 방식이 실패로 돌아간다는 것은 불을 보듯 뻔하다. 이와 같은 상태에서는 방어자가 당면한 방어 체제에 믿음이 가지 않고, 장수나 군이나 장래를 염려하여 극도의 불안에 빠진다. 이렇게 되면 이 예감이 사실로 나타나게 된다. 피아 두 군 사이의 야전은 개인끼리의 결투와 달리 서로가 완전히 동일한 정황에서 이루어지는 것이 아니다. 따라서 방어의 특성, 신속한 행동, 토지 및 지형에 관한 정확한 지식, 혹은 행동의 자유 등이 각각 주는 유리함을 모두 이용할 줄 모르는 방어자는 이미 구제할 길이 없는 것이다. 그렇게 되면 하천도 계곡도 아무 소용이 없게 될 것이다.

다음에는 제3의 방어 방식에 대해서 살펴보기로 한다. 이것은 방어자가 적안 (敵岸)에 축조한 견진지(堅陣地)에 근거지를 두는 방식으로, 그 목적은 도하를 의도하는 공격자를 위험에 빠뜨리는 데 있다. 그 위험이라고 하는 것은 만약 에 적이 도하를 감행한다면 하천은 적의 병참선을 절단하고 또 적의 도하점을 약간의 교량으로 제한한다는 것이다. 그런데 이러한 방어 방식의 적용은 수량 이 풍부한 큰 강에 한정된다는 것은 두말할 필요가 없다. 요컨대 대하라고 하 는 것이 이 방어 방식의 조건을 이루는 것이다. 이에 반해서 단순히 깊이 파인 협곡을 흐르는 하천이라면 많은 도하점이 있는 것이 보통이므로 공격자가 지금 말한 위험에 빠질 염려는 없다.

그렇지만 방어자의 이러한 진지는 매우 견고하여 적의 공격을 불가능하게 하는 것이어야 한다. 그렇지 않으면 방어자는 침입해 오는 적을 요격하지 않을 수 없기 때문에 아군의 유리함을 포기하게 될 것이다. 그러나 이 진지가 매우 견고하여 적이 감히 공격할 엄두를 내지 못할 정도라면 상황에 따라서는 요새 가 있는 강기슭에 못 박히게 될 것이다. 그래서 만일 공격자가 감히 도하한다 면 그 병참선을 적의 손에 넘겨주게 되는데, 그와 동시에 방어자의 병참선 또한 위협을 받게 된다. 그렇게 되면 피아 두 군이 우회의 목적을 가지고 스치고 지 나가는 경우와 마찬가지로, 피아의 병참선 어느 쪽이 그 수, 또는 위치 및 기타 의 정황에 관해서 한층 안전한가, 그 경우 피아 어느 쪽이 그 밖의 관계에서 잃 는 것이 큰가, 따라서 또 피아 어느 쪽이 적에게 선수를 당하는가, 더 나아가서 피아의 군 어느 쪽이 마지막까지 전투력을 보유해서 궁극적인 승리를 획득하는 가 하는 것이 중요한 문제가 된다. 그러면 이 경우에, 하천은 서로의 운동이 상 대에게 주는 위험에 박차를 가할 수밖에 달리 도리가 없다. 도하는 약간의 교 량에 한정되어 있기 때문이다. 그런데 일반적인 사태로 미루어 보아 방어자측 의 교량 도하나 여러 창고는 요새에 의해 엄호되어 있기 때문에 공격자 측보다 도 안전하다고 여겨도 좋다면, 이런 종류의 방어는 실제로도 생각할 수 있고, 또 그 밖의 정황이 하천의 직접적 방어에 그다지 유리하지 않을 경우에는 이러 한 직접적 방어를 보완할 수가 있을 것이다. 따라서 하천은 방어자에 의해서 직 접 방어되는 것도 아니고 또 군도 하천에 의해서 직접 방어되는 것도 아니지만,

이러한 두 가지 방식이 결부됨으로써 국토가 방어된다. 그리고 이것이 다름 아닌 이러한 방어의 주안점이다.

그런데 제3의 방어 방식에는 다음과 같은 약점이 있음을 인정하지 않을 수가 없다. 즉, 이런 종류의 방어 방식은 공격자에게 결정적 타격을 주는 것이 아니라 두 군 사이의 긴장은 마치 대기 속에서 플러스와 마이너스의 약한 전류가 서로 부딪치는 정도이고, 따라서 또 그다지 강력하지 않은 공격을 저지할 수 있는 데 지나지 않는다는 것이다. 그러므로 이러한 방어 방식은 쓸데없이 신중을 일삼는 우유부단한 장수, 말하자면 자기 부대의 병력이 매우 우세한데도 과감한 행동을 취할 수 없는 장수를 상대하는 경우나, 그렇지 않으면 피아의 병력이 이미 균형 상태를 이루어 이제는 사소한 이익을 다투는 일 외에는 아무것도 할 수 없는 경우라면 적용해도 무방하나. 그러나 우세한 병력을 가진 과감한 공격자를 상대로 할 경우에는 매우 위험하다. 그것은 마치 밑이 보이지 않는 심연(深淵)의 가장자리의 좁은 길을 걷는 것과 같을 것이다.

여하간 이런 종류의 방어 방식은 꽤 용감하기도 하고, 또 어딘지 모르게 과학적으로 보이기 때문에 이것을 우아한 방어 방식이라고도 일컬을 수 있을지 모른다. 그러나 때로는 우아함은, 정신박약과 종이 한 장의 차이일 경우가 있다. 그런데 전쟁에서는 일반적인 사회에서와 달리 정신박약은 도저히 허용되지 않는다. 하지만 이 제3의 방어 방식은 제1 및 제2의 방식을 보완하는 일종의 독특한 수단이 될 수가 있다. 즉 교량 및 교두(橋頭 : 다리가 있는 근처)를 확보해서 적의 교량 도하에 위협을 주는 것이다.

한편 이 세 가지 하천 방어 방식은 주력을 가지고 절대적 저항을 시도하는 목적 외에도 겉치레의 저항을 목적으로 할 수도 있다.

방어자가 실제로 할 마음이 없는 저항 즉, 이러한 겉치레의 저항은 확실히 다른 방책과 병행할 수 있고, 또 단순한 행군 야영(行軍野營)을 제외하고는 어떠한 진지에서도 실시할 수가 있다. 그러나 특히 대하에서의 위장 방어가 정말로 적을 속일 수 있는 것은, 이와 같은 방어에는 많건 적건 간에 복잡한 방어 방식을 사용할 수 있을 뿐 아니라, 그 효과가 다른 방법에 의한 것보다도 크면서도 동시에 오래 계속되기 때문이다. 실제로 공격자로서는 적군의 면전에서 교량 도하를 감행하는 것은 말할 것도 없이 중대한 행동이기 때문에, 이러한 행동을 시작하기 전에 자주 오래 생각도 하고 때로는 실행을 좀 더 적당한 시기까지 연장하기도 하는 것이다.

그렇다고는 하지만 이러한 위장 방어를 할 때는, 역시 주군을(진짜 방어에서와 거의 같은 방법으로) 분할해서 강을 따라 배치할 필요가 있다. 그러나 위장 방어를 꾀한다는 것은, 이미 여러 가지 정황이 실제의 방어에 대해서 그다지 유리하지 않다는 것을 나타내고 있다. 그런데 이러한 배치선이 길어지고 부대가 이 선상에 분산되지 않을 수 없다고 할 때 이들 부대가 비록 소극적으로나마 실제로 저항을 시도하려고 한다면, 이러한 배치 방식으로부터는 중대한 손실을 초래할 위험이 발생하리라는 것은 틀림없는 사실이다. 따라서 위장 방어를 할 경우에는 강가에서 떨어진, 그것도 상당히 (때로는 며칠 행정(行程) 정도) 떨어진 지점에서 전군을 틀림없이 집결시킬 수 있어야 한다는 것이 가장 중요한 조건이다. 따라서 또 이와 같은 사정이 허용하는 범위 안에서는 실제의 저항을 시도해 보아도 상관없다.

우리의 견해를 명확하게 함과 동시에 이러한 위장 방어가 어느 정도 중요성을 가질 수 있는가 하는 것을 명시하는 전쟁 사례로서, 1813년 전쟁의 결말 부분을 지적해 보고 싶다. 나폴레옹은 약 4만 내지 5만의 병력을 이끌고 다시 라인강을 건넜다.[6] 불과 이만한 병력을 가지고는 만하임[7]에서 님베겐[8]에 이르는 구간의 라인강 방어는 전혀 불가능했을 것이다. 이 구간에서 동맹군은 가는 곳마다 어디에서나 편하게 도하를 할 수 있었기 때문이다. 그래서 나폴레옹이 일단 프랑스령의 마스 강가[9]까지 후퇴하여 여기에서 어느 정도 병력을 증강하고 나서, 최초의 본격적인 저항을 시도하는 것을 유리하다고 생각한 것은 지극히 당연한 일이었다. 그러나 그가 바로 마스 강까지 퇴각을 했다면 동맹군은 그를 추격했을 것이다. 또 그가 그 병력을 라인강의 후방에서 휴양 사영에 들게 했다고 해도 그것은 잠시 동안이고 역시 이것과 마찬가지 사태가 생겼음에 틀림없

---

6) 나폴레옹은 라이프치히의 회전(1813. 10. 16~18)에 패하여, 11월 초순에 라인강을 건너 귀국했다.

7) 만하임(Mannheim). 라인강변의 독일 도시.

8) 님베겐(Nimwegen, Nymwegen). 라인강변의 네덜란드 도시.

9) 마스강(Maas). 프랑스명은 뫼즈(Meuse). 프랑스의 랑그르(Langres) 고원에서 발원하여 독일로 들어와 라인강에 흘러든다.

었을 것이다. 비록 동맹군이 매우 신중했다고 해도, 코작 기병 및 경보병 부대 등을 교량 도하시켜 그것이 성공했다면 다른 부대도 이에 따랐을 것이다. 그래서 프랑스군은 본격적인 라인강 방어의 대책을 강구하지 않을 수가 없었던 것이다.

그러나 동맹군이 라인강의 도하를 실행했다면, 나폴레옹도 어찌할 수 없었다는 것은 처음부터 알고 있었으므로 이러한 방어는 양동(陽動)으로 보아야 하고, 또 프랑스군은 이 양동에서 아무런 위험을 저지를 필요는 없었다. 프랑스군의 집결지는 모젤강 상류에 있었기 때문이다. 단지 2만 명의 병력으로 님베겐을 수비하고 있던 맥도널드가 실제로 격퇴되기까지 여기에서 머물렀다는 잘못을 저질렀을 뿐이었다. 맥도널드의 패퇴는 빈칭게로데[10] 군단의 도착이 늦어졌기 때문에, 다음해 1월 상순의 일이었지만 이로 말미암아 맥도닐느는 브리엔 회전 이전에 나폴레옹과 합류하는 것에 방해를 받았던 것이다. 따라서 프랑스군에 의한 위장된 라인강 방어는, 동맹군의 전진 운동을 일시 정지시켜 증원 부대가 도착할 때까지, 즉 6주일간이나 도하의 연기를 결의하게 만드는 데 충분했다. 이 6주일 동안이 나폴레옹에게는 실로 무한한 가치를 가졌음에 틀림없을 것이다. 위장된 라인강 방어가 없었다면 라이프치히의 회전에 승리를 얻은 동맹군은 그대로 파리를 향해 진군하고, 프랑스군이 파리에 앞서서 주전(主戰)을 감행하는 것은 전혀 불가능한 일이었을 것이다.

제2의 하천 방어, 즉 중위(中位) 하천의 방위에서도 방어자는 양동으로 적을 속일 수가 있다. 그러나 이 경우에 있어서의 효과는 대체로 기대할 수는 없다. 왜냐하면 중 정도의 하천에서 공격자의 도하는, 대하천에서의 그것보다도 쉬우므로 겉으로 보이기 위한 방어의 마력은 바로 탄로가 나기 때문이다.

제3의 하천 방어 방식에서는 양동의 효과가 한층 적고, 역시 양동의 의도를 가지고 일시적으로 설치한 방어 진지에 의한 효과 이상으로는 거두지 못할 것이다.

마지막으로 한마디 하면, 무엇인가 어떤 부차적 목적을 위하여 배치된 전초선 또는 그 밖의 방어선(초병선식), 혹은 단순한 감시의 임무를 맡은 지대(支隊)

---

10) 빈칭게로데(Wintzingerode, Ferdinand von, 1770~1818). 독일 출신 러시아 장군.

가 제1 및 제2의 방어 방식을 병용했기 때문에 확실히 강화된다는 것은 하천이 없는 경우보다도 훨씬 크다. 또 이 경우의 저항은 모두 상대적이지 절대적 저항이 아니다. 또 이러한 상대적 저항이 단애곡(斷崖谷)과 같은 지형으로 현저하게 강화된다는 것은 두말할 필요가 없다. 그런데 하천 방어에서는 확실히 방어자는, 전투에 의한 저항 그 자체에 의해서 비교적 큰 시간적 여유를 얻지만, 유리한 점은 그것만이 아니다. 공격자는 도하를 실행하기 전에 여러 가지 불안으로 고민을 하는 것이 통례이고, 이와 같은 불안도 또한 방어자에게 유리한 효과를 가져오는 것이다. 공격자가 이러한 불안 때문에 여간 긴박한 동기가 없는 한 99%까지는 도하를 단념하기 때문이다.

제19장
하천 방어(이어서)

다음에 하천 그 자체는 직접적으로나 간접적으로 방어되는 것은 아니지만, 이들 하천이 국토방위에 가져오는 효과를 조금 살펴보고자 한다.

대체로 본곡(本谷)과 약간의 지곡(支谷)을 갖는 하천은 매우 강력한 천연 장애물을 이루고 있어, 일반적으로 방어에 유리하다. 그러나 개개 하천의 특수한 영향력은, 그 하천이 국토에 대해서 갖는 주요한 관계를 명백히 함으로써만이 한층 자상하게 규정된다.

그래서 우선 먼저 그 하천은 국경, 즉 일반적인 전략 정면과 평행하게 흐르고 있는가, 그렇지 않으면 국경선에 대해서 비스듬히 흐르고 있는가, 또는 직각으로 흐르고 있는가를 구별해야 한다. 또 평행으로 흐르고 있는 경우라면 이 하천을 배경으로 삼는 것은 방어군인가 공격군인가, 또 이 두 가지 경우에 대해서 각기 군은 어느 정도의 거리에 위치하는가—와 같은 일을 구별해야 한다. 방어군의 배후에 대하가 있고 더욱이 군 근처를 (하지만 보통 1일 행정 이하의 거리로는 좋지 않다) 흐르고, 또 그 연안에 안전한 도하점이 많다면 이 방어군의 위치가 하천이 없는 경우에 비해 훨씬 견고하다는 것은 의심할 여지가 없다. 하기야 이 도하점을 엄호하기 위하여 군은 행동의 자유를 어느 정도 잃는다 해도 그 손실은 전략적 배면의 안정, 다시 말하면 주로 병참선의 안전에 의해 충분히 보상된다. 지금까지는 자국(自國)에서의 방어이다.

그러나 적지에서라면 그렇게 되지 않는다. 전진해서 적국의 하천을 도하한 공격군은, 비록 적군을 눈앞에 두고 있는 경우에도 하천과 군 사이에 적 부대가 개입하는 것을 얼마간 두려워하지 않으면 안 되기 때문이다. 그렇게 되면 주로 하천에 이르는 도로는 좁으므로, 이러한 정황은 공격자에 대해서 유리하기는 커녕 불리한 영향을 줄 것이다. 그런데 공격자가, 배후에 있는 하천으로부터 멀어짐으로써 하천은 그에게는 있어도 없어도 좋은 것이 되고, 또 어떤 거리에 이르면 하천의 영향은 전적으로 소멸한다.

공격자가 전진 중에 하천을 배후에 두지 않으면 안 될 경우에는, 그 하천은 군의 운동에 불리한 영향을 줄 것이다. 하천은 군의 병참선을 약간의 도하점에만 제한하기 때문이다. 하인리히 친왕(親王)[1]은 1760년에 오데르강[2] 오른편에 있는 브레슬라우 부근에서 러시아군을 물리쳤다. 이때의 방어 지점은 그의 배후에 하루 행정의 거리를 두고 흐르는 오데르강이었다. 그런데 그 뒤 체르니셰프[3]의 지휘 아래 오데르강을 건넌 러시아군은, 그 퇴로를 단 하나의 교량에 의탁하는 위험을 저질러 이 때문에 심한 곤경에 빠졌다.

그러나 하천이 피아의 전선에 대해서 직각으로 뚫고 흐르는 경우에도 거기에서 생기는 유리함은 역시 방어자 쪽에 속한다. 그 이유의 첫째는 방어군은 날개를 이 하천에 의탁하고, 또 본계곡으로 뻗어들어가는 약간의 지곡을 정면의 강화로 이용함으로써 많은 적절한 배치를 할 수 있기 때문이다(엘베강은 7년 전쟁에서 프로이센군에 대해서 이와 같은 역할을 다했다).[4] 두 번째 이유는, 공격군은 양측면의 한쪽을 무방비인 채로 내버려둘 수밖에 없거나, 군을 둘로 나누지 않으면 안 되기 때문이다. 그리고 공격군의 이러한 분할은, 역시 방어자에게 유리한 점을 가져올 것임에 틀림없다. 방어자는 공격자보다도 많은 안전한 도하점을 점유하고 있기 때문이다. 오데르강과 엘베강이 프리드리히 대왕에 의해서 전쟁터(즉 슐레지엔, 작센 및 마르크 지방)의 방어에 매우 유리했다는 것, 따라서 또 이들 여러 주(州)의 공략을 노리는 오스트리아군과 러시아군의 행동을 현저하게 방해했다는 것을 알기 위해서는 7년 전쟁의 역사를 개관해 보는 것만으로도 충분하다. 그런데 이들 하천에서의 하천 방어는 7년 전쟁을 통해서 한 번도 이루어진 일이 없었다. 또 이들 하천이 지나가는 방향과 적군과의 관계를 보면, 하류

---

1) 하인리히(Heinrich, Prinz von Preussen, 1726~1802). 프로이센의 장수. 프리드리히 대왕의 동생. 하인리히는 글로가우(Glogau) 부근에서 오데르강을 건너(1760. 8. 1), 러시아군에 앞서서 브레슬라우에 도착하여(8. 6), 교묘한 방어 작전에 의해서 오스트리아군과 러시아군의 합류를 저지했다.

2) 오데르강(Oder). 독일의 큰 강. 슐레지엔을 지나 발트해로 들어간다.

3) 체르니셰프(Tschernyshow, Sachar Grigorjewitsch, 1722~84). 러시아의 원수.

4) 엘베강(Elbe). 독일의 큰 강. 독일의 서북부를 흘러 북해로 들어간다.

(河流)는 적군의 정면에 평행으로 흐르고 있는 것보다는 오히려 정면에 대해서 비스듬히 또는 직각으로 흐르는 경우가 태반이었다.

하천이 피아의 전선에 대해서 다소라도 직각으로 흐르고 있는 경우에 공격자는 이 하천을 수송로로서 이용할 수 있으므로 적어도 이 관계만은 공격자에게 유리하다. 그 이유는 일반적으로 공격자는 방어자보다도 장대한 병참선을 가지고 있고, 따라서 또 필수품의 수송은 보다 곤란하지만 그러나 하천을 이용한 운반은 이러한 곤란을 현저하게 경감해서 공격자를 매우 크게 유리하게 만들기 때문이다. 확실히 이 경우에도 방어자는 국경 부근의 견고한 요새에 의해서 이 하천을 봉쇄할 수 있을 것이다. 그러나 여하간 하천은 그 지점까지는 자유롭게 흐르는 것이므로, 그 사이에 공격자가 얻는 유리함은 이러한 봉쇄에 의해서도 상실되는 것은 아니다. 그렇다고는 해도 하천에 대해서는 고려할 점이 몇 가지 더 있다. 즉—군사적 관점에서 말하자면 상당히 큰 강폭을 갖추고 있는 하천이라도, 주항(舟航)이 불가능한 것이 있다. —모든 하천이 일 년 내내 모든 계절을 통해서 주항을 할 수 있다는 것은 아니다. —하천을 거슬러 올라가게 되면 주항은 매우 완만해지고 때로는 곤란한 일도 있다. —하류가 여러 곳에서 굴절되고 있기 때문에 항로가 직류(直流)의 배 이상이 되는 것도 있다. —현재로는 여러 나라를 연결하는 주요 병참선은 대개 포장되어 있다. —마지막으로, 오늘날에는 대량의 필수품이라도 가까운 주에서 조달할 수 있으므로 배편으로 일부러 먼 곳으로부터 운반할 필요는 없다. 이와 같은 여러 조건을 아울러 생각하면, 일반으로 하천은 군의 유지에 있어 책에 기록되어 있는 정도로는 중대한 역할을 하지 않는다는 것, 또 전시에서의 여러 사건의 경과에 미치는 영향은 매우 멀어서 그다지 확실하지 않다는 것을 알 수 있다.

제20장
소택지 방어와 범람

A. 소택지 방어

북독일에 있는 부르탕게르 모어[1]와 같은 광대한 소택지는 매우 드물기 때문에, 이런 종류의 소택지에 대해서는 특히 논할 필요는 없을 것이다. 그러나 지방에 따라서는 저습 지대가 있고 또 작은 하천 양쪽 기슭에서도 자주 소택지를 볼 수 있다. 그럴 경우 이들 소택지는 매우 심한 단절지(斷絶地)를 이루기 때문에 방어에 사용할 수 있고 또 실제로도 그렇다.

소택지 방어책은 확실히 어떤 지점에서는 하천 방어와 마찬가지이지만, 소택지 방어에는 특히 주의해야 할 특징이 조금 있다. 그리고 가장 주요한 특성으로서는 둑 바깥쪽에 있고 보병조차도 전혀 통행할 수 없는 소택지는 그 어떤 하천에 못지않게 통과가 곤란하다는 것이다. 이 첫째 이유는, 둑은 교량만큼 빨리 축조할 수가 없기 때문이며, 두 번째로는 둑을 축조할 수 있다고 해도 이 공사를 엄호하는 부대를 대안으로 보내는 통과 수단을 우선 당장 발견할 수 없기 때문이다. 하천의 경우라면, 주정(舟艇)의 일부를 사용해서 우선 전위 부대를 통과시킨 뒤 가교를 개시할 수가 있다. 그러나 소택지에는 이 주정에 상당하는 수단이 없는 것이다. 하기야 보병만이라면 소택을 통과하는 가장 손쉬운 방법으로는 판자를 놓으면 된다. 그러나 소택의 폭이 상당히 넓으면 이 일은 하천에서 처음 주정을 대안에 건네는 방법과는 비교가 되지 않을 정도로 시간이 걸린다. 또 소택의 중간 지점에, 다리가 없으면 통과할 수 없는 강이라도 흐르고 있으면 처음 부대를 소택지의 건너편까지 운반하는 일은 한층 어렵게 된다. 개개

---

1) 부르탕게르 모어(Bourtanger Moor). 모어는 소택지의 뜻. 독일과 네덜란드 국경 부근을 흐르는 엠스강(Ems)의 양안에 퍼져 있는 대소택지.

의 병사라면 판자 위를 건너는 것으로 되지만 가교에 필요한 무거운 자재를 운반할 수는 없다. 그리고 이와 같은 곤란은 대개의 경우 도저히 제거할 수 있는 것들이 아니다.

소택지의 제2의 특성은 도하의 경우와 달리, 방어자는 소택지의 통과로(通過路)를 완전히 걷어치울 수 없다는 것이다. 다리라면 철거할 수도 있고 또 완전히 사용하지 못하게 파괴할 수도 있다. 그러나 제방은 한 부분을 끊어 버리는 것이 고작이며 그것으로 방어자에게 큰 효과를 안겨 주는 것도 아니다. 늪 가운데 조그만 하천이 흐르고 있으면 교량만은 철거할 수 있겠지만, 이것으로 대하천의 교량을 파괴했을 때와 같은 효과를 기대하지는 못한다. 이처럼 소택지에 근거지를 두고 방어의 이익을 얻으려고 한다면, 방어자는 거기에 있는 둑길을 강력한 부대로 수비하고 철저히 이것을 방어해야 한다.

그러므로 소택지 방어는 한편으로는 국지적 방어를 해야 하는 동시에, 또 다른 한편으로는 공격자의 통행을 곤란하게 함으로써 방어자의 부담을 덜게 하는 것이다. 따라서 소택지가 지니는 이상의 두 가지 특성은, 당연히 소택지 방어를 하천 방어보다는 더 국지적인 것, 또 수동적인 것으로 만들지 않을 수가 없는 것이다.

그래서 소택지 방어에는 하천의 직접적 방어에 비해서 국지적으로 한층 강력한 병력이 필요하다. 따라서 하천 방어만큼 장대한 방어선을 구축할 수는 없다. 더욱이 농업을 주로 하는 지방에서는 장대한 방어선을 필요로 하지 않는다. 이러한 지방에서는 방어자에게 매우 유리한 사정이 있는 경우에조차도, 공격자는 소택지를 통과하는 많은 도로를 발견할 수가 있다.

따라서 이런 점에서는 소택지는 대하천보다도 불리하다. 그러나 또 이 점이 매우 중요하다. 특히 소택지의 이러한 국지적 방어는, 방어자의 발을 걸어 넘기는 위험을 안고 있기 때문이다. 그러나 그것은 그렇다 치고 소택지가 방어자에게 유리한 점을 생각해 보기로 하자. ─이러한 소택지나 저지대는, 대부분 유럽의 대하천까지도 미치지 못할 정도로 넓은 폭을 가지고 있다. 따라서 소택지의 통과로를 방어하기 위해 배치된 초병 부대는, 대안으로부터의 사격에 의해 격퇴당할 염려는 없다. 더욱이 방어자측의 사격 효과는 매우 협소하고 장대한 제방에 의해 현저하게 증대된다. 또 일반적으로 4분의 1마일 내지 2분의 1마일에 이르는 좁은 길의 통과는, 대하의 도하보다도 비교가 되지 않을 정도로 시간이 걸린다. 그래서 이러한 여러 사정을 아울러 생각하면 이러한 저지대나 소택지는 그 통과로가 그다지 많지 않으면 생각할 수 있는 한, 가장 강력한 방어선에 속한다는 것을 인정하지 않을 수가 없다.

앞서 하천 방어에서 논한 것처럼 간접적 방어가 목적으로 하는 것은 본격 전투를 유리하게 실시하기 위해 단절지를 이용하는 데에 있다. 이런 종류의 방어 방식은 또 소택지에서도 적용할 수가 있는 것이다.

그러나 적안(敵岸), 즉 하천의 대안에 견진지를 설치한다고 하는 제3의 하천 방어 방식을 소택지에 적용한다는 것은 무모하다고 하지 않을 수가 없다. 소택지의 통과는 도하에 비해서 훨씬 어렵기 때문이다.

둑 밖에 있기 때문에 통행이 절대적으로 불가능하지 않은 소택지, 목장, 단층지(斷層地) 그 밖의 방어에 손을 대는 것은 매우 위험하다. 만약에 적이 단 한 군데의 통과 지점이라도 발견하면 이 지점은 방어선을 분쇄하는 데에 충분하며, 또 이 방어자가 실제로 정면으로 저항을 시도하려고 한다면 중대한 손해를 초래하지 않을 수가 없을 것이다.

B. 범람

다음으로는 범람에 대해서 살펴보고자 한다. 범람은 방어 수단으로써나 또 자연 현상으로서도 큰 소택지의 경우와 매우 흡사하다.

물론 범람은 좀처럼 일어나지 않는다. 또 유럽에서도 범람 현상을 군사적 관점에서 고찰할 만한 가치가 있는 나라라고 한다면, 네덜란드뿐일 것이다. 그럼에도 1672년[2]과 1787년[3]에 주목할 만한 전쟁이 있었다는 것, 또 이 나라가 독일 및 프랑스에 대해서 갖는 중요한 관계를 생각한다면 우리는 네덜란드의 범람을 조금은 고찰해보지 않을 수가 없다.

네덜란드에서의 이들 범람의 성격은, 공격자의 접근을 가로막는 보통의 소택

---

2) 루이 14세의 네덜란드 침략전쟁(1672~78)에 관계된다. 1672년에 네덜란드는 갑문(閘門)을 열고 광대한 지역을 물에 잠기게 하여 프랑스군의 전진을 저지했다.
3) 프로이센의 네덜란드와의 전쟁에 관계된다. 프로이센은 네덜란드의 내정에 간섭하여 1787년에 네덜란드에 침입했다.

지와 다음과 같은 몇 가지 점에서 다르다.

1. 네덜란드의 국토 그 자체는 건조해서, 메마른 목초지거나 그렇지 않으면 비옥한 경작지로 되어 있다.

2. 깊이와 폭이 일정하지 않은 작은 용수로나 작은 배수로가 국내를 종횡으로 관통하여 바둑판 모양을 이루고 있다.

3. 관개(灌漑)와 배수(排水) 및 주항용(舟航用)의 다소 큰 운하가 제방으로 둘러싸여 국내의 모든 방향으로 흐르고 있다. 이런 운하는 다리가 없으면 건너갈 수 없다.

4. 범람 지역 전체의 지면은 해면보다 낮고 따라서 운하의 수면보다도 낮다.

5. 그러므로 제방을 끊고 수문을 열어 놓으면 국토를 모두 물에 잠기게 할 수 있다. 그렇게 되면 비교적 높은 제방 위에 있는 도로만이 수면 위에 남고 다른 길은 모두 물에 잠기든지, 아니면 물 때문에 진흙탕길이 되어 사용이 불가능하다. 그런데 범람이 3피트 내지 4피트 깊이에 지나지 않으면, 단거리라면 어떻게든 통행할 수 있지만 앞의 제2항에 적은 수로가 이것을 불가능하게 만든다. 이들 수로는 물속에 가라앉아 보행자에게는 보이지 않기 때문이다. 다만 이러한 수로의 방향이 전진하는 도로의 방향과 일치하고, 또 도로의 좌우에 있는 수로를 넘을 필요가 없다면 수로와 수로 사이를 보행할 수가 있다. 그리고 이와 같은 경우에만 범람은 절대적인 장애물이 되지 않고 적에게 약간의 접근을 허용하게 된다. 하지만 이와 같은 일은 항상 극히 짧은 길에만 가능하여, 매우 특수한 전술적 필요가 생길 경우에만 이용될 수 있을 뿐이다.

범람에 관한 이들 5항목의 특성에서 다음과 같은 결론이 생긴다.

1. 공격자의 전진은 비교적 소수의 접근로에 국한된다. 즉 상당히 좁은 폭의 둑 위에 구축되었고, 보통 그 좌우에 수로가 있으며, 따라서 매우 길고 좁은 험한 도로가 바로 이것이다.

2. 이와 같은 제방 위에 설치한 방어 시설을 강화해서, 결코 패배하지 않는 방어를 구축하는 것은 매우 쉽다.

3. 그러나 방어 방책이 이와 같이 한정되어 있기 때문에, 방어자는 개개의 지

점에 대해서 말하자면 전적으로 수동적인 방어에 머물지 않을 수 없고, 또 방어의 효과도 오직 수동적 저항에서 구하지 않으면 안 된다.

4. 한 가닥의 방어선만으로 국토를 폐쇄(閉鎖)하는 방어 방식은, 국토를 한 개의 요새로 보는 것과 같다. 그러나 범람의 방어 양식은 이와는 전혀 달라서 도처에 같은 종류의 장애물이 있어서 군의 양측면을 엄호하고, 또 적의 접근을 저지한다. 또 시급을 요하는 지점에는 항상 새로운 초병 진지를 배치할 수가 있으므로, 비록 제1 방어선이 어느 정도 뚫리더라도 새로운 부대로서 배치할 수가 있다. 따라서 방어 방식의 조합 수는, 마치 바둑판에서 전개되는 국면과 마찬가지로 무한하다고 할 수 있다.

5. 그러나 이와 같은 일은 농업이 발달하고 인구가 조밀한 국토에서만 생각할 수 있는 상태이다. 그러므로 통행로의 수나 이들 통로를 봉쇄하는 초병 진지의 수도, 다른 방어 방식의 전략적 배치에 비해서 매우 크다는 것은 말할 것도 없다. 이러한 방어선이 길어야 할 필요가 없다는 이유도 이로써 명백하다.

네덜란드의 가장 중요한 방어선은 자위더르해[4] 연안의 나르덴강[5]에서 시작하여 페히테강[6]의 후방을 통과하여 발강[7]의 호르켐[8]까지, 혹은 좀 더 정확히 말하면 비스보스만[9]까지 약 8마일의 길이에 이른다. 네덜란드는 이 선을 방어하기 위해 1672년과 1787년에 2만 5000 내지 3만 명의 병력을 투입했다. 만일 이만한 병력으로 불패의 저항을 시도할 수 있다고 한다면 그 효과는 대단히 크며 적어도 이 방어선 후방에 있는 홀란트주[10]에는 효과가 지극히 컸을 것이다.

1672년 네덜란드군은 이 선상(線上)에서 프랑스측의 두 명장, 즉 처음에는 콩데 공에게, 후에는 뤽상부르에게 인솔된 대단히 우세한 병력에 대하여 저항을

---

4) 자위더르해(Zuiderzee). 1300년 무렵, 폭풍에 의한 지진해일 때문에 북해가 네덜란드의 육지에 파고들어 생긴 만.
5) 나르덴강(Naarden). 북홀란트주의 강.
6) 페히테강(Vechte). 자위더르해로 흘러드는 강.
7) 발강(Waal). 네덜란드의 강. 라인강의 주된 지류의 하나.
8) 호르켐(Gorkum, Gorinchem). 남홀란트의 도시.
9) 비스보스만(Biesbosch). 1421년 가을의 폭풍우에 의해 마스강 하구 부근의 둑이 무너져 생긴 만.
10) 홀란트주(Holland). 자위더르해와 마스강 중간에 있는 지방.

시도했다. 그런데 이 두 장군은 4만 내지 5만의 병력을 이 방어선에 배치할 수 있었는데도 불구하고, 단호한 행동을 취하지 못하고 겨울이 다가오기를 기다리려고 했다. 그러나 그해 겨울의 추위는 심하지가 않았다. 이와는 반대로 1787년에는 이 제1선의 네덜란드군의 저항은 전혀 효력을 가져오지 못했다. 자위더르해와 하를렘호(湖)[11] 사이의 훨씬 짧은 방어선에서의 저항은 다소 본격적이었으나, 이 저항까지도 국지성을 정확히 계산한 브라운슈바이크의 대단히 교묘한 전술적 배치의 효과만으로 맥없이 무너지고 말았던 것이다. 더욱이 이 방어선으로 향했던 프로이센군의 병력은, 방어군의 병력을 겨우 능가했거나 아니면 동등할 정도였다.

네덜란드에서의 두 번에 걸친 이 방어가 각기 다른 결과를 낳은 이유는 지위의 차이였다. 1672년에 네덜란드군은 평상시의 편성으로 루이 14세의 습격을 받았다. 육군에 대해서 말하자면, 당시의 네덜란드군에는 널리 알려진 바와 같이 왕성한 군인 정신이 전혀 결여되어 있었다. 따라서 전국에 있는 요새의 대부분은 장비가 충분하지 않고, 또 약세의 용병 부대에 의해 수비되어 있는 데에 지나지 않았다. 게다가 요새 사령관은 믿을 수 없는 외국인이나 그렇지 않으면 무능한 네덜란드 군인이었다. 따라서 라인강변에서 네덜란드 군이 수비하고 있었던 브란덴부르크 변경백령(邊境伯領)의 여러 요새나, 앞서 말한 방어선의 동쪽에 위치하는 네덜란드의 여러 요새는 흐로닝언[12]을 제외하고는 방어다운 방어도 하지 못하고 이내 프랑스의 수중으로 들어간 것이다. 그런데 15만을 헤아리는 프랑스군이 시도한 중요한 활동으로는 기껏해야 많은 요새를 공략했다는 것뿐이었다.

그러나 1672년 8월 비트 형제[13]가 암살되고 나서 오라녜 공 윌리엄[14]이 새로 네덜란드 총통으로 주권을 장악하자, 바로 방어 방식을 통일했기 때문에 때를 놓치지 않고 앞서 말한 장대한 방어선을 빈틈없이 설치했다. 또 그렇게 되자 여

---

11) 하를렘호(Haarlemer Meer, Haarlemmermeer). 19세기 중엽까지는 거대한 내륙호였다.

12) 흐로닝언(Groningen). 네덜란드 북부의 도시로 이전에는 요새. 1672년의 포위 공격에는 끝내 함락하지 않았다.

13) 비트 형제(Johan de Witt, 1625~72 ; Cornelis de Witt, 1623~72). 네덜란드의 정치가.

14) 오라녜 공(Prince of Oranien, 1650~1702). 후에 영국 국왕 윌리엄 3세(1689~1702).

러 대책도 서로 도와 순조롭게 진행되었다. 따라서 튀렌[15] 및 루이 14세에 각각 인솔된 프랑스의 양군이 퇴각한 뒤, 네덜란드에 남아 있던 군의 지휘를 맡은 콩데도, 뤽상부르도, 도처에 배치되어 있던 네덜란드의 초병 부대에 대해서 감히 행동을 개시할 수가 없었던 것이다.

그런데 1787년이 되자 사정은 이것과는 전혀 달랐다. 공격자에게 저항하는 자는 7개주로 이루어진 네덜란드 공화국이 아니라 홀란트주뿐이었다. 그래서 1672년에는 공격자에게 주된 임무였던 요새의 공략은 문제가 아니었다. 그리고 방어는 오직 앞서 말한 방어선에 한정되어 있었다. 그러나 이전과는 달리 공격자가 이끄는 군은 15만이 아니라 불과 2만 5000의 병력이었다. 뿐만 아니라 이때의 공격자는 네덜란드에 인접한 대국의 힘이 있는 국왕이 아니라, 매우 먼 곳에 있고 또 많은 점에서 자유로운 행동이 제한되어 있는 군주로부터 파견된 장수[16]였다. 당시에는 어느 나라나 국민이 두 당파로 분열되어 있었으니 네덜란드도 예외는 아니었다. 그러나 네덜란드에서 결정적으로 유력했던 공화당은, 위급존망의 때를 맞아 애국의 충정에 불타고 있었다. 이와 같은 정황에서라면 1787년의 네덜란드의 저항은, 1672년의 저항과 적어도 같은 정도의 성과를 거둘 수 있었을 것이었다. 그런데 이 두 저항 사이에는 중대한 차이가 있었다. ─1787년에는 방어자측에 명령의 통일이 결여되어 있었다. 1672년 오라녜 공 윌리엄의 현명하고 사려 깊은, 더욱이 강력한 지휘에 위임되었던 것이, 1787년에는 이른바 방위위원회라는 것에 맡겨져 있었다. 이 위원회는 네 명의 유력한 위원으로 조직되어 있었음에도 전체적인 방위 계획에서의 방책을 통일할 수가 없었고, 따라서 또 여러 사람의 신뢰를 얻을 수도 없었기 때문에 모처럼의 위원회도 결국 기구만 남아 불완전과 무능을 증명한 데에 지나지 않았다.

이상 논술이 약간 상세하게 된 것은, 범람이라는 방어 방식의 개념을 한층 명확하게 함과 동시에 방어 전체의 지휘에서는, 명령의 통일과 이 통일을 어디까지나 고수하는 일이 중요하며, 이 두 가지 요인을 지배하는 정도에 따라 각기 다른 효과가 생긴다는 사정을 분명히 하기 위함이었다.

---

15) 튀렌(Turenne, Henri de La Tour d'Auvergne, 1611~75). 프랑스의 원수. 루이 14세를 섬긴 뛰어난 장수이자 전술가.

16) 이 전쟁에서 프로이센을 지휘한 것은 브라운슈바이크 대공 카를이었다.

네덜란드에서의 방어선의 설비와 저항 방식은 원래 전술에 속하는 사항이지만, 후자는 전략에도 관계되기 때문에, 1787년의 전쟁을 논한 김에 한마디 덧붙일 것이 있다. 개개의 초병 진지의 방어는 사리(事理)로 미루어 보아 수동적이되지 않을 수 없지만, 1787년의 경우처럼 공격자가 방어자에 비해서 현저하게 우세하지 않으면, 전체 방어선의 어느 지점에서 공세적 반격을 시도한다는 것은 결코 불가능한 일은 아니며, 또 뛰어난 결과가 없는 것도 아닐 것이다. 이러한 출격은 좁은 둑 위에서 이루어지게 되므로 운동의 자유도 크지 않고 뛰어난 공격력을 갖는 것은 아니지만, 공격자가 전진에 필요한 일체의 둑과 도로를 점유하는 것은 불가능하다. 그러므로 그 지방에 정통하고 견고한 지점을 점유한 방어자로서는 전진하는 공격 종대에 효과적인 측면 공격을 가한다거나, 혹은 물자 및 자재의 저장소와의 연락로를 치단할 수 있다. 이에 반해서 전진하는 공격자는 심한 부자유스러운 정황에 놓여 있다는 것과, 이 경우 공격자는 무엇보다도 우선 병참선에 의존하지 않을 수 없다는 사정을 아울러 생각한다면, 방어자의 출격은 조금이라도 성과를 올릴 수 있는 가망성이 있기만 하다면 비록 양동이라도 큰 효력을 얻을 것이다. 만일 1787년에, 네덜란드군이 이런 종류의 양동을 단 한 번이라도 예를 들어, 위트레흐트[17]에서 실시했다면 신중하고 조심성이 많은 브라운슈바이크 공(公)이 과연 암스테르담[18]을 감히 접근할 수 있었을까? 우리는 이것을 과히 의심스럽게 생각하지 않을 수 없다.

---

17) 위트레흐트(Utrecht). 네덜란드의 남부 도시. 라인강의 굴곡부에 위치한다.
18) 암스테르담(Amsterdam)은 이해 10월 10일에 항복했다.

제21장
삼림 방어

한마디로 삼림지라고 해도, 울창하게 우거진 야생 수목이 통행을 곤란하게 만들고 있는 밀림지(密林地)와, 평야지에 수목을 재배한 식림지(植林地)를 우선 구별할 필요가 있다. 후자는 나무 사이가 떨어져 있고 일반적으로 삼림 안에 많은 길이 나 있다.

그런데 방어선을 어떻게 하면 좋은가 하는 문제가 되면, 방어자는 이 제2종의 삼림지를 군의 배후에 두든지, 그렇지 않으면 이러한 삼림지를 되도록 피해야 한다. 원래 방어자측은 공격자 측보다 자기의 주위를 두루 널리 돌아 볼 필요가 있다. 방어자는 공격자 이상으로 사방을 자유롭게 전망할 필요가 있다. 그 이유 중의 하나는, 방어자는 대개 공격자보다 약세이기 때문이고, 또 다른 이유로는 방어자는 공격자의 형세를 살펴본 뒤에, 다시 말하면 공격자보다 늦게 작전 계획을 세울 수 있는 유리한 위치를 차지하고 있기 때문이다. 이에 반해서 방어자가 이러한 삼림지를 정면에 둔다면, 그것은 마치 맹인이 눈을 뜬 사람에게 도전하는 것과 마찬가지이다. 게다가 방어자가 삼림지로 들어간다면 피아는 모두 맹인과 같다고 해도 좋다. 그러나 이와 같이 피아의 정황이 서로 같다고 하는 것은 방어자에게는 불리하여, 방어자가 당연히 누려야 할 유리함과는 서로 양립할 수가 없다.

따라서 방어자가 삼림지와 전투 사이에 유리한 관계를 도입하려고 한다면, 방어자의 군은 삼림지를 등에 두고, 혹은 군의 후방에서의 일체의 활동을 감추고, 혹은 자군(自軍)의 퇴각을 엄호하고 또 이를 수월하게 하기 위하여 삼림지를 이용할 수밖에 없다.

그런데 여기서 말하는 삼림지는 평야지의 삼림지에 한한다. 만약에 삼림이 분명한 산지적 성격을 띠면 이러한 성격은 전술적, 전략적인 방어 방책에 현저한 영향을 줄 것이다. 이에 대해서는 이미 다른 곳에서 언급한 바가 있다.

그러나 통행이 곤란한 삼림, 다시 말하면 일정한 산길로밖에 통과할 수 없는 제1종 삼림지는 간접적 방어에는 유리하다. 그것은 회전을 유리하게 개시하기 위해 산지를 이용하는 경우의 이점에 속한다. 방어자는 이러한 삼림의 후방에 설치한 진지에 많건 적건 간에 병력을 집결해서 적을 기다렸다가, 적 부대가 삼림 중의 좁은 길에 나타난 순간에 이를 습격할 수 있기 때문이다. 또 이러한 종류의 삼림은, 그 효과에 대해서 말하자면 하천보다도 오히려 산지와 비슷하다. 하기야 이러한 삼림지에는 통과가 매우 곤란하고 긴 한 가닥의 통과로밖에 없다고 하지만, 공격자가 퇴각할 경우에는 위험하다기보다는 오히려 유리하다.

그러나 삼림지의 직접적 방어는 그 삼림의 통과가 아무리 곤란하다 해도, 매우 민활한 전초 부대를 동원한다 해도 무모한 계획이다. 창날처럼 날카롭게 나무를 깎아 엮은 방책(防柵)은 한낱 공상의 산물에 지나지 않고, 또 통과가 매우 곤란하다 하더라도 어떤 삼림에나 소부대라면 통과할 수 있는 곳은 얼마든지 있다. 이러한 숲길은 마치 둑에 스며드는 물방울과 같은 것으로, 처음에는 별다른 해를 주지 않지만 이윽고는 둑의 전면적 붕괴를 초래한다.

삼림이 어떠한 종류의 것이든, 대개 대삼림이 국민 총무장에 미치는 영향이야말로 가장 중요하다. 삼림은 국민 총무장에 다시없는 방어 수단이다. 따라서 전략적 방어 계획을 입안할 때, 공격자의 병참선이 대삼림 안을 통과하도록 짠다면 그것은 마치 방어 공사에 강력한 철근을 넣은 것과 마찬가지이다.

제22장
초병선 방식

　서로 연관되게 배치한 일련의 초병 부대로 어떤 지역 전체를 직접 방어하려고 하는 방어 설비는, 모두 초병선 방식이라고 부를 수 있다. 지금 직접이라고 말한 것은, 한 군에 속하는 두어 개의 부대가 나란히 배치되어도 초병선 방식의 방어선을 형성하지 않고, 광대한 지역을 적의 침입에 대해서 방어하는 경우가 있을 수 있기 때문이다. 그러면 이 경우에는 직접적 방어가 아니라, 이들 부대의 조합과 운동에 의해서 간접적인 방위가 이루어지는 셈이다.

　광대한 지역을 직접 엄호하면, 그 방어선은 길어질 수밖에 없으며 방어선의 저항 능력이 감소되는 것은 뻔하다. 비록 방어자가 대군을 가지고 방어에 나선다고 해도, 여기에 대항하는 적의 세력도 마찬가지로 대군일 때는 역시 같은 결과가 될 것이다. 따라서 초병선식 진지의 목적은 오로지 약세인 공격자에 대해서 어느 지역을 방위하는 데 있다. 이때 공격자의 의지력이 약한가, 공격을 실시하는 적의 전투력이 약한가 하는 것 등은 문제가 아니다.

　중국의 만리장성은 이런 의미에서 축조되었다. 타타르인의 침입에 맞서 국토를 방위하는 데에 그 목적이 있었다. 아시아와 터키와 경계를 접하고 있는 유럽 국가들이 초병선식 방어 설비로 국경을 방어하는 것도 모두 이와 마찬가지 의미를 갖는다. 이와 같은 경우에 초병선 방식을 채용하는 것은 불합리한 것도 아니고 또 적절치 못한 조치도 아니다. 하기야 이것으로 적의 침입을 모두 저지할 수 있는 것은 아니다. 그러나 침입은 곤란해지고 또 드물게 될 것이다. 아시아의 여러 민족과의 전쟁 상태는 앞으로도 거의 끊어지지 않을 것이다. 그렇다면 이러한 민족을 상대하는 한, 초병선 방식의 방어는 매우 중요하다.

　근대의 전쟁에서, 유럽의 여러 나라의 국경 사이에 구축된 방어선 ─예를 들어 라인강변이나 네덜란드 등에 설치된 프랑스의 방어선은 초병선 방어의 본래의 의의와 비슷하다. 이들 방어선의 주된 목적은 군세(軍稅)의 징수나 양식의 징발을 위한 적의 공격에 대해서 국토를 방어하는 데에 있다. 따라서 이런 종류의 방어선이 목적하는 것은, 적의 지엽적인 행동을 저지하는 데 있으므로 그 방어에 주력을 사용할 필요는 없다. 그러나 적이 주력을 이 방어선으로 돌린다면 그에 따라 방어자도 주력을 가지고 이 선을 지키지 않을 수 없다. 하지만 그렇게 되면, 초병선식 진지는 이미 가장 좋은 방어 설비는 되지 못한다. 여기에는 이러한 불리함이 있다. 또 다른 한편으로 전쟁 중에 자행되는 적의 침략에 대해서 국토를 방위한다는 것은 부차적인 목적이며, 따라서 그다지 중요하지도 않은 데에도 불구하고 이런 종류의 방어선을 유지하기 위해서 자칫 많은 병력을 소비하지 않으면 안 된다는 불리함이 있다. 그래서 초병선 방식은 오늘날에는 오히려 유해한 방책으로 여겨지게 되었다. 요컨대 전쟁을 수행하는 힘이 격렬해짐에 따라서, 이러한 수단은 더욱더 소용이 없어지고 오히려 위험한 것이 되었다.

마지막으로 군대의 사영(舍營)을 엄호하고, 또 어느 정도 저항을 시도하는 것을 목적으로 하는 매우 장대한 전초선도 원래의 초병선식 진지로 보아도 좋다.

이러한 저항의 주된 목적은 적의 침략에 대항하고, 또 아군 사영의 안전을 위협하려고 하는 적의 작은 행동을 막아내는 데 있으며, 만약에 토지와 지형이 방어자에게 유리하면 충분한 저항력을 발휘할 수 있다. 그러나 적의 주력의 진출에 대해서는 결국 상대적 저항, 다시 말하면 시간을 벌기 위한 저항에 지나지 않는다. 또 이렇게 해서 얻은 시간적 여유도 대개의 경우 그다지 대단하지는 않다. 그렇기 때문에 이것을 전초선식 방어의 본래의 목적으로 볼 수는 없다. 그런데 적군의 집결이나 진출 그 자체가 방어자에게 은닉되어, 방어자는 전초를 통해서 비로소 정보를 입수한다고 하는 일은 있을 수가 없다. 만약에 그와 같은 경우가 있다고 하면, 이러한 방어자는 매우 처량한 상태에 있다고 하지 않을 수가 없다.

따라서 이 경우에도 초병선식 진지는 세력이 약한 적의 병력에 의한 공격에 대항하기 위해 배치된 것으로, 앞서 말한 두 건의 경우와 마찬가지로 그 본래의 임무와 모순되지는 않는다.

그런데 국토 방어를 임무로 하는 군대가 적의 주력에게 대항하기 위하여, 자신의 주력을 나누어 일련의 긴 초병선식 방어 진지에 배치하여, 이렇게 해서 초병선식 방어선을 형성한다는 것은 얼핏 보아 불합리한 것으로 여겨진다. 그래서 우리는 이러한 사태를 발생시키고 또 이런 사태에 수반되는 정황을 한층 상세히 규명할 필요가 있다.

일반적으로 산악의 진지는 모든 전투력을 집결해서 회전을 실시할 의도를 갖는 것이라도 평야지에서보다도 광대해질 수 있고, 또 광대해야 한다. 이러한 진지가 광대해질 수 있다는 것은 지형의 지원(支援)으로 저항 능력이 현저하게 높아지기 때문이며, 또 광대하지 않으면 안 된다는 것은 이미 산지 방어의 장에서 말한 대로 산지에서는 한층 넓은 퇴각 기지를 필요로 하기 때문이다. 그러나 회전의 기회가 그다지 절박하지 않고 적이 유리한 기회가 도래할 때까지는 행동을 일으키지 않으며, 또 장시간에 걸쳐 방어자와 대치를 계속할 경우에는(이전에는 이것이 대개의 전쟁에서 볼 수 있는 일반적인 상태였다), 군이 차지하는 지역을 최소한도의 필요에 만족하지 않고, 군의 안전이 위협을 받지 않는 한 좌우의 토지를 넓게 점유하는 것은 당연하다. 또 이것은 적이 접근하기 쉬운 개활지에는 이동의 원리가 효력을 발휘하기 때문에 산지에서보다도 한층 수월하다. 따라서 이러한 목적을 위해서는 전투력의 확산과 분할은 그다지 필요하지 않으나 이러한 개활지는 산지보다도 한층 위험하다. 왜냐하면 평야지에서는 각 부대의 저항 능력이 약하기 때문이다.

그러나 군이 산지에서 점유하는 지역의 대소는 그 지역의 국지적 방어 능력에 의존하고, 또 적이 위협하는 지점으로 급행할 경우에도 평야지에서만큼 신속하게는 이루어지지 않는다. 또 적이 방어자를 앞질러서 그 지점에 도달했을 경우에는, 방어자가 다소 우세하다는 것만으로 적을 그곳으로부터 쫓아내기가 그다지 쉬운 일이 아니다. 이와 같은 사정이 있기 때문에, 산지에서는 본래의 초병선식 진지는 아니라 해도 일련의 방어 진지를 설치해서, 초병선 방식과 비슷한 배치를 사용한다. 그런데 이와 같이 군을 분할해서 약간의 방어 진지에 배치하는 방식에서 본래의 초병선 방식에 이르는 데에는, 말할 필요도 없이 아직도 많은 단계가 있다. 그럼에도 장수들은 자칫하면 이 사이를 단번에 뛰어넘는다. 그들은 자신들도 알아차리지 못한 채 한쪽 단계에서 다른 단계로 이끌리기 때문이다. 즉 처음에는 국토의 방위와 보전이 군을 분할하는 목적이었는데, 나중에는 전투력 그 자체의 보전이 목적이 되는 것이다. 요컨대 서로 연계되는 일련의 방어 진지에 배치된 지휘관들은, 누구나 각자에게 맡겨진 진지의 좌우에 있는 이러저러한 접근점을 점거함으로써 얻어지는 유리함을 각기 저울질하는 것이다. 그래서 방어 방식 전체가, 어느 틈엔가 군의 분할이라고 하는 단계에서 초병선 방식이라고 하는 단계로 건너뛰어 버리는 것이다.

따라서 군대의 주력을 가지고 하는 초병선식 전투가 일어난다면, 그것은 적의 전투력의 어떠한 공격도 지지하려는 목적으로 선정한 전쟁 형식이 아니라 그것과는 전혀 다른 목표, 다시 말하면 원래의 행동을 의도하지 않은 적에 대해서 국토를 방위하고 보전하는 목표를 추구하는 동안에, 어느 틈엔가 그와 같은 사태에 빠져버린 것이다.

하지만 이러한 사태는 역시 잘못이다. 장수가 우선 소규모의 초병 진지를 설치하면, 연이어 이런 종류의 진지를 설치하고 싶어지는 이유 등은, 주력의 본래의 목적으로 말하자면 사소한 일일지도 모른다. 그러나 장수의 이러한 생각이야말로 적어도 이와 같은 잘못을 낳게 하는 소인(素因)이 될 수 있다. 그런데 이 잘못의 원인은 피아 상태의 오인에 있음에도 그러한 일은 오직 초병선 방식이라고 하는 방어 방식 그 자체가 잘못이라고 떠들어대는 것이다. 그러나 대개는 이런 종류의 방어 방식에서 생긴 결과가 유리하면 적어도 손해를 수반하지 않으면, 암묵 중에 이 방식을 시인하는 것이다.

알 만한 사람이라면 7년 전쟁에서의 하인리히 친왕의 과오 없는 전역을 칭찬하지 않을 수가 없다. 프리드리히 대왕이 자기 동생의 전역을 이와 같이 표현했기 때문이다. 그럼에도 불구하고 하인리히가 치른 이러한 전투는, 매우 크고 긴 초병 진지의 가장 현저하면서도 가장 이해하기 어려운 실례이며, 오히려 단적으로 초병선 방식이라고 불러도 좋은 것이었다. 만일 이러한 초병 진지도 완전히 올바른 방어 방식이라고 말하기 위해서는 아마도 다음과 같은 해석을 내려야 할 것이다. 즉, 하인리히는 적이 어떠한 존재인가를 잘 알고 있었다. 그는 적이 결정적 행동을 취하려는 기색이 없다는 것을 알고 있었다. 그의 방어 배치의 목적은 되도록 광대한 지역을 보유하는 데에 있었다. 그래서 그는 사정이 허락하는 한 이 방법을 관철한 것이다—라고. 그러므로 가령 하인리히가 자신이 채택한 방어 방식이 엮어내는 교묘한 거미줄과 같은 망 안에서 실패하여 중대한 손실을 초래했다 해도, 그는 잘못된 전쟁 방식을 사용했다고 평가할 것이 아니라 방어 방식을 부적당한 경우에 사용한 데에 지나지 않는다—고 말해야 할 것이다.

우리는 이른바 초병선 방식이 전쟁터에 있는 군의 주력에 의해서 우연히 사용된 내력을 명백해 하고, 게다가 이 방어 방식은 이치에 닿아 있을 뿐만 아니라, 또 쓸모가 있기 때문에 일괄적으로 불합리한 것이라고는 여길 수 없다는 생각의 가닥을 세우기 위해 진상의 구명에 애를 써보았다. 그러나 또 그와 동시에 장수나 그 참모가 초병선 방식의 본래의 의의를 잊고, 그 상대적 가치를 전면적 가치로 잘못 알고, 이 방식은 적의 그 어떤 공격에도 견디고 또 국토를 방어하는 가장 알맞은 방법이라고 생각한 사례가 이제까지 실제로 있었을지도 모른다는 것을 인정하지 않을 수가 없다. 그러나 이와 같은 사례는 방책을 잘못 사용하기 때문이 아니라, 방책 그 자체를 완전히 오해한 데서 비롯했다. 우리는 이러한 불합리가 특히 1793년과 1794년에 프로이센과 오스트리아 양 군대에 의한 보주산맥 방어에서 실제로 생겼으리라고 여겨지는 것을 솔직히 인정하고 싶다.

제23장
국토의 요충지

종래의 전쟁술에서 이론적 사상이라고 하면 지금 여기에서 논하려고 하는 국토의 요충지라고 하는 사상처럼, 비판에서 한층 눈에 띤 역할을 한 것은 없다. 이 사상은 회전 및 전역에 관한 모든 기술(記述)을 장식하는 의장마(儀仗馬)이자, 또 전쟁에 관한 일체의 논의에서 가장 자주 인용되는 견해이며, 또 학문적 형식을 갖추고 있는 경구로서 비판이 크게 자랑으로 삼고 있는 것 중의 하나이다. 그럼에도 이 사상을 표명하는 개념은 확립되어 있지도 않고, 또 이제까지 명확하게 표현된 일도 없다.

그래서 다음에 이 개념을 분석하여 그 내용을 명확히 하고, 또 이 개념이 실제로 군사적 행동에서 어떤 가치를 갖고 있는가에 대해서 고찰하고자 한다.

국토의 요충지라는 개념을 여기에서 논하는 것은, 이 개념이 산지 방어와 하천 방어, 견진지(堅陣地)나 일반적인 보루 진지의 개념과도 밀접하게 관련되어 있기 때문이다. 그래서 우선 이런 사항들을 미리 논해두지 않으면 안 되었다.

이 불분명하고 혼란된 군사적 개념은 국토의 요충지 등과 같은 진부한 비유 뒤에 숨어 있는데, 그 내용은 명확하지 못해서 때로는 가장 비옥한 땅을 의미하는가 하면 때로는 가장 견고한 요새지를 뜻하는—그런 식이다.

적지의 어떤 지역을 점령하지 않는 한 적국에의 침입을 감행할 수가 없는 것이라면, 이 지역이 국토의 요충지라고 일컬어지는 것은 매우 당연한 일이다. 그런데 전쟁 이론가들은 간명하지만 어딘지 부족한 듯한 생각으로는 만족할 수가 없었기 때문에, 이러한 사상을 한층 강화하여 국토의 요충지라는 말을 어떤 지점, 즉 그것을 점령하면 적국 전체의 점유를 결정하는 지점으로 이해한 것이다.

러시아가 크림반도로 진출하기 위해서는, 페레코프와 그 방어선을 장악해야 했다. 그러나 이 거사는 러시아가 크림반도에의 통로를 획득하기 위한 것만은 아니었다. 실제로 라시[1]는 1737년과 1738년 두 차례에 걸쳐 그 선을 우회하고 있었던 것이다. 러시아의 의도는 우선 안심할 수 있을 정도의 발판을 확보하는 데에 있었다. 그렇다면 사정은 매우 단순하다. 그러나 이 경우에는 요충지라고 하는 개념은 그다지 큰 의미가 없다. 그런데 랑그르[2]를 점령하는 자는, 파리까지의 전체 프랑스를 점유하거나 지배하게 된다. 다시 말하면 프랑스를 영유하느냐 못하느냐는 오직 랑그르를 점유하느냐 못하느냐에 달려 있다고 하면, 이것은 분명히 제1의 경우와는 전혀 별개의 사항으로 그보다도 훨씬 고도의 중요성을 갖는다. 제1의 생각에 따르면, 국토의 보유는 요충지라고 일컬어지는 지점을 점유하지 않는 한 생각할 수가 없다. 이것은 상식적으로도 명백하다. 그런데 제2의 생각에 의하면, 우리가 국토의 요충지라고 부르려고 하는 지점의 보유는 국토의 보유가 없으면 생각할 수 없다. 이것은 참 이상한 일로서, 이를 이해하기 위해서는 상식보다는 비의적(秘義的)인 눈속임을 필요로 한다. 이 카발라[3]는, 약 50년 전의 군사서(軍事書)에 나타나 전(前)세기 말에 그 절정을 이루어 나폴레옹의 전쟁 지도가 절대적인 힘을 가지고 확실히, 또 명확하게 이 신비설에 대한 신앙을 모조리 제거했는데도 불구하고, 아직도 군사서에서 가냘프게나마 명맥을 유지하고 있다.

어느 나라나 특히 중요하다고 여겨지는 지점이 있다. 이러한 지점에서는 수많은 길들이 교차되고 식량을 손쉽게 조달할 수 있으며, 또 거기에서 어디에나 편하게 갈 수 있는 지점—간단히 말하자면, 거기를 점령하면 모든 필요를 충족시킬 수 있고 여러 가지 이점을 얻을 수 있는 지점이다. 그래서 장수가 이러한 지점의 중요성을 한마디로 표현하기 위해 국토의 요충지라고 명명했다면, 이에 대해서 이런저런 트집을 잡는다는 것은 촌티를 벗어나지 못하는 일이다. 이 표현은 이러한 지점의 특징을 잘 파악한 말이라 할 수 있다. 그러나 국토의 요충지라는 말의 꽃에서 한 알의 씨앗을 끄집어내어, 많은 가지가 달린 나무 모양으

---

1) 라시(Lacy, Peter von, 1678~1751). 앞에 나온 프란츠 모리츠의 아버지. 러시아의 원수. 터키 전쟁 (1736~39)에서 페레코프를 점령하여 크림반도를 약취했다.

2) 랑그르(Langres). 프랑스의 북동부의 요새지. 랑그르 고원(516m)의 돌출부에 위치한다.

3) 카발라(Kabbala). 히브리어로 '전승'의 뜻. 유대의 신비설.

로 다종다양한 내용을 가진 한 개의 체계로 발전시키려고 한다는 것은 상식에 대한 도전이다. 그래서 우리는 이러한 표현에 구애됨이 없이 이 개념의 참뜻을 명백히 하지 않으면 안 된다.

장수가 군사 계획에 대해서 이야기할 때 자주 입에 올리는 국토의 요충지라는 개념은 확실히 실제적인 뜻을 가지기는 하지만, 이 뜻은 매우 애매모호하다. 그래서 우선 이 모호함을 제거하고 이 개념에 가장 명확한, 제1의적인 의미를 부여한 뒤에 거기에서 하나의 체계를 발전시키려고 했다. 그때 여러 지형적인 관계에서 골라낸 것이 바로 고지(高地)라고 하는 관계였다.

길이 산 능선을 넘어서려고 할 때, 즉 등반자가 산지의 최고점에 이르러 앞으로 남은 길이 내리막길이 될 때 그는 신에게 감사한다. 이것은 이미 여행자에 대해서는 기정사실이지만, 특히 군에게는 더욱 그러하다. 일체의 곤란은 극복되었다고 여겨지고 또 대개의 경우 실제로도 그렇다. 하산은 뭐니 뭐니 해도 편하기 때문이다. 그래서 산을 내려오는 사람은 그를 막으려고 하는 자에게 우월감을 느낀다. 그는 앞으로 정복하려고 하는 국토를 멀리 전망하고, 전투에 앞서 이를 한 눈에 담는다. 산지를 통과할 경우 도로가 다다른 최고의 지점을 결정적인 지점이라고 간주해도 좋다. 그리고 이러한 지점은 대개의 경우 실제로도 그대로이지만, 모든 경우에 해당되는 것은 아니다. 장수들은 그들의 전사적(戰史的) 기술 안에서 이러한 지점을 자주 요충 지점이라고 이름 짓는다.

그러나 이것은 위에서 말한 것과는 약간 다른 뜻을 가지며, 그 지형적 관계도 한정되어 있다는 것은 물론이다. 그러면 잘못된 이론이(그 창시자는 아마도 로이드일 것이다) 이러한 개념을 채택하여 앞으로 침공하려고 하는 국토로 내려가는 몇 가닥의 도로의 기점이 되는 고지점이 곧 이 국토의 요충 지점이며, 또 이 나라를 제압하는 지점으로 여겨지게 될 것이다. 이와 같은 사상은 이것과 밀접한 관계에 있는 또 하나의 생각, 즉 체계적 산지 방어라고 하는 사상과 융합되어, 그것이 다시 발전해서 마침내 환상적인 것이 되는 것은 자연의 추세였다. 뿐만 아니라 산지 방어에 관한 약간의 중요한 전술적 요소가 여기에 가미되면 이윽고 산길의 최고 지점이라는 개념이 버려지고, 일반적으로 산계 전체의 최고 지점, 따라서 분수령이 국토의 관건으로 여겨지게 될 것이다.

그런데 그 무렵, 즉 18세기 후반에, 침식 작용에 의한 지구 표면의 조형에 관해서 종래보다도 한층 명확한 학설이 나타났기 때문에, 자연 과학은 전쟁 이론의 이러한 지질학적 체계에도 원조의 손을 뻗었다. 그래서 실제의 경험에서 얻은 진리를 지키는 둑은 잘게 잘리고, 모든 논의는 지질학적 분석이라고 하는 환상적인 체계 안에서 우왕좌왕한 것이다. 따라서 18세기 말이 되자 일반적으로 전쟁 이론에 대해서 듣는 것이나 읽는 것이라고 하면, 하나에서 열까지 라인강이나 도나우강의 수원(水源)에 관한 것이었다. 그런데 이렇게 지나친 논의가 만연한 것은 서적 안에서의 기술이었다. 책에서 얻은 지식이 현실의 세계로 옮아가는 것은 그 일부에 지나지 않고, 또 그 이론이 터무니없는 것이라면 현실계로 들어오는 지식도 더욱더 적어진다. 하지만 지금 여기에서 문제로 하고 있는 이론이 군사적 행동에 조금이라도 영향을 미쳤기 때문에 독일에 불리한 결과가 생겼다는 것, 따라서 우리는 쓸모없는 말장난을 하는 게 아니라는 것을 증명하기 위하여, 두 가지 사건을 지적하고자 한다. 즉, 첫 사건은 프로이센군이 1793년과 94년에 보주산맥에서 행한 전역[4]이다. 이 두 전역은 모두 군사적으로 중요했지만 또 심하게 학문 냄새를 띤 것이었다. 이 전역의 진상을 드러내 밝히는 이론적 열쇠로서 그라베르트와 마센바흐의 저서[5]가 있다. 또 두 번째 사건은, 20만의 군대가 같은 이론에 희롱되어 스위스를 경유하여 소위 랑그르 고원에 도달한 1814년의 전역[6]이다.

어떤 지역의 높은 지점이 하천 수원(水源)을 이룬다고는 하지만, 이와 같은 지점은 대개 단순히 높은 지점에 지나지 않는다. 이러한 지점이 군사적 사건에 주는 영향에 대해서는 18세기나 19세기 초두에, 그 자체로서는 참된 사상을 과장하거나 잘못 적용한 책이 나와 있다. 그러나 이들 기술은 모두 거짓이다. 가령 라인강이나 도나우강, 혹은 이 두 강을 포함한 독일의 6대 하천[7]이 모두 단 하

---

4) 프랑스혁명 전쟁에 속하는 전역.

5) 마센바흐가 쓴 《프리드리히 빌헤름 2세 및 3세 치하의 프로이센 역사에 관한 회고록(Memoiren zur Geschichte der preussischen Staaten unter der Regierung Friedrich Wilhelms II. und Friedrich Wilhelms III)》(3Bde, 1809~10)을 가리키는 듯.

6) 라이프치히의 회전(1813~10,16~18.) 후, 슈바르첸베르크가 이끄는 동맹군 본군은 12월 중순에 행동을 일으켜 스위스의 중립을 범하고, 프랑스 동부의 국경 요새를 우회해서 프랑스로 침입, 랑그르 고원에 진출했다.

7) 여기에 든 두 강 외에 엘베강, 오데르강, 베저강 및 엠스강을 가리키는 것 같다.

나의 산지에서 공동의 원천을 갖는다고 해도, 그 산지는 측량용의 삼각점을 정상에 설치하는 이상으로 높은 군사적 가치를 요구할 수는 없다. 실제로 이와 같은 지점은 봉화를 올리기에는 부적당하고, 또 기병에는 더욱 맞지 않으며 군을 배치하는 것은 더더욱 그러하다.

따라서 국토의 요충 진지라는 것을 요충 지역에, 다시 말하면 산악의 여러 지맥이 공통된 지점에서 시작하고, 또 최고 지점에 약간의 수원을 갖는 지역에서 구하는 일은 책 안에서의 착상이고, 자연 그 자체와는 모순된다. 자연은 종래의 소위 지형학이 생각하는 땅 모양과는 달리, 산등성이에서 계곡으로 내려오는 지형이 흔하지는 않다. 그러기는커녕 오히려 원구(圓丘)나 단절부가 사방에 널리 있어 가장 낮은 산호(山湖)의 주위에조차도 매우 험준한 산괴로 형성되어 있는 곳이 드물지 않다. 이와 같은 일에 관해서 전쟁사를 참조한다면, 어떤 지역의 지질학적 요충 지점이라고 하는 것이 그 지역의 군사적 이용에 미치는 정상적인 영향은 거의 없다는 것, 그보다는 오히려 다른 지형이나 군사적 시설 쪽이 한층 유리하다는 것, 따라서 또 진지선이 때로는 이러한 지점 바로 옆을 통과하면서도 이들 지점을 전혀 무시하고 돌보지 않는 이유를 이해할 수 있으리라 생각한다.

우리는 이러한 잘못된 견해를 버려야만 한다. 우리가 이제까지 이 문제를 길게 논한 것은 전쟁 이론의 체계, 더욱이 상당히 훌륭하게 보이는 체계 전체가 국토의 요충지라고 하는 개념에 입각해서 건설되고 있기 때문이다. 그래서 다시 우리의 견해로 되돌아가기로 한다.

우리가 말하고자 하는 것은 이렇다. 요충 진지라고 하는 말이 전략에서 하나의 독립된 개념을 형성한다고 하면, 어떤 지역을 점령하지 않고서는 적국에 침입할 수 없는 경우에 이 지역에만 적용할 수 있다는 것이다. 그러나 이 말을, 무엇보다도 적국으로 침입하는 데 편리한 통로나 어떤 지역의 중앙부에 존재하여 공격자에게 편리한 지점이라고 이해한다면, 이러한 호칭은 그 본래의 개념 내용(이 명칭의 본래의 가치)을 잃고 결국 어디에나 흔히 있는 어떤 종류의 물건을 가리키게 된다. 그렇게 되면 이 말은, 듣는 사람의 귀를 쓸데없이 즐겁게 하는 비유에 지나지 않을 것이다.

그렇다면 우리가 생각하는 것과 같은 요충 진지라는 것은 전혀 없고 드물게 존재하는 것밖에 되지 않을 것이다. 도대체 적 국토의 자물쇠를 여는 절호의 열쇠는 대개 공격자의 군 안에 존재하게 된다. 게다가 또 토지 및 지형의 개념이 전투력의 개념을 능가하기 위해서는, 특히 유리한 여러 조건이 구비되어 있지 않으면 안 된다. 그리고 이들 조건은 우리가 생각하는 바로는, 두 건의 주요한 작용 안에서 찾아볼 수가 있다. 즉 첫째는, 그 지역에 배치된 전투력이 지형의 지원을 얻어 강력한 전술적 저항을 시도할 수 있다는 것이다. 또 두 번째는, 이러한 진지는 적이 아군의 병참선을 위협하기에 앞서 적의 병참선을 효과적으로 위협하는 것이어야 한다.

제24장
전략적 측면에 대한 활동

우리가 본 장에서 논하는 것은 전략적 측면, 즉 전쟁터의 측면이라는 것, 따라서 회전에서의 측면 공격, 다시 말하면 전술적 측면에 대한 행동을 전자(前者)와 혼합해서는 안 된다고 하는 것은 새삼 설명할 필요가 없다. 비록 전략적 측면에 대한 행동이 궁극적으로 전술적 측면에 대한 행동과 합치하는 경우에도 양자는 분명히 구분할 수 있다. 양자 사이에는 인과 관계가 존재하지 않기 때문이다.

전략적 측면에 대한 행동이나 또 이에 관계하는 측면 진지도 실제로는 전쟁에서 좀처럼 볼 수 없다. 그것은 측면에 대한 행동이라고 하는 수단 그 자체가 효력이 없거나 비현실적이기 때문에 아니라, 대부분 피아 쌍방이 이러한 행동을 경계하기 때문이다. 그리고 또 이와 같은 경계가 불가능한 경우는 드물다고 볼 수 있다. 그러나 가끔 이러한 드문 경우가 생기면 이 수단은 때로는 특히 커다란 효력을 발휘하게 된다. 그래서 측면에 대한 행동에 뛰어난 효력이 있고 또 이 전쟁에서 피아 쌍방이 서로 이러한 행동을 끊임없이 경계하지 않을 수 없는 사정이 있다고 한다면, 우리는 이에 대해 이론적으로 명확한 개념을 제시할 필요가 있다. 그런데 전략적 측면에 대한 행동은 말할 필요도 없이 방어에서 뿐만 아니라 공격에서도 생각할 수 있는데, 양자 어느 쪽에 속하는가 하면 방어에 가까우므로 이것을 방어 수단으로 편입한 것이다.

본론으로 들어가기 전에 우선 하나의 간단한 원칙을 세우고, 이하의 고찰에서 항상 이 원칙을 염두에 두어야 한다. 그 원칙에는 방어자가 공격자의 배면과 측면에 대해서 일으키는 행동은, 적의 전면에 대해서는 효력을 발휘할 수 없다는 것이다. 따라서 전술에서나 전략에서 적의 배면을 찌르는 것을 하나의 공적으로 간주한다는 것은 전적으로 잘못된 생각이다. 이와 같은 행동은 그 자체로

서는 그다지 가치를 지니지 않으며 다른 사태와 관련될 때 비로소 가치를 갖는
다. 더욱이 이와 같은 행동은 관계되는 사태 여하에 따라서 유리해지기도 하고
불리해지기도 한다. 그래서 이러한 사태를 구명하는 일이 바로 이 장의 주된
목적이다.

우리는 우선 전략적 측면에 대한 행동에 두 가지가 있음을 알아야 한다. 즉,
적의 병참선에 대한 행동과 퇴각선에 대한 행동이다. 또 병참선에 대한 행동은
퇴각선에 대한 행동과 결부되는 일이 있다.

1758년[1]에 다운은, 프리드리히 대왕의 지휘하에 이루어진 올뮈츠의 포위 공
격에 대한 수송을 배제하기 위하여 두서너 개의 별동대를 파견했다. 그가 이에
의해서 프리드리히의 슐레지엔으로 가는 퇴로를 차단할 작정이 아니었다는 것
은 명백하다. 오히려 그는 대왕을 이러한 퇴각으로 유인하려고 했다. 따라서 만
약에 필요하다면 그는 대왕 때문에 길을 여는 것도 마다하지 않았을 것이다.

또 1812년의 9월과 10월에, 러시아의 본군에서 파견된 몇 개 별동대의 의도
는 프랑스군의 퇴로를 끊기 위한 것이 아니라 오직 병참선을 끊는 데에 있었다.
이에 반해 치차고프[2]의 지휘하에 베레지나 강변[3]을 향해 전진한 몰다우군의
의도와 비트겐슈타인이 뒤나 강에 주둔하고 있던 프랑스의 수개 군단을 공격
하려는 의도가 프랑스군의 퇴각로를 끊는 데에 있었다는 것은 명백하다.

지금 이들 전쟁 사례를 인용한 것은 사고방식의 가닥을 명백히 하기 위한 것
이다.

병참선에 대한 행동은 적의 수송, 추가 부대, 급사(急使), 여행 중인 군인, 작
은 창고 등, 다시 말하면 적군의 전력과 보급을 유지하는 데에 필요한 물건에만
집중되는 것이다. 그렇기 때문에 병참선에 대한 행동의 목적은, 적군의 상태를
약화해서 마침내 퇴각을 촉진하는 데에 있다.

다음에 적의 퇴각선에 대한 행동의 목적은 적의 퇴로를 차단하는 데 있다.

---

1) 프리드리히 대왕은, 1758년 5월 초순에 올뮈츠 요새를 포위 공격했으나 오스트리아군 때문에
   수송을 빼앗겨(6. 30), 마침내 공격을 포기하고(7. 3) 퇴각했다.
2) 치차고프(Tschitschagow, Paul Wassiljewitsch, 1765~1849). 러시아의 제독. 1812년 몰다우군의 최고
   사령관이 되었다.
3) 베레지나강(Beresina). 드네프르강(Dnepr) 우안의 지류. 프랑스군은 모스크바로부터 퇴각할 때
   이 강을 통과했다(1812. 11. 26~29).

그리고 이 목적은 적이 실제로 퇴각을 결심함으로써 비로소 달성된다. 그러나 물론 이 활동의 본뜻은 적을 위협함으로써 퇴각을 재촉하는 데에 있으므로, 적의 병참선에 대한 행동이 양동(陽動)이라 해도 실제의 행동과 동일한 성과를 거두게 되는 셈이다. 그런데 이들 행동은 이미 말한 대로 단순한 우회 운동이나, 전투력을 배치하는 경우의 단순한 기하학적 형식에서 생기는 것이 아니라, 이러한 행동을 일으키는 적절한 조건이 항상 갖추어져 있을 경우에만 가능하다.

이들 조건이 어떠한 것인가를 좀 더 분명히 알기 위해 측면에 대한 두 가지 행동을 명확히 구별하고 싶다. 그래서 우선 병참선에 대한 행동을 고찰해 보려고 한다.

그러기 위해서는 먼저 두 개의 주요 조건을 제시해야 한다. 이러한 행동을 일으키기 위해서는 이들 조건 중 어느 쪽인가가 갖추어져 있지 않으면 안 되기 때문이다.

첫째 조건은, 공격자의 병참선을 위협하기 위해 사용되는 전투력은 방어자의 정면 병력에 영향을 미치지 않을 정도로 약해도 충분하다는 것이다.

두 번째 조건은, 공격자의 전진 능력이 극한에 달하여 방어군에 대해서 새로운 승리를 얻어도 이미 전과(戰果)를 이용할 수 없고, 또 방어자가 퇴각해도 이것을 더 이상 추격할 여력을 가지지 못한다는 것이다.

이 제2의 경우는, 일반적으로 여겨질 정도로 드물지는 않지만 우선 제1의 경우에 대한 나머지 여러 조건을 고찰해 보고자 한다.

그 첫째는, 공격자의 병참선이 상당히 길고 따라서 또 공격자가 아무리 우수한 초병 부대를 배치한다 해도 소수의 부대로는 이미 이것을 엄호할 수 없다는 것이고, 또 두 번째는, 공격자의 병참선이 그 위치로 보아 방어자의 전투력에 대해 노출된다고 하는 것이다.

그런데 이 노출에도 두 종류가 있다. 하나는, 공격자의 병참선의 방향이 공격자의 배치 정면에 대해서 직각을 이루지 않고 있는 경우이고, 또 하나는 공격자의 병참선이 방위자의 국토 안을 통과하고 있는 경우이다. 그리고 이 두 가지 조건이 합치하는 경우에는 노출될 위험은 더욱더 커진다. 그래서 이 두 가지 사정에 대해서 다시 자상하게 살펴볼 필요가 있다.

혹은 이렇게 생각하는 사람이 있을지도 모른다. 40마일 내지 50마일에 달하는 장대한 병참선을 엄호할 경우에는, 이러한 선의 앞쪽 끝에 있는 공격군의 배치 정면이 이 선에 대해서 비스듬하든, 직각이든 그다지 문제가 되지 않는다. 군의 정면 폭은 이 정도로 장대한 병참선에 비하면, 하나의 점에 지나지 않기 때문이다—라고. 그러나 실제로는 그렇지가 않다. 공격자의 정면이 그 병참선에 대해서 직각을 이루고 있을 경우에는, 방어자가 상당히 우세하다 하더라도, 방어군이 파견하는 별동대에 의해서 공격자의 병참선을 중단시키는 일은 곤란하다. 광대한 공간을 절대적으로 엄호하는 경우의 곤란만을 생각하는 사람은 이것을 믿지 않을 것이다. 그리고 공격자의 배후(전진한 공격군의 후방 지역)를, 우세한 방어군이 파견할 수 있는 한의 별동대에 대해서 엄호한다는 것은, 공격군으로서 곤란할 것이라고 생각할 것이다. 확실히 그대로이다. —만약에 실전에서도 지상(紙上)에서와 마찬가지로 방어자가 모든 것을 샅샅이 전망할 수 있다면! 만약에 그렇다면 병참선을 엄호하는 공격자는 방어군이 파견하는 별동대가 과연 어떤 지점에 나타나는 것을 모르기 때문에, 말하자면 맹인과 마찬가지이고 별동대만이 눈뜬 사람이 되는 것이다.

그러나 전쟁에서는 모든 정보는 불확실하고 불완전하다는 것을 잘 알고, 또 피아 쌍방이 끊임없이 암중모색을 계속하고 있다는 실상을 아는 사람이라면, 공격군의 날개를 우회해서 이 군의 배후에 보내어진 별동대는 어두운 방에서 많은 사람을 상대로 싸우고 있는 사람과 마찬가지로 조만간 파멸하지 않을 수가 없는 것이다. 따라서 공격자의 배치 정면이 그 병참선에 대해서 직각을 이룰 경우에는 적군의 날개를 우회하는 방어자측 부대는 적에 접근함과 동시에 자군(自軍)으로부터도 완전히 절단된다. 그러면 방위군은 이로써 많은 병력을 잃는 위험을 저지를 뿐만 아니라, 적의 병참선을 위협하는 도구로서의 별동대 그 자체의 기능이 이내 둔화되지 않을 수가 없다. 그리고 이들 별동대의 한 부대가 우선 불행한 운명에 빠지면 그 밖의 모든 별동대의 기능도 또한 정지하여, 그때까지의 대담한 습격이나 과감한 도발 행위는 자취를 감추고 이번에는 끊임없이 도망치는 장면이 전개된다.

방어자측에 이러한 곤란이 있기 때문에 공격군이 그 정면을 병참선에 대해서 직각으로 배치하면, 이 병참선에 가장 가까운 여러 지점을 엄호할 수가 있다.

그런데 이들 지점은 병력의 대소에 따라 본군에서 이틀 내지 3일 행정(行程)의 경우도 있다. 여하간 병참선에 가장 가까운 지점이, 방어군으로부터 가장 큰 위협을 받는다. 이들 지점은 방어자의 본군(本軍)에도 가장 가깝기 때문이다.

이에 반해서 공격자가 그 정면을 병참선에 대해서 현저하게 비스듬히 배치한다면, 이 병참선에 가장 가까운 부분이라 해도 결코 안전하지가 않다.

이러한 경우에는 방어자가 가하는 매우 사소한 압박이나, 또 공격자에게 전혀 위험이 없는 행동까지도 공격자가 급소로 여기는 지점에 영향을 미치는 것이다.

그런데 공격자가 그 정면을 병참선에 대해서 직각 방향으로 배치하지 않게 되면, 이러한 배치 정면을 결정하는 것은 도대체 무엇일까? 그것은 다름 아닌 방어자측의 배치 정면 바로 그것이다. 그러나 이 정면도 또한 방어자의 정면 여하에 따른다고 해도 좋다. 그렇게 되면 피아 사이에 상호 작용이 생긴다. 따라서 이러한 상호 작용을 생기게 한 출발점을 구명할 필요가 있다.

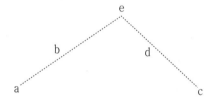

위의 그림에서, 공격자의 병참선 a-b가 방어자의 병참선 c-d에 대해서 현저하게 큰 둔각(鈍角)을 이루는 경우를 생각해 보자. 이 경우에 방어자가 피아 두 병참선이 만나는 지점 e에 군대를 배치하려고 하면, 공격자는 b지점에서 단순한 기하학적 관계에 의해서 방어자의 정면을 공격자 쪽으로 향하게 하여, 방어자의 병참선을 노출시키지 않을 수 없게 할 수가 있을 것이다. 그러나 방어자가 그 병력을 쌍방의 병참선이 만나는 점 e의 이쪽, 예를 들어 d지점에 배치한다면 사정은 정반대가 될 것이다. 그렇게 되면 공격자 쪽이 그 정면을 방어자 쪽으로 돌리지 않을 수 없게 된다.

이 경우에는, 공격자의 행동선은 지리적 사정에 의해 엄격하게 규정되어 있으므로, 공격자는 이 행동선을 마음대로 변경할 수가 없다. 따라서 예를 들어

a—d선을 긋는 것은 허용되지 않는다는 것이 전제되는 것이다. 그러면 피아간의 이러한 상호 작용의 방식에서는, 우선 방어자 쪽이 유리하다고 할 수 있다. 그는 그 진지를 두 병참선이 만나는 점 e의 이쪽에 깔기만 하면 좋기 때문이다. 그러나 우리는 이와 같은 기하학적 요소를 특히 중요시할 생각은 없다. 우리의 고찰을 이러한 단순한 형태로 환원한 것은, 이 문제를 명확하게 인식하기 위해서이다. 오히려 우리는 특수한 국지적 사정이 방어자의 병력 배치를 구속하는 것은 공격자의 경우보다도 훨씬 심하다는 것, 따라서 또 이와 같은 경우에 피아 어느 한쪽의 병참선을 한층 심하게 노출하는가는, 도저히 일반적으로 결정할 수 있는 문제가 아니라는 것을 믿어 의심치 않는 것이다.

그런데 피아 쌍방의 병참선이 동일한 방향을 취할 경우에 그 한쪽이 적의 병참선에 대해서 병력을 비스듬히 배치한다면, 이에 따라 다른 쪽도 같은 조치를 취할 것임에 틀림없다. 그러나 그렇게 한다고 해서 기하학적 관계에서는 아무런 이득을 보는 일은 없고, 쌍방 모두 동일한 이점과 불리를 받을 뿐이다.

따라서 앞으로의 고찰에서는 어느 한쪽의 병참선이 노출되어 있는 경우만을 논하고자 한다.

다음에 공격자의 병참선에 대한 제2의 불리한 관계, 즉 그 병참선이 적지(敵地)를 통과하는 경우를 고찰해 보기로 하자. 만약에 이 경우에 적국의 주민이 무기를 들고 공격자의 전체 병참선을 따라 적의 병력이 전개하고 있는 것 같은 사태를 나타낸다면, 이로써 공격자의 병참선이 현저하게 노출되는 것은 매우 명백한 사실이다. 하기야 방어자의 이러한 병력은 그 자체로서는 매우 열악하고 또 그 밀도나 강도는 말할 정도는 아니라 해도, 장대한 병참선상의 수많은 지점에서 그들과 접촉하고 교전하는 경우를 생각해보기 바란다. 그것이 얼마나 귀찮은 일인가는 새삼 설명하지 않겠다. 그러나 적 국민이 무기를 잡지 않는다 해도, 또 적국에 예비군이나 기타 군사적 시설조차도 존재하지 않는 경우라도, 아니 국민이 전쟁에 비협력적이라 해도, 정부에 대해서 복종 관계에 있는 것만으로 해도 공격자의 병참선에 대해서는 실로 심한 타격이 될 것이다.

이에 반해서 방어자가 파견한 별동대는 주민들과 곧 마음을 터놓을 수 있고, 또 토지의 지리와 인정에 정통하고 있으므로 여러 가지 정보를 입수하기가 쉽고, 또 지방 관청의 지지를 얻는 등의 편의가 있으며, 이들 유리한 사정에 의한 지원은 방어자에게는 결정적인 가치를 갖는다. 실제로 이러한 지원은 각별히 힘을 들이지 않고 이들 모든 별동대에게 부여된다. 이에 더하여 별동대가 행동을 일으키는 지역으로부터 그리 멀지 않은 거리에는 반드시 요새나 하천, 산지, 그 밖의 피난처가 있을 것이다. 따라서 만약에 이들 지점을 정식으로 점령해서 수비대를 놓지 않는 한, 적측은 언제라도 이것을 자유롭게 이용할 것이다.

그런데 이와 같은 경우라면, 또 특히 여러 가지 다른 유리한 정황이 이에 따른다면 방어자의 병참선의 방향이 적의 배치 정면에 대해서 직각일지라도, 방어자는 적의 병참선을 위협할 수가 있다. 방어자가 파견하는 별동대는 반드시 본군(本軍)에 복귀할 필요는 없고, 자기 나라 안에서 대피하는 것만으로도 보호되기 때문이다. 이리하여 우리는,

1. 공격자의 병참선이 긴 경우
2. 방어자의 배치 정면이 공격자의 병참선에 대해서 사선(斜線)으로 방향을 잡을 경우
3. 공격자의 병참선이 방어자의 국내를 통과하는 경우

등 세 가지 경우가 각기 주요한 요건을 이룰 때에는, 공격자의 병참선은 방어자가 파견하는 비교적 소수의 전투력에 의해서 차단될 수 있다는 것을 알았다. 그러나 이 차단이 효과적이기 위해서는 다시 제4의 조건, 즉 차단이 어느 기간 동안 계속될 필요가 있다. 이 점에 대해서는 제5편 제15장을 참조하기 바란다.

이 네 가지 조건은 어느 것이나 병참선 그 자체의 상태를 규정하는 주요한 요건에 지나지 않는다. 그런데 이들 조건에는 아직도 많은 국지적 특수 사정, 다시 말하면 이러한 조건보다도 훨씬 중요하고도 근본적인 사정이 결부되어 있는 것이다. 그 가장 중요한 것만을 들어보면 도로의 상황, 그 도로가 통과하는 토지의 성질, 하천과 산지 혹은 소택지가 주는 엄호 수단, 계절이나 기후, 성곽 축성용과 같은 중요 물자의 수송, 경보병(輕步兵)의 병력 수 등이 그것이다.

장수가 적의 병참선에 대해서 일으키는 행동에 의해서 얻는 성과의 대소는, 모두 이러한 특수 사정에 의해서 결정된다. 따라서 방어자측에서 이들 모든 특수 사정에서 생기는 결과와, 공격자 측에서 그와 동일한 사정에서 생기는 결과

를 비교하면, 피아 쌍방의 병참선 방식의 관계를 알 수가 있다. 그리고 쌍방 장수의 어느 한쪽이 이 점에서 다른 장수를 능가할 수 있느냐의 여부는 오직 이 관계에 의해서 결정된다.

이상과 같은 설명은 장황한 느낌이 들지는 몰라도, 여기에서 한 말은 구체적인 경우에는 순간적으로 결정되는 것이다. 하지만 이를 위해서는 훈련에 의해 얻어진 숙달된 판단을 필요로 한다. 세상 일반의 이른바 비판적 군사평론가는 '우회 운동'이나 '측면에 대한 행동' 등과 같은 단순한 말만으로 만사를 해결했다고 생각하고, 일을 여기까지 끌고 온 동기를 자상하게 구명하려고 하지 않는 것이다. 따라서 이 패거리가 평소에 발표하는 어리석은 주장이 어떠한 것인가를 알기 위해서도 위에서 말한 모든 경우를 자상하게 생각해 둘 필요가 있다고 여겨지는 것이다.

다음에는 제2의 주요 조건, 즉 방어자가 공격자의 전략적 측면에 대해서 행동을 일으키기 위한 조건에 대해서 말할 단계가 되었다.

공격자가 방어자의 저항 이외의 그 어떤 이유에 의해서(그 이유가 무엇인가에 대해서는 불문하고) 전진을 저지당하고 있다면, 방어자는 별동대를 여러 곳으로 파견함으로써 본군을 새삼 약화시킬 필요는 없다. 그 경우 만약에 공격자가, 방어자의 이러한 무위(無爲)를 틈타 공격을 시도한다면, 방어자는 퇴각하면 되기 때문이다. 1812년의 모스크바 근방에서의 러시아 본군의 경우가 이것이었다. 그러나 이와 비슷한 경우가 생기기 위해서는, 이 전역에서만큼의 대규모적 사정은 전혀 필요치 않은 것이다. 프리드리히 대왕은 제1차 슐레지엔 전역 중에, 뵈멘이나 메렌의 국경에서는 항상 이것을 상투 수단으로 삼았다. 또 공격자 측의 장수들 사이에서나 그들이 각기 이끄는 군 사이에 생기는 복잡한 관계에 있어서는, 전진을 불가능하게 만드는 것으로 매우 많은 원인을 생각할 수 있지만, 그중에서도 가장 유력한 것은 정치적 원인이다.

그런데 이와 같은 경우라면 방어자는 공격군의 측면을 위협하기 위한 전투력을 다른 경우보다도 매우 강대하게 만들 수 있으므로, 다른 조건이 반드시 유리할 필요는 없는 것이고, 또 공격자의 병참선 방식에 대한 방어자의 병참선 방식의 관계도 방어자에게 유리할 필요는 없다. 방어자가 퇴각을 계속해도 공격자는 이것을 이용할 수 없으므로, 방어자의 공격에 대해서 복수권(復讐權)을 행사하기는커녕 오히려 자군의 퇴각을 직접 엄호하는 데에 급급하게 된다.

이와 같은 상태는, 회전에 도전하는 것을 지나친 모험이라고 판단하는 방어자가 회전에서 승리를 할 수 있는 방법을 단념했을 경우에, 회전의 승리만큼은 화려하지도 않고 또 그 효과가 두드러진 것은 아니지만 위험이 적은 수단을 사용해서 그 어떤 성과를 거두기에는 가장 알맞다.

이러한 경우에 방어자의 병참선은 공격자의 측면 진지에 대해서 노출되는데, 이 측면 방어는 방어자에게 거의 위험하지 않고, 또 이렇게 해서 공격자의 배치 정면은 방어자의 병참선에 대해서 비스듬한 방향을 취하게 되므로, 앞에 든 세 조건 중 이 하나만은 좀처럼 결여되는 일은 없을 것이다. 그 경우 만약에 나머지 두 조건과 다른 유리한 조건이 생겨서 여기에 가해진다면, 이와 같은 수단이 뛰어난 성과를 거둘 가망은 더욱더 커질 것이다. 그러나 이러한 유리한 정황이 존재하지 않는다면, 모든 것은 전투의 교묘한 조합과 그것을 신속하고 확실하게 실시함으로써 결정될 것이다.

여기에 전략적 기동(機動)의 본래의 영역이 있다. 그 실례는 7년 전쟁[4] 중에 슐레지엔과 작센에서, 또 1760년,[5] 1762년[6]의 여러 전역에서 자주 볼 수 있다. 이러한 전략적 기동은 전쟁의 본령인 격렬한 힘이 부족한 수많은 전쟁에서도 자주 이루어진다. 그것은 장수가 전진이 극한에 이른 것이 아니라 결단, 용기, 감행의 기상이 없고, 책임에 대한 공포심이 진격을 막는 진짜 원인에 대체된 데에 불과하다. 여기에 대해서는 다운 원수를 지적하는 것만으로도 충분할 것이다.

---

4) 7년 전쟁(1756~1763).

5) 1760년 10월 초, 러시아군 2만이 베를린에 육박하자 프리드리히 대왕은 구원을 위해 북진했다. 그런데 러시아군은 베를린에서 4일 동안 머물다가 물러났는데, 그 사이에 다운은 5만을 거느리고 투르가우로 전진, 진지를 차지했다. 프리드리히는 이것을 기동작전으로 물리치려고 했으나 성공하지 못하자, 하나의 싸움으로 격멸하여 전쟁을 종결시킬 결심을 하고 11월 3일, 이들을 뒤에서 공격했다. 이 전투는 고전 끝에 오스트리아군에게 2만의 손해를 주고 동쪽으로 격퇴시켰으나, 프로이센군도 또한 1만 8000을 잃었다.

6) 프리드리히는 1762년 6월 말 러시아군의 구원을 얻어 7월 초 행동을 일으켜, 우선 기동으로써 다운을 퇴각시키고, 이어 동맹군의 쿤첸도르프(Kunzendorf) 부근으로 퇴각하기에 이르자, 7월 하순에 그 오른쪽 날개를 공격하여 슈바이드니츠와의 연락을 끊고, 8월 초부터 슈바이드니츠를 공격, 10월에 들어서서 이를 항복시켰다.

이상의 고찰에서 주요 결론을 요약한다면, 공격자의 측면에 대한 행동은 다음과 같은 경우에 가장 효력이 있다.

1. 방어할 때.
2. 전쟁의 종반(終盤) 무렵.
3. 특히 국내로 퇴각할 때.
4. 국민 총무장(總武裝)과 결부될 때.

공격자의 병참선에 대해 이러한 행동을 실시하는 방법에 대해서는 몇 마디 더 해둘 필요가 있다.

이 경우의 행동은 기민한 별동대에 의해 실시되지 않으면 안 된다. 이들 별동대가 목적하는 바는 소수의 병력으로 과감히 행진하고, 적의 소수의 수비대, 수송대, 왕래하는 소수의 부대에 공격을 가하며, 나아가 국민군을 격려하여 이들과 항상 행동을 같이 하는 데에 있다. 또 이러한 별동대는 병력 수를 크게 하는 것보다도 오히려 부대 수를 증가시키고, 그 편성에는 특별히 신경을 써서 몇몇 부대가 일치협력해서 비교적 큰 행동을 일으키는 데에 편리하게 하고 각 부대 지휘관의 허영이나 고집이 원인이 되어 중대한 장해를 유발하지 않도록 최대한 유의해야 한다.

다음에는 공격자의 퇴각선에 대한 행동에 대해서 서술하고자 한다.

이러한 경우야말로 본 장의 처음에 든 원칙이 특히 상기되지 않으면 안 된다. 즉, 공격자의 배면을 공격하는 것을 임무로 하는 전투력은, 공격자의 정면에 대해서는 효력을 발휘할 수 없다는 것, 또 공격자의 배면 또는 측면에 대한 행동은, 그 자체로서는 방어자의 전력에 기여하는 것이 아니라 오히려 병력의 소모를 증대한다는 것이다. 또 병력의 이러한 소비는 성공을 가져오는 경우도 있고, 또 위험을 초래하는 경우도 있다.

무력으로써 하는 저항은 순조롭게 진행되지 않게 되면, 안전을 희생하고서라도 효과를 높이려고 하는 방향으로 기울어지는 법이다. 방어자가 공격자의 측면에서 일으키는 행동은, 집결한 병력으로 하든 혹은 분할된 병력을 가지고 여러 방면에서 포위적으로 하든 모두 이러한 부류에 속한다.

그러나 적의 퇴로를 차단하는 행동이 단순히 양동(陽動)이 아니라 중대한 결의를 가지고 일어날 때, 결정적 회전이나 혹은 이러한 결전에 필요한 모든 조건을 구비하는 일이 이 문제를 해결하는 본격적인 방법이다. 그리고 일단 이 해결 방법을 취하게 되면, 방어자는 한편으로는 한층 큰 결의와, 또 다른 한편으로는 한층 큰 위험이라고 하는 피할 수 없는 두 요소와 다시 대결하지 않으면 안 되는 것이다. 따라서 장수가 이러한 해결 방법을 좋다고 한다면 유리한 조건이 갖추어져 있어야 한다.

이러한 저항 방식에 대해서는 이미 말한 두 개의 형식을 구별해야 할 필요가 있다. 첫째 방식, 방어자측의 장수가 자신이 이끄는 군 전체를 가지고 공격자의 배면을 공격하려고 할 경우, 특히 이를 위해 설치한 측면 진지에서 공격하든가 그렇지 않으면 공격자의 측면을 정식으로 우회하든가 두 가지 방법 중의 어느 한 가지이다. 또 제2의 방식은 장수가 그 전투력을 분할해서 포위적 태세를 취하여, 군의 일부를 가지고 공격자의 배면을 위협하고 또 다른 일부를 가지고 그 정면을 위협하는 방식이다.

저항의 성과를 높인다는 점에서는 이 두 가지 방식은 어느 것이나 같다. 즉, 실제로 공격자의 퇴로를 차단해서 적군을 포로로 하든가, 그렇지 않으면 공격자의 전투력의 대부분을 흩어지게 하든가, 그렇지 않으면 공격자가 이러한 위험을 피하기 위해 군을 서둘러 퇴각시키든가 이 세 가지 중의 어느 하나이다.

그러나 이들 두 가지 방식이 각각 방어자에게 끼치는 위험은 각기 다르다.

방어자가 모든 전투력을 동원하여 공격자를 우회한다면, 방어자는 배후를 노출한다는 위험에 빠지지 않을 수가 없다. 따라서 여기에서도 또한 피아 쌍방의 퇴각선 사이의 관계가 중대(重大)하게 된다. 그것은 방어자가 공격자의 병참선에 대해서 행동을 일으킬 경우에, 피아 병참선 사이의 관계가 중대했던 것과 마찬가지이다.

자국 내에 있는 방어자는, 확실히 그 퇴각선과 병참선에 대해서 공격자보다도 제한을 받는 일이 적고, 또 그 경우 전략적 우회도 공격자보다는 훨씬 용이하다. 그러나 이와 같은 일반적 관계는, 아직 효과적인 방법을 세우는 데에 충분하지가 않다. 실제로 개별적인 경우에 대해서 전략적 우회의 가부를 결정하는 것은 그때의 총체적 사정이다.

한편 여기에서 다음과 같은 한 가지를 부언해 두고자 한다. 당연한 일이지만 위에 적은 유리한 여러 조건을 많이 갖추고 있는 것은 좁은 지역보다도 광대한 지역이며, 또 외국의 원조를 기대하는 약소국보다는 독립국이다. 약소국의 군은, 외국으로부터의 지원군과 합류하는 지점을 항상 염두에 두지 않으면 안 되기 때문이다. 마지막으로 이들 조건은 전쟁 말기, 즉, 공격자가 그 공격력을 모두 소진한 때가 가장 유리하다. 또 그 사이의 사정은 앞서 말한 피아 쌍방의 병참선 사이의 관계와 거의 같다.

1812년에 나폴레옹이 그의 공격력을 소진했을 때, 러시아군은 모스크바에서 칼루가에 이르는 도로에 이러한 측면 진지를 차지하고 큰 이점을 얻었다. 만약에 이 전역 처음 드리사의 진영 안에 이런 종류의 측면 진지를 설치했다면, 러시아군은 심한 곤경에 빠졌을 것이다. 그러나 러시아군은 현명하게도 재빨리 이 작전 계획을 변경했다.

방어자가 공격자의 측면을 우회하여 그 퇴로를 차단하는 방법의 또 하나의 형식은 방어자가 병력을 분할하는 방식이다. 이 형식을 사용하자면 방어자 자신이 자기 군대를 분할해야 하는 위험을 무릅써야 한다. 이 경우에는, 공격자는 병력을 집결하여 방어자에 대해서 내선 작전[7]의 이점을 차지하므로 매우 우세한 병력을 가지고 방어자의 군대를 개별적으로 격파할 수 있기 때문이다. 이와 같이 방어자측에는 배제할 수 없는 막대한 불리함이 생기므로, 다음에 제시하는 세 가지 경우 외에는 이 형식을 사용할 수 없다.

1. 방어자의 전투력이 처음부터 분할되어 있어, 이것을 다른 저항 방법으로 전환하기에는 많은 시간을 낭비하기 때문에 할 수 없이 이 방식에 따르는 경우.

2. 방어자가, 물리적 및 정신적으로 매우 우세해서 이러한 결정적 형식의 사용에 아무런 걱정이 없는 경우.

3. 공격자가 전진 행동의 극한에 이르러 공격력을 이미 소진한 경우.

---

7) 내선 작전(內線作戰). 방어자가 병력을 분할하여 여러 방면에서 공격자를 포위 공격하려고 하면(외선 작전), 공격자는 이에 대하여 내선에서 작전을 펴게 된다.

1757년에 프리드리히 대왕은 뵈멘에 구심적 침입을 기도했으나,[8] 그때 그는 오스트리아군에 대한 정면 공격과 그 전략적 배면에 대한 공격을 결부시킬 생각은 없었다. 적어도 이것은—다른 곳에서도 더 자세히 설명하는 것처럼—그에게 중요한 일은 아니었던 것이다. 여하간 뵈멘에 침입하기 전에, 그가 슐레지엔 혹은 작센에서 병력을 집결한다는 것은 논외의 일이었다. 만약 그와 같은 일을 했다면 그는 급습(急襲)의 이점을 모두 포기하지 않으면 안 되었을 것이다.

1813년 전역의 후반에, 동맹군은 압도적인 물리적 우세[9]로 주력을 가지고 나폴레옹군의 우측면, 즉 엘베강가의 프랑스군을 공격하여 전쟁터를 오데르강에서 엘베강으로 이동시키려고 했다. 이 계획이 드레스덴 부근에서 어긋난 것은 동맹군의 일반적 부서(部署)에 책임이 있는 것이 아니라, 당시의 전략적, 전술적 부서에 결함이 있었기 때문이다. 동맹군이 드레스덴 부근에 22만을 집결할 수 있었던 것에 대하여, 나폴레옹군은 13만이어서 동맹군에게는 더없이 유리한 비율이었다(그 후 라이프치히 부근에서는 양군의 비(比)가 285 대 157이어서 매우 유리하다고는 할 수 없었다).[10] 당시 나폴레옹은 일선상(一線上)의 방어라는 독특한 방법을 채용했기 때문에 병력을 균등하게 배분했으나 그 배분은 균등이 너무 지나쳤다(슐레지엔에서는 동맹군 9만에 대해서 7만, 마르크 지방에서는 10만에 대해서 7만이었다).

그러나 여하간 나폴레옹으로서는 슐레지엔을 완전히 포기하지 않는 한, 동맹군의 본군에 결정적 타격을 주기에 충분한 군을 엘베강에 집결시키기가 곤란했을 것이다. 이에 대해서 동맹군은 브레데[11]가 이끄는 군을 마인 강변으로

---

8) 프리드리히 대왕은 1757년에 분산 숙영하는 적을 급습, 이를 중앙으로 압박하여 개별적으로 격파할 기회를 노려, 가능하다면 대회전으로 모든 전역의 운명을 결정한다는 방침 아래 주력군 11만 7000을, 당시의 통수(統帥)의 원칙인 우선 작전 준비를 위해 집결하는 방법을 하지 않고 4집단으로 나누어, 동영(冬營)의 태세에서 바로 4월 하순 국경을 넘어 일제히 뵈멘에 진입시켜, 집중적으로 프라하를 향해 전진했다. ⋯⋯오스트리아군은 프랑스군의 접근을 기다렸다가 작센에 진입하기 위하여 국경에 가까운 광대한 지역에 분산 숙영하고 있었기 때문에 프로이센군의 급습 작전은 상황에 잘 적합하여, 각 방면 모두 오스트리아군을 몰아내며 5월 초 프라하 교외에 도착했다.

9) 프랑스군 약 40만에 대해 동맹군측은 러시아군 약 18만, 프로이센군 약 16만, 오스트리아군 약 13만, 스웨덴군 약 2만, 합계 약 50만이었다.

10) 이 기술(記述)은 드레스덴 회전(1813~8. 26~27) 및 라이프치히 회전(10. 16~19)에 관계된다.

11) 브레데(Wrede, Karl Philipp von, 1767~1838). 바이에른의 원수.

전진시켜, 마인츠로 빠지는 나폴레옹의 퇴로를 차단하려고 시도한 것은 당연한 조치였다.

마지막으로 러시아군이 1812년에 프랑스군의 후퇴에 대비해서 몰다우군을 프랑스 본군의 배후로 진출시키기 위하여 이 군대에게 볼뤼니엔[12] 지방과 리타우엔 방면으로 진출하라는 명령을 내린 것은 인정해도 좋을 만하다. 모스크바가 프랑스군의 작전선의 정점이 될 수 없다는 것이 매우 확실했기 때문이다. 모스크바보다 먼 지역은 이 전쟁에서 침략당할 염려가 없었다. 따라서 러시아 본군에는 병력의 약세를 탓할 만한 이유가 없었던 것이다.

러시아군이 병력 배치에 사용한 이와 같은 형식은, 프홀[13]이 제안한 최초의 방어 계획에서도 마찬가지였다. 프홀의 계획에 의하면, 바클리[14]의 군은 드리사에 야영을 설치하고 바그라티온이 이끄는 군은 프랑스 본군의 배후에 진출할 예정이었다. 그러나 앞뒤의 이 두 시기 사이에는 실로 현저한 차이가 있었다. 처음 시기에는 프랑스군의 병력은 러시아군의 3배였다. 그런데 두 번째 시기에는 러시아군은 프랑스군보다도 현저하게 강력했다. 처음 시기에는 나폴레옹의 본군은 드리서를 거쳐 80마일 저편의 모스크바에 도달할 정도의 진격력을 갖추고 있었다. 그런데 두 번째 시기에는 하루 행정(行程)의 행군 속도도 감당하지 못할 정도로 모스크바를 떠난 것이다. 또 초기에는 니에멘강변까지의 퇴각선은 30마일 이했으나 두 번째 시기에는 120마일이나 되었다. 그래서 퇴각하는 프랑스군에 대한 러시아군의 공격은 두 번째 시기에는 매우 유효했지만, 첫 번째 시기에 이와 똑같은 행동을 취했다면 그것은 실로 무분별한 폭거라 하지 않을 수 없었을 것이다.

방어자가 공격자의 퇴각선에 대해서 일으키는 행동은 그것이 양동 이상의 것일 경우 정식적인 배후 공격이 되고, 이에 대해서 많은 것을 말하지 않으면 안 되지만, 그러나 이것은 공격에 관한 다음 편에서 논하는 것이 적당하다. 그래서 본편에서의 논술은 이것으로 끝마치고 이러한 반격 방식을 가능하게 하는 조건을 지적하는 것으로 그치고자 한다.

---

12) 볼뤼니엔(Wolhynien). 우크라이나 서북 지방.

13) 프홀(Phull(Pfuel), Karl Ludwig August von, 1757~1826). 러시아의 장수. 스웨덴 출신.

14) 바클리(Barclay de Tolly, Michael, 1761~1818). 러시아의 원수.

방어자가 공격자의 퇴각선을 위협함으로써 적에게 퇴각을 재촉하려고 의도할 경우에는, 대부분은 실제로 행동하기보다는 오히려 단순히 양동(陽動)을 생각한다. 그런데 비록 양동이라고 하지만 이를 효과적으로 사용하기 위해서는 실제로 행동을 일으키게 할 만한 조건이 그 바탕에 존재해야 하는 것은 틀림없다. 그렇다면 양동이란 그 모든 조건이 본래의 공격 행동과 일치하지 않으면 안 될 것이다. 그런데 실제로는 그렇지가 않다. 앞으로 양동에 관한 장[15]에서 논하겠지만, 양동은 이와는 조금 다른 조건을 지니고 있다. 여기에 대해서는 해당하는 장을 참조하기 바란다.

---

15) 제7편 제20장 '견제'를 가리키는 것으로 생각됨.

제25장
자기 국토 내부로의 후퇴

우리는 방어자가 자기 국토 내부로 하는 퇴각을 하나의 독자적인 간접적 저항 방식, 즉 방어자가 무력을 가지고 공격자를 패퇴시키는 것보다는, 오히려 공격자 스스로가 자초한 고생 때문에 파멸하지 않을 수 없게 하는 저항 방식으로 간주해 왔다. 따라서 이 경우에는 피아 쌍방의 본격 전투는 전제되어 있지 않거나, 방어자는 공격자의 병력이 현저하게 약화되는 시기까지 본격 전투의 개시를 연기하거나 하는 두 가지 방식 중 어느 하나를 채용하게 된다.

일반적으로 공격을 주안점으로 삼아 전진하는 군은, 이러한 전진 그 자체에 의해 전투력을 예외 없이 약화시키지 않을 수가 없다. 이에 대해서는 제7편에서 더 자세히 살펴볼 생각이다. 하여간 전쟁사에서 현저한 전진이 이루어진 전역이 모두 이것을 예시하고 있다면, 우리는 이러한 결론을 인정하지 않을 수 없을 것이다.

전진에 의한 공격자의 전투력의 약화는, 방어측이 새로운 왕성한 전투력을 지니고 자발적으로 후퇴하면서도 정연한 저항을 계속하고, 공격자가 방어자의 국내에서 일보 전진할 때, 유혈의 희생을 지불하지 않으면 안 될 경우에 특히 심해진다. 따라서 이러한 경우에는 전진이라고는 하지만, 그것은 끊임없이 곤란을 무릅쓰면서 하는 전진으로 순수한 추격이라고는 할 수 없다.

그런데 방어자가 회전에 패하여 퇴각하는 경우에는 그 손실은 자발적 퇴각 때보다도 훨씬 클 것이다. 그 경우, 비록 패퇴자가 추격자에 대해서 자발적 퇴각과 같은 정도로 저항을 시도할 수 있다고 해도 적어도 자발적 퇴각과 마찬가지 손실을 입을 것이고, 여기에 회전에서 오는 손실이 가미된다. 하지만 방어자 측의 손실을 이와 같이 산정한다는 것은 사리에 어긋나는 사고방식이다. 세계에서 가장 우수한 군대라 할지라도 회전에 패하여 내지로 퇴각하지 않을 수 없을 경우에는 이러한 군에 어울리지 않는 뼈저린 손해를 입는 것이다. 그리고 지금 여기에서 논하는 것처럼 공격자가 현저하게 우세할 경우에 공격군은—최근의 전쟁에서 항상 이루어지듯이—맹렬한 세력으로 추격하므로, 패퇴자의 전투력을 완전히 파멸시킬 수 있는 궤주(潰走) 상태가 생길 공산은 매우 클 것이다.

그런데 방어자가 나날이 정연한 저항을 시도한다면, 다시 말해—피아 양군 사이의 균형이 불안하나마 유지되는 한에서 저항을 계속하고, 또 쌍방의 쟁탈의 표적이 되어 있는 토지를 재빨리 포기하여 이렇게 해서 완패를 면하고 군의 보전에 노력한다면, 공격자는 이러한 투쟁에 의해서 방어자 측과 적어도 같은 수의 병력을 상실할 것이다. 하기야 방어자가 퇴각할 때 가끔 포로가 생기는 것은 피할 수 없다고 해도, 끊임없이 지형의 불리를 무릅쓰고 싸우지 않으면 안 되는 공격자는, 방어자 측으로부터 사격에 의해서 더 많은 병력을 잃기 때문이다. 또 퇴각자는 중상자를 그대로 내버려 두어야 하므로 이것은 문자 그대로 손실이 되는 셈이지만, 사정은 공격자 측에서도 거의 마찬가지이다. 공격자 측에서도 대부분 중상자는 수개월 동안 병원에 수용되기 때문이다.

그렇다면 결론은—이러한 끊임없는 투쟁에서 양군 모두 그 병력을 거의 같은 정도로 소모하게 될 것이다.

회전에서 격파된 군을 추격하는 경우에 사정은 완전히 달라진다. 이 경우 회전에서 잃은 전투력, 파괴된 질서, 상실된 사기, 퇴각에 대한 걱정 등은 퇴각자의 저항을 현저하게 곤란하게 하고 때로는 전혀 불가능하게 한다. 이에 반해서 추격자는 앞서의 경우에는 매우 신중하게, 아니 매우 소심하게, 마치 맹인이 모색을 하듯이 전진했지만, 이 경우에는 승자의 확고한 걸음, 운명의 혜택을 받은 자의 자부, 반신(半神)과도 같은 자신을 가지고 맹렬하게 추격한다. 그리고 이러한 대담한 추격을 계속함에 따라서, 그는 사태를 이미 정해진 방향으로 더욱더 촉진하는 것이다. 이것이야말로 정신적 힘의 본령이며, 갖가지 정신력은 물리적 세계에서의 숫자나 척도의 제한을 받지 않고 더욱더 고양되어 평생의 두서너 배까지도 높아지기 때문이다.

따라서 공격자의 전진 행동의 극한이라고 여겨지는 지점에 피아 양군이, 위에서 말한 어느 방식에 의해서 도달하느냐에 따라서 양군 사이의 관계가 얼마나 달라지게 되는가는 이것으로도 명백하다.

위에서 말한 것은 피아 쌍방의 상호적 파괴에 의한 결과이다. 그러나 이 결과에는, 전진하는 공격자가 그렇지 않아도 입게 되는 전투력의 약화가 결부된다. 이것에 대해서는 앞서 말한 대로 제7편을 참조하기 바란다. 그런데 퇴각자는 거의가 나중에 와서 가세하는 새로운 전투력에 의해 증강된다. 또 이 경우에 이러한 전투력이 외국으로부터의 원조에 의한 것인지, 그렇지 않으면 국민의 불굴의 노력에 의한 것인지는 문제가 되지 않는다.

마지막으로 퇴각자와 전진자 사이에는, 양식의 문제에 관해서 심한 불균형이 생긴다. 전진자는 양식의 부족에 시달리고 있는데, 퇴각자에게는 넘쳐나는 양식이 준비되어 있는 경우도 종종 있다.

퇴각자에게는 국내 도처에 물자를 모으는 수단이 있고, 그는 주로 이 집적지를 향하여 퇴각한다 이에 반해 공격자 측은 이동을 계속하는 한 모든 것을 후방에서 추가로 보내지 않으면 안 된다. 그러나 이 방법은 추격자의 병참선이 매우 짧은 경우에도 상당히 곤란하므로 처음부터 부족하기가 쉽다.

퇴각자가 통과하는 지역이 공급하는 모든 물자는 퇴각자 자신에 의해 이용되고 또 소비되는 것이 통례이다. 뒤에 남은 것이라고는 황폐한 마을과 도시, 수확된 후 짓밟힌 농지, 고갈된 우물, 흐린 시내뿐이다.

그렇기 때문에 전진하는 군대는 추격 첫날부터 심각한 결핍과 싸우는 일도 있다. 이러한 경우에는 식량을 적에게 의존한다는 것은 전혀 생각할 수 없는 일이다. 만일 전진자가 이따끔 적의 물자를 입수하는 일이 있다면 그것은 전적으로 우연이거나 퇴각자의 허용할 수 없는 과실이라 하지 않을 수 없다.

따라서 국토의 면적이 광대하거나 또 공수(攻守) 쌍방의 병력이 현저하게 불균형하지 않는 한 방어자가 자기 국토 안으로 퇴각함으로써 쌍방의 전투력 사이에 생기는 관계가, 국경에서의 결전에 방어자가 얻는 성과보다도 훨씬 큰 성과를 기대할 수 있는 것은 의심할 바가 없다. 내지로 퇴각하는 경우는, 피아의 병력 관계가 변화했으므로 방어자 측의 승리의 공산이 커질 뿐 아니라, 양자의 위치가 바뀌었기 때문에 승리의 성과도 또한 커진다. 실제로 자국(自國)의 국경에서의 패전과, 적지 한 가운데에서의 패배 사이에는 심한 차이가 있다. 공격자가 전진 행동의 극한에 달했을 때에는, 비록 회전에서는 승리를 거두었다 해도 항상 퇴각을 염두에 두지 않으면 안 되는 상태이다. 공격자는 그의 승리를 완벽한 것으로 하여 전과를 올릴 만한 추진력을 이미 갖추지 못하고 있고, 또 상실된 병력을 보충할 수단도 없기 때문이다.

따라서 결전에 의한 승리가 공격 처음에 있는가, 그렇지 않으면 마지막에 있는가에 따라 피아의 관계에 현저한 차이가 생긴다.

그런데 내지로 퇴각한다는 이 방어 방식은, 많은 이점을 갖추고 있음에도 불구하고 이에 맞먹는 두 가지 불리한 점이 있다. 첫째는 국토가 공격자의 침입에 의해서 입는 피해이고, 두 번째는 군대 및 국민에게 주는 불리한 정신적 인상이다.

이러한 손해로부터 국토를 지키는 일은 확실히 국가 전체가 나서서 하는 방어의 목적일 수는 없다. 방어의 본디 목적은 항상 유리한 강화를 체결하는 데에 있다. 방어자의 노력은 오직 이러한 강화를 될 수 있는 대로 확실하게 체결하는 데에 있는 것이다. 그리고 이를 위해서는 일시적 희생을 지나치게 생각해서는 안 된다. 이 경우에 국토가 입는 손해는 결정적인 것은 아니지만, 그러나 역시 고려되어야 할 사항이다. 이런 종류의 손해는 뭐니 뭐니 해도 방어자의 관심사이기 때문이다.

이러한 손해는 방어자의 전투력에 직접 영향을 끼치는 것은 아니지만, 많건 적건 간접적으로 전투력에 영향을 미치게 된다. 이와는 반대로 내지(內地) 쪽으로 퇴각하는 그 자체는 전투력을 직접적으로 강화한다. 따라서 양자의 이해득실을 서로 비교한다는 것은 곤란하다. 양자는 종류를 달리하는 것으로, 서로 작용하는 점을 공유하지 않기 때문이다. 그러면 우리로서는 인구가 조밀하고 풍요로운 지방이나 상업 대도시가 화재로 손해를 입으면, 이런 종류의 손해는 더욱더 커지지만 그와 동시에 완성과 미완성을 불문하고 전투 자재(資財)가 상실되면 손해는 최대에 이른다는 것을 지적하는 데에 그치지 않으면 안 된다.

두 번째는, 불리한 정신적 인상이다. 확실히 장수가 이러한 인상을 무시하고, 자신의 자전 계획을 냉정하게 수행하고 소심한 단견자(短見者)들이 떠들어대는 여러 불리함을 묵살하지 않으면 안 될 경우도 있다. 그러나 그렇다고 해서 이 인상은 무시해도 좋은 환상은 아니다. 이런 종류의 인상은 한 점에 작용하는 힘과 같은 것은 아니지만, 전광(電光)처럼 재빨리 몸 안에 전달되어 국민과 군에 효과적으로 작용하는 모든 활동을 모조리 마비시킬 수 있는 힘과 비교할 만한 것이다. 하기야 내지로 퇴각하는 의의가 국민과 군에 의해서 신속하게 이해되고 장수에 대한 신뢰와 기대를 두텁게 하는 경우도 있다. 그러나 실제로는 그와 같은 경우는 매우 드물다. 일반적으로는 국민과 군은 이 퇴각이 자발적인 운동인가, 그렇지 않으면 패전에 의한 황급한 퇴각인가를 구별할 수 없을 것이다. 하물며 당면한 퇴각 작전이 확실한 이점을 내다본 현명한 방책인가, 그렇지 않으면 적의 무력에 대한 공포에 의하는 것인가를 식별할 수 있지는 않다. 국민은 희생된 지방의 운명을 애처롭게 바라보고는 동정과 불만을 어찌지 못하고, 또 군은 자칫 사령관에 대한 신뢰는 물론 자기 자신에 대한 신뢰도 상실하게 될 것이다. 또 본군의 퇴각 운동 중에 후위대가 벌이는 끊임없는 전투는, 장병이 품는 염려를 실증하는 것이 될 것이다.

우리는 국내로의 퇴각에서 생기는 이들 결과를 올바르게 평가하지 않으면 안 된다. 실제로 장수가 당당하게 결전장으로 들어가 공격자와 대결하고 다른 한편으로 공격자는, 유혈에 의한 보복을 끝까지 요구하는 적국 국민의 수호령(守護靈)을 만나지 않고서는 국경을 넘어서 방어자의 국토로 한 발자국도 들어가지 못한다는 것을 안다면, 이것이야말로 그 자체로서는 방어자의 입장에서 한층 자연스럽고 고상하며 국민의 정신적 상태에 한층 알맞은 정황이라 할 수 있을 것이다.

이상이 내지(內地)로 퇴각한다는 방어 방식에 따른 유리와 불리이다. 다음에 이 방어 방식을 가능하게 하는 여러 조건과 이 방식의 실시에 편한 정황에 대해서 약간 언급해 두기로 한다.

요컨대 국토의 광대한 면적, 혹은 적어도 장대한 퇴각선이 근본적인 주요 조건이다. 불과 2, 3일 행정(行程)의 전진으로 공격자가 심하게 약화되는 일은 없기 때문이다. 1812년에 나폴레옹의 중앙군은 비테프스크[1]에서 25만 명, 스몰렌스크에서는 18만 2000명, 그리고 보로디노에서 13만 명으로 감소되었다. 이것은 러시아의 중앙군과 수에서 간신히 균형에 도달했음을 의미한다. 보로디노는 국경에서 90마일 떨어진 지점이다. 그러나 러시아군은 모스크바에서 비로소 결정적인 우세를 얻었다. 그리고 이 우세는 피아 양군 사이의 관계를 일변시켰기 때

---

1) 프랑스군의 전진을 시간적으로 나타내면, 비테프스크 전투(1812. 7. 25~27), 스몰렌스크 회전(8. 16~19) 및 보로디노 회전(9. 7), 모스크바 입성(9. 14)이 된다.

문에, 비록 말로야로슬라베츠[2]의 회전에서 프랑스군이 승리를 얻었다 해도 그 상황에 변화를 주는 일은 이미 불가능했을 것이다.

유럽에는 러시아와 같은 광대한 국토를 지닌 나라는 없다. 또 그 퇴각선이 100마일에 이르는 나라도 극히 드물다. 그러나 또 1812년의 프랑스군과 같은 정도의 병력도 러시아 원정이라는 사정이 없었다면 쉽사리 생기지 않았을 것이다. 하물며 이 전역 당초에 양국 간에 생긴 것과 같은 전투력의 심한 차이는 더욱 그러하다. 당시 프랑스군은 병력 수에서 러시아군의 2배 이상에 달했고, 정신적으로도 결정적으로 우세했다. 그렇다면 이 전역에서 공격자가 100마일 전진해서 겨우 생긴 현상은, 다른 경우라면 아마도 50마일이나 30마일에서 생겼을 것이다.

다음에 이 방어 방식에 편리한 조건은 다음 3가지 점이다.

1. 경작이 거의 이루어지지 않은 지역
2. 충성스럽고 용감한 국민
3. 일기가 불순한 계절

이러한 사정은 모두 공격군의 유지를 더욱 곤란하게 하여 대량의 수송, 많은 지대(支隊)의 파견이나 곤란한 부대 안의 근무를 강요하고, 또 여러 질병을 유발하면서, 방어자가 공격자 측면에 대해서 일으키는 행동을 쉽게 만든 것이다.

마지막으로, 공격자의 전투력의 절대량에 대해서 말할 필요가 있다. 공격자가 사용하는 전투력의 대소도 또한 이 방어 방식에 영향을 주기 때문이다.

공수 쌍방의 전투력의 비율을 도외시하면 일반적으로 작은 전투력은 큰 전투력보다도 훨씬 빨리 소모된다는 것, 따라서 적지에서의 공격자의 전진 행동의 연장이 한도에 이르고, 또 전쟁터도 그다지 광대해질 수 없다는 것은 사리로 보아 당연한 일이다. 그러면 공격자 병력의 절대적 양과 이 병력이 차지하는 토지의 면적 사이에는 일정 불변한 비율이 성립하게 된다. 그러나 이 비율을 숫자로 나타낸다는 것은 불가능하고, 또 어떤 형태로 표시해보았자 다른 정황에

---

2) 말로야로슬라베츠(Malojaroslawez). 모스크바 서남쪽의 마을. 이곳 전투(1812. 10. 24)에서 러시아군은 퇴각하던 프랑스군을 무찔렀다.

의해 많고 적건 간에 수정이 될 것이다. 따라서 공격자 병력의 절대적 양과 전쟁터가 되는 지역의 면적은 그 가장 깊은 바닥에서 이와 같은 연관을 갖는다는 것을 지적하는 것으로 그치기로 한다. 요컨대 50만의 군을 가지고 모스크바로 진격하는 것은 가능하지만, 비록 방어자의 병력과의 비율이 50만 군의 경우보다도 훨씬 유리하다 해도 5만의 군으로는 결국 불가능하다.

그런데 공격자의 절대적 병력 수와 전쟁터 넓이의 비율이 지금 든 두 가지의 경우와 동일하다고 가정한다면, 방어자의 자국 내로 퇴각하는 것이 공격자의 전투력의 약화에 미치는 효과는 공격자의 병력이 커짐에 따라 점점 커진다는 것을 의심할 여지가 없다.

1. 그러면 공격자의 보급과 숙영이 한층 곤란하게 된다. 공격자가 침략하는 지역이 군의 병력 수와 같은 비율로 증대한다고 해도 보급은 이 지역에서만 얻어지는 것이 아니고, 또 뒤에서 수송되는 물자는 장대한 수송로 도중에서 한층 큰 손해를 입지 않을 수 없기 때문이다. 그리고 또 숙영에 사용되는 것은, 이 지역 전체가 아니라 극히 일부에 지나지 않는다. 게다가 이 부분도 병력 수의 증가에 비례해서 증대하는 것은 아니다.

2. 군이 커짐에 따라 전진 속도는 차차 둔해져서, 공격자가 목표에 도달하는 데에 필요한 시간은 더욱더 커지고 하루하루의 손해의 합계도 더욱더 커진다.

3천의 군대가 보통의 토지 및 지형에서 2천의 군을 추격할 경우에 추격자는, 퇴각자가 매일 1마일 내지 2마일, 혹은 3마일 퇴각하거나 또 도중에서 수일간 머무는 행동을 허락하지 않는다. 추격자가 퇴각자를 따라잡아, 이를 공격하고 구축하는 일은 불과 몇 시간의 일에 지나지 않는다. 그런데 공수 쌍방의 군이 각기 100배가 된다고 하면 사정은 크게 달라진다. 제1의 경우라면 몇 시간으로도 충분히 발휘할 수 있었던 효과가, 제2의 경우에는 아마도 만 하루 혹은 이틀을 요할 것이다. 피아의 대군은 이미 한 지점에서 대치할 수가 없게 되어, 일체의 운동과 행동의 조합은 더욱더 복잡해져서 이에 필요한 시간도 더욱더 증대하게 된다. 이와 같은 경우에는 공격자 측의 공급은 퇴각자의 그것보다도 곤란하므로, 공격군은 한층 광대한 지역으로 분산하지 않을 수 없는 불리함이 있고, 따라서 또 퇴각자가 우세한 병력을 가지고 어떤 지점을 습격하는 위험도 끊이지 않는 것이다. 러시아군이 1812년[3]에 비테프스크에서 일으킨 행동은 바로 이와 같았다.

3. 공격자의 군이 커짐에 따라, 하루하루의 전략적 및 전술적 진중(陣中) 근무가 요구하는 노고도 더욱더 증대한다. 10만의 군이 매일 출발하여 행군 서열에 들고, 이윽고 정지하는가 하면 다시 행진을 하고, 지금 무기를 손에 들었는가 하면 다음에는 취사를 하거나 양식을 받는 식의 번거로움이 있다. 또 여러 방면으로부터 보고를 입수할 때까지는 야영에 들 수 없다고 한다면, 본래의 행군에 부수되는 이들 모든 잡무를 처리하는 데에 필요한 시간은 5만의 군이 요하는 시간의 두 배에 달하는 것이 통례이다. 또 행군에 요하는 시간과 고생이 군의 대소에 의해서 현저하게 다른 까닭은, 이미 전편의 제9장에서 말한 바가 있다. 말할 필요도 없이 이들 고생은 퇴각자에게도 마찬가지이지만 전진자에게는 현저하게 커진다. 그것은 다음에 드는 세 가지 이유에 의한다.

1. 여기에서 우리는, 공격자가 방어자보다도 우세하다는 것을 전제로 하고 있다. 따라서 또 공격자의 병력은 방어자보다도 크다.

2. 방어자는, 자국의 토지를 공격자의 수중에 맡기지 않으면 안 된다. 그리고 이만한 희생을 해서 항상 자신이 결정자이며 상대방을 아군의 의지에 따르게 하는 권리를 손에 넣는 것이다. 방어자는 공격자에 앞서서 작전 계획을 세우지만 이 계획은 좀처럼 빗나가는 일이 없다. 이에 반해서 공격자는 방어자의 병력 배치를 알고 나서 작전 계획을 세우게 된다. 그래서 항상 자기 쪽이 먼저 상대편 배치에 대한 정보를 탐지해 내지 않으면 안 되는 것이다.

그러나 여기에서 말하는 방어자는 아직 패자가 아니라는 점, 따라서 아직 회전에 패한 것이 아니라는 것을 지적해 둘 필요가 있다. 요컨대 지금 여기에서 논하고 있는 일은 제4편 제12장에서 말한 것과 모순은 아니다.

그런데 공격자를 아군의 의지에 따르게 한다는 방어자의 특권은 시간을 벌거나 새로운 전투력을 받아들이거나, 여러 가지 부수적이 이점을 활용하는 데

---

3) 1812년 7월 25~27일에, 이 땅에서 프랑스군과 러시아군 사이에 격전이 벌어졌다.

에서 오랜 시간에 걸쳐 매우 중요한 차이를 낳게 된다.

3. 퇴각자는 도로나 교량을 수리하고, 또 가장 편리한 야영지를 찾는 등 퇴각을 쉽게 하는 일체의 수단을 사용한다. 그러나 또 다른 한편으로는 교량을 파괴하고 퇴각만으로도 파괴된 도로에 더한층 손상을 주고, 가장 좋은 야영지나 우물 등을 미리 점거해서 이것을 공격자의 손에 넘기지 않는다는 방책을 강구해서 추격자의 전진을 곤란하게 만든다.

마지막으로 자국 내로 퇴각하는 것을 특히 편리하게 만드는 것으로는, 무장한 국민이 침략자를 습격하는 항전 방법을 들지 않으면 안 된다. 그러나 이에 대해서는 다른 장을 설정해서[4] 논할 예정이므로, 여기에서는 더 이상의 설명은 생략하고자 한다.

이상으로 자국 내에의 퇴각이 주는 여러 이점이나 퇴각이 지불해야 할 희생, 또 이러한 퇴각 때 구비되어야 할 약간의 조건에 대해서 말했다. 그래서 다음에는 이런 종류의 방어 방식의 실시에 대해서 언급해 보기로 한다.

우선 먼저 제기되지 않으면 안 될 일은 이러한 퇴각이 취하는 방향에 관한 문제이다.

말할 필요도 없이 이 퇴각은 자국의 영토 안을 향하여 이루어지는 것이다. 따라서 침입자 양쪽이 방어자에 속하는 지방에 의해 포위되어 있는 지점으로 향하는 것을 가장 좋은 것으로 본다. 그렇게 되면 침입자는 이들 지방의 주민으로부터 저항을 받을 것이고, 또 방어자는 자국의 중요 부분으로부터 쫓겨나는 위험에 빠지는 일은 없을 것이다. 이러한 위험은, 방어자가 국경에 따른 퇴각선을 고르거나 하면 흔히 일어나기가 쉽다. 따라서 만약에 1812년에 러시아군이 동쪽으로 퇴각하지 않고 남쪽으로 퇴각로를 선택했다면 이러한 위험에 빠지지 않을 수 없었을 것이다.

이것은 이런 방어 방식의 목적 그 자체 안에 포함되어 있는 조건이다. 그러나 자국 영토 안으로 퇴각할 때 목적으로 삼는 지점으로서는 어디가 가장 적당한가. 또 수도 혹은 그 밖의 중요한 지점을 직접 엄호하고 공격자가 이러한 지점에서 벗어나게 하려고 하는 의도는, 퇴각에 가장 알맞은 지점과 어느 정도까지

---

4) 다음 장 '국민 총무장'을 참조.

결부될 수 있는가 하는 것은 그때그때의 특수한 사정에 따라서 결정된다.

만약에 1812년에 러시아군이 미리 퇴각에 대해서 숙고하여 완전히 계획적으로 퇴각을 수행했다면, 일단 모스크바를 물러나서 칼루가로 향하지 않고, 스몰렌스크에서 직접 칼루가 방면으로 퇴각한 편이 적절했을 것이다. 그렇게 되면 모스크바는 전혀 침략받지 않았을지도 모른다고 충분히 생각할 수 있다.

보로디노에서의 프랑스군의 병력은 약 13만이었다. 만일 러시아군이 보로디노에서 회전을 중지하고 스몰렌스크에서 칼루가로 향하는 도중에 회전에 응했다 해도, 그 경우의 프랑스군은 보로디노에서보다도 강대했을 것이라고 생각하는 근거는 전혀 없는 것이다. 그러나 그러한 사태가 생겼을 경우, 프랑스군은 13만의 병력 가운데서 얼마를 쪼개서 모스크바로 파견할 수 있었을까. 비록 파견할 수 있었다 해도 그 병력은 극히 소수였을 것이다. 그러나 소수의 군대를, 모스크바와 같은 50마일(스몰렌스크에서 모스크바까지의 거리)이나 되는 먼 곳까지 파견할 수는 없었을 것이다.

나폴레옹군이 그때까지 여러 전투를 치른 후에도, 스몰렌스크에서 여전히 16만의 병력을 보유하고 있었다고 가정해 보자. 만일 그가 스몰렌스크의 회전 전에 모스크바로 군대를 파견할 수 있다고 생각하여 그 때문에 4만의 병력을 쪼갰다고 하면, 스몰렌스크와 칼루가의 중간에서의 회전에서 러시아의 본군에 대항하는 병력으로서는 12만이 남게 된다. 그러나 이 12만의 군이 회전 때는 9만으로 감소되었을 것이다. 그러면 보로디노에서보다도 4만이 적다는 이야기가 된다. 따라서 러시아군은 프랑스군에 대해서 3만의 수만큼 우세했을 것이다. 그래서 만약에 보로디노의 회전의 경과[5]를 표준으로 잡으면, 이 회전에서 러시아군이 승리를 얻었을 것이라는 것은 충분히 생각할 수 있다. 여하간 이 경우에 피아의 병력의 비율은 러시아군에게 보로디노에서보다도 유리했을 것이다. 그러나 러시아군의 퇴각은 숙고한 계획에 입각한 것이 아니었다. 러시아군은 회

---

5) 보로디노 회전의 경과에 대해서는 다음과 같은 기술이 있다. '프랑스군은……9월 7일 주력을 가지고 러시아군의 주요 진지에 대해서 공격을 하여 치열한 전투 끝에 제1선 진지를 점령했지만, 그 후 전과를 확장할 수가 없어 나폴레옹은 수중에 있는 마지막 병력인 근위병의 사용을 주저했다. 당시 그는 건강에도 이상이 생겨서 기백이 예전과 같지 않아 러시아군도 출격할 힘이 없고, 야간에 퇴각에 들어갔다.'

전에 임할 때마다, 본전에 응하기에는 아직 충분히 강력하지 않다고 생각해서 될 수 있는 대로 멀리 퇴각한 것이다. 게다가 군을 유지하고 증강하는 수단의 수송으로는 모두 모스크바에서 스몰렌스크로 향하는 도로를 사용하고 있었기 때문에 스몰렌스크에서는 누구 하나 이 도로의 포기에 착안한 사람은 없었다. 뿐만 아니라 러시아군은, 비록 스몰렌스크와 칼루가의 중간에서 승리를 얻었다 해도 그 승리는 모스크바를 엄호하지 않고 이 수도를 속수무책으로 적의 손에 넘긴다는 어이없는 조치를 도저히 보상할 수 없는 것으로 생각했다.

그런데 1814년[6] 나폴레옹이 그의 병력을 변두리에, 예를 들면 부르고뉴 운하 후방에 배치하고, 파리에는 많은 호국병[7]을 배속시킨 수천의 병력을 남겨둔 데에 지나지 않다 해도, 그는 동맹군의 공격으로부터 파리를 수호할 수 있었을 것이다. 왜냐하면 동맹군은 나폴레옹이 10만 병력을 이끌고 오세르[8]에 진을 치고 있다는 것을 알았다면, 5만이나 6만의 병력을 파리에 파견할 용기가 도저히 없었을 것이다. 그런데 반대로 동맹군이 나폴레옹의 위치에 있고 나폴레옹이 공격자였다면, 그 누구도 동맹군에 대해서 자국의 수도에 이르는 길을 포기하라고 권하지는 않았을 것이다. 또 나폴레옹이 당시의 동맹군 정도의 우세를 차지하고 있었더라면, 그는 한시도 지체하지 않고 수도를 향하여 진격했을 것이다. 비록 정황은 같다고 해도 장수의 정신적 상태가 다르면 이렇게 서로 다른 결과가 생긴다.

여하간 방어자의 퇴각선의 방향이 주요 지점에서 벗어나는 경우, 수도는 물론 방어자가 전쟁에 휘말리는 것을 원치 않는 도시는, 스스로 약간의 저항 능력을 갖추고 있지 않으면 안 된다는 것을 덧붙이고 싶다. 그것은 중요한 지점이 적의 별동대에 의해 점령당하지 않기 위한 것이고, 또 군세(軍稅)의 징수를 면하기 때문이기도 하다. 이제 이 문제는 이로써 매듭을 짓기로 한다. 이에 대해서는 기회를 보아 전쟁 계획을 다루는 편[9]에서 다시 한번 논할 생각이다.

---

6) 1814년 초두의 전황에 관계된다.
7) 국민 위병이라고도 일컬어진다. 프랑스에서는 일종의 국민병으로서 1789년에 파리에서 조직되어, 이듬해 90년에 프랑스 전국에 파급되어 오직 국내의 근무에 배치되었다.
8) 오세르(Auxerre). 중부 프랑스의 도시. 센강의 지류 욘강(Yonne) 왼쪽에 위치한다.
9) 제8편을 가리킨다.

그러나 이러한 퇴각선의 방향에 대한 또 하나의 특성을 고찰해 둘 필요가 있다. 즉, 퇴각선의 방향을 갑자기 변경하는 조치이다. 1812년에 러시아군은 모스크바까지는 동일한 방향을 유지했으나 그곳에서 이 방향을 포기했다. 만약에 계속해서 동일한 방향을 취했더라면 블라디미르[10]에 도착했을 것이다. 그런데 러시아군은 우선 랴잔[11]으로 퇴각, 거기에서 칼루가로 방향을 돌린 것이다. 당시 러시아군이 퇴각을 더 속행하지 않을 수 없었다면 퇴각은 당연히 이 새로운 방향으로 이루어졌을 것이다. 그렇게 되면 러시아군은 키예프[12]에 이르러, 다시 적측의 국경에 아주 가깝게 접근했을 것이다. 그리고 프랑스군은 비록 이 시기에도 여전히 러시아군에 대해서 우세를 차지하고 있었다 해도, 모스크바를 지나는 병참선을 유지할 수 없었을 것이다. 오히려 프랑스군은 모스크바뿐만 아니라 아마도 스몰렌스크도 포기하고, 따라서 모처럼 고생해서 얻은 침략지를 버리고 베리지나강 북쪽의 전쟁터를 가지고 만족하지 않을 수 없었을 것이다.

그런데 만약에 러시아군이 처음부터 키예프로 퇴각할 의도를 가지고 있었다면 이제까지와 마찬가지의 불리, 즉 국토의 주요 부분이 절단되는 위험에 빠졌을 것이라는 것은 두말할 나위가 없다. 그러나 이러한 불리는 사실상 기우였다. 프랑스군이 궁극의 목적지인 모스크바에 일단 도착하고 나서 키예프로 향하는 것과, 갑자기 키예프에 도착하는 것으로는 군의 사기에 아주 큰 차이가 있었을 것이다.

이와 같이 퇴각선의 방향을 갑자기 바꾼다는 것은 광대한 면적을 가진 국토에서는 매우 실시하기가 쉬운 방책이며, 방어자에게 현저한 이점을 준다는 것은 분명하다.

1. 이러한 방향 전환은, 공격자(전진자)로 하여금 종래의 병참선의 유지를 불가능하게 만든다. 그렇다고 공격자가 따로 병참선을 신설한다는 것은 곤란한 일이다. 게다가 공격자 쪽은 점차 그 전진 방향을 바꾸게 되므로, 한 두 번이 아니게 새로운 병참선을 구하지 않을 수 없을 것이다.

---

10) 블라디미르(Wladimir). 모스크바 동쪽의 도시.
11) 랴잔(Rjasan). 모스크바 남쪽의 도시.
12) 키예프(Kiew). 우크라이나의 도시.

2. 이와 같이 해서 양군은 다시 국경선으로 접근하게 된다. 그러면 공격자는 이제까지 얻었던 침략지를 이미 자기 진지로 엄호할 수 없게 되어, 마침내 이것을 포기하지 않을 수 없으리라는 것은 틀림없는 사실로 간주해도 좋다.

방대한 면적을 가진 러시아는 공방 양군이 이러한 방식으로 말하자면 술래 잡기를 할 수 있는 나라이다.

그런데 러시아보다 면적이 협소한 나라에서도 이러한 방향 전환이 편리하다면, 이 퇴각 방식은 반드시 불가능하지 않다. 그러나 그것이 실제로 가능한가의 여부는 개별적인 경우의 모든 사정을 감안한 후에 결정할 수 있다.

공격자를 일단 국내로 끌어들일 방향이 결정되면, 방어자의 주력이 이와 동일한 방향을 취하는 것은 물론이다. 그렇지 않으면 공격자는 방어자가 예정하는 방향으로 전진하지 않는 일이 있을 것이고, 또 그렇게 되면 방어자는 위에서 말한 여러 조건을 공격자에게 부과할 수 없기 때문이다. 그러면 문제가 되는 것은, 퇴각하는 방어자는 병력을 집결한 채로 공격자와 같은 방향을 취하는 것이 좋은가, 아니면 병력을 약간의 대부대로 분할해서 각기 측방으로 대피시켜 퇴각을 이심적(離心的)으로, 다시 말하면 중심에서 밖으로 향하는 것이 좋은가에 귀착된다.

이 문제에 대해서, 제2의 방식은 그 자체로서는 불가하다고 대답하지 않을 수 없다. 그 이유는 다음과 같다.

1. 이러한 퇴각 방식을 사용함으로써, 방어자의 병력은 필요 이상으로 분할되기 때문이다. 그런데 공격자의 입장에서 가장 곤란한 일은 방어자가 그 병력을 한 지점에 집결시키는 일이다.

2. 방어측이 병력을 분할하면, 공격자는 적에 대해서 내선(內線)의 이점을 차지하여 병력을 집결해서 개별적인 지점에 있는 방어자보다도 우세해지기 때문이다. 물론 공격자의 이러한 우세는, 퇴각의 속셈을 목적으로 하는 방어 방식으로서는 두려워할 만한 것은 아니다. 그러나 이러한 퇴각의 조건은, 방어자는 공격자에게 끊임없이 공포의 마음을 품게 하고, 또 자칫하면 일어나기 쉬운 각개 격파에 대해서 자군(自軍)을 엄호한다는 것이다. 또 방어자는 서서히 주력을 우

세하게 만들어, 결전에 의한 승리를 획득한다는 것이다. 그런데 병력이 분할되면 이것은 확실히 실현하기가 어렵게 된다.

3. 우세한 공격자에 대해서 외부로부터 구심적인 행동을 일으킨다는 것은 약세인 방어자가 취할 방책이 아니기 때문이다.

4. 방어측이 전투력을 분할하면 공격자가 불리하게 여기는 약점이 소멸하기 때문이다.

적국의 영토에 깊숙이 침입한 공격자의 주된 약점의 첫째는, 병참선이 길어지는 것과 둘째 전략적인 측면이 폭로된다고 하는 점이다. 그런데 방어자가 위에서 말한 것과 같은 이심적(離心的)인 후퇴 방식을 사용하면, 공격자는 그 전투력의 일부를 측방으로 파견해서 분할된 방어자의 여러 부대에 대항하게 할 것이다. 그러면 이 경우, 공격자가 파견한 부대의 임무가 측방에 있는 방어자의 병력을 격파하는 데에 있다는 것은 물론이지만, 이에 덧붙여 그것과는 다른 일 즉, 자군의 병참선 일부를 엄호하는 일까지도 할 수가 있다.

따라서 퇴각의 전략적인 효과에 대해서 말하자면, 이심적인 후퇴 방식은 결코 유리하지 않다. 그러나 이 형식이 공격자의 퇴각선에 대한 행동을 미리 준비해 두는 것이라면 이에 대해서는 앞 장에서 말한 내용을 참조하기 바란다.

그렇다면 방어자를 독촉해서 이심적 퇴각을 하게 하는 동기는 딱 한 가지가 있다. 즉 방어자가 이에 의해서 지방을 보전한다는 목적 달성을 주요 취지로 하는 경우이다. 이 퇴각 방식을 사용하지 않으면 공격자는 이들 지방을 점령할지도 모르기 때문이다.

전진하는 공격자가 전진로의 좌우 어느 지역을 점령할 것인가 하는 것은 병력의 집결 상태와 전진 방향에 입각하여, 또 방어자 측의 지방이나 요새 그 밖에 대해서 공격자 측에 속하는 지방이나 요새, 그 밖의 것이 차지하는 위치에서 상당히 정확하게 예견할 수 있다. 이 경우에, 공격자가 아마도 점령하지 않을 것이라고 여겨지는 지역에, 방어자가 일부러 전투력을 배치하는 것은 병력의 위험한 낭비이다. 그러나 또 공격자가 아마도 점령할 것이라고 여겨지는 지역에서, 방어자가 거기에 배치한 전투력으로 그 지역의 점령을 저지할 수 있는지의 여부에 대한 전망은 한층 곤란하다. 요컨대 이 전망에는 장수의 숙달된 판단력에 달려 있다.

1812년에 러시아군이 퇴각을 할 때 토르마소프[13]가 이끄는 3만의 병력을 볼뤼니엔에 남기고 이 지방에 침입할 것이 예상되던 오스트리아군에게 대항하게 했다. 해당 지방이 광대하다는 것, 지형이 제공하는 여러 가지 곤란, 공격자의 병력이 우세하지 않다는 것 등에 비추어 러시아군이 이 방면에서 우세를 차지하든가, 그렇지 않으면 적어도 이 국경 근처를 고수하려고 하는 희망을 품은 것은 당연한 일이었고, 또 실제로도 이것으로 후에 매우 중요한 이점을 확보했던 것이다. 그러나 이러한 이점이 어떠한 것이었는가에 대해서는 여기에서 자세하게 이야기할 생각은 없다. 그런데 이 토르마소프의 부대를 적시에 본군으로 불러들인다는 것은 희망한다고 해도 실제로는 거의 불가능했다. 이와 같은 갖가지 이유에서 토르마소프군을 볼뤼니엔에 남기고, 여기에서 본군에서 분리된 독립된 전투를 하게 하려고 결심하게 된 것은 확실히 옳은 조치였다.

이와는 반대로 프홀이 1812년 전역의 당초에 세운 작전 계획에서는 바클리군(8만)만을 드리사로 퇴각시켜, 바그라티온군(4만)을 오른쪽 측면에 진을 친 프랑스군으로 돌려 그 배면을 공격시킨다는 것이었다. 그러나 바그라티온군이 남리타우엔에서, 즉, 근처에 있는 프랑스군 주력의 배후에서 진지를 고수하려고 한 계획이 원래 불가능하다는 것은 언뜻 보아도 분명하다. 실제로 프랑스군의 압도적인 병력으로 이 정도의 군 병력은 이내 분쇄했을 것이다.

방어자로서는 지방을 적의 손에 넘기지 않을 수 없다고 해도, 이것을 가능한 소수에 그치게 하려고 하는 것은 당연하다. 그러나 그것도 기껏해야 부차적인 목적에 지나지 않는다. 아직 작다고 하기보다는 오히려 좁은 전쟁터에 공격자를 봉쇄하면 공격이 더욱더 곤란해지는 것 또한 당연하다.

그런데 이들 모든 것을 가능하게 하는 조건은, 방어자가 퇴각을 개시할 때 이미 성공의 공산을 확인하고 있다는 것이고, 또 퇴각에 의해서 군의 주력(主力)이 심하게 약화될 염려가 없다는 것이다. 궁극적인 결정을 주는 것은 특히 주력 때문이다. 이렇게 해서 적 주력에 생긴 혼란은 우선 공격자로 하여금 퇴각을 결의하게 하고, 또 이러한 혼란과 불가피하게 결부된 물리적 및 정신적 여러 힘의

---

13) 토르마소프(Tormassow, Alexander Petrowitsch, 1752~1819). 러시아의 장수.

손실을 현저하게 증대시키는 것이다.

따라서 자국 내부로의 후퇴가 목적하는 것은, 아직 패배하지 않은 병력과 아직 분할되지 않은 병력으로 공격자의 주력 전방에서 될 수 있는 대로 서서히 퇴각을 실시한다. 그러면서 집요한 저항을 계속해서 공격자에게 쉴 새 없는 전투 태세를 취하게 하고, 또 방어자의 저항에 대해서는 잠시의 방심도 없이 전술적 및 전략적 예방 방책을 강구하지 않을 수 없게 하여 적을 피로하게 만드는 데에 있다.

이렇게 해서 공방 양군 사이에 전쟁의 기운이 무르익으면, 방어자는 가능하면 적의 전진 방향에 비스듬히 포진하고 또 갖가지 수단을 사용해서 적의 배후를 위협하는 것이다.

러시아에서의 1812년의 전역은 모두 이와 같은 현상을 여실히 나타내고 있다. 뿐만 아니라 이들 현상의 효과도 말하자면 확대경처럼 여실히 비쳐내고 있다. 하기야 이 전역은 자발적 퇴각은 아니었지만, 그러나 위에서 말한 관점에서 고찰해 보아도, 나무랄 데 없는 전쟁 사례라 할 수 있다. 당시 러시아군은 성공을 예기해서 이 전역을 수행한 것은 아니지만 현재에는 성공할 수 있다는 자신을 품고 있으므로, 만약에 다시 한번 이러한 전역을 당시와 똑같은 사정하에서 시도해 보지 않을 수 없다고 한다면, 1812년에는 대체적으로 자각 없이 한 일을 이번에는 자발적이고 계획적으로 실시할 것임에 틀림없다. 그런데 러시아만큼 광대한 면적을 가지지 않은 나라에서는 이와 비슷한 방어 방식의 실례는 없고, 또 존재하지 않는다고 생각한다면 이러한 견해는 매우 부당하다고 하지 않을 수가 없을 것이다.

전략적인 공격이 회전에 의해서 승패를 결정하는 것이 아니라 공격 그 자체의 실시가 곤란하다는 것만으로 실패하거나, 혹은 적지를 전진한 공격자가 많건 적건 파멸적인 퇴각이 불가피해지는 경우에는, 이런 종류의 방어 방식을 가능하게 하는 주요 조건과, 또 이러한 방식이 가져다주는 주요한 효과가 반드시 발견되는 법이다. 메렌에서 프리드리히 대왕이 벌인 1742년의 전역, 마찬가지로 뵈멘에서의 1744년의 전역, 오스트리아 및 뵈멘에서의 1743년의 프랑스군의 전역,[14]

---

14) 1743년 4월, 프랑스는 오스트리아에 선전 포고했다.

브라운슈바이크 공이 프랑스에서 행한 1792년의 전역, 그리고 포르투갈에서 마세나가 1810년부터 1811년에 걸쳐서 행한 동계의 전역 등은 러시아의 1812년 전역에 비하면 훨씬 규모는 작지만, 역시 궤(軌)를 같이 하는 사례들이다.

그 밖에도 이런 종류의 부분적인 효과를 나타내는 사례라면 무수히 많다. 이들 경우는 어느 것이나 완전한 성공은 아니지만, 그러나 그 성공의 일부는 분명히 우리가 여기에서 말한 원리에 귀속되지 않으면 안 되는 것들이다. 하지만 이런 종류의 사례를 모두 남김없이 인용할 수는 없다. 그렇게 되면 개별적인 사정을 설명하지 않으면 안 되고, 그렇게 되면 이 장으로서는 감당할 수가 없기 때문이다.

러시아의 경우나 지금 여기에서 소개한 약간의 사례에서는, 공격자의 전진 행동이 도달한 극한점에서 방어자에게 유리한 회전이 이루어진 것이 아닌데도 국면의 급변이 생긴 것이다. 그러나 이 정도의 효과를 기대할 수 없는 경우에도 이러한 저항 방식에 의해서 공방 양군 사이에, 방어자 측의 승리를 가능하게 하는 병력 관계가 생긴다고 하면 이것은 역시 충분한 중요성을 갖는다고 해도 좋다. 실제로 이런 종류의 승리는, 새로 운동을 일으킬 수 있는 강력한 일격과 같은 것이다. 이렇게 해서 생긴 운동은 물체 낙하의 법칙에 따라서 가속도적인 작용을 하면서, 공격자에게 더욱더 위험의 정도를 증대시키는 것이 통례이다.

제26장
국민 총무장

　국민전(國民戰)은 문명적 유럽에서는 19세기에 발생한 한 현상이다. 그런데 국민전에 관해서는 찬성하는 사람과 반대하는 사람들이 있다. 또 반대하는 사람 중에는 정치적인 이유로 반대하는 사람과 군사적 이유로 반대하는 사람들이 있다. 정치적 이유로 반대하는 사람은, 국민전을 혁명 수단으로 간주하여 합법적인 무정부 상태로 단정하고, 이러한 상태는 적국에 위험한 동시에 자국의 사회적 질서에도 위험하다고 주장한다. 또 군사적 이유에 의한 반대자는, 국민전의 성과는 그 수고를 보상할 만한 것이 되지 못한다고 생각하는 사람들이다. 이 두 가지 반대 중에서 정치적 이유에 의한 반대는 우리에게는 관계가 없다. 여기에서 우리는 국민전을 전투 수단으로만, 따라서 또 적과의 관계에서 고찰하고 있기 때문이다. 그러나 군사적 이유에 의한 반론에 대해서는 다음과 같은 사실을 지적하지 않을 수가 없다. 즉, 국민전은 일반적으로 말해서 현대 전쟁의 본령인 격렬한 성격이 종래의 인위적인 장벽을 깬 결과이며, 우리가 전쟁이라고 부르고 있는 발효 작용을 확대, 강화한 것 바로 그것이라고. 물자의 징발 제도, 또 이 제도와 일반 병역(국민개병) 의무에 의해서 성립된 거대한 군, 후비병의 사용 등은 군사가 왕년의 협소한 군제(軍制)로부터 탈피한 결과로써 생긴 것이다. 그리고 국민병의 소집이나 국민 총무장(總武裝) 등도 또한 이것과 방향을 같이하는 것이다.

　지금 여기에서 언급한 몇몇 새로운 군사적 수단은, 종래의 답답한 제한을 사정없이 제거한 다음에 자연적이고 필연적으로 발생한 결과이다. 그리고 이들 새로운 수단을 우선 사용한 쪽의 힘을 현저하게 높였기 때문에, 상대측도 이에 매료되어 같은 수단에 호소하지 않을 수가 없었던 것이다. 이와 같은 사정은 국민전에 대해서도 전적으로 마찬가지이다. 일반적으로 말해서 국민전을 현명하게 사용하는 국민은, 이것을 천하게 여기는 국민에 비해서 그만큼 우위를 차지한다고 하는 것은 움직일 수 없는 사실이다. 그렇다면 문제는, 전쟁의 본질인 격렬성을 강화한 국민전이라고 하는 것이 인류 일반에게 유익한가 어떤가 하는 것뿐이다.

이 문제에 대답한다는 것은 전쟁 그 자체에 관한 문제에 대답하는 것과 같은 일이다. 우리는 이런 종류의 문제에 대한 해답을 모두 철학자에게 맡기고 싶다. 그런데 국민전을 위해 소비하는 힘을 다른 전투 수단을 위해 사용된다면, 더 큰 성과를 올릴 것이라고 생각하는 사람이 있을지도 모른다. 그러나 이들 힘의 대부분은 당사자 마음대로 처리할 수 있는 것이 아니고, 따라서 또 멋대로 어디에나 사용할 수 있는 것이 아니라는 것을 알기 위해서는 별다른 연구를 필요로 하지 않을 것이다. 이러한 여러 힘의 본질적인 부분, 즉 정신적 여러 요소는 국민전에 사용되는 경우에만 비로소 존재의 이유를 다할 수가 있는 것이다.

따라서 온 국민이 무기를 들고 하는 저항은 국민에게 어느 정도의 부담을 부과하는가 하는 문제는 논외의 일이다. 우리가 묻고자 하는 것은—이런 종류의 저항은 어떠한 영향을 갖는가—이러한 저항을 가능하게 하는 조건은 어떠한 것인가, 또 이러한 저항은 어떻게 사용되는가가 문제가 될 것이다.

이와 같이 분산된 저항이, 시간적·공간적으로 집중된 대규모 반격에 적합하지 않은 것은 자명한 이치이다. 이와 같은 저항의 효과는 증발 작용의 물리적 성질과 마찬가지로 면적의 대소에 의존한다. 면적이 광대하고 적과 접촉하는 면이 크면, 즉 적군이 광대한 땅에 확산되어 있으면 국민 총무장의 효과는 더욱더 커진다. 국민 총무장은 마치 조용히 계속 타오르는 불길처럼 적군의 근간을 점차로 잠식하는 것이다. 또 국민 총무장이 성과를 올리기 위해서는 시간을 필요로 하므로, 정규의 공방군이 서로 싸움을 하고 있는 사이에 국민전이 어떤 곳에서는 진압되고, 또 다른 곳에서는 세력을 잃게 되면 일단 국민 사이에 고조된 긴장이 차츰 소멸한다. 그러나 또 이 열렬한 불꽃이 요원의 불길처럼 여러 방면에서 적군을 덮쳐 공격자가 전멸을 우려해서 적국 안으로부터의 철수를 결의한다면, 국민의 긴장은 침략자를 위기에 빠뜨리게 할 수가 있다. 그러나 이와 같은 결과가 국민전으로만 초래되기 위해서는 침략자가 점령한 국토의 면적이 매우 광대해야 한다는 것, 예를 들어 러시아를 제외하고는 유럽 어느 곳에도 존재하지 않을 정도로 넓은 면적을 가지는 것이 전제되거나, 그렇지 않으면 침입군의 병력과 침략에 의해서 점령된 지역의 면적 사이에 현실적으로는 있을 수 없는 불균형의 존재가 전제되지 않으면 안 된다. 따라서 공론(空論)에 빠지는 것을 피하려고 한다면 국민전을 상비군이 수행하는 전쟁과 결부시키고, 또 이 두 가지 전쟁을 포괄하는 전체적 계획 안에서 이 양자를 아울러 생각할 필요가 있다.

국민전을 효과적인 것으로 만드는 주요 조건은 다음과 같다.

1. 전쟁이 방어자의 국토 내부에서 수행될 것.
2. 전쟁이 방어자 측의 단 1회의 파국으로는 끝나는 것이 아닐 것.
3. 전쟁터가 광대한 면적을 차지하고 있을 것.
4. 국민의 성격이 국민전이라는 수단을 지지하고 있을 것.
5. 방어자의 국토가 지형적으로 단절지가 풍부하고 접근이 곤란할 것. 또 이와 같은 지형은 산지, 삼림지 또는 소택지로 형성되어 있는 경우도 있고 또 경작지의 성질에 의해 생기는 경우도 있다.

한편 이와 같은 경우에 인구의 많고 적음은 결정적인 사항이 아니다. 국민 모두가 무기를 드는 국민전에서는 사람의 손이 모자라는 일은 우선 생각할 수 없기 때문이다. 주민의 빈부 차이도 그 자체로는 결정적 사정은 아니다. 적어도 결정적이어서는 안 된다. 그러나 가난하고 고난이나 인내에 익숙해져 있는 계급의 민중은 더욱 용감하거나 강한 기력을 나타내는 것이 통례임을 잊어서는 안 된다.

국민전의 효과를 크게 높이는 것은 독일의 여러 지방에서 볼 수 있듯이 농민의 주거지가 여러 곳에 산재하고 있는 땅이다. 이와 같은 지방은 단절지와 은폐지(隱蔽地)가 풍부하고 도로의 수는 많아도 어느 것이나 불량하다. 또 이와 같은 지방에서는 군대의 숙영은 매우 곤란하다. 특히 국민전의 일반적 특성 즉, 저항체(抵抗體)는 도처에 존재하지만 그 소재를 밝힐 수가 없다고 하는 특성은, 규모는 작지만 도처에서 되풀이해서 발휘된다. 주민이 마을에 집단을 이루고 거주하고 있다면 불온한 마을에는 군대를 사영(舍營)시키거나 또 징벌로 그 마을을 약탈하거나 불태워 버릴 수도 있지만, 그러한 조치는 베스트팔렌 지방과 같이 산재해 있는 농민에 대해서는 실시할 수 있는 일이 아니다.

국민군이나 무장한 국민의 집단은 적의 주력에 대해서는 물론, 적의 대부대에 대해서조차도 사용되어서는 안 된다. 국민군을 사용하는 목적은 적군의 핵심을 분쇄하는 데에 있는 것이 아니라 그 표면이나 언저리를 침식하는 데에 있다. 또 전쟁터의 측면에서 공격자의 군대가 침략할 염려가 없는 지방에서 봉기하여, 이들 지방을 공격자의 세력권 밖에 놓아두는 데에 있다. 적군이 아직 침입하지 않은 지방의 주민이라면 궐기의 용기가 결여되는 일은 없다. 그리고 어딘가에서 봉기의 모범을 보이면 근처의 주민은 차차 결속해서 들고 일어나게 된다. 이렇게 해서 민중의 마음에 켜진 불은 마치 가는 길을 가로막는 것이 없는 들불과 같이 불타올라 마침내는 공격자의 기지에까지 이르고, 적의 병참선을 덮치며 생존의 명맥까지 잠식하는 것이다. 우리는 국민전의 전능(全能)과 같은 과대한 생각을 품는 것이 아니다. 또 국민전을 병력으로는 정복하기 어려운 무진장한 요소로 간주하거나, 혹은 병력만으로 국민전을 진압할 수 없는 것은 인간이 아직도 비바람을 제지할 수 없는 것과 마찬가지라고 말하려는 것은 아니다. 요컨대 우리는 판단의 기초를 변론가식으로 그 당장뿐인 논의에서 구하려고 하는 것은 아니다.

하지만 침략자는 군대의 무리를 상대하는 것과 달리, 무장 농민을 어디까지나 뒤쫓아 막다른 골목에 몰아넣을 수 있는 것이 아니라는 것을 깨닫지 않으면 안 된다. 병사들이라면 마치 한 떼의 가축처럼 떼를 지어 도망가겠지만 무장 농민은 쫓기면 제각기 모습을 감추되 이를 위해 미리 수배를 해 둘 필요가 없는 것이다. 따라서 공격자의 소부대가 산지, 삼림지 또는 심한 단절지를 행군한다는 것은 매우 위험하다. 언제 어느 때 행군이 그대로 전투로 옮겨질지 모르기 때문이다. 또 방어자의 정규군이 이미 사라져 없어져도, 공격자 종대의 선두에 의해서 앞으로 멀리 쫓겼을 농민이 이번에는 종대의 후미에 나타나는 식이다. 도로의 파괴나 험한 길의 차단에 대해서 말하자면, 공격군의 전위 부대나 별동대가 사용하는 수단과 농민들이 모아온 수단의 차이는 자동 인형의 어색한 운동과 산 인간의 자유로운 운동과의 차이와 같다. 공격군이 국민군의 이러한 행동에 대항하는 수단으로써는 수송대의 호위나, 주둔지, 고개, 교량 등의 수비를 위해 많은 부대를 파견할 수밖에 없다. 국민군의 처음 계획은 미미한 것이므로 이를 진압하기 위해 파견되는 부대도 적어도 될 것이다. 그런데 무장한 국민이 이러한 적은 부대를 만나면 국민전의 불길은 기다렸다는 듯이 타오르는 것이다. 그러면 몇몇 마을에서 이러한 소부대는 많은 국민병 때문에 참패를 당한다. 그렇게 되면 국민군의 용기는 고양되고 투지는 넘쳐서 투쟁은 격렬해지고 국민전은 그 정점에 이르러 이윽고 전쟁을 결정짓는다.

국민전에 관한 우리의 견해를 말하자면, 국민전은 마치 구름이나 안개와 같은 존재이므로 새삼 응축해서 고체가 될 필요는 없다. 만약에 이러한 물건이 되면, 공격자는 그 중핵에 대해서 필요한 힘을 가하여 이를 파괴, 많은 사람을 붙잡아 포로로 할 것이다. 그렇게 되면 국민군의 용기는 좌절되고, 누구나가 대세는 이미 결정되었다, 이제 저항은 무익하다고 단념하여 무기를 버릴 것이다. 그러나 이 안개는 어떤 지점에서는 응집해서 농밀한 덩어리가 되어 무서운 뇌운(雷雲)을 형성하는 것도 필요하다. 그렇게 되면 이 구름 안에서 언젠가는 요란스러운 전광(電光)이 튀어나오는 일도 있을 것이다. 이들 지점이 주로 적의 전쟁터의 양 날개에 있다는 것은 앞서 말한 대로이다. 이 경우에는 무장한 국민은 결속해서 한층 커지고 또 한층 질서가 있는 전체를 이루므로, 여기에는 정규 군대에서 파견된 작은 부대를 딸리게 할 필요가 있다. 그렇게 되면 이러한 국민군도 질서가 있는 군의 체제를 갖추어 한층 대규모적인 행동을 일으킬 수가 있다. 그런데 국민군의 강점은 이들 지점으로부터 적의 배후로 향함에 따라 감소하지 않을 수가 없다. 여기는 적군으로부터 강력한 타격을 받기 쉬운 곳이기 때문이다. 이와 같이 결속력이 굳은 국민군의 임무는 적군이 후방에 남기고 온 비교적 강력한 수비대를 습격하는 데에 있다. 뿐만 아니라 이러한 국민군은 적에게 공포와 불안감을 환기해서 전체적으로 주는 정신적 인상을 강화하는 것이다. 이와 같이 결집된 부분이 결여되면 국민군이 올리는 총체적 효과는 강력해지지 않을 것이고, 또 국민군 전체의 상태가 적에게 가공할 만한 존재는 되지 않을 것이다.

장수가 국민 총무장 전체를 강력하게 형성하기 위한 가장 편리한 방법은, 상비군의 소부대로 국민군을 지지하는 일이다. 정규 군대가 지원해서 국민군을 고무하지 않으면 대부분의 주민은 감히 무기를 잡으려고 하지 않을 것이다. 이러한 임무를 띠고 정규군으로부터 파견된 부대가 강력하면 주민을 끌어당기는 힘은 더욱더 강하고, 또 적의 머리 위에 떨어지는 눈사태는 더욱더 커진다. 그러나 여기에도 한계가 있다. 방어자가 이러한 부목적을 위해 군을 분할하여, 말하자면 상비군을 국민군 안에 편입시키고 장대하기는 하지만 도처에 미약한 방어선을 만들어낸다는 것은 매우 위험하다. 그와 같은 일을 하면 상비군이 국민군과 함께 파멸할 것은 불을 보는 것보다 더 뻔하다. 또 경험이 가르치고 있는 것처럼 정규군의 대부대가 국민군의 무대인 동일한 지방에 주둔하면, 국민전은 그 추진력과 효과가 감소되는 것이 통례이다. 그 이유의 첫째는, 이들 대부대에 대해서 공격자도 이 지방으로 대부대를 보내기 때문이다. 두 번째 이유는, 해당 지방의 주민이 정규군에 너무 의존하기 때문이다. 또 세 번째로는, 대부대가 주둔하면 그 지방 주민의 힘이 국민군과는 다른 방식으로, 즉 숙영이나 수송 및 공급 때문에 눈에 띄게 소비되기 때문이다.

적이 국민전(國民戰)을 원수로 보고서 국민군에 가하는 격렬한 반격을 예방하는 수단은, 동시에 국민군이라는 수단을 사용하는 경우의 원칙을 이룬다. 그 원칙이라고 하는 것은 국민전과 같은 대규모의 방어 수단을 전술적 방어를 위해 사용하는 것을 될 수 있는 대로 피하는가, 혹은 절대로 이러한 목적을 위해 사용하지 않는다는 것이다. 국민군이 하는 전투의 성격은 대개 훈련이 미숙한 군대의 전투와 비슷한, 즉 행동을 개시한 당초에는 격렬한 힘과 열정을 갖추고 있지만 냉정이 결여되고 내구력이 부족하다. 또 국민군은, 싸움에 져서 격퇴당하는 것을 그다지 신경 쓰지 않고 있는 것이 통례이다. 그와 같은 일은 원래 각오한 바이기 때문이다. 그러나 사상자나 포로에 의한 막대한 손해에 의해 심하게 상처를 받는 일이 있어서는 안 된다. 완벽한 패배는 국민군의 정열을 이내 냉각시키고 말 것이다. 여하간 이 두 건의 결점은 전술적 방어와는 전적으로 용납되지 않는다.

방어적 전투는 강인하고 완만한 계획적 행동과, 단호하고 과감한 정신을 필요로 한다. 중지하고 싶으면 이내 그만두어도 상관없는 계획은 방어에서 성과를 올릴 수가 없다. 따라서 국민군이 단절지의 방어에 임할 경우에도 이것을 결정적인 방어적 본전(本戰)에 사용해서는 안 된다. 그와 같은 일을 하면 비록 당면한 정황이 아무리 유리하다 해도 결국 파멸하지 않을 수 없다. 요컨대 국민군은 산지의 입구, 소택지의 제방, 하천의 도하점 등이라면 그 군의 힘이 미치는 범위 내에서 방어할 수 있고, 또 이러한 방어에 임하는 것이 정도인 것이다. 그러나 이들 방어 지점이 돌파되면 본래의 방어 진지로 도망쳐서 답답한 피난처에 틀어박히지 말고, 일단 산산이 흩어지고 난 뒤에 다시 적의 의표를 찌르는 습격을 되풀이해서 방어를 계속하는 것이 좋다. 비록 국민이 아무리 용감하고 국민적 전통이 아무리 용맹해도 또 적에 대한 증오의 감정이 아무리 강렬해도, 국토의 지형이 아무리 유리해도 대개의 국민전은 위험성이 짙은 분위기 속에서는 도저히 지탱할 수 있는 것이 아니다. 따라서 국민군의 심정을 불태우는 연료를 어딘가에 축적해서 격렬한 불꽃을 타오르게 하기 위해서는, 국민전은 본격적인 전쟁터에서 떨어진 지점 즉, 충분한 공기가 있고 쓸데없이 적의 강력한 타격으로 그 불꽃이 꺼질 염려가 없는, 비교적 멀리 떨어진 지점에서 이루어지지 않으면 안 된다.

이상과 같은 고찰은, 당면한 문제의 객관적 분석이라고 하기보다는 오히려 사태의 진실을 느낀 바를 적은 것이라고 하는 편이 옳을 것이다. 국민전은 이제까지 극히 드물게만 이루어졌고, 또 국민전을 자신의 눈으로 오랫동안 관찰한 사람들도 이에 대해서 거의 기술하고 있지 않기 때문이다. 여하간 위에서 한 고찰에 덧붙여 전략적 방어 계획은 국민 총무장의 협력을 서로 다른 두 가지 방식으로 이용할 수 있다고 하는 것을 말해두고 싶다. 그것은, 방어자가 회전에 패배한 뒤에 사용하는 마지막 보조 수단으로써인가, 그렇지 않으면 결정적 회전이 이루어지기 전에 국민의 자연적 감정에 입각한 지원으로서인가 둘 중의 어느 하나이다. 그런데 후자는 자기 영토 안으로의 퇴각과, 본편 제8장 및 제24장에서 이미 말한 간접적인 저항 방식을 전제로 하고 있다. 따라서 여기에서는 전자, 즉 회전에 패한 뒤의 국민군의 소집에 대해서 약간 말해 둘 필요가 있다.

일반적으로 국가의 운명, 즉 국가의 모든 존재는 비록 가장 결정적인 회전에 의해서든 단 1회의 회전에 의해서든 결정된다고 생각해서는 안 된다. 국가는 회전에 패하더라도 새로운 병력의 징집으로, 혹은 공격자 측에서 매회의 공격 때마다 생기지 않을 수 없는 병력의 약화에 의해 방어자는 불리한 사태를 바꾸어 유리하게 전환할 수가 있고, 또 외국으로부터 원군을 얻는 수단도 있다. 적어도 국가의 흥망은 그렇게 급속히 생기는 것이 아니다. 물에 빠진 사람이 지푸

라기라도 잡는 것이 자연적인 본능이듯이, 국민이 멸망의 위기에 처하면 건곤일척의 수단을 시도해 보는 것은 정신계의 일반적 규칙이다.

어떤 국가가 적국에 비해서 아무리 약소하고 열세에 놓여 있다고 해도, 이러한 최후의 노력을 아까워해서는 안 된다. 그렇지 않으면 그와 같은 국가는 혼이 빠진 국가라 하지 않을 수 없다. 또 국가가 이와 같이 마지막 용기를 발휘하는 것은, 희생이 많은 강화를 체결함으로써 완전한 몰락을 면하려고 하는 방침과 서로 상반되는 것은 아니다. 또 한편으로 이러한 강화를 체결하려고 하는 의도가 있다는 것과, 다른 한편으로 새로운 방어 방책에서 얻어지는 이점과는 서로 모순되지 않는다. 이러한 방어 방책은 강화를 곤란하게 하거나 강화 조건을 악화시키는 것이 아니라 오히려 강화를 손쉽고 유리하게 한다. 따라서 본전(本戰)에 패하면 국민을 달래어 평화를 감수시키는 것만을 생각하고, 또 패배에 대한 심한 실망에 압도되어 용기나 물심양면의 모든 힘을 북돋우려는 기개가 없는 정부는 무기력 때문에 처음부터 승자의 자격이 없을 뿐만 아니라, 승리를 얻지 못한 것도 그 때문이라고 단정해도 좋을 것이다.

따라서 아무리 결정적인 패배를 당한다 해도 국가는 군을 내지로 퇴각시켜, 요새와 국민 총무장의 효력을 충분히 발휘하게 하지 않으면 안 된다. 이러한 경우에 유리한 정황은 방어자의 주된 전쟁터의 양 날개가 산지나 깎아지른 요해(要害) 지형에 의해 한정되어 있어야 한다는 것이다. 그러면 침략자는 이들 지점으로부터의 전략적 측방 사격에 견디지 않으면 안 될 것이다.

공격군이 결정적 회전에서 일단 승리를 거둔 뒤 적지에서 오직 공성(攻城) 작업을 펴고, 도처에 수비대를 남겨두어 병참선의 엄호에 노력하거나 여러 곳에 부대를 파견해서 운동의 자유와 인접하는 지방의 질서 확보에 급급한 상태라면, 그는 이미 생명 있는 전투 수단과 생명 없는 전투 수단, 즉 병력 및 마필(馬匹)과 물자의 손실에 의해서 약해진 상태에 있는 것이다. 이때야말로 방어자로서는 다시 한번 결전장으로 들어가 이제는 불리한 상태에 있는 공격자에게 뼈아픈 반격을 가해서 그를 동요시킬 절호의 찬스가 오는 것이다.

제27장
전쟁터의 방어

우리는 가장 중요한 방어 수단을 논술해 왔는데 우선 이것으로 만족하기로 하고 이들 방어 수단이 방어 계획 전체와 어떻게 결부되는가 하는 것은 전쟁 계획을 논하는 최종 편에서 말하고자 한다. 모든 공격 및 방어에 관한 부계획(副計劃)은 모두 이 전쟁 계획에서 출발하고, 또 전쟁 계획의 요강에 따라 규정될 뿐만 아니라, 대개의 경우 전쟁 계획 그 자체가 본 전쟁터의 공격 혹은 방어 구상 바로 그것이기 때문이다. 확실히 전쟁에서는 다른 그 어떤 부문에서보다도 부분이 전체에 의해 규정되고, 또 전체의 성질에 의해서 영향을 받아 본질적인 변화를 입게 된다는 것은 부정할 수가 없다. 그러나 그렇다고 해서 전쟁 전체에 관한 일반적 고찰에서 시작할 수는 없었다. 그래서 우리는 우선 전체에서 여러 주요 부분을 분리해서 각기 고찰의 대상으로 삼고, 이것을 한층 명확하게 인식해야만 했다. 이와 같이 단순한 것에서 복잡한 것으로 나아가지 않으면 우리는 수많은 불분명한 개념 때문에 타격을 받을 것이고, 또 특히 전쟁에 따라다니는 여러 상호 작용은 끊임없이 우리를 혼란에 빠뜨릴 것이다. 그래서 우리는 우선 한 발자국이라도 전체에 접근하고 싶다고 생각하는, 다시 말하면 전쟁터의 방어를 독립적으로 고찰하여 이에 관해서 논의되는 약간의 문제를 살펴볼 단서를 찾아보고 싶다.

이제까지의 우리의 생각에 따르면, 방어는 공격보다 한층 강력한 투쟁 형식이다. 그리고 이 투쟁의 목적은 아군의 전투력을 보전하고 적의 전투력을 격멸하는 일, 간단히 말하면 승리이다. 그러나 두말할 필요도 없이 승리는 아직 투쟁의 궁극적인 목적은 아니다.

투쟁의 궁극적인 목적은 자국을 보전하고 적국을 완전히 타도하는 데 있다. 다시 요약하면, 아군의 의도대로 체결된 강화 바로 그것이다. 피아 양국의 분쟁은 강화에 의해 비로소 해결되고 또 피아 쌍방에 대해서 결말이 나기 때문이다.

그러나 전쟁이라는 사건에서 볼 때, 적국(敵國)이란 도대체 무엇을 가리키는 가. 그것은 무엇보다도 우선 적의 전투력이며, 다음으로는 적의 국토이다. 하지만 그 밖에도 특수한 정황에 의해서 뚜렷이 유력하게 될 만한 요소가 많다. 그 중에서도 특히 중요한 것은 정치적 사정, 다시 말하면 내정 및 외교에 관한 사정이며, 때로는 이것이 기타의 모든 것보다도 결정적인 요인이 된다. 그런데 전투력과 국토만이 적국 그 자체는 아니라고 해도, 또 국가와 전쟁 사이의 모든 관계를 나타내는 것이 아닐지라도 이 두 가지 요소는 항상 지배적이며, 중요성에서 보면 다른 모든 관계보다도 현저히 우세하다. 전투력은 자기 나라를 지키고 적의 국토를 공략한다. 이에 대해 국토는 전투력을 배양하고 또 끊임없이 이것을 새로 생산한다. 따라서 서로 의존하고 서로 돕는 이 양자는 똑같이 중요하다. 그러나 이와 같은 상호 관계가 성립된다고는 하지만, 양자 사이에는 차이도 있다. 전투력이 격멸되면, 다시 말해서 전투력이 완전히 타도되어 앞으로의 저항이 더 이상 불가능하면 국토의 상실을 초래하는 것은 두말할 나위가 없다. 그러나 그와는 반대로 국토가 적에게 공략되어도 아직 전투력의 절멸은 생기지 않는다. 군은 국토를 우선 자발적으로 침략자에서 넘기기는 하지만, 전투력이 있으면 나중에 손쉽게 이를 탈환할 수 있기 때문이다. 그렇다면 한 나라의 전투력의 완전한 타도가 국토의 운명을 결정할 뿐만 아니라, 전투력이 현저하게 약화된 것만으로도 국토를 상실하게 되는 셈이다. 이와는 반대로 국토의 상당히 넓은 부분이 적에게 점령된다고 해도 군이 그만큼 약해지는 것은 아니다. 하기야 장기에 걸친 점령은 결국 전투력 약화를 초래하겠지만, 그러나 전쟁에 의해서 승패가 결정되는 비교적 짧은 기간에 뚜렷한 약화가 생기는 일은 없다.

그래서 아군의 전투력을 보전하고 적의 전투력을 약화시켜 격멸한다는 것은 그 중요성으로 보아 자기 국토의 보전보다 더 낫다는 것을 알 수가 있다. 따라서 장수는 무엇보다도 우선 적 전투력의 약화나 격멸에 노력하지 않으면 안 된다. 그리고 국토의 보유라고 하는 것은 이러한 수단(적 전투력의 약화 또는 격멸이라고 하는 것)이 아직은 국토를 완전히 보유할 수 없는 경우에 비로소 목적으로서 대두하게 되는 것이다.

가령 적의 모든 전투력이 하나의 군에 집결되어 피아 양국 사이의 전쟁이 단

1회의 전투에 의해 결정된다고 하면, 우리 국토의 보전은 이러한 전투에 의해 결정될 것이다. 그래서 적 전투력의 격멸 및 적 국토의 공략과 우리 국토의 보유가 그 어느 경우에도 이런 종류의 전투에서 필연적으로 생기는 결과라면, 그것은 이 전투 자체와 항상 결부되어 있는 것이다. 그러면 서로 공격하고 방어하는 양자 중에서 왜 방어자가 우선 군사적 행동의 이러한 가장 단순한 형식을 사용하지 않고 병력을 여러 곳으로 분할하는가 하는 문제가 생긴다. 그 대답은 이러하다. ―가령 방어자가 모든 전투력을 집결해서 승리를 얻었다 해도, 이와 같은 승리만으로는 불충분하기 때문이다―라고. 대개 승리가 적에게 미치는 효력의 범위에는 각기 한계가 있다.

만약 그 어떤 승리도 적국 전체에, 따라서 또 적의 모든 전투력과 전 국토에 똑같이 효력을 미칠 수 있다고 한다면, 다시 말해서 적 전투력과 전 국토의 모든 부분에 우리가 적 전투력의 주핵에 가한 타격과 동등한 효과를 줄 수 있다면, 이러한 승리야말로 우리가 필요로 하는 모든 것이기 때문에, 우리로서는 병력을 새삼 분할할 이유가 없는 셈이다. 그러나 적의 전투력과 피아 쌍방의 국토에 우리의 승리가 그 위력을 미칠 수 없는 부분이 있다고 하면 우리로서는 이들 부분을 무시할 수는 없다. 그런데 국토는 전투력과는 달리 한 지점에 집결할 수가 없으므로, 결국 이러한 부분을 공격 또는 방어하기 위하여 전투력을 분할하지 않을 수 없는 것이다.

이와 같이 모든 전투력을 단 하나의 군으로 구성한다는 것은 작고 짜임새 있는 국가에서만 가능하며, 또 그와 같은 경우에는 아마도 이 단일군에 대해서 승리를 얻으면 만사가 해결될 것이다. 그러나 장대한 국경선에 의해 우리 국토와 접촉하고 있는 대국의 경우나, 혹은 우리나라를 둘러싸고 있는 여러 나라가 우리를 적으로 삼고 동맹을 맺고 있는 경우에는 이러한 단일한 군을 보유한다는 것은 실제로는 전적으로 불가능하다. 그래서 병력의 분할이 필요해지고 따라서 여러 곳에 전쟁터가 생기는 것이다.

승리가 미치는 효력의 범위를 결정하는 것은 승리의 대소이며, 또 승리의 대소를 결정하는 것은 패전(敗戰)한 군의 병력수이다. 그러므로 국토의 어느 지역에 적 전투력의 대부분이 집결하고 있는 경우에는, 이 부분에 강력한 타격을 가하면 그 효과는 매우 멀리에까지 이를 것이다. 또 이 타격을 주기 위해 사용할 수 있는 전투력이 크면 성과는 더욱더 확실해질 것이다. 이와 같이 하나의 개념에서 극히 자연스러운 방법으로 차차 발전하는 개념의 계열은, 우리의 사고방식을 한층 명확하게 만드는 하나의 형상을 시사한다. 그것은—역학에서의 중심(重心)의 성질과 작용이다.

물체의 중심은 항상 질량이 가장 많이 모여 있는 점이며, 또 중심에 가해지는 타격은 그 물체에 가장 효과적으로 작용한다. 또 가장 강력한 타격은 힘의 중심에 의해 주어지는데 이것은 전쟁에서도 마찬가지이다. 교전자(交戰者)가 한 나라이건 몇몇 나라의 동맹이건 그 전투력은 그 어떤 방식으로 통일되고, 또 전체는 이 통일에 의해 관련을 유지하는 것이다. 그리고 그와 같은 관련이 성립되는 곳에서는 중심에 속하는 성질이나 작용이 나타난다. 그렇기 때문에 이들 전투력에는 무엇인가 중심과 같은 것이 있고, 그 운동과 방향이 다른 점의 운동이나 방향을 결정한다. 이 경우에 중심이란 전투력이 가장 많이 집결하는 바로 그 지점이다. 그런데 생명이 없는 물체계에서는 중심에 가해지는 작용은 물체의 모든 부분의 관련 속에서 작용의 정도와 한계를 발견하지만, 이것은 전쟁에서도 마찬가지이다. 그리고 그 어느 경우이든 중심에 가해진 타격은 자칫 상대방의 저항보다도 커진다. 그래서 타격의 허탕, 즉 힘의 낭비가 생기게 된다.

하나의 군기(軍旗) 아래 통괄되고, 한 사람의 장수가 스스로 내리는 명령에 따라 회전에 참가하는 군의 결속과, 50마일 내지 100마일의 광대한 지역에 분산하여 각기 다른 방면에 기지를 갖는 동맹군의 결속 사이에는 뚜렷한 차이가 있다. 전자의 경우 결속은 매우 견고하고 통일은 매우 긴밀하다. 이와는 달리 후자의 경우는 통일은 현저하게 느슨하고, 가끔 여러 나라에 공통된 정치적 의도를 정돈하기 위한 통일에 지나지 않는 경우가 있다. 이 경우에도 확실히 통일은 존재하지만 그것은 심히 불완전한 것이고, 또 부분 상호 간의 관련은 긴밀성이 없고 혹은 있어도 없는 것과 같다.

그러므로 한편으로 적의 전투력에 강력한 타격을 가하려면 아군의 병력을 가급적 대규모로 집중시켜야 하지만, 또 다른 한편으로는 지나친 병력의 집중은 전투에서 불리를 초래할 우려가 있다. 이러한 집중은 힘의 낭비이며, 또 힘의 낭비는 다른 지점에 있어서 병력의 부족을 가져오게 하기 때문이다.

그래서 적의 병력이 지니고 있는 중심(重心)을 식별하고, 이 중심이 미치는 효과의 범위를 인식한다는 것은 전략적 판단의 중요한 임무가 된다. 장수는 피아 전투력의 어떤 부분이 전진 또는 퇴각하면 그것이 나머지 부분에 어떠한 작용을 미치는가를 스스로 구명하지 않으면 안 될 것이다.

우리는 이상으로 전쟁터 방어의 새로운 방식을 발견했다고 자부하는 것은 아니다. 우리는 다만 모든 시대에 모든 장수들이 원용한 이 방식의 밑바닥에, 이러한 방식과 자연의 이치와의 관련을 지금까지보다 한층 명확히 하는 사상이 있다는 것을 지적한 데 지나지 않는다.

적의 병력의 중심이라는 개념이 전체 전쟁 계획에서 어떠한 효력을 발휘하는가는 이 책의 최종 편에서 고찰하고자 한다. 이 문제는 일반적으로 전쟁 계획에 속하는 것이기 때문이다. 그럼에도 여기에서 미리 이 문제를 취급한 것은, 그렇게라도 하지 않으면 개념의 체계에 간극이 생길 우려가 있기 때문이다. 그런데 우리는 위의 고찰에서 일반적으로 전투력의 분할을 가져오게 하는 것은 무엇인가를 알았다. 그것은 근본적으로 서로 대립하는 두 가지 요인이다. 그중 첫째의 요소, 즉 국토의 보유는 전투력을 분할하는 방향을 취한다. 이와는 달리 둘째의 요소, 즉 적의 전투력의 중심(重心)에 가하는 타격은 병력을 어느 정도 집결시킬 필요가 있다. 이리하여 몇몇 전쟁터, 즉 작전군의 배당 지역이 성립된다. 이들 전쟁터는 모두가 국토의 여러 지방에 배당된 전투의 담당 구역이기도 하다. 그리고 각 전쟁터에서 각 군에 의해서 주어진 승패의 결정은 직접 모든 전쟁터에 영향을 주고, 또 이 모든 전쟁터를 원하든 원하지 않든 주력과 동일 방향으로 나가게 한다. 지금 직접이라고 말한 것은, 어느 한 전쟁터에서의 결정은 이에 인접하는 나머지 모든 전쟁터에 강약의 차이는 있지만 반향(反響)을 일으키기 때문이다.

우리는 본 장에서 각 사상 영역의 중심점만을 문제로 삼았다. 그러나 이들 영역의 주위에 명확한 경계선을 그으려 하지 않았고, 또 실제로 그을 수도 없었다. 이제까지도 우리는 무엇인가를 정의할 때, 항상 이러한 방법을 따라온 것이다. 이것은 우리가 논하고 있는 대상의 성질로 보아 당연한 일이지만, 여기에서 우리의 취지를 다시 한번 분명히 말해두고 싶은 것이다.

요컨대 하나의 전쟁터와 거기에 집결된 전투력과는, 전쟁터의 넓고 좁음과 전투력의 대소를 불문하고 하나의 중심으로 통일되어 있다. 그러면 승패는 그 중심에서 결정되게 된다. 한편 이 경우 승자라고 하는 것은, 가장 넓은 뜻에서 전쟁터를 방어하는 것을 말한다.

제28장
전쟁터의 방어(이어서 1)

방어는 두 개의 서로 다른 요소로 성립한다. 즉 회전에 의해 승패를 결정하는 일과 적을 기다리는 일이다. 이 두 요소를 결합하는 것이 곧 본장(本章)의 목적이다.

첫째, 다음과 같은 일을 지적해 두지 않으면 안 된다. 즉, 적을 기다리는 상태는 확실히 완벽한 방어는 아니지만 방어의 중요한 영역을 이루는 것으로, 이 영역에서 나름대로의 목표에 도달하는 것이다. 그런데 피아의 전투력 어느 쪽인가가 공방을 일삼는 지역에서 떠나지 않는 한, 쌍방 병력 사이의 긴장 상태는 회전에 의해 승패가 결정될 때까지 계속된다. 그러면 승패는 공격자나 방어자 중 어느 한쪽이 전쟁터에서 떠났을 때 비로소 결정된다고 생각할 수 있다.

방어자의 전투력이 방어를 목적으로 하는 지역을 고수하고 있는 한, 이 지역의 방어는 계속된다. 이런 의미에서의 전쟁터의 방어 즉, 전쟁터를 방어하는 것과 전쟁터에서의 방어는 같은 뜻이다. 이 경우에 공격자가 일시적으로 이 지역을 다소 점령했다고 해서 방어자에게는 그다지 중요하지 않다. 방어자는 이 지역을 결전 때까지 공격자에게 빌려준 것과 같기 때문이다.

우리는 이와 같은 생각에서 적을 기다린다는 상태의 참뜻을, 이러한 상태와 전쟁터 방어 전체와의 올바른 관계에서 확인하고자 하는 것이다. 그러나 이 사고방식은 회전에 의해서 승패를 결정하는 일이, 공방 양자에 의해 불가피하다고 여겨지는 경우에만 진실이다. 실제로 이러한 결전에 의해서만 피아 전투력의 각 중심과 이들 중심에 의해 통일되어 있는 전쟁터에 효과적인 타격을 줄 수 있기 때문이다. 만약에 결전의 의욕이 없으면 이러한 중심은 어느 편이나 무력한 것이 된다. 어떤 뜻에서는 쌍방의 모든 전투력이 활동을 정지하게 된다. 그러면 모든 전쟁터의 제2의 중요 사항인 국토의 보유가 전쟁의 직접 목적으로서 고개를 들게 된다. 다시 말하면, 공방 양자가 전투에서 어느 쪽이나 결정적 타격을 마음먹지 않고 전쟁이 단순한 상호 감시에 머물면, 국토의 보전이라고 하는 것이 더욱더 중요시되어 방어자는 모든 대상을 직접 엄호하는 것으로 생각하고, 또 공격자는 전진해서 적 국토의 점령 구역의 확장에만 신경 쓰게 된다.

그런데 과거 대다수의 전쟁 및 전역이 생사를 건 투쟁, 다시 말하면 적어도 피아의 한쪽이 어디까지나 결전하려고 하는 투쟁보다는, 오히려 쌍방 모두가 순전한 감시 상태로 있었다는 것은 부정할 수가 없다. 다만 19세기의 전쟁만은 필사의 투쟁이라고 하는 성격을 현저하게 드러내고 있었기 때문에, 이 경우에는 이러한 투쟁을 바탕으로 하는 이론을 사용할 수가 있었다. 그러나 장래의 전쟁이 모두 이와 같은 성격을 띠는 일은 없을 것이므로, 실제의 생활에 유용성을 목적으로 하는 이론은 역시 보통의 일반 전쟁도 고려해 볼 필요가 있다. 그래서 먼저 결전을 구하는 의도가 전쟁 전체에 충만하고, 또 이것을 지도하는 경우를 논하고 본래의 전쟁, 혹은—이렇게 말해도 지장이 없다면—절대적 전쟁을 다루고 나서 다른 장에서 많건 적건 감시 상태로 확실하게 접근함으로써 발생하는 약간 변화된 상태를 고찰해 보고자 하는 것이다.

제1의 경우(공격자 또는 방어자 어느 쪽이 어디까지나 결전을 구하는 경우)에 전쟁터 방어가 목적으로 하는 것은, 방어자가 전쟁터를 잘 고수해서 무슨 일이 있든지 공격자와 결전을 하여 이에 의해 승리를 얻는 데에 있다. 이러한 결전은 한 번의 회전일 경우도 있고 혹은 일련의 대규모적인 전투일 경우도 있으나, 쌍방의 병력 배치의 상황을 견주어, 만약 이 관계대로 실제의 전투에 옮겨진다고 하면 반드시 생길 것이라고 추측되는 결과만일 때도 있다. 또한 이와 같은 경우의 쌍방의 병력 배치는 그것만으로 이미 가능한 전투라고 불릴 만하다.

이제까지 기회 있을 때마다 여러 번 말했지만, 회전은 승패를 결정하기 위한 가장 강력하고도 일반적이며 가장 효과적인 수단이다. 그러나 그 정도는 아니라 해도 역시 승패를 결정하는 중요한 수단의 하나이며, 이 수단을 사용하기 위해서는 정황이 허락하는 한 최대의 병력을 집결시킬 필요가 있다. 전쟁터에서의 본전(本戰)은 한쪽의 중심이 다른 쪽 중심에 가하는 타격이다. 그 경우에 피아의 중심 어느 쪽엔가에 대하여 될 수 있는 대로 많은 병력을 집중하면, 그 효과는 더욱더 커지고 확실해진다. 따라서 일반적으로 병력의 분할은 유리한 회전으로조차도 달성할 수 없는 목적이나, 그렇지 않으면 회전 그 자체에 유리한 결말을 줄 수 있는 목적이 전제되지 않는 한, 그 어느 경우에도 졸책(拙策)이라 하지 않을 수 없다.

하지만 병력의 대규모적인 집결만이 회전의 근본 조건이 아니다. 전투력을 유리한 진지나 위치에 배치해서, 회전이 유리한 정황 아래에서 이루어지도록 배려하는 일 또한 근본 조건을 이루는 것이다.

앞서 여러 가지 저항 방식을 논한 장(章 : 본편 제8장)에서 방어에 여러 가지 단계가 있음을 알았다. 그런데 이들 단계는 위에서 말한 근본 조건과 완전히 조화를 이룬다. 따라서 특수한 경우에도 필요하다면 방어의 이러한 단계를 근본 조건과 결부시키는 일은 곤란하지는 않다. 그러나 이 경우 언뜻 보기에 모순을 안고 있는 것처럼 여겨지는 점이 하나 있다. 그것은 적 병력의 중심을 탐지해 낸다는 것이다.

방어자가 몇 가닥의 도로 중에서 공격자는 어느 도로를 전진하는가, 또 어느 도로상에서 적 병력의 중핵(中核)과 확실하게 마주치는가를 재빨리 탐지한다면, 그 도로상에서 공격자를 격퇴시킬 수가 있는 것이다. 그리고 이러한 경과가 일반적인 경우이다. 실제로 방어자는 일반적 방어 방책, 설보(設堡) 요새나 병기고(兵器庫) 등의 설비, 혹은 평시 병력 등의 면에서 공격자에게 선수를 칠 수가 있다. 따라서 공격자는 방어자의 상황을 살펴본 후에 방침을 정하지 않으면 안 된다. 그러나 또 방어자가 공격군에게 행동을 개시하면 이번에는 방어에 독특한 이점, 즉 공격자가 어떻게 나오느냐에 따라서 적절한 방어 수단을 강구한다는 이른바 후수(後手)의 이익을 이용할 수 있다.

상당한 병력을 가지고 적지에 침입하기 위해서는 그에 알맞은 준비, 즉 양식(糧食)의 집적이나 장비용 자재, 기타를 필요로 한다. 또 공격자는 이러한 준비에 시간을 요하므로, 방어자에게는 공격자가 나오는 데에 따라서 적절한 대책을 강구할 충분한 시간이 주어지는 것이다. 또 이 경우에 방어자 쪽은 그 때문에 그다지 시간을 들이지 않아도 된다는 사정은 무시할 수 없는 이점이 된다. 물자는 어느 나라에서나 공격보다는 방어를 위해 평소에 준비되어 있기 때문이다.

이것은 대개의 경우 분명히 진실이라고는 하지만, 경우에 따라서는 방어자가 공격자의 중요 전진로를 확실히 알 수 없는 경우도 있다. 이와 같은 일은 방어자가 많은 시간을 필요로 하는 대책, 예를 들어 견진지(堅陣地)를 축조하는 방어 방책을 강구할 경우에는 특히 생기기가 쉽다. 또 방어자가 실제로 공격자의 전진로상에 있어도 공격자 측이 공세적 회전을 원하지 않을 경우에는, 원래의 전진 방향을 약간만 변경하면 방어자의 진지를 피할 수가 있는 것이다. 농경이 잘 된 유럽에서라면, 방어자 진지의 우측이나 좌측에 길이 나 있지 않은 일은 절대로 있을 수 없기 때문이다. 말할 필요도 없이 이러한 경우에는 방어자는 그 진지에서 공격자를 기다리는, 적어도 도전할 생각으로 회전을 기다릴 수가 없는 것이다.

그렇다면 이와 같은 경우에 방어자에게는 아직 어떠한 수단이 남아 있는가—하는 것을 논하기 전에 우선 이러한 경우의 성질과 이러한 경우에 생기는 공산(公算)을 더 자세히 고찰할 필요가 있다.

어떠한 나라, 어떠한 전쟁터에도(우선 여기에서는 전쟁터만을 문제로 삼는다), 공격이 특히 효력을 발휘하는 공격 대상이나 공격점이 있기 마련이다. 그러나 이에 대해서는 공격을 논하는 편(제7편)에서 상술하는 것이 적당할 것으로 생각한다. 그렇기 때문에 가장 유리한 공격 대상이나 공격점은 공격자에게 공격 방향을 규정하는 근거가 된다는 것, 그러나 또 방어자 측도 이에 착안을 하게 되므로, 방어자가 공격자의 전진 방향을 미리 예측할 수 없는 경우에는 방어자도 또한 이 근거에 입각해서 방책을 세울 것임에 틀림없다는 것을 지정하는 것으로 그치고자 한다. 그런데 만약에 공격자가 이 유리한 공격 방향을 취하지 않는다고 하면, 그는 자연이 제공하는 이점의 일부를 포기하는 것이 될 것이다. 또 방어자가 병력을 이 방향으로 배치하고 있으면, 이러한 진지 옆을 통과하는 수단은 공격자에게 무상으로 주어지는 것이 아니라 반드시 나름대로의 희생을 지불하지 않으면 안 된다는 것은 자명하다. 그러면 한편에서는, 방어자가 공격자의 전진 방향을 놓치는 위험과 다른 한편으로는 공격자가 방어자 진지의 옆을 통과하는 능력과는 어느 것이나 겉보기만큼 대단한 것이 아님을 알 수가 있다. 공격자가 전진 방향을 규정하는 유력한 근거는 이미 존재하고 있고, 게다가 또 방어자에게는 장소와 결부되어 있는 여러 시설이 있고, 적 병력의 핵심적인 소재를 놓치는 일은 좀처럼 없기 때문이다. 다시 말하면 방어자가 적절한 지점에 포진하고 있으면 공격자는 반드시 이 진지를 향해서 전진해 온다고 확신해도 좋다.

그러나 방어자가 제아무리 방어 설비를 한다 해도 공격자가 이쪽에서 바라는 대로 되지 않는 일이 있다는 것은 부정할 일이 아니고, 또 실제로도 부정할 수 없는 일이다. 그래서 방어자는 이러한 경우에 무엇을 하면 좋은가, 또 방어자가 현재 차지하고 있는 위치에 본래 갖추어진 이점 중에서 어느 정도의 것이 그에게 남겨지는가—하는 문제가 생긴다.

공격자가 방어자 옆을 통과할 때, 일반적으로 어떠한 수단이 방어자에게 남겨져 있는가 하면 그것은 다음과 같다.

1. 방어자는 병력을 처음부터 둘로 쪼개어 한쪽 병력으로 확실하게 공격자와 만나게 하고, 다른 한쪽으로는 구원하러 간다.

2. 집결한 병력을 진지에 들게 하여, 공격자가 그 옆을 통과할 경우에는 신속하게 이 진지를 옆으로 이동시킨다. 그러나 대개의 경우 정확하게 옆으로 이동시킬 수 있는 것이 아니어서, 새 진지는 처음 진지보다도 약간 후방으로 옮기지 않을 수 없을 것이다.

3. 집결한 병력을 가지고 공격자에게 측면 공격을 가한다.

4. 공격자의 병참선에 대해서 행동을 일으킨다.

5. 공격자의 전쟁터 혹은 국토를 역습함으로써, 공격자가 방어자의 측면을 통과하는 경우와 똑같은 행동을 일으킨다.

제5의 수단을 여기에 든 것은, 이러한 수단이 효력을 발휘하는 경우를 생각할 수 있기 때문이다. 그러나 이 수단은 결국 방어의 취지, 즉 방어라는 전쟁 형식을 선택한 이유와 서로 맞지 않으므로 일종의 변칙으로 보아도 된다. 따라서 공격자 측에 무엇인가 중대한 과실이 있는가, 그렇지 않으면 특수한 경우나 이상한 사정에 의하는 것이 아니라면 이러한 변칙적인 행동은 취할 일이 아니다.

방어자가 공격자의 병참선에 대해서 행동을 하기 위해서는, 우선 아군의 병참선이 우수하지 않으면 안 된다. 그리고 또 병참선이 우수하다는 것은 견고한 방어 진지의 근본적 조건의 하나이다. 그런데 방어자가 우수한 병참선을 믿고 적의 병참선에 대해서 행동을 일으키면, 확실히 어느 종류의 이점을 얻을 것이지만, 그러나 전쟁터 방어면에서 보자면 이 방법은 회전에 의해서 승패를 결정하는 데에 적합하지는 않다. 그런데 전역의 목적으로서 항상 우리가 전제로 해온 것은 바로 회전에서의 결정 바로 그것이다.

전쟁터의 면적은 어느 경우나 그리 넓지 않은 것이 보통이므로, 공격자의 병참선이 장대하다고 해도 심하게 위협받는 일은 없을 것이다. 또 비록 병참선이 실제로 위협을 받는다고 해도 공격자가 공격에 요하는 시간은 보통 매우 짧으므로 이 수단의 효력이 나타나는 속도가 완만하면 공격이 저지되는 일은 없을 것이다.

따라서 이 수단(즉, 공격자의 병참선에 대해서 일으키는 행동)은 이미 결전을 결의하고 있는 공격자에 대해서는 물론, 방어자가 결전을 요구하고 있는 경우에도 대개의 경우 각별한 효과를 가져오지 못한다.

이상은 제4 및 제5수단의 설명이다. 그런데 제1 내지 제3의 수단은 승패의 단적인 결정, 즉 피아의 중심끼리의 충돌이며, 따라서 다른 수단보다도 본래의 임무에 한층 적합하다. 그래도 우리는 솔직하게 이렇게 말하고 싶다. 이들 세 가지 수단 중에서는 제3수단이 단연 우수하다는 것을 인정하지 않을 수 없다. 하기야 제1 및 제2수단이라고 해서 전혀 불가한 것은 아니지만, 그러나 대개의 경우 제3의 수단을 진짜 저항 수단으로 보아야 한다고.

방어자가 병력을 분할하고 배치하면 일종의 초병선식 전쟁으로 전락될 염려가 있다. 방어자가 이러한 초병선 방식을 취하면 공격자가 결전을 결의하고 있을 경우에는, 방어자 쪽이 아무리 유리해도 기껏해야 상당히 강력한 상대적 저항을 할 수 있는 데에 지나지 않는 것으로, 방어자가 바라는 것 같은 승패의 결정은 생기지 않는 것이다. 또 방어자가 사태를 올바르게 판단해서 초병선식 전쟁이라는 기로에 빠지는 것을 피할 수 있었다고 해도, 일시적이라고는 하지만 분할된 병력으로 하는 저항은 방어자의 공격력을 현저하게 약화시킨다. 따라서 또 전진 부대가 처음부터 심한 손해를 입지 않으리라고는 단언할 수 없는 것이다. 게다가 이와 같은 부대의 저항은, 구원을 위해 달려오는 주력 쪽으로 향하여 이루어지는 퇴각으로 끝나는 것이 통례이다. 그러면 대개 이 퇴각 부대는 방책을 잘못 채택해서 전투에 패배한 것으로 받아들여지며, 그것 때문에 군의 정신적인 힘을 현저하게 쇠퇴시키고 만다.

제2의 수단은, 방어자가 한 진지에 집결한 병력을 가지고 공격자가 퇴각하려고 하는 방향으로 이동하여 적의 퇴로를 차단하는 방법이다. 그러나 이와 같은 경우에 방어자는 자칫 시기를 놓쳐, 이동과 공격이라고 하는 두 행동 중간에서 진퇴양난에 빠지는 위험을 초래할 염려가 있다. 도대체 방어적 회전은 냉정, 숙려, 작전 지역에 관한 지식, 더 나아가 이 지역에 정통해야 한다는 것을 필요로 함에도 진지를 급속히 이동하는 경우에는, 이들 요소는 전혀 그 효력을 발휘할 수 없다. 마지막으로 방어적 회전에 알맞은 전쟁터를 제공하는 진지는 매우 드물기 때문에, 이러한 진지를 어느 도로상이나 또는 도로의 어느 지점에서나 선정할 수는 없다.

이와는 달리 제3의 수단, 즉 공격자에게 측면 공격을 가하여, 따라서 또 방향을 바꾼 정면을 가지고 공격자에게 회진을 도전하는 방법은 많은 이점이 따른다.

첫째로, 이에 의해서 공격자의 병참선(이 경우에는 퇴각선)이 폭로되지 않을 수 없다는 것은 우리가 잘 알고 있는 바이다. 또 이 경우에 방어자가 유리하다는 것은 방어자로서의 일반적 사정이나, 특히 또 우리가 방어자 쪽의 병력 배치에 요구한 여러 전략적 특성을 감안한다면 명백하다.

둘째로, ―이것이 가장 중요한 일이지만―방어자 옆을 통과하려고 하는 공격자는 전혀 서로 받아들여지지 않는 두 가지 노력 사이에 끼지 않을 수가 없게 된다. 공격자의 본래의 의도는 전진해서 공격 목표에 도달하는 데에 있다. 그런데 어떤 측면에서 방어자의 공격을 받을지도 모른다는 염려가 있기 때문에 항상 이 방면에 대한 반격을, 더욱이 집결된 병력을 가지고 하는 반격을 준비하지 않으면 안 된다. 이 두 가지 노력은 서로 모순되는 것이고 군의 내부 사정을 현저히 복잡하게 하며, 또 대책의 실시를 심히 곤란하게 하기 때문에, 이들 대책을 어떠한 경우에도 적합시키려 한다면 전략적으로 최악의 사태가 생길 것이다. 하기야 공격자가 방어자의 공격을 받는 시기를 확실히 알고 있으면 이에 대해서 만전의 대책을 강구할 수도 있겠지만, 이것을 확실히 알고 있지 못하면 그대로 전진을 계속하고 있지 않으면 안 된다. 이와 같은 때 회전이 개시된다면 공격자는 혼란스러워 불리한 상태에 빠지지 않을 수 없을 것이다.

따라서 만약에 방어자 측에 공격적 회전을 시도할 좋은 기회가 있다면, 그 시기를 우선 이러한 상황에서 구하지 않으면 안 된다. 그러고 나서 방어자는 전투 지역에 정통하고 지형의 선택을 마음대로 할 수 있으며, 또 이와 같은 회전장에서 운동을 준비하고 개시할 수 있는 사정을 생각한다면, 이러한 정황 아래에서 방어자가 공격자에 대해서 전략적으로 결정적 우위를 차지하고 있다는 것은 의심할 여지가 없다.

그래서 우리가 생각하기에 병력을 집결하여 뛰어난 위치에 설치된 진지를 차지하고 있는 방어자는, 공격자가 이 진지의 옆을 통과하는 것을 조용히 기다리고 있으면 된다. 그리고 한편으로 공격자는 방어자 진지에 공격을 가할 수 없고, 또 다른 한편으로는 공격자의 병참선에 대해서 행동을 일으키는 일이 그때의 사정에 비추어보아 방어자에 적절하지 않다고 한다면, 그때야말로 공격자의 측면을 공격하는 일이 방어자에게 승패를 결정하기 위한 가장 탁월한 수단이 되는 것이다.

이런 종류의 사례가 전사(戰史)에서 거의 찾아볼 수 없는 것은, 방어자가 이러한 진지를 고수할 용기가 부족하고 병력을 분할하든가 그렇지 않으면 공격자의 측면을 향하여 직각 행진 또는 사행진(斜行進)을 실시함으로써 급속한 진지 이동을 했기 때문이다. 또 다른 한편으로는 대개 공격자 쪽도 방어자 옆을 지나가는 것을 꺼려서 전진 이동을 정지하기 때문이다.

이 경우에 방어자는 공격적 회전으로 전환하지 않을 수가 없다. 그러면 그는 적을 기다리는 일, 견고한 진지, 우수한 축성 등의 이점을 잃게 된다. 이렇게 해서 방어자는 전진하는 공격자와 대결하게 되는데, 공격자가 현재 노출된 불리함도 방어자가 잃은 이점과 반드시 모두 상쇄되는 것이 아니다. 실제로 공격자는 방어자에게 이러한 이점을 주고 싶지 않았기에 불리한 상태의 위치에 있었다. 하지만 공격자의 불리한 상태는 방어자의 불리함을 어느 정도 메우기는 한다. 요컨대 이론은 이와 같은 경우를 어떤 양(量)이 일거에 계산에서 소멸되는 경우와 마찬가지로 볼 수는 없다. 다시 말하면 이론의 단편을 체계 안에 잘 끼워 넣으려고 하는 비판적 전사가(戰史家)들이 곧잘 하는 것처럼 찬부(贊否)를 깨끗하게 상쇄할 수는 없는 것이다.

우리는 위의 논술에서 논리적으로 쓸데없이 파고들었다고는 생각하지 않는다. 오히려 이 문제를 실제에 적용해서 고찰하면 이와 같은 사고방식이야말로 방어의 모든 체계를 포괄하고, 방어의 모든 사항에 걸쳐 이들 사항을 규제하는 사상이라는 것이 더욱더 분명해진다.

방어자는 공격자가 방어자 측면을 통과하자마자 전력을 기울여 그에게 측면 공격을 가하려고 결의할 경우에만, 방어자가 자칫 빠지기 쉬운 두 가지 위험을 피할 수가 있다. 즉, 그 첫째는 병력의 분할 배치이고, 두 번째는 급속한 진지 이동이다. 만약에 방어자가 이들 졸책을 사용한다면, 그는 어느 경우에나 공격자의 의도대로 농락될 것이다. 또 그는 어느 경우에나 심한 고생과 매우 큰 위험을 안은 성급한 동작이 수반되는 방책으로 위급을 면하려고 하겠지만, 단호한 결전에 의한 승리를 추구하는 공격자라면 이러한 방어 방식과 충돌하자마자 이내 이것을 분쇄하고 만다. 이와 같은 경우에 방어자가 군 전체에 공통되는 목적을 달성하기 위해 병력을 적절한 지점에 집결한다면, 또 최악의 경우에는 이 병력으로 공격자에게 측면 공격을 가할 결의를 한다면 그의 행동은 옳고, 또 방어자로서의 위치에 갖추어지는 일체의 이점의 지지를 받게 된다. 그래서 완전한 준비, 평정(平靜), 안전, 통일 및 단순함이 그의 행동의 성격을 이루는 것이다.

우리는 여기에서, 위에서 해명한 약간의 개념과 밀접한 관계를 갖는 하나의 역사적 대사건을 상기하지 않을 수가 없다. 이에 대해서 논하는 것은 해당 사건이 잘못 인용되는 염려 때문이기도 하다.

1806년 10월[1]에 프로이센군이 튀링겐에서 나폴레옹 휘하의 프랑스군을 대기하고 있을 때, 프로이센군은 침입하는 프랑스군의 전진로가 될 수 있는 두 가닥의 도로 중간에 포진하고 있었다. 이들 도로의 한쪽은 에르푸르트를 경유하는 것이고 다른 또 하나는 호프를 거치는 것으로, 이 두 길은 라이프치히에서 합류하여 베를린으로 향하고 있었다. 프로이센군은 처음 튀링겐의 숲을 지나 프랑켄 지방에 침입하려는 의도를 가지고 있었으나, 그 뒤 이 뜻은 단념되었다. 그리고 프랑스군이 어느 길로 진군해 오는가가 불확실했기 때문에, 지금 말한 것과 같은 중간 진지에 든 것이다. 따라서 이러한 진지의 특성으로서 신속하게 진지를 이전하는 방책을 강구하지 않을 수가 없었다.

이것은 프랑스군이 에르푸르트를 거쳐 전진해 올 것이라고 가정한 경우의 구

---

1) 예나 회전(1806. 10. 14) 및 같은 날에 이루어진 아우에르슈테트 회전 전의 상황에 관계된다.

상이었다. 에르푸르트에 이르는 몇 가닥의 도로는 모두 통행이 매우 쉽기 때문이다. 이에 반해서 프로이센군이 진지를 호프에서 도로상으로 이동하는 것과 같은 일은 전혀 고려할 여지가 없었다. 그 이유의 하나는, 프로이센군이 도로에서 이틀 내지 사흘이 걸리는 곳에 있었기 때문이고, 또 다른 이유는 그 사이에 잘레강의 깊은 단절지(斷絶地)가 가로놓여 있었기 때문이다. 게다가 그러한 계획은 브라운슈바이크 공[2]의 의도도 아니었다. 그래서 이 방면에 대해서는 아무런 준비도 강구하지 않고 있었다. 결국 이것은 호엔로에 공의, 따라서 또 브라운슈바이크 공을 이러한 구상으로 억지로 끌어들이려고 했던 마센바흐 대령의 의도였다. 프로이센군이 잘레강 왼쪽에 차지한 진지에서 전진하는 나폴레옹군에 대한 공격적 회전으로 전환한다는 것, 다시 말하면 앞서 말한 것과 같은 측면 공격을 실시한다고 하는 것은 더더욱 논외의 일이었다. 잘레강은 마지막 순간에 프랑스군의 앞길을 가로막는 장애물이라 해도 프랑스군이 공격으로 전환하기 위해서는, 이 강은 프로이센군에게 적어도 부분적으로는 훨씬 큰 장애물이 될 것임에 틀림없었다. 그래서 브라운슈바이크 공은 잘레강의 후방에서 그 다음의 일을 기다리기로 결정한 것이다. 만약에 당시의 의견이 많아 지리멸렬한 상태였던 프로이센군의 본영에서 혼란과 심한 우유부단의 풍토가 발호하고 있던 시기에 생긴 일을, 한 사람의 이름을 들어 패전의 모든 책임을 그 사람에게 돌릴 수 있다면, 유감스럽지만 여기에 브라운슈바이크 공을 지명(指名)하지 않을 수 없는 것이다.

그런데 당이 나폴레옹군을 기다리는 프로이센군의 방책을 구태여 묻지 않는다 해도, 그 군대가 다음과 같은 상태에 있었다는 것은 분명하다.

1. 프랑스군이 프로이센군을 찾아 잘레강을 건널 경우에는 이를 격퇴하든가, 혹은,

2. 프랑스군이 잘레강을 건너오지 않을 경우에는 그 병참선에 대해서 행동을 일으키거나, 혹은,

3. 프로이센군이 적군의 측면을 재빠르게 통과, 행군을 하여 진지를 라이프

---

2) 당시 프로이센-작센군의 총사령관은 브라운슈바이크 공이었다.

치히 부근에 이동할 수 있으며 또 좋은 대책이 될 수 있는가.

이 세 가지 경우이다.

제1의 경우에는, 잘레강의 깊은 계곡이 대단절지를 형성하고 있기 때문에, 프로이센군은 전략적으로나 전술적으로도 매우 우세했다. 또 제2의 경우도, 순수한 전략적 관점에서 보아 역시 매우 우세했다. 프랑스군은 프로이센군과 중립의 입장에 있는 뵈멘과의 중간에 매우 좁은 책원(策源 : 병참 후방기지)을 보유하는 데에게 지나지 않았으나, 이와는 달리 프로이센군의 책원은 매우 광대했기 때문이다. 또 제3의 경우조차도 잘레강의 엄호를 받은 프로이센군은 결코 불리한 위치에 있었다고는 말할 수 없다. 이들 세 가지 경우는 혼란과 걷잡을 수 없는 견해가 빌호하고 있던 본영에서도 실제로 문제가 되었는데, 착상이 아무리 적절해도 막상 실시의 단계가 되면 극도의 우유부단과 도처에서 우왕좌왕하는 혼란 때문에 모처럼의 묘안도 파묻혀 버릴 수밖에 없었던 것은 하등 이상하게 생각할 일이 아니다.

제1 및 제2의 경우, 프로이센군이 잘레강 왼쪽에 차지했던 진지는 바로 절호의 측면 진지로 볼 수 있는 것이었다. 또 이 진지가 측면 진지로서 매우 뛰어난 특성을 두루 갖추고 있었던 것은 의심할 여지가 없었다. 그러나 회전에 확신이 없는 군이 이러한 측면 진지를 차지한다는 것은 나폴레옹과 같은 매우 탁월한 적에 대해서는 심히 무모한 방책이라 하지 않을 수 없다.

오랫동안 어느 쪽으로도 결정하지 못한 끝에 브라운슈바이크 공은 10월 13일, 위에 든 세 방책 중에서 제3의 것을 선택했는데 이미 때는 늦었다. 나폴레옹은 이미 잘레강의 도하를 시작하고 있었다. 예나와 아우에르슈테트에서의 양군의 회전은 불가피했다. 우유부단한 브라운슈바이크 공은 말하자면 두 다리를 걸쳤는데, 진지를 이동하기에는 개시가 너무 늦고, 또 프랑스군을 맞아 회전하기에는 너무 빨랐다. 그럼에도 불구하고 이 진지의 견고함은, 그가 아우에르슈테트 부근에서 프랑스군의 우익을 격멸할 수 있었다는 것, 또 호엔로에 공이 처참한 퇴각전으로 궁지를 벗어날 수 있었다는 것으로도 입증되었다. 그러나 프로이센군은 아우에르슈테트의 회전에서는 확실했던 승리를 구태여 추구하려 하지 않았고, 또 예나 회전에서는 아주 불가능한 승리를 확실한 것으로 잘못 생각한 것이다.

하여튼 나폴레옹은 잘레강변의 프로이센군 진지의 전략적 의의를 충분히 알고 있었기 때문에, 이 진지의 옆을 통과하는 방책 대신에 프로이센군의 눈앞에서 잘레강의 도하를 감행한 것이다.

이상의 논술로 결전을 구하여 행동하는 경우의 방어와 공격의 관계를 명백히 하고, 또 방어 계획의 개별적인 사항을 결부시키는 몇 가닥의 실[絲]의 위치와 상호 연관을 제시했다고 생각한다. 그러나 우리는 개개의 지정(指定)에 대해서까지 일일이 구명할 생각은 없다. 그와 같은 일을 하면 특수한 경우를 수없이 들지 않으면 안 되기 때문이다. 만약에 장수가 일단 명확한 방침을 확립한다면 그는 피아 쌍방의 지리적, 국가적 및 정치적 사정이나 피아 양군의 물적·인적 관계가 그의 작전 방침에 어떻게 알맞는가, 또 이러한 사정이나 관계가 피아 쌍방의 행동 방식에 어떠한 영향을 주는가를 손쉽게 알 수 있을 것이다.

우리는 앞서 여러 가지 저항 방식을 논한 장에서, 방어의 여러 단계가 어떠한 것인가를 알았다. 그래서 방어의 이러한 단계를 한층 명확하게 하고 다시 한번 자상하게 검토하기 위해 이들 저항 방식에 관련된 일반적인 사항을 다음에 열거해 보고자 한다.

1. 방어자가 공세 회전(會戰)으로 공격자에 대항하는 원인에는 다음과 같은 것이 있다.

a 공격자가 병력을 세분해서 전진하고 있다는 것을 방어자가 미리 탐지하고, 방어자는 극히 열세임에도 여전히 승리를 기대할 수 있는 경우.

그러나 공격자가 이러한 방식으로 전진한다는 것은 우선 그 자체가 있을 수 없는 일이라고 해도 좋다. 따라서 이런 종류의 방어 계획은 방어자가 적의 실태에 대해서 확실한 정보를 얻은 경우에만 적용된다. 따라서 만약에 방어자가 이러한 전진자에게 모든 희망을 건다면, 따라서 또 가정만 하고 있을 뿐 충분한 동기가 있지 않을 경우에는 불리한 상태에 빠지지 않을 수 없는 것이 통례이다. 그렇게 되면 방어자가 기대하고 있는 것과 같은 정황은 그리 쉽게 나타는 것이 아니므로, 그는 공격적 회전을 단념하지 않을 수가 없다. 그렇다고 해서 수세적 회전을 하기 위해서는 아직 준비가 갖추어져 있지 않으므로, 결국 본의 아닌 퇴각을 개시해서 거의 모든 것을 우연에 맡기지 않을 수 없게 된다.

1759년의 전역에서 도나[3]가 러시아군에 대해서 행한 방어전은 거의 이에 해당한다. 이 방어전은 베델 장군 지휘 아래 쵤리히아우 회전[4]에서 프로이센군의 패배로 끝났다.

방위 계획 담당자는 이런 종류의 방어 수단을 지지하는 전제로 어느 정도의 근거가 있는가를 깊이 묻지도 않고 다만 일을 빨리 처리한다는 이유에서, 자칫 이러한 수단을 사용하고 싶어 하는 것이다.

b 방어자가 대체로 강력하여 회전에 충분히 견딜 수 있는 경우.

c 공격자가 우유부단할 뿐만 아니라, 그 방책이 매우 졸렬하여 이것을 알아챈 방위자의 전의(戰意)를 심하게 자극할 경우.

이 경우에는 방어자가 좋은 진지에 들어 지형의 이점을 충분히 받는 것보다도 공격자의 의표를 찌르는 행동이 한층 효과적이다. 정신적 힘의 위력을 이와 같은 방식으로 자유롭게 발휘하게 하는 데에 뛰어난 전쟁 지도의 진면목이 있는 것이다. 그러나 이론으로서는, 위에 든 두 가지 전제를 지지하는 객관적 근거가 있지 않으면 안 된다는 것을, 아무리 큰 소리로 떠들어대고 또 아무리 되풀이해서 강조해도 모자랄 지경이다. 개별적인 경우에, 각기 특수한 근거를 무시해서 쓸데없이 기습의 이점을 주장하고 부정규적인 공격이 훌륭한 효과를 가져온다는 것을 장황하게 늘어놓고, 이러한 공론(空論)에 입각해서 계획을 세우거나 또 고찰이나 비판을 마음대로 한다는 것은 무책임하고 허용하기 어려운 언동이라 하지 않을 수가 없다.

d 방어군의 상태가 특히 공격에 적합할 경우.

프리드리히 대왕의 군대는 운동력이 풍부하고, 용기에 가득 차고, 지휘관에 대한 신뢰의 마음이 두텁고, 또 복종을 잘하는 규칙 있는 자랑스러운 군대를 가지고 있었다. 게다가 사선(斜線) 전투 서열을 가지고 하는 공격 방식을 잘 알고 있었다. 대왕이 이러한 군을 확실하고 과감하게 지휘한다면, 방어보다도 훨씬 공격에 적합하다고 생각한 것은 결코 공허하고 잘못된 견해는 아니었다. 적

---

3) 도나(Dohna, Christoph von, 1702~62). 프로이센의 장수.
4) 쵤리히아우 회전(1759. 7. 23)은 카이(Kay) 회전이라고도 한다. 이 회전에서는 도나 대신에 베델이 프로이센군을 지휘했다.

군에게는 이들의 뛰어난 특성이 모두 부족했던 것이다. 바로 이 점에서 그는 단연 우세했다. 이러한 우세를 이용한다는 것은 프리드리히에게 있어 보루나 천연 장애물의 지원보다도 더 귀중했다. 그리고 이와 같은 우월은 실제로는 매우 드문 일이었다. 훈련이 잘 되고 대규모의 운동에 숙달된 군이라 해도, 그것이 우세의 핵심을 이루는 일은 드물었다. 프리드리히 대왕은 프로이센군이 특히 공격에 적합하다고 자찬하고, 그의 이 주장은 그 후 줄곧 전해 내려오고 있었다. 그러나 이러한 표현을 너무 지나치게 중요시할 필요는 없다. 전쟁에서는 방어보다도 공격을 한층 손쉽고 용감한 것으로 느끼는 것이 일반적인 경향이다. 그리고 이러한 경향은 일반적으로 모든 군대가 지니고 있는 감정이다. 장수나 지휘관치고 그들이 이끄는 군에 관해서 프리드리히와 동일한 주장을 하지 않을 수 없을 것이다. 따라서 우리는 군대가 지니는 외견상의 우월을 경솔하게 믿고, 그 때문에 해당 군대가 지닌 실제적인 장점을 간과해서는 안 되는 것이다.

방어자가 공격적 회전을 하는 원인으로서, 매우 자연스럽고 또 매우 유력한 사정은 여러 병종의 편성이다. 이런 종류의 회전에는 다수의 기병과 소수의 포병 조합이 가장 적합하다.

방어자에게 공격적 회전을 서두르는 이유로서 다시 다음 세 가지 일을 들 수 있다.

e 방어자가 좋은 진지를 아무래도 찾아낼 수 없는 경우.
f 방어자가 결전을 서두르지 않으면 안 될 경우.
g 마지막으로 위에 든 이유의 몇 가지 또는 모두가 동시에 작용할 경우.

2. 방어자가 어떤 지역에서 공격자를 기다렸다고 이 지역에 침입한 적에게 선제 공격을 가하려고 할 경우(1759년 민덴의 회전),[5] 이러한 매복의 가장 자연적인 원인은 다음 두 가지이다.

a 저편과 이편의 병력 사이에 방어자에게 불이익을 가져다 줄 정도의 커다란 불균형이 없어서 견고한 혹은 더 튼튼한 성을 쌓은 진지를 구할 필요가 없

---

5) 민덴(Minden). 베저강 왼쪽에 있는 도시. 7년 전쟁(1756~63) 때 이곳의 회전(1759. 8. 1)에서 프로이센군은 오스트리아군을 무찔렀다.

다는 것.

b 방어자가 공격자를 기다리는 지역의 지형이 기다리기에 적합한 것. 이것을 결정하는 모든 특성을 논하는 것은 전술에 속한다. 여기서 이 특성들이란 방어자 측에서는 접근이 쉽고, 공격자 측에서는 모든 천연 장애물이 있어서 움직이기 곤란해서는 안 된다는 것을 지적하는 데 그친다.

3. 방어자가 적의 공격을 실제로 기다리기 위해서 진지에 머무르는 것은 다음과 같은 상황에서이다.

a 방어자의 병력이 공격자에 비해서 불균형적으로 열세여서, 천연 장애물 안이나 보루의 배후에 엄호를 구하지 않을 수 없는 경우.

b 적을 기다리는 지역이 이 목적에 직합한 우수한 진지를 제공하는 경우.

제2와 제3의 저항 방식은, 한편으로는 방어자 스스로가 결전을 구하지 않고 소극적인 성과에 만족하고, 다른 한편으로는 공격자가 우유부단해서 주저한 끝에 결국 계획 단계에서 끝나는 경우에는 특히 고려해야 할 방법이다.

4. 공격자의 공격을 불가능하게 하는 견고한 보루 진지는 다음과 같은 경우에만 그 목적을 잘 달성한다.

a 이 보루 진지가 전략적으로 특히 중요한 지점에 위치할 경우.

이러한 진지의 성격은, 방어자가 이 진지를 차지하고 있는 한 절대로 패배하지 않는다는 데에 있다. 따라서 공격자는 무엇인가 다른 수단을 시도하지 않으면 안 된다. 예를 들어, 이 진지를 무시해서 목적을 달성하든가, 혹은 이 진지를 포위해서 방어자의 식량 루트를 차단하는 수단이다. 만약에 공격자가 이와 같은 일을 능히 할 수 없다고 하면 이러한 진지의 전략적 특성은 매우 크다고 할 수 있다.

b 외국으로부터의 원군을 기대할 수 있는 경우.

피르나 부근에서 보루 진지에 든 작센군의 경우가 바로 그와 같은 경우였다.[6] 진지를 포위당한 작센군의 성과가 바람직하지 않았기 때문에 작센군의 방어 방

---

[6] 프리드리히 대왕은 1756년 9월 10일에 피르나의 보루 진지에 있는 작센군을 포위했으나, 작센군은 이 포위에 잘 견디다가 10월 15일에 마침내 항복했다.

책을 비난하는 경향도 있는데, 1만 7000의 작센군이 프로이센군의 포위를 지탱하기 위해서는 그 외에 다른 방법이 없었을 것이다. 그런데 로보지츠[7]에 진지를 차지하고 있던 오스트리아군은 작센군이 피르나의 진지를 고수했기 때문에 우세를 유지했음에도 불구하고, 그것을 충분히 활용할 수 없었다. 그러나 이것은 오스트리아군의 전쟁 지도와 전쟁 준비가 전체적으로 졸렬했었다는 것을 증명할 뿐, 작센군의 책임은 아니었다. 만약에 작센군이 피르나의 설보(設堡) 야영에 들지 않고 뵈멘을 향하여 퇴각했다면, 프리드리히 대왕은 이 전역에서 오스트리아군과 작센군을 프라하 저쪽까지 몰아내어 프라하를 점령했을 것이다. 오스트리아군이 얻은 이와 같은 이점을 인정하려고 하지 않고, 모든 작센군이 피르나에서 포로가 되었다는 것만을 문제로 삼는 것은 이 종류의 계획을 세우는 방법을 잘 모르기 때문이다. 그러나 확고한 계획이 없으면 확실한 결과는 생기지 않는 것이다.

그러나 a와 b의 경우는 대단히 드물기 때문에 보루 진지라는 수단은 받아들이기에 앞서 고려되어야 하지 않으면 안 된다. 게다가 또 이 수단의 유리한 상용도 극히 드물게밖에 생기지 않는다. 방어자가 이러한 진지를 거점 삼아 공격자를 제압하고, 적의 모든 활동을 봉쇄하려고 하는 희망은 매우 큰 위험, 즉 공격자는 퇴각을 단념하고 어디까지나 싸울 결의를 굳히는 위험이 수반되는 것이다. 프리드리히 대왕은 분첼비츠[8]에서 이 수단을 사용해서 목적을 수월하게 달성할 수가 있었다. 우리는 이 전쟁 사례에서 그가 적의 실태를 정확하게 판단하는 능력에 감탄하지 않을 수가 없다. 우리가 분첼비츠에서 보여준 대왕의 사례에 감탄하는 것은 물론 그뿐만이 아니다. 우리가 이 경우를 다른 많은 경우보다도 중요시하는 것은, 그의 경우라면 사정이 아무리 절박해도 패잔군을 모아 활로를 열 수단을 찾아봤을 것이라고[9] 생각하기 때문이다. 또 이 경우에 주

---

7) 로보지츠(Lobositz). 북부 뵈멘의 소도시. 이곳의 회전(1756. 10. 1)에서 오스트리아군은 프로이센군에 패배했다.

8) 프리드리히 대왕은 분첼비츠에서 보루 야영에 들어(1761. 8. 26~9. 26), 러시아군과 오스트리아군의 합류를 저지하는 데에 성공했다.

9) 1761년 '8월 말, 프리드리히 대왕은 분첼비츠 부근에서 진지를 잡고 슈바이드니츠 엄호의 태세를 갖추었다. 러시아-오스트리아군 13만은 9월 1일 위의 프로이센 진지를 공격하기 위하여

의할 점은 그는 국왕이지 문책 대상이 아니었다는 것이다.

5. 국경 부근에 1개 내지 수개의 요새가 구축되어 있을 경우에는 방어자는 결전을 요새의 전방에서 하는 것이 좋은가, 그렇지 않으면 후방에서 하는 것이 좋은가—하는 것이 중요한 문제가 된다. 그래서 결전을 요새의 후방에서 하는 경우에 대해서는 다음과 같은 원인이 있다.

a 공격자가 우세하여 그 병력을 격파하기 전에 우선 그를 좌절시켜두지 않으면 안 된다는 것.

b 이들 요새가 국경 부근에 있어야 한다는 것. 공격자가 국경 부근의 요새를 포위 공격하면 방어자는 당연히 이에 대해서 희생을 지불하지 않으면 안 된다. 그러나 공격자가 방어자의 국토를 많건 적건 점령함으로써 생기는 방어자 측의 희생은, 요새의 포위 공격에 의한 희생보다도 커서는 안 된다.

c 요새가 방어 능력을 갖추고 있어야 한다는 것.

일반적으로 요새의 주요 임무가 전진하는 적 병력을 좌절시켜, 적이 특히 결전에 필요한 전투력을 현저하게 약화시키는 데에 있다는 것은 물론이다. 이것이야말로 주된 임무가 되어야 한다. 요새를 이러한 목적으로 사용하는 일이 드문 것은, 피아 쌍방의 어느 쪽인가가 결전을 추구하려고 하는 경우가 또한 드물기 때문이다. 그런데 방어자가 한 개 내지 몇 개의 요새를 국경 부근에 보유하는 경우에는 항상 요새를 전방으로 하여, 요새의 후방에서 결정적 회전을 하는 것이 단순하고 중요한 원칙으로 여겨도 좋다. 방어자가 요새의 후방에서 회전에 패해도 요새의 전방에서 패한 경우와 전술적 결과는 같지만, 제2의 경우보다는 약간 멀리 영토 안쪽으로 격퇴당한다는 것은 인정하지 않을 수 없다. 그러나 요새의 전방이나 후방의 구별은 구체적인 사정에서 생기는 것이라고 하는 것보다는 오히려 상상 속에서 이루어질 뿐이다. 하지만 요새 전방에서의 회전은 방어자에 의해서 적절하게 선택된 진지에서 이루어지는데, 이와는 달리 요새의 후방에서의 회전은 대개의 경우—특히 해당 요새가 공격자에 의해 포위 공격되어 함락의 위기에 빠졌을 경우에는, 방어자는 공격적인 회전에 도전하지 않을

협정했으나, 그 실행에 임하여 러시아군은 성공이 어렵다고 이를 거절하고 식량 결핍을 내세워 오데르강 건너편으로 물러났다.' 만약에 이 협정이 실현됐더라면 프리드리히 대왕은 궁지에 빠졌을 것이다.

수가 없다는 것을 지적해 두고 싶다. 그런데 방어자가 결정적 회전에서 공격자와 싸움을 전개할 때에는 적 병력은 요새의 포위 공격에 의해 이미 그 4분의 1 내지 3분의 1을 상실하고 있는 것이다. 아니 요새가 몇 개 있으면 요새의 전방이나 후방이라고 하는 사소한 구별은 어떤 중요한 의의도 없다.

따라서 결전을 추구하는 자가 공격자이건 방어자이건 결전을 피할 수 없는 경우가 있다. 또 방어자가 공격자의 우세한 병력에 대해서 승리를 얻는다는 것이 반드시 확실하다고 말할 수 없는 경우가 있다. 혹은 또 지형 관계로 방어자가 요새 훨씬 앞에서 회전을 할 수 없는 경우가 있다. 이들 모든 경우에, 만약에 국경 부근에 저항 능력을 갖춘 요새가 있으면 방어자가 처음부터 이 요새의 후방으로 물러나 요새 이쪽에서, 다시 말하면 요새의 엄호 아래 결전을 하려고 하는 것은 지극히 당연한 일일 것이다. 이러한 경우에 방어자는 요새에 접근해서 진지에 들게 되므로 공격자는 방어자를 구축하지 않는 한 이 요새를 포위하는 일도, 공격하는 일도 할 수가 없을 것이다. 그래서 공격자는 어떠한 일이 있어도 방어자를 그 진지에서 구하지 않을 수가 없는 것이다. 따라서 방어자가 위기에 처하여 강구하는 모든 방어 방책 중 유력한 요새의 후방에서, 더욱이 그 근처에 좋은 진지를 선택한다는 것은 가장 간단하고 효과적인 방법이라고 생각한다.

그런데 물론 요새가 국경 훨씬 후방에 있는 경우에는 문제가 달라진다. 이 경우, 방어자는 전쟁터의 상당히 넓은 부분을 침입자에게 건네주게 될 것이다. 그러나 국토를 희생으로 제공하는 방법은 잘 알려진 바와 같이 절박한 경우를 제외하고는 사용해서는 안 된다. 이러한 경우의 방어 방책은 오히려 자국 영토 안으로의 퇴각과 흡사한 것이 된다.

또 하나의 조건은 요새의 저항력이다. 요새―특히 큰 요새이면서도 적군과의 접촉에 견딜 수 없는, 다시 말하면 대부대로 밀려드는 공격자의 공격을 견딜 수 없는 것이 있다. 이 경우에 방어자는 진지를 되도록 요새 근처에 설치해서 요새 수비대가 이것을 지원할 수 있도록 배려하지 않으면 안 된다.

6. 자기 영토 안으로의 퇴각은 다음과 같은 정황에서만 자연적인 방어 방책으로 간주될 수 있다.

a 방어자의 물리적·정신적 힘이 공격자만 못하기 때문에, 방어자는 국경 또

는 국경 부근에서 저항을 시도해 보았자 성과를 거둘 가망이 없는 경우.

　b 시간적 여유를 얻는 것이 방어자에게 큰 일일 경우.

　c 국토의 상황이 제25장(자기 영토 안으로의 퇴각)에서 서술한 사정에 적합한 경우.

　피아 쌍방의 어느 쪽인가가 결전을 추구하고, 따라서 또 결전을 피할 수 없는 경우의 전쟁터 방어에 관한 장은 이것으로 끝내기로 한다. 하지만 다음과 같은 일을 지적해둘 필요가 있다. 즉, 실제의 전쟁에서 사태는 여기서 말한 정도로 순수한 형태로 나타나는 것이 아니라는 것. 따라서 여기에 제시한 명제나 설명을 실제의 전쟁에 적용할 경우에는, 뒤에서 말하는 제30장도 고려에 넣어 대부분의 경우 장수를 두 가지 방향, 다시 말하면 결전을 구하는 방향과 결전을 구하려고 하지 않는 방향의 **중**간에 있는 것으로 간주하고 개별적인 정황을 고려해, 그가 이 두 방향의 어느 쪽에 한층 가까운가를 생각해야 한다는 것이다.

제29장
전쟁터의 방어(이어서 2)
축차적 저항

앞서 제3편의 제12장 및 제13장에서, 전략에서 방어자의 축차적 저항이 전쟁의 본성과 서로 용납되지 않는다는 것, 또 교전자는 모든 병력을 동시에 사용해야 한다는 것을 말했다.

모든 가동적(可動的) 전투력에 대해서 바로 이대로이고, 그 이상 자상한 규정을 필요로 하지 않는다. 그러나 요새나 단절지뿐만 아니라 어떤 크기의 면적을 가질 뿐인 전쟁터도 하나의 전투력이라고 간주한다면, 이러한 전투력은 운동을 하는 것이 아니므로 방어자는 전투력의 상황을 좇아 용납할 수밖에 없다. 그렇지 않으면 방어자는 전투력 중 운동을 하지 않는 부분을 전쟁터에 남기고 바로 자기 영토 안으로 퇴각하여, 이들 방어 수단이 효력을 발휘하는 것을 천천히 기다리지 않으면 안 된다. 그렇게 되면 공격자가 점령한 전쟁터에서의 일체의 방어 수단은 이내 효력을 발휘하여 적의 약화에 효과가 있는 것이다.

이 경우에 공격자는 방어자 측의 요새를 적어도 포위하지 않으면 안 된다. 또 점령한 지역을 확보하기 위해 수비대나 초병을 파견해야 한다. 또 먼 길을 행군하지 않으면 안 된다. 또 모든 물자를 먼 곳으로부터 수송하지 않으면 안 되는 여러 노고가 공격자에게 부과되는 것이다. 공격자의 침입이 결전 이전이건 혹은 그 이후이건 이와 같이 불리는 모두 공격자에 대해서 나타난다. 다만 결전 전 쪽이 결전 후보다도 불리가 어느 정도 심하다는 데에 지나지 않는다. 그래서 방어자가 결전을 공격자의 침입 뒤로 미루려 한다면, 그는 위에서 말한 운동을 하지 않는 전투력을 모두 동시에 작용하게 하는 수단을 갖게 되는 셈이다.

그러나 한편으로는, 비록 방어자가 결전을 공격자의 침입 후로 연기했다고 해서 공격자가 획득한 승리의 효력 범위에 하등 영향을 미치는 것이 아니라는 것은 명백하다. 또 승리의 이러한 효력 범위에 대해서는, 공격을 논하는 다음

편에서 더 자세하게 고찰할 생각이다. 여기에서는 이 효력 범위는 공격자의 우세(피아 쌍방의 물리적, 정신적 힘의 관계에서 생기는)가 쇠멸하는 점에까지 이른다는 것을 지적해 두는 바이다. 그런데 이 우세는 첫째, 전쟁터에서의 전투력의 소모에 의해서, 둘째로는 전투에서의 손실에 의해 쇠멸한다. 그러나 공격자 측에 생기는 이 두 가지의 약화는 전투가 처음에 이루어지는가, 그렇지 않으면 최후에 이루어지는가, 국경 저편에서 이루어지는가 그렇지 않으면 이쪽에서 이루어지는가에 따라 본질적인 변화를 입는 일은 없다. 1812년에 가령 나폴레옹이 빌나 근처에서 승리를 거두었다 하더라도, 그 승리의 효력이 미치는 범위는 그가 보로디노 회전에서 승리를 얻었다고 가정한 경우와 전적으로 같았을 것이다(이 두 경우에 프랑스군의 병력이 동일했다 하더라도).

또 모스크바에서 승리를 얻었다 해도 결국은 그 이상으로는 이르지 않았을 것이다. 그런데 이 경우에는 어느 경우나 모스크바가 승리의 효력 범위의 한계였다. 분명이 국경에서 결정적 회전이 이루어졌었다면 공격자에게 훨씬 큰 승리가 주어졌을 것이고, 또 그렇게 되면 이 승리의 효력 범위가 멀리까지 이르렀을 것임은 의심의 여지가 없다. 그러나 공격자가 국경에서 이러한 승리를 얻었다고 해도, 그것을 공격자의 우세를 쇠퇴시키는 원인이 전혀 생기지 않았기 때문이 아니라, 이것과는 다른 이유에 의한 것이다. 따라서 방어자가 결전을 공격자의 침입 후로 연기한다는 것은, 이 방면으로부터도 방어자에게 불리하지 않다는 것을 알 수가 있다.

결전을 공격자의 침입 후로 연기하는 방법은, 저항 방식 중에서도 가장 극단적인 것으로 간주할 수 있다. 그런데 우리는 앞서 여러 저항 방식을 논한 장에서, 이 저항 방식이 영토 안으로의 퇴각이라는 이름으로 독특한 저항 방식을 이룬다는 것을 알았다. 이러한 종류의 저항 방식이 노리는 것은 회전이라는 무력으로 공격자를 파멸시키는 것이 아니라 공격자 스스로를 소모하는 데에 있다. 그리고 결전을 공격자가 침입한 뒤에 연기하는 방법이 독특한 저항 방식으로 여겨질 수 있는 것은, 방어자의 이러한 의도가 명확한 경우에 한정되는 것이다. 그렇지 않아도 이 방법에는 매우 많은 단계를 생각할 수가 있고 또 이들 단계는 각기 일체의 방어 수단과 결부될 수 있기 때문이다. 그렇기 때문에 우리는 전쟁터가 많건 적건 방어에 협력하는 것을 독특한 저항 방식으로 간주할 생각은 없다. 이러한 협력은 이동하지 않는 저항 수단이 그때그때의 사정이나 정황의 필요에 따라 여러 가지로 결부된 데에 지나지 않는다.

그러나 방어자가 이들 이동하지 않는 전투력을 우선 당장의 결전에 불필요한 것으로 여기고, 이러한 전투력과 결부된 희생, 다시 말하면 이동하는 전투력에 수반되는 것과는 다른 종류의 희생을 과대하다고 생각할 경우에는, 그는 이런 종류의 전투력을 훗날을 위해 보류한다. 그러면 이 전투력은 차차 증강되어 이동하는 전투력의 뒷받침이 되기 때문에 이동하는 전투력은 이것에 힘을 얻어 최초의 유리한 결전에 제2의 유리한 결전을 잇고, 아마도 또 이 제2의 결전에 제3이 유리한 결전을 이을 수가 있다. 다시 말하면 이와 같이 해서 병력의 축차적인 사용이 가능하게 되는 것이다.

따라서 방어자가 국경에서의 회전에 패해도, 그것이 완전한 패전이라고 할 정도가 아니라면 가까운 요새의 배후에서 제2의 회전에 응할 수 있다고 생각해도 좋다. 아니, 상대방이 단호한 결의를 품은 공격자가 아닌 한, 상당히 강력한 단절지가 있으면 아마도 그것만으로 적을 저지하는 데 충분할 것이다.

그런데 전략에서는, 이동하지 않는 전투력으로서의 전쟁터를 이용하는 경우에도 역시 병력의 절약이 고려되는 것은 다른 모든 경우에서와 마찬가지이다. 약한 병력으로 충분하다면 그 이상 좋은 일은 없다. 아니 충분하지 않으면 곤란하다. 따라서 이 경우에도 거래에서와 마찬가지로 절약은 인색과 그 뜻이 다르다는 것을 알아야 한다.

그러나 심한 오해가 생기는 것을 예방하기 위하여 한마디 주의해야 할 것이 있다. 그것은, 방어자는 회전에 패배한 뒤에도 어떠한 저항을 기도할 수 있고 또 실시할 수 있는가 하는 문제는 우리의 고찰 대상이 되지 않는다. 우리가 고찰하려고 하는 것은, 방어자는 이러한 제2차 저항에서 어느 정도의 성과를 미리 기대할 수 있는가, 따라서 또 이런 종류의 저항을 방어 계획에서 어느 정도로 생각하면 좋은가 하는 문제, 바로 그것이다. 이 경우에 방어자가 근거로 삼는 점은 단 하나밖에 없다. 그것은 그가 상대하는 공격자이다. 더욱이 적의 성격과 사정을 따지는 일이 중요하다. 공격자의 성격이 약하고 확고한 신념이 없고 숭고한 명예심을 가지고 있지 않은 경우가 있다. 또 여러 가지의 답답한 사정에 묶여, 약간의 성과를 올리면 이에 만족하여 방어자가 새로운 결전을 도전해도 머뭇거리며 이에 응하려고 하지 않는 경우가 있다. 이와 같은 경우 방어자는 그의 전쟁터에 존재하는 모든 저항 수단의 효력을 되풀이해서 공격자에게 도전하는 결전에서, 충분히 발휘한다는 방침에 따라도 지장은 없다. 이들 결전은 어느 것이나 그 자체로서는 유력하지 않을지 모르지만, 그러나 이것을 되풀이할 때마다 궁극적인 결전을 유리하게 전환시킬 가능성이 있다.

여기까지 이르면 우리는 이미 결전(決戰)을 추구하지 않는 전역의 길을 걷게 된다. 그런데 이런 종류의 전역에서는 병력의 축차적인 사용이 매우 현저해진다. 그래서 이러한 전역을 다음 장에서 논하고자 한다.

제30장
전쟁터의 방어(이어서 3)
적군과 아군의 결전 의지가 없는 전쟁터 방어

도대체 피아 쌍방의 어느 쪽도 공격자가 아닌 전쟁, 따라서 또 어느 쪽도 적극적인 의욕을 가지지 않는 전쟁이 있을 수 있을까? 또 있을 수 있다면 이러한 전쟁은 어떻게 해서 생기는가 하는 것은 마지막 편(제8편)에서 자세히 고찰할 작정이다. 여기에서는 공격자가 없는 전쟁과 같은 자기모순을 살필 필요는 없다. 게다가 또 개별적인 전역을 고찰해 보면, 전쟁터에서 피아 쌍방이 서로 방어를 하는 묘한 일이 생기는 이유는 양자가 각기 전쟁터 전체에 대해서 갖는 관계 안에 내재한다는 것을 알 수 있게 된다.

그런데 이와 같은 전역은 대개의 전쟁에 필연적인 결전이라는 초점을 가지지 않았다는 것만이 아니다. 전쟁사가 나타내는 바에 의하면 이러한 전쟁에도 공격자가 없었던 것은 아니다. 따라서 또 피아의 한쪽에 적극적 의욕이 결여되었던 것은 아니지만, 이 의욕이 매우 미약했기 때문에 소정의 목표에 꼭 도달해야겠다는 기백이 없어서, 이 목표에 도달하기 위해 필요한 결전을 상대방에게 강요하지 않았던 것이다. 그리고 그때그때의 정황에서 말하자면, 자연적으로 발생하는 이점을 차지하는 것만으로 만족한 것이다. 따라서 공격자에게는 일정한 목표를 어디까지나 추구하려고 하는 의지가 조금도 없이, 모든 것을 정황에 맡겨 시간이 지남에 따라 자연히 맺는 열매를 가끔 따먹는 식이었다.

소정의 목표를 향하여 매진하는 냉엄한 논리적 필연성을 잃고, 값싼 과실을 좌우에서 거두기 위해 여기 전쟁터를 돌아다니는 공격은 바로 게으른 자와 같아서, 방어 그 자체와 거의 다름이 없다. 방어 쪽에서 보아도 이러한 과실을 따는 것 정도는 장수에게 허용하고 있었기 때문이다. 그러나 이런 종류의 전쟁 지도에 관한 자상한 철학적 고찰은 공격을 논하는 제7편으로 미루고, 여기에서는 결론만을 지적하기로 한다. 그것은—이러한 전역에서는 공격자도 방어자도 모든 것은 결전과 관련된다는 생각을 전혀 망각하고 있다는 것, 다시 말하면 결전은 전략이라고 하는 아치를 구성하는 모든 선이 집중하는 중심이 아니라는 점이다. 이런 종류의 전역은 (모든 시대, 모든 나라의 전쟁 역사가 나타내고 있는 바와 같이) 단지 많다는 것을 넘어 압도적으로 많고 그렇지 않은 전역, 즉 결전을 구하는 전역이 예외라고 여겨질 정도이다. 비록 장래에는 이러한 두 가지 전역의 비율이 변화한다 해도 이런 종류의 전역이 여전히 많이 발생하는 것은 전쟁터의 방어를 논할 때에 이러한 전역을 고려에 넣어야 한다는 것만은 확실하다. 그래서 이와 같은 경우에 나타나는 여러 특성을 열거해 보겠다.

실제의 전쟁은 대개 두 가지 서로 다른 방향, 다시 말하면 결전을 추구하는 방향과 결전을 추구하지 않는 방향의 중간에서, 어떤 때는 한쪽으로, 또 어떤 때는 다른 한쪽으로 가까운 것이 될 것이다. 그런데 전쟁의 절대적 형식은 하나의 순수한 이념이고, 실제의 전쟁은 많건 적건 이러한 절대적 형식이 변용된 것, 다시 말하면 수정된 것이다. 따라서 결전을 추구하지 않는 전쟁의 여러 특성은 이들 특성이 전쟁의 절대적 형식에 주는 변용 안에서만 찾아볼 수 있다.

그런데 우리는 이미 본편 제3장에서 방어자가 오직 적을 기다린다는 것은 방어가 공격보다 좋은 최대 이점의 하나라고 말했다. 또 일반적으로 실생활을 관찰하면, 주위의 정황에서 판단해서 일어나야 할 것이 반드시 모두 일어나는 것은 아니라는 것을 알게 된다. 하물며 전쟁에서는 더더욱 그러하다.

인간의 통찰이 불완전하다는 것, 나쁜 결과를 꺼리는 불안한 마음, 행동의 진전을 가로막는 우연한 일 등은 정황이 필요로 하는 모든 행동을 실시하지 못하게 하고 있는 것이다. 전쟁에서는 지식의 불완전, 파국을 가져오는 위험, 수많은 우연 등 인간이 영위하는 다른 활동에서보다도 비교를 초월할 정도로 크다. 그래서 해야 할 일을 게을리한 사례(우리는 이것을 무위(無爲) 또는 태만이라고 부르고 싶다)가 그렇지 않은 경우보다도 훨씬 많아지지 않을 수 없게 된 것이다.

실제로 공격자 측의 이와 같은 태만이야말로, 방어자에게 저절로 주어지는 좋은 양식을 공급하는 좋은 논인 것이다. 만약에 이와 같은 실제의 경험에 방어자 측으로서는 자국의 토지의 보유가, 또 공격자 측에게는 적지의 점령이 각기 전쟁에서 독립적으로 갖는 중요한 의의와 결부된다면, 이것이야말로 속담으로까지 되어 있는 경험적 명제(beati sunt possidentes, 소유하는 자는 행복하다)가 전쟁에서도 평상시와 마찬가지로 진실이라는 것을 입증할 것이다.

피아 쌍방이 서로 상대방을 완전히 타도하는 것을 목적으로 하는 전쟁에서는 결전이야말로 모든 군사적 행동의 초점이다. 그런데 피아 어느 쪽도 결전을 추구하지 않는 전쟁에서는 이 경험적 명제가 결전을 대신하는 것이다.

이 명제는 매우 생산력이 풍부하다. 물론 적극적 행동이 발생되는 것은 아니지만 그러나 대개 무위와 무위에 편리한 일체의 행동과 동기를 산출하는 것이다. 결전을 추구하지 않고 또 기대하지 않는 전쟁에서는, 무엇인가 다른 것을 희생으로 제공하는 이유는 있을 수 없다. 도대체 어떤 것을 희생으로 한다는 것은 결전 때 그것과 교환함으로써 이점을 얻기 위한 것이기 때문이다. 그렇다면 결론은 이렇게 된다. 즉 방어자는 일체를, 혹은 적어도 되도록 많은 것을 보유(다시 말하면 엄호)하려고 한다. 이에 반해서 공격자는 결전을 하지 않고 얻을 수 있는 물건(다시 말하면 적 국토의 가능한 한 큰 면적)을 점령하려고 하는 일이다. 그러나 여기에서는 방어자를 문제로 삼는 것만으로도 좋다.

공격자는 방어자가 전투력을 배치하지 않은 지역이면 어디든지 탈취할 수 있다. 이 경우 적을 기다리는 이점은 공격자 측에 있다. 따라서 방어자는 곳곳에서 국토를 직접 엄호하는 데 노력하고, 또 이러한 엄호를 위하여 배치된 전투력을 공격자가 공격할 것인가의 여부는 그때의 상황에 맡기려고 하는 것이다.

그런데 이런 경우에 이루어지는 방어의 여러 가지 특징을 자세히 설명하기에 앞서, 쌍방이 모두 결전을 원하지 않는 전쟁에서 공격자가 추구하는 목표로 삼는 약간의 대상을 공격편(제7편)에서 인용하지 않으면 안 된다. 그것은 다음과 같다.

1. 결정적 전투를 하지 않는다는 조건하에서 될 수 있는 대로 적지에서 광대한 지역을 점령한다.

2. 전항과 같은 조건하에서 적의 유력한 창고를 탈취한다.

3. 방어자가 엄호하지 않는 요새를 공략한다. 요새의 포위 공격은 크건 작건 간에 큰일이며 공격자에게 큰 노고를 부과하지만, 이 작업은 공격자에게 파격을 가져올 만한 성질의 것은 아니다. 최악의 경우에도 포위 공격자는 적극적인 큰 손해를 입지 않고 중지할 수가 있다.

4. 끝으로, 약간의 성과를 거둠으로써 다소의 중요성을 갖는 전투가 있다. 그러나 이 전투에서는 특별히 중대한 행동이 이루어진 것은 아니고 따라서 또 얻은 것도 별로 없다. 요컨대 이러한 것은 전략이라고 하는 전체 조직에 영향을 주는 것은 아니고 여하간 전투를 했을 뿐이라는, 혹은 전리품을 노린, 또 군의 면목을 유지하기 위한 전투에 지나지 않는다. 그 누구도 이와 같은 목적을 위해 모든 것을 걸고 전투하는 사람은 없을 것이다. 따라서 장수는 이러한 전투가 우연히 생기는 것을 기다리거나, 아니면 어떤 교묘한 책략을 꾸며 일부러 기회를 만들어 내는 것이다.

공격자 측의 이상 네 가지 공격 목표는 방어자 측에 다음과 같은 대항책을 강구하게 한다.

1. 요새의 전면에 포진하여 엄호한다.
2. 전선을 연장하여 국토를 엄호한다.
3. 전선을 충분히 연장할 수 없는 경우에는, 측면 행군으로 나아가 적의 전면에서 그 전진을 저지한다.
4. 불리한 전투를 회피한다.

이상 넷 중에서 제1 내지 제3은, 방어자가 적에게 선제를 허용한 후, 적을 기다린다고 하는 방어 수단으로 최대의 이익을 얻어내려는 의도가 있는 것은 분명하다. 그리고 이 의도는 방어의 본질에 깊이 뿌리를 내리고 있는 것이므로, 이것을 처음부터 비난하는 것은 어리석은 일이다. 방어자의 이러한 의도는 결전의 기대가 희박해짐에 따라 더욱더 유력해지지 않을 수 없고, 또 이러한 전역의 바탕을 이룬다. 비록 행동의 표면에서는, 다시 말하면 결정적인 의미를 가지지 않는 소규모적인 행동에 있어서는 상당히 활발한 움직임을 보이는 일이 있다고는 하지만, 결국 그것은 겉치레에 지나지 않는 것이다.

한니발[1]과 파비우스, 프리드리히 대왕과 다운은 결전을 추구하지 않고 또 기

---

1) 한니발과 파비우스, 프리드리히와 다운은 서로 좋은 맞수였다.

대도 하지 않았던 전역에서는 항상 이 원리에 따라 행동했다. 그런데 제4의 대책은 제1 내지 제3의 원리를 수정하는 데에 도움이 되어, 이들 원리의 불가결적 조건(conditio sine qua non)을 이루는 것이다.

다음으로 이들의 네 가지 항목에 대해서 좀 더 자세히 고찰해 보고자 한다.

적의 공격에 대해서 요새를 엄호하기 위하여, 군이 요새의 전방에서 진지에 든다고 하는 것은 언뜻 모순된 것처럼 보인다. 즉 일종의 유어반복(類語反復)의 느낌이 있다. 원래 요새는 적의 공격에 저항하기 위하여 구축된 것이기 때문이다. 그럼에도 이와 같은 방책은, 예부터 수백 번, 수천 번 되풀이해서 사용되어 온 것이다. 흔한 일이 때로는 가장 이해하기 어려운 경우가 있다고 하는 것은 전쟁 지도에 대해서도 마찬가지이다. 그러나 이와 같이 몇 번이고 되풀이해서 나타난 사례를, 겉보기에 모순되어 있다고 해서 모두 잘못이라고 단언하는 용기를 가진 사람이 있을까? 예부터 동일한 형식이 항상 되풀이된다고 하는 것은 바로 거기에 무엇인가 깊은 이유가 있지 않으면 안 된다는 것을 나타내고 있다. 그러나 그 이유란 결국 앞서 말한 것과 같은 정신적 기력과 무위 바로 그것이다.

방어자가 요새 전면에서 진지에 들어 있으면, 공격자는 이 군을 격파하지 않는 한 요새를 공격할 수가 없다. 그런데 회전은 두말할 필요도 없이 승패를 결정하는 수단이다. 따라서 적이 이러한 결전을 원하지 않는다고 한다면 그는 회전에 도전하지 않을 것이고, 따라서 또 방어자는 무력을 사용하지 않아도 여전히 요새를 유지할 수 있을 것이다. 그래서 방어자가 애초에 공격자에게 결전을 원하는 의도가 없다는 것을 확인하면, 적이 결전을 결의할 것인가의 여부에 신경을 쓸 필요는 없다. 비록 공격자가 방어자의 추측과는 반대로 공격을 걸어와도 방어자에게는 대개의 경우 아직도 요새 후방으로 퇴각한다는 수가 남아 있다. 요컨대 요새 전방에 진을 친다는 것은 위험한 일이 아니고, 또 희생을 치르지 않고 군의 현상(現狀)을 유지할 상태에서는 어떠한 위험도 따르지 않는다.

그런데 방어자가 병력을 요새의 후방에 배치한다고 하는 것은, 공격자에게 안성맞춤의 공격 목표를 제공하는 것과 같다. 만약에 요새가 별로 강력하지 않고 또 방어자 측에서도 충분한 준비를 해두지 않은 경우에는, 공격자는 이내 요새의 공격을 시도할 것이다. 그리고 방어자 측이 적에서 요새의 약취를 허용하지 않으려 한다면 자진해서 포위의 해제에 착수하지 않으면 안 된다. 그래서 적극적 행동, 즉 선제(先制)는 방위자에게로 옮아가는 것이다. 그렇게 되면 요새를 공격하는 일이 전진 목표가 된 입장에 있는 공격자는 이번에는 포위 체제를 갖춘 채 적을 기다리게 된다. 사태가 항상 이와 같은 경과를 거친다는 것은 경험이 가르치는 바이고, 또 이러한 사태의 성질로 미루어보아도 당연한 일이다. 그런데 앞에서도 말한 바와 같이, 요새의 포위 공격은 파국과 결부되어 있는 것은 아니다. 따라서 과감한 정신과 강력한 수행력이 결여되어 회전을 결의할 수 없는 장수라도, 위험을 저지르지 않고 요새에 접근할 수 있는 경우에는 바로 포위 공격에 착수하는 것이다. 게다가 공격군이 야전 화포를 갖추고 있으면 일은 너 손쉽게 신행된다. 그리고 최악의 경우에는 그가 포위 공격을 중지하기만 하면 특별히 적극적인 손해를 입는 일은 없다. 그런데 방어자로서는 요새가 돌격이나 그 밖의 비정규적인 방식으로 공략된다는 위험을 면할 수 없다는 사정을 고려에 넣지 않으면 안 된다. 따라서 방어자는 요새의 공수가 어떻게 되어가는가 하는 계산 속에서 이러한 뜻하지 않은 일이 생길 수 있다는 것도 간과해서는 안 된다.

여러 가지 경우를 아울러 생각하면, 방어자가 편리한 정황 아래에서 싸운다는 이점보다도 가능하면 전혀 싸우지 않고 끝낸다고 하는 또 하나의 이점을 중요시하는 것은 자연스러운 일로 여겨진다. 그렇다면 방어자가 야전 부대를 요새 전방에 배치한다는 종래의 습관도 또한 매우 자연스럽고 솔직한 방식이라고 할 수 있다.

프리드리히 대왕은 예를 들어, 글로가우[2]에서 러시아군에 대해서, 또 슈바이드니츠,[3] 나이세[4] 및 드레스덴[5]에서 각기 오스트리아군에 대해서 사용한 것은

---

2) 글로가우(Glogau). 프로이센의 도시로 요새. 이 기사(記事)는 1759년 가을의 일을 가리킨다.

3) 프로이센군은 슈바이드니츠의 요새를 공략해서(1762. 8. 8~9. 10) 이를 탈취했다.

4) 나이세(Neisse). 프로이센의 도시. 1758년에 오스트리아군은 이곳 요새를 공략했으나 성공하지 못했다.

5) 프로이센군은 드레스덴의 요새를 공략했으나(1760. 7. 13~28), 오스트리아군에 의해 포위가 풀렸다.

모두 거의 항상 이 관습적인 방책이었다. 그러나 베베른 공(公)[6]은 이때 브레슬라우[7]에서 이 방책을 취했으나 실패로 끝났다. 당시에 만약 그가 브레슬라우의 후방에 진을 차지하고 있었더라면 적으로부터 공격을 받지 않아도 되었을 것이다. 오스트리아군은 대왕이 부재 중에는 우세했으나, 이 우세는 대왕의 군이 접근함에 따라서 차차 쇠멸하지 않을 수 없었다. 그렇기 때문에 만약에 베베른 공이 병력을 브레슬라우 후방에 배치했다면 대왕이 도착할 때까지 회전을 피할 수가 있었을 것이다. 실제로도 그는 물자를 저장하고 있는 중요한 요새가 포격되는 위험에 노출되지 않았더라면 회전을 연기했을 것이다. 그렇게 되면 이러한 경우 자칫 판단의 공정이 결여되는 대왕이므로, 베베른 공이 취한 조치를 나쁘게 해석했는지도 모른다. 그런데 베베른 공이 그 전방에 설치한 보루 진지에 거점을 두고 브레슬라우를 확보하려고 시도한 것은, 대국적으로 보면 결코 비난될 일이 아니다. 카를르 폰 로트링겐 공[8]은 한편으로는 슈바이드니츠의 공략에 만족하고, 또 다른 한편으로는 프리드리히 대왕의 접근으로 위협을 당하고 있었기 때문에, 그가 그 후의 전진을 중지하는 것은 베베른 공의 병력 배치에 따른 것이라고 생각할 수 있기 때문이다. 요컨대 공에게 최선의 방책은 오스트리아군이 공격을 결의하여 전진할 때, 회전에 응하지 않고 그대로 브레슬라우를 통과해서 퇴각하는 일이었을 것이다. 그렇게 되면 적을 기다린다는 방어 방식에서 큰 위험을 저지르지 않고 모든 이점을 이용할 수가 있었을 것이다.

이상으로, 방어자는 왜 군을 요새의 전방에 배치하는가 하는 이유를 비교적 높은 입장에서 설명했고, 또 이러한 방법이 정당한 이유를 분명히 했다. 그러나 그 주된 이유에 대해서는 따로 하나의 2차적 이유가 가해진다는 것도 지적해 둘 필요가 있다. 이 2차적 이유는 제1의 이유와 밀접한 관계를 가지기는 하지만, 이것을 요새의 전반적 효용으로 간주할 수가 없기 때문에 그 자체만으로는 요

---

6) 베베른 공(August Wilhelm, Herzog von Braunschweig-Bevern, 1715~81). 프로이센의 육군 대장. 브레슬라우 회전에서 패하여 포로가 되었다.
7) 브레슬라우 회전(1757. 11. 22)에서 베베른 공이 이끄는 프로이센군은 오스트리아군에게 패배했다.
8) 카를르 폰 로트링겐 공은, 브레슬라우 회전 때 오스트리아군의 사령관이었다.

새의 본무(本務)라고 말할 수는 없다. 그것은 다름 아닌, 대개의 군이 가까운 요새를 물자 저장소로 사용한다는 것이다. 이 방법은 군에 있어 매우 편리하고 또 여러 가지 이점을 가지고 있다. 따라서 군 근처에 요새가 있으면 군사령관은 구태여 공생해서 멀리서 물자를 가지고 오거나 혹은 이것을 방비가 없는 장소에 쌓아 둘 필요가 없는 것이다. 그런데 이와 같이 요새가 군의 물자 저장소로 간주되면, 군을 그 전방에 배치하는 것이 꼭 필요하게 되고, 또 대개의 경우 그렇게 하는 것이 가장 자연스러운 일이다. 그러면 이 가장 지당한 이유가, 더 심오한 근거를 별로 따지려고 하지 않는 단견자(短見者)들에 의해 자칫 지나치게 중요시되는 것은 매우 지당한 일이다. 그러나 이와 같은 이유에서는 실제로 생기는 모든 경우를 설명하기에는 모자라고, 이 이유가 관계되는 여러 사항에 대해서두 최고의 결정을 내릴 정도로 중요시는 않다.

공격자가 회전에까지 이르지 않고 한 개 내지 몇 개의 요새를 탈취한다는 것은 대규모의 결전을 원하지 않는 모든 공격의 자연적 목표이므로, 그만큼 방어자 측에서는 공격자의 이러한 의도를 좌절시키는 것을 주요 임무로 한다. 그렇기 때문에 많은 요새를 갖는 전쟁터에서는 공격자는 방어자의 의표를 찔러 이들 요새 중 하나라도 탈취하려고 여러 가지 술책을 부리고, 또 이에 대해서 방어자는 충분히 준비된 이동에 의해서 신속하게 적의 앞길을 가로막으려 하여, 피아 쌍방의 모든 이동은 위와 같은 두 가지 점을 둘러싸고 회전(回轉)하는 것이다. 이것이 루이 14세에서 폰 작센 원수[9]에 이르는 거의 모든 네덜란드 전역을 관통하는 성격이다.

요새의 엄호에 관한 연구는 이것으로 끝마치기로 한다.

전투력을 장대한 진지선에 배치해서 국경을 엄호하는 방식은 많은 천연 장애물과 결부되는 경우에만 가능하다. 이 경우에 설치되지 않으면 안 될 크고 작은 초병 진지가 어느 정도의 저항력을 가질 수 있기 위해서는 견고해야 한다. 그러나 천연 장애물은 얼마든지 어디에나 있을 수는 없으므로 여기에 축성술이 원용된다. 그런데 이와 같이 해서 어떤 지점에서 얻어지는 저항이 성취할 수

---

9) 폰 작센 원수(Sachsen, Moritz, Marschall von Sachsen ; Saxe, Maurice, Maréchal de Saxe, 1696~1750). 남부 작센 태생. 후에 프랑스군에 들어갔다. 프랑스가 탈취한 네덜란드의 군사령관이 되었다(1747).

있는 것은, 상대적(전투의 의의에 관한 장을 참조하기 바란다)[10] 저항이지 절대적 저항이 아니다. 하기야 이들 초병 진지 안에는 난공불락의 요소가 있어서 그와 같은 경우에는 절대적 저항과 마찬가지의 결과를 초래하는 일도 있다. 그러나 대다수의 진지는 전체의 비율로 보아 어느 것이나 매우 약해서 우수한 적 병력의 습격을 당하면 견딜 수가 없다. 따라서 개별적인 초병 진지의 저항에 전군의 안전을 위탁하는 것은 심히 불합리한 일이다.

요컨대 장대한 초병선에 배치된 전투력은 비교적 오래 저항할 수 있다는 것뿐이지, 본래의 승리를 이러한 전투력에 기대할 수는 없다. 그러나 초병 진지로서의 이러한 가치는 방어 전체의 목적과 계획으로 말하자면 그것으로 충분하다. 대결전이 일어날 염려가 없고, 또 적이 방어자의 절멸을 기하기 위한 맹진을 두려워할 필요가 없는 전역에서는 비록 초병 진지에서의 전투에 패하여 진지를 상실해도 중대한 위험은 없는 것이다. 이와 같은 경우의 손실은 그 초병 진지와 약간의 전리품에 지나지 않는다. 즉, 공격자 측이 얻은 승리는 거기에서 끝나고 방어자의 사정을 그 이상 불리하게 하는 일은 없다. 따라서 또 방어의 기초를 파괴해서 건물 전체를 산산조각 내는 데까지는 이르지 않는다. 약간의 초병 진지의 파괴로 인해 방어 체계 전체가 교란되는 최악의 경우에도 방어자에게는 아직도 군을 집결하여 그 병력으로 공격자와의 결전에 도전할 시간이 남아 있는 것이다. 그러나 이 경우, 공격자는 결전을 원하지 않는 것이 우리의 전제(前提)였다. 따라서 방어자가 이와 같이 병력을 집결하면 그것으로 군사적 행동은 종결되고, 또 공격자 앞으로의 전진을 정지시키는 것이 통례이다. 그래서 약간의 국토와 병력 및 카논포가 방어자 측의 손실이고, 또 그것이 공격자를 만족시키는 성과이다.

방어자가 초병 진지에서의 전투에 패배하면, 이러한 위험에 노출된다는 것은 틀림없는 사실이다. 그러나 또 다른 한편으로는 공격자가 소심해서(혹은 신중해서) 방어자의 초병 진지를 공격하지 않고 손을 놓고 그 앞에 정지하고 있는 경우도 있을 수 있는데, 오히려 그러한 공산(公算) 쪽이 크다. 이와 같은 경우에 방어자는 결전을 감행하려고 하는 의도를 가지지 않는 공격자를 상대하고 있다

---

10) 제4편 제5장 '전투의 의의에 대해서'를 가리킨다.

는 전제를 잊어서는 안 된다.

중간 정도의 초병 진지로도 견고하기만 하면, 이와 같은 공격자의 전진을 정지시킬 수가 있다. 비록 공격자가 이 초병 진지를 틀림없이 격파할 것으로 여기고 있다 해도, 이를 위해 공격자는 어느 정도의 대가를 치러야 하는가, 또 이러한 초병 진지에 대해서 승리를 거두었다 해도 그 이상 전과를 얻기 위해 이만한 대가를 지불하는 것이 공격자로서 너무 값이 비싸지 않은가 하는 의문이 생기기 때문이다.

장대한 초병선상에 이어지는 초병 진지에 배치된 전투력을 가지고 하는 강력한 상대적 저항이, 방어자에게 만족할 만한 결과를 줄 수 있다는 것은 이것으로 분명하다. 그런데 이러한 경우 독자는 자칫 전사(戰史)를 뒤져서 이리저리 상상력을 동원하기가 쉬운데, 우리로서는 독자들의 눈을 실제의 사정으로 돌려 올바른 관점을 가지도록 다음과 같은 한 가지 사실을 지적해 두고자 한다. 즉—장대한 진지선상의 초병 진지는 전역의 후반에 가장 빈번하게 설치된다는 사실이다. 전역의 후반이 되면 방어자 측에서는 공격자의 의도 및 사정이 어떠한 것인가를 확실히 알 수 있고, 또 공격자 측에서는 원래 과감히 싸우는 정신이 희박했는데, 지금에 와서는 그것조차도 상실하는 것이 통례이기 때문이다.

이와 같이 장대한 초병선은 국토, 저장 물자, 요새 등을 엄호하지만, 이러한 초병선에 의한 방어에서는 하천, 산지, 소택지 등의 천연 장애물이 큰 역할을 다하게 된다. 이들 천연 장애물의 이용에 대해서는 앞서 나온 여러 장을 참조하기 바란다.

지형적 요소가 이와 같이 현저한 중요성을 가지기 때문에, 이에 관한 지식과 활동이 참모부에 대해서 특히 요구되기에 이르렀다. 그래서 이러한 지식을 수집하는 일이 참모부의 독특한 임무로 여겨지게 된 것이다. 그런데 참모부라고 하면 군 안에서도 오직 기록과 인쇄를 맡는 부문이다. 전사(戰史)가 전역을 기록할 때 지형에 관한 부분을 비교적 많이 수록하는 것은 이 때문이다. 이와 동시에 이들 부문을 체계화하고, 하나의 독특한 사례를 전사의 입장에서 해석함으로써 나머지 사례도 일괄적으로 해석하려고 하는 경향이 생긴 것은 있을 법한 일이다. 그러나 이와 같은 일은 무익한, 그리고 잘못된 노력이다. 진지선에 의한 방어라고 하는 것은 어느 편인가 하면, 한정적으로 제약된 수동적인 전쟁 방식에서의 개별적인 것이고, 또 개별적으로 논하지 않으면 안 된다. 따라서 이들 사항에 관한 가장 뛰어난, 또 사색이 고루 미친 회상록은 확실히 좋은 읽을거리이지만 이것을 교범(敎範)으로서 사용하는 일은 적절하지 않다.

참모부의 이러한 활동은 매우 필요하고, 또 존경할 만한 일이다. 지금 우리는 일반적 견해에 따라 이것을 참모부에 독특한 임무로서 규정해 왔는데, 우리는 또한 이 활동이 자칫 독선적 행위에 빠지는 일을 경계하지 않으면 안 된다. 이와 같은 독선적 행위는 전쟁 전체에 해로움을 가져오기 때문이다. 참모부의 수뇌는 이러한 부문에서도 매우 유력하고 또 중요시되지만, 성격이 그러한 만큼 주위의 장교들, 특히 장수 그 사람에 대해서는 전반적인 지배력을 가지기 때문에, 여기에서 사물을 일방적으로 생각하는 습관이 생기는 것이다. 그러면 장수는 산지와 애로(隘路)에만 주목하고 다른 일을 돌보지 않게 되고, 또 그때그때의 정황에 적응해서 자유롭게 선택되어야 한 방책이 고정된 틀에 박혀 제2의 천성이 되는 것이다.

예를 들자면, 1793년과 1794년에 프로이센군에서는 그라베르트 대령, 즉 당시의 참모본부의 중심 인물이자 산지와 애로(隘路)의 권위로 알려진 이 참모 장교는 두 사람의 장수—브라운슈바이크 공과 묄렌도르프[11] 장군에게 현저한 영향을 주었기 때문에, 이 양자는 기질이 서로 다름에도 전쟁 지도에서는 동일한 방침을 취하도록 끌려든 것이다.

대단절지를 따라 설치된 방어선이 초병선식(哨兵線式) 전쟁으로 기울어지기 쉬운 것은 명백하다. 만일 실제로 전쟁터 전체가 이와 같은 방식으로 직접 엄호되어야 한다면, 이러한 방어선은 대개의 경우 아무래도 초병선식 전쟁에 이르지 않을 수 없을 것이다. 그런데 대개 전쟁터의 전선은 상당히 장대한데, 이에 비해 실제로 방어에 임하는 전투력이 형성하는 방어선, 다시 말하면 전술적 견지에서 자연적이라고 여겨지는 방어선은 너무 짧다. 그러나 공격자는 그때의 상황과 군 자체의 설비에 의해서 일정한 주요 방향과 도로로 제한되어 있으므로, 여기에서 심하게 일탈한다는 것은 상대편이 극히 활발하지 못한 방어자일지라도 많은 불편과 불리를 입지 않을 수가 없다.

---

11) 묄렌도르프(Möllendorf, Wichard Joachim Heinrich von, 1724~1816). 프로이센의 원수(1793). 팔츠 지방의 프로이센군 사령관이 되었다(94. 1. 30).

그러면 대개의 경우 방어자에게 가장 중요한 대책은, 이들 주요 방향의 좌우로 도로에서 수 마일 또는 수일 행정의 지역을 엄호한다는 것이다. 그리고 이 엄호 그 자체를 위해서는 주요 도로나 주요 접근로에 약간의 방어 진지를 설치하고, 이 진지들 사이에 감시 초소를 배치하는 것만으로 충분하다. 그러면 공격자는 한 종대를 이루어 양 진지 사이를 통과하여, 그 어느 하나를 포위하여 여러 방면으로부터 공격을 가할 것이다. 그러나 이들 진지로서도 이러한 공격에 대비해서 여러 방책을 강구하고 있는 것이다. 첫째로 진지의 양 측면을 견고한 의탁점에 의지케 하고, 두 번째로 측면방어 방식(이른바 고리 모양의 진지)을 사용한다. 또 세 번째로는 후방에 둔 예비에 구원을 구하든가, 혹은 근처의 초병 진지로부터 몇몇 구원대를 얻는 일이다. 그렇게 되면 진지의 수는 소수로도 족할 것이다. 한편 이러한 종류의 방어에 임히는 직진군은 대부분 4~5개의 본초(本哨) 부대로 나뉜다.

　　전쟁터로 통하는 약간의 주요 접근로가 서로 떨어져 있고, 더욱이 그것이 적으로부터의 위협을 받고 있는 경우에는, 이들 접근로에 대해 개별적으로 중심점을 설치하는 일이 있다. 그러면 이것은 큰 전쟁터 안의 말하자면 독립된 작은 전쟁터와 같은 것이 된다. 7년 전쟁 중에 오스트리아군은 본군을 가지고 하부 슐레지엔의 산지에 배치된 약 4~5개의 초병 진지를 수호했다. 그러나 상부 슐레지엔에서는 독립된 것과 마찬가지인 하나의 작은 군단이 역시 이와 마찬가지 방어 방식을 채용하여 그 군단만의 방어에 임한 것이다.

　　이와 같은 방어 방식이 직접 엄호해야 할 지역에서 멀어짐에 따라, 활동(적극적 방어)이나 또 때로는 공격적 수단을 사용해서까지 이 지역을 방어할 필요성이 더욱더 커지는 것이다. 그래서 어떤 군단은 예비로 간주될 수 있고, 또 어떤 초병 진지는 우선 당장 필요 없는 부대로 다른 초병 진지를 구원하는 것이다. 한편 이러한 지원에는 수동적 저항을 증강 또는 갱신하기 위해 실제로 후방에서 부대를 급파하는 경우도 있고, 또 적에게 측면 공격을 가하는 경우도 있으며, 혹은 적의 퇴로를 위협하는 경우까지도 있다. 또 공격자가 어떤 초병 진지의 측방을 위협한다 해도 공격에 의한 것이 아니라 이 진지의 병참선에 대해서 행동을 일으키기 위해 진지를 차지하는 것이라면, 방어자는 적이 그 때문에 파견한 전진 부대를 실제로 공격하든가 아니면 공격자의 병참선에 대해서 행동을 일으켜서 그에게 보복을 가하는 것이다.

위에서 말한 것으로 명백한 바와 같이 이런 종류의 방어는, 비록 그 주된 기초는 수동적 성질의 것이라 해도 많은 적극적 수단을 채용하지 않으면 안 되고, 또 복잡한 관계에 대해서는 여러 가지 방식으로 미리 준비할 수도 있는 것이다. 일반적으로는 적극적 수단은 물론 많은 공세적 수단까지도 사용하는 방어가 뛰어난 방식으로 여겨지고 있다. 그러나 이런 종류의 방어 방식에는 나름대로 어려운 점도 있다. 먼저 이 방식의 성패는, 전쟁터의 지형이나 군의 성격뿐만 아니라 특히 장수의 재능에 달려 있기 때문이다. 다음으로 이 방식에 있어서는, 일반적으로 운동 및 기타의 적극적 수단에 기대하는 점이 자칫하면 지나치고, 또 강대한 천연 장애물에 의해서 지원되는 국지적 방어에 의존하는 면이 자칫 과대하기 때문이다. 이상으로 장대한 방어선은 무엇을 의미하는가 하는 것이 충분히 해명되었으리라 생각한다. 그래서 다음으로 제3의 방어 수단, 즉 신속한 측면 행진에 의해서 공격자를 따라잡아 그 전진을 가로막는 방법을 살펴보고자 한다.

이런 종류의 수단은, 본장에서 논하고 있는 국토방위의 구조 안에 편입될 성질의 것이다. 그 이유는 첫째, 방어자는 장대한 방어선을 형성함에도 불구하고 국토로 접근하는 도로 중 가장 위협을 받기 쉬운 도로를 모두 수비할 수 없다는 것이다. 두 번째로, 방어자는 대개의 경우 군의 중핵을 이루는 주력을 가지고, 적군의 중핵을 이루는 주력이 습격하려고 하는 초병 진지의 구원군으로 가지 않으면 안 된다. 그렇게 하지 않으면 이들 진지는 곧 격파될 것이다. 세 번째로, 전투력을 장대한 방어선상의 한 진지에 고정시켜 수동적 저항에 시종하는 것을 좋아하지 않는 장수는, 그가 목적으로 하는 국토방위를 미리 충분히 준비된, 신중하고도 신속한 이동에 의해 달성하도록 노력하지 않으면 안 된다. 그리고 그가 무방비 상태로 둔 지역이 광대하면 더욱더 교묘한 이동에 의해서 시기를 놓치지 말고 전진해서 이 목적의 달성에 노력하지 않으면 안 된다.

이런 종류의 대항책에서 자연적으로 생기는 결론은, 방어자 측에는 이러한 경우에 이용할 수 있는 적당한 진지를 도처에서 발견할 수 있다는 것이다. 또 이러한 진지는 방어자의 군이—비록 그 일부만이라도—그 지점에 도착하자마자 공격자에게 공격의 의도를 포기하게 할 수 있을 정도의 이점을 제공하는 것이어야 한다. 이들 진지는 필요에 따라 끊임없이 바뀌는데, 이때 가장 긴요한 것은 시기를 놓치지 않고 제때에 그 지점에 도착하는 것이다. 그러므로 이러한 진지는 이런 종류의 방어에서의 전쟁 지도 전체를 관철하는 소위 주조음(主調音)이라고 해도 좋다. 앞서 이러한 전쟁 지도를 초병선식 전쟁이라고 부른 이유는 여기에 있다.

방어자가 장대한 진지선상(陣地線上)에 배치한 전투력과 그 상대적 저항에는, 대결전을 원하지 않는 전쟁이라면 이러한 결전에 수반되는 여러 위험은 생기지 않는다. 따라서 방어자가 측면 행진에 의해서 공격자를 따라잡아 그 전진을 가로막으려는 행동도, 대결전의 순간만큼 위험한 것은 아니다. 그러나 대결전을 감행할 만한 힘을 갖추고 또 이러한 결전을 원하는 용감한 공격자, 다시 말하면 많은 병력을 소비하는 것을 바나하지 않는 공격자의 앞길을 가로막으려는 중대한 순간에는, 급히 진지를 바꾸려 해도 때는 이미 늦어 이러한 방어자는 이미 결정적인 패배로 나아가고 있다고 할 수 있다. 적이 전력을 다해 가차 없이 전진할 때는 방어자가 이에 당황해서 새로 진지를 구해도 때는 이미 늦은 것이다. 그러나 주먹을 휘둘러 제대로 공격을 감행하는 것이 아니고, 단지 손가락 끝만으로 공격의 흉내를 내는 공격자, 또 큰 성과는 물론 이러한 성과에 이르는 단서조차도 이용할 줄 모르는 공격자, 또 다소의 이점을 구하되 이를 될 수 있는 대로 싼 값으로 손에 넣으려는 공격자—이러한 공격자에 대해서라면 이런 종류의 저항 방식을 사용한다는 것은 매우 효과적이다.

이러한 사정에서 생기는 자연적인 결론은, 일반적으로 이런 종류의 수단은 전역이 개시된 당초보다는 오히려 전역의 후반에 많이 나타난다.

그런데 이 경우에도 참모부는 지형에 관한 지식을 구사해서, 여러 방책을 서로 관련시키는 체계를 만들어낼 기회를 갖게 되는 셈이다. 한편 이러한 방어 체계는 앞서 말한 것과 같은 진지와 그 진지에 이르는 도로 선정 및 준비에 관계되는 것이다.

공격과 방어의 쌍방 관계에서 말하자면, 공격자 측의 최대 관심사는 어느 지점에 도달하느냐에 있고, 방어자 측의 관심사는 이것을 저지하는 데 있다. 그래서 양군은 각기 상대편의 눈앞에서 행동하지 않을 수가 없다. 그러기 때문에 이 운동은, 여느 때라면 그리 필요치 않을 정도의 주의와 정확성을 가지고 실시하지 않으면 안 된다. 이전에 본군이 아직 독립된 몇 개의 사단으로 분할되지 않고, 또 행군할 때도 전군이 불가분의 통일체로 되어 있었던 시대에는 이러한 주의와 행동의 정확을 기하는 것은 오늘날보다도 훨씬 번거로웠으며, 또 전술적 기교를 필요로 했다. 그리고 지금 말한 것 같은 피아 쌍방의 만남이 이루어질 경우에는, 어떤 전열에 속하는 몇몇 여단이 선발로 현장에 급행하여 본군이 도착할 때까지 어느 지점을 확보하고, 따라서 또 독립적으로 임무를 수행하는 정황도 생겼던 것이다.

그러나 이와 같은 조치는 변칙이었다. 일반적으로 행군 서열의 본뜻은 질서 정연하게 행군을 실시하여 이러한 예외를 될 수 있는 대로 피하는 데에 있었다. 현재에는 본군을 구성하는 대부대, 즉 군단 혹은 사단(師團)은 다시 각기 독립된 부대로 나뉘어 있다. 그리고 어떤 부대가 위험에 처했을 경우에는, 다른 부대가 근처에 있기만 하면 곧 구원군으로 와서 때로는 적의 전군과도 교전을 불사했다. 그리고 이들 구원 부대는 전투 부대와 협력하여 이 전투를 계속하고 종결시키기는 식이었다. 그래서 오늘날에는 공격자의 전진에 대항하기 위하여 이러한 측면 행진을 적의 면전에서 실시하는 것도 옛날처럼 곤란하지는 않다. 이전에는 행군 서열이라는 고정된 기구에 의해서 달성되어야 했던 것이 오늘날에는 약간의 사단을 빨리 파견함으로써, 또 다른 사단에 급히 행군을 부과함으로써, 또 전군의 운용이 옛날에 비해 크게 자유로워졌다는 사정에 의해서 손쉽게 달성되는 것이다.

그러면 방어자는 위에서 말한 것 같은 여러 가지 방어 수단을 사용하여, 공격자에 의한 요새의 공략, 광대한 지역의 점령, 혹은 창고의 약탈 등을 방지하게 된다. 공격자의 이런 행동은, 방어자가 도처에서 공격자에게 도전하는 전투에 의하여 저지된다. 공격자는 이러한 전투에서 승리를 거둘 확실성이 적고, 이와는 달리 실패할 경우에 방어자로부터 반격을 받을 위험이 대단히 많을 뿐 아니라, 전투에 응했을 때의 병력의 손실은 일반적으로 공격자의 목적과 사정에 비해서 너무 크다고 생각하기 때문이다.

그런데 방어자가 전략적 기교를 구사하고, 제반 설비를 이용하여 이런 전투에 승리를 획득하고, 이와 반대로 공격자는 도처에서 발견되는 상대방의 현명한 예방 수단 때문에 조그만 희망조차도 달성시킬 가망이 없다는 것을 알게 되면, 이제까지의 공격적 원리를 포기하고 최소한 군의 면목만이라도 유지하고자 한다. 그래서 무엇보다도 중요한 전투에 승리를 거두기만 하면 군에 위풍당당한 외관을 부여하여, 장수, 궁정(宮廷), 군대 및 국민의 허영심을 만족시킬 뿐만 아니라, 그와 동시에 어떠한 공격이 되었건 공격에 걸었던 기대를 어느 정도 만족시킬 수가 있는 것이다.

그래서 어쨌든 승리를 거두기만 하면 된다, 전리품을 획득만 하면 된다는 생각으로 몇 가지 중요성을 지닌 전투에서 승리를 거두고자 하는 것이 공격자의 우선 당장의 희망이 된다. 그러나 그렇다고 해서 우리가 모순을 범하고 있다고 생각하지 말기를 바란다. 우리의 지론은, 처음에 우리가 세웠던 전제 아래에서는 결코 모순되지 않는 것이다. 우리는—공격자는 전투에서 승리를 거둠으로써 다른 목표의 어느 것인가를 달성할 수 있다는 기대를 품고 있었음에도 불구하고, 방어자의 탁월한 방어 방책은 공격자의 이러한 희망을 모조리 분쇄했다는 전제 아래 이 고찰을 진행시키고 있기 때문이다. 그런데 공격자가 이러한 희망을 달성하기 위해서는 두 개의 조건이 필요하다. 그 하나는 전투에서의 유리한 상태이고, 다른 하나는 전투의 성과가 실제로도 이들 전투 목표 중의 어느 것인가를 달성하게 한다는 것이다.

그중 제1의 조건은 제2의 조건이 없어도 성립한다. 또 이에 관련해서 다음의 한 가지를 지적하고 싶다. 그것은, 방어자 측은 전투 부대이든 혹은 초병 부대이든 공격자가 전쟁터의 명예만을 염두에 둘 때가, 그 이상의 이익을 추구하는 경우보다도 불리한 전투에 끌려들어갈 위험성이 훨씬 많다는 것이다.

가령 다운의 위치와 기질의 입장에 서서 생각한다면, 그가 호흐키르히에서 대담한 기습[12]을 해치운 사정을 이해할 수 있을 것이다. 요컨대 다운은 그의 본질을 벗어난 것이 아니라, 전적으로 회전 당일의 전리품에 욕심이 나서 이러한 거사를 감행했던 것이다. 그러나 프리드리히 대왕으로 하여금 드레스덴[13]과 나이세를 포기하지 않을 수 없게 했던 중대한 승리는, 이와는 전혀 다른 사정에서 발생한 것이다. 다운으로서는 드레스덴의 포위를 푸는 계획엔 원래 손을 댈 마

---

12) 다운은 호흐키르히에서 1757년 10월 14일 새벽, 프로이센군의 보루 야영에 기습을 감행하여 성공했다.

13) 프로이센군은 드레스덴을 포위했으나(1760. 7. 13~28), 다운에 의해 포위가 풀렸다.

음이 없었을 것이다.

이처럼 전쟁의 성격을 구별했다고 해서 이것을 사소한, 혹은 전혀 쓸모없는 차이라고 생각해서는 안 된다. 오히려 우리는 여기에서 전쟁의 바탕에 철저한 깊은 특성을 알 수 있는 것이다. 원래 전략에서, 어떤 전투의 의의를 이루는 것은 바로 그 전투의 진가 바로 그것인 것이다. 그것은 마치 어떤 사상을 구성하는 모든 요소가 그 사상 체계의 궁극점에서 나오는 것과 마찬가지이다. 우리는 이것을 아무리 되풀이해도 지나치다고는 할 수 없다. 따라서 같은 회전이라고 해도 거기에는 전략적으로 현저한 차이가 있고, 따라서 회전이라면 무차별적으로 이것과 동일한 전쟁 수단으로 볼 수 있다.

그런데 공격자가 조그마한 승리를 거두었다고 해서 방어자에게 대단히 불리한 영향을 주는 것은 아니다. 그러나 방어자의 입장에서 보면 그와 같은 이점까지도 적에게 호락호락 내주고 싶지 않고, 게다가 우연이 적의 이러한 이점에 무엇을 결부시켜줄지 알 수 없는 일이다. 그래서 방어자는 아군의 유력한 여러 부대나 초병 부대의 상태를 끊임없이 주시할 필요가 있다. 말할 것도 없이 이와 같은 경우, 대개의 일은 군단 사령관의 명령에 의해서 결정된다. 그런데 때때로 군단 사령관은, 최고 사령관측으로부터의 적절치 못한 지시로 말미암아 피할 수 없는 파국(破局)에 빠지는 일이 있다. 이를 위해서는 란데스훗에서의 푸케 군단[14]과 막센에서의 핑크 군단[15]을 상기하면 된다.

이 두 건의 전쟁 사례 그 어느 경우에도 프리드리히 대왕은 당시의 인습적 사상에 너무 의지하고 있었던 것이다. 푸케가 란데스훗의 진지에서 불과 1만의 군단으로 3만의 적군을 격파할 수 있을 리가 없고, 또 핑크가 사방에서 노도처럼 몰려드는 우세한 전군에 저항할 수 있을 리가 없었다. 프리드리히 대왕일지라도 이러한 시도가 가능하다고 믿었던 것은 아니다. 그러나 그는 란데스훗의 견진지를 이제까지와 마찬가지로 확실히 통용되는 본보기라고 생각하고, 또 막센에서는 오스트리아군에 대해서 측면양동(側面陽動)을 시도하면, 다운을 재촉

---

14) 1759년 6월 23일에 푸케 군단은 이 땅에서 라우든이 이끄는 오스트리아군에 패배하여, 푸케는 포로가 되었다.

15) 같은 해 11월 20일에 핑크 군단은 막센에서 다운이 지휘하는 오스트리아군에 패하여 항복했다.

하여 작센의 불편한 진지에서 뵈멘의 편리한 진지로 옮길 수가 있다고 생각했다. 이리하여 프리드리히 대왕은 란데스훗에서는 라우든을, 또 막센에서는 다운을 잘못 판단했다. 그 오산의 원인은 실로 여기에 있었다.

장수가 오만하거나 만용을 부리거나, 또 완고한 것도 아닌데 이러한 오류를 범하는 일이 있다. 프리드리히 대왕조차도 몇몇 조치에 대해서는 후세 사람들의 비난을 면치 못하는 것이다. 그런데 이러한 오류는 별도로 하더라도, 이 문제에 관해서는 어떤 큰 난점이 있다. 즉―장수는 부하인 군단사령관들로부터 통찰력, 전의, 용기 및 굳건한 성격 등에 대해서 반드시 바라는 대로의 것을 기대할 수 없다. 따라서 그는 모든 것을 사령관들의 의견에 맡겨둘 수 없는 것이다. 그래서 그들에게 무엇인가 지시를 주지 않으면 안 된다. 이 때문에 사령관들의 행동은 제약을 받아 눈앞의 정황에 적응할 수 없는 경우가 생길지도 모르지만, 그것은 부득이한 폐해이다. 실제로 군대의 말단까지 침투하는 명령적·지배적 의지가 결여되면, 탁월한 통수는 불가능하게 된다. 그러나 부하로부터 항상 최선을 구하는 습관에 구애되는 장수는 이미 그것만으로 뛰어난 장수는 될 수가 없다.

따라서 장수가 군단이나 초병 부대를 뜻하지 않은 파국으로 빠뜨리고 싶지 않다면, 항상 모든 부대의 상황을 명확하게 파악하고 있어야 한다.

방어자 측의 이러한 대항책은 모두 현상의 유지를 목적으로 하고 있다. 그런데 이들 대항책이 순조롭게 진척되어 나름대로 성과를 거둔다면, 전쟁은 더욱더 한 지점에 정체하게 된다. 그리고 전쟁이 한 지점에 교착되면 식량 문제에 대한 배려가 더욱더 중대한 문제가 된다.

그래서 창고 보급이 현지에서 물자를 징발, 공급하는 방법으로 바뀌게 된다. 하기야 처음부터 창고 보급에 의존하는 경우도 있으나 적어도 조속히 이 보급 방법으로 전환하는 것이 통례이다. 또 식량의 운반에는 필요에 따라 그때그때마다 그 지방의 차량을 징발하는 일도 있으나, 결국에는 상설된 수송 조직을 설치하지 않을 수 없을 것이다. 또 이 수송은 그 지방의 차량에 의존하거나 또는 군단 차량에 의존한다. 요컨대 군의 창고 보급은 전편 제14장에서 이미 언급한 바와 같이 차츰 정돈된 형식을 취하게 되는 것이다.

그러나 보급에 관한 사항은 지금 논하고 있는 전쟁 지도에는 그리 큰 영향을 주지는 않는다. 이러한 전쟁 지도는 그 임무와 성격으로 보아 극히 좁은 지역에 한정되어 있으므로 보급도 문제가 되고, 때로는 그것이 대단히 큰 역할을 하는 일도 있으나, 전쟁 전체의 성격을 바꾸는 데에까지는 이르지 않는다. 그것보다도 쌍방이 서로 상대방의 병참선에 대해서 일으키는 행동이 훨씬 중요하다. 그 이유의 첫째로는, 이런 종류의 전쟁에서는 공방 어느 쪽도 대규모적인 수단을 철저히 사용하는 일은 없고, 따라서 장수도 상대방의 이러한 미온적 수단에 입각해서 행동하지 않을 수 없기 때문이다. 또 둘째로는, 그러한 미온적 수단에서 생기는 효과를 오랫동안 기다려보았자 결국 별것이 없기 때문이다. 그래서 방어자로서는 자기의 병참선의 안전이 특히 중요하게 되는 것이다. 물론 공격자의 공격 목표는 방어자의 병참선을 차단하는 데 있는 것은 아니지만, 방어자의 입장에서 보면 그로 말미암아 퇴각이 불가피하고, 그 밖의 다른 조건을 포기하지 않을 수 없게 되기 때문이다.

전쟁터 전체를 방어하는 방책이 병참선을 엄호하는 효과도 아울러 갖는 것은 두말할 나위도 없다. 그러므로 병참선의 보전이라고 하는 것은 부분적으로 그 방책 가운데에 포함되어 있는 셈이다. 그러나 여기에서는, 병참선의 보전이 군의 배치 방법을 선정하는 주요 조건의 하나라는 것을 지적하는 것으로 그치기로 한다.

병참선을 보전하기 위한 특수한 방법은, 소부대나 상당한 대부대를 개개의 수송대에 딸려서 이를 호송하게 하는 데에 있다. 왜 그렇게 해야 하느냐 하면 첫째로, 장대한 방어선상에 배치한 진지만으로는 병참선을 보전하기에는 반드시 충분하지 않기 때문이고 또 둘째로는, 장수가 장대한 방어선상에 병력 배치를 피하려고 할 경우에는, 이러한 호송이 특히 필요하기 때문이다. 템펠호프의 《7년 전쟁사》를 보면, 프리드리히 대왕이 빵과 밀가루 차를 보병 혹은 기병의 수개 연대로 하여금 호송하게 한 실례를 많이 볼 수가 있다. 오스트리아군에 관해서는 이러한 기사를 이제까지 한 번도 볼 수가 없었는데 그 이유의 하나는, 이것을 자상하게 기술할 전쟁사가(戰爭史家)가 없었기 때문이다. 또 다른 하나는 오스트리아군이 프로이센군에 비해서 훨씬 장대한 방어선상에 진지를 차지하고 있었기 때문이다.

이상으로, 우리는 모든 공격적 요소와는 본질적으로는 전혀 무관한 네 가지 방어 방책에 대해서 논했다. 이들 대항책은 어느 것이나 결전을 목적으로 하지 않는 방어의 바탕을 이루는 것이다. 그래서 이번에는 많건 적건 이들 대항책에, 말하자면 양념으로서 가미된 약간의 공세적 수단을 조금 약간 말해 둘 필요가 있다. 이러한 공세적 수단은 주로 다음 세 가지이다.

1. 공격자의 병참선에 대해서 위협을 준다. 여기에는 적의 보급 기지에 대한 행동도 포함하는 것이 좋다.

2. 적을 견제하고 적의 영토에 유격대를 보낸다.

3. 적의 군단과 초병 부대를 공격할 뿐 아니라, 정황이 유리하면 적의 본군까지도 공격한다. 혹은 공격으로 위협하는 것만으로도 좋다.

이들 중에서 제1은 이런 종류의 전역에서 끊임없이 효력을 발휘하지만, 그렇다고 일목요연한 효과를 나타내는 것이 아니라 은연중에 작용한다. 방어자가 적절한 지점에 진지를 차지하면, 이러한 진지는 그것만으로 공격자의 병참선을 위협하는 중요한 효과를 거둔다. 앞서 말한 바와 같이 결전을 원하지 않는 전쟁에서는 보급은 매우 중요하지만, 이 중요성은 공격자에게도 방어자의 경우와 마찬가지이다. 그래서 공격자 측에서는 자군(自軍)의 병참선에 대해서 적 진지로부터 공격적 행동이 일어날지도 모른다는 염려가 있고, 이에 대한 염려가 전략적 계획의 큰 부분을 규정하는 것이다. 여기에 대해서는 공격을 논할 때[16] 다시 언급하겠다.

이와 같이 진지의 적절한 선택에 의해서 공격자의 병참선에 미치는 일반적 영향은, 역학에서의 압력처럼 눈에 보이지 않는 효과를 발휘한다. 그러나 이러한 일반적 영향뿐만이 아니라, 전투력의 일부를 가지고 공격자의 병참선에 대해서 실제로 공세적 전진 행동을 일으키는 것도 또한 이런 종류의 방어 영역에 속한다. 그러나 이 방책이 유리하게 실시되기 위해서는 특히 적의 병참선의 위치와 토지 및 지형의 성질, 그리고 전투력의 특질이 주요한 요건이 되는 것이다.

방어자가 적지로 보내는 유격대는 보복을 목적으로 하는 일도 있고, 또 군세

---

16) 제7편을 가리킨다.

(軍稅)의 징발을 목적으로 하는 경우도 있다. 이러한 유격대는 원래 방어수단으로 볼 수 있는 것이 아니라, 오히려 틀림없는 공격 수단이다. 그런데 대개 유격은 견제[17]와 결부된다. 그러나 견제는 실제로 방어자와 대치하고 있는 적의 병력을 약화시키는 것을 목적으로 하고 있으므로, 그런 뜻에서는 역시 진정한 방어 수단으로 보아도 좋다. 그런데 견제는 공격에 있어서도 마찬가지로 사용될 수 있고, 또 그 자체로서는 실제로도 일종의 공격이기도 하기 때문에, 이에 대해서는 다음 편에서 상술하는 것이 적절하다. 여하간 이런 종류의 공격적 수단을 여기에 든 것은, 전쟁터를 방어하는 자에게 속하는 병기고(兵器庫)에 있는 일체의 공격용 소병기(小兵器)를 남김없이 하나도 빼놓지 않고 세어서 완벽한 열거를 기했기 때문이다. 그리고 여기에서는 우선 다음과 같은 한 가지 일을 부연하는 것으로 그치기로 한다. 즉 이 수단은, 그 효력 범위와 중요성을 될 수 있는 대로 확대하면 전쟁에 공세적 전쟁의 외관(外觀)과 또 전쟁에서 공세로 나왔다는 명예를 아울러 준다는 것이다. 프리드리히 대왕이 1759년 전쟁이 일어나기 전에 폴란드와 보헤미아, 프랑켄에 대해서 취한 행동은 바로 이러한 종류의 것이었다. 이 전역이 순전한 방어였다는 것은 명백하다. 그러나 그가 적의 영토 안으로 출격했다는 것은 이 전역에 공격이라는 성격을 부여했다. 그리고 이러한 성격에서 나오는 정신적 영향력은 아마도 특수한 가치를 가졌을 것이다.

공격자가 병단(兵團) 혹은 본군(本軍)에 대해서 하는 공격은, 공격자 측이 일을 간단히 처리하려고 한 나머지 약간의 지점에서 현전한 약점을 노출하고 있는 경우에, 방어 체계를 보충하는 데 필요한 수단이라는 식으로 생각하지 않으면 안 된다. 이러한 암묵의 조건하에서 방어자의 모든 행동이 발동되는 것이다. 그러나 이 경우에도 방어자는, 실제로 적이 병참선을 향해 공격적 전진을 행하는 경우와 마찬가지로, 공세의 영역으로 한걸음 발을 들여놓게 된다. 그렇게 되면 공방 모두 아군에 유리한 일격을 상대편에 가하기 위한 시기를 노리는 데에 힘을 기울이는 것이다. 그런데 방어자가 이런 종류의 공격에서 어느 정도의 성과를 올리기 위해서는, 두 가지 요건 중 하나를 필요로 한다. 그 하나는, 방어자가 병력에서 공격자보다도 현저하게 우세해야 한다는 것이다. 이것은 분명히 일

---

17) 전술상 견제란 아군이 원하는 방면으로 적을 유치하거나 억류하는 것을 말한다. 이에 대해서는 본편 제20장 참조.

반적으로는 방어의 본성에 위배되지만 이러한 경우도 있을 수가 있다. 또 두 번째는, 방어자는 병력을 보통 이상으로 집중하는 방식과 재능을 갖추고, 또 행동과 활동에 의해서 병력의 약세를 보충하지 않으면 안 된다는 것이다.

그런데 위에서 말한 제1의 조건에 맞는 것은, 7년 전쟁에서의 다운의 경우이고 또 제2의 경우에 적합한 것은 프리드리히 대왕의 경우이다. 다운은 프리드리히 대왕이 지나치게 대담한 행동과 적을 멸시하는 태도로 다운으로 하여금 공격을 하게끔 몰아세웠을 때만 공격에 나섰다(호흐키르히, 막센, 란데스훗). 이와는 달리 프리드리히 대왕은 주력을 가지고 다운의 여러 군단을 격파하기 위하여 끊임없이 운동을 일으키고 있었다. 확실히 프리드리히는 드물게 성공했고, 또 성과도 크다고 할 수는 없었다. 다운은 현저하게 우세했음에도 불구하고 좀처럼 보기 드문 신중성과 경계심으로 일관했기 때문이다. 다운은 불리한 전투를 피하기 위하여 용의주도하게 주의를 기울이고, 또 많은 노고를 아끼지 않았다. 그러나 이것이 도리어 그의 군대를 무기력하게 만들었다. 실제로 이 병력은 다른 경우였다면 공격적 전진에 기여한 바가 컸을 것이다. 이것을 이해하기 위해서는 슐레지엔에서의 1760년 전쟁을 상기하면 된다. 이 전역에서 다운과 러시아군은, 프리드리히의 신속하고도 교묘한 운동에 의하여 숨 쉴 사이도 없이 공격을 받고 격파되지 않을까 하는 근심 때문에 한 발짝도 전진하지 못했던 것이다.

이상으로, 결전을 원하지 않는 전쟁터의 방어에서의 지배적 사상과 방어자의 가장 탁월한 대항책, 방어를 목적으로 하는 행동 전체에 관한 거점 등에 대한 일체를 논했다고 생각한다. 우리는 이들 사항을 일일이 열거한 데 지나지 않았지만, 이렇게 열거한 것은 방어에서의 전략적 행동 전체의 연관성을 통관(通觀)하기 위해서였다. 또 이러한 사항을 실행하기 위한 개별적인 방책—예를 들어 진지, 행진, 기타에 대해서는 앞에서 상세히 고찰한 바가 있다.

그런데 다시 한번 전체를 훑어 볼 때, 결국 우리는 이렇게 말하지 않을 수가 없는 것이다. 즉—공격의 원리가 이토록 약하고, 결전에 대한 피아 쌍방의 요구가 이토록 낮고, 적극적인 마음이 이토록 박약하고, 또 위의 고찰에서 명백히 드러난 바와 같이 전쟁이라는 기구 안에서 서로 억제하는 대항물이 이토록 많다면, 공격이네 방어네 하고 말해도 그 사이의 본질적인 차이는 더욱더 없어질 것이라는 것이다. 전역이 개시된 초기에 공격자는 방어자 측의 전쟁터로 침입해서 어느 정도 공격의 형식을 갖출 것이라는 사정이 생길 수 있고, 또 실제로도 자주 생긴다. 그러면 공방 모두가 서로 대치해서 감시하고, 조금이라도 잃은 것이 없게 하고, 또 아마도 쌍방 모두가 적극적인 이익을 얻고 싶다고 생각할 것이다. 실제로 프리드리히 대왕의 경우처럼 원래의 방어자는 이 점에서 공격자를 능가한다.

공격자가 적의 영토에서 전진자로서의 지위를 포기하면, 방어자는 공격자로부터 위협당하는 일이 점점 적어진다. 그러면 이제까지와 같이 오로지 안전을 생각하는 방어의 입장만을 고수할 필요가 또한 적어지는 것이다. 그래서 공방 모두의 상태는 더욱더 대등해지고, 쌍방의 행동은 어느 편이나 상대방으로부터 얼마간의 이점을 탈취하고 자기측의 불리를 예방하는 데 그쳐, 전략적 기동(機動)만을 주목적으로 삼게 된다. 양군의 사정 혹은 정치적 의도 때문에 대규모적 결전이 불가능하게 되면, 모든 전역은 정도의 차이는 있지만 이런 성격을 띠게 된다.

한편, 전략적 기동 그 자체에 대해서는 제7부에 별도로 한 장[18]을 설정했다. 그러나 균형이 잡힌 양군의 병력 사이에서 행해지는 이러한 줄다리기가 전쟁 이론에서는 가끔 잘못 여겨져 중요시되는 수가 있다. 또 지금 여기에서 논하고 있는 방어에 대해서는 특히 중요하므로, 공방 양자 사이의 이러한 줄다리기를 더 상세히 설명할 필요가 있다고 생각하는 것이다.

지금 균형 잡힌 양군의 병력 사이의 줄다리기라고 했는데, 그 뜻은 다음과 같다. 즉, 전체적으로 운동이 이루어지지 않는 경우에는 피아 쌍방 사이에 균형이 성립된다. 또 큰 목적이 추구되지 않는 경우에는 전체의 운동은 생기지 않는다는 것이다. 따라서 이와 같은 경우에는 양군의 힘 사이에 아무리 현저한 차이가 있다고 해도, 역시 균형 상태로 간주될 수 있다. 그렇게 되면 전체의 이런 균형 상태에서 소규모 행동을 일으키거나 혹은 사소한 목적을 추구하려고 하는 동기가 발생한다. 원래 이런 경우에 이런 종류의 행동이나 목적이 나타나는 것은, 대규모 결전이나 큰 위험이라고 하는 압력이 존재하지 않기 때문이다. 따

---

18) 제7편 제13장을 가리킨다.

라서 전쟁터에서의 피아 쌍방의 득실은, 말하자면 도박의 점수 따기가 되고, 또 군사적 활동 전체가 소규모 행동으로 분해되는 것이다. 즉 쌍방의 장수는, 서로 사소한 상(賞)을 다투는 소규모 행동에서 기교를 서로 견주는 것이다. 그리고 그 어떤 전쟁도 우연과 요행을 모두 제거할 수가 없으므로, 장수 사이의 다툼도 또한 도박의 성격을 띠는 것이다.

그런데 이 경우에 두 가지 서로 다른 문제가 생긴다. 즉, 이러한 전략적 기동에서는 모든 것이 최후의 일대 결전에 압축되는 경우에 비해, 일이 결정되는 데에 있어 우연이 관여하는 부분이 적은 것은 아닌가, 그리고 사려를 일삼는 지성이 관여하는 부분이 많은 것은 아닌가 하는 두 가지 문제이다. 그중 제2의 물음에 대해서는 '그렇다'고 대답을 하지 않을 수가 없다. 이런 종류의 전쟁에서는 전체가 많은 부분으로 나뉘고, 또 시간과 공간은 분해되어 각기 개개의 시점 또는 개개의 지점으로서 고려되게 되므로, 정확한 계산의 영역이나, 계산에 재빠른 지성의 지배력이 더욱더 증대하는 것은 분명하다. 그런데 그러한 지성에 의하여 얻어지는 것은, 부분적으로는 우연의 지배를 탈피한다고는 하지만, 반드시 전부가 그렇다고는 할 수 없다. 그러면 우리는 제1의 물음에 대해서까지도 '그렇다'고 대답할 필요는 없는 셈이다. 우리는 사려를 중요시하는 지성만이 장수의 유일한 심력(心力)은 아니라는 것을 잊어서는 안 된다.

용기, 기력(氣力), 과단성, 신중성 등은 최후의 일대 결전에 임할 경우에는, 단순한 지성보다도 중요한 정신적 특성인 것이다. 그러나 이들 특성은, 균형 잡힌 피아 병력 사이의 줄다리기에서는 그다지 중요시되지 않을 것이다. 또 사소한 이해득실도 소홀히 하지 않는 계산 방법이 중요시되면 우연이 작용하는 여지는 더욱더 감소하고, 그와 동시에 이러한 정신적 특성이 발휘되는 범위도 더욱더 좁혀지는 것이다. 그런데 이들 훌륭한 정신적 특성은, 대결전의 순간에는 우연으로부터 그 지배권의 대부분을 빼앗아, 영리한 계산이 다룰 수 없었던 것을 파악하여 마음대로 구사하는 것이다. 그렇게 되면 이러한 일이 명백해진다. 즉 —결전에서는 피아 쌍방의 여러 힘이 충돌한다는 것, 또 이 경우에는 피아 병력 사이의 줄다리기에 의해 얻어지는 총체적 성과에서보다도 우연이 작용할 여지가 크다고 단언할 수는 없다는 것이다. 따라서 피아 병력 사이의 이러한 줄다리기는 쌍방 장수의 노련한 기교의 경합을 나타내기는 하지만, 이와 같은 일은 오직 영리한, 다시 말하면 사소한 이익도 놓치지 않는 계산과 관계되며, 본래의 군사적 숙달과는 아무런 관계가 없다.

그런데 전략적 기동의 바로 이 방면이, 앞서 언급한 것과 같은 잘못된 중요성을 전쟁 전체에 주는 동기가 된다. 요컨대 피아 병력간의 줄다리기에서의 장수들의 기교를, 그의 전체적인 정신적 가치와 혼동한 것이다. 그러나 이것은 실로 큰 오류였다. 이미 말한 것처럼 대결전의 순간에 중대한 정황의 압력을 제압하고 사태를 지배할 수 있는 것은, 실로 장수의 정신적 특성 바로 그것이다. 그런데 정신적 특성의 이러한 지배력은 단순히 지성에서 생기는 것이 아니라 오히려 뛰어난 감수성과 정신의 순간적인 순발력에서 발생하기 때문에, 역시 전쟁술에서의 말하자면 토박이 주민인 것이다. 또한 이러한 감수성이나 정신적인 순발력은 거의 무의식으로 생기는 것으로, 사고의 긴 연쇄를 꼼꼼하게 더듬을 필요가 없는 것이다. 전쟁술은 단순한 지성의 작용이 아니다.

또 전쟁술에서는 지성의 활동은 결코 최고의 것은 아니다. 종래의 전역에서 피아 쌍방에 적극적 성과를 주지 않았던, 다시 말하면 문명국 사이의 전쟁으로서 가장 바람직한 군사적 행동은 어느 한쪽의, 혹은 쌍방 장수의 이러한 기교 덕분이라고 여겨져 왔었다. 그러나 장수의 이러한 기교라는 것에서 가장 중요한 일반적 근거도, 실은 전쟁을 피아 병력 사이의 줄다리기로 만든 일반적 사정에 있었다.

이전에는 문명국들 사이에 벌어지는 대개의 전쟁은, 적을 격멸하는 것보다도 서로 감시하는 것을 목적으로 했기 때문에, 전역의 대부분이 전략적 기동의 성격을 띤 것은 당연했다. 이들 전역 중에서 유명한 장수를 들 수 없는 것은 논외로 하고 대중들의 눈을 끄는 위대한 장수가 지휘한 경우나, 혹은 프랑스의 명장 튀렌과 오스트리아의 명장 몽테쿠콜리[19]와 같은 뛰어난 두 장수가 서로 대치했을 경우에는, 이들 장수의 명성에 더하여 전략적 기동 전체에 '탁월'이라는 도장을 찍은 것이다. 그 결과, 후세 사람들은 피아 병력 사이의 이러한 줄다리기를 전쟁술의 최고봉이자 전쟁술의 고도의 발달에서 생긴 산물로 보고, 적어도 전쟁술을 연구할 경우에는 특히 존경하지 않으면 안 될 근거로 여긴 것이다.

---

19) 몽테쿠콜리(Montecuccoli, Raimund von, 1609~1680). 오스트리아의 원수.

이러한 종류의 견해는 프랑스혁명전쟁 이전에는 이론의 세계에서 상당히 보급되어 있었다. 그런데 이 프랑스혁명전쟁은 군사적 표현에 관해서는 종전과 전혀 다른 세계를 보였다. 이들 군사적 현상은 처음에는 약간 조잡하고 노골적인 성격을 보였으나, 이윽고 나폴레옹이 등장함에 따라 방법적으로 총괄되고 대규모로 조직되어 훌륭한 성과를 거두어, 이 성과는 노약을 불문하고 만인의 경탄을 자아냈다. 종래의 낡은 본보기는 헌 신짝처럼 버려지고, 이 신기한 현상은 모두 새로운 발견이나 웅대한 사상 등에서 생긴 결과라 해서 이를 구가(謳歌)했다. 그러나 이와 같은 현상은 변화한 사회 상태의 결과이기도 했다.

이제 낡은 것은 사용할 수 없는 것이 되었다고 해서, 이러한 것이 장차 다시 부활하는 일은 없으리라는 것이 일반적인 견해였다. 그러나 여론이 이와 같이 급변하는 경우에는, 반드시 당파가 생기는 법이다. 이때에도 구풍(舊風)을 지지하는 사람들이 있었다. 그들은 이러한 신기한 현상을 조잡하고 폭력 행위이며 전술의 일반적 타락이라고 규정짓고, 전쟁의 본질은 결전을 구하는 데에 있는 것이 아니라, 균형을 유지하고 있는 피아 병력 사이에서, 적극적인 성과를 염두에 두지 않는 독도 약도 되지 않는 도상 훈련과 같은 투쟁을 하는 것이야말로 문명 국가 간의 전쟁의 목표이어야 한다고 주장했다.

그러나 이 견해의 바닥에는 논리도 없고 철학도 없고, 쓸데없는 개념의 심한 혼란을 볼 뿐이다. 또 이와는 반대로, 옛것은 앞으로 다시 나타나지 않으리라는 의견도 심히 온당치 못하다. 전쟁술의 영역에서의 새로운 현상 속에는 새로운 발명이나 새로운 사상에 유래하는 것은 매우 적고, 대부분 새로운 사회 상태와 사회 사정에서 생긴 것이다. 그런데 이들 사회 상태나 사회 사정은, 발효 과정에 있는 불안정한 상태에서는 바로 규범으로서 통용되지 않는다. 따라서 옛것의 군사적 관계의 대부분이 장차 다시 나타날 것이라는 생각에는 의심할 여지가 없다. 그러나 여기에서 그러한 문제를 다루는 것은 적당한 처사가 되지 못한다.

따라서 우리로서는 균형을 이룬 피아 병력 사이의 줄다리기가 전쟁 지도 전체에서 차지하는 비율과 이 비율이 갖는 의의, 그리고 이 비율과 방어의 다른 대상과의 내적 관련을 명백히 하고, 더 나아가 이와 같은 비율은 항상 피아 쌍방을 각각 구속하고 있는 제반 사정과 전쟁에서 본래의 격렬성이 현저하게 없어진 미지근한 상태에서 생겨난 소산에 지나지 않음을 지적하는 것으로 충분하다고 여기고자 한다.

피아 병력 사이의 이러한 줄다리기에서, 한쪽 장수가 다른 쪽 장수보다도 교묘한 경우가 있을 수도 있다. 따라서 쌍방의 병력이 대등하다면 줄다리기의 묘를 터득한 장수는 다른 장수에 대해서 많은 이점을 얻을 것이고, 또 전자의 병력이 후자보다도 열세라면 탁월한 재능에 의해서 균형을 유지하는 데에 노력할 것이다. 그러나 이러한 점에 장수의 최고 명예와 위대함을 구한다는 것은 사리에 크게 위배된다. 오히려 이런 종류의 전역은 피아 쌍방의 장수 모두가 뛰어난 군사적 재능을 갖추고 있지 않다는 것, 혹은 재능이 풍부한 장수가 주위의 사정에 의해서 대결전의 감행을 저지당하고 있다는 명백한 증거이다. 그러나 만약에 그렇다고 하면 이러한 전역은 결코 최고의 군사적 명성을 구하는 데에 적합한 영역이 아니라고 해도 과언이 아니다.

이상으로 전략적 기동(機動)의 일반적 성격을 살펴보았다. 다음에는 이 전략적 기동이 전쟁 지도에 미치는 특수한 영향을 고찰할 필요가 있다. 그런데 이 특수한 영향이라는 것은, 이런 종류의 기동이 때로는 전투력을 주요한 도로나 지점에서 멀리 떨어진 지역, 혹은 적어도 중요하지 않은 지역으로 이동시킨다는 것을 말한다. 일시적으로 발생했다가 곧 사라지는 사소한 이해관계가 전쟁을 규정하는 경우에는, 국토의 대체적인 지세(地勢)가 전쟁 지도에 미치는 영향은 비교적 경미하다. 그래서 전투력은, 전쟁 그 자체의 중요성과 명확한 필요성에서 볼 때 가지 않아도 좋을 지점으로 아무렇지도 않게 이동해 가는 일이 있고, 또 개별적인 군사적 행동에 관한 변동이나 변화는 대결전을 추구 하는 전쟁에서보다도 훨씬 크다. 이러한 전쟁 사례를 알고 싶으면 7년 전쟁의 마지막 5개 전역[20]을 보는 것만으로 족하다. 이들 전역은 대체적으로 같은 상황이었음에도 불구하고 어느 전역이나 각기 서로 다른 양상을 나타내고, 엄밀하게 말하면 동일한 방책은 다시 나타나는 일이 없었던 것이다. 하지만 이 5개 전역을 통해서 동맹군 측의 공격 원리는 그 이전에 치렀던 대개의 전역보다도 훨씬 강력했다.

---

20) 7년 전쟁(1756~1763)의 마지막 5개 전역이라고 하면, 1760년의 추계 전역, 1661년 및 1662년의 춘추 두 전역을 가리킬 것이다.

본장에서는 결전을 추구하지 않는 경우의 전쟁터 방어에 관해서, 방어자 측이 강구하는 여러 대항책과 이들 대항책 사이의 연관 관계, 그리고 각 대항책의 성격을 제시하는 것에 그쳤다. 한편 전쟁터 방어를 실시하기 위한 개별적인 방책에 대해서는 이미 자세히 설명한 바가 있다. 그래서 문제는, 이러한 여러 대항책에 관해서 전체를 통괄할 수 있는 원칙, 규칙 및 방법과 같은 것을 제시할 수 있는가 하는 것이다. 전사에서는, 이 물음에 대해서 끊임없이 되풀이해서 나타나는 일정한 형식이 발견될 수 있는 것이 아니므로, 이러한 원칙 등을 확립한다는 것은 절대로 불가능하다고 대답하지 않을 수 없다. 그럼에도 무엇인가 이와 비슷한 것을 구하려고 한다면, 끊임없이 변화하는 다종다양한 부분으로 이루어진 전체에 통용되는 이론적 법칙으로서는, 경험에 입각한 법칙 외에는 없을 것이다. 최종적인 결전을 목적으로 하는 전쟁이라면, 이 점에 대해서 훨씬 단순할 뿐만 아니라, 훨씬 자연적이고, 또 내적 모순도 훨씬 적고 훨씬 객관적이며, 내적인 필연성을 갖는 법칙에도 훨씬 엄격하게 따르고 있는 것이다. 그런데 결전을 추구하지 않는 전쟁에서는, 이 점은 훨씬 곤란할 것이다.

대규모적인 전쟁 지도에 관한 이론으로서 최근 나타난 전쟁 이론은, 두 가지 주요 원리를 포함한다. 그 하나는, 뷜로의 후방 기지의 폭[21]이고, 또 하나는 조미니[22]의 내선진지(內線陣地)이다. 그런데 이들 원리까지도, 실제로 전쟁터의 방어에 적용해 보니 효과적이고 근본적인 원칙의 알맹이를 끝내 제시하지 않았다. 그러나 적어도 원칙이라면 수수한 형식으로서, 경험에서 최대의 효력을 발휘했어야 할 것이다. 행동이 시간적으로나 공간적으로 확대됨에 따라 형식은 더욱더 효력을 발휘하고, 전쟁터 방어의 여러 방책의 소산을 생기게 하는 여러 요인에 대해 우위를 차지하지 않으면 안 되기 때문이다. 그럼에도 불구하고 우리는, 위의 원리가 결국 그때그때의 방책 일부에 관계되는 데에 그치고, 도저히 방어에 전반적인 이점을 줄 수 있는 것이 아니라는 것을 알게 되는 것이다.

장수가 사용하는 수단 및 그를 제약하고 있는 사정의 특성이, 이른바 일반

---

21) 후방 기지는 어떤 면적을 가진 지역을 말하는데, 당시에는 전쟁터에 대해서 그어진 직선(폭)에 의해 대표되었다.

22) 조미니(Jomini, Antoine-Henri, 1779~1869). 스위스 출신이지만 나폴레옹 아래에서 군무에 종사하다가 후에 러시아군으로 옮겼다. 저명한 전쟁 이론가로 그 저서는 높이 평가되었다.

원칙의 타당성을 무효하게 할 정도로 큰 영향력을 갖는다는 것은 매우 명백하다. 그렇기 때문에 다운의 관심사는 진지의 정면선을 연장하고 또 진지를 신중하게 선정하는 일이었다. 이와는 달리 프리드리히 대왕의 관심사는 항상 집결한 주력을 가지고 적에 육박하고, 또 그 어떤 경우에도 임기응변의 조치를 취할 준비를 게을리하지 않았다. 이 두 장수의 서로 다른 방법은 각 군의 성질뿐만 아니라, 각기 나름대로의 사정으로부터 유래한다. 예를 들어, 임기응변의 조치를 취한다는 것은 일반적으로 국왕에게는 책임을 지지 않으면 안 되는 입장에 있는 장수보다도 훨씬 수월하다. 우리는 여기에서 다음 한 가지 일에 다시 한번 분명히 주의를 해 두지 않으면 안 된다. 즉, 비판에는 이미 나타났거나 앞으로 나타날 여러 가지 수법이나 방법을 모두 완성된 것으로 보고 마음대로 평가하며, 그중의 하나를 다른 것의 하위에 놓는 권리가 없다는 것, 또 이들 수법이나 방법은 서로 병존하는 것으로, 어떤 것을 사용하면 좋은가의 결정은 개별적인 경우 장수의 판단에 맡겨야 한다는 것이다.

그런데 이러한 여러 가지 수법은 군대와 국토, 그리고 제반 사정의 특성에서 생기는 것이므로 여기서 이러한 수법을 모두 열거할 생각은 없다. 또 이러한 일들이 방어에 미치는 영향에 대해서는 이미 서술한 바가 있다.

따라서 우리로서는 본장에서 그 어떠한 원칙, 규칙 혹은 방법도 제시할 수 없다는 것을 고백하지 않을 수 없다. 전쟁의 역사는 이러한 것을 하나도 제공해 주지 않았고, 오히려 지금 하나의 특이한 사례를 만났는가 하면 다음 순간에는 또 다른 사례를 만나게 될 뿐이다. 더욱이 이들 특이성은 때로는 전혀 이해할 수 없는 것이거나 너무 기이(奇異)하기 때문에 놀라지 않을 수가 없다. 그러나 이 점에 대해서 전쟁의 역사를 연구하는 것까지도 무익하다는 것은 아니다. 비록 체계가 없어도 또 진리를 발견하는 데에 필요한 수단 방법이 결여되어도 진리는 역시 존재한다.

이 진리는 훈련에 의해 숙달된 판단과 다년간의 경험에 의해 배양된, 순간적으로 시비를 가릴 수 있는 날카로운 감각에 의해서만 발견할 수 있다. 따라서 전쟁의 역사는 방식은 없지만, 모든 경우가 그러한 것처럼 이 경우에도 판단을 훈련시키는 것이다.

그런데 우리는 전체를 포괄할 만한 원칙을 하나만 제시하고자 한다. 아니, 원칙을 제시한다는 것보다는 본장에서 말한 모든 것의 자연적인 전제를 이루는 사상을 일종의 독특한 원칙의 형태로 만들어 더욱 선명하게 여러분의 눈앞에 제시하고자 한다.

본장에서 논한 일체의 수단은 모두 상대적 가치를 가지는 데에 지나지 않는다. 이런 종류의 수단은 공방 쌍방의 행위는 어느 것이나 '불능'[23]이라는 판결에 구속되어 있다. 그러나 이러한 판결의 효력 범위를 넘어선 곳에서는 한층 고도의 법칙이 지배하고, 여기에서는 전적으로 취향을 달리하는 현상의 세계가 열려 있다. 장수는 잠시라도 이것을 잊어서는 안 된다. 좁은 권내에 안주하면서 마치 무엇인가 절대적인 것 안에서 확실하게 운동하고 있는 것 같은 망상을 품어서는 안 된다. 이러한 좁은 권내(圈內)에서 사용하는 수단을 필연적인 것, 유일한 것으로 잘못 생각해서는 안 된다. 또 그 자신이 이러한 수단이 불충분하다고 겁을 먹으면서 이를 사용하려고 해서도 안 된다.

지금 우리가 이것들을 논하고 있는 입장, 다시 말하면 사물을 그 순수한 실정에서 고찰하려고 하는 입장에서 말하자면, 이러한 잘못된 생각은 거의 있을 수 없다고 생각할지도 모른다. 그러나 실제의 세계에서도 역시 이러한 잘못이 생기는 것이다. 현실계에서는 그 어떤 일도 그다지 날카로운 대립을 이루고 나타나는 것이 아니기 때문이다.

우리는 여기에서도 다음과 같은 한 가지 일을 분명히 주의해 두지 않으면 안 된다. 즉, 우리가 이제까지 완전한 대립만을 궁극적인 형태로서 고찰의 대상으로 한 것은 오직 우리의 생각에 명확성을 주고 또 논증력을 부여하기 때문이라는 것. 그러나 전쟁에서는 구체적인 사례는 대개 그 중간에 있고 그것이 궁극적인 형태로 가까워짐에 따라 차차 이 궁극적인 것에 의해 지배되게 된다는 것이다.

따라서 극히 일반적으로 말하면 장수에게 가장 중요한 요건은, 적이 그보다도 대규모적이고 결정적인 방책을 사용해서 그를 완전히 타도하려고 하는 의향과 병력을 갖는가의 여부를 밝히는 일이다. 만약에 장수가 가정적으로라도 이러한 생각을 품는다면, 그는 사소한 불리를 예방하기 위한 구구한 방책을 바로

---

23) 채무 이행에 대한 채무자의 주관적 불가능을 말한다.

포기하지 않으면 안 된다. 그러면 그에게 남겨진 수단으로는, 대결전에 응하기 위해 희생을 마다하지 않고 자진해서 유리한 위치를 차지하는 길 외에는 없다. 다시 말하면 이러한 경우에 가장 필요한 일은, 장수가 상대방의 상태와 나오는 동향을 견주어 보면서 그의 행동을 수시로 조정하기 위한 올바른 척도를 알아내는 일이다.

이와 같은 생각을 현실 생활의 실례에서 한층 명확하게 하기 위해서, 우리가 보기에는 잘못된 척도를 적용했기 때문에 생겼다고 여겨지는 약간의 사례를 언급하고자 한다. 여기에서 잘못된 척도를 사용했다고 하는 것은 피아 쌍방의 장수 중 어느 한편이 상대편은 결전을 원하고 있는데도 이 진실을 잘못 알고 잘못된 방책을 강구한 것을 가리키는 것이다. 우선 1757년의 전역이 개시된 당초의 전쟁 사례를 보기로 하자. 이 전역에서 오스트리아군은 전투력의 배치로 미루어 보아도, 그들은 프리드리히 대왕이 전면적인 공격으로 나오리라고는 생각하지 않았다는 것을 알 수 있다. 카를르 폰 로트링겐[24] 공이 프리드리히군에 항복 직전의 위험에 빠져 있었음에도 불구하고, 피콜로미니[25] 군단이 여전히 슐레지엔의 국경에 주둔하고 있었던 일조차도 전혀 사태를 잘못 판단한 증거이다.

1758년 프랑스군은, 클로스테르 체벤[26] 협약의 효과를 전적으로 잘못 생각했을 뿐만 아니라(이것은 여기에서 논할 일이 아니지만) 그로부터 2개월 후에 프로이센군의 의도를 잘못 판단하여 베저강에서 라인강에 이르는 지역을 빼앗긴 것이다. 프리드리히 대왕의 생각으로는 적은 그 정도로 결정적인 방책을 취할 리가 없다고 판단했기 때문에 1759년에는 막센에서, 또 1760년에는 란데스훗에서 완전히 적의 상황을 잘못 판단했었다는 것은 이미 말한 바가 있다.

---

24) 카를르 폰 로트링겐 공은 당시 오스트리아군의 사령관이었으나, 프라하 회전(1757. 5. 6)에서 프로이센군에게 패배했다.

25) 피콜로미니(Piccolomini d'Arragena, Octavio von, 1698~?). 오스트리아의 장수.

26) 클로스테르 체벤(Kloster Zeven). 체벤은 하부 작센의 마을. 클로스테르는 수도원이라는 뜻. 이전에 이 땅에 베네딕회 수도원이 있었다. 1757년 9월 8일에 프랑스군은 영국—독일 동맹군과 협약을 맺고, 이에 입각해서 하노버는 프랑스로 이양하게 되었으나, 이 협약은 일방적으로 파기되어 프랑스군은 프로이센군 때문에 하노버에서 쫓겨났다.

그러나 전쟁 역사상 1792년[27]의 오류만큼 큰 오류는 없었다. 당시 동맹군 측은, 근소한 보조 부대를 보내면서 프랑스의 내란을 진압하는 것은 쉬운 일이라고 생각했으나 이것은 전적으로 잘못이었고, 정치적 열광에 내몰려 이미 정상을 벗어난 프랑스 국민의 중압은 시시각각으로 동맹군에게 얹혀왔던 것이다. 지금 큰 잘못이라고 한 것은 후에 그것이 판명된 것으로, 당시에도 이 잘못을 피하려 했다면 손쉽게 피할 수가 있었을 것이라는 뜻이 아니다. 또 전쟁 지도 그 자체에 대해서 말하자면, 프랑스혁명에 이어지는 불행한 세월을 초래한 주요 화인(禍因)의 하나가 1794년[28]의 전역에 있다는 것은 명백하다. 그러나 동맹군은 이 전역 자체에서도 적의 공격이 격렬한 성질의 것이라는 것을 잘못 판단한 것이다.

동맹군은 장대한 방어선상에 설치한 진지니 전략적 기동 능 시시한 방어 방식으로 이 대적에 대항했을 뿐만 아니라, 프로이센과 오스트리아의 정치적 불일치나 또 벨기에 및 네덜란드를 포기하는 졸책에 대해서도 여러 나라의 내각이 도도히 흘러드는 대하의 위력을 거의 예감하고 있지 않았었다는 것을 알 수 있다. 1796년 몬테노테[29]나 로디[30]에서 있었던 사소한 저항은, 오스트리아군이 나폴레옹을 적으로 상대하는 중대한 뜻을 이해하지 않았었다는 것을 여실히 증명하고 있다.

1800년에 멜라스[31]가 파국을 초래한 것은 기습의 직접 결과가 아니라, 이 기습에서 생길지도 모르는 결과에 대해서 잘못 판단했기 때문이었다.

---

27) 프랑스혁명 전쟁(1792~1801) 중에 일어난 일. 프랑스의 라인군은 1792년 10월 21일에 마인츠를, 다음 날인 22일에 프랑크푸르트를 점령했다.

28) 프랑스는 1793년에 국민개병 제도를 제정해서 대군을 전쟁터에 집결시킬 수 있게 되었다. 나중에 나폴레옹이 이 프랑스군을 이끌고 전쟁을 하여, 유럽 전체가 일대 혼란의 도가니로 변했다. 프랑스군은 1794년 6월에는 라인 지방에서 동맹군을 무찌르고, 또 11월에는 라인강 왼쪽 라인펠스(Rheinfels) 성을, 또 12월에는 만하임(라인강 오른편에 위치) 교두보를 점령했다.

29) 몬테노테(Montenotte). 상부 이탈리아의 마을. 이곳 회전(1796. 4. 11~12)에서 나폴레옹이 지휘하는 프랑스군은 오스트리아군을 무찔렀다.

30) 로디(Lodi). 상부 이탈리아의 마을. 이곳 회전(1796. 5. 10)에서 프랑스군은 오스트리아군을 무찔렀다.

31) 멜라스는 마렌고(Marengo)의 회전(1800. 6. 14)에서 나폴레옹군에 패배했다.

1805년에 울름[32]은 학리적(學理的)으로는 훌륭했지만, 매우 섬세한 전략적 관계를 가로세로의 실로 엮은, 말하자면 눈이 거친 직물의 마지막 매듭이었다. 이 요새에 들어 저항하면, 다운이나 라시와 같은 장수의 공격을 저지하기에는 충분했겠지만, 나폴레옹과 같은 혁명 황제를 상대로 했을 때에는 아무것도 아니었다.

1806년[33] 프로이센군의 우유부단과 혼란은 시대에 뒤떨어져 사용할 수 없는 견해와 방책, 시세(時勢)의 중요성을 다소라도 통찰하고 또 올바르게 감득한 식견의 혼동에서 생긴 결과 바로 그것이었다. 당시 프로이센군의 상태를 명확하게 알고 올바르게 평가하고 있었더라면, 3만의 병력을 프로이센에 남겨 두면서 베스트팔렌에 따로 전쟁터를 설정하거나, 뤼헬 군단이나 바이마르 군단에 지령한 것과 같은 소공세로 성과를 얻으려고 한 일들을 어떻게 생각해 낼 수가 있었을까? 또 회전에 임박해서까지도 창고가 위험하다거나, 어느 지역이 적에게 점령되었다는 일 등을 어떻게 왈가왈부할 수 있었단 말인가?

역사상의 모든 전쟁 중에서 최대 규모였던 1812년[34]의 전쟁에서까지도 처음에는 적의 상황 판단을 잘못했기 때문에 엉뚱한 방어책이 수립되었다. 당시 빌나의 본영에는, 프랑스군을 러시아의 국토에 속수무책으로 침입하게 해서는 안 된다는 견해에 입각하여, 국경에서 회전을 벌이자고 주장하는 한 패의 장군들이 있었다. 그러나 이 사람들도 러시아군은 이 회전에 패할지도 모른다, 아니 실제로 패할 것이라고 이야기하고 있었다. 그들은 설마 30만의 프랑스군이 8만의 러시아군을 습격할 것이라고는 생각하지 않았다 해도 확실하게 적의 우세를 예기하지 않으면 안 될 정도의 일은 충분히 알고 있었기 때문이다.

그런데 주된 오류는, 이 회전의 의의를 올바르게 평가하지 않은 데에 있었다. 그들은 비록 이번의 회전에 패하더라도 그것은 보통의 패전과 마찬가지일 뿐, 별다른 뜻은 없다고 생각하고 있었다. 그러나 국경에서의 이 주요 결전에 패하면 다른 경우와는 아주 다른 중대한 현상 계열(現象系列)이 생기리라는 것은 틀

---

32) 울름 회전(1805. 10. 17)에서는 프로이센군은 나폴레옹이 지휘하는 프랑스군에 패하여 그 일부가 항복했다.

33) 예나 및 아우에르슈테트 회전(1806. 10. 14) 직전의 프로이센군의 상황일 것이다.

34) 나폴레옹의 러시아 원정.

림없는 사실이었다. 드리사의 보루 야영조차도 적의 상황 판단을 아주 잘못했기 때문에 세워진 방책이었다. 만약에 러시아군이 이 진영에 주둔하려고 했다면 모든 방면에서 퇴로를 차단당하여 완전히 고립되지 않을 수 없었을 것이다. 또 그렇게 되면 프랑스군은 러시아군을 꼭 항복시키기 위한 수단에 만전을 기했을 것이다. 드리사 진영의 발명자는 상대방 장수들의 만만치 않은 힘과 의지에 생각이 미치지 못했던 것이다.

그러나 나폴레옹까지도 때로는 판단을 그르쳤다. 1813년의 휴전[35] 뒤 나폴레옹은, 동맹군에 속하는 블뤼허와 스웨덴 황태자의 군대를 불과 수개의 군단으로 저지할 수 있다고 생각했다. 이들 군단은 실제로 저항하는 데는 불충분했지만, 동맹군 측이 몸을 사리고 신중을 기한다면 여태까지의 전쟁에서 자주 목격한 바와 같이 그들에게 공격을 포기하도록 하기에는 충분했다. 나폴레옹은 블뤼허와 뷜로의 마음속 깊이 잠겨 있는 뿌리 깊은 증오심과 절박한 위기감에서 유래된 강력한 반격을 충분히 생각하지 못하고 있었던 것이다.

나폴레옹은 대체로 늙은 블뤼허의 용감한 기질을 그다지 높이 평가하지 않았다. 그러나 라이프치히[36]에서는 블뤼허 한 사람이 나폴레옹으로부터 승리를 빼앗았다. 라온[37]에서는 나폴레옹을 파멸시킬 수가 있었을 것이다. 그런데 그렇게 되지 않았던 것은, 나폴레옹의 계산 외에 있었던 사정[38] 때문이었다. 마지막에 벨 알리앙스에서는 나폴레옹이 저지른 잘못에 대한 벌(罰)은 마치 파멸을 가져다 주는 번갯불처럼 그를 사로잡은 것이다.

---

35) 나폴레옹과 동맹군은 1813년 6월 10일에 휴전을 약속했는데, 그 기간은 8월 16일까지였다.
36) 라이프치히 회전(1813. 10. 16~19).
37) 라온 회전(1814. 3. 10).
38) 블뤼허가 병 때문에 지휘를 할 수가 없었다.

제7편
공격(초안)

제1장
방어와 대립 관계에서 본 공격

만약에 두 개의 개념이 진정한 의미에서 논리적 대립 관계[1]를 이루고 따라서 쌍방이 서로 보충하는 관계라면, 한쪽 개념은 필연적으로 다른 쪽 개념에 비해 어떠한 것인가를 명백히 밝혀야 할 것이다. 그러나 인간의 정신 작용은 제약되어 있기 때문에 언뜻 보기만 하는 것으로는 두 개념을 동시에 파악할 수 없고, 또 두 개념이 단지 대립한다는 것만으로는, 한쪽 개념의 모든 범위를 다른 쪽 개념의 모든 범위 안에서 그대로 찾아볼 수는 없다. 하지만 우리는 어떠한 경우에도 항상 한쪽 개념에 입각해서 다른 쪽 개념을 현저히 명확하게 할 수 있고, 또 부분적으로라면 많은 곳을 충분히 명확하게 할 수 있을 것이다. 따라서 방어편의 처음 몇 장은, 이들 장에서 언급한 모든 점에서 공격에 관해 충분히 해명할 수 있었다고 생각하는 것이다. 그러나 그것만으로는 공격과 방어라고 하는 사상 체계를 남김없이 설명했다고는 할 수 없다.

만약 공격과 방어가, 전편의 처음 몇 개 장에서 본 것과는 달리 각 개념의 근원에서 직접적인 대립 관계를 이루지 않는 경우에는, 방어에 대해서 말한 것에 입각해서 앞으로 공격에 대해서 말하려고 하는 것을 직접 추론할 수 없는 것은 물론이다. 그래서 입장을 방어에서 공격으로 변경하면 공격 문제에 한층 가깝게 다가갈 수 있으므로 이제까지 멀리 떨어진 입장에서 바라만 보고 있던 것을 이번에는 보다 더 가까운 입장에서 고찰할 수 있는 것은 당연하다. 따라서 이러한 방식은, 공격과 방어 전체에 대한 사상 체계를 보충하는 것이 될 것이다. 그

---

1) 저자는 여기에서 '전쟁 형식은 공격이거나 그렇지 않으면 방어이다'라고 하는 선언적 판단을 염두에 두고 있다. 이 판단에서는 공격과 방어가 각기 선언지(選言肢)로서 서로 논리적 대립의 관계를 이루고 서로 배제하면서도 보충하고 있는데, 이 경우에 선언지는 이 두 개뿐이므로 양자는 참다운 뜻의 논리적 대립 관계를 이루는 것이다.

러면 공격에 관한 논술이 동시에 방어의 해명에 새로운 빛을 던지는 경우도 드물지 않을 것이다.

그래서 이 공격편에서도, 이미 방어를 논한 전편과 대충 동일한 대상이 다시 나타나는 것이다. 하지만 우리는 대개의 공병학 교본식과 달리 방어에서 찾아낸 일체의 적극적 가치를 공격편에서 뒤집거나 부정할 생각은 없다. 또 그 어떤 방어 수단에도 반드시 이에 대항할 수 있는 공격 수단이 있다는 것을 증명하려는 것도 아니다. 게다가 이러한 방식은 사리에 매우 어긋나는 것으로 여겨진다. 방어에는 장점도 있고 단점도 있다. 방어의 장점은 반드시 무적은 아니라고 해도, 이들 장점을 좌절시키기 위해서는 많은 희생을 치르지 않으면 안 된다. 이것은 공방 어느 입장에서 고찰해도 진실이어야 한다. 만약에 이것을 부정하면 논자는 자기모순에 빠지게 될 것이다.

그러나 우리는 여기에서 방어 수단과 공격 수단의 대립 관계를 남김없이 점검할 생각은 없다. 확실히 방어 수단이 있으면 이에 대항하는 공격 수단이 있다. 그러나 때로는 양자의 관계가 매우 밀접해서 공격 수단을 알기 위해, 일부러 방어 입장에서 공격 입장으로 옮길 필요가 없는 경우가 있다. 이와 같은 경우에는 공격 수단은 방어 수단으로부터 그대로 설명되는 것이다. 요컨대 우리가 의도하는 것은 그 어떤 것에 대해서도 공격에 특유한 사정이 방어에 의해서 직접 설명되지 않는 한, 이들 사정을 명백히 하는 데에 있다. 이러한 논술 방식을 취하기 때문에 방어편의 여러 장에 대응하지 않는 몇몇 장이 이 편에 포함된다.

제2장
전략적 공격의 성질

우리는 이미 다음과 같은 일을 알고 있다. 즉, 일반적으로 전쟁에서의 방어, 또 전략적 방어는 결코 절대적인 대기나 공격의 저지가 아니다. 따라서 절대적 수동이 아니라 상대적 수동이며, 다소간의 공격적 원리가 섞여 있다는 것이다. 이와 마찬가지로 공격도 그 전체가 이미 동질적인 것이 아니라, 항상 방어와 섞여 있다. 하지만 양자의 사이는 현저한 차이가 있다. 즉, 공격적 반격이 수반되지 않는 방어는 전혀 생각할 수가 없다. 그렇게 되면 이러한 반격은 방어의 필연적 구성 요소를 이루지만, 이와는 반대로 공격에서는 돌격이나 공격적 행동 자체는 완결한 개념을 이루고 있다는 것이다.

그런데 공격에 혼입된 방어는 공격 자체로서는 필요하지 않지만 공격을 제약하고 있는 시간과 공간은, 이러한 종류의 방어를 불가피한 해악으로서 공격 안으로 도입하는 것이다. 첫째로, 공격은 항상 한결같은 진행 상태를 유지하여 완결되는 것이 아니라 그 도중에 때때로 쉬지 않을 수가 없다. 그리고 이 휴식 시간 중에는 공격 그 자체는 무력해지고, 거기에 저절로 방어 상태가 발생한다. 둘째로, 공격적 전진을 하는 군대가 후방에 남겨둔 지역, 따라서 군이 그 전투력을 유지하는 데에 필요한 지역은, 반드시 공격 자체에 의해 엄호되는 것이 아니라 다른 방식으로 방어되지 않으면 안 되는 것이다.

그렇다면 전쟁에서의, 그것도 특히 전략적인 공격 행동은 공격과 방어의 끊임없는 교대이자 결합이다. 하지만 이 경우의 방어는 일반적인 방어와는 달리, 결코 효과적인 공격 준비나 공격의 강화로 간주될 수 있는 것이 아니다. 따라서 또 능동적인 원리이기는커녕 공격에서는 전적으로 불가피한 해악이며, 물질의 중력에서 생겨서 물체의 운동을 방해하는 추(錘)와 같다. 여기서 말한 물체의 운동을 방해하는 추라고 한 것은, 대체로 이런 종류의 방어가 공격의 강화에 소용없다고 한다면, 이러한 방어에 따른 시간의 손실만으로도 공격의 효과가 감소되지 않을 수 없기 때문이다. 그런데 방어라고 하는 대립적 요소가 그 어떤 공격에도 포함된다고 하면, 이러한 요소는 공격에 적극적인 불리를 가져오지는 않을까? 그러나 공격은 방어보다도 약한 전쟁 형식이고, 방어는 공격보다도 강한 전쟁 형식이라고 한다면, 방어가 공격에 적극적인 불리를 가져오는 일은 없을 것으로 여겨진다. 공격이라고 하는 이 약한 전쟁 형식을 사용하는 데 충분한 병력이 있고, 게다가 여기에 방어라고 하는 강한 형식이 첨가된다면, 병력은 그만큼 강화될 것이기 때문이다. 일반적으로나 본질적으로 이것은 진실이다. 또 이 문제를 한층 자상하게 논하는 일은 승리의 극한점을 논하는 장[1]으로 할애하고자 한다.

그런데 우리는, 공격에 대해서 전략적 방어가 우위를 차지한다는 근거가, 부분적이기는 하지만 다음과 같은 점에 있다는 것을 잊어서는 안 된다. 그것은 공격 그 자체가 방어를 섞지 않는 한, 더욱이 일반적이 방어보다도 훨씬 약한 방어를 섞지 않는 한 성립할 수 없다는 것이다. 그런데 공격에 혼입되어 있는 방어는 방어 중에서도 최악의 요소인 것이다. 따라서 방어 전체에 대해서 말할 수 있는 일도, 이러한 요소에 대해서는 이미 해당이 되지 않는다. 그러면 이런 종류의 방어적 요소가, 적극적으로도 공격을 약화시키는 원리가 될 수 있다는 것은 분명하다. 실제로 공격자 측의 공격 안에 이러한 약한 방어가 나타나는 이 순간이야말로, 방어자 측의 방어에 내재하는 공격적 원리에 입각해서 적극적 행동을 일으킬 절호의 기회인 것이다.

하루의 작업을 끝마치고 12시간의 휴식을 취하는 것은 공방 모두가 같다. 그런데 이 휴식 시간 중의 상태에는 공격자와 방어자 사이에는 하늘과 땅의 차이가 있다. 방어자는 지형을 고려하여 스스로 선정하고 준비한 진지에 들고 있는데, 공격자는 행군 야영에 들기는 했지만 사정을 몰라 마치 맹인처럼 모색하지 않을 수가 없는 것이다. 새로 보급 설비를 하거나 증원 부대를 기다리는 데에 필요한 비교적 긴 휴식 시간 중에, 방어자는 요새나 물자 저장소 근처에 포진하지만, 이와는 달리 공격자는 가지에 앉은 새와 같은 것이다. 일반적으로 공격치

---

1) 본편 마지막의 장(章) 번호가 없는 글을 가리킨다.

고 방어로 끝나지 않는 것은 없다. 그 경우에 어떠한 방어가 이루어지는가는 그때의 정황에 의해서 결정된다. 만약에 방어자의 전투력이 파괴되어 있으면 사정은 공격자에게 매우 유리하지만, 만약에 그렇지 않을 경우에는 매우 곤란하다. 공격자 측의 이러 종류의 방어는 확실히 공격 그 자체에는 속하지 않지만, 그것이 어떠한 성질의 것인가 하는 것은 공격에도 반영되어 공격의 가치를 규정하는 보조 요인이 된다.

그렇다면 위에서 한 고찰의 결과는 이렇게 된다. 그 어떤 공격에도 필연적으로 섞여 들어가는 방어가 공격에 주는 불리를 분명히 통찰해서, 이에 잘 대비하기 위해서는 이런 종류의 방어를 충분히 고려에 넣지 않으면 안 된다는 것이다.

그러나 또 이와는 다른 사고방식에 따르면, 공격은 그 자체가 어디까지나 공격이지 다른 것은 아니다. 그런데 방어에는 적을 기다린다는 원리를 적용하는 방식에 따라서 몇 가지 단계가 생긴다. 그리고 이 때문에 현저하게 취향을 달리하는 약간의 방어 방식이 성립한다는 것은, 앞서 여러 저항 방식을 논한 장에서 설명한 바가 있다.

공격은 원래 오직 하나의 능동적 원리를 가질 뿐이다. 비록 공격에 방어가 섞여들지 않을 수 없다 해도, 이런 종류의 방어는 공격에는 소용이 없는, 말하자면 죽은 것에 지나지 않는다. 그러므로 공격에는 방어에서와 같은 정도의 차이는 존재하지 않는다. 물론 공격을 수행하는 기력의 강약, 공격의 완급(緩急) 및 공격력의 대소에는 현저한 차이가 생기는 일이 있다. 그러나 그것은 어디까지가 정도의 차이이지 종류의 차이는 아니다. 그러면 이렇게 반문할지도 모른다. ― 공격자라 할지라고 목표에 한층 손쉽게 도달하기 위하여, 때로는 방어라는 형식을 선택한 예가 있지 않은가. 또 군을 유리한 진지에 배치한 후, 방어자의 공격에 응한 일도 있지 않은가―하고. 그러나 이와 같은 사례는 매우 드물기 때문에 우리가 개념이나 사항을 분류할 때 항상 실제적인 것으로부터 출발하고 있는 한, 이러한 핑계에 귀를 기울일 필요는 없다. 요컨대 공격에서는 여러 저항 방식에 대응하는 것과 같은 단계는 존재하지 않는 것이다.

마지막으로 공격 수단은 일반적으로 전투력뿐이다. 이 전투력에는 요새도 당연히 포함하지 않으면 안 된다. 공격자 측의 요새가 적의 전쟁터 근처에 있는 경우에는, 이러한 요새는 공격에 현저하게 유리한 영향을 준다. 그러나 이 영향은, 공격자가 적의 영토 안을 전진함에 따라서 차츰 약해진다. 따라서 공격에서 공격자 측의 요새는 방어자 측의 요새만큼 중대한 역할을 다할 수 있는 것이 아니다. —실제로, 방어자의 경우 요새는 때에 따라 매우 중요한 사항이 되는 것이다. 국민의 협력에 대해서 말하자면, 공격자가 점령한 지역의 주민이 자국의 군에 대해서보다도 공격자에게 호의를 가질 때에는 공격에 유리하다고 생각해도 좋다. 마지막으로 공격자도 또한 동맹자를 가질 수가 있는데, 그 경우 동맹자는 특수한, 또는 우연적인 사정에서 생긴 것에 지나지 않고 공격 그 자체의 성질에서 자연히 생긴 원조는 아니다. 따라서 방어에서는 요새, 민중의 봉기, 동맹자 등이 저항 수단 안에 편입되지만 공격에는 이와 같은 것은 존재하지 않는다. 요컨대 이와 같은 것들은 방어의 본성에 속하는 것으로, 공격에서 드물게 볼 수 있으며 또 대개는 우연적으로만 생기는 것이다.

제3장
전략적 공격의 대상

공격이든 방어든 전쟁의 목표는 적의 완전한 타도이고, 그 수단은 적의 전투력의 격멸에 있다. 방어는 적 전투력을 격멸함으로써 공격으로 옮기지만, 공격은 적 전투력을 격멸함으로써 국토의 침략을 개시한다. 따라서 적의 국토가 공격의 대상이다. 그러나 이러한 공격의 대상은, 적의 국토 전체일 필요는 없다. 때로는 그 일부분일 때도 있고 한 지역일 경우도 있으며, 혹은 하나의 요새일 수도 있다. 이와 같은 것은 계속 영유하든 다른 것과 교환하든, 어느 것이나 강화 때 정치적 압력으로서 충분한 가치를 가지는 것이다.

그렇기 때문에 전략적 공격의 대상은 적의 국토 전체의 침략에서 사소한 요새의 점령에 이르기까지, 그 사이에는 무수한 단계가 있다. 공격자가 이러한 공격 목표에 도달해서 공격을 종결하면, 이번에는 공격자 측의 방어가 시작된다. 그러면 전략적 공격을, 목표가 처음부터 정해진 행동, 다시 말하면 일정한 한계를 갖는 행동이라고 보는 사람이 있을지 모른다.

그러나 이 문제를 실제적으로, 즉 실제의 형상에 바탕을 두고 고찰한다면 결코 그렇지 않다. 전략적 공격에서는 공격의 여러 요인, 즉 공격의 의도나 방책이 어느 틈엔가 방어로 옮겨져, 마치 방어 계획이 어느 틈엔가 공격으로 옮아가는 것과 전혀 다를 바가 없다. 장수가 침략의 한계를 미리 엄밀하게 정하는 일은 드물고 혹은 그렇다고 할 수도 없으며, 오히려 이것을 전쟁터에서는 사건의 추이에 맡기는 것이 통례이다. 따라서 때로는 공격이 그가 생각하고 있었던 것 이상으로 진전하는 일도 있고, 또 때로는 잠시 공격을 멈춘 뒤에 새로운 병력이 가세해도 전후의 공격 행동에 각별한 변화가 없는 경우도 있다. 또 때로는 장수가 진짜 방어로 옮기려고 하지 않는 경우도 있다. 요컨대 방어가 성공해서 공격으로 이행한 것처럼, 공격이 성공하면 이것 또한 어느 틈엔가 방어로 이행하는 것이다.

제4장
공격자 측의 공격력 감퇴

공격력의 감퇴라고 하는 것은 전략에서는 중요한 사항이다. 공격자가 무엇을 할 수 있는가 하는 것에 관해서 올바른 판단을 구하려고 한다면, 공격력을 감퇴시키는 원인을 각 경우마다 올바르게 판정할 필요가 있다.

공격자 측의 절대적 병력 약화는 다음에 드는 여러 원인으로 생긴다.

1. 적의 국토 그 자체를 공략하려고 하는 공격 목표에 의한다. 이 경우의 병력의 약화는 최초의 결전이 끝난 뒤에 비로소 생긴다. 그러나 공격자의 공격은 최초의 결전으로 종결되는 것은 아니다.

2. 전진하는 공격자가 후방에 남긴 점령 지역을 수비해서 병참선을 확보, 보급을 유지할 필요에 따른다.

3. 전투에서 발생하는 손해와 질병에 따른다.

4. 보급 기지가 먼 곳에 있다는 사정에 따른다.

5. 방어자 측의 요새를 포위하고 공격하는 작업에 따른다.

6. 육체적인 고생으로 인한 피로에 따른다.

7. 동맹국의 탈퇴에 따른다.

그런데 공격자 측의 병력을 약화시키는 이러한 원인이 있는 데에 대하여, 방어자 측의 공격을 강화하는 원인도 있을 수 있다. 여하간 공방 쌍방 병력의 갖가지 양(量)이 상쇄되어 비로소 전반적인 결과가 결정된다는 것은 명백하다. 따라서 예를 들어 공격자 측의 공격이 약화되어도, 그와 동시에 방어자 측의 방어도 약화되었기 때문에 쌍방의 균형이 잘 잡히는 일도 있을 수 있고, 혹은 방어력의 약한 쪽이 공격의 약화를 웃도는 경우도 있을 수 있다. 그러나 제2의 경우, 즉 방어의 약화 쪽이 한층 심한 경우는 드물다. 여하간 전쟁터에서의 피아 쌍방의 전투력을 전반적으로 비교할 필요는 없다. 비교되는 것은, 피아 양군의 선두에 있는 전투력이나 결정적 지점에서 대치하고 있는 전투력이다. 여러 가지 실례—오스트리아 및 프로이센에서의 프랑스군,[1] 러시아에서의 프랑스군,[2] 프랑스에서의 동맹군,[3] 에스파냐에서의 프랑스군.[4]

---

1) 프랑스혁명 전쟁의 일부를 이루는 1795~97년 독일에서 벌인 전쟁.
2) 1812년 나폴레옹의 러시아 원정.
3) 1813년 및 14년 프랑스에서 벌인 동맹군 대 나폴레옹군의 전쟁.
4) 1807~1813년 프랑스의 대 에스파냐 전쟁(반도 전쟁).

제5장
전략적 공격의 극한점

공격에서의 성과는 공격측이 실제로 보유하고 있는 우세의 결과 바로 그것이다. 여기서 우세라고 하는 것은 물리적·정신적 여러 힘을 합한 것이다. 우리는 앞 장에서 공격력은, 공격자의 전진과 함께 차차 소진되는 것이라고 말했다. 하기야 때로는 공격자의 우세가 공격에 의해 증대하는 일도 있기는 있다. 그러나 대체적으로 감소하는 것이 통례이다. 여하간 공격자는 강화 체결 때의 이점을 공격에 의해서 보충하게 된다. 이들 이점은 화평 교섭의 경우에 많건 적건 중요한 의의를 가지게 되지만, 공격자는 이에 대해서 그의 전투력을 가지고 우선 지불하지 않으면 안 되는 것이다. 그런데 공격의 이점이 날마다 감소하는 데에도 불구하고 강화까지 우세가 유지되면 공격자는 전쟁의 목적을 달성했다고 해도 좋다. 하기야 전략적 공격이 단숨에 강화로 연결되는 경우도 있다.

그러나 그와 같은 공격은 매우 적고 대개는 방어로 전환한 공격자가 어떻게든 이 방어를 견디어 강화 시기가 무르익는 것을 기다리는 것이 통례이다. 이 시점을 지나면 정황은 급변해서 방어자의 반격이 시작된다. 그리고 일반적으로 이러한 반격의 위력은 이에 응하는 공격자의 돌격보다도 훨씬 강력하다. 이것을 우리는 공격의 극한점이라고 한다. 공격의 목적은 적지의 점령에 있다. 그러면 공격자는 적지에서의 전진을 그의 우세가 소진될 때까지 계속하지 않을 수 없다. 이렇게 해서 공격자는 그의 목표를 향하여 매진하고, 또 때로는 이 목표를 넘어서는 일까지도 있다. 피아 쌍방에서 각기 작용하고 있는 여러 힘 사이에 성립하는 방정식이, 얼마나 많은 요소를 포함하고 있는가에 생각이 미친다면, 쌍방 어느 쪽이 상대편에 대해 우위를 차지하는가를 결정하는 일이 얼마나 곤란한 일인가를 알 수가 있다.

때로는 일체의 추정이 상상력의 가느다란 실에 걸려 있는 경우조차도 있다.

그렇다면 공격자에게 가장 중요한 일은 훈련되고 숙달된 판단력에 의해서 이런 종류의 극한점을 밝히는 데에 있다. 그런데 여기에 겉으로 보아 모순이 있다고 여겨지는 문제가 생긴다. 앞서도 말한 바와 같이 방어는 공격보다도 강력한 전쟁 형식이다. 그렇다면 공격에는 그것이 지나치다는 일이 있을 수 없다고 생각해도 좋지 않을까? 방어보다도 약한 전쟁 형식으로서의 공격까지도 그토록 강력하다고 한다면, 공격보다도 강한 전쟁 형식으로서의 방어는 더욱 강해도 좋을 것이기 때문이다.[1]

---

1) 원고에서는 이 문장에 이어서, '이 문제의 설명은 승리의 극한점에 관한 글에서 말할 작정이다'라고 하는 첨가된 글이 있다. 그런데 이 표제의 논문이 '전쟁론의 자료로 인정한 약간의 논문'이란 표제가 있는 꾸러미에 들어 있다. 그리고 이것이 초고만으로 끝나 있는 이 장에 손을 댄 논문으로 여겨지기 때문에 제7편 끝에 게재했다. (마리 폰 클라우제비츠)

제6장
적 전투력의 격멸

적 전투력의 격멸은 전쟁의 목표 달성을 위한 수단이다. ─적 전투력의 격멸이란 무엇인가. ─이 목표에 도달하기 위해 지불하지 않으면 안 되는 대가(代價). ─적 전투력의 격멸에 대해서 생각할 수 있는 약간의 관점.

1. 공격 대상의 획득을 방해하는 적 전투력만을 격멸한다.
2. 가능한 한 많은 적 전투력을 격멸한다.
3. 아군의 전투력 보전(保全)을 중요하다고 보는 관점.
4. 이 방침을 더욱 확대하면, 공격자는 유리한 기회에만 적 전투력의 격멸을 꾀한다는 것이 되기도 한다. 또 이것은 공격의 대상에 대해서도 말할 수 있다. 그러나 이에 대해서는 이미 제3장에서 이야기했다.

적의 전투력을 격파하는 유일한 수단은 전투이다. 그러나 이 격멸에는 말할 것도 없이 두 가지 방식이 있다. 첫째는, 직접적인 방식이다. 두 번째는, 간접적인 방식으로 약간의 전투의 조합으로 격멸의 목적을 달성하는 것이다. 따라서 회전은 적 전투력의 격멸을 위한 주요한 직접적 수단이기는 하지만 유일한 수단은 아니다. 요새의 공략이나 한 지역의 점령은 그 자체가 이미 적 전투력의 파괴를 의미하지만, 이러한 파괴적 행위가 서로 모여서 더 큰 파괴를 낳는 경우가 있다. 그러면 이와 같은 경우의 적 전투력의 격멸은 간접적 방법이 된다.

따라서 공격자가 방어자 측의 무방비 지역을 점령하는 경우에는, 이 점령 행위 자체가 전쟁 목적을 직접 달성하기 위한 수단으로써 갖는 본래의 가치 외에, 간접적으로는 적 전투력의 파괴도 의미한다. 그가 수호하는 지역에서 방어자를, 책략을 사용해서 쫓아내는 방책도 약간 이와 닮은 데가 있어서 같은 관점 아래에서 고찰할 수 있다. 그러나 어느 것이나 무력에 의한 본래의 성과라고는 여겨질 수 없다. 그런데 이들 수단은 대개의 경우 지나치게 중요시되고 있다. 이러한 수단이 회전과 동등한 가치를 갖는 일은 드물다. 그리고 이와 같은 경우에는, 이런 종류의 수단이 가져오는 불리한 상황을 간과하는 일이 없도록 끊임없는 경계를 필요로 한다. 요컨대 이들 수단은 그때그때의 목적을 달성하기 위해 지불하는 대가가 싸게 먹히기 때문에 장수는 자칫 이의 유혹을 받는 것이다.

여하간 이런 종류의 수단은 도박에 거는 눈먼 돈과 같다. 이 정도로 거는 돈으로는 사소한 이익밖에 얻을 수 없다. 따라서 여러 사정이 제한되어 있을 경우나 혹은 전쟁의 동기가 박약한 경우에만 사용하지 않으면 안 된다. 결전에 의한 승리—그 전과는 단순히 승리에만 머무는 것이 아니라 그 바닥을 알 수 없을 정도로 풍부한 것이다.

제7장
공세 회전

앞서 수세(방어적) 회전에 대해서 말한 것은, 그것만으로도 공세(공격적) 회전에 기여하는 바가 크다.

우리가 수세 회전을 논했을 때 오직 고찰의 대상으로 고른 것은, 방어의 본뜻이 현저하게 나타나는 회전이었다. 그리고 이것은 방어의 본질을 될 수 있는 대로 명료하게 제시하기 위함이었다. 그러나 이러한 명확한 수세 회전은 극히 드물고, 대개는 절반가량이 조우전(遭遇戰)이다. 그러나 이러한 조우전 같은 회전에서는 수세적 성격이 현저하게 상실된다. 그런데 공세 회전이 되면 사정이 완전히 달라진다. 공세 회전은 그 어떤 경우에도 그 본래의 성격을 견지하고 방어자가 본래의 수동적 태도를 버리고 공세로 전환하면, 그에 따라 더욱더 본래 지닌 성격을 유감없이 발휘할 수 있다. 따라서 수세적 성격이 분명히 드러나지 않은 수세 회전에서도, 혹은 순수한 조우전에서도, 방어자 측과 공격자 측에 따라서는 회전의 성격에 다소의 차이가 생긴다. 그런데 공세 회전의 중요 특성은 적을 포위하거나 우회하는 데에 있고, 따라서 그와 동시에 적에게 회전을 도전하는 데에 있다.

대개 포위 대형을 가지고 하는 전투는 그 자체가 매우 유리하다는 것은 틀림없다. 그러나 이러한 전투가 왜 유리한가 하는 해명은 전술에 속하는 문제이다. 여하간 공격자는 이러한 이점을 포기할 수는 없다. 방어자는 이러한 이점에 대항하는 수단을 갖추고 있기 때문이다. 그리고 이러한 수단이 방어를 유리하게 만드는 다른 사정과 긴밀하게 결부되어 있는 한, 공격자 측에서는 이 수단을 사용할 수가 없다. 포위하는 적을 다시 포위해서 성공을 잘 거두기 위해서는, 방어자는 적절한 땅을 구하여 양호한 설비를 갖춘 진지를 차지하지 않으면 안 된다. 그러나 방어자에게 그보다 훨씬 중요한 관심사는 방어가 제공하는 이점은,

반드시 그 모두가 실제로 사용할 수 있는 것이 아니라는 것이다. 대개의 방어는 빈약한 응급 조치이다. 또 많은 방어자는 끊임없이 공격자의 위협을 받아 심한 곤경에 있고, 최악의 사태가 오는 것을 두려워하면서 적의 공격을 중도에서 억제하는 것이 통례이다. 그래서 이러한 결과가 생긴다. 즉, 공격자가 포위 대형을 가지고 하는 회전, 아니 변환된 정면을 가지고 하는 회전은, 원래가 병참선이 유리한 상태에 있는 경우의 방책임에도 불구하고, 일반적으로 정신적, 물리적으로 우세한 경우에 이루어진다고 하는 것이다(마렝고, 아우스테를리츠, 예나의 여러 회전). 또 최초의 회전에서는, 공격자의 후방 기지의 면적은 방어자 측을 능가하지는 못해도 국경 근처에 있기 때문에 일반적으로 매우 커서, 공격자는 그것만으로도 강력한 행동을 일으킬 수가 있다.

다음에 측면 공격, 즉 변환된 정면을 가지고 하는 회전은 포위적 회전보다도 유리하다. 포위를 목적으로 하는 전략적 전진은, 프라하의 회전에서처럼 원래 측면 공격과 결부되어야 한다는 생각은 잘못이다(이러한 전략적 전진과 측면 공격 사이에는 각별한 공통점이 없고, 또 양자가 결부되었다고 해도 좋은 결과가 생기는가의 여부는 심히 의심스럽다. 이에 대해서는 전쟁터 공격의 장에서 자세히 논하고자 한다). 방어자 측의 장수는 방어적(수세) 회전의 경우와 마찬가지로 결전을 될 수 있는 대로 길게 연장해서 시간을 벌 필요가 있다. 만약에 방어자가 승패가 결정되지 않은 상태에서 일몰을 만나면, 그 회전의 방어자의 승리로 돌아갔다고 해도 좋다. 따라서 공격자 측의 장수는 공격적(공세) 회전을 일찍 결전으로 가지고 들어가야 한다. 그러나 또 다른 한편으로는 결전을 너무 서두르면 큰 위험을 초래할 염려가 있다. 이러한 결전은 병력을 필요 이상으로 소비하기 때문이다. 공격적 회전의 특성은, 대개 적의 상태가 불분명한 데에 있다. 그것은 사정을 모르는 장소에서 모색하는 것과 다를 바가 없다(아우스테를리츠, 바그람, 호엔린덴, 예나, 카츠바흐의 여러 회전).[1] 공격적 회전의 특성이 현저하게 나타남에 따라서 공격자 측에서는 병력의 집중이 더욱더 필요하게 되고 또 포위보다도 우회 쪽이 중요하게 된다. 승리의 성과는 추격에서 비로소 얻어진다고 하는 것은 이미 제4편 제12장에서 말했다. 요컨대 공격적 회전에서 추격이 공격자 행동의 주요 부분을 이

---

1) 호엔린덴(Hohenlinden). 북부 바이에른의 마을. 이곳 회전(1800. 12. 3)에서 오스트리아군은 프랑스군에게 패했다.

룬다는 것은 방어적 회전에 비할 바가 아니다.

제8장
도하

1. 대하(大河)가 공격자의 전진로를 차단하고 있는 경우에는, 이러한 하천은 공격자에게 매우 귀찮은 것이 된다. 대개 공격자가 도하를 끝냈을 경우에는 주된 도하점은 하나에 한정된다. 그가 하천 바로 옆에 머물지 않는 한 행동이 현저하게 속박되기 때문이다. 공격자가 하천 저편에서, 다시 말하면 도하하고 나서 석과의 결정적 전투에 도전하려고 생각하거나, 방어자 측이 전투를 추구해서 공격자를 공격하려는 기색을 나타낼 경우에 그는 큰 위험에 빠지게 된다. 따라서 공격자 측이 정신적·물리적으로 현저하게 우세하지 않는 한 장수는 이러한 상태로 스스로 찾아들어서는 안 된다.

2. 하천을 등(背)으로 삼는 것만으로도 공격자에게는 이 정도의 곤란이 있다. 그렇기 때문에 방어자는 하천을 방어하는 것이다. 그렇지 않으면 하천의 방위에 그다지 힘을 쓰지 않을 것이다. 하천 방어는 방어자에게 유일한 구원의 길은 아니다. 그래서 만일 이 방어에 실패하더라도, 하천 근처에서 저항하는 방책이 남아 있다면, 공격자는 하천 방어에 의한 방어자의 저항에다 전항(前項)에서 서술한 방어자 측의 이점도 계산에 넣어야 할 것이다. 이와 같이 공격자 측에게는 이중으로 불리함이 생긴다. 따라서 공격에 임하는 장수는 대개 방어되고 있는 하천을 몹시 꺼린다.

3. 어떤 종류의 조건 아래에서는, 정식 하천 방어가 훌륭한 성과를 올릴 수 있다는 것은 이미 전편에서 서술했다. 또 경험에 비추어 보면, 이러한 성과는 이론상으로 거론되는 것 이상으로 훨씬 자주 나타난다. 이론은 하천의 객관적 상황만 계산하지만, 실제로 방어를 할 때면 공격자에게는 모든 상황이 실제보다도 곤란하게 여겨져서, 그의 행동을 현저하게 제약하는 걸림돌이 되는 것이다.

그런데 대규모의 결전을 추구하지 않는, 다시 말하면 단호한 수행력이 결여되는 것 같은 공격에 대해서 말하자면, 이런 종류의 공격에서는 이론적으로는 고려할 가치가 없는 장애물이나 우발적인 일도 공격자에게는 역시 불리하게 되는 경우가 있다. 공격자의 본령은 적극적 행동에 있다. 따라서 이러한 장애물이나 우연한 일을 맨 처음에 만나게 된다. 이것을 알기 위해서는 롬바르디아 지방[1]의 여러 하천이 그 자체로서는 별것이 아닌 장애물임에도 불구하고, 여러 차례에 걸쳐 훌륭하게 방어되었다는 사실을 상기하면 된다. 전쟁사(戰爭史)는 다른 한편으로 하천 방어가 기대에 따르지 못했던 사례를 여러 가지로 들고 있지만, 이러한 실패의 참다운 원인은 이 방어 수단의 전략적 성질을 무시하고 지나친 효과를 기대한 데에서 찾을 수 있다. 즉, 이 수단의 효력을 경험에 의해 알고 있음에도 불구하고, 이러한 효과를 터무니없이 확대해서 생각했기 때문이다.

4. 그런데 방어자는 하천 방어에 모든 희망을 걸었다가 일단 방어가 파탄나면 당황해서 일종의 파국감에 사로잡히는 잘못을 저지르는 일이 있다. 그리고 이러한 경우에만 이 저항 방식은 공격자에게 이점을 가져온다. 하천 방어에 파탄을 일으키게 하는 것은 정규 회전에서 승리를 거두는 것보다도 훨씬 쉽기 때문이다.

5. 지금까지 서술한 것으로 다음과 같은 두 가지 일이 분명해진다. 첫째, 하천 방어는 피아 쌍방이 대규모 결전을 추구하지 않는 전쟁에서는 큰 가치를 갖는다는 것이다. 둘째는, 공격자가 우수한 병력이나 혹은 강한 수행력을 가지고 결전을 추구한다고 여겨지는 경우에 만약 방어자가 이 수단을 남용하면, 이러한 하천 방어는 공격자를 적극적으로 이롭게 한다는 것이다.

6. 대개의 하천 방어는 전(全)방어선의 종점에서나, 혹은 방어선상의 어딘가 한 지점에서나 우회가 전혀 불가능한 경우는 매우 드물다. 따라서 우세한 병력을 가지고 적에게 큰 타격을 주려고 하는 공격자라면, 어느 지점에서는 적을 견제하며 다른 지점에서 양동 도하를 행하고 다른 지점에서 진짜 도하를 실시함으로써, 전쟁에서 처음으로 조우하지 않을 수 없는 불리한 사정을 우세한 병

---

1) 롬바르디아(Lombardia). 북부 이탈리아의 지방.

력과 용감한 전진으로 메우는 수단에 부족함이 없게 될 것이다. 실제로 이러한 과감한 전진도 우세한 병력이 있음으로 해서 가능한 것이다. 그러나 공격자가 우세한 화력과 과감한 정신을 가지고 적의 유력한 초병 부대를 몰아내어 적이 방어하는 하천을 도하한다는 전술적인 강행 조치는 드물게 혹은 전혀 생기지 않는 것이다. 따라서 강행 도하라는 말은 항상 전략적으로만 이해되어야 한다. 즉, 강행 도하란 적의 방어선 안에서 전혀 방어되어 있지 않거나, 혹은 거의 방어되어 있지 않은 지점에서 도하하여 방어자가 속으로 생각하는, 말하자면 도하에 의해서 공격자 자신이 입도록 되어 있는 일체의 불리(不利)를 털어내는 바로 그것을 의미한다. 그런데 공격자로서 가장 졸렬한 방책은, 몇 개 도하 지점의 간격이 커서 각기 다른 지점에서 도하한 부대라 서로 연락하여 공동의 공격을 행할 수 없는데도 불구하고, 이들 도하점에서 진짜 도하를 한다는 점이다. 이와 같은 경우 방어자는 그 병력을 분할해야 하는데, 공격자도 또한 그 병력을 분할함으로써 공격의 본디 이점을 포기하지 않을 수 없기 때문이다. 1814년에 벨가르드[2]가 민치오 강가[3]의 회전에서 패한 것은 바로 그 때문이었다. 오스트리아군과 프랑스군은 우연히도 동시에 서로 다른 지점에서 도하했는데, 그때 오스트리아군은 프랑스군보다도 여러 부대로 분할되어 있었다.

7. 방어자가 하천 이쪽에 머물고 있는 경우, 강 건너편의 공격자가 이 방어자를 정복하는 데에는 두 가지 방법이 있다는 것은 저절로 분명해진다. 그 첫째는, 공격자가 방어자를 무시하고 어느 지점에서 도하하여 방어자 측의 도하를 먼저 제압하는 방법이다. 둘째는, 공격자가 도하하여 방어자와의 회전에 도전하는 방식이다. 첫째 방법을 사용할 경우에는 원래라면 특히 공수(攻守) 쌍방의 각 후방 기지와 병참선 상태가 성패를 결정한다. 그러나 이러한 일반적 상황보다도 오히려 특수한 사정이 결정하는 경우가 있다는 것은 두말할 필요가 없다. 예를 들어 쌍방 어느 쪽인가가 다른 쪽보다도 유리한 초병 진지를 선정해서 양호한 준비를 할 수 있는가, 어느 쪽 군이 다른 쪽보다도 복종심이 강한가, 또 어느 쪽이 다른 쪽보다도 신속하게 행진을 할 수 있는가 하는 사정이 일반적 정황보다 더 유력할 때가 있다. 또 두 번째 수단에 대해서 말하자면, 이 수단을 사

---

2) 벨가르드(Bellegarde, Heinrich Joseph von, 1756~1845). 오스트리아의 원수.
3) 민치오(Mincio)강. 북부 이탈리아의 강. 이곳 강변에서 양군은 회전했다(1814. 2. 8).

용하기 위해서는 공격자 쪽에 회전을 행할 편리한 수단, 유리한 사정, 그리고 회전의 결의가 있어야 한다. 만약에 이러한 조건이 구비되어 있으면 방어자도 경솔하게 이런 종류의 하천 방어를 감히 하지 않을 것이다.

8. 그러면 전체의 결론은 이렇게 된다. 도하 그 자체가 큰 곤란을 수반하는 경우는 극히 드물다고 해도, 대규모의 결전을 의도하지 않는 전쟁에서는 공격자는 도하의 결과와 도하 뒤에 발생하는 사태에 대해서 크게 걱정을 하기 때문에 자칫 전진을 정지하지 않을 수 없게 되고, 결국 하천 이쪽에 포진하고 있는 방어자를 그대로 두고 아무런 운동을 하지 않거나, 그렇지 않고 도하를 했다고 해도 바로 하천 근처에서 움직이지 않거나, 두 가지 중 어느 쪽인가를 따르게 된다. 피아 쌍방이 하천을 끼고 오래 대진하는 일은 우선 있을 수 없는 일이기 때문이다.

그러나 대규모의 결전을 바라는 경우에도 하천은 중대한 장애물이다. 하천은 공세를 약화시키고 방해한다. 그래서 공격자에게 유리한 정황은 방어자가 하천의 방어 효과에 현혹되어 이것을 실제의 방어로 간주하고 하천을 방위하는 것이 곧 중요한 저항 바로 그것이라고 생각하는 경우이다. 이와 같은 경우, 공격자는 손쉽게 결정적 타격을 줄 이점을 수중에 넣을 수 있기 때문이다. 이런 종류의 공격이 바로 적을 타도할 수는 없지만, 이러한 공격이 약간의 유리한 전투에 의해서 이루어진다면 그 효과는 방어자를 일반적인 불리로 몰아넣게 될 것이다. 1796년[4]에 라인강변에서 오스트리아군이 마신 고배는 바로 이것이었다.

---

4) 프랑스혁명 전쟁(1792~1802) 중에 일어난 일. 1796년 6월, 프랑스군은 라인강을 건너 오스트리아군을 격퇴했다.

제9장
방어 진지의 공격

방어 진지가 어느 정도까지 공격자로 하여금 진지를 공격하지 않을 수 없게 하는가, 그렇지 않으면 전진을 단념하지 않을 수 없게 하는가 하는 것은 방어를 논한 제6편에서 충분히 설명을 해두었다. 이것을 할 수 있는 진지만이 그 목적을 잘 달성하고, 따라서 적의 공격력의 전부나 일부를 소모시키거나 무효로 만드는 것이다. 그렇게 되면 공격자는 이러한 방어 진지에 대해서 방책을 쓸 길이 없을 것이다. 다시 말하면 공격의 영역에는, 방어자의 이러한 이점에 대항할 수 있는 수단이 없는 것이다. 그러나 꼭 모든 진지가 실제로 이토록 견고하지는 않다. 공격자가 적의 방어 진지를 공격하지 않아도, 그 목표에 잘 도달할 수 있다는 것을 인정하고 있는데도 불구하고, 이것을 공격한다는 것은 잘못일 것이다. 또 공격에 의하지 않고는 그 목표에 도달할 수 없다고 한다면, 방어 진지의 측면에 위협을 가함으로써 그를 그 진지로부터 유인할 수 있는지에 대해서 생각해 볼 것이다. 만약에 이 수단도 효과가 없다고 한다면, 여기에서 비로소 공격자는 적의 견고한 진지에 공격할 결심을 하는 것이다. 또 대부분 이러한 경우에는, 측면 공격에 비교적 큰 어려움이 없다.

그러나 같은 측면 공격이라도 좌우의 어느 것을 고르느냐는 피아 쌍방의 퇴각선의 위치와 방향에 의해 결정된다. 요컨대 적의 퇴각에 위협을 주고, 자군(自軍)의 퇴각에 대한 안전을 도모하는 것이 중요하다. 그런데 이 두 가지 고려, 즉 적의 퇴각선을 위협하는가, 그렇지 않으면 자군의 퇴각을 보장하는가의 양자택일의 문제가 생겼을 때 먼저의 경우가 우선하는 것은 물론이다. 이 입장은 공세적 성격을 띤 것으로 공격과 동질적이지만, 제2의 입장은 수세적인 성질의 것이기 때문이다. 여하간 견고한 진지를 차지하는 방어자에게 공격을 가하는 것은 생각할 문제라는 것은 확실하며, 하나의 중요한 진리로 간주되어도 좋다. 물론 이와 같은 회전의 예가 없는 것은 아니다. 더욱이 토르가우[1]의 회전과 바그람[2]의 회전에서처럼(드레스덴의 회전은 이런 종류의 전쟁 사례에 들어가지 않는다. 이 회전에서는 방어자가 유능했다고는 말할 수 없기 때문이다.)[3] 공격자가 성공을 거둔 예까지도 있다. 그러나 전체적으로 말하면 방어자에 대한 위험은 매우 적고, 매우 결단력이 많은 장수까지도 이러한 견고한 진지를 경원한(토리즈 베드라시)[4] 많은 예에 비하면 방어자 측의 위험은 전혀 없다고 해도 좋을 정도이다.

그러나 여기에서 논하고 있는 문제, 즉 방어 진지의 공격을 보통의 회전과 혼동해서는 안 된다. 대개의 회전은 실제로는 조우전(遭遇戰)이고, 이러한 회전에서는 쌍방 중 어느 편인가가 정지한 것과 같은 경우도 있으나 이 경우의 진지에는 아무것도 시설이 설치되어 있지 않은 것이다.

---

1) 토르가우(Torgau). 작센의 도시. 이곳 회전(1760. 11. 3)에서 프리드리히 대왕은 방어 진지를 차지하고 있던 오스트리아군을 격파했다.
2) 바그람 회전(1809. 7. 5~6)에서 나폴레옹은 보루 야영에 든 오스트리아군을 무찔렀다.
3) 드레스덴 회전(1813. 8. 26~27)에서 나폴레옹은 동맹군을 공격하여 대파했다.
4) 1810년부터 11년에 걸쳐 일어난 일. 프랑스의 장수 마세나는 이 진지를 난공불락이라고 인정하고 퇴각했다.

제10장
보루 야영[1]의 공격

　야전 보루와 그 효과를 심하게 경시하는 풍조가 한때 유행했다. 프랑스 국경에 설치된 초병선식 방어선이 자주 격파되었다는 것, 베베른 공이 브레슬라우의 보루 야영에서 회전에 패배했다는 것, 또 토르가우의 회전의 결과뿐 아니라 그 밖의 여러 전쟁 사례가 이러한 판단을 유발한 것이다. 또 프리드리히 대왕이 신속한 운동과 강력한 공세 수단으로 승리를 얻은 것도, 일반적으로 방어나 고착전(固着戰)뿐 아니라 특히 야전 보루에 반영해서 이러한 경시의 풍조를 조장한 것이다. 불과 수천의 병력을 가지고 수 마일의 토지를 방어하는 경우나 참호를 거꾸로 한 것과 같은 야전 보루라면 그와 같은 설비를 매우 보잘것없는 방어 수단으로, 이에 신뢰를 둔다는 것은 위험할 것이다. 그러나 쓸데없이 입만 살아 있는 패거리(템펠호프와 같은)를 따라서, 이러한 경시 풍조를 보루 야영의 개념에까지 적용한다는 것은 모순이 아닐까? 아니, 불합리한 일은 아닐까? 만약에 야전 보루가 조금도 방어의 강화에 쓸모가 없다면 그것은 도대체 무엇 때문에 구축된다는 것인가? 설비가 뛰어나고 수비가 우수하고 방비가 엄중한 야전 보루는 일반적으로 탈취하기가 곤란한 지점이라고 간주될 수 있고, 공격자도 이를 인정하고 있다는 것은 이성뿐 아니라 수많은 경험이 보여주고 있다. 이와 같이 야전 보루의 현저한 효력을 인정한다면 보루 야영의 공격이 공격자에게 매우 곤란하며 오히려 불가능하다는 데에는 의심의 여지가 없다.
　보루 야영의 수비가 허술하다는 것은 보루의 성질로 보아 당연하다. 그러나 편리한 천연 장애물과 공격에 견디는 야전 보루가 있으면 수비대의 병력을 훨씬 웃도는 적 부대의 공격을 저지할 수 있는 것이다. 프리드리히 대왕은 피르나

---

1) 보루 야영은 야전 부대를 수용하기 위해 야영의 원칙에 따라서 구축된 막사에 방어 설비를 한 것으로, 여기에서 말하는 야전 보루와 같은 뜻이다.

의 보루 야영의 공격[2]에 수비대의 두 배 이상의 병력을 사용할 수 있었음에도 불구하고 이 공격을 불가능하다고 보았다. 훗날 피르나의 보루 야영은 공략되었을 것이라는 말이 가끔 나타나기는 했지만, 이러한 주장의 근거는 당시 작센군이 매우 피로해 있었다는 것을 말해 주는 것뿐이다. 그러나 이와 같은 일은, 야전 보루의 효과를 부정하는 증명이 되는 것은 아니다. 나중에 피르나의 보루 야영의 공격은, 할 마음만 있으면 가능했을 뿐만 아니라 식은 죽 먹기라고 말한 사람이 막상 실시 단계에 과연 공략에 착수할 수 있었는가 하는 것은 매우 의심스럽다.

때문에 보루 야영을 공격하는 데는 보통이 아닌 공세 수단을 필요로 할 것이다. 야전 보루가 급히 구축되어 아직 완성되지 않은 경우나, 더욱이 적의 접근로에 장애물을 설치하는 강화 공작이 이루어지지 않은 경우, 또 흔히 있는 일이지만 야영지 전체가 앞으로 구축할 보루 야영의 도식에 지나지 않은 단계로서, 말하자면 반쯤 되어 있는 폐허밖에 되지 않은 경우라면, 이것을 공격하다는 것은 확실히 상책이고 방어자를 쉽사리 항복시키는 수단이 될 것이다.

---

2) 프리드리히 대왕은 작센군이 수비하는 피르나의 보루 야영을 공격했으나(1756. 9. 10~15) 작센군은 이를 잘 막았다.

제11장
산지 공격

산지(山地)가 방어는 물론 공격에 대해서도, 전략의 일반적 관계에서 어떠한 의의를 갖는가 하는 것은 제6편 제5장[1]과 이에 이어지는 두 장에서 충분히 논했다. 또 산지가 본래의 방어선으로서 다하는 역할도, 이미 이들 여러 장에서 설명을 시도했다. 따라서 이와 같은 의미의 산지가, 공격 측에서 어떻게 고찰되어야 하는가도 앞서의 논술로 명백하다. 그렇다면 산지 공격이라는 이 중요한 사항에 대해서, 여기에서 논해야 할 일은 거의 남아 있지 않다고 해도 좋다. 제6편의 고찰에서 나온 중요 결론은 다음과 같다. 즉 —산지 방어는, 지전(支戰)의 관점에서 고찰하는 것과 본전(本戰)의 관점에서부터 고찰하는 것은 그 취향이 전혀 다르다. 첫째의 경우에는, 산지를 공격한다는 것은 불가피한 해악이라고 할 수밖에 없다. 모든 사정이 공격에 대해서 불리하기 때문이다. 그러나 두 번째 경우에는, 이점은 공격자 쪽에 있다—는 것이다.

따라서 회전의 결의와 충분한 병력을 가지고 이루어지는 공격은, 산지에서 적을 만나 그에게 회전에 도전하면 반드시 이익을 거둘 수가 있을 것이다.

그런데 이러한 결론은 우리가 실제로 산지를 본 경우의 인상에 위배되고, 게다가 언뜻 보기에 전쟁의 경험과도 모순되므로 좀처럼 세상의 찬동을 얻기 어려운 일이다. 그래서 다시 한번 이에 대해 재론할 필요가 있다고 생각하는 것이다. 공격적 전진을 하는 군은 (본전을 구하든 구하지 않든) 적이 피아 쌍방의 중간에 있는 산지를 점령하고 있지 않다면, 이것을 다시없는 행운이라고 생각했다는 것, 또 그 경우에 공격자가 적보다 앞서서 이 산지의 점령을 서둘렀다는 것이 이제까지의 상례였다. 하지만 이렇게 해서 적의 기선을 제압하는 행동이 공

---

1) 제6편 제15장일 것이다.

격자의 이익에 위배되지 않는다는 것은 누구나 승인할 것이다. 또 우리로서도 이것을 인정하는 데에 인색하지 않다. 그러나 산지 공격이 되면 정황을 한층 정확하게 식별할 필요가 있다.

방어자에게 본전(本戰)을 도전하기 위하여 적을 향해 전진하는 군이 아직 점령하지 않은 산을 넘지 않으면 안 될 경우, 산마루에 도착한 순간 적이 가는 길을 가로막지나 않을까 하는 염려를 하는 것은 당연하다. 이 경우에는 방어자의 산악 진지가 여느 때라면 공격자에게 가져다줄 이점은 이미 소멸되어 있다. 즉, 방어자는 방어선을 지나치게 연장할 필요는 없고, 또 공격자가 어떠한 길을 취하는가도 확실히 알고 있다. 따라서 공격자는 방어자의 병력 배치 상황을 고려한 뒤에 진로를 고를 수가 없게 된다. 그러면 이러한 산지전에는 공격자에게 유리한 점은 하나도 없다고 할 수 있다. 또 이들 이점에 대해서는 이미 제6편에서 말한 바가 있다. 그러면 방어자는 그 어떤 공격에도 견딜 수 있는 진지를 차지하고 있는 셈이다. 따라서 방어자는, 산지의 지형을 이용해서 본전을 유리하게 전개하기 위한 수단을 마음대로 구사할 수가 있다. 이것은 분명히 가능하다.

그러나 마지막 순간에 산지에서 유리한 진지를 점거하는 일이 방어자 측에게 얼마나 어려운 일인지를 생각해 보면, 또 그가 그런 진지를 적보다 먼저 점령하지 않았을 때 겪을 어려움을 생각해 보면, 산지 방어가 얼마나 못 미더운 수단인지를 알 수 있다. 따라서 공격자가 걱정하는 사태는 매우 드물게만 일어날 것이다. 그러나 매우 드물다고 해도 공격자가 이런 사태를 걱정하는 것은 당연하다. 결국 기우로 끝날 법한 일에 대해서라도 우려하는 것이 자연스러운 경우가, 전쟁에서는 자주 발생하기 때문이다.

그런데 이 경우에 공격자가 염려해야 할 일이 또 하나 있다. 그것은 방어자가 우선 전위(前衛) 또는 전초선에 의한 산지 방어를 하고 있다는 것이다. 이 수단도 방어자에게 이익을 가져오는 경우는 극히 드물지만, 방어자로서는 이러한 산지 방어가 어느 정도의 것인가를 식별할 수 없으므로 결국 최악의 경우에 대비하지 않으면 안 된다.

하지만 우리는, 방어자의 진지가 지형의 산지적 성격에 의하여 어떤 공격도 불가능하게 만드는 경우가 있을 수 있다는 것을 부정하려는 것은 아니다. 그러나 이와 같은 진지는 반드시 산지에만 있다고 할 수는 없다(피르나, 슈모트자이펜,

마이센, 펠트키르히). 게다가 또 이들 진지는 산중에 없기 때문에 더욱더 방어에 편하다. 그러나 이러한 진지가 산지 그 자체 안에서 발견되는 경우도 있을 수 있다. 그것은 방어자가 산중의 진지에 으레 따라다니는 불리를 피할 수 있는 장소, 예를 들어 고원과 같은 곳이다. 그러나 그렇게 되면 이런 종류의 진지는 매우 드물어진다. 그렇기 때문에 여기에서는 보통 찾아볼 수 있는 여러 진지를 기준으로 해서 고찰을 시도한 것이다.

산지가 결전을 추구하는 방어적 회전에 적합하지 않은 것은 전쟁사를 통관(通觀)하면 곧 분명해진다. 실제로 뛰어난 장수는 결정적 회전을 추구하는 경우에는 즐겨 평지에 포진을 하고 있는 것이다. 결전을 목적으로 하는 전투가 산지에서 행하여진 예를 전쟁사에서 찾아본다면, 겨우 프랑스혁명 전쟁에서 찾아볼 수 있을 뿐이다. 이 전쟁에서는 결정적 공격을 해야 할 경우에도, 공격 수단의 잘못된 적용과 유추(類推)로 말미암아 산중의 진지가 사용되기에 이른 것이다(1793년과 94년의 보주 산중의 전투. 1795년과 96년 및 97년의 이탈리아 산중에서의 전투). 멜라스는 1800년에 알프스 산길을 점령하지 않았기 때문에 널리 비난의 표적이 되었으나 이것은 단순한 생각에 의한 비판이며, 천박하고 유치한 판단에 입각한 비판이라고 할 수 있다. 비록 나폴레옹이 멜라스의 위치에 있었더라도 역시 이들 산길은 점령하지 않았을 것이다.

산악 공격에서의 부서, 즉 군을 구분해서 이에 각각의 임무를 부여하는 처치는 대체로 전술적인 성질을 가진 것이다. 따라서 여기에서는 전략과 밀접하게 관계하고, 또 전략과 합치하는 부분의 윤곽을 제시하는 것만으로도 좋으리라 생각한다. 그렇게 되면 그것은 다음과 같은 여러 항목이다.

1. 산지에서는 눈앞의 필요에 쫓겨 군을 분할하지 않으면 안 될 경우에도, 평지에서와는 달리 자유롭게 도로에서 벗어나 한 종대를 둘 내지 셋으로 편성을 바꿀 수가 없기 때문에, 대개의 경우 길고 좁은 길에서 정체되지 않을 수 없다. 그렇기 때문에 일반적으로 여러 가닥의 도로를 사용한다든가, 아니면 보통보다 다소 폭이 넓은 정면으로 전진할 필요가 있다.

2. 산지에서 장대한 방어선을 공격하는 데는 집결한 병력으로 해야 한다. 그러나 전 방어선을 포위하는 일은 전적으로 논외의 일이다. 따라서 큰 승리를 거

두려면 포위에 의해서 적의 퇴로를 차단하는 것보다는, 오히려 적의 방어선을 돌파해서 양 날개를 격퇴하지 않으면 안 된다. 또 이 경우에 적의 퇴각로에서 퇴각자를 끊임없이, 또 신속하게 추격한다는 것은 공격자로서 당연히 해야 할 일이다.

그러나 산지에서 많건 적건 집결한 병력을 가진 방어자를 공격하기 위해서는, 우회가 공격의 가장 주요한 부분이 된다. 이러한 경우에 적의 정면을 바로 공격하면, 적의 가장 강력한 부분과 충돌하지 않으면 안 되기 때문이다. 한편 우회(迂廻)가 노리는 것은 전술적인 측면 공격이나 배면 공격이 아니라, 오히려 적의 퇴로를 실제로 차단하는 것이 되지 않으면 안 된다. 산중의 진지에서는 비록 배면에 있어서도, 병력이 지나치게 적지 않은 한 큰 저항 능력을 가지기 때문이다. 여하간 공격자로서는 퇴로를 차단당할지도 모른다는 의구심을 방어자에게 환기시키는 일이 신속하게 성과를 거두는 첩경이 된다. 이러한 의구심은 주로 산지에서는 평지에서보다도 빨리 생기고, 또 그 영향력도 강하다.

산지에서는 일단 최악의 상태에 빠지면 무력을 가지고 탈출하기가 쉽지 않기 때문이다. 또 산지에서는 공격자의 양동작전은 충분한 수단이라고는 말할 수 없다. 이러한 양동은 적을 그 진지에서 유인할 수는 있어도 큰 성과를 얻는 것은 아니다. 그래서 아무래도 적의 퇴로를 실제로 차단할 필요가 있는 것이다.

제12장
초병선식 방어선의 공격

초병선식 방어선에서 방어자와 공격자 사이에 주요 결전이 벌어질 경우에는 공격자 측이 틀림없이 유리하다. 지나치게 장대한 방어선은 하천이나 산지에 대한 직접적 방어에 못지않게, 결전에 필요한 모든 요건과 모순되기 때문이다.

1712년에 오이겐의 지휘하에 있던 드낭의 방어선[1]은 이런 종류의 것이었다. 실제로 이 방어선의 상실은 곧 회전에서의 패배에 필적한 것이다. 만약에 빌라르[2]가 집중 진지에 의해서 오이겐을 적으로 삼았더라면, 이 승리를 획득하지 못했을 것이다. 또 공격자가 결전을 수행하기 위한 공격 수단을 가지지 않는 경우에는, 적의 주군이 이러한 방어선을 수비하고 있는 한 공격을 하면 안 된다. 1703년에 바덴 변경백 루드비히[3]가 수비한 슈톨호펜[4]의 방어선은 빌라르까지도 이를 경원했을 정도이다. 그러나 이런 종류의 방어선이 부(副)전투력만으로 수비되어 있을 경우에 공격의 성패는 공격자가 공격에 사용할 수 있는 군 병력의 대소에 달려 있다. 여하간 이러한 경우에 방어자의 저항은 강력해지는 않지만, 그러나 공격자의 전과(戰果)도 또한 큰 가치를 가지지 않는 것이 통례이다.

공격자가 설치하는 봉쇄 보루선은 독특한 성격을 가지고 있는 것으로, 이에 대해서는 전쟁터 공격의 장에서 설명하고자 한다.

---

1) 드낭(Denain). 북프랑스의 마을. 에스파냐 계승 전쟁(1701~1714) 중에 이곳에서의 회전(1712. 7. 24)에서 프랑스군은 오이겐이 통솔하고 있는 네덜란드군을 무찔렀다. 한편 드낭의 방어선은 6km에 달했다.
2) 빌라르(Villars, Claude Louis Hector de, 1653~1734). 프랑스의 육군 원수.
3) 루드비히(Ludwig Wilhelm I., Markgraf von Baden, 1655~1707). 바덴 변경백. 오스트리아의 원수.
4) 슈톨호펜(Stollhofen). 바덴의 마을. 루드비히는 여기에 12km에 이르는 초병선식 방어선을 설치하여(1701) 오스트리아군을 이끌고서, 침공하는 프랑스군에 대해서 이 방어선을 잘 지켜냈다 (1703. 4. 19~25).

초병선식 병력 배치, 즉 보강된 전초선, 그 밖의 특성은 어느 것이나 돌파되기 쉽다는 데 있다. 그러나 공격자에게 전진을 계속할 생각이 없고, 또 결전을 할 생각이 없으면 방어자의 이러한 배치를 공격해 보았자 그 성과는 뻔하고 결국 노고의 대가에 미치지 못한다.

1. 이미 제6편 제30장에서도 기동(機動)에 대해서 언급했다. 기동은 방어자와 공격자에 공통된 활동이지만 방어적 성질보다도 오히려 공격적 성질을 많이 띠고 있다고 하겠다. 그래서 본장에서는 기동의 특징을 더 자세히 고찰해 보고자 한다.

2. 기동은 대규모 전투에 의한 강력한 공격에 대립할 뿐만이 아니다. 적의 병참선이나 퇴각선이나, 양동(陽動) 혹은 이와 유사한 활동이거나를 불문하고, 그 어떤 공격 수단을 사용해서 직접 적에 가하는 공격과 대립한다.

3. 기동이라는 말의 개념에는, 술수를 써서 적으로 하여금 잘못을 저지르게 하여 아군에 유리한 효과를 낳게 하는 뜻이 있다. 즉, 무(無)에서 생기는 효과— 바꾸어 말하면 피아의 균형에서 생기는 효과이며, 말하자면 평지에 풍파를 일으킨다는 의미가 있다. 기동은 장기두기에서 말하자면 먼저 두는 최초의 몇 수와 같다. 요컨대 기동은 우선 병력의 균형을 유지하고 있는 쌍방 중 어느 한쪽이, 그 어떤 성과를 얻기 위해 기회를 만들고 이렇게 해서 얻은 성과를 이용해서 적에 비해 우위를 차지하려고 하는 장기두기의 승부이다.

4. 그런데 한편으로는 기동의 목표로 간주되고, 또 다른 한편으로는 기동에 이어 일으키는 행동의 거점(據點)으로 생각해야 할 주요 사항은 다음과 같다.

  a 적의 식량 보급선을 차단하거나, 보급 상태를 불편하게 만든다.
  b 적의 주력과 여러 부대의 집결을 방해한다.
  c 적의 주력과 자국 내부의 병참선, 혹은 다른 군대와 군단과의 병참선에 위

---

[1] 기동(Manovrieren)은 라틴어의 manus(손)와 opera(작용)이 합성된 것. 군대 용어로서는 '기교를 사용해서 군을 운용한다'는 뜻을 포함하고 있다.

협을 준다.

   d 적의 퇴각선에 위협을 준다.

   e 우세한 병력으로 약간의 주요 지점을 공격한다.

   공격자 측에서의 이들 다섯 가지 관심사는, 개개의 상황에 관계되는 극히 사소한 사물에서도 찾아볼 수 있다. 그래서 이들 사물은 잠시이기는 하나 공격자의 주된 관심의 대상이 된다. 그러므로 때로는 한 개의 교량, 한 줄기의 도로, 혹은 한 개의 보루(堡壘)라도 주요한 역할을 하는 수가 있을 수 있다. 그러나 교량이나 도로 혹은 보루가 중요성을 지니는 것은, 위의 사항이 각기 이들 사물에 관계되는 경우에 한한다는 것은 새삼 설명할 것도 없다.

   f 만일 기동(機動)이 성공하면 공격자는—라고 하느니보다는 적극적인 쪽은 (방어자가 적극적인 경우도 있다) 적의 국토의 일부나 창고, 기타의 것을 탈취할 수 있다.

   g 그런데 전략적 기동에는 두 가지 대립이 나타난다. 이들 대립은 각기 서로 다른 기동인 것 같은 외관을 보이므로, 여기에서 잘못된 원리나 규칙이 도출된 것이다. 그런데 이 두 가지 대립을 형성하는 4개 항은 결국 동일한 대상의 필연적인 구성 요소이며, 또한 이러한 것으로 간주되지 않으면 안 된다. 즉 첫째는, 공격자에 의한 적진지의 포위와 적의 내선(內線)에 대해서 일으키는 행동과의 대립이다. 두 번째는, 공격자 측의 병력의 집결과, 병력을 많은 초병 진지에 분할 배치함으로써 생기는 전투력의 확산과의 대립이다.

   h 제1의 대립에 대하여 말하자면, 두 항(項)의 어느 것이 다른 것에 대해서 우위를 차지한다고 단언할 수 있는 성질의 것은 아니다. 그 이유의 하나는, 피아의 한쪽이 운동을 일으키면 그에 대한 자연적인 대항물로서, 다시 말하면 상대편의 운동을 무효하게 만드는 해독제로서, 다른 쪽에서도 운동을 일으키는 것은 자연의 도리이기 때문이다. 또 다른 하나는, 포위는 공격과 동질이지만 이와는 달리 내선(內線)에서 머무는 일은 방어와 같은 성질이고, 따라서 포위는 대체로 공격자에게 적합하며 내전(內戰) 작전은 방어자에게 더 적합하기 때문이다. 그리고 이 두 가지 방식 중에서 가장 능란하게 운용한 쪽이 다른 쪽에 대해서 우위를 차지하는 것이다.

i 제2의 대립을 형성하는 두 항에도 역시 우열의 차이를 견줄 수는 없다. 상대편보다도 우세한 병력을 갖는다면, 병력을 분할해서 몇 개의 초병 진지에 배치했다고 해서 하등 지장이 없는 것이다. 그렇게 되면 군의 전략적 배치 상태와 행동은, 여러 면에서 편의를 얻을 수 있고 또 병력을 헛되이 소모하지 않아도 될 것이다. 그런데 병력이 열세인 쪽은, 오히려 병력을 집결시켜 열세 때문에 입는 손해를 신속한 운동력으로 보충하지 않으면 안 된다. 또 군이 뛰어난 운동력을 갖추기 위해서는 평소의 행군으로 고도의 숙련에 도달할 필요가 있다. 따라서 열세의 병력을 갖는 쪽은, 그 물리적 및 정신적 힘을 억지로라도 발휘하도록 노력해야 한다. 우리가 목적으로 하는 것은 항상 논지의 철저와 행동이 처음부터 끝까지 같은 것이다. 우리가 지금 여기에서 물리적 정신적 힘의 발휘를 중요시하는 것은, 다름 아닌 우리의 논구(論究)가 그 어떤 경우에도 도달하지 않을 수 없는 결론이다. 그리고 이러한 결론이야말로 우리의 논술이 논리적으로 옳은가 옳지 않은가를 결정하는 시금석인 것이다.

프리드리히 대왕이 1759년, 60년에 다운에 대해서, 또 1761년 라우든에 대해서 한 전역, 또 몽테쿠콜리가 1673년[2]과 75년에 튀렌에 대해서 한 전역은 모두가 이런 종류의 교묘하기 짝이 없는 사건으로 여겨졌다. 우리의 견해도 주로 이들 전역에 바탕을 두고 있다.

k 이상 두 가지 대립 관계에 포함되어 있는 네 개의 항을 남용해서, 잘못된 원리나 규칙을 도출해서는 안 된다. 그러나 또 여러 일반적 사정, 예를 들어, 후방 기지나 지형 등에 실제 이상의 중요성이나 전반적인 영향력을 돌리는 일이 없도록 충분히 경계하지 않으면 안 된다. 그런데 앞에서 든 (a) 내지 (e)의 다섯 건에 대한 관심이 엷어짐에 따라, 장소 및 시간에 관한 일들이 더욱더 중요시되고, 또 사소한 계산에서는 넣을 수 없는 일반적인 것, 대규모적인 것은 더욱더 나타나기 힘들게 된다.

튀렌이 1675년에 군대의 후방을 3마일에 걸쳐 라인강에 밀착시켜, 퇴각로로서는 최우익(最右翼)에 단 하나의 교량밖에 없는 그런 정황 이상 가는 불합리한 포진은 없었을 것이다. 그럼에도 불구하고 그의 방책은 목적을 잘 수행했다. 따

---

2) 몽테쿠콜리의 경우는 루이 14세의 침략 전쟁(1654~97) 때의 일이다.

라서 세상 사람들이 이 방책에 고도의 기교 및 지혜를 인정하는 것은 결코 부당한 일이 아니다. 그러나 이와 같은 성과와 기교를 이해하기 위해서는 튀렌의 방책은 결코 일반적인 것이 아니고 전적으로 특수한 것이라는 데에 주의하고, 이 특수한 것은 특별한 경우에만 그 가치를 훌륭하게 발휘한다는 것을 생각하지 않으면 안 되는 것이다.

l 우리는 이상에서 말한 것에서 다음과 같은 여러 건을 진실이라고 인정하는 데에 주저하지 않는다. 즉, ―전략적 기동에 대해서는 그 어떠한 규칙도 존재하지 않는다. ―그 어떤 수법, 그 어떤 보편적 원칙도 기동에서의 행동 방식을 규정할 수 없다. ―군이 매우 특수한, 또 매우 사소한 정황에서 보이는 뛰어난 행동, 정확성, 질서, 복종심 및 대담성 등의 특성이야말로, 현저한 이점을 나의 것으로 하기 위한 수단을 발견할 수가 있다. ―따라서 또 전쟁이라고 하는 말하자면 격렬한 경기에서의 우승은, 주로 이들 뛰어난 특성에 의해서 결정된다는 것이다.

제14장
소택지, 범람지, 삼림지의 공격

소택지는 통과하기가 곤란한 습지(濕地)로서, 거기에는 소수의 제방 길이 지나가고 있는 데에 불과하다. 이러한 소택지가 전술적 공격에게는 특히 곤란하다는 것은 이미 방어를 논한 제6편에서 말한 바 있다. 소택지는 워낙 폭이 넓으므로 대안(對岸)에서 포격으로 적을 몰아내고 통과 시설을 한다는 것은 거의 불가능하다. 그런데 여러 낮은 지역에서 볼 수 있는 바와 같이, 농경이 한창이고 도로가 무수히 나 있는 토지에서는 방어자의 상대적 저항은 확실히 강력해질 수 있지만, 그러나 공격자가 어디까지나 끝까지 결전을 원하게 되면, 방어자의 저항은 이러한 지형 때문에 오히려 약화되고, 또 결전에는 매우 부적당하다. 이에 반해서 저지(네덜란드와 같은)의 방어력이 범람으로 인하여 증강되면 방어자의 저항은 절대적인 것이 될 수 있고, 그렇게 되면 공격은 실패하지 않을 수 없다.

네덜란드는 1672년[1]에 이를 증명했다. 당시 프랑스군에는 범람선 밖에 있는 모든 요새를 공략하여 점령한 후에 아직도 5만이라는 군대가 남아 있었다. 그러나 처음에는 콩데, 다음에는 뤽상부르가 지휘하는 프랑스군은, 불과 2만 남짓한 적군이 범람선을 방어하고 있다고 알고 있는데도 이 선을 돌파할 수가 없었다. 그러나 1787년[2]에 프로이센군은 브라운슈바이크 공이 지휘하는 네덜란드군에 대하여 실행한 전역에서는, 이와는 정반대의 결과를 나타낸 것이다. 이 경우에 프로이센군은 네덜란드군에 비하여 결코 우세하다고 할 정도는 아니었는데도 불구하고, 사소한 피해를 입었을 뿐 범람선을 돌파할 수 있었던 것이다.

이와 같이 프로이센군이 찬란한 승리를 거둔 원인은, 방어자 측이 정치적 의

---

1) 루이 14세의 네덜란드 침략 전쟁 때의 일. 제6편 제20장 B 참조.
2) 프로이센의 대 네덜란드 전역에서 브라운슈바이크 공은 9월 13일에 최후의 범람선을 돌파했다.

견이 맞지 않아 분열 상태에 있었고 또 군에는 명령 계통의 통일이 돼 있지 않은 데 있었다. 하지만 이 전역의 성공, 즉 프로이센군이 최후의 범람선을 돌파하고 전진하여 암스테르담의 성벽 밑에 도달했다는 성과가, 말하자면 끝이 매우 날카로운 첨단에 걸려 있었다는 것에는 틀림없다. 그렇기 때문에 이러한 특수한 경우에 입각해서 일반적인 결론을 확립한다는 것은 불가능한 것이다. 그런데 이 첨단이라고 하는 것은 하를렘 호(湖)였다. 브라운슈바이크 공은, 이 호수를 이용해서 방어선을 우회하여 암스텔벤[3]의 초병 진지의 배후로 나온 것이다. 만약에 네덜란드군이 당시 이 호수에 수 척의 배를 띄우고 있었더라면 브라운슈바이크 공은 도저히 암스테르담까지 전진할 수 없었을 것이다. 실제로도 그는 범람선을 동파한다는 어려운 문제를 앞에 놓고 어쩔 줄을 몰라하고 있었던 것이다. 이것이 강화의 체결에 어떠한 영향을 주었는가는 여기에서 논할 문제가 아니다. 그러나 최후의 범람선 돌파는 절대로 불가능하다는 말은 이제 더 이상 할 수 없게 된 것은 확실하다.

겨울이란 계절이 이 방어 수단에 불리를 가져오는 천연(天然)의 적임은 말할 것도 없다. 프랑스군은 1794년[4]과 95년에 이것을 증명하고 있다. 그러나 그것은 엄동(嚴冬)이어야 한다.

앞서 우리는 통과가 어려운 삼림지 역시 방어에 유력한 수단 중의 하나라고 말했다. 그러나 안이 그다지 깊지 않은 삼림지라면 공격자는 병행하는 몇 가닥의 임도(林道)를 전진해서 삼림지를 탈출하여, 더 편리한 땅에 다다를 수가 있다. 요컨대 삼림지는 통과가 곤란하다 해도 대하나 소택지보다는 편하며 따라서 통과가 절대로 불가능한 것은 아니다. ―그러나 러시아나 폴란드처럼 광대한 지방이 거의 도처에 삼림으로 덮여 있어, 공격자는 보급에 관해서 많은 곤란과 싸워야 하고, 또 낮에도 어두운 삼림 속에서는 공격자의 우세한 병력을 적에게 분명하게 보일 수가 없다는 것만으로도 공격자의 극심한 곤경을 상상할 수 있을 것이다. 확실히 이것은 공격이 빠질 수 있는 최악의 사태 가운데 하나이다.

---

3) 암스텔벤(Amstelveen). 하를렘 호 동쪽의 지점.
4) 프랑스혁명군은 이 두 해에 네덜란드에서 동맹군과 싸워 패했다.

제15장
서로 결전을 요구하는 싸움터 공격

앞으로 이 장에서 논하려는 여러 문제의 대부분은 이미 제6편에서도 언급한 바가 있다. 따라서 제6편의 싸움터(戰場) 방어에 관한 여러 장을 참조하는 것만으로도 싸움터 공격을 해명하는 데에 충분하리라고 생각한다.

외부에 대해서 이른바 엄격하게 닫힌 싸움터라고 하는 개념은, 원래 공격보다도 오히려 방어와 밀접한 관계를 갖는다. 그런데 약간의 중요한 점, 예를 들어 공격의 대상이나 승리의 효력 범위 등에 대해서는 본편에서 이미 논하고 있다. 또 공격의 성질에 관한 전반적이고 본질적인 사항에 대해서는, 전쟁 계획을 논하는 다음 장에서 설명하려고 한다. 하지만 여기에서 말해두어야 할 사항이 남아 있다. 그래서 전편에서도 언급한 일이 있는 대규모의 결전을 구하려고 하는 전역을 다시 들춰보고자 한다.

1. 공격의 직접 목표는 승리이다. 방어자에게는 방어자가 갖는 이점이 있다. 공격자 측에서, 방어자의 이러한 이점에 대항할 수 있는 것은 병력의 우세뿐이다. 그 밖에도 공격자이자 전진자(前進者)라고 하는 의식이 군에 주는 우월감이 있다. 그러나 이것은 결국 대단하지는 않다. 일반적으로 이와 같은 감정의 영향력이 지나치게 중요시되고 있기는 해도 이러한 우월감은 오래 계속되는 것은 아니고, 또 공격자가 일단 중대한 곤경에 직면하면 이것을 도저히 지탱할 수가 없는 것이다. 또 지금 여기에서 논하고 있는 것은 방어자나 공격자가 과실을 범하지 않고 진퇴의 이치를 알고 있을 경우의 일이다. 또 여기에서는 야습이나 기습에 관한 모호한 생각도 배제하고자 한다. 이들 수단은 공격에서 승리를 가져올 풍부한 원천으로 간주되기가 쉽지만, 이러한 승리의 원천은 여간한 특수한 사정이 존재하지 않는 한 생기지 않는다. 전략적 기습이 본래 어떠한 것인가 하

는 것은 이미 다른 곳에서 말한 바가 있다. 요컨대 공격에 물리적 우세가 부족하면 정신적 우세가 공격 방식의 불리를 보충하지 않으면 안 된다. 정신적 우세도 또한 부족하다면, 공격은 실시되지 않을 것이고 설령 실시했다 해도 실패로 끝날 것이다.

2. 신중함이 방어자의 수호신이라고 해도 좋다면 대담과 자신은 공격자의 마음을 북돋는 정신력이다. 그러나 그렇다고 해서 방어자에게는 대담과 자신이 결여되고 공격자에게는 신중함이 부족해도 좋다는 이야기가 아니다. 다만 제1의 특성은 방어자의 임무와, 또 제2의 특성은 공격자의 임무와 한층 친밀하게 결부된다는 것에 지나지 않는다. 실제로 군사적 행동은 수학의 작도(作圖)처럼 명백하지 않고, 항상 애매하고 모호한 영역 내에서 이루어지는 활동이고 보면 이러한 특성이 필요한 것이다. 그리고 이러한 애매모호한 영역에서는 우리를 성공적으로 목적지까지 이끄는 데에 가장 적당한 안내자인 장수에 모든 신뢰를 걸지 않으면 안 된다. ―방어자가 정신적으로 열세이면 공격자는 더욱더 과감하게 행동해야 한다.

3. 승리를 거두려면 피아 쌍방의 주력끼리 만날 필요가 있다. 그러나 피아 주력의 만남을 원하는 것은 방어자보다도 공격자 쪽이 확실하다. 방어 진지에 들어 있는 방어자를 자진해서 수색하는 것은 공격자이기 때문이다. 그러나 우리는 앞서(방어를 논한 제6편에서) 이렇게 말했다. ―방어자가 전망을 잘못해서 선정한 진지에 들어 있을 경우에는, 공격자 쪽에서 방어자를 수색할 필요는 없다. 오히려 방어자 쪽이 공격자를 수색할 것임에 틀림없다. 그렇게 되면 공격자는 아직 준비가 되어 있지 않은 방어자를 만나게 되는 이점을 가지게 된다―고. 그러면 이 경우 모든 것은 가장 중요한 도로와 공격 방향에 달려 있다. 그런데 제6편에서는 이 점에 대한 설명을 빼고 뒤에 본장을 참조하도록 지시해 두었다. 그래서 본장에서는 이에 대해 필요한 상황을 말해 보고자 한다.

4. 무엇이 공격의 직접 대상인가, 또 무엇이 승리의 목적인가에 대해서는 이미 말했다. 그런데 승리의 목적물이 공격자가 공격하는 전쟁터 안에 있고, 따라서 또 공격자가 이것으로부터 획득할지도 모르는 전승의 권내에 있다고 한다면, 이 목적물로 향하는 도로가 곧 자연적인 공격의 방향이다. 그러나 여기에서 잊어서는 안 되는 것은 공격의 대상은 보통 전승과 함께 비로소 뜻을 갖는다

는 것, 따라서 또 전승은 항상 공격 대상과의 관련에서 생각하지 않으면 안 된다는 것이다. 따라서 공격자에게 중요한 것은 이 대상에 단순히 도달하는 것이 아니라 전승자로서 이 대상을 획득하는 것을 말한다. 그러면 공격의 방향은 직접 대상 그 자체로 향하는 것이 아니므로, 적군이 그 대상에 도달하기 위해 취하는 도로로 향하지 않으면 안 된다. 이 도로가 곧 직접적인 공격 목표인 것이다. 공격자는 적이 이 대상에 도달하기 전에 적군을 만나, 이 대상에 이르는 도로를 차단하여 이와 같은 정황 아래에서 적군을 격파하는 일이 완전한 승리로 가는 길이다. ―예를 들어, 적국의 수도가 공격의 주된 목적물이고 그때 공교롭게 방어자가 수도와 그의 주력 사이에 병력을 배치하고 있지 않아도, 공격자가 느닷없이 수도를 향해 돌진하는 일은 올바른 방식이 아니다. 오히려 그는 그 주력을 적의 주력과 수도 사이의 병참선으로 돌려, 여기에서 전승을 구하는 것이 좋은 방책이다. 그렇게 하면 이 전승이 그에게 틀림없이 수도도 내주게 될 것이다.

공격에 의한 전승 권내에 큰 공격 목표가 존재하지 않는 경우에는, 적군과 공격자에 가까운 중대한 공격 목표를 연결하는 선이 가장 중요한 지점이 된다. 그러면 공격자는 이렇게 자문할 것이다. ―만약에 회전에서 승리를 얻는다면 이 승리를 어떻게 이용할까 하고. 요컨대 공격자가 회전에 승리를 얻을 경우에 향하는 공격 목표가 곧 공격의 자연적 방향인 것이다. 만약에 방어자가 마찬가지로 이 방향으로 병력을 배치하고 있다면, 그의 조치는 정당하다고 하지 않을 수 없다. 그리고 이 경우에 공격자에게 남은 수단은, 이러한 진지에 들어 있는 방어자를 탐색하는 것뿐이다.

또 방어자의 진지가 매우 견고하면 공격자는 적진지의 측면 통과를 시도하지 않을 수 없을 것이다. 그러면 공격 목표를 향해 서두르는 공격자는 전화위복을 하게 되는 셈이다. 그러나 방어자가 진지의 선정을 잘못했을 경우에는, 공격자는 공격 방향으로서 이 방면을 고를 것이고, 또 그가 방어자와 서로 대치하는 지점에 이르러도 방어자가 그 사이에 진지를 옆으로 이동하고 있지 않으면, 공격자는 바로 방어자와 공격 목표를 연결하는 병참선을 노리고 전진하여 이 방면에서 적을 탐색할 것이다. 그래도 여전히 적군이 정지하고 있으면 공격자는 방향을 전환해서 적군에게 배면 공격을 가하지 않으면 안 된다.

공격자가 선정할 수 있는 도로 중에는, 외국과의 교역에 사용되는 큰 도로를 고르는 것이 가장 좋은 방책이자 가장 자연스러운 선택이다. 그러나 이 도로가 심하게 굴곡이 되어 있는 곳에서는 좀 더 작아도 좋으니까 별도의 곧은 도로를 고르는 것이 좋다. 대부분 곡절이 심한 퇴각로는 큰 위험이 따르기 때문이다.

5. 공격자가 대규모의 결전을 추구하는 경우에는, 병력을 분할하는 동기는 전혀 생기지 않는다고 해도 좋다. 그럼에도 병력의 분할이 이루어진다고 한다면, 대개는 적정에 어둡기 때문에 생긴 잘못이라고 보아야 한다. 따라서 공격자는, 모든 종대가 어떤 지점에서 동시에 공격을 할 수 있을 정도의 폭을 가지고 전진하는 것이 좋다. 또 적측이 이미 병력을 분할했다면, 이것은 공격자에게 더욱더 유리하게 된다. 이러한 경우, 공격자는 작은 양동을 시도해도 상관없다. 이런 종류의 양동은 말하자면 전략적 양공(陽攻)이고, 적이 병력을 분할함으로써 공격자에게 주어진 이점의 확보를 목표로 한다. 공격자 측에서의 병력의 분할은 이러한 이유에 입각해서 이루어지는 경우에만 인정될 수 있는 것이다.

공격자가 전술적 공격을 포위 공격적으로 행하려고 하면, 병력을 몇 개의 종대로 분할하지 않을 수가 없다. 포위라고 하는 공격 형식은 공격자에게는 자연적이며, 이유 없이 폐지하는 것은 허용되지 않는다. 그러나 이 경우에 포위는 어디까지나 전술적 성질을 지녀야 한다. 한편으로 대규모 공격이 이루어지고 있는데, 다른 한편으로는 전략적 포위를 시도한다는 것은 전적으로 병력의 낭비이기 때문이다. 따라서 이러한 전략적 포위는 공격자가 매우 강력하고, 공격의 성공에 아무런 의심이 없는 경우가 아닌 한 허용될 일이 아니다.

6. 그러나 공격도 또한 신중하지 않으면 안 된다. 공격자라도 배후가 있고 또 보전되어야 할 병참선을 가지고 있기 때문이다. 또 병참선은 될 수 있는 대로 공격자가 전진하는 방식 그 자체에 의해, 다시 말하면 군 자신에 의해서 확보되어야 한다. 만약에 병참선을 보전하기 위해 따로 병력을 보내야 한다면, 따라서 또 그 때문에 병력의 분할이 이루어진다면 이것이 공격력 그 자체를 줄어들게 하는 것은 틀림없기 때문이다. 그런데 상당수의 대군이라면, 대개 적어도 하루 행정의 폭을 가지고 전진한다. 그러므로 만약에 군의 퇴각선이나 병참선이 이 전진 정면에 대해서 대체적으로 직각을 이루고 있다면, 이러한 퇴각선이나 병참선의 엄호는 대개 전진하는 군의 정면만으로 충분하다.

공격자가 퇴각선이나 병참선을 위협받을 위험의 유무 혹은 대소는, 주로 방어자의 위치와 성격을 기준으로 판단하지 않으면 안 된다. 피아 쌍방이 대규모의 결전을 추구하고 있는 중대한 상황에서는, 방어자에게는 이런 종류의 행동을 일으키는 여유는 거의 남아 있지 않다. 따라서 공격자는 보통의 경우라면 이것에 별로 신경을 쓸 필요는 없다. 그러나 전진이 끝나고 공격자가 차차 방어 체제로 이행하면 배면의 엄호는 더욱 필요할 뿐만 아니라 한결 중요한 일이 되는 것이다.

공격자의 배면이 방어자의 배면보다도 약한 것은 물론이다. 따라서 방어자는 실제적인 공격으로 이전하기 훨씬 이전에, 또 적에게 여전히 침략지의 점유를 허용하고 있어도, 이미 공격자의 병참선에 대해서 행동을 일으키기 시작하고 있다는 일이 가능하다.

제16장
서로 결전을 원하지 않는 싸움터 공격

1. 공격자의 의지와 병력이 대규모 결전에 충분하지 않은 경우에도, 공격자는 전략적 공격을 의도하는 일이 있다. 그러나 그 경우의 공격은 무엇보다도 사소한 목표로 향하는 것이 일반적이다. 그런데 이러한 공격이 성공하면, 공격자가 이 목표에 도달하자마자 모든 것이 정지되고, 피아 쌍방 사이에는 균형 상태가 생긴다. 또 공격 중에 약간이라도 곤란한 상황이 되면, 전면적인 전진 중에 때 이르게 정지 상태가 생기는 것이다. 그러면 전진 대신에 단순한 우발적 공세나, 또 때로는 전략적 기동이 나타나는 것이다. 이것이 대개의 전역의 성격이다.

2. 이러한 전략적 공세가 목표로 하는 대상은 다음과 같은 것이다.

a 적 국토의 어느 지역. 보급에 유리하다. 뿐만 아니라 군세(軍稅)를 징수할 수가 있다. 자국의 부담을 경감할 수 있고, 강화 때의 교환물로 삼을 수 있다. ―이것들이 적 국토의 어떤 지역을 점령함으로써 공격자가 받는 여러 가지 이점이다. 또 때로는 이것에 무훈(武勳)이라는 개념이 결부되는 일이 있다. 이와 같은 일은 루이 14세 시대의 프랑스 장수들이 한 전역에서 끊임없이 겪은 사례이다. 그런데 방어되는 지역과 방어가 미치지 않는 지역 사이에는 현저한 차이가 있다. 또 방어되는 지역은 방어자가 고른 전쟁터에 이어져, 대부분은 이 전쟁터를 자연스럽게 보충하는 토지에 한정된다. 그리고 이러한 지역만이 강화(講和)를 할 때 교환 물건으로서 고려되고 그 밖의 지역은 대개 전역 기간만큼 점령되는데 겨울이 되면 이들 지역으로부터 철수하는 것이다.

b 적의 중요한 창고. 중요한 창고이기 때문에 전역의 승패를 결정하는 공세의 목표로 여겨지는 것이다. 분명히 이러한 창고의 탈취도 그 자체로서는 방어자에게는 손실을, 또 공격자에게는 이익을 가져오는 데에 지나지 않지만, 그러

나 이 경우의 공격자의 주된 이점은, 방어자가 이 손실 때문에 전쟁터에서 물러나거나 그렇지 않으면 유지할 수 있었던 지역의 포기를 하지 않을 수 없게 하는 데에 있다. 따라서 창고의 탈취는 본래대로 말하자면 수단임에도 불구하고 지금 목적이라고 일컬어지는 것은, 이러한 탈취 그 자체가 공격자의 결정적 공격 목표가 되기 때문이다.

c 요새의 공략. 요새의 공략에 대해서는 이미 제6편 제10장에서 논했으므로 그곳을 참조하기 바란다. 그곳의 설명에서 분명해진 것처럼 요새는 적을 완전히 타도한다거나 혹은 또 적 국토의 주요 부분을 점령하려는 의도가 도대체 없는 공격적 전쟁이나 전역에 대해서 가장 알맞은, 또 가장 바람직한 대상이다. 그래서 요새가 많은 네덜란드에서 일어나는 사정들이 적절히 설명되리라고 믿는다. 네덜란드에서는 항상 그 어떤 요새의 공략이 군사적 행동의 중심을 이루게 되었다. 더욱이 그 경우에 이들 요새를 차례로 공략해서 마침내 그 주(州) 전체를 탈취하는 것을 중요 방침으로서 관철하는 것이 아니라, 각 요새를 그 자체가 그 어떤 가치를 갖는 개개의 양(量)으로 간주한다. 이것은 요새 그 자체의 가치보다는 오히려 요새가 행동에 편하고 또 행동을 쉽게 하는 점을 중요시한 것이다.

그러나 요새가 전혀 쓸모가 없는 축성(築城)에 지나지 않는다는 것이 아니라 어느 정도 강력한 것이라면, 그 포위 공격은 역시 중대한 행동이라고 하지 않을 수 없다. 포위 공격에는 막대한 전비가 들고 또 국가의 흥폐에 관계가 없는 전쟁에서는, 전비의 지출은 충분히 고려해야 할 문제이기 때문이다. 그러나 그렇게 되면 요새의 포위 공격은 이미 전략적 공격의 중요한 대상의 하나가 된다. 요새가 미미하고 그 포위 공격이 중대한 일로 여겨지지 않으며 또 포위 공격의 준비도 충분히 않고, 요컨대 모든 것이 일시적인 방편에 지나지 않는 것이 되면, 전략적 목표도 더욱 사소해지고 열세한 병력과 박약한 의도에 더욱더 들어맞는 것이 된다. 그러면 만사는 공격자라고 하는 말대로 체면상 어떤 군사 행동을 일으켜야 하기 때문에 이 전쟁의 명예를 지키기 위한 부질없는 모의전(模擬戰)으로 떨어지게 된다.

d 유리한 전투. 조우전(遭遇戰) 혹은 회전까지도 전리품을 위한 것이고 결국은 무훈을 자랑하기 위한 것이며, 또 때로는 장수의 단순한 허영심을 위해 이

루어지는 일까지도 있다. 이 사실을 의심하는 것은 대개 전사(戰史)에 대해서 아무것도 모르는 사람들뿐일 것이다. 루이 14세 시대에 프랑스군이 행한 수많은 전역에서는, 대개의 공격적 회전은 어느 것이나 이런 식이었다. 그러나 이러한 것도 전적으로 객관적 중요성이 결여된 것이 아니고, 또 반드시 단순한 허영심의 발동만은 아니라는 것에 주의를 할 필요가 있다. 즉, 이런 종류의 투쟁에서도 강화 조약의 체결에 매우 현저한 영향을 주므로, 그렇게 되면 상당히 직접적으로 목표에 도달하게 되는 셈이다. 여하간 군이나 장수가 무훈을 자랑하고 정신적 우월을 바라는 마음은 눈에 보이지 않는 작용으로서 일체의 군사적 행동이 널리 퍼져 있는 것이다.

이와 같은 전투를 행하기 위해서는 우선 다음 두 건이 확인되지 않으면 안 된다. 첫째 전승의 가망이 상당히 크다는 것, 두 번째는 비록 전투에 패해도 손해가 지나치면 안 된다는 것이다. 이와 같은 회전은 제한된 사정하에서 이루어지고 그 목표도 국한되어 있다. 그럼에도 불구하고 이러한 회전에서의 전승은, 전적으로 정신적 무기력 때문에 이용되지 못하고 끝난 승리와 혼동해서는 안 된다.

3. 위에 든 사항(a~d) 중 마지막 (d)를 제외하고는, 나머지는 모두 대규모 전투에 의하지 않고서도 획득할 수 있고, 또 거의가 공격자로서도 이러한 전투를 하지 않고 획득하려고 한다. 그런데 공격자가 결정적 전투를 추구하지 않는 경우에 사용할 수 있는 수단은, 방어자 측이 선택한 싸움터에서 방어되어야 할 대상에 관련되어 있다. 그러면 이들 수단은 다음과 같은 것이 된다.

첫째는 적의 병참선을 위협하는 일이다. 거기에는 보급에 관계되는 물건, 예를 들어 창고, 풍요로운 도(道)나 군(郡), 수로(水路) 등도 있고, 교량이나 좁은 길과 같은 중요한 지점도 있다. 특히 이들 물건의 엄호에 임하는 부대도 있다.

두 번째는 견고한 요새, 즉 공격자에게는 특히 귀찮고, 이와는 달리 방어자에게는 매우 지키기 쉬운 요새의 공략이다.

세 번째는 유력한 도시, 풍요로운 지방, 반란의 염려가 있는 지구의 점령이다.

또 네 번째는 적측에 가담하고 있는 약소한 동맹자에게 위협을 주는 일이다. 공격자가 적의 병참선을 실제로 차단하고 더욱이 방어자는 많은 희생을 지불하지 않고 이 병참선을 재개하지 못하도록 한다면, 방어자로서는 위에서 말한 여러 물건을 엄호하기 위해, 혹은 이를 포기한다고 해도 손해를 될 수 있는 대로 가볍게 끝마치기 위해서 더 물러난 후방이나 측면에 다른 진지를 구하지 않을 수 없을 것이다. 그렇지 않으면 국토의 일부는 공격자에게 넘겨주게 되고, 또 창고나 요새는 노출되므로 창고는 이내 탈취되고 요새도 또한 포위 공격되는 것이다. 이 경우에 대소의 전투가 이루어진다고 해도 피아 쌍방이 이러한 전투를 한 것도 아니고 또 전투를 목적으로 한 것도 아니다. 요컨대 전투는 말하자면 불가피한 해악이지만, 규모에서나 중요성에서 어느 정도를 넘는 일은 없다.

4. 방어자가 공격자의 병참선에 대해서 행동을 일으키는 방법은, 대규모 결전을 구하는 전쟁에서는 작전선이 현저하게 장대한 경우에 한해서 사용되는 반격 방식이다. 그런데 대결전을 추구하려고 하지 않는 전쟁에서는, 이런 종류의 반격 방식 쪽이 오히려 사리에 맞는 섯이다. 이와 같은 경우에는 공격자의 병참선이 매우 길어지는 일은 매우 드물지만, 방어자로서도 공격자에게 이런 종류의 큰 손해를 주는 것이 당면 목적은 아니다. 때로는 공격자의 보급 사정을 방해하고 불편하게 하는 것만으로도, 이미 효과를 거둔 것이 된다.

또 공격자의 병참선이 짧기 때문에 방어자가 이러한 병참선에 대해서 행동을 일으켜도 그 효과가 바람직하지 않을 때에는, 행동하는 시간을 길게 하여 그것을 보충한다. 여하간 공격자로서는 전략적 측면의 엄호가 중요한 요건이 된다. 또 공격자의 병참선에 관해서 공방 쌍방 사이에 이러한 경합이 생겼을 경우에는, 공격자는 공격에 으레 따라다니는 불리한 점을 병력의 우세로 보충할 계산을 하지 않으면 안 된다. 만약에 이러한 경우에 공격자가 적의 군단 혹은 주군(主軍) 그 자체에 뼈아픈 타격을 가할 수 있는 힘과 결의를 아직 잃지 않고 있으면, 이러한 타격의 위험에 의해서 끊임없이 적을 위협하면서 자군(自軍)을 매우 유리하게 엄호할 수가 있을 것이다.

5. 마지막으로 이런 종류의 전쟁에서는, 공격자 측이 방어자에 비해서 현저하게 유리하다는 사정을 지적하지 않으면 안 된다. 이 유리함이란 공격자가 방어자의 의도와 힘을 판정하는 것이 그 반대의 경우보다도 훨씬 쉽다는 것이다. 공격자가 어느 정도까지 적극적이고 과감한 행동을 일으킬 것인지를 추정하는 일은, 방어자가 대규모적인 반격을 계획하고 있다는 것을 알아채는 일보다도 훨씬 곤란하다. 실제의 경우를 생각해 봐도 방어자가 방어라고 하는 전쟁 형식을

골랐다는 것은, 바로 그가 적극적인 행동을 원하고 있지 않다는 증거라고 할 수 있다. 게다가 대규모 반격 준비와 보통의 방어 준비의 차이는 큰 목적을 위한 공격 준비와 작은 목적을 위한 공격 준비의 차이보다도 훨씬 심하다. 마지막으로 방어자는 당면한 방어 방책을 공격자의 공격에 앞서서 결정하지 않으면 안 되지만, 공격자는 이에 대해서 후수(後手)를 둘 수 있다는 유리한 입장에 있다.

제17장
요새의 공격

요새의 공격이라고 해도 여기에서는 축성 공사 측면에서 논하는 것은 아니다. 논점의 첫째는 요새의 공격과 결부되어 있는 전략 목적에 관해서이고, 두 번째로는 방어자 측의 요새 중에서 어느 것을 공격 목표로 택할 것인가 하는 문제에 관하여, 세 번째로는 공격자가 어떤 요새를 포위 공격했을 경우에 이 포위군을 엄호하는 방법에 관한 것이다.

방어자가 요새를 공략당하면 그 때문에 방어력은 약화되지 않을 수가 없다. 특히 그 요새가 방어의 중요한 부분을 이루고 있는 경우에는 더욱 그렇다. — 공격자가 적의 요새를 점령하면 거기에서 많은 이점이 생긴다. 즉 공격자는 점령한 요새를 창고와 물자 저장소로서 사용하고, 또 이 요새를 근거지로 하여 부근의 점령 지역과 자기 군대의 야영지를 엄호할 수 있다는 것 등등. —공격이 극한점에 이르러 방어로 이행(移行)하는 단계가 되면, 공격자가 점령한 요새는 다시금 방어의 강력한 거점이 된다. 요새가 전쟁의 진행 중에 싸움터에 대해서 가지는 이러한 관계는, 모든 방어를 논한 제6편 제10장 '요새' 가운데서 설명한 것으로 이미 명백하다. 따라서 그것을 참조하면 요새의 공격에 관한 필요한 해명을 얻을 수 있으리라고 믿는다.

다음에 보루 요새의 공략에 관해서도 대규모의 결전을 구하는 전역과 그렇지 않은 전역 사이에는 현저한 차이가 있다. 전자의 경우, 이 공략은 불가피한 해악이라고 여겨져도 좋다. 그리고 공격자는 결전에 의한 승패의 결정을 추구하는 한, 아무래도 방치해 둘 수 없는 요새만을 포위 공격하는 것이다. 또 결전에 의해 이미 승패가 결정되면 위기는 지나가고 피아 병력 사이의 긴장은 해소되며 그 후에는 오랜 정지 상태가 계속되는 것이다. 그렇다면 보루 요새의 점령은 침략 지역의 땅을 굳히는 역할을 하게 되는 셈이다. 이 경우에 요새의 점령은 곤경이나 노고를 수반하지 않는 것은 아니지만, 그러나 특별히 위험을 저지를 필요는 없다. 그런데 요새의 포위 공격은 피아의 긴장이 한창일 때에는, 이 위험이 더욱더 격화되어 공격자에게 불리를 가져오게 된다. 실제로 요새의 공격만큼 병력을 흡수하여 일시적으로라도 공격자의 우세를 감소시키는 것은 없다. 그러나 공격을 전반적으로 추진하기 위해서는 약간의 요새 중 어느 것인가를 꼭 공략하지 않으면 안 될 경우가 있다. 이와 같은 경우 포위는 공격을 강력한 추진 수단으로 여겨도 좋다. 만약에 그때 아직 결전에 의한 승패가 결정되어 있지 않다면, 피아 쌍방 사이에 조성되는 위기는 더욱더 커지는 것이다. 이 문제에 대해 더 고찰할 일들은 전쟁 계획을 다루는 편에서 논하는 것이 적당할 것이다.

목표가 제한된 전쟁에서는 일반적으로 요새 공격은 수단이 아니라 목적 그 자체이다. 이 경우에는 요새에 대한 공격은 독립된 소규모의 공략으로 보고, 또 그러니만큼 다른 경우의 공략에서는 볼 수 없는 여러 가지 특징을 지니고 있다. 그 특징들을 열거해 보면 다음과 같다.

1. 이 경우의 요새에 대한 공격은, 공격 목표가 매우 명확히 제한된 소규모의 공략이며, 이러한 공략은 커다란 노고를 필요로 하지 않는다. 따라서 적의 반격을 받을 염려도 없다.

2. 공격자가 공략한 요새는 강화 때 유력한 배상물(賠償物)로 간주될 수 있다.

3. 요새에 대한 포위 공격은 공격의 강력한 추진 수단이며, 혹은 적어도 그러한 것으로 간주되고 있다. 더욱이 다른 추진 수단과는 달라서 그 때문에 병력의 약화를 증대시킬 염려는 없다.

4. 요새의 포위 공격은 파국을 초래할 염려가 없다.

큰 목표가 결여된 전략적 공격에서는 이들 특성이 주요 요건이 되므로, 공격의 대상이라고 하면 하나 내지 몇몇 요새라는 말이 되고 또한 그것이 통례로 여겨진다.

그런데 공격자가 포위 공격 동작을 어느 요새로 향하는가에 대해서 그 선정에 주저하는 일이 있다. 그 경우에 선택을 결정하는 근거에는 다음과 같은 조건들이 있다.

a 공략한 요새가 유지하기에 편리하다는 것. 따라서 이러한 요새는 강화 때에 배상물로서 높이 평가된다.

b 요새를 공략하기 위한 수단이 갖추어져 있다는 것. 수단이 불충분하면 작은 요새밖에는 탈취할 수 없을 것이다. 그러나 큰 요새를 공략하다가 좌절하는 것보다는 작은 요새를 실제로 획득하는 편이 좋다.

c 요새의 축성 기술적인 견고성. 그러나 이와 같은 성질은 반드시 그 요새의 중요성과 비례하지는 않는다. 그다지 견고하지 않은 요새로 공격의 대상이 되는 것이 달리 있는 데도 불구하고, 견고하기는 하지만 별로 중요하지 않은 요새를 공략하기 위해 병력을 낭비하는 것처럼 이리석은 일은 없다.

d 요새 장비(裝備)의 강약과 수비대 병력의 강약. 요새의 수비가 허술하고 장비도 충분치 않으면 공략이 손쉽다는 것은 물론이다. 그런데 이 경우에 주의하지 않으면 안 될 일은, 강력한 수비대와 충분한 장비는 서로 연관해서 그 요새의 중요성을 결정하는 요건으로서 간주해야 한다는 것이다. 수비대와 장비는 직접 방어자의 전투력에 속하지만 축성 공사는 그렇지가 않다. 따라서 강력한 수비대를 갖는 요새를 공략한다는 것은, 특히 견고한 공사를 실시한 요새를 공략하는 것보다도 공격자에게 훨씬 유리하다.

e 공성(攻城) 재료 수송의 난이. 대개의 공략은 공성 재료의 부족 때문에 실패한다. 또 공성 재료는 대개 수송의 어려움 때문에 부족하게 되는 것이다. 1712년 오이겐은 란드레시[1]를 공략하고 또 1758년 프리드리히 대왕은 올뮈츠를 공략했으나 어느 것이나 효과를 거두지 못했다. 이들은 재료 수송의 곤란으로 실패한 가장 두드러진 실례이다.

f 공략군을 엄호하는 난이(難易)도 여기에서 논할 문제로서 고찰의 대상이 된다.

공략군을 엄호하는 데에는 본질적으로 두 가지 방법이 있다. 하나는, 요새

---

1) 란드레시(Landrecies). 북프랑스의 요새. 에스파냐 계승 전쟁(1701~1714)에서 영국, 네덜란드 및 오스트리아 동맹군은 이 요새를 공략했으나(1712. 7. 17~8. 2) 실패했다.

주위에 축조한 공성 보루에 의존하는 방법이다. 그러니까 이것은 봉쇄 보루선 바로 그것이다. 또 하나는, 소위 작전선을 사용하는 방식이다. 첫째 방법은 오늘날에는 완전히 없어지고 말았다. 그러나 이 방법이라면 공략자의 병력이 분할에 의하여 약화될 염려는 없다. 실제로 분할에 의한 병력의 약화는 공략자에게는 크게 불리하다. 그렇지만 이 경우에도 다른 면에서 현저한 병력의 약화가 생긴다. 그 이유는 다음과 같다.

1. 공격자가 요새 주위의 진지를 차지하기 위해서는, 일반적으로 병력을 많이 확산하지 않을 수 없기 때문이다.

2. 보통의 경우라면 요새 수비대(守備隊)의 병력에 지원 부대의 병력을 합해 보았자, 그것만으로는 역시 공격군과 겨룰 수 있는 병력에 지나지 않을 것이다. 그런데 위에서 말한 것과 같은 사정 아래에서의 요새 수비대는 실로 공격자 진영 한 가운데에 있는 적 부대를 의미하지만, 그러나 이 부대는 견고한 누벽(壘壁)으로 엄호하고 있기 때문에 공격군으로서는 어떻게 손을 쓸 수가 없는 것이다. 혹은 적어도 이러한 수비대를 힘으로 항복하게 할 수는 없다. 따라서 이러한 경우에는 수비대의 저항력은 현저하게 증대하는 것이다.

3. 공격자에 의한 봉쇄 보루선의 방어는, 전수(專守) 방어[2]가 되지 않을 수 없다. 그런데 공격자가 병력을 요새 주위에 원형으로 배치하여 정면을 밖으로 향하게 하는 방식은 가장 취약하고 가장 불리한 배치 형식으로, 이러한 진지에서 유리한 출격(出擊)을 하는 것은 거의 불가능하다. 따라서 공격자는 결국 이러한 공성보루(攻城堡壘) 안에서 방어에 시종하지 않을 수가 없다. 이와 같은 정황이 공격자의 방어 능력을 약화시키는 정도는, 병력의 3분의 1을 감소시키는 것보다도 더 심하다. 또 군 병력의 3분의 1이라고 하면, 그것만으로 아마도 하나의 감시군[3]을 편성할 수가 있을 것이다. 그런데 프리드리히 대왕 이래 일반적으로 이른바 공세라는 것(그러나 이것은 반드시 본래의 의미로서의 공세는 아니다), 즉 활동과 기동을 좋아하고 보루를 싫어하는 풍조를 생각한다면, 봉쇄 보루선이 오늘날 전적으로 폐지되었다고 해서 하등 이상하게 생각할 일은 아닐 것이다.

---

2) 방어에 시종하여 공세로 이전하는 일이 없는 방어 방식을 말한다.
3) 본장 마지막 절에 붙인 역자의 주 참조.

그러나 지금 말한 바와 같은 전술적 저항력의 약화만이 봉쇄 보루선의 유일한 불리는 아니다. 우리는 앞서 봉쇄 보루선이 주는 이점도 무시하려고 하는 판단에 뿌리박은 편견을 지적했는데, 실제로도 이런 편견은 봉쇄 보루선의 본래의 불리함과 밀접하게 관계하는 것이다. 봉쇄 보루선은 전쟁터 전체 중에서 이 보루선에 둘러싸여 있는 공간만을 엄호하는 데에 지나지 않는다. 그러면 여타의 공간은 많건 적건 적이 하는 대로 맡겨져 있는 셈이다. 한편 따로 지대(支隊)를 파견해서 보루선 외의 싸움터 부분의 엄호를 맡게 하는 방법도 있으나, 그렇게 되면 병력을 분할하지 않을 수가 없다. 그런데 공략군으로서는 병력의 분할을 원치 않는 것이다. 그래서 공략군은 공성 재료의 수송에 관해서 항상 불안과 곤혹으로 고민을 하게 될 것이다. 따라서 한편으로는 공략군이 강대한 병력과 많은 공성 재료를 가지고, 또 다른 한편으로는 방어자 측도 상당한 병력을 갖추고 공방 쌍방이 싸움터에서 서로 대치하고 있는 경우에, 봉쇄 보루선만으로 수송을 엄호한다는 것은, 네덜란드와 같은 사정이 없는 한 도저히 생각할 수가 없을 것이다. 네덜란드에서는 서로 가까이에 축조된 다수의 요새가 있고 따라서 또 그 사이를 잇는 공성 보루선이 구성되어, 이것이 싸움터의 나머지 부분도 엄호하고 수송선을 현저하게 단축하기 때문이다.

루이 14세 시대의 전투력 배치는 아직 싸움터의 개념과 결부되어 있지 않았다. 특히 30년 전쟁에서는 공격군은 막연하게 여기저기로 출동하여 다행이 적군대가 요새 근처에서 진지에 들어 있지 않으면, 이곳저곳의 요새 앞으로 몰려가서 가지고 있는 공성 재료가 있는 한, 또 적의 응원군이 올 때까지 그 요새를 공략하는 식이었다. 당시에 봉쇄 보루선은 이와 같은 사정 아래에서 발달한 것이다.

봉쇄 보루선이 앞으로 다시 나타나는 사정은 아마도 생기지 않을 것이다. 만약에 그와 같은 일이 생긴다고 하면, 그것은 싸움터에 있는 방어자의 병력이 매우 열세여서 전쟁터라고 하는 개념이 공략 그 자체의 개념에 비해서 거의 무(無)와 같은 경우, 다시 말하면 전쟁터라는 것을 거의 무시해도 상관없는 경우일 것이다. 그리고 이와 같은 경우에는 공격자는 공략을 위해 편안하게 병력을 집결할 수 있을 것이고, 또 이에 의해 공략이 그 힘을 현저하게 높일 수가 있을 것이다.

실제로 루이 14세 시대에 튀렌이 캉브레에서 콩데를 공격했을 때[4]에도 봉쇄 보루선은 거의 쓸모가 없었다. 그러나 그 밖의 많은 전쟁 사례에 비추어 보아도 이 보루선을 꺼려했다는 것을 알 수 있다. 따라서 공격군에게 공략된 요새가 포위 해제를 강하게 요구하고, 또 이 요구에 응하려고 하는 장수가 매우 행동적 정신이 풍부했음에도 불구하고 공격자의 보루선을 경원해서 전혀 행동을 일으킬 수 없었을 정도였다. 예를 들어 1708년에 빌라르는, 릴[5] 요새 전방의 보루선에서 이 요새를 공략하고 있던 동맹군에 조금도 공격을 하려고 하지 않았다. 프리드리히 대왕도 1758년에는 올뮈츠에서, 또 1760년에는 드레스덴에서, 본래의 봉쇄 보루선은 아니었지만 대체로 이와 일치하는 방식을 사용했다. 즉 같은 군을 가지고 요새를 공략함과 동시에 이 공략의 엄호도 겸한 것이다. 한편 올뮈츠에서는 오스트리아군이 먼 곳에 진을 치고 있었기 때문에 이러한 공략 방식을 채용한 것이다. 그러나 그 때문에 돔슈타트[6]에서는 오스트리아군에 의해 수송대가 습격받아 공성 재료를 빼앗겼기 때문에 그는 이 조치를 후회했다. 또 1760년에 드레스덴에서 이 방법을 사용해서 성공을 하지 못했던 것은, 그가 오스트리아군을 가볍게 보고 요새의 탈취를 서둘렀기 때문이었다.

마지막으로 공략이 실패한 경우에 공성포(攻城砲)[7]의 철거가 곤란한 것도 봉쇄 보루선이 갖는 단점의 하나이다. 그러나 결전이 공략 지대에서 하루 내지 며칠 행정의 지점에서 이루어진다고 하면, 적군이 도착하기 전에 공략을 중지할 수가 있다. 그렇게 되면 대량의 공성 재료를 다른 장소로 이송한다고 해도 적에게 하루 앞서는 것이 된다.

---

4) 프랑스의 고급 귀족과 파리 고등법원 사이에 야기된 정치적 투쟁 프롱드(Fronde)의 난 (1648~53) 때문에, 튀렌과 콩데는 한때 적대 관계가 되어 전투를 벌였다(1652). 그때 루이 14세 (1638~1715)는 아직 나이가 어렸다.

5) 릴(Lille). 북프랑스의 도시. 오스트리아와 영국 동맹군에 포위되어(1708. 8. 14~10. 23) 마침내 공략되었다.

6) 돔슈타트(Domstadt). 돔슈타들(Domstadl). 메렌의 작은 도시. 올뮈츠의 동북방에 위치한다. 1758년 6월30일에, 여기에서 오스트리아군이 프로이센군의 수송대를 습격해서 많은 공성 재료를 탈취했다.

7) 공성포라고 하는 특수한 화포가 있는 것이 아니다. 공성포로서는 장단 각 포신의 카농포 외에 유탄포(榴彈砲)나 구포(臼砲) 등이 사용되었다.

감시군[8]에 관해서는 이 군을 공격자가 공략하고 있는 요새에서 어느 정도 떨어진 지점에 배치하면 좋은가—하는 문제를 특히 고려하게 된다. 이 문제는 대개 지형에 의해 혹은 공략군이 연계를 유지할 필요가 있는 여타의 군 및 군단이 차지하고 있는 진지(陣地)에 의해 결정된다. 이러한 제한이 없는 경우에는 요새와 감시군과의 거리가 크면, 또 공략의 엄호가 그만큼 넓은 지역에 걸쳐 이루어지는 것은 물론이다. 그러나 감시군과 공략군의 거리가 기껏해야 수 마일을 벗어나지 않는다고 한다면, 감시군과 공략군과의 상호 원조는 원활히 이루어질 것이다.

---

8) 이 경우의 감시군은 공략군의 측면 및 배후를, 적의 급습을 방어하는 임무를 갖는다.

제18장

수송대에 대한 공격

수송대에 대한 공격과 방어는 어느 것이나 전술의 문제이다. 그렇기 때문에 이에 대해서는 아무것도 할 말은 없을 것이다. 그러나 일반적으로 수송대의 공격과 방어의 가능성을 증명해야 한다고 하면, 이 증명은 전략적인 근거와 사정(事情)에 입각하지 않는 한 불가능하다. 또 이 문제는 공격과 방어의 쌍방에 관계하고 있기 때문에, 앞서 방어를 다룬 제6편에서 논해야 했을지도 모르지만, 공격 쪽이 주요한 역할을 하게 되므로 본장에서 다루기로 한 것이다.

300~400량의 차량으로 이루어진 중간 정도의 수송대는, 이들 차량이 무엇을 싣고 있든 간에 그 길이는 반마일에 이른다. 따라서 더 대규모 수송대라면 수 마일에 이르게 되는 셈이다. 이토록 긴 수송대를 병력이 빈약한 호송대로 엄호한다는 것은 어림도 없는 일이다. 이미 이와 같은 곤란이 있는데도 대부대가 되면, 움직임도 둔하고 따라서 또 그 진행은 매우 완만하며, 더욱이 행진 중에 끊임없이 혼란의 위험에 처하게 되는 것이다. 또 수송대는 어느 부분에도 엄호가 필요하다. 만약이 그 일부가 적의 습격을 받으면 바로 모든 것이 멈추어 혼란에 빠지기 때문이다. 그래서 이렇게 자문하지 않을 수가 없다. ─일반적으로 이러한 수송대의 엄호와 방어는 어떻게 하면 가능한가.

다시 말하면 적의 공격을 받은 수송 대열이 적에게 꼭 모두 약탈당하지 않는 것은 왜 그런가? 또 특히 엄호를 필요로 하는 대열, 즉 적의 공격을 받기 쉬운 대열이 반드시 모두 공격되지 않는 것은 왜 그런가─하고. 템펠호프는 필요에 따라 대형을 옆으로 넓게 펼치기도 하고 또 원상으로 되돌리거나 해서 그 길이를 신축하라고 제안하고 있고, 또 샤른호르스트는 몇 개의 종대로 구분해서 대형의 단축을 꾀하라고 권고하기도 한다. 샤른호르스트의 의견은 템펠호프에 비하면 훨씬 뛰어나지만, 그러나 이러한 단축 방식은 어느 것이나 비실용적이고, 수송대에게 본래의 근본악을 구제하는 방책으로서는 매우 미약하다.

이 문제는 다음과 같은 사정에 의해서 잘 설명된다. 즉, 일반적으로 수송대는 전략적인 사정에 의해서 이미 안전이 보장되어 있다. 그리고 이 안전은 적의 공격에 노출된 그 어떤 부대보다도 우선 먼저 수송대에게 주어지고, 또 이러한 안전을 받고 있기 때문에 수송대의 비교적 허술한 방어 수단으로도 보기보다는 훨씬 큰 효력을 발휘하는 것이다. 수송대는 항상 자군(自軍)의 배후에 있거나 적어도 적군으로부터 상당히 떨어진 곳에 있다. 그러면 적군은 이 수송대를 공격하기 위해 약한 부대밖에 파견할 수 없고, 또 이러한 공격 부대 그 자체도, 강력한 예비에 의해 엄호되지 않으면 안 된다. 게다가 수송 차량은 다루기가 힘들고 빼앗아 가기도 곤란하기 때문에, 공격자로서는 기껏해야 차량을 묶은 밧줄을 절단하든가 말들을 데리고 가든가, 혹은 화약자를 폭파하는 정도가 고작이다.

이 때문에 수송대 전체가 정돈되고 혼란에 빠진다고 하지만 모든 것을 잃는 것은 아니다. 요컨대 수송대의 보전은 엄호에 임하는 호송대의 저항에 의한 것보다도 오히려 이러한 일반적인 사정에 유래된다는 것을 알 수가 있다. 또 호송대가 용감하게 적을 맞아 선전하고 완강하게 저항하면, 적이 수송대에 대해서 사용하려고 했던 공격 방식을 교란할 수가 있다. 따라서 수송대의 공격은 손쉽고 실패할 염려가 없는 것이기는커녕 상당히 곤란하고 따라서 그 결과는 불확실하다고 할 수 있다.

그러나 중요한 점이 하나 남아 있다. 그것은—공격자로부터 수송대를 습격당한 방어자가, 보복을 위해 군 또는 군단을 가지고 공격자의 군을 격파하여, 그들이 자기 수송대에 대해서 한 행동에 보복한다는 것이다. 공격자 측에 이와 같은 위험에 대한 걱정이 있기 때문에 수송대를 공격하려고 하는 많은 기도는 원인을 밝히지 않은 채 중지되는 것이다. 그런데 세상 사람들은 수송대가 무사했던 것은 엄호를 맡은 호송대의 공적이라 하여, 이러한 호송대가 매우 허술한 편성임에도 불구하고 적을 이토록 주저하게 하여 공격을 꺼리게 만들었다고 해서 감탄해 마지않는 것이다. 공격자가 품는 걱정이야말로 수송대에 대한 공격의 의도를 포기하게 만든 참다운 원인이라는 것을 알고 싶으면, 프리드리히 대왕이 1758년에 올뮈츠 요새의 공략에 실패한 후 뵈멘을 통과한 유명한 퇴각을 생각해 보면 좋다. 당시 프리드리히는 실로 군의 일부를 할애해서 많은 펠로톤[1]으로 만들어, 4000의 차량으로 구성된 수송대를 엄호하게 한 것이다.

이와 같은 불합리하기 짝이 없는 배치를 다운이 습격하지 않은 것은 왜 그랬을까?—그것은 프리드리히가 군의 다른 일부를 가지고 다운에 육박하여 그가 추구하지도 않은 회전으로 끌고 갈 것이라는 공포가 있었기 때문이다. 또 라우든은 치슈보비츠에서 줄곧 그의 옆에 위치했던 프리드리히가 수송대를 일단 습격하기는 했지만, 왜 더 빨리, 또 보다 더 대담하게 공격하지 않았을까?—그것은 프리드리히가 즉각적인 보복을 하지나 않을까 하는 공포 때문이었다. 당시 라우든은 주군(主軍)에서 10마일이나 떨어진 지점에 있고, 더욱이 프로이센군에 의해서 주군으로부터 완전히 분리되어 있었다. 따라서 라우든은 다운의 공격을 조금도 두려워할 필요가 없는 프리드리히가 그 병력의 상당한 부분을 라우든으로 보내면 호된 패배를 당할 위험이 있다고 생각한 것이다.

다만 군의 전략적 위치가 불편하기 때문에 수송 물자를 측방에서, 아니 전방에서 수령해야 한다는 부자연스러운 방식을 강요하면 수송대는 매우 큰 위험에 직면하지 않을 수가 없었다. 만약 이러한 경우에 적의 위치가 이 수송대를 공격하기 위한 병력을 파견하는 데에 편했다면, 수송대는 절호의 공격 목표가 되는 것이다. 1758년의 같은 전역에서 오스트리아군이 돔슈타트[2]에서 수송 물자를 탈취한 것은, 이러한 행동의 완전한 성공을 나타내는 것이다. 돔슈타트에서 나이세로 향하는 도로는 프로이센군 진지의 왼쪽에 있었으나, 프리드리히군은 올뮈츠를 공략하여 다운에 대비해서 병력을 배치하는 것이 힘겨웠기 때문에 오스트리아군의 별동대는 아무 걱정 없이 유유히 공격에 착수할 수 있었던 것이다.

오이겐은 1712년 란드레시의 요새를 공격했을 때 공성 재료를 드냉을 경유하여 보생[3]에서, 따라서 전략적 배치의 전방에서 수령했다. 그가 이와 같은 곤란한 전시 상황에서 수송대를 엄호하기 위해 어떤 수단을 사용했는가 하는 것

---

1) 당시 프로이센에서는 1개 대대를 군 제도상 6개 중대로 구분했으나 전술적으로는 8개 펠로톤(Peloton, 소대)로 분할했다.
2) 당시 프로이센의 주요 보급선은 나이세에서 돔슈타트를 경유하여 올뮈츠로 통하고 있었다.
3) 보생(Bouchain). 북프랑스의 작은 요새.

과 또 수송에 관한 많은 곤란 때문에 사태의 급전(急轉)을 초래한 경위는 주지의 사실이다.

　그러면 본장의 결론은 다음과 같다. 즉, 수송대의 공격은 전술적으로 고찰하면 매우 쉬운 것처럼 여겨지지만, 전략적 이유에서 말하면 별로 얻는 것이 없다. 다만 적의 병참선의 엄호가 매우 불완전하고 약탈이 용이하다는 예외적(例外的) 경우에만 상당한 성과를 거둘 가능성이 있다.

제19장
사영에 든 적군에 대한 공격

이 문제에 대해 방어를 논하는 편(篇)에서 취급하지 않았던 것은, 본시 사영선(舍營線)은 방어 수단이 아니라 군대의 한 상태에 지나지 않기 때문이다. 또 사영은 군대의 전투 능력을 크게 감소시키는 상태이기도 하다. 그런데 이런 종류의 전투 능력에 관해서는, 제5편 13장에서 군대의 이러한 상태로서의 사영에 대하여 서술한 것으로 이미 끝마쳤다.

그러나 이 공격편에서는 사영에 든 적군을 특수한 공격 목표로서 고찰해야 한다. 그 이유의 하나는 사영에 든 적군을 공격하는 것은 극히 특수한 성질의 일이고, 또 다른 이유는 그런 공격은 특수한 효력을 얻을 수 있는 전략적 수단으로 볼 수 있기 때문이다. 따라서 본장(本章)에서 문제 되는 것은 개개의 사영이나 몇 개의 촌락에 나누어 숙박하고 있는 소부대에 대한 습격이 아니다. 이러한 사영 공격을 하기 위한 부서는 전적으로 전술적 성질의 것이기 때문이다. 요컨대 여기에서 논하려고 하는 것은 광대한 지역에 배치되어 사영에 든 대부대에 대한 공격이다. 따라서 이때의 목표는 개개의 사영에 대한 습격이 아니라 사영에 든 적의 집결을 저지하는 데 있다.

사영 중에 있는 적군에 대한 공격은 바로 집합 상태에 있지 않은 군에 대한 습격이다. 이 습격이 성공했을 경우에는 적군은 예정된 집합 장소에는 도달할 수 없게 된다. 따라서 이 예정지보다 훨씬 후방에 있는 다른 집합 장소를 택해야 한다. 이때 집합 장소를 후방으로 이동하게 되면, 이렇게 위급할 때는 하루 행정(行程)으로 끝나는 일은 드물고 보통 며칠의 행정을 필요로 한다. 따라서 그 때문에 생기는 토지의 상실도 적지 않다. 그리고 이것이야말로 공격자에게 주어지는 첫 번째 이점이다.

그런데 결국 사영 전체에 대한 공격도 대개 처음에는 사영을 개별적으로 습격한다. 즉 동시에 모든 사영을, 혹은 굉장히 많은 사영을 습격하는 것은 아니다. 다수의 사영에 대한 공격 자체가 이미 공격자의 군대를 넓은 지역에 분산시키게 된다. 그러나 병력의 분산은 어떤 경우에라도 좋은 방책일 수가 없다. 그러면 공격자의 전진종대(前進縱隊)가 진격하는 방향에 있는 최전방 사영이 먼저 습격을 받게 된다. 그러나 이 습격도 사영이 많은 경우에는 완전히 성공하는 일은 드물다. 대부대가 몰래 적에게 접근한다는 것은 거의 있을 수 없기 때문이다. 하지만 이와 같은 공격 원리도 대수롭지 않게 간과되어서는 안 된다. 그래서 이러한 원리에서 생기는 성과를, 이런 종류의 습격이 주는 두 번째의 이점으로 꼽고자 한다.

세 번째 이점은, 사영에 나누어 숙박하고 있는 적과의 전투에 의하여 그에게 큰 손해를 주는 데 있다. 대군의 경우에는 일기 대대씩 따로 소성의 집합 장소로 가는 것이 아니라, 주로 대대는 우선 여단을 형성하고 여단은 사단 혹은 군단을 형성하여 집결한다. 또 이러한 대군은 도저히 급속히 집합할 수 있는 것이 아니므로, 그 사이에 공격자의 전진 종대와 만나게 되면 이들과 전투를 하지 않을 수 없다. 이러한 경우 만일 공격 종대가 지나치게 강력하지 않으면 방어자는 전투에서 승리를 거둘 수 있겠지만, 승리를 거둔다 하더라도 시간의 손실을 면하지 못하고, 게다가 또 이런 상황 아래에서는 어느 부대나 후방에 선정된 새 집합 장소에 도달하는 것이 먼저 해결해야 될 문제이므로, 쟁취한 승리를 특별히 이용하지는 않는다. 그러나 집합을 서두르는 이들 부대가 반대로 격파당하는 일도 있을 수 있고, 오히려 그렇게 될 확률이 더 크다. 대군이 유리한 저항을 하려면 그 준비에 많은 시간이 필요하나, 이런 경우에는 시간적 여유가 그다지 없기 때문이다. 따라서 공격자가 습격을 물 샐 틈 없이 계획하고 실시한다면, 이러한 부분적 전투에 의하여 많은 전리품을 획득할 수 있는 것은 사실이다. 그러면 이들 전리품은 사영 공격에 의하여 얻는 전체적 성과의 중요한 부분을 이룰 것이다.

끝으로 공격자가 얻는 네 번째 이점으로서 이런 종류의 공격적 핵심을 이루는 것은, 적군의 일시적 혼란과 의욕의 상실이다. 이 때문에 적은 간신히 집합한 병력을 사용하지 못하는 것이 통례이다. 그래서 많은 토지를 적의 손에 넘기고 결국 최초의 작전 계획을 변경하지 않을 수 없게 되는 것이다.

이상이 사영에 든 적을 습격하여 성공했을 때, 다시 말해 적은 여하간 계획대로 군을 집합시키기는 했지만 역시 손해를 면치 못했을 경우, 공격자가 얻는 독특한 성과이다. 그런데 사영 공격의 성공에도 여러 단계가 있다는 것은 물론이다. 공격의 성과가 매우 큰 경우도 있는가 하면, 또 거의 언급할 가치가 없는 경우도 있다. 그러나 성과가 극히 현저한 경우에도, 주전(主戰)에서 거둔 승리의 성과와는 비교가 안 된다. 그 이유의 하나는 전리품의 양이 주전에서 승리를 거둔 경우만큼 크지 못하기 때문이다. 또 다른 하나는 승리를 거둔 공격자에게 주어진 정신적 인상도 높이 평가될 만한 것이 아니기 때문이다.

사영 공격에서 생기는, 위에서 설명한 전체적 결과를 우선 염두에 둔다면, 이런 종류의 행동에서 실제 이상의 효과를 부질없이 기대하는 일은 없을 것이다. 하기야 이와 같은 결과를 공격에서 생기는 더없는 효과로 보는 사람들도 있다. 그러나 위에서 자상하게 고찰한 바와 같이 결코 그런 것이 아니다. 이것은 전쟁 역사가 가르치는 것이기도 하다.

최대의 성공을 거둔 기습의 하나는, 로트링겐 공이 1643년에 투틀링겐[1]에서 란초[2]가 지휘하는 프랑스군의 사영에 가한 습격이다. 이 습격에 의하여 1만 6천의 군단은 군단장과 7천의 장병을 잃었다. 이것은 완전한 패배였다. 프랑스군측이 전초 부대를 배치하지 않았기 때문에 공격자에게 이러한 성과를 안겨 준 것이다.

다음으로 튀렌이 1644년에 메르겐트하임[3]에서 입은 습격도 그 효과에 있어서 패배와 같았다. 튀렌은 이때 8000명의 병력 중에서 3000명을 잃었기 때문이다. 튀렌의 패인은 집합한 부대를 이끌고 아직 시기가 도달하기도 전에 저항으로 나섰기 때문이다. 그러나 그렇다고 해서 기습이 항상 이와 같은 성공을 약속한다고는 말할 수 없다. 튀렌의 경우는 본래의 기습에 의한 성과라고 하느니보다는, 오히려 그가 경솔하게 조우전을 추구한 결과였다. 이 경우에 그는 당연히

---

1) 투틀링겐(Tuttlingen). 바덴뷔르템베르크의 마을. 30년 전쟁에서 로트링겐 공은 이 마을에서 숙영 중인 프랑스군을 심한 눈보라를 이용해서 기습, 대승을 거두었다(1643. 11. 24).

2) 란초(Rantzau, Josias de, 1609~50). 프랑스의 원수.

3) 메르겐트하임(Mergentheim, 프랑스 이름은 마리엔탈 Marienthal). 바덴뷔르템베르크의 작은 도시. 30년 전쟁 중에 이곳 회전(1645. 5. 5)에서 프랑스군은 바이에른군에 패배했다. 한편 원문에 이 사건이 일어났던 해를 1644년이라고 적은 것은 1645년의 잘못이다.

전투를 계속할 수 있었고 사영을 좀 더 먼 곳으로 옮겨서 부대를 다른 지점에 집합시킬 수도 있었을 것이었기 때문이다.

세 번째로 유명한 기습은 1674년에 튀렌이 브란덴부르크 대선제후(大選帝侯), 독일 황제의 장수 부르논빌[4] 및 로트링겐 공[5] 등의 지휘 아래 알자스 지방에 주둔 중인 동맹군에 가한 공격이다. 이 습격에 의한 전리품은 매우 적었고, 동맹군 측의 사상자는 2000 내지 3000을 넘지 않았다. 이것은 5만의 병력에 대해서는 결정적인 손실이라고는 할 수 없었다. 그런데도 동맹군은 알자스에서 저항을 계속하는 것은 불가능하다고 생각하고 라인강을 건너 퇴각한 것이다. 그런데 이 전략적 성과는 튀렌이 필요로 했던 바 그대로였다. 그러나 이러한 성공의 원인을 본래의 기습으로 돌려서는 안 된다. 튀렌은 동맹군 그 자체를 기습했다고 하는 것보다는 오히려 적의 작전 계획을 기습한 것이다. 게다가 동맹군 측의 사령관들 사이에 의견이 일치하지 않았다는 것과 또 전쟁터 근처에 라인강이 있었다는 것도 승리의 원인이 되었다. 여하간 이 사건은 좀 더 정확하게 연구할 필요가 있다. 일반적으로 해석이 잘못되어 있기 때문이다.

1741년 나이페르크[6]는 사영(舍營)에 있었던 프리드리히 대왕의 군을 습격했으나, 그가 얻은 모든 성과는 프리드리히가 아직 충분히 집결되지 않은 병력을 가지고, 또 정면이 거꾸로 된 채로 나이페르크에서 몰비츠의 회전에 도전하지 않을 수 없었다는 것뿐이었다.

프리드리히 대왕은 1745년 라우지츠 지방에서 사영에 있던 로트링겐 공의 군을 기습했다.[7] 주요한 성과는, 가장 중요한 사영의 하나인 헨네르스도르프의 사영을 실제로 기습함으로써 오스트리아군에 2000명의 사상자가 생긴 일이다. 또 이 기습에 의한 전체적 성과는, 로트링겐 공이 상부 라우지츠 지방을 지나 뵈멘으로 퇴각한 일이었다. 그러나 그가 엘베강 왼쪽을 따라 다시 작센을 향해 전진한다는 것은 아무런 방해를 받지 않았으므로, 만약에 케셀도르프

---

4) 부르논빌(Bournonville, Hippolyt, 1620~1693). 30년 전쟁 때 독일 황제의 장수.

5) 로트링겐 공(Karl III., Herzog von Lothringen, 1604~1675).

6) 나이페르크(Neipperg, Wilhelm Reinhard von, 1684~1774). 오스트리아의 원수. 몰비츠 회전(1741. 4. 10)에서 프로이센군에 패배했다.

7) 이 기습은 1745년 11월 24일에 이루어졌다.

회전[8]이 없었다고 하면 프리드리히 대왕의 기적은 이러한 성과를 올릴 수 없었다고 해도 과언은 아니다.

1758년 페르디난드 공은 프랑스군의 사영[9]을 습격했다. 그 직접적 효과는 프랑스군측에 수천의 사상자를 냈다는 것과, 그 때문에 프랑스군은 알러강[10] 후방에 진지를 구하지 않을 수 없었다는 점이었다. 그러나 이 기습이 준 정신적 영향은 더욱 멀리까지 파급되었다. 나중에 프랑스군이 베스트팔렌에서 모두 철퇴한 것도 역시 이 영향의 여파에 의한 것이다.

위에 든 몇 가지 예에 대해서 이런 종류의 공격의 효과에 관한 결론을 얻는다면 처음 두 건만은 회전에 의한 전승과 같다고 보아도 좋다. 하지만 이 두 가지 사례도 병력이 작았다는 것과, 또 당시의 전쟁 지도의 통례로서 전초 부대가 결여되었다는 것이, 공격자에게 매우 유리한 정황에 이르게 한 것이다. 나머지 네 건은 완전히 성공한 계획에는 틀림없으나, 그 성과는 어느 것이나 회전에 의한 승리에 비할 바가 되지 못했다. 이들 경우에 공격자가 거둔 성과는 결국 상대편 장수의 박약한 의지와 성격에 유래되었다고 해도 좋다. 1741년의 경우에 기습의 성과가 생기지 않았던 이유는 바로 여기에 있다.

1806년에 프로이센군은 프랑켄 지방에서 사영 중인 프랑스군에 대해서 습격을 계획했다. 이 경우 정황은 만족한 결과를 거두는 데에 가장 알맞았다. 당시 나폴레옹은 거기에 없었으며, 프랑스의 군단은 매우 광대한 지역에 분산해서 사영에 들고 있었다. 이러한 사정 아래에서 단호한 결의를 품고 신속한 운동력을 갖춘 프로이센군이 프랑스군에게 많건 적건 간에 손해를 주고, 이를 라인강 건너편으로 격퇴하려고 시도한 것은 매우 정당한 일이었다. 그러나 그것이 전부였다. 따라서 프로이센군이 그 이상의 것을 마음먹었다고 해도, ─예를 들어 기세를 타고 프랑스군을 라인강 건너편으로 추격하거나, 혹은 우세한 정신력을 가지고 프랑스군을 위압하여 그들이 이 전역에서 두 번 다시 라인강에 나타나기를 꺼려 하도록 만들려고 해도 이러한 기대는 어긋났을 것이다.

---

8) 프리드리히 대왕은 이 회전(1745. 12. 15)에서 작센군을 무찔렀다.
9) 이 사영은 베저강과 알러 강가에 설치되었을 것으로 여겨진다.
10) 알러강(Aller). 베저강 오른쪽 지류.

1812년 8월 상순, 나폴레옹군은 비테프스크 지구[11]에 주둔하고 있었다. 그때 러시아군은 스몰렌스크에서 출격해서 프랑스군의 사영에 기습을 시도하려고 했다. 그러나 막상 실시할 단계가 되자 러시아군에는 그럴 용기가 없었다. 그러나 이것은 러시아군에게는 다행이었다. 나폴레옹이 이끄는 중앙군의 병력은 러시아군의 2배 이상이나 우세했을 뿐만 아니라, 이 유명한 프랑스 장군이야말로 이제까지의 장수 중에서 가장 과감한 장수였다. 게다가 또 러시아군의 이러한 기습에 의해 프랑스군이 몇 마일의 지역을 잃었다고 해서, 그것이 전국에 결정적인 영향을 줄 리가 없었다. 가령 이 기습이 성공했다고 해도 패퇴하는 프랑스를 몰아붙여서 기습으로 얻은 성과를 확보하는 데에 적당한 단절지(斷切地)를 전쟁터 근처에서는 찾을 수가 없었던 것이다. 마지막으로 이 1812년의 전쟁은 질질 끌다가 어느 틈엔가 끝장에 이르는 진역이 아니라, 적을 어디까지나 정복하지 않고서는 못 배기는 굳은 결의를 가진 공격자의 피할 수 없는 계획에 입각하고 있었던 것이다. —그렇기 때문에 사영 공격으로부터 생기는 이러저러한 이점과, 이러한 공격자의 큰 뜻 사이에는 엄청난 차이가 있었다. 병력과 군정(軍情)에 관해서 피아 사이에 존재하는 이토록 심하게 어울리지 않는 것을 이러한 작은 이점으로 시정하려고 한다는 것은 분수를 모르는 처사라 하지 않을 수 없을 것이다. 러시아군의 이 기도는 사영 공격이라고 하는 수단의 효과를 막연하게 생각하고 있다가는, 이윽고 이 수단의 사용을 그르친다는 실례를 여실히 나타내는 것이다.

이상 서술한 것으로, 전략적 수단으로써의 사영 습격의 진상이 분명히 설명되었다고 본다. 사영 공격이라고 하는 수단의 성질로 보아, 이 수단의 실시는 단순히 전술적인 것이 아니라 부분적으로는 전략 그 자체에 속한다. 이런 종류의 공격은 대개 상당히 넓은 폭으로 행하여질 수 있기 때문이고, 또 이 공격을 담당하는 군은 사전에 전군을 집결시키지 않아도 공격을 착수할 수 있고, 실제로 그렇게 하는 것이 보통이기 때문이다. 따라서 사영 공격은 전체로서는 공격 종

---

11) 프랑스군의 선두 부대는 1812년 7월 27일에 비테프스크의 전면에 이르러, 이튿날 그곳 러시아군을 공격하려고 했으나, 러시아군은 이미 스몰렌스크로 철수하여 8월 3일에 그곳에 도착했다. 나폴레옹은 8월 13일에 비테프스크에서 전진을 다시 시작했다.

대가 개개의 사영 부대와 하게 되는 전투의 집적이 된다. 그래서 이와 같은 종류의 공격의 가장 자연적인 실시 방법에 대해서 약간 언급해 둘 필요가 있다.

1. 적의 사영 정면을 꽤 광범위하게 공격한다는 것이다. 이렇게 해서 몇몇 사영을 실제로 습격하여 다른 사영과의 연락을 차단한다면, 당초의 계획대로 적군을 혼란에 빠뜨릴 수가 있다. ―이때 공격 종대의 수나 종대 간의 간격은 그때의 정황에 의해 결정된다.

2. 공격을 담당하는 몇몇 종대의 진행 방향은, 이들 종대가 합치려고 원하는 한 지점에 구심적으로 향하지 않으면 안 된다. 적의 사영 부대는 조만간 어떤 지점에 집합하는 것이므로 공격 종대도 또한 이에 따를 필요가 있다. 또 이들 공격 종대의 집합점은 가능하면 적의 병참선상의 한 지점이나 적의 퇴각선상이 좋다. 그러나 이 퇴각선이 어딘가에서 단절지와 교차하는 지점이 가장 좋은 것은 물론이다.

3. 공격 종대가 적의 전투력과 만났을 경우에는 이 적 부대를 용맹 과감하게 공격하지 않으면 안 된다. 전반적인 사정은 뭐니 뭐니 해도 공격자에게 유리하고, 또 이러한 때야말로 언제나 감행이 가장 그 본령을 발휘하기 때문이다. 따라서 각 종대의 지휘관에는 이와 같은 경우의 행동에 관해서 자유와 전권이 부여되어 있지 않으면 안 된다.

4. 먼저 집합점으로 서둘러 가는 적 부대에 대한 전술적 작전 계획은 항상 우회를 목적으로 하지 않으면 안 된다. 이러한 경우의 중요한 성과는 적군의 분단과 퇴로의 차단에 의해서 생기기 때문이다.

5. 각 공격 종대는 모든 종류의 병종으로 편성되지 않으면 안 된다. 또 그 경우에 기병이 취약해서는 특히 안 좋다. 정황에 따라서는 예비 기병을 모두 각 종대에 분배시켜도 좋다. 왜냐하면 이러한 종류의 공격 행동에서 기병이 독립해서 주요한 역할을 할 수 있다고 생각하는 것은 큰 잘못이다. 실제로 그 어떤 촌락도, 아무리 작은 교량도, 또 보잘것없는 나무들도 적이 여기에 거점을 잡으면 기병의 운동을 충분히 저지할 수가 있다.

6. 사영에 있는 적군을 공격할 경우에는, 공격자는 그 전위를 너무 앞으로 보내면 안 된다는 것은 기습의 성질로 보아 당연하다. 그러나 이 원칙은 적에게

접근할 경우에만 해당된다. 전투가 이미 적의 사영선에서 개시되면, 따라서 또 본래의 기습이 가져오는 성과를 이미 얻을 수 있었다면, 공격 종대는 모든 병종으로 편성한 전위를 될 수 있는 대로 전방으로 미리 보내지 않으면 안 된다. 이러한 전위는 그 신속한 운동에 의해서 적의 혼란을 현저하게 증대하기 때문이다. 이렇게 해서 비로소 공격자는 여러 곳에서 적의 수송 부대, 포병, 전령, 낙오병 등의 무리를 습격할 수가 있다. 또 이들 병군(兵群)은 서둘러 사영을 거두고 출발한 적 부대 뒤에서 전진하는 것이 상례이다. 여하간 이와 같은 경우에 전위는 우회 및 퇴로 차단의 주요 수단이 되는 것이다.

7. 공격자는 기습이 실패할 경우에 대비해서 미리 퇴각에 대해 고려하고, 또 군의 집합점을 지정해 둘 필요가 있다.

제20장
견제

견제[1]는 일종의 공격이지만, 보통의 공격과는 달라서 적의 병력을 주요 지점에서 유인해 내는 공격에 한한다. 그리고 이것이 주된 의도일 경우에만 견제가 독특한 공격 행동으로 간주되는 것이다. 만일 공격이 대상 그 자체에 대한 획득을 의도한다면 그것은 보통의 공격이 될 것이다.

그렇다고 해서 견제가 공격 목표를 가져서는 안 된다는 것은 아니다. 실제로이 목표에 가치가 있기 때문에, 적도 이것을 방어하기 위하여 부대를 파견하는 것이다. 뿐만 아니라 이러한 공격 행동이 견제로서의 효력을 나타내지 못하더라도, 이 견제를 위해서 사용된 병력은 결코 낭비가 아니라, 이 목표를 획득함으로써 충분히 그 수고가 보상된다.

그런데 이들 공격 목표는 요새일 때도 있고 큰 창고일 경우도 있다. 또 부유한 대도시, 특히 수도(首都), 혹은 여러 군세징발(軍稅徵發)이라든지 또 적의 국민 중에서 자기 나라에 대하여 불만을 품는 일부의 분자들에게 지원을 주는 경우도 있다.

견제가 공격자를 이롭게 하는 것은 말할 것도 없다. 그러나 반드시 항상 유익한 것은 아니고 때로는 해로울 경우도 있다. 견제의 주요 조건은 공격자가 견제에 사용하는 것보다도 더 큰 적 전투력을 주된 전쟁터에서 아군이 원하는 방향으로 유치하는 것이다. 그래서 만일 공격자가 견제에 사용한 병력과 동등한 병력밖에 유치하지 못한다면 견제의 본래 효과는 상실되고, 공격자의 이러한 공격 행동은 단순한 보조 공격에 지나지 않게 된다. 그때의 정황에 따라 소수의 병력으로, 이 병력과는 도저히 어울리지 않을 정도로 막대한 이익을 얻는다고

---

1) 독일어 Diversion은 라틴어 divertere에서 유래한 말로, '떼어 놓다. 다른 방면으로 향하게 하다'라는 뜻이다. 따라서 넓은 의미에서는 '양동(陽動)'도 여기에 포함된다.

해서, 예를 들어, 중요한 요새를 손쉽게 공략할 수 있는 가능성이 있다고 해서 보조 공격을 꾸미는 경우에도, 이러한 공격을 견제라고 해서는 안 되는 것이다. 또 어떤 나라가 다른 나라의 침공을 방어하는 것을 보통은 견제라고 부르는데 이러한 습격은 본질적으로 보통의 공격과 다를 바가 없고, 다만 이 경우에 제3국은 정식 적도 아닌데, 아군을 공격한다는 것은 번지수를 잘못 집은 데에 지나지 않는다. 따라서 이러한 공격에 특별한 명칭을 붙일 이유는 조금도 없다. 이론에서 특별한 명칭을 필요로 하는 것은, 그것이 독특한 내용을 지시하는 경우에 한정하지 않으면 안 되기 때문이다.

그런데 소수의 병력으로 다수의 병력을 유치하는 것이므로 나름대로의 특별한 사정이 있지 않으면 안 된다. 따라서 그 어떤 전투력을 전쟁터가 아닌 지점으로 파견히는 것민으로는 건제의 목적을 수행하는 데에 충분하지가 않다.

공격자가 군세(軍稅) 징수나 기타 목적을 위해 1000명의 소부대로 주전장(主戰場)이 되어 있지 않은 적(敵)의 한 지역을 습격한다면, 방어자가 같은 수의 1000명을 해당 지역에 파견하여 엄호한다는 것은 불가능하다. 만약에 그가 이 지방을 공격자의 별동대로부터 지키려면, 더 강력한 부대를 파견하지 않으면 안 된다. 그러면 여기에서 문제가 생기지 않을 수 없다. 즉―방어자는 해당 지역의 보전을 계획하는 대신에, 적이 한 대로 지대(支隊)를 파견하여 공격자 측의 어떤 지방을 습격하면, 그와 대항할 수 있게 되지 않을까―하는 것이다.

그러면 견제하는 것이 공격자에게 유리하기 위해서는 자기 지방에서보다도 방어자의 지방에서 얻는 것이 많고, 또 적에게 주는 위협도 크다는 것을 미리 확인할 필요가 있다. 만약에 이것이 확인된다면, 매우 적은 수를 가지고 하는 견제도 이를 웃도는 전투력을 유치할 수가 있는 것이다. 이와는 달리 견제에 사용되는 병력이 증대함에 따라, 공격자가 받는 이점이 감소한다는 것은 사리로 미루어 보아 당연하다. 방어자 측의 5만의 병력은 중(中) 정도의 도(道)나 군(郡)을, 공격자 측의 동일한 5만의 병력에 대해서는 물론 그보다 더 큰 병력에 대해서도 훌륭하게 방어를 할 수가 있는 것이다. 따라서 견제에 강대한 병력을 사용할 경우에는, 그것이 유리한지 아닌지는 매우 의심스럽다고 말하지 않을 수 없다고 해야 된다. 따라서 견제가 대규모가 되고 또 이러한 견제에 그 어떤 이익을 기대한다면, 이미 나머지 사정이 견제에 대해서 결정적으로 유리하지 않으면 안 된다.

그런데 견제에 유리한 사정에는 다음과 같은 조건들이 있다.

a 공격자가 주요 공격력을 약화시키지 않아도 견제에 사용할 수 있는 전투력을 보유하고 있을 것.

b 방어자에게 극히 중요하고 더욱이 공격자의 견제에 의하여 위협을 받기 쉬운 지점이 있을 것.

c 방어자 측에 정부에 대해 불만을 품고 있는 국민이 있을 것.

d 견제의 목표가, 막대한 전쟁 물자를 공급할 수 있는 부유한 적의 지역일 것.

이와 같은 몇 가지 사정에 비추어 충분히 검토된 견제만이 성공할 수 있다면, 그러한 견제에 알맞은 기회는 좀처럼 생기지 않는다는 것을 알 수 있을 것이다.

그러나 여기서 아직 고찰할 필요가 있는 하나의 중요한 점이 있다. 대개 견제가 앞으로 전쟁을 끌어들일 토지는 여태까지 한 번도 전쟁을 경험하지 못한 지방이다. 그런데 지금 이 지방을 견제의 목표로 삼는다면, 줄곧 잠들어 있었을 적의 전투력을 눈뜨게 하는 결과가 된다. 게다가 적이 민병[2]이나 혹은 국민 총무장이라는 수단을 준비하고 있었다면, 새로운 전투력의 각성은 한층 눈부시게 될 것이다. 만일 어떤 지방이 갑자기 적의 별동대에 의하여 위협을 당하고 이 지방이 아무런 방어 준비도 하고 있지 않았다면, 유능한 지방 관리가 이 불상사를 방지하기 위하여 분발하여 생각할 수 있는 한의 모든 비상 수단을 모아 그 운영에 힘을 다할 것은 불을 보듯 분명하다. 또 종래의 경험에 비추어 보아도 충분히 입증되고 있다. 이렇게 해서 여기에 새로운 저항력이 발생한다. 이 저항력은 국민 전쟁과 유사하고 또 국민 전쟁을 손쉽게 유발할 수 있는 것이다.

이것은 그 어떤 견제에 대해서도 항상 염두에 두지 않으면 안 될 중요한 점이다. 그렇지 않으면 공격자는 스스로 자기 무덤을 파게 될 것이다.

---

2) 민병(民兵)은 전쟁의 경우에만 지방의 주민 중에서 징모된 부대로, 16세기에는 유럽의 많은 국가에서 성립되어 있었다.

1799년 노르트홀란트[3]에서, 또 1809년 발헤렌섬[4]에서 일으킨 행동은 영국의 군대를 다른 공격에 사용할 방도가 없었다는 식으로 생각하면 견제라고 하지 못할 것도 없지만, 이에 의하여 프랑스군의 저항 수단의 총계(總計)가 증대한 것은 의심할 여지가 없다. 또 앞으로 외국 군대가 프랑스 상륙을 계획할 경우에도 당시와 똑같은 사태를 낳게 될 것이다. 프랑스의 연안을 위협하는 것은, 공격자에게는 확실히 유리하다. 외국 군대의 침입에 대비하여 연안을 감시하게 되면 프랑스군은 이 때문에 막대한 수의 부대를 분할해야 한다. 그래서 그만큼 전투력이 감소되기 때문이다. 하지만 적이 강력한 병력으로 상륙을 감행한다는 것은, 자기 나라 정부에 반항하는 지역이 있어서 내부에서 적을 지원할 가능성이 없는 한, 도저히 정당한 작전이라고는 말할 수 없을 것이다.

대규모적인 결전을 계획하지 않는 전쟁에서 견제가 빈번하게 나타나는 것은 어쩔 수 없는 경향이다. 그렇기는 하지만 물론 견제에 의하여 얻어지는 이익도 더욱더 감소된다. 요컨대 견제란, 하는 일 없이 침체되어 있는 병력에 운동을 일으키게 하는 수단에 지나지 않는 것이다.

견제의 실시

1. 견제는, 때로는 실제의 공격이 되는 일이 있다. 그때, 공격 행동의 실시는 특히 대담함과 신속한 성격을 띠어야 한다.

2. 견제는 때때로 외관(外觀)을 위장하여 적을 기만하고, 아군의 본래의 계획에 대하여 판단을 잘못하도록 행동을 위장하는 일이 있다. 그러면 이때의 견제는 동시에 양동(陽動)이 된다. 그러나 이 경우에 어떤 특별한 방법을 사용하는가는, 그때의 인간 관계와 전반적 사정을 통찰하는 명석한 사령관만이 결정할 수 있는 일이다. 이때 병력을 크게 분산하는 일이 생기는 것은 사리로 미루어

---

3) 노르트홀란트(Nordholland). 프랑스혁명 전쟁이 한창이던 1799년 8월에 영국군 및 러시아군은 노르트홀란트(네덜란드 북서부의 주)에 상륙하여 네덜란드군 및 프랑스군과 싸웠으나 10월 초순 프랑스군에 의해 격파되고 이어 영국군은 네덜란드로부터 철퇴했다.

4) 발헤렌섬(Walcheren). 네덜란드 서남방 젤란트주(Zeeland) 서부의 섬. 제5차 대 프랑스 동맹의 전쟁들 가운데 하나인 프랑스-오스트리아 전쟁(1809)에서 영국군은 1809년 여름, 이 섬을 점령(7. 31)하여 안트베르펜 공략의 거점으로 삼을 예정이었으나 프랑스군의 완강한 저항으로, 같은 해 철퇴했다(9. 23).

당연한 일이다.

3. 견제에 사용된 병력이 꽤 강대하고 더구나 퇴각로가 몇 개 지점에 제한되어 있는 경우에는, 이 견제 부대에 대하여 예비군을 두고 전군이 이 예비군과 늘 연락을 유지하는 것이 중요한 조건이 된다.

제21장
침략

침략에 대해서는 이 말에 대한 정의를 내리는 것뿐 그 이상은 아무것도 말할 것이 없다. 최근의 군사 평론가는 가끔 침략이라는 표현을 사용하고, 이 말로 무슨 독특한 의미의 내용을 나타내는 것으로 여기고 있다. 실제로도 프랑스인은 침략 전쟁(guerre d'invasion)이라는 말을 항상 사용하고 있는 것이다. 그러나 프랑스인들이 침략 전쟁을 뜻하는 것은 적 영토 안으로 깊숙이 침입하는 공격을 말하며, 이런 공격을 소위 정규(正規)의 공격, 즉 적의 국경을 침범하는 공격과 대립시키고 싶어 하는 것이다. 그러나 이것은 용어의 비철학적 혼란이다. 공격이 국경 근처에서 머무는가, 아니면 적의 국토 깊숙이 침입하는가, 또 무엇보다도 우선 견고한 요새에 대한 공략을 주요 목적으로 보는가, 그렇지 않으면 적 병력의 주력을 탐색해서 이것을 간단없이 추격하는가 하는 것은 공격의 수법에 의하여 결정되는 것이 아니라, 그때의 사정에 따라 결정되는 것이다. 어떤 때에는 적의 국토 안에 깊숙이 침입하는 편이 국경에서 정체되는 것보다도 정규적이고, 또 신중한 방책일 수도 있다. 그러나 대개의 경우 침략은 힘에 의한 공격이 획득한 결과 바로 그것이다. 따라서 본질적으로는 공격과 다를 바가 없다.

승리의 극한점에 대해서[1]

전쟁에서 승리를 거두었다고 해서, 승리자는 적을 완전히 격멸한 것은 아니다. 그와는 반대로 대개의 경우, 승리의 극한점이라는 것이 나타나게 된다. 많은 경험이 이것을 충분히 증명하고 있다. 그러나 승리의 극한점이라고 하는 개념은 전쟁 이론에서 특히 중요하며, 거의 모든 전쟁 계획의 받침목이 되어 있다. 그런데

---

1) 제4 및 제5장 참조.

이런 경우, 언뜻 보기에 모순이라고 여겨지는 수많은 요소가 마치 빛의 정도에 따라 여러 가지로 변화하는 색채처럼 서로 모순이 섞여 있으므로, 우리는 이 문제를 좀 더 명확하게 파악해서 그 내적인 근거를 구명해 보려고 한다.

승리는 일반적으로 모든 물리적 정신적 힘의 총계가 적보다도 우세하다는 사정에서 생긴다. 그러나 승리가 이 우세를 증대(增大)시키는 것도 또한 확실하다. 그렇지 않으면 그 누구도 승리를 바라거나 또 많은 희생을 지불하지는 않을 것이다. 그런데 이러한 우세가 승리 그 자체에 의해서 증대하는 것은 의심할 수 없다고 해도 승리에서 생기는 결과, 즉 전과(戰果)에 의해서도 증대하는 것이다. 하지만 이 증대는 절대적인 극한에 이르는 것이 아니라 거기에는 한계점이 있다. 그 한계점은 상당히 가까이에 있는 경우도 있을 수 있고, 또 매우 가까이에 있어서 승리로 끝난 회전의 모든 성과가 정신적 우세를 증대시키는 데에 지나지 않는 경우도 있다. 그래서 그간의 사정이 어떻게 되어 있는가를 앞으로 구명하지 않으면 안 된다.

군사 행동이 진전됨에 따라서 전투력은 끊임없이 여러 가지 요소를 만나게 된다. 그리고 이들 요소 중 어떤 것은 전투력을 증대시키고 또 어떤 것은 이를 감소시킨다. 그래서 전쟁에서는 이들 요소 중 어느 것이 우세를 차지하는가를 문제로 삼는 것이다. 그런데 피아 중 어느 한쪽의 힘이 감소하면, 그것은 다름 아닌 다른 쪽 힘의 증대를 의미한다. 따라서 힘의 유입과 유출이라고 하는 이중의 흐름이 전진의 경우에도 생기고, 또 퇴각의 경우에도 생긴다는 것은 자명한 일이다.

따라서 전진의 경우 힘의 증감을 생기게 하는 가장 중요한 원인을 구명하면, 퇴각의 경우에 대해서 이 문제를 동시에 해결한 것이 된다.

전진의 경우 공격자의 힘을 강화하는 가장 주요한 원인은 다음의 여러 조건들이다.

1. 적 전투력의 손실—일반적으로 방어자 측의 손실은 공격자 측의 손실보다도 크다.

2. 적이 생명력을 가지지 않는 전투력, 즉 창고, 물자 저장소, 교량, 기타의 물건에 대해서 입은 손해—공격자 측에는 이러한 손해는 생기지 않는다.

3. 공격자가 적의 영토에 침입하고 나서는 적측의 도(道)나 군(郡)의 파괴, 따라서 또 새로운 전투력의 원천도 상실된다.

4. 적 영토에 침입한 공격자는 이들 자원의 일부를 획득한다. 다시 말하면 적에게서 식량을 얻는 이점을 얻게 된다.

5. 적군의 내부 연락망이 무너져서 모든 부대의 정상적인 활동이 불가능해진다.

6. 적의 동맹국들은 이탈하고 공격자는 새로운 동맹을 획득한다.

7. 마지막으로 적의 사기가 떨어지고 일부는 전의(戰意)를 상실한다.

침입자측에게 약체화를 생기게 하는 여러 가지 원인.

1. 침입자(공격자)는 적의 요새를 공략하고 강습(强襲), 혹은 감시하기 위해 많은 병력을 할애하지 않을 수 없다는 것. 또 공격자가 적지에서 공략한 요새에 들 경우에는, 이번에는 방어자가 앞서 공격자가 한 것과 마찬가지로 이 요새를 일단 공략하기는 하지만 이윽고 퇴각을 결의하여 퇴군에 앞서서 그 공략 부대를 본군으로 불러들인다.

2. 공격자가 적의 영토에 침입하는 순간 싸움터의 성질은 일변하는데, 만일 공격자에게 적대적이라면 공격자는 병력을 할애하여 이 싸움터를 지키지 않으면 안 된다. 이러한 싸움터는 공격자가 수호하는 한 공격자에게 속하기 때문이다. 그래도 도처에서 곤란이 생겨 군이라고 하는 거대한 기계의 원활한 운전을 곤란하게 만든다. 그러면 이들 곤란이 군의 작용을 약화시키게 되는 것은 물론이다.

3. 공격자는 전진과 함께 그 자신의 자원으로부터 차차 멀어짐에 대하여, 방어자 쪽은 자기 영토 내로 퇴각함에 따라 차차 그 자신의 자원에 가까워진다. 이와 같은 사정은 공격자가 소비한 전투력의 보충을 지연시키게 된다.

4. 공격자의 침입을 당해 국가가 위태로워지면 열강이 그 지원에 나선다.

5. 마지막으로, 방어자는 자국이 큰 위험에 처해 있는 사태를 자각하여 분투하지만, 이와는 달리 승리에 도취한 공격자 측의 정신적 긴장에는 이완이 생긴다.

이들 모든 유리함이나 불리함은 양립할 수 있는 것이므로, 그 경우에는 말하자면 서로 상쇄해서 각자의 길, 곧 반대 방향으로 나아간다. 다만 유리함과 불리함의 표(表)에서 각 마지막 항(項) 즉 강화를 낳게 하는 제7원인 및 약화를 초래하는 제5원인에 대해서는, 피아 쌍방은 전적으로 대립을 이루어 양립이 불가능하므로 서로 배제하게 된다. 이미 이것만으로도 승리의 효과가 적을 무기력하게 만드는가 혹은 더욱 분발시키는가에 따라 그 효과에 엄청난 차이가 생긴다는 것을 알 수 있다.

여기에서 위의 각 항에 대해서 각기 그 특성을 적어보기로 한다.

1. 패배한 뒤의 적 전투력의 손실은 패배 직후가 가장 크지만, 그 뒤로는 나날이 회복하여 마침내 공격자와 균형을 유지하는 단계에 이른다. 그러나 또 이 손실이 날마다 증가하는 경우도 있다. 양자의 이러한 차이는 공격자 측의 정황과 사정에 의해서 정해지는 것이다. 따라서 일반적으로 우량한 군의 경우에는 제1의 경우가 보통이고, 또 불량한 군의 경우에는 제2의 경우가 보통이라고밖에 말할 수가 없다. 또 이러한 경우에는 군의 정신에 이어 정부의 정신이 무엇보다 중요하다. 여하간 전쟁에서는 이 두 가지 경우를 구별하는 일이 중요하다. 그렇지 않으면 곧 행동을 일으켜야 할 때 이를 중지하고, 또 반대로 행동을 중지해야 할 때 이를 개시하는 어색한 일이 생긴다.

2. 마찬가지로 생명을 가지지 않은 적 전투력의 손해도 증대하거나 감소한다. 이 증대나 감소는 군과 그때의 물자 저장소의 위치 및 상태의 관계에 의해서 정해진다. 그러나 이 항은 오늘날에는 그 밖의 여러 항만큼 중요하지 않다.

3. 제3이점이 공격자의 전진과 함께 증진되는 것은 물론이다. 아니, 오히려 공격자가 적국 안으로 깊이 침입했을 때, 다시 말하면 적의 도(道)나 군(郡)의 4분의 1 내지 3분의 1을 점령했을 때 비로소 고려된다고 해도 좋다. 또 이 경우에는 이들 도나 군이 전쟁에 대해서 갖는 내적인 가치도 고려되는 것이다.

마찬가지로 제4이점도 공격자의 전진에 따라 증대한다.

그러나 제3 및 제4이점에 대해서는 한마디 더 해 둘 필요가 있다. 즉—이들 이점이 교전 중인 전투력에 미치는 영향은 바로 감지되는 것이 아니라 서서히 또 간접적으로 나타난다. 따라서 공격자는 이들 이점을 믿고 조급하게 이익을 올리려고 해서는 안 된다. 다시 말하면 활시위를 너무 강하게 쳐서, 그 때문에 매우 위험한 상태를 초래하는 일이 있어서는 안 된다는 것이다.

제5이점은, 이것 또한 공격자가 이미 적지에 깊숙이 침공하고, 또 국토의 모양이 약간의 도나 군을 적국의 주요부로부터 분리시키는 데에 편리한 경우에 비로소 고려될 일이다. 그러면 분리된 도나 군은, 마치 동체에서 절단된 사지(四肢)처럼 이윽고 사멸하고 만다.

제6 및 제7이점도 공격자의 전진과 함께 증대한다고 해도 좋을 것이다. 이 두 가지에 대해서는 나중에 다루기로 한다.

다음에 전투력을 약화시키는 5가지 원인에 대해서 그 특성을 하나하나 살펴보기로 한다.

1. 요새의 공략, 강습 및 포위에 의한 병력의 약화는 대개 공격자의 전진과 함께 증대한다. 이 약화만으로도 전투력에 현저하게 불리한 영향을 미치고, 이 불리함은 일체의 이점과 상쇄할 수 없을 정도이다. 아주 소수의 부대로 요새를 강습하고, 또 요새를 감시하는 풍조가 시작된 것은 물론 극히 최근의 일이다. 그러면 방어자 측도 적의 이러한 행동에 대항하기 위해 요새 수비대를 배치하지 않으면 안 된다. 여하간 수비되어 있는 요새는, 오늘날에도 여전히 국토방위의 중요한 원리라는 것을 잃지 않고 있는 것이다. 보통, 요새 수비대의 절반은 실전 경험이 없는 병사들이다. 그래도 공격자의 병참선 근처에 있는 요새 앞에는 요새 수비대의 2배에 상당하는 병사를 남겨두지 않으면 안 된다. 또 방어자 측이 요새 중에서도 특히 유력한 요새를 정공(正攻)하고, 혹은 수비대의 양도(糧道)를 끊으려고 한다면, 비록 규모는 작다 할지라도 그것만으로도 1개 군의 병력이 필요할 것이다.

2. 제2원인, 즉 적국 내 전쟁터에 설치하는 설비도 공격자의 전진과 함께 필연적으로 증대한다. 당장에는 전투력 현황에 영향을 주지 않는다 해도, 길게 보면 군의 정황에 더욱더 불리한 영향을 미치지 않을 수가 없다.

공격자가 적국 영토 안에서 수비하는 지역만이, 그에게 속하는 전쟁터로 간주할 수가 있다. 그 지역이라고 하는 것은 공격자가 소부대를 남겨놓는 평야지

(平野地)나, 그렇지 않으면 수비대를 잔류시키는 여러 중요한 도시, 병참지일 것이다. 그런데 전진하는 공격자가 후방에 남기는 위수지(衛戍地)[2]는 아무리 작은 것일지라도, 그것이 많아지면 전투력을 현저하게 약화시키지 않을 수가 없다. 그러나 이와 같은 것들은 아주 가벼운 예이다.

대개 어느 작전군이나 그 전략적 측면을 가지고 있다. 즉 군의 병참선 양쪽에 따른 지역이다. 그러나 적군도 또한 마찬가지로 전략적 측면을 가지고 있으므로, 보통의 경우 이러한 측면의 약점은 그다지 절실하게는 느껴지지 않는다. 그러나 그것은 전략적 측면이 자국(自國) 안에 있을 경우만의 일이다. 공격자가 일단 적국 안으로 들어서자마자 이러한 측면의 약점은 절실히 느껴진다. 공격자의 장대한 병참선이 거의 엄호되어 있지 않거나 전혀 엄호되어 있지 않을 경우에는, 적은 이 병참선에 대해서 극히 사소한 행동을 일으키는 것만으로도 몇 가지 성과를 올릴 수 있기 때문이다. 더욱이 이러한 행동은 적지의 도처에서 발생한다.

공격자가 적국 내에 깊숙이 침공해 감에 따라 전략적 측면은 장대해지고 거기에서 생기는 위험은 증가한다. 그렇게 되면 이러한 측면의 엄호가 곤란해질 뿐만 아니라 적의 행동적 정신은, 장대하고 보안이 되어 있지 않은 병참선에 호기심이 생겨 이 박약한 병참선을 침범하는 행동을 일으키게 된다. 만약에 공격자가 퇴각 때 병참선을 잃으면 매우 중대한 결과가 생기는 것은 물론이다.

이러한 모든 것은 적국 안을 전진하는 공격군의 부하(負荷)를 한 발자국마다 무겁게 만드는 원인이 된다. 따라서 공격군은 여간한 우세로 행동을 개시하는 것이 아니면 시간과 함께 당초의 계획은 더욱더 축소되고, 공격력은 더욱더 감퇴하여 마침내 군 전체가 불확실한, 우려할 상태에 있다는 것을 알게 될 것이다.

3. 제3원인은, 적국 안에서 전진하는 공격자는 끊임없이 약화하는 전투력을 계속 보충해야 함에도 불구하고 그 보급원으로부터 멀어지게 되는데, 이 원인은 공격자의 전진과 함께 더욱더 유력해지는 것이다. 따라서 침략군은 이 점에서 램프의 빛과 비슷하다. 급유원(給油源)이 더욱더 저하해서 광점(光點)

---

2) 군대가 상당히 장기에 걸쳐 일정 지역에 주둔하는 것을 위수(衛戍)라 하고, 이 위수지의 군대는 그곳의 경비와 보호에 임한다.

으로부터 멀어짐에 따라서 등불은 더욱더 미약하게 되고 이윽고 소실되는 것이다.

만약에 점령군이 공략한 지방이 부유하면 확실히 보충의 어려움은 현저하게 감소하기는 하지만, 이 어려움을 모조리 제거할 수는 없다. 공격자가 자기 나라에서 가지고 와야 할 물건은 많고, 특히 인원은 자기 나라에서 데리고 올 수밖에 없기 때문이다. 뿐만 아니라 적지에서는 매사가 자기 나라보다도 불편한 점이 한두 가지가 아니다. 물자의 공급은 신속 확실하게 진행되지 않고, 또 갑자기 필요가 생겨도 신속하게 이에 응할 수 없을 뿐만 아니라, 여러 가지 오해나 과실이 생겨도 이를 조기에 발견해서 정정할 수가 없기 때문이다.

최근의 전쟁에서처럼 군주는 친히 군을 지휘하지 않는 것이 관행이 되어 전쟁터에서 멀리 떨어진 곳에 있고 보면, 군사령관과 군주 사이에 서신의 왕래가 이루어지고 그 때문에 아무래도 시간이 걸리게 되므로, 거기에서 또 새롭고 매우 중대하게 불리한 점이 생긴다. 비록 군사령관에게 최고의 전권이 위임되어 있다고 해도, 이 전권을 가지고 그의 광대한 지역을 빈틈없이 채우고 모든 문제를 자기 자신만으로 결정할 수 있는 것이 아니기 때문이다.

4. 제4원인은, 여러 외국과의 정치적 관계의 변화이다. 승리가 외교 관계에 일으키는 변화는 전승국에 대해서 불리하건 또는 유리하건, 이 전승국이 적국 내에 침입하는 정도에 정비례해서 발전한다. 또 이러한 변화가 정승국에 불리한가 혹은 유리한가는 모두 이 나라와 여러 외국 사이의 정치적 관계의 현황, 쌍방의 이해관계나 관습, 정치적 방향 및 쌍방의 군주나 신하, 그 밖의 것에 의해 결정된다. 따라서 일반적으로는 다음과 같이 말할 수 있을 뿐이다. 즉, 약소한 동맹 여러 나라를 갖는 대국이 패전하면, 이들 작은 나라는 이내 동맹에서 이탈하는 것이 통례이다. 또 이러한 일이 있기 때문에 전승국측은 적에게 일격을 가할 때마다 더욱더 강력하게 된다는 것이다. 그러나 작은 나라가 패전해서 그 존재가 위태로워지면 이내 보호자가 나서는 법이다. 또 이제까지 이 작은 나라를 흔들어왔던 여러 나라도, 이번에는 그 몰락을 저지하기 위해 전승국에 등을 돌리는 것이다.

5. 제5원인은, 적의 저항력이 패전 전보다도 강력해진다는 것이다. 적은 어떤 때에는 공포와 무기력 때문에 전쟁 의욕을 잃지만, 다른 때는 격렬한 발작적

행동으로 나오는 일이 있다. 그러면 국민은 거국적으로 무기를 잡고, 저항력은 패전 뒤에 오히려 이전보다도 훨씬 강력해진다. 이 경우에는 국민 및 정부의 성격, 영토의 지세, 여러 외국과의 정치적 관계 등이 저항의 정도를 추측하게 하는 자료가 된다.

위에 든 제4 및 제5항만으로도 개별적인 경우의 전쟁 계획에 매우 현저한 차이를 생기게 한다. 그래서 어떤 경우에는 소심해서, 이른바 정규 절차를 밟는 방법을 사용했기 때문에 전승을 얻는 절호의 기회를 놓치는가 하면, 다른 경우에는 경솔 때문에 파멸의 심원으로 전락한다.

그런데 전승자는 승리의 성과를 어디까지나 추구하기 위해 가일층의 분투노력이 필요함에도 불구하고, 일단 전승에 의해서 위험이 멀어진 것에 방심하여 때때로 정신적으로 이완된다는 사실을 여기에 지적해 둘 필요가 있다. 이와 같이 상반되는 두 개의 원리를 일반적으로 고찰하면 승리의 이용과 공격적 전쟁에서의 전진은, 대개의 경우 전쟁 개시 당시의 우세나 전승에 의해서 얻은 우세를 감퇴시키는 것이 분명해진다.

그러면 다음과 같은 의문이 생기지 않을 수가 없다. 만약에 그렇다고 한다면, 도대체 전승자는 어떠한 동기에 의해서 전승의 기세를 틈타서 승리의 길을 파죽지세로 매진하여 공세적 전진을 감히 하는가. 이것도 승리의 이용이라고 할 수 있는가. 오히려 전승에 의해 얻은 우세가 감퇴하기 시작하기 전에 멈추는 것이 좋은 계책이 아닌가?

이들 의문에 대해서는 당연히 다음과 같이 대답하지 않을 수가 없다. —전투력의 우세는 목적이 아니라 수단이다—라고. 목적은 적의 완전한 타도인가, 그렇지 않으면 적어도 적측의 주나 군의 일부를 탈취해서 강화를 체결할 때 유리한 조건으로 만드는 데에 있다. 공격자가 적의 완전한 타도를 목적으로 하는 경우조차도, 그 한 발자국마다 전투력의 우세가 감퇴하는 것을 견디지 않으면 안 되는 것이다. 그러나 그렇다고 해서 공격자의 우세가 적의 파멸 이전에 영(零)이 된다는 것은 틀림없는 일이다—라는 결론은 꼭 생기지 않는다. 적의 파멸이 그보다 먼저 일어나는 수도 있다. 그렇다면 공격자의 우세가 끝까지 남은 힘을 불러일으켜서 적을 파멸로 몰아넣을 수가 있다고 하면, 그 힘을 여기에 사용하지 않는 것은 잘못이라고 할 수밖에 없을 것이다.

따라서 공격자가 전투력의 우세를 개전 당초에 보유하고 있다고 해도, 혹은 이것을 전승으로 획득한다고 해도, 이러한 우세는 수단이지 목적은 아니다. 따라서 이 우세는 목적을 위해 사용되지 않으면 안 되는 것이다. 그러나 또 그와 동시에 이 우세가 도달할 수 있는 극한점을 인식하지 않으면 안 된다. 만약 이 극한점을 넘어서 전진을 계속하면 새로운 이점을 얻기는커녕 불명예를 초래하게 될 것이다.

전략적 공격에 의해서 전략적 우세를 소진하는 경위는 이상과 같다. 그러나 이에 대해서는 특수한 사례를 추구할 필요는 없을 것이다. 오히려 이러한 현상이 무수히 있기 때문에 그 내적 이유를 탐구하고 있는 실정이다. 문명 국민 사이의 전역에서 전투력의 우세가 적을 파멸시킬 때까지 숨을 쉴 틈도 없이 밀어붙인 전역은, 겨우 나폴레옹이 나타난 후의 일이다. 그 이전의 전역은, 승자의 군이 유력한 적군과 균형을 유지하는 지점에 이르면 그것으로 종결되었었다. 그리고 이 지점까지 오면 승리를 추구하는 운동은 정지하든가, 그렇지 않으면 퇴각하지 않을 수 없었던 것이다.

앞으로도 적의 완전한 타도를 군사적 목적으로 하지 않는 전쟁에서는, 역시 이와 같은 승리의 극한점이 나타날 것으로 생각한다. 또 대개의 전쟁은 아마도 이와 같은 성질의 것이 될 것이다. 따라서 이런 종류의 전역 계획에서 자연스러운 군사적 목표라고 하면 공격에서 방어로 가는 전환점 바로 그것이다.

공격자가 이 목표를 넘어서면, 그 뒤부터는 아무런 성과를 가져오지 않는 쓸데없는 노력일 뿐만 아니라, 또 적의 반격을 초래하는 위험한 노력이기도 하다. 그런데 이런 종류의 반격은 극히 일반적인 경험을 보아도 유달리 강력한 것이다. 하지만 이 단계에 이르러서 하는 반격은 매우 흔하고, 또 사리로 보아 명백하다고 여겨지므로 그 원인을 자상하게 말할 필요는 없을 것이다. 그러나 가장 중요한 원인을 든다고 하면, 그 첫째는 공격자가 탈취한 적지에서 제반 설비가 부족하다는 것이다. 두 번째는 적의 반격에 의해 전승자 측이 입은 중대한 손실과 전승군의 장병이 미리 마음속에 그리고 있던 성과 사이의 분명한 차질이다.

이 경우에 있어서 방어자 측에는 씩씩한 용기가 넘치고, 공격자 측에서는 타격을 받은 절망감이 지배적이다. 그리고 이 두 가지 상반되는 정신력은, 이제 각자의 입장에서 매우 활발한 활동을 개시하는 것이다. 이러한 정황 아래에서는 퇴각에 의한 공격자의 손실은 더욱더 증대한다. 그리고 그때까지 전승자였던 공격자가 탈취한 땅을 방어자에게 돌려주는 것만으로 난을 면하고, 자국의 영토를 잃는 일 없이 끝나면 그것이야말로 하느님에게 감사해야 할 것이다.

여기에서 우리는 언뜻 보기에 모순인 것처럼 생각되는 난점(難點)을 해결해 둘 필요가 있다.

이제까지의 고찰에 대해서 다음과 같이 생각하는 사람이 있을지도 모른다. —공격적 전진이 계속되는 한 공격자의 우세는 유지되고 있다. 또 승리의 극한점에서 공격은 방어로 이행한다고 하는데, 원래 방어는 공격보다도 강력한 전쟁 형식이므로 설령 잘못되어도 전승자가 전패자보다도 약자가 될 위험이 생길 리가 없다—라고. 그런데 실제로는 역시 이러한 위험이 생기는 것이다. 전쟁사를 읽으면 전국(戰局)의 급변이라고 하는 최대의 위험은, 공격력이 시들어 방어로 이행하려고 하는 순간에 나타난다는 것을 인정하지 않을 수가 없다. 그래서 다음에 그 이유를 탐구해보려고 하는 것이다.

지금 방어는 공격보다도 강력한 전쟁 형식이라고 말했는데, 방어의 공격에 대한 우위는 다음과 같은 여러 점에 있다.

1. 토지와 지형의 이용
2. 여러 설비를 한 싸움터의 보유
3. 국민의 지원
4. 적을 기다리는 이점

물론 이들 4개의 원리는 반드시 같은 비율을 유지하고 같은 비율로 작용하는 것은 아니다. 따라서 그 어떤 방어도 방어에 변함이 없다거나 혹은 방어이기만 하면 항상 공격보다 우위에 있다고 주장할 생각은 없다. 특히 공격자의 공격력이 소모된 끝의 방어나, 또 그때의 전쟁터가 현저하게 전진한 공세(攻勢)삼각형[3]의 정점에 위치하는 경우의 방어는 매우 약하다. 이런 종류의 방어가 그대로 적용될 수 있는 원리라고 하면, 위에 든 네 가지 원리 중 제1의 것, 즉 토지

---

3) 자국 내의 후방 기지를 저변으로 하여(당시 후방 기지는 직선으로 표시할 수 있다고 여겨졌다), 적지에 깊이 전진한 공격군의 선두를 정점으로 하는 삼각형을 가리킨다.

및 지형의 이용뿐이다. 제2원리는 대개 적용할 수 없고, 제3원리는 전적으로 부정적이며, 또 제4원리는 현저하게 약화되는 것이다. 여기에서는 마지막의 제원리만 간단하게 설명하기로 한다.

피아 쌍방이 전투력의 균형을 유지하고 있다고 생각할 경우에는, 전역은 시종 아무런 성과도 거두지 못하는 일이 있다. 그 이유는, 공세 행동을 일으켜야 할 한쪽이 공격으로 나설 결단이 없기 때문이다. 그리고 다른 쪽은, 여기에 적을 기다리는 이점을 발견하는 것이다. 그러나 이러한 균형이 한쪽의 공세 행동에 의해 깨어지고, 다른 쪽의 이해관계가 손상되어 그의 의지가 불가피하게 행동을 일으키게 되면, 다른 한쪽도 이미 우유부단한 태도를 계속하는 것이 허용되지 않게 된다.

그런데 공격자가 스스로 공략한 적지에서 강구하는 방어 방책은, 자국에서 펼치는 방어보다도 훨씬 도전적인 성격을 띠는 법이다. 즉 이런 종류의 방어의 바탕에는 본원적인 공세적 원리가 있어서, 방어에 특유한 성질은 그 때문에 현저하게 약화된다. 다운은 슐레지엔이나 작센에서는,[4] 프리드리히 대왕이 방어의 지위에 선 경우에도 자유로운 행동을 허용했지만, 뵈멘이라면 프리드리히를 그대로 두지 않았을 것이다.

요컨대 공세 행동 중에서 이루어지는 방어는, 방어의 주요 원칙 모두가 약화되고 있으므로 본래의 방어에 특유한 이점은 이미 충분히 갖추고 있지 않은 것이다.

어떠한 방어적 회전도 순수하게 방어적 요소만으로 구성되고 있는 것은 아니다. 마찬가지로 어떠한 공격적 회전도, 순수한 공격적 요소로 구성되어 있는 것은 아니다. 피아 양군이 다 같이 방어적 체제에 있는 짧은 중간기는 별도로 하고서라도, 그 어떤 공격도 강화에 직결되는 공격이 아닌 한 방어로 끝나지 않을 수 없기 때문이다.

그렇다면 이러한 경우에 공격을 약화시키는 것은 공격 행동 중에서 이루어지는 방어 바로 그것이다. 이와 같은 추론은 결코 궤변이 아니라, 오히려 이것이야말로 공격을 심히 불리하게 만드는 가장 주요한 원인이다. 그 때문에 방어자

---

4) 슐레지엔이나 작센은 프리드리히가 공략한 지방이다.

는 승리의 극한점에 이른 순간에 매우 불리한 방어 체제로 들어가지 않을 수가 없다.

공격적 형식과 수세적 전쟁 형식 사이에 원래 존재하는 강약의 차이가 차차 감소하는 사정은 이것으로 설명이 되었다. 다음에 이 차이가 아주 소멸해서 공세적 전쟁 형식이, 짧은 기간이나마 이와는 정반대의 수세적 전쟁 형식으로 이행하는 경과를 밝혀 보고자 한다.

만약에 자연계에서 한 개념을 빌려와서, 이 경우의 설명에 전용하는 것이 허용된다면, 그 사정을 더욱 간단히 설명할 수 있을 것이다. 일반적으로 물체계(物體界)에서 힘이 효력을 발휘하기 위한 조건은 시간이다. 운동하고 있는 어느 물체에 대해서 어떤 힘이 반대 방향으로 작용한 경우에, 시간을 들여서 힘이 서서히 가해진다면, 이 물체의 운동을 제지할 수가 있다. 그러나 소비되는 시간이 충분하지 않으면, 반대 방향으로 작용하는 힘은 운동하는 물체 때문에 압도되고 말 것이다. 물체계의 이 법칙을 원용하면, 우리의 정신적 생활의 여러 현상을 매우 적절하게 설명할 수가 있을 것이다. 우리의 사고가 일단 발동해서 취해야 할 방향이 결정되면, 그 자체로서는 충분히 근거가 있는 이유도 이미 그 방향을 바꾸거나 사고 그 자체를 멈추게 할 수가 없는 것이다. 그렇게 하기 위해서는 생각을 고쳐먹기 위한 시간과 마음의 평정, 그리고 생각을 바꾸게 할 수 있을 정도의 강한 인상이 필요하다.

전쟁에서도 이와 마찬가지이다. 마음이 일정한 목표를 향해 매진하는 경우가 있는가 하면, 목표로부터 눈을 돌려 회피하는 경우도 있다. 그러면 제1의 경우에는 전진을 중지시키는 충분한 이유가 있어도, 또 제2의 경우에는 행동을 일으키게 할 충분한 이유가 생겨도 당사자로서는 이들 이유를 충분히 납득해서 바로 번의(翻意)할 수가 없는 것이다. 그래서 제1의 경우에 대해서 말하자면, 결국 전진은 애당초대로 계속되므로 공격자는 운동의 분류(奔流)에 떠밀려 피아의 균형의 한계를 넘고, 또 승리의 극한점을 넘는 것이다. 뿐만 아니라 공격자가, 특히 공격의 왕성한 정신력에 고무되어 이미 전투력이 소진되어 있는데도 불구하고 오로지 전진을 계속하는 편이 전진을 중지하기보다는 귀찮지 않다고 생각하는 모습은, 마치 무거운 짐을 싣고 오직 산길을 오르는 말과 같다.

이렇게 설명하면, 공격자가 승리의 극한점에 도달하여 거기에서 전진을 중지하고 곧 방어를 이행하면 아직도 성과를 거둘 가망성이 있는데도, 다시 말하면 일단 상실된 피아의 균형을 회복해서 위기를 회피할 수 있다고 여겨지는데도, 자칫 이 한계점을 넘기 쉽다는 사정을 내적인 모순 없이 명백히 할 수 있었다고 생각하는 것이다. 따라서 피아의 전역 계획에 대해서 승리의 극한점을 확인한다는 것은, 공방 양자에게 중요하다. 그렇게 되면 공격자는 자기의 능력 이상의 일을 계획하지 않을 것이고(능력 이상의 일을 감히 한다는 것은 지불능력이 없는데도 빚을 내는 것과 같다), 또 방어자는 공격자가 승리의 극한점을 넘어 불리에 빠졌을 경우, 이 불리를 알고 이용할 수가 있는 것이다.

이상으로 우리는 장수가 승리의 극한점을 확인하기 위해 유의하지 않으면 안 되는 모든 사항에 대해서 언급했다. 다시 한번 이들 사항을 상기해 보면, 우리는 새삼 이러한 일을 알게 된다. 즉―장수는 이들 사항 중에서 가장 중요한 것에 대해서, 그 뜻과 가치를 올바르게 평가한다―고 하느니보다는 오히려 올바르게 추정하지 않으면 안 된다는 것이다. 또 이 경우에는 전쟁에서의 직접적 간접적 여러 사정을 통관하지 않으면 안 된다. 요컨대 장수는 이들 사정은 물론, 이에 관련되는 그 밖의 사항도 그가 다년간의 훈련에 의해 터득한 숙달된 판단력으로 정확하게 추정하지 않으면 안 된다. 그것은 바로 사수가 과녁을 쏘아 정곡(正鵠)을 잃지 않는 묘기와 같다. 그러나 그렇다고는 하지만, 인간 정신이 이 정도의 작용을 나타내는 것은 결코 쉬운 일이 아니다. 장수의 판단력 앞에는, 수많은 기로가 마치 미로처럼 교차하고 있는 것이다. 장수의 판단을 흐리게 하는 것에는 수많은 대상과 이들 대상의 복잡성과 다양함이 있다. 그러나 그뿐만 아니라 더 중대한 것으로서 전쟁에 특유한 위험과 전쟁의 결과에 대한 책임이 있다.

그래서 대다수의 장수는 목표에 근접하는 것을 꺼려서 후방에 머물고, 또 왕성한 행동적 정신을 가지고 용감하게 매진하는 장수는 기세를 타고 목표를 뚫고 나가, 오히려 목적을 벗어나는 결과에 빠지는 것이다. 그런데 과부족이 없는 수단으로 전쟁이라는 대사업을 통괄하는 장수만이 목표를 잘 달성할 수가 있는 것이다.

제8편
전쟁 계획

제1장
머리말

앞서 전쟁의 본질과 목적에 관해 고찰한 장(章)에서는 전쟁의 전체적 개념을 대충 살펴보고, 또 전쟁과 이를 둘러싼 여러 사항과의 관계에도 언급했는데,[1] 이것은 오직 올바른 근본 개념으로부터 출발하기 위한 것이었다. 그때 우리의 고찰은 여러 가지 곤란에 봉착했다. 우선은 이런 이려움을 훑어보는 것만으로 그치고 그 자상한 고찰을 분류해서 적의 완전한 타도, 따라서 적 전투력의 격멸이야말로 모든 군사적 행동의 주요 목적이라는 결론을 얻고 일단은 만족했었다. 그러나 이러한 결론이 나왔기 때문에, 이에 이어지는 여러 장에서 군사적 행동이 사용하는 수단은 전투뿐이라고 말할 수 있었다. 이렇게 해서 우리는 우선 올바른 입장을 취할 수가 있었다.

이어 우리는, 전투 외에 있는 군사적 행동에 나타나는 매우 중요한 여러 관계와 형식을 일일이 구명해서 그 가치를, 혹은 각 사항의 본성에 비추어, 혹은 전쟁 역사가 가르치는 경험에 따라서 한층 명확하게 규정하여, 자칫 이것들을 둘러싼 불확실하고 애매모호한 관념을 일소하고, 또 이러한 전투 외의 여러 사항에 관해서도 군사적 행동의 본래의 목적, 즉 적의 격멸이야말로 그 어떤 경우에도 가장 중요한 요건이라는 것을 밝혔다. 그래서 이번에는 전쟁을 전체로서 고찰하는 입장으로 돌아가려고 생각하는 것이다. 따라서 본편에서는 전쟁 계획과 전후 계획의 고찰을 그 목적으로 한다. 그러나 그렇게 되면 제1편에서 말한 사상을 여기에서 다시 들추지 않을 수가 없다.

다음의 여러 장은, 전쟁에 관한 총괄적 문제의 해명을 우선으로 하여 본래의 전쟁과 그 가장 전반적이고 가장 중요한 것을 포함하고 있다. 이제 우리는 전략

---

1) 제1편 '전쟁의 본질에 대해서'의 제1장 '전쟁이란 무엇인가'와 제2장 '전쟁의 목적과 수단'을 가리킨다.

영역의 가장 심오한 곳으로 발을 들여놓으려 하고 있다. 전쟁을 관통하는 기타의 모든 실오라기는 바로 여기에서 조합이 되는 것이다. 여기에서 우리는 남몰래 마음이 울렁거림을 느끼지 않을 수가 없다. 그리고 또 두려워하는 마음이 생기는 것은 지극히 당연하다.

군사적 행동의 한 면은 매우 단순하게 보인다. 위대한 장수들이 지극히 간략하게, 그리고 솔직하게 자기 생각을 말하고 있는 것을 듣거나 읽으면, 이들 장수들이 무수한 부분으로 이루어진 까다로운 기계의 조작이나 운전에 대해서 담담하게 말하고 있는 태도는, 바로 자기 자신의 일을 말하고 있는 것처럼 자유롭다. 그렇게 되면 전쟁이라고 하는 엄청나게 거대한 행위도 일종의 결투로 환원되고 마는 것이다. 또 그 경우에 장수의 마음을 움직여서 군사적 행동을 결의하게 한 동기는 알기 쉬운 생각으로 설명되는 경우도 있고, 또 억제할 수 없는 감정의 발동이라고 하는 말로 처리되는 일도 있다. 실제로 장수들이 전쟁이라고 하는 대상을 파악하는 방식은, 대수롭지 않은 데다 하등 불안이 없고 때로는 경솔하다고 말하고 싶을 정도이다.

그런데 다른 한편으로는 전쟁을 이론적으로 연구하려고 하면 많은 관계를 구명하지 않으면 안 된다. 약간의 이론적인 줄기는 멀리까지 이르고, 때로는 그 행방조차도 일정하지가 않다. 수많은 조합은 우리 연구자 앞에 나열되어, 어디에 손을 대야 할지 모를 정도이다. 따라서 만약에 이론이 이들 일체의 요인을 체계적으로, 하나도 빠짐없이 명확하게 파악하고, 또 행동에 대해서는 반드시 그 충족 이유를 구하게 되면, 우리는 결국 시골 학자들의 벽론(僻論)에 빠지는 것은 아닐까? 혹은 어색한 개념의 세계를 헛되이 돌아다닐 뿐, 전쟁의 전모를 힘들이지 않고 통관(通關)하는 위대한 장수를 끝내 만날 수 없는 것이 아닌가 하는 위구심(危懼心)이 저항할 수 없는 힘을 가지고 우리에게 다가오는 것이다. 만약에 이론의 구성에 든 노력의 결과가 결국 이와 같은 것이라고 한다면 이론 같은 건 없는 것과 마찬가지이고, 또 없는 편이 나을 것이다. 이러한 노력은 쓸데없이 이론을 경시하는 풍조를 초래할 뿐, 이윽고는 망각의 늪으로 가라앉는 것이다. 그런데 다른 한편으로는, 전체를 손쉽게 통관하는 장수의 식견과 솔직 간명한 사고방식이 있고, 여기에 더하기를 그 자신이야말로 전 군사적 행동의 화신이라는 자각이 있다. 그리고 이들 뛰어난 특성이야말로 탁월한 전쟁 지도의 중핵을 이루는 것이다. 만약에 마음이 만사를 지배하고 모든 경우에 전용할 수 없는 것이라고 한다면, 그 경우에 필요한 마음의 자유는 바로 이러한 대국적인 문제 파악의 방식에서만 생각할 수 있는 것이다.

그런데 우리는 속으로 약간의 불안을 느끼고 있기는 하지만, 그렇게만 말하고 있을 수만은 없으므로 앞으로 계속해서 나아갈까 생각한다. 그렇게 되면 우리의 고찰은, 지금 이 장 첫머리에서 제시한 길을 더듬어감으로써만이 가능하다. 이론은 명료한 안광(眼光)을 가지고 수많은 대상을 살피지 않으면 안 된다. 그러면 우리의 지성은 무수한 대상 한가운데에서도 자신이 갈 길을 잃지는 않을 것이다. ―이론은 잘못된 생각이 도처에 자라게 하는 잡초를 제거하지 않으면 안 된다. ―이론은 사물 사이에 성립하는 여러 관계를 명시하고, 중요한 것과 그렇지 않은 것을 판별하지 않으면 안 된다. ―많은 개념이 저절로 모여서 진리의 중핵, 즉 우리가 원칙이라고 말하는 것을 형성하거나, 혹은 이들 개념이 길을 더듬어 마침내 하나의 규칙을 이룰 경우, 이론은 이것을 일일이 지적하지 않으면 안 되는 것이다.

그런데 정신이 전쟁에 관한 기본적 사상 사이를 편력해서 몸에 지닌 것은, 이러한 정신에서 싹튼 광명이다. 그리고 이것이야말로 이론이 정신에 기여하는 이익인 것이다. 이론은 여러 과제를 해결하는 방식을 정신에 지시할 수는 없다. ―이론은 정신이 가야 할 길을 그 양쪽에 세운 원칙에 의해서 필연성이라고 하는 좁은 한 줄기에만 제한할 수는 없다. 요컨대 이론의 효용은, 정신을 훈련해서 수많은 대상과 이들 대상 상호의 관계를 철저히 살피고 나서, 다시 정신을 행동의 영역으로 내보내는 데에 있다. 그러나 이 경우의 행동의 영역은 이전보다도 한층 고차적인 것이다. 이때 정신은 이렇게 해서 자연적으로 얻은 힘의 대소에 의해서, 이러한 정신적 여러 힘을 규합하여 진실한 것이나 올바른 것을, 하나의 명확한 사상으로서 감득하는 것이다. 그러면 이 사상은, 모든 정신적 힘이 주는 총체적 인상에서 생긴 것임에도 불구하고, 사고의 산물이라고 하느니보다는 오히려 감정의 소산이라고 여겨질 정도이다.

제2장
절대적 전쟁과 실제의 전쟁

　전쟁 계획은 모든 군사적 행동을 남김없이 총괄한다. 또 이 군사적 행동은 전쟁 계획에 의해서 궁극적 목적을 갖는 통일적 행동이 된다. 그리고 일체의 특수적 목적은, 이 궁극적 목적과 견주어서 각기 그 위치를 얻게 된다. 전쟁에 의해서, 또 전쟁에서 무엇을 달성하려고 하는가—라는 두 가지 목적에 대답하지 않고서는 전쟁을 시작하는 사람은 없을 것이다. 또—당사자가 현명하다면—전쟁은 시작할 일이 못될 것이다. 이 물음의 첫째는 전쟁의 목적에 관하여, 또 두 번째는 전쟁의 목표에 관계된다.

　이들 두 건의 주요 사상에 의해서 군사적 행동의 모든 방향, 사용될 수단의 범위, 전쟁을 수행하는 기력의 정도가 규정된다. 그리고 전쟁 계획은 군사적 행동의 극히 세밀한 말단까지 그 영향을 미치는 것이다.

　제1장에서 말한 대로 적의 완전한 타도야말로 다름 아닌 군사적 행동의 자연적 목표이고, 철학적 견지에서 개념의 엄밀성을 기하려고 한다면, 전쟁의 목적은 결국 이것 이외는 있을 수 없는 것이다.

　그런데 이와 같은 생각은 두 교전자 어느 편에 대해서도 마찬가지로 말할 수 있다. 그렇다면 군사적 행동은 멈추는 일이 없이, 양자의 한쪽이 타도될 때까지는 이 군사적 행동에 정지는 있을 수 없다—는 것이 될 것이다.

　우리는 앞서 군사적 행동의 휴지(休止)를 논한 장[1]에서 적의(敵意)라고 하는 순수한 원리가, 이 원리의 담당자인 인간과 이 원리에 입각해서 실제로 전쟁을 일으킨 일체의 정황에 적용되면, 전쟁이라고 하는 말하자면 복잡한 기계에 내재하는 이유 때문에 원리의 완전한 구현이 방해되고, 또 그 힘이 완화되지 않

---

1) 제3편 제16장을 가리킨다.

을 수 없다는 것을 말했다.

그러나 전쟁의 원리는 실제의 전쟁에서 많건 적건 손질되는 것만으로는, 전쟁의 본래의 순수한 개념으로부터, 실제의 전쟁에서 널리 볼 수 있다고 해도 결코 과언이 아닌 수많은 구체적인 사례를 해명하는 근거로서 충분하다고는 말할 수 없다. 실제로도 대개의 전쟁은 피아 쌍방이 단지 순간의 격분으로 나를 잊고 있다고 말할 수 있다. 그래서 쌍방은 무기를 들고 자기를 방어하고 상대방에게 공포심을 품게 하며, 또—기회가 있으면 적에게 일격을 가하려고 태세를 취하고 있을 뿐이다. 따라서 전쟁이라 해도 서로 파괴하는 두 개의 요소가 실제로 격돌하는 것이 아니라, 따로따로 떨어진 두 요소가 어느 정도의 긴장 상태에 있고, 때때로 작은 전투를 하는 정도에 지나지 않는 것이다.

그런데 피아 쌍방 사이의 긴장이 일거에 폭발하는 것을 방해하고 있는 장벽—그것도 그다지 중요하다고 여겨지지 않는 장벽은 어떠한 것일까? 엄밀한 논리에 따르고 있는 철학적인 생각은 왜 그대로 실현되지 않을까? 그 장벽은, 전쟁이 국가 생활에서 접촉하는 수많은 사물, 여러 가지 힘이나 관계 속에서 찾아볼 수가 있다. 이와 같은 것들이 수없이 얽혀 있기 때문에 수미일관된 논리가 본줄기에서 일탈하여, 약간의 알기 쉬운 추론의 실을 따라 결론에 도달할 수가 없는 것이다. 그래서 논리적인 사고방식은 이러한 얽힘 속에 정체되고, 이에 따라 또 당사자는 일의 대소를 불문하고 엄밀한 논리적 귀결에 따라 행동하느니보다는 오히려 그때그때의 지배적인 사상이나 감정대로 행동하는 데에 익숙해 있기 때문에, 마침내 자기 사고의 모호함이나 어중간한 모순당착을 알아차리지 못하는 것이다.

전쟁은 원래 한 나라의 지능인 소수의 정치가와 군인에 의해서 일어나게 된다. 그리고 이 사람들이라면, 그들의 목표를 굳게 정하고 전쟁에 관한 모든 사항을 일일이 점검할 수가 있을 것이다. 그러나 그 밖에도 국가의 중요한 일에 종사하는 많은 사람들이 있고, 이러한 경우에는 이 사람들의 존재도 무시할 수가 없다. 하지만 이러한 사람들이 모두 당국자와 같은 입장에서 모든 사정을 양해할 수 있다고는 말할 수 없을 것이다. 그래서 반목이나 알력이 생겨, 이 곤란을 타개하기 위해서는 다수의 반대자를 위압하는 힘을 필요로 한다. 그러나 이 힘은 충분히 강력하지 않은 것이 통례이다.

이러한 불일치는 피아 양국 어느 쪽에도 생길 수 있고, 또는 쌍방에 모두 생길 수도 있다. 여하간 전쟁이 본래의 순수한 개념과는 다른 것, 즉 어중간한 일, 내적인 연관이 결여된 것이 되는 원인은 여기에 있다.

우리가 이제까지 보고 들었던 전쟁은 거의 이와 같았다. 만약에 우리가 절대적 전쟁을 방불케 하는 실제 전쟁을 오늘날 이 눈으로 보지 않았다면, 전쟁의 절대적 본질이라고 하는 개념은 여하간 실재성을 갖는 것이다—라고 하는 우리의 주장에 의심을 품는 사람이 있었을지도 모른다. 프랑스혁명이라고 하는 짧은 전주곡 후에, 용감무쌍한 나폴레옹은 순식간에 전쟁을 이 단계까지 발전시킨 것이다. 나폴레옹 아래에서 전쟁은 적을 완전히 타도할 때까지 끊임없이 진행되고, 이에 따라 적의 반격도 끊임없이 이루어졌다. 이러한 현상이 엄밀한 논리적 귀결에 따라 우리를 전쟁 본래의 개념으로 되돌아가게 한 것은 자연적이고 필연적인 것이 아닐까?

그래서 우리는, 전쟁에 본래의 개념을 어디까지나 고집하고, 비록 실제의 전쟁이 절대적 전쟁으로부터 제아무리 떨어져 있어도, 모든 전쟁을 절대적 전쟁이라고 하는 기준에 따라 판정하며, 또 전쟁의 순수한 개념으로부터 모든 이론적 귀결을 끄집어내도 좋을까?

우리는 이 문제에 대해서 취해야 할 태도를 분명히 결정하지 않으면 안 된다. 전쟁은 본래의 개념 그대로이어야 하는가 또는 이와는 다른 것일 수도 있는가—라는 문제를 해결하지 않는 한, 전쟁 계획에 대해서 확고한 말을 할 수 없기 때문이다.

만일 우리가 제1종 전쟁, 즉 '있어야 할' 전쟁을 취한다면 확실히 우리의 이론은 필연적인 것에 더 가까이 접근하여 한층 명석한 것으로 낙착될 것이다. 그렇게 되면 왕년의 알렉산더 대왕이나 로마 사람이 행한 약간의 전역 이래, 가까이는 나폴레옹의 출현에 이르기까지 사이에 이루어진 모든 전쟁을 어떻게 비평하면 좋을까? 우리는 이들 전쟁을 일괄해서 비난하지 않으면 안 될 것인가? 만약에 그와 같은 일을 한다면 우리는 자신의 불손(不遜)을 부끄럽게 여기기 않으면 안 될 것이다. 게다가 또 형편이 나쁘게도 앞으로 10년이 지나면 이런 종류의 전쟁이 다시 발생해서 우리의 이론을 부정할지도 모른다. 그렇게 되면 이러한 전쟁 이론은 비록 엄밀한 논리에 의해 무장을 하고 있다고 해도, 현실적인 사정의 위력에 대해서 심히 미력(微力)한 것이 될 것이다. 따라서 우리는 '있어야 할' 전쟁을 단순한 개념으로 고안하는 것이 아니라 절대적인 전쟁 속으로 섞여 들어가서, 또 여기에 부착되어 있는 일체의 이질적인 것, 예를 들어 전쟁을 구성하고 있는 많은 부분이 갖추고 있는 고유한 비중이나, 이들 부분 사이에 생기는 마찰과 인간의 정신에 특유한 자가당착이나 겁까지도 일괄적으로 부정하는 일 없이 그것이 차지한 곳을 정하지 않으면 안 된다. 여하간 우리는, 전쟁과 우리가 전쟁에 주는 형태는 그때그때의 지배적인 사상, 감정 및 사정에 의해서 생긴다고 하는 견해를 지지하지 않을 수가 없다. 아니, 우리의 소론(所論)의 진실을 기한다면 전쟁이 그 절대적 형태를 취한 경우에조차도, 즉 나폴레옹의 지휘 하에 이루어진 전쟁에 대해서조차도 이것을 인정하지 않을 수가 없는 것이다.

그런데 만약에 이것을 인정하지 않을 수 없다고 한다면, 즉 전생은 그것이 접촉하는 모든 관계를 합계해서 구한 평균치에서 생기는 것이 아니다, 이러한 무수한 관계 속에서 마치 그때에 지배적인 약간의 관계에서 생긴다는 것을 인정하지 않을 수 없다고 하면, 다음과 같은 일이 명백해진다. 즉 ―전쟁의 기초에는 모든 가능한 일, 확실한 일, 행운과 불운의 교차가 있다. 그리고 이들의 어지러운 움직임 속에서 엄밀한 논리적 추론은 때로는 전혀 불가능하고, 논리적 추론과 같은 것은 명석한 두뇌를 어지럽게 하는 쓸데없는 도구에 지나지 않는다―는 것이다. 그러면 또 여기에서, 전쟁이 어떤 때에는 전쟁다운 것이 되고, 또 어떤 때에는 전쟁답지 않은 것이 되는 이유 또한 분명해진다.

이론은 이러한 모든 것을 승인하지 않으면 안 된다. 그러나 전쟁의 절대적 형태를 높이 들고, 매사에 이것을 판단의 기준으로 하는 것은 전쟁 이론의 본래의 의무이다. 그렇게 되면 이론으로부터 무엇인가를 배우려고 하는 사람은, 항상 이러한 이론을 염두에 두고 전쟁에서의 모든 기대와 걱정을 재는 척도를 이론에서 구하게 된다. 따라서 또 무엇을 할 수 있는가, 무엇을 하지 않으면 안 되는가―하는 문제에 관해서 이론으로부터 가르침을 받을 수가 있는 것이다.

우리의 모든 사고와 행동의 밑바닥에 있는 근본적 사상은, 비록 우리의 사고나 행동을 결정하는 직접적 동기가 그 어떤 영역에 있는 경우에도, 이러한 사고 및 행동에 독자적인 상태와 성격을 부여한다. 그것은 마치 화가가 캔버스 바탕에 칠하는 물감의 색깔에 따라서 그 위에 그려지는 그림에도 여러 가지 상태를 줄 수 있는 것과 마찬가지이다.

오늘날 이론이 이 점에까지 이른 것은 현대 전쟁의 의존한 바가 크다. 이들 전쟁에 의해서, 전쟁은 이토록 격렬한 파괴력을 가질 수 있는 것이라는 경고적 사례가 이루어지지 않았다고 한다면, 아무리 이론이 소리를 높여 외쳐대도 전혀 효과가 없었을 것이고, 또 오늘날에는 누구나 체험하고 있는 것과 같은 전쟁이 실제로도 가능하다는 생각에 미치지 못했을 것이다.

만약에 프로이센이 패전했다면, 프랑스군의 강력한 반격은 유럽 구래(舊來)의 균형을 일거에 뒤집으리라는 것을 예감하고 있었더라면 프로이센은 1792년[2]에 7만의 군을 가지고 프랑스에 침입하는 일을 감히 하지 않았을 것이다.

또 프로이센이 권총을 발사해서 지뢰에 점화하면, 지뢰는 굉음을 내고 폭발하여 프로이센 자신을 산산이 날려 버렸을 것이라는 것을 이익이라고 생각했다면, 1806년[3]에 10만의 군으로써 프랑스에 전쟁을 감행하지 않았을 것이다.

---

2) 프랑스혁명 전쟁이 발발한 해. 동맹군은 같은 해 프랑스에 침입하여 패배했다.

3) 프로이센은 1806년 10월 8일에 프랑스에 선전을 포고했으나 10월 14일 예나 및 아우에르슈테트 회전에서 참패했다.

제3장
전쟁 내적 연관과 노력의 크고 작음

A. 전쟁의 내적 연관

전쟁의 절대적인 형태에 착안하느냐, 그렇지 않으면 많건 적건 이러한 절대적 형태와 떨어진 전쟁의 현실적 형태에 착안하느냐에 따라 전쟁의 성과에 관한 두 가지 서로 다른 견해가 성립한다.

전쟁의 절대적 형태에서는 모든 것은 필연적 이유에 의해서 생기고 모든 것은 내적인 이유에 의해서 이내 서로 관련되며, 무의미하고 어느 쪽에도 속하지 않는 어정쩡한 빈틈은 전혀 존재하지 않는다. 이와 같은 절대적 형태에서는, 전쟁에 포함된 여러 상호 작용에 의해서,[1] 또 연이어 이루어진 전투의 모든 계열 사이의 엄밀한 연관에 의해서,[2] 또 그 어떤 전승에도 반드시 존재하는 극한점 즉 그것을 넘어서면 손해와 패배가 시작되는 승리의 극한점에 의해서[3]—요컨대 전쟁에, 본래의 이들의 사정에 의해서 유일한 성과, 즉 궁극적인 성과가 생길 뿐이다. 따라서 이러한 궁극의 성과가 생기기까지는 아무것도 결정된 것이 아니다. 다시 말하면 그 무엇도 획득된 것이 아니고, 또 그 무엇도 상실된 것이 아니다. 그렇게 되면 그 어떤 경우에도 '끝이 좋으면 만사가 좋다'고 말하지 않으면 안 된다. 이와 같은 생각에 따르면 전쟁은 분할할 수 없는 하나의 전체이며, 그 부분(개개의 성과)은 이 전체에 관련해서만 각기 가치를 갖는다.

1812년에 나폴레옹은 모스크바와 러시아 국토의 반을 공략했다. 그러나 이러한 공략은 그가 의도한 강화를 성립시키는 면에서 보자면 그에게 가치가 있

---

1) 제1편 제1장.
2) 제1편 제2장.
3) 제7편 제4 및 제5장(승리의 극한점에 관한 장).

었다. 그런데 이 공략은 그의 전역 계획의 일부에 지나지 않았다. 그리고 이 계획을 완전히 실현하기 위해서는 다른 부분, 즉 러시아군의 분쇄가 필요했다. 만약에 이 부분에 그가 얻은 성과를 부가할 수 있었으면 당연한 귀결로서 강화가 확실해졌을 것이다. 그러나 나폴레옹은 이 제2의 부분을 일찌감치 놓쳤기 때문에 이미 이것을 쟁취할 수는 없었다. 그래서 성과의 처음 일부는 별로 쓸모가 없게 되었을 뿐 아니라, 오히려 그의 목숨을 빼앗게 된 것이다.

전쟁의 모든 결과는 모두 서로 관련이 있다고 하는 이 사고방식은 한쪽의 극한을 나타내는 것이다. 그런데 이 극한에는 또 하나의 극한이 대립한다. 이 제2의 극한이 나타내는 생각에 따르면, 전쟁은 각기 별개의 것으로 존립하는 많은 성과의 집합이다. 그리고 이들 성과는 마치 단판 승부처럼, 앞의 승부는 뒤의 승부에 조금도 영향을 미치지 않는다. 따라서 이 경우에 중요한 것은 모든 성과의 총계이다. 그러므로 각 성과의 득점은 나중에 합계되기 위해 그대로 남는 것이다.

전쟁의 성과에 관한 이들 두 가지 사고방식 중 제1의 생각은, 전쟁의 본성에 입각하는 한 진실이며, 또 제2의 생각은 전쟁의 역사에 입각하는 한 진실이다. 실제로 사소한 이점이 아무런 까다로운 조건 없이 얻어지는 경우는 무수히 있다. 그리고 전쟁의 본령인 격렬함이 완화됨에 따라 이러한 사례도 더욱더 빈번하게 나타난다. 그러나 전쟁에서는 제1의 생각이 흠 잡을 데가 없이 실현되는 경우는 거의 없고, 또 제2의 생각만이 타당해서 제1의 생각은 전혀 불필요한 경우도 거의 생기지 않는다.

그런데 이 두 가지 생각 중 제1의 생각에 따른다면, 그 어떠한 전쟁도 처음부터 하나의 전체로 간주해야 하고, 또 장수는 전쟁의 첫 단계부터 모든 군사적 행동이 귀착되는 목표를 항상 염두에 두지 않으면 안 될 것이다.

또 제2의 생각을 인정한다면 그다지 중요하지 않은 이점도 단순한 것만의 이유로 추구되어, 그 밖의 일은 모두 사물의 진행에 맡기게 된다.

이 두 생각은, 각기 그 어떤 결과를 가져오게 되므로 이론으로서는 그 어느 쪽도 빠질 수가 없다. 그러나 이론이 이것을 사용할 경우, 양자 사이에는 저절로 차이가 생긴다. 즉 이론은 제1의 생각을 근본적 사상으로서 일체의 사상과 행동의 바닥에 두고, 또 제2의 생각을 그때의 전황에 비추어 적절하다고 인정되는 수정(修正)으로서 사용하는 것이다.

프리드리히 대왕은 1742, 1744, 1757년 및 1758년에, 슐레지엔과 작센으로부터 오스트리아 본토로, 각기 새로운 공세 전진을 시도했다. 그는 이 공세 전진이 슐레지엔과 작센의 공략과는 달리, 또 영구적인 탈취를 목적으로 하는 성질의 것이 아니라는 것을 잘 알고 있었다. 프리드리히는 이러한 공세로 오스트리아의 전복을 목적으로 삼은 것이 아니라, 이와는 다른 목적, 즉 시간을 벌고 힘을 축적해서 훗날에 대비한다는 부차적인 목적을 의도한 것이다. 당시 프리드리히는 이 부차적 목적을 추구해도 프로이센군의 존립을 위태롭게 할 염려는 없었다.[4]

그런데 프로이센은 1806년에, 또 오스트리아는 1805년과 1809년에, 프랑스군을 라인강 저편으로 격퇴한다는 목표를 설정했다. 이것은 한때의 프리드리히의 의도보다도 소극적인 것이었다. 그럼에도 불구하고 프로이센 혹은 오스트리아가 이 기도에서 성공을 거두려면, 이들 전쟁에서의 모든 사건을 각기 마음속에서 일일이 점검하지 않으면 안 되었다. 이 기도가 성공하든 혹은 실패하든, 사건의 이러한 계열은 이미 행동의 첫걸음과 결부되어 다시 강화에까지 영향을 미치는 것이다. 프로이센이든 혹은 오스트리아이든 그들의 승리를 어디까지 추구할 수 있는가, 또 적측이 승리를 거두었을 경우에는 이 승리를 어떻게 해서 또 어디에서 저지할 수 있는가 하는 것에 대해서 미리 자기 생각을 정리해 두는 일

---

4) 가령 프리드리히가 콜린 회전(1757. 6. 18 프리드리히 대왕은 이 회전에서 오스트리아군에 참패했다)에서 승리를 거두고, 따라서 또 프라하에서 오스트리아 본군과 두 사람의 사령관(한 사람은 다운, 또 한 사람은 헝가리 귀족으로 오스트리아의 원수였던 나다슈디(Nadasdy, Franz Leopold, 1707~83)을 동시에 포로로 할 수 있었다면, 이것은 오스트리아에게 최악의 타격이므로, 프리드리히는 빈을 향해 진격하여 오스트리아의 군주 국가를 뒤흔들어 단숨에 강화에 이를 수 있다고 생각해도 좋았을 것이다. 그러면 이러한 승리는 당시로서는 미증유의 성공이며, 최근의 전쟁 성과에 필적할 것이다. 아니 체구가 작은 다윗에 비할 수 있는 프로이센과 거구의 골리앗과 같은 오스트리아의 싸움이고 보면, 그보다도 훨씬 놀랍고 훨씬 빛나는 성과라 할 수 있을 것이다. 이와 같은 훌륭한 성과는, 프리드리히가 콜린의 싸움에서 승리를 얻었다고 하면 매우 확실했을 것이다. 그러나 이것은 우리가 위에서 말한 주장과 모순되는 것은 아니다. 우리의 주장은 프리드리히 대왕이 공세 작전에 의해서 처음에 의도한 것만을 문제로 하고 있기 때문이다. 실제로 적의 본군을 포위해서 이를 포로로 한다는 것은 그의 예정 이외의 일로서, 그는 이와 같은 일을 생각해 본 적이 없었다. 적어도 프라하에서의 오스트리아군의 졸렬한 병력 배치를 보고 욕심을 내기까지는 그는 예상하지도 않았던 일이다.

이 꼭 필요했다.

이 두 가지 사정 사이에 이토록 현저한 차이가 생긴 이유는, 전쟁 역사를 세밀하게 생각하면 명백하다. 18세기의 슐레지엔 전쟁[5] 당시는, 전쟁은 아직 내각에만 관한 일이었고 국민은 의지를 지니지 않은 도구로서 이에 참가한 데에 지나지 않았다. 피아 쌍방의 국민이 전쟁에 무게를 가지게 된 것은 19세기가 되어서부터였다. 또 프리드리히 대왕을 적으로 삼은 장수들은, 그 누구나 군주의 의탁을 받고 싸운 군인이었다. 그렇기 때문에 그들은 무엇보다도 신중함을 목적으로 한 것이다. 그런데 19세기 초두에 오스트리아군 및 프로이센군이 상대한 장수는 한마디로 말하자면—군신 그 자체였다.

이토록 크게 차이가 나는 사정에 대해서는 각기 전혀 다른 고찰이 필요한 것이 아닐까? 왕년에 비해 그 차이가 큰 사정하에서는 프로이센군이나 오스트리아군은 1805,[6] 1806년 및 1809년에 최악의 경우가 생길지도 모른다. 아니 이러한 경우가 확실히 도래할 것으로 생각해서 이전과 같이 두서너 개의 요새나 중간 정도의 주나 현을 약취해서 안주할 경우와는 아주 다른 노력과 계획을 필요로 했던 것은 아닐까.

당시 오스트리아 및 프로이센은 프랑스와의 정치적 관계가 위험할 정도로 험악해지고 있었기 때문에, 그 대책을 세우는 데 노력하지 않으면 안 된다는 것을 통감하고 있었음에도 그 노력은 적절하지 못했다. 양국이 이것을 하지 못했던 것은, 이미 변한 사정이 아직 역사 앞에 뚜렷한 모습을 나타내고 있지 않았기 때문이었다. 그런데 1805, 1806년과 1809년 및 그 이후의 전역은 새로운 전쟁의 개념, 즉 무엇이든지 분쇄하고 말겠다는 수행력을 가지고 하는 절대적 전쟁이라는 개념을 추출하여 이것을 여실히 보여주는 것이다.

따라서 이론으로서는 당사자가 현대의 그 어떤 전쟁에 대해서도, 우선 그 성격과 그것이 미치는 범위를 될 수 있는 대로 확실하게 파악할 필요가 있다. 또 전쟁의 성격과 범위의 대소는, 내정 및 외교에 걸치는 정치의 양과 관계에 의해

---

5) 프리드리히 대왕의 제1차 및 제2차 슐레지엔 전쟁(1740~42, 44~45).
6) 나폴레옹은 1805년에 울름 회전(10. 17) 및 아우스테를리츠 회전(12. 2)에서 오스트리아군을 무찌르고, 1806년에 예나 및 아우에르슈테트 회전(10. 14)에서 프로이센을 격파했으며, 또 1809년에는 바그람 회전(7. 5~6)에서 오스트리아군을 무찔렀다.

서 정해지는 것이다. 그리고 전쟁의 성격이 확실하게 절대적 전쟁에 접근해감에 따라, 또 전쟁이 미치는 범위가 많은 교전국을 포괄하여 이들 여러 나라를 전쟁의 와중으로 끌어들임에 따라, 전쟁에서 여러 사건의 연관은 더욱더 긴밀하게 되고, 처음 한 발자국을 내디딜 때 마지막 한 걸음을 고려하는 일이 더욱더 필요하게 된다.

B. 전쟁 목표와 이에 필요한 노력의 대소에 대하여

우리가 전쟁이라는 수단을 써서 적에 가하는 강제는, 피아 쌍방의 정치적 요구의 대소를 기준으로 한다. 이 경우에 쌍방이 서로 상대방의 정치적 요구의 대소를 알고 있으면, 그것이 쌍방의 노력의 정도를 정하는 척도가 될 것이다. 그러나 이와 같은 정치적 요구는 항상 뚜렷하게 제시되어 있는 것은 아니다. 그래서 이것이 곧 쌍방이 사용하는 수단에 차이를 낳게 하는 첫째 이유가 되는 것이다.

교전하는 여러 국가의 위치와 사정은 각기 달라서 서로 같지가 않다. 그래서 이것이 곧 제2의 이유가 된다.

교전하는 여러 나라 정부의 의지력, 성격, 능력 등도 또한 각기 달라서 서로 같지가 않다. 그래서 이것이 곧 제3의 이유가 된다.

적의 저항력의 강약, 따라서 적이 사용하는 수단 및 적이 설정하는 목표 등에 관한 계획이 불확실한 것은 이러한 세 가지 이유에 의한 것이다.

전쟁에서는 노력이 불충분하면 성과를 보기 어려울 뿐만 아니라, 적극적인 해악이 생기는 경우도 있다. 그래서 피아 쌍방은 상대편보다 우세하려고 서로 경쟁하기 때문에, 쌍방 사이에 상호 작용이 생기는 것이다.

그런데 이와 같은 상호작용은 그 성질로 보아 멈추는 곳을 모르기 때문에, 만약에 목표가 극단적인 것이라면 이 목표에 도달하려고 하는 노력 또한 극단으로 달리게 될 것이다. 그러나 그렇게 되면 정치적 요구의 대소에 대한 생각은 무시되고 수단과 목적의 균형은 파괴될 것이다. 그러나 전쟁에서 극단적인 노력을 강요하려는 의도는 결국 이에 반발하는 국내 사정 때문에 대부분 차질을 가져온다.

그런 까닭으로 교전자는 다시 중도(中道)로 끌려오게 된다. 그리고 다음과 같은 원칙에 따라서 행동을 하게 된다. 그것은 정치적 목적을 달성하는 과불급이 없는 힘을 사용하며, 또 전쟁에서도 과불급이 없는 목표를 설정한다는 원칙이다. 그런데 이 원칙을 실행할 수 있는 것으로 만들기 위해서는 절대적, 필연적인 성과를 얻으려고 하는 의도를 단념하지 않으면 안 된다. 또 먼 장래에 가능하게될 사항은 일체 계산에 넣어서는 안 되는 것이다.

여기에서 지성의 작용은 엄밀한 학(學), 즉 논리학과 수학의 영역을 떠나서 넓은 뜻의 술(術)이 된다. 여기서 말하는 술이란 전망을 할 수 없을 정도로 많은 대상이나 관계 안에서, 가장 중요한 것이나 가장 결정적인 것을 충분히 숙달된 판단력에 의해서 찾아낼 노련한 능력을 말한다. 특별한 훈련에 의해서 숙달된 영역에 도달한 이러한 판단력은, 일체의 양이나 관계를 많건 적건 불분명한 채로 비교함에도 불구하고, 당면한 사태에 관계가 없는 것이나 중요하지 않은 것을 배제하고, 가장 직접적인 관계를 가지고 있는 것이나 가장 중요한 것을 엄밀한 논리적 추론에 의한 것보다도 신속하게 찾아내는 것이다.

따라서 전쟁을 위해 어느 정도의 수단을 갖추어두지 않으면 안 되는가를 알기 위해서는, 피아 쌍방에 대해 전쟁의 정치적 목적을 고려하지 않으면 안 된다. —또 피아 양국의 힘과 여러 사정을 고찰하지 않으면 안 된다. —또 적국의 정부와 국민의 성격과 능력을, 아군의 것과 아울러 생각하지 않으면 안 된다. — 마지막으로 적국과 다른 여러 나라 사이의 정치적 관계나, 전쟁이 이들 관계에 미치는 여러 가지 영향을 고려에 넣지 않으면 안 되는 것이다. 이러한 다종다양한, 또 여러 겹으로 교차하고 있는 관계를 비교해서 바로 그 시비득실을 올바르게 판정한다는 것은 바로 천재의 혜안(慧眼)만이 해결할 수 있는 중대한 과제이다. 또 이와 같은 다종다양한 사정을 획일적인 학구적 생각으로 처리할 수 없는 일이란 명백한 것이다.

나폴레옹이 이러한 곤란한 군사적 과제를 뉴턴과 같은 석학조차도 경원하는 대수학적 문제라고 평한 것은, 이런 뜻에서 극히 지당하다고 말할 수 있다.

다종다양한 여러 관계와 이들 관계의 막대한 양, 또 이들 관계의 이해득실을 판정하는 척도의 불확실이라고 하는 사정은, 확실히 문제의 해결을 현저하게 곤란한 것으로 만든다. 그러나 이들의 비교를 뛰어넘는 중대성은 과제의 착잡과 곤란이 반드시 증대하는 것은 아닐지라도, 이 과제를 해결하면 그 공적을 한층 높일 수 있다는 것을 간과해서는 안 된다. 정신의 자유로운 작용은, 범장 (凡將)의 경우 위험과 책임에 의해서 한층 높여지기는커녕 위축되지 않을 수가 없다. 그러나 이러한 위험과 책임이 오히려 판단력을 강화하여 그 작용을 활발하게 만든다면 이러한 장수야말로 드물게 보는 위대한 정신이라 할 수 있다.

눈앞에 다가오는 전쟁, 이 전쟁에 의해서 달성되는 목표, 전쟁의 수행에 필요한 수단 등에 관한 판단은 갖가지 관계, 따라서 또 현재의 가장 특수한 사정을 포함한 일체의 관계를 총괄적으로 통관하는 경우에만 가능하다. 또 이러한 판단은, 군인 생활에서의 모든 판단과 마찬가지로 순수하게 객관적인 것이 아니라 군주·정치가 및 장수의 지적 및 감정적 특성에 의해서 규정된다는 것을 우선 승인하지 않으면 안 된다. 한 사람이 이들 세 가지 특성을 겸비하는가의 여부는 여기에서는 문제 밖의 일이다.

예부터 오늘에 이르기까지 그 어떤 국가도 그 나라의 일반적 사정을 고려할 때, 각 시대와 당시의 정황에 비추어보지 않을 수가 없다. 따라서 여러 나라의 일반적 사정을 통관하면 고찰의 대상은 일반적인 것이 되어, 따라서 이 문제에 관해서 추상적 고찰을 시도해 볼 수가 있다. 그렇기 때문에 우리는 여기에서 왕년의 전쟁 역사를 훑어보고자 하는 것이다.

반(半) 개화적인 타타르족, 고대 세계의 공화국, 중세의 봉건 군주나 상업 도시, 18세기의 국왕들, 또 19세기의 군주나 국민—이들은 모두 자기식으로, 즉 각기 다른 방식으로, 또 서로 다른 수단을 써서 서로 다른 목표에 도달하기 위해 전쟁을 수행했다.

타타르족은 큰 무리를 이루어 새로운 거주지를 구했다. 그들은 처자를 데리고 전 민족이 이동했다. 따라서 그 수는 막대하여 한 나라의 군과 비교할 수 없었다. 그들의 목표는 적의 정복 아니면, 적을 그 영토에서 쫓아내는 데 있었다. 만약에 그들이 이러한 수단에 고도의 문화를 아울러 가지고 있었더라면, 그들은 외국과 충돌하면서 모든 것을 이내 정복했을 것이다.

로마는 별도로 하고, 고대의 공화국은 어느 것이나 소규모적이었다. 군은 더욱 소규모였다. 인민의 다수를 차지하는 비자유민이 군에서 제외되었기 때문이다. 이들 공화국의 수는 매우 많고 여러 나라는 서로 협력하고 있었다. 그러므로 이들 나라들은 모두가 전체의 작은 부분인양; 말하자면 보편적 자연 법칙에 따라서 자연스럽게 균형 상태를 유지하고 있었기 때문에 대규모적인 군사 행동을 일으킬 여지가 없었다. 그래서 이러한 공화국의 전쟁은 기껏해야 평야지의 약탈이나, 약간의 도시를 공략하는 데에 지나지 않았다. 또 도시를 공략하는 것은 장차 여기에 조금이라도 자국의 세력을 확보하기 위해서였다.

그러나 로마만은 예외였다. 그것도 상당히 훗날의 시대가 되어서의 일이었다. 오랫동안 로마는 소수의 군세로 전리품의 획득이나 근린 제국과의 동맹을 목표로 흔해 빠진 투쟁으로 세월을 보냈는데, 이윽고 여러 나라와 동맹을 맺고 차차 커졌다. 즉 로마는 많은 이웃 나라를 실제로 정복한다는 것보다는 오히려 이러한 동맹 정책으로 이웃 여러 민족을 차례로 합병하여, 마침내 하나의 큰 전체가 된 것이다. 로마는 이러한 방식으로 하부 이탈리아로 판도를 넓힌 뒤, 처음으로 실제의 침략에 나섰다. 카르타고는 멸망하고 에스파냐와 갈리아는 침략되었으며, 그리스는 굴복하고 로마의 지배는 마침내 아시아와 이집트에 이르렀다. 이 시대가 되면 로마의 전투력은 거대한 것이 되었지만 군의 유지는 그다지 어렵지 않았다. 로마의 부(富)가 이를 먹여 살렸기 때문이다. 로마는 이제 고대 공화국과는 비교가 되지 않았다. 실로 로마는 홀로 우뚝 솟은 일대 공화국이었다.

알렉산더 대왕의 행전(行戰)도 또 독자적인 것이었다. 그는 소수이기는 하지만 완전무결한 소질에 의해서 걸출한 군대를 이끌고, 썩은 건물과 같은 아시아 여러 나라를 타도했다. 그는 광대한 아시아를 석권하여 마침내 인도에까지 침입했다. 이와 같은 일은 고대의 공화국에서는 도저히 불가능했다. 이 정도의 사업을 순식간에 성취한 것은 스스로 군대를 조직하고, 스스로 이를 통솔한 용병대장과 같은 왕이었기 때문에 비로소 가능했다.

중세의 크고 작은 군주 국가는 어느 나라나 봉건제 군대로 전쟁을 수행했다. 군사적 행동은 모두 짧은 기간에 한정되어 있었기 때문에, 이 기간 동안에 실시할 수 없었던 일은 그 실시가 불가능한 것으로 간주되지 않으면 안 되었다. 봉건제 군대 그 자체는 주종(主從) 관계에 의해서 조직되어 있었다. 그리고 이 주종 관계를 결합하는 유대의 일부는 법률로 정해진 의무였고, 또 다른 하나는 자유 의사에 입각한 계약으로, 그 전체는 이 두 가지가 서로 떠받드는 연합 관계였다. 또 무장이나 전술은 이른바 완력권(腕力權), 즉 개인 간의 투쟁에 바탕을 두고 있었기 때문에 대집단에는 적합하지가 않았다. 그 당시만큼 국가의 내부적 결합이 느슨하여, 국민 각자가 독립적으로 행동한 시대는 이전에는 없었다. 이러한 모든 사정이 이 시대의 전쟁을 매우 명확하게 제약하고 있었다. 전쟁은 비교적 신속하게 이루어졌다. 피아 쌍방이 전쟁터에서 하는 일 없이 대치하고 있는 일은 별로 없었다. 그러나 전쟁의 목적은 적의 완전한 타도에 있는 것이 아니라, 오직 적을 응징할 뿐이었다. 따라서 적의 가축들을 빼앗거나 적의 성시(城市)를 불태운 뒤 곧 철수한 것이다.

중세의 큰 상업 도시나 작은 공화국은 빈번하게 용병대장을 모집했다. 그러나 용병에는 비용이 들고 병력도 보기에 빈약하여 그 실력도 뻔했다. 열렬한 투지나 용감한 정신 같은 건 논외였기 때문에, 대개의 전쟁은 말하자면 모의전(模擬戰) 이상을 벗어나지 못했다. 요컨대 국가는 증오와 적의에 몰려 행동하는 것이 아니라, 이러한 증오와 적의조차도 교전국 사이의 거래의 대상으로 제공된 것이다. 이렇게 해서 전쟁은 위험의 태반을 잃고, 전쟁의 성질은 크게 변했다. 따라서 전쟁의 본성에 따라서 전쟁은 이러이러한 것이라고 규정해 봤자 그와 같은 정의는 당시의 전쟁에는 해당이 되지 않는 것이었다.

봉건 제도는 차츰 쇠퇴해서 일정한 영토를 지배하는 군주 국가가 성립했다. 그리고 국가의 내부적 결속은 한층 긴밀하게 되고 신종(臣從)의 의무는 공세(貢稅)의 의무로 변했으며, 금전이 차차 의무 대신으로 바뀌어 봉건제 군대는 용병으로 바뀌었다. 용병대장은 이 단계에 이르는 과도기를 이루는 것으로, 따라서 또 얼마 동안은 비교적 큰 국가의 도구이기도 했다. 그러나 이러한 사정도 오래 계속되지는 않았다. 단기 계약으로 고용된 병사는 이윽고 상비(常備)의 용병이 되었다. 이와 같이 해서 여러 나라의 병력은 국고의 부담으로 유지되는 군이 된 것이다.

여기에 이르기까지의 진전은 완만하고, 위에서 말한 세 종류의 군대가 여러 가지로 교차된 시기가 있었던 것은 물론이다. 프랑스의 앙리 4세의 치하에서는 봉건제 군대와 용병대장 및 상비군이 병존하고 있었다. 용병대장은 30년 전쟁[7]에서도 볼 수 있고, 18세가 되어서도 약간의 흔적이 남아 있을 정도였다.

---

7) 30년 전쟁(1618~1648).

중세의 여러 시대의 군대는 각기 독특한 성질의 것이었는데, 유럽 여러 나라의 정치적 사정도 이와 마찬가지였다. 당시의 유럽은 많은 소국가로 분열되어 이들 국가의 어떤 것은 국정(國情)이 불안한 공화국이었고, 또 어떤 것은 통치력이 매우 빈약하고 불안정한 소군주국이었다. 이러한 국가들은 도저히 정상적인 통일체로 간주될 것들은 아니었고, 오히려 결합이 느슨한 집합체에 지나지 않았다. 따라서 이와 같은 국가들을, 명백한 논리적 법칙에 따라서 행동하는 지성으로 간주할 수가 없었다.

우리는 이와 같은 관점에서 중세의 외교와 전쟁을 고찰해야 한다. 독일 황제들은 500년이란 긴 세월에 걸쳐서 이탈리아의 원정을 시도했으나 이탈리아 국토를 철저하게 공략한 예가 없고, 그와 같은 의도조차도 없었다는 것을 생각해보기 바란다. 이들 원정의 결과를, 여러 번 되풀이된 잘못이나 이 시대에 특유한 잘못된 생각에서 생긴 실패라고 단정하기는 쉽지만, 이것을 당시로서는 중대한 원인에서 생긴 결과라고 보는 것이 한층 합리적이다. 이제 와서 이들 원인이 무엇이었던가를 상상할 수 있을 뿐, 이러한 원인과 씨름을 하고 있던 당시 사람만큼 생생하게 느낄 수는 없다. 이와 같이 혼돈된 상태에서 발생한 대국가는, 우선 국가로서의 조직과 형식에 시간이 필요했기 때문에 국가의 힘과 노력은 여기에만 집중되었다. 따라서 외적에 대한 전쟁은 비교적 적고, 또 있었다고 해도 그와 같은 전쟁은 국가의 내부적 결합의 미숙을 여실히 보여준 것이다.

영국의 프랑스에 대한 전쟁[8]은 대외 전쟁의 가장 빠른 시기에 속하는 것이었다. 그러나 프랑스는 그 무렵 아직 참다운 군주제 국가라고 할 수 있을 정도의 통일체가 아니라, 공작령이나 백작령의 집합체에 지나지 않았다. 또 영국은 프랑스에 비하면 보다 더 강한 통일체를 이루고 있었으나, 그래도 아직 봉건제 군대를 가지고 싸웠고, 국내는 자주 소란에 시달리고 있었다.

프랑스는 루이 11세[9]의 통치하에서 국내의 통일이 크게 추진되었다. 또 샤를 8세[10] 치하에서는 침략국으로서 이탈리아를 침략했다. 또 루이 14세의 치세[11]

---

8) 영국과 프랑스 사이에 있었던 100년 전쟁(1338~1453)을 가리킨다.

9) 루이 11세(Louis XI., 1423~1483). 프랑스의 국왕(1461~1483).

10) 샤를 8세(Charles VIII., 1470~1498). 프랑스 국왕(1483~1498).

11) 루이 14세, 프랑스의 국왕(1643~1715).

에는 국가와 상비군을 최고도로 발전시켰다.

에스파냐는 페르난도 가톨릭 왕[12] 치하에서 통일되었다. 그리고 우연한 혼인 관계에 의해서 카를 5세[13]의 치하에 갑자기 에스파냐, 부르고뉴, 독일, 이탈리아로 이루어진 대에스파냐 군주국이 성립했다. 이 거대한 왕국은, 국가로서의 통일과 내부적인 결합이 결여되고 있었으나 이 결함을 보충한 것은 돈이었다. 이렇게 해서 에스파냐의 상비군은 처음으로 프랑스의 상비군과 교전을 한 것이다.[14] 이 대에스파냐 왕국은 카를 5세의 퇴위 후에 에스파냐와 오스트리아로 양분되었다. 또 오스트리아는 뵈멘과 헝가리를 합병해[15] 강국이 되고 독일의 제후 연합을 그 지배 아래 두었다.

17세기 말 루이 14세 시대는, 우리가 18세기에 보는 것과 같은 상비군이 역사상 그 발전의 정점에 달한 시기로 간주해도 좋다. 이 군대는 싱모(徵募)와 봉급으로 유지되고 있었다. 유럽 여러 나라는 이미 완전한 통일을 달성했고, 또 여러 나라의 정부는 신민(臣民)의 공세(貢稅)를 금납(金納)으로 바꿈으로써 국가의 전력을 국고에 집중했다. 급속한 진보를 이룬 문화와 더욱더 완비된 행정에 의해서, 국가 권력은 이전에 비해서 눈에 띄게 강대해졌다. 이렇게 해서 프랑스는 2, 30만의 상비군을 가지고 출정하고 다른 강국도 이에 따랐다.

여러 나라의 대외적 사정도 또한 구태를 벗고 있었다. 당시 유럽은, 10여 개의 왕국과 약간의 공화국으로 나누어져 있었다. 그러나 그중의 두 나라가 대규모 전쟁을 개시했다 해도, 옛날과 달라서 그 10배에 이르는 나라들이 이 전쟁에 휘말릴 필요가 없다고 생각하기에 이르렀다. 여러 나라 사이의 정치적 관계의 조합은 여전히 다종다양했지만 이것을 통관할 수 없었던 것은 아니고, 오히려 때로는 상당히 확실하게 파악할 수가 있었던 것이다.

또 여러 나라의 국내 사정에 대해서 말하자면, 거의 전 유럽을 통해서 단순한 형태의 군주 정체가 채용되어 특수한 사람들의 신분적 권리나 영향력은 차

---

12) 페르난도 가톨릭 왕(Fernando el Catolico, 1452~1516). 페르난도 5세를 말한다. 에스파냐 왕(1479~1516), 아라곤(Aragon)과 카스티랴(Castilla)를 합해서 에스파냐 왕국을 결성했다(1479).

13) 카를 5세(Karl V., 1500~1558). 독일 황제(1519~56). 에스파냐 왕으로서는 카를로스 1세(Carlos I., 1516~1556).

14) 에스파냐와 프랑스는 이탈리아를 싸움터로 하여 자주 교전했다(1495~1559).

15) 오스트리아는 1490년에 헝가리를, 또 1526년에 뵈멘을 획득했다.

차 없어지고, 또 내각은 한 나라를 완전히 통괄하여 외국에 대해서 국가를 대표했다. 따라서 나라에 유능한 도구로서의 군대가 있고 또 정부에 국제 간의 일을 자주적으로 해결하려는 의지가 있으면, 전쟁에 그 본래의 개념을 구현할 수 있는 형태를 주기에까지 이른 것이다.

새로운 알렉산더라고도 할 수 있는 세 명의 장수, 즉 구스타프 아돌프, 카를 12세 및 프리드리히 대왕이 나타난 것도 이 시기이다. 그들은 다 같이 소국의 군주로서, 별로 강대하지는 않으나 소질이 매우 우수한 군대로 대 군주국을 이룩하여 대항하는 모든 적을 정복한 것이다. 만약에 그들이 아시아 제국을 상대로 싸웠다면, 그 업적에서 능히 알렉산더를 능가했을 것이다. 여하간 그들은 전쟁에 의해서 성취한 사업에 대해서 말하자면 나폴레옹의 선구자라고 해도 과언은 아니다.

이렇게 해서 전쟁은 한편에서는 그 본래의 성질에 접근하기는 했지만, 다른 한편에서는 이것으로 얻은 것을 다시 잃어버리게 되었다.

여러 나라의 군대는 국고에 의해서 유지되었으나 국고는 군주의 사물이고, 혹은 적어도 정부의 재산이지 국민에 속하지는 않았다. 또 외국과의 관계도 무역에 관한 약간의 사항은 별도로 하고, 대개는 국고 혹은 정부의 이해만의 문제였지 국민의 이해와는 관련이 없었다. 적어도 이것이 당시 사회의 통념이었다. 따라서 내각은 스스로 막대한 재산의 소유자임과 동시에 그 관리자로서 임하여 끊임없이 이 재산의 증식에 노력했으나, 군주의 신하인 국민은 국가의 재산이 증가해도 각별히 그 은혜를 입지 못했다. 국민은 타타르족의 원정 때에는 전원이 전쟁 담당자였다. 또 고대의 공화국이나 중세의 국가에서는, 전쟁에 종사하는 인원을 완전한 권리 및 의무를 가진 국민으로 한정했는데 그 수는 막대했다. 그런데 18세기의 이러한 상태에서는, 국민은 전쟁에 하등 직접적 관련이 없고, 다만 국민의 일반적 소질의 양부(良否)가 전쟁에 간접적 영향을 미치는 데에 지나지 않았다.

이와 같이 정부가 국민으로부터 분리되어 자기만으로 국가를 표방함에 따라, 전쟁은 더욱더 정부만의 사업이 되었다. 그래서 정부는 공금을 지출하고 지방에서 끌어모은 유랑자들을 부려서 전쟁이라고 하는 사업을 영위한 것이다. 그 결과 정부가 강구하는 수단은 상당히 한정되게 되었다. 그래서 피아 쌍방의 정부는 서로 상대방을 알게 되고, 더욱이 이들 수단의 양이나 또 그것이 견딜 수 있는 시간의 장단까지도 알 수가 있게 된 것이다. 이렇게 해서 전쟁으로부터 가장 위험한 방면, 즉 항상 극단을 지향하는 노력이 소멸되고, 또 이러한 노력에 반드시 따라다니는 중대한 걱정, 다시 말하면 앞으로 어떠한 사태가 발생할지도 모른다는 걱정이 제거된 것이다.

적국의 재력과 자원 및 재정적 신용 상태는 거의 알고 있었다. 또 적군의 규모도 알고 있었다. 전쟁을 앞두고, 병력을 현저하게 급증한다는 것은 불가능했다. 이와 같이 적 병력의 한계를 추측할 수 있었기 때문에, 자신의 군대가 전면적으로 패멸하는 일은 없을 것이라고 생각하고 있었다. 그러나 또 자국의 병력이 제한되어 있다는 것을 잘 알고 있었기 때문에, 전쟁 목표가 나름대로 알맞게 제한되어 있다는 것도 알고 있었다. 극단적인 위험에 빠질 염려는 없었고, 또 극단적인 행동을 감히 할 필요도 없었다. 비록 장수가 때로는 과감한 행동을 일으킨다고 해도, 그것은 불가피한 사정에서 생긴 필연적인 귀결이라기보다는, 오히려 용기와 명예심의 자극을 받은 것이었다. 그러나 이러한 용기나 명예심도, 그 나라의 정치적 사정에 의해서 현저하게 제약되어 있었다. 국왕이 동시에 장수였다고 해도, 전쟁의 도구로서의 군대의 운용에는 매우 신중하지 않을 수 없었다. 한 나라의 군대가 일단 박멸되면 새로 군대를 건설할 수가 없었다. 요컨대 군 외에는 아무것도 없었던 것이다. 이와 같은 사정은 모든 군사적 행동에 극도의 신중을 요구했다. 따라서 결정적인 이점이 틀림없이 생길 것이라고 여겨지는 경우가 아니라면, 이 고가의 군대는 사용할 수가 없었다. 그리고 이러한 전쟁 상황에서도 군대를 사용하는 것이 바로 장수된 사람의 술책이었다. 군대는 장수에 의해서 사용되지 않는 한 절대적인 무(無)이며, 거기에는 행동을 일으킬 이유가 없었다. 그리고 모든 힘, 따라서 또 일체의 동기는 잠자고 있는 것과 같았다. 이리하여 공격자에게 본래의 행동 동기는 신중과 걱정 속에 사멸한 것이다.

당시의 전쟁은 그 본질로 말하자면, 시간과 우연이 표를 가르는 카드놀이와 같았다. 또 그 내용으로 말하자면 다소 강제적인 방식으로 교섭하는, 어느 정도 강경한 외교술과 같았다. 그 경우 회전이나 공격이 이루어진다고 해도 그것은 외교상의 각서를 대신하는 수단에 지나지 않았다. 이렇게 해서 어느 정도 이점을 획득한 뒤에 강화 체결 때 이용할 수 있으면, 명예심이 높은 국왕이자 장수에게도 그것은 다름 아닌 전쟁의 목표였다.

전쟁이 이와 같이 위축되고 축소된 형태를 취한 것은 앞서 말한 것처럼, 전쟁을 받치고 있는 기반이 취약했기 때문이다. 탁월한 장수이자 국왕이었던 구스타프 아돌프, 카를 12세 및 프리드리히 대왕이, 다 같이 탁월한 군대를 통솔하면서 마침내 그 시대에 공통된 현상의 영역을 벗어날 수가 없이 일반적 수준에 머물러 중간 정도의 성공에 만족했던 원인은, 유럽 여러 나라의 정치적 균형에 있었다. 한때 많은 소국이 분립, 할거(割據)하던 시대에는 극히 흔한 직접적인 이해관계, 국토가 서로 접근하거나 이웃하고 있다는 사정, 인척(姻戚) 관계나 개인적인 관계 등이, 여러 나라에 갖가지 제약을 가해서 갑자기 강대해지는 것을 방해하고 있었다. 이윽고 대국가가 성립하여 각기 국가의 중심이 서로 멀리 떨어지자, 이번에는 이에 따라 발달한 광범위한 국제 관계가 여러 나라의 신장(伸長)을 방해했다. 여러 나라의 정치적 이해관계, 견인과 반발은 매우 교묘한 조직을 만들어 내고 있었기 때문에, 만약에 유럽 어딘가에서 포격이 이루어지면 여러 나라의 내각은 모두가 이 사건에 관계를 가지지 않을 수 없었던 것이다.

따라서 새 시대의 알렉산더는 단지 칼을 잘 썼을 뿐 아니라, 외교적 문서를 작성하는 데에도 뛰어나지 않으면 안 되었다. 더욱이 이 두 가지 일을 겸해도 그 공략은 알렉산드로스만큼 멀리 미치게 할 수가 없었던 것이다.

루이 14세는 유럽의 균형을 뒤집으려는 야망을 품고, 17세기 말에는 이미 여러 나라의 적의(敵意)를 무시할 수 있을 정도의 지위에 이르고 있었다. 그럼에도 불구하고 그의 행전(行戰)은 여전히 구태를 벗어나지 못했다. 확실히 그의 군대는 당대의 유럽에서 가장 부유한 최대의 군주 국가에 어울리는 것이었지만, 본질적인 면에서 말하자면 다른 국가의 군대와 다를 바가 없었던 것이다.

전쟁에서 적의 국토를 약탈하거나 황폐화시키는 행위는 타타르족이나 고대 민족에서는 물론 중세가 되어도 매우 중요한 전쟁 수단으로 여겨졌지만, 이러한 만행(蠻行)은 이미 시들고 없었다. 세상 사람들이 이것을 쓸데없는 야만 행위로 본 것은 당연했다. 이러한 야만 행위는 즉시 보복되고 또 적의 정부를 괴롭히는 것보다는 오히려 적의 국민을 괴롭게 하여, 결국 아무런 성과도 없이 다만 여러 국민의 문화를 오랫동안 정체시켰을 뿐이었다. 이렇게 해서 전쟁은 그 수단뿐 아니라 목표도 더욱더 군 자체에 한정되게 되었다. 한 나라의 군은 약간의 요새와 약간의 보루 진지를 가지고, 국가 안에서 은연중에 한 국가를 이루었다. 그리고 그와 같은 상태 안에서 격렬함을 그 본질로 하는 전쟁은 차차 쇠퇴한 것이다. 유럽 여러 나라는 모두가 이를 기뻐하고, 바로 진보하는 인간 정신의 필연적인 소산이라 해서 이를 구가(謳歌)했다. 그러나 여기에 잘못이 잠들고 있었다. 인간 정신의 진보는 결코 모순을 받아들이지 않는다. '2의 2배는 5이다'와 같은 불합리를 허용하지 않기 때문이다. 이에 대해서는 이미 말한 바도 있고 앞으로도 다시 언급하게 될 것이다.

그러나 전쟁관의 이러한 변화는 전쟁을 더욱더 정부만의 사업으로 삼게 되었고, 국민의 이해관계로부터 더욱더 분리시켰다는 한 가지 일만은 간과할 수가 없다. 그런데 당시에는 공격자인 국가의 전생 계획은 대개 적 국토의 어떤 주나 군의 점령을 주안점으로 하고, 방어자의 전쟁 계획은 이를 방지하는 것을 목적으로 했다. 또 개개의 전쟁 계획에서 공격자는 적의 어떤 요새를 공략하고, 방어자는 자국의 요새를 적의 공략으로부터 방어하는 것을 목적으로 한 것이다. 그리고 이 때문에 회전을 피할 수 없는 경우에 한해서 회전이 요구되고 또 이루어지기도 했다. 회전을 피할 수 없다는 절박한 정황도 아닌데 쓸데없이 전승을 구하려고 하는 내적인 충동에 못 이겨 회전을 구하는 자는 혈기를 앞세운 무모한 장수로 여겨졌다. 전역은 1회의 공성(攻城)으로 끝나는 것이 통례이고, 경우에 따라서는 기껏해야 두 번으로 끝났다. 동영(冬營)은 필요 불가결한 것으로 여겨지고 있었다. 그리고 동영 중에 피아의 군 한쪽이 불리한 처지에 있어도, 다른 군은 이 불리를 틈타서 행동을 일으키는 일은 없었다. 요컨대 동영 기간 중에는 쌍방 사이의 적대 관계는 완전히 중단되는 것이다. 이렇게 해서 동영은 보통의 경우라면 일어나야 할 군사적 행동에 일정한 매듭을 지은 것이다.

피아 쌍방의 병력이 완전히 균형을 유지하고 있거나 공격자가 방어자보다도 열세라면, 회전이나 공성(攻城)까지는 이르지 않았다. 이와 같은 경우 전역에서의 일체의 군사적 행동은 자국 내의 어느 진지나 창고를 방어하고, 또 적 국토의 어느 지역을 징발이나 약탈이라고 하는 정해진 방법으로 피폐하게 만드는 것이 모두였다.

당시의 전쟁은 이와 같은 방식으로 이루어지고, 또 전쟁의 본령인 격렬한 힘에는 여러 가지 제한이 가해져, 이와 같은 제한은 당시의 사정으로 말하자면 자연스러운 일이고, 또 지당한 일이므로 거기에는 아무런 모순도 발견할 수가 없었다. 그러기는커녕 모든 것은 훌륭하게 정돈되어 틈이 하나도 없었던 것이다. 또 18세기에 전쟁술로 향하기 시작한 비판은 개개의 현상에 구애되어 전쟁의 대국을 그다지 문제 삼지 않았다. 그래서 매사에 위대하다거나 완벽하다는 말이 남용되기 시작한 것이다. 다운의 주된 공적은, 적의 장수 프리드리히 대왕으로 하여금 그의 목적을 완전히 달성시키고, 이에 반해서 그가 섬긴 마리아 테레지아[16]로 하여금 그녀의 목적을 완전히 차질을 빚게 했을 뿐이다. 그런데 이 다운조차도 위대한 장수라는 말을 들은 것이다. 그래도 때로는 스스로 진실을 지적하는 판단이 나타난 일도 있었다. 즉, 상식은 다음과 같은 일을 분명히 인식한 것이다. —장수는 우세한 병력을 가지고 있는 한, 적극적 성과를 달성하지 않으면 안 된다. 만약에 전쟁에서 기교에 치중하는 것을 능사를 삼는다면 그것은 올바른 전쟁 지도가 아니다—라고.

이것이 프랑스혁명이 발발한 당시의 정세였다. 오스트리아와 프로이센은 예부터 이어져온 외교적 전쟁술을 가지고 선후책(善後策)을 강구했는데, 이러한 대책도 충분하지 못한 것이 되었다. 이 양국은 여전히 사태를 가볍게 보고 매우 열약한 구식 군대에 희망을 걸고 있었는데, 1793년에는 상상을 초월한 거대한 군대가 갑자기 그들 앞에 나타난 것이다.[17] 그들이 모르는 동안에 전쟁은 다시 국민이 치러야 할 일로 되어 있었다. 더욱이 각자가 국민의 일원이라고 하는 자각을 갖는 3천만 국민의 사업이 된 것이다. 이와 같은 눈부신 현상을 낳게 한 사정을 자세하게 논하는 일은 잠시 제쳐두고, 당면 문제에 관계가 있는 결과만을 주목하기로 한다. 이렇게 해서 국민은, 내각과 군을 대신해서 전쟁에 관여했다. 이제 온 국민은 거대한 힘을 가지고 전쟁의 승패를 결정했다. 사용될 수 있는 한의 모든 수단, 결집할 수 있는 모든 힘에는 이제 일정한 한계가 없었다. 국민이 거족적으로 전쟁에 참가하여 이를 수행하는 기력(氣力) 앞에는 이를 가로막는 것이 아무것도 없었다. 위험은 적에게 절대적인 것이었다.

---

16) 마리아 테레지아(Maria Theresia, 1717~1780). 오스트리아의 여제(女帝). 헝가리 및 뵈멘 여왕 (1740~1780).
17) 1793년에 프랑스군은 7만, 또 호국병은 30만에 달했다.

그러나 혁명전쟁 중에는 이 전쟁이 왜 이토록 강력한가 하는 이유는, 쌍방에게 아직 분명하게 자각되지 않았다. 혁명군측의 여러 장수도 전쟁의 궁극적 목적에 도달해서, 유럽의 군주국을 닥치는 대로 타도한 것은 아니었다. 또 오스트리아군이나 프로이센도, 때로는 저항에 성공해서 프랑스군의 연전연승을 저지할 수가 있었다. 이와 같은 현상을 생기게 한 원인은, 프랑스군이 전쟁에 관한 기술을 아직 충분히 몸에 지니지 않았는데도 싸우지 않으면 안 되는 불리한 사정에 있었기 때문이었다. 또 이러한 기술적 소양의 불완전은 처음에는 일반 병사에게서 볼 수가 있었고 더 나아가서 장군들에게서, 또 총재(總裁) 정부 시대[18]에는 결국 정부 그 자체에서도 볼 수가 있었던 것이다.

나폴레옹의 손에 의해서 이들 혁신이 모두 성취되자, 온 국민의 총력을 기반으로 하는 프랑스군은, 가장 믿을 수 있는 확실한 군내로서 전 유럽을 유린했다. 따라서 이러한 군에 옛 군대가 대항하는 한 프랑스측의 승리는 불을 보는 것보다도 더 분명했다. 그러나 이윽고 반동이 생겨 여러 나라는 마침내 나폴레옹에 대항할 수가 있었다. 나폴레옹의 침략을 받은 에스파냐는 전쟁이 저절로 국민의 본분이 되었다. 오스트리아 정부는 1809년에 많은 노력을 기울여 처음으로 예비군과 후비군을 조직했다. 이렇게 해서 신설된 군은 소기의 목표에 도달했을 뿐만 아니라, 오스트리아가 전부터 가능하다고 생각한 정도를 웃돌 정도였다.

러시아는 1812년에 에스파냐와 오스트리아의 새로운 군비를 모범으로 삼았다. 또 다른 열강에 비해서 준비가 뒤져 있었음에도 불구하고, 그 광대한 면적은 충분히 그 효과를 발휘했기 때문에 준비의 지연을 보충하고도 남음이 있었다. 그 성과는 매우 훌륭한 것이었다. 독일에서는 프로이센이 우선 들고 일어나 전쟁을 국민의 본분으로 만든 당시의 국정(國情)을 돌이켜보면, 인구는 1806년에 비해서[19] 반으로 줄고 또 국고 및 재정적 신용은 전무 상태였음에도 불구하고, 두 배의 병력을 가지고 다시 일어선 것이다. 그 밖의 독일 연방도 빠르고 느

---

18) 1795년에서 1799년까지.

19) 1813년 및 14년의 전역을 염두에 두고 비교하고 있다. 이 두 해의 전역이란 1813년 6월 4일에서 8월 16일까지의 휴전 기간이 끝난 직후부터, 10월 16일 내지 19일의 라이프치히 회전을 거쳐, 이듬해 3월 31일에 동맹군이 파리를 점령하기까지를 가리킨다.

린 차이는 있었지만 모두 프로이센의 예를 따랐다. 오스트리아는 1809년에 기울인 만큼의 노력은 하지 않았지만, 전례가 없는, 상당히 많은 병력을 가지고 참전했다. 1813년 및 14년에 독일과 러시아가 이 두 전역에서 사용할 수 있는 병력과, 그 밖의 지역에서 군사적 행동에 종사하고 있는 병력을 합산하면 약 50만[20]에 이르렀다. 동맹국측이 이만한 병력을 가지고 프랑스에 대항할 수 있었던 것은 전적으로 위에서 말한 사정에 입각한 것이다.

이와 같은 정황하에서, 동맹국측에서도 전쟁의 수행력은 이미 면목을 일신하고 있었다. 하기야 프랑스군에는 아직 부분적으로밖에 필적할 수 없었고 또 많은 점에서 주저하는 흔적이 눈에 띄었지만, 어느 전역에서나 경과는 일반적으로 구태를 벗어나 새로운 방식에 따르고 있었다. 이렇게 해서 8개월 후에[21] 전쟁터는 오데르강변에서 센 강으로 이동하여, 파리도 처음으로 고개를 숙이지 않을 수 없었고 두려움의 표적이었던 나폴레옹도 마침내 잡히고 만 것이다.

나폴레옹 등장 이래 전쟁은 우선 프랑스측에서, 이어서 프랑스에 대항하는 동맹군 측에서 다시 국민의 본분이 되어, 이제까지와는 전혀 다른 성질을 띠게 되었다. ─아니, 오히려 전쟁의 본성, 즉 전쟁의 절대적 형태에 확실하게 접근했다고 하는 편이 훨씬 적절하다. 전쟁 때문에 강구되는 여러 수단은 이미 명확한 한계를 가지지 않았다. 그와 같은 한계는 정부 및 국민의 놀라울 정도의 수행력과 열렬한 광기(狂氣) 속에 소멸한 것이다. 전쟁의 수행력은 방대한 수단, 가능한 한의 성과를 줄 수 있는 광대한 전쟁터, 인심의 격렬한 흥분 등에 의해 이상할 정도로 고양되었다. 군사적 행동의 목표는 적의 완전한 타도였다. 또 교전국은 모두가 상대편을 타도해서 다시 일어설 수 없게 하고 나서야 비로소 전쟁 행위를 중지하고, 강화에 의해서 쌍방의 목적을 절충할 것을 생각하게 된 것이다.

이렇게 해서 전쟁의 본분은 일체의 인습적 제한을 벗어버리고, 전쟁 본래의

---

20) 전기(前記)의 휴전 중에 동맹국측이 동원한 병력은 러시아 약 18만, 프로이센 약 16만, 오스트리아 약 13만, 스웨덴 약 2만으로 모두 약 50만이 된다. 여기에서 말하는 독일은, 오스트리아와 프로이센을 포함하고 있다.

21) 1813년 8월 16일부터 이듬해 3월 31일까지를 8개월로 잡은 것이다. 또 이 기술(記述)에는 벨알리앙스의 회전은 관계가 없다.

격렬한 힘을 가차 없이 발휘하게 되었다. 그 원인은, 여러 국민이 모두 전쟁이라고 하는 국가의 대사에 관여한 데에 있다. 또 여러 국민이 전쟁에 관여한 이유 중의 하나는, 프랑스혁명이 여러 나라에 영향을 끼쳐 각기 국내에 유발시킨 사정에 있었고, 또 다른 하나는 프랑스 국민이 여러 국민을 위협한 데에 있었다.

그런데 이와 같은 상태가 언제까지 계속될 것인가의 여부, 유럽에서의 장래의 전쟁은 모두 국가의 총력을 들어 국민에게 직결되는 중대한 이해관계 때문으로만 발생하는가의 여부, 그렇지 않으면 정부와 국민의 간격이 다시 나타날 것인가의 여부—와 같은 문제에 대해서 확정적으로 대답하기가 곤란하고, 또 우리로서도 이러한 단정을 감히 할 생각은 없다. 제한(制限)은 도저히 철폐될 수 있는 것이 아니라고 생각하기 때문에 생기는 것이다. 따라서 일단 제한이 철폐되었다고 손쉽게 재건될 수 있는 것이 아니다. 또 양 국민 사이에서나 적어도 중대한 이해관계가 문제되는 경우에는 피아 쌍방의 적대 감정이 오늘날과 마찬가지로 불타오르는 것이다.

이상으로 우리는 역사의 개관을 마치기로 한다. 우리가 이 개관을 시도한 것은, 역사상 각 시대의 전쟁 지도에 관해서 약간의 일반적 원칙을 제시하기 위한 것이 아니라, 어떤 시대나 그 시대에 따라 독특한 전쟁을 하고 전쟁에 제한을 가하는 독자적인 조건을 구비하며, 또 독자적인 구속을 받고 있었다는 사실을 명백히 하기 위한 것이다. 따라서 그 어떤 시대도 각기 독특한 전쟁 이론을 가지고 있었던 것이다. 비록 조만간 그 이론을 철학적 원칙에 비추어 수정할 필요가 생긴다고 해도, 각 시대가 각기 특수한 이론을 가지고 있었다는 것은 인정하지 않으면 안 될 것으로 생각한다. 요컨대 그 어떤 시대의 사건도, 그 시대의 특수성에 비추어서 판단하지 않으면 안 되는 것이다. 또 각 시대의 사소한 사정을 미시적으로 연구하는 것이 아니라, 당시 사람들의 입장에 서서 중대한 사정을 적절하게 관찰함으로써 비로소 당대의 장수들을 이해할 수가 있는 것이다.

이와 같이 각 시대의 전쟁 지도가 그 시대의 국가 및 군의 특수한 사정에 의해 제약되어 있다고는 하지만, 이러한 전쟁 지도는 어느 정도의 보편적인 것, 혹은 오히려 매우 보편적인 것을 포함하고 있었음에 틀림없다. 그리고 전쟁 이론이 무엇보다도 우선 논구(論究)의 대상으로 하는 것은, 바로 이 보편적인 것 바로 그것이다.

전쟁이 그 절대적인 형태에 도달한 것은 극히 최근의 일이다. 따라서 이 시대는 필연적인 것, 보편타당한 것을 가장 많이 포함하고 있다고 말할 수 있다. 그러나 장래의 전쟁도 모두 이러한 웅대한 성격을 띨 것이라고 하는 추측에는 확실성이 없다. 그것은 이제까지 전쟁을 가두고 있었던 울타리가 일단은 개방되었으나, 이윽고 다시 닫아질 것이라는 추측에 근거가 없는 것과 마찬가지이다. 만약에 전쟁 이론이 이러한 절대적인 전쟁만을 다루면, 전쟁 그 자체에는 아무 관계가 없는 영향이 전쟁의 본성을 변화시킬 경우 모두 배제되든가, 그렇지 않으면 웃어넘길 오류로서 돌아보지도 않을 것이다. 그러나 적어도 이론이 전쟁을 관념적 관계에서가 아니라 현실적 관계에서 연구하는 것을 본령으로 하는 한, 그와 같은 일이 이론의 목적이어서는 안 된다. 요컨대 전쟁 이론은 전쟁에 관한 여러 대상을 검토·분석하고, 또 이들 대상을 정돈함으로써 전쟁을 발생시키는 여러 사정을 판별하며, 따라서 또 전쟁의 요강을 제시해서 시대의 일반적 요구와 그때의 독특한 요구를 각각 적절하게 판단하게 될 것이다.

그러면 우리는 다음과 같은 결론에 도달한다. 즉―전쟁 계획의 입안자가 당면한 전쟁에 대해서 설정하는 목표, 그 전쟁을 위해 강구하는 모든 수단은, 그때에 그가 놓인 정황의 매우 특수한 사정을 기준으로 결정된다. ―그러나 이들 특수 사정은, 그렇기 때문에 그 시대와 시대의 일반적 사정의 성격을 띠게 된다. 마지막으로 이들 특수적 사정은, 전쟁의 본성에서 논리적으로 도출된 일반적 귀결에 따르지 않으면 안 된다는 것이다.

제4장
전쟁 목표에 관한 한층 자세한 규정
적의 완전한 타도

전쟁의 목표는 그 개념으로 볼 때 항상 적의 완전한 타도이어야 한다. 그리고 이것이야말로 우리가 출발점으로 한 근본적 개념이다.

그렇다면 적의 완전한 타도란 도대체 무엇인가. 이를 위해서는 적의 모든 국토의 공략은 반드시 필요하지가 않다. 가령 오스트리아군과 프로이센군이 1792년[1]에 파리를 점령하고 있었더라면, 혁명당과의 전쟁은—인간의 생각이 미치는 한—그것으로 종결되었을 것이다. 또 그러기 위해서는 혁명당에 속하는 군을 미리 격파할 필요는 없었다. 이들 군은, 아직은 절대적인 힘을 갖춘 유일한 혁명군은 아니었기 때문이다. 이와는 반대로 만약에 나폴레옹이 1814년에도 여전히 정예로운 대군을 통솔하고 있었더라면, 동맹군이 파리를 점령해 봤자 모든 것을 해결한 것으로는 되지 못했을 것이다. 그러나 나폴레옹군의 대부분은 당시 이미 소모되고 있었기 때문에, 1814년과 1815년[2]에는 파리의 점령이 모든 것을 결정한 것이다.

1805년에 오스트리아군을, 또 1806년에 프로이센군을 분쇄한 것처럼 나폴레옹이 만약에 1812년에도 칼루가의 가도(街道)에 있었던 12만 명의 러시아군을, 모스크바 공략 이전 또는 이후에 분쇄할 수 있었다면, 비록 공략할 광대한 땅을 아직 남겨놓고 있었다 해도 수도 모스크바의 점령이 강화를 초래했을 것이라는 것은 거의 확실했다고 말해도 좋다.

1805년에는 아우스테를리츠의 회전이 전쟁을 결정했다. 빈과 오스트리아의

---

1) 프로이센군은 1792년(프랑스혁명 전쟁이 개시된 해) 8월에, 또 오스트리아군은 같은 해 10월에 프랑스에 침입했다.

2) 동맹군은 1814년 3월 31일 및 1815년 7월 6일에 파리를 점령했다.

3분의 2를 공략한 것만으로는 강화에 이르기에 아직 충분하지 않았던 것이다.[3] 그러나 또 다른 한편으로는, 아우스테를리츠 회전 뒤에 전체 헝가리가 아무런 상처도 입지 않고 남겨졌었다고 해도 이 강화를 저지할 수는 없었을 것이다. 요컨대 이 회전에서 러시아군의 패전이 1805년의 전역에 종지부를 찍은 것이다. 이 종지부야말로 나폴레옹에게 필요한 것이었다. 알렉산더 황제는 러시아군 이외의 군을 근처에 가지고 있지 않았다.[4] 따라서 강화[5]는 아우스테를리츠 회전의 필연적 결과였다. 당시 만약에 러시아군이 도나우 강변에서 오스트리아군 쪽에 있었고 그 군대와 패전을 같이 했더라면, 빈을 공략할 필요는 없었을 것이고 강화는 린츠[6]에서 벌써 체결되었을 것이다.

그러나 또 적의 국토를 완전히 공략해도 강화에 이르기에는 충분치 않은 경우도 있다. 1807년에 프랑스군은 프로이센에서 러시아의 원군을 공격했으나 아일라우[7] 회전에서의 불확실한 전승으로는 불충분하고, 역시 1년 전 아우스테를리츠 회전에서 전승한 것과 같이 프리틀란트 회전[8]에서 거둔 확실한 승리가 마지막 결정을 하게 한 것이다.

이와 같은 전쟁의 사례를 보아도, 전쟁의 성과는 일반적 원인에 의해서 결정될 수 없는 일이라는 것을 알 수가 있다. 그 자리에 있었던 사람이 아니면 알 수 없는 특수한 원인이나, 입 밖에 내지 못했던 수많은 정신적 원인은 물론 역사에는 일화로서만 전해질 매우 미묘한 마음의 움직임이나 우발적 사건조차도 때때로 결정을 주게 되는 것이다. 이와 같은 경우에 이론으로서는, 교전 양국의 특히 중요한 사정에 주목하는 일이 중요하다—라고 말할 수 있다. 이러한 중요한

---

3) 나폴레옹은 1805년 11월 13일 빈에 입성했다.
4) '러시아 황제 알렉산드르 1세는 동맹군 총수로서 나폴레옹과 싸움을 하여 전승자의 명예를 얻으려는 허영심 때문에, 카를 대공의 협력도, 프로이센의 참전도 기다리지 않고 비샤우로 전진했다.' 비샤우(Wischau)는 메렌 지방의(현대의 체코)의 작은 도시.
5) 아우스테를리츠 회전 뒤, 프랑스와 오스트리아는 헝가리의 도시 프레스부르크(Pressburg)에서 강화를 체결했다(1805. 12. 26)
6) 린츠(Linz). 북부 오스트리아의 도시. 도나우 강변에 있다.
7) 아일라우(Eylau). 프로이시시−아일라우(Preussisch-Eylau)라고도 한다. 동프로이센의 도시. 이 땅에서 프랑스군과 오스트리아−러시아 동맹군 사이에 회전이 있었다(1807. 2. 8)
8) 프리틀란트의 회전(1807. 6. 14) 뒤, 동프로이센의 도시 틸지트(Tilsit)에서 강화가 체결되었다(1807. 7~9).

사정에서 하나의 중심(重心), 즉 힘과 운동의 중심이 생겨서 모든 것은 이러한 중심에 의해 결정된다. 따라서 공격자는 전력을 기울여 적의 이와 같은 중심에 총공격을 가하지 않으면 안 되는 것이다.

알렉산더, 구스타프 아돌프, 카를 12세나 프리드리히 대왕 등의 경우, 중심은 그들의 군대에 있다. 따라서 만약에 군 그 자체가 분쇄된다면, 그들의 역할은 그것으로 끝났을 것이다. 당파 때문에 분열되고 있는 국가에서 그 중심은 대개 수도에 있다. 열강에 의지하고 있는 약소국의 경우, 중심은 이들 동맹자의 군에 있다. 여러 나라가 서로 모여 맺고 있는 동맹에서는 중심은 이해관계의 일치점에 있다. 국민 총무장의 경우에는 중심은 주된 지도자들 자신에게 있다. 따라서 공격은 각 경우의 중심을 이루는 것으로 향하지 않으면 안 된다. 적이 아군의 공격으로 균형을 잃으면, 적군에게 균형을 회복하는 시간적 여유를 주어서는 안 된다. 공격은 계속 이 방향을 향하지 않으면 안 된다. 혹시라도 병력의 우세를 믿고 여유 만만한 마음으로 적의 한 지방을 공략하고, 약간의 성과에 만족하여 더 큰 성과를 놓치는 일이 있어서는 안 된다. 공격자는 적 병력의 중핵을 끊임없이 탐색하여, 전쟁의 전체적 승리를 얻기 위해 아군의 모든 것을 걸 때에만 적을 틀림없이 타도할 수 있을 것이다.

그러나 아군이 공격 목표로 하는 적의 중심이 어떤 것일지라도, 적 전투력을 격파하는 일이야말로, 승리의 가장 확실한 단서이자 어떤 경우에 있어서도 가장 중요한 사항인 것이다.

많은 경험을 살펴보면 적을 완전히 타도하기 위한 조건은 다음과 같은 정황으로 여겨진다.

1. 적측에서, 군이 중심을 이루고 있는 경우에는 군을 격파한다.
2. 적국의 수도가 국가 권력의 중추일 뿐만 아니라, 정치 단체나 정당의 소재지일 경우에는 수도를 공략한다.
3. 적의 가장 중요한 동맹자가 적보다도 유력한 경우에는 이 동맹자에 강력한 공격을 가한다.

그런데 이제까지는 적을 항상 단일(單一)한 것으로 생각해 왔다. 확실히 일반적인 경우에 대해서만 이야기한다면 그것으로 좋았다. 그러나 적의 완전한 타도는 무엇보다도 중심에 집결된 저항의 타파에 있고 보면, 최초의 전제를 버리고 둘 이상의 적을 상대하는 경우를 검토하지 않으면 안 된다.

2개국 또는 그 이상의 국가들이 동맹해서 다른 한 나라를 적으로 삼을 경우에도, 정치적으로 보면 이것을 하나의 전쟁으로 간주하지 않으면 안 된다. 그러나 이러한 정치적 일체라는 것에도 여러 가지 정도가 있다.

그래서 문제는 동맹에 참가하고 있는 여러 나라가 각기 별개의 이해관계와, 이 이해를 추구하는 별개의 힘을 가지고 있는가의 여부, 그렇지 않으면 여러 나라의 각 이해관계와 힘은 그중의 한 나라의 이해관계와 힘에 의존하고 있는지의 여부이다. 만약에 정황이 제2의 경우에 가까우면, 상대가 다수라도 이것을 하나의 적으로 간주해도 좋으므로, 아군의 주요 행동을 하나의 주공격으로 압축할 수가 있다. 따라서 상대방을 하나의 적으로 간주할 수 있는 한, 이와 같은 방법은 효과를 거두는 가장 좋은 수단이라고 할 수 있다.

그러면 우리는 다음과 같은 원칙을 세울 수가 있을 것이다. 즉—하나의 적을 격파함으로써 동시에 몇몇 적을 패배케 할 수 있다면, 이러한 하나의 적을 완전히 타도하는 일이 곧 전쟁의 목표가 되어야 한다. 이 하나의 적을 공격하는 것은 바로 모든 전쟁의 공통된 중심을 공격하는 것이기 때문이다—라고.

이와 같은 생각이 허용되지 않을 경우, 즉 몇 개의 중심을 하나의 중심으로 환원하는 일이 실제로 불가능한 경우는 없다고 말해도 좋다. 그러나 그러한 일도 전혀 없는 것은 아니므로, 그와 같은 경우에는 전쟁을 두 개 내지 그 이상으로 보고 그 어느 것이나 독자적인 목표를 갖는다는 식으로 생각할 수밖에 없다. 이 경우에는 두 개 내지 그 이상의 적이 각기 독립해 있다는 것이고, 따라서 또 모든 적의 병력을 합산하면 적이 현저하게 우세하다는 것은 물론이므로, 적의 완전 타도라는 것은 일반적으로는 전혀 문제가 되지 않는다.

그래서 이러한 목표, 즉 하나의 적을 완전히 타도함으로써 몇 개의 적을 타파하는 것이 어떠한 경우에 가능하며, 또 이득인가 하는 문제를 좀 더 분명하게 검토해 보고자 한다.

우선 아군의 전력이 충분히 강해서,

1. 적의 전투력에 대해서 결정적인 승리를 거둘 수 있는 경우.

2. 획득한 승리를 더욱 좇아서, 피아가 더 이상 균형을 회복할 수 없게 될 때까지 적을 궁지에 몰아넣는데 필요한 행동이 가능할 경우.

더 나아가 아군의 이러한 승리가 다른 적을 자극해서, 그들이 우리에게 육박하여 최초의 적에서 손을 빼지 않을 수 없는 사태를 초래해서는 안 된다. 그래서 아군의 정치적 태세를 충분히 굳혀둘 필요가 있다.

1806년에 프랑스는 프로이센을 완전히 타도할 수가 있었다.[9] 그 때문에 러시아군이라고 하는 골칫거리를 인수하게 되었는데, 프랑스군은 충분히 강력했기 때문에 프로이센에서 이 러시아군을 잘 저지할 수가 있었다.[10]

프랑스는 1808년 에스파냐에서, 영국에 대해 이와 똑같은 일을 할 수 있었으나[11] 오스트리아[12]에 대해서는 그렇지 못했다. 프랑스는 에스파냐에 많은 병력[13]을 투입했기 때문에 현저하게 약화되어 있었다. 그렇기 때문에 프랑스가 1809년 오스트리아에 대해서 물리적·정신적 힘에서 현저한 우세를 보유하고 있지 않았다면, 에스파냐를 완전히 포기하지 않을 수 없었을 것이다.

여기서 우리는 법률의 삼심제(三審制)라고 하는 제도를 생각해 볼 필요가 있다. 이 제도에 의하면 비록 제1심 및 제2심에서 승소(勝訴)해도 제3심에서 패소하면 소송에 진 쪽이 소송 비용을 모두 부담하지 않으면 안 된다.

그런데 병력과 그 병력에 의해서 성취될 수 있는 성과를 살펴볼 경우에 동력학(動力學)에서 비교를 해보려고 생각한다. 즉, 시간을 병력의 한 인자(因子)로 보고 모든 힘, 즉 전 병력으로는 1년 걸리는 일이 절반의 힘, 즉 절반의 병력으

---

9) 예나 및 아우에르슈테트 회전(1806. 10. 14)에서의 프로이센군의 참패를 가리킨다.

10) 원군으로 오고 있던 러시아군은 위의 참패 소식을 듣고 바이크셀 강 오른편에서 정지했으나, 이윽고 프랑스군에 의해 격퇴되었다.

11) 나폴레옹은 1808년 11월에 에스파냐로 친히 원정하여, 에스파냐군의 저항을 배제하고 12월 4일에 마드리드를 점령하고, 이어 영국군을 에스파냐에서 몰아냈다.

12) 오스트리아는 나폴레옹이 에스파냐로 간 것을 좋은 기회로 삼아, 1809년 4월 9일에 프랑스에 선전포고했다. 한편 아스페른 회전(1809. 5. 21~22)에서는 오스트리아군이 이기고, 바그람 회전(7. 5~6)에서는 프랑스군이 승리를 거두었다.

13) 나폴레옹은 오스트리아의 전비(戰備)의 진척을 알고서 에스파냐에서 파리로 돌아왔으나, 그 때 약 24만의 군을 에스파냐에 남겨 두지 않을 수 없었다.

로는 2년이 걸린다는 것이다. 이와 같은 견해는 분명히 혹은 불분명하게 전쟁 계획의 기초를 이루고 있지만, 이러한 생각은 전적으로 잘못된 것이다.

지상의 모든 사물이 시간을 필요로 하는 것처럼 군사적 행동도 또한 시간을 필요로 한다. 그러나 빌나에서 모스크바까지 걸어서 1주일 안에 갈 수 없다는 것은 명백하다. 동력학에서는 시간과 힘의 상호 작용은 항상 규칙 바르게 이루어지지만, 이 경우처럼 보행자의 힘이 시간과 함께 쇠퇴하는 한 이러한 상호 작용은 전혀 성립될 수 없다.

시간은 교전자 쌍방에게, 또한 전승자나 전패자(戰敗者)에게도 필요하다. 다만 문제는 양자 어느 쪽인가가 그 정황에 의해서 시간으로부터 특별한 이점을 얻느냐 하는 것이다. 생각건대 이러한 이점은(전승의 경우와 패전의 경우 사이의 특성을 서로 빼고 계산하면) 분명히 전패자 쪽에 있다. 두말할 필요도 없이 이것은 동력학의 법칙에 의한 것이 아니라, 심리학의 법칙에 입각한 것이다. 전패자에게 부담시키는 요인에는 전승자에 대한 선망, 질투, 걱정이 있고, 또 때로는 패자를 가엾게 생각하는 거룩한 심정도 있다. 이들 심사는 어느 것이나 불행한 자에게 보내는 인정의 자연스러운 발로이고, 한편으로는 전승자에게 새로운 우방을 준비하고, 또 다른 한편으로는 전승자의 동맹 관계를 약체화하여 이를 포기시킨다. 그렇다면 시간으로 유리한 쪽은 침략자가 아니라 피침략자이다. 또 전승자가 최초의 승리를 이용하기 위해서는 앞서 말한 대로, 막대한 병력을 소비하지 않으면 안 된다. 더욱이 이 소비는 1회로 끝나는 것이 아니라, 마치 호화로운 생활을 유지하는 경우처럼 그 끝이 없는 것이다. 적의 주나 군의 점령으로 국력을 보충해 보았자 이렇게 해서 얻은 것이 반드시 이 초과 지출을 메울 수 있다고는 말할 수 없다. 그래서 식량을 적에 의존하는 일이 차차 곤란해져서, 마침내 불충분해지고 시간은 저절로 국면의 급변을 초래하여 승자와 패자가 서로 그 위치를 바꾸게 된다.

나폴레옹은 1812년 러시아와 폴란드에서 거액의 자금과 막대한 물자를 징발했으나, 그는 이것을 가지고 모스크바의 점령을 확보하기 위해 그곳으로 파견해야 할 10만의 군을 조달할 수 있었을까?

그러나 전승자가 탈취한 적의 주나 현이 매우 중요한 지역이고, 또 이들 주나 현이 아직 공략되지 않은 주나 현에 중요한 몇몇 지점을 포함하고 있으면, 패전자가 입은 피해는 마치 종기와 같아서 주위에 압박을 가할 것이다. 그렇게 되면 침략자는 그대로의 상태를 유지해도, 다시 말해 아무런 수를 쓰지 않아도 잃는 것보다 얻는 것이 클 것은 물론이다. 그때 패전자에게 외국으로부터 아무런 지원이 이루어지지 않는다고 하면 시간은 전승자 측에서 이미 개시되고 있는 일, 즉 전과(戰果)의 확장을 완성할 수가 있다. 그리고 아직 공략되지 않은 주나 현은, 아마도 자연히 몰락해서 이윽고는 침략자의 수중으로 들어갈 것이다. 그렇다면 시간은, 공격자 측 병력의 한 인자(因子)이기도 하다. 그러나 이것은 패전자측에서도 반격이 불가능하고 국면의 급변이 이제는 기대할 수 없는 경우의 일이다. 이와 같은 경우에는, 그때까지 피침략자측에서 병력의 한 인자였던 시간은 이제는 아무것도 아니라는 것이 된다. 침략자에게는 이미 주요한 일을 성취하고 승리의 극한점에 으레 따라다니는 위험이 이미 지난 것이다. 요컨대 적은 완전히 타도된 것이다.

위의 분석에 의해서 분명히 하려고 한 것은 다음 두 가지 점이다. 첫째는, 적 국토의 공략은 좀처럼 신속하게 완성될 수 있는 것이 아니라는 점이다. 둘째는, 이 행동을 성공시키기 위해서는 공략을 비교적 장기에 걸쳐서 참을성 있게 실시하는 것이 절대로 필요하다는 것이다. 그러나 이 방식은 공략을 수월하게 하기는커녕 오히려 곤란하게 만든다는 것이다. 그런데 이 주장이 옳다고 하면 공략을 성공시키는 데에 충분한 병력을 가진 공격자는 끊임없이 공략함으로써 성공으로 이끌고 가지 않으면 안 된다는 주장도 또한 옳다는 것이 된다. 한편 병력을 집결하거나 방책을 강구하기 위한 짧은 시간의 중단을 여기에서 문제 삼지 않는 것은 물론이다.

우리의 견해에 따르면 공격적 전쟁의 본질적 성격은, 쉴 틈도 없는 신속한 행동에 의해서 승패를 결정하는 데에 있다. 우리는 이러한 견해를 가지고, 이와 대립되는 의견을 근본적으로 배제할 수 있었다고 생각한다. 그 의견이란, 용맹매진하는 공략보다도 일정한 방법에 입각한 완만한 공략 쪽이 한층 신중하고 확실하다는 생각이다. 그런데 우리의 주장은, 이제까지 쾌히 우리에게 추종해온 독자들도 매우 역설적인 견해라고 여길지도 모른다. 뿐만 아니라 우리의 견해는, 겉보기에 그럴듯한 위의 의견에 강하게 반대함과 동시에 예부터의 견해로서 깊은 뿌리를 가지고, 또 서적 속에서 되풀이해서 언급되고 있는 의견을 공격하고 있는 것이다. 그래서 여기에서 우리의 견해를 잘못이라고 말하는 논거를 여기서 좀 더 상세하게 검토하는 것이 좋다고 생각하는 것이다.

가까운 목표에 도달하는 것은, 말할 필요도 없이 먼 곳에 있는 목표에 도달하는 것보다도 더 쉽다. 그러나 가까운 목표가 우리의 의도에 맞지 않다고 해서 멀리 있는 목표를 택하기는 했지만, 목표까지의 도정(道程)을 도중에서 구분하거나, 휴지점(休止點)을 설정한다고 해서 나머지 도정을 더 편하게 갈 수 있는 것은 아니다. 작은 도약은 큰 도약보다도 쉽다. 그러나 그렇다고 해서 폭이 넓은 도랑을 뛰어넘는데, 우선 반만 뛰고 다음에 나머지 반을 뛰려고 하는 사람은 없을 것이다.

그런데 이른바 정규 방법에 따라서 이루어지는 공격적 전쟁이라고 하는 개념의 바탕에 있는 것을 더 자세히 검토하면, 그것은 보통 다음과 같은 것들임을 알 수가 있다.

1. 공격자의 전진 도상에 있는 적의 요새를 공략한다.
2. 필요한 물자를 축적한다.
3. 창고, 교량, 진지, 그 밖에 중요한 지점에 축성 공사를 시행한다.
4. 동영(冬營)이나 휴양 숙영에서 병사를 쉬게 한다.
5. 다음 해의 증원을 기다린다.

그런데 이러한 다섯 가지 목적을 달성하기 위해서 공격을 도중에 실제로 구분해 보거나 운동에 휴지점(休止點)을 설정하면, 그 사이에 새로운 후방 기지나 새로운 병력을 손에 넣을 수가 있다고 생각하고 있는 것일까? 마치 자기 나라가 전진하는 군대 뒤에서 따라온다고 생각하고 있는 것 같은, 혹은 또 군은 전역이 달라질 때마다 새로운 활동력을 얻을 수 있다는 것 같은 사고방식이다.

위에 든 작은 목적은 어느 것이나 공격적 전쟁을 수월하게 할지도 모르지만, 그러나 공격의 성과는 반드시 확실한 것은 아니다. 오히려 대개의 경우 일을 당해서 장수의 마음을 주저하게 만들거나, 혹은 내각의 결단을 둔화시키는 원인에 그럴듯한 명목을 붙인 데에 지나지 않는다. 그래서 공격의 단락을 유리하다고 생각하는 위의 다섯 가지 이유를 끝 쪽에서 순차적으로 검토해 보고자 한다.

1. 새로운 병력을 기다리는 것은 공격자나 방어자나 마찬가지이다. 그러나 이것은 방어자 쪽에서 한층 절실하며, 또 병력의 증가도 방어자에서 한층 유리하다. 또 당연한 일이지만 국가는, 2년 치의 병력과 거의 같은 병력을 1년 안에 공급할 수가 있다. 2차년에 실제로 증가하는 병력은 1차년의 전 병력에 비하면 미미한 것이기 때문이다.

2. 방어자 측도 공격자와 마찬가지로 휴식을 취한다.

3. 도시나 진지의 축성 공사는 군대 자체의 일은 아니다. 따라서 그것은 공격자가 공격을 멈추는 이유가 되지 않는다.

4. 오늘날에는 군대가 직접 보급을 하기 때문에, 창고가 필요한 것은 행군 동안보다도 오히려 군이 멈추고 있는 경우이다. 행군이 순조롭게 이루어지고 있으면 공격군은 적의 저장 물자를 이용할 수 있으므로, 비록 행군하는 지방이 빈곤하다 해도 이들 물자로 보충할 수가 있다.

5. 적의 요새를 공략하는 것이 공격의 중단은 되지 않는다. 오히려 공략에 힘을 집중하므로 강한 전진이라 할 수 있다. 비록 공격 때문에 전진이 정지하는 것처럼 보이기는 하지만, 그것은 지금 여기에서 문제로 삼고 있는 경우와는 다른 것이다. 다시 말하면, 요새를 공략하기 위해 전진을 정지하는 것은 결코 공격력의 억제나 완화를 뜻하는 것은 아니다. 그런데 몇 개의 요새가 있을 때 어느 것을 공략하면 좋은가, 또 더 나아가 어느 것을 포위하면 좋은가, 그렇지 않으면 감시하는 것으로 그칠 것인가 하는 것은 그때의 사정에 따라 결정될 문제이다. 따라서 우리로서는, 다만 일반적으로 이렇게 말할 수 있을 뿐이다. 즉 —이 문제에 대답할 수가 있으면 또 하나의 문제, 즉 공격자는 단지 포위하는 것으로 그치고 전진을 계속해도 위험에 빠질 염려가 없는가 하는 문제도 바로 해결될 것이다—라고. 만약에 그와 같은 위험이 없고, 또 병력을 공격적 전진에서 사용할 필요가 있다고 한다면, 공격 운동이 모두 완료될 때까지 요새의 정공(正攻)을 연기하는 편이 득책이다. 요컨대 요새를 공략해서 이것을 당장이라도 확보하려고 하는 생각에 이끌려, 그 때문에 더 중요한 일을 소홀히 하는 일이 있어서는 안 된다.

그런데 전진을 계속하면, 이미 획득한 것을 다시 잃을 염려가 있는 것처럼 여겨지는 경우가 있다. 그럼에도 공격적 전쟁에서는 전진 운동에 구분을 두거나, 휴지점을 설정하거나 또는 도중에서 중간 휴식을 한다는 것은 공격전에는 어울리지 않는 일이다. 만약 그와 같은 방법을 꼭 취하지 않을 수 없다면, 그것은 공격의 성과를 확실하게 하기는커녕 오히려 이것을 불확실하게 하는 해악으로 간주할 수밖에 없다. 그런데 일반적 진리를 구하는 입장에서 말하자면, 공격적 전진을 중지하지 않을 수 없는 원인은 공격자의 병력이 열세하기 때문이다. 이와 같은 경우에 도중에서 일단 정지하면, 대개는 그 지점에서 목표로 향해 다시 출발할 수가 없게 된다. 따라서 만약에 제2의 출발점이 가능하다고 하면, 이전의 정지는 필연적인 것이 아니었다는 것이 된다. 또 목표가 원래 이 정도의 병력으로서는 너무 멀다고 하면, 결국 이 목표는 언제까지나 먼 존재가 되는 것이다.

　우리는 일반적 진리는 이와 같다―라고 말했을 뿐이다. 요컨대 우리로서는 시간 그 자체를 공격자에게 매우 유리한 요인인 것처럼 여기는 잘못된 생각을 배제하면 그것으로 좋다. 그러나 정치적 정세는 해마다 변화하므로, 이미 그것만으로도 위에서 말한 일반적 진리로부터 일탈하는 경우가 자주 생길 것이라고 여겨진다.

　위와 같은 고찰은, 우리가 전반적 관점을 잊고 공격적 전쟁만을 염두에 두고 있는 것처럼 여겨질지도 모른다. 그러나 결코 그와 같은 일은 아니다. 적어도 적의 완전한 타도를 전쟁의 목표로 할 정도의 장수라면, 방어에만 시종할 리가 없다. 원래 전수(專守) 방어의 직접 목적은 이미 소유하고 있는 것의 유지에서 끝나기 때문이다. 대개 적극적 원리가 전혀 결여된 방어는 그 자신과 모순된다고 하는 것이 본래 우리의 주장이지 않으면 안 된다. 따라서 그 어떠한 방어도 방어의 이점을 모두 이용했다면 바로 공격으로 옮기지 않으면 안 된다는 것을 되풀이해서 지적하지 않을 수가 없다. 그러면 공격자 측의 이러한 공격이 목표로 하는 것, 다시 말하면 방어의 본래 목표라고 여겨질 수 있는 것은 그 대소를 불문하고, 적의 완전한 타도가 되지 않으면 안 될 것이다. 그리고 이 경우의 공격자가 비록 마음속에 원대한 목적을 품고 있다고는 하지만, 처음에는 방어라고 하는 전쟁 형식을 채용하는 경우가 있을 수 있다는 것을 지적하지 않을 수가 없다. 이와 같은 생각이 비현실적인 것이 아니라는 것은, 1812년의 러시아 전역을 상기하면 쉽게 이해할 수 있으리라 믿는다. 당시 알렉산드르 황제는, 이 전쟁에 의해서 그의 적 나폴레옹을 파멸로 몰아넣을 것이라고는 생각도 하지 않았을 것이다. 그러나 결과는 바로 그대로였다. 과연 이와 같은 생각은 불가능했을까? 러시아군이 이 전쟁을 방어로 시작했다는 것은 매우 자연스러운 일이 아니었을까?

제5장
전쟁 목표에 관한 한층 자세한 규정(이어서)
제한된 전쟁 목표

앞 장에서 우리는 '적의 완전한 타도'라고 하는 말은, 군사적 행동의 본래의 절대적 목표를 의미한다고 말했다. 그래서 다음에는 이 목표에 도달하기 위한 여러 조건이 구비되지 않은 경우에도, 여전히 할 수 있는 일은 무엇인가 하는 문제를 살펴보고자 한다.

이와 같은 조건은 군의 크나큰 물리적, 정신적 우세, 장수의 위대한 행동적 정신과 모험적 성향을 전제로 한다. 그런데 이들 요건이 모두 없을 경우, 군사적 행동의 목표로서는 두 가지밖에 없다. 첫째는 적 국토의 작은 부분, 혹은 중간 정도의 부분을 공략하는 일이다. 둘째는 자국 영토의 보유에 노력하고, 후일의 좋은 시기를 기다리는 일이다. 이 두 가지 방법은 방어적 전쟁에서는 흔한 일이다.

이 두 가지 방법이 각기 어떤 경우에 적절한가 하는 문제에는, 지금 제2의 방식에 대해서 한 말이 해답을 줄 것이다. 대개 좋은 시기를 기다린다고 하는 것은, 이러한 좋은 시기의 출현을 장래에 기대하지 않으면 안 된다는 예측을 전제로 하고 있다. 따라서 이 기다린다고 하는 것, 다시 말하면 방어적 전쟁은 항상 이와 같은 전망에 입각해서 발생한다. 이와는 달리 장래가 아군보다도 적에게 유리하다는 전망이 서면 현재의 순간을 이용하는 일, 즉 공격적 전쟁이 발생하는 것이다.

그런데 세 번째는, 가장 흔한 경우이다. 즉, 피아 쌍방이 어느 쪽도 장차 아무런 명확한 성과를 기대할 수 없어서 공격이냐, 그렇지 않으면 방어냐 하는 선택의 결정을 장래에 구할 수 없는 경우이다. 그런데 이러한 경우에 공격적 전쟁을 개시하는 것은 물론 정치적으로 공격자인 쪽, 다시 말하면 공격 행동을 일으킬 적극적 이유를 갖는 쪽이다. 그는 이 목적을 위해 무장을 한 것이고, 따라서 충분한 이유 없이 소비된 시간은 모두 그의 손실이 되는 것이다.

이상으로 공격적 전쟁과 방어적 전쟁 어느 쪽인가를 고르는 이유를 명백히 했다. 그러나 그 이유는, 피아 쌍방의 병력의 비교에는 별로 관계가 없다. 일반적으로는 공격을 고르는가, 방어를 고르는가는 오직 병력의 비교에 의해 결정된다는 생각 쪽이 훨씬 옳다고 생각할지도 모른다. 그러나 이러한 사고방식이야말로 논자가 자칫 정도를 벗어나는 원인이 된다. 여하간 우리의 알기 쉬운 추론이 논리적으로 옳다는 것은 아무도 부정할 수 없을 것이다. 그래서 이 추론이 구체적인 경우에도 여전히 옳은가의 여부를 살펴보고자 하는 것이다.

여기에 어떤 작은 국가가 있어서 매우 우세한 병력을 가지고 있는 국가와 분쟁을 일으키고 있는데, 그 나라의 사정은 해마다 악화될 것이 예상되고 있다. 만약에 이 작은 나라가 전쟁을 피할 수 없다고 한다면, 사정이 아직 심하게 악화되지 않은 시기를 이용해야 하지 않을까? 그렇다면 이 나라는 공격을 선택하지 않으면 안 된다. 그러나 그것은 공격 자체가 이점을 가져오기 때문이 아니다. 이러한 공격은 오히려 피아 병력의 불균형을 한층 크게 만들지도 모르는 것이다. 요컨대 이 작은 나라가 공격으로 나서는 것은 사정이 심하게 악화될 시기가 아직 시작되지 않은 경우에 사태를 해결하든가, 그렇지 않으면 적어도 일시적인 이점을 얻어 급한 처지를 면하고, 그 후 얼마 동안은 이 이점을 이용하는 일이 필요하기 때문이다. 이 설명은 특별히 불합리한 점이 없다고 생각한다. 그런데 해당 소국이 우세한 적의 공격적 전진을 확실히 미리 알 수 있다면, 최초의 이점을 획득하기 위해 방어라고 하는 전쟁 형식을 사용할 수가 있고, 또 실제로도 그렇게 할 것이다. 그렇게 하면 적어도 시기를 놓치는 위험이 없기 때문이다.

또 어떤 소국가와 다른 약간 큰 국가가 전쟁 상태에 있으면서, 쌍방 모두가 분명하지 않고 공수 어느 쪽을 고를 것인가에 대해서 결심을 미처 생각할 수 없는 경우를 생각해 보기로 하자. 당해 소국이 정치적으로 공격자라면, 우선 그가 자기 목표를 향해 공격적 전진으로 나아가야 할 것이다.

그러나 소국이 자국보다도 강대한 국가를 상대로 해서 적극적 목적을 설정할 정도로 대담하면, 그리고 또 적측이 공격하는 노고를 아낀다면, 이 경우에도 자기 쪽에서 자진해서 행동을 일으키지 않으면 안 된다. 다시 말하면 자기 쪽에서 적을 공격하지 않으면 안 되는 것이다. 따라서 이 경우에는 적을 기다린 다고 하는 것은 지극히 불합리하다고 말할 수 있다. 따라서 이 소국이 공격을 실시하는 순간에 그 정치적 결의를 변경했다면 몰라도, 그렇지 않으면 결국 이렇게 될 것이다. 그런데 막상 공격이라고 하는 중대한 시기에 결의를 번복하는 일이 자주 생겨, 전쟁에 적지 않은 영향을 주는 일이 있다.

제한된 목표에 관한 이상의 고찰은 더 나아가 이러한 목표를 갖는 공격적 전쟁과 방어적 전쟁을 살펴보지 않으면 안 되는데, 이 두 가지 경우에 대해서는 각기 다른 장에서 논해보기로 한다. 그전에 또 다른 방면의 고찰을 시도해 볼 필요가 있다.

우리는 이제까지, 전쟁의 절대적 목표가 실제의 전쟁에서 자주 수정되는 사실을 전쟁에 내재하는 이유만으로 설명했다. 또 정치적 의도가 갖는 성질에 대해서는, 이러한 의도가 적극적인 것을 구하고 있는가의 여부라는 점만 고려했다. 정치적 의도 이외의 사항은 결국은 전쟁 자체와는 관계가 없는 것이다. 그러나 제1편 제2장(전쟁의 수단과 목적에 관한)에서는 정치적 목적의 성질, 피아 쌍방의 정치적 요구의 대소 및 아군의 전반적인 정치적 사정이, 전쟁 지도에 매우 결정적인 영향을 준다는 것을 말했다. 그래서 다음 장에서는 이 문제를 살펴보고자 한다.

제6장
전쟁에서 정치적 목적 그 영향과 정치의 도구

A. 전쟁 목표에 미치는 정치적 목적의 영향

어느 나라가 타국의 위난을 구하기 위해 일어선다고 해도, 타국의 위급을 마치 자기 나라의 위급을 보는 깃 같은 열의로 볼 수는 없을 것이다. 그리고 원군을 보낸다고 해도 그 원조가 잘 되어가지 않을 경우 자기가 할 일은 끝났다고 하면서 이 난국에서 무사히 빠져나올 궁리를 하게 된다.

유럽의 정치계에는, 여러 나라가 공수(攻守) 동맹을 맺고 서로 지원하는 것을 의무로 삼는 관습이 있다. 그러나 이 동맹 관계에서 한 나라는 이해관계와 적대 관계를 다른 나라와 서로 나누는 것이 아니라, 도대체 적이 전쟁에 의해서 무엇을 얻으려고 하는가, 또 이를 위해서는 어느 정도의 노력을 하고 있는가에 대해서는 상관없이 단지 일정한, 그것도 될 수 있는 대로 소수의 병력을 서로 파견한다는 약속을 교환하는 데 지나지 않는다. 그렇기 때문에 이러한 동맹 관계의 행동에서는, 지원 의무를 갖는 동맹자는 적과 실제로 전쟁을 하고 있다고 생각하지 않는다. 본래의 전쟁이라면 반드시 선전 포고로 시작되고, 강화의 체결로 끝나지 않으면 안 될 것이다. 게다가 또 동맹이라고 하는 개념도 일반적으로 엄밀성이 결여되기 때문에 그 사용은 제각각이다.

그런데 이와 같은 약정에 따라 1만, 2만 또는 3만의 병력이 교전 중인 국가로 파견되고, 또 이 지원군의 사용은 그 나라의 완전히 자유로운 사용에 맡겨져서, 그 나라는 필요에 따라 이를 자유로 사용해도 좋다고 한다면 일은 일종의 내적 연관을 유지하고, 따라서 또 전쟁 이론도 그다지 혼란을 야기하지 않았을 것이다. 또 이와 같은 경우에는 타국으로부터의 원군은 일종의 용병이라고 간주해도 좋다. 그런데 이러한 원군의 사용은 매우 까다로워서 용병 문제만의 일이 아니다. 대부분 외국의 원군은 보내는 쪽의 장수가 지휘한다. 그러면 이 장수의 행동은, 자기 나라 궁정에 따르게 된다. 또 그에게 목표를 지시하는 것도 역시 그의 궁정이다. 그리고 목표가 이미 이와 같은 것이라면, 그의 의도가 어정쩡하게 되는 것은 당연하다.

그러나 동맹을 맺고 있는 두 나라가 제3국과 교전을 할 경우에도, 양국은 이 제3국을 반드시 같은 적으로 간주하고 있는 것은 아니다. 또 이 제3국에 의해서 격멸되지 않으려고 하는 속마음을 가진 양국은 자기들이 꼭 상대방을 격멸해야 한다고 절실히 생각하는 것도 아니다. 이러한 경우, 사태는 때때로 상거래 못지않게 해결되는 것이다. 즉, 양국은 각기 자기가 당면하는 위험과 이 전쟁에서 기대되는 이점의 비율에 따라, 3만 내지 4만의 군을, 말하자면 주권(株券)으로서 투자하여 전쟁에 의한 손해가 그 이상으로 미치지 않게 하는 계산을 하는 것이다.

대개 동맹국 간의 군사적 지원에는 언제나 이와 같은 생각을 볼 수 있다. 따라서 동맹에 속하는 한 나라가 다른 동맹자에 대해서는 위급존망(危急存亡)의 대사(大事)일지라도, 양국에 공통된 중대한 이해관계를 가지는 경우라 할지라도, 전력을 기울여 이를 지원하는 것이 아니라, 반드시 외교적인 여지를 남겨두는 것이다. 그래서 양 동맹국은 이러한 위급한 경우에는 우선 소수의 병력으로 서로 지원한다는 양해를 하는 데에 그치고, 나머지 병력은 후에 정치적 정세가 필요로 하는 경우에 특별한 배려에 의해서 사용한다는 식으로 정하는 것이다.

동맹 전쟁에 관한 이와 같은 생각은 오직 통설로 간주되어 왔다. 그런데 극히 최근에 이르러, (나폴레옹 아래에서의) 무제한적인 강력 행위가 유럽의 민심을 극도의 공포로 빠뜨렸기 때문에, 동맹 전쟁에 대해서도 종래의 부자연스러운 관점이 후퇴하고, 자연적인 관점(나폴레옹을 적으로 하는)이 나타나지 않을 수 없었던 것이다. 요컨대 이제까지의 생각은 어중간한 것이고 또한 변칙이었다. 전쟁과 평화의 차이는 원래 정도의 차이가 아니기 때문이다. 그러나 이러한 생각도 단순한 외교상의 관례이므로 이성은 이것을 무시해도 좋다는 것이 아니라, 역시 한편으로는 인간이 타고난 가까운 사람에 치우치는 성격과, 다른 한편으로는 친구를 구하지 않고서는 배길 수 없는 연약함에 깊이 뿌리를 내리고 있는 것이다.

마지막으로 동맹 전쟁과는 달리 어느 국가가 단독으로 전쟁을 하는 경우에도, 그 전쟁을 일으키게 한 정치적 원인(原因)이 전쟁 지도에 현저한 영향을 준다.

그런데 교전자의 한쪽이 전쟁에서 적에게 사소한 희생밖에 요구하지 않는 경우에는, 강화 때 얼마 안 되는 교환물만으로 만족하고, 또 큰 노력을 기울이지 않아도 이를 획득할 수 있다고 생각하는 것이다. 그러면 적측도 거의 이와 같은 일을 추측하는 것이다. 그런데 이러한 경우에 교전자의 한쪽이 이윽고 계측을 잘못했다는 것을 깨닫고, 그때까지는 적보다 약간 우세하다고 여겼던 것이 실제로는 아군 쪽이 열세였다는 것을 알았다 해도, 그와 같은 때에는 자칫하면 군비는 물론 기타 모든 수단도 부족하고, 게다가 위급 때 더욱더 왕성한 기력을 발휘하게 하는 정신직 동인도 부족한 섯이 통례이다. 그러면 궁지에 빠진 쪽은 될 수 있는 대로 급한 불을 끄기 위해, 비록 믿을 수 없다고 해도 장래에 유리한 일이 일어날 것을 기대하는 것이다. 그렇게 되면 전쟁은 마치 허약한 몸이 서서히 쇠약해 가는 것처럼 이유 없이 장기화된다.

여기에서 전쟁의 특성, 즉 교전 양국 사이의 상호 작용, 힘의 경합, 혹은 전쟁의 본래 모습인 처참한 강력 행위 등은, 박약한 동기에서 유래되는 정돈 상태에 헛되이 매몰되어 쌍방 모두 극히 좁은 범위 내에서, 안전하게 운동할 수 있으면 그것으로 다행이라고 생각한다.

우리는 정치적 목적이 전쟁에 미치는 이와 같은 영향을 사실로서 인정하지 않을 수가 없다. 그러나 일단 이것을 인정하게 되면 이러한 영향에는 한이 없는 것으로 마침내는 무력을 가지고 적을 위협하는 것으로 멈추고, 그 후의 경과는 외교적 교섭으로 가지고 들어오는 전쟁까지도 될 가능성이 있다.

적어도 전쟁 이론이 철학적 성찰이고, 또 어디까지나 그러한 것이 되지 않으면 안 된다고 하면, 이론이 곤혹을 느끼게 될 것은 명백하다. 전쟁 개념에서의 필연적인 것은 모두 모습을 감추는 것처럼 보이고, 이론은 일체의 뒷받침을 잃는 위험이 있다. 그러나 거기에는 또한 자연적인 활로가 열리는 것이다. 본래는 격렬해야 할 군사적 행동을 완화시키는 원리가 현저하게 강해짐에 따라서, 혹은 오히려 행동의 동기가 약해짐에 따라서 행동은 더욱더 수동적이 되고, 행동의 돌발은 더욱더 드물어지며, 지도 원리를 더욱더 필요로 하지 않게 되는 것이다. 이렇게 해서 전쟁은 모두가 신중하게 된다. 그리고 이 신중함이 목적으로 삼는 것은, 피아 쌍방 사이의 불안정한 균형이 갑자기 깨어져서 아군에 불리를 주지 않도록, 또 어중간한 전쟁이 결말을 짓는 결정적인 전쟁으로 급변하지 않도록 경계하는 데에 있다.

B. 전쟁은 정치의 도구

우리는 이제까지 전쟁의 본성과 개인 및 사회의 이해관계와의 상극(相剋)을 논해 왔는데, 이 경우 혹은 전자를 돌아보고 후자에 눈을 돌려 이 상반되는 두 요소 어느 쪽도 등한시하지 않는다는 방침에 따랐다. 실제로 이 상극은 인간 그 자체의 본성에 뿌리박은 것으로, 단순한 철학적 이해만으로는 해결할 수가 없는 것이다. 그러나 모순되는 이 두 개의 요소는 부분적으로는 서로 상쇄하면서도, 실제 생활에서는 또한 서로 결부되어 일체를 이루고 있으므로, 다음에는 양자의 이러한 통일을 생각해 보려고 하는 것이다. 우리가 처음에 이 통일을 거론하지 않은 것은 위에서 말한 모순을 우선 명백히 하고, 서로 다른 두 요소를 개별적으로 고찰할 필요가 있었기 때문이다. 그런데 그 통일체라고 하는 것은, 전쟁은 정치적 교섭의 일부이며 따라서 또 그것만으로 독립되어 존재하는 것이 아니라는 생각 바로 그것인 것이다.

말할 필요도 없이 우리는, 전쟁이 여러 나라의 정부 및 국민 사이의 정치적 교섭에 의해서 야기된 것이라는 것을 알고 있다. 그런데 일반적으로는 이것을 다음과 같이 생각하고 있는 것이다. 즉, 전쟁의 개시와 함께 교전 양국 간의 정치적 교섭은 단절되고, 이와는 전혀 다른 사태가 나타난다. 그리고 이 새로운 사태는 그 자신의 법칙에 따르게 된다고.

이에 대해서 우리는 이렇게 주장한다. 즉, '전쟁은 정치적 교섭의 계속 바로 그것이다. 그러나 정치적 계속과는 다른 수단이 포함된 계속이다'라고. 지금 '정치적 교섭과는 다른 수단이 포함된'이라고 말했는데, 그것은 동시에 다음 두 가지를 명백히 하기 위한 것이다. 첫째는, 정치적 교섭은 전쟁에 의해서 단절되는 것도 아니고, 또 전혀 별개의 것으로 변하는 것도 아니다. 비록 이 경우에 정치적 교섭에 사용하는 수단이 그 어떤 종류가 되었든 간에, 여전히 그 본질을 지니고 있다는 것이다. 또 두 번째는, 전쟁에서의 일체의 사건이 더듬어 가는 주요한 선(線)은, 바로 전쟁을 뚫고 강화에 이르기까지 부단하게 이어지는 정치적 교섭의 요강(要綱)이라는 것이다. 도대체 그 이외에 달리 생각할 수 있는 길이 있을까? 선전을 포고하는 외교상의 통첩이 나오면, 그것으로 쌍방의 국민 및 정부 사이의 정치적 관계가 단절될까? 전쟁은 이러한 정치적 관계를 정부와 국민이 어떻게 생각하고 있는가를, 외교 문서와는 다른 문서와 말을 가지고 표현한 데에 지나지 않는 것은 아닐까? 전쟁이 그 자신의 문법을 갖는다는 것은 물론이다. 그러나 전쟁은 그 자신의 논리를 갖는 것은 아니다.

따라서 전쟁은 도저히 정치적 교섭으로부터 분리될 수 있는 것이 아니다. 만약에 이 두 요소를 분리해서 따로따로 고찰한다면 양자를 잇는 여러 가지 관계의 실오라기는 모두 단절되어, 거기에는 뜻도 없고 목적도 없는 이상한 물건이 생길 뿐이다.

이와 같은 생각은 전쟁은 완전한 의미에서 전쟁이며, 또 쌍방의 적대 관계를 노출시킨 격렬한 투쟁일 경우조차도 필요한 것이다. 전쟁의 바탕에서 전쟁의 주요 방향을 결정하는 모든 것, 즉 피아의 병력, 쌍방 각자의 동맹자, 쌍방의 국민 및 정부의 성격 등은, 제1편 제1장에서 열거한 대로 모두 정치적 성질을 띠고 있지는 않는가, 또 피아 쌍방 사이의 정치적 교섭과 매우 긴밀한 연계를 갖기 때문에, 이것을 정치적 교섭으로부터 분리시키는 것은 도저히 불가능한 것이 아닐까. 그러나 실제의 전쟁은 순수한 개념대로의 전쟁과는 달리 극도에 이르지 않고서는 그치지 않는 노력이 아니라, 오히려 자기모순을 포함한 어중간한 것이라는 것을 생각한다면 위에서 말한 우리의 생각은 이중으로 필요하게 되는 것이다. 요컨대 실제의 전쟁은 전쟁 그 자체의 법칙에 따르는 것이 아니라, 어떤 전체의 일부로 간주하지 않으면 안 된다. 그리고 그 전체라고 하는 것이 바로 정치이다.

정치는 전쟁을 도구로써 부려먹는다. 그래서 정치는 전쟁의 본성에서 필연적으로 생기는 일체의 준엄한 귀결을 회피하고, 또 먼 장래에 가능해질 것 같은 성과 등에는 아랑곳하지 않고 오직 눈앞에 있는, 확실하다고 여겨지는 성과에만 신경을 쓰는 것이다. 그 때문에 사태 전체가 매우 불확실한 것이 되고, 전쟁은 일종의 게임이 된다. 그리하여 각국의 내각에 의해 조종되는 정치는, 이 게임에서의 숙달된 기량과 날카로운 통찰력에서는 자신들이야말로 적보다 우수하다고 자부해서 서로 기교를 겨루게 된다.

이와 같이 해서 정치는 전쟁의 본령, 즉 모든 것을 정복하지 않고서는 못 배기는 격렬한 성질이 제거되고, 전쟁을 단순한 도구로 만들어버리는 것이다. 본래의 전쟁은, 말하자면 두 손으로 칼 손잡이를 잡고 혼신의 힘을 들여 들어 올리고 나서 일단 내리치면 두 번 다시 되돌릴 수 없는 큰칼과 같다. 그런데 정치의 손에 걸리면 이 큰칼도 가느다란 칼이 되고 때로는 시합 칼이 되어, 정치는 이를 가지고 찌르기, 페인트, 퍼레이드[1] 등의 기술을 자유자재로 구사하는 것이다.

전쟁의 본성은 격렬하며 인간의 상성(常性)은 사물에 겁을 먹는다. 이 양자 사이의 모순은 위에서 말한 방식으로 어쨌든 해결되는 것이다. 그러나 이것을 본디 의미에서의 해결이라고 할 수 있을지는 매우 의심스럽다.

전쟁은 정치에 속하므로 정치의 성격을 띠게 된다. 따라서 정치가 웅대하고 강력해짐에 따라 전쟁도 이에 준하게 된다. 그리고 양자의 이러한 관계가 극도에 다다르면 전쟁은 마침내 그 절대적 성격을 취하게 된다.

정치와 전쟁의 관계를 이와 같은 관점에서 고찰하면, 절대적 형태를 갖춘 전쟁을 무시할 필요는 없다. 오히려 우리는 이런 종류의 전쟁을 끊임없이 고찰의 배경에서 연상하지 않으면 안 되는 것이다.

이와 같이 생각함으로써만 전쟁은 다시 통일을 회복하게 된다. 그리고 이러한 통일이 있으므로 해서 일체의 전쟁은 종류를 같이 하는 것으로 간주할 수 있고, 또 이러한 통일에 의해서만 판단은 적절하고 엄밀한 입장과 관점을 얻게 된다. 그리고 대규모적인 전쟁 계획은 이와 같은 입장과 관점에서 생기고, 또 판정하지 않으면 안 되는 것이다.

물론 정치적 요소는 전쟁의 개개의 사항 끝까지 깊이 침투하는 것은 아니다. 기마 초병의 배치나 척후의 지도까지가 정치적 배려의 대상이 되는 것은 아니다. 그러나 그것만으로, 또 전체 전쟁의 계획은 물론 전역 계획이나 때로는 회전 계획에 대해서도 정치적 요소의 영향이 더욱더 결정적인 것이 되는 것이다.

이와 같은 관점을 처음에 내걸지 않은 것은, 이러한 사정에 의한 것이다. 전쟁

---

1) 세 단어 모두 펜싱 용어. 페인트(feinte)는 공격하는 것처럼 하여 상대편의 자세를 무너뜨리는 동작이고, 퍼레이드(parade)는 들어오는 상대방 검을 쳐내는 동작을 말한다.

의 개별적인 문제를 논할 경우에는 이러한 사고방식은 그다지 소용이 없을 뿐만 아니라, 오히려 우리의 주의를 산만하게 만들었을 것이다. 그러나 전쟁 계획이나 전역 계획을 논하게 되면, 이 관점은 아무래도 없어서는 안 되는 것이다.

인생에서 가장 중요한 것은, 사물을 파악하고 판단하기 위한 입장을 정확히 정해서, 이 입장을 굳게 지키는 것보다 좋은 일은 없다. 우리는 하나의 입장에서만 많은 현상을 통일적으로 파악할 수 있고, 또 그 입장이 항상 일정불변하기 때문에 모순에 빠지는 것을 피할 수 있다.

따라서 전쟁의 계획을 세움에 있어서 사물을 관찰하는 입장을 두 가지, 또 그 이상으로 나누어 사용해서 이번에는 군인의 눈으로, 다음에는 행정관의 눈으로, 또 그다음에는 정치가의 눈으로 보는 식으로 관찰하는 것은 허용되지 않는다. 그렇게 되면 모든 것이 종속되어야 할 입장은, 과연 정치이어야 하는가 —하는 문제가 생기게 된다.

정치라는 말이 나왔으니까 말이지, 내정의 모든 이해관계나 인간의 존재에 관한 모든 이해관계뿐 아니라, 합리적으로 생각할 수 있는 모든 것은, 모두 정치에서 합치고 수시로 조정되어야 한다는 것이 전제되어 있다. 실제로 정치는 그 자체로서는 무(無)이고, 다른 나라에 대해서 이들 일체의 이해관계를 주장하는 대리인에 지나지 않는다. 정치가 때로는 잘못된 방향을 취하고, 특별히 정치가의 명예심, 개인적 이해관계, 허영심 등을 섬기는 경우가 있다고 해도, 그와 같은 일을 여기에서 문제로 삼을 필요는 없다. 여하간 전쟁술이 정치의 교사로 여겨지는 일은 있을 수 없기 때문이다. 따라서 여기에서는 정치를 사회 전체의 모든 이해관계의 대표자로 간주해도 좋다.

그러면 남은 것은 다음 문제뿐이다. 전쟁 계획에서, 정치적 입장은 순전히 군사적 입장(가령 이와 같은 것이 있다면)에 자리를 양보해야 하는가, 다시 말하면 정치적 입장은 전혀 소멸하는가, 그렇지 않으면 군사적 입장에 종속되는가, 혹은 정치적 입장이 항상 지배적이고 군사적 입장은 여기에 종속되어야 하는가 하는 문제이다.

정치적인 관점이 전쟁의 개시와 함께 전혀 없어지게 되는 것은, 전쟁이 순전히 피아의 적대 감정에 입각한 필사의 투쟁인 경우에만 생기는 것이다. 그러나 실제의 전쟁은 앞서 말한 대로 정치 그 자체의 표현 바로 그것인 것이다. 그렇게 본다면 정치적 관점을 군사적 관점에 종속시킨다는 것은 불합리하다고 하지 않을 수 없다. 전쟁을 낳게 하는 것은 정치 바로 그것이기 때문이다. 정치는 지성이며, 전쟁의 도구에 지나지 않는다. 결코 그 반대는 아닌 것이다. 그러면 양자의 관계로서는, 결국 군사적 관점을 정치적 관점에 종속시킬 수밖에 없다.

여기에서 실제로 전쟁의 성질을 생각해 보자. 그러기 위해서는 본편 제3장에서 말한 것을 상기하는 것이 편리하다. 앞서 말한 것의 요지는 다음 두 가지이다. 첫째는, 전쟁의 성격과 주요 윤곽은 그 나라의 정치적 규모와 정치적 사정에서 생긴다. 따라서 전쟁은 무엇보다도 우선 이러한 성격과 윤곽에 관해서 확실하다고 여겨지는 사항을 기준으로 해서 파악되지 않으면 안 된다는 것이었다. 두 번째는, 자주 또는 대개의 경우(오늘날에는 이렇게 주장해도 좋을 것이다) 전쟁을 유기적 전체로 고찰하지 않으면 안 된다는 것이었다. 따라서 개별적인 부분을 이 전체에서 분리시킨다는 것은 허용되지 않는다. 또 그 어떤 국부적 활동도 전체와 합치시켜 이러한 전체의 관념에서 생기지 않으면 안 되는 것이다. 그렇다면 전쟁을 지도하는 최고의 입장, 즉 주요한 방침이 모두 그곳에서 생기는 입장은 정치적 관점 외에는 확실하고 명백해서 의심을 개입시킬 여지가 없는 것이다.

빈틈없는 전쟁 계획은 이러한 입장에서만 생긴다. 실제로 이러한 입장에서라면, 진상의 파악과 판단은 한층 용이하게 되고 확신은 한층 강화되며, 행동의 동기는 한층 완전해져서 전쟁의 역사는 한층 이해하기 쉬운 것이 된다.

이와 같은 입장에서 보면 정치적 이해관계와 군사적 이해관계의 상극은, 적어도 도리에서 보자면 이미 있을 수가 없다. 만약에 이러한 상극이 생긴다고 한다면 그것은 정치와 전쟁과의 관계에 대한 통찰이 불완전하다고 간주해도 좋다. 정치는 전쟁에 대해서, 전쟁이 이룰 수 없는 요구를 꺼낼 리가 없다. 정치는 자기가 사용하는 도구가 어떠한 것인가를 알고 있다는 것이 이미 전제되어 있기 때문이다. 그리고 이것이야말로 정치와 전쟁의 관계에서 절대로 없어서는 안될 가장 자연스러운 전제이다. 정치가 전쟁의 여러 사건을 올바르게 판정하는 한, 전쟁의 목적에 적합한 것은 어떤 사건이고, 또 이들 사건에 어떠한 방침이 주어지는가를 결정하는 것이 바로 정치의 본분이며, 또 정치만이 이것을 능히 할 수 있다.

요컨대 최고의 입장에서의 전쟁술은 정치가 된다. 그러나 이 정치는 외교상의 통첩을 인정하는 것이 아니라, 적과 견주기 위해서는 회전으로 도전하는 것이다.

이러한 견해에 따르면, 전쟁에서의 중대한 사건이나 이러한 사건의 계획을 순 군사적 판정에 맡기는 것이 좋다고 하는 주장은, 정치와 전쟁을 엄연히 구별하려고 하는 인정할 수 없는 사고방식이며 해로운 생각이기도 하다. 실제로 전쟁 계획을 세울 때 바로 내각이 할 일을 군인에게 자문하고, 이 계획에 대한 순 군사적인 판단을 구하려고 하는 것은 불합리하기 짝이 없는 방식이다. 그러나 더 불합리한 것은 한 패거리 이론가들의 주장이다. 그들은 국가가 현재 가지고 있는 전쟁 수단을, 그것을 가지고 전쟁 또는 전역에 대한 순 군사적인 계획에 참고로 하기 위해 장수에게 맡기라고 요구하는 것이다. 오늘날의 군사 기구는 매우 다종다양하고 또 현저하게 발달했다고 해도 전쟁의 요강은 반드시 내각에 의해서, 다시 말하면 군사 당국이 아니라 정치 당국에 의해서만 결정되어야 한다는 것은 널리 경험이 보여준 바와 같다.

이것은 지극히 사리에 맞는 일이다. 전쟁에 필요한 주요 계획치고 정치적 사정에 대한 통찰 없이 입안될 수 있는 것은 하나도 없다. 그런데 다른 한편으로는 이와는 전혀 다른 의견이 있다. 그래서 전쟁 지도에 미치는 정치의 해로운 영향이 거론되는 것이다. 그러나 비난을 받아야 할 일은 전쟁에 미치는 정치의 영향이 아니라, 정치 자체이다. 적절한 정치는, 다시 말하면 정치가 그 목표를 잘못 정하지 않으면, 정치의 뜻을 담고 수행되는 전쟁에 유리한 영향을 끼치지 않을 수는 없는 것이다. 만약에 정치의 영향 때문에 목표가 달성되지 않는다고 한다면 그 근원은 잘못된 정치에서 찾지 않으면 안 된다.

때로는 정치가 어떤 종류의 군사적 수단이나 방책 때문에, 이들 수단이나 방책의 성질에 어울리지 않는 잘못된 효과를 요구하는 일이 있다. 이와 같은 경우에만, 정치의 지정(指定)은 전쟁에 해로운 영향을 주는 것이다. 외국어를 아직 잘 구사할 수 없는 사람이 자기 생각을 부정확하게 표현하는 일이 있는 것처럼, 정치 또한 올바른 생각을 가지면서도 가끔 자기 자신의 의도에 적합하지 않은 일을 지시하는 법이다.

이와 같은 사례는 이제까지 수없이 있었다. 이것으로 보아도 정치적 교섭을 하는 데에는, 군사에 대한 어느 정도의 통찰을 결여해서는 안 된다는 것을 알 수가 있다.

그런데 고찰을 더 진행시키기에 앞서 자칫 생기기 쉬운 오해를 예방해 둘 필요가 있다. 우리는 군주가 친히 정무를 관장하지 않을 경우, 서류의 처리에 몰두하고 있는 육군 장관, 학식 있는 기술 장교, 혹은 야전에 능숙한 궁인이 그것만의 이유로 훌륭한 수상이 될 수 있다고 생각하는 것은 아니다. 다시 말하면, 우리는 군사에 대한 통찰이 수상의 주된 특성이라고 말하고 있는 것이 아니다. 탁월한 지력과 강한 성격—이것이 수상이 구비해야 할 주요 특성인 것이다. 군사에 대한 통찰 같은 것은 여러 가지 방식으로 이를 보충할 수가 있다. 프랑스는 벨일 형제[2] 및 슈아죌 공[3]이 군정을 장악했을 때만큼 군사적·정치적 분쟁의 해결이 서툴렀을 때는 없었다. 그런데 이 세 사람은 군인으로서는 우수했던 것이다.

전쟁이 정치의 뜻을 받아 이루어지고 또 정치가 전쟁의 수단과 어긋나지 않기 위해서는, 정치가와 군인이 한 몸으로 겸비되지 않는 한 남은 길은—최고의 장수를 내각의 일원으로 참가시켜, 가장 중대한 시기에는 내각의 심의 및 결의에 참여시키는 제도뿐이다.

이 방법은 오스트리아 황제[4]가 1809년에, 또 동맹군 측의 여러 군주가 1813년, 14년, 15년에 시도한 것으로, 이런 종류의 제도의 효과는 이들 전역에서 완전히 실증되었다.

내각 안에 있는 최고의 장수 이외의 군인이 주는 영향은 가장 위험하다. 이런 종류의 영향이 건전하고 강력한 행동을 낳게 하는 일은 거의 없다. 프랑스의 카르노[5]가 1793~1795년에 파리에서 군사 행동을 지휘한 사례는 철저하게 비난받지 않으면 안 된다. 이와 같은 공포 정치는 혁명 정부만을 섬기기 때문

---

2) 벨일 형제. 형은 Belle-Isle, Charles Louis Auguste Fouquet de이다(1684~1761). 프랑스의 원수. 육군 장관. 아우는 Belle-Isle, Louis Charles Armand Fouquet de이다(1693~1746). 프랑스의 장수.

3) 슈아죌(Choiseul, Etienne-Francois duc de, 1719~85). 프랑스의 장수. 육군 장관(1761~71).

4) 프랑츠(Franz II., 1768~1835). 독일 황제(1792~1806). 오스트리아 황제(1804~35)로서는 프랑츠 1세라고 했다.

5) 카르노(Carnot, Lazare Nicolas Marguérite, 1753~1823). 프랑스의 사관, 정치가. 프랑스혁명의 조직자.

이다.

다음에는 정치와 전쟁에 대해서 약간 파고들어간 역사적 고찰을 시도함으로써 이 장을 끝마치기로 한다.

전 세기의 90년대에, 널리 알고 있는 바와 같이 유럽의 전쟁술은 현저한 발달을 이루었다. 이 변혁에 의해서, 한편에서는 이전에 가장 우수하다는 평을 들은 여러 나라의 군은 그 기교의 일부가 효력을 상실하게 되었다는 것을 깨닫지 않을 수 없었다. 그러나 또 다른 한편으로는 이제까지 도저히 생각할 수 없었던 군사적 성과가 생긴 것이다. 그래서 전쟁에서의 계산은 모두 믿을 수 없는 것이고, 결국 전쟁술을 방해하는 짐밖에 되지 않는다는 생각이 생긴 것은 당연한 일이었다. 요컨대 여러 나라의 군은 구태를 벗어던질 수 없었기 때문에, 또 고정된 개념이 지시하는 좁은 권내(圈內)에 갇혀 있었기 때문에, 새로 생긴 사정의 강력한 힘에 압도된 것이다. 그러나 이 새로운 사정은 확실히 종래의 좁은 권역 밖에 있다고는 하지만 사리 밖에 있는 것은 아니다.

식견이 풍부한 관찰자들은 이러한 현상을 가리켜서, 정치가 수 세기에 걸쳐서 전쟁술에 미친 전반적 영향으로 보았다. 그리고 이러한 나쁜 영향이 전쟁술에 매우 심한 불리함을 가져왔기 때문에 전쟁은 어중간한 것이 되고, 또 때로는 모의전(模擬戰)과 비슷한 것으로까지 타락했다고 말했다. 이 견해는 사실을 관찰한 사람들에게는 분명히 수긍할 만한 것이다. 그러나 이 사실을 정치와 전쟁 사이에 우연히 발생한 관계로 보고, 피하려고 생각했다면 피할 수 있었던 관계라고 단정한 데에 잘못이 있다.

또 다른 관찰자들은 이 모든 현상을 오스트리아·프로이센·영국 및 그 밖의 여러 나라의 각기 특수한 정치에서 생긴 일시적 영향으로 설명할 수 있다고 생각했다. 그러나 유럽의 인심에 심한 충격을 준 이 급격한 변혁은, 전쟁 지도의 내부에서 일어났다고 하느니보다는 오히려 정치 내부에서 일어났다고 말하는 것이 진실이 아닐까? 따라서 우리에게 말하게 한다면 문제는 이렇게 된다. ― 유럽에 닥친 이 불행은 전쟁에 미치는 정치의 영향에서 생긴 것인가, 그렇지 않으면 잘못된 정치 그 자체에서 생긴 것인가―하고.

프랑스혁명이 여러 외국에 미친 막대한 영향의 출처가, 프랑스의 전쟁 지도의 새로운 수단이나 견해에 있다고 하느니보다는 오히려 완전히 바뀐 정치 및 행정, 정부의 성격, 국민의 상태 등에 있다는 것은 명백하다. 여러 나라의 정부가 이들 사태를 올바르게 관찰하지 않았다는 것, 그리고 구식의 전쟁 수단을 가지고 새로 일어난 이 압도적인 병력에 대항하려고 했다는 것은 모두 정치가 저지른 과실이다.

그런데 이들 과실은 전쟁을 순 군사적으로 파악하려고 하는 입장에 통찰되어 수정될 수 있었는가? 아니다. 그것은 불가능했다. 비록 철학적인 전략가가 나타나서 피아 쌍방의 격렬한 적대 감정만으로 생기는 결과를 모두 예견하고, 혹 또 먼 장래에 가능해질 성과를 모두 예언한다 하더라도 우리는 이러한 전략가의 인식을 승인하지 않을 것이다.

정치는 새로 프랑스에서 눈뜬 여러 힘과, 유럽의 정치에서 발생하고 있는 새로운 사정을 각기 올바르게 평가할 수 있을 때에만 전쟁 지도의 요강에 미치는 영향의 결과를 올바르게 예견할 수 있었고, 또 필요한 전쟁 수단의 양을 규정하여 가장 좋은 방책을 선택할 수 있었던 것이다.

따라서 우리는 이렇게 말해도 좋을 것이다—프랑스혁명의 20년[6]에 걸친 전승은, 혁명에 반대한 여러 나라에 의해 이루어진 잘못된 정치의 결과이다—라고.

말할 필요도 없이 정치가 저지른 이들 잘못은, 교전을 해보고 비로소 분명해진 것이다. 즉 전쟁 중에 생긴 여러 현상이, 정치가 전부터 품고 있던 기대를 보기 좋게 배반한 것이다. 그러나 이것은 정치가 전쟁술에 자문하는 것을 게을리 했기 때문에 일어난 것이 아니다. 정치가 믿고 있던 전쟁술은 바로 현실의 세계에서 생긴 것으로 그 당시의 정치에 속했으며, 또 정치가 그때까지 계속 사용해 왔던 손에 익은 도구였던 것이다. 그리고 이러한 전쟁술이었기 때문에 정치의 잘못에 말려들어 정치와 운명을 함께 한 것이다. 따라서 정치가 전쟁술에 의해서 계몽된다는 것은 도저히 할 수 없는 일이었다. 분명히 전쟁 그 자체도 또한 그 본질과 방식에서 현저한 변화를 이루고, 이와 같은 변화에 의해서 그 절대적 형태에 접근했다는 것은 사실이다. 그러나 전쟁에서의 이와 같은 변화는 프랑스 정부가 스스로 자진해서 구식 정치와의 인연을 끊었기 때문에 생긴 것

---

6) 프랑스혁명 전쟁(1792~1801)에서 1809년까지의 나폴레옹 전쟁과 합쳐서 20년이라고 했을 것이다.

이 아니라 변혁된 정치, 바꾸어 말하면 프랑스혁명에 의해 우선 프랑스에서 탄생하여, 차차로 전 유럽에 파급된 정치에서 생긴 것이다. 그리고 이 정치가 이제까지와는 별개의 전쟁 수단을 강구하고 별개의 군대를 소집하여, 이로써 이전에는 생각할 수 없었던 강력한 전쟁 지도를 가능하게 한 것이다.

요컨대 전쟁술이 실제로 변화한 것은 변화한 정치의 필연적인 결과이다. 따라서 전쟁술의 이와 같은 변화는, 정치와 전쟁의 불리 가능성을 입증하기는커녕 오히려 양자가 내부적으로 결부되어 있다는 유력한 증명이다.

따라서 지금 다시 한번 이렇게 말해두고자 한다―전쟁은 정치의 도구이다. 전쟁은 필연적으로 정치의 성격을 띠지 않을 수 없다. 전쟁은 항상 정치의 척도로 측정되지 않으면 안 된다. 따라서 전쟁 지도는 그 요지에서는 정치 그 자체이다. 정치는 전쟁에서 펜 내신에 칼을 가지고 하지만, 그렇다고 해서 정치의 법칙에 따라서 생각하는 것을 그만두는 것은 아니다―라고.

제7장
제한된 전쟁 목표─공격적 전쟁

그런데 적의 완전한 타도를 전쟁의 목적으로 삼을 수 없는 경우에도 적극적 목표는 있을 수 있다. 그러나 이 경우 적극적 목적이라 해도 적 국토의 일부를 공략하는 것뿐이다.

적 국토의 일부를 공략함으로써 얻는 이익은 다음 세 가지이다. 첫째는 적의 국력을 쇠퇴시키고, 따라서 또 적의 전투력도 쇠퇴시킴으로써 공격자의 전투력을 증대시키는 일이다. 둘째는, 부분적으로나마 식량을 적에 의존해서 전쟁을 수행할 수 있다는 것이다. 셋째는, 적의 주(州)나 군(郡)의 점령은 강화를 체결하는 경우에 아군의 순익(純益)이라고 간주할 수 있다는 것이다. 공격자는 점령한 주나 군을 강화 조약에 의해서 그대로 보유하든가, 그렇지 않으면 강화 때에 이것과 교환해서 다른 이점을 획득할 수 있기 때문이다.

적 국토의 공략에 관한 이와 같은 견해는 지극히 자연스럽다. 만약 공격이 극한에 달해서 방어 상태로 이행할 경우 걱정할 점이 아무것도 없다고 한다면, 이 견해에 반대할 이유도 조금도 없다고 말할 수 있다.

또 앞서 승리의 극한점을 논한 장에서 이러한 공세가 공격자의 전투력을 약화시키는 경과와, 이런 종류의 공격에 자칫 위험한 결과를 염려하게 하는 상태가 따라서 일어나는 까닭을 자세하게 설명해 두었다.

적국의 한 지역을 공략하면 공격자의 전투력은 그 때문에 다소간 약화되지 않을 수가 없지만, 이 약화에는 여러 가지 정도가 있다. 그리고 이러한 정도의 크고 작음은 오직 당해 지역의 지리적 위치에 의해서 정해지는 것이다. 만약에 이 점령 지역이 공격자 측의 여러 주를 보충할 수 있는 위치에 있을 경우, 다시 말하면 공격자의 영토 안에 끼어 있다거나 국경에 따라 있다거나 또는 공격자의 주력이 전진하는 방향에 위치하고 있는 경우에는, 공격자의 전투력이 약화되는 정도는 비교적 적어지는 것이다. 7년 전쟁에서 작센은, 프로이센의 전쟁터를 보충할 수 있는 자연적(지리적) 위치에 있었다. 따라서 프리드리히 대왕의 전투력이 작센을 점령함으로써 약화되기는커녕 오히려 증대한 것은, 이 땅이 마르크 지방에 가깝다고 하느니보다는 오히려 슐레지엔에 가까워서 마르크 지방을 동시에 엄호할 수 있었기 때문이다.

프리드리히 대왕은 1740년과 41년에 각기 슐레지엔을 공략했으나, 이 슐레지엔도 그의 전투력을 약화시키지는 못했다. 슐레지엔은 그 지세와 지리적 위치 및 국경의 모양으로 보아, 오스트리아군이 작센을 완전히 영유하지 않는 한, 좁은 돌출부를 의미하는 데에 지나지 않았다. 더욱이 이 좁은 접촉점은 쌍방의 군이 정식으로 충돌할 경우에는, 아무래도 취하지 않을 수 없는 방향에 있었던 것이다.

이에 반해서 공격자가 점령한 지역이, 적의 주나 군에 끼어들어 있어서 후방 기지에서 떨어진 위치에 있고, 더욱이 지형적으로 불리한 모양이면 공격자의 전투력의 약화는 눈에 띄게 현저하게 되므로, 회전을 하면 승산은 방어자 측에 있고, 회전을 기다릴 필요도 없이 점령지에서 철퇴하지 않을 수가 없다.

오스트리아군은 이탈리아에서 프로방스[1])에 대해서 공격을 기도할 때마다, 회전을 하지 않고 그 지방으로부터 철퇴하지 않으면 안 되었다. 또 1744년[2])에 프랑스군은 무사히 뵈멘에서 퇴거할 수 있었던 것을 기뻐했다. 이 경우에도 회전을 해서 패배하는 것보다는 나았기 때문이다. 1758년[3]) 프리드리히 대왕은 그 전해에 슐레지엔과 작센에서 빛나는 성과를 거둔 것과 같은 군대를 인솔했음에도 불구하고, 뵈멘과 메렌에 주둔할 수가 없었다. 군이 적 국토의 어느 지역을 점령했기 때문에 약화되어, 마침내는 점령 지역에 주둔할 수 없게 된 실례가 많이 있기 때문에 이런 종류의 예를 이 이상 인용할 필요도 없을 것이다.

이렇게 보면, 적 국토의 일부를 탈취하는 목표를 세워도 지장이 없는가 하는 문제에 관해서 중요한 점은 다음 세 가지이다. 즉 첫째는, 공략한 지역의 점령을 그대로 계속할 수 있는 가능성이 있는가 없는가이다. 둘째로, 일시적 점령(침

---

1) 프로방스(Provence). 남프랑스의 지방.
2) 오스트리아 계승 전쟁(1741~1748) 때의 일.
3) 7년 전쟁(1756~1763) 중에 일어난 일.

략, 견제)은 이 점령을 위해 사용한 병력을 충분히 보상할 수 있는가 없는가 하는 것이다. 셋째는, 적의 강력한 반격에 의해서 피아의 균형이 무너져 공격자에게 불리하게 되지는 않을까 하는 것이다. 이 문제에 관련해서 많은 사항이 개별적인 경우에 따라 고찰되어야 하지만 이에 대해서는 승리의 극한점을 논한 장에서 이미 말한 바가 있다.

그러나 한 가지만 더 덧붙여 둘 것이 있다.

이런 종류의 공세는, 반드시 공격자가 다른 지점에서 잃은 것을 보충할 수 있다고는 말할 수 없다는 것이다. 공격자가 적 국토의 일부 공략에 종사하는 동안, 적도 다른 지점에서 이와 마찬가지 일을 할지도 모른다. 이와 같은 경우에는 공격자의 행동이 적의 행동에 비해서 여간 뛰어나지 않으면, 적으로 하여금 행동을 중지시킬 수는 없을 것이다. 따라서 공격자는 한편에서 얻는 것이 있다고는 하지만, 다른 한편으로는 더 많은 것을 잃지 않을까 하는 점에 대해 심사숙고하지 않으면 안 된다.

그런데 이와 같은 경우에 공략의 대상이 되는 공격자의 주나 군과, 적의 주나 군의 가치가 같다고 해도, 이러한 공략 자체만을 생각하는 한, 공격자는 적의 주나 군을 공략해서 얻는 것보다도, 적에게 아군의 주나 군이 공략당함으로써 더 많은 것을 잃는 것이다. 그 때문에 많은 병력이, 말하자면 잡비로서 쓸데없이 사용되기 때문이다. 그런데 이것은 적측에도 마찬가지이므로, 본래는 적지의 공략보다도 자국 영토의 보유에 더 많은 배려를 하지 않으면 안 된다는 이유는 없는 것으로 여겨진다. 그러나 실제로는 그렇지가 않다. 자국의 토지 보전은, 공격자에게 한층 절실한 일이다. 공격자가 국토의 일부를 적에게 점령당함으로써 입는 고통은, 적지의 점령이라고 하는 보상이 유리한 이익을 약속하지 않는 한, 다시 말하면 이 이점이 훨씬 크지 않는 한, 어설픈 보상에 의해서 상쇄되고 완화될 수 있는 것이 아니다.

그러면 위에서 말한 것으로부터 생기는 결론은 결국 이렇게 된다. 즉, 공격자는 적 국토의 일부를 공략한다는 어설픈 목표에 대해서 전략적 공격을 가하기 위해, 자국에서 직접 엄호되어 있지 않은 여러 지점을 적의 공략에 대비해서 방어하지 않으면 안 된다. 그런데 이것은 적 국토의 중심으로 향한 공격보다도 훨씬 많은 병력을 필요로 한다. 따라서 이런 종류의 공격에서는 시간적으로나 공간적으로 병력의 집합을 활발하게 행할 수가 없다는 것이다. 병력의 집합을, 적어도 시간적으로 유리하게 행하기 위해서는, 편리한 지점에 있는 모든 군대를 공격적으로, 더욱이 동시에 전진시킬 필요가 있다. 그러면 이러한 공격은 다른 이점 즉, 개개의 지점을 단지 방어할 뿐이라면 훨씬 적은 병력으로도 된다는 이점을 잃게 되는 것이다. 요컨대 이와 같은 중간 정도의 목표인 경우에는, 공격자의 전투력도 또한 중간 정도에 머물고 그 이상 강한 것이 될 수가 없다. 그러면 모든 군사적 행동을 하나의 주된 행동으로 결집하여, 이 주된 행동을 주요 관점에 따라서 적국의 중심으로 돌리는 일이 불가능하게 된다. 따라서 이러한 중간 정도의 목표를 공격하게 되면 군사적 행동은 더욱더 확산되고, 따라서 또 도처에서 마찰이 격화되어 우연이 작용할 여지가 더욱더 커지는 것이다.

이것이 이런 종류의 목적 달성을 목적으로 하는 전쟁에 내재하는 자연적 경향이다. 그래서 장수는, 자칫 이러한 안이한 경향에 이끌려 더욱더 무위(無爲)의 상태로 타락하는 것이다. 따라서 만약에 장수가 스스로 믿는 바가 두텁고, 내부에 왕성한 정신력을 간직하며 밖으로 유력한 물리적 수단을 가지고 있다면, 비록 성과가 큰 모험에 의하지 않고서는 불가능한 경우에도, 깨끗하게 이러한 경향과 결별하여 적의 중심에 강력한 공격을 가하지 않으면 안 되는 것이다.

제8장
제한된 전쟁 목표(이어서)—방어

방어적 전쟁의 궁극적인 목표는 결코 절대적 수동에 있는 것이 아니라는 것은 이미 말한 대로이다. 아무리 열세한 방위자라 할지라도 적에게 뼈아픈 타격을 주고 또 적을 위협할 수 있는 수단을 강구하지 않을 수가 없다.

방어적 전쟁의 목표에 대해서 다음과 같은 설을 주장하는 사람이 있을지도 모른다. 즉 —이 경우의 전쟁 목표는 적을 피로하게 만드는 데에 있다. 공격자는 원래 적극적 성과를 바라고 있으므로 이러한 공격 행동에 실패하면, 비록 결과는 그때 소비된 병력의 손실만이라고 해도 이 손실은 그에게는 결국 일보 후퇴를 의미한다. 그런데 공격을 받은 쪽의 손해는 헛되이 되지 않는다. 그에게는 현상 유지가 바로 목표이고, 방어에서 손해를 입었다고 해도 이 목표만은 달성되었기 때문이다. 이와 같이 단순한 현상 유지야말로 방어자의 적극적 목표가 되지 않으면 안 된다—고. 그러나 그와 같은 생각은 공격자가 몇 번인가의 공격을 시도해 보고 실패하면, 이윽고 피곤하여 기력도 위축될 것임에 틀림없을 것이라는 경우가 아니면 통용되지 않을 것이다. 따라서 실제로도 공격자가 반드시 그렇게 된다는 필연성은 존재하지 않는 것이다. 병력의 소모라고 하는 점에서 말하자면, 오히려 방어자쪽이 불리하다.

공격자가 하는 공격이 약화된다고 하는 것은, 공방 쌍방 사이의 균형을 뒤집어 방어자에게 유리하게 만드는 전환점이 생긴다는 것을 의미한다. 그러나 이와 같은 전환점을 이미 생각할 수 없는 경우에는, 병력의 약화는 공격자에서보다도 방어자에서 한층 심한 것이다. 이 이유의 하나는, 방어자는 대개 공격자보다도 열세이므로 피아의 손해가 같다고 하면, 방어자쪽이 공격자보다도 잃는 것이 많기 때문이다. 또 다른 하나는, 공격자는 적 국토와 그 자원의 일부를 빼앗는 것이 통례이기 때문이다. 그러면 공격자가 몇 번이고 공격을 되풀이하고 방어자는 이 공격을 막는 것만으로 일관한다면, 공격자가 하는 어느 공격인가가 조만간 성공하여, 방어자는 이러한 위험을 방지하는 대항 수단을 갖추고 있지 않다고 생각하지 않을 수 없다.

하기야 공격자 측의 소모, 아니 피로만으로도 할 수 없이 강화를 하게 된 실례가 있다. 그러나 이것은 대개의 전쟁이 보유하고 있는 어중간한 성질 때문이며, 합리적인 생각으로 말하자면 이것을 방어의 일반적인 궁극 목표로 볼 수는 없다. 그러면 방어는 그 목표를 결국 적을 기다린다는 개념, 즉 방어에 본래의 성격에서 구하는 수밖에 없다. 그러나 이 개념은 정황(情況)의 변화, 즉 상태의 개선을 전제로 하고 있다. 따라서 이러한 개선이 방어에 내재하는 수단인 저항에 의해서 성취될 수 없는 경우에는 외부에 기대할 수밖에 없다. 따라서 외부에서 구하는 개선이라고 하면, 방어자와 여러 외국 사이의 정치적 관계밖에 없다. 그러면 새로운 사정은 방어자에게 새로운 동맹자가 나타나든가, 그렇지 않으면 이제까지 방어자에게 반대하고 있던 동맹이 붕괴하든가— 둘 중 하나이다.

방어자가 열세여서 공격자에게 도저히 유력한 반격을 가할 수 없는 경우의 방어자의 목표는 이것 외에는 없다. 그러나 이미 말한 대로 방어의 본래의 개념에 따르면, 방어는 반드시 이런 종류의 방어에 한정되는 것은 아니다. 원래 방어는 공격보다도 한층 강력한 전쟁 형식이다. 그리고 이러한 장점이 있기 때문에 방어는 많건 적건 강력한 반격을 할 때에도 사용되는 것이다.

우리는 방어에 관한 이 두 가지 경우를 처음부터 분리해서 착수하지 않으면 안 된다. 이들 경우는 방어에 각기 다른 영향을 미치기 때문이다.

제1의 경우, 방어자는 국토를 될 수 있는 대로 오래 적의 침략을 받지 않고 보유하려고 한다. 그러면 많은 시간을 벌 수가 있고, 또 방어자로서 이렇게 해서 시간적 여유를 얻는 일이 바로 목표에 도달하는 유일한 방법이기 때문이다. 그러나 그것만으로는 아직 적극적 목표를 전쟁 계획 속으로 도입한 것으로는 되지 않는다. 여기에서 적극적 목적이라고 하는 것은, 방어자에 의해 달성되어 강화 때 그의 의도를 실현시키는 목표를 말한다. 여하간 제1의 경우와 같은 전략적 수동 상태에서는, 방어자가 여러 지점에서 얻는 이점은 그때그때 적의 공격을 저지하는 것뿐이다. 그리고 그는 이들 지점에서 얻은 우세를 다른 지점으로 전용하지 않으면 안 된다. 이러한 경우에 방어자는, 대개 도처에서 곤경에 빠지기 때문이다. 만약에 방어자가 이 우세를 이용하는 기회를 가질 수 없다고 하면, 적이 그에게 잠깐의 시간적 여유를 주는 것만이 유일한 이점이 될 것이다.

그런데 방어자가 일으킬 수 있는 소규모 공격 행동에서는, 자국의 영토를 보유하는 것보다도 오히려 뒤에 입을지도 모르는 손해에 미리 대비해서 일시적인 이점을 얻는 데에 중점을 두는 경우가 있다. 그리고 그 때문에 침략, 견제, 적의 요새에 대해서 일으키는 공격 행동 등의 수단이 사용된다. 이러한 공격 행동은 방어자의 병력이 과소하지 않을 경우에는 이런 종류의 방어 방식 속으로 편입시킬 수 있지만, 여하간 이 방식의 목표나 본질에 변화를 미칠 정도의 것은 아니다.

그런데 적극적인 의도가 이미 방어의 바닥에 존재하는 제2의 경우는, 방어도 또한 적극적 성격을 띤다. 더욱이 그때의 사정이 허락하는 반격이 강력해짐에 따라 적극적 성격도 더욱 강력해지는 것이다. 따라서 방어자가 스스로 방어라고 하는 전쟁 형식을 채용하여 최초의 반격을 확실히 실시한다면, 그는 더욱더 대담하게 적을 공격할 수가 있다. 이 경우에 가장 대담한, 또 성공한 경우에 가장 효과적인 조치는 자국 영토로의 퇴각이다. 그렇다면 이 수단은 동시에 제1의 방어 방식과는 매우 동떨어진 것이라는 것을 알 수가 있다.

7년 전쟁에서의 프리드리히 대왕과 1812년 러시아 전역의 상황을 아울러 생각해 보는 것만으로도, 이 두 방어 체제의 차이는 저절로 명백해질 것이다.

7년 전쟁이 일어났을 때[1]에는, 프리드리히는 이미 전투 준비를 완료하고 있었다. 따라서 그는 이 점에서 오스트리아보다도 우세했다. 또 이에 의해서 그는 작센을 점령하는 이점을 획득한 것이다. 게다가 또 작센은 프리드리히가 고른 전쟁터를 자연적으로 보충할 수 있는 지리적 위치를 차지하고 있었기 때문에, 이 땅의 점령은 그의 전투력을 감소시키기는커녕 오히려 증대시킨 것이다.

1757년의 전쟁이 시작되었을 당시, 프리드리히는 전략적 공세를 계속할 속셈이었다. 실제로도 이것은 러시아군과 프랑스군이 슐레지엔, 마르크 지방 및

---

1) 1756년 8월의 일.

작센의 전쟁터에 아직 도착하는 동안에는 불가능하지 않다고 여겨졌던 것이다. 그러나 공격은 실패했다. 그 이후 이 전역이 끝날 때까지 방어 체제를 취하지 않을 수가 없었다. 그는 일단 점령한 뵈멘을 퇴거하여, 그 자신의 전쟁터에서 적을 몰아내지 않으면 안 되었다. 그러나 그는 앞서 공격 행동에 사용했던, 같은 군을 이끌고 우선 프랑스를 무찌르고[2] 이어 오스트리아군을 무찌름으로써 이에 성공했다. 그의 이러한 이점은 오직 방어 덕택이었다.

1758년에는, 프리드리히의 적[3]은 이미 그를 여러 방면으로부터 포위하고 있었다. 또 그의 전투력은 적의 병력과 심한 불균형을 이루기 시작했다. 그래도 그는 메렌에서 소규모 공격을 시도하려고 했던 것이다. 그는 적이 전투 준비를 완료하기 전에 올뮈츠의 탈취를 기도했다. 그러나 그는 올뮈츠[4]를 탈취해서 이를 보유한다거나 이 지점에서 더 전진할 생각이 아니라 이 땅을, 말하자면 외보(外堡),[5] 혹은 오스트리아군에 대한 대갱도(對坑道)[6]로서 이용하기 위한 것이었다. 그렇게 하면 오스트리아군은 이 전역의 나머지 전 기간이나 또는 제2차 전역을 올뮈츠의 탈환에 소비하지 않을 수 없다고 생각했기 때문이다.

그러나 이 공격도 실패로 끝났다. 그래서 프리드리히는 본래의 공세를 일체

---

2) '(1757년) 10월에 들어서서 오스트리아군의 한 병단이 바우첸에서 베를린으로 향한다는 소식을 접하고, 프리드리히 대왕은 토르가우를 거쳐 엘베강 오른쪽까지 전진했고, 오스트리아군은 10월 16일 베를린으로 들어갔지만, 이튿날 퇴각하자 그 사이에 프랑스군 스피즈 병단 약 4만은 라이프치히를 향해 전진했다. 그래서 프리드리히는 라이프치히로 방향을 바꾸어 퇴각하는 프랑스군을 좇아 로스바흐로 전진, 11월 5일 포로이센군의 좌익을 공격하기 위하여 우회해 온 프랑스군의 선두를 향하여 반격을 가해 1만의 손해를 줌으로써 크게 승리했다. …… 12월 4일, 로이텐 부근에 진지를 점령한 오스트리아군을 공격했다. 이 공격에서 프리드리히는 오스트리아군 좌익에 대하여 진지 앞의 기동으로 측면 공격에 성공하여 세 방면에서 포위하고, 이어 맹렬한 추격을 가하여 오스트리아군에 약 3분의 2의 손해를 주고 후세에 측면 공격의 모범을 보였다. ……이리하여 프리드리히는 동분서주, 네 방향으로부터 침입한 적을 격퇴했고 특히 로스바흐와 로이텐의 승리는, 프리드리히가 이제까지 벌인 다른 회전에서는 그 예를 볼 수 없었다. 그러나 양자의 의의(意義)는 전쟁 지도상 콜린에 비하면 훨씬 소극적이고 프로이센을 궁지로부터 탈출시키려는 데에 그쳤다.'
3) 이때 프리드리히 대왕의 적은 오스트리아, 프랑스 및 러시아였다.
4) 프리드리히는 올뮈츠 공략(1758. 5~5 7~2)에 실패했다.
5) 외보(外堡)는 요새의 본 진지 밖에 있으나, 내부에 설정된 영구 축성적 방어 공사이다.
6) 요새 안에 있는 방어자가 공격자에 저항하기 위해, 본 방어 진지에서 나올 때에 사용하는 갱도를 말한다.

단념했다. 그는 공세가 피아의 전투력의 불균형을 증대시킬 뿐이라는 것을 통감했기 때문이다. 당시 프리드리히 전쟁 계획의 대강은 다음과 같은 것이었다. 즉 자국의 중앙부, 작센 및 슐레지엔에 병력을 집중 배치한다. 위협받은 지점에 전투력을 급파하기 위해 짧은 병참선을 이용한다. 회전을 피할 수가 없을 경우에는 이에 응한다. 기회가 있으면 소규모의 침략을 축적한다. 그리고 조용히 좋은 기회가 오기를 기다린다. 닥쳐올 유리한 시기에 대비해서 자원을 축적한다는 것 등이었다.

이렇게 해서 행동의 실시는 더욱더 수동적인 것이 되었다. 그는 승리를 얻기 위해서 많은 희생을 지불하지 않으면 안 된다는 것을 잘 알고 있었기 때문에 좀 더 희생이 적은 방식으로 이 곤경을 타개하려고 했다. 그가 오직 마음을 쏟은 것은 시간을 버는 일이었고, 또 이미 점령한 지역을 영유하는 일이었다. 그는 점유 지역의 영유에 대해서도 더욱더 경제적인 방법을 취하여 그 때문에 방어가 초병선 방식으로 이행하는 것까지도 마다하지 않았다. 실제로 작센에서의 하인리히 친왕의 진지나, 슐레지엔 산지의 프리드리히 대왕의 진지는 바로 초병선 방식이라는 이름을 붙일 만한 것이었다. 프리드리히가 아르장스[7]에게 보낸 몇 통의 편지를 읽으면 그가 동영(冬營) 기간이 오기를 얼마나 학수고대했는가, 또 심한 손해를 입지 않고 다시 동영에 든 것을 얼마나 기뻐하고 있었는가를 잘 알 수가 있다.

이것으로 프리드리히 대왕을 비난하고 혹은 그의 이러한 소극적 행동을 용기가 없는 것으로 돌리는 것은 대단히 경솔한 판단이라고 생각한다.

분첼비츠의 설보 야영,[8] 작센에서의 하인리히 친왕의, 슐레지엔 산지에서의 프리드리히 대왕의 초병선식 진지는 오늘날에는 이미 마지막 희망을 걸 수 있는 수단으로는 여기지 않는다. 나폴레옹과 같은 장수라면, 이러한 허약한 전술적 거미집을 이내 돌파해 버리기 때문이다. 그러나 우리는 시절이 크게 바뀌었다는 것, 전쟁이 당시와는 전혀 다른 형태에 이르고, 또 비교할 수 없는 거대한

---

7) 아르장스(Argens, Jean Baptiste de Boyer Marquis d', 1704~71). 프랑스의 문필가로 프리드리히 대왕의 친구. 두 사람 사이의 왕복 서한집이 출판되어 있다.

8) 프리드리히 대왕은 1761년 8월 26일에서 9월 26일까지 분첼비츠에 유명한 설보 야영을 설치했다.

병력에 의해 수행된다는 것, 당시에는 효과적이었던 진지도 오늘날에는 이미 그 효력을 잃었다는 것, 또 적의 성격도 고려하지 않으면 안 된다는 일 등은, 오늘날에도 여전히 필요하다는 것을 잊어서는 안 된다. 실제로 오스트리아군이나 다운 및 부툴린[9] 등에 대해서는, 프리드리히 대왕 자신까지도 가치가 없다고 여겼을 그 수단까지 사용하는 것이 최고의 지혜였다.

프리드리히가 거둔 성과는 이 견해가 옳다는 것을 보여주고 있다. 그는 조용히 절호의 기회가 다가오기를 기다림으로써 방어의 목표에 도달하고, 또 여러 곤란을 피할 수 있었다. 만약에 그가 이러한 곤란에 정면으로 맞섰더라면 그의 병력은 아마도 분쇄되었을 것이다.

1812년의 전역이 개시되었을 당시, 프랑스군에 대한 러시아군 전투력의 비율은 7년 전쟁에서의 프리드리히 경우보다도 훨씬 불리했다. 그러나 러시아군에게는 전쟁 경과 중에 병력을 현저하게 증가시킬 수 있는 가능성이 있었다. 게다가 나폴레옹에 대해서는 전 유럽이 남몰래 적의를 품고 있었다. 나폴레옹의 위세는 이미 그 극한에 이르고 있었다. 그는 에스파냐에서는 소모가 심한 전쟁을 하지 않으면 안 되었다. 또 면적이 큰 러시아에서는, 러시아군이 100마일이나 깊이 자기 영토 안으로 퇴각함으로써 적 병력을 극도로 약화시킬 수가 있었다. 이러한 중대한 정황하에서는 프랑스군의 기도가 실패로 끝나면(그러나 이 기도는 알렉산드르 황제가 화의에 응하는가, 혹은 러시아 국민이 정부에 대해서 반란이라도 일으키지 않으면 도저히 성공할 가능성이 없었다), 러시아군의 강력한 반격은 꼭 필요했을 뿐만 아니라 이 반격은 나폴레옹의 생명도 위협했던 것이다. 이렇게 보면 당시 러시아군이 사정이 돌아가는 대로 세운 전쟁 계획은 의외로 최고의 지혜였던 것이다.

당시에는 이와 같이 생각하지 않았고, 또 이런 견해를 발표하면 이상한 일로 여겨졌을 것이라는 것은, 오늘날 이 견해의 정당성을 부정하는 이유로는 되지 않는다. 우리가 역사로부터 무엇인가를 배우려고 한다면, 실제로 일어난 사태는 앞으로도 일어날 수 있다고 생각하지 않으면 안 된다. 나폴레옹이 모스크바로 행진을 개시하고 나서 일어난 일련의 중요한 사건이 우연한 일의 연속이 아

---

9) 부툴린(Buturlin, Alexander Borisovitch, 1694~1767). 러시아의 원수.

니라는 것은, 이런 종류의 사항에 올바른 판단을 내릴 수 있다고 자부할 정도의 인사라면 누구나 인정하는 일이다. 가령 러시아군이 국경을 간신히 방어할 수 있었다고 한다면, 역시 프랑스군의 위력은 감퇴하여 운명은 급변했을 것이다. 그러나 그 경우, 이 급변은 모스크바에서만큼 심하지도 않고, 또 결정적이지도 않았을 것이다. 실제로 러시아는 많은 희생을 지불하고 큰 위험을 무릅쓰며 (이 정도의 희생과 위험은, 다른 나라에 있어서는 훨씬 고통스러웠을 것이고, 또 대개의 나라는 이를 견디지 못했을 것이다) 막대한 이점을 획득한 것이다.

이와 같이 대규모적이고 적극적인 성과는, 단지 적을 기다릴 뿐만이 아니라 결전을 내세운 적극적 방책에 의해서만 얻을 수 있는 것이다. 요약해서 말하자면 우리는 방어에서도 막대한 이익을 얻지만, 그 정도의 이익은 고액의 판돈을 지불함으로써만이 가능한 것이다.

제9장
적의 완전한 타도를 목표로 할 때 전쟁 계획

이상으로 우리는 전쟁이 가질 수 있는 세 가지 목표[1]의 성격을 자세히 논했으므로, 다음에는 이 목표에 따라 생긴 세 가지 단계를 돌아보면서 전쟁을 전반적으로 고찰해 보고자 한다.

우리가 이제까지 이 문제에 관해서 말해 온 것으로 미루어보면 두 가지 주요 원칙이 전쟁 계획의 전체를 포괄하고 나머지 일체의 것에 방침을 지시하고 있다는 것을 알 수가 있다.

제1원칙은 이러하다. ─우선 적의 병력을 될 수 있는 대로 소수 중심으로 압축한다. 가능하면 한 개의 중심으로 환원하는 것이 좋다. ─다음에 이들 중심에 대한 공격을, 이것 또한 될 수 있는 대로 소수의 주된 행동으로 마무리한다. 그러나 가능하면 하나의 주요 행동으로 집약하는 것이 좋다. ─마지막으로 지엽적인 행동은 그 분수를 지켜서 주된 행동에 불리한 영향을 미쳐서는 안 된다는 것이다. 요컨대 제1원칙의 주된 뜻은 될 수 있는 대로 집중적으로 행동하는 데에 있다.

제2원칙은 이러하다. ─될 수 있는 대로 신속하게 행동한다. 따라서 충분한 이유가 없는 한 행동을 정지하거나 우회로를 취하는 것은 허용되지 않는다는 것이다.

적 병력을 어떻게 해서 하나의 중심으로 압축하는가는 다음과 같은 사정에 의해 결정된다.

1. 적 병력의 정치적 관련에 의해서, 적 병력이 한 사람의 군주가 통괄하는

---

[1] 적의 완전한 타도와 두 가지 제한된 목표를 가리킨다.

약간의 군으로 이루어졌을 경우에는 그다지 어려움은 없다. 또 동맹군이라 해도 다른 나라의 군대가 단순히 동맹자로서 참가할 뿐, 자국의 이해관계를 고려하지 않고 행동한다면 어려움은 그다지 크지 않다. 또 공동의 목적 때문에 편성된 동맹군의 경우에는 여러 나라 간의 친밀도의 차이가 문제가 된다. 이에 대해서는 이미 말한 바가 있다.

　2. 몇 개의 적이 나타나는 전쟁터의 위치 때문에. 한 전쟁터에서 적 병력이 서로 합해서 하나의 군을 이룰 경우, 이들 병력은 실제로도 하나의 통일체를 형성하므로 그 이상 아무런 문제는 없다. 다음에 한 전쟁터에서의 적의 병력이 몇 개의 군으로 분할되어, 이들 군이 각기 다른 국가에 속하고 있는 경우에는, 여러 군의 통일은 절대적인 것이 아니다. 그러나 이러한 군 사이에는 뭐니 뭐니 해도 충분한 연계가 유지되어 있으므로 그중의 한 군에 결정적인 타격을 가하면, 이 타격이 다른 군에도 파급된다는 것은 분명하다. 또 이들 군이 인접하는 두 전쟁터에 따로 배치되고, 이들 전쟁터가 천연 장애물에 의해 각기 분리되어 있지 않으면, 이 경우에도 하나의 군에 주어진 결정적 영향을 다른 군에도 파급되지 않을 수가 없다. 그러나 두 개 혹은 그 이상의 전쟁터가 서로 많이 떨어져 있고 그 사이에 중립 지대나 높고 큰 산이 개재하게 되면, 전쟁터 상호 간의 영향은 매우 미약하고 때로는 전혀 고려되지 않는 경우가 있다. 또 두 개나 혹은 그 이상의 전쟁터가 공격당한 나라에 대해서 전혀 다른 방향에 있고, 그 때문에 여러 방면에 대해서 일으키는 행동이 이심적(離心的)으로, 즉 중심에서 밖으로 분산되는 경우에는 이들 전쟁터 사이의 연관은 흔적도 없이 소멸한다.

　가령 프로이센이 러시아와 프랑스로부터 동시에 공격을 당한다면, 이것은 전쟁 지도의 입장에서 말하자면 두 가지 전쟁으로 간주되어도 좋다. 여하간 적측의 통일은 협의 때 나타날 정도의 것이다.

　이에 반해서 7년 전쟁에서의 작센군의 병력과 오스트리아의 병력은 통일된 하나의 병력으로 간주할 수 있는 것이었다. 따라서 그중 한쪽이 타격을 입으면, 다른 쪽도 또한 이 타격을 동시에 느끼지 않을 수가 없었다. 그 이유의 하나는, 이 두 개의 전쟁터가 프리드리히에게는 같은 방향이었기 때문이고, 또 다른 하나는 작센이 정치적으로 독립해 있지 않았기 때문이다.

1813년에 나폴레옹은 독일에서 몇 개의 적[2]과 싸우지 않으면 안 되었다. 그러나 이들 적은 대체로 같은 방향에 있고 이들 군의 각 전쟁터 사이에는 면밀한 연계가 유지되고, 또 강력한 상호 작용으로 영위되고 있었다. 따라서 가령 나폴레옹이 어딘가에 그의 병력을 집결해서 적의 주력을 격파할 수 있었다면, 그는 이로 인해 적의 여러 군에 대해서 결정적 승리를 획득할 수 있었을 것이다. 만약에 나폴레옹이 뵈멘의 본군을 격파해서 프라하를 거쳐 빈으로 진격했다면, 브뤼셀이 아무리 전의를 불태웠다 해도 작센에서 멈추지 않았을 것이다. 동맹군은 뵈멘을 구원하기 위해 그를 소치(召致)했음에 틀림없기 때문이다. 또 스웨덴 황태자가 마르크 지방에 주둔하려고 했어도 이것 또한 불가능했을 것이다.

이와는 달리 오스트리아가 라인강변과 이탈리아에서 동시에 교전한다고 하면 이 두 개의 전쟁터의 한쪽에 강력한 타격을 가함으로써, 다른 쪽 전쟁터에서의 승패를 동시에 결정하는 것은, 오스트리아에게는 어떻든 곤란했을 것이다. 그 이유의 하나는, 산악이 중첩하는 스위스가 이들 두 개의 전쟁터를 험악하게 격리시키고 있었기 때문이고, 또 다른 하나는 오스트리아에서 두 전쟁터로 향하는 도로는 각기 다른 방향을 취하기 때문이다. 그런데 프랑스는 이미 처음부터 한쪽 전쟁터에서의 결정적 성공에 의해서, 동시에 다른 전쟁터에서의 승패를 결정할 수가 있는 것이다. 두 전쟁터의 프랑스군은 각기 다른 전쟁터로부터 빈, 즉 오스트리아의 중심을 향해 진격할 수가 있기 때문이다. 또 프랑스군이 이탈리아에서 라인강변의 전쟁터에 영향을 준다는 것은 그 반대의 경우보다 쉽다고 해도 좋다. 이탈리아로부터의 공격은 오스트리아군의 중앙부, 즉 본군에 가해지지만 라인강변으로부터는 그 한쪽 날개에만 향할 수 있기 때문이다.

위에서 말한 것에서 다음과 같은 일이 분명해진다. 즉, 분리되어 있는 적 병력이나 혹은 서로 관련되어 있는 적 병력이라고 해도, 그 사이에는 무수한 단계가 있다. 따라서 또 한쪽 전쟁터가 다른 전쟁터에 어떠한 영향을 미치는가는, 개별적인 경우가 아니면 좀처럼 규정할 수가 없다. 그리고 이것을 확실히 살핀

---

2) 이때 나폴레옹의 적은 오스트리아·프로이센·독일 연방·러시아·스웨덴 등이었다.

후라야 적 병력의 중심을 어느 정도까지 한 개의 중심으로 압축할 수 있는가도 비로소 결정된다고 하는 것이다.

그런데 모든 병력을 동원하여 적 병력의 유일한 중심으로 돌린다고 하는 원칙에도 단 하나의 예외가 있다. 그것은 지엽적인 행동이 아닌 이점을 약속하는 경우이다. 그러나 이 경우에는 지엽적인 행동 때문에 어느 정도의 병력을 할애해도, 주요 지점에서의 본군의 행동에 불리한 영향을 줄 염려가 없다는 것이 전제되어 있지 않으면 안 된다.

1814년에 뷜로가 네덜란드를 향해 행진했을 때, 그가 이끄는 3만의 군단이 같은 수의 프랑스군의 활동을 봉쇄할 뿐만 아니라, 네덜란드군과 영국군에 참전의 기회를 주리라는 것은 이미 예상되고 있었다. 실제로 뷜로의 행진이 없었더라면, 네덜란드와 영국 군대는 유력한 행동을 일으킬 수 없었을 것이다.

요컨대 전쟁 계획을 세울 때의 제1관점은 적 병력의 중심이 각각 어느 곳에 있는가를 탐지하여 될 수 있으면 하나의 중심을 압축한다는 것이다. 또 제2관점은, 적 병력의 이러한 중심에 병력을 집결해서 하나의 주요 행동에 사용한다는 것이다.

그러나 다음에 드는 네 가지 이유가 있을 때에는 전투력의 분할 및 분리를 해도 상관없다.

1. 전투력의 최초의 기초 배치, 따라서 또 공격에 참가하는 여러 나라의 지리적 위치.

전투력을 집결시키기 위해 우회로를 취하여 시간을 낭비하지 않으면 안 될 경우나, 또 분진(分進)해도 그다지 위험이 없을 경우에는 전투력의 분진은 인정되어도 좋다. 실제로 그다지 필요하지도 않은데 억지로 병력을 집합시켜 그 때문에 많은 시간을 허비하거나, 혹은 중요한 최초의 공격에 박력을 잃게 되면 위에 든 제2원칙에 위배하는 것이 된다. 그러나 적을 급습할 가능성이 약간이라도 있을 경우에는, 이 제2원칙은 특히 중요시되지 않으면 안 된다.

보다 더 중대한 사태는, 어떤 국가에 대해서 공격 행동을 일으키는 동맹국들이 일선상에 전후로 이어진 경우가 아니라, 서로 나란히 선 경우이다. 예를 들어 프로이센과 오스트리아가 프랑스와 교전할 경우, 양국의 군을 동일 지점에 집결시킨 뒤 거기에서 전진하려고 한다면, 그것은 시간과 병력을 낭비하는 잘 못된 방책이라고 하지 않을 수가 없다. 프로이센군은 니데르라인[3]에서, 또 오스트리아군을 오베르라인[4]에서 프랑스의 중심부로 향하는 것이 자연적인 방향이기 때문이다. 따라서 이 경우에 양군이 동일 지점에 집결했다면 희생을 면할 수가 없었을 것이다. 그런데 이러한 희생을 치르고까지 집결을 필요로 할 것인가는 개개의 경우에 결정될 문제일 것이다.

2. 전투력을 분할해서 전진시키는 것이 더 큰 성과를 거둘 수가 있다.

여기에서 문제 삼는 것은, 적측의 한 중심으로 분진하는 경우이다. 따라서 이 경우에는 구심적 분진이 전제되어 있다. 평행선상의, 혹은 중심에서 밖을 향해 분산하는 이심선상(離心線上)의 분진은 지엽적인 행동의 항목에 들어가지만, 이런 종류의 지엽 행동에 대해서는 이미 말한 비 있다.

대개 집중 공격은 전술과 전략을 막론하고, 다른 공격 방법보다도 큰 성과를 가져오는 것이다. 만일 이것이 성공하면 적을 격파할 수 있을 뿐만 아니라, 많건 적건 적의 퇴로를 차단하는 결과가 된다. 따라서 집중 공격은 한층 큰 성과를 거둘 수 있는 공격 방법이라고 할 수 있다. 그러나 그렇게 하면 분진(分進) 때문에 부대는 분할되고 또 전쟁터는 범위가 넓어지기 때문에, 이 방법은 다른 공격 방법보다도 한층 모험적인 공격 방식이기도 하다. 집중 공격과 다른 공격 방법과의 관계는, 공격과 방어의 관계와 비슷하다. 공격은 방어보다도 약한 전쟁 형식이지만 한층 큰 성과를 가져올 수 있는 것이다.

따라서 이 경우에 중요한 것은, 공격자가 집중 공격이라고 하는 큰 목표를 달성하는 데에 충분한 자신을 가지고 있는가의 여부이다.

1757년에 뵈멘으로 침입하려고 한 프리드리히 대왕은, 그의 병력을 분할해서 작센과 슐레지엔에서 각각 전진시켰다. 이 방책을 실시한 데에는 두 가지 주된 이유가 있었다. 첫째는, 동계의 병력 배치 상태로 보아 병력을 한 지점에 집결시키면, 공격의 기습적 성질이 상실되기 때문이었다. 두 번째는, 이러한 구심적 전

---

3) 니데르라인(Niederrhein). 라인강 하류로, 본에서 시작하여 북해로 들어갈 때까지의 369km의 구간을 가리킨다. 라인강은 국경 도시 에메리히(Emmerich) 아래쪽에서 네덜란드로 들어간다.
4) 오베르라인(Oberrhein). 라인강의 상류에 위치하는 바젤에서 마인츠까지 362km의 구간을 가리킨다.

진에 의해서 오스트리아군의 두 전쟁터를 각기 측면과 배면에서 위협할 수 있기 때문이었다. 그러나 그렇게 되면 프리드리히에게는, 분진시킨 양군 어느 쪽인가가 우세한 병력에 의해서 격파되는 위험이 있었다. 그런데 오스트리아군은 프리드리히가 통감하고 있는 위험의 뜻을 이해하지 못했기 때문에 중앙군만으로 회전에 응할 것인가, 그렇지 않으면 군의 어느 쪽에선가에서 퇴각선을 차단당하여 파국에 빠지는 위험을 저지를 것인가—둘 중 하나를 고르지 않으면 안 되었다. 이것은 분진이 프리드리히에게 가져온 커다란 성과였다. 결국 오스트리아군은 중앙군에 의한 회전을 골랐다. 그러나 이때 오스트리아군이 배치된 프라하는 포위 공격을 당하기 쉬운 위치에 있었다. 게다가 오스트리아군은 완전히 수동적인 태세에 있었기 때문에, 이 공격은 마지막까지 효과를 발휘하는 데에 충분한 시간을 얻을 수가 있었다. 그 결과 오스트리아군은 회전[5]에 패하여 완전한 파국에 빠진 것이다. 군의 3분의 2와 총사령관[6]이 프라하에서 포위[7]되지 않으면 안 되었기 때문에 파국이라고 해도 할 말은 없을 것이다.

프리드리히 대왕이 개전하자마자 거둔 이 빛나는 성과는 오직 집중 공격이라는 모험 덕택이었다. 프리드리히가 한편으로는 프로이센군의 이동의 정확성, 부하 장군들의 수행력, 군대의 정신적 우월을 감안하고, 다른 한편으로는 오스트리아군의 둔한 움직임을 간파하여, 이 정도라면 그의 계획을 성공리에 성취할 수 있다고 확신했다면 첫 번째 싸움의 성공은 당연한 일이다—라고 말하면서 프리드리히의 무공을 부정하는 사람이 있을까? 여하간 이러한 정신적 분량을 계산에서 제외하고 성과를 단순한 기하학적 공격 형식으로 돌리는 일은 허용되지 않는다.

참고로, 오스트리아군이 이탈리아로 구심적으로 전진했기 때문에 오히려 호된 꼴을 당한 1796년, 나폴레옹이 이탈리아에서 행한 빛나는 전역[8]을 상기

---

5) 프라하 회전(1757. 5. 6)을 가리킨다.

6) 로트링겐 공 카를을 가리킨다.

7) 프리드리히 대왕에 의한 프라하 포위(5. 7~7. 20)는 실패로 끝났다.

8) '(이탈리아에 있는) 오스트리아군은, 과거의 프랑스군의 실적으로 판단해서 프랑스군의 공세 작전을 예기했기 때문에 나폴레옹의 작전 개시는 오스트리아군의 의표를 찔렀고, 또 소모 전략시대의 장수로서 전쟁에 싫증이 난 노장(老將) 블뤼허는, 패기에 넘치고 새로운 전략을 활용하는 나폴레옹의 적이 되지 못했다. 당시 오스트리아-사르지니아 연합군 약 5만에 대해서 프

하면 좋을 것이다. 이 경우 나폴레옹이 사용한 수단은(정신적 수단은 별도로 하고) 1757년에 오스트리아의 장수[9]도 또한 이것을 사용할 수 있었을 것이다. 혹은 그 이상의 수단을 사용할 수 있었을는지도 모른다. 그는 1796년의 나폴레옹과는 달리, 그의 적 프리드리히보다도 열세하지 않았기 때문이다. 그렇다면, 공격자의 구심적 전진에 대항하기 위해 적이 내선(內線)에 거점을 정하고 전투력의 불균형을 보충할 수 있는 경우에는, 분진이라고 하는 수단을 사용하는 것은 득책이 아니다. 그러나 전투력이 처음에 기초적으로 배치된 지리적 위치를 감안하여, 아무래도 분진이 필요한 경우에는, 이러한 분진은 불가피한 해악이라고 간주하지 않으면 안 된다.

1814년에 동맹군은 프랑스로 침입할 계획을 세웠다. 그러나 위에서 말한 관점에서 이 계획을 검토하면, 우리로서는 이에 찬성할 수가 없다. 러시아군·오스트리아군 및 프로이센군은 다 같이 마인 강변의 프랑크푸르트 부근의 한 지점에 집결하여, 프랑스의 중심(重心)인 파리에 대해서 가장 자연적인 직선적 방향을 취하고 있었다. 그런데 동맹군 측은 병력을 둘로 나누어 하나는 마인츠에

랑스군은 약 3만 2천 명이었지만, 나폴레옹은 4월 11일 밤 휘하 부대에 행동을 개시하게 하여 12일 우선 몬테노테(Montenotte)에 있는 오스트리아의 선발 병단을 격파하고, 이어 코세리아(Cosseria), 데고(Dego), 체바(Ceva) 등 각지의 오스트리아-사르지니아군의 저항을 타파하여 아페닌산맥을 넘은 뒤, 사르지니아군에 대해 작전을 개시, 28일 사르지니아 왕으로 하여금 단독 휴전 조약에 조인하게 했다. 이어 나폴레옹은 오스트리아군에게로 병력을 돌려, 5월 10일 로디(Lodi) 다리의 도강을 강행, 포강 좌편으로 진출했다. ……나폴레옹은 다시 오스트리아군에게 일격을 가하려고 했으나 오스트리아군이 멀리 동쪽으로 대피하자, 우선 점령 지역의 영유를 확고히 하기 위해 15일 밀라노에 입성했다. ……나폴레옹은 5월 24일, 2만 8천 명을 거느리고 오스트리아군에 행동을 재개했으나, 블뤼허는 만토바 요새에 1만 1천 명의 수비병을 남기고 치롤로 대피했다. 여기에서 나폴레옹은 병력의 일부로 하여금 가르다(Garda)호 동서에서 오스트리아군과 대치하게 하고, 그 밖의 병력을 가지고 만토바를 포위했다. 그 사이에 나폴리는 나폴레옹에게 강화를 원했으며, 나폴레옹은 또 일부 병력을 보내어 교황령 및 그 부근의 남이탈리아를 세력하에 넣었다. ……7월 하순이 되자 오스트리아군은 불므젤 지휘하에 약 4만 8천 명을 가지고 가르다호 서쪽 구역과 브렌타(Brenta) 하곡(河谷)으로부터 남하해 왔다. 나폴레옹은 만토바의 포위를 풀고 약간의 병력을 동 요새의 경계를 위해 남겨두고 말 다섯 마리를 갈아타는 절대적인 활동력으로 8월 3일 우선 호서(湖西)의 오스트리아군을 공격하고, 이어 그 퇴각을 알고서 사용할 수 있는 모든 병력 3만을 불러 5일 불므젤군 주력을 카스틸료네(Castiglione)에서 격파하여 이를 치롤로 패퇴시켰다.'

9) 로토링겐 공 카를을 가리킨다.

서, 다른 하나는 스위스를 통과하여 프랑스로 침입하려고 한 것이다. 적의 병력은 매우 열세였기 때문에 국경의 방비 같은 것은 문제가 되지 않았다. 그래서 이러한 구심적 전진이 성공하면, 한쪽이 로렌과 알자스 지방을 공략하는 동안에, 다른 한쪽은 프랑슈 콩테[10]를 점령할 계획이었다. 그리고 이것만이 이 구심적 전진에서 기대할 수 있는 이점의 전부였다. 그러나 이러한 사소한 이점이 스위스를 향해 행진하는 노고와 맞먹을 수 있었을까? 우리도 그 밖에 약간의 이유(어느 것이나 마찬가지로 사소한)가 있어서, 이 행진을 감행했다는 것을 알고 있다. 그러나 우선은 그 문제에는 관여하지 않고, 지금 여기에서 논하고 있는 요건에만 한정하고자 한다.

그런데 나폴레옹은 1796년에 그가 이탈리아에서 행한 전역이 증명하고 있는 바와 같이, 집중 공격에 대한 방어를 충분히 터득한 장수이다. 동맹군 측이 군대의 수에서는 나폴레옹보다 현저하게 우세했다고는 하지만, 장수로서는 그가 우위를 차지하고 있다는 것은, 적이라 할지라고 매사에 이것을 인정하지 않을 수 없었던 것이다. 나폴레옹이, 샬롱에서 얼마 멀지 않은 지점에 집결하고 있던 그의 군대에 도착한 것은 너무 늦은 시각이었다.[11] 애당초부터 그는 적을 과소평가하고 있었던 것이다. 그러나 적의 양군[12]이 합류하지 않는 동안에 이것을 격파하지 못한 것은 아니었다. 실제로도 브리엔에서의 양군(兩軍)은 다음과 같은 상태에 있었다. 블뤼허는 그가 지휘하는 6만 5천 중 가까이에 있는 병력은 불과 2만 7천이었다. 또 20만의 본군(本軍) 중 회전에 참가한 것은 10만에 지나지 않았다. 따라서 나폴레옹에게는 이 이상 유리한 승부는 없었다. 과연 동맹군은 개전한 순간부터, 일단 분할한 병력의 재집결이야말로 당면한 가장 긴급한 일이라는 것을 깨달은 것이다.

위의 고찰에서 분명한 것처럼 비록 집중 공격이 그 자체로서는 다른 공격 방식보다도 큰 성과를 거두는 수단이라고 해도, 이 수단을 사용할 수 있는 것은

---

10) 프랑슈 콩테(Franche-Comté). 스위스와 국경을 접한 프랑스의 지방.
11) 나폴레옹은 마른(Marne) 강변의 샬롱에 집결한 6만의 군을 이끌고, 1814년 1월 25일에 블뤼허군을 향하여 전진을 개시했다.
12) 블뤼허군과 동맹군의 본군을 가리킨다. 본군은 스위스를 거쳐 프랑스로 침입, 파리로 향하고, 또 블뤼허군은 카우브와 만하임에서 라인강을 건너 파리로 향할 예정이었다.

처음부터 전투력이 이러한 공격에 적합하도록 기초적으로 배치되어 있는 경우에 한한다. 그렇다면 병력을 집결하여 적의 중심에 대해서 가장 가까운 방향을 취하여 직접 이 중심을 찌르는 원칙을 버리고까지 집중 공격을 실시하는 것이 적절하다고 여겨지는 경우는 매우 적다는 것을 알 수가 있다.

3. 전쟁터가 광대하다는 것이 분진의 제3의 이유가 된다.

공격군이 어떤 지점에서 전진하여 적국 안으로 깊숙이 침입할 수 있었을 경우에 이 군이 지배하는 지역은, 그때까지 행진해 온 도로에만 한정되는 것이 아니라 대개 그보다도 약간 확대된다. 그러나 이것은—이러한 비유적인 말을 사용해도 좋다면—적국의 국가적 긴밀도와 응집 정도에 현저하게 좌우된다. 만약에 적국의 내적인 결합이 긴밀하지 않고, 또 국민이 약해서 전쟁에 등을 돌린다면, 공격자는 그다지 힘을 들이지 않아도 전승국의 배후에는 광대한 지역이 펼쳐질 것이다. 이에 반해서 공격자가 용감하고 충성스러운 국민을 상대하게 되면, 그 군의 배후에는 가늘고 긴 공격 삼각형이 형성되어 공격군은 그 정점(頂點)에 설 것이다.

이와 같은 불리함을 예방하기 위해, 공격자는 전진하는 군의 정면에 어느 정도의 폭을 가지게 할 필요가 있다. 적의 병력이 한 지점에 집결해 있을 경우에는 이 폭을 유지하는 것은 아직 적과 접촉하지 않는 동안이고, 적의 집결점에 가까워질수록 폭을 좁히지 않으면 안 된다. 그러나 이것은 당연한 일로 별로 설명이 필요하지 않을 것이다.

그러나 적도 또한 병력 배치에 어느 정도의 폭을 가지게 하고 있는 경우에는, 공격자가 이에 따라 전투력을 분할하는 것은 그 자체로서는 전혀 불합리한 일은 아니다. 여기에서는 하나의 전쟁터, 혹은 서로 접근하고 있는 몇 개의 전쟁터에 대해서 말하고 있는 것이다. 즉, 앞서 말한 바와 같이 군의 주된 행동이, 그 밖의 별로 중요하지 않은 지점에서의 전투의 승패를 동시에 결정하는 경우의 일이다.

그렇게 되면 여기에 문제가 생긴다. 그것은 주요 지점에서의 승패가, 그다지 중요하지 않는 여러 지점에서의 승패를 결정할 수 있을 정도로 큰 영향을 미치지 않는 경우에는 분진은 항상 인정되어도 좋은가, 또 분진에서 생기는 위험을 저질러도 상관없는가. 전진 정면에, 따라서 또 전선에 어느 정도의 폭을 가지게 하기 위해서는 특별한 고려를 필요로 하는 것은 아닐까—하는 문제이다.

여기에서도 또한 이 문제에 관련해서 생길 수 있는 모든 조합을 모두 들 수는 없다. 그러나 우리는 극히 소수의 예외는 별도로 하고, 주요 지점에서의 승패의 결정은 그다지 중요하지 않은 지점에서의 승패도 동시에 결정한다고 주장할 수 있다. 따라서 이와 반대의 경우가 생긴다는 것이 분명하지 않은 경우, 행동은 항상 위의 원칙에 따라야 한다.

나폴레옹이 러시아에 침입했을 때, 러시아군 주력[13]을 격파하면 동시에 상부뒤나 강변에 있는 전투력[14]도 격파할 수 있다고 생각한 것은 지극히 당연한 일이었다. 그는 처음에 우디노 군단만을 뒤나 강 방면으로 보냈으나 비트겐슈타인이 공세로 전환했기 때문에, 다시 제6군단을 이 방면으로 파견하지 않을 수가 없었던 것이다.[15]

이에 반해서 나폴레옹은, 이 전역의 당초부터 병력의 일부를 나누어서 바그라치온으로 보냈다.[16] 그러나 바그라치온은 바클리군의 퇴각 운동에 휘말렸기 때문에, 나폴레옹은 앞서 바그라치온을 맡게 한 병력을 다시 본군으로 불러들였다. 그런데 비트겐슈타인이 모스크바를 엄호하지 않았더라면, 그도 바클리가 이끄는 본군의 퇴각에 따랐을 것이다.

나폴레옹은 1805년에는 울름 회전에서의 전승으로 동시에 이탈리아에서의 전승을 결정하고, 또 1809년에는 레겐스부르크의 회전에 의한 승리로 티롤에서의 승리를 결정지었다. 이 두 가지 예의 어느 경우에도 제1의 전쟁터는 제2의 전쟁터에서 상당히 떨어진 지점에 있었고, 독립된 전쟁터를 이루고 있었다. 또 1806년에는, 예나 및 아우어르슈타트 회전에서의 승리에 의해서 베스트팔렌·헤센과 프랑크푸르트 대로에서 적의 저항을 동시에 배제할 수가 있었다.

전진하는 공격군의 측방에서 저항하는 방어자의 저항력에 유리한 영향을 주는 여러 정황 중에서 중요한 것은 다음 두 건이다.

---

13) 12만 7000의 바클리군을 가리킨다.

14) 5만 3000의 쿠투조프(Kutuzow, Michail Illarionowitsch, 1745~1813)군을 가리킨다. 쿠투조프는 러시아의 원수.

15) 1812년 7월 초순의 일이다.

16) 나폴레옹의 막냇동생 제롬이 이끄는 8만의 우익군.

첫째는, 러시아처럼 광대한 국토와 강대한 병력을 갖는 나라의 경우이다. 이러한 경우에는 방어군의 주력은 주요 지점에 대한 적의 결정적 공격을 오랫동안 지연시킬 수가 있으므로, 나머지 전투력을 서둘러서 측방 여러 지점에 집결시킬 필요는 없다.

둘째는, (1806년의 슐레지엔처럼) 전진하는 나폴레옹군의 측방에 있는 한 지점이 많은 요새에 의해 엄호되어, 현저하게 강력한 독립성을 갖는 경우이다. 그런데 나폴레옹은 이 지점을 매우 가볍게 다루어 바르샤바로 행진할 때[17] 이 중요한 지역을 그대로 후방에 남겨 두어야 함에도, 막내 동생 제롬[18]이 이끄는 불과 2만의 군을 이 땅으로 보냈을 뿐이었다.

그런데 공격자가 주요 지점을 공격해도 측방의 여러 지점이 동요하지 않고 또 앞으로도 동요할 가망이 없으면, 그리고 또 방어자가 이들 지점에 아직도 전투력을 보유하고 있을 경우, 공격자는 이러한 지점에 적당한 병력을 보낼 필요가 있다. 이것은 불가피한 해악임에는 틀림없으나, 이렇게 해두지 않으면 절대로 차단되어서는 안 될 병참선을 처음부터 포기하는 것이 되기 때문이다.

그러나 더 신중을 기하면, 한 발 더 나아가 이렇게 말할 수 있을지도 모른다. ─주요 지점으로 향하는 공격적 전진은, 별로 중요하지 않은 여러 지점으로 향하는 전진과 정확히 보조를 맞추지 않으면 안 된다. 따라서 이들 중요하지 않은 지점에서 적의 저항이 계속되는 경우에는 주요 행동을 정지하지 않으면 안 된다─고.

하기야 이 같은 원칙은 모든 병력을 될 수 있는 대로 많이 주요 행동에 투입한다는 우리의 원칙과 단적으로 모순되는 것은 아니지만, 그러나 이러한 원칙의 바탕에 존재하는 정신은, 원칙의 목적과 정면으로 대립한다. 만약에 이러한 원칙을 지키고 행동한다면 기계적으로 조정된 이동, 공격력 마비, 우연한 일의 빈발, 시간 허비 등이 생기지 않을 수 없을 것이다. 그런데 이 같은 불편은 적의 완전한 타도와 전혀 양립할 수 없는 것이다.

또 그다지 중요하지 않은 이들 지점에서의 적 병력이 이심적으로, 다시 말하

---

17) 나폴레옹은 1806년 10월 14일의 예나 회전에서 프로이센군을 격파한 뒤, 11월 하순에 바르샤바로 향했다.

18) 제롬(Jerome Bonaparte, 1784~1860).

면 각기 중심점에서 바깥쪽을 향하여 퇴각하기라도 한다면 곤란은 한층 심해진다. 그러면 공격의 통일이라는 것은 도대체 어떻게 될 것인가?

따라서 주공격과 그다지 중요하지 않은 지점에서의 지엽 공격 사이의 보조를 정확히 합치시킨다는 원칙에는 절대로 반대를 표명하지 않을 수가 없다. 그렇게 되면 우리의 주장은 이렇게 된다. 즉—적의 완전한 타도를 목적으로 하는 공격은, 마치 화살촉이 적국의 심장부를 꿰뚫듯이 과감한 성질이 아니면 결코 그 목적은 달성할 수 없다—고.

대군을 이끌고 가난한 지방을 행군하는 것보다는 소규모의 군으로 풍요로운 지방을 행군하는 것이 가장 편한 것은 물론이다. 그러나 행군에 대한 방책이 적절하고, 또 군이 궁핍에 익숙해져 있으면 첫째 방법도 불가능하지 않다. 따라서 소규모 군의 행군이 편하다고 해서 분진을 결의하여, 그 때문에 큰 위험을 초래해서는 안 된다.

병력을 분할하면 하나의 주요 행동이 몇 개의 행동으로 분해된다는 것은 두말할 필요도 없다. 그런데 위에서의 고찰은 병력을 분할하기 위한 네 개의 이유에 대해서 각기 그 권리를 인정한 것이 된다. 그래서 만약 병력의 분할이 이들 이유의 어느 것인가에 해당하고 또 그 경우에 목적을 명확하게 의식하고 이해득실을 신중하게 고려한 후에 행하여진다면 구태여 이러한 조치를 비난할 생각은 없다.

그러나 오늘날 일반적으로 행해지고 있는 것처럼, 분진 계획이 박식한 참모 장교보다도 오직 구식 관례에 따라 입안되거나, 여러 전쟁터가 마치 바둑판처럼 배열되어 행진이 개시되기 전에 이들 전쟁터에 각기 약간의 병력이 배치되어 있지 않으면 안 되거나, 혹은 이들 병력의 행진이 상상만으로 여러 가지로 조합되어 복잡한 선이나 관계에 의해서 목표에 접근하도록 되어 있거나, 혹은 또 군을 오늘은 분할해서 교묘한 용병술을 남김없이 나타내든가 반 달 뒤에는 최대의 모험을 저질러 이를 다시 집결하게 되면—위에서 말한 솔직하고 알기 쉬운 분진의 방법을 버리고 새삼 혼란을 초래한 우둔함에 대해서는 혐오의 마음을 금할 수가 없는 것이다. 만일 최고의 입장에 있는 전쟁 지도자가 큰 정신력을 가지고 전쟁을—본편 제1장에서 말한 것과 같은 의미에서—단순 명쾌한 행동으로서 수행하는 최고의 장수가 아닌 경우에는, 따라서 또 모든 전쟁 계획이 실정에 어두운 참모부의 공방(工房)에서 작성되어 불과 몇 명의 경험이 부족한 참모에 의해서 구상된다면, 그 우열성은 한층 두드러질 것이다.

다음에 제1 원칙의 제3 부분을 고찰할 단계가 되었다. 제3 부분이란—행동의 종속적인 부분, 즉 지엽 행동은 될 수 있는 대로 지엽 행동의 분수를 지켜서 과대한 병력을 요구해서 주요 행동에 불리한 영향을 미쳐서는 안 된다는 것이다.

군사 행동을 모두 하나의 단일 목표로 향하게 하고, 될 수 있는 대로 이 목표를 대규모적인 하나의 주된 행동으로 달성하려고 하면, 교전국 간의 나머지 접촉점에서의 행동은 자연히 지엽적인 행동이 되지 않을 수가 없다. 그래서 만약에 일체의 행동을 하나의 주된 행동으로 압축할 수 있다고 하면, 나머지 접촉점은 있어도 없는 것과 같은 것이 될 것이다. 그러나 이러한 일은 있을 수가 없다. 따라서 실제의 전쟁에서는, 주된 행동으로부터 지나친 병력을 빼내지 않도록 지엽 행동을 억제하는 것이 중요하다.

우리는 우선 이렇게 주장하고 싶다. 즉—적의 모든 저항을 단 한 개의 중심으로 압축하는 것이 불가능한 경우에도 앞서 말한 대로, 거의 전혀 다른 두 가지 전쟁을 동시에 수행하는 경우에도, 전쟁 계획은 역시 지금 말한 것과 같은 경향을 취하지 않으면 안 된다는 것이다. 또 두 방면의 전쟁을 동시에 행하는 경우에도 항상 그중의 어느 하나는 주된 요건으로 간주하지 않으면 안 되므로, 병력과 행동은 특히 이 방면으로 돌려지는 것이다.

이와 같은 견해에 따르면, 주된 행동을 필요로 하는 유일한 방면에 대해서만 공격적으로 전진하고, 다른 방면에서는 방어만으로 그치는 것이 합리적이다. 따라서 무엇인가 특이한 정황이 있어서 공격을 재촉하는 것이 아니라면, 이 방면에서의 공격을 인정할 수가 없다.

종속적인 지점에서의 이런 종류의 방어는 될 수 있는 대로 소수의 병력으로 하고, 이러한 저항 방식에서 생기는 일체의 이점을 이용하도록 노력하지 않으면 안 된다.

비록 전혀 다른 전쟁터에 각기 다른 나라의 군이 나타난다 해도, 이들 군을 공통된 중심에서 동시에 격파할 수 있는 경우에는 위의 견해는 이러한 전쟁터에 대해서 더더욱 적합할 것이다.

그러나 공격자의 본 돌격이 노리는 당해 적에 대해서는, 부차적인 전쟁터의 방어 등은 이미 쓸모가 없다. 주된 공격 그 자체와, 그 밖의 고려에 의한 종속적 공격이 합해서 이 본 돌격을 이루고 있는 것이고, 따라서 이러한 공격에 의해서 직접 엄호되지 않는 지점의 방어를 모조리 필요 없게 만드는 것이다. 요점은 주된 결전에 있다. 주된 결전에서 승리를 얻으면, 일체의 손실은 보상된다. 이러한 주된 결전을 합리적으로 구할 수 있을 만한 병력이 있으면, 이 결전에서 어쩌면 실패할지도 모른다는 걱정은 그 밖의 별로 중요하지 않은 지점을 손해로부터 끝까지 지켜야 한다는 이유가 되지 않는다. 오히려 이러한 실패는 그렇게 했기 때문에 훨씬 생기기 쉽기 때문이다. 따라서 이 경우에는 실패를 걱정하는 나머지 오히려 실패를 초래하는 모순이 생기게 되는 셈이다.

이와 같이 주된 행동이 지엽 행동에 대해서 우위를 차지하는 관계는, 서로 모여서 공격 전체를 형성하고 있는 개별적인 공격 행동도 지배하지 않으면 안 된다. 그러나 실제로 이 전쟁터로부터는 어느 정도의 병력이, 또 다른 전쟁터로부터는 어느 정도가 공통된 중심을 향해 돌진하는가 하는 것은 대개 다른 방면으로부터의 이유로 규정되므로, 여기에서는 주된 행동에 우위를 주는 노력이 이루어져야 한다는 정도로 그친다. 주된 행동의 이러한 우위가 확립되면, 따라서 모든 일이 간단히 진행되어 우연으로 좌우되는 정도가 더욱더 적어지기 때문이다.

제2의 원칙은, 전투력의 사용은 신속해야 한다는 것이다.

시간을 무의미하게 낭비하고 그다지 필요도 없는데 우회로를 취한다는 것은 다름 아닌 전력의 낭비이고 또 전략의 원칙에도 위배된다.

일반적으로 공격의 유리한 점은 기습에 있고, 이 기습이 회전의 시작이라는 규정을 분명히 밝히는 것은 매우 중요하다. 일기당천(一騎當千)의 힘을 가지고 갑자기 습격하는 일이야말로, 공격의 최강의 위력이다. 따라서 적의 완전한 타도를 목적으로 할 경우에는 공격은 기습을 뺄 수가 없다.

그래서 전쟁 이론은 목표에 도달하는 데에 가장 짧은 길을 요구하고, 이것저것 헷갈리는 수많은 논의는 완전히 배제하는 것이다.

앞서 전략적 공격의 대상을 논한 장[19]에서 적국의, 말하자면 급소에 대해서

---

19) 제7편 제3장을 가리킨다.

말한 것이나, 또 본편 제4장에서 시간의 영향에 대해서 말한 것을 상기한다면, 우리가 제2원칙에서 인정하려고 하는 막대한 영향력이 실제로 이 원칙에 어울리는가의 여부를 새삼 설명할 필요는 없다고 생각한다.

나폴레옹은 한 번도 이 원칙에서 벗어난 행동을 취한 적이 없었다. 군에서 군으로, 수도에서 수도로 가는 가장 짧은 도로야말로 그가 가장 애용한 길이었다. 이러한 주된 행동이야말로 우리가 모든 것을 여기에 치중하고, 또 이를 위해 신속한 실시를 요구하는 것이다. 그런데 이 주된 행동이 목적으로 하는 것은 도대체 무엇인가?

적의 완전한 타도란 무엇인가—하는 것에 대해서는 일반적으로 설명할 수 있는 한, 이미 본편 제4장에서 말했으므로 여기에서 되풀이할 필요는 없을 것이다. 적의 완전한 타도가 개개의 경우에 무엇을 문제로 삼고 있든 간에, 그 취지는 시종 일관되어 있다. 그것은—적 전투력의 격멸이다. 다시 말하면 적 전투력을 분쇄해서 대승을 거두는 일이다. 그리고 승리가 재빨리, 다시 말하면 국경 부근에서 이루어진다면 그 승리는 더욱더 쉽다. 그러나 승리가 늦어져서 적지에 깊이 들어간 후에 획득되면, 그 승리는 더욱더 결정적인 것이 된다. 이 경우에도 성과를 올리는 일이 곤란하면 그 성과는 크고, 또 성과가 쉽게 얻어지면 반대로 그 성과는 작다.

따라서 공격자는 확실히 우세를 획득할 정도로 우세하지 않는 경우에는, 가능하면 적의 주력을 탐색하지 않으면 안 된다. 지금 '가능하면' 이라고 말한 까닭은 탐색 때 크게 돌거나, 방향을 잘못 잡거나, 시간을 헛되이 사용하면 이러한 탐색은 과실이 될 수도 있기 때문이다. 비록 적의 주력이 공격자의 모든 진로에서 발견되지 않는 경우에도, 따라서 또 적의 주력을 성공적으로 탐색할 수 없어도, 이윽고 이 주력을 만나게 될 것이라는 것은 확실하다고 말할 수 있다. 적측이 때를 놓치지 않고 공격자를 맞아 싸울 것이기 때문이다. 그렇게 되면 공격자로서는, 지금 말한 것과 같은 불리한 정황하에서도 공격을 개시할 것이다. —이것은 공격자가 떠맡을 수밖에 없는 해악이다. 그럼에도 불구하고 공격자가 회전에서 승리를 얻으면 그 회전은 한층 결정적인 것이 될 것이다.

그런데 이와 같이 적을 탐색할 경우, 적의 주력이 공격자의 전진 노상에 있는데도 불구하고 일부러 적의 측방을 통과한다는 것은, 적어도 이 경우 승리를 수월하게 하기 위한 의도로 이러한 조치를 취한다고 하면 그것은 분명히 잘못이다.

하지만 이 경우 적의 주력이 단연 우세하면 나중에 한층 결정적인 회전을 하기 위하여, 우선 적의 측방을 통과하는 것은 상관없다.

그런데 여기에서 말하는 승리는 한 회전에서의 승리와 같은 것이 아니고, 완벽한 승리, 즉 적의 완전한 패배를 의미한다. 그러나 이러한 승리를 얻기 위해서는, 포위 공격이나 혹은 변환된 정면을 가지고 하는 회전이 필요하다. 이 양자는 어느 것이나 회전의 경과에 결정적인 성격을 주기 때문이다. 따라서 전쟁에 필요한 전투력의 양이나 이 전투력에 주어지는 방향을, 항상 이런 종류의 승리를 기준으로 결정하지 않으면 안 된다. 이것은 실로 전쟁 계획의 가장 중대한 요건이다. 그러나 이 문제에 대해서는 전역 계획을 논하는 장[20]에서 자세히 살펴보고자 한다.

적의 정면과 맞서는 전투 정면을 가지고 하는 회전에서도, 적을 완전히 타도하는 일은 분명히 불가능하지는 않다. 또 전쟁 역사에 이러한 전쟁 사례가 없는 것도 아니다. 그러나 그와 같은 경우는 드물고, 또 피아 양국이 훈련에 있어서나 숙달에서도 우열의 차이가 없어짐에 따라 더욱더 드물어지는 것이다. 이전에 블레넘[21]의 회전에서는 한 마을에서 21개 대대를 포로로 한 예도 있으나, 오늘날에는 이와 같은 일은 바랄 수가 없다.

그런데 이러한 큰 승리를 얻었다고 해서 휴식, 숨 돌리기, 장고(長考) 또는 정돈(停頓) 등은 어림도 없는 일이다. 중요한 것은 오직 추격이며, 또 새로운 돌격이고, 적국 수도의 공략이고, 더 나아가 적국의 원군이나 그 밖에 적국의 지점(支點)이라고 여겨지는 것에 대한 공격이다.

도도히 흐르는 큰 강물처럼 전승을 틈타 적 요새의 측방을 통과할 경우, 이 요새를 공략할 것인가의 여부는, 공격자 병력의 대소에 의해 결정된다. 그러나

---

20) 여기에 해당하는 장은 존재하지 않는다.

21) 바이에른의 마을 블린트하임(Blindheim)은 영국인들이 블레넘(Blenheim)이라고 관습적으로 불렀다. 에스파냐 계승 전쟁(1701~14)에서의 블레넘 회전, 별명 회흐슈테트(Höchstadt)의 회전(1704. 8. 12)에서 독일·영국·네덜란드·덴마크의 동맹군은 프랑스—바이에른 동맹군을 무찌르고, 프랑스의 27대대 및 기병 12중대를 포로로 했다. 회흐슈테트는 블레넘에서 가까운 작은 도시이다. 한편 본문 중의 21개 대대는 27개 대대의 잘못일 것이다.

병력이 현저하게 우세하다고는 하지만, 될 수 있는 대로 빨리 공략을 완료할 수가 없으면 시간의 손실이 된다. 따라서 공격자의 선두 부대가 그 요새를 급속히 공략할 수 없다고 하면, 요새 전방에 될 수 있는 대로 소수의 병력을 남겨두고, 본군은 그대로 전진을 하지 않으면 안 된다. 따라서 그 경우에는 본격적 공략은 불가능하게 된다. 그런데 요새를 공략하기 위해 공격적 전진을 정지하지 않을 수 없게 되면, 공격은 보통 그 순간에 정점에 이르렀다고 할 수 있다. 따라서 공격자는, 신속하고 끊임없는 전진과 추격의 박력을 주력에 요구하는 것이다. 이와 같은 전진이 주요한 지점에서 성공을 거둔 후, 바로 그 병력을 분할해서 그다지 중요하지 않은 지점으로 돌리는 것이 잘못이라는 것은 이미 지적한 바가 있다. 그런데 이러한 공격적 전진을 계속하는 본군의 배후에는 전진로를 따라 가늘고 긴 지역이 남아, 보통 이것만이 공격사 측의 전쟁터가 된다. 그리고 이와 같은 불리한 사정이 공격자의 돌격력을 약화시키고, 또 거기에서 공격자에게 위험이 발생하는 경과는 앞서 이야기한 바가 있다.

그러면 공격적 전진 그 자체에 내재하고 있는 전력을 약화시키는 이러한 곤란은, 이미 그 이상의 전진을 불가능하게 만드는 점에 도달하는 일이 있을 수 있는 것은 아닐까? 분명히 있을 수 있다. 그러나 우리가 앞서 주장한 대로, 공격자가 처음부터 이러한 가늘고 긴 전쟁터를 갖는 것을 피하고, 병력을 분할해서 전진 정면에 어느 정도의 폭을 두어, 그 때문에 공격의 박력을 잃는 것은 중대한 잘못이다. 그래서 우리는 이번에도 이렇게 주장하고 싶다. ―장수는 적을 완전히 타도하지 않는 한, 목표에 도달하는 데에 충분한 병력을 가지고 있다고 믿는 한, 그는 이 목표를 어디까지나 추구하지 않으면 안 된다. 아마도 그의 이러한 행동과 함께 위험도 증대할 것이다. 그러나 성과도 증대한 것이다―라고. 만약에 그가 어떤 지점에 이르러, 더 이상 거기에서 전진을 감히 하지 않는다면, 혹은 군의 배후를 염려하여 전진 정면을 좌우로 넓힐 필요가 있다고 생각한다면, 그 점이 아마도 그의 공격의 극한점일 것이다. 그때 군은 전진 능력이 이미 다한 것이다. 그리고 적이 아직 완전히 타도되지 않았다면, 이미 적의 타도는 불가능할 것이다.

공격자는 공격의 내용을 풍부하게 하기 위하여 적의 요새, 애로(隘路), 주나군 등을 공략하는 일이 있다. 그러나 그와 같은 여벌 일에 힘을 할애하면, 그 때문에 전진은 아무래도 완만해진다. 그러면 이러한 전진은 이미 절대적인 전진이 아니라 상대적 전진으로 내려앉는다. 그렇게 되면 적은, 이미 패주 도중에 있기는커녕 새로운 저항을 준비하고 있을 것이다. 그러므로 공격자는 공격에 풍부한 내용을 담으면서 전진하고 있다고 생각해도, 방어자의 정황은 나날이 개선되고 있다는 것도 가능하다. 요컨대, 비록 불가피한 사정이 있다고 해도 공격자가 전진을 일단 정지하면, 거기에서 새삼 전진을 재개하는 것이 불가능하다는 것을 거듭 지적하고 싶은 것이다.

따라서 이론이 오직 요구하는 것은 적어도 적의 완전한 타도를 의도하는 한, 적을 향해 끊임없이 전진하라는 한마디로 끝난다. 만약에 장수가 지나친 위험을 염려해서 이 목표를 포기한다면 전진을 정지하고, 혹은 전투 정면을 확대하는 것도 좋을 것이다. 그러나 그가 적의 완전한 타도를 한층 교묘하게 해치울 작정으로 이러한 조치를 취하는 것이라면, 이론(理論)은 북을 치며 그를 공격하지 않을 수 없는 것이다.

우리는 순서를 따라 최악의 상태에 빠진 국가의 예는 하나도 없다고 주장할 정도로 어리석지는 않다. 원래 우리가 내건 명제는 하나의 예외도 허용하지 않는 절대적 진리가 아니라, 확실하다고 여겨지는 극히 일반적인 성과를 바탕으로 하고 있는 것이다. 그러면 국가의 몰락은 실제로 순서를 따라 이루어진 것인가, 그렇지 않으면 한 번의 전역으로 생긴 결과인가의 여부를 구별하지 않으면 안 된다. 그러나 우리가 여기에서 문제로 삼는 것은, 제2의 경우뿐이다. 이 경우에만 피아의 힘 사이에 긴박 상태, 다시 말하면 아군이 적의 중심을 괴멸시키든가, 그렇지 않으면 아군의 중심이 적에 의해 괴멸되는가의 긴장이 생기기 때문이다. 그런데 만약 첫해에 다소의 이점을 획득하고, 또 이듬해에 이 이점에 다소의 이점을 더하여, 이렇게 해서 점차 목표에 접근하는 것이라면 특별히 말할 정도의 위험은 없다. 즉 위험은 많은 점에 배분되는 것이다. 그러나 일이 이렇게 진행되면, 공격자 측에서 하나의 성과에서 다음 성과에 이르는 중간 시기에, 적은 새로운 전망을 세울 수가 있다. 공격자가 처음에 얻은 성과가 다음 성과에 주는 영향은 매우 미미한 것이고 때로는 무에 가깝거나 혹은 부정적이기도 한 것이다. 적은 그 사이에 세력을 만회하여, 이전에 못지않게 격렬한 저항을 결의하거나 외국으로부터 새로운 지원을 얻을 것이다. 이와는 달리 모든 것이 단숨에 성취되는 경우에는 어제의 성과는 오늘의 성과와 합쳐서, 마치 불타고 있는 벌판의 불처럼 번져가는 것이다. 어떤 국가가 단계를 따라 행하는 적의 공격에 굴복하고, 따라서 또 방어자의 수호령이라고 할 수 있는 시간까지도 오히려 그를 파멸로 몰아넣은 요인이 된 사례가 있다고 해도, 공격자의 의도가 완만한 공격 행동 때문에 실패로 돌아간 실례 쪽이 훨씬 많은 것이다. 참고 삼아 7년 전쟁에서 프리드리히 대왕이 거둔 빛나는 성과를 생각해 보기 바란다. 이와는 달리 오스트리아군은 이 전쟁에서 매사 신중함을 목적으로 하여 경계에 전념하고 느긋하게 목표에 도달하려고 생각한 나머지 그 결과 마침내 큰일을 놓친 것이다.

이상이 우리의 견해이다. 따라서 오로지 전진을 유일한 근본 방침으로 하지 않고, 그 밖에 설비가 뛰어난 전쟁터 등과 같은 것까지 고려에 넣어, 말하자면 철저한 전진과 평안한 전쟁터를 겸하려고 하는 의견에는 동의할 수 없는 것이다. 공격자에게는 공격적 전진에서 생기는 불리는 도저히 피할 수 없는 해악이다. 그리고 이 해악은 장차 한 가닥의 희망도 가질 수 없는 경우에 비로소 생각하면 되는 것이다.

1812년에 나폴레옹이 보인 전쟁 사례는 우리의 주장을 부정하기는커녕 오히려 이를 강화하는 것이다.

나폴레옹이 러시아 원정에 실패한 것은 일반적으로 말하고 있는 것처럼, 그의 전진이 너무 지나치게 신속했다거나 그가 적지에 너무 깊숙이 들어갔기 때문이 아니라, 성공에 없어서는 안 될 수단이 결여되어 있었기 때문이다. 러시아 제국은 정식으로 공략을 당할 수 있는, 다시 말하면 침략자가 이것을 점령지로서 수비할 수 있는 국토가 아니다. 적어도 현대의 유럽 여러 나라의 병력으로는, 따라서 나폴레옹이 이 원정에 인솔한 50만의 병력으로는 도저히 불가능하다. 이러한 나라를 굴복시키기 위해서는, 그 나라에 내재하는 여러 약점과 국내의 분열 작용에 의할 수밖에 없다. 그리고 이들 정치적 약점을 찌르기 위해서는 국가의 심장부에 도달할 수 있을 정도의 진감(震撼 : 울려 흔들림)이 필요하다. 나폴레옹은 강력한 돌진을 모스크바까지 속행하지 않는 한, 러시아 정부의 용기를 꺾고 국민의 충성심과 강건한 심정을 진감케 하는 것을 바랄 수가 없었다. 그는 모스크바에서 강화를 체결할 수 있다고 생각한 것이다. 또 이것이야말로 그가 러시아 원정에서 달성하려고 한 유일한 목표였다. 그리고 이 목표는 그에게 절체절명의 것이었다.

그래서 나폴레옹은 그의 주력을 러시아군의 주력과 상대시켰다. 그러자 당황한 러시아군은 드리사의 진지를 버리고 퇴각하여 스몰렌스크에 이르러 간신히 정지할 수가 있었다. 나폴레옹은 바그라치온군을 휘저었고, 러시아 본군을 격파하여 마침내 모스크바를 탈취했다. 나폴레옹은 이 전역에도 그의 상투 수단을 사용한 것이다. 실제로 그는 이와 같이 함으로써만 유럽의 지배자가 되었고 또 될 수가 있었다.

이렇게 보면 이제까지의 모든 전역을 훌륭하게 통수(統帥)한 나폴레옹을 최대의 장수로서 감탄하는 사람은, 러시아 원정에서의 그를 갑자기 얕잡아 볼 수는 없을 것이다.

사건을 그 성과에 따라서 판정하는 것은 확실히 허용해도 좋다. 성과는 그 사건을 가장 잘 비판하는 것이기 때문이다(제2편 제5장 참조). 그러나 성과만으로부터 도출된 판단을, 인간 지혜의 지극(至極)이라고 주장해서는 안 된다. 패배한 전역의 원인을 찾아내는 것만으로는, 그 전역의 비판은 되지 않는다. 당시 장수는 그 어떤 이유로 해서 이 원인을 꿰뚫어보지 못했던 것은 아니었을까? 그렇지 않으면 이에 대해서 고려를 하지 않았던 것이 아니었을까—하는 것을 구명하여 입증할 때 비로소 비판이 성립되고 또 장수를 시비할 수가 있는 것이다.

그래서 우리는 이렇게 주장한다.—1812년의 전역에서 러시아군이 전혀 상상해 본 적도 없는 반격을 한 일에만 착안해서 이 원정을 한마디로 어리석은 행동이라고 하고, 또 반대로 나폴레옹이 승리를 거두면 거기에는 전승의 원인이 될 만한 훌륭한 조합이 있었을 것이라고 엉뚱한 비판을 하는 사람은 판단력이 확실하게 결여되어 있다는 것을 나타낸 증거라고.

가령 나폴레옹이 많은 비평가들의 희망대로, 리타우엔에 주둔하여 약간의 요새 확보에 시간을 보냈다면 그는 겨울 동안 동정할 만한 방어 방식에 시종하지 않으면 안 되었을 것이다. 보브루이스크[22]는 보잘것없는 작은 요새에 지나지 않았기 때문에, 훨씬 치우친 지점에 있는 리가 외에는 요새다운 요새는 하나도 없었던 것이다. 이렇게 말하면 비평가 여러분은 너도 나도 이렇게 외칠 것이다.

---

22) 보브루이스크(Bobruisk). 벨로루시 모길료프주에 있는 도시.

—'이것은 이미 옛날의 나폴레옹이 아니다. 한때는 아우스테를리츠나 프리틀란트 회전에서와 같이, 적국의 최후의 거점에 육박해서 승리를 거두어 정복을 완성하는 것을 상례로 삼은 그가, 러시아 원정에서는 무엇보다도 먼저 본전(本戰)을 구하지 않았던 것은 어찌 된 일인가? 그는 무방비 상태여서 손쉽게 함락될 수도 모스크바를 약취하는 것을 주저하여, 적이 새로운 저항력을 결집하기 위한 핵심을 그대로 둔 것은 어찌 된 일인가? 그는 벽지에 있는 이 거대한 국가를 마음대로 습격한다고 하는 미증유의 좋은 기회를 잡은 것이다. 그가 이 국토를 습격하기를 마치 가까이에 있는 도시를 급습하는 것과 마찬가지로, 또 프리드리히 대왕이 프로이센과 국경을 접하는 작은 지반 슐레지엔을 급습했을 때와 마찬가지로, 일거수일투족의 품에 지나지 않았던가? 그런데도 그가 이 이점을 이용하지 않고, 마치 악마에 홀리기라도 한 섯처럼 승리 도상에서 딱 멈춘 것은 어찌 된 일인가?' 하고. 아마도 여러분은 성과로 미루어보아 이렇게 판단할 것이다. 대개의 비평가의 판단은 기껏해야 이 정도의 것이기 때문이다.

이에 대해 우리는 이렇게 말하고 싶다. —1812년의 전역이 성공하지 못한 원인은, 러시아 정부가 마지막까지 확고한 태도를 잃지 않았고, 러시아 국민의 충성심이 두터웠기 때문이다. 즉, 이 전역에는 성공할 수 없는 이유가 있었던 것이다—라고. 이러한 전역을 계획한 것은 분명히 나폴레옹의 실책이었을지도 모른다. 적어도 성과로 말하자면 그는 계산을 잘못한 것이다. 그러나 우리는 이러한 목표가 일단 추구될 단계가 되면, 이 목표에 도달하기 위해서는, 대체적으로 이 이외의 방법으로는 불가능하도록 주장하지 않을 수가 없다.

나폴레옹은 이미 서유럽에서 끝이 없는, 또 막대한 비용이 드는 방어적 전쟁[23]을 하지 않으면 안 되었다. 그러나 동유럽에서는 이러한 방어적 전쟁을 계획한 것이 아니라 목표에 도달하기 위한 유일한 수단 즉, 어떻게 할 줄을 모르고 있는 적에게 단호한 일격을 가해서, 강화의 체결을 강요하는 수단으로 사용한 것이다. 그의 군은 이 전역에서 파멸했으나, 그러나 그것은 그가 아무래도 저지르지 않으면 안 될 위험이었다. 즉 이 위험은 게임의 판돈이었고 큰 희망을 실현하기 위한 대상(代償)이었다. 그의 전투력 파괴가 그의 오산에 의

---

23) 프랑스의 에스파냐–포르투갈에 대한 전쟁(1807~1813)을 가리킨다.

해 필요 이상으로 심했다고 해도, 그 책임은 그가 적지로 깊이 침입한 일에 돌려서는 안 된다. 이것이 바로 그의 목적이며, 이것을 피할 수가 없었기 때문이다. 오히려 그를 나무라야 할 일은 이 전역을 개시할 계절이 너무 늦었다는 것, 그의 전술이 병력을 낭비했다는 것, 군의 보급과 퇴각로의 보전에 배려가 부족했다는 것, 또 모스크바로부터의 철퇴가 약간 늦었다[24]는 데에 있다.

러시아군은 실제로도 배레지나 강변에서 퇴각 중인 나폴레옹군의 앞을 가로막아, 그의 퇴각을 정면으로 방해할 수도 있었지 않았나 하고 말할지도 모른다. 그러나 이러한 말은 우리의 견해에 대한 유력한 반론은 되지 않는다. 첫째, 러시아군의 이 계획이 결국 성공하지 못했다는 사실이야말로, 나폴레옹의 퇴각로를 실제로 차단하는 일이 얼마나 곤란했던가를 증명하고 있기 때문이다. 퇴로가 차단되었어야 할 나폴레옹은, 매우 불리한 정황하에서 마침내 혈로를 개척한 것이다. 하기야 이때의 불리한 사태는 그의 파국을 촉진시키기는 했지만, 그것이 파국의 진정한 원인은 아니었다. 둘째로, 그의 퇴각을 현저하게 곤란한 것으로 만든 것은 드물게 보는 불리한 지형 바로 그것이었다. 베레지나 강변의 소택지는 대간선 도로를 가로막고, 또 소택지 가장자리는 울창한 삼림으로 되어 있어서 통행이 거의 불가능했다. 따라서 만약에 이러한 소택지가 없었다면 러시아군에 의한 퇴로의 차단은 더욱 곤란했을 것이다. 셋째로, 러시아군에 의한 퇴로의 차단을 불가능하게 하기 위해서는, 퇴각군의 정면에 어느 정도의 폭을 유지하여 행군하는 수밖에 없었지만, 그러나 이 방법은 우리가 앞에서 강하게 비난했던 것이다. 만약에 중앙군을 우선 전진시키고 약간 뒤에 그 좌우를 행진하는 군이 이 중앙군을 엄호했다가 혹시라도 좌우의 어느 군에 사고가 생기면 선두 부대와 함께 모두 무너져서, 퇴각을 서두르지 않으면 안 될 것이다. 그렇게 되면 공격이고 뭐고 있을 수가 없는 것이다.

하지만 나폴레옹도 군의 측면을 소홀히 한 것은 아니다. 비트겐슈타인에게는 우수한 병력을 보내고 있었다. 리가의 전방에는 상당한 병력을 가진 공성군(攻城軍)이 있었다. 이것은 리가 요새의 실정으로 보자면 지나칠 정도의 병력이었다. 또 남쪽에는 5만의 슈바르첸베르크군이 대기하고 있었다. 이 병력

---

24) 나폴레옹은 1812년 9월 14일에 모스크바로 입성하여, 10월 19일에 퇴각을 결의했다.

은 토르마소프군보다도 우세하여 치차고프군과도 맞먹었다. 여기에 더하여 빅토르[25]가 지휘하는 3만의 군이 프랑스군 후방의 중심점에 있었다. ─요컨대 11월에도, 따라서 러시아군의 전투력이 강화되고 이에 반해서 프랑스군의 전투력이 매우 약화된 이 결정적 시기에도, 모스크바군의 배후에 있는 러시아군의 우세는 그다지 현저한 것은 아니었다. 러시아측에서는 비트겐슈타인, 치차고프, 그리고 자켄[26] 군을 합치면 모두 11만이었다. 한편 프랑스측에서는 슈바르첸베르크, 레니에,[27] 빅토르, 우디노 및 생 시르[28]가 이끄는 군은 넉넉히 8만을 헤아리고 있었다. 아무리 신중한 장군이라도 전진을 앞두고 이 정도 전투력을 군 양쪽에 두지는 않을 것이다.

1812년 니에멘강을 건넌[29] 60만의 프랑스군 가운데 슈바르첸베르크, 레니에 및 맥도널드가 다시 그 강을 건너서[30] 퇴각할 때의 병력은 5만에 지나지 않았다. 그런데 만약 나폴레옹이 우리가 앞서 지적한 실책을 피할 수 있었다면, 25만의 군을 귀환시키는 일은 분명히 가능했을 것이다. 그렇게 되면 그의 러시아 원정이 실패라는 데에는 변함이 없지만, 이론은 이 실패를 비난할 수가 없었을 것이다. 군의 반수 이상을 잃는다는 것은 이러한 경우 결코 이상한 일도 아니다. 공교롭게도 전역 규모가 컸기 때문에 이상하게 여겨졌을 뿐이기 때문이다.

주된 행동과 그 필연적 경향, 그리고 이 행동에 따른, 피할 수 없는 위험에 대한 논술은 이것으로 끝마치기로 한다. 다음에 지엽적인 행동에 대해서 말하자면, 무엇보다도 먼저 이들 행동에 대한 공통된 목표가 있어야 한다. 그러나 또한 이 목표는, 각기 지엽적인 행동을 담당하는 여러 군의 행동을 둔화시키는 일이 있어서는 안 되는 것이다. 지금 가령 오베르라인, 미텔라인[31] 및 네덜란드의 세 지점에서, 각기 프랑스를 향하여 군을 발진시킨다고 하자. 그리고 파리 부근에서 이 3군이 집합할 때까지는, 어느 군도 위험을 저지르지 않고 될 수 있

---

25) 빅토르(Victor-Perrin, Claude, 1766~1841). 프랑스의 원수.

26) 자켄(Sacken, Fabian Gottlieb, 1752~1837). 러시아의 원수.

27) 레니에(Reynier, Jean Louis Ebenezer, 1771~1814). 프랑스의 장성.

28) 생 시르(Laurent, Marquis de Gouvion Saint-Cyr. 1764~1830). 프랑스의 원수.

29) 같은 해 6월 24일.

30) 같은 해 12월 14일.

31) 미텔라인(Mittelrhein). 라인강의 중류, 마인츠에서 본까지의 124km의 구간.

는 대로 군의 보전을 꾀하게 된다고 하면, 우리는 이것을 위험한 계획이라고 평가하지 않을 수가 없다. 이와 같은 경우에는, 각 군은 항상 세 가지 활동을 염두에 두지 않으면 안 된다. 그렇게 되면 각기 서로 다른 세 가지 활동에 대한 고려는, 각 군의 전진에 주저, 우유부단, 불안을 가져올 것이다. 따라서 이와 같은 경우에는, 각 군에 각기 독립된 임무를 할당해서, 각기 다른 3군의 활동이 저절로 통일되는 곳에서 통일의 묘미를 찾는 것이 좋다.

요컨대 공격 때문에 병력을 분할해서, 서로 분리되어 있는 전쟁터를 향해 각각 전진시킬 경우에는 각 군마다 독립된 임무를 주고, 또 이 임무를 각 군의 책임하에 다하기 위해 마지막 돌격력을 경주시키지 않으면 안 된다. 분진(分進)의 목적은 이것이 각 군에 의해 이루어지는 데에 있는 것이지, 모든 군이 각기 분수에 맞는 크고 작은 이점을 획득하는 데에 있지는 않다.

적군의 병력 배치가 아군의 예상과 달라졌기 때문에, 분진하는 여러 군 중에서 어떤 군에게만 과중한 부담이 지워지거나, 혹은 전투에 패한다 하더라도 그때문에 나머지 군에 불리한 영향을 미치는 일이 있어서는 안 된다. 만일 그렇게 되면 이들 여러 군에 의해 얻어질 총체적 성과는 처음부터 가망이 없는 것이다. 그런데 총 병력 중에서 다수의 군이나 혹은 주요한 군이 회전에 패했을 경우에는 나머지 군에 불리한 영향을 미칠 것은 당연한 일이고, 또 이러한 영향을 미치지 않을 수가 없다. 이것은 바로 전쟁 계획의 잘못에서 온다.

그런데 이러한 규칙이라면 원래는 방어를 본 임무로 삼으면서도, 방어가 좋은 성과를 거두면 공세로 옮길 수 있는 군이나 부대에도 타당하다. 그러나 그렇게 되면 군에 남아도는 전투력이 있어도, 이것을 주요 공격 지점에 돌린다는 조치는 바람직하지 않게 된다. 또 지나친 전투력의 이러한 처리는, 주로 전쟁터의 지리적 위치에 의해 결정된다.

그러나 이와 같은 정황하에서는 공격 전체를 이루고 있는 기하학적 형상이나 모든 공격 행동을 한데 묶어야 할 통일은 도대체 어떻게 되는 것인가? 또 격파된 군에 인접하는 군의 측면이나 배면은 어떻게 되는가?

그러나 이러한 배려야말로 우리가 애써 배척하려는 것이다. 대규모 공격 계획을, 하나의 기하학적 모양을 만들려고 하는 것은, 바로 잘못된 사상 체계 안으로 길을 잃어 진퇴양난이 되는 것과 같은 이치이다.

앞서 제3편 제15장에서 기하학적 요소는 전략에서 전술에서만큼 효과적이지 않다는 것을 말했다. 그런데 여기에서는 그때의 결론을 다시 한번 되풀이하는 것으로 그치고자 한다. 즉 ―특히 공격의 경우 기하학적 형상보다도 개별적인 지점에서 거두는 실제의 성과에 중점을 두어야 한다. 기하학적 형상은 이들 성과에 의해서 차차 형성될 수 있는 것이다―라고.

여하간 다음과 같은 한 가지 일은 확실하다. 그것은―전략의 공간은 광대하기 때문에, 여러 부대의 기하학적 위치에 관한 배려나 결의는 총사령관에게 맡겨두면 좋다. 따라서 하급 지휘관에게는 인접 부대의 조치를 이러쿵저러쿵 따질 권리가 없다. 그는 자신에게 지시된 목표만을 무조건 추구하면 된다. 만약 여러 부대 사이에 심한 불균형이 실제로 생기면, 총사령관은 적시에 이를 수정해야 한다. 서로 분리된 여러 부내의 행동에서 생기는 주된 해악의 내용을 보면, 정확한 사태 대신에 많은 걱정이나 가정이 사건의 경과에 섞여든다는 것, 그리고 또 그 어떤 우발적인 일도 그것이 관계 부대에 한하지 않고 마치 서로 짜기라도 하듯이 전체에 파급된다는 것, 또 하급 지휘관들의 개인적인 약점이나 동료끼리의 적의가 작용할 광대한 여지가 열려 있다는 것 따위이다. 이러한 해악을 제거하기 위해서는 위에서 말한 방책을 추구하는 수밖에 없다.

이상과 같은 견해를 단순한 역설로 간주하는 것은, 아직 전쟁 역사의 진지한 연구를 쌓지 않고 있기 때문에, 중요한 것과 그렇지 않은 것을 구별할 수 있는 식견이 결여되고, 또 인간의 여러 약점이 도처에서 해로운 영향을 주어왔다는 것을 충분히 알지 못하는 사람들이라고 생각한다.

서로 분리된 몇 개의 종대로 공격을 시도할 경우, 이들 종대에 정확한 연계를 갖게 하여 성공을 바란다는 것은 전술에 있어서까지도 곤란하다. 이것은 실전에 경험이 있는 군인이라면 누구나 인정하고 있는 일이다. 하물며 전략에서는 이들 부대의 간극은 전술에서보다도 훨씬 크기 때문에, 부대 간의 연계는 훨씬 곤란하고, 오히려 전혀 불가능할 수 있다. 그렇기 때문에 모든 부대 간의 연계를 끊임없이 유지한다고 하는 것이 공격의 성공에 필수 조건이라고 한다면, 이런 종류의 전략적 공격은 단호히 배격되지 않으면 안 될 것이다. 그러나 한편으로는, 우리로서도 이러한 공격을 일괄적으로 비난할 생각은 없다. 우리가 자유로 처리할 수 없는 정황 때문에, 이러한 종류의 공격 방법을 사용하지 않을 수 없는 경우도 있을 수 있기 때문이다. 또 다른 한편으로는, 전술에서도 회전의 모든 경과를 통해서 모든 부대가 줄곧 이러한 연계를 유지하고 행동하는 것이 필요하지는 않다. 하물며 전략에서의 그 필요성은 훨씬 적다. 따라서 전략에서는 모든 부대의 연계 같은 것을 무시하고, 각 부대에 독립된 일을 할당하는 데에 중점을 두지 않으면 안 되는 것이다.

그런데 이와 같은 경우에, 각 부대가 다해야 할 임무를 적절하게 할당하는 건에 대해서 한 가지 중요한 소견을 덧붙이고자 한다.

1793년과 94년[32]에 오스트리아군의 주력은 네덜란드에 있었고, 프로이센군의 주력은 오베르라인에 위치하고 있었다. 오스트리아군은, 빈에서 콩데[33] 및 발랑시엔을 향해 행군하여, 베를린에서 란다우[34]를 향해 행진 중인 프로이센군과 교차했다. 그런데 오스트리아군은 그곳에서 벨기에에 있는 오스트리아령의 주나 군을 방어하지 않으면 안 되었을 뿐만 아니라, 프랑스령 플랑드르를 침략할 경우에는 이들 주군(州郡)은 매우 좋은 위치에 있었다. 그러나 벨기에의 오스트리아령 방어에 관한 오스트리아 정부의 관심은 그다지 강한 것은 아니었다. 오스트리아에서는, 카우니츠 공[35]이 죽은 뒤 외무장관 투구[36]는, 오스트리아군의 병력 집중을 한층 강화하기 위해 네덜란드를 통째로 포기한다는 방책을 실시했다. 실제로 오스트리아군에게는, 플랑드르로 가는 길은 알자스로 가는 길의 두 배나 되었다. 그리고 이것은 전투력이 엄격하게 제한되고, 또 모든 것이 현금으로 지불되어야 했던 시대에는 결코 작은 일이 아니었다. 그러나 투구의 의도는 분명히 딴 곳에 있었다. 그는 네덜란드와 니데르라인의 방어에 이해관계를 갖는 네덜란드·영국 및 프로이센에 위험을 통감시켜서 더한층 노력을 요구할 심산이었다. 그러나 프로이센 내각이 아무래도 그의 말을 듣지 않았기 때문에 그의 계획은 빗나갔으나, 일의 전말을 보면 정치적 이해관계가 전쟁의 수행에 미치는 영향을 여실히 보여주고 있다.

---

32) 프랑스혁명 전쟁(1792~1801) 때에 일어난 일.
33) 콩데(Conde-sur-l'Escaut). 북프랑스의 작은 도시.
34) 란다우(Landau). 라인란트–팔츠의 도시.
35) 카우니츠(Kaunitz, Wenzel Anton von, 1711~94). 오스트리아의 정치가.
36) 투구(Thugut, Franz de Paula von, 1736~1818). 오스트리아의 정치가.

프로이센은 알자스 지방에 방어해야 할 것을 아무것도 가지고 있지 않았고 탈취할 것도 없다. 1792년에 프로이센은 로렌 지방을 지나 샹파뉴 지방으로 향하는 행진을 계획했으나, 이것은 말하자면 기사적(騎士的) 정신에 입각해서 이루어진 것이었다. 그러나 이 행진이 불리한 정황 때문에 좌절되자, 프로이센은 내키지 않는 전쟁을 계속한 데에 지나지 않았다. 만약 프로이센 군대가 네덜란드에 주둔하고 있었더라면, 이 군은 직접 네덜란드와 손을 잡았을 것이다. 당시 프로이센은 네덜란드를 자기 나라처럼 간주할 수 있었고, 또 실제로 1787년[37]에는 이 나라를 정복한 일이 있었다. 그렇게 되면 프로이센은 니데르라인을, 따라서 또 프로이센 안에서 전쟁터에 가장 가까운 부분을 엄호할 수 있었을 것이다. 프로이센은 보조금 때문에 영국과도 굳은 동맹 관계를 맺고 있었는데, 이와 같은 정황하에서라면 네덜란드와 영국 간의 동맹 관계를 그토록 손쉽게 배반하지 않았을 것이다. 한편 이 배반 행위는 프로이센 내각의 책임이었다.

그렇기 때문에 오스트리아군이 그 주력을 가지고 오페르라인에 남고, 또 프로이센이 전 병력을 가지고 네덜란드에 주둔하고, 오스트리아군은 1개 군단만을 그것도 별로 강력하지 않은 군단을 네덜란드에 남겨두었다면, 훨씬 좋은 결과를 얻을 수 있었을 것이다.

1814년에, 용맹을 떨친 블뤼허 대신에 바클리를 슐레지엔군의 지휘에 임명하고 블뤼허와 슈바르첸베르크를 본군에 남겨 두었다면, 이 전역은 아마도 완패했을 것이다.[38]

또 용감한 라우든[39]이 프로이센 왕국의 가장 강한 땅, 즉 슐레지엔을 전쟁터로 삼아 프리드리히 대왕과 대전하는 대신에, 독일 제국군[40]에서 사령관의 지위를 차지하고 있었다고 한다면, 7년 전쟁 전체가 다른 국면으로 전개되었을 것

---

37) 프로이센과 네덜란드의 전쟁은 이해에 있었다.

38) 블뤼허는 프로이센, 바클리는 러시아, 또 슈바르첸베르크는 오스트리아의 원수였다.

39) 라우든은 처음에 러시아군에서 근무하고, 뒤에 프리드리히군으로 들어가려고 했으나 거절당하고, 오스트리아군에서 복무했다. 슐레지엔에서는 프로이센국과 자주 싸우고, 란데스훗 회전(1760. 6. 23)에서는 프로이센군을 무찔렀다.

40) 독일 제국군은, 당시의 독일 제국에 속하는 여러 나라와 여러 영지에 병력을 할당해서 편성된 군. 국회에 의해서 임명된 원수나 장군을 두고, 병력수는 적어도(처음에는 4만), 장비는 통일되지 않고 지휘나 훈련이 불량하여, 전형적인 오합지졸로 그 연약함은 유럽 여러 나라의 멸시의 대상이 되었다.

이다. 그런데 동맹군과 여러 나라 군과의 관계를 한층 자상하게 고찰하기 위해서는 여러 가지 경우와 그 주요 차이점을 고찰할 필요가 있다.

첫째, 아군이 여러 외국과 공동으로 전쟁을 수행하는 경우이다. 이들 여러 나라는 동맹자로서 참전할 뿐만 아니라, 각기 독립된 이해관계를 갖는다.

둘째, 동맹군이 원군으로서 아군으로 올 경우.

셋째는, 장수의 개인적 특성만을 문제로 삼는 경우이다.

첫째와 둘째의 경우에는, 여러 나라의 군대를 모두 섞어서 1813년[41]과 14년에서처럼, 여러 국가의 군대로 이루어진 군단을 가지고 편성하는 것이 좋은가, 그렇지 않으면 여러 나라의 군을 되도록 분리해서 각 군에 각기 독립된 행동을 취하게 하는 것이 좋은가의 문제를 제기할 수도 있다.

말할 필요도 없이 첫째의 경우가 가장 유익하다. 그런데 그렇게 위해서는 여러 국가 사이에 어느 정도의 우호 관계와 공통된 이해관계가 있지 않으면 안된다. 더욱이 여러 국가가 수어지교(水魚之交)를 보이는 일은 좀처럼 드물다. 여하간 여러 나라의 군대의 결합이 긴밀한 경우, 각국의 이해관계를 분리한다는 것은 여러 나라의 내각에 심히 곤란한 일이 된다. 또 여러 나라의 군사령관들의 이기적 견해에서 생기는 해로운 영향에 대해서 말하면, 이와 같은 정황하에서 이러한 영향은 하급 지휘관 사이에서만, 따라서 전술의 영역에서만 생기지만, 여러 나라가 완전히 분리되어 있는 경우만큼 노골적인 것은 아니다. 이와는 달리 여러 나라의 병력이 완전히 분리되어 있지 않을 경우에는, 이런 종류의 해로운 영향은 전략에도 영향을 주어서, 전쟁 전체를 결정하는 주요 요인이 되지 말라는 법은 없다. 이에 대한 대책으로서는 이미 말한 대로, 여러 나라 정부측의 헌신적 정신이 필요하다. 1813년에 여러 나라 정부는 당면한 곤란을 놓고 재촉을 받아 이 방침에 따르지 않을 수 없었다. 특히 러시아 황제[42]는 최대의 병력[43]을 가지고 참전하여, 전국[44]의 호전에 최대의 기여를 했음에도 불구하고 그

---

41) 1813년과 14년에 동맹군이 나폴레옹을 상대로 벌인 자유전쟁을 가리킨다.

42) 알렉산드르 1세.

43) 이때 프로이센군의 병력 약 16만, 오스트리아군의 병력 약 13만에 대해서, 러시아군은 18만이었다.

44) 라이프치히 회전.

의 군대를 프로이센 및 오스트리아 군사령관 지휘하에 둠으로써,[45] 독립된 러시아군을 가지고 참전한다는 명예욕을 가지지 않았던 것은 칭찬할 만한 일이었다.

그런데 여러 나라 군 사이에 이러한 긴밀한 연계를 구하지 않는 경우라면, 어설픈 연계보다는 오히려 완전히 분리되어 있는 편이 좋다. 이때 가장 최악의 경우는, 서로 다른 나라의 군을 각각 지휘하는 두 사람의 장수가 같은 싸움터에 있는 것만 한 일은 없다. 7년 전쟁에서는 프리드리히 대왕을 적으로 하는 러시아군, 오스트리아군 및 독일 제국군 사이에 자주 이와 같은 사태가 생겼다. 여러 나라의 군이 완전히 분리해 있으면 따라서 각 군이 다해야 할 부담도 분리되어 있고, 그렇게 되면 이들 군은 각기 부과된 부담과 주위의 정황에 쫓겨 한층 활발한 행농을 하지 않을 수가 없는 것이다. 그런데 여러 나라의 군대가 긴밀하게 결합되어 있거나, 혹은 서로 같은 싸움터에 있는 경우에는 그렇게 되지 않는 것이다. 오히려 한쪽 군이 전의를 잃으면 그것이 곧 다른 군에도 파급되어 전력이 심히 쇠퇴되는 것이다.

위에 든 세 가지 경우 중, 첫 번째 경우에는 여러 나라의 군대를 완전히 분리시킨다는 것에는 아무런 곤란이 없다. 각국의 이해관계가 각기 다른 것은 자연스러운 일이고, 또 이미 그것만으로도 각국의 군에서 각기 다른 방향을 규정하기 때문이다. 두 번째 경우에는, 여러 나라의 군을 완전히 분리할 수 없는 경우가 있다. 그와 같은 경우에는, 동맹국으로부터의 원군이 강대하면 보통 이에 종속할 수밖에 없다. 이것은 1815년의 전역 끝 무렵에 오스트리아군[46]이, 또 1807년의 전역에 프로이센군[47]이 취한 조치이다.

장군의 개인적 특성에 대해서 말하면 일은 모두 특수한 것에 속한다. 그러나 우리는 역시 일반적 견해도 언급해 둘 필요가 있다. 그것은 다음과 같다. 즉 — 종속적인 군의 사령관으로는 매우 신중하고 세심한 장군을 임용하는 것이 통

---

45) 러시아군은 처음에 블뤼허군에 속했으나, 뒤에 그중의 13만이 슈바르첸베르크의 지휘하에 놓였다.

46) 1815년 6월의 벨 알리앙스 회전에서 오스트리아의 뷜로군은 블뤼허군에게 종속되었다.

47) 러시아의 장성 베니히센(Bennigsen, Levin August Theophil, 1745~1825)은, 프로이센군을 원조하기 위해 러시아군 총사령관으로 하여 동프로이센으로 와서 프로이시시 아일라우에서 프랑스군과 싸웠다(1807. 2. 8).

레이다. 그러나 이것은 잘못된 생각으로, 이 지위에는 가장 용감한 장군을 두지 않으면 안 된다. 앞서 말한 것을 지금 다시 한번 되풀이한다면, 여러 나라의 군이 분리되어 있을 경우에 전략적인 성과를 거두기 위한 요건은, 이들 군이 각각 그 병력의 효과를 충분히 발휘하는 데에 있다. 그렇게 되면 어떤 지점에서의 실책은, 다른 지점에서의 성공으로 보충된다는 것이다. 그러나 여러 군의 활동이 각기 유감없이 영위되기 위해서는 각 군의 사령관은 용맹하고 오직 내심의 판단에 따라서 앞으로 나아가는 장군이어야 한다. 위급한 경우에는 쓸데없이 행동의 필요를 냉정하게 객관적으로 고려하는 것만으로는 도저히 시간이 맞지 않는 것이다.

마지막으로 한마디 덧붙이겠다. 그것은—만약에 사정이 허락한다면 장수를 임용해서 군대를 배치할 경우, 그 임무와 토지 및 지형을 잘 감안해서 군과 장수의 특성에 적합시키지 않으면 안 된다는 것이다. 상비군·우수한 군대·다수의 기병·신중하고 노련한 장수에게는 툭 터진 지형이 좋고, 민병·국민 총무장·젊고 용맹매진을 좋아하는 사령관에게는 삼림지, 산지(山地) 및 험하고 좁은 길이 적합하다. 또 외국으로부터의 원군은 부유한 주나 군(郡)을 좋아하므로, 이러한 주나 군에 보내는 것이 좋다.

우리는 이제까지 일반적인 전쟁 계획에 대해서 말했고, 또 본장에서는 특히 적의 완전한 타도를 목적으로 하는 전쟁 계획에 대해서 고찰했다. 이 경우에는 우선 전쟁 계획을 특히 명확하게 하고, 다음에 이 목표에 도달하기 위한 수단과 방법을 설정함에 이를 지도할 원칙을 제시했다. 우리는 이에 의해서 교전자는 당면한 전쟁에서 무엇을 바라는가, 또 무엇을 할 것인가 하는 것을 명백히 자각하지 않으면 안 된다는 견지에서, 이러한 의식의 환기에 힘썼다. 우리는 필연적인 것, 일반적인 것을 분명히 꺼내 보이고, 또 특수한 것, 우연적인 것에도 나름대로의 고려를 했다. 필연성을 가지지 않는 것, 근거가 없는 것, 유희적인 것, 공상적인 것, 혹은 궤변적인 것은 애써 배제하려고 했다. 만약 우리가 이 목적을 달성할 수 있었다고 한다면, 우리의 과제는 모두 해결되었다고 말해도 좋을 것이다.

그런데 본편(本篇)에서는, 하천의 우회, 산지의 최고점에서의 제고(制高), 견진지(堅陣地)의 회피 및 국토의 관건(關鍵)과 같은 것에 관한 기술이 없는 것을 이상하게 생각하는 사람이 있다고 하면, 그 사람은 우리의 뜻을 충분히 이해하지 못했을 뿐만 아니라, 전쟁의 대강(大綱)도 아직 파악하지 못했다고 할 것이다.

우리는 본편에 앞선 여러 편에서 이러한 것들의 대략적인 성질을 말하고, 그 때 이들 여러 가지 일이 세상의 명성에 현혹되어, 일반적으로 믿는 것보다도 훨씬 의존할 수 없는 성질의 것임을 알았다. 하물며 적의 완전한 타도를 목표로 하는 전쟁에서는, 이런 종류의 것은 각별히 뛰어난 역할을 할 수 없고, 또 할 수 있을 리도 없다. 여기에서 훌륭한 역할을 한다는 것은 모든 전쟁 계획에 영향을 준다는 것을 말하는 것이다.

본편 마지막에 사령권(司令權)의 설정에 관한 논술 때문에, 특히 한 개의 장[48]을 설정할 생각이다. 그러나 그 전에 하나의 실례를 들어, 본 장을 끝마치려고 한다.

가령 오스트리아·프로이센·독일 연방[49]·네덜란드 및 영국이 프랑스에 대해서 개전을 결의하고, 러시아는 중립을 지킨다고 하자. 이것은 150년 이래 자주 있어 왔던 일이다. 그러면 위에 적은 여러 나라들은 프랑스의 완전한 타도를 목적으로 하는 공격적 전쟁을 할 수가 있다. 프랑스가 아무리 강하다 해도 러시아 이외에는 지원을 줄 강국이 없고, 이 러시아가 중립을 지킨다고 하면, 프랑스 국토의 반은 밀려오는 파도와 같은 동맹군의 침략을 받아 수도 파리는 점령된다. 믿고 의지할 수 있는 자원이 충분하다고 할 수가 없기 때문이다. 에스파냐는 너무 멀고, 또 그 위치도 프랑스에게는 매우 불리하다. 이탈리아 제국은 처음부터 약하고 무기력하다.

위에 적은 여러 나라는 유럽 이외의 영토를 제외해도 7,500만의 인구를 가지고 있다. 이에 반해서 프랑스의 인구는 불과 3000만에 지나지 않는다.[50] 이들 여러 나라가 공통된 적을 반드시 타도하고자 하는 열의에 불타서 프랑스와 전쟁을 하기 위해 병력을 소집한다면 소집할 수 있는 병력은 다음과 같이 추산할

---

48) 이 장은 존재하지 않는다.

49) 나폴레옹 전쟁의 뒷처리를 하기 위해 체결된 1815년의 빈 조약의 한 항목으로서, 독일의 35 군후국(君侯國) 및 4자유시(自由市)가 일종의 동맹인 '독일 연방'을 형성하여, 오스트리아를 맹주로 삼았다. 그러나 본문에서는 오스트리아와 프로이센을 따로 다루고 있다. 이 동맹은 1866년에 해소되었다.

50) 이것은 아마도 1828년에 쓴 것으로 여겨진다.

수 있을 것이다.

오스트리아	250,000명
프로이센	200,000명
나머지 독일 연방	150,000명
네덜란드	75,000명
영국	50,000명
합계	725,000명

　동맹국측에서 이만한 병력이 참전하면, 프랑스의 병력보다도 훨씬 우세한 것은 확실하다. 프랑스는 나폴레옹 시대라 할지라도 이 정도로 강대한 병력을 가진 일이 없기 때문이다. 또 프랑스가 요새 수비대나 해안 감시부대, 그 밖에 할애해야 할 병력을 고려에 넣는다면, 주된 싸움터에서 동맹군 측이 현저하게 유리하게 될 공산에는 의문의 여지가 없다. 적을 완전히 타도하겠다는 목적은 주로 이러한 수적인 우세에 입각해서 수립된다.

　프랑스의 중심은 프랑스군과 파리에 있다. 1회 내지 몇 차례의 본 전투에서 프랑스군을 타도하고 파리를 공략하여 적의 남은 군을 루아르강[51] 건너편으로 격퇴한다―이것이 동맹군의 목표가 되지 않으면 안 된다. 국가로서의 프랑스의 급소는, 파리와 브뤼셀의 중간에 있다. 벨기에의 국경까지는 수도 파리에서 불과 30마일이다. 동맹군의 일부 즉 영국군, 네덜란드군, 프로이센군 및 독일 연방군에게는 이 방면에 각기 자연적인 배치 지점이 있다. 이들 여러 나라의 일부는 이러한 배치 지점 근처에 있고, 또 다른 일부는 바로 그 뒤에 있다. 그런데 오스트리아 및 남독일 연방군은 오베르라인 구간에서 출발하는 것이 편리하다. 그리고 이들 군에게 가장 자연적인 진격 방향은 트루아[52] 및 파리나, 혹은 오를레앙[53]이다. 이와 같이 네덜란드와 오베르라인에서 하는 두 가지 공격은 프랑스

---

51) 루아르강(Loire). 프랑스 최대의 강. 프랑스 중부의 중앙 반이라는 산맥에서 발원하여 1000km를 흘러 대서양의 비스케만으로 흘러든다.

52) 트루아(Troyes). 파리의 동서 약 150km의 지점. 센 강변의 도시.

53) 오를레앙(Orleans). 파리의 남쪽 약 130km의 지점에 있는, 루아르 강변의 도시.

의 중심에 대해서 직접적이고 자연적이며, 또 단순하고 강력하다. 이들 공격은 어느 것이나 적군의 중심을 향하고 있다. 따라서 동맹군은 위의 두 지점에 모든 병력을 배치하지 않으면 안 되는 것이다.

이상의 간단한 전쟁 계획에서는 아직 두 건의 고려할 점에 언급하지 않고 있으므로, 다음에 이에 대해서 살펴보고자 한다.

오스트리아군은, 이탈리아에서 철퇴해서 이 나라를 무방비의 땅으로 만드는 일은 없을 것이다. 이 군대는 이탈리아에서의 지배권을 어떠한 일이 있어도 놓지 않을 것이다. 따라서 오스트리아군이 프랑스의 심장부에 가하는 공격에 의해 이탈리아를 간접적으로 엄호하는 방책에 속수무책으로 동의할 리가 없다. 이탈리아의 정치적 상태를 생각하면 오스트리아가 이러한 이중의 의도를 갖는다는 것은, 꼭 비난할 만한 일은 아니다. 그러나 이제까지 자주 시도된 착상, 즉 이탈리아에서 남프랑스를 공격하려고 하는 진부한 생각이 이탈리아 주둔군의 병력과 결합해서 이 군을 증강하려고 하는 것이라면, 이것은 중대한 잘못일 것이다. 오스트리아의 이탈리아 주둔군은, 그곳에서 이루어지는 최초의 전역 경과 중에 불리한 사태가 발생하는 것을 막기에 충분한 병력을 갖추고 있으면 그것으로 충분한 것이다. 만약 동맹군 측이 전쟁 계획의 통일, 병력의 결집이라고 하는 근본 사상을 관철할 작정이라면, 이탈리아에는 될 수 있는 대로 소수의 병력을 머물게 하는 것으로 그치고, 또 그 병력만큼을 주된 행동에서 빼면 되는 것이다. 론 강변[54]의 프랑스를 공격하려고 하는 것은, 소총에 장착한 총검 끝을 잡고 총을 들어올리려고 하는 것과 같다. 그러나 지엽적인 행동이라고 해도 남프랑스에 대한 공격은 좋지 않다. 그와 같은 일은 동맹군에 대항하는 새로운 여러 힘을 눈뜨게 할 뿐이다. 먼 곳의 주나 군을 공격할 경우, 그렇지 않으면 잠들어 있을 이해관계를 일부러 깨우는 일이 될 것이다. 그러나 이탈리아에 잔류하고 있는 오스트리아군이, 그곳을 단순히 보전한다는 임무만으로는 너무 강대하고, 따라서 한가한 시간을 주체할 수 없는 경우라면 이탈리아에서 남프랑스를 공격하는 일은 시인해도 좋을 것이다.

---

54) 론강(Rhone). 프랑스의 강. 스위스의 베른 알프스에서 발원하여 제네바호를 거쳐 프랑스로 들어가 리용에서 남하하여, 남프랑스를 관통해서 지중해의 리용만으로 흘러든다. 따라서 이탈리아에서 프랑스를 공격하면, 론강 유역의 남프랑스에 침입하게 된다.

따라서 우리는 되풀이해서 이렇게 말하고 싶다. —이탈리아에서의 오스트리아군의 병력은, 정황이 허용하는 한 소수이어야 한다. 또 그 병력은 이 군이 1회의 전역으로 이탈리아 전토(全土)를 잃는 일이 없는 한, 그것으로 충분하다 —고. 우리가 지금 말하고 있는 예에서, 이 병력을 우선 5만으로 생각하기로 하자.

그런데 지금 또 한 가지 생각해야 할 일은 프랑스가 연해국(沿海國)이라고 하는 사정이다. 영국이 해상에서 패권을 쥐고 있는 관계상, 프랑스는 대서양에 면하는 전 해안에서 현저하게 위협을 받기 쉽고, 따라서 또 대서양 연안에 많건 적건 강력한 수비대를 배치하지 않으면 안 된다. 이 수비대의 편성을 아무리 적게 한다 해도, 프랑스의 국경은 해안선 때문에 3배에 이르므로, 만약에 영국이 2만 내지 3만의 상륙 부대를 가지고 프랑스를 위협한다고 하면, 프랑스는 아마도 그 2배 내지 3배의 병력을 해안 포대로 돌리지 않을 수 없을 것이다. 또 그 경우에는 군대뿐 아니라 함대와 해안 포대에 필요한 돈이나 화포, 기타의 일도 생각하지 않으면 안 된다. 또 여기에서는 영국군이 프랑스에 상륙하기 위해 사용하는 병력을 2만 5천으로 가정한다.

이야기를 다시 전쟁 계획으로 돌리자. 요컨대 동맹국측의 전쟁 계획은 매우 단순하여 병력 관계는 다음과 같은 것이 될 것이다.

1. 네덜란드에 집결하는 군은,

프로이센군	200,000명
네델란드군	75,000명
영국군	25,000명
북독일 연방군	50,000명
합계	350,000명

그중 약 5만은 국경 요새의 수비에 배치되므로, 나머지 30만이 파리를 향해 진격, 프랑스군에 본격적으로 도전하게 될 것이다.

2. 또 20만의 오스트리아군과 10만의 남독일 연방군은 오베르라인 구간에 집합하여 네덜란드 방면으로부터 다른 군과 동시에 전진을 개시하여 우선 센

강 상류로 향하고, 거기에서 다시 루아르강 방면으로 진출하여 두 방면에서 진격한 군은 동시에 적에게 본격적인 전투를 벌일 것이다. 따라서 루아르 강변에서 양군의 공격은 결합해서 하나의 공격이 될 것이다.

전쟁 계획 그 자체에 대한 주요 사항은 이것으로 결정되었다. 다음에 말해야 할 일은 주로 잘못된 생각을 타파하기 위한 것으로 다음 네 가지로 요약된다.

1. 동맹군 측의 모든 장수에 대한 공통된 방침은, 위에 적은 전쟁 계획에 의해서 지정된 본격적인 전투를 하기 위하여, 결정적 승리를 가져올 수 있는 병력 관계와 정황에 입각해서, 적에게 도전을 하는 것이어야 한다. 이 목적을 달성하기 위해서 장수는 모든 것을 희생하고, 요새의 포위나 수비 등은 되도록 소수의 병력으로 충당해야 한다. 만약 이들 장수가 1814년의 슈바르첸베르크[55]처럼, 적지에 침입하자마자 군을 방사선 모양으로 확산하는 것 같은 대책을 강구하면 모든 것은 끝장이다. 1814년 최악의 사태로 빠지지 않고 끝난 것은, 오직 프랑스군이 무기력했기 때문이다. 공격은 강하게 박힌 쐐기에 비교할 만한 것으로, 쓸데없이 부풀어서 터지는 비눗방울과 같아서는 안 된다.

2. 스위스의 일은, 스위스 자신의 군대에 맡겨져야 한다. 스위스가 시종 중립[56]을 지키고 있다면, 오베르라인 구간은 동맹군에게는 우수한 거점이 된다. 만약에 스위스가 프랑스의 공격을 받으면 목숨을 걸고 저항할 것이다. 스위스는 여러 가지 점에서 저항하기에는 매우 편리한 나라이다. 그러나 스위스라고 하는 나라가 유럽에서는 최고의 땅이라고 해서, 전쟁에서 여러 사건에 중대한 지리적 영향을 끼치는 것처럼 생각한다면, 그처럼 어리석은 일은 없다. 이와 같은 영향은 매우 제한된 조건에서만 생긴다. 그러나 지금 문제로 삼고 있는 경우 이러한 조건은 전혀 갖추어져 있지 않은 것이다. 프랑스군이 자국의 심장부에 공격을 받고 있는데, 스위스에서부터 이탈리아나 슈바벤에 이르기까지 강력한 공격을 기도한다는 것은 불가능하다. 또 적어도 이 경우에 스위스가 지리적으로 고지에 위치한다는 사정이, 결정적 정황으로서 고찰의 대상이 될 수 있는 것은 아니다. 전략적 제고(制高)의 이점은 오직 방어의 경우에 중요하며, 이 이점이 공격에게 약간이라도 중요하다면, 그것은 어떤 종류의 공격에 나타날 정

---

55) 1814년 초엽의 프랑스에서의 그의 행동을 가리킨다.
56) 1815년의 빈 회의에서 스위스의 영세 중립이 정해졌다.

도의 것에 지나지 않는다. 이것을 알지 못하는 군인은 제고의 의의에 대해서 아직 명석하게 생각한 적이 없는 것이다. 만약에 앞으로 주권자와 장수 회의에, 심각한 얼굴을 한 참모 장교들이 동석해서, 이런 종류의 박식(博識)을 개진하는 일이 있다면, 우리는 그의 설명을 듣기 전에 이러한 가짜 지식은 쓸모가 없는 의견이라고 말하는 데에 주저하지 않을 것이다. 그리고 이러한 회의석상에야말로 건전한 인간 지성을 갖춘 검사(劍士)가 나타나서, 이와 같은 참모 장교의 발언을 봉쇄해 주기를 바라는 것이다.

3. 두 방면에서 공격적 전진을 하고 있는 양군의 중간에 가로놓인 전 지역은 그대로 두어도 좋다. 파리에서 30마일 내지 40마일 지점에 집합한 60만의 동맹군이 프랑스 국가의 심장부를 향해 전진하는 동안, 미텔라인을 따라서 베를린, 드레스덴, 빈 및 뮌헨 등의 도시를 엄호할 생각을 할 필요가 있을까? 그와 같은 생각은 전적으로 상식 밖의 일이다. 그러나 적어도 병참선의 엄호 정도는 필요하지 않을까? 확실히 이것은 사소한 일이 아니다. 만약에 그렇게 되면 이런 종류의 엄호에, 공격과 마찬가지 정도의 병력과 중요성을 주게 될지도 모르는 일이다. 그러면 동맹국의 위치로 보아 절대로 필요한 두 가닥의 전진로[57]는 이윽고 세 가닥, 더 나아가서 다섯 가닥, 일곱 가닥도 될 것이다. 그러면 또 따분하고 지루한 이야기가 되어 결국 수습이 되지 않을 것이다.

동맹군이 두 방면에서 하는 공격은 각기 독자적인 목표를 갖는다. 이들 공격에 사용되는 전(全) 병력이, 수적으로 적 병력보다 현저하게 우세하다는 것은 확실하다고 말할 수 있다. 따라서 두 방면으로부터의 공격이 어느 것이나 강력하게 이루어진다면, 반드시 양자는 유리한 영향을 서로 미칠 것임에 틀림없다. 만약에 둘로 나뉜 적 병력의 어느 한쪽이 공격군의 한쪽보다 우세하여 공격이 실패로 끝난다 해도, 다른 쪽 성공이 이 실패를 저절로 보상하게 될 것임은 확실하다. 이것이 바로 양국 사이의 참다운 연계이다. 실제로 양군은 거리 관계로 보아서도, 매일의 모든 사건에 대해서 일일이 연계를 유지하는 것은 불가능하지만, 또한 그럴 필요도 없다. 따라서 이 경우에는 직접적인, 혹은 직선적인 연락은 그다지 큰 가치를 지니지 않는다.

---

57) 오베르라인 구간으로부터의 전진로와 안트베르펜, 브뤼셀 방면으로부터의 전진로를 가리킨다.

적은 국내에 깊숙이 침입하고 있는 동맹군에 의해 공격을 받고 있는 것이므로, 공격자의 병참선을 차단하기 위해 많은 병력을 할애할 여유는 없다. 오히려 걱정은, 이 차단이 적의 별동대의 지원을 받은 주민에 의해 이루어질지도 모른다는 것이다. 그렇게 되면 적은 본군의 전투력을 사용하지 않아도 차단의 목적을 달성할 수가 있기 때문이다. 동맹군 측의 대책으로서는 1만 또는 1만 5000으로 이루어진, 특히 많은 기병을 합한 1개 군단을, 트리어[58]에서 랭스[59] 방면으로 파견하면 좋다. 그러면 이 군단은 적의 그 어떤 별동대도 충분히 구축할수 있고, 또 본군의 전투력을 삭감하는 것이 아니므로 본군은 여전히 대군의 수준을 유지할 수 있다. 또 이 군단은 적의 요새를 포위할 필요도 없고 감시할 필요도 없다. 요컨대 이들 요새 사이를 통과, 행진만 하면 된다. 이러한 군단은 일정한 후방 기지와 결합할 필요가 없으므로, 우언히 우세한 적을 만나면 임의의 방향으로 대피만 하면 되는 것이다. 이러한 군단이라면 격파당할 염려도 없고 또 비록 격파되더라도 전군에게 큰 상처를 주는 일은 없을 것이다. 이와 같은 상황하에서라면 이런 종류의 군단은 두 방향의 공격에 대해서 중개점을 이룰 것이다.

4. 그런데 두 개의 지엽적인 행동, 즉 이탈리아에서의 오스트리아군과 영국의 프랑스 상륙군은, 각기 각자의 목적을 알맞은 방식으로 추구하면 된다. 즉, 이 양군은 무엇인가를 하고 있으면 그것으로 각자 목적은 달성되는 것이 된다. 그러나 어떠한 일이 있어도 이들 지엽적 행동이 그 어떤 방식으로, 프랑스에서의 두 방면으로부터의 대규모적인 공격에 불리한 영향을 주는 일이 있어서는 안 되는 것이다.

만약에 프랑스가 150년[60]의 긴 세월에 걸쳐 유럽을 위압한 교만을 다시 되풀이하려고 한다면, 우리는 그를 타도하여 응징할 준비가 되어 있다는 것을 확신한다. 요컨대 파리의 저쪽, 루아르 강변에서만 유럽의 안녕에 필요한 조건을 획득할 수가 있다. 이와 같이 해서만이 우리는, 프랑스의 3천만의 인구에 대한 동

---

58) 트리어(Trier). 모젤강변의 도시. 프랑스 국경에 가깝다.
59) 랭스(Reims). 파리 동북방의 도시. 파리 분지로 들어가는 주요 도로의 하나.
60) 프랑스의 루이 14세가 행한 제1차 침략 전쟁, 즉 네덜란드와의 전쟁(1667~68)에서 나폴레옹 전쟁의 종결(1815)까지의 약 150년을 가리킨다.

맹국측 7천 500만 인구의 자연적 비율의 효과를 신속하게 발휘할 수가 있는 것이다. 그러나 이제까지 150년 동안이나 헛되이 이루어진 것처럼 여러 나라의 군대를 당케르크[61]에서 제노바[62]까지, 말하자면 띠 모양으로 배치하여 이들 군에 50가지나 되는 작은 목적을 준다고 한다면, 또 이들 목적이 하나같이 동맹국측의 마찰이나 외부로부터의 영향을 극복할 만큼 강력하지 않다고 한다면, 프랑스에 대한 동맹국측의 우위 등은 도저히 기대할 수 없을 것이다. 한편 여기에 든 약간의 결점은 언제라도 또 어디에서도 발생하지만, 특히 동맹국측에서 자주 나타나고 또 한없이 되풀이된다.

현재의 독일 연방군의 잠정적 조직이, 위에서 말한 목적을 달성하는 데에 필요한 조직에 적합하지 않다는 것은 독자 스스로가 알아차렸으리라고 생각한다. 현재와 같은 연방군의 편성으로는 연방[63] 부분만이 독일군의 핵심을 이루고, 프로이센과 오스트리아는 이 부분에 압박되어 두 나라는 자연적 중요성을 잃고 있는 것이다. 대체로 연방 국가는 전쟁에서는 매우 취약한 핵심인 것이다. 거기에는 통일도 수행력도 없고, 장수를 합리적으로 선택할 여지도 없고 또 권위도 책임도 없다.

오스트리아와 프로이센은 독일국[64]에게는 외적을 공격할 때의 두 자연적 중심점이다. 이 두 나라는 전쟁 운동의 발기점이고, 이른바 예리한 칼이다. 오스트리아와 프로이센은 어느 나라나 전쟁에 익숙한 군주 국가이고, 따라서 또 독자적인 이해관계와 독립된 국군을 가지며, 이런 점에서 다른 독일 연방보다 앞서고 있다. 그러므로 독일군의 편성은 이러한 자연적인 조건에 따라야 하는 것으로, 쓸데없이 평면적인 통일을 주장하는 것은 그릇된 생각이라고 하지 않을 수 없다. 원래 평등한 통일이란, 전쟁의 경우에는 전혀 불가능하고, 이러한 불가능한 일에 열중하여 가능한 것을 소홀히 하는 것은 바로 어리석은 사람들이 할 일이다.

---

61) 당케르크(Dankerque). 도버해협에 면한 북프랑스의 항구.
62) 제노바(Genova). 리구리아해의 제노바만에 면한 이탈리아 항구.
63) 저자는 오스트리아와 프로이센을 제외하고 독일 연방을 생각하고 있다.
64) 여기서는 본래의 독일, 즉 프로이센과 오스트리아 두 나라를 포함하는 독일 연방의 총칭으로서 독일국이라는 말을 사용한 것이다.

클라우제비츠 생애와 작품과 그 영향

 '유럽 전체가 평화일 때는 드물고 또 그 밖의 세계 어디에서나 전쟁은 결코 그침이 없다'고 클라우제비츠는 150년 전에 확신을 가지고 썼다. 그런데 이 말은 오늘날에도 그 타당성을 잃지 않고 있다. 그러나 이 말이 포함하고 있는 본디의 의미는 변화해 가고 있다. 그 이유는 오늘날 전쟁을 세계 질서의 확고한 일부인 것처럼 파악하는 것은 더 이상 실체에 맞지 않게 되어 있기 때문이다. 이 말은 만일 인류가 생존할 기회를 허술하게 위험에 노출시키지 않으려 한다면, 폭력이 따르지 않는 분쟁 해결을 기초로 한 평화질서를 건설할 정력적 노력이 필요함을 의미한다.

 평화로운 질서를 확립한다는 목적을 이룩하기 위해 필요한 가장 중요한 조건의 하나는 전쟁에 따르는 여러 조건이나 결말에 연관된 기본적 문제에 관한 지식이다. 즉 전쟁에 내재하는 깊은 연관을 명확히 하지 않으면 전쟁의 극복을 기대할 수는 없다. 날카로운 통찰력이 있는 동시대 사람들에게 인정을 받은 클라우제비츠의 이 이론적 저작은 처음으로 '다른 학문과 함께 전쟁학에 시민권을 부여하게 된 것으로서 평가되고 있으며, 오늘날에도 아직 전쟁을 극복하는 노력에 불가결한 것으로 되어 있다.' 그럼에도 이 가장 유명하지만 가장 연구되고 있지 않은 군사이론가의 사상은 작은 범위의 관심 있는 전문가들에게 신뢰를 받고 있는 데 지나지 않는다. 마찬가지로 클라우제비츠의 생애나 업적, 그리고 그 영향은 이 《전쟁론》을 올바르게 이해하기 위해 중요한 역할을 맡는 것임에도 그다지 잘 알려져 있지 않다.

클라우제비츠의 생애

 클라우제비츠는 1780년 6월 1일 마그데부르크 근교인 부르크에서 검소한 생활을 하고 있는 퇴역 장교의 아들로 태어났다. 12세에 프로이센군에 소년병으

빌헬름 1세(1688~1740) 제2대 프로이센 국왕. 부국강
병책을 강행해 군인왕으로 불렸다.

로 입대해 1793년 일찌감치 전쟁의 냉혹함을 체험했다.

그의 군대 근무 초기의 몇 년에 대해서는 잘 알려져 있지 않으나 소년병 기수인 융케르로 근무를 시작했다. 1799년에 상관이 그에게 준 평가에는 '우수한 젊은이, 유능하고 근무에 열심, 모든 분야에 지식이 있고 의욕 왕성'이라고 되어 있다. 1801년에 그는 베를린의 '보병과 및 포병과 사관양성학교'에 입교했다. 그때까지의 불규칙한 독학의 결과로 처음에는 강의를 따라가지 못해 애를 먹었다.

이와 같은 실의 속에서 클라우제비츠는 샤른호르스트의 주목을 받게 되는 행운을 얻었다. 샤른호르스트는 그의 재능을 발전시키기 위해 필요한 지원을 했다. 이 천부적인 재능이 풍부한 젊은 장교에 대해서 샤른호르스트는 자신의 자식들 외에 클라우제비츠만큼 가까이에 있었던 사람은 없다고 훗날 말하고 있다. 한편 클라우제비츠는 샤른호르스트를 '마음의 아버지이자 벗이다'라고 회상하고 있다. 샤른호르스트는 사관양성학교를 우수한 성적으로 졸업한 클라우제비츠를 아우구스트 황태자의 부관으로 추천했다.

선두다툼을 하는 장교들의 실무 능력이 평가된 것에 따른다는 입장에서, 클라우제비츠는 이 보직에 대해 거의 말하지 않고 있으나, 실은 이 보직 덕분에 그는 시대의 정신적 조류에 접할 기회가 많아졌다. 그것은 그가 베를린에서 멀리 떨어진 변방에서 근무해서는 도저히 체험할 수 없는 소중한 것이었다.

그는 문학·철학·수학·교육학에 몰두했다. 이 사이에 가장 매력을 느끼고 있었던 역사와 군사의 연구를 소홀히 할 수 없었다. 또 사생활에서도 이 새로운

지위는 중대한 의의를 지니고 있었다. 그것은 이 지위 덕분에 베를린의 궁정 사회에 드나들 수 있게 되어 훗날 마리 부인 곧 브륄 백작의 큰딸을 알게 되었기 때문이다.

1806년 클라우제비츠는 아우구스트 황태자의 부대와 함께 예나 아우에르슈테트 전투에서 참패를 당하고 자랑스러운 전통을 지닌 프로이센군이 놀랄 정도로 빠르게, 더구나 괴멸적인 타격을 입는 것을 목격했다. 이 패배에 이른 상황은 그를 뼈아프게 실망시켰으며, 온 힘을 기울여 군대를 재건하기 위해 그는 프로이센 패배의 원인을 명확히 하는 데 몰두했다.

그러나 그가 우선 명령받은 것은 대기였다. 패전의 굴욕을 맛본 그 무렵, 프로이센 군주 정체의 중심지였던 쾨니히스베르크에 틸지트 강화조약 체결로 인해서 송환되기까지 아우구스트 황태자의 수행원으로서 그는 프랑스에 포로가 된 것이다. 쾨니히스베르크에서는 샤른호르스트를 중심으로 해서 은밀히 군사개혁의 작업이 진행되고 있었다.

프로이센군의 개혁을 위하여

1808년 가을부터 그는 표면에 나서는 일은 없었으나 가장 효과적인 방법, 즉 개혁 운동의 중핵이었던 샤른호르스트의 사무총장으로서 활동하기 시작해 개혁 운동의 조직적·내정적 측면을 가까이에서 체험하게 되었다.

1810년 12월, 그는 소령으로 승진하고 죽음에 이르기까지 매우 행복한 부부였던 마리 폰 브륄을 아내로 맞았다. 직무면에서도 1810년에는 다양한 성공을 가져왔다. 승진과 함께 자신의 모교인 베를린사관학교의 교관이 되고, 게다가 황태자에게 군사에 대해서 가르치는 임무도 부여되었다.

그는 이와 같은 인간관계나 개인적 생활에는 모든 의미에서 만족하고 있었음에도, 패배의 속박에서 프로이센을 해방하는 것에 적극적으로 이바지할 수 있는 상태를 바란 나머지 초조한 나날을 보내고 있었다.

1809년에 오스트리아가 나폴레옹과 싸우기로 했을 때에 그는 이미 궐기할 때가 온 것으로 판단하고 있었다. 프로이센 정부가 우유부단한 자세를 계속 취하고 있었기 때문에 그는 오스트리아군으로 참전 준비를 했는데, 그것이 실행되기 전에 프랑스는 무력으로 오스트리아를 지배했다.

1811년부터 12년에 걸친 겨울, 나폴레옹이 러시아에 대해서 나폴레옹이 지배하는 유럽국가 구상을 내건 점에서 프로이센에서는 좀 더 위험성이 적은 길을 공식 정책으로서 우선시키려는 정치 정세가 조성되었다. 개혁파는 정부가 정식으로 프랑스와 군사 동맹을 체결하려는 움직임에 대해 적극적으로 반대하여 국왕의 의향을 바꾸게 하려고 힘썼다.

　클라우제비츠는 벗들의 의뢰를 받아 정력적으로 저항해야 할 기회라고 주장하고 용기가 있는, 그리고 무엇보다도 명예로운 행동을 취해야 할 것을 정부에 권고하는 건의서를 기초했다. 그러나 정부는 이미 결단을 내리고 있었고 프로이센은 나폴레옹측의 지원 군단을 준비할 의무를 지게 되었다. 이와 같은 상황 속에서 클라우제비츠는 뜻을 같이 하는 사람들과 유일하고도 가능하다고 생각되는 구체적인 안을 숙고한 나머지, 국왕에 의한 구속이 미치지 않게 될 프로이센군으로부터의 이탈을 탄원한다는 결론에 이르렀다.

　클라우제비츠는 이와 같은 행위가 군인으로서의 의무에 반하는 것이고, 국왕이나 지난날의 전우 대부분이 승인하지 않는, 이상한 행동으로 볼 것이기 때문에 냉혹한 비판을 받게 될 것을 각오하고 있었다. 그러나 그는 그렇게 함으로써만 그 자신과 그의 정치적 신념에 충실할 수 있다고 확신하고 있었다.

　오래도록 강렬한 소망이면서도 이루지 못했던 장교로서의 실전 참가가 마침내 자신을 시험해 본다는 기회로 다가와 그는 당장 희망에 가득 찬 장래를 내다보고 있었다. 샤른호르스트 부하의 추천장과 이미 그보다 먼저 망명했던 프로이센군 장교들에 의해서 준비된 빌나의 러시아군 사령부에서의 근무는 즉시 러시아군 중령에 임명되어 그가 기대했던 것보다 좋았다.

　그는 최초의 보람 있는 일로서 본디 러시아군의 작전 계획으로서 나폴레옹군의 돌진을 막기 위해 구축된 드리사의 진지를 검열했다. 클라우제비츠는 러시아 인의 전략구상을 잘 간파하고 있어, 이미 드리사의 진지에 대해서 불안감을 안고 있었던 황제에게 비록 드리사의 진지를 포기하더라도 러시아의 드넓은 지역을 유연한 방어로 활용할 수 있다고 보고해 납득시켰다.

　전략적 판단력에서 뛰어남을 보인 클라우제비츠였으나 러시아어를 못하는 것이 독립사령부에 근무하는 데 극복할 수 없는 걸림돌이 되어, 하급부대에 근무하고 싶다는 소망은 충족할 수 없었다. 다만 독일어 또는 프랑스어를 이해하

나폴레옹(1769~1821)

는 것이 가능한 상급 사령부에서만 러시아어를 못하는 결함이 벌충되었다. 이 때문에 그는 차츰 다양한 분야에서 일반 참모로 근무하게 되었다. 이런 근무를 통한 활동 범위는 불만족스러운 것에 지나지 않았다. 이윽고 그는 이와 같은 운 명에 순응해 오직 한결같이 '적어도 전쟁을 자신의 눈으로 확인하고 그것으로 자신의 인간을 연마하는' 것만을 바라게 되었다.

이와 같은 생활 속에서 그는 훗날 이론적인 저술에 결정적인 영향을 준 일종 의 기법을 몸에 익혔다. 즉 그는 이 전역(戰役)에서 생긴 일들을 다양한 관점에 서 보는 특권적인 관찰자로서 인식하게 되고, 만일 그가 그 소질에 따라서 보직 되었더라면 전쟁 지도의 최고 의사 결정까지도 맡겨졌을 정도의 통찰력을 발 휘했을 것이다.

그가 가장 감명을 받은 것은, 수동적이 아닌 방어의 강함도 그럴 만하지만 영토의 장점을 활용한 방어, 즉 나폴레옹의 대군을 러시아의 드넓은 지역에서 익숙하지 않은 냉혹한 기후와 전 국민의 끈질긴 저항 의지에 의해서 좌절시키 는 전제 조건을 만들어 내는 것이었다.

승리의 체험에 의해서도 클라우제비츠의 사기는 오르지 않았다. 이 시기의 그의 편지 대부분은 하는 일 없음을 자책하는 그의 의향을 반영한 어조로 되 어 있다. 게다가 고향으로부터의 소식에 따르면, 외국군에 투신한 것에 대해서 베를린에서 재판이 이루어진다는 것이었다.

국왕은 프랑스인을 배려해 망명자에게 냉정하게 대하지 않을 수 없는 것이고, 국왕도 개인적으로는 죄로 인식하고 있지 않을 것이라고 클라우제비츠는 이해하고 있었다. 그 이유는 그는 이기적인 이해에 따른 것이 아니고, 최선을 다해 봉사해야 할 프로이센 국가의 명예를 위해 외국의 위압에 대해서는 저항한다는 합리적 사고방식에 의거해 단호하게 입장을 달리하고 있기 때문이다. 그러나 그 무렵 대다수의 국민, 특히 국왕은 신하가 자신의 선조 전래의 연방 군주에 대한 충성을 의무로 하는 것은 바람직하다고 생각하고 있었다. 그런데 그것이 보다 상위의 국가라는 추상적 이념에 대한 충성 의무가 된다고는 실감으로서는 인식하고 있지 않았다. 국가와 결별한 장교들의 행동에 대한 형의 선고는 뿌리 깊은 것이어서 특히 클라우제비츠는 생애를 통해서 그 멍에를 지게 되었다.

1812년의 전황 추이가 클라우제비츠가 바라고 있던 대로가 아니었던 것은 확실하다. 그러나 러시아군이, 패주하는 나폴레옹 원정군을 추격해 나폴레옹 지휘하의, 손상됨이 없는 프로이센 지원군단이 어떻게 행동해야 할 것인가 하는 문제가 생겼다.

러시아측은 프로이센의 요르크 장군에게 지휘하의 부대를 최소한 중립에 머물도록 요청했다. 요르크는 사태에 대처할 효과적인 해결책을 갖지 않은 채 오직 신중하기만 했다. 최종적으로 그는 자제해 나중에 유명해진 타우로겐 협정을 승낙했는데, 실은 이 협정 성립의 대부분이 러시아군 장교로서 프로이센군과 교섭해 현실의 정책면에서 가장 중요하게 이바지한 클라우제비츠의 공적에 따른 것이었다.

여기에서도 클라우제비츠는 전통적으로 이해되고 있는 군인의 복종이란 개념을 넘어 다시 고도의 판단력을 보여 주었다. 프로이센 국왕은 분격해 클라우제비츠를 비난하고 '완전한 러시아인'이 되어 버렸다고 쓰고 있다.

프로이센이 반 나폴레옹 연합에 가맹하려는 조짐이 나타났을 때 클라우제비츠는 머지않아 다시 조국의 깃발 아래 근무할 수 있게 될 것이라고 생각했다. 샤른호르스트는 '머지않아 또 자네와 함께하기를 즐거움으로 삼고 기다리네. 자네의 진가를 잘못 본 적은 없었네. 해야 할 일이 너무나도 많은 요즈음 한결같이 우리의 이상을 일체화하고 또는 서로 편안한 마음으로 불변의 방침하에

뤼첸전투(1813) 나폴레옹의 러시아 원정이 시작되자, 클라우제비츠는 프랑스군에게 저항하기 위해 러시아군에 참가한다. 나폴레옹이 러시아 원정에 실패하자, 이를 목격한 프로이센을 중심으로 유럽 각국은 프랑스군에 대항하기 위한 동맹을 맺고 뤼첸에서 프랑스에 대한 공격을 준비한다. 이러한 정보에 접한 나폴레옹은 1813년 5월 2일 병력을 뤼첸에 집결시켜 프로이센–러시아 연합군을 측면 공격하여 승리한다. 클라우제비츠와 함께 이 전투에 참전한 샤른호르스트는 중상을 입고 죽었다. 샤른호르스트의 죽음은 클라우제비츠에게 크나큰 상처를 주었다.

매진할 수 있는 것은 자네뿐이란 생각을 새롭게 하고 있네'라고 클라우제비츠에게 써 보내고 있다.

　그러나 프리드리히 빌헬름 3세는, 클라우제비츠에 대한 분노를 삭이지 못해 몇 번이나 신원보장 신청까지도 계속 거부했기 때문에 프로이센군 복귀의 소망은 실현되지 못했다. 그래서 샤른호르스트는 한 계책을 내어 이 젊은 벗을 러시아군의 연락 장교로서 프로이센군 사령부에 배치함으로써, 조국 해방을 위한 개혁 운동의 중심 인물이 된 샤른호르스트와 손잡고 활동하는 것을 가능하게 했다.

　샤른호르스트가 뤼첸에서 부상당해 전사했을 때(1813. 6)부터 제1차 파리조약 체결(1814. 4)까지의 클라우제비츠는 조역일 뿐 공개적으로 공적이 인정된 적

그나이제나우(1760~1831) 프로이센의 장군. 클라우제
비츠는 그나이제나우의 참모장을 지냈다.

은 없었다. 1814년(4. 1), 가까스로 그는 프로이센군으로의 복귀가 인정되고 프로이센 제3군단 참모장으로서 1815년 전역에 참가했다.

나폴레옹을 최종적으로 격파한 후, 클라우제비츠는 여러 가지 점에서 샤른호르스트와 똑같은 교우관계에 있었던 그나이제나우 밑에서 새롭게 코블렌츠에 편성된 프로이센 군단의 참모장이 되었다. 그러나 그나이제나우가 정치적 신조에 연관된 의혹이 깊어진 것으로 인해서 퇴임했기 때문에, 이 두 사람의 협력관계도 오래가지는 못했다. 그리고 클라우제비츠는 '끝없는 헛수고에 그친',

너무나도 마음에 안 드는 상사를 맞이하게 되었다. 그는 불만이 많은 근무 활동으로 되돌아가 《전쟁론》에 손을 대기 시작했다.

《전쟁론》 집필

1816년 베를린 일반사관학교 교장으로 임명되어 장래에 대한 전망이 열리는 것처럼 보였다. 클라우제비츠는 이때 소장으로 승진하고 베를린에 부임했다. 그러나 그는 그곳에서 크게 실망하게 된다. 그 이유는 그가 학교의 관리·운영에만 책임이 있고, 교육에는 전혀 관여할 수 없었기 때문이다. '이 직무는 장군에게는 명목상의 관리직에 지나지 않는다. 클라우제비츠 장군은 이와 같은 직무에 종사하고 있는 유일한 저명 인물이고 전혀 불가해한 일이다'라고 동시대의 어떤 사람은 쓰고 있다. 클라우제비츠의 개혁에 대한 제언은 모두 각하되어 이윽고 그는 개혁 운동에서 손을 떼고 외교관으로의 변신을 생각했다. 그러나 클라우

제비츠는 이 노력이 그의 의지에 반하고 있는 것처럼 느껴져 이윽고 이것도 단념했다. 그는 '정부나 군대에는 참된 벗이 한 사람도 없다'고 편지에 쓰고 있다.

클라우제비츠는 깊은 실의 속에서 아내에게 다음과 같이 써 보내고 있다.

'이제 천천히 고갯길을 내려가 묘지로 향하는 길을 걷고 있소. 이것이 아직 멀었다고는 해도 그렇기 때문에 지금은 벗어나기 어렵게 되어 있는 이 일을 서두르지 않으면 안 되오.'

이와 같은 가운데서 그는 사직할 생각을 버리고 이제까지 이상으로 여겼던 이론적 저작에 노력을 기울였다. 이 일은 후세 사람들이 아는 바와 같이 조용한 베를린에서의 생활 속에서 결실을 맺기 시작했다. 클라우제비츠는 아내의 적극적인 내조에 의해서 저작을 진행했다. 그의 존재는 그나이제나우 등 서너 명의 친한 벗만이 알 뿐이었다. 그러나 이 저작을 완성시키는 일은 허용되지 않았다. 그 이유는 그가 1830년에 브레슬라우의 제2포병감으로 전출되고 이윽고 여기에 더해서 그나이제나우 사령관 지휘하의 프러시아 제4동방군단 참모장에 임명되었기 때문이다. 이 군단의 임무는 폴란드의 러시아 점령 지역에서 발생한 폭동에 대해 국경을 방위하는 것이었다.

이 임무를 마친 며칠 후인 1831년 11월 16일 클라우제비츠는 브레슬라우에서 갑자기 콜레라 증세를 보이며 세상을 떠났다.

그의 아내는 벗에게 보낸 편지에서 다음과 같이 쓰고 있다.

'그의 일생은 정말로 끊임없는 괴로움, 불행의 연속이었습니다. 그래도 그는 그가 상상하던 것 이상의 것을 이룩했습니다. 그렇기 때문에 그는 이를 매우 만족스럽게 여기고 감사하게 생각했던 것이 틀림없습니다. 하지만 그는 그가 바라던 최고의 지위에는 결코 오를 수 없었습니다. 그 대신 가시밭길을 택하고 그것을 즐거움으로 삼았습니다. [중략] 그가 그 마지막 순간 평온하게, 괴로워하지 않았던 것은 나에게 큰 위로였습니다. 그러나 그가 마지막 한숨과 함께 무거운 짐을 지고 걸어온 일생이었다고 내뱉은 한마디는 나의 가슴을 아프게 했습니다.'

클라우제비츠의 〈전쟁론〉

그의 유해는 브레슬라우의 육군 묘지에 안장되고 그곳에서 140년의 휴식을 거친 뒤, 1971년 당시 동독의 발의에 따라 탄생한 땅인 부르크에 이장되었다.

《전쟁론》

클라우제비츠의 사후 얼마 지나지 않아서 마리 폰 클라우제비츠는 1832년 이후에 '전쟁 및 전쟁 지도에 관한 클라우제비츠 장군의 유고'로서 공개된 방대한 원고를 전문가인 벗들의 도움으로 선별 작업을 시작했다. 최종적으로 10권으로 정리되어 마리 폰 클라우제비츠의 사후에 비로소 완결된 초판에는 《전쟁론》과 함께 방대한 전사에 관한 일련의 연구 성과가 있으나, 이것이 오늘날에는 완전히 잊혀지고 있다.

클라우제비츠가 '전략가나 정치가의 뇌수의 잘못된 주름을 펴주길' 바라고 생전에 사후의 명성 확립을 지향하고 있었던 《전쟁론》은 본격적인 이론서로서 짜여져 있다.

특히 오늘날에는 당연시되는 명제에 대한 상당한 반복이나 삽입된 많은 역사적 전례에서 볼 수 있는 명백한 교육적인 의도에도 그가 채용한 철학적·변증법적 고찰법, 다루어지고 있는 소재의 복잡성, 더 나아가 이 저서가 미완성인 것에 따른 불충분한 부분의 존재에 의해서 그의 인식에 대해서는 무엇보다도 본질적인 연구가 필요하게 되어 있다.

이와 같은 이유에서 《전쟁론》 전체를 만족할 만한 것이라고 하는 어떤 시도도 의문시된 채로 있다. 그래서 《전쟁론》의 구성과 주요 주장을 개관하면, 바로 개개의 논지에 여분의 것이 부가되어 있는 것은 아니고 독자가 소재를 보다 쉽게, 보다 깊게 이해하기 위한 보조로서 필요한 유보 조건이 부가되고 있음을 알 수 있다.

클라우제비츠는 연구 성과를 8편으로 나누고 있다.

1. 전쟁의 본질
2. 전쟁의 이론
3. 전략 일반
4. 전투
5. 전투력
6. 방어
7. 공격
8. 전쟁 계획

이들 각 편의 내용을 살펴보면 《전쟁론》은 몇 개의 추상적 개념의 레벨로 구분할 수 있다.

1. 방법론적·이론적 기초
2. 전쟁의 자리매김
3. 전쟁의 본질과 구조 및 전쟁에 영향을 주는 여러 힘
4. 현실의 전쟁 지도

1. 방법론적·이론적 기초

클라우제비츠가 그가 인식하는 사항에 대해서 초안을 시작했을 때 세간에는 이미 군사 이론에 대한 풍부한 저작이 있었다. 그러나 그 대부분은 그가 '지리멸렬한 개념의 수렁'이라고 대담하게 지적하고 있는 것처럼 이론적으로는 정체 상태에 빠진 것이고, 그가 부정적인 예로서 인용한 것이었다. 그는 선인들이 잘못된 주된 원인은, 선입관이 없는 연구에는 견딜 수 없음에도 개개의 관찰에서 얻은 결과를 너무나도 간단하게 일반화하고, 구속력이 있는 법칙으로 높인다는 유혹에 지고 있는 것에 있다고 보고 있었다.

이와 같은 곤란한 상태를 고치기 위해 그는 전쟁의 실태에 영향을 주는 여러 요소의 다양성을 연구의 중심에 두기로 했다. 그때 그 자신이 전쟁의 추이에서

의 드넓은 통찰을 매우 유리한 입장에서 몇 번이나 체험한 것이 도움이 되었다.

자기 체험의 보완과 수정을 위해 그는 다양한 시기의 약 130회나 되는 전역에 대해서 방대한 군사상의 연구를 하고, 그 연구 성과를 활용함으로써 그의 견식이 '의도적인 연구에 따른 것이 아니라 전쟁의 전체적인 현상에 대한 인상에 따른 것'이란 정당성을 주장할 수 있게 했다.

그는 또 이와 같은 방대한 연구 성과에 의해서 '전쟁 이론은 이론이란 용어의 가장 올바른 의미 속에, 즉 연구 속에' 머물러야 하고 그것은 행동의 지침은 아니지만 발상과 판단 기준을 부여해야 하는 것임을 배웠다.

이와 같은 의미에서 그는 이론의 사명은 '모든 현상에 명백한 논증이 되지 않으면 안 된다. (중략) 이와 같은 사물의 본질을 둘러싼 심각한 탐구에 의한 정신적인 획득물은 정신 속에 싹튼 한 줄기 빛이고 이것이야말로 이론이 가져오는 효용이다. 이론은 정신적인 문제 해결을 위한 방법을 주는 것은 아니다'라는 사고방식을 이끌어 냈다.

일반적으로 이론은 설정된 테두리와 그 테두리 속에서 실제적 결론을 추구하게 된다는 것에 한정되어야 하고, 그 결론은 그때그때 상황하에서의 중요한 영향의 전체적인 범위를, 그 사상을 다루는 자의 정신적 판단력 앞에 부각시킴으로써 도출된다. 클라우제비츠는 '다양한 문제를 모든 각도에서 가장 깊은 곳까지' 관찰할 수 있도록 특히 철학적·변증법적 기법을 중요시해 만족한 성과를 얻으려고 노력했다.

이와 같은 클라우제비츠의 철학적·방법론적 기반은 아무런 준비도 없이 그의 저서에 접하는 독자에게 때때로 곤란을 가져온다. 그러나 근거 없는 피상적인 오해, 클라우제비츠의 명제를 개별로 다루려고 하거나 또는 교조적인 것으로 하려는 시도, 더 나아가 단순한 '명언의 존중'에 머무는 것에서 벗어나기 위해서는 독자의 전문적인 지식이 더욱더 중요해진다. 더 정확하게 말하자면, 그의 저서는 전체로서 읽혀져 이해되어야 하고, 그때에 독자는 각 문장과 그것에 연관된 반대의 문장을 탐구하고 찾아내야 한다. 클라우제비츠의 개개의 주장은 모두 특히 대칭적인 개념, '정치—전쟁', '절대적 전쟁—현실의 전쟁', '공격—방어', '이론—실제' 등과 같은 대극(對極)의 사고방식을 포함해서 제각기 일반적 유효성이 지적되고 있거나 또는 다시 말해서 그것은 화폐의 다른 일면으로서 파악할 수 있는 것인가 하는 의문을 가지고 봄으로써 비로소 명확해진다.

2. 전쟁의 자리매김

클라우제비츠는 앞서 말한 방법론적·이론적 근거에 의해서 전쟁을 모든 사회관계의 포괄적인 영역 속에 자리매김하는 데 처음으로 성공했다. 이 사고방식에서 그의 중심적인 인식에 의하면 전쟁은 독립적인 것이 아니고, 또 고유한 법칙과 요청에만 따르는 것이 아니며 '지도적인 지혜' 즉 정치에 종속되어 있다.

'전쟁은 정치적 목적에서 발생한다는 것을 생각한다면 전쟁 지도에 임해서 전쟁에 생명을 불러일으킨 이 최초의 동기에 첫째의, 더구나 최고의 고려를 두는 것은 당연하다. (중략) 따라서 전쟁은 정치적 행위일 뿐만 아니라 본디 정책을 위한 수단이고 다른 수단으로 하는 정치적 교섭의 수행이다.'

뒤에 때때로 오해를 받은 정치의 연속이란 개념은, 전쟁이 일어난 뒤에는 모든 책임과 결정권이 군사 지휘로 이전한다는 의미가 아니라, 비록 분쟁이 계속되고 있는 동안은 통상과 다른 수단이 사용된다고 해도 그것은 전쟁에 의해서 생긴 모든 권리와 의무를 지닌 '지도적 지혜'에 의해서이고 정치는 좀 더 넓은 분야에 계속 존재한다는 의미이다.

클라우제비츠는 '정치는 사회 전체의 이해를 대표하는 것'으로 정의하고 있고 그 결과로서 전쟁은 단순히 그때그때의 정치적 권력의 점유자뿐만이 아니라 '사회 상태나 여러 국가 간의 상태와 연관되어 있다'고 한다. '전쟁은 이와 같은 사회나 국가 간의 상태와 다양한 관계에서 발생하는데 그것들에 의해서 제약되고, 한정되고, 완화된다.'

클라우제비츠는 정치의 우월이란 원칙을 확정함과 동시에 현실에서의 정치 및 군사 지도의 관계가 어떻게 규정되어야 하는지에 대해서도 지적하고 있다. 그는 정치가에게 '군사에 대한 일정한 이해력' 즉 정치의 하부 조직인 군사를 전문적으로 올바르게 사용하는 것을 아는 것과 함께 수행할 수 없는 전쟁 지도를 요구하지 않는 이해력을 요구하고 있다.

'다만 정치가가 특정 전쟁 수단이나 방법에 대해서 잘못된, 그와 같은 본질에 적합하지 않은 효과를 요구할 경우에만 정치적인 결정이 전쟁에 해로운 영향을 미치는 수가 있다'고 말하고 있다.

'전쟁 전체 또는 전역으로 불리고 있는 최대 규모의 군사 행동에서 빛나는 목표를 이룩하기 위해서는 고도의 국가 정세에 대한 뛰어난 견식이 필요하다.' 전쟁 지도와 정치는 여기에서 일체화하고 장군이 동시에 정치가가 되는 것이므로 최고의 군사 지휘관인 장군은 정치가 제기하는 요청을 올바르게 이해하고 스스로 결단을 내릴 수 있게 하기 위해 정치의 본질에 대해서 고유의 견식을 지니고 있지 않으면 안 된다.

무력의 행사에 대한 결단에는 상황과 이룩하려는 목적에 대한 상세한 분석이 선행하지 않으면 안 된다. '전쟁에 의해서, 또 전쟁에서 무엇을 이룩하려는 것인지를 모르고 전쟁을 시작하는 자는 없다. 또 현명한 한 전쟁을 시작해서는 안 된다. 전자는 전쟁의 목적이고 후자는 전쟁의 목표이다. 이 기본적인 구상에 의해서 모든 방침이 정해지고 전쟁의 수단과 투입될 힘의 크기가 결정되며 이것은 작전의 가장 세부적인 것에 이르기까지 규제한다.'

목표·목적·수단의 상호관계의 객관적 분석이 필요하다는 클라우제비츠의 지적은 그의 새로운 핵심적 주장이다. 더구나 이 원칙은 역사의 가르침에 따르면 실로 자주 무시되고, 잘못이 되풀이되어 왔다.

3. 전쟁의 본질과 구조 그리고 전쟁에 영향을 주는 여러 힘

클라우제비츠는 저서의 첫머리에서 '전쟁이란 적에게 아군의 의사를 강요하기 위해 행하는 힘의 행사이다'라고 정의한다. 이 목적을 이룩하기 위해서는 '적을 무력화하는 것이 필요하고 앞의 정의에 따르면 이야말로 군사 행동 본래의 목표이다.'

'적에게 큰 손상을 주지 않고 인위적으로 무장을 해제하거나 적을 압도한다.' 상황에 따라서는 명백히 본래의 목적을 이룩할 수 없는 것이므로 '이 힘을 가차없이 유혈을 무릅쓰고 행사하는 자는 적이 그렇게 하지 않는 한 우세를 얻게 될 것이 틀림없다. 거기에 따라서 그는 규정을 정하고, 그리고 양자의 힘의 행사는 전쟁에 고유한 제한 요인 외에 제한이 없는 한 극한까지 이르게 된다.'

이와 같은 정식 논리에 따르면 작용과 반작용의 상호작용에 의해서 쌍방의 힘의 행사는 극한까지 이르지 않을 수 없어 '전쟁의 철학 자체에 완화의 원칙을 받아들이는 것은 완전히 불합리하다.'

나중에 때때로 논쟁이 된 이 절대적 전쟁의 주장은 사실 진상의 한 측면에 지나지 않는다. 전쟁에서 쌍방의 힘의 긴장은 극한에 이르는 경향이 있으므로 절대적 전쟁의 개념을 받아들이는 것은 정당한데 '추상의 세계에서 현실의 세계로' 이행하면 전쟁 그 자체는 현실로는 일련의 '완화의 원칙'에 의해서 '확실성의 계산'이 되어 역사적으로 검증이 되어 있는 군사적 분쟁 강도의 다양한 단계를 가져오게 된다.

'이론상의 전쟁에서 어디서나 볼 수 있는 현실의 전쟁'으로 이행하는 과정에서 전쟁의 현실에 대한 이론이 쓸모없는 것이 되거나 전쟁의 정확한 본질을 잘못 보게 될 위험성은 배제된다.

현실의 전쟁에는 '논리적 몽상'과 공통된 것은 아무것도 없다. 현실의 전쟁은 피아가 제각기 우월에 따라서 제각기 개별의 양상에 영향을 주는 변수에 의해서 결정된다.

우선 최초로 고려되는 것은 무력 행사에 대해서 기본적인 결단을 내리고 다가올 전쟁의 성격을 규정할 책임을 지닌 정치의 영향이다. 선택될 수 있는 두 종류의 전쟁은 다음과 같다.

'첫째는 적의 섬멸을 목적으로 하는 전쟁이다. 이 경우 적을 정치적으로 멸망시키거나 또는 완전히 무방비로 해 무조건 강화를 불가피하게 하거나 하는 것은 묻지 않는다. 둘째는 단순히 국경 부근에서 적국의 영토 일부를 침략하려고 하는 전쟁이다. 이 경우, 침략한 지역을 점령하기 위한 것인지, 또는 강화 때에 유리한 거래 자료로서 이용하기 위한 것인지는 묻지 않는다.'

다음으로 군사적 대립이 어떻게 확대될 것인지는 바로 전략에 따라서 규정되는데 클라우제비츠는 전략을 '전쟁의 목적을 위해 전투를 하는 것'으로 정의하고 있다. 이 전략에 대해서는 구속이 전혀 없는 것은 아니다.

우선 첫째로 전략은 이를 선도하는 정치적 지도의 통제하에 놓이는 것이고, 둘째로 전략은 정치적 지도에 의해서 동원되는 여러 힘의 기초에 있는 특성을 고려하지 않으면 안 된다. '전략은 본래 오직 전투에 관한 것으로, 그 이론은 본래 전투의 담당자인 전투력 자체만이 아니라 전투력에 관련된 주요한 특성도 아울러 연구하지 않으면 안 된다. 전투는 전투력에 의해서 낳게 되고 전투의 다양한 결과는 우선 전투력에 영향을 주기 때문이다.'

'전투를 사용하는 전제가 되는 여러 요인'은 '다양한 종류의 요소, 즉 정신적·물리적·수학적·지리적 및 통계적 요소로 나누어진다.'

이런 전략의 여러 요소는 제각기 목적에 따라서 분리해 분석될 수 있는데 '개개의 군사 행동 속에서는 그 대부분이 복잡하게 뒤엉켜 있는' 것을 간과해서는 안 된다.

클라우제비츠가 전략의 여러 요소 첫머리에 다룬 정신의 양에는 그가 주장하는 '전쟁에서 가장 중요한 사항'이 포함되어 있다. 그것은 '장군의 재능, 군의 무덕(武德)과 군대에서의 국민 정신'이다.

물리적 요소는 전투원의 수나 군사력의 구성에 구현된다. 수에 있어서 적에게 우월하기 위해 '결정적인 지점에 전력을 집중하는' 것은 중요한 지표이다. 그러나 동시에 '수의 우월은 전투에서 승리를 가져오는 한 요소에 지나지 않는' 것이므로 병력수의 비교를 지나치게 평가하는 것은 경계하지 않으면 안 된다.

전쟁 지도에서의 기하학적 요소의 연구에 임해서 클라우제비츠는 그 무렵 가장 유행하고 있었던 교의(敎義)에 반대해 작전선과 이것이 형성하는 전략에서의 기하학적 형상은 '요새술에서처럼 결정적인 것은 아니고 전술에서처럼 이제 중요하지 않다'고 말하고 있다.

지리적 요소의 평가에 대해서 클라우제비츠는 '결국은 승리를 획득한 전투의 수와 그와 같은 전투의 중요성이 전쟁의 승리를 결정하는 것이다. 그 경우에 우선 고려되어야 할 것은 양군의 전력과 지휘관의 비교 우열이고, 지역의 영향 역할은 이에 비하면 종속적인 것에 지나지 않는 것이 명백하다'고 더욱 강하게 말해 '전쟁에 대해서 박식하다는 큰 성역'을 붕괴시켰다.

클라우제비츠는 군대에서의 보급 문제에 대해서는 '조건이란 관점에서만 연구되어야 하고 결코 목적으로 여겨서는 안 된다'고 해 비교적 간결하게 마치고 있다.

클라우제비츠는 전쟁에서의 행동에 영향을 주는 여러 요소를 이와 같이 연구함으로써 전쟁의 이론이 일면적으로 되는 위험을 배제하고 구체적인 결정 과정에 있어서는 영향을 주는 다양한 요소를 고려해야 함을 표시했다.

실은 이 일을 수행하는 것이 엄밀한 의미에서 전쟁 지도의 사명이다. 그것은 정치가 표시하는 임무에 의거해서 전쟁의 본질이나 그것에 영향을 주는 여러 힘을 인식하면서 결단을 내리는 것이다.

4. 현실의 전쟁 지도

전쟁 지도에 연관된 여러 규칙을 고정화하는 것에 대한 온갖 제한에도 클라우제비츠는 이 분야에서도 '대부분의 명제는 쉽게 실증될 수 있음'을 인정했다. 예를 들어 공격과 방어에 대해서 만일 방어를 수동적인 방어로 제한함이 없이 '공격적 요소로 교묘하게 짜맞춘 방패'임을 이해한다면 방어에는 일종의 특별한 강함이 인정된다고 말하고 있다.

'공격은 적극적인 목적을 지닌 보다 약한 전투 방식'인 데 대해서 '방어는 소극적인 목적을 지닌 좀 더 강한 전투 방식'이므로 방어는 자체에 부여된 모든 장점을 활용하게 된다. 클라우제비츠는 그의 이론이나 확실하게 인정되는 변증법적 연구에 걸맞게 이 두 전투 형식을 각각 한편으로 해 매우 정밀하게 논하고 있다.

공격에도 중요한 장점이 있는데 '공격의 한계점'을 넘으면 공격자는 전력을 소모해 후방과의 연락로가 지나치게 늘어나 전혀 움직일 수 없게 되는 바람직하지 않은 상태에 빠진다. 이것이 특히 전진에서 볼 수 있는 공격의 약점이고 위험성이며, 교묘한 방어자는 이 기회를 포착해 반격으로 전환하게 된다.

더욱이 클라우제비츠는 '전략적 효과는 특정적 중심으로 환원할 수 있다.' '전승은 단순히 전장을 점령할 뿐만 아니라 적의 물리적·정신적 전투력의 파괴에 의해서 얻게 된다. 대개의 경우 전장에서 격파한 적을 추격함으로써 비로소 이룩된다.' '전투에서의 승리의 성과를 다 활용하지 않으면 안 된다.' '우회 작전이 시인되는 것은 아군의 연락선 및 퇴각선이 적의 그것에 비해 뛰어난 경우로 한정된다'는 것을 강조하고 있다.

그러나 여기에서 애써 말하고 있는 틀을 깰지도 모르는 전쟁 지도에 대한 그의 고유한 일련의 다른 주장을 다룰 수도 있을 것이다. 다만 여기에서는 클라우제비츠의 사고가 추상화하고 조직화하는 그의 재능에도 언제나 현실에서 연구를 이끌어 내 더 나아가 현실에서 연구 성과의 결론을 낸다는, 언제나 현실을 직시하는 것이었음을 마음에 담아 두면 충분할 것이다.

《전쟁론》은 오늘날에도 여전히 '가장 기본적이고 가장 체계적이며, 더구나 전쟁과 전쟁 지도에 대한 종합적인 연구'로 평가되고 있으므로 '2년 또는 3년 후에는 잊히고 마는 것이 아닌 책을 쓰려고 한' 그의 자존심은 완전히 충족되고 있다.

《전쟁론》의 영향

클라우제비츠의 유고가 발표되었을 때 세간에서는 몇 가지 이유로 이를 소극적으로밖에 받아들이지 않았다. 하나는 눈에 띌 만한 저명인사에 의한 추천사가 없었다는 것과, 클라우제비츠가 그 무렵에는 평이 좋지 않았던 정치적 방향을 지향하는 개혁자 가운데 한 사람이었다는 것을 사람들이 상기했기 때문일 것이다. 또 그 무렵 프로이센군의 정신면은 매우 경직된 것이어서 드넓고 인내를 요하는, 게다가 새로운 전쟁 이론에 몰두하는 자세는 성가신 존재에 지나지 않았다는 점이 있다.

따라서 처음에는 독자가 적었다. 이들 독자의 대부분은 클라우제비츠의 축적된 견식이 놀랄 만한 것임을 간파하고 '지은이가 지적하는 전쟁 이론에서의 혁명은 필요하고 틀림없이 혁명에 이를 것이다'라는 감동적인 서평이 많았다.

그런 가운데 19세기도 중반을 지나면서부터 우선 프로이센군에서의 군사적 사고에 변화를 볼 수 있게 되었다. 클라우제비츠가 서서히 주목을 받기 시작한 것이다. 그것도 그의 견해에 대해서 아무런 논의도 없는 채 갑자기 《전쟁론》의 개선 행진이 시작된 것과 같은 것이다. 사실 《전쟁론》이 모두에게 조금씩 영향력을 갖게 된 것은, 특히 1857년부터 프로이센군의 참모총장이 되고 끈질기게 교육 활동에 노력해 클라우제비츠의 견식 대부분을 실무로 옮긴 몰트케의 공적에 따른 것이다.

《전쟁론》이 더욱 널리 알려지게 된 것은 명백히 독일 통일전쟁 승리 이후이고 이것은 몰트케의 전쟁 지도가 클라우제비츠의 기본 이론 그대로였음을 사람들이 발견했기 때문이다. 이윽고 《전쟁론》의 군사 문제에 대한 탁월성이 새삼 지적되어 자신의 사고에 의해 좀 더 높은 존엄을 주려고 할 경우에는 언제나 클라우제비츠가 그 권위자로서 인용되었다.

이런 가운데 때때로 되풀이되고 외국에서도 예외 없이 적절한 것으로 받아들인 그의 주장은 열심히 선입관 없이 클라우제비츠에 몰두하고, 이미 정착되고 있는 그의 사고를 숙고하는 것이 요구되는 경우일지라도 표면적으로밖에 이해되지 않았다.

그것에 더해서 1876년의 적절하고도 인상적인 평가에 의하면 많은 사람들에게 있어서 그는 입소문으로만 이해되는 존재였다. 즉 '독일에서 칸트의 철학이 그 이름밖에 모르는 사람에게 철학적 사고 그 자체를 가르친 것처럼 클라우제비츠는 최근 30년 동안 프로이센군의 군사학적인 사고방식을 지배해 왔다'는 평가를 받게 되었다.

실제 문제로서 19세기 후반 수십 년 간 군대에서의 복무규정·훈련 규정·교범·군사 이론에 관한 간행물, 특히 프로이센 참모본부에 관련한 분야에는 클라우제비츠의 사상의 영향을 많이 볼 수 있다. 그러나 《전쟁론》의 중요한 부분에 대해서는 고려되어 있지 않거나 완전히 거부되고 있는 것이 명백하다.

이 시대에 클라우제비츠를 가장 잘 이해하고 본격적인 독자의 한 사람이었던 몰트케조차도 이 일에 대해서는 예외가 아니었다. 즉 몰트케는 전략을 경직화한 기정의 여러 계획과는 연관되어 있지 않은 '응급 처치를 위한 체계'로 인식하고 있었다. 더구나 그는 전쟁의 전체상을 파악하고 있지 않았을 뿐만 아니라 스스로 순 군사전문적 관점으로 세분화된 연구 방법에 매몰되고 말았다. 몰트케뿐만 아니라 많은 몰트케의 모방자들은 클라우제비츠의 고도의 추상론을 놓쳐 버린 채로 있었다. '클라우제비츠의 기반에 서서 그것을 확충하는 자는 전혀 없었다.'

예를 들면 하우젠이나 골츠도 실무상 피할 수 없는 긴급한 여러 문제를 극복하기 위한 행동 지침을 단적으로 쓰기 위해서는 우선 특히 '현실의' 임무가 다루어져야 하고 그곳에서의 이론적인 작업이란 '현실의 명백한 관계에 바탕을 둔 적용의 교의'로 수렴되어 가면 매우 부분적이고 실무적인 가르침에 대해서만 언급이 되어 있다.

사람들은 《전쟁론》에 대해서 구체적인 처방전을 찾은 끝에 발견은 했다. 그러나 처방전을 다룬다는 과오를 범했다. 그 개개의 처방전은 클라우제비츠가 근본적인 연구에 의거해 개별적 유효성을 엄격하게 거부해 온 것이었다. 하워드는 '클라우제비츠의 형태가 없는(formless) 개개의 연구는 제각기 공식(formulas)으로서 번역되어 왔다'고 말하고 있다.

클라우제비츠의 연구를 적용할 경우에 가장 심한 오해에는 절대 전쟁과 적 전력의 섬멸에 대한 클라우제비츠의 주장이 그 뒤에 미친 영향에 있다. 이 시대의 대부분의 독자에게 있어서 이 중요한 주장은 그 말대로 받아들여져, 특히 제1차 세계대전 이전의 수십 년 간에 있어서는 어떻게 하면 적군을 가장 직접적이고 가장 확실한 방법으로 섬멸할 수 있을까 하는 논의가 군사적 사상을 지배해 왔다. 만일 클라우제비츠를 이와 같은 문맥에서 적용하면, 클라우제비츠가 섬멸이라는 것을 한정된 전제 조건의 흐름 속에서 파악하고 있으며, 섬멸이 언제 어느 상황에서도 유일하게 생각할 수 있는 행동은 결코 아니라고 말하고 있는 것을 간과하고 있다고 말할 수밖에 없다.

똑같은 것을 절대 전쟁에 대해서도 말할 수 있다. 클라우제비츠는 전쟁에서의 사고와 행동을 인식론에 의거한 개념 구성에 의해서 우선 무조건 이론적으로 정리하고 연구하려고 한 것이다. 거기에서 클라우제비츠는 결코 전면 전쟁의 '예언'이나 '전제'에 대해서가 아니라 '현실의 전쟁'의 다양한 양상을 분석하는 것을 사명으로 정하고 그대로 현실 전쟁의 구체적인 양상을 검토한 것이 잊히고 있다.

그럼에도 클라우제비츠는 절대 전쟁을 흔히 일어날 수 있는 전쟁으로 생각하고 있었던 것이 아닌가 하는 사람이 있는가 하면 이와 같은 오해의 근원은 그의 사고의 전체상을 파악하는 노력이 결여되어 있는, 특히 그의 철학적·변증법적 연구 방법에 대한 이해가 필요함을 지적하지 않을 수 없다. 슐리펜은 이와 같은 일반적 이해를 대변하듯이 클라우제비츠의 연구 방법은 '언제나 기분 좋은 것은 아니다'라고 말하고 있다. 이와 똑같은 이유에서 클라우제비츠의 공방의 이론을 스스로의 체험에 의해서 잘 이해하고 있는 의견은 매우 소수이다. 사람들은 '공세적 전쟁에 의해서만 영광을 얻을 수 있다'는 것에 동의하고 명백히 이것과는 반대의 입장을 취한 클라우제비츠를 부정했다.

제1차 세계대전에 의해서 비로소 놀랄 만한 방어의 강함이 실증되었을 때 사람들은 '방어가 최강의 전투 형태라는 교의와 마찬가지로 고전적인 승리의 극한점을 지나면 공방의 교대로 인해서 패배에 이른다는 것도 확신하게 되었다.'

클라우제비츠가 정치와 전쟁 지도에 대해서 말하고 있는 것은 이해할 수 없다, 또는 적어도 정당한 것이라고는 인정할 수 없다는 견해는 큰 잘못이고 또 그런 한편으로 현실의 문제가 된다. 사람들은 이 문제를 '가장 위대한 군사 사상가'의 권위를 나타내는 것으로 믿었다. 정치의 연속으로서의 전쟁에 관한 클라우제비츠의 문장을 정치에 의해서 방해받지 않고 가장 직접적으로 적을 타도하기 위해 전쟁 행위가 계속되고 있는 동안 군사적 지도는 '정치에서 완전히 독립해 있지 않으면 안 된다'고 생각했다. 우선 군사적 성공에 의해서(군사적인 비성공은 고려되지 않고 있다), 될 수 있는 대로 커다란 적의 전력을 격파해야 하고 그 뒤에 정치적 지도가 다시 등장한다는 사고방식이다.

무조건의 정치적 우월에 대한 클라우제비츠의 주장이 뒤집어진 결과로써 가장 명확한 예는 제1차 세계대전이다. 그러나 사실상 군사의 우월을 가져오게 된 경위에 대해서는 훨씬 전인 19세기로까지 거슬러 올라가지 않으면 안 된다.

샤른호르스트에 의해서 진행되고 있었던 개혁 운동에서는 전쟁 지도도 명확하게 정치의 기능으로서 자리매김되어 있었고, 그것에 따라서 싸운 단기간의 해방 전쟁을 제외하면 군사 분야 밑에 정치가 자리매김되는 것에는 한 번도 의문을 갖게 된 적이 없었다.

이와 같은 경향은 이를테면 몰트케가 프로이센 참모총장이 되기 전에 프리드리히 카를 황태자가 굴복하지 않을 수 없었던 1857년의 이른바 노이엔부르크 문제에 확실하게 나타나 있다. 카를 황태자가 클라우제비츠의 이념을 충분히 살려서 완성한 스위스에 대한 전쟁 계획은, 전쟁의 추이에 따라서 고비마다 군인들이 용인할 수 없을 정도로 정치적 지도를 짜 넣은 것이었기 때문에 군부의 냉혹한 거절로 와해되었다.

똑같은 정치적 요구와 군사적 요구의 충돌은 1864년과 1866년의 전쟁에서도 잇따라 발생해 이 다툼은 정치적 권력에 유리한 쪽으로 결말이 났는데, 군부는 결속해서 그와 같은 사고방식을 규범으로 하는 것에는 반대했다.

전체적으로 클라우제비츠의 사상은 1914년 이전의 전쟁관에서 구체적으로 도움이 되는 일은 거의 없었다. 특히 독일에서는 《전쟁론》 속의 군사 문제에 대한 주된 주장이 단편적으로 활용되었을 뿐이고 '가장 가치가 높은 사상'은 더욱더 무시하게 되었다.

이와 같은 결과가 된 이유는 복잡하다. 우선 대부분의 군인은 구체적인 '기술적·전술적 논점'에 주목해서 《전쟁론》 속에 해답을 찾고, 클라우제비츠가 모든 그의 연구의 출발점으로 삼은 커다란 정치와 전략의 관계로 다가가는 일은 거의 없었다. '전장을 군사 기술이 더욱더 지배하게 되어 거기에 따라서 《전쟁론》을 올바르게 이해하고 평가해 구체적인 유산을 계승하기 위한 다양한 전제 조건은 프로이센 독일에서 매우 한정된 범위밖에 충족되지 않았다.'

또 반면에 군인들은 전쟁 지도에 연관된 모든 문제에 대해서, 또 이들 문제에 대한 《전쟁론》의 해석에서도 군인으로서 고유한 권한을 가져야 한다는 관점을 지키려고 해 이것이 결함으로 작용했다. 극단적인 예로서 클라우제비츠는 섬멸 전략의 일방적인 옹호자이고, 그 밖의 모든 전쟁 지도의 형태를 저급한 것으로 평가하고 있다는 견해가 있었다. 이에 대해서 군사 사가인 델브뤼크는 비판하고 있다. 그런데 델브뤼크는 이와 같이 유행하는 클라우제비츠의 이론의 잘못을 수정하거나 전쟁에 대한 좁은 견해를 시정하는 것이 가능했을 것인데, 현실로는 그가 유명한 군인들에 의해서 반대로 냉혹하게 비판을 받고, 그다지 정보를 얻을 수 없는 일반 세론에 대해서 적어도 군인들이 이 전쟁 논쟁에는 우위를 차지했다. 그러나 독일에서 유일하게 뛰어난 문민의 군사 이론가였던 델브뤼크는 클라우제비츠의 올바른 이해자로서 독특한 이바지를 해 왔다.

군인과 마찬가지로 클라우제비츠가 대화를 나눈 정치가는 《전쟁론》을 전혀 모르고 있었다. 독일 통일전쟁에서 정치의 우위를 성공시킨 비스마르크조차도 예외는 아니었다. 비스마르크는 '부끄러운 일인데 클라우제비츠는 상찬을 받기에 걸맞은 장군이었음에도 나는 《전쟁론》에 대해서는 거의 아무것도 몰랐다'고 고백하고 있다.

그런데 마르크스와 엥겔스가 클라우제비츠의 정치적 관심사를 매우 높이 평가하고 있었던 것은 틀림없는 사실이다. 엥겔스는 클라우제비츠를 '빛나는 1등별'로 부르고 마르크스는 클라우제비츠를 '기지가 번뜩이는 양식 있는 사람'으로 평가하고 있다. 이 두 사람은 열심히 클라우제비츠의 사고방식을 연구하고 그 중요한 부분을 자신의 전쟁관 속에 받아들였다. 또 독일에서는 매우 드문 일인데, 행동적인 사회주의자였던 메일링은 클라우제비츠를 '가장 독창적인 전쟁 이론가'로 인정해 《전쟁론》에 몰두하고 있었다. 레닌의 《전쟁론》에 대한 연구는 매우 상세한 것으로 방대한 발췌를 만들어 마르크스주의자로서 어떤 관점에서 전쟁의 전체상을 파악했는지 그 구체적인 메모를 남기고 있다.

이와 같은 레닌이나 엥겔스, 그 밖의 사람들의 클라우제비츠에 대한 새로운 평가의 싹틈이 기는 했는데, 그 무렵의 군사 지도자에게 영향을 미치지 못했던 것은 명백하다.

제1차 세계대전이 일어나자 전쟁 지도에 임하는 모든 정당은 쾨니히그레츠 전투나 스당 전투 등에서의 전쟁 지도가 시대에 뒤떨어진 것이라는 놀랄 만한 문제에 직면하게 되었다. 그 이유는 이와 같은 수단이 단기간에 결정적인 승리를 가져올 것으로 기대한 것이 완전히 빗나갔기 때문이다. 이 전쟁은 어디에서나 클라우제비츠가 생각한 것처럼 수행되지 않았다. 그것과는 반대로

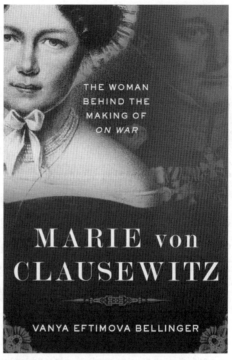

전쟁론을 뒤에서 만든 여인 :《마리 폰 클라우제비츠》
바냐 에프티모바 벨링거, 옥스퍼드 대학교 출판부, 2015.

1914년부터 1918년까지의 사건은 '이 대전에서의 모든 독일 지도자들은 클라우제비츠의 제자가 아닌' 것을 명확히 해 그때까지 잘못된 클라우제비츠의 해석을 수정할 필요가 있다는 것을 보여 준 것에 지나지 않았다.

1918년 이후, 패전국으로서 패배의 원인을 탐구하는 토론이 빈번하게 이루어지고 이런 논의 가운데서 클라우제비츠의 주장의 핵심에 있는 것을 다루어 행동으로 옮기는 일이 제안되었다. 이와 같은 급격한 제안에 따라서 클라우제비츠에 대한 이해를 개선하게 되었다. 특히 중요한 것은 할베그가 지적하고 있는 것처럼 클라우제비츠가 불가결한 전제 조건으로서 제언하고 있는 정치의 우월이 올바르게 이해되고 1914년 이전의 오해가 백일하에 드러난 것이다.

새로운 독일 국방군은 클라우제비츠에 대한 수정된 견해를 명백히 전향적으로 받아들여 전쟁 전의 군대보다도 클라우제비츠의 이념을 폭넓게 적용했다.

그러나 클라우제비츠의 《전쟁론》이 마음에 든다고는 말하면서도 현실적으로는 다만 몇 개의 명언을 아는 데 지나지 않았던 히틀러는 정치의 우월로 일관하면서도 독일 국방군의 재무장을 설파했다. 그 정책은 목적·목표·수단의 일치의 필요성에 대한 클라우제비츠의 기본적인 요청을 무시하는 것이고 클라우제비츠의 척도로 보아 '현명'한 것은 아니었다. 대부분의 독일 장관(將官)들은 차츰 명백해진 히틀러의 과격함에 따른 위험을 의식하고 있었는데, 벡 장군과 같이 이 시대에서 소수의 뛰어난 군인인 '클라우제비츠 이해자'만이 나치스 조직에 대한 복종을 거부하게 되었다.

제2차 세계대전은 클라우제비츠 이론의 옳음을 현실로 입증하게 되었다. 클라우제비츠의 최고 이론이 적용된 예는 결코 많지는 않았다. 독일·미국과 일본이 추구한 순군사적인 구상은 전장에서의 눈부신 성공을 이르는 곳마다 가져왔다. 그러나 명백히 달성 가능한 정책적인 목적이 결여되어 있었기 때문에 거의 그 승리는 오래 지속되지 못하고 헛수고에 그쳤다.

전쟁이 정치의 계속이라는 것이 이해되고 거기에 따라서 수행되는 것이 더욱더 명백해졌다. 그런데 겨우 소련만이 마르크스주의의 교조로부터 이어받고 더욱 레닌에 의해서 정당화된 이 원칙에 충실했다.

더욱이 방어가 강력한 전투 수단인 것과 승리의 한계점을 벗어나는 것의 위험성에 대한 명제에 대해서는, 적어도 클라우제비츠의 관점에 서서 이론적으로 연구하면 당연히 피하지 않으면 안 될 큰 잘못도 제2차 세계대전의 경과에는 매우 많이 인정된다.

가장 중대한 클라우제비츠 이론에 대한 위반은 전쟁의 개시에 있고, 클라우제비츠가 '현명'하게도 전쟁에 대한 다양한 견해의 첫머리에서 말하고 있는 것을 충분히 검토만 해두면, 제2차 세계대전은 일어나지 않았을 것이다.

1945년 이후로는 세계정세가 변화하는 가운데 클라우제비츠에 대한 연구도 관점을 바꾼 새로운 단계로 접어들었다. 즉 《전쟁론》에 대한 토론은 제1의적으로 학문적인 것에서부터 일반적이고 국제적인 기반에서 토의를 벌이게 되어 명백히 《전쟁론》은 세계적으로 인지하게 되었다.

클라우제비츠에 대한 평가가 높아진 것에 대해서 주목해야 할 것은 《전쟁론》에 대한 의문이나 해석이 제각기 관점이나 연구자에 따라서 강조점이 다르게 되어 있어도 동서나 남북의 대립과는 무관한 것이다.

미국인·프랑스인·이스라엘인·러시아인이나 중국인은 한결같이 진지한 연구를 전개해 클라우제비츠에 대해 열심히 연구하고 있고, 그들은 오늘날에도 계속 변함없는 관심을 지속하고 있다.

클라우제비츠의 연구는 종전대로 독일이 중심이 되고 있으나 근년에는 국제적으로 크게 확산되고 있다. 또 동유럽 블록이 붕괴된 뒤부터 클라우제비츠가 정치적·군사적 사색을 계몽하는, 결실이 풍부한 기준점· 출발점으로 되고 있고 독일의 연구는 더욱더 국제적인 무게를 더해 가고 있다.

한국인의 《전쟁론》과 《손자병법》

병서(兵書)라면 우리는 먼저 《손자병법(孫子兵法)》을 생각하게 되고, 동양의 손자를 떠올릴 때면 서양의 클라우제비츠를 함께 떠올리게 된다. 말하자면 동양을 대표하는 병법가가 손자라면, 서양을 대표하는 병법가는 클라우제비츠인 것이다. 학자들은 흔히 두 저서를 비교하며 손자의 《손자병법》과 클라우제비츠의 《전쟁론》의 우열을 논하기도 한다. 그러나 여기서는 우열을 논하기에 앞서 그 대조적인 특색을 살펴보도록 한다. 한마디로 하나는 너무도 동양적이고, 하나는 너무도 서양적이다. 곧 손자병법 이론은 지나칠 만큼 연역적이고 집약적인 데 반해 클라우제비츠 이론은 귀납적이고 분석적이라 할 수 있다.

당나라의 시인 이백(李白)과 두보(杜甫)는 같은 시대를 산 친한 친구였지만, 이 두 사람의 시상과 시체(詩體)가 늘 연구가들의 대조적인 비교 대상이 되는 것은 참으로 재미있는 현상이다. 이백의 시가 닭이 달걀을 낳듯 자연발생적이고 완전무결한 것이라면, 두보의 시는 조각가가 조각을 하듯 다듬과 또 다듬어 불완전한 내부 세계까지도 나타내 보여 준다. 이백이 두보를 보고 지은 시에도 그런 내용이 담겨 있다. 곧 두보의 초췌한 모습을 가리켜 '시를 애써 생각하고 다듬고 또 다듬기 때문이리라' 말했던 것이다. 이 차이는 무엇보다 타고난 재질과 성격 때문이라고 풀이할 수도 있겠지만, 그에 못지않게 그들이 살아온 처지와 생활 환경이 작품 세계에 크게 작용했다고 보아야 할 것이다. 손자와 클라우제비츠도 또한 타고난 재질과 성격과 생활 환경을 통해 서로 비교된다. 이것이 클라우제비츠의 《전쟁론》을 이해하는 한 방법이 될 수 있을 것이다. 우리는 여기서 다산(茶山) 정약용의 역저 《목민심서》의 스타일을 상기해 보는 것도 참고가 될 듯하다. 이 책은 경문과 주석이 같은 저자의 손으로 이루어진 것이 특색이며 또 장점이다. 짤막한 경문은 얼른 듣기에 도학자의 훈계 같은 냄새를 풍기지만 주석에서 저자가 직접 보고 들은 구체적 사례들을 읽음으로써 경문의 참뜻과 참교훈을 깊이 깨닫게 되는 것이다. 《손자병법》이 경문적인 병서라면 《전쟁론》은 주석적인 병서라 할 수 있을 것이다. 그러므로 차원은 서로 다르게 볼 수 있지만, 우열을 논하는 것은 옳지 못하다. 《목민심서》의 경문은 주석이 없으면 빛을 내지 못하고, 경문을 염두에 두고 주석을 읽음으로써 보다 절실한 느낌을 찾는 것이다. 다산의 실학이야말로 동양적인 원칙과 서양적인 분석이 하나로 통일된 것이라고 볼 수 있다.

현존하는 우리나라 병법서 가운데 가장 오래된 책으로는 정도전이 1492년에 편찬한 《진법(陣法)》이 있다. 그 밖에도 조선 세조가 만든 병법서에 신하들이 주석을 달아 1462년 간행한 《병장설(兵將說)》, 조선 중기 한효순이 1603년에 편찬한 《진설(陣說)》, 조선 문종 때 편찬되어 선조 때인 1608년 간행한 전쟁사 《동국병감(東國兵鑑)》, 조선 중기 김석수가 1679년에 편찬한 《행군수지(行軍須知)》 등을 들 수 있다. 그중 《동국병감》은 한무제가 고조선을 침범하여 한사군을 설치했을 때부터 고려 말 이성계가 여진족을 물리칠 때까지, 한국과 중국 사이에 일어난 30여 회에 걸친 전쟁사를 기록한 책이다. 이 책은 《진법》과 함께 조선시대 국방을 위한 기본적 병법서라 할 수 있으며, 한국과 이민족 사이의 전쟁사와 그 전술·전략을 연구하는 데 귀중한 사료로 전해진다.

생명을 걸고 행해지는 전쟁은 말할 것도 없이 인생의 가장 엄숙하고 긴장된 장면이기도 하다. 인류의 모든 사회생활도 선의의 협조와 더불어 유형무형의 치열한 경쟁으로 이루어져 있는만큼, 경쟁 또는 투쟁이라는 점에서 얼마쯤 전쟁과 공통된 성질을 가진 분야가 있다. 따라서 전쟁을 지배하는 법칙 가운데에는 이들 분야에도 적용시킬 수 있는 것들이 적지 않다고 하겠다.

정치나 경영자들의 격렬한 경쟁, 사용자와 피고용자 사이의 관계, 현대를 사는 우리 모두는 치열한 경쟁 속에서 삶을 이끌어 가고 있다. 우리는 잠시도 방심할 수 없는 시대에 살고 있는 세대가 아닌가. 변화와 경쟁 속에서 살아남기 위해 우리는 실력을 갖춰야 하고 남보다 앞서는 기술을 끊임없이 연구개발해야 한다. 국제 사회에서 무섭게 질주하는 이웃의 틈바구니에서 우리가 승리하기 위해서는 이웃 나라에 앞서 가는 기술과 전략이 함께 전제되어야 한다. 몇 십만 부하의 생명을 맡아 총알이 빗발치는 싸움터에 나선 장군과 마찬가지로— 예측하기 어려운 위험에 가득 찬 세계를 용기와 침착과 불굴의 정신과 예리한 판단력, 실력과 기술을 가지고 뚫고 나아가야 하리라.

클라우제비츠의 《전쟁론》은 군인의 필독서일 뿐만 아니라 정치가와 경영자와 모든 사회활동의 책임자들에게 좋은 교훈이 될 것이다. 《손자병법》이 순수한 경영자의 이론서로 재해석되어 나오고 있는 것도 이러한 뜻에서일 것이다.

나는 현역일 때 FS.S.O.P. 제정에 참여하여 미국 은성무공훈장을 받는 계기로 이강화 장군의 권유와 격려에 힘입어 이 책을 번역하기 시작했다. 사회에 나와서는 장경순 장군의 지도를 받았다. 30여 년이 넘는 세월을 바쳐 이제 한국 최초 완역본을 출간케 되니 감개무량하다.

《전쟁론》 독일어 원전은 세 권으로 되어 있는데 1832년에 제1권, 1833년에 제2권, 1834년에 제3권을 마지막으로 완간되었다. 《전쟁론》 세 권의 서지 사항은 다음과 같다. 제1권 399쪽(머리말·차례 28, 본문 371), 제2권 462쪽(차례 6, 본문 456), 제3권 210쪽(머리말·차례 8, 본문 202), 그리고 부록 203~386쪽이다. 《전쟁론》은 총 1255쪽으로 부록을 제외하면 1071쪽에 이르는 방대한 분량으로 이루어져 있다.

이 책 번역 텍스트로는 아래 참고문헌 1번, 2번을 사용했다. 영역본은 아래 3번을 참고했고, 일어판은 아래 4번인 시노다 히데오(篠田英雄) 번역본을 참고했다.

참고문헌을 밝히면 다음과 같다.

1. Carl von Clausewitz, Vom Kriege, Ferd. Dümmlers, Bonn, 1991.

2. Carl von Clausewitz, Vom Kriege, Als Handbuch bearbeitet und mit einem Essay 'zum Verständnis des Werkes' herausgegeben von Wolfgang Pickert und Wilhelm Ritter von Schramm, Rowohlt, Reinbek bei Hamburg, 1992.

3. Carl von Clausewitz, On War, Edited and Translated by Micheal Howard and Peter Paret, Princeton University Press, Princeton, 1984.

4. 篠田英雄 譯, 《戰爭論》, 岩波書店, 1968.

5. Peter Paret, Understanding War, Essays on Clausewitz and the History of Military Power, Princeton University Press, Princeton, 1992.

6. Peter Paret, Makers of Modern Strategy from Machiavelli to the Nuclear Age, Clarendon Press, Oxford, 1986.

7. Raymond Aron, Clausewitz, Philosopher on War, translated by Christine Booker and Norman Stone, Simon & Schuster Inc., New York, 1985.

8. Donald Chipman, Clausewitz and the Concept of Command Leadership, Military Review, August, 1987.

클라우제비츠 연보

1780년	6월 1일, 프로이센 왕국 마그데부르크시에서 동북쪽으로 20 km 떨어진 부르크(Burg)에서 태어났다. 부르크는 이레(Ihre) 강변에 위치한 작은 도시이다. 할아버지(Benediktus Gottlieb Clausswitz, 1693~1749)는 할레 대학교 신학교수, 아버지(Friedrich Gabriel Clausewitz, 1740~1802)는 소위로 7년 전쟁에 참가했다가 중상을 입고 퇴역, 부르크의 왕실 수세관(收税官)이 되었다. 출신은 상부 슐레지엔의 귀족이었으나 후에 귀족 칭호를 잃고 아버지 대에 다시 그 칭호를 얻었다. 또 종래의 성 클라우스비츠(Clausswitz, Clauswitz)도 클라우제비츠(Clausewitz)로 바뀌었다. 'Clauswitz'는 클라우스(Claus), 즉 니콜라우스(Nicolaus)의 아들이란 뜻이라고 한다. 클라우제비츠가 태어난 해는 프리드리히 대왕(1712~1786)이 죽기 4년 전, 나폴레옹(1769~1821) 탄생보다 11년 늦게, 또 몰트케(Helmuth von Moltke, 1800~1891)를 20년이나 앞선 해이다.
1792년(12세)	포츠담의 '페르디난트 친왕(Prinz Ferdinand)' 보병 연대에 융케르(Junker)로서 입대했다. 이 경우의 '융케르'는 또한 '파넨융케르(Fahnenjunker)'라고도 불리는데 중대 기수를 맡아보는 소년병을 말한다. 여기서 '파네(Fahne)'는 군기(軍旗)를 의미한다. 융케르가 될 수 있는 자격은 귀족 또는 귀족 칭호를 갖는 가정의 자제, 또는 군 당국이 적당하다고 인정한 가정의 자제로 한정되었으며 보통은 14세~16세의 소년이었다. 클라우제비츠가 12세의 소년이었음에도 융케르로서 입대가 허용된 것은 집안이 가난해서 아버지가 특히 군 당국에 청원했기 때문이라고 한다. 소년병이라고는 하지만 융케르는 하사관 계급에 속했으며, 소정의 시험에 합격하면 '펜리히

(Fähnrich)'로의 승진이 약속되어 있었다. 펜리히라는 말은 역시 '파네'에서 유래된 말로, 원래는 기수를 뜻했지만, 프리드리히 대왕 (2세) 시대에는 이미 기수로서의 역할이 폐지되고, 중대의 최연소 장교에게 주어지는 칭호로 되어 있었다. 한편 융케르라는 칭호는 1808년 프로이센군에서 없어졌다. 이렇게 해서 클라우제비츠는 중대 기수를 맡아보게 되었는데, 군기는 매우 무거운 것으로 일반 행진 때에는 하사관이나 병사가 이를 맡고, 시내를 행진할 때에는 그에게 인도되는 것이 보통이었다고 한다. 뒷날 클라우제비츠는 아직 나이도 차지 않은 소년병으로서 무거운 깃발을 받들고 행진하는 것을 보고 길가 사람들이 탄성을 질렀다고 회고했다.

1793년(13세) 제1차 대프랑스 동맹 전쟁(1792~1795)에서 라인 전투에 종군 (~1794). 7월, 펜리히로 승진.

1795년(15세) 3월, 보병 소위로 임관, 이윽고 프로이센과 프랑스 사이에 바젤 (Basel) 강화조약이 체결되어(4. 5) 프로이센이 대프랑스 동맹에서 탈퇴했기 때문에 클라우제비츠는 부대와 함께 위수지인 브란덴부르크 주의 작은 도시 노이루핀(Neuruppin)으로 돌아왔다. 이 위수 근무는 1801년까지 계속되었다. 그 무렵, 사상 및 문학 영역의 교양이 모자람을 깨닫고 군무의 여가를 독서에 바쳤다. 같은 시대의 가장 뛰어난 철학자로는 칸트(1724~1804), 피히테(1762~1814), 헤겔(1770~1831), 셸링(1775~1854) 등이 있었고, 또 문학자로서는 레싱(1729~1781), 괴테(1749~1832), 실러(1755~1805)가 있었다.

1801년(21세) 가을, 베를린의 '보병과 및 포병과 사관양성학교'에 입학하여, 1803년에 소정의 과정을 끝마쳤다. 그해 봄, 샤른호르스트가 육군 중령으로서 이 학교의 교장 겸 교관으로 부임했다. 그는 프로이센 육군의 재편성에 본질적인 기여를 한 군인으로서 이미 명성을 날리고 있었다. 샤른호르스트는 클라우제비츠의 사람됨과 재능을 사랑하여 그에게 깊은 정신적인 영향을 주었다. 또 이 시기에 맺어진 두 사람의 정은 끝내 변하지가 않았다. 클라우제비츠는 베를린의 육군외과의학교(Collegium medico-chirurgium)에서 이 학교의 철학교수 키제베테르(Kiesewetter, Johann Gottfried, 1766~1819)의 철학강의를 청강했다. 키제베테르는 칸트의 제자로 독창적인 철학자는 아니었으나 칸트 철학의 충실한 조술자(祖述者)였다.

1803년(23세) 봄, 사관양성학교를 졸업함과 동시에 샤른흐르스트의 추천으로 아우구스트 친왕(Prinz August, 1779~1843)의 개인 부관이 됨으로써 노이루핀의 원대(原隊)로 돌아갈 필요가 없게 되었다. 아우구스트는 프리드리히 대왕의 동생 아우구스트 페르디난트의 아들, 즉 대왕의 조카로 군사적 재능이 높이 평가되고 있었다. 클라우제비츠는 아우구스트의 부관으로서 궁정에 출입하고 있는 동안, 5년 후에 그의 아내가 된 브륄 백작의 큰딸 마리와 알게 되었다. 당시 마리는 사망한 프로이센 국왕 프리드리히 빌헬름 2세의 왕비를 섬기는 관리였다.

1804년(24세) 6월, 아우구스트의 정식 부관이 되어 이후 6년 동안 이 자리에 머물렀다.

1805년(25세) 11월, 대위로 진급. 이해에 마리와 약혼했다.

1806년(26세) 브라운슈바이크 공 카를 빌헬름 페르디난트의 척탄병(擲彈兵) 대대장으로 임명된 아우구스트를 따라 프로이센―러시아 동맹군의 대(對)프랑스 전쟁(1806~1807)에 출전. 아우에르슈테트 전투(10. 14)에서 프랑스군에 패하여, 마그데부르크 및 프렌츨라우 방면으로 퇴각, 엘베강 동쪽에서 호엔로에 군단의 후방을 맡았으나, 이 군단의 투항에 의해(11. 28), 아우구스트와 함께 포로가 되었다. 아우구스트는 일단 베를린의 부모 곁에 머무르는 것이 허락되고, 클라우제비츠는 노이루핀의 원대로 돌아갔다. 12월 말, 포로로서 아우구스트와 함께 프랑스로 호송되었다.

1807년(27세) 아우구스트를 따라 낭시로부터 파리를 거쳐 수아송에 이르러 7월 내내 그곳에 억류되었으나, 프로이센과 나폴레옹 사이에 체결된 틸지트 강화조약(7. 9)에 의해 석방되어 8월 초에 그곳을 출발, 11월 초순 베를린으로 돌아왔다. 그동안, 그들은 스위스를 유람하고 당시 제네바 호숫가 작은 도시 코페(Coppet)에 숨어살던 스탈 부인(Madamme de Staël, 1766~1817)의 손님이 되었다. 부인은 자유주의 사상 때문에 나폴레옹에 의해 국외로 추방당하여(1802), 여러 나라에서 망명생활을 했고, 또 코페의 별장에서도 자주 머물렀다. 클라우제비츠는 스탈 부인에게 기숙하고 있던 오빠 슐레겔(August Wilhelm von Schlegel, 1767~1817)의 애국적인 마음과 성실한 인품에 감동되어 '그는 나의 유일한 위안이다'라고 말하고 있다. 이보다 앞서 슐레겔은 베를린에서 궁핍한 생활을 보내고 있었는데 때마침 스탈 부인의 호의적인 제의로 1804년 이래 그의 문학상의 고문이 되어 있었던 것이다. 또 스탈 부인의 집에서 페스탈로치(Johann Heinrich Pestalozzi, 1746~1827)와도 알게 되어 이 훌륭한 교육학자의 솔직하고 매우 자연적인 인품에 감동해 그 학원을 방문하기도 했다. 그의 작은 글(후반이 없어짐) 〈페스탈로치〉는 페스탈로치의 교육 방침의 본질을 잘 파악하여 이 청년장교의 교양이 보통이 아니라는 것을 나타내고 있다.

1808년(28세) 봄, 아우구스트를 따라 그의 주둔지인 쾨니히스베르크로 부임했으나 얼마 후 포병장관 겸 총감으로 전보된 친왕과 함께 베를린으로 돌아왔다.

1809년(29세) 2월, 아우구스트의 부관 직책에서 물러나 육군성에 배속되었으며 샤른호르스트 중장의 비서가 되었다.

1810년(30세) 7월, 샤른호르스트가 나폴레옹의 미움을 받아 육군성에서 추방됨과 동시에 클라우제비츠도 같이 그곳을 떠나 참모부 소속이 되었다. 8월, 소령으로 진급. 9월, 신설된 베를린 사관학교의 교관으로 임명되었고, 또 당시에 15세의 황태자(후에 프로이센 왕 프리드리히 빌헬름 4세)에 군사학을 강의했다. 12월, 마리와 결혼.

1811년(31세) 러시아와 프랑스 사이에 전쟁이 일어날 위기가 발생하자, 프로이센 왕 프리드리히 빌헬름 3세는 나폴레옹과 손잡고 러시아를 적으로 삼는 방침을 정했으나, 클라우제비츠는 샤른호르스트, 그나이제나우와 함께 러시아를 도와 나폴레옹에게 끝까지 저항할 결심을 새로이 했다.

1812년(32세) 〈황태자전하 군사학 강의록〉 완결. 이 책은 1810년, 1811년, 1812
년에 그가 황태자에게 강의한 군사학 개요서로, 그의 유작집 제
3권에 수록되어 있는데 전략에 관한 것보다도 오히려 전술에 관
한 강의가 중심이다. 3월, 프랑스—프로이센의 동맹조약이 비준
되어 프랑스군의 베를린 진주가 결정적인 것이 되었다. 이에 앞서
클라우제비츠는 샤른호르스트와 함께 베를린을 떠나 슐레지엔
으로 물러났다. 같은 달 하순 러시아군에 참가하기 위해 출발, 5
월 하순에 빌나의 러시아 본영에 도착하여 중령 자격으로 참모부
소속이 된다. 스몰렌스크 전투(8. 16~19)에서는 러시아의 제1서군
(西軍)에 배속되어 바클리군의 참모부장 톨 대령(Toll, Karl Friedrich,
1777~1842)의 보좌관이 되었다. 보로디노 전투(9. 7)에서는 우바로
프(Uwarow) 기병군단의 참모장이 된다. 러시아군의 모스크바 철수
(9. 9) 후에는 서군 제1군단장 비트겐슈타인의 본영으로 옮겨 페테
르스부르크의 엄호를 맡았다.

1813년(33세) 1월, 쾨니히스부르크로 돌아왔으나, 한때 러시아군에 몸 담은 일
이 국왕의 기분에 몹시 거슬려, 샤른호르스트는 그의 프로이센
군 복귀를 열심히 주선했지만 성공하지 못했다. 그래서 클라우제
비츠를 러시아군 정보장교 자격으로 블뤼허군사령부 소속으로 돌
렸다. 제4차 대프랑스 동맹전쟁(해방 전쟁)의 뤼첸 전투(5. 2)에 샤
른호르스트와 함께 참가. 샤른호르스트는 이 전투에서 중상을 입
고 프라하에서 죽었다(6. 28). 샤른호르스트의 죽음은 클라우제
비츠에게 깊은 충격을 주었다. 이어 블뤼허의 참모장 그나이제나
우 아래에서 근무하다가 오스트리아의 발모덴(Wallmoden, Ludwig
Georg Thedel von, 1769~1862) 기병 군단의 본영으로 들어갔다. 괴르
데(Göhrde) 삼림지 전투(9. 16)에서 마그데부르크로 향해서 행군하
는 동안, 페슈(Pecheux) 사단을 습격하여 대부분을 포로로 삼았다.

1814년(34세) 프로이센군으로의 복귀가 허락되었다. 4월, 대위로 진급.

1815년(35세) 나폴레옹이 엘바섬에서 탈출하여 파리로 돌아오자(3. 1) 대프랑스
동맹군은 새로운 전쟁의 시작이 강요되어, 클라우제비츠는 제3군

단 참모장으로서 출정했다. 이때 군단장은 티르만으로 블뤼허군에 속했다. 벨 알리앙스(워털루) 전투(6. 18)에 참가, 벨기에의 마을 리니와 바블에서 전투를 벌이고 마침내 파리에 입성했다. 전후 그나이제나우의 참모장으로서 코블렌츠에 신설된 군단사령부에 부임했다.

1816년(36세) 가을, 베를린의 일반사관학교(Die allgemeine Kriegsschule) 교장으로 취임, 1830년 8월까지 12년 동안 재직했다(일반사관학교는 1810년에 설치된 베를린사관학교가 1816년에 승격한 것으로, 1860년에 육군대학이 되었다). 그는 이 12년 동안에 현재의 《전쟁론》 및 대부분의 전사(戰史)를 저술했다. 이들 저술은 모두 그가 직접 참가한 5대 전쟁(1792~93년, 1806년, 1812년, 1815년)과 약 130회의 전쟁 및 전투에서 얻은 경험과, 이들 투쟁에 관한 통찰에 입각한 것이다. 9월, 소장으로 진급.

1830년(50세) 8월, 브레슬라우 제2포병감으로 전출. 11월 말, 폴란드인은 러시아에 대해서 계획적인 반란을 꾸몄다. 프로이센은 그 파급을 염려하여 그나이제나우를 새로 편성된 제4동방군단장으로, 또 클라우제비츠를 참모장으로 임명하여 폴란드 위기에 대비하려고 했다.

1831년(51세) 3월 초순, 그나이제나우를 따라 군단사령부 소재지 포젠에 부임했다. 그해에 유럽에 널리 퍼진 콜레라에 그나이제나우도 걸려서 그곳에서 병사했다(8. 24). 그의 죽음으로 20년 지기(知己)를 잃었다는 것은 클라우제비츠에게는 돌이킬 수 없는 타격이었다. 그 후 폴란드 반란은 러시아군에 의해 진압되었기 때문에 프로이센 동방군단은 동원이 해제되어 클라우제비츠도 또한 브레슬라우의 제2포병감으로 복귀(11. 7)하고 나서 아흐레 뒤인 11월 16일이었다. 오전 중에는 평상시대로 근무했으나 정오 무렵 갑자기 콜레라 증상을 나타내어 같은 날 밤 9시에 갑자기 사망했다. 질병 자체는 가벼웠으나 그나이제나우의 죽음에 의한 충격 때문에 건강이 매우 악화되어 있었던 것이다. 유해는 브레슬라우 육군 묘지에 묻혔다가 140년 뒤인 1971년 고향인 부르크로 옮겨졌다.

마리 폰 클라우제비츠 연보

1779년   6월 3일 바르샤바에서 카를 아돌프 폰 브륄(Carl Adolf von Brühl)
              백작과 영국 외교관의 딸 소피 곰(Sophie Gomm) 사이에서 장녀(長
              女)로 태어났다.

1803년(24세) 11월, 장래 배우자가 되는 카를 폰 클라우제비츠와 첫 만남.

1810년(31세) 12월 17일, 클라우제비츠와 결혼.

1832년(53세) 빌헬름 친왕비의 여관장(女官長)에 임명되어 다시 궁정으로 들어
              가, 지난해 탄생한 빌헬름의 장자(뒤에 황태자 프리드리히 빌헬름,
              독일의 황제로서는 프리드리히 3세)의 양육 담당도 겸했다. 이해부
              터 남편 클라우제비츠의 유작집 10권의 편찬·간행자가 되었다.

1835년(56세) 유작집 제8권까지 간행.

1836년(57세) 1월 28일, 신경성 발열로 드레스덴에서 죽었다. 남편의 무덤 옆
              에 묻혔다가 1971년 남편의 고향인 부르크로 남편과 함께 이장
              되었다.

허문순

춘천사범 졸업. 경남대학 불교학 수학. 1954년 공군장교 임관 공군 제1훈비 작전처 복무. FS S.O.P. 제정에 참여하여 미국 은성무공훈장을 받다. 월간 희망 편집인. 1962년 동아일보신춘문예 세 번째 사람 당선. 지은책 역사소설 《대신라기》 미스터리 《백설령》《너를 노린다》 하드보일드 《번개탐정시리즈 총30권》, 옮긴책 세이어스 《나인 테일러스》, 데안드리아 《호그 연쇄살인》, 메클린 《여왕폐하 율리시즈호》, 하긴스 《독수리는 날개치며 내렸다》, 모리무라 세이치 《모래그릇》. 나카이 히데오 《허무에의 제물》 등이 있다.

Karl von Clausewitz
VOM KRIEGE

전쟁론

클라우제비츠/허문순 옮김
1판 1쇄 발행/1993. 8. 8
2판 1쇄 발행/2009. 10. 1
2판 8쇄 발행/2024. 4. 1
발행인 고윤주
발행처 동서문화사
창업 1956. 12. 12. 등록 16-3799
서울 중구 마른내로 144 동서빌딩 3층
☎ 546-0331~2 Fax. 545-0331
www.dongsuhbook.com
잘못된 책은 구입하신 곳에서 바꾸어드립니다.
＊
이 책의 출판권은 동서문화사가 소유합니다.
의장권 제호권 편집권은 저작권법에 의해 보호를 받는 출판물이므로
무단전재와 무단복제를 금합니다.
사업자등록번호 211-87-75330
ISBN 978-89-497-0540-8 04080
ISBN 978-89-497-0382-4 (세트)